IMD

Real World. Real Learning®

IMD 是高级发展项目中的全球领先者。它是最重要的管理教育学院之一。IMD 一直被认为是最国际化的管理学院之一，拥有名副其实的全球的教授，参与范围遍及全球。

IMD 是一所独立的非盈利性机构，位于瑞士洛桑。55 年来它已经培养了具有全球领先地位公司的管理人员。它所证明的真实世界、真实学习的哲理已经被设计用以增强其在管理的每个领域中的领导地位。

IMD 帮助高级主管和公司发现创新的方法去支撑国际竞争力。

IMD 世界竞争力年鉴 2002

中国财政经济出版社

译　者　序

竞争力问题，是世界上从国家到城市和地区再到大中型企业普遍特别关注的课题。在经济全球化趋势日益增强、现代科技革命日新月异、世界产业结构迅速调整和升级、国际竞争日趋激烈的环境下，各国政府和企业都不约而同地聚焦和选择了提高国际竞争力。进入新世纪，中国企业提高国际竞争力已经刻不容缓。如何适应国际经济环境的新变化，应对国际竞争的巨大挑战，抓住发展和跨越的机遇，实现我国产业结构转化和升级，通过培育具有国际竞争力的大型企业集团，推进企业提高国际竞争力并进而提高国家竞争力，这是我国应对经济全球化以及 WTO 挑战所面临的紧迫任务，也是我们在新世纪的重要战略选择。

新时期企业改革成功的标志在一定意义上就是企业国际竞争力的增强。一些颇具远见的企业家已开始研究和制订提高企业国际竞争力的战略方案。现在，来自企业如何制定“增强企业竞争力战略”的咨询也与日俱增，正所谓“上兵伐谋，其次伐交，其次伐兵，其下攻城”。这表明，企业迫切地需要“了解竞争力”，“提高竞争力”，通过“竞争力战略”增强持续的竞争力。

近年来，我国竞争力研究不断深入，研究领域迅速拓展，从国家竞争力、区域竞争力、产业竞争力到企业竞争力，相关研究成果日益丰富，来自各个层面的增强竞争力战略的实践如火如荼。仅在网上，每天都会新增大量的有关“竞争力”的文章或者研讨会消息，“竞争力”信息总量已经从几年前的寥寥几篇短文上升到今天的数万条，“竞争力”的书籍也从几年前的几本增加到目前的近百部。大中型企业、大中城市纷纷制定竞争力战略，为参与全球化竞争培育和增强其国际竞争力。

但同时，竞争力研究与实践中也存在一些问题。比如，一些研究者把本来就缺乏共识的竞争力概念描述得更加模糊和令人费解。还常常把不同层面的竞争力概念和问题混淆起来，如经常把国家竞争力、产业竞争力、企业竞争力、核心竞争力等概念混为一谈。有的学者也把核心竞争力概念抽象化、教条化，使核心竞争力有些“玄”的感觉。同时，有些咨询公司、地方学会和部分学者又在纷纷建立“竞争力体系”，用于大企业“竞争力战略方案”的咨询，甚至能与从没有考察过的国外大企业作比较，算出“竞争力得分”来。有的企业也急于求成，希冀一夜之间培育出核心竞争力来。

鉴于上述情况，及时推出瑞士国际管理发展学院编著的《世界竞争力年鉴》，在我国是非常有意义的。

瑞士国际管理发展学院(Institute for Management Development, Lausanne, Switzerland)（以下简称 IMD），被誉为竞争力研究领域全球领先者。1989 年以来，历年的《世界竞争力年鉴》，堪称是目前国际上有关国家竞争力与企业竞争力最知名和最综合的年度报告。

首先，《世界竞争力年鉴》以其比较成熟的理论体系作为基础和支撑，全部评价体系均建立在其对企业竞争力与国家竞争力及其相互关系的理论框架之上，并与之理论相互释义，其逻辑的一致性使其报告在理论与评价体系上浑然一体。在理论上，IMD 假定财富的创造根本上来自于企业层面，并把这个领域的研究称为“企业竞争力”。IMD 明确提出企业是在国家的环境中运作的，这种环境增强或者阻碍企业在国内或者国际上竞争的能力，并把这个领域的研究称为“国家竞争力”，实际上它同时指出了企业竞争力与国家竞争力的相互关系。而在此基础上确立的国家环境的四个方面，即经济表现、政府效率、企业效率和基础设施，恰好构成了一个比较完整的支撑企业竞争力的国家竞争力评价体系。

当一些学者包括十分著名的学者强调国家自身并不参与竞争，参与竞争的只是他们的企业的时候，IMD 似乎更强调政府的经济责任与作用。它认为，政府的税收减免、补贴等鼓励性政策和教育等，可能是国家竞争优势的一个重要源泉。IMD 对一国的国家环境与财富创造过程（假定由企业和个人所创造）之间关系的关注、认识与把握，对我们处理好政府与企业的关系，推进企业改革，转变政府职能以及政府如何在企业提高竞争力方面发挥作用是很有借鉴意义的。同时，对我们深刻地理解企业竞争力及其来源、影响要素、培育途径以及制定增强企业竞争力战略等，也都有深刻的启迪。

其次，IMD 国家竞争力的评价体系相对完整，自成一体。四大要素共 314 个指标分别能够比较完整地描述和评价各个方面的竞争力水平。其中，企业效率这一要素的 66 个指标，既可以看成是一国支持企业竞争力的企业效率环境，也可以在一定意义上看成是一国企业竞争力的评价体系。其全部指标均给出了确定的内涵和评价的标准，使其评价体系更趋严谨。

第三，IMD2002 年对 49 个国家和地区包括部分补充的参考国家和地区的竞争力进行了评价。其数据不仅包括 2002 年的 314 个指标，还包括连续 5 年的时间合计数据，信息量非常大。以往，我们只获得过 IMD 的几本赠书，国内能够读到此书的人不多。如果要获得某一年度、某个国家的某项指标数据，都要花很大的工夫。现在，中译本的出版可以为我国各个领域的决策者提供丰富的信息和决策参考，并为广大的研究者搭起了研究的新平台。

第四，IMD 关于竞争力的评价方法也是比较成熟的，我们在实际应用中可以学习和借鉴。

不过，在学习 IMD 体系和方法的同时，必须考虑到我国的具体情况和企业特点，它的体系未必完全符合我国的实际。有些数据也由于其来源和计算方法不同，与国内公布的数据有些出入。同时，IMD 的评价结论也直接与其体系和方法密切相关，需要我们分析对待。还应注意到，IMD 对企业效率的评价是在企业作为一个整体的意义上，而我们应用时大多是针对“企业个体”，那么就存在许多不同和变化。另外，从经济学理论角度以及方法论的角度思考，IMD 关于竞争力评价的体系和方法也未必是完美无缺的，似乎也存在着值得商榷的地方。这一点，我们从 IMD 每年的体系中个别指标的变化以及评价体系的整合中可以发现。IMD 本身也在试图不断地改进和完善其体系和方法。但这些不应该影响我们首先了解它、学习它，并在学习和吸收中实现超越。

通过《世界竞争力年鉴》，可以在世界范围内知彼知己。以企业竞争力为例，2002 年 IMD《世界竞争力年鉴》显示：中国在经济表现、政府效率、基础设施、国际竞争力不断攀升的同时，企业效率国际竞争力仍趋下降。在国际竞争力的四大要素中，企业效率排名远远落后，表明其掣肘着中国国际竞争力。

2002 年中国国际竞争力总体排名上升 2 位，其中，经济表现排名上升 4 位，政府效率排名上升 5 位，基础设施排名上升 4 位。而企业效率却在 2001 年排名第 40 位的情况下，下降到 2002 年的第 43 位。并且，企业效率是从 1998 年到 2002 年连续 5 年持续下滑。

一方面，生产效率虽呈逐年上升趋势，但总体水平仍居世界后列。我国生产效率从 1995 年到 2001 年呈逐年上升趋势。其中，综合生产率的实际增长率到 2002 年第三位，遥遥领先于韩国（第 14 位）、法国（第 22 位）、德国（第 29 位）、日本（第 35 位）和美国（第 24 位）。然而，综合生产率、劳动生产率、农业生产率、工业生产率、服务业生产率在 2002 年均没有走出后三位，和印度尼西亚、印度、阿根廷三个国家比肩。农业生产率更居印度尼西亚之后。

每个农业劳动力创造的相应 GDP 仅相当于排名第 3 位的美国的 0.87% ，排名第 21 位的日本的 2.7%，排名第 28 位的韩国的 5.7%。劳动生产率相当于排名第 3 位的美国的 2%，排名第 5 位的日本的 2.3%，排名第 30 位的韩国的 10%。在 11 个生产效率指标中，除了综合生产率的实际增长率领先之外，其余 10 项指标均排在 47 位或 48 位。

第二方面，劳动力市场国际竞争力成为与教育国际竞争力并列的两大最弱项。IMD 劳动力市场国际竞争力分成本、劳资关系和人才可获得性三个方面共 20 个指标。其中，我国最危机的是人才可获得性。我国是人才流失对竞争力损害最严重的国家之一，仅好于委内瑞拉、俄罗斯和南非。熟练劳动力排名居第 48 位，说明熟练劳动力在我国劳动力市场上极难获得。金融人才、国际经验、称职的高层管理人员等三项指标均居最后一位，说明金融人才在我国劳动力市场上容易获得程度、高层管理者通常具有丰富的国际经验方面以及称职的高层管理人员在我国劳动力市场上容易获得程度等，都是所有参评国家和地区中最差的。另据《华尔街时报》对经理人的国外工作经验进行的一项调查：有 293 名被调查对象分别来自美国、日本和欧洲等地。没有国外工作经验的，美国为 14%，欧洲为 3%，日本为 1%。很难想象，一个未跨出过国门的企业家，他们能具备全球化眼光、全球化思维方式、能利用国外的资源和市场、能在国际竞争中使企业机会成本的边际效益最大化。我国企业高级人才的极大匮乏，导致了劳动力市场国际竞争力成为与教育国际竞争力并列的两大最弱项，在 IMD 排名中居倒数第 3 位(我国的教育国际竞争力居倒数第 2 位)。

第三方面，金融国际竞争力比生产效率国际竞争力更弱。我国金融国际竞争力排名居第 43 位，比排名第 41 位的生产效率国际竞争力更落后两位。尽管我国银行部门的资产占 GDP 的比例、股票市场筹资额以及国内上市公司数目分别居于第 9、第 11 和第 8 位，都具有很强的国际竞争力，但从银行效率、股票市场效率和自筹经费三个方面看，我国都明显缺乏国际竞争力。其中，反映银行效率的 9 个指标中，除银行部门的资产外，其余 8 项指标要么缺项，要么缺乏竞争力。如信贷居第 45 位，发行的信用卡数目居第 46 位，企业发展容易获得风险资本居第 43 位，银行服务居第 46 位。而且，信用卡交易和机构投资者的金融资产两项指标缺项。从银行业规定这项指标看，我国银行业规定对竞争力没有阻碍的程度位于第 34 位，一方面体现了我国金融体制改革取得了一定的成就，另一方面也说明我国金融改革仍然需要深化。

在股票市场效率方面，股票市场指数、股东权利和义务明确界定、金融机构透明度和内幕交易不普遍程度方面分别居第 43、43、46 和 45 位。

第四方面，管理实践国际竞争力也弱于生产效率国际竞争力。我国企业管理实践国际竞争力排名第 42 位，其中适应性排名第 47 位，表明我国企业适应市场变化的能力很差，和印度尼西亚、波兰同位于最后三位；管理人员的信誉排名第 44 位，说明管理人员在经济中可信性被广泛认可的程度还很低;销售排名第 48 位，说明我国企业中有效地进行销售几乎最差，只比波兰好一点；企业家精神排名第 47 位，说明我国企业家精神还很不普遍。这一指标与 1999 年的排名第 17 位相比严重下降。

其余如伦理实践、公司董事会、股东价值、消费者满意度、公司的设立、健康、安全和环境事务的排名均在 30 至 39 之间 ，表明伦理实践在公司中采用、公司董事会确实合适地监督公司的管理、有效地管理股东价值、重视消费者满意度、设立公司普遍性、健康、安全和环境事务被管理层充分重视程度等也有相当的差距。

不过，社会责任指标我国排名第 29 位，表明我国企业家和商界领袖比较重视对社会的责任，但较之 1999 年排名第 18 位来说，还是下降了许多。

第五方面，全球化影响可能成为我国快速

提高企业国际竞争力的强有力的杠杆。全球化影响是IMD适应全球化经济形势而在2002年新增的指标，并作为企业效率的五个方面之一，共包含全球化、对全球化的态度、生产的再分配、R&D设施的再分配和海外形象等5个指标。我国在全球化影响方面排名第22位，是企业效率五个方面中最出色的。其中，虽然全球化没有威胁我国经济的排名居第45位，揭示出了我国面临着全球化的巨大挑战。但同时，我国对全球化的态度普遍积极，排名第25位，居于德国、意大利、澳大利亚和法国之前列。而且生产的再分配指标我国排名第10位，表明国外的生产再分配对我国经济的未来威胁程度很小，在这一方面，机遇可能大于挑战。R&D设施的再分配排名第24位，表明R&D设施的再分配对我国经济的未来威胁也不十分严重，在这方面，需要我们抓住机遇。我国海外形象排名第9位，表明我国的海外形象极大地支持了我国企业的发展，中国企业正在赢得越来越好的国际形象，并越来越善于适应全球化，越来越善于抓住机遇，全球化影响可能会成为我国快速提高企业国际竞争力的强有力的杠杆。

我很高兴能够得到IMD的授权，感谢IMD同意翻译IMD《世界竞争力年鉴2002》，并同意在中国出版和发行，使得中国有更多的人能更方便地读到本书。

这个授权的获得得到了IMD的全球36家合作单位之一----国务院体改办经济体制与管理研究所尤其是高世楫副所长的大力支持和帮助。在此表示诚挚的谢意！

非常感谢高世楫博士在百忙之中校对文稿并提出翻译与修改意见。

感谢中国人民大学的学弟、学妹们。他们帮助我做了大量烦琐的工作。由于他们的努力，使中译本基本保持了原著的风格和面貌。

感谢北京同兴隆文化交流中心对本书的问世所做出的贡献。

感谢中国财政经济出版社在本书出版发行方面所给予的大力支持。

最后必须强调的是，《世界竞争力年鉴2002》中，“国家”和“经济体”并用，当提到“49个国家”、“49国”时，指的是“49个国家和地区”；当提到“国”和“国家”时，往往指的是“国家和地区”。翻译时没有做一一修改，但作了一些必要的修正，并且作了注释说明。

由于本译著篇幅、图表及其制作量都很大，限于译者的水平，加之时间关系，不足之处在所难免，敬请读者原谅。

姚俊梅
2002年10月19日

IMD 世界竞争力年鉴 2002

IMD INTERNATIONAL

Real World. Real Learning®

June 2002

IMD WORLD COMPETITIVENESS YEARBOOK 2002

ISBN 2-9700121-6-2

ISSN 1026-2628

IMD

23, Ch. de Bellerive

P. O. Box 915

CH-1001 Lausanne

Switzerland

Tel: +41 21 618 02 51

Fax: +41 21 618 02 04

e-mail: wcyinfo@imd.ch

Internet: http://www.imd.ch/wcy

IMD World Competitiveness Yearbook:

- Standard Price: Sfr. 900.-
- 3-Year Subscription: Sfr. 1,800.-

IMD World Competitiveness Yearbook Electtonic Products:

- Per criterion: Sfr. 50.-/year
- 5-Year Time-Series: Sfr. 250.-/criterion
- Country Profile (8 pages): Sfr. 300.-/country
- Special Country Report: on request

序　　言

我很高兴将IMD2002年《世界竞争力年鉴》呈现给读者，它仍然是有关国家竞争力的最知名和最综合的年度报告。《世界竞争力年鉴》对国家提供一种支撑企业竞争力的环境的能力进行分析并排序。它是为全世界的决策者设计的。今年的年鉴也包含了补充的国家、地区和政府作为参考，以反映扩展的全球市场和发展中经济的增长现状。

《世界竞争力年鉴》对于政府政策制定者、企业高层管理人员和学术机构是必不可少的参考。它提供一种多维的但是使用方便的"一次停止"的方法，将一国的经济业绩与全球经济相比较。这种广泛的研究选取了超过300个竞争力指标，是与全球36个合作机构组成的独特网络进行合作的结果。随着新的理论、研究和数据成为可行，以及全球经济的发展，这些指标也在不断地修订和更新。这样，《世界竞争力年鉴》将与国家环境和快速变化的技术革命中的结构变化保持同步。

IMD已在过去的14年中出版了《世界竞争力年鉴》，并将其作为每年进行的一个关键的研究项目。我们期望你能发现今年的年鉴可以成为你决策的一个有用资源。

June 2002
Professor Peter Lorange

President IMD
The Nestlé Professor

目录

序言 3

《国际竞争力年鉴》是什么？ 6

总体排名 7

IMD世界竞争力小组 8

合作机构 9

致谢 13

世界竞争力得分表 14

指标列表 16

执行总裁总结 24

方法简介 28

竞争力要素排名 29

子要素排名 36

国家竞争力结构 38

国家①轮廓 47

统计表格 445

国家竞争力：基本原理 658

分析的方法和原则 666

经常性问题 678

附录 I 注释与来源 681

附录 II 按字母顺序的来源列表 697

附录 III 模拟之外的指标 703

附录 IV 指标的英文索引 704

国家与地区轮廓

阿根廷 52

澳大利亚 60

奥地利 68

比利时 76

巴西 84

加拿大 92

智利 100

中国香港地区② 108

中国 116

哥伦比亚 124

捷克 132

丹麦 140

爱沙尼亚 148

芬兰 156

法国 164

德国 172

希腊 180

匈牙利 188

冰岛 196

印度 204

印度尼西亚 212

爱尔兰 220

以色列 228

意大利 236

日本 244

韩国 252

卢森堡 260

马来西亚 268

墨西哥 276

荷兰 284

新西兰 292

挪威 300

菲律宾 308

波兰 316

葡萄牙 324

俄罗斯 332

新加坡 340

斯洛伐克 348

斯洛文尼亚 356

南非 364

西班牙 372

瑞典 380

瑞士 388

台湾(地区）③ 396

泰国 404

土耳其 412

英国 420

美国 428

委内瑞拉 436

注：①本年鉴中，“国家”与“经济体”并用。凡“国家与地区”大都简以“国家”或“国”以后不再一一更正与注明。——译者

② “香港”是中国香港地区，本书简称作“香港”,以后均同，不再一一注明。——译者

③ “台湾”、或“台湾（地区）”是中国台湾地区，本书简称作“台湾”或“台湾（地区）”以后均同，不再一一注明。——译者

统　计　表

第 I 章：经济表现

1.1 国内经济
- 规模 449
- 增长 459
- 财富 465
- 预测 469

1.2 国际贸易 472

1.3 国际投资
- 对外投资 488
- 金融 494

1.4 就业 496

1.5 物价 502

第 III 章：企业效率

3.1 生产率 557

3.2 劳动力市场
- 成本 564
- 劳资关系 567
- 人才可获得性 570

3.3 金融
- 银行效率 578
- 股票市场效率 583
- 自筹经费 589

3.4 管理实践 590

3.5 全球化影响 595

第 II 章：政府效率

2.1 公共财政 507

2.2 财政政策 514

2.3 组织机构
- 中央银行 521
- 国家效率 527
- 公平与安全 532

2.4 企业法规
- 开放度 534
- 竞争法规 537
- 劳动法规 540
- 资本市场法规 542

2.5 教育 546

第 IV 章：基础设施

4.2 基本基础设施 601

4.3 技术基础设施 615

4.3 科学基础设施 625

4.4 健康与环境 639

4.5 价值系统 652

《世界竞争力年鉴》是什么？

《世界竞争力年鉴》对国家[1]提供一种支撑企业竞争力的环境的能力进行分析并排序。

- 描述 49 个工业化的和正在出现的经济体
- 包含补充的国家、地区和政府作为参考
- 提供 314 个不同的指标，分为 4 类竞争力要素
- 硬指标来源于国际的、国家和地区的机构和非官方机构
- 软指标（调查数据）来源于高级管理人员意向调查
- 超过 5 年的时间合计数据
- 与 36 个全球合作机构协作保证准确性
- 从 1989 年开始出版

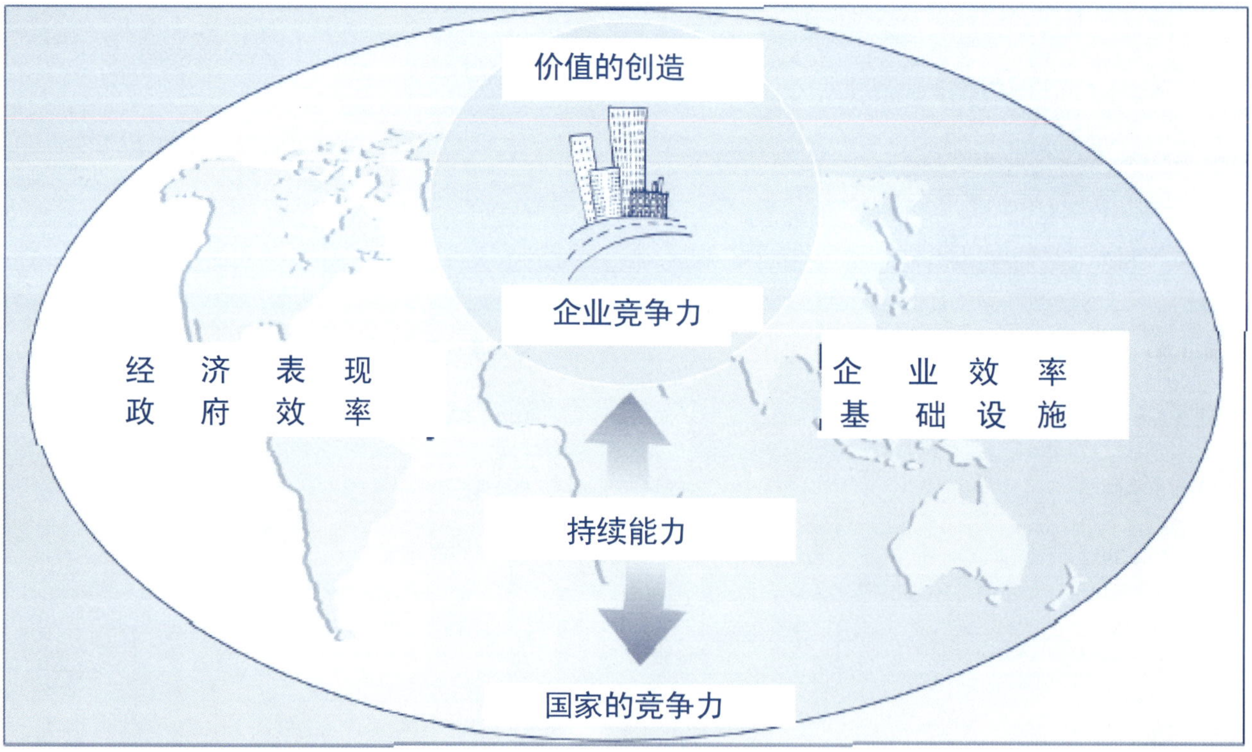

[1] 本书凡称“49 个国家”、“49 国”以及“一国”“国家”等处均指“49 个国家与地区”或“国家与地区”，以下同，不再一一注明。——译者

世界竞争力得分表，2002

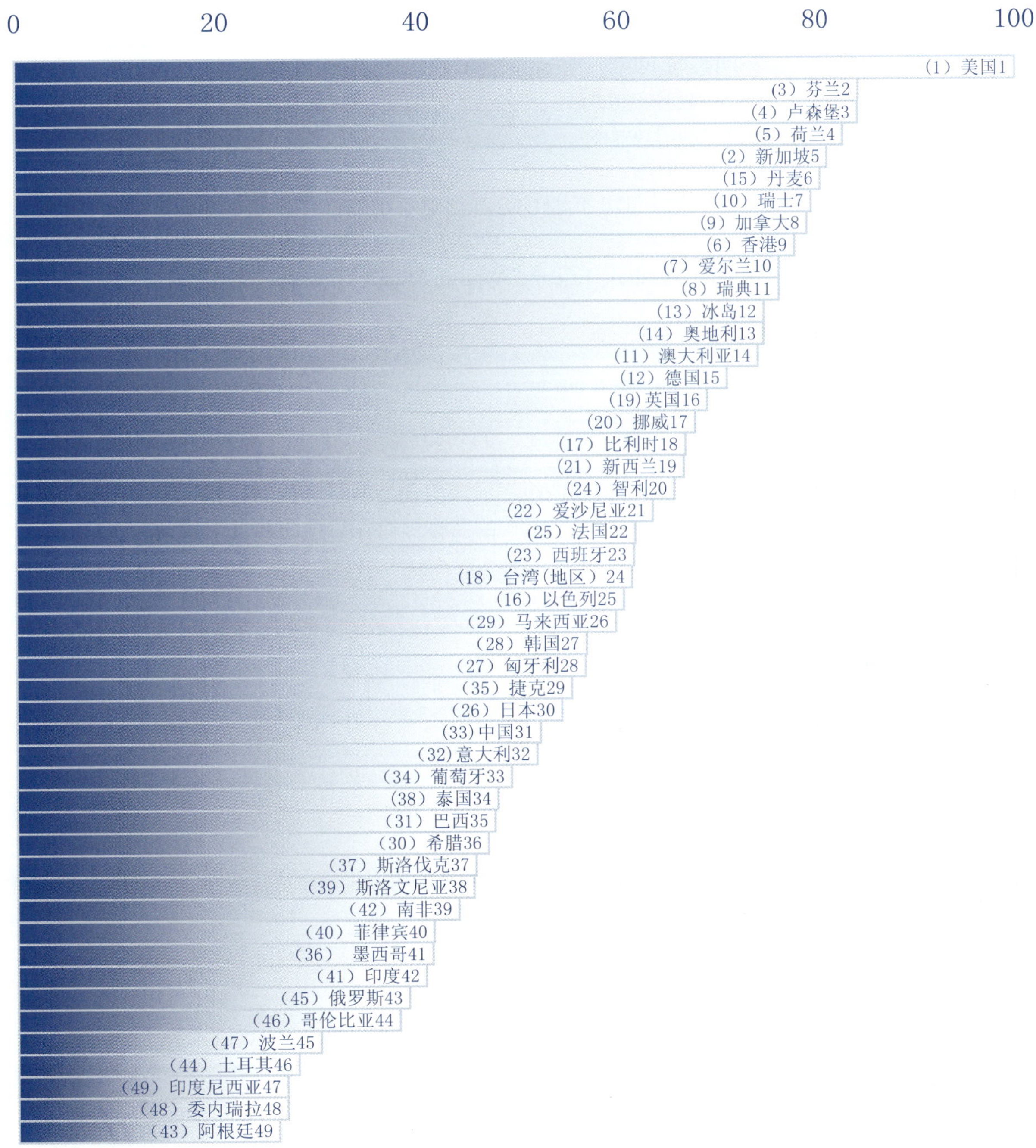

（括号内为2001年排名）

IMD 世界竞争力小组

世界竞争力年鉴是团队工作的结果：

在 IMD	Anne-France Borgeaud Pierazzi	研究/合作机构关系
	Stéphane Garelli	研究/项目主管
	Madeleine Hediger	研究/合作机构关系
	Catherine Jobin	订单处理
	Suzanne Rosselet	研究/方法学
	Christine Travers	协调/营销/生产

与公共事务部、信息中心和信息系统部合作。

在 Shakan	Michel Mirshak, Etienne Aymon, Maude Glassey
以及设计	Natalie Samuel, Lausanne

我们还有同由合作机构和其他组织组成的独特网络合作的特权。这些合作机构和其他组织确保收集的数据的恰当性。这些机构的名称可以在后续的几页中找到。

世界竞争力在线也可以在网上找到：

http://www.imd.ch/wcy

联系人：
Christine Travers 女士
电话：+41 21/618 02 51
E-mail: wcyinfo@imd.ch

Professor Stéphane Garelli, IMD

合 作 组 织

我们对合作组织的贡献深表感谢，这使他们本国范围内广泛的竞争成为可能。
以下的组织和人员从他们的国家来源为我们提供了数据，并帮助我们分发了调查问卷表。

阿根廷	Universidad Catolica Argentina，Buenos Aires 经济和社会科学学院 Ludovico Videla 博士，经济和社会科学学院院长 Carlos G.Garaventa 博士，研究生部和 MBA 项目主任 Martin Fraguio，研究生部的 MBA 联系人
澳大利亚	澳大利亚经济发展委员会，Melbourne John Nieuwenhuysen 博士，首席执行官
巴西	Fundacao Dom Cabral, Belo Horizonte, Minas Gerais Carlos Arruda博士，Associate Dean for Development Fabiana Santos 先生，研究员
加拿大	加拿大投资伙伴，渥太华，Ontario Rocco Delvecchio 博士，主任 Christopher Mckee 博士
智利	智利大学，圣地亚哥 商务部 Sergio Olavarrieta 博士，副教授 Leonor Poduji 教授，指导员
中国香港地区	香港贸易发展理事会，旺角 Edward Leung 先生，首席经济学家，项目主任 Daniel Poon 先生，首席经济学家助理 Raymond Yuen 先生，经济学家
中国	国务院体改办 经济体制与管理研究所，北京 Chen Li 先生，副所长 Gao shi-ji 博士，副所长 Dong Ying 女士 研究员，国际体制比较研究室 Ye Xiang Qun 博士，社会调查网络主任 Zhou Mei 先生，国际体制比较研究室
哥伦比亚	国家计划部，Santafa de Bogota_ Juan Carlos Echeverry 先生，总主任 Maria Isabel Agudelo 先生，产业和贸易政策 Tatiana Nunez 先生，产业和贸易政策

合 作 组 织

捷克共和国	C.E.R.G.E._E.I. Jan Janousek 博士，执行主任 Lubormir Lizal 先生
爱沙尼亚	爱沙尼亚经济研究协会，塔林 Marje Josing 女士，主任 Leev Kuum 教授，科学官员 Koit Nilson 先生，研究官员 爱沙尼亚投资机构 Andrus Viirg 先生，主任
希腊	北希腊产业联盟 Anastasios Alexandridis 博士，PhD，副执行主席 Ioannis Lemperos 先生，MSc，研发部部长 Anastasia Akranidou 先生，助理研究 National and Capodistrian University of Athens Lena Tsipouri 博士，PhD，教授 Tassos Arapos 先生，助理研究员 Evita Paraskevopoulou 女士，助理研究员
冰岛	国家经济学会，雷克雅末 Hrodmar Bjarnason 先生，项目主任 Thordur Fridjonsson 先生
印度	国家生产力理事会，新德里 N.K.Nair 博士，研究主任及秘书 K.P.Sunny 博士，代理研究主任
印度尼西亚	战略和国际研究中心，雅加达 Hadi 先生，执行主任 Puspa Delima Amri 女士
爱尔兰	爱尔兰行业发展机构（IDA），都柏林 Sean Dorgan 先生，首席执行官 Caitriona O'Kennedy 女士，信息处经理，市场服务部
以色列	Federation of Israeli Chambers of Commerce, Tel-Aviv Yossi Shostak 先生，执行主任 Israela Many女士，Head of Economics
意大利	CONFINDUSTRIA，经济研究部，罗马 Gianpaola Galli 博士，首席经济学家

Pasquale Capretta 博士，高级经济学家
Ssa Stefania Nardone 博士，研究人员

日本　Dentsu Institute for Human Studies, Tokyo
Shinji Fukukawa 先生，首席执行官
Yoshiyuki Sodekawa 先生，研究主任

韩国　韩国人类发展学会，汉城
Jin-Ho Jeong 博士，会长，KHDI

卢森堡　商务院，Grand-Duchy，卢森堡
Paul Hippert 先生，管理主任
Carlo Thelen 先生，经济咨询员

马来西亚　国家生产力社团，petaling，Jaya
Ir. Mah Lok Abdulah，董事长
Ab.Wahab Muhamad 博士，代理董事长（研究）
Chan Kum Siew 女士，经理

墨西哥　Corporacion Mexicana de Investigacion en Materiales COMIMSA), Saltillo
M.C.Carlos Maroto Cabrera，董事长

挪威　挪威工商业联盟 奥斯陆
Tor Steig 先生，主任
Katarina Satersdal 女士，主任助理

菲律宾　Washington SyCip Policy Center,，亚洲管理机构，马卡提城
Pederico Macaranas 博士
Mr. Roberto Galang, Jr., Program Head
Chani Solleza 女士，研究员

波兰　华沙经济学院，华沙
Bogdan A.Radomski 博士，金融副教授

葡萄牙　FORMEDIA-IEFEG，里斯本
Eduardo Cruz 博士，主任

俄国　莫斯科国际高等商学院，莫斯科
Stanislas S.Savin 教授 校长
Rem A.Belousov 教授，数据分析系主任
Elena V. Zoubkova 女士，国际关系系副教授

合 作 组 织

新加坡	国家科学技术委员会，新加坡 Warren Wang 先生，高级经理 Richard Koh 先生，计划司 工商部，经济司，新加坡 Friedrich Wu 博士，主任 Tang Hsiu Chin 先生，高级经济学家 Poa Tiong Siaw 先生，高级经济学家
斯洛伐克共和国	斯洛伐克投资贸易发展协会 SARIO Martin Kapko 先生，执行董事会成员 Attila Molnar 先生（外部合作者）
斯诺文尼亚	经济研究机构，卢布尔雅那 Peter Stanovnik 博士，主任 Art Kovacic 先生，文学硕士 Mateja Drnovsek 女士，文学硕士 卢布尔雅那大学，经济系教员，卢布尔雅那 Ales Vahcic 教授
南非	国家生产力机构，比勒陀利亚 Yvonne Dladla 博士，执行主任 Jan de Jager 先生
中国台湾地区	经济规划发展顾问委员会，台北 Hsin-I Lin 先生，主任 Mei-Yueh Hu 女士，副主任 C.Y.Hu 先生，经济研究部主任 Chung-Chung Shieh 女士，研究员
泰国	泰国管理协会，曼谷 Sunan Na Nagra 女士，首席执行官
土耳其	土耳其工商业联盟，伊斯坦布尔 Umit Izmen 博士，副总秘书长 Turker Hamzaoglu 先生，经济研究部主管
英国	服务管理机构，Middlesex Harry Downes 先生，主任
委内瑞拉	国家投资促进顾问委员会（CONAPRI），加拉加斯 Maria Eugenia 女士，特别项目组 Saris Brito 女士，特别项目组

致　谢

我们特别感谢以下的机构允许我们引用他们的统计数据：

CB Richard Eellis，苏黎世，瑞士
技术咨询公司(CC&T)，日内瓦，瑞士
计算机行业年鉴协会，布法罗，美国
Euromonitor，伦敦，英国
国际要素链，阿姆斯特丹，荷兰
国际商务顾问（INBUCON），里士满，萨里，英国
机构投资者公司，纽约，美国
国际警察组织，里昂，法国
诺贝尔基金会，斯德哥尔摩，瑞典
普华永道，洛桑和日内瓦，瑞士
标准普尔，纽约，美国
西门子，慕尼黑，德国
TARIFICA, PBI 媒体，伦敦，英国
瑞士联合银行，经济研究部，苏黎世，瑞士
世界自然基金，格兰，瑞士

下列的组织和人士为世界竞争力年鉴提供了他们手头最新的统计资料。这使得我们能够在 2002 版的世界竞争力年鉴中列举最新、最准确的数据。我们对他们的无私帮助表示感谢。

计算机行业年鉴公司，布法罗，Egil Juliussen 先生
国际民间航空组织, 蒙特利尔，Attilio Costaguta 先生
国际商务顾问，里士满，Natalie Liddle 女士
国际劳工组织，日内瓦，Messaoud Hammouya 先生
国际电信联盟，日内瓦，Esperanza Magpantay 女士
经济合作与发展组织，巴黎，Nicolas Vanston 先生和 Frederique Zegel 女士
西门子，慕尼黑，Birthe Diez 女士
TARIFICA, PBI 媒体，伦敦，Margrit Sessions 女士
世界银行，华盛顿，Yonas Biru 先生和 David Cieslikowski 先生
世界知识产权组织，日内瓦，Lise Mcleod 女士
世界贸易组织，日内瓦，Vuddha Meach 女士

要素细目分类

总体

经济表现

国内经济	1.1
规模	1.1.01—1.1.11
增长	1.1.12—1.1.21
财富	1.1.12—1.1.21
预测	1.1.28—1.1.13

国际贸易 1.2

国际投资	1.3
对外投资	1.3.01—1.3.08
金融	1.3.09—1.3.10

就业 1.4

物价 1.5

政府效率

公共金融 2.1

财政政策 2.2

组织机构	2.3
中央银行	2.3.01—2.3.07
国家效率	2.3.08—2.3.17
公平与安全	2.3.18—2.3.22

企业法规	2.4
开放度	2.4.01—2.4.05
竞争法规	2.4.06—2.4.12
劳动法规	2.4.13—2.4.15
资本市场法规	2.4.16—2.4.24

教育 2.5

得　分　表

企业效率

生产率	3.1
劳动力市场	3.2
成本	3.2.01-3.2.04
劳资关系	3.2.05-3.2.09
人才可获得性	3.2.10-3.2.20
金融	3.3
银行效率	3.3.01-3.3.09
股票市场效率	3.3.10-3.3.17
自筹经费	3.3.18-3.3.19
管理实践	3.4
全球化压力	3.5

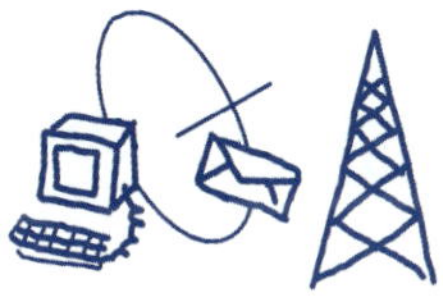

基础设施

基本基础设施	4.1
技术基础设施	4.2
科学基础设施	4.3
健康与环境	4.4
价值系统	4.5

经 济 表 现

经 济 表 现

国内经济实力

规模			
1.1.01	国内生产总值（GDP）	按现行价格、汇率计算，10亿美元	449
1.1.02	国内生产总值（PPP）	估计值：按购买力平价计算，10亿美元	450
1.1.03	个人最终消费支出	10亿美元	451
1.1.04	个人最终消费支出	占GDP的百分比	452
1.1.05	政府最终消费支出	10亿美元	453
1.1.06	政府最终消费支出	占GDP的百分比	454
1.1.07	国内总投资额	10亿美元	455
1.1.08	国内总投资额	占GDP的百分比	456
1.1.09	国内总储蓄额	10亿美元	457
1.1.10	国内总储蓄额	占GDP的百分比	457
1.1.11	经济部门	各部门占GDP的百分比	458
增长			
1.1.12	实际GDP增长率	按本地货币、不变价格计算的变化率	459
1.1.13	实际人均GDP增长率	按本地货币、不变价格计算的变化率	460
1.1.14	个人最终消费支出实际增长率	按本地货币、不变价格计算的变化率	460
1.1.15	政府最终消费支出实际增长率	按本地货币、不变价格计算的变化率	461
1.1.16	国内总投资额增长率	按本地货币、不变价格计算的变化率	461
1.1.17	国内总储蓄额实际增长	按本地货币、不变价格计算的变化率	462
1.1.18	农业实际增长	按本地货币、不变价格计算的变化率	462
1.1.19	工业生产实际增长	按本地货币、不变价格计算的变化率	463
1.1.20	服务业实际增长	按本地货币、不变价格计算的变化率	463
1.1.21	经济的弹性	经济体对于经济周期的弹性强	464
财富			
1.1.22	人均GDP	人均美元	465
1.1.23	人均GDP	估计值，按购买力平价计算的人均美元	466
1.1.24	人均最终消费支出	人均美元	467
1.1.25	人均政府最终消费支出	人均美元	467
1.1.26	人均国内总投资额	人均美元	468
1.1.27	人均国内总储蓄额	人均美元	468
预测			
1.1.28	实际GDP增长率预测	按本地货币、不变价格计算的变化率	469
1.1.29	个人消费支出实际增长率预测	按本地货币、不变价格计算的变化率	469
1.1.30	国内总投资额实际增长率预测	按本地货币、不变价格计算的变化率	470
1.1.31	通货膨胀预测	通货膨胀变化率	470
1.1.32	失业预测	失业人员占全部劳动力的百分比	471
1.1.33	经常项目差额预测	经常项目差额占GDP/GNP的百分比	471

经 济 表 现

国际贸易

1.2.01	经常项目差额	经常项目差额，10亿美元（负号为逆差）	472
1.2.02	经常项目差额	经常项目差额占GDP的百分比	473
1.2.03	贸易收支差额	贸易收支差额，10亿美元（负号为逆差）	474
1.2.04	贸易收支差额	贸易收支差额占GDP的百分比	475
1.2.05	服务收支差额	服务收支差额，10亿美元（负号为逆差）	476
1.2.06	服务收支差额	贸易收支差额占GDP的百分比	477
1.2.07	商品出口额	商品出口额，10亿美元	478
1.2.08	商品出口额	商品出口额占GDP的百分比	479
1.2.09	商品出口额实际增长率	按本地货币、不变价格计算的变化率	480
1.2.10	商业服务出口额	10亿美元	480
1.2.11	商业服务出口额	商业服务出口额占GDP的百分比	481
1.2.12	商业服务出口实际增长	按本地货币、不变价格计算的变化率	481
1.2.13	出口的产业结构	三次产业出口占总出口的百分比	482
1.2.14	商品和商业服务进口额	10亿美元	483
1.2.15	商品和商业服务进口	占GDP的百分比	484
1.2.16	商品和商业服务进口实际增长	按本地货币、不变价格计算的变化率	485
1.2.17	进口的产业结构	三次产业进口占总进口的百分比	485
1.2.18	外贸依存度	（出口+进口）/（2×GDP）	486
1.2.19	贸易条件指数	出口单位价值比进口单位价值（1995=100）	486
1.2.20	旅游收入	来自国外的旅游收入占GDP的比重	487

国际投资

投资

1.3.01	对外直接投资流量	10亿美元	488
1.3.02	对外直接投资流量	对外直接投资流量占GDP的百分比	489
1.3.03	对外直接投资存量	10亿美元	490
1.3.04	对外直接投资存量实际增长率	按本地货币、不变价格计算的变化率	491
1.3.05	吸引国外直接投资流量	10亿美元	492
1.3.06	吸引国外直接投资流量	吸引国外直接投资流量占GDP的百分比	493
1.3.07	吸引国外直接投资存量	10亿美元	493
1.3.08	吸引国外直接投资存量实际增长率	按本地货币、不变价格计算的变化率	494

金融

1.3.09	证券投资资产	10亿美元	494
1.3.10	证券投资负债	10亿美元	495

就业

1.4.01	总就业人口	总就业人口（百万）	496
1.4.02	就业率	总就业人口占总人口的百分比	497
1.4.03	就业增长	变化率	498
1.4.04	就业的产业结构	各产业就业人口占总就业人口的百分比	498
1.4.05	公共部门的就业率	占总就业人口的百分比	499
1.4.06	失业率	占劳动力比率	500
1.4.07	青年失业	25岁以下失业人口占总失业人口比例	501

物价

1.5.01	消费品价格上涨	年平均比率	502
1.5.02	生活费指数	主要城市不包括住房的各种货物支出指数（纽约=100）	503
1.5.03	公寓房租	主要城市三居室月租金，美元	503
1.5.04	办公室租金	占用期间总费用（美元/平方米·年）	504

政 府 效 率

政府效率

公共财政

2.1.01	中央政府预算盈余/赤字	10亿美元	507
2.1.02	中央政府预算盈余/赤字	占GDP的百分比	508
2.1.03	中央政府国内负债	10亿美元	509
2.1.04	中央政府国内负债	占GDP的百分比	509
2.1.05	中央政府国外负债	10亿美元	510
2.1.06	中央政府国外负债	占GDP的百分比	510
2.1.07	中央政府总负债实际增长率	按本地货币、不变价格计算的变化率	511
2.1.08	利息支付额	占当前收入的百分比	511
2.1.09	公共财政的管理	公共财政的管理在两年后可能完善	512
2.1.10	国家总储备	包括黄金和官方储备（每盎司黄金=35个特别提款权）	513
2.1.11	一般政府支出	占GDP的百分比	514

财政政策

2.2.01	税收总收入	占GDP的百分比	514
2.2.02	个人收入税有效税率	占人均GDP的百分比	515
2.2.03	个人收入税	在利润、收入、资本收益上征收的个人税占GDP比重	515
2.2.04	雇员社会保障缴款率	强制缴款占人均GDP的百分比	516
2.2.05	雇员的社会保障缴款	强制缴款占GDP的百分比	516
2.2.06	实际个人税	实际个人税并不阻碍人们工作或者寻求发展	517
2.2.07	对利润征收的平均公司税率	占税前利润的百分比	517
2.2.08	公司税	在利润、收入、资本收益上征税占GDP比重	518
2.2.09	雇主的社会保障缴款率	强制缴款占人均GDP的比率	518
2.2.10	雇主的社会保障缴款	强制缴款占GDP的百分比	519
2.2.11	实际公司税	实际公司税鼓励企业的活力	519
2.2.12	资本和财产税	资本和财产税占GDP的百分比	520
2.2.13	间接税	商品和服务税占GDP的比重	520
2.2.14	逃税	逃税在贵国不普遍	521

组织机构

中央银行

2.3.01	短期实际利率	平均贴现率/优惠利率（1月-12月）	521
2.3.02	资本成本	贵国资本成本鼓励公司发展	522
2.3.03	利率差	贷款利率减去存款利率	523
2.3.04	国家信用评级	由《机构投资者杂志》杂志按百分制评分	524
2.3.05	中央银行政策	中央银行政策对经济发展有积极影响	525
2.3.06	汇率政策	贵国汇率政策支持公司的竞争力	525
2.3.07	汇率稳定度	本币相对于特别提款权的汇兑年价变动	526

政府效率

2.3.08	关于政策方向的一致性	政府中政策方向的一致性很高	527
2.3.09	法律体系	法律体系不损害贵国的竞争力	527
2.3.10	新立法	新立法鼓励企业竞争力	528
2.3.11	政府经济政策	政府经济政策快速适应于经济发展	528
2.3.12	政府决策	政府决策可以有效实施	529
2.3.13	政治团体	政治团体确实理解目前的经济挑战	529
2.3.14	透明度	政府政策的透明度是令人满意的	530
2.3.15	公共服务	公共服务不受政治干预	530
2.3.16	官僚主义	官僚主义不阻碍企业发展	531
2.3.17	受贿和腐败	受贿和腐败在经济中不盛行	531

公平与安全

2.3.18	公平	贵国的社会公平得到公正管理公平	532
2.3.19	个人安全和个人财产	个人安全和个人财产得到充分保护	532
2.3.20	政策不稳定性风险	政策不稳定性风险很低	533
2.3.21	社会凝聚力	社会凝聚力是政府的首要目标	533
2.3.22	严重犯罪	每10万居民中谋杀、暴力犯罪或者武装盗窃的数目	534

政 府 效 率

企业法规

开放度			
2.4.01	贵国参与区域贸易集团的程度	贵国参与区域贸易集团提供进入外国市场的途径	534
2.4.02	海关职权	海关职权推动了商品的有效转口	535
2.4.03	保护主义	保护主义没有影响贵国的企业行为	535
2.4.04	公共部门合同	公共部门合同向外国投标者充分开放	536
2.4.05	出口信用和保险	公司可以以合理的价格得到出口信用和保险	536
竞争法规			
2.4.06	政府补贴	对私人和公共企业的补贴占GDP比重	537
2.4.07	竞争立法	贵国竞争立法阻止不正当竞争	537
2.4.08	产品和服务立法	产品和服务立法不损害公司行为	538
2.4.09	价格控制	价格控制没有影响多数产业的产品定价	538
2.4.10	地下经济	地下经济不损害贵国的经济发展	539
2.4.11	外国公司	外国公司不被国内立法区别对待	539
2.4.12	新企业	新企业在贵国容易建立	540
劳动法规			
2.4.13	劳动法规	劳动法规（雇/解雇惯例、最低工资等）足够灵活	540
2.4.14	失业立法	失业立法激励人们寻找工作	541
2.4.15	移民法	移民法不禁止本国公司雇用外国劳动力	541
资本市场法规			
2.4.16	金融机构法规	金融机构法规对于金融稳定性是足够的	542
2.4.17	金融交易的机密性	金融交易的机密性是有保证的	542
2.4.18	跨国经营风险	建立跨国界企业可以自由谈判	543
2.4.19	外国投资者	外国投资者可以自由在国内公司中取得控制力	543
2.4.20	外国金融机构	外国金融机构可以进入本国市场	544
2.4.21	进入国内资本市场	外国公司进入国内资本市场不受限制	544
2.4.22	进入国外资本市场	国内公司进入国外资本市场不受限制	545
2.4.23	投资激励	对外国投资有吸引力	545
2.4.24	投资保护计划	投资保护计划大多数外放国家可以享受	546
教育			
2.5.01	全部公共教育支出	全部公共教育支出占GDP的比例	546
2.5.02	学生—教师比（初等教育）	学生与教师职员的比例	547
2.5.03	学生—教师比（中等教育）	学生与教师职员的比例	548
2.5.04	中等学校入学人数	接受全日制教育的相关年龄组所占比例	548
2.5.05	高等教育成绩	25-34岁人中至少获得三级教育的人口所占比例	548
2.5.06	教育评估	15岁人口的比萨调查	549
2.5.07	教育体系	教育系统满足有竞争力的社会的需要	549
2.5.08	大学教育	大学教育满足有竞争力的社会的需要	550
2.5.09	文盲率	成人（15岁以上）文盲占总人口比例	550
2.5.10	经济知识普及	经济知识普及率高	551
2.5.11	教育资金	教育资金在贵国很充足	552
2.5.12	合格工程师	合格工程师在贵国劳动力市场上容易获得	553
2.5.13	知识转让	公司与大学间的知识转让很充分	553

企 业 效 率

企业效率

生产率

3.1.01	综合生产率（购买力平价）	每个就业者人均GDP，美元	557
3.1.02	综合生产率	每个就业者人均GDP，美元	558
3.1.03	综合生产率实际增长率	每个就业者实际GDP变化率，估计值	559
3.1.04	劳动生产率（购买力平价）	每雇员每小时的GDP，美元，估计值	560
3.1.05	劳动生产率	每雇员每小时的GDP，美元	560
3.1.06	农业生产率（购买力平价）	每个农业劳动力创造的相应GDP，美元，估计值	561
3.1.07	农业生产率	每个农业劳动力创造的相应GDP，美元	561
3.1.08	工业生产率（购买力平价）	每个工业雇员创造的相应GDP，美元，估计值	562
3.1.09	工业生产率	每个工业雇员创造的相应GDP，美元	562
3.1.10	服务业生产率（购买力平价）	每个服务业雇员创造的相应GDP，美元，估计值	563
3.1.11	服务业生产率	每个服务业雇员创造的相应GDP，美元	563

劳动力市场

成本

3.2.01	报酬水平	制造业工人每小时全部报酬，美元，估计值	564
3.2.02	制造业部门单位劳动成本	制造业部门单位劳动成本变化率	564
3.2.03	服务性职业报酬	年均总收入，包括附加薪水，例如额外薪金，美元	565
3.2.04	经理报酬	全部底薪加上奖金和长期激励，美元	566

劳资关系

3.2.05	工作小时	每年的平均工作小时数	567
3.2.06	劳资关系	劳资关系有利于生产	567
3.2.07	工人的动机	贵国工人动机很重要	568
3.2.08	产业纠纷	每千个居民年均因纠纷损失的工作日	568
3.2.09	雇员培训	公司高度重视雇员培训	569

人才可获得性

3.2.10	劳动力	雇用的和登记失业的人数	570
3.2.11	劳动力	占总人口的百分比	571
3.2.12	劳动力增长率	劳动力变化率	572
3.2.13	女性劳动力	占全部劳动力的比例	573
3.2.14	外国劳动力	占全部劳动力的比例	574
3.2.15	熟练劳动力	熟练劳动力在贵国劳动市场上可获得性	574
3.2.16	金融人才	金融人才在贵国劳动市场上容易获得	575
3.2.17	人才流失	人才流失不损害贵国的竞争力	575
3.2.18	外国高素质人员	外国高素质人员被贵国企业环境所吸引	576
3.2.19	国际经验	高层管理者通常有丰富的国际经验	576
3.2.20	称职的高层管理人员	称职的高层管理人员在贵国劳动市场上易获得	577

企 业 效 率

金融

银行效率

3.3.01	银行部门的资产	占GDP的比例	578
3.3.02	机构投资者的金融资产	10亿美元	579
3.3.03	信贷	很容易从银行流入企业	579
3.3.04	发行的信用卡数目	每人	580
3.3.05	信用卡交易	每人，美元	580
3.3.06	风险资本	企业发展可以容易获得	581
3.3.07	银行服务	银行服务在贵国广泛发展	581
3.3.08	零售银行业	人口/银行官员的人数	582
3.3.09	银行业规定	银行业规定没有阻碍贵国竞争力	582

股票市场效率

3.3.10	股票市场	股票市场为公司提供充足的资金	583
3.3.11	股票市场筹资额	10亿美元	584
3.3.12	股票市场交易额	人均美元	585
3.3.13	国内上市公司	国内上市公司数目	586
3.3.14	股票市场指数	支书的变化率	587
3.3.15	股东权利和义务	股东权利和义务明确界定	577
3.3.16	金融机构透明度	金融机构透明度在贵国高度发达	588
3.3.17	内幕交易	内幕交易在股票市场不普遍	588

自筹经费

3.3.18	现金流	现金流通常足以允许公司自筹经费	589
3.3.19	国际保理业务	占商品出口的比重	589

管理实践

3.4.01	适应性	贵国公司适应市场变化的能力很强	590
3.4.02	伦理实践	伦理实践在公司中采用	590
3.4.03	管理人员的信誉	管理人员在经济中可信性被广泛认可	591
3.4.04	公司董事会	公司董事会确实合适地监督了公司的管理	591
3.4.05	股东价值	有效地管理股东价值	592
3.4.06	消费者满意度	贵国重视消费者满意度	592
3.4.07	企业家精神	贵国企业家精神很普遍	593
3.4.08	公司的设立	贵国设立公司很普遍	593
3.4.09	销售	贵国企业中有效地进行销售	594
3.4.10	社会责任	商界领袖重视对社会的责任	594
3.4.11	健康、安全和环境事务	健康、安全和环境事务被管理层充分重视	595

全球化影响

3.5.01	全球化	全球化没有威胁贵国经济	595
3.5.02	对全球化的态度	贵国对全球化的态度普遍积极	596
3.5.03	生产的再分配	国外的生产再分配没有威胁到贵国经济的未来	596
3.5.04	R&D设施的再分配	R&D设施的再分配不会威胁贵国经济的未来	597
3.5.05	海外形象	贵国的海外形象支持了企业的发展	597

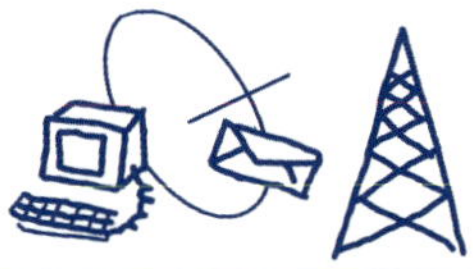

基 础 设 施

基 础 设 施

基本基础设施

4.1.01	人口—市场规模	估计值，百万	601
4.1.02	15岁以下的人口	占总人口的比例	602
4.1.03	65岁以上的人口	占总人口的比例	603
4.1.04	赡养率	15岁以下和64岁以上的人口总量除以15岁-64岁之间人口总量	604
4.1.05	维护和发展	基础设施的维护和发展得到充分的计划和资助	605
4.1.06	道路	网络的密度	605
4.1.07	铁路	网络的密度	606
4.1.08	空运	主要公司运载的乘客数	606
4.1.09	空运的质量	空运的质量在贵国通常充分有效	607
4.1.10	用于货物和服务分配的基础设施	普遍有效率	607
4.1.11	水运	水运基础设施（港口、运河）满足企业需要	608
4.1.12	可耕地面积	人均平方米	609
4.1.13	城市化	城市化不浪费国家资源	610
4.1.14	能源强度	单位美元GDP消费的商业能源数量，千焦耳	611
4.1.15	能源基础设施	贵国能源基础设施充足有效	612
4.1.16	GDP和能源消耗	实际GDP增长率减去能源消耗增长率	612
4.1.17	国内能源总产量	占所有能源需求（等价为石油吨数）的比例	613
4.1.18	能源进口与商品出口	能源进口占商品出口的比例	613
4.1.19	非能源原材料自给	人均贸易收支差额，美元	614
4.1.20	工业用户的电力成本	美元/千瓦	614

技术基础设施

4.2.01	对电信的投资	年平均占GDP的百分比	615
4.2.02	固定电话数	每千户居民中的主要干线数	615
4.2.03	国际电话费用	高峰期通往美国的每三分钟费用（对美国指通往欧洲）	616
4.2.04	移动电话用户	每千户居民中的用户数	616
4.2.05	移动电话费用	高峰期每三分钟费用，美元	617
4.2.06	通信的充分性	通信在贵国普遍比较充分	618
4.2.07	新信息技术	新信息技术和应用满足企业需要	618
4.2.08	在用计算机	占世界在用计算机总量的份额/来源：计算机行业年鉴	619
4.2.09	人均计算机	每千人计算机数/来源：计算机行业年鉴	619
4.2.10	互联网用户数	每千人互联网用户人数/来源：计算机行业年鉴	620
4.2.11	稳定的服务器数目	每百万居民中稳定的服务器数	620
4.2.12	互联网费用	高峰期互联网访问20小时费用，美元	621
4.2.13	合适的互联网访问数	贵国可以提供合适的互联网访问数（可获性、速度、费用）	621
4.2.14	信息技术人才	信息技术人才在贵国劳动市场上易获得	622
4.2.15	技术合作	公司间的技术合作很发达	622
4.2.16	技术的发展和应用	合法环境支持技术的发展和应用	623
4.2.17	资助技术发展	技术发展的资助非常充分	623
4.2.18	高技术出口	百万美元	624
4.2.19	高技术出口	占制造业出口的比例	624
4.2.20	数据安全性	贵国数据安全性有保障	625

基础设施

科学基础设施

4.3.01 所有研究与开发支出 百万美元 625
4.3.02 人均研究与开发支出 人均，美元 626
4.3.03 所有研究与开发支出 占GDP的比例 627
4.3.04 企业研究与开发支出 百万美元 628
4.3.05 人均企业研究与开发支出额 人均，美元 629
4.3.06 全国所有研究与开发人员 千人全日约当单位 629
4.3.07 每千人中研究与开发人员 每千国民中人数（全日约当单位） 630
4.3.08 企业研究与开发人数 千人全日约当单位 631
4.3.09 企业研究与开发人数 每千国民中人数（全日约当单位） 632
4.3.10 基础研究 基础研究能够支持长期经济发展 633
4.3.11 科学学位 科学和工程学位在全部本科学位中所占比重 633
4.3.12 科学论文 发表的科学和技术论文数（按作者的出生地） 634
4.3.13 学校内的科学 学校内的科学在贵国充分教育 634
4.3.14 科学和技术的兴趣 贵国青年具有浓厚的科学技术兴趣 635
4.3.15 诺贝尔奖数目 自1950年以来在物理、化学、心理或医药和经济学领域获奖数目 635
4.3.16 人均诺贝尔奖 每百万人中从1950年以来在物理、化学、心理或医药和经济学领域获奖数目 636
4.3.17 批准授予国民专利 批准授予国民专利数目 636
4.3.18 批准授予国民专利年平均增长速度 变化百分比 637
4.3.19 国民在国外获取专利件数 国民在国外获取专利件数 637
4.3.20 专利权和版权保护 专利和版权在贵国得到了充分保护 638
4.3.21 有效专利数 平均每10完国民持有的有效专利件数 638
4.3.22 专利生产率 批准授予国民的专利数/企业中研究与开发人员数（千人） 639

健康与环境

4.4.01 健康总支出 占GDP的比例 639
4.4.02 公共健康支出 占健康总支出的比例 640
4.4.03 出生时的寿命期望 平均估计 641
4.4.04 健康寿命期望 平均估计 642
4.4.05 医疗帮助 每个医生负担的居民人数/每个护士负担的居民人数 643
4.4.06 健康基础设施 健康基础设施满足社会需要 643
4.4.07 城市人口 占总人口的比例 644
4.4.08 收入分配—最低20% 收入最低的20%家庭占家庭收入的比例 644
4.4.09 收入分配—最高20% 收入最高的20%家庭占家庭收入的比例 645
4.4.10 人文发展指数 经济、社会与教育的综合指数 646
4.4.11 酗酒、吸毒 酗酒和吸毒在工作岗位没有成为严重问题 647
4.4.12 纸张和纸板的回收率 占表面消耗量的比率 647
4.4.13 废水处理工厂 接受废水处理工厂服务的人口占总人口的比重 648
4.4.14 二氧化碳排放量 GDP的每百万美元中由工业过程排放的二氧化碳（吨） 649
4.4.15 生态痕迹 每人生物生产地单位面积，公顷 650
4.4.16 可持续发展 贵国优先考虑可持续发展 650
4.4.17 污染问题 污染问题并没有严重影响贵国基础设施 651
4.4.18 环境法 环境法和遵守该法不会阻碍企业竞争力 651

价值体系

4.5.01 生活质量 贵国生活质量很高 652
4.5.02 民族文化 民族文化对外国文化开放 652
4.5.03 适应性 面对挑战，贵国人民的适应性很强 653
4.5.04 歧视 歧视（种族、性别等）并没有给社会带来不利影响 653
4.5.05 国会中女性人数 女性席位占全部席位的比例 654
4.5.06 女性地位 所有立法委员、高级官员和经理中女性所占比例 654
4.5.07 性别收入比 估计总体女性与男性收入比率 655
4.5.08 骚扰和暴力 骚扰和暴力并没有严重动摇岗位 655
4.5.09 社会的价值 社会价值支持竞争力 656
4.5.10 私人空间的保护 贵国执行了私人空间的保护 656

执行总裁总结

Stéphane Garelli 教授

2002 年的世界竞争力前景？

Ⅰ **经济快速发展国家和地区为不稳定付出了代价。**
Ⅱ **一些亚洲经济体可能强烈反弹。**
Ⅲ **许多新兴经济体需要更加自力更生。**
Ⅳ **然而持续的增长能被企业的低利润率和高债务所伤害。**
Ⅴ **欧元的成功发行挑战日元。**
Ⅵ **期望有一连串小的回升。**
Ⅶ **公司的数据已经失去很多可信度。**
Ⅷ **石油价格能够从一方面或者另一方面影响贸易差额。**
Ⅸ **全球化将国家联系起来，但是分歧依然存在。**
Ⅹ **脆弱在 2002 年将会持续。**

2001，难忘的一年…

在去年的执行总裁总结中讨论的“经济时滞”比预期的更加严重。2001年一度被认为仅仅是1999年和2000年经济过剩和繁荣之后进行技术调整的一年。而现实却迥然不同：由于技术部门的衰退，经济迅速衰退，股票市场大幅度下跌。令人震惊的9. 11事件更加加重了该种调整，全民的脆弱性和对未来的不确定感使其对市场的信心每况愈下。

就世界竞争力而言，2001年是令人难忘的一年…

在2002 年的WCY 中：经济快速发展国家在今年的排名中为不稳定付出了沉重代价。像新加坡第5、香港（地区）第9 和爱尔兰第10 等经济快速发展国家和地区均下降三名，为经济业绩中的大转变付出了代价。经历了几年令人振奋的时期之后，瑞典第11 和德国第12 同样也受到了经济衰退的影响，但程度较小。然而，更为保守的国家例如荷兰第4，瑞士第7 和奥地利第13 则在动荡的环境中受益于其自身的稳定性，从而在总体排名中有所上升。英国第 16 和丹麦第6 很好地经受住了全球经济不确定性所带来的影响。

衰退还是慢动作？

从学术上讲，衰退是指GDP在连续两个季度有下降。然而，经济活力的大规模减速能产生同样的后果。对于2000年来说，世界竞争力年鉴首次记载了在49个国家的排名中43个国家以大于3%的速度增长。然而，在2001年，我们目睹了有些国家进入衰退时期，而其他国家却仍能保持缓慢增长。

日本、新加坡、墨西哥或阿根廷等明显的处于衰退时期，虽然其衰退原因不同。在日本和阿根廷，衰退是结构性的并且是根深蒂固的。短期之内情况好转的可能性很小。必须花费时间和采取政策措施来稳定局势。其他的国家则面临一个循环问题。例如东南亚地区 2000 年经济迅速发展，而现在经历着剧烈的调整阶段。对于这些国家而言，经济复苏可能是较为迅速的，甚至是轻快的。

许多其他国家和地区的经济，虽然学术上讲不处于衰退时期，在 2001 年也处于经济停滞阶段。欧盟的情况正是如此。虽然其经济活动保持稳定，但其成员国的经济增长在0%附近波动。美国勉强地避免了经济衰退：第三个季度 GDP 以-1.1%的速度下降，而在年底经济增长回复到+1.4%。然而，这应该与 2000 年 GDP 的增长达到 5%相比较。2000 年的 GDP 增长率是经过了始于 1991 年 3 月并通过一段漫长的经济膨胀时期后达到的。

一些国家仍然光芒四射：不列颠比其邻邦更好的抵御了经济衰退，澳大利亚也是如此。中国和俄罗斯依靠其巨大国内市场的发展，经济仍迅速增长。

在2002 年的WCY 中：就实际GDP 增长率而言，新加坡从去年的排名第2 位下滑至第47 位。墨西哥于去年相比下降33 名，排名第43 位。台湾（地区）同样如此，今年排名第46 位。香港（地区）于2000 年以10.5%的惊人速度发展，如今却降至第42 名，发展速度为0.1%。日本仍然以-0.5%的速度衰退，但其排名上升4 名，现排在第44 名。今年中国的增长位于世界首位，俄罗斯位于第4。

2002年与2001年的不同？

经济衰退已经很好的被记载。自从第二次世界大战以来我们已经经历了 9 次经济衰退。我们对它的模式已经相当了解。在美国，每隔 6 到 16 个月都要经历一次经济衰退。一般来讲，利率下调和财政刺激就能有效的抵制经济衰退。然而，现在的情形与过去略有不同：

— 通常，私人消费和消费者信心的下降引起了经济衰退或经济发展速度减缓。从而，商家削减其支出和投资以适应下降的需求。商家活动的减少进一步削弱了消费者信心，这样经济衰退的恶性循环开始了。在 2001 年相反的情形发生了。商业投资剧增，尤其是技术基础设施投资增加，导致了企业处于饱和水平。于是在消费者信心受到影响之前，经济支出和生产量发生了调整。此时，消费者对商业周期的下降做出了反映，而不是相反。

— 高负债削弱了经济系统。1999-2000 年的经济繁荣所带来的想不到的后果就是企业巨额债务的增加。这是大规模的投资和支出造成的，尤其是上面所提到的科技方面投入增加。这些投资是为了满足需求的膨胀以在迅速膨胀的市场获得市场份额。公司也利用从膨胀的股票市场中获取的大量资金进行投资。因此，例如欧洲电信公司迅速积累了 2300 亿欧元的惊人负债，这需要花数年的时间来消化。

— 令人震惊的 9.11 事件所造成的影响是很难衡量的。股票市场迅速反映得到了调整。然而，对保险业、运输业和旅游业所带来的冲击将很持久。除此之外，一些公司利用事件之后的衰退状态发动了大规模的重组措施来建造一个更具竞争力的商业模式。

在2002 年的WCY 中：美国仍然拥有世界最大消费市场，去年 70610 亿美元。日本位居第 2，德国第 3，英国第 4，法国第5，意大利第6，中国第7，墨西哥第8。就适应性而言，巴西第1，美国第2，冰岛第3，西兰岛第4，爱尔兰第5。另一方面，适应性最差的国家分别是日本第46，德国第47，法国第48 和波兰第49。就国家海外形象而言，南非第45，印度尼西亚第46，哥伦比亚第47，委内瑞拉第48 和阿根廷第49，最需要改变海外形象。

2002年国际竞争力前景？

著名的科学家 Niels Bohr 曾经说过，“预测是相当困难的，尤其是对未来进行预测。”但是，强调 2002 年竞争力环境的一些因素是可能的：

1. 经济波动仍然很剧烈，尤其在亚洲地区。在欧洲，2000 年的经济繁荣与 2001 年的经济衰退之间的差距仅表现为经济增长下降 2-3%.相反，在新加坡，这种差距意味着+10.3%和-2.0%之间的变化。这种变化大于 12 个百分点。在大多数的亚洲国家中都可以看到这种变化。

在2002 年的WCY 中：就政府经济政策而言，在相信政府会迅速适应经济变化方面新加坡仍然位居第 1 位，马来西亚位居第2，卢森堡位居第3，芬兰第4，爱尔兰第5。中国第17，英国第22，意大利第28，最不信任的是日本第43，法国第44 和德国第46。

2. 经济的波动也会带来一些正面影响。并不是没有可能一些亚洲国家和地区经济会很快反弹，甚至在上半年，提前于世界其他国家。韩国很有可能如此，大概归功于其半导体芯片业的复苏，该行业占国家出口的三分之一。因此，主要的挑战是确保经济系统的稳定性，尤其对新兴经济体更为重要。

在2002 年的WCY 中：就经济的弹性而言，韩国位于第11 位，同样的指标澳大利亚位于世界首位，挪威第2，英国第3，美国第4。然而可以预期意大利是第30，德国第39，日本第48，阿根廷第49。

3. 几个领先经济体需要结构改革。许多亚洲和拉丁美洲经济体认识到使其经济适应更高水平的自力更生的重要性。这可以通过国内经济的复苏和工业及市场的多元化发展来取得。对美国经济和高科技部门的出口的过分依赖会产生极大的不确定性。例如，高科技设备的出口占新加坡出口总额的 62%，马来西亚的 49%，韩国的 35%。

在2002 年的WCY 中：就贸易收支差额而言，德国排第1 位，日本第2，俄罗斯第3——主要靠石油出口推动。加拿大第4 和冰岛第5 仍处于主导地位。从另一方面讲，就高科技产品出口而言，绝对数上新加坡排名第四位，其次是韩国第7，中国第9，马来西亚第10。高科技产品出口占总出口的百分比来比较，新加坡排名第1 位，马来西亚第2 位。

4. 经济复苏的部分原因应该是技术。在 2001 年的下半年时间，公司大大地减少了其存货。技术帮助他们比过去更快速地做出反映。2002 年，存货必须被补充，因而维持了一定水平的经济活动。除此之外，在最近一段不确定时期，消费者信心出乎意料的倍增。

在2002 年的WCY 中：就总的生产力而言，.卢森堡第1 和美国第2 以每生产者创造GDP 大于75,000 美元的水平名列前茅。接下来是挪威第3，日本第4，瑞典第5。令人惊讶的是，香港（地区）排名仅为第 17 位，每生产者创造GDP49,000 美元，略在新加坡第21 之前。中国第47，印度尼西亚第48，印度第49，每生产者创造GDP 少于1,500 美元。可以看出，在人口密集国家提高生产力的困难性。

5. 世界第二大强国日本将继续遭遇所谓的“中年危机”，并且比预期中的要持久和剧烈。因此，日本经济很难像过去一样很快复苏。并且，欧元的成功推出也会对日元作为美元替代品的地位产生很大的威胁。

在2002 年的WCY 中：就政府决策的执行效率来看，日本排在第35 位。就社会支持来看，日本排在第40 位。而在预算平衡方面，日本排在最后第49，预算赤字达到3510 亿美元。

6、股票市场期盼令人振奋的消息。"Annus Horribilis"

造成了很大的创伤。2001 年，股票市场上损失了 50,000 亿美元的股本。很多网络经济中的虚财富消失的速度与其获得的速度一样的快。金融市场急需弥补一些损失，等待着哪怕是一点点的曙光。但是，即使是股票市场能够上涨，公司业绩仍然是一个未知数。在很多部门，PE 比仍然与获利能力高度相关。除此之外，高负债迫使公司分裂或改组。小回升也许会存在，但不会持久。

在2002 年的WCY 中：显然美国具有最大的股票资本市场，超过了150,000 亿美元。接下来的是日本第2，英国第3，法国第4，德国第5，加拿大第6，瑞典第7。但就股票市场指数的变化而言，俄罗斯位于首位，去年以102%显著增长。韩国第2，.斯洛伐克第3，墨西哥第4，斯洛文尼亚第5。

7、人们不再信任公司数据。很清楚在新经济发展的黄金阶段，存在很多失真的会计账目。通过很多法律漏洞和创造性的会计技巧，收入被认为提高了，债务被隐藏了。安然公司的倒闭加深了人们对会计数据的不信任。最近，重申收入已变得十分流行…。对计帐和查账的检查意义深远，这也许是为重新取得商业信誉所付出的代价。

在2002 年的WCY 中：就管理人员的信誉而言，芬兰排名第1，美国第2，新加坡第3，丹麦第4，但英国仅排名第27，而法国第31 位。芬兰在公司董事会业绩方面也排名第1，而德国第26，瑞典第31，日本仅为第45 名。

8、石油价格能够从一方面或者另一方面影响贸易差额。据计算，一桶石油价格上升或下降 10 美元对世界经济意味着收入或付出 2,500 美元。并且，值得一提的是这种计算并没有考虑到该种波动对人们心理的影响。

在2002 年的WCY 中：就本土能源生产而言，挪威排名第1，生产了大约是其消费额的七倍的能源，因此是一个领先的能源输出国。紧接下来的是委内瑞拉第2 和哥伦比亚第3。俄罗斯位于第7 位。

9、全球化仍然是一个事实，即使有时候的过分强调需要纠正。外国的直接投资甚至比贸易更能联系国与国之间的目标。在加利福尼亚的一个公司的裁员也许意味着冰岛或新加坡的合作工厂的人员下岗。一个国家的竞争力不能单纯的用贸易进行衡量。1999 年，美国对非美国的经济实体的总销售额达到了 3,360 亿美元，而从其他国家的购买额达到了 2,900 亿美元。在全世界，对于竞争力而言，一笔投资的投出国与该笔投资的投入国同等重要。

在2002 年的WCY 中：就全球化而言，芬兰居世界首位，美国位居第2，冰岛第3，荷兰第4，丹麦第5，瑞典第6，瑞士第7，这些国家强烈的认为它们为其自身经济提供最好的机会。在对全球化的态度方面排名略有不同。荷兰第1，新加坡第 2，台湾（地区）第 3，香港（地区）第 4，这些国家拥有最为支持的民众。出乎意料的是，瑞士下降到第26 位，而英国则跌为第33 位，这表明对该问题的理解上经理和群众有很大的区别。法国位于第 47 位，阿根廷位于第48 位，委内瑞拉为第49 位。

10、脆弱已经成为生活中的一个事实。无论它采取公司倒闭、计算机隐私还是恐怖主义的形式，公司和个人学会了以一种永远的暴露于危险并不存在保护措施的方式生存。这种真正的很容易察觉的脆弱是很难消失的。即使一个可能比9.11事件或阿富汗战争要小很多的事件也会将世界经济重新丢入低谷。因此安全感和稳定性变得至关重要，但这需要付出相当大的代价……

在 2002 年的 WCY 中：就数据安全而言，德国位于第10 位，紧接着美国位于第13 位，英国第18，法国第26，西班牙第29，中国第43，俄罗斯第46。

总而言之，2002 年的竞争环境以市场的脆弱性和不可预期性为特点。可能存在一系列的 W 型趋势。换言之，好坏难料。

对于企业，策略就是联合

"所有的行业都始于联合起来的无数的小公司"。Larry Elison（Oracle 的主席）的这句话今天同样适用于技术部门。这个部门包括在 20 世纪 90 年代迅速发展起来的计算机、外围设备、电讯和英特网。随后，在所有国家和企业，高新科技基础设施投资被认为具有首要竞争优势。英特网和电子商务也极其重要。

2000 年初，狂热投资停止了，市场面临过多的竞争者和具有巨大的容量。很多部门，例如移动电话，当下一个技术波动尚未滚出时已经趋于饱和。正如先前所暗示的，相当规模的负债继续削弱传统经营者的业绩，这种负债经常是由于购买新技术许可权所造成的。

结果，过去通常以 2 位数的速度发展的技术部门不再是世界经济发展的动力，发达经济体与新型经济体情况类似。当市场进行联合以削减过多容量时，问题会加剧。

其他部门例如运输、能源和汽车业已经进行了联合。在后面，数据会记载在 1900 年到 1925 年之间美国最初有 3000 家汽车公司。而现在只有 3 个汽车公司存活下来。从 1925 年开始，公司相继倒闭，互相合并或者收购，销售渠道改变，利润率也处于稳定的压力之下。

世界竞争力年鉴总认为竞争地位的持续和一定程度的行业与市场的多样化有联系。技术部门可怕的成功已经延迟了许多国家的调整过程。这些国家继续明显地依赖一个行业或一个市场。当这样的一个部门停滞或衰退了，对一个国家竞争力的损害是非常大的。另一方面，美国的经济从技术上已经从其传统的建筑和房地产业显著的和出乎意料的表现而引起的衰退中挽救回来了。建筑和房地产业显著的和出乎意料的表现受益于租赁费用的不断降低。多样化有时是很有价值的安全网……

在2002年的WCY中：就企业家精神，并不奇怪美国位于第一位，其次是香港（地区）第2、以色列第3、加拿大第4和意大利第5。在底部看到日本位于第49位。在公司的设立上有相似的排名，但是这个指标瑞士排在第25位，其次是丹麦第41，德国第42、法国第47和日本第48。同样，最称职的高级管理人员可以在美国第1找到，一些缺点却在英国第30、意大利第35、俄罗斯第42、日本第46和中国第49得到表现。至于国际经验，最有经验的经理可以在荷兰第1、香港（地区）第2、瑞典第3和瑞士第4找到。

然而世界在扩大……

尽管有两种负的趋势，即经济衰退和市场停滞影响着2002年的竞争力，世界市场规模的持续增长仍然是影响世界竞争力的基本长期趋势。虽然当前贸易比较紧张，但世界市场的开放提供了通往巨大的潜在市场的途径，尤其在新兴国家。

相比于从1804年到1927年需要123年，今天，只要12年就可以使世界人口增加10亿。到2050年，欧洲的人口将减少1个亿，降至6.28亿。但是其他地方的人口将继续增加。美国人口将从3.05亿增加到3.92亿，拉丁美洲人口将从5.04亿增加到8.09亿，非洲人口将从7.49亿增加到17.66亿，以及亚洲人口将从35.85亿增至52.68亿。

同样，竞争力和市场接近将影响权力的平衡。今天，美国和欧洲只有世界人口的11.2%，但却占世界GDP的63%。到2050年，这两个地区将只占世界人口的7.7%。到那时，美国将是12个最受欢迎国家中唯一的一个发达国家。这12个最受欢迎的国家将包括印度尼西亚、尼日利亚、巴西、孟加拉国、埃塞俄比亚、刚果等。到2050年，巴基斯坦的人口将和美国相同。

在2002年的WCY中：就赡养率，即15岁以下和64岁以上的人口总量除以15岁-64岁之间人口总量，香港（地区）第1、韩国第2和新加坡第3得到最好的平衡值，同时，法国第32、英国第35和瑞典第38的比率比较高。人口老龄化的结果是投资需要用于健康基础设施上。健康基础设施，排名最好的是奥地利第1、瑞士第2、和冰岛第3。健康寿命期望，日本以超过73岁位于第一，其次是意大利第2、瑞士第3、澳大利亚第4、瑞典第5和冰岛第6。奇怪的是，希腊位于第七、法国第9和西班牙第10。

结论

在这种框架下，国家会激烈地竞争去吸引最好的企业，或者至少吸引那些对其发展能有贡献的企业。Forrest Reseacher估计到2007年，70%的编程将会在发展中国家完成。另一方面，公司也会选择最好的投资场所，尤其是因为一个开放和全球性的经济体提供了相当多的选择和机会。同样，会有一场为投资发源国的正面争论。通过投资国外，公司有助于本国的多样化，同时，在世界市场中表现出了进攻性。在这两方面，世界竞争力年鉴有助于展示，从1989年至今，这些主要转变的最正确的画面以及提供了所有参与者获得的进步的最好基准。

在2002年的WCY中：对外直接投资流量，英国表现出明显的进步，并且排在了法国第2和美国第3之前。另一方面，吸引国外直接投资流量，美国第1，是世界上最有吸引力的国家，其次是德国第2、英国第3和比利时第4。可持续发展，位于领先的是新加坡第1、芬兰第2、奥地利第3和丹麦第4，其次的有日本第20或美国第23，再其次的是英国第39和意大利第45，根本没有竞争力的是斯洛文尼亚第47、阿根廷第48和委内瑞拉第49。最后，生活质量上，奥地利第1、卢森堡第2、澳大利亚第3、瑞士第4和加拿大第5，最具有竞争力……

方 法 简 介

1　世界竞争力年鉴（WCY）对一国提供支撑企业竞争力的环境的能力进行了分析和排序

2　它意味着我们假定财富的创造根本上来自于企业层面（是否私有或者国有）——这个领域的研究称为：“企业竞争力”。

3　然而，企业是在国家的环境中运作的，这种环境增强或者阻碍企业在国内或者国际上竞争的能力——这个领域的研究称为：“国家竞争力”，包含在 WCY 中。

4　基于一流学者和我们自己的研究和经验所作出的分析，WCY 的方法中将这种国家环境划分为四种主要要素：

——经济表现
——政府效率
——企业效率
——基础设施

5　接下来，每个要素划分为 5 个子要素，每个子要素强调所分析领域的一个方面。WCY 描述了 20 个这样的子要素。

6　这 20 个子要素包含 300 多个指标，尽管每个子要素不一定有同样数目的指标数（比如，评价教育的指标比评价价格的指标要多）。

7　每个子要素，独立于它所包含的指标数，在结果的全部合并中具有相同的权重，就是 5%（20×5=100）。

8　指标分为硬指标，即分析竞争力时可以测量的值（比如 GDP）和软指标，即分析竞争力时取所感觉的值（比如，称职管理人员的可获得性）。每个指标，不论是软指标还是硬指标，在一个要素中具有相同的权重。

9　此外，有些指标只是作为背景信息，即它们在计算总体竞争力排名中不使用（比如，15 岁以下的人口数）。

10　最后，合计 20 个子要素的结果可以得到总合并，即得到 WCY 的综合排名。

竞争力 要素

总体竞争力被分解成最能定义国家环境的四大要素：

经济表现，政府效率，企业效率和基础设施

这个部分给出：

总体排名和要素排名的 5 年变化
2002 年竞争力要素排名
2002 年子要素排名

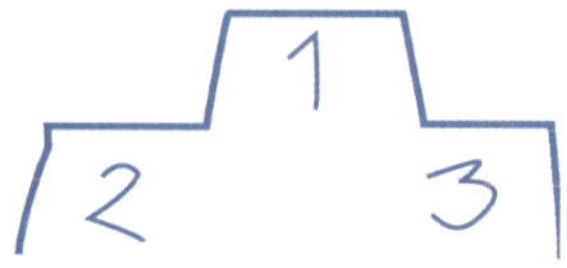

	总体					经济表现				
	1998	1999	2000	2001	2002	1998	1999	2000	2001	2002
阿根廷	30	33	41	43	49	29	29	42	45	48
澳大利亚	12	11	10	11	14	17	20	24	28	27
奥地利	24	18	15	14	13	19	17	18	27	16
比利时	23	21	19	17	18	10	12	12	10	5
巴西	35	34	31	31	35	43	39	35	31	35
加拿大	8	10	8	9	8	11	11	11	12	14
智利	27	25	25	24	20	36	36	41	37	31
中国	21	29	30	33	31	3	4	5	7	3
哥伦比亚	45	45	45	46	44	44	45	46	44	45
捷克	37	37	40	35	29	39	19	29	20	19
丹麦	10	9	13	15	6	25	37	31	32	12
爱沙尼亚				22	21					22
芬兰	6	5	4	3	2	20	23	22	33	18
法国	22	23	22	25	22	14	8	9	11	8
德国	15	12	11	12	15	6	3	4	5	4
希腊	33	32	34	30	36	28	31	38	39	38
香港	5	6	12	6	9	13	18	25	4	7
匈牙利	28	26	26	27	28	24	26	27	18	23
冰岛	18	13	9	13	12	41	35	37	42	43
印度	38	42	39	41	42	30	32	23	23	20
印度尼西亚	40	47	44	49	47	35	47	39	46	41
爱尔兰	7	8	5	7	10	9	10	3	6	10
以色列	25	22	21	16	25	40	41	40	21	44
意大利	31	30	32	32	32	21	16	16	25	21
日本	20	24	24	26	30	5	13	17	16	29
韩国	36	41	28	28	27	22	38	13	19	24
卢森堡	3	3	6	4	3	2	2	2	2	2
马来西亚	19	28	27	29	26	16	28	10	13	25
墨西哥	34	35	33	36	41	23	27	34	36	39
荷兰	4	4	3	5	4	7	6	6	8	9
新西兰	17	17	18	21	19	37	34	28	34	26
挪威	11	16	17	20	17	18	25	33	26	30
菲律宾	32	31	37	40	40	34	33	32	40	33
波兰	44	40	38	47	45	33	30	36	41	42
葡萄牙	29	27	29	34	33	31	14	20	35	28
俄罗斯	43	46	47	45	43	38	42	44	30	36
新加坡	2	2	2	2	5	4	7	8	3	15
斯洛伐克				37	37					37
斯洛文尼亚		39	36	39	38		24	30		34
南非	42	43	43	42	39	45	43	43	47	46
西班牙	26	20	23	23	23	27	22	21	22	13
瑞典	16	14	14	8	11	26	15	19	17	17
瑞士	9	7	7	10	7	12	9	14	14	11
台湾（地区）	14	15	20	18	24	15	21	26	29	40
泰国	41	36	35	38	34	32	40	15	15	32
土耳其	39	38	42	44	46	46	46	47	49	49
英国	13	19	16	19	16	8	5	7	9	6
美国	1	1	1	1	1	1	1	1	1	1
委内瑞拉	46	44	46	48	48	42	44	45	43	47

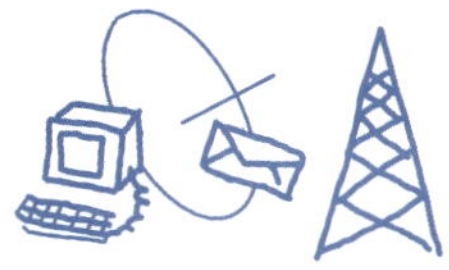

政府效率					企业效率					基础设施					
1998	1999	2000	2001	2002	1998	1999	2000	2001	2002	1998	1999	2000	2001	2002	
29	35	38	41	49	28	28	40	42	48	32	36	38	36	40	阿根廷
7	6	6	5	9	18	14	14	14	15	9	11	8	6	12	澳大利亚
17	14	15	11	15	25	23	17	12	12	23	19	14	11	10	奥地利
34	27	25	25	29	21	18	18	18	20	21	21	20	18	18	比利时
30	32	31	36	38	36	37	28	28	33	34	32	29	31	37	巴西
13	15	12	10	10	7	11	9	11	5	4	9	10	8	6	加拿大
20	13	14	19	13	19	19	21	17	9	33	29	26	30	30	智利
19	31	32	35	30	32	34	37	40	43	30	35	34	39	35	中国
41	37	42	42	41	42	43	43	45	42	42	45	44	47	41	哥伦比亚
32	34	36	30	28	40	45	44	43	31	36	34	39	32	27	捷克
12	11	11	13	8	4	4	8	9	6	5	8	11	13	8	丹麦
			16	17				25	23				24	24	爱沙尼亚
10	3	2	2	2	2	3	3	2	3	3	2	2	2	2	芬兰
28	30	27	34	32	20	24	22	24	26	19	22	22	22	19	法国
21	21	22	18	26	22	20	15	15	21	15	10	9	10	11	德国
44	36	35	33	40	34	26	29	26	32	26	30	31	26	33	希腊
2	2	3	4	4	10	7	13	8	13	12	13	18	14	17	香港
24	23	21	22	24	27	25	25	29	28	29	25	25	27	32	匈牙利
18	17	9	9	11	9	8	5	4	4	8	4	4	4	4	冰岛
37	44	44	43	44	38	39	38	39	40	43	44	43	45	47	印度
35	46	41	45	45	41	46	45	48	49	44	47	47	49	49	印度西亚
3	9	5	3	5	6	9	4	7	8	13	20	16	15	23	爱尔兰
25	22	23	15	23	17	10	10	16	16	16	17	17	17	22	以色列
38	40	43	40	39	30	27	30	27	29	28	27	30	28	31	意大利
33	29	28	29	31	29	32	26	30	35	17	14	15	19	16	日本
42	43	33	31	25	35	40	27	31	27	38	39	28	34	28	韩国
6	4	10	7	7	8	5	7	6	7	14	12	12	12	13	卢森堡
14	19	24	26	19	23	29	31	36	25	24	28	32	38	26	马来西亚
31	33	29	27	33	39	35	33	38	39	39	41	35	42	45	墨西哥
8	7	4	12	12	3	2	2	3	2	7	6	5	7	9	荷兰
4	8	13	17	16	16	16	23	22	22	18	18	19	21	15	新西兰
9	18	16	23	18	12	13	16	20	19	10	15	13	20	14	挪威
27	26	34	37	37	31	31	39	41	44	35	33	41	41	44	菲律宾
43	42	39	48	47	43	41	41	46	46	45	42	40	48	48	波兰
26	25	26	32	34	37	33	36	35	36	27	26	27	33	29	葡萄牙
45	47	47	47	42	46	47	47	47	45	37	43	45	44	43	俄罗斯
1	1	1	1	1	5	6	6	10	11	2	3	3	5	7	新加坡
			28	35				37	37				29	34	斯洛伐克
	45	45	44	43		38	34	34	34		37	36	37	36	斯洛文尼亚
40	38	37	38	36	33	36	35	32	30	46	46	46	46	42	南非
22	12	20	21	20	24	22	24	23	24	25	23	24	25	25	西班牙
23	24	19	14	14	14	17	12	5	10	11	7	7	3	3	瑞典
11	5	7	6	6	13	15	11	13	14	6	5	6	9	5	瑞士
15	16	18	20	21	11	12	20	19	18	20	16	21	16	20	台湾
36	28	30	39	27	44	42	42	44	38	41	38	37	40	38	泰国
39	39	40	49	46	26	30	32	33	41	31	31	33	35	39	土耳其
16	20	17	24	22	15	21	19	21	17	22	24	23	23	21	英国
5	10	8	8	3	1	1	1	1	1	1	1	1	1	1	美国
46	41	46	46	48	45	44	46	49	47	40	40	42	43	46	委内瑞拉

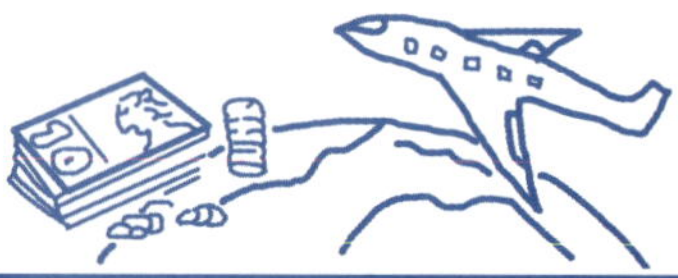

经济表现

国内经济的宏观经济评价

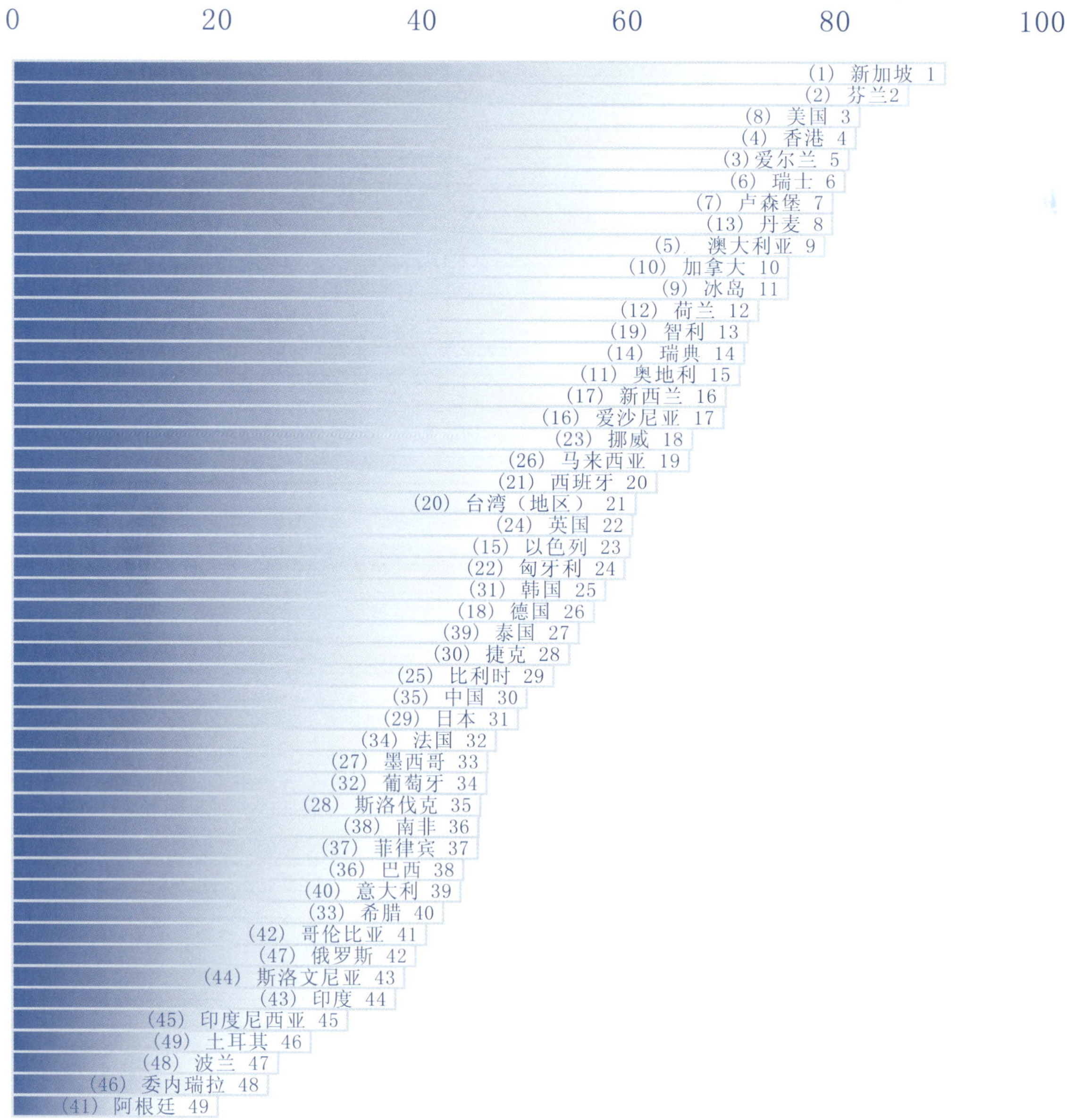

(括号内为2001年排名)

政府政策有助于竞争力的程度

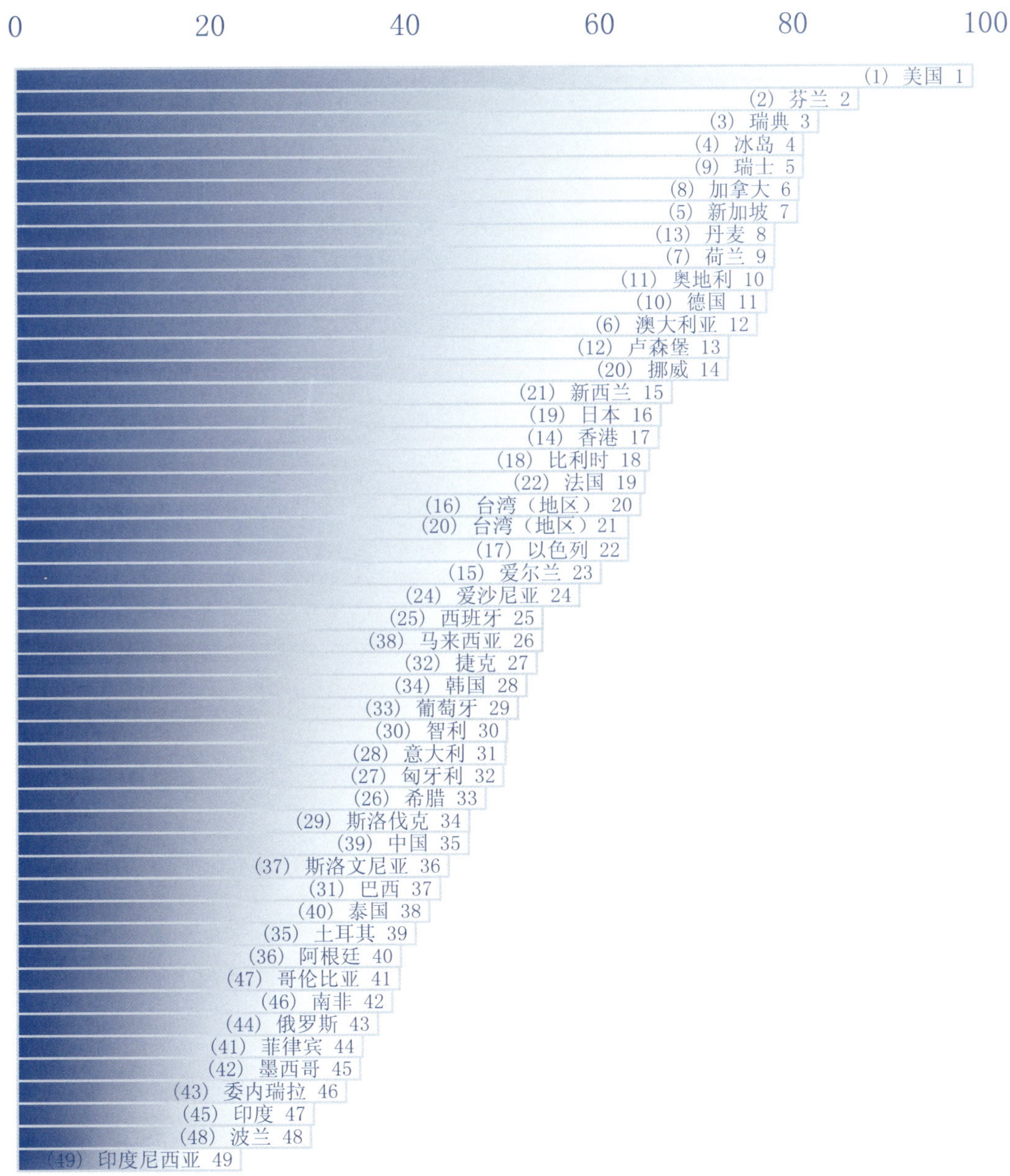

（括号内为2001年排名）

企 业 效 率

企业以创新、获利和负责的方式运行的程度

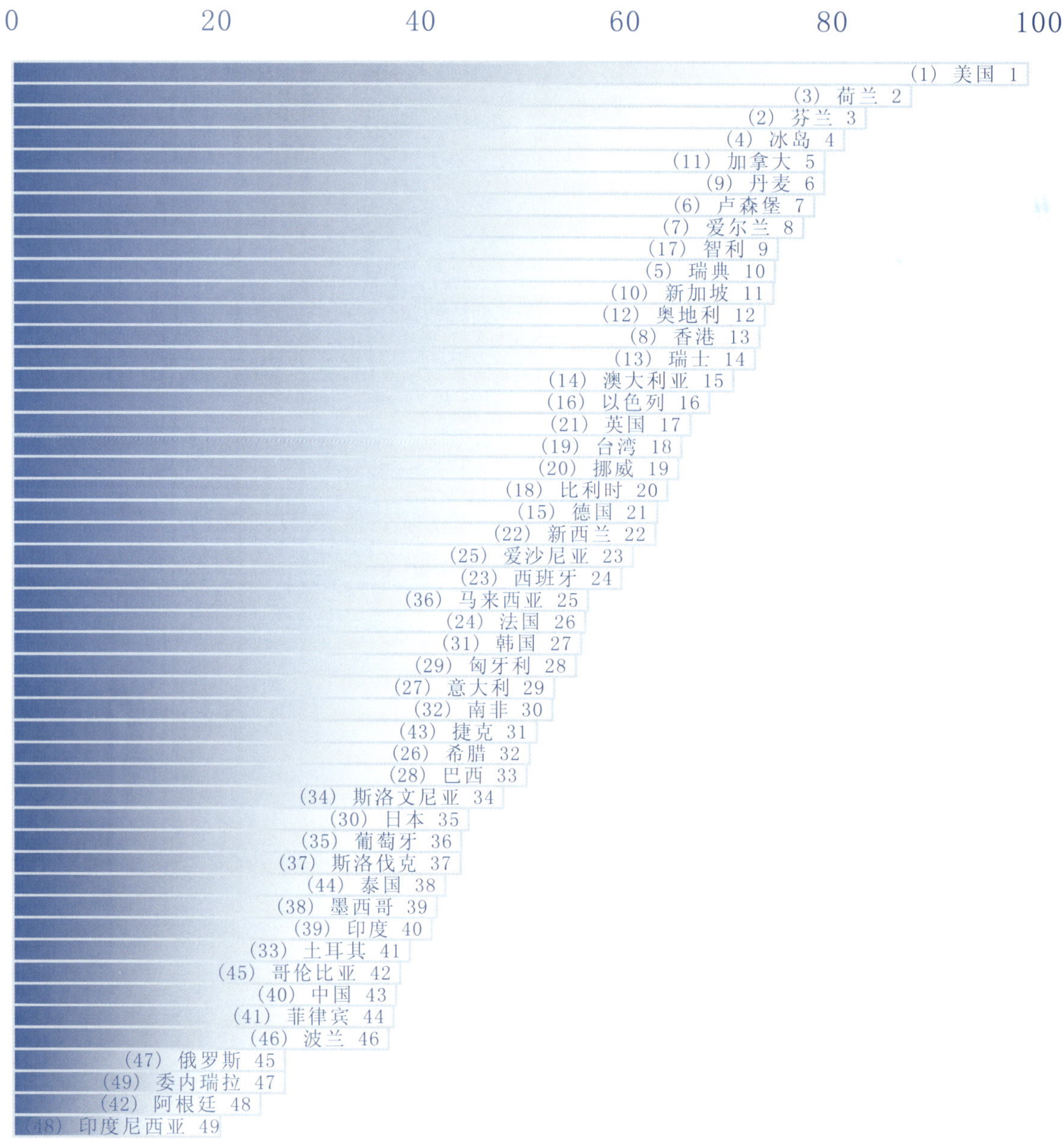

(括号内为2001年排名)

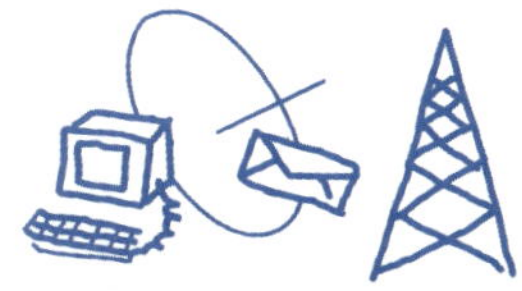

基本的、技术的、科学的合人力资源满足企业需要的程度

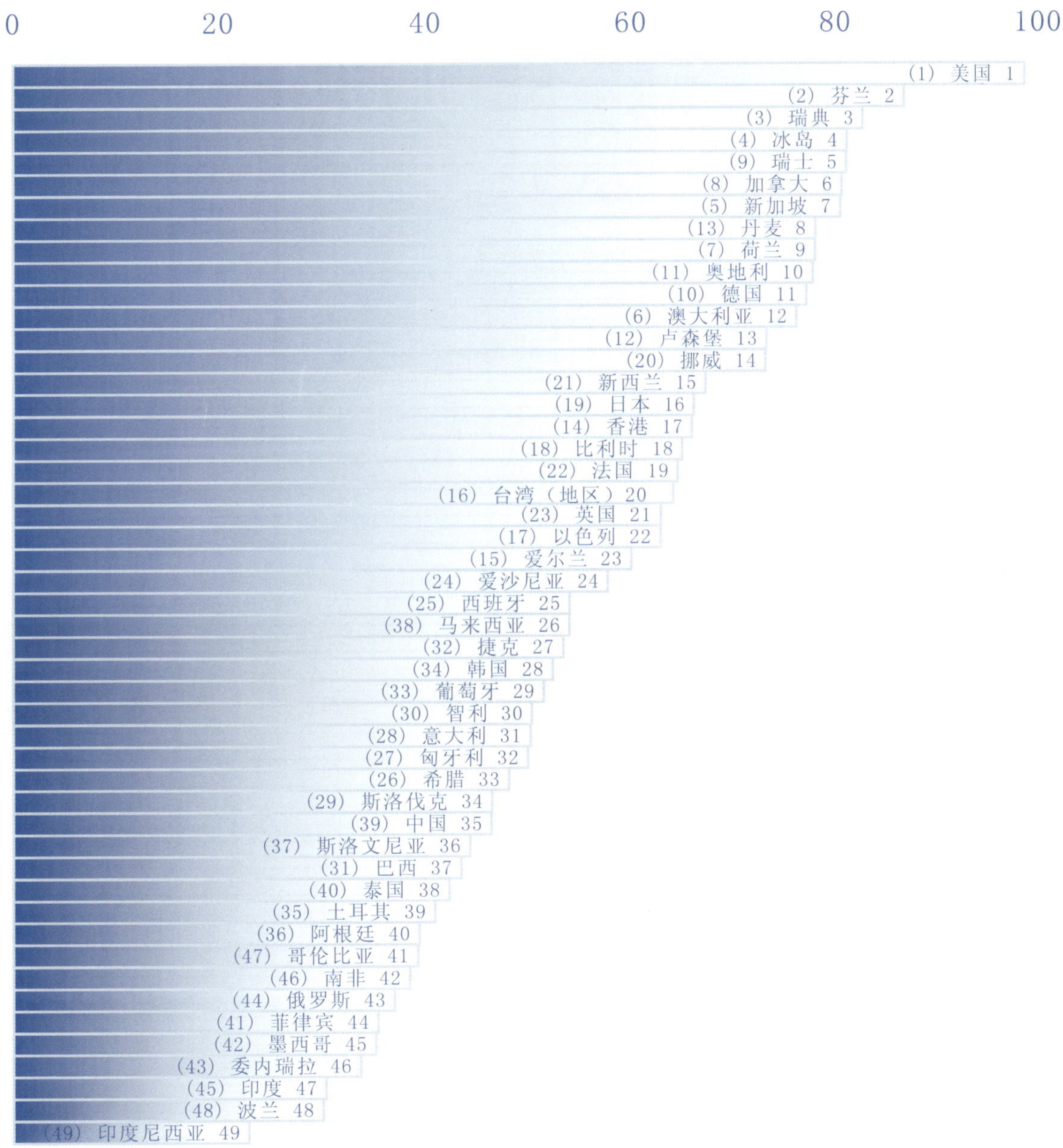

（括号内为 2001 年排名）

	经济表现					政府效率				
	国内经济	国际贸易	国际投资	就业	物价	公共金融	财政政策	组织机构	企业法规	教育
阿根廷	48	47	38	48	17	47	36	48	46	38
澳大利亚	7	43	44	32	12	5	20	6	16	7
奥地利	19	24	22	8	21	22	39	12	9	13
比利时	23	8	3	34	14	41	48	28	19	11
巴西	33	33	25	38	15	18	30	42	28	42
加拿大	14	21	14	18	16	20	26	10	12	4
智利	32	39	28	39	2	8	18	19	2	32
中国	3	18	23	1	31	6	7	23	43	48
哥伦比亚	47	45	37	44	33	46	19	44	35	37
捷克	28	23	27	27	5	21	37	26	27	22
丹麦	10	7	9	17	39	9	34	3	6	5
爱沙尼亚	20	15	17	29	35	2	22	22	14	20
芬兰	21	35	12	26	29	14	28	2	1	1
法国	8	12	6	20	19	33	49	34	31	17
德国	17	9	4	13	18	19	44	20	21	27
希腊	31	41	49	45	8	48	46	32	26	30
香港	30	3	5	12	23	4	1	21	4	25
匈牙利	26	19	32	31	10	37	31	27	22	15
冰岛	13	40	26	7	48	12	16	17	20	3
印度	24	30	31	3	26	45	9	36	44	47
印度尼西亚	45	42	48	19	34	35	8	47	45	49
爱尔兰	4	10	10	5	37	28	5	9	7	9
以色列	43	27	24	40	44	42	32	31	18	2
意大利	16	26	18	35	20	38	43	33	36	35
日本	11	16	20	9	45	15	33	30	41	33
韩国	18	37	34	10	25	3	17	29	40	31
卢森堡	2	2	11	2	24	1	21	4	5	28
马来西亚	37	4	29	41	3	32	3	13	25	34
墨西哥	44	48	41	22	27	17	14	41	34	44
荷兰	12	5	7	14	28	29	35	7	8	14
新西兰	29	31	43	23	4	24	23	14	13	19
挪威	6	6	21	25	47	13	27	16	29	16
菲律宾	35	22	39	33	13	44	11	40	39	36
波兰	46	44	30	46	6	39	47	46	49	39
葡萄牙	36	46	15	15	9	36	40	35	23	40
俄罗斯	27	13	42	21	46	25	29	43	48	23
新加坡	39	1	33	24	22	10	2	1	3	12
斯洛伐克	34	17	19	43	38	31	38	38	38	24
斯洛文尼亚	25	25	40	11	41	26	45	39	47	26
南非	38	38	47	49	7	27	15	37	37	45
西班牙	15	34	8	37	11	23	25	15	24	21
瑞典	22	28	16	6	32	16	41	11	11	8
瑞士	9	14	13	4	30	7	10	5	15	10
台湾（地区）	40	20	36	36	42	40	4	25	33	18
泰国	41	32	46	30	1	30	6	24	30	41
土耳其	49	11	35	47	49	49	42	45	32	43
英国	5	29	2	28	36	34	24	18	17	29
美国	1	36	1	16	40	11	12	8	10	6
委内瑞拉	42	49	45	42	43	43	13	49	42	46

经济表现					政府效率					
生产率	劳动力市场	金融	管理实践	全球化压力	基本基础设施	技术基础设施	科学基础设施	健康与环境	价值系统	
26	49	49	48	47	44	45	48	32	37	阿根廷
11	18	11	11	28	3	15	21	13	5	澳大利亚
15	11	18	9	12	7	14	20	1	12	奥地利
4	24	20	23	33	11	24	19	20	22	比利时
42	16	35	19	35	40	34	41	38	26	巴西
10	17	7	4	7	10	5	11	12	3	加拿大
35	2	23	5	3	27	27	39	37	20	智利
41	47	43	42	22	17	42	24	40	39	中国
40	34	47	30	45	41	38	47	33	42	哥伦比亚
31	22	41	38	13	20	28	28	25	35	捷克
14	19	9	7	6	5	8	12	7	13	丹麦
34	21	19	26	8	21	20	30	39	11	爱沙尼亚
21	5	4	3	5	8	2	6	4	2	芬兰
6	37	25	34	38	14	22	7	15	40	法国
20	31	13	24	23	4	12	4	8	23	德国
17	38	30	37	37	37	30	36	27	33	希腊
27	3	6	10	16	13	13	33	21	10	香港
32	12	32	36	19	23	29	27	34	34	匈牙利
8	10	15	12	1	15	6	16	5	1	冰岛
46	28	31	43	34	48	46	31	49	38	印度
48	43	48	47	48	47	49	38	48	49	印度尼西亚
3	7	14	14	10	31	21	25	23	18	爱尔兰
13	20	17	18	18	39	10	17	18	21	以色列
9	46	34	33	29	45	32	23	24	31	意大利
23	41	33	41	39	28	25	2	11	48	日本
29	27	29	29	24	33	19	10	29	47	韩国
1	25	3	13	14	18	16	18	14	7	卢森堡
43	6	26	21	25	22	26	29	30	27	马来西亚
45	32	44	39	21	38	44	49	41	41	墨西哥
5	4	2	2	4	9	7	14	10	8	荷兰
24	26	21	15	27	19	23	26	17	6	新西兰
7	33	22	22	20	6	11	22	6	16	挪威
49	9	39	27	46	49	40	45	47	25	菲律宾
38	39	42	49	42	36	48	40	46	46	波兰
33	40	28	40	40	34	33	44	26	15	葡萄牙
37	45	40	44	41	42	47	15	45	45	俄罗斯
28	1	10	8	11	1	3	9	9	14	新加坡
36	29	37	46	30	35	36	35	31	32	斯洛伐克
30	36	38	28	36	30	37	34	35	36	斯洛文尼亚
16	44	27	25	44	29	31	43	43	43	南非
19	35	24	35	17	26	35	32	19	28	西班牙
18	8	12	6	15	16	4	5	3	9	瑞典
22	14	8	17	9	12	9	3	2	19	瑞士
25	13	16	16	26	25	18	13	28	17	台湾（地区）
44	23	36	31	43	32	43	46	42	24	泰国
47	42	45	32	31	46	39	42	36	30	土耳其
12	30	5	20	32	24	17	8	22	29	英国
2	15	1	1	2	2	1	1	16	4	美国
39	48	46	45	49	43	41	37	44	44	委内瑞拉

四 类 要 素 相 对 美 国 价 值 指 数

——美国

——该国的结构

阿根廷

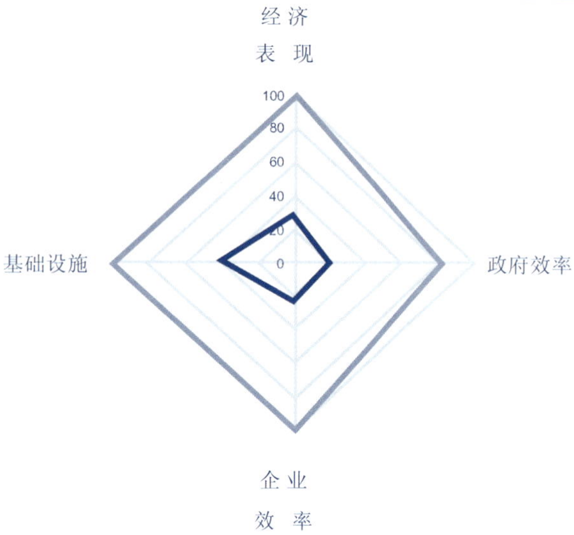

澳大利亚

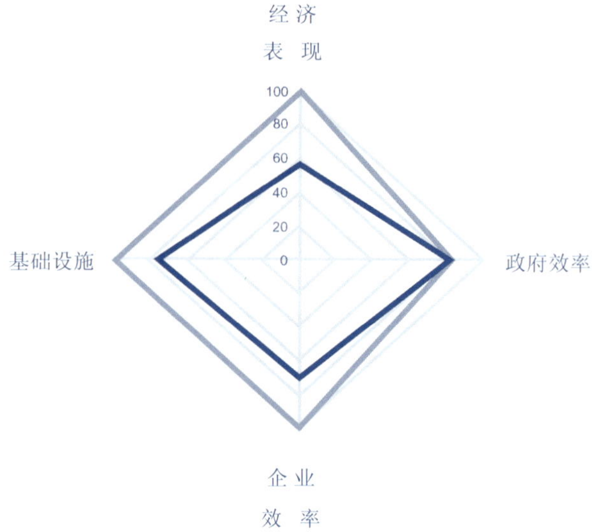

奥地利

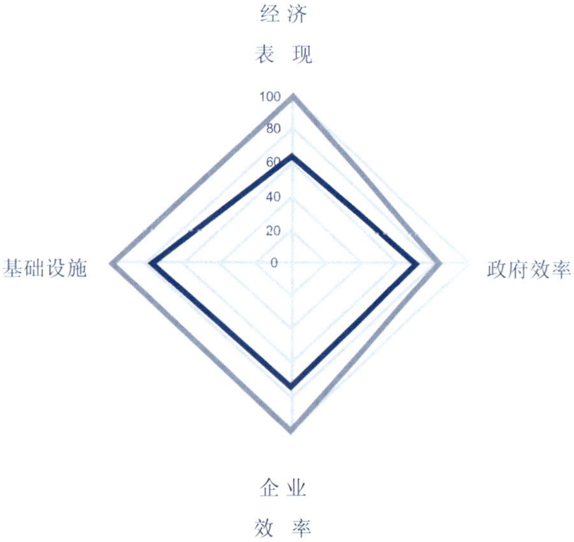

比利时

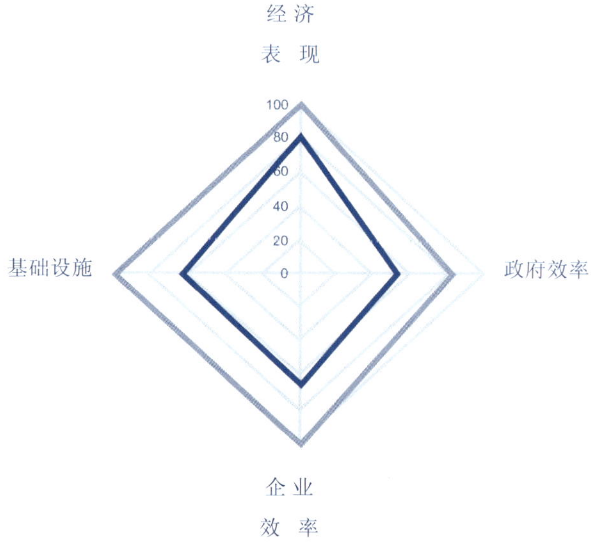

巴西

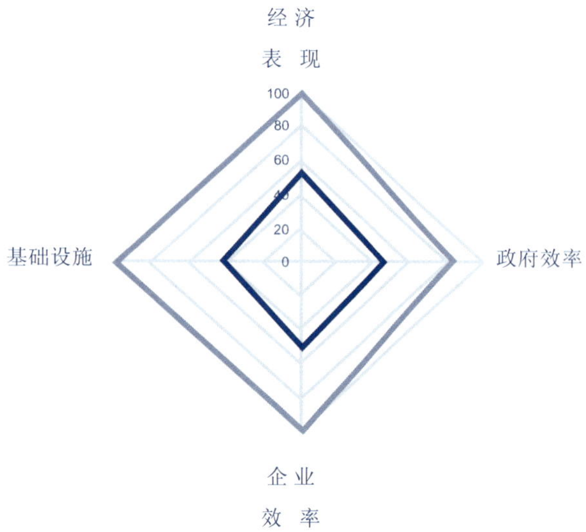

加拿大

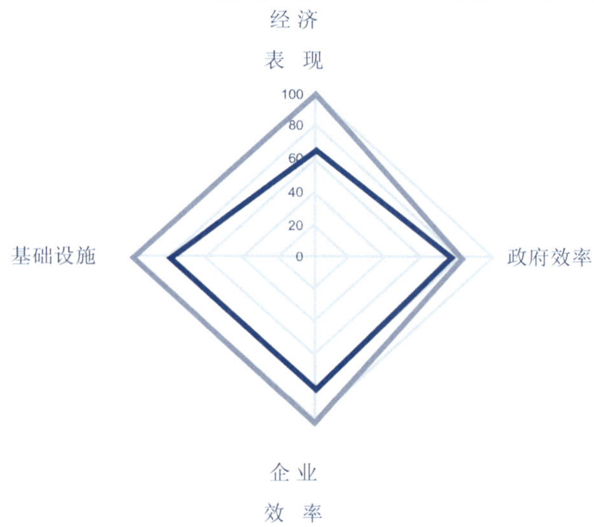

四类要素相对美国价值指数

美国——

该国的结构——

智利

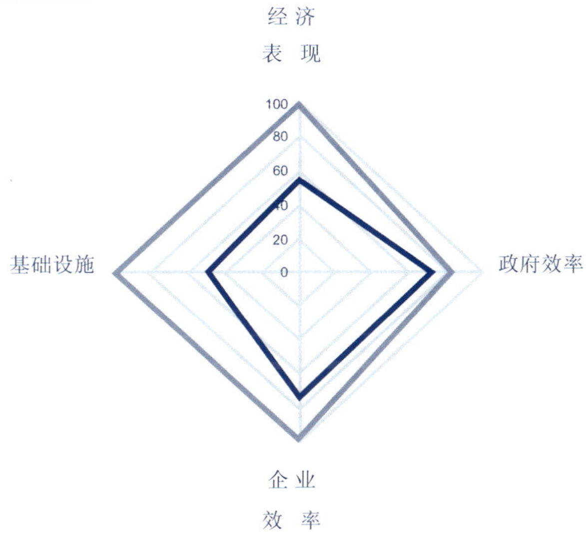

香港

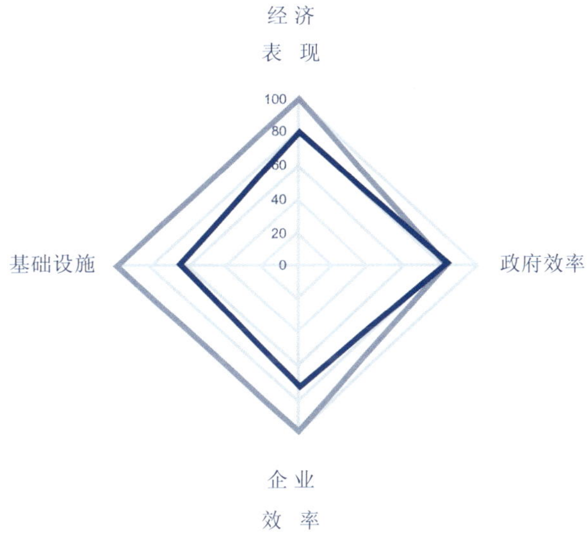

中国

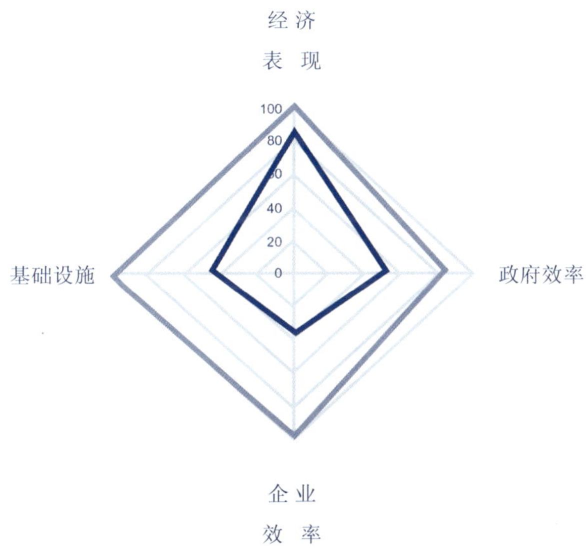

哥伦比亚

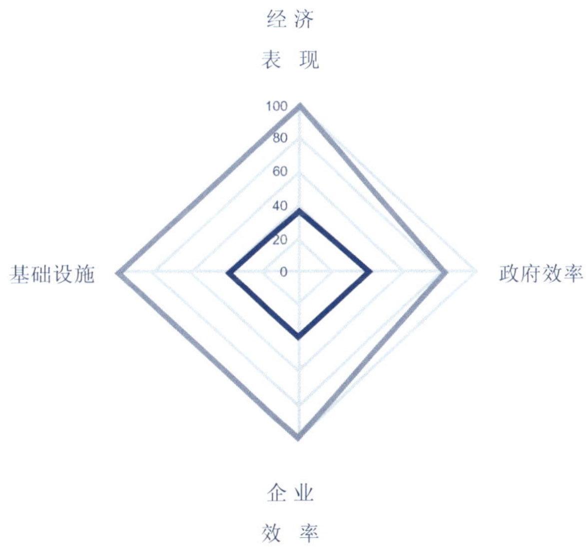

捷克

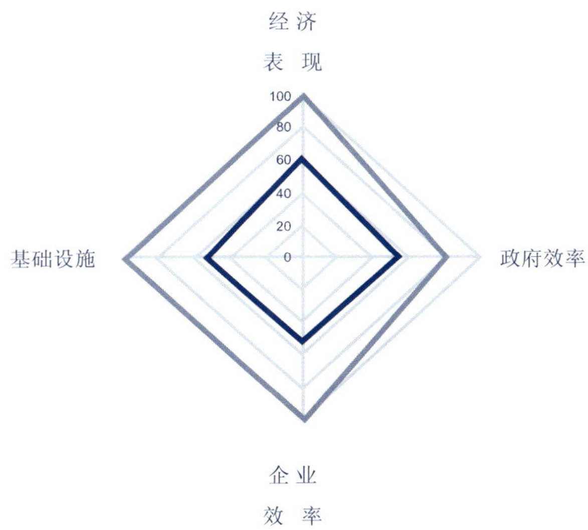

丹麦

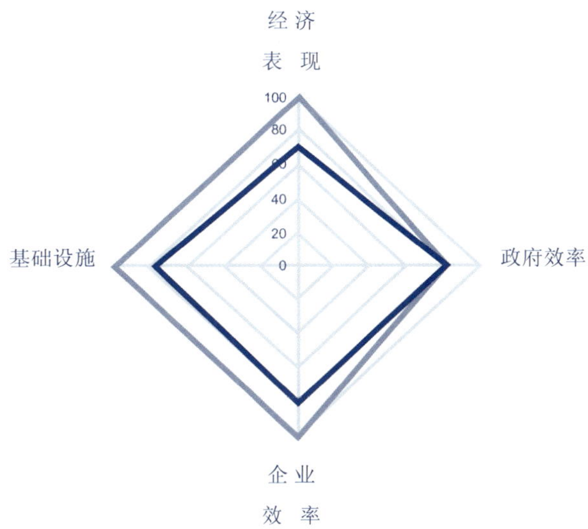

四 类 要 素 相 对 美 国 价 值 指 数

——美国

——该国的结构

爱沙尼亚

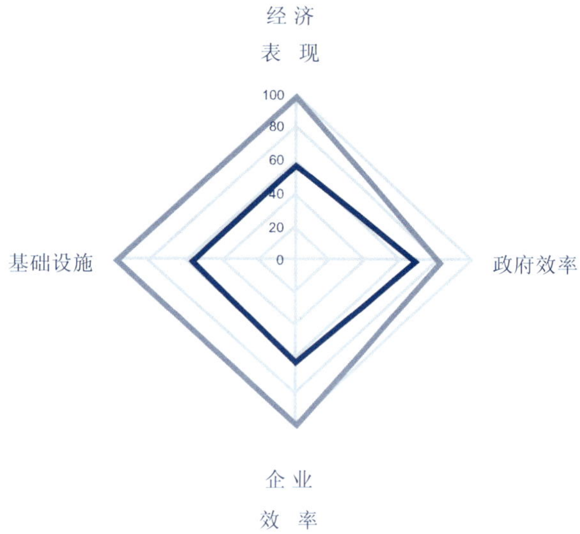

芬兰

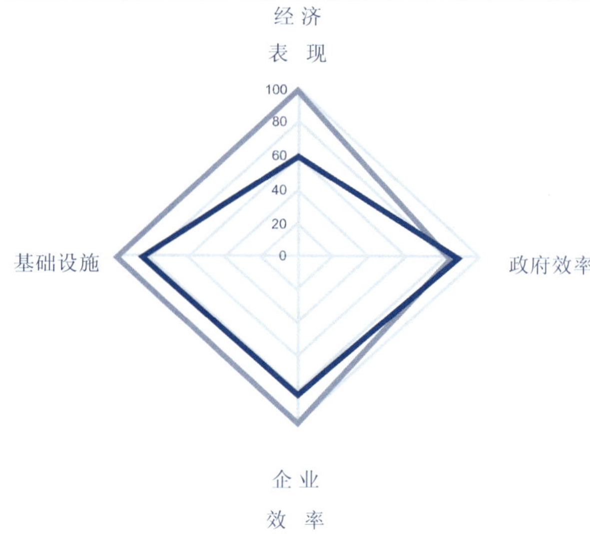

法国

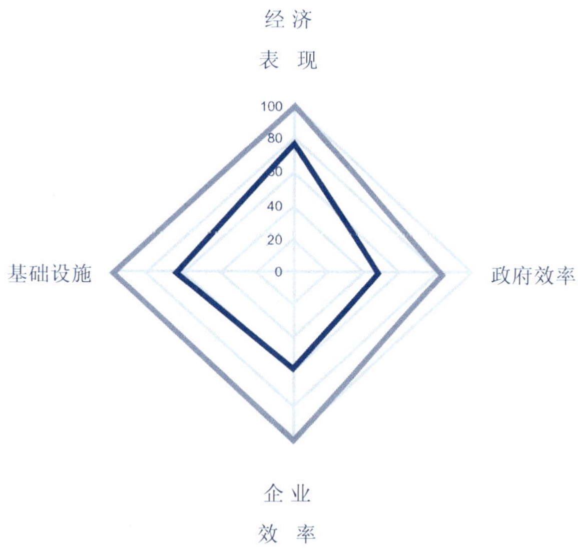

德国

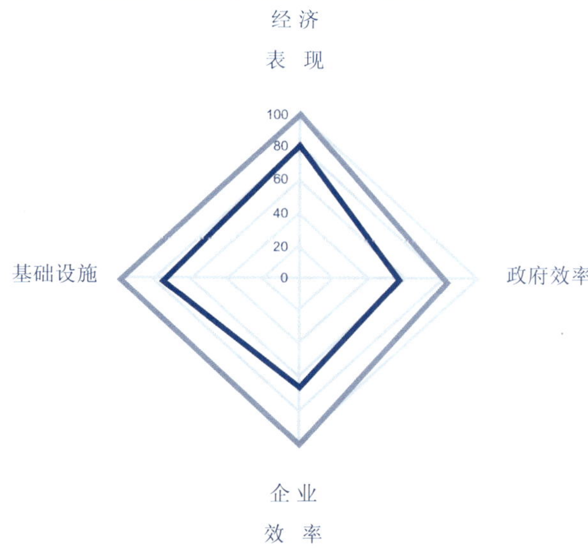

希腊

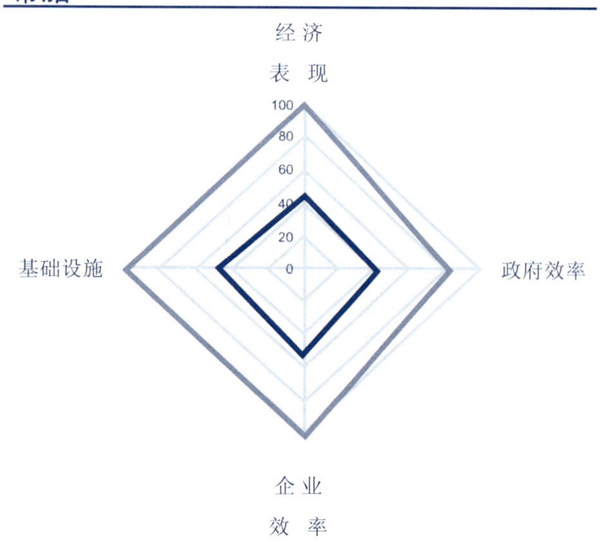

匈牙利

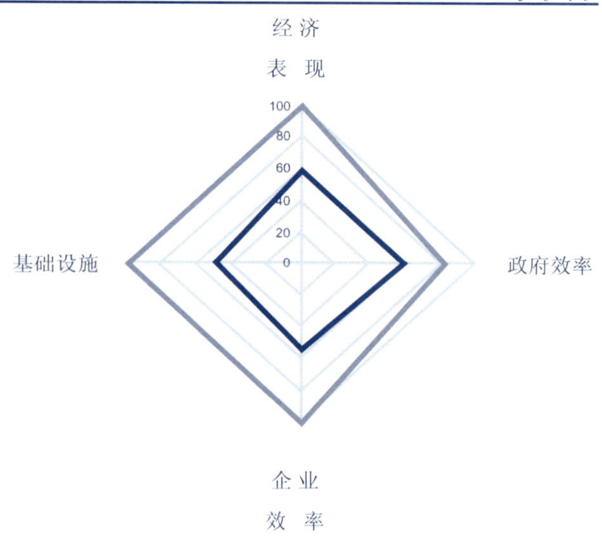

四类要素相对美国价值指数

美国——

该国的结构——

冰岛

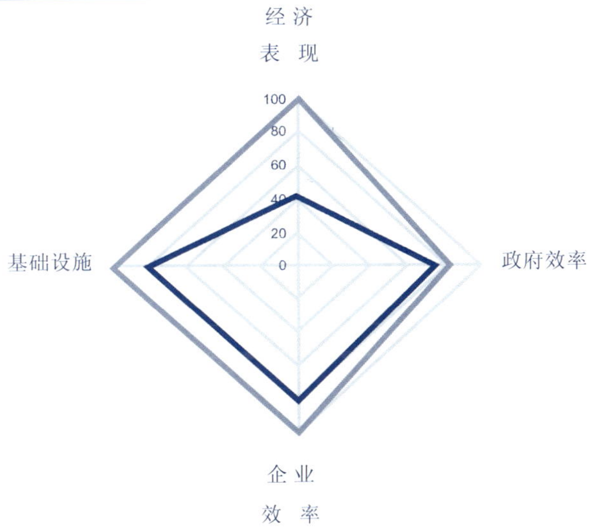

印度

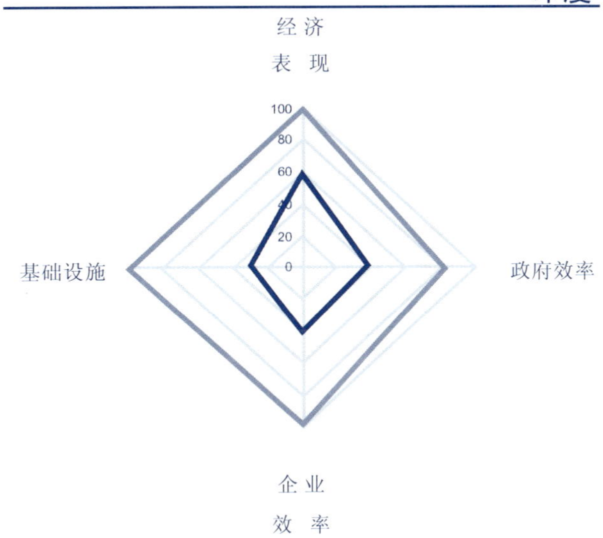

印度尼西亚

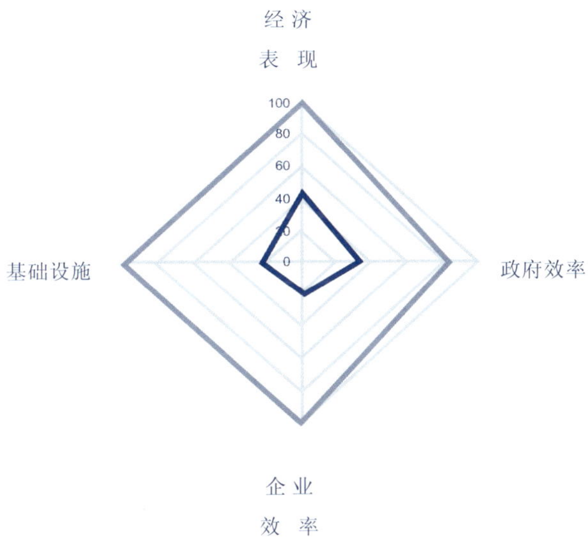

爱尔兰

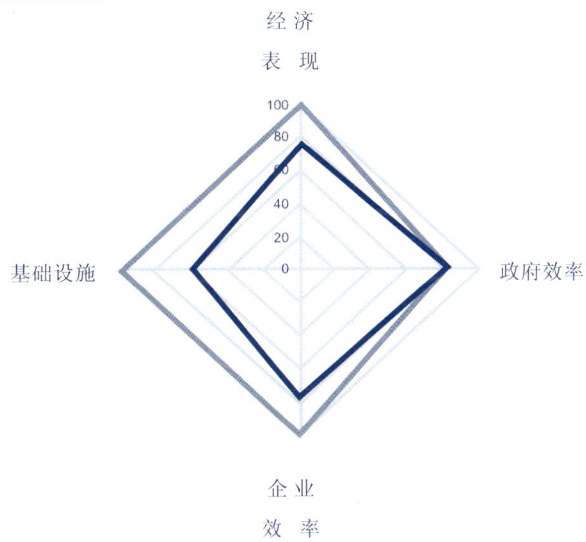

以色列

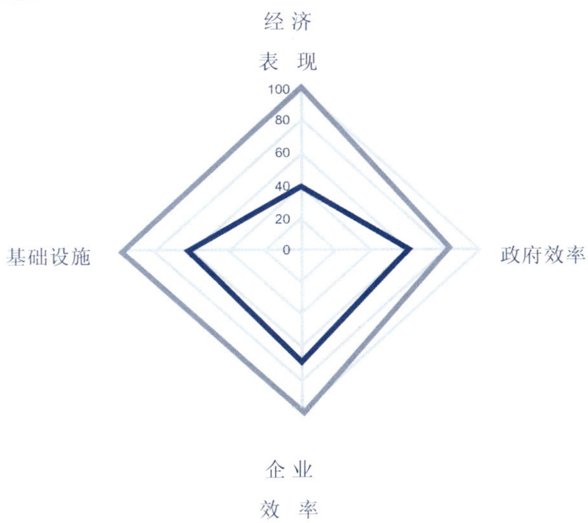

意大利

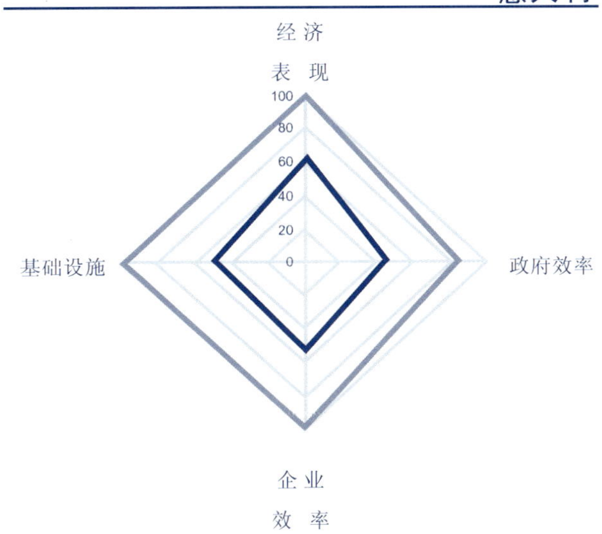

四类要素相对美国价值指数

——美国

——该国的结构

日本

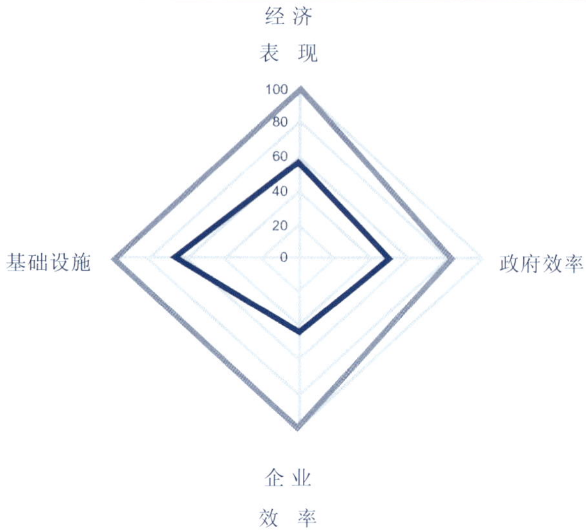

韩国

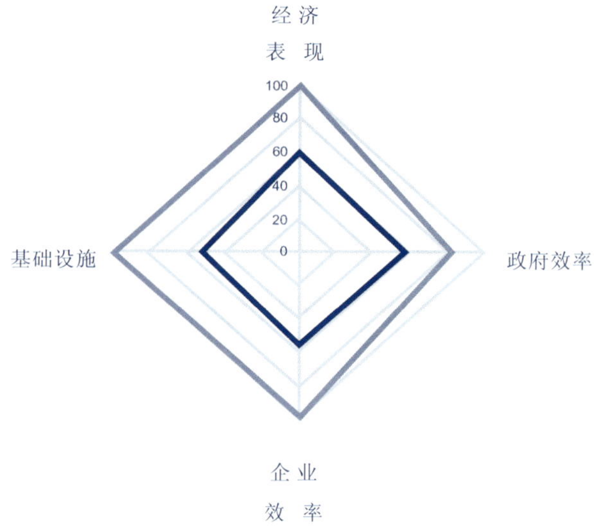

卢森堡

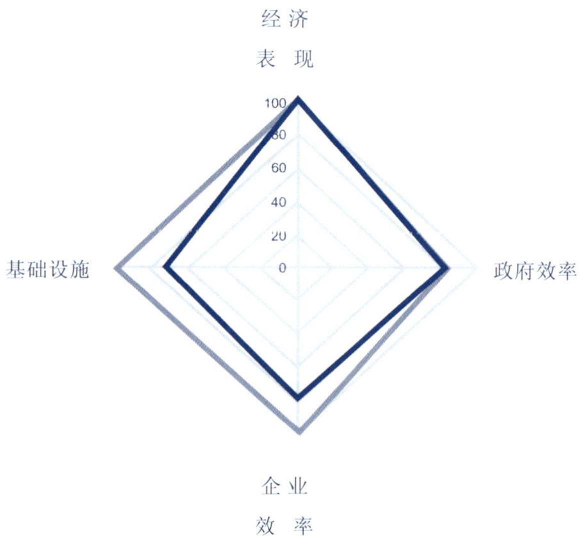

马来西亚

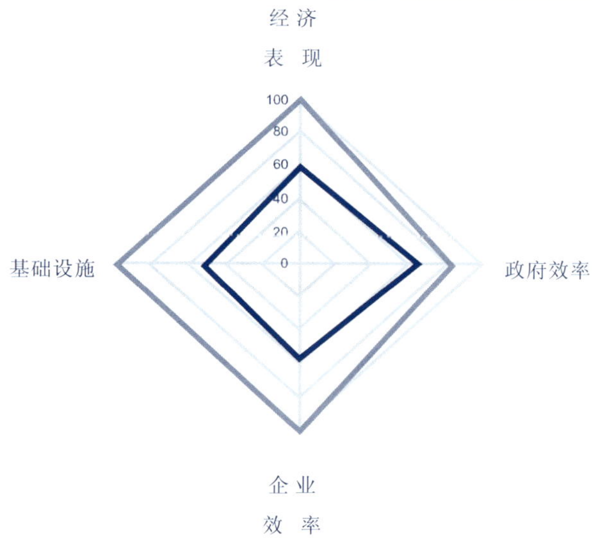

墨西哥

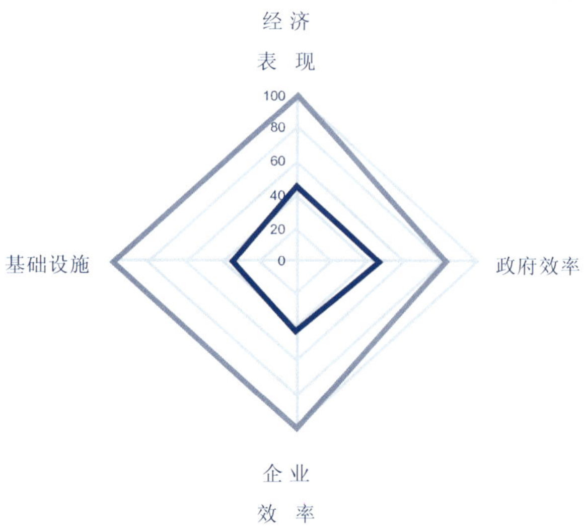

荷兰

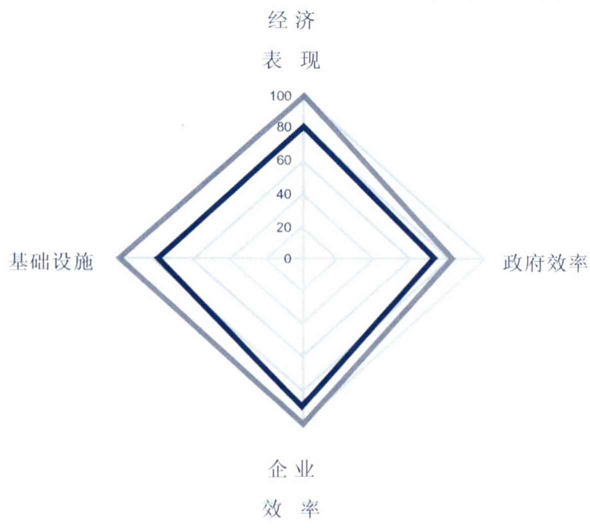

四类要素相对美国价值指数

美国——

该国的结构——

新西兰

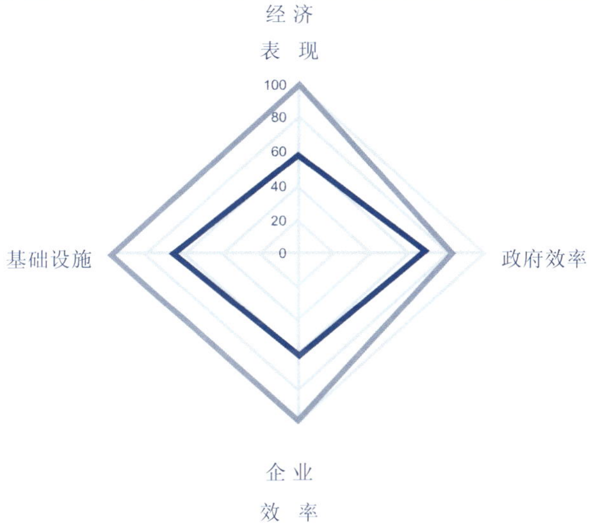

挪威

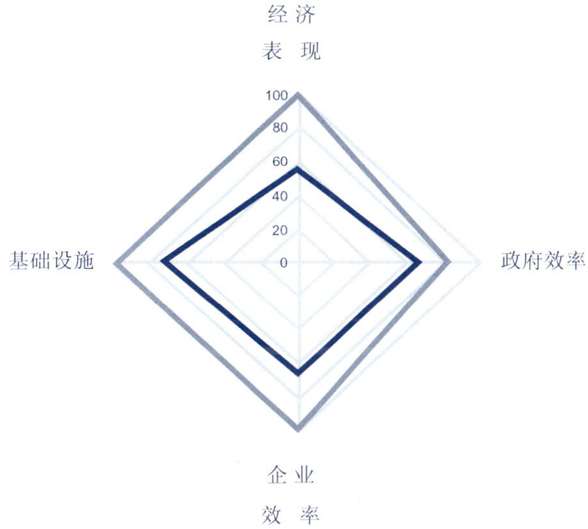

菲律宾

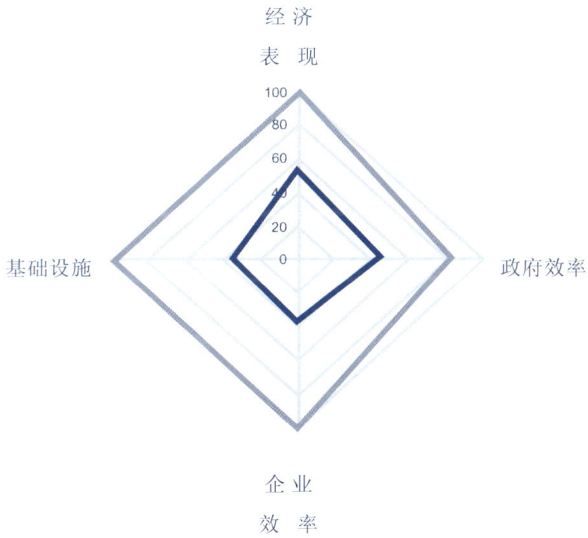

波兰

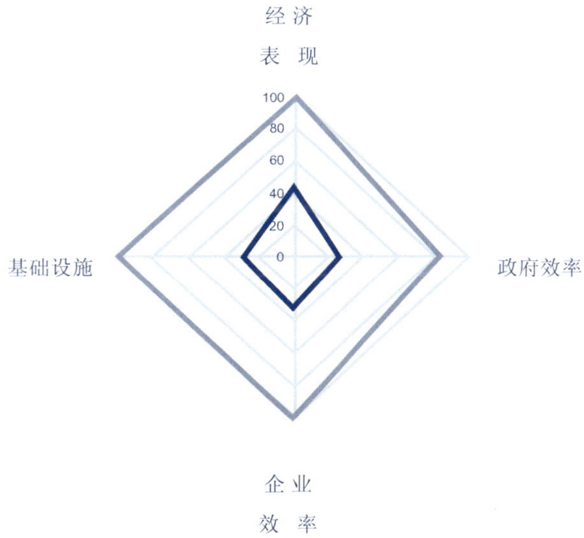

葡萄牙

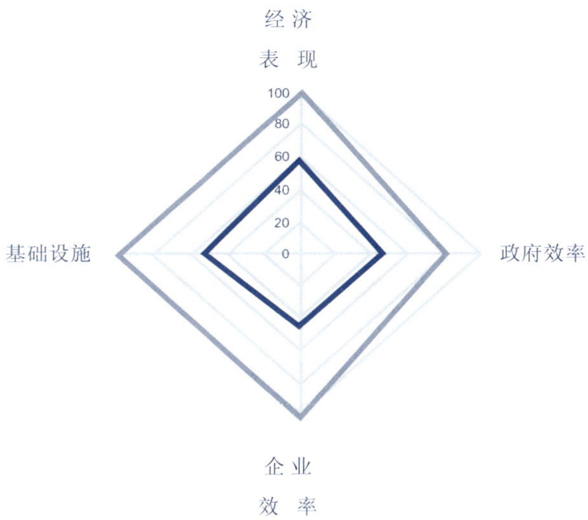

俄罗斯

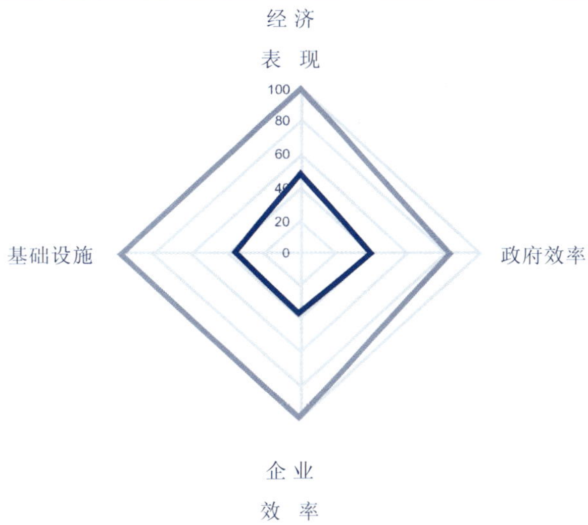

四 类 要 素 相 对 美 国 价 值 指 数

——美国

——该国的结构

新加坡

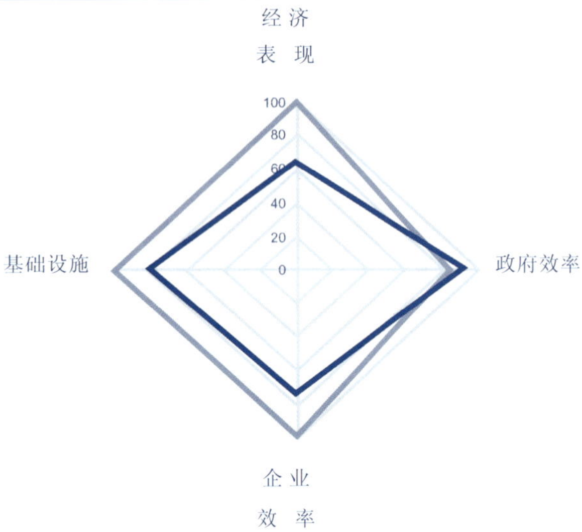

斯洛伐克

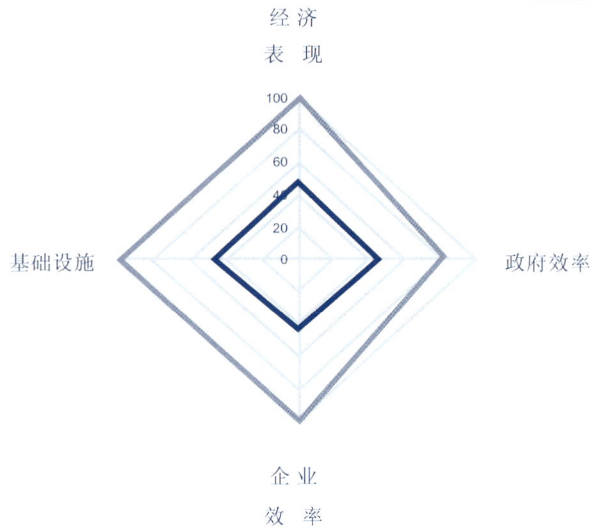

斯洛文尼亚

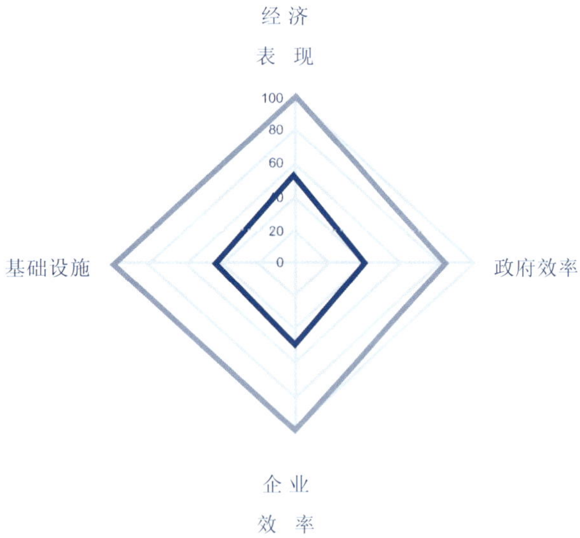

南非

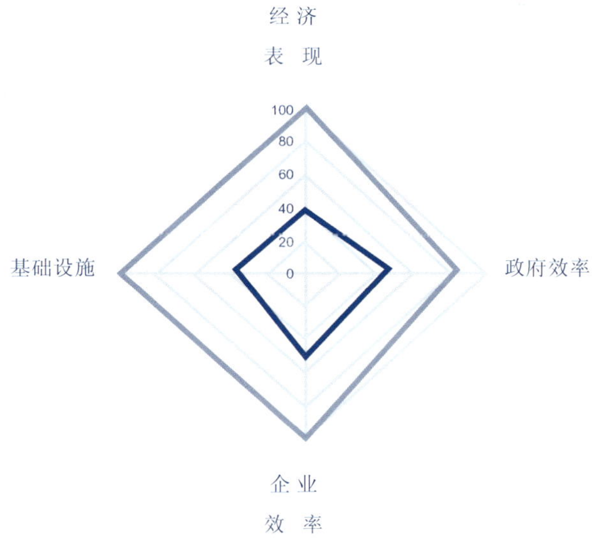

西班牙

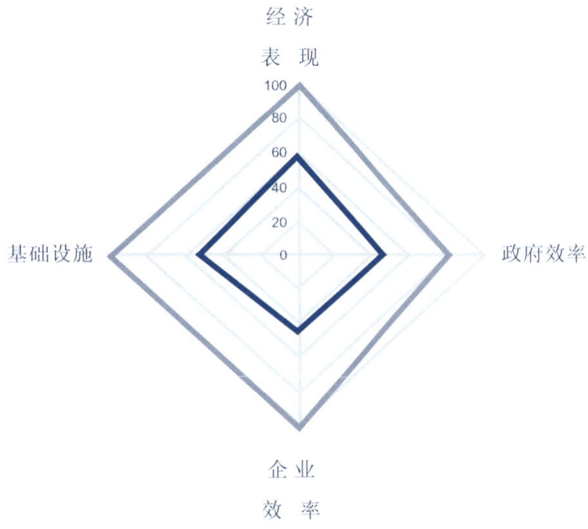

瑞典

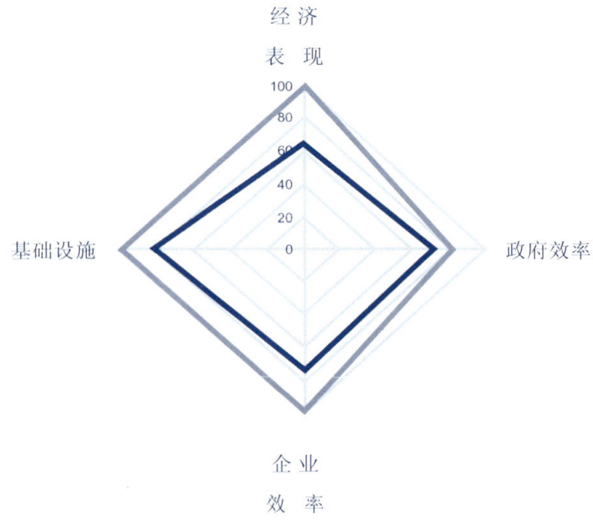

四类要素相对美国价值指数

美国——

该国的结构——

瑞士

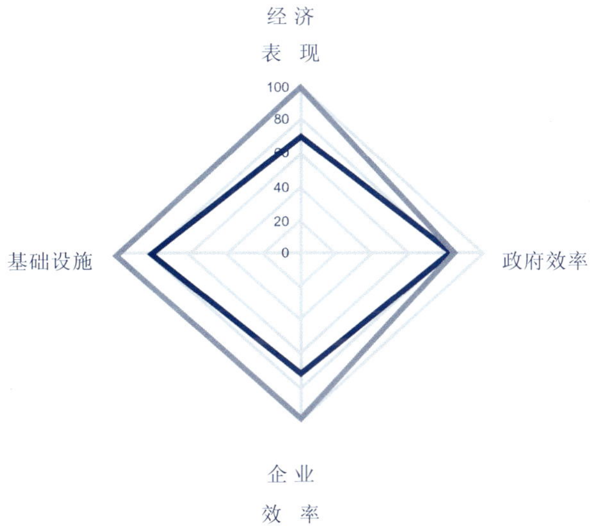

台湾（地区）

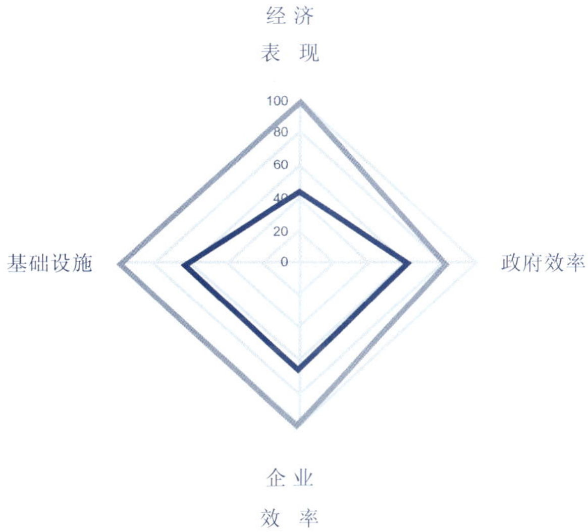

泰国

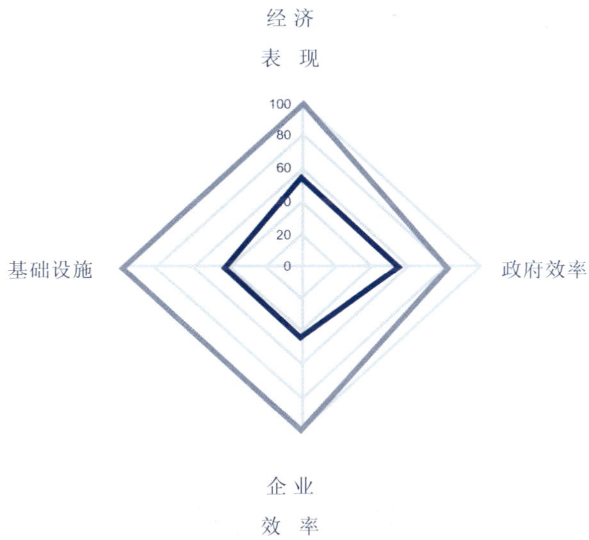

土耳其

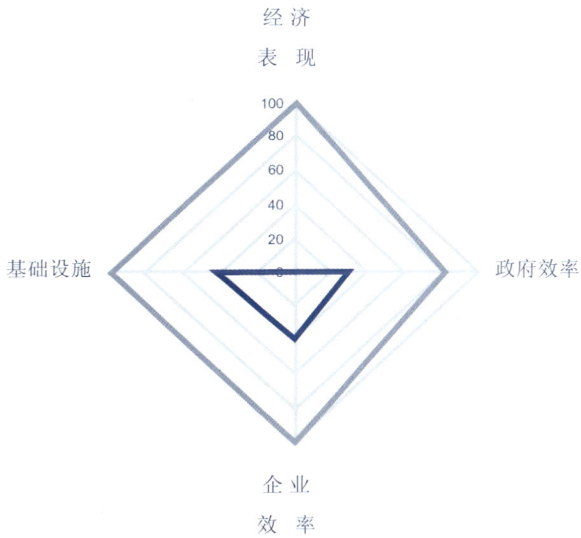

英国

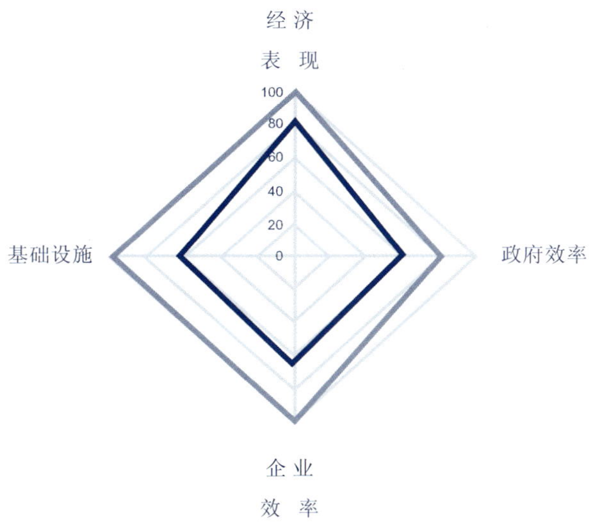

委内瑞拉

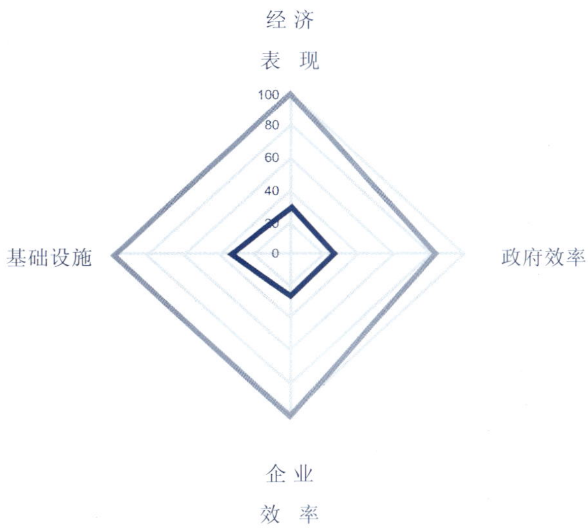

国家竞争力轮廓

这个部分由
Eienne Aymon
和 Michel Mirshak
准备

国家与地区轮廓使用指南

这个部分分析了世界竞争力年鉴中 49 个国家或地区或经济体，每个国家或经济体的表现，国家或经济体按照字母顺序给出，除了中国香港排在中国之前外。“国家和经济体”交换使用，没有任何的政治涵义。

粗看起来，评价每个国家或地区的演变过程和其相对优势和劣势是可能的。但是，每个国家或地区的特殊情况又受到它的发展水平、政治制约和社会价值体系的影响。

1、 国家或地区竞争力趋势－总体

这页给出了一个国家或地区的历史表现、与最强国家的相对地位、个体国家或地区结果和 2002 年的挑战。给出了以下的指标：

－1998 年到 2002 年总体竞争力的演变

－相对于最强的国家，竞争力四大要素的结构图。

－如果有，我们的合作机构提供了 2002 年这个国家或地区面临的 5 个挑战。

－基本事实。

2、 国家或地区竞争力趋势—要素细目分类

这页给出了每个竞争力要素从 1998 年到 2002 年的表现和每个子要素 2002 年的排名。

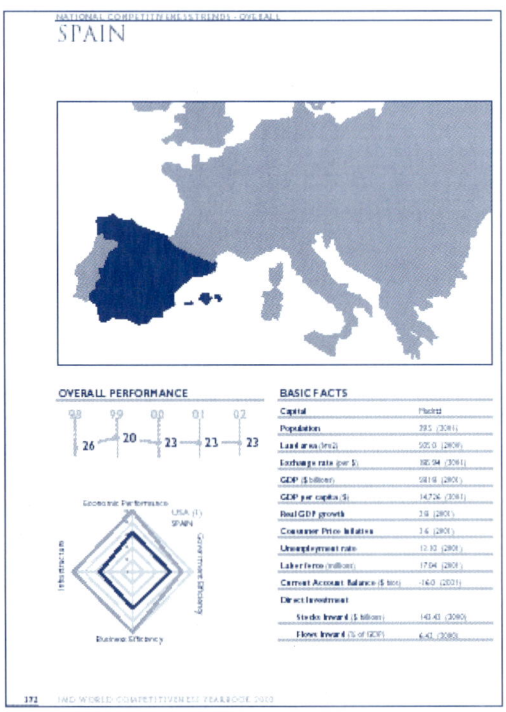

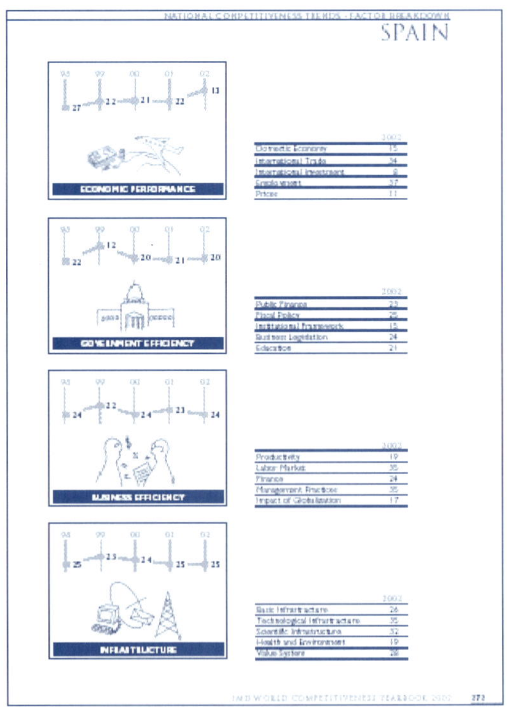

3、 和 4、国家或地区竞争力资产负债表

这个部分突出了一个国家或地区世界竞争力的具体优势和劣势。什么构成了优势或劣势是相对于一个国家或地区的环境或发展而言的，注意到这一点是很重要的。这些优势或劣势是由指标的标准化值决定的，并被分解为四个不同的要素。

对我们用于决定排名的标准化方法的解释，请参考年鉴末的分析的方法学和原则这一章。

页 3 强项

这页给出了在每个竞争力要素里这个国家或地区排名最好的 10 个指标。

页 4 弱项

这页给出了在每个竞争力要素里这个国家或地区排名最差的 10 个指标。

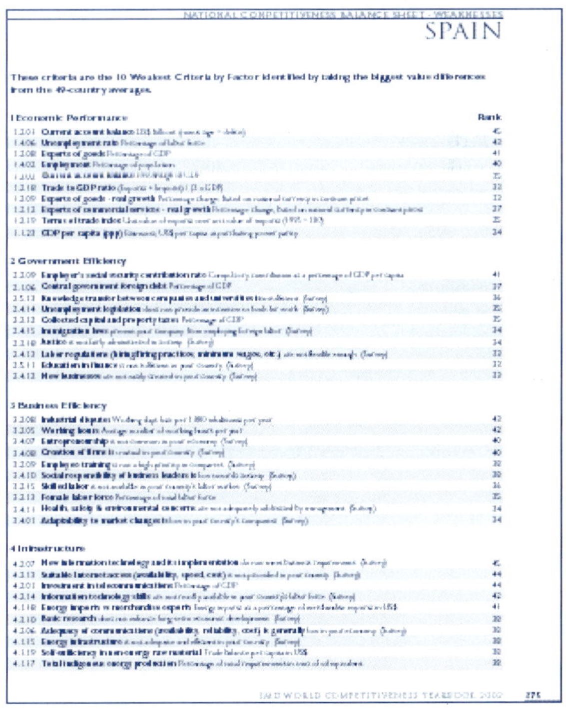

5、20 个最强的指标

通过选择 STD 值最高的指标，这一页给出了每个国家或地区全部指标中最强的 20 个指标。这些特别的指标被认为是国家或地区最重要的资产，同样这也取决于国家或地区的具体形式。开始的 13 个指标是从国际、国家和地区的来源中得到的硬数据，剩下的 7 个指标是从我们的高级主管意见调查中得到的软数据。2/3 的硬数据和 1/3 的软数据的比率反映了总体排名中每种数据的比例。

6、“如果？”模拟

这一页给出了每个国家或地区全部指标中最弱的 20 个指标，同样按照硬数据和软数据的比率和前页的一样，只是选择的是 STD 值最低的指标。但是，有些指标排除在模拟之外：那些国家或地区无力控制或者对竞争力只有很小影响的指标（见附录 III 的模拟之外的指标列表）。例如，我们不认为可耕地的量是可以控制的。我们把这 20 个最弱的指标的得分换成 49 个国家或地区的平均值，然后看看总体排名的变化。模拟的结果表明，如果一个国家或地区能把其最弱的指标提高到平均值，国家或地区竞争力会有多大的提高。模拟提供给政策制订者一个识别需要注意提高竞争力的指标的一种工具。

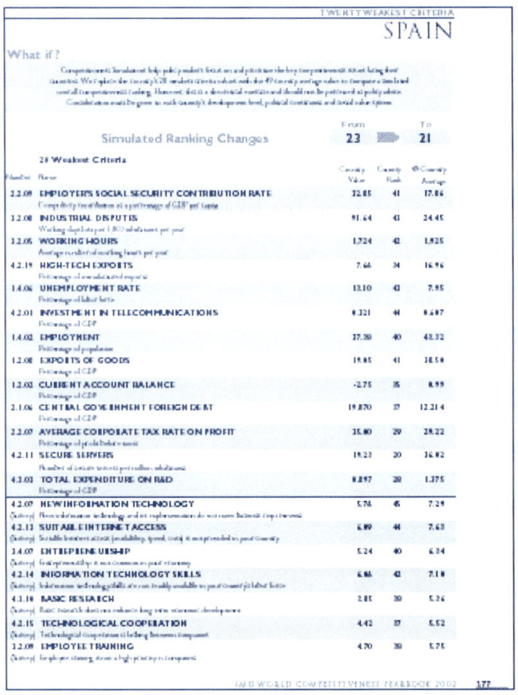

TWENTY WEAKEST CRITERIA

SPAIN

What if?

Simulated Ranking Changes — From 23 To 21

20 Weakest Criteria

Number	Name	Country Value	Country Rank	49-Country Average
2.2.09	EMPLOYER'S SOCIAL SECURITY CONTRIBUTION RATE	32.85	41	17.86
3.2.08	INDUSTRIAL DISPUTES	91.64	41	24.45
3.2.05	WORKING HOURS	1,724	42	1,925
4.2.19	HIGH-TECH EXPORTS	7.66	34	16.96
1.4.06	UNEMPLOYMENT RATE	13.10	43	7.95
4.2.01	INVESTMENT IN TELECOMMUNICATIONS	0.321	44	0.687
1.4.02	EMPLOYMENT	37.30	40	42.32
1.2.08	EXPORTS OF GOODS	19.05	41	30.50
1.2.02	CURRENT ACCOUNT BALANCE	-2.75	35	0.99
2.1.06	CENTRAL GOVERNMENT FOREIGN DEBT	19.870	37	12.214
2.2.07	AVERAGE CORPORATE TAX RATE ON PROFIT	35.00	29	29.22
4.2.11	SECURE SERVERS	19.23	30	36.82
4.3.03	TOTAL EXPENDITURE ON R&D	0.897	28	1.375
4.2.07	NEW INFORMATION TECHNOLOGY	5.76	45	7.29
4.2.13	SUITABLE INTERNET ACCESS	6.09	44	7.63
3.4.07	ENTREPRENEURSHIP	5.24	40	6.34
4.2.14	INFORMATION TECHNOLOGY SKILLS	6.06	42	7.18
4.3.18	BASIC RESEARCH	2.85	30	5.36
4.2.15	TECHNOLOGICAL COOPERATION	4.42	37	5.52
3.2.09	EMPLOYEE TRAINING	4.70	30	5.75

IMD WORLD COMPETITIVENESS YEARBOOK 2002 377

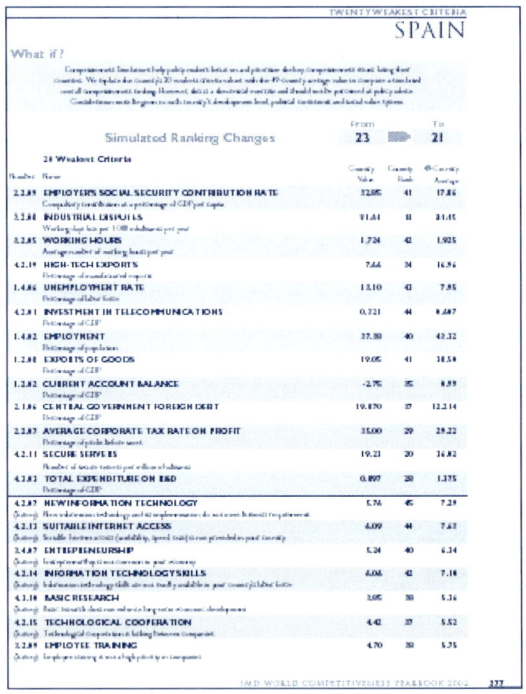

模拟是一种理论上的演习，不可以当作政策建议。还要必须考虑每个国家或地区的发展水平、政治制约和社会价值系统。

7、 和 8、国家或地区表现和主要竞争力指标

这个部分分析了每个国家或经济体独立于世界竞争力年鉴其他国家的表现。因此，这两页应该从不同于前几页的角度进行研究。前几页一个国家或地区的表现总是在和其他国家或地区的表现比较。

页 7

这页展现了被分析国家或地区某些竞争力子要素的演变。这些子要素被选择用于描述，独立于 WCY 的其他国家或地区，这个国家或地区这些年是如何表现的。在所有子要素中，为了最好的反映量化数据的时间变化和为了保证这个时间序列有充分的数据，只有硬指标被选择了。前述对每个指标使用 STD 值的方法应用到这里去决定每个子要素的平均 STD 值。因而，每张图给出了被选的子要素从 1995 年到现在的平均值。

页 8

这一页给出了对一个国家或地区如何在世界市场中竞争很关键的具体竞争力指标的时间序列。粗看起来，这些趋势描述了某些竞争力方面的演变。给出了 14 个具体指标从 1995 年到现在的演变图。

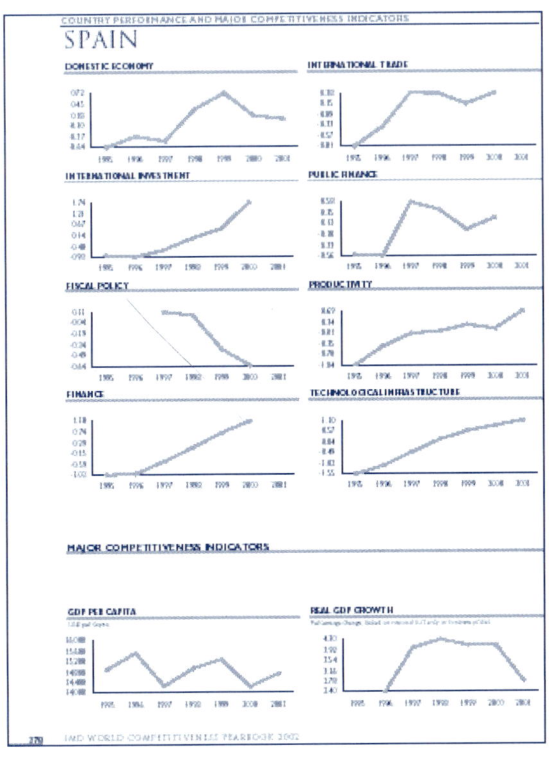

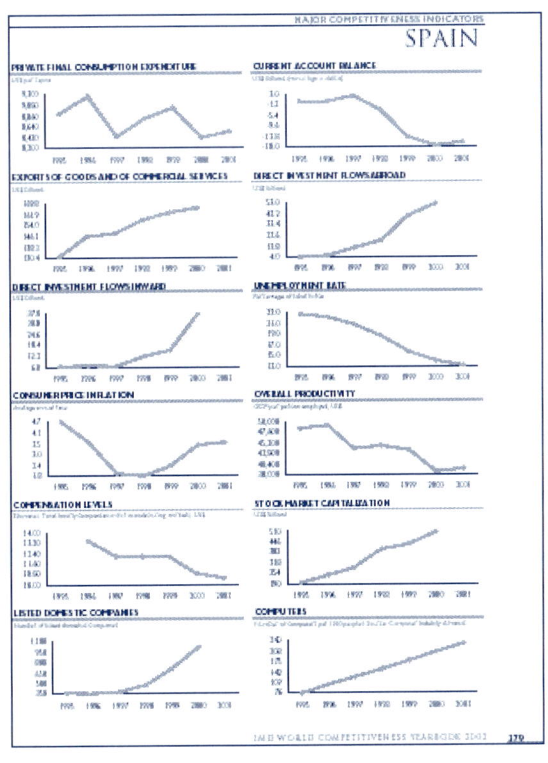

阿根廷

国家竞争力的挑战，2002

- 增加出口和寻找解决国际性 农业保护的方法。
- 达到货币和财政预算的平衡 （包括对省的调整）保持可能的通货膨胀压力。
- 提高本国和国际资本市场的信心程度
- 恢复生产力增长，达到一个可接受的就业水平，以及找到人力资本转移的解决办法
- 找到一种重建社会公共政策与社会公共机构信任之间平衡的方法

提供者：

Pontifacia Universidad Catolica

总体表现

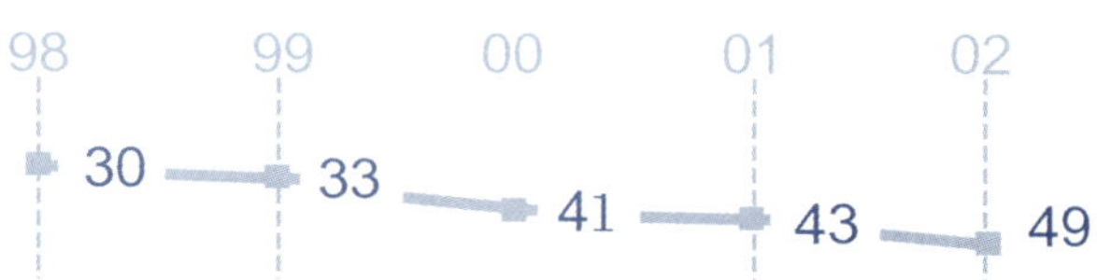

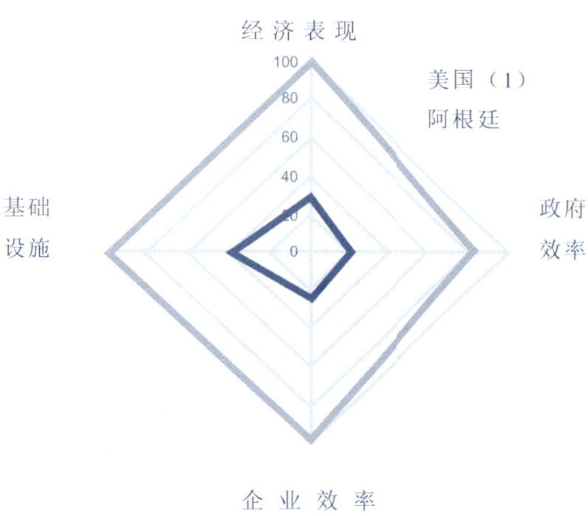

基本事实

首都	布宜诺斯艾利斯
人口	37.5（2001）
地域（平方千米）	2,767.0（2000）
汇率（百分之一美元）	1.00（2001）
国内生产总值（十亿美元）	277.5（2001）
人均国内生产总值（美元）	7,403（2001）
实际GDP增长率	－2.3（2001）
消费品价格上涨	-1.1（2001）
失业率	18.50（2001）
劳动力（百万）	14.08（2000）
经常性项目差额（十亿美元）	-4.9（2001）
直接投资	
吸收股票投资（十亿美元）	73.44（2000）
吸收流量（占GDP百分比）	4.10（2000）

阿根廷

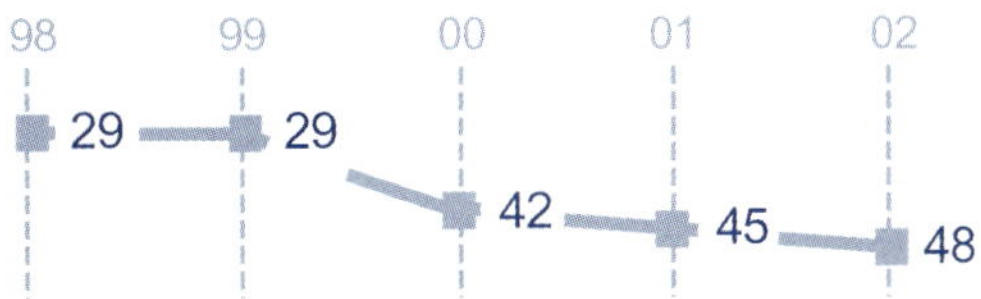

经 济 表 现

	2002
国内经济	48
国际贸易	47
国际投资	38
就　业	48
物　价	17

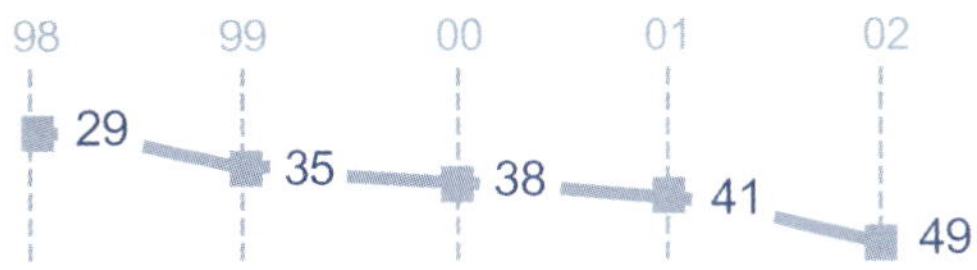

政 府 效 率

	2002
公共财政	47
财政政策	36
组织机构	48
企业法规	46
教　育	38

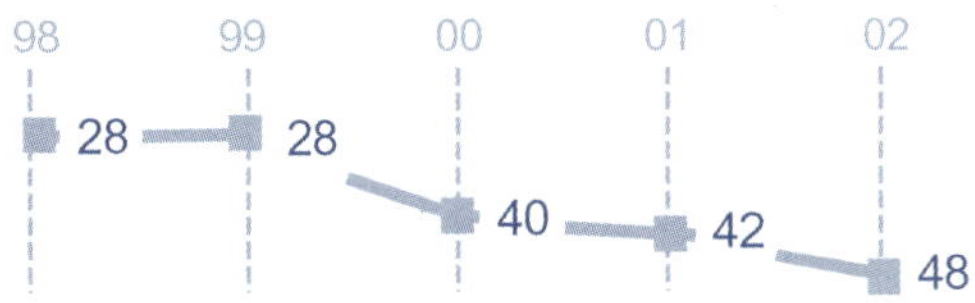

企 业 效 率

	2002
生产率	26
劳动力市场	49
金　融	49
管理实践	48
全球化影响	47

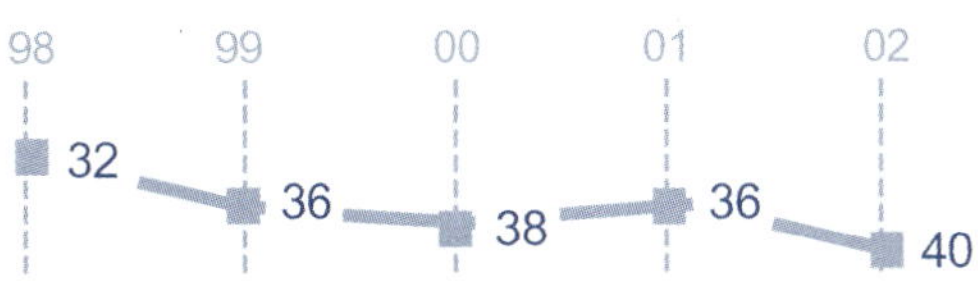

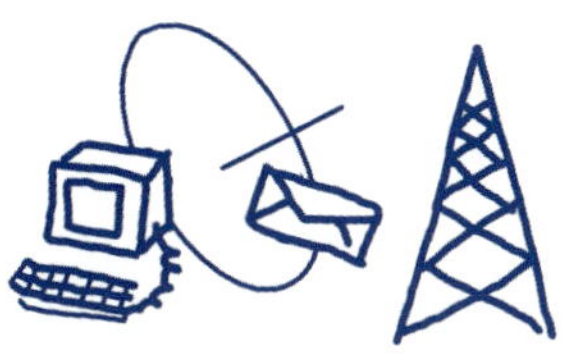

基 础 设 施

	2002
基本基础设施	44
技术基本基础设施	45
科学基本基础设施	48
健康与环境	32
价值系统	37

阿根廷

这些指标是每类中最强的10个指标，这些类是通过对49个国家和地区平均的最大的价值差异来区分的。

1 经济表现

			排名
1.4.05	公共部门的就业率	占总就业人口的百分比	2
1.2.19	贸易条件指数	出口单位价值比进口单位价值（1995=100）	8
1.1.01	国内生产总值（GDP）	按现行价格、汇率计算，10亿美元	18
1.1.03	个人最终消费支出	10亿美元	18
1.1.02	国内生产总值（PPP）	估计值：按购买力平价计算，10亿美元	18
1.3.05	吸引国外直接投资流量	10亿美元	18
1.2.09	商品出口额实际增长率	按本地货币、不变价格计算的变化率	19
1.4.01	总就业人口	总就业人口（百万）	21
1.3.06	吸引国外直接投资+流量	吸引国外直接投资流量占GDP的百分比	23
1.3.03	对外直接投资存量	10亿美元	24

2 政府效率

2.4.06	政府补贴	对私人和公共企业的补贴占GDP比重	3
2.4.15	移民法	移民法不禁止本国公司雇用外国劳动力	4
2.5.12	合格工程师	合格工程师在贵国劳动力市场上容易获得	9
2.2.13	间接税	商品和服务税占GDP的比重	10
2.2.01	税收总收入	占GDP的百分比	13
2.2.02	个人收入税有效税率	占人均GDP的百分比	13
2.3.07	汇率稳定度	本币相对于特别提款权的汇兑年价变动	15
2.4.19	外国投资者	外国投资者可以自由在国内公司中取得控制力	20
2.5.03	学生—教师比（中等教育）	学生与教师职员的比例	20
2.4.21	进入国内资本市场	外国公司进入国内资本市场不受限制	22

3 企业效率

3.2.02	制造业部门单位劳动成本	制造业部门单位劳动成本变化率	1
3.2.15	熟练劳动力	熟练劳动力在贵国劳动市场上可获得性	11
3.2.05	工作小时	每年的平均工作小时数	16
3.1.03	综合生产率实际增长率	每个就业者实际GDP变化率，估计值	16
3.2.20	称职的高层管理人员	称职的高层管理人员在贵国劳动市场上易获得	19
3.2.16	金融人才	金融人才在贵国劳动市场上容易获得	19
3.2.01	报酬水平	制造业工人每小时全部报酬，美元，估计值	21
3.2.11	劳动力	占总人口的百分比	21
3.2.19	国际经验	高层管理者通常有丰富的国际经验	27
3.2.03	服务性职业报酬	年均总收入，包括附加薪水，例如额外薪金，美元	28

4 基础设施

4.5.04	歧视	歧视（种族、性别等）并没有给社会带来不利影响	5
4.1.12	可耕地面积	人均平方米	6
4.1.18	能源进口与商品出口	能源进口占商品出口的比例	9
4.1.17	国内能源总产量	占所有能源需求（等价为石油吨数）的比例	11
4.1.19	非能源原材料自给	人均贸易收支差额，美元	15
4.2.01	对电信的投资	年平均占GDP的百分比	16
4.1.14	能源强度	单位美元GDP消费的商业能源数量，千焦耳	18
4.5.05	国会中女性人数	女性席位占全部席位的比例	18
4.4.14	二氧化碳排放量	GDP的每百万美元中由工业过程排放的二氧化碳（吨）	19
4.4.01	健康总支出	占GDP的比例	19

阿根廷

这些指标是每类中最弱的10个指标，这些类是通过对49个国家和地区平均的最大的价值差异来区分的。

1 经济表现

			排名
1.1.21	经济的弹性	经济体对于经济周期的弹性强	49
1.4.03	就业增长	变化率	49
1.1.12	突出GDP增长率	按本地货币、不变价格计算的变化率	48
1.2.18	外贸依存度	（出口+进口）/（2×GDP）	48
1.4.06	失业率	占劳动力比率	47
1.4.02	就业率	总就业人口占总人口的百分比	47
1.2.08	商品出口额	商品出口额占GDP的百分比	47
1.1.13	实际人均GDP增长率	按本地货币、不变价格计算的变化率	46
1.2.11	商业服务出口额	商业服务出口额占GDP的百分比	46
1.3.04	对外直接投资存量实际增长率	按本地货币、不变价格计算的变化率	44

2 政府效率

2.4.16	金融机构法规	金融机构法规对于金融稳定性是足够的	49
2.3.14	透明度	政府政策的透明度是令人满意的	49
2.3.13	政治团体	政治团体确实理解目前的经济挑战	49
2.4.05	出口信用和保险	公司可以以合理的价格得到出口信用和保险	49
2.3.08	关于政策方向的一致性	政府中政策方向的一致性很高	49
2.4.07	竞争立法	贵国竞争立法阻止不正当竞争	49
2.4.12	新企业	新企业在贵国容易建立	49
2.4.01	贵国参与区域贸易集团的程度	贵国参与区域贸易集团提供进入外国市场的途径	49
2.3.02	资本成本	贵国资本成本鼓励公司发展	49
2.4.02	海关职权	海关职权推动了商品的有效转口	49

3 企业效率

3.3.09	银行业规定	银行业规定没有阻碍贵国竞争力	49
3.3.03	信贷	熟练劳动力在贵国劳动市场上可获得性	49
3.4.08	公司的设立	贵国设立公司很普遍	49
3.5.05	海外形象	贵国的海外形象支持了企业的发展	49
3.2.07	工人的动机	贵国工人动机很重要	49
3.3.18	现金流	现金流通常足以允许公司自筹经费	49
3.4.06	消费者满意度	贵国重视消费者满意度	49
3.3.06	风险资本	企业发展可以容易获得	49
3.3.16	金融机构透明度	金融机构透明度在贵国高度发达	49
3.5.04	R&D设施的再分配	R&D设施的再分配不会威胁贵国经济的未来	49

4 基础设施

4.2.17	资助技术发展	技术发展的资助非常充分	49
4.4.16	可持续发展	贵国优先考虑可持续发展	48
4.4.06	健康基础设施	健康基础设施满足社会需要	48
4.2.16	技术的发展和应用	合法环境支持技术的发展和应用	48
4.5.09	社会的价值	社会价值支持竞争力	47
4.3.20	专利权和版权保护	专利和版权在贵国得到了充分保护	47
4.3.10	基础研究	基础研究能够支持长期经济发展	47
4.2.20	数据安全性	贵国数据安全性有保障	47
4.1.05	维护和发展	基础设施的维护和发展得到充分的计划和资助	46
4.2.15	技术合作	公司间的技术合作很发达	46

阿根廷

这一部分集锦了该国20个最强的指标，
这部分指标有着最高的标准化值（STD值）。
STD值＝（国家和地区的原始值－49个国家和地区平均值）/标准差

20个最强的指标

序号	名称	国家原始值	国家排名	49国家平均值
2.2.13	**间接税** 商品和服务税占GDP的比重	6.08	10	10.45
3.2.02	**制造业部门单位劳动成本** 制造业部门单位劳动成本变化率	-4.05	1	5
2.4.06	**政府补贴** 对私人和公共企业的补贴占GDP比重	0.06	3	1.19
4.1.18	**能源进口与商品出口** 能源进口站商品出口的比例	2.38	9	9.39
2.2.01	**税收总收入** 占GDP的百分比	20.88	13	31.24
4.1.12	**可耕地面积** 人均平方米	7,436	6	3,418
1.5.01	**消费品价格上涨** 年平均比率	-1.1	2	5.3
2.2.02	**个人收入税有效税率** 占人均GDP的百分比	11	13	17.15
2.2.02	**个人收入税有效税率** 占人均GDP的百分比	480.1	19	1027.3
4.4.14	**二氧化碳排放量** GDP的每百万美元中由工业过程排放的二氧化碳（吨）	7,600	18	15435
3.2.01	**报酬水平** 制造业工人每小时全部报酬，美元，估计值	5.58	21	9.16
4.4.01	**健康总支出** 占GDP的比例	8.1	19	6.7
3.2.05	**工作小时** 每年的平均工作小时数	2,005	16	1925
2.4.15 （调查）	**移民法** 移民法不禁止本国公司雇用外国劳动力	7.23	4	5.82
4.5.04 （调查）	**歧视** **歧视（种族、性别等）并没有给社会带来不利影响**	7.82	5	6.51
2.5.12 （调查）	**合格工程师** 合格工程师在贵国劳动力市场上容易获得	7.94	9	6.86
3.2.15 （调查）	**熟练劳动力** 熟练劳动力在贵国劳动市场上可获得性	7.7	11	6.75
3.2.20 （调查）	**称职的高层管理人员** 称职的高层管理人员在贵国劳动市场上易获得	6.98	19	6.31
2.4.19 （调查）	**外国投资者** 外国投资者可以自由在国内公司中取得控制力	8.33	20	7.66
4.4.11 （调查）	**酗酒、吸毒** 酗酒和吸毒在工作岗位没有成为严重问题	7.2	19	6.61

阿根廷

如　果？

竞争力模拟研究帮助政策制定者将注意力和优先次序放在他们国家或地区面临的关键竞争力上。我们用49个国家或地区的平均值代替这些最弱的指标值，从而计算这个国家或地区的总体排名。然而，这只是一个理论方式，不应视为政策的建议。还必须考虑各个国家或地区的发展水平、政治体制和社会值系统

	从		到
模拟排名变化	49	→	45

20个最弱的指标

序号	名称	国家原始值	国家排名	49国家平均值
3.2.08	**产业纠纷** 每千个居民年均因纠纷损失的工作日	334.65	46	24.45
1.4.06	**失业率** 占劳动力比率	18.5	47	7.95
1.1.12	**实际GDP增长率** 按本地货币、不变价格计算的变化率	-2.3	48	1.8
1.4.02	**就业率** 总就业人口占总人口的百分比	31.15	47	43.32
3.2.13	**女性劳动力** 占全部劳动力的比例	34.4	44	40.42
2.3.04	**国家信用评级** 由《机构投资者杂志》杂志按百分制评分	34.7	45	67.8
4.1.16	**GDP和能源消耗** 实际GDP增长率减去能源消耗增长率	-3.966	45	1.396
4.1.04	**赡养率** 15岁以下和64岁以上的人口总量除以15岁-64岁之间人口总量	60.6	43	50.8
2.1.06	**中央政府国外负债** 占GDP的百分比	29.454	45	12.214
1.1.13	**实际人均GDP增长率** 按本地货币、不变价格计算的变化率	-2.95	46	0.73
4.2.10	**互联网用户数** 每千人互联网用户人数/来源：计算机行业年鉴	54.42	42	267.96
4.2.09	**人均计算机** 每千人计算机数/来源：计算机行业年鉴	66	42	309
1.2.18	**外贸依存度** （出口+进口）/（2×GDP）	11.34	48	49.38
2.3.05 （调查）	**中央银行政策** 中央银行政策对经济发展有积极影响	2.28	48	6.34
2.1.09	**公共财政的管理** 公共财政的管理在两年后可能完善	2.11	48	5.44
2.4.16 （调查）	**金融机构法规** 金融机构法规对于金融稳定性是足够的	2.8	49	6.71
2.3.20 （调查）	**政策不稳定性风险** 政策不稳定性风险很低	0.89	48	6.98
3.3.09 （调查）	**银行业规定** 银行业规定没有阻碍贵国竞争力	2.98	49	6.88
2.3.14 （调查）	**透明度** 政府政策的透明度是令人满意的	0.72	49	5.06
2.3.13 （调查）	**政治团体** 政治团体确实理解目前的经济挑战	0.66	49	4.63

阿根廷

国内经济

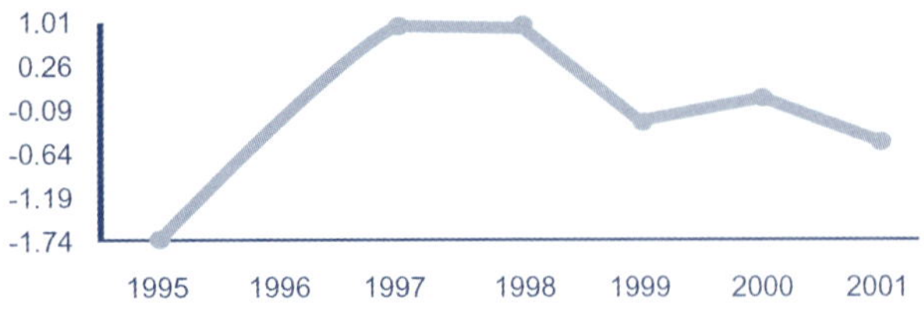

国际贸易

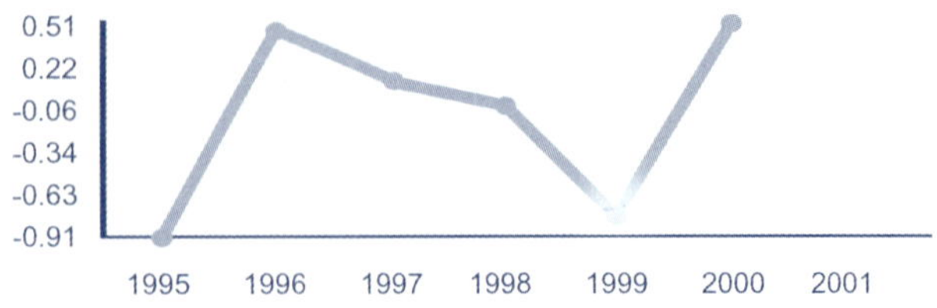

国际投资

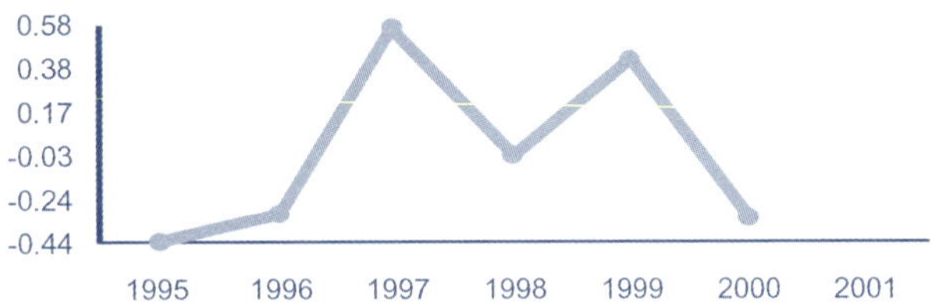

公共财政

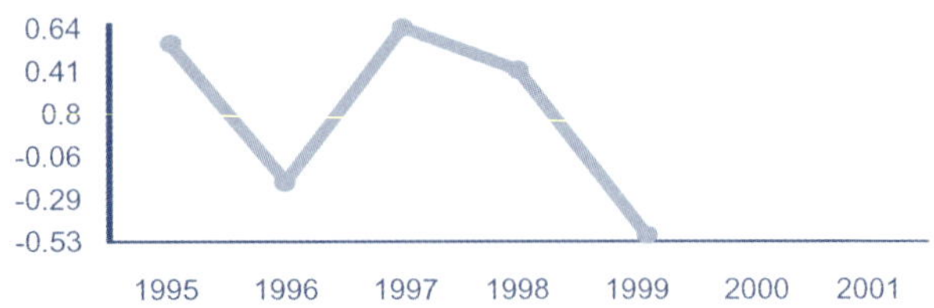

财政政策

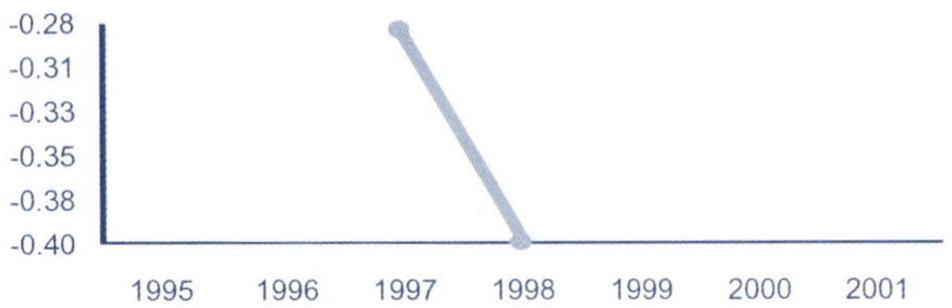

生产率

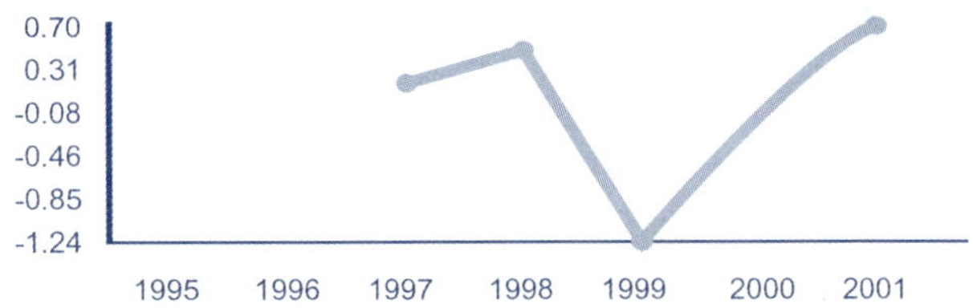

金融

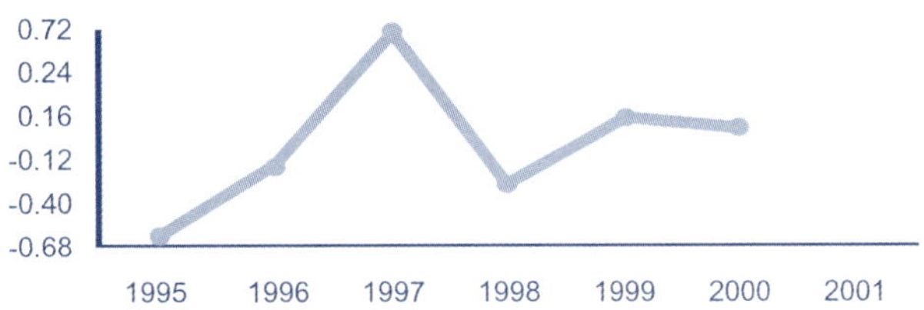

技术基础设施

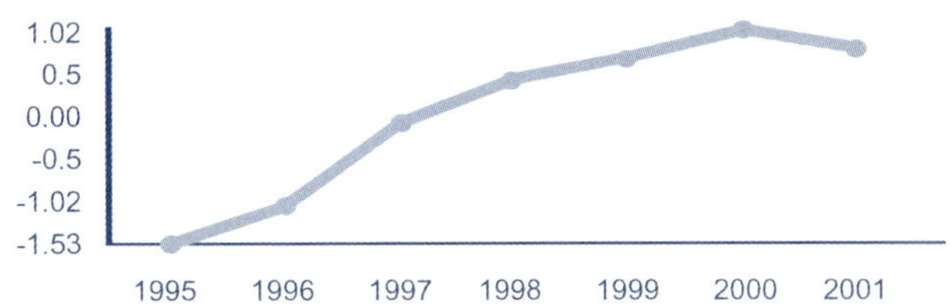

主要竞争力指标

人均国内生产总值

人均美元

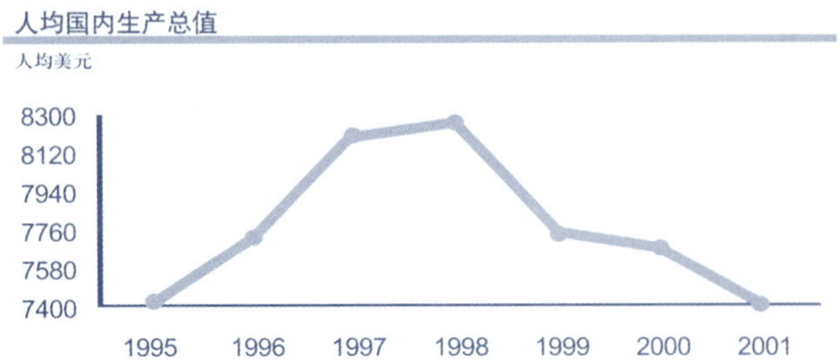

国内生产总值实际增长率

百分比变化，基于国家货币物价稳定

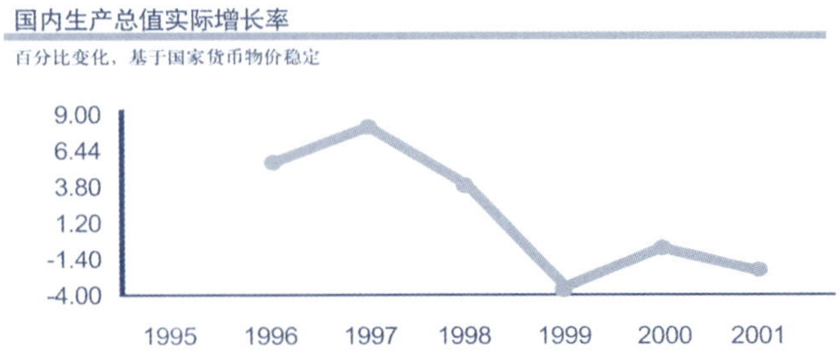

阿根廷

个人最终消费支出

人均美元

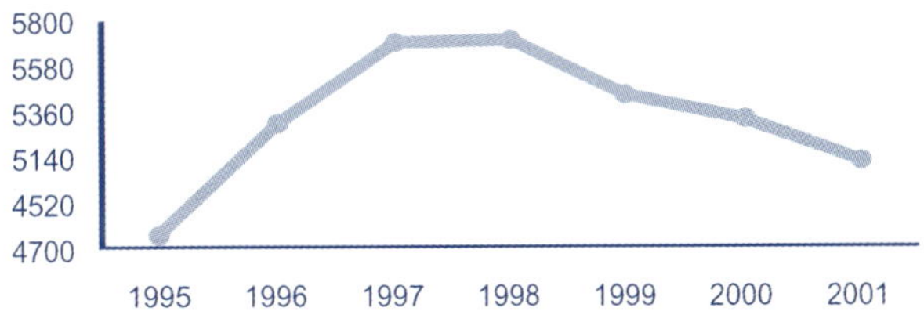

经常性项目差额

十亿美元（负号标志＝赤字）

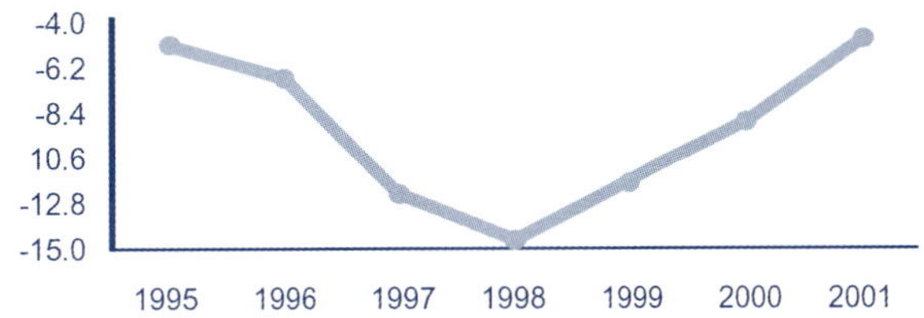

商品和商业劳务出口

十亿美元

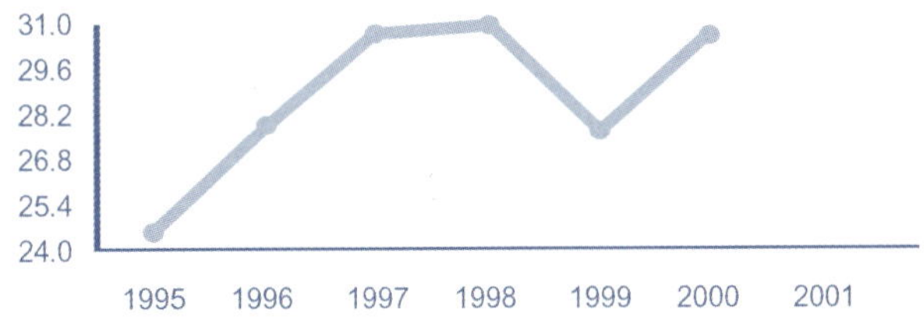

对外直接投资流量

十亿美元

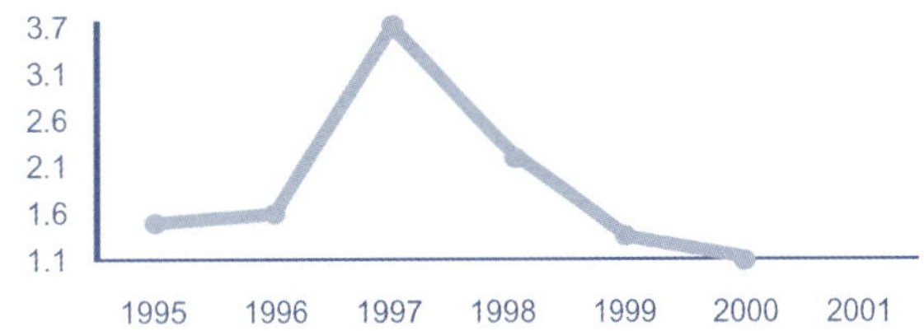

吸收直接投资流量

十亿美元

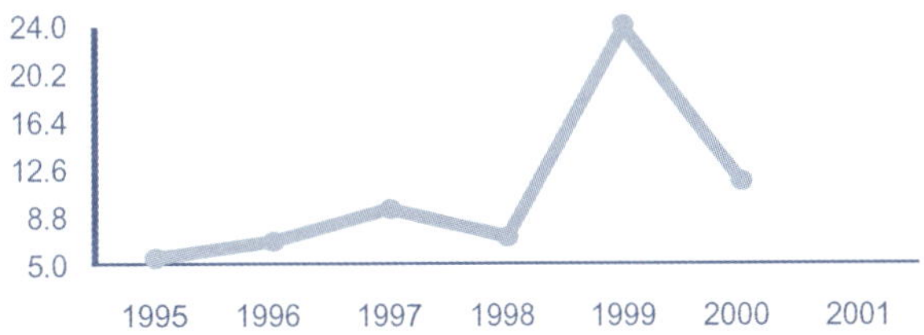

失业率

劳动力百分比

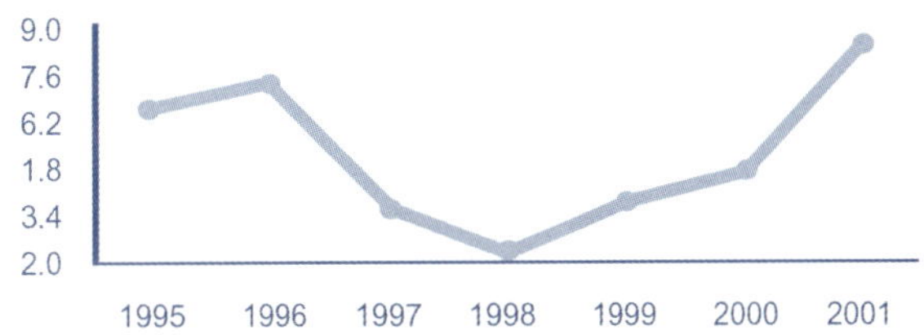

消费品价格增长率

年平均比率

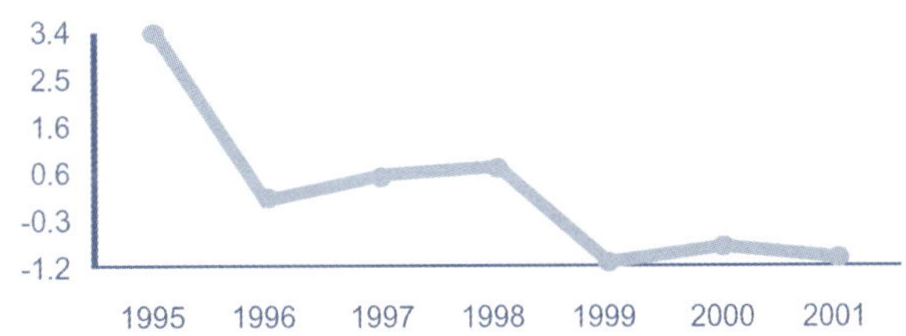

总体生产率

就业人员人均国内生产总值，美元

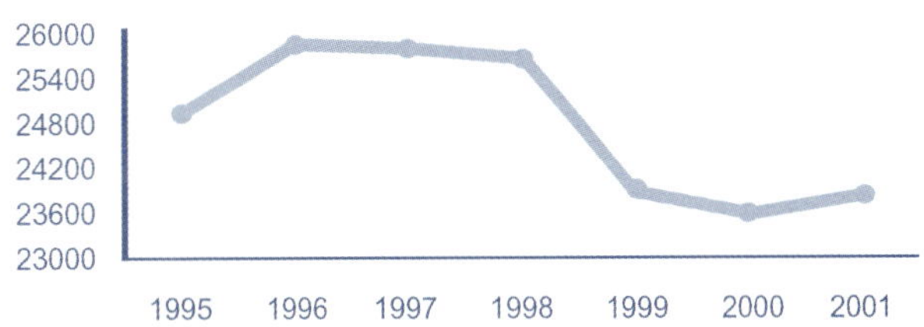

报酬水平

估计：制造工人的小时总补偿，美元

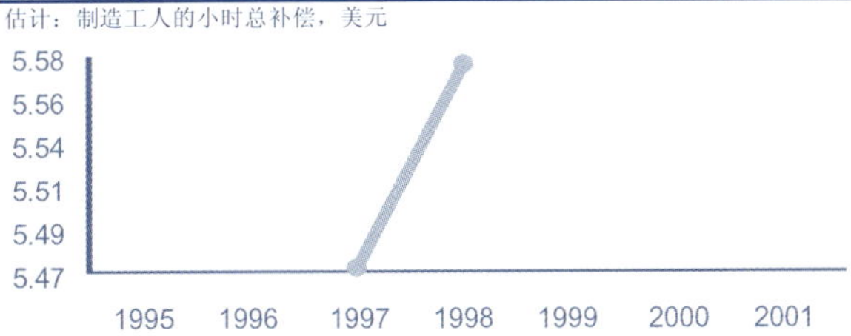

股票市场筹资额

十亿美元

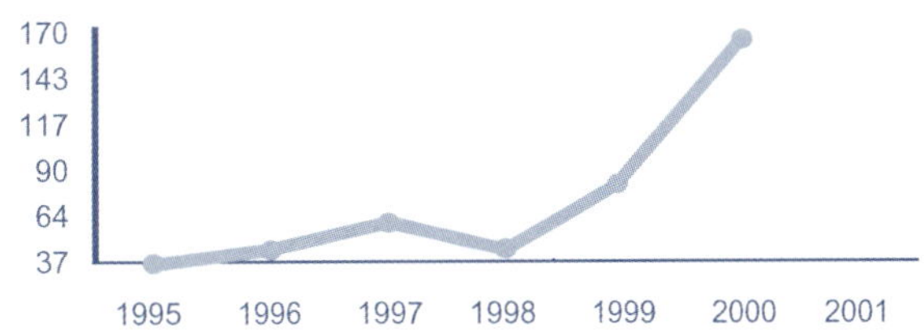

国内上市公司

上市公司的数量

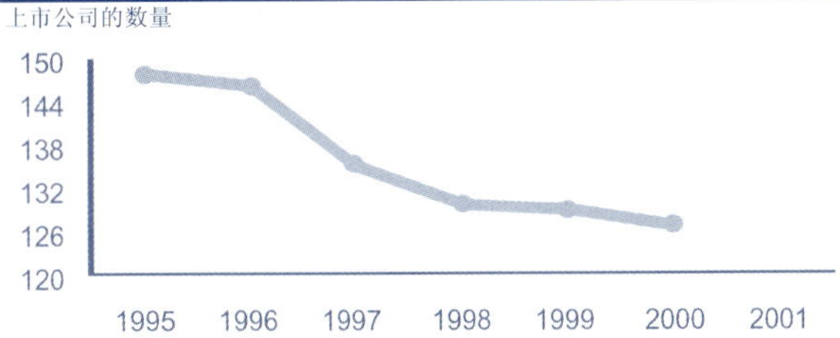

计算机

每1000人的计算机数量/来源：计算机工业年鉴

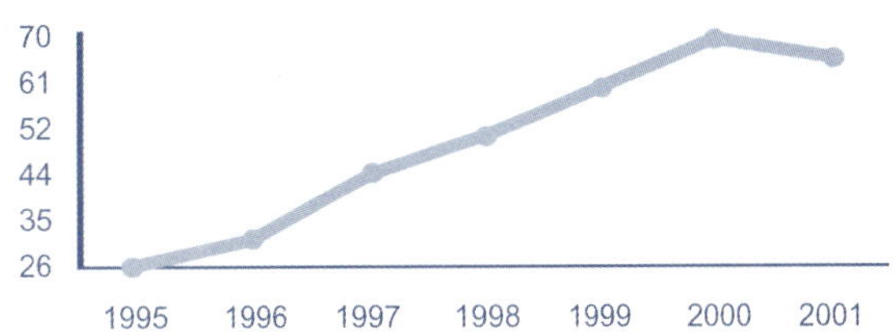

澳大利亚

国家竞争力的挑战，2002

- 奥元可能较稳固
- 进行进一步的经济改革
- 制止初步的通货膨胀压力
- 管理人口老年化带来的经济后果，包括健康护理
- 提高生产率以及保证在教育上的充分投资

提供者：

澳大利亚经济发展委员会

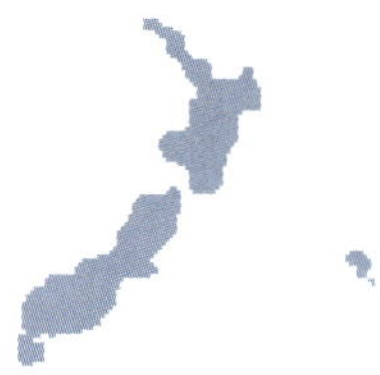

总体表现

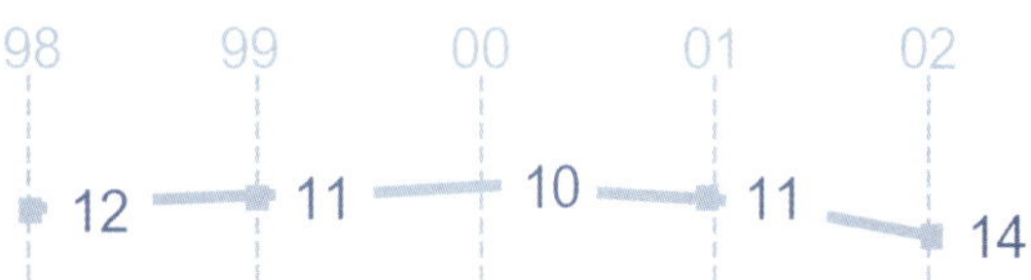

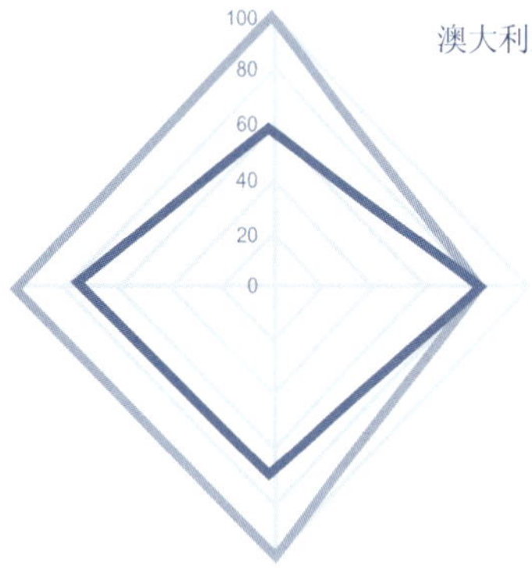

基本事实

首都	堪培拉
人口	19.4（2001）
地域（平方千米）	7,713.0（2000）
汇率（百分之一美元）	1.93（2001）
国内生产总值（十亿美元）	367.2（2001）
人均国内生产总值（美元）	18,975（2001）
实际GDP增长率	2.0（2001）
消费品价格上涨	4.4（2001）
失业率	6.60（2001）
劳动力（百万）	9.82（2001）
经常性项目差额（十亿美元）	-10.6（2001）
直接投资	
吸收股票投资（十亿美元）	113.61（2000）
吸收流量（占GDP百分比）	3.05（2000）

澳大利亚

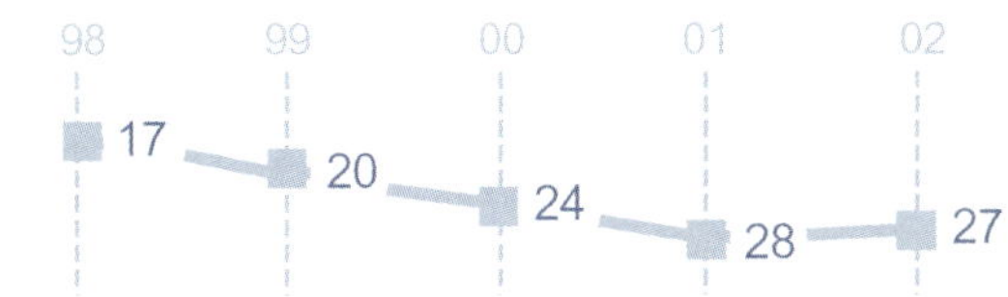

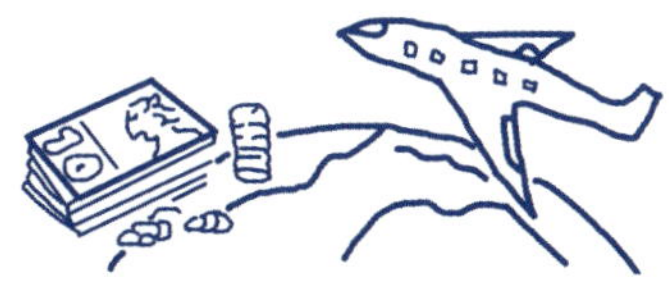

经 济 表 现

	2002
国内经济	7
国际贸易	43
国际投资	44
就　业	32
物　价	12

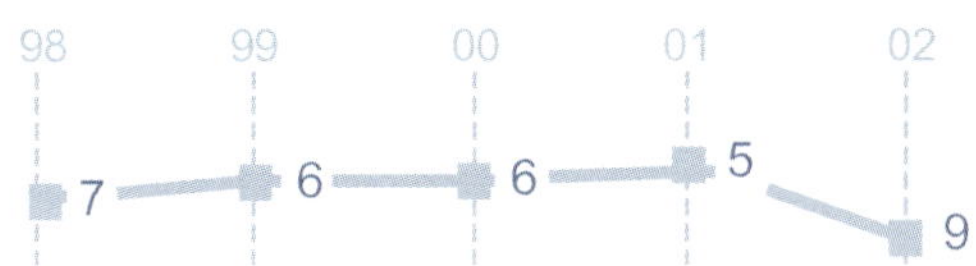

政 府 效 率

	2002
公共财政	5
财政政策	20
组织机构	6
企业法规	16
教　育	7

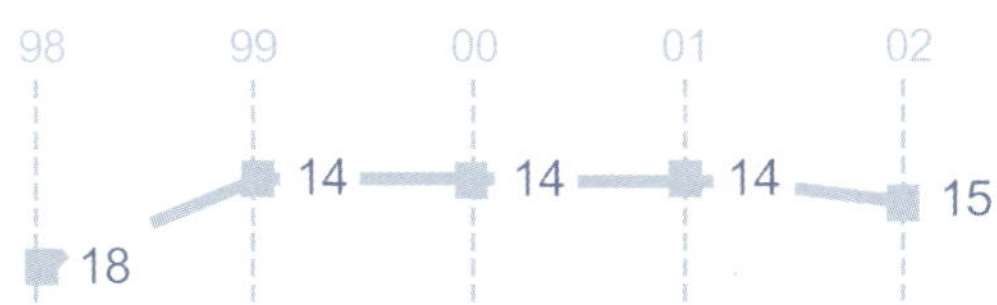

企 业 效 率

	2002
生产率	11
劳动力市场	18
金　融	11
管理实践	11
全球化影响	28

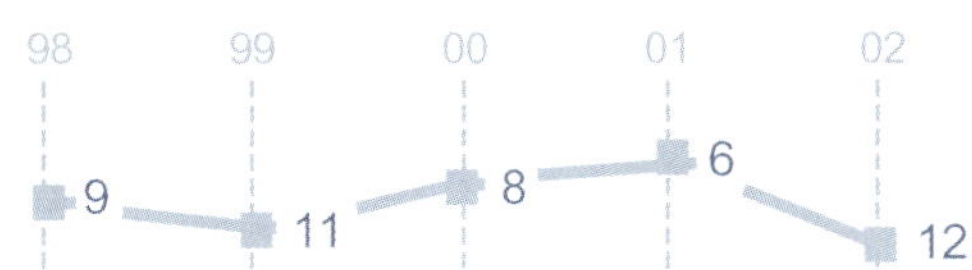

基 础 设 施

	2002
基本基础设施	3
技术基本基础设施	15
科学基本基础设施	21
健康与环境	13
价值系统	5

澳大利亚

这些指标是每类中最强的 10 个指标，这些类是通过对 49 个国家和地区平均的最大的价值差异来区分的。

1 经济表现

			排名
1.1.21	经济的弹性	经济体对于经济周期的弹性强	1
1.1.23	人均GDP	估计值，按购买力平价计算的人均美元	12
1.2.09	商品出口额实际增长率	按本地货币、不变价格计算的变化率	13
1.3.07	吸引国外直接投资存量	10亿美元	13
1.3.03	对外直接投资存量	10亿美元	14
1.3.10	证券投资负债	10亿美元	14
1.5.02	生活费指数	主要城市不包括住房的各种货物支出指数（纽约=100）	15
1.1.01	国内生产总值（GDP）	按现行价格、汇率计算，10亿美元	15
1.4.02	就业率	总就业人口占总人口的百分比	16
1.1.02	国内生产总值（PPP）	估计值：按购买力平价计算，10亿美元	16

2 政府效率

2.3.06	汇率政策	贵国汇率政策支持公司的竞争力	2
2.3.20	服务业实际增长	按本地货币、不变价格计算的变化率	3
2.3.14	透明度	政府政策的透明度是令人满意的	5
2.3.13	政治团体	政治团体确实理解目前的经济挑战	6
2.5.10	经济知识普及	经济知识普及率高	6
2.4.10	地下经济	地下经济不损害贵国的经济发展	6
2.3.11	政府经济政策	政府经济政策快速适应于经济发展	6
2.3.15	公共服务	公共服务不受政治干预	7
2.5.07	教育体系	教育系统满足有竞争力的社会的需要	7
2.3.12	政府决策	政府决策可以有效实施	7

3 企业效率

3.3.03	信贷	很容易从银行流入企业	3
3.3.17	内幕交易	内幕交易在股票市场不普遍	6
3.3.15	股东权利和义务	股东权利和义务明确界定	6
3.4.02	伦理实践	伦理实践在公司中采用	6
3.4.09	销售	贵国企业中有效地进行销售	6
3.2.16	金融人才	金融人才在贵国劳动市场上容易获得	6
3.3.10	股票市场	股票市场为公司提供充足的资金	7
3.3.16	金融机构透明度	金融机构透明度在贵国高度发达	7
3.3.07	银行服务	银行服务在贵国广泛发展	7
3.2.15	熟练劳动力	熟练劳动力在贵国劳动市场上可获得性	8

4 基础设施

4.1.12	可耕地面积	人均平方米	1
4.1.19	非能源原材料自给	人均贸易收支差额，美元	2
4.4.10	人文发展指数	经济、社会与教育的综合指数	2
4.2.11	稳定的服务器数目	每百万居民中稳定的服务器数	3
4.5.07	性别收入比	估计总体女性与男性收入比率	3
4.5.01	生活质量	贵国生活质量很高	3
4.5.02	民族文化	民族文化对外国文化开放	4
4.4.03	出生时的寿命期望	平均估计	5
4.5.10	私人空间的保护	贵国执行了私人空间的保护	8
4.2.14	信息技术人才	信息技术人才在贵国劳动市场上易获得	8

澳大利亚

这些指标是每类中最弱的 10 个指标，这些类是通过对 49 个国家和地区平均的最大的价值差异来区分的。

1 经济表现

			排名
1.3.08	吸引国外直接投资存量实际增长率	按本地货币、不变价格计算的变化率	47
1.3.04	对外直接投资存量实际增长率	按本地货币、不变价格计算的变化率	47
1.2.08	商品出口额	商品出口额占GDP的百分比	42
1.2.18	外贸依存度	（出口+进口）/（2×GDP）	42
1.4.07	青年失业	25岁以下失业人口占总失业人口比例	36
1.2.02	经常项目差额	经常项目差额占GDP的百分比	36
1.2.11	商业服务出口额	商业服务出口额占GDP的百分比	36
1.2.19	贸易条件指数	出口单位价值比进口单位价值（1995=100）	33
1.3.06	吸引国外直接投资+流量	吸引国外直接投资流量占GDP的百分比	31
1.3.02	对外直接投资流量	对外直接投资流量占GDP的百分比	28

2 政府效率

2.4.01	贵国参与区域贸易集团的程度	贵国参与区域贸易集团提供进入外国市场的途径	42
2.2.12	资本和财产税	资本和财产税占GDP的百分比	41
2.4.19	外国投资者	外国投资者可以自由在国内公司中取得控制力	36
2.4.21	进入国内资本市场	外国公司进入国内资本市场不受限制	35
2.3.01	短期实际利率	平均贴现率/优惠利率（1月-12月）	35
2.3.03	利率差	贷款利率减去存款利率	32
2.4.24	投资保护计划	投资保护计划大多数外放国家可以享受	31
2.4.23	投资激励	对外国投资有吸引力	31
2.4.15	移民法	移民法不禁止本国公司雇用外国劳动力	30
2.4.20	外国金融机构	外国金融机构可以进入本国市场	28

3 企业效率

3.5.04	R&D设施的再分配	R&D设施的再分配不会威胁贵国经济的未来	41
3.2.05	工作小时	每年的平均工作小时数	38
3.5.02	对全球化的态度	贵国对全球化的态度普遍积极	36
3.2.08	产业纠纷	每千个居民年均因纠纷损失的工作日	35
3.3.19	国际保理业务	占商品出口的比重	32
3.2.17	人才流失	人才流失不损害贵国的竞争力	31
3.2.01	报酬水平	制造业工人每小时全部报酬，美元，估计值	30
3.3.01	银行部门的资产	占GDP的比例	29
3.2.03	服务性职业报酬	年均总收入，包括附加薪水，例如额外薪金，美元	29
3.5.03	生产的再分配	国外的生产再分配没有威胁到贵国经济的未来	29

4 基础设施

4.1.07	铁路	网络的密度	46
4.1.06	道路	网络的密度	42
4.3.18	批准授予国民专利年平均增长速度	变化百分比	32
4.2.18	高技术出口	百万美元	30
4.2.05	移动电话费用	高峰期每三分钟费用，美元	29
4.4.11	酗酒、吸毒	酗酒和吸毒在工作岗位没有成为严重问题	29
4.1.01	人口—市场规模	估计值，百万	26
4.2.19	高技术出口	占制造业出口的比例	24
4.5.06	女性地位	所有立法委员、高级官员和经理中女性所占比例	21
4.3.09	企业研究与开发人数	每千国民中人数（全日约当单位）	21

澳大利亚

这一部分集锦了该国20个最强的指标，
这部分指标有着最高的标准化值（STD值）。
STD值＝（国家和地区的原始值－49个国家和地区平均值）/标准差

20个最强的指标

序号	名称	国家原始值	国家排名	49国家平均值
4.1.12	**可耕地面积** 人均平方米	25424	1	3418
4.1.19	**非能源原材料自给** 人均贸易收支差额，美元	500.6	2	3.6
4.2.11	**稳定的服务器数目** 每百万居民中稳定的服务器数	147.6	3	36.02
4.5.07	**性别收入比** 估计总体女性与男性收入比率	0.67	3	0.41
4.2.09	**人均计算机** 每千人计算机数/来源：计算机行业年鉴	585	9	309
2.2.04	**雇员社会保障缴款率** 强制缴款占人均GDP的百分比	1.5	8	9.1
4.2.10	**互联网用户数** 每千人互联网用户人数/来源：计算机行业年鉴	464.85	11	267.96
4.4.10	**人文发展指数** 经济、社会与教育的综合指数	0.936	2	0.835
4.2.02	**固定电话数** 每千户居民中的主要干线数	630	11	430
3.1.08	**工业生产率（购买力平价）** 每个工业雇员创造的相应GDP，美元，估计值	64882	10	46005
2.5.01	**全部公共教育支出** 全部公共教育支出占GDP的比例	6.7	10	5.1
2.1.04	**中央政府国内负债** 占GDP的百分比	9.9	9	33.2
4.4.03	**出生时的寿命期望** 平均估计	79.4	5	74.5
1.1.21 （调查）	**经济的弹性** 经济体对于经济周期的弹性强	7.54	1	5.18
3.3.17 （调查）	**内幕交易** 内幕交易在股票市场不普遍	7.64	6	5.59
3.3.15 （调查）	**股东权利和义务** 股东权利和义务明确界定	8.27	6	6.49
4.5.02 （调查）	**民族文化** 民族文化对外国文化开放	8.36	4	7.24
2.3.06 （调查）	**汇率政策** 贵国汇率政策支持公司的竞争力	7.89	2	5.95
4.5.01 （调查）	**生活质量** 贵国生活质量很高	9.62	3	6.58
2.3.15 （调查）	**公共服务** 公共服务不受政治干预	5.85	7	3.95

澳大利亚

如　果？

竞争力模拟研究帮助政策制定者将注意力和优先次序放在他们国家或地区面临的关键竞争力上。我们用49个国家或地区的平均值代替这些最弱的指标值，从而计算这个国家或地区的总体排名。然而，这只是一个理论方式，不应视为政策的建议。还必须考虑各个国家或地区的发展水平、政治体制和社会值系统

	从		到
模拟排名变化	14	315.29	10

20个最弱的指标

序号	名称	国家原始值	国家排名	49国家平均值
2.2.12	**资本和财产税** 资本和财产税占GDP的百分比	2.98	41	1.57
3.2.05	**工作小时** 每年的平均工作小时数	1749	38	1925
1.4.07	**青年失业** 25岁以下失业人口占总失业人口比例	38.7	36	26.47
1.2.08	**商品出口额** 商品出口额占GDP的百分比	17.26	42	38.5
1.2.18	**外贸依存度** （出口+进口）/（2×GDP）	22.59	42	49.38
1.2.02	**经常项目差额** 经常项目差额占GDP的百分比	-2.89	36	0.99
4.2.18	**高技术出口** 百万美元	2734	30	21693
1.3.09	**证券投资资产** 10亿美元	4.8	23	26.1
1.3.02	**对外直接投资流量** 对外直接投资流量占GDP的百分比	1.4	28	6.85
1.3.06	**吸引国外直接投资+流量** 吸引国外直接投资流量占GDP的百分比	3.05	31	6.48
1.2.19	**贸易条件指数** 出口单位价值比进口单位价值（1995=100）	92.4	33	89.9
1.2.11	**商业服务出口额** 商业服务出口额占GDP的百分比	4.7	36	10.68
3.3.01	**银行部门的资产** 占GDP的比例	82.15	29	117.11
2.4.01 （调查）	**贵国参与区域贸易集团的程度** 贵国参与区域贸易集团提供进入外国市场的途径	5.16	42	6.47
3.5.04 （调查）	**R&D设施的再分配** R&D设施的再分配不会威胁贵国经济的未来	4.37	41	5.06
2.4.19 （调查）	**外国投资者** 外国投资者可以自由在国内公司中取得控制力	6.84	36	7.66
3.5.02 （调查）	**对全球化的态度** 贵国对全球化的态度普遍积极	5.27	36	5.77
2.4.24 （调查）	**投资保护计划** 投资保护计划大多数外放国家可以享受	6.73	31	7
3.5.03	**生产的再分配** 国外的生产再分配没有威胁到贵国经济的未来	4.64	29	4.87
2.4.23 （调查）	**投资激励** 对外国投资有吸引力	5.76	31	6.06

澳大利亚

国内经济

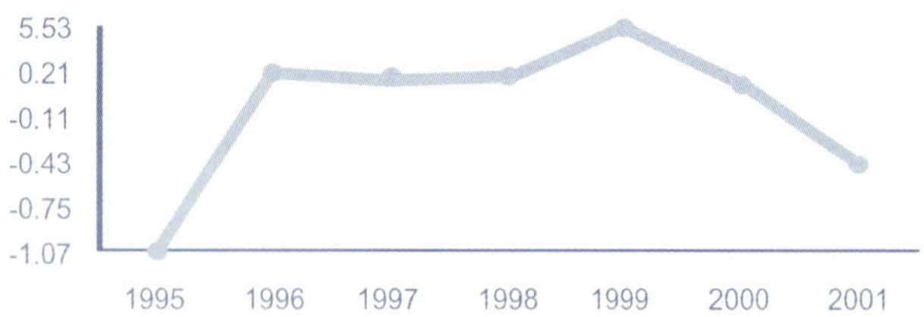

国际贸易

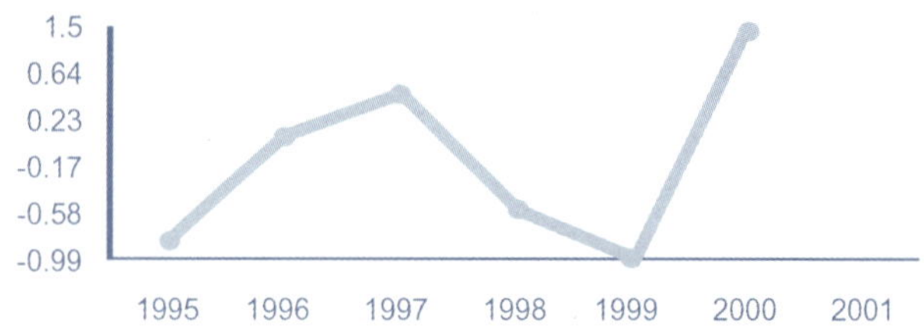

国际投资

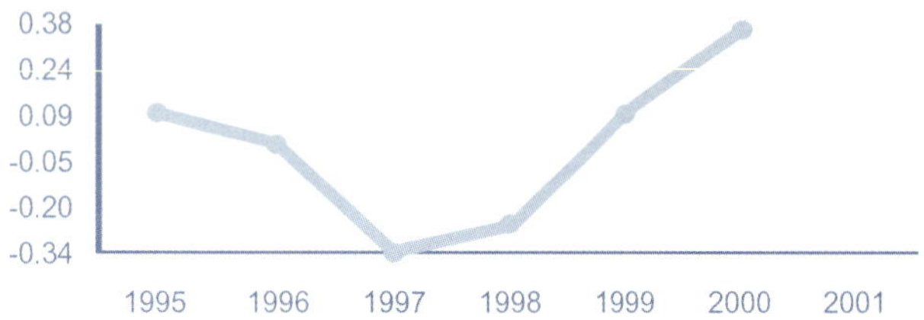

公共财政

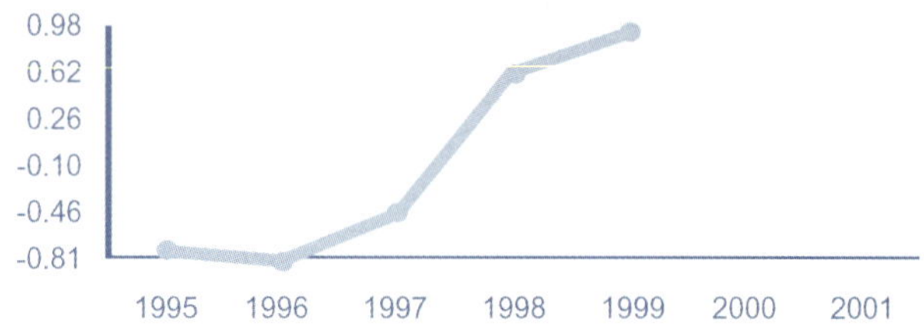

财政政策

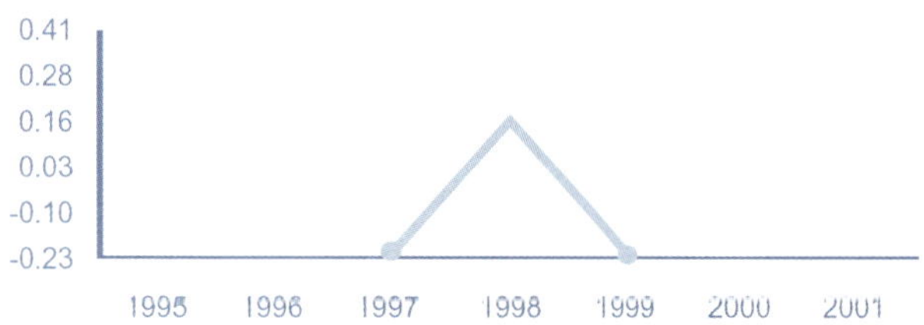

生产率

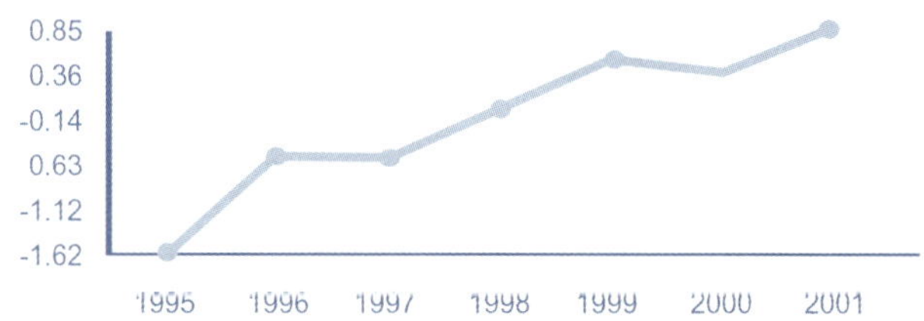

金融

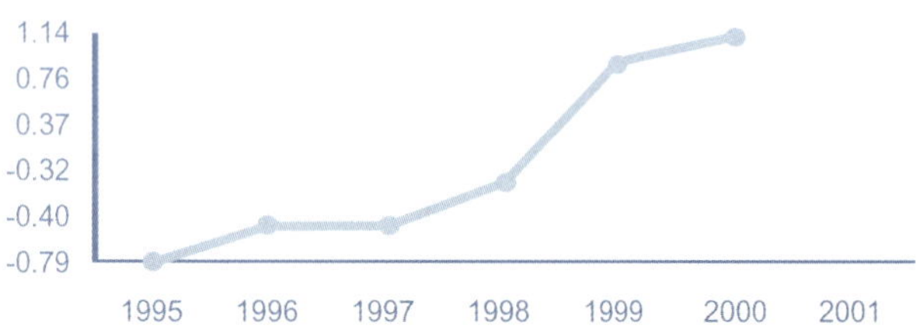

技术基础设施

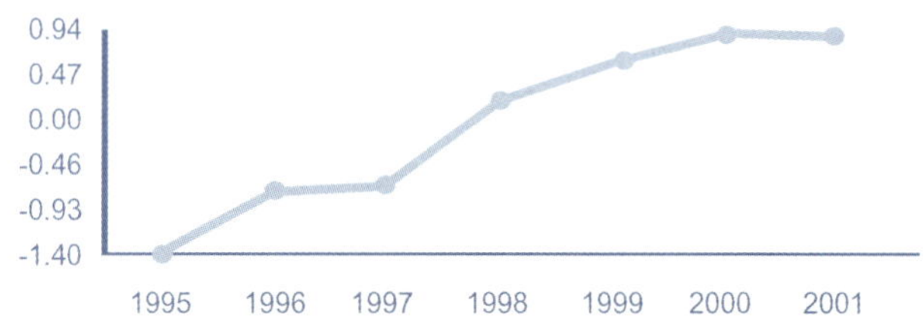

主要竞争力指标

人均国内生产总值

人均美元

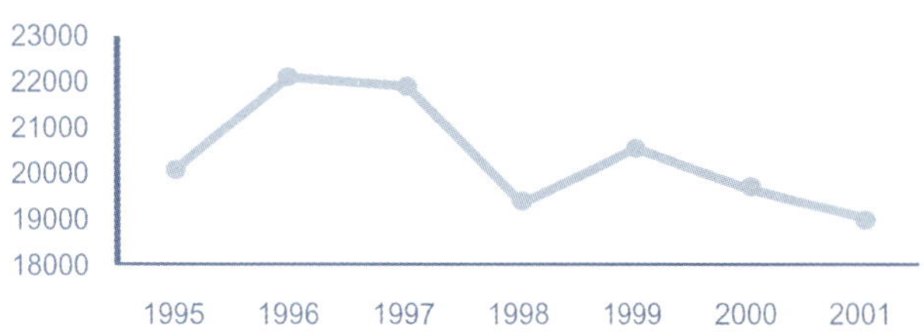

国内生产总值实际增长率

百分比变化，基于国家货币物价稳定

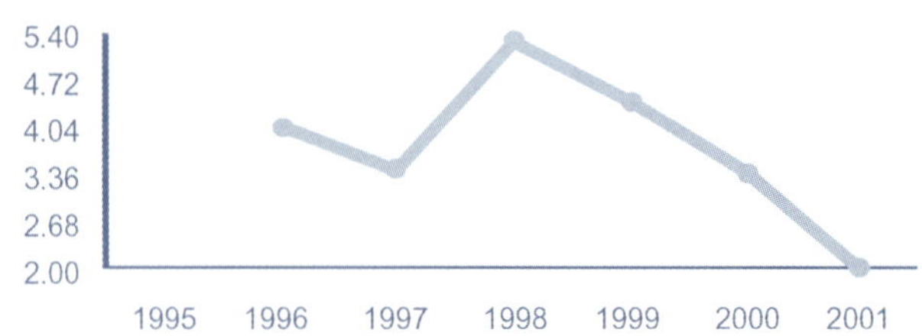

澳大利亚

个人最终消费支出
人均美元

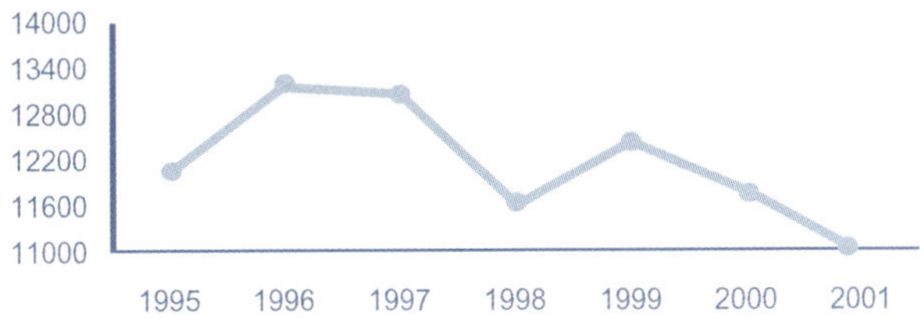

经常性项目差额
十亿美元（负号标志＝赤字）

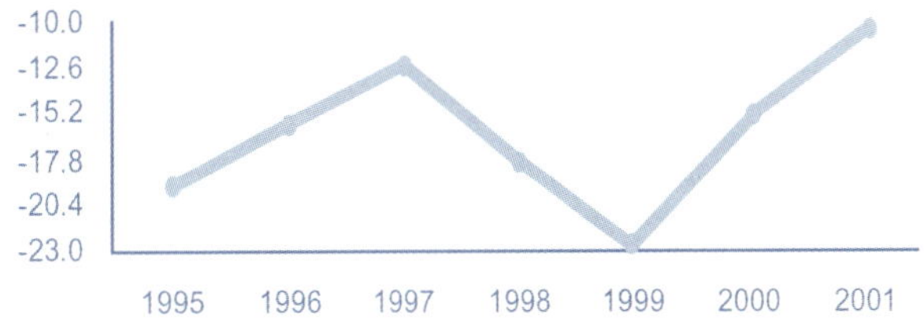

商品和商业劳务出口
十亿美元

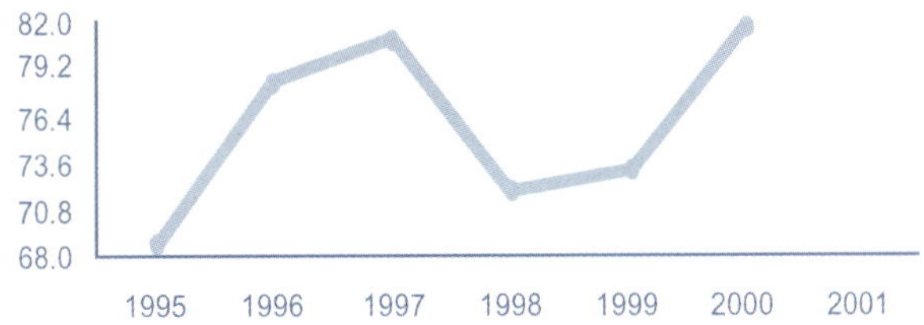

对外直接投资流量
十亿美元

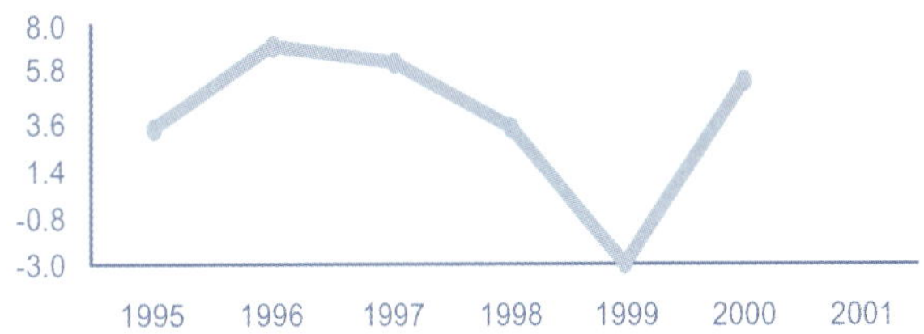

吸收直接投资流量
十亿美元

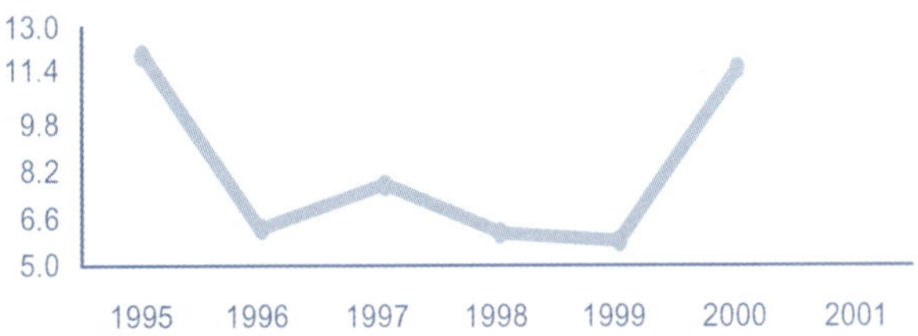

失业率
劳动力百分比

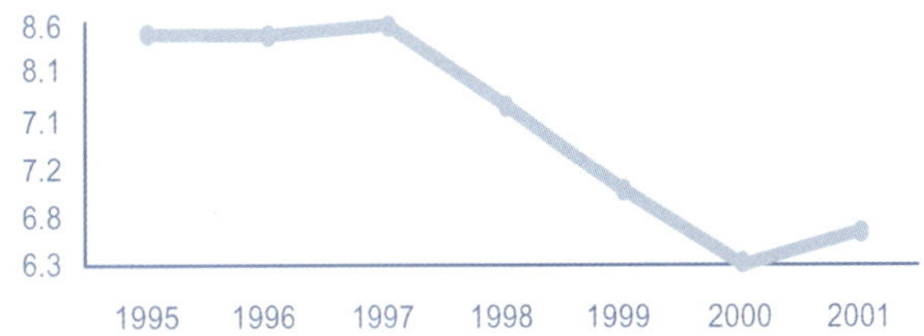

消费品价格增长率
年平均比率

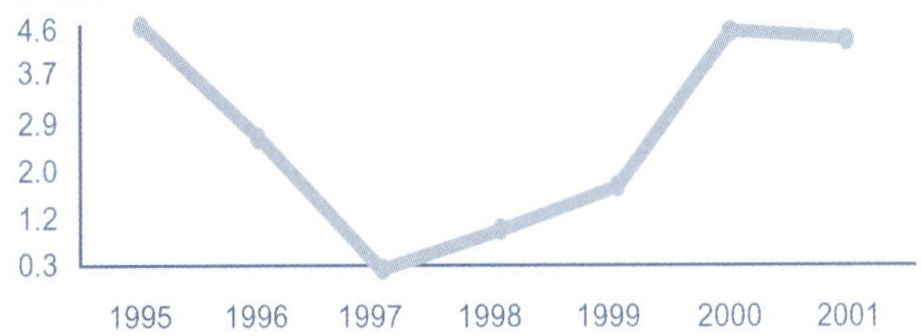

总体生产率
就业人员人均国内生产总值，美元

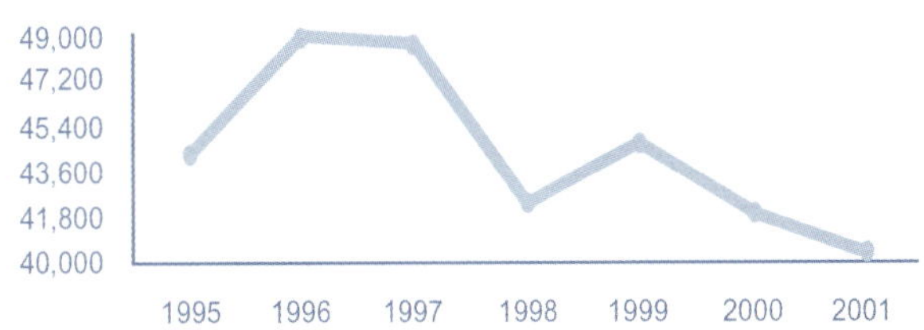

报酬水平
估计：制造工人的小时总补偿，美元

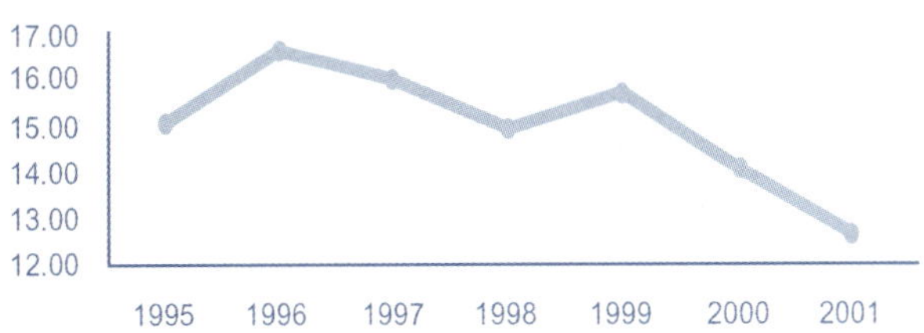

股票市场筹资额
十亿美元

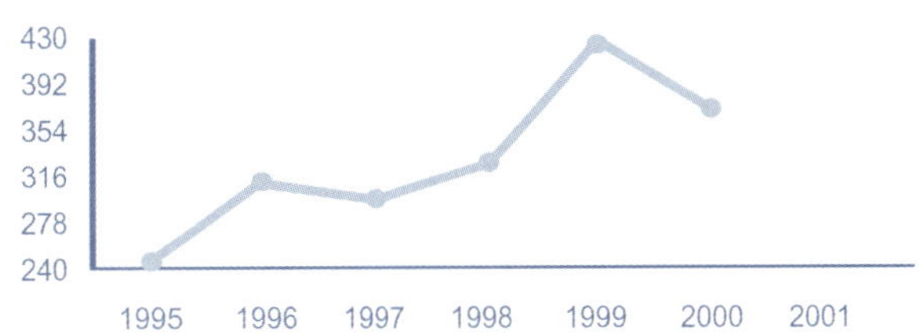

国内上市公司
上市公司的数量

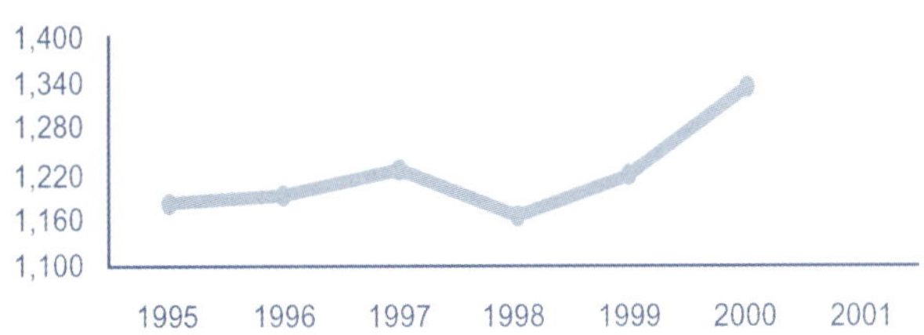

计算机
每1000人的计算机数量/来源：计算机工业年鉴

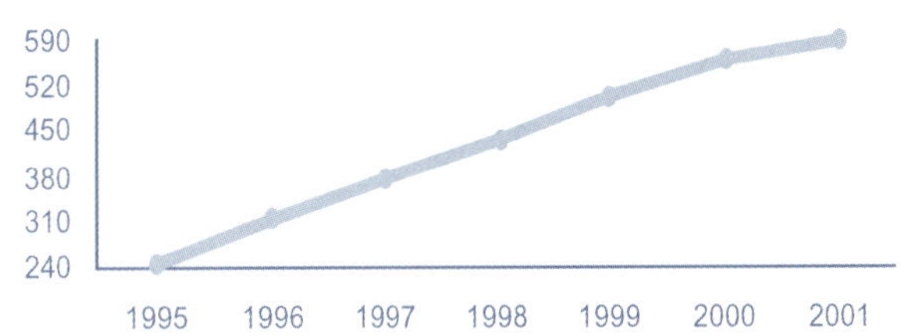

奥地利

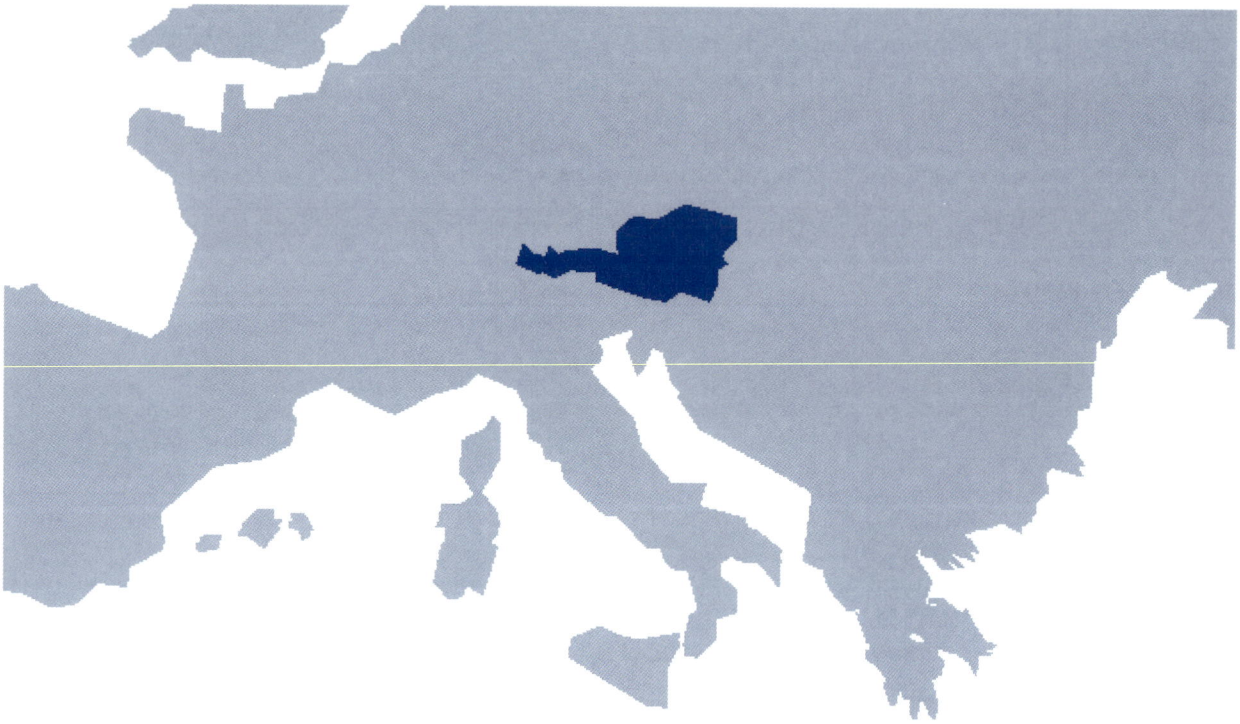

总体表现

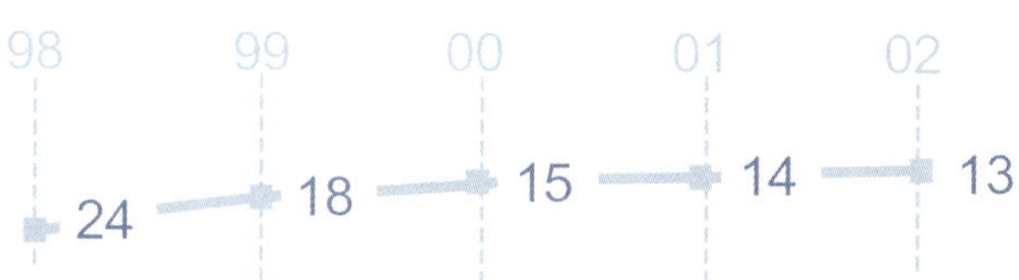

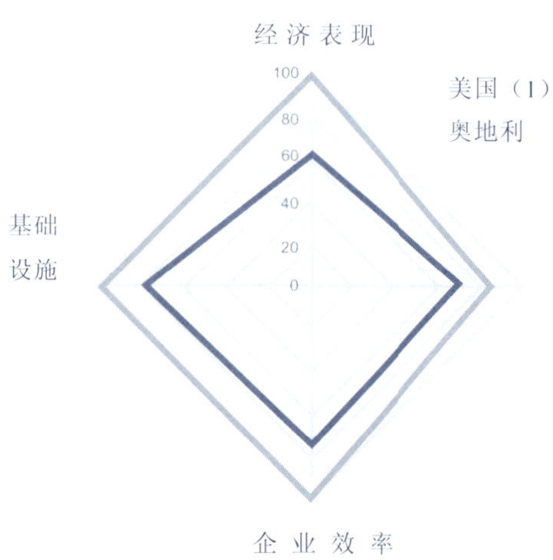

基本事实

首都	维也纳
人口	8.1 (2001)
地域（平方千米）	84.0 (2000)
汇率（百分之一美元）	15.38 (2001)
国内生产总值（十亿美元）	188.6 (2001)
人均国内生产总值（美元）	23,201 (2001)
实际GDP增长率	1.2 (2001)
消费品价格上涨	2.6 (2001)
失业率	3.50 (2001)
劳动力（百万）	3.93 (2001)
经常性项目差额（十亿美元）	-5.9 (2001)
直接投资	
吸收股票投资（十亿美元）	27.40 (2000)
吸收流量（占GDP百分比）	4.80 (2000)

奥地利

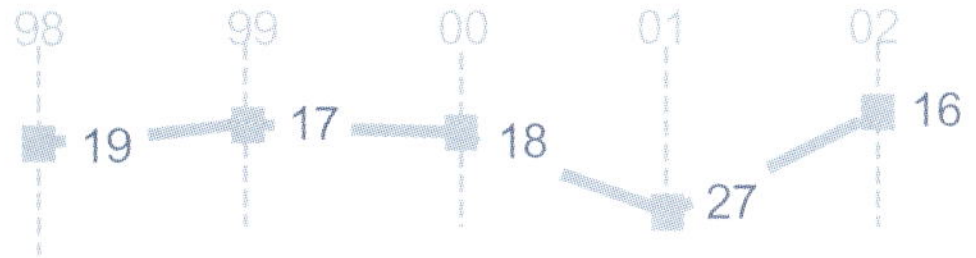

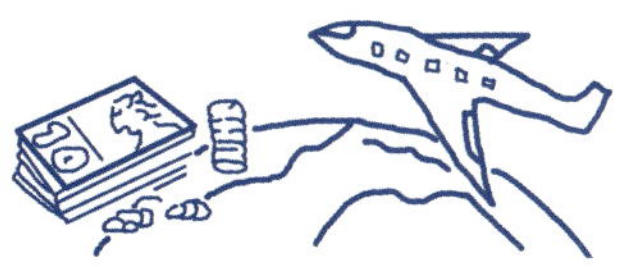

经　济　表　现

	2002
国内经济	19
国际贸易	24
国际投资	22
就　业	8
物　价	21

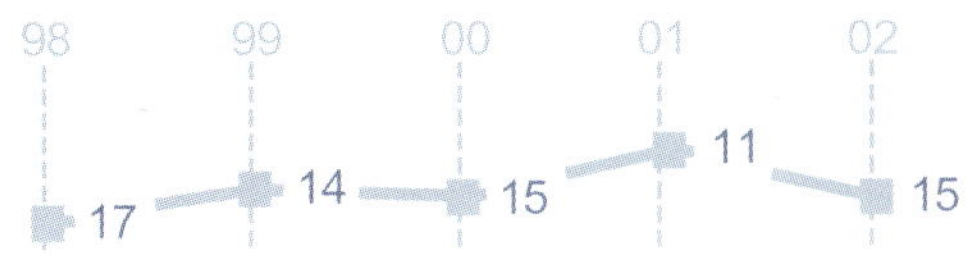

政　府　效　率

	2002
公共财政	22
财政政策	39
组织机构	12
企业法规	9
教　育	13

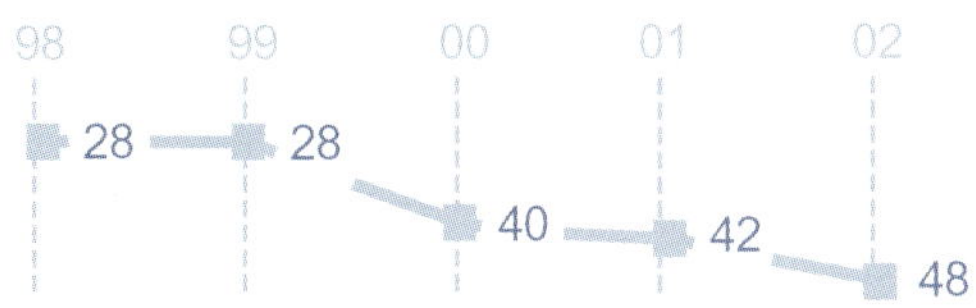

企　业　效　率

	2002
生产率	15
劳动力市场	11
金　融	18
管理实践	9
全球化影响	12

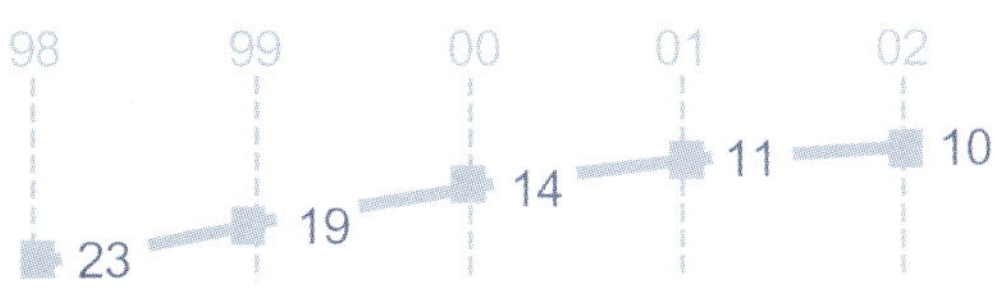

基　础　设　施

	2002
基本基础设施	7
技术基本基础设施	14
科学基本基础设施	20
健康与环境	1
价值系统	12

奥地利

这些指标是每类中最强的10个指标，这些类是通过对49个国家和地区平均的最大的价值差异来区分的。

1 经济表现

			排名
1.4.07	青年失业	25岁以下失业人口占总失业人口比例	2
1.2.11	商业服务出口额	商业服务出口额占GDP的百分比	6
1.4.06	失业率	占劳动力比率	8
1.2.09	c	按本地货币、不变价格计算的变化率	8
1.1.23	人均GDP	估计值，按购买力平价计算的人均美元	10
1.3.08	吸引国外直接投资存量实际增长率	按本地货币、不变价格计算的变化率	12
1.2.10	商业服务出口额	10亿美元	12
1.3.09	证券投资资产	10亿美元	12
1.3.10	证券投资负债	10亿美元	12
1.1.22	人均GDP	人均美元	14

2 政府效率

2.4.01	贵国参与区域贸易集团的程度	贵国参与区域贸易集团提供进入外国市场的途径	1
2.3.19	个人安全和个人财产	个人安全和个人财产得到充分保护	1
2.4.07	竞争立法	贵国竞争立法阻止不正当竞争	2
2.4.05	出口信用和保险	公司可以以合理的价格得到出口信用和保险	2
2.4.22	进入国外资本市场	国内公司进入国外资本市场不受限制	2
2.5.07	教育体系	教育系统满足有竞争力的社会的需要	3
2.4.18	跨国经营风险	建立跨国界企业可以自由谈判	3
2.1.09	公共财政的管理	公共财政的管理在两年后可能完善	3
2.4.21	进入国内资本市场	外国公司进入国内资本市场不受限制	3
2.4.11	外国公司	外国公司不被国内立法区别对待	4

3 企业效率

3.2.07	工人的动机	贵国工人动机很重要	2
3.4.11	健康、安全和环境事务	健康、安全和环境事务被管理层充分重视	2
3.2.06	劳资关系	劳资关系有利于生产	3
3.2.17	人才流失	人才流失不损害贵国的竞争力	3
3.2.15	熟练劳动力	熟练劳动力在贵国劳动市场上可获得性	3
3.4.10	社会责任	商界领袖重视对社会的责任	4
3.4.03	管理人员的信誉	管理人员在经济中可信性被广泛认可	5
3.4.06	消费者满意度	贵国重视消费者满意度	5
3.4.09	销售	贵国企业中有效地进行销售	5
3.2.09	雇员培训	公司高度重视雇员培训	6

4 基础设施

4.4.06	健康基础设施	健康基础设施满足社会需要	1
4.4.17	污染问题	污染问题并没有严重影响贵国基础设施	1
4.5.08	骚扰和暴力	骚扰和暴力并没有严重动摇岗位	1
4.1.15	能源基础设施	贵国能源基础设施充足有效	1
4.5.01	生活质量	贵国生活质量很高	1
4.1.13	城市化	城市化不浪费国家资源	3
4.4.16	可持续发展	贵国优先考虑可持续发展	3
4.3.20	专利权和版权保护	专利和版权在贵国得到了充分保护	3
4.4.12	纸张和纸板的回收率	占表面消耗量的比率	4
4.2.20	数据安全性	贵国数据安全性有保障	4

奥地利

这些指标是每类中最弱的 10 个指标，这些类是通过对 49 个国家和地区平均的最大的价值差异来区分的。

1 经济表现			排名
1.2.01	经常项目差额	经常项目差额，10亿美元（负号为逆差）	39
1.2.02	经常项目差额	经常项目差额占GDP的百分比	37
1.4.01	总就业人口	总就业人口（百万）	36
1.4.03	就业增长	变化率	34
1.2.12	商业服务出口实际增长	按本地货币、不变价格计算的变化率	32
1.3.07	吸引国外直接投资存量	10亿美元	31
1.1.12	实际GDP增长率	按本地货币、不变价格计算的变化率	31
1.3.01	对外直接投资流量	10亿美元	27
1.1.02	国内生产总值（PPP）	估计值：按购买力平价计算，10亿美元	27
1.3.02	对外直接投资流量	对外直接投资流量占GDP的百分比	26

2 政府效率			
2.2.01	税收总收入	占GDP的百分比	44
2.4.15	移民法	移民法不禁止本国公司雇用外国劳动力	43
2.2.04	雇员社会保障缴款率	强制缴款占人均GDP的百分比	42
2.2.02	个人收入税有效税率	占人均GDP的百分比	42
2.1.04	中央政府国内负债	占GDP的百分比	40
2.2.09	雇主的社会保障缴款率	强制缴款占人均GDP的比率	38
2.2.06	实际个人税	实际个人税并不阻碍人们工作或者寻求发展	38
2.4.06	政府补贴	对私人和公共企业的补贴占GDP比重	38
2.3.07	汇率稳定度	本币相对于特别提款权的汇兑年价变动	38
2.1.07	中央政府总负债实际增长率	按本地货币、不变价格计算的变化率	36

3 企业效率			
3.2.05	工作小时	每年的平均工作小时数	45
3.3.13	国内上市公司	国内上市公司数目	42
3.2.01	报酬水平	制造业工人每小时全部报酬，美元，估计值	38
3.2.03	服务性职业报酬	年均总收入，包括附加薪水，例如额外薪金，美元	38
3.3.11	股票市场筹资额	10亿美元	38
3.2.04	经理报酬	全部底薪加上奖金和长期激励，美元	36
3.4.08	公司的设立	贵国设立公司很普遍	35
3.3.12	股票市场交易额	人均美元	32
3.3.10	股票市场	股票市场为公司提供充足的资金	32
3.4.07	企业家精神	贵国企业家精神很普遍	29

4 基础设施			
4.1.17	国内能源总产量	占所有能源需求（等价为石油吨数）的比例	35
4.1.01	人口—市场规模	估计值，百万	35
4.1.08	空运	主要公司运载的乘客数	35
4.5.03	适应性	面对挑战，贵国人民的适应性很强	33
4.2.01	对电信的投资	年平均占GDP的百分比	32
4.1.12	可耕地面积	人均平方米	28
4.2.19	高技术出口	占制造业出口的比例	27
4.3.18	批准授予国民专利年平均增长速度	变化百分比	27
4.5.07	性别收入比	估计总体女性与男性收入比率	25
4.3.06	全国所有研究与开发人员	千人全日约当单位	24

奥地利

这一部分集锦了该国20个最强的指标，
这部分指标有着最高的标准化值（STD值）。
STD值=（国家和地区的原始值－49个国家和地区平均值）/标准差

20个最强的指标

序号	名称	国家原始值	国家排名	49国家平均值
1.4.07	**青年失业** 25岁以下失业人口占总失业人口比例	14.5	2	26.47
4.4.12	**纸张和纸板的回收率** 占表面消耗量的比率	71	4	34.5
4.1.06	**道路** 网络的密度	2.4	5	1.08
4.2.04	**移动电话用户** 每千户居民中的用户数	820.8	8	506.4
2.5.03	**学生—教师比（中等教育）** 学生与教师职员的比例	9.8	4	16.99
3.1.04	**劳动生产率（购买力平价）** 每雇员每小时的GDP，美元，估计值	34.46	9	22.41
3.1.10	**服务业生产率（购买力平价）** 每个服务业雇员创造的相应GDP，美元，估计值	63105	6	42358
2.3.04	**国家信用评级** 由《机构投资者杂志》杂志按百分制评分	87.7	10	67.8
4.4.13	**废水处理工厂** 接受废水处理工厂服务的人口占总人口的比重	81	9	49
3.1.01	**综合生产率（购买力平价）** 每个就业者人均GDP，美元	58550	8	41680
1.1.23	**人均GDP** 估计值，按购买力平价计算的人均美元	27021	10	18407
2.2.12	**资本和财产税** 资本和财产税占GDP的百分比	0.59	13	1.57
1.4.06	**失业率** 占劳动力比率	3.5	8	7.95
2.4.01（调查）	**贵国参与区域贸易集团的程度** 贵国参与区域贸易集团提供进入外国市场的途径	9.35	1	6.47
4.4.06（调查）	**健康基础设施** 健康基础设施满足社会需要	9.58	1	5.53
4.1.13（调查）	**城市化** 城市化不浪费国家资源	8.38	3	5.74
4.4.17（调查）	**污染问题** 污染问题并没有严重影响贵国基础设施	8.86	1	5.91
4.4.16（调查）	**可持续发展** 贵国优先考虑可持续发展	8.43	3	6.49
3.2.07（调查）	**工人的动机** 贵国工人动机很重要	7.88	2	5.85
3.4.11（调查）	**健康、安全和环境事务** 健康、安全和环境事务被管理层充分重视	8.38	2	6.04

奥地利

如 果？

竞争力模拟研究帮助政策制定者将注意力和优先次序放在他们国家或地区面临的关键竞争力上。我们用49个国家或地区的平均值代替这些最弱的指标值，从而计算这个国家或地区的总体排名。然而，这只是一个理论方式，不应视为政策的建议。还必须考虑各个国家或地区的发展水平、政治体制和社会值系统

	从		到
模拟排名变化	13	→	10

20个最弱的指标

序号	名称	国家原始值	国家排名	49国家平均值
3.2.05	**工作小时** 每年的平均工作小时数	1699	45	1925
2.2.04	**雇员社会保障缴款率** 强制缴款占人均GDP的百分比	17.51	42	9.1
2.2.02	**个人收入税有效税率** 占人均GDP的百分比	28.93	42	17.15
2.2.01	**税收总收入** 占GDP的百分比	43.58	44	31.24
2.2.09	**雇主的社会保障缴款率** 强制缴款占人均GDP的比率	29.52	38	17.86
2.5.05	**高等教育成绩** 25-34岁人中至少获得三级教育的人口所占比例	13	31	21
2.1.04	**中央政府国内负债** 占GDP的百分比	53.9	40	33.2
1.2.02	**经常项目差额** 经常项目差额占GDP的百分比	-3.13	37	0.99
4.2.12	**互联网费用** 高峰期互联网访问20小时费用，美元	43.44	23	22.72
3.3.12	**股票市场交易额** 人均美元	1157	32	14476
2.2.13	**间接税** 商品和服务税占GDP的比重	12.39	34	10.45
4.2.19	**高技术出口** 占制造业出口的比例	13.65	27	16.96
4.2.01	**对电信的投资** 年平均占GDP的百分比	0.453	32	0.607
2.4.15 （调查）	**移民法** 移民法不禁止本国公司雇用外国劳动力	4.88	43	5.82
2.2.06 （调查）	**实际个人税** 实际个人税并不阻碍人们工作或者寻求发展	3.92	38	4.81
3.4.08 （调查）	**公司的设立** 贵国设立公司很普遍	6.23	35	6.75
2.3.08 （调查）	**关于政策方向的一致性** 政府中政策方向的一致性很高	4.54	33	5.29
4.5.03 （调查）	**适应性** 面对挑战，贵国人民的适应性很强	6.46	33	6.85
3.3.10 （调查）	**股票市场** 股票市场为公司提供充足的资金	4.77	32	5.45
2.4.13 （调查）	**劳动法规** 劳动法规（雇/解雇惯例、最低工资等）足够灵活	4.31	24	4.68

奥地利

国内经济

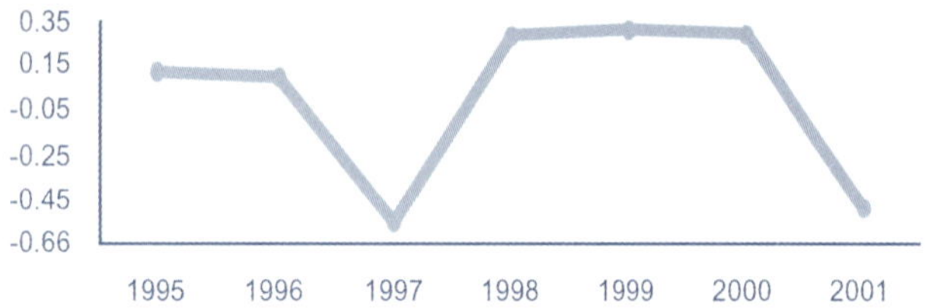

国际贸易

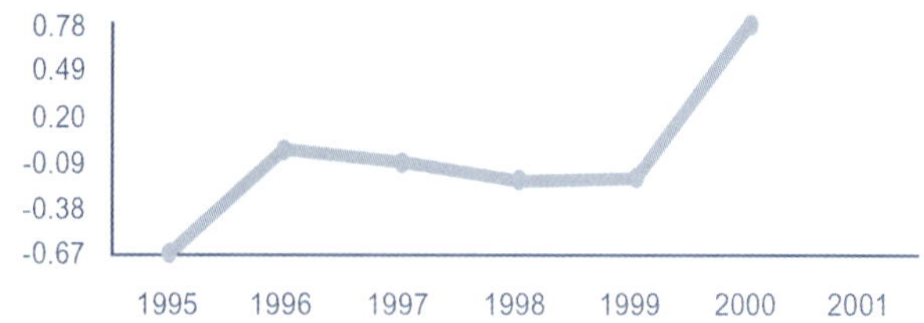

国际投资

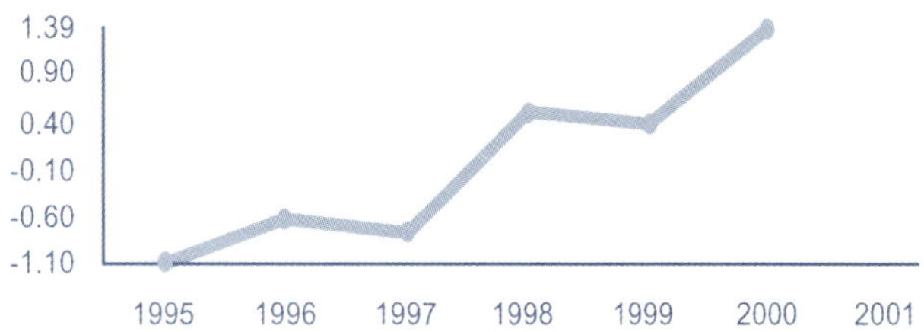

公共财政

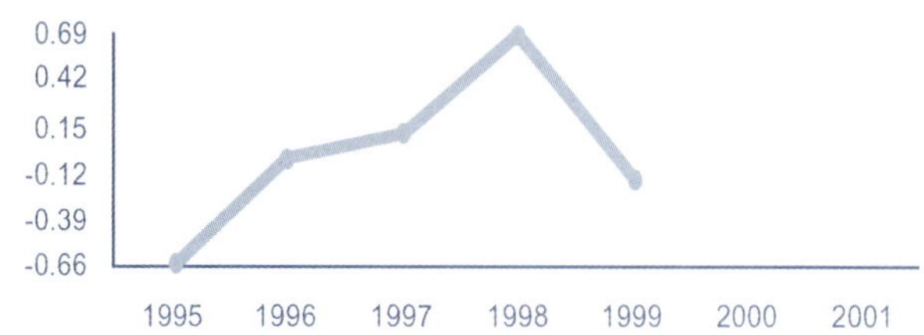

财政政策

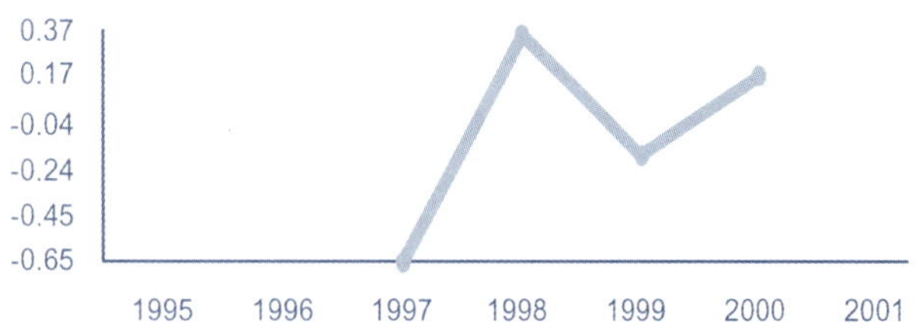

生产率

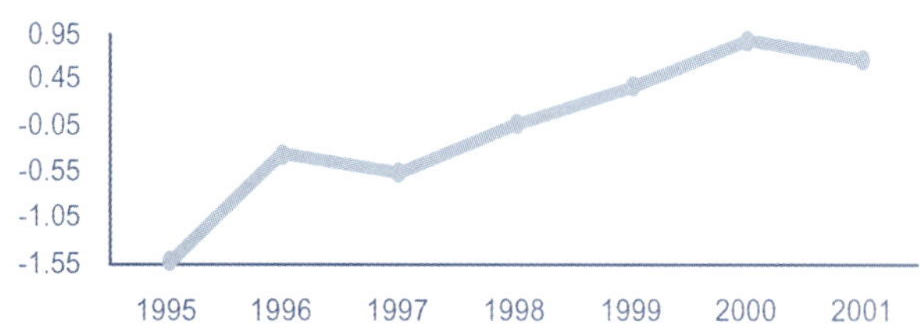

金融

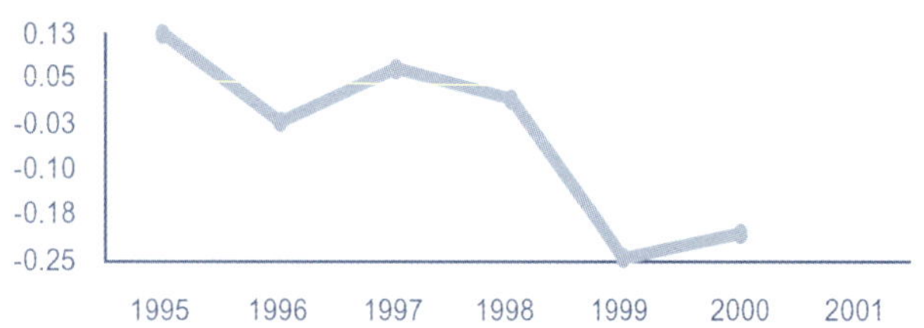

技术基础设施

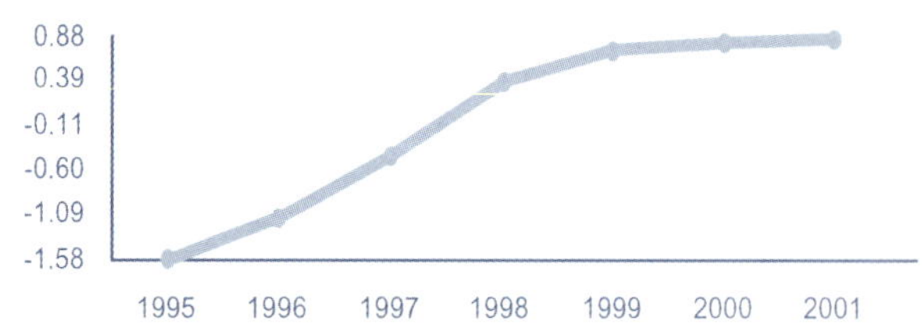

主要竞争力指标

人均国内生产总值

人均美元

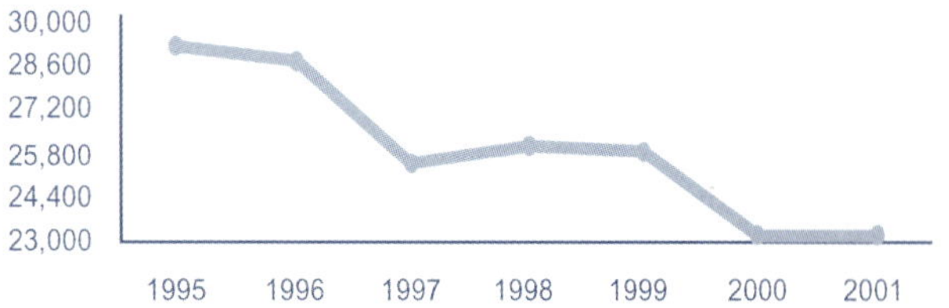

国内生产总值实际增长率

百分比变化，基于国家货币物价稳定

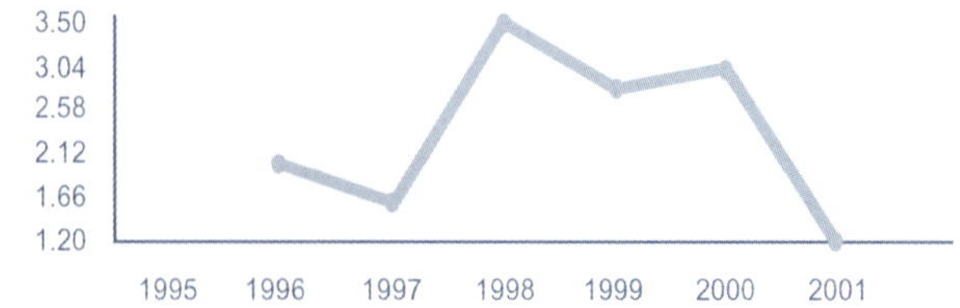

奥地利

个人最终消费支出
人均美元

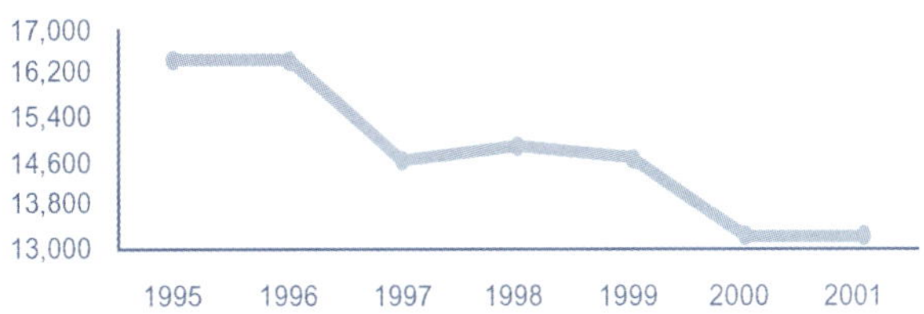

经常性项目差额
十亿美元（负号标志=赤字）

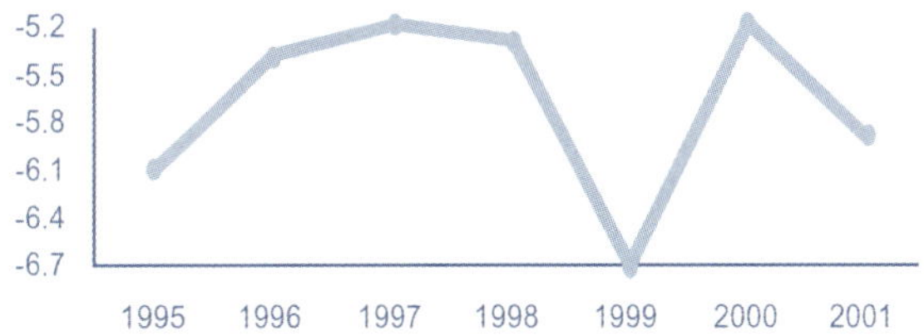

商品和商业劳务出口
十亿美元

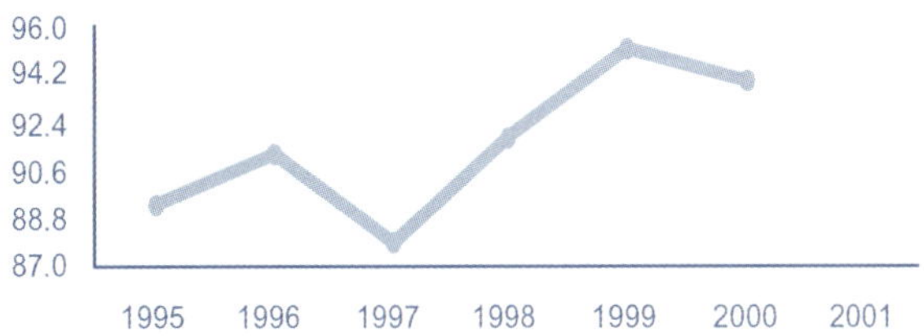

对外直接投资流量
十亿美元

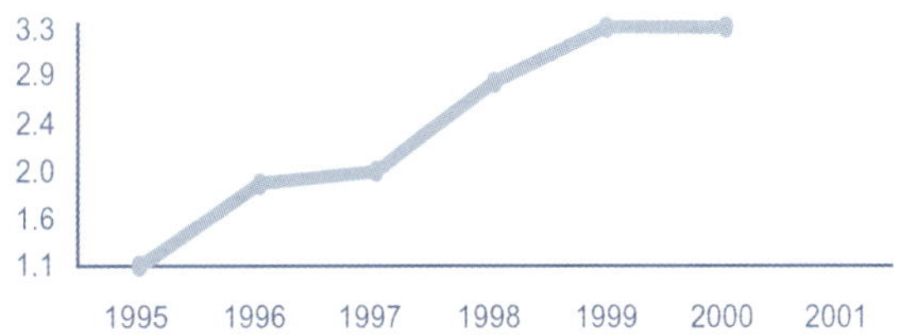

吸收直接投资流量
十亿美元

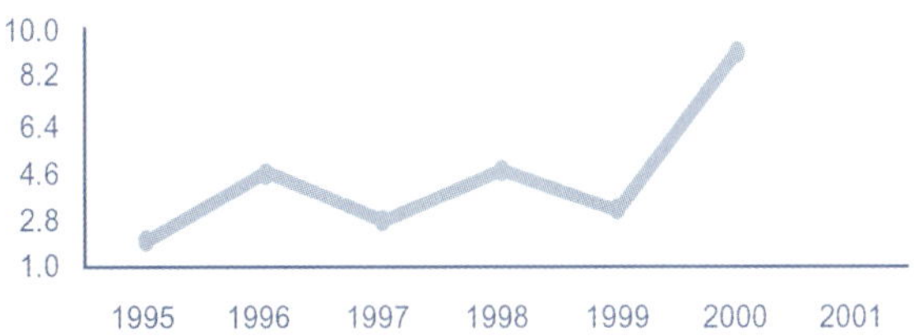

失业率
劳动力百分比

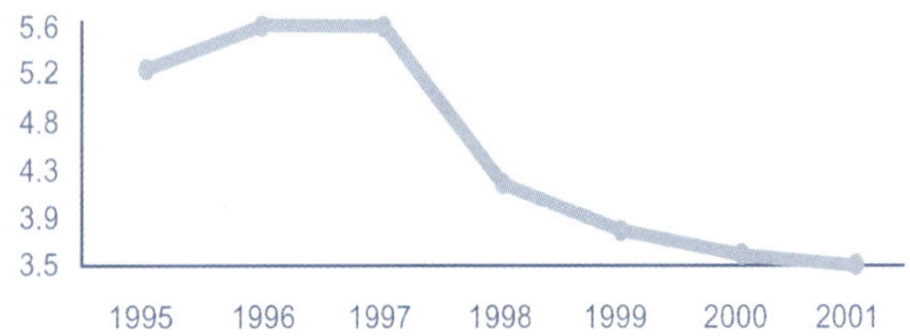

消费品价格增长率
年平均比率

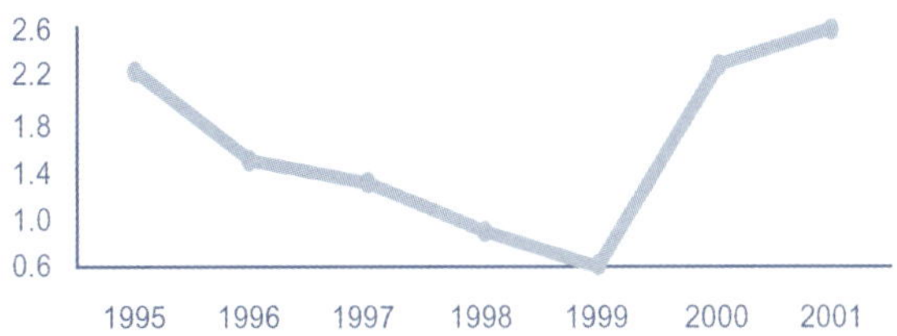

总体生产率
就业人员人均国内生产总值，美元

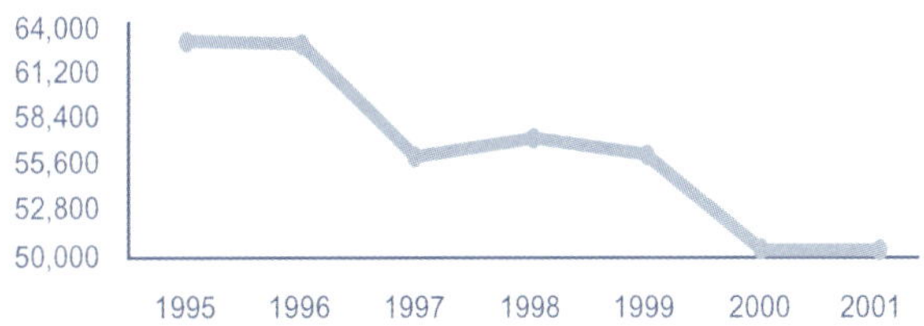

报酬水平
估计：制造工人的小时总补偿，美元

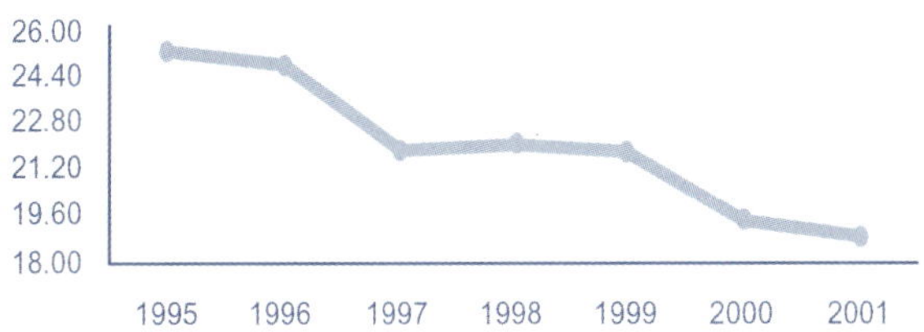

股票市场筹资额
十亿美元

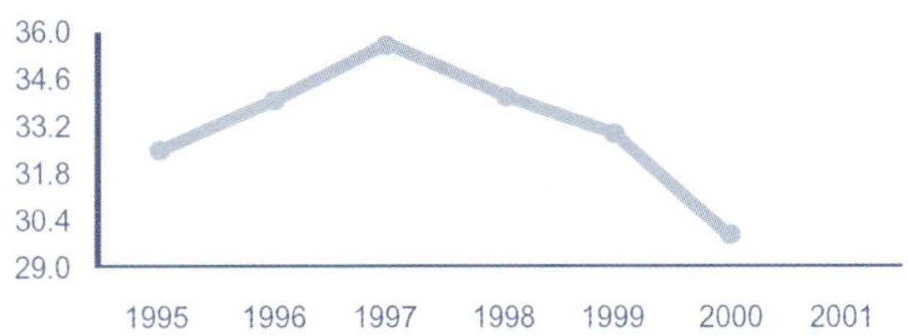

国内上市公司
上市公司的数量

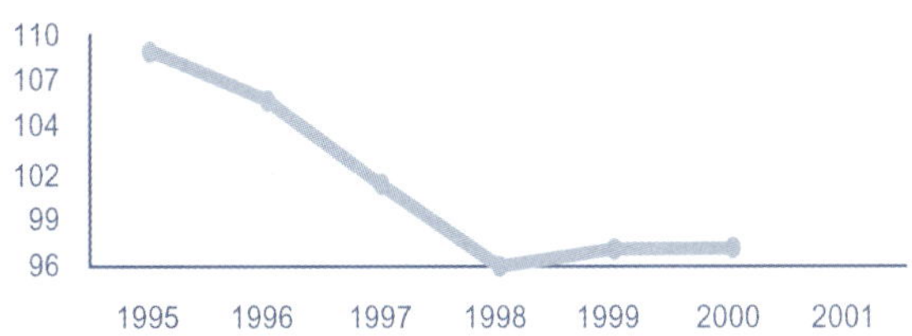

计算机
每1000人的计算机数量/来源：计算机工业年鉴

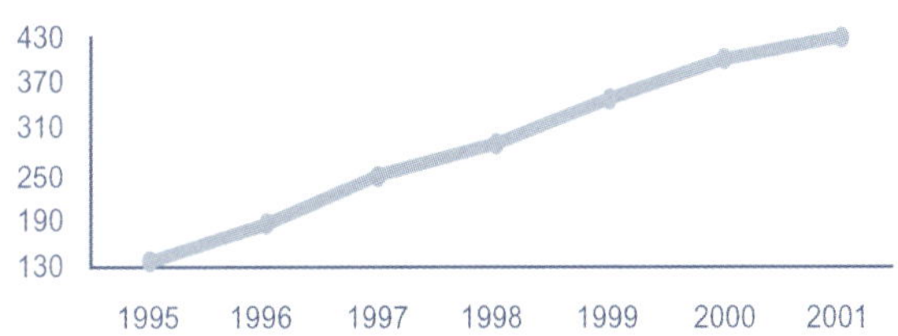

比利时

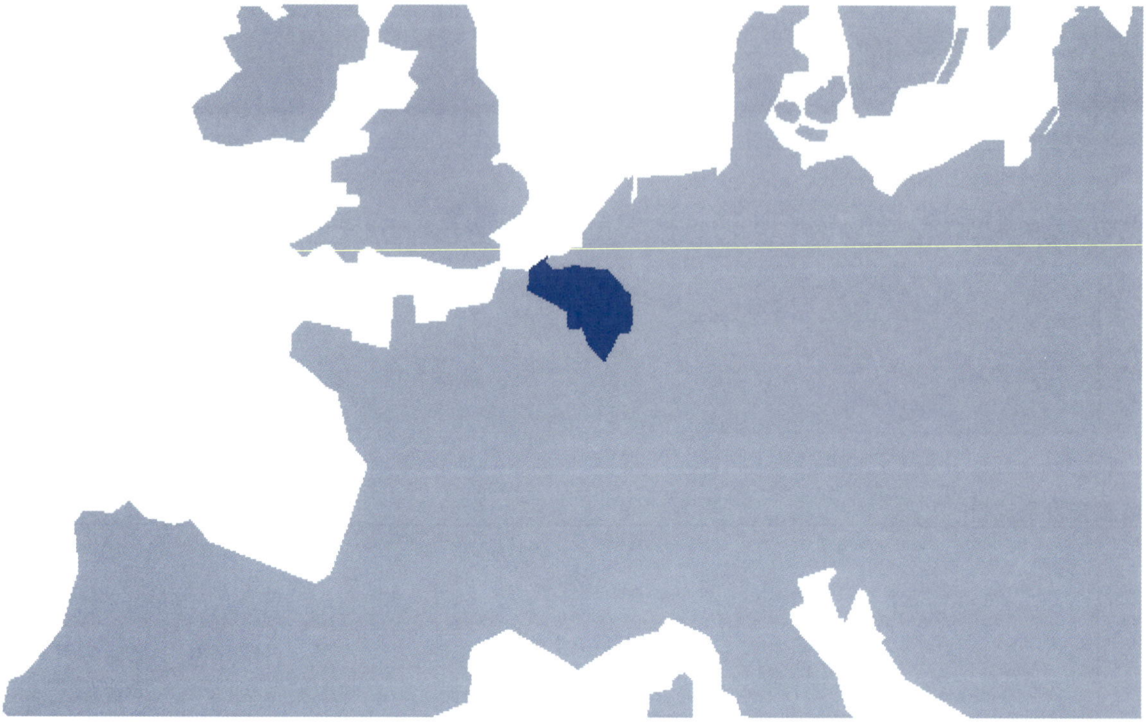

总体表现

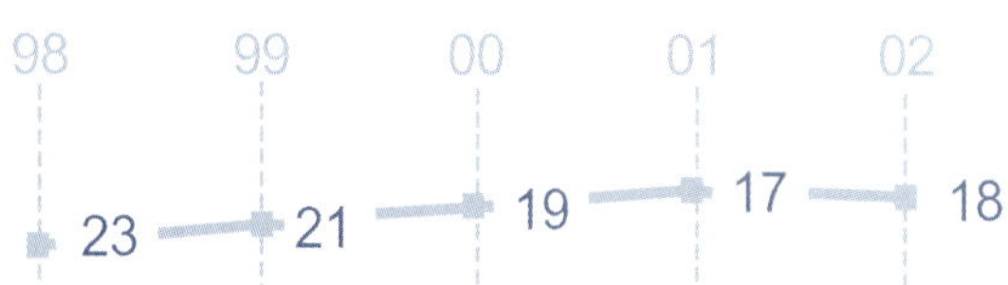

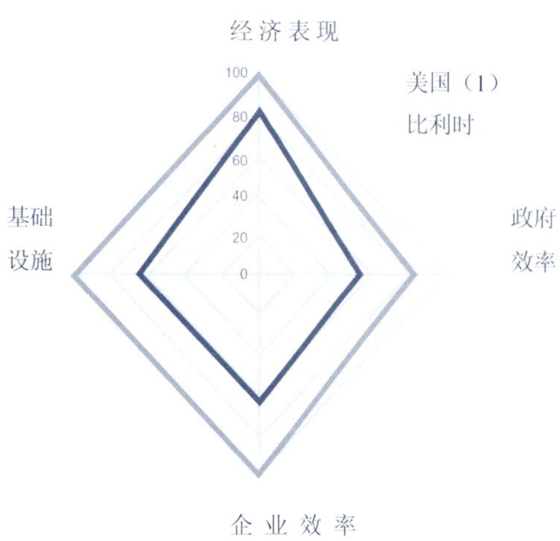

基本事实

首都	布鲁塞尔
人口	10.3（2001）
地域（平方千米）	31.0（2000）
汇率（百分之一美元）	45.08（2001）
国内生产总值（十亿美元）	229.6（2001）
人均国内生产总值（美元）	22,355（2001）
实际GDP增长率	1.1（2001）
消费品价格上涨	2.2（2001）
失业率	6.90（2001）
劳动力（百万）	4.31（2001）
经常性项目差额（十亿美元）	11.9（2001）
直接投资	
吸收股票投资（十亿美元）	372.14（2000）
吸收流量（占GDP百分比）	37.80（2000）

比利时

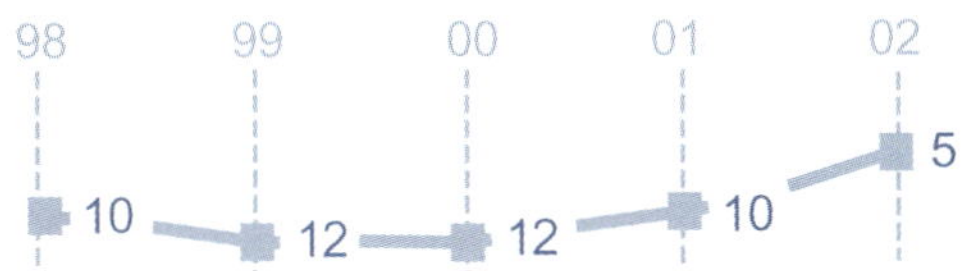

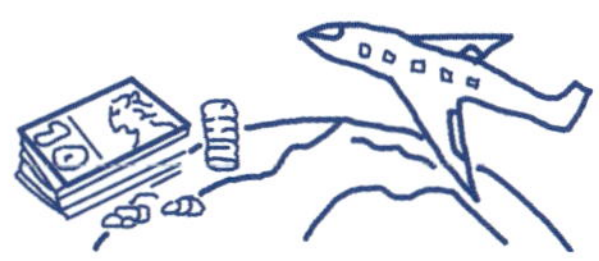

经 济 表 现

	2002
国内经济	23
国际贸易	8
国际投资	3
就 业	34
物 价	14

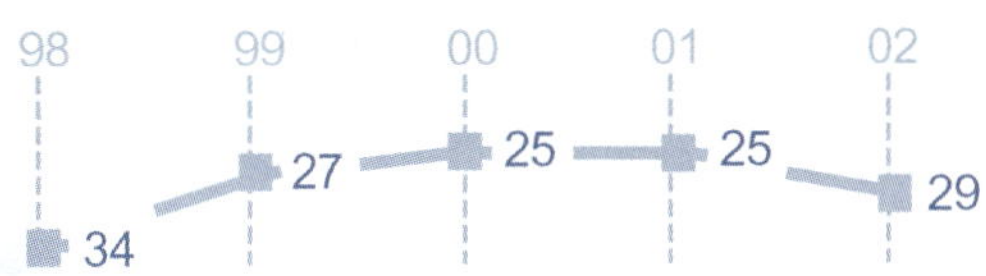

政 府 效 率

	2002
公共财政	41
财政政策	48
组织机构	28
企业法规	19
教 育	11

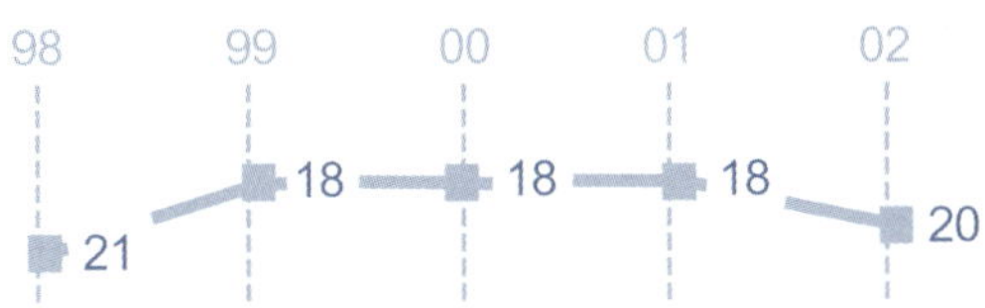

企 业 效 率

	2002
生产率	4
劳动力市场	24
金 融	20
管理实践	23
全球化影响	33

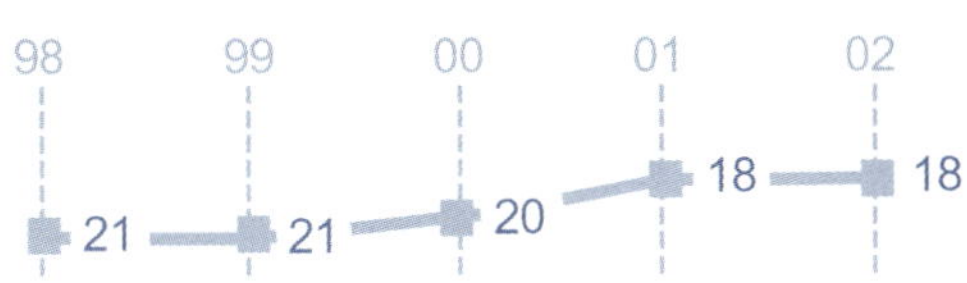

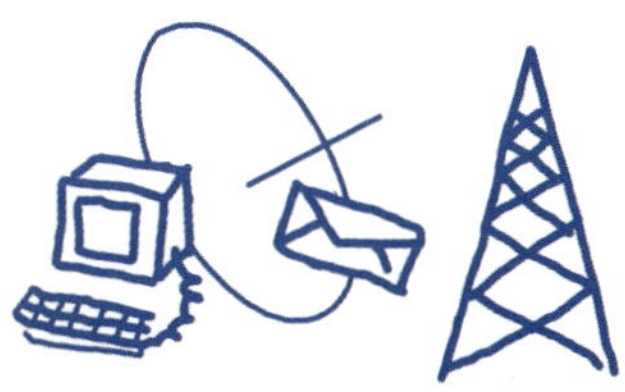

基 础 设 施

	2002
基本基础设施	11
技术基本基础设施	24
科学基本基础设施	19
健康与环境	20
价值系统	22

比利时

这些指标是每类中最强的10个指标，这些类是通过对49个国家和地区平均的最大的价值差异来区分的。

1 经济表现

			排名
1.3.02	对外直接投资流量	对外直接投资流量占GDP的百分比	1
1.3.06	吸引国外直接投资+流量	吸引国外直接投资流量占GDP的百分比	2
1.3.09	证券投资资产	10亿美元	4
1.3.01	对外直接投资流量	10亿美元	4
1.3.05	吸引国外直接投资流量	10亿美元	4
1.3.10	证券投资负债	10亿美元	4
1.2.08	商品出口额	商品出口额占GDP的百分比	5
1.3.08	吸引国外直接投资存量实际增长率	按本地货币、不变价格计算的变化率	5
1.3.07	吸引国外直接投资存量	10亿美元	5
1.3.03	对外直接投资存量	10亿美元	6

2 政府效率

2.5.04	中等学校入学人数	接受全日制教育的相关年龄组所占比例	1
2.5.03	学生—教师比（中等教育）	学生与教师职员的比例	2
2.5.05	高等教育成绩	25-34岁人中至少获得三级教育的人口所占比例	7
2.4.01	贵国参与区域贸易集团的程度	贵国参与区域贸易集团提供进入外国市场的途径	8
2.5.02	学生—教师比（初等教育）	学生与教师职员的比例	10
2.5.07	教育体系	教育系统满足有竞争力的社会的需要	11
2.5.08	大学教育	大学教育满足有竞争力的社会的需要	11
2.4.19	外国投资者	外国投资者可以自由在国内公司中取得控制力	12
2.3.04	国家信用评级	由《机构投资者杂志》杂志按百分制评分	12
2.4.03	保护主义	保护主义没有影响贵国的企业行为	13

3 企业效率

3.1.10	服务业生产率（购买力平价）	每个服务业故园创造的相应GDP，美元，估计值	2
3.1.04	劳动生产率（购买力平价）	每雇员每小时的GDP，美元，估计值	2
3.1.01	综合生产率（购买力平价）	每个就业者人均GDP，美元	3
3.1.08	工业生产率（购买力平价）	每个工业雇员创造的相应GDP，美元，估计值	8
3.2.19	国际经验	高层管理者通常有丰富的国际经验	9
3.3.04	发行的信用卡数目	每人	10
3.1.06	农业生产率（购买力平价）	每个农业劳动力创造的相应GDP，美元，估计值	13
3.3.17	内幕交易	内幕交易在股票市场不普遍	14
3.4.03	管理人员的信誉	管理人员在经济中可信性被广泛认可	14
3.2.16	金融人才	金融人才在贵国劳动市场上容易获得	15

4 基础设施

4.1.06	道路	网络的密度	1
4.4.05	医疗帮助	每个医生负担的居民人数 每个护士负担的居民人数	2
4.1.07	铁路	网络的密度	4
4.4.06	健康基础设施	健康基础设施满足社会需要	5
4.4.10	人文发展指数	经济、社会与教育的综合指数	5
4.3.09	企业研究与开发人数	每千国民中人数（全日约当单位）	9
4.2.03	国际电话费用	高峰期通往美国的每三分钟费用（对美国指通往欧洲）	9
4.4.01	健康总支出	占GDP的比例	9
4.3.02	人均研究与开发支出	人均，美元	11
4.1.15	能源基础设施	贵国能源基础设施充足有效	12

比利时

这些指标是每类中最弱的10个指标，这些类是通过对49个国家和地区平均的最大的价值差异来区分的。

1 经济表现

			排名
1.4.02	就业率	总就业人口占总人口的百分比	36
1.1.12	实际GDP增长率	按本地货币、不变价格计算的变化率	33
1.2.09	商品出口额实际增长率	按本地货币、不变价格计算的变化率	32
1.4.01	总就业人口	总就业人口（百万）	32
1.2.12	商业服务出口实际增长	按本地货币、不变价格计算的变化率	31
1.4.06	失业率	占劳动力比率	27
1.4.03	就业增长	变化率	26
1.1.21	经济的弹性	经济体对于经济周期的弹性强	26
1.1.02	国内生产总值（PPP）	估计值：按购买力平价计算，10亿美元	25
1.1.13	实际人均GDP增长率	按本地货币、不变价格计算的变化率	25

2 政府效率

2.1.04	中央政府国内负债	占GDP的百分比	49
2.2.06	实际个人税	实际个人税并不阻碍人们工作或者寻求发展	49
2.2.01	税收总收入	占GDP的百分比	46
2.4.14	失业立法	失业立法激励人们寻找工作	45
2.2.11	实际公司税	实际公司税鼓励企业的活力	45
2.2.07	对利润征收的平均公司税率	占税前利润的百分比	44
2.2.02	个人收入税有效税率	占人均GDP的百分比	43
2.2.09	雇主的社会保障缴款率	强制缴款占人均GDP的比率	43
2.4.13	劳动法规	劳动法规（雇/解雇惯例、最低工资等）足够灵活	42
2.3.08	关于政策方向的一致性	政府中政策方向的一致性很高	42

3 企业效率

3.2.01	报酬水平	制造业工人每小时全部报酬，美元，估计值	44
3.2.05	工作小时	每年的平均工作小时数	44
3.2.03	服务性职业报酬	年均总收入，包括附加薪水，例如额外薪金，美元	42
3.5.03	生产的再分配	国外的生产再分配没有威胁到贵国经济的未来	42
3.4.08	公司的设立	贵国设立公司很普遍	39
3.3.13	国内上市公司	国内上市公司数目	35
3.5.05	海外形象	贵国的海外形象支持了企业的发展	33
3.4.09	销售	贵国企业中有效地进行销售	33
3.2.06	劳资关系	劳资关系有利于生产	32
3.1.03	综合生产率实际增长率	每个就业者实际GDP变化率，估计值	32

4 基础设施

4.2.01	对电信的投资	年平均占GDP的百分比	43
4.4.18	环境法	环境法和遵守该法不会阻碍企业竞争力	40
4.1.12	可耕地面积	人均平方米	39
4.1.17	国内能源总产量	占所有能源需求（等价为石油吨数）的比例	39
4.5.06	女性地位	所有立法委员、高级官员和经理中女性所占比例	36
4.4.12	纸张和纸板的回收率	占表面消耗量的比率	35
4.1.09	空运的质量	空运的质量在贵国通常充分有效	33
4.5.07	性别收入比	估计总体女性与男性收入比率	32
4.4.13	废水处理工厂	接受废水处理工厂服务的人口占总人口的比重	31
4.1.01	人口—市场规模	估计值，百万	30

比利时

这一部分集锦了该国20个最强的指标，
这部分指标有着最高的标准化值（STD值）。
STD值＝（国家和地区的原始值－49个国家和地区平均值）/标准差

20个最强的指标

序号	名称	国家原始值	国家排名	49国家平均值
1.3.06	**吸引国外直接投资+流量** 吸引国外直接投资流量占GDP的百分比	37.8	2	6.48
1.3.02	**对外直接投资流量** 对外直接投资流量占GDP的百分比	44.3	1	6.85
4.1.06	**道路** 网络的密度	4.82	1	1.08
4.1.07	**铁路** 网络的密度	0.112	4	0.0394
1.3.09	**证券投资资产** 10亿美元	106.21	4	26.1
1.3.01	**对外直接投资流量** 10亿美元	111.17	4	25.52
3.1.10	**服务业生产率（购买力平价）** 每个服务业雇员创造的相应GDP，美元，估计值	75596	2	42358
3.1.04	**劳动生产率（购买力平价）** 每雇员每小时的GDP，美元，估计值	41.02	2	22.41
3.1.01	**综合生产率（购买力平价）** 每个就业者人均GDP，美元	70227	3	41680
1.2.08	**商品出口额** 商品出口额占GDP的百分比	78.34	5	38.5
1.3.08	**吸引国外直接投资存量实际增长率** 按本地货币、不变价格计算的变化率	46.8	5	23.25
2.5.03	**学生—教师比（中等教育）** 学生与教师职员的比例	8.8	2	16.99
1.3.07	**吸引国外直接投资存量** 10亿美元	372.14	5	120.92
4.4.06 （调查）	**健康基础设施** 健康基础设施满足社会需要	8.49	5	5.53
2.4.01 （调查）	**贵国参与区域贸易集团的程度** 贵国参与区域贸易集团提供进入外国市场的途径	7.91	8	6.47
3.2.19 （调查）	**国际经验** 高层管理者通常有丰富的国际经验	6.38	9	5.25
2.4.19 （调查）	**外国投资者** 外国投资者可以自由在国内公司中取得控制力	8.91	12	7.66
4.1.15 （调查）	**能源基础设施** 贵国能源基础设施充足有效	8.39	12	6.52
4.5.01 （调查）	**生活质量** 贵国生活质量很高	8.68	13	6.58
2.5.07 （调查）	**教育体系** 教育系统满足有竞争力的社会的需要	6.62	11	5.14

比利时

如　果？

竞争力模拟研究帮助政策制定者将注意力和优先次序放在他们国家或地区面临的关键竞争力上。我们用49个国家或地区的平均值代替这些最弱的指标值，从而计算这个国家或地区的总体排名。然而，这只是一个理论方式，不应视为政策的建议。还必须考虑各个国家或地区的发展水平、政治体制和社会值系统

	从		到
模拟排名变化	18	→	16

20个最弱的指标

序号	名称	国家原始值	国家排名	49国家平均值
2.1.04	**中央政府国内负债** 占GDP的百分比	106.6	49	33.2
2.2.07	**对利润征收的平均公司税率** 占税前利润的百分比	40.17	44	29.22
2.2.02	**个人收入税有效税率** 占人均GDP的百分比	29.95	43	17.15
2.2.09	**雇主的社会保障缴款率** 强制缴款占人均GDP的比率	34.38	43	17.86
2.2.01	**税收总收入** 占GDP的百分比	45.6	46	31.24
3.2.05	**工作小时** 每年的平均工作小时数	1712	44	1925
4.2.12	**互联网费用** 高峰期互联网访问20小时费用，美元	47.13	26	22.72
4.2.01	**对电信的投资** 年平均占GDP的百分比	0.322	43	0.607
4.2.19	**高技术出口** 占制造业出口的比例	10.35	29	16.96
2.2.04	**雇员社会保障缴款率** 强制缴款占人均GDP的百分比	13.07	38	9.1
1.4.02	**就业率** 总就业人口占总人口的百分比	39.06	36	43.32
4.2.11	**稳定的服务器数目** 每百万居民中稳定的服务器数	26.15	17	36.02
3.3.12	**股票市场交易额** 人均美元	3709	25	14476
2.2.06 （调查）	**实际个人税** 实际个人税并不阻碍人们工作或者寻求发展	2.23	49	4.81
2.4.14 （调查）	**失业立法** 失业立法激励人们寻找工作	2.68	45	4.98
2.2.11 （调查）	**实际公司税** 实际公司税鼓励企业的活力	3.49	45	5.24
2.4.13 （调查）	**劳动法规** 劳动法规（雇/解雇惯例、最低工资等）足够灵活	2.87	42	4.68
2.3.08 （调查）	**关于政策方向的一致性** 政府中政策方向的一致性很高	3.77	42	5.29
2.2.14 （调查）	**逃税** 逃税在贵国不普遍	2.87	39	4.57
4.4.18 （调查）	**环境法** 环境法和遵守该法不会阻碍企业竞争力	5.35	40	6.09

比利时

国内经济

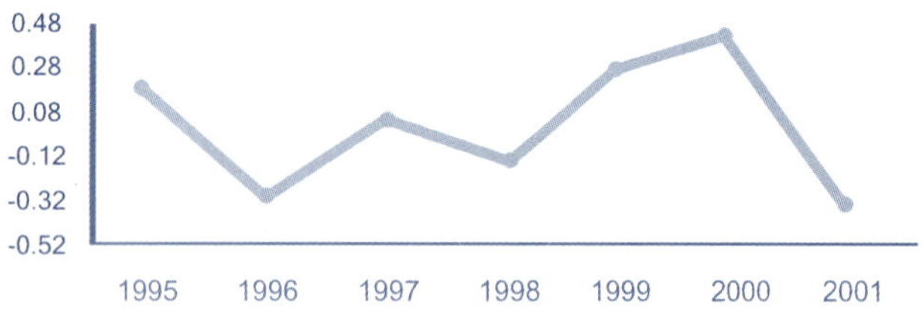

国际贸易

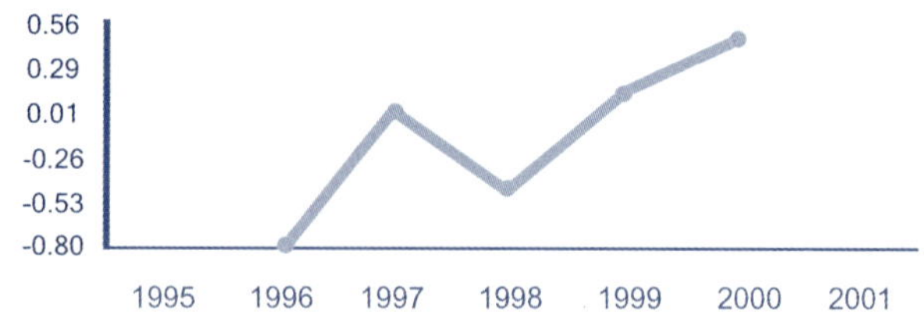

国际投资

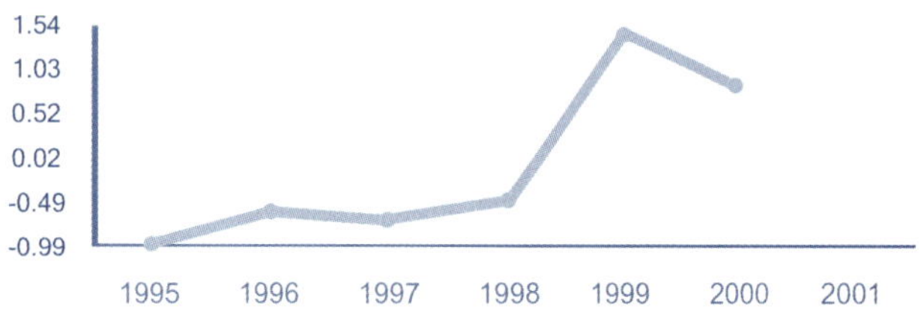

公共财政

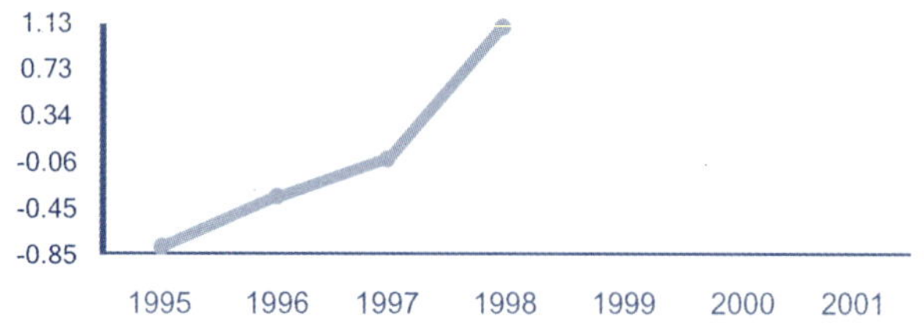

财政政策

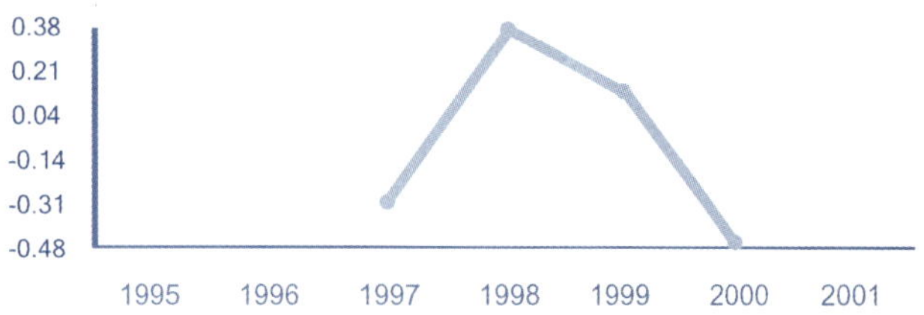

生产率

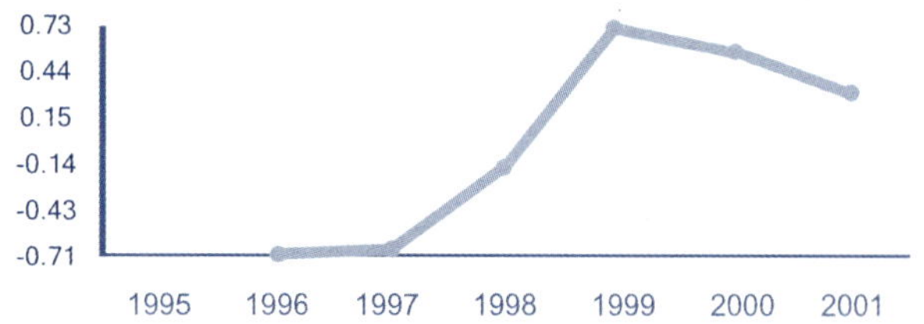

金融

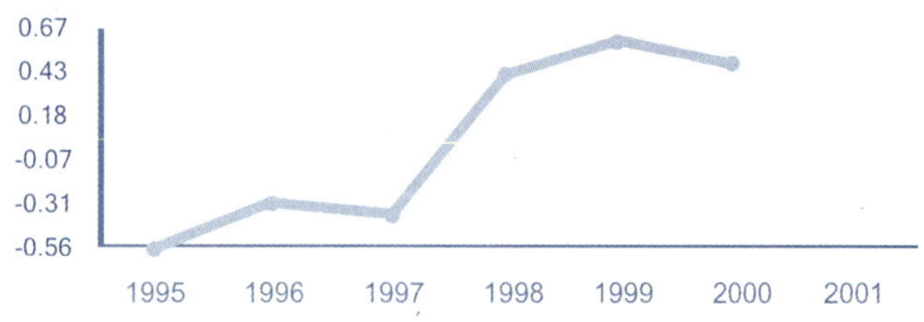

技术基础设施

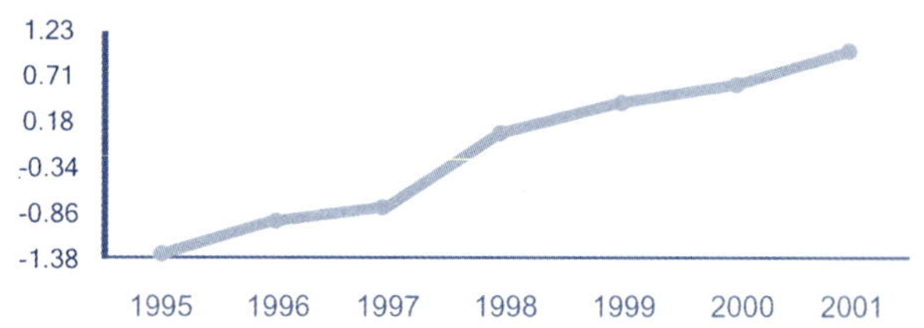

主要竞争力指标

人均国内生产总值

人均美元

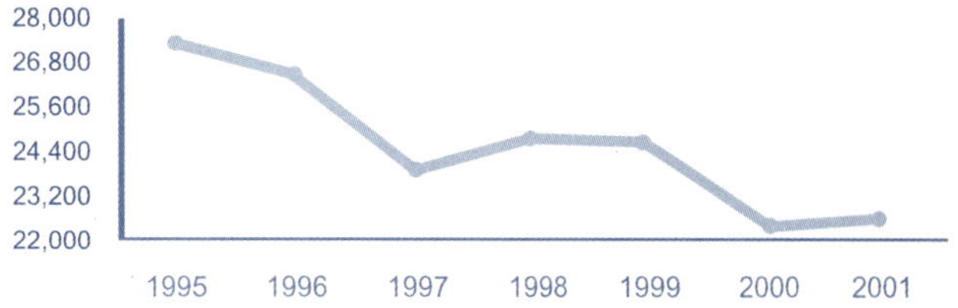

国内生产总值实际增长率

百分比变化，基于国家货币物价稳定

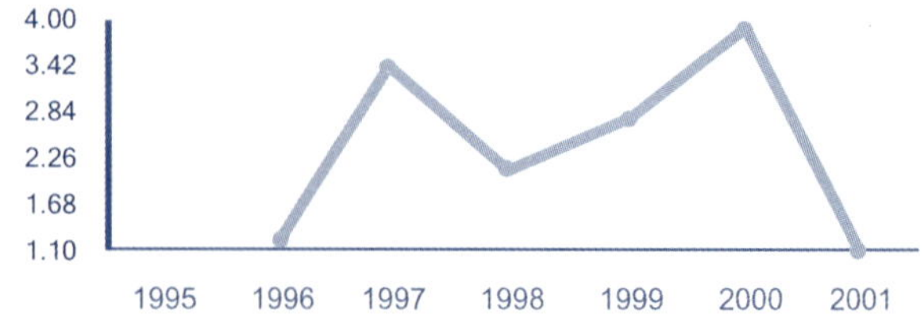

比利时

个人最终消费支出
人均美元

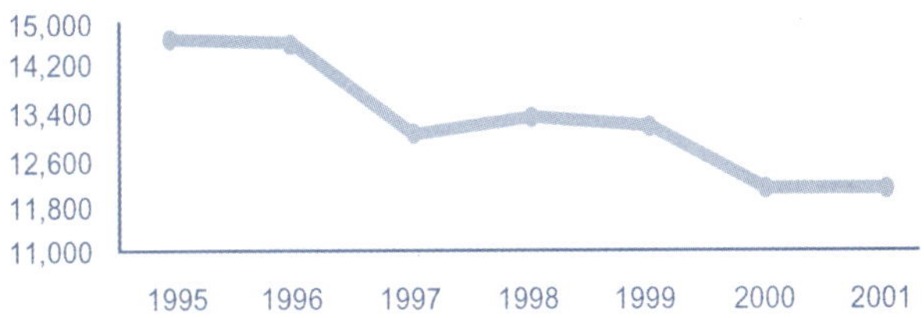

经常性项目差额
十亿美元（负号标志＝赤字）

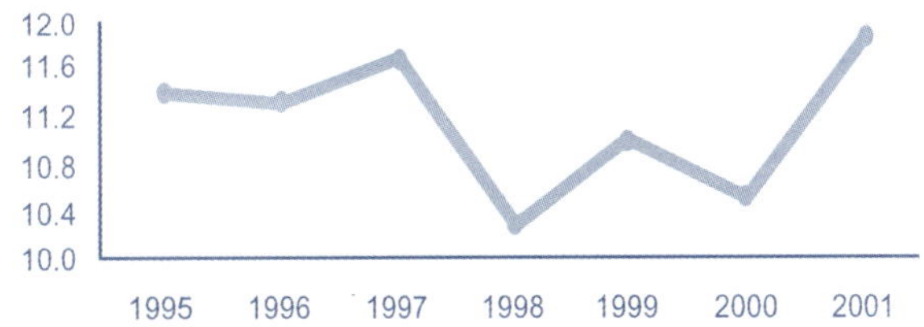

商品和商业劳务出口
十亿美元

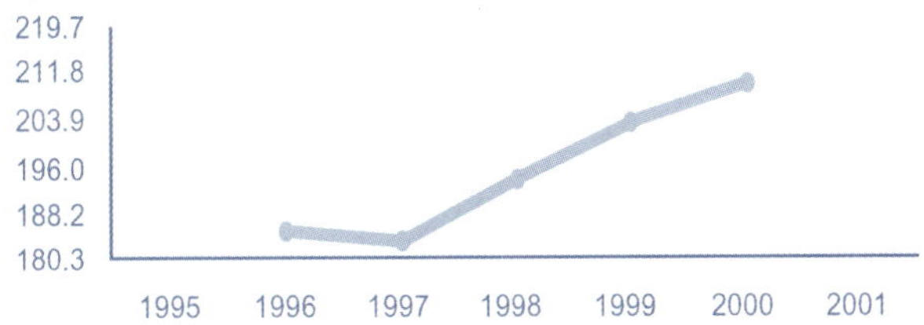

对外直接投资流量
十亿美元

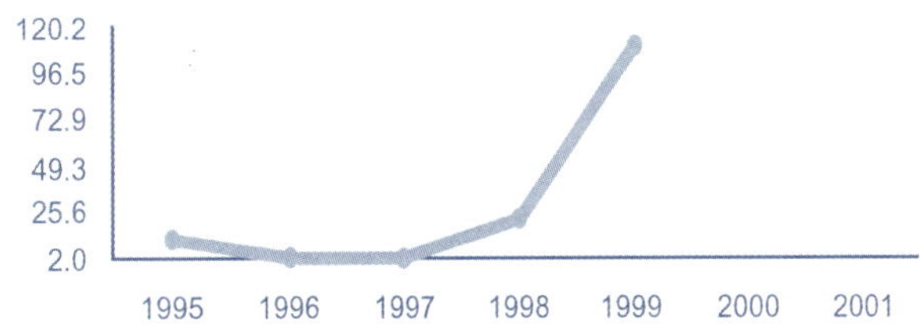

吸收直接投资流量
十亿美元

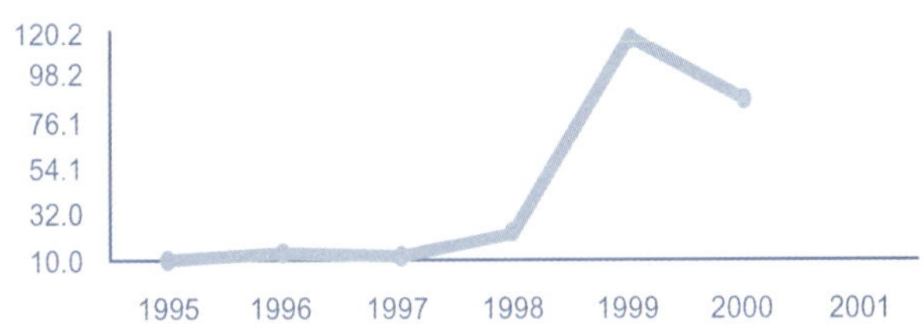

失业率
劳动力百分比

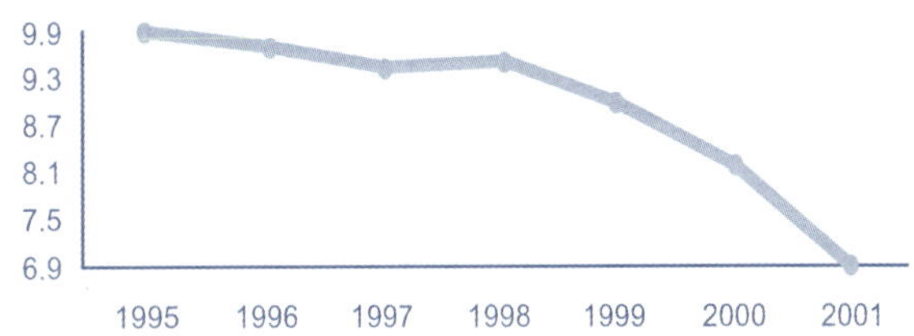

消费品价格增长率
年平均比率

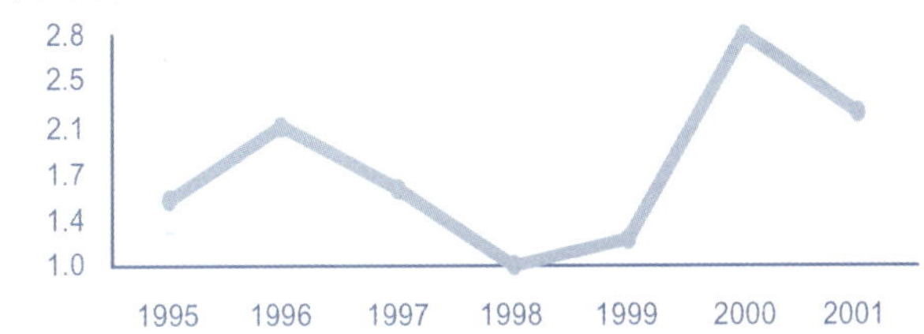

总体生产率
就业人员人均国内生产总值，美元

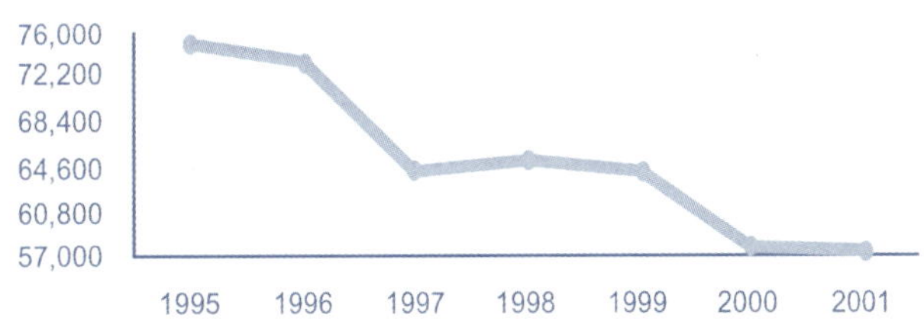

报酬水平
估计：制造工人的小时总补偿，美元

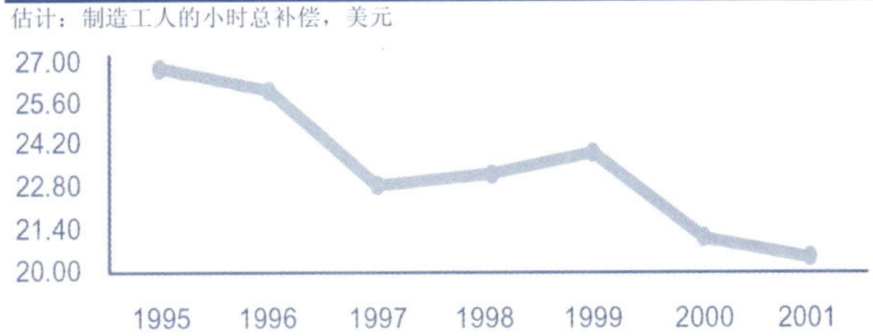

股票市场筹资额
十亿美元

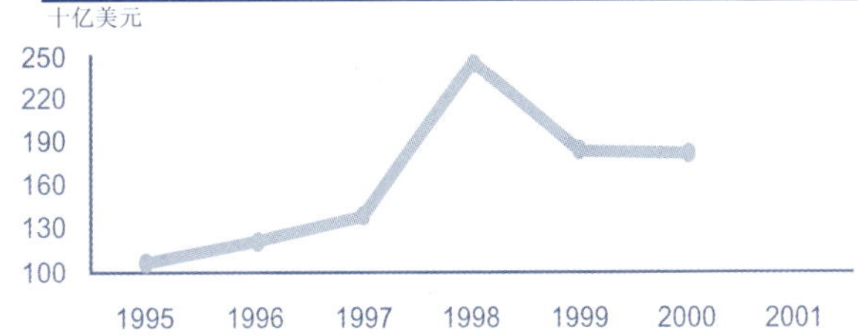

国内上市公司
上市公司的数量

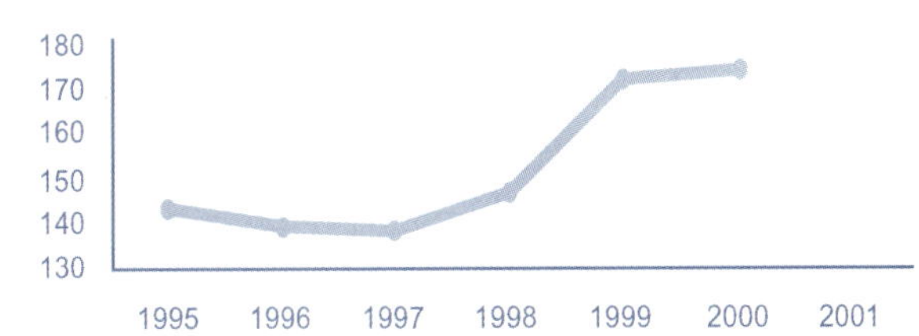

计算机
每1000人的计算机数量/来源：计算机工业年鉴

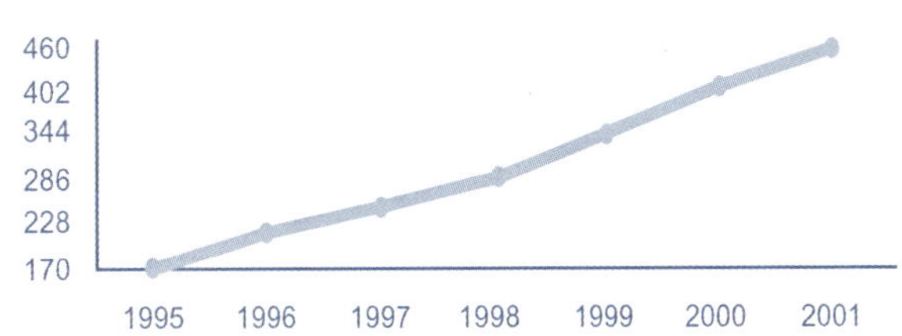

巴西

国家竞争力的挑战，2002

- 在各层次的教育上优先投资。
- 提高经常性项目差额。
- 保证社会的基本需求，尤其是基础设施与暴力控制。
- 改善科学与技术基础设施，包括很大比重的基础部分。
- 降低资本成本，分散管理实践对经济的影响

提供者：

Fundacao Dom Cabral

总体表现

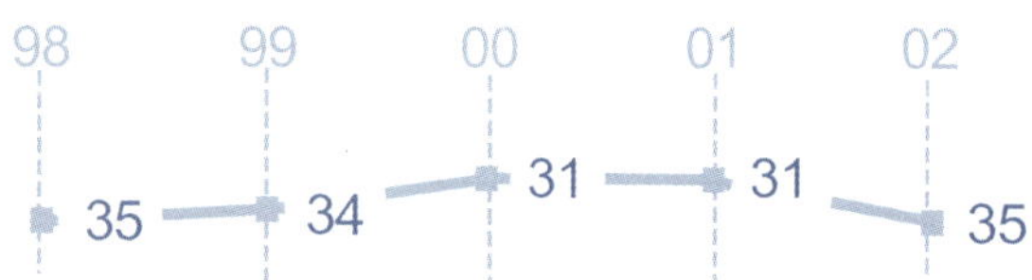

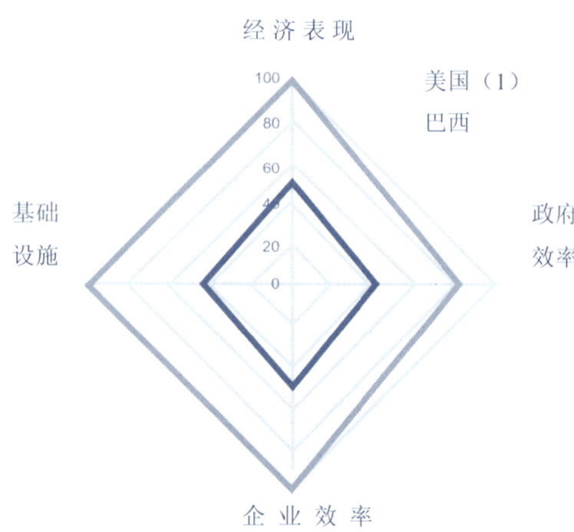

基本事实

首都	巴西利亚
人口	172.4（2001）
地域（平方千米）	8,512.0（2000）
汇率（百分之一美元）	2.36（2001）
国内生产总值（十亿美元）	501.5（2001）
人均国内生产总值（美元）	2,909（2001）
实际GDP增长率	1.5（2001）
消费品价格上涨	7.7（2001）
失业率	9.60（2001）
劳动力（百万）	85.26（2001）
经常性项目差额（十亿美元）	-23.2（2001）
直接投资	
吸收股票投资（十亿美元）	197.65（2000）
吸收流量（占GDP百分比）	5.50（2000）

巴西

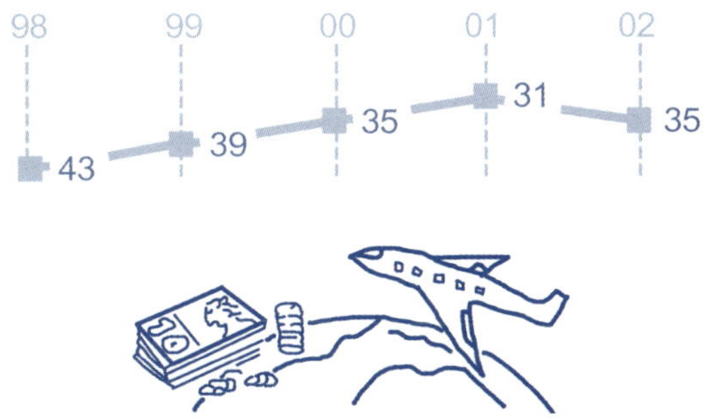

经　济　表　现

	2002
国内经济	33
国际贸易	33
国际投资	25
就　业	38
物　价	15

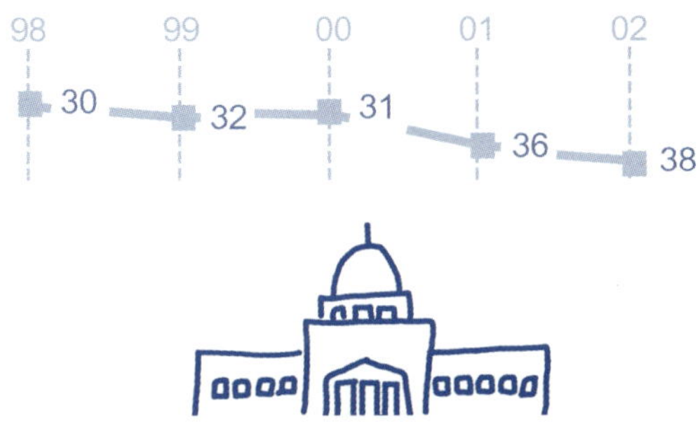

政　府　效　率

	2002
公共财政	18
财政政策	30
组织机构	42
企业法规	28
教　育	42

企　业　效　率

	2002
生产率	42
劳动力市场	16
金　融	35
管理实践	19
全球化影响	35

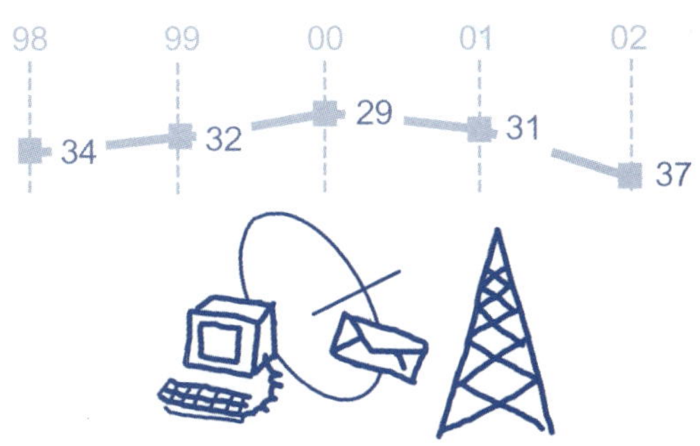

基　础　设　施

	2002
基本基础设施	40
技术基本基础设施	34
科学基本基础设施	41
健康与环境	38
价值系统	26

巴西

这些指标是每类中最强的10个指标，这些类是通过对49个国家和地区平均的最大的价值差异来区分的。

1 经济表现

			排名
1.2.09	商品出口额实际增长率	按本地货币、不变价格计算的变化率	2
1.2.12	商业服务出口实际增长	按本地货币、不变价格计算的变化率	5
1.4.01	总就业人口	总就业人口（百万）	5
1.5.02	生活费指数	主要城市不包括住房的各种货物支出指数（纽约=100）	6
1.4.03	就业增长	变化率	8
1.3.07	吸引国外直接投资存量	10亿美元	9
1.1.02	国内生产总值（PPP）	估计值：按购买力平价计算，10亿美元	9
1.1.01	国内生产总值（GDP）	按现行价格、汇率计算，10亿美元	11
1.3.05	吸引国外直接投资流量	10亿美元	12
1.3.06	吸引国外直接投资+流量	吸引国外直接投资流量占GDP的百分比	20

2 政府效率

2.2.07	对利润征收的平均公司税率	占税前利润的百分比	6
2.4.15	移民法	移民法不禁止本国公司雇用外国劳动力	7
2.3.11	政府经济政策	政府经济政策快速适应于经济发展	9
2.1.02	中央政府预算盈余/赤字	占GDP的百分比	10
2.1.09	公共财政的管理	公共财政的管理在两年后可能完善	10
2.5.12	合格工程师	合格工程师在贵国劳动力市场上容易获得	14
2.3.06	汇率政策	贵国汇率政策支持公司的竞争力	14
2.4.14	失业立法	失业立法激励人们寻找工作	14
2.2.02	个人收入税有效税率	占人均GDP的百分比	15
2.4.23	投资激励	对外国投资有吸引力	15

3 企业效率

3.2.02	制造业部门单位劳动成本	制造业部门单位劳动成本变化率	3
3.2.01	报酬水平	制造业工人每小时全部报酬，美元，估计值	5
3.2.20	称职的高层管理人员	称职的高层管理人员在贵国劳动市场上易获得	5
3.4.08	公司的设立	贵国设立公司很普遍	7
3.4.09	销售	贵国企业中有效地进行销售	8
3.4.07	企业家精神	贵国企业家精神很普遍	11
3.4.01	适应性	贵国公司适应市场变化的能力很强	12
3.2.04	经理报酬	全部底薪加上奖金和长期激励，美元	12
3.2.19	国际经验	高层管理者通常有丰富的国际经验	13
3.2.03	服务性职业报酬	年均总收入，包括附加薪水，例如额外薪金，美元	15

4 基础设施

4.5.03	适应性	面对挑战，贵国人民的适应性很强	1
4.2.05	移动电话费用	高峰期每三分钟费用，美元	3
4.1.01	人口—市场规模	估计值，百万	5
4.1.14	能源强度	单位美元GDP消费的商业能源数量，千焦耳	8
4.4.14	二氧化碳排放量	GDP的每百万美元中由工业过程排放的二氧化碳（吨）	10
4.2.08	在用计算机	占世界在用计算机总量的份额/来源：计算机行业年鉴	10
4.5.02	民族文化	民族文化对外国文化开放	13
4.1.19	非能源原材料自给	人均贸易收支差额，美元	13
4.1.12	可耕地面积	人均平方米	13
4.2.01	对电信的投资	年平均占GDP的百分比	19

巴西

这些指标是每类中最弱的10个指标，这些类是通过对49个国家和地区平均的最大的价值差异来区分的。

1 经济表现

			排名
1.2.18	外贸依存度	（出口+进口）/（2×GDP）	47
1.2.11	商业服务出口额	商业服务出口额占GDP的百分比	47
1.2.01	经常项目差额	经常项目差额，10亿美元（负号为逆差）	47
1.2.08	商品出口额	商品出口额占GDP的百分比	44
1.2.02	经常项目差额	经常项目差额占GDP的百分比	43
1.4.07	青年失业	25岁以下失业人口占总失业人口比例	42
1.5.01	消费品价格上涨	年平均比率	42
1.1.23	人均GDP	估计值，按购买力平价计算的人均美元	41
1.1.22	人均GDP	人均美元	40
1.3.02	对外直接投资流量	对外直接投资流量占GDP的百分比	39

2 政府效率

2.5.03	学生—教师比（中等教育）	学生与教师职员的比例	49
2.3.03	利率差	贷款利率减去存款利率	48
2.3.02	资本成本	贵国资本成本鼓励公司发展	47
2.3.07	汇率稳定度	本币相对于特别提款权的汇兑年价变动	46
2.3.01	短期实际利率	平均贴现率/优惠利率（1月-12月）	46
2.5.09	文盲率	成人（15岁以上）文盲占总人口比例	45
2.2.09	雇主的社会保障缴款率	强制缴款占人均GDP的比率	45
2.5.05	高等教育成绩	25-34岁人中至少获得三级教育的人口所占比例	43
2.3.19	个人安全和个人财产	个人安全和个人财产得到充分保护	43
2.3.04	国家信用评级	由《机构投资者杂志》杂志按百分制评分	43

3 企业效率

3.3.14	股票市场指数	支书的变化率	45
3.5.04	R&D设施的再分配	R&D设施的再分配不会威胁贵国经济的未来	44
3.3.01	银行部门的资产	占GDP的比例	43
3.1.10	服务业生产率（购买力平价）	每个服务业雇员创造的相应GDP，美元，估计值	42
3.1.01	综合生产率（购买力平价）	每个就业者人均GDP，美元	42
3.1.04	劳动生产率（购买力平价）	每雇员每小时的GDP，美元，估计值	42
3.1.06	农业生产率（购买力平价）	每个农业劳动力创造的相应GDP，美元，估计值	42
3.3.10	股票市场	股票市场为公司提供充足的资金	42
3.3.19	国际保理业务	占商品出口的比重	40
3.1.03	综合生产率实际增长率	每个就业者实际GDP变化率，估计值	40

4 基础设施

4.1.15	能源基础设施	贵国能源基础设施充足有效	47
4.1.11	水运	水运基础设施（港口、运河）满足企业需要	47
4.5.08	骚扰和暴力	骚扰和暴力并没有严重动摇岗位	45
4.4.06	健康基础设施	健康基础设施满足社会需要	45
4.1.13	城市化	城市化不浪费国家资源	44
4.4.03	出生时的寿命期望	平均估计	44
4.5.05	国会中女性人数	女性席位占全部席位的比例	43
4.4.05	医疗帮助	每个医生负担的居民人数每个护士负担的居民人数	42
4.3.13	学校内的科学	学校内的科学在贵国充分教育	42
4.4.10	人文发展指数	经济、社会与教育的综合指数	42

巴西

这一部分集锦了该国20个最强的指标，
这部分指标有着最高的标准化值（STD值）。
STD值＝（国家和地区的原始值－49个国家和地区平均值）/标准差

20个最强的指标

序号	名称	国家原始值	国家排名	49国家平均值
1.2.09	**商品出口额实际增长率** 按本地货币、不变价格计算的变化率	26.49	2	2.01
1.2.12	**商业服务出口实际增长** 按本地货币、不变价格计算的变化率	22.39	5	11.47
3.2.01	**报酬水平** 制造业工人每小时全部报酬，美元，估计值	1.27	5	9.16
1.5.02	**生活费指数** 主要城市不包括住房的各种货物支出指数（纽约=100）	63.2	6	81.64
2.2.07	**对利润征收的平均公司税率** 占税前利润的百分比	25	6	29.22
4.2.05	**移动电话费用** 高峰期每三分钟费用，美元	0.25	3	0.42
3.2.02	**制造业部门单位劳动成本** 制造业部门单位劳动成本变化率	-2	3	4.61
2.1.02	**中央政府预算盈余/赤字** 占GDP的百分比	1.87	10	-0.97
1.4.03	**就业增长** 变化率	2.16	8	0.92
4.4.14	**二氧化碳排放量** GDP的每百万美元中由工业过程排放的二氧化碳（吨）	380.3	10	1027.3
3.2.04	**经理报酬** 全部底薪加上奖金和长期激励，美元	1	12	0
3.2.03	**服务性职业报酬** 年均总收入，包括附加薪水，例如额外薪金，美元	1	15	0
4.1.14	**能源强度** 单位美元GDP消费的商业能源数量，千焦耳	6344	8	15435
4.5.03 （调查）	**适应性** 面对挑战，贵国人民的适应性很强	8.63	1	6.85
3.4.08 （调查）	**公司的设立** 贵国设立公司很普遍	7.95	7	6.75
3.2.20 （调查）	**称职的高层管理人员** 称职的高层管理人员在贵国劳动市场上易获得	7.52	5	6.31
3.4.09 （调查）	**销售** 贵国企业中有效地进行销售	7.25	8	6.42
3.4.01 （调查）	**适应性** 贵国公司适应市场变化的能力很强	7.2	12	6.06
2.4.15 （调查）	**移民法** 移民法不禁止本国公司雇用外国劳动力	6.74	7	5.82
4.5.02 （调查）	**民族文化** 民族文化对外国文化开放	7.93	13	7.24

巴西

如　果？

竞争力模拟研究帮助政策制定者将注意力和优先次序放在他们国家或地区面临的关键竞争力上。我们用49个国家或地区的平均值代替这些最弱的指标值，从而计算这个国家或地区的总体排名。然而，这只是一个理论方式，不应视为政策的建议。还必须考虑各个国家或地区的发展水平、政治体制和社会值系统

模拟排名变化	从		到
	35	→	31

20个最弱的指标

序号	名称	国家原始值	国家排名	49国家平均值
2.3.03	**利率差** 贷款利率减去存款利率	39.9	48	5.25
2.5.03	**学生—教师比（中等教育）** 学生与教师职员的比例	36.2	49	16.99
2.3.07	**汇率稳定度** 本币相对于特别提款权的汇兑年价变动	0.716	46	0.188
1.4.07	**青年失业** 25岁以下失业人口占总失业人口比例	51.4	42	26.47
2.3.01	**短期实际利率** 平均贴现率/优惠利率（1月-12月）	10.57	46	3.11
4.4.05	**医疗帮助** 每个医生负担的居民人数/每个护士负担的居民人数	-1	42	0
2.5.09	**文盲率** 成人（15岁以上）文盲占总人口比例	15.1	45	4.8
2.2.09	**雇主的社会保障缴款率** 强制缴款占人均GDP的比率	37.3	45	17.86
2.5.05	**高等教育成绩** 25-34岁人中至少获得三级教育的人口所占比例	7.2	43	21
3.1.10	**服务业生产率（购买力平价）** 每个服务业雇员创造的相应GDP，美元，估计值	17030	42	42358
2.3.04	**国家信用评级** 由《机构投资者杂志》杂志按百分制评分	42.1	43	67.8
3.1.01	**综合生产率（购买力平价）** 每个就业者人均GDP，美元	17119	42	41680
2.5.04	**中等学校入学人数** 接受全日制教育的相关年龄组所占比例	66	39	81.6
4.1.15 （调查）	**能源基础设施** 贵国能源基础设施充足有效	2.89	47	6.52
2.3.02 （调查）	**资本成本** 贵国资本成本鼓励公司发展	1.66	47	5.26
2.3.19 （调查）	**个人安全和个人财产** 个人安全和个人财产得到充分保护	2.75	43	6.05
4.4.06 （调查）	**健康基础设施** 健康基础设施满足社会需要	2.63	45	5.53
4.1.13 （调查）	**城市化** 城市化不浪费国家资源	3.88	44	5.74
4.3.13 （调查）	**学校内的科学** 学校内的科学在贵国充分教育	3.59	42	5.19
4.2.17 （调查）	**资助技术发展** 技术发展的资助非常充分	3.16	42	5.09

巴西

国内经济

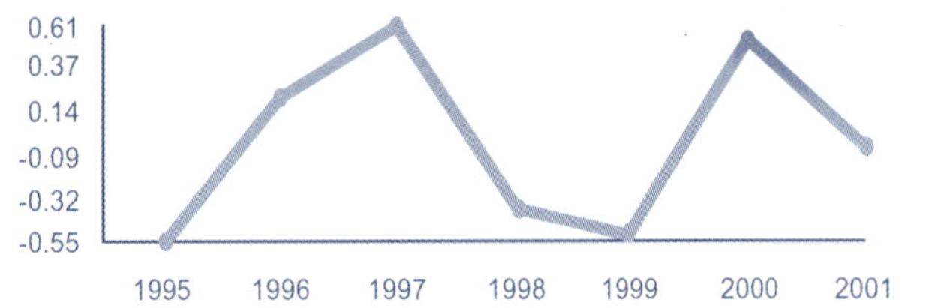

国际贸易

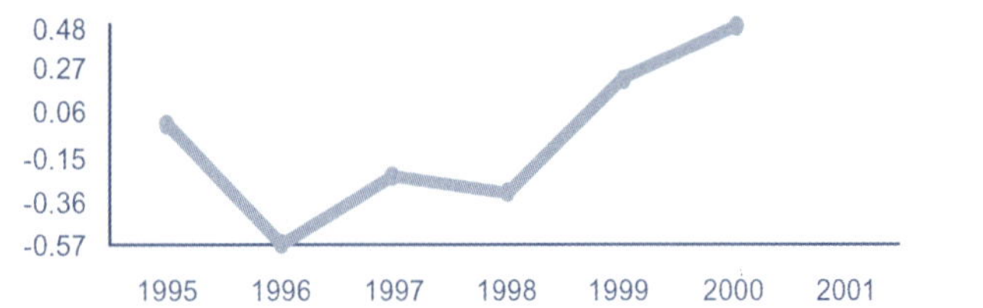

国际投资

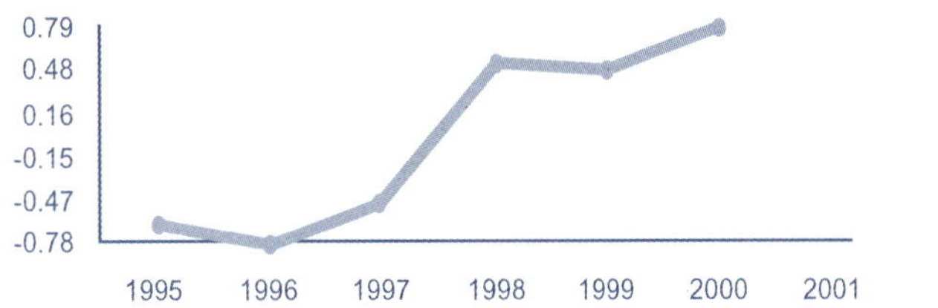

公共财政

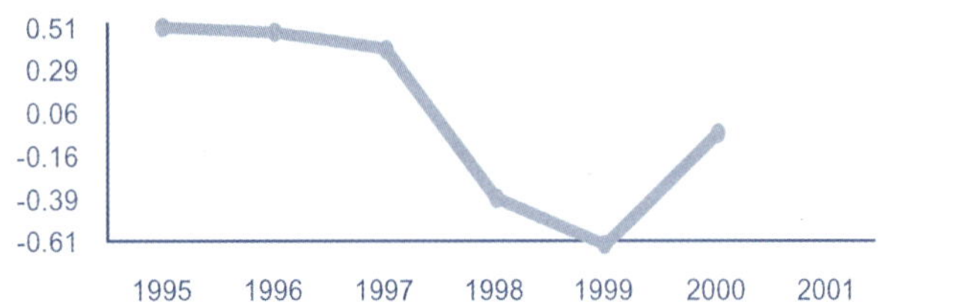

财政政策

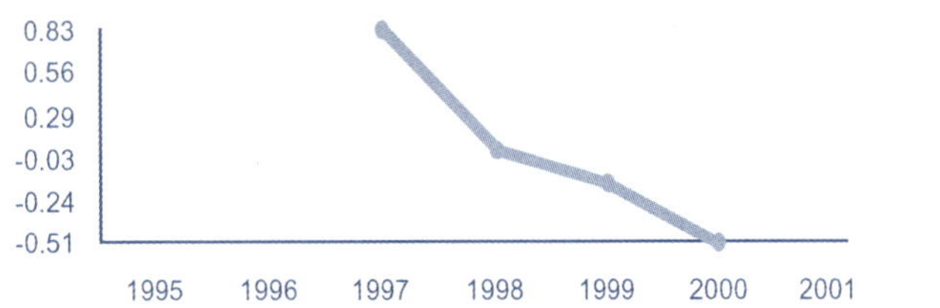

生产率

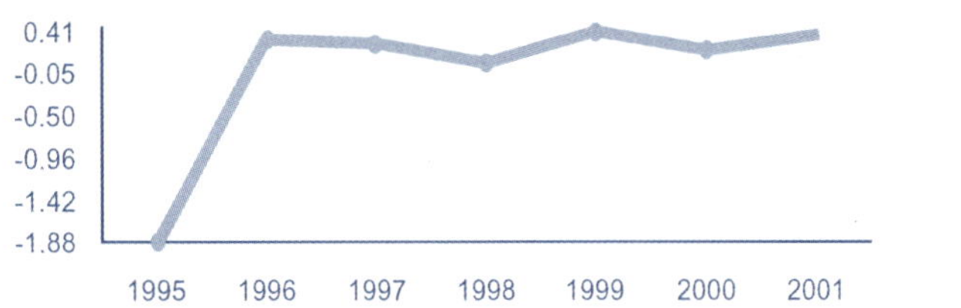

金融

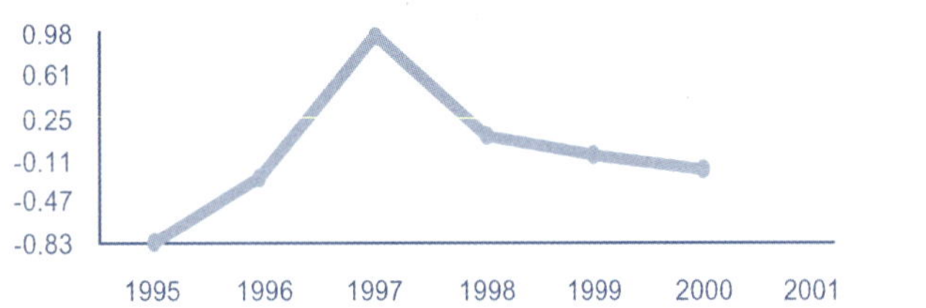

技术基础设施

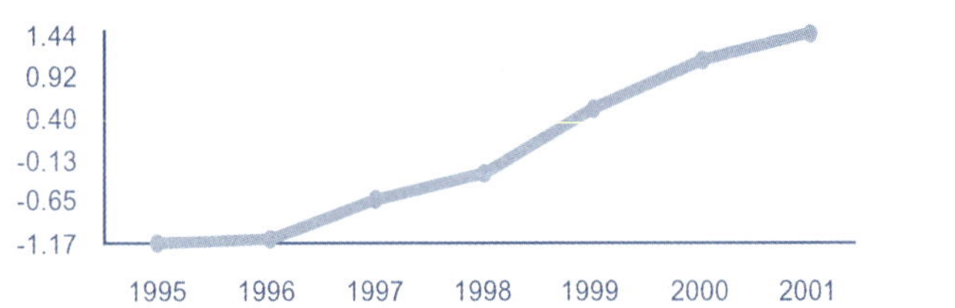

主要竞争力指标

人均国内生产总值

人均美元

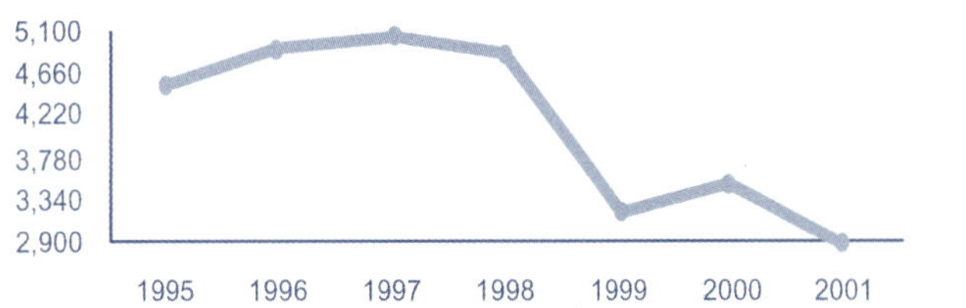

国内生产总值实际增长率

百分比变化，基于国家货币物价稳定

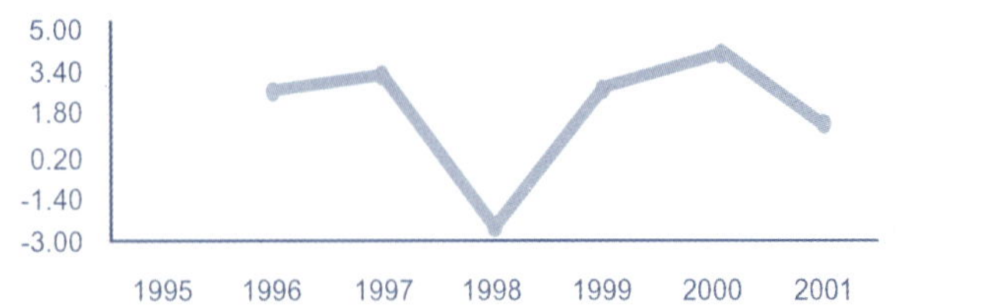

巴西

个人最终消费支出
人均美元

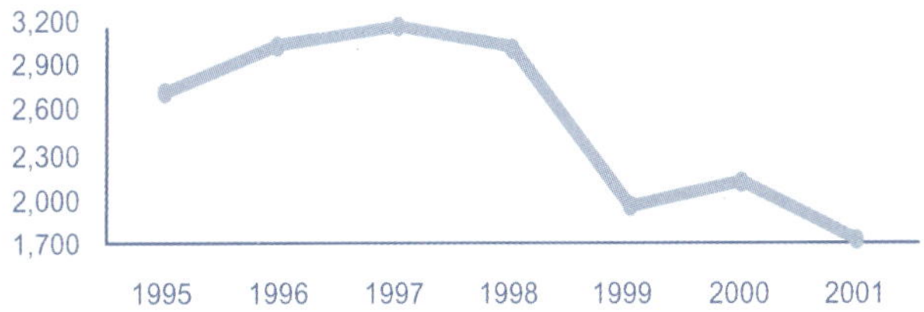

经常性项目差额
十亿美元（负号标志＝赤字）

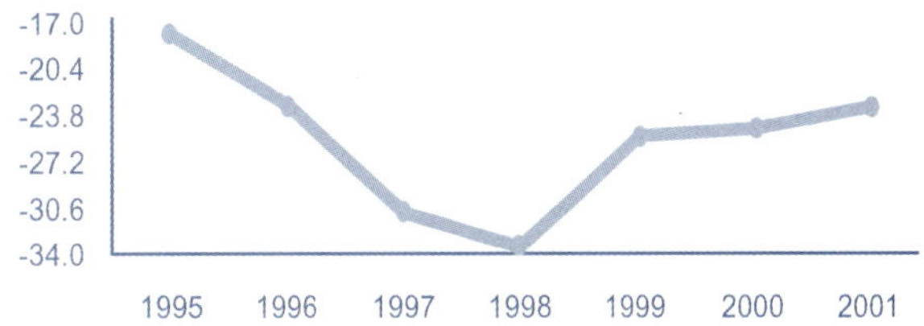

商品和商业劳务出口
十亿美元

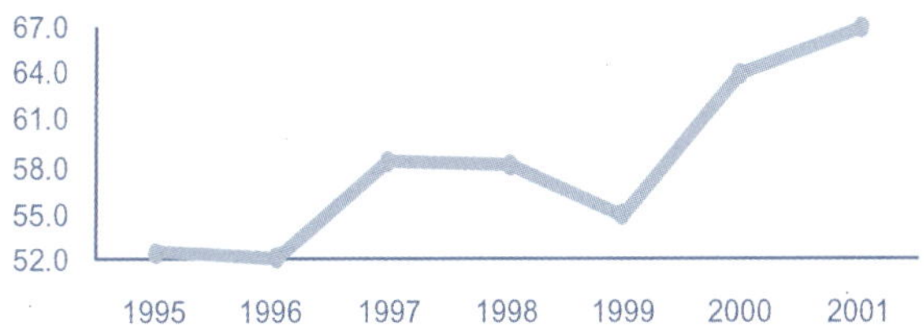

对外直接投资流量
十亿美元

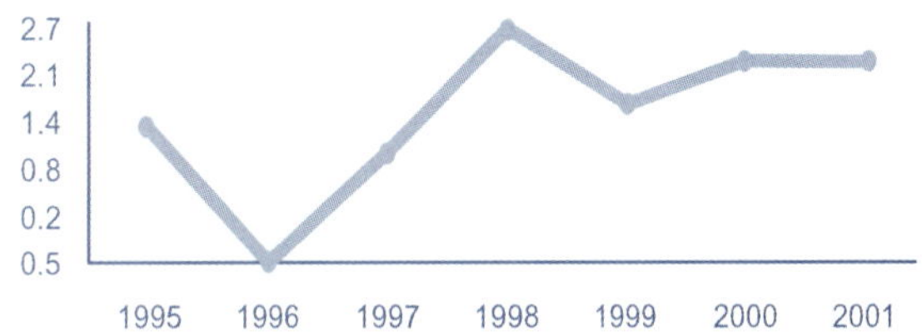

吸收直接投资流量
十亿美元

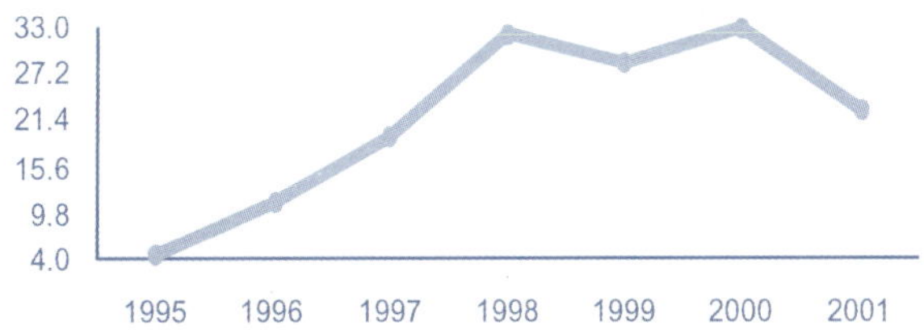

失业率
劳动力百分比

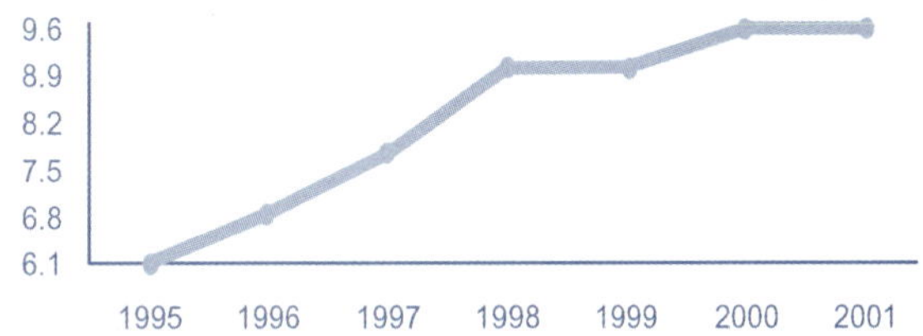

消费品价格增长率
年平均比率

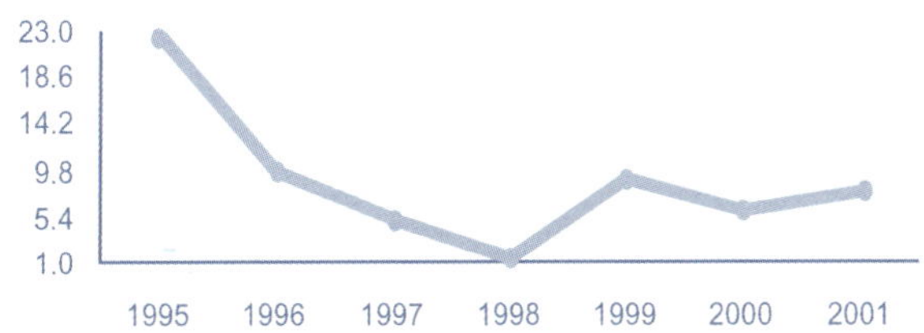

总体生产率
就业人员人均国内生产总值，美元

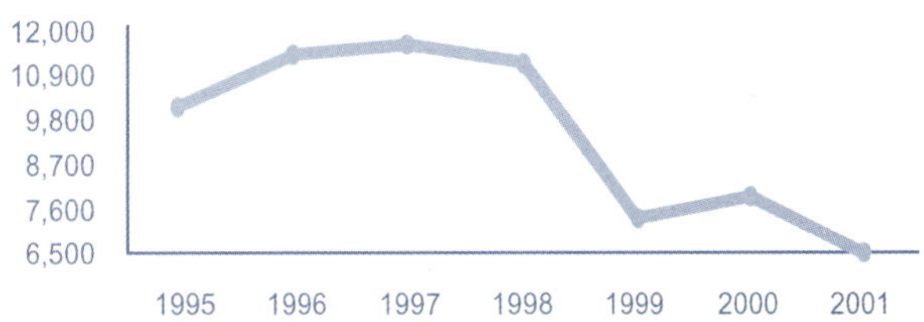

报酬水平
估计：制造工人的小时总补偿，美元

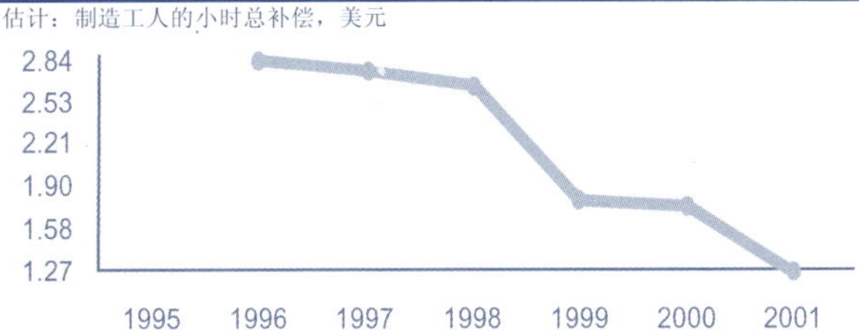

股票市场筹资额
十亿美元

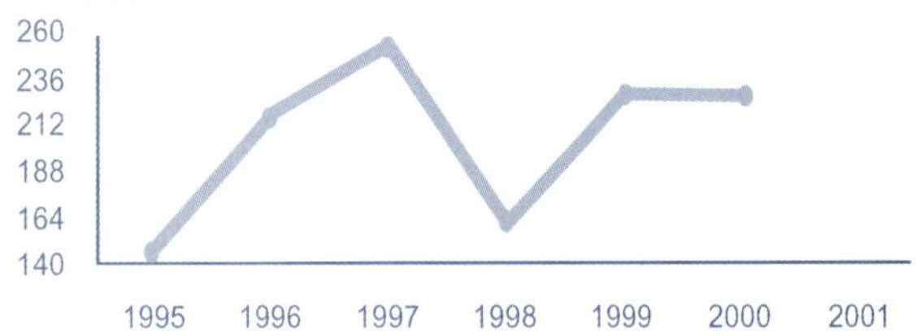

国内上市公司
上市公司的数量

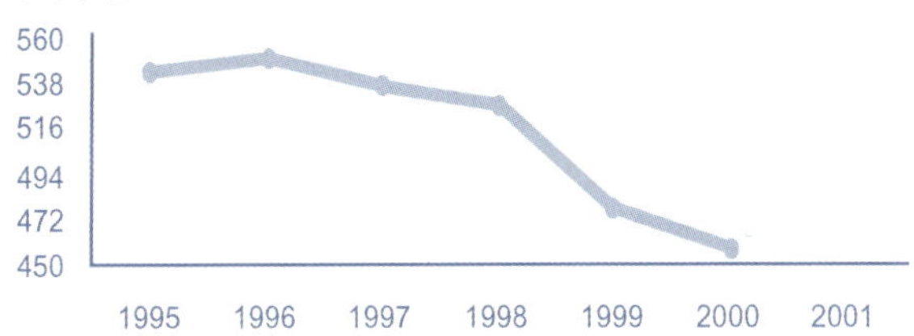

计算机
每1000人的计算机数量/来源：计算机工业年鉴

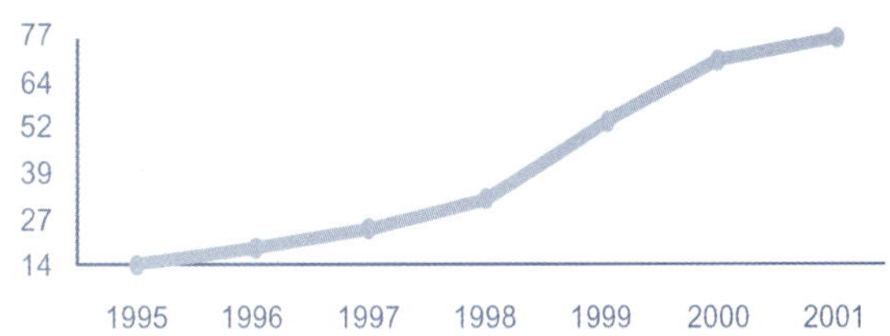

加拿大

国家竞争力的挑战，2002

- 缩小相对于美国的生活差距的标准
- 加强加拿大创新、知识的转化和应用的能力
- 增加为更大地满足创造和使用知识的人们的需要的供给
- 建立一种信任与自信的环境，从而公众的利益得到保护，市场政策给创新提供激励。
- 释放全国社团所有的创新潜力。

提供者：

加拿大合伙投资

总体表现

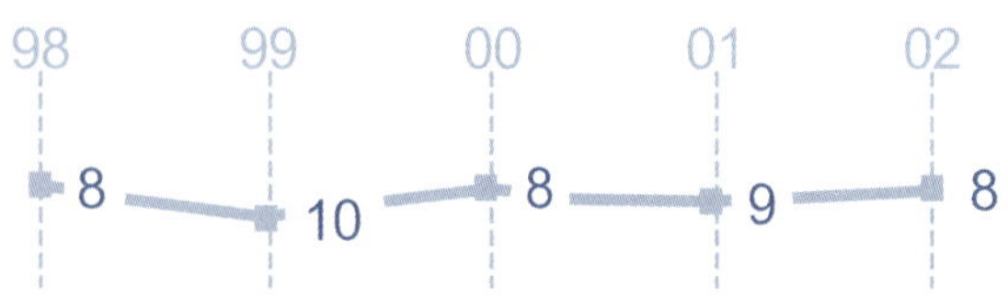

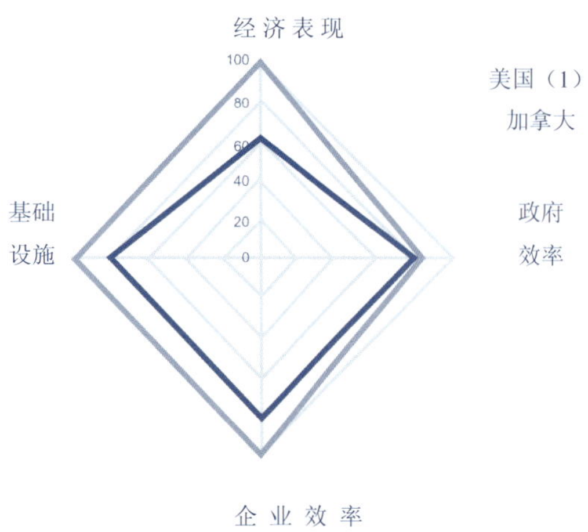

基本事实

首都	渥太华
人口	31.0（2001）
地域（平方千米）	9,976.0（2000）
汇率（百分之一美元）	1.55（2001）
国内生产总值（十亿美元）	700.0（2001）
人均国内生产总值（美元）	22,572（2001）
实际GDP增长率	1.0（2001）
消费品价格上涨	2.6（2001）
失业率	7.00（2001）
劳动力（百万）	16.25（2001）
经常性项目差额（十亿美元）	18.8（2001）
直接投资	
吸收股票投资（十亿美元）	194.32（2000）
吸收流量（占GDP百分比）	8.75（2000）

加拿大

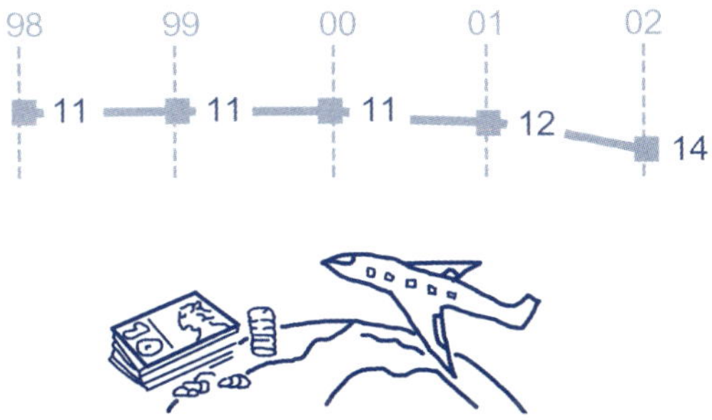

经 济 表 现

	2002
国内经济	14
国际贸易	21
国际投资	14
就　业	18
物　价	16

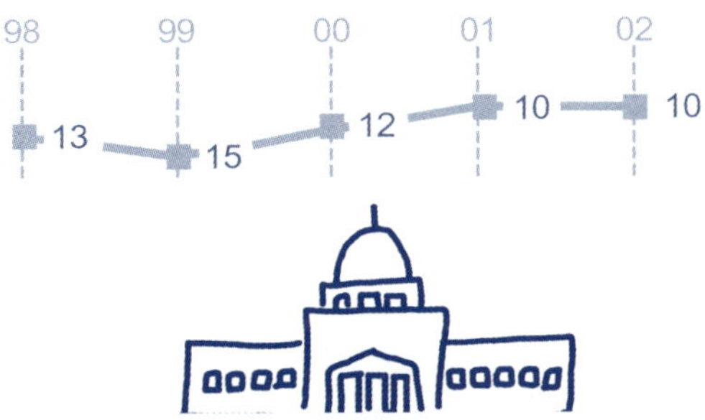

政 府 效 率

	2002
公共财政	20
财政政策	26
组织机构	10
企业法规	12
教　育	4

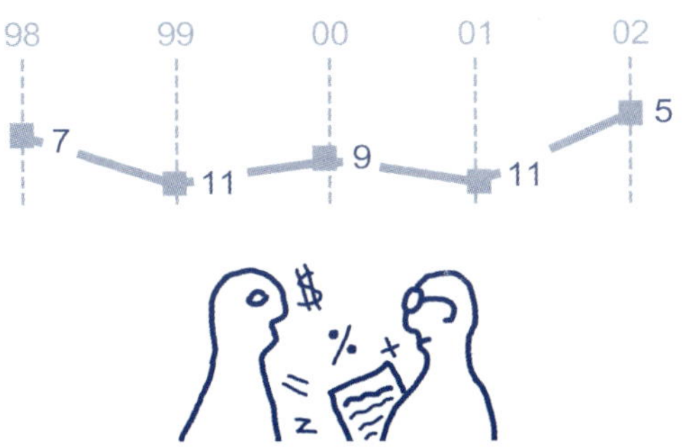

企 业 效 率

	2002
生产率	10
劳动力市场	17
金　融	7
管理实践	4
全球化影响	7

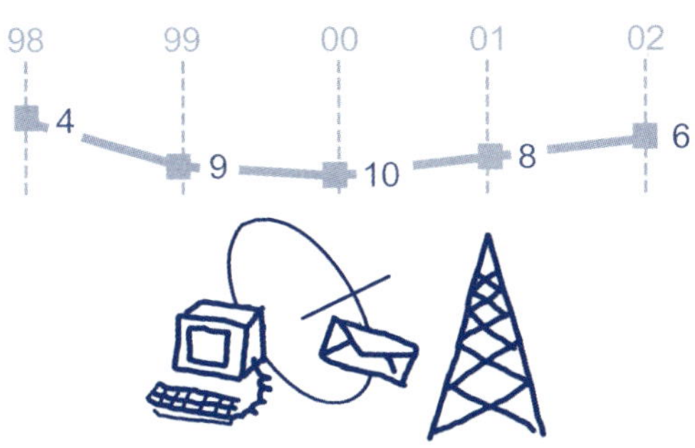

基 础 设 施

	2002
基本基础设施	10
技术基本基础设施	5
科学基本基础设施	11
健康与环境	12
价值系统	3

加拿大

这些指标是每类中最强的10个指标，这些类是通过对49个国家和地区平均的最大的价值差异来区分的。

1 经济表现

			排名
1.3.05	吸引国外直接投资流量	10亿美元	6
1.2.07	商品出口额	商品出口额，10亿美元	7
1.1.23	人均GDP	估计值，按购买力平价计算的人均美元	8
1.2.01	经常项目差额	经常项目差额，10亿美元（负号为逆差）	8
1.1.01	国内生产总值（GDP）	按现行价格、汇率计算，10亿美元	8
1.3.01	对外直接投资流量	10亿美元	9
1.3.07	吸引国外直接投资存量	10亿美元	10
1.3.03	对外直接投资存量	10亿美元	10
1.2.10	商业服务出口额	10亿美元	10
1.4.02	就业率	总就业人口占总人口的百分比	11

2 政府效率

			排名
2.5.05	高等教育成绩	25-34岁人中至少获得三级教育的人口所占比例	1
2.5.01	全部公共教育支出	全部公共教育支出占GDP的比例	2
2.5.08	大学教育	大学教育满足有竞争力的社会的需要	2
2.3.18	公平	贵国的社会公平得到公正管理公平	3
2.4.16	金融机构法规	金融机构法规对于金融稳定性是足够的	4
2.4.12	新企业	新企业在贵国容易建立	4
2.3.09	法律体系	法律体系不损害贵国的竞争力	4
2.4.15	移民法	移民法不禁止本国公司雇用外国劳动力	5
2.4.09	价格控制	价格控制没有影响多数产业的产品定价	5
2.5.07	教育体系	教育系统满足有竞争力的社会的需要	6

3 企业效率

			排名
3.3.13	国内上市公司	国内上市公司数目	3
3.4.06	消费者满意度	贵国重视消费者满意度	3
3.3.16	金融机构透明度	金融机构透明度在贵国高度发达	3
3.3.15	股东权利和义务	股东权利和义务明确界定	4
3.4.07	企业家精神	贵国企业家精神很普遍	4
3.4.08	公司的设立	贵国设立公司很普遍	4
3.1.08	工业生产率（购买力平价）	每个工业雇员创造的相应GDP，美元，估计值	5
3.4.02	伦理实践	伦理实践在公司中采用	5
3.2.16	金融人才	金融人才在贵国劳动市场上容易获得	5
3.3.10	股票市场	股票市场为公司提供充足的资金	6

4 基础设施

			排名
4.5.02	民族文化	民族文化对外国文化开放	1
4.1.12	可耕地面积	人均平方米	2
4.2.20	数据安全性	贵国数据安全性有保障	2
4.2.16	技术的发展和应用	合法环境支持技术的发展和应用	3
4.2.13	合适的互联网访问数	贵国可以提供合适的互联网访问数（可获性、速度、费用）	3
4.2.10	互联网用户数	每千人互联网用户人数/来源：计算机行业年鉴	4
4.2.06	通信的充分性	通信在贵国普遍比较充分	4
4.3.13	学校内的科学	学校内的科学在贵国充分教育	5
4.3.10	基础研究	基础研究能够支持长期经济发展	5
4.3.20	专利权和版权保护	专利和版权在贵国得到了充分保护	5

加拿大

这些指标是每类中最弱的10个指标，这些类是通过对49个国家和地区平均的最大的价值差异来区分的。

1 经济表现			排名
1.3.04	对外直接投资存量实际增长率	按本地货币、不变价格计算的变化率	45
1.3.08	吸引国外直接投资存量实际增长	按本地货币、不变价格计算的变化率	37
1.2.12	商业服务出口实际增长	按本地货币、不变价格计算的变化率	37
1.1.12	实际GDP增长率	按本地货币、不变价格计算的变化率	37
1.1.13	实际人均GDP增长率	按本地货币、不变价格计算的变化率	36
1.2.09	商品出口额实际增长率	按本地货币、不变价格计算的变化率	34
1.2.11	商业服务出口额	商业服务出口额占GDP的百分比	34
1.4.06	失业率	占劳动力比率	28
1.4.03	就业增长	变化率	24
1.4.07	青年失业	25岁以下失业人口占总失业人口比例	24

2 政府效率			
2.2.12	资本和财产税	资本和财产税占GDP的百分比	47
2.4.20	外国金融机构	外国金融机构可以进入本国市场	44
2.1.04	中央政府国内负债	占GDP的百分比	42
2.5.03	学生—教师比（中等教育）	学生与教师职员的比例	37
2.2.02	个人收入税有效税率	占人均GDP的百分比	32
2.1.08	利息支付额	占当前收入的百分比	32
2.2.01	税收总收入	占GDP的百分比	31
2.4.21	进入国内资本市场	外国公司进入国内资本市场不受限制	31
2.2.06	实际个人税	实际个人税并不阻碍人们工作或者寻求发展	30
2.4.19	外国投资者	外国投资者可以自由在国内公司中取得控制力	30

3 企业效率			
3.2.08	产业纠纷	每千个居民年均因纠纷损失的工作日	41
3.2.03	服务性职业报酬	年均总收入，包括附加薪水，例如额外薪金，美元	39
3.2.01	报酬水平	制造业工人每小时全部报酬，美元，估计值	34
3.1.03	综合生产率实际增长率	每个就业者实际GDP变化率，估计值	34
3.2.17	人才流失	人才流失不损害贵国的竞争力	33
3.2.02	制造业部门单位劳动成本	制造业部门单位劳动成本变化率	33
3.3.14	股票市场指数	支书的变化率	31
3.2.05	工作小时	每年的平均工作小时数	27
3.3.01	银行部门的资产	占GDP的比例	25
3.2.04	经理报酬	全部底薪加上奖金和长期激励，美元	25

4 基础设施			
4.1.07	铁路	网络的密度	45
4.1.06	道路	网络的密度	45
4.2.01	对电信的投资	年平均占GDP的百分比	35
4.1.14	能源强度	单位美元GDP消费的商业能源数量，千焦耳	34
4.2.04	移动电话用户	每千户居民中的用户数	31
4.3.22	专利生产率	批准授予国民的专利数/企业中研究与开发人员数（千人）	30
4.1.09	空运的质量	空运的质量在贵国通常充分有效	28
4.4.12	纸张和纸板的回收率	占表面消耗量的比率	27
4.1.01	人口—市场规模	估计值，百万	22
4.2.19	高技术出口	占制造业出口的比例	21

加拿大

这一部分集锦了该国20个最强的指标，
这部分指标有着最高的标准化值（STD值）。
STD值＝（国家和地区的原始值－49个国家和地区平均值）/标准差

20个最强的指标

序号	名称	国家原始值	国家排名	49国家平均值
4.1.12	**可耕地面积** 人均平方米	14989	2	3418
3.3.13	**国内上市公司** 国内上市公司数目	3977	3	795
2.5.05	**高等教育成绩** 25-34岁人中至少获得三级教育的人口所占比例	47	1	21
2.5.01	**全部公共教育支出** 全部公共教育支出占GDP的比例	8.3	2	5.1
4.2.10	**互联网用户数** 每千人互联网用户人数/来源：计算机行业年鉴	534.82	4	267.96
3.1.08	**工业生产率（购买力平价）** 每个工业雇员创造的相应GDP，美元，估计值	74356	5	46005
4.2.09	**人均计算机** 每千人计算机数/来源：计算机行业年鉴	604	6	309
4.2.02	**固定电话数** 每千户居民中的主要干线数	696	8	430
3.1.06	**农业生产率（购买力平价）** 每个农业劳动力创造的相应GDP，美元，估计值	44113	9	23748
4.2.11	**稳定的服务器数目** 每百万居民中稳定的服务器数	126.7	4	36.02
1.2.07	**商品出口额** 商品出口额，10亿美元	262.24	7	115.59
4.5.06	**女性地位** 所有立法委员、高级官员和经理中女性所占比例	35	5	21.64
4.4.10	**人文发展指数** 经济、社会与教育的综合指数	0.936	2	0.835
4.5.02 （调查）	**民族文化** 民族文化对外国文化开放	8.71	1	7.24
2.5.08 （调查）	**大学教育** 大学教育满足有竞争力的社会的需要	8.04	2	5.72
3.3.15 （调查）	**股东权利和义务** 股东权利和义务明确界定	8.3	4	6.49
4.2.16 （调查）	**技术的发展和应用** 合法环境支持技术的发展和应用	7.98	3	6.48
3.4.06 （调查）	**消费者满意度** 贵国重视消费者满意度	7.83	3	6.29
4.2.14 （调查）	**信息技术人才** 信息技术人才在贵国劳动市场上易获得	8.63	6	7.1
3.3.16 （调查）	**金融机构透明度** 金融机构透明度在贵国高度发达	8.12	3	6.05

加拿大

如 果？

竞争力模拟研究帮助政策制定者将注意力和优先次序放在他们国家或地区面临的关键竞争力上。我们用49个国家或地区的平均值代替这些最弱的指标值，从而计算这个国家或地区的总体排名。然而，这只是一个理论方式，不应视为政策的建议。还必须考虑各个国家或地区的发展水平、政治体制和社会值系统

	从		到
模拟排名变化	8	→	6

20个最弱的指标

序号	名称	国家原始值	国家排名	49国家平均值
2.2.12	**资本和财产税** 资本和财产税占GDP的百分比	3.55	47	1.57
2.1.04	**中央政府国内负债** 占GDP的百分比	57.8	42	33.2
2.2.07	**对利润征收的平均公司税率** 占税前利润的百分比	35	29	29.22
4.2.01	**对电信的投资** 年平均占GDP的百分比	0.417	35	0.607
3.2.08	**产业纠纷** 每千个居民年均因纠纷损失的工作日	54.05	41	24.45
4.3.22	**专利生产率** 批准授予国民的专利数/企业中研究与开发人员数（千人）	17	30	50
2.2.01	**税收总收入** 占GDP的百分比	36.35	31	31.24
3.3.14	**股票市场指数** 支书的变化率	18.1	31	-8.23
1.2.11	**商业服务出口额** 商业服务出口额占GDP的百分比	5.23	34	10.68
2.2.02	**个人收入税有效税率** 占人均GDP的百分比	20.53	32	17.15
2.5.03	**学生—教师比（中等教育）** 学生与教师职员的比例	19.3	37	16.99
3.3.01	**银行部门的资产** 占GDP的比例	90.27	25	117.11
1.1.12	**实际GDP增长率** 按本地货币、不变价格计算的变化率	1	37	1.8
2.4.20（调查）	**外国金融机构** 外国金融机构可以进入本国市场	6.88	44	8.21
2.2.06（调查）	**实际个人税** 实际个人税并不阻碍人们工作或者寻求发展	4.17	30	4.81
3.2.17（调查）	**人才流失** 人才流失不损害贵国的竞争力	5.23	33	5.74
2.2.11（调查）	**实际公司税** 实际公司税鼓励企业的活力	4.95	28	5.24
2.1.09（调查）	**公共财政的管理** 公共财政的管理在两年后可能完善	5.34	29	5.44
2.4.19（调查）	**外国投资者** 外国投资者可以自由在国内公司中取得控制力	7.56	30	7.66
4.1.09（调查）	**空运的质量** 空运的质量在贵国通常充分有效	6.8	28	6.71

加拿大

国内经济

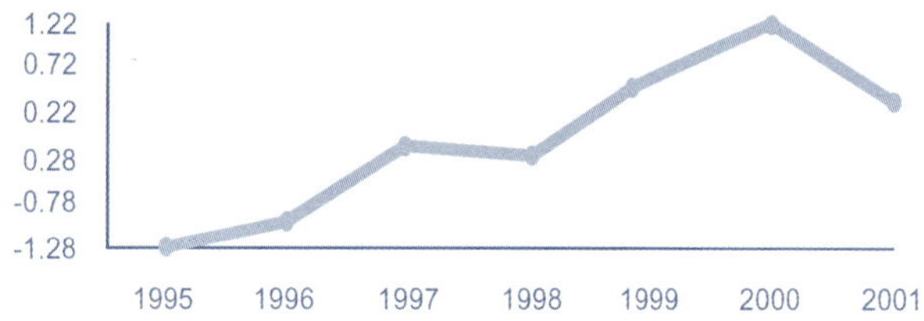

国际贸易

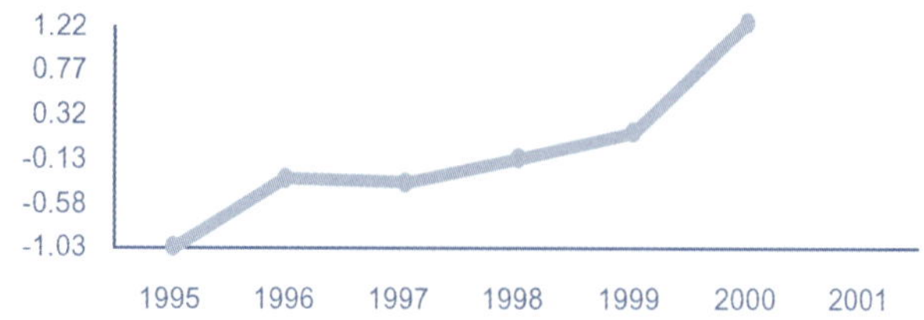

国际投资

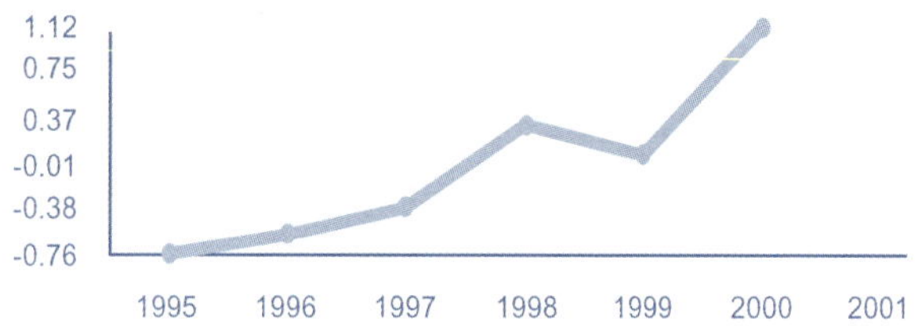

公共财政

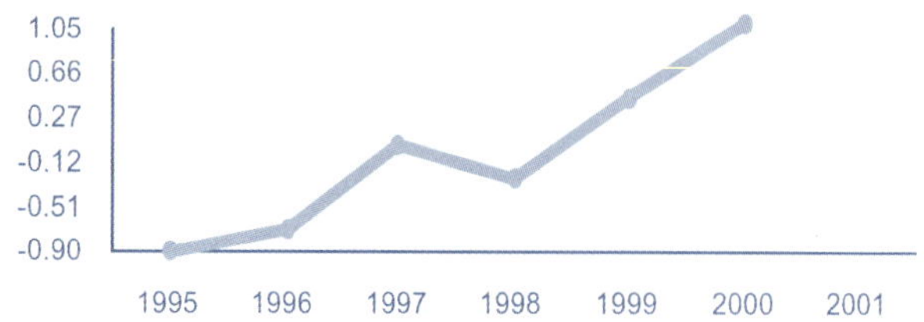

财政政策

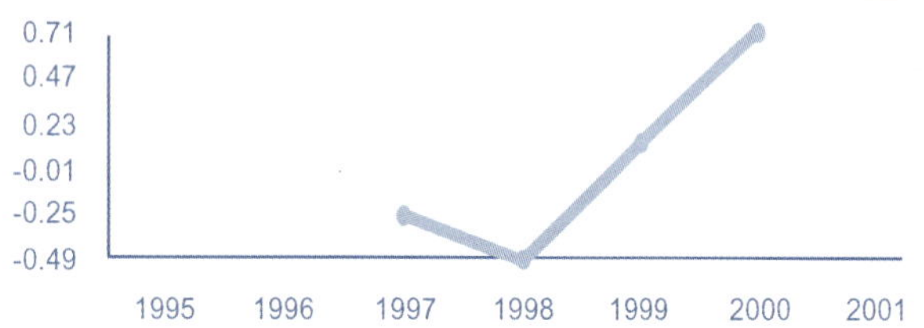

生产率

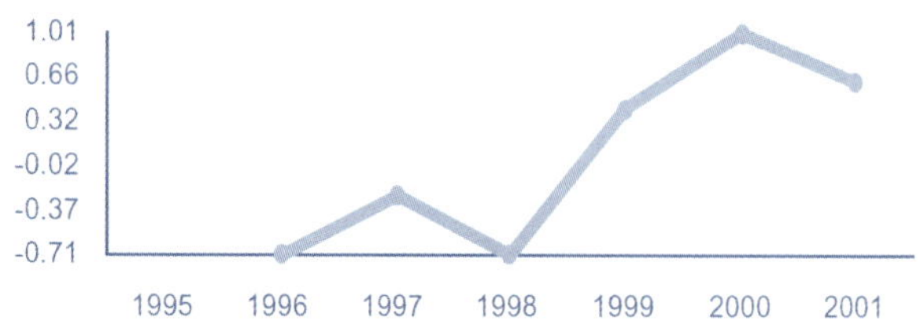

金融

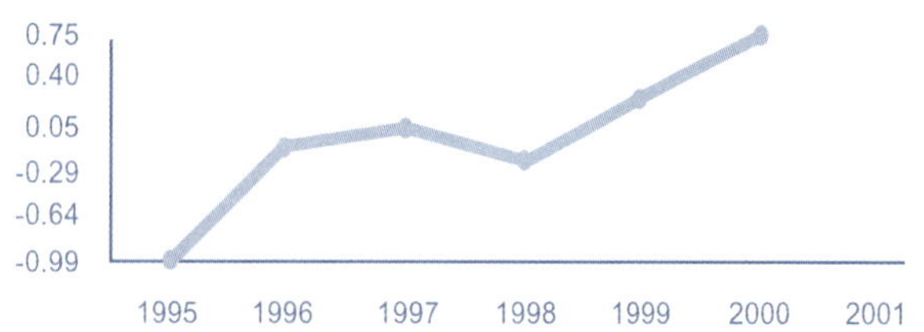

技术基础设施

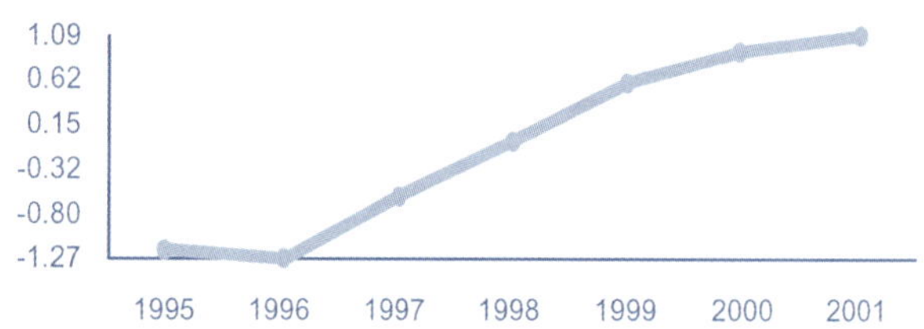

主要竞争力指标

人均国内生产总值

人均美元

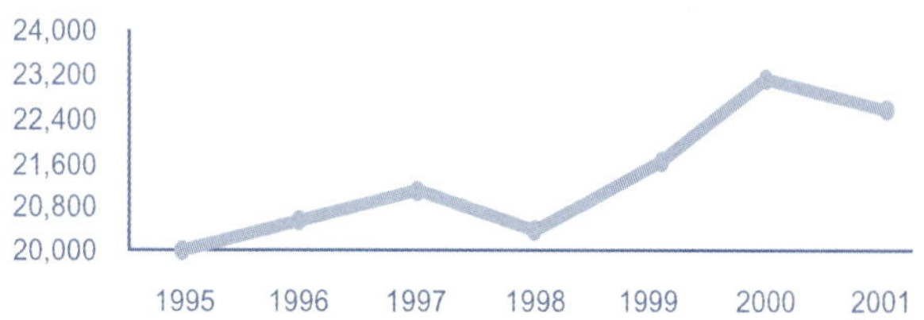

国内生产总值实际增长率

百分比变化，基于国家货币物价稳定

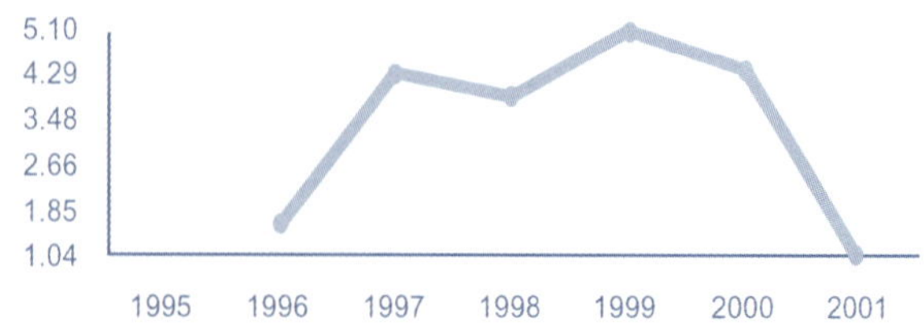

加拿大

个人最终消费支出
人均美元

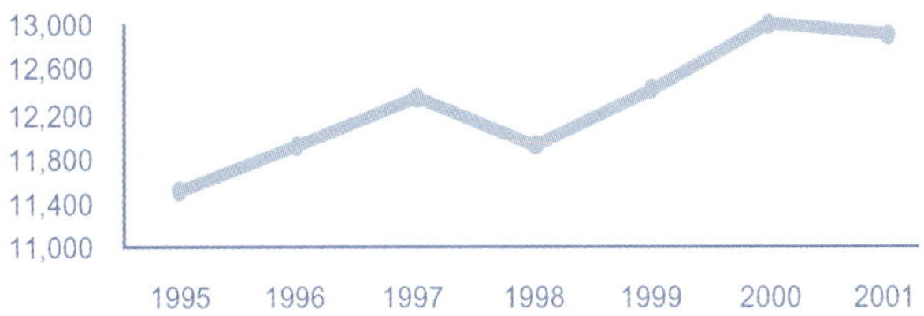

经常性项目差额
十亿美元（负号标志＝赤字）

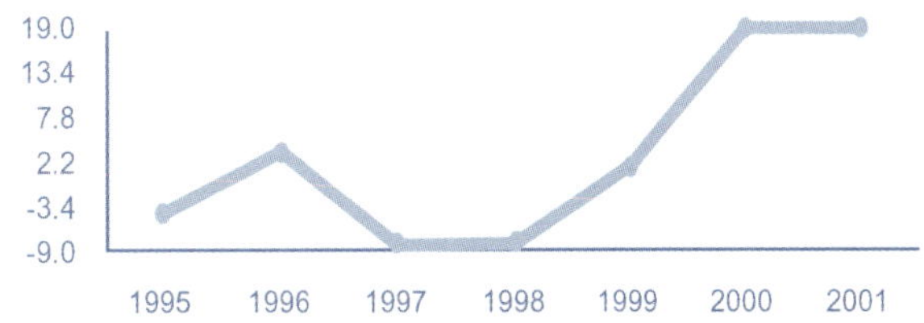

商品和商业劳务出口
十亿美元

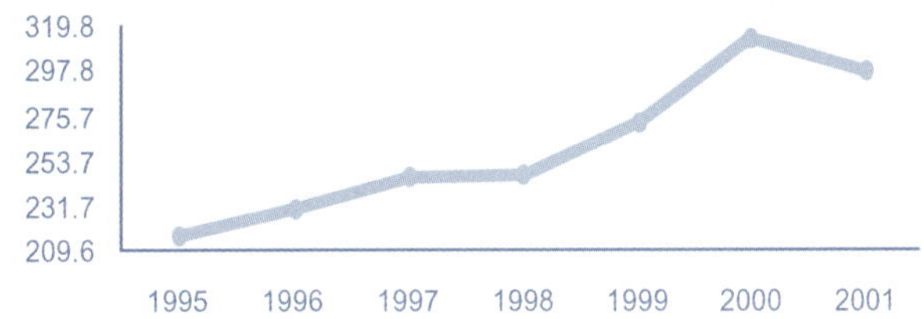

对外直接投资流量
十亿美元

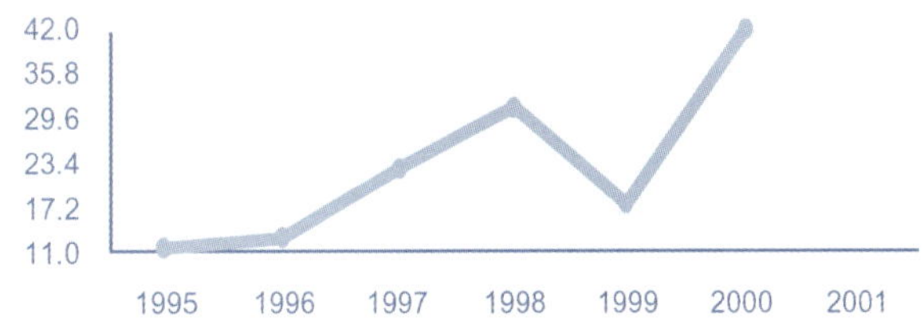

吸收直接投资流量
十亿美元

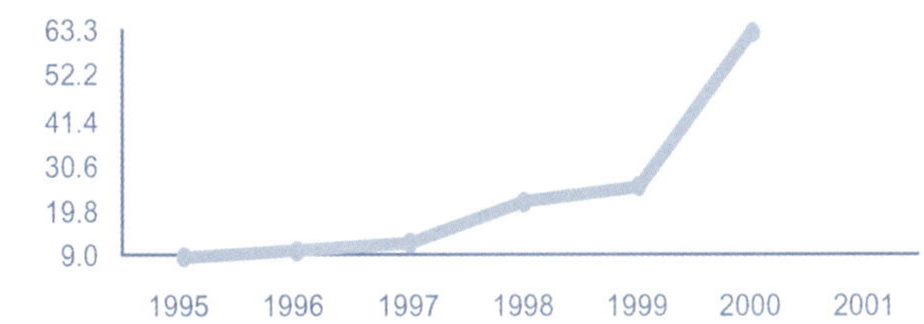

失业率
劳动力百分比

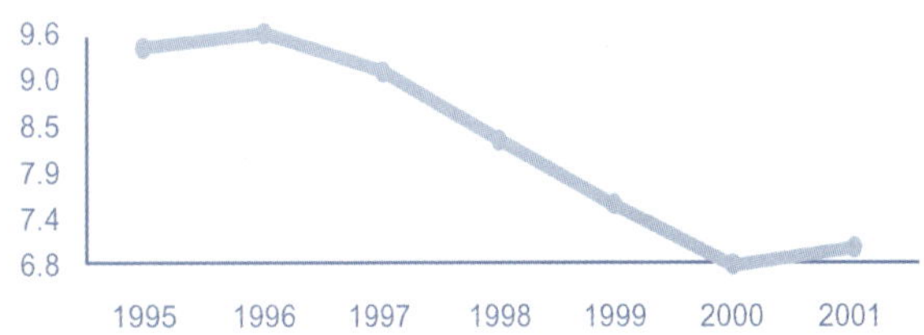

消费品价格增长率
年平均比率

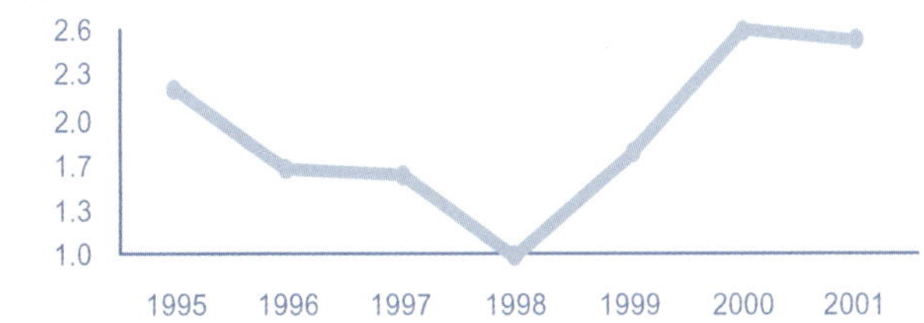

总体生产率
就业人员人均国内生产总值，美元

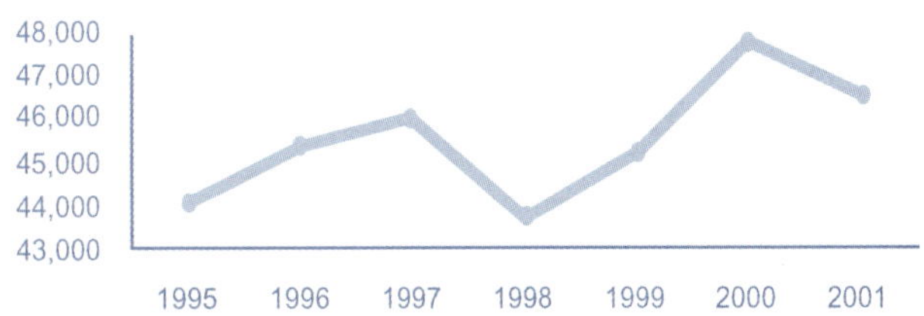

报酬水平
估计：制造工人的小时总补偿，美元

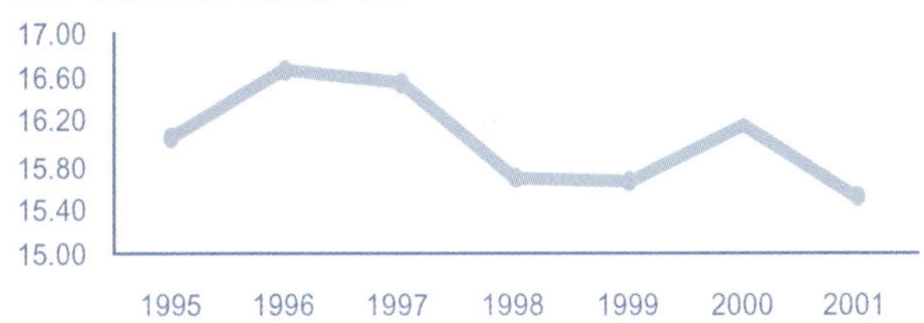

股票市场筹资额
十亿美元

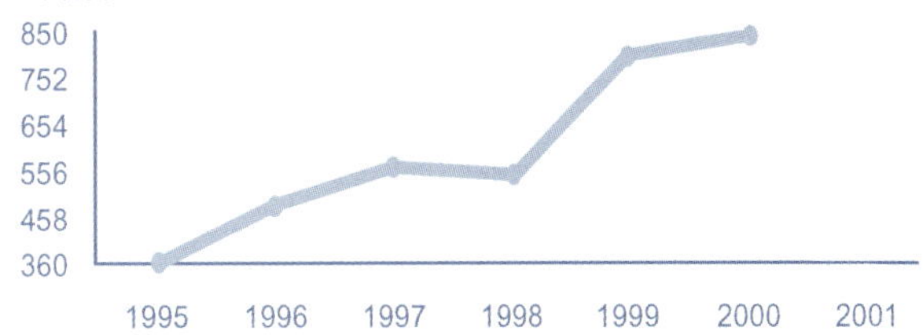

国内上市公司
上市公司的数量

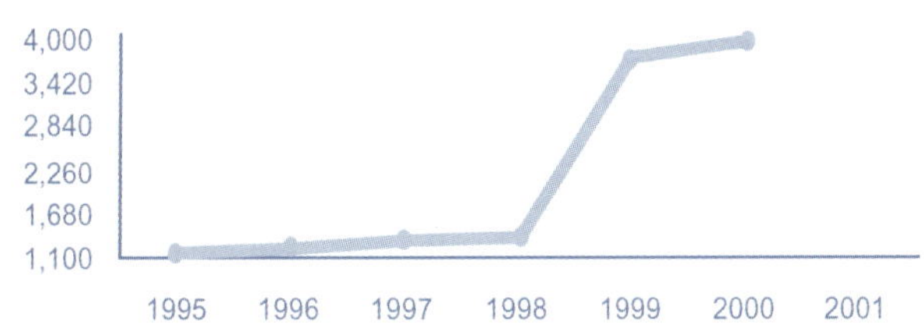

计算机
每1000人的计算机数量/来源：计算机工业年鉴

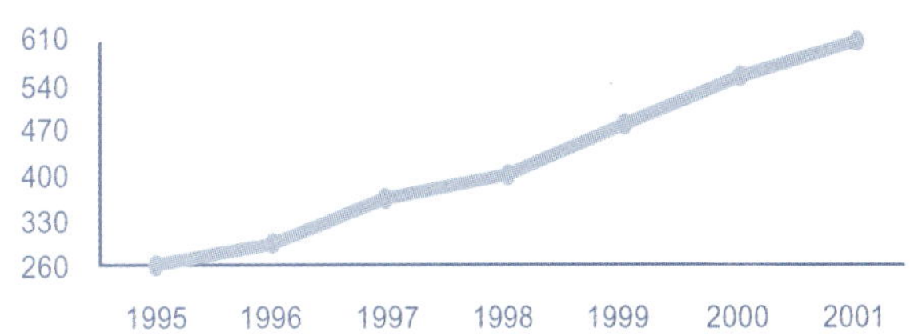

智利

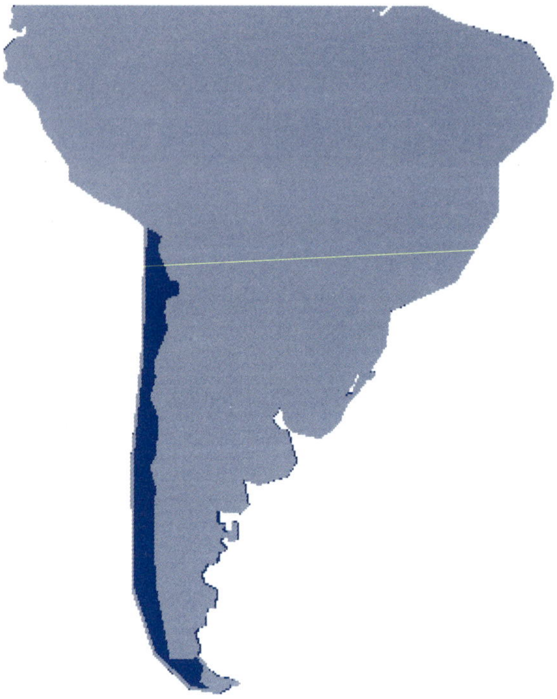

国家竞争力的挑战，2002

- 减少失业率
- 在大学和研究中心培育“应用研究”的发展，增加这些机构与公司企业的联系
- 继续资本市场改革以重振国家经济
- 定案税收改革
- 激发外国与本地投资者的热情，发展经济的新领域

提供者：

智利大学

总体表现

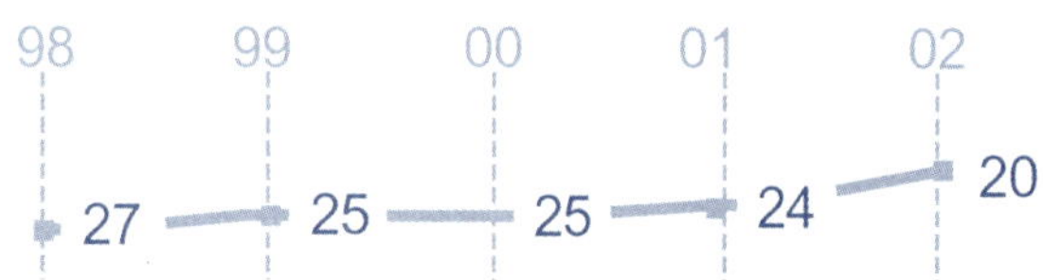

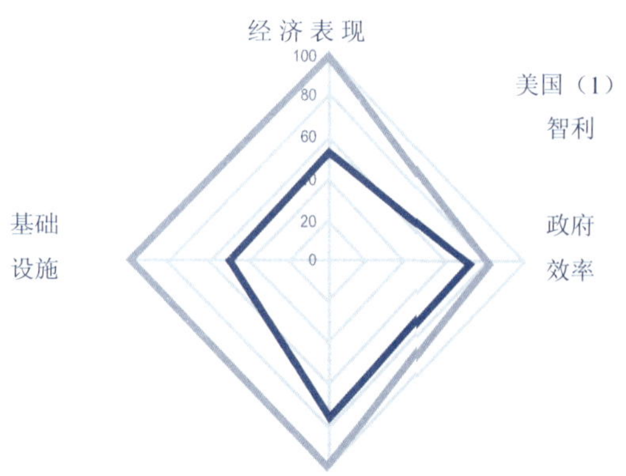

基本事实

首都	圣地亚哥
人口	15.4（2001）
地域（平方千米）	757.0（2000）
汇率（百分之一美元）	634.94（2001）
国内生产总值（十亿美元）	61.5（2001）
人均国内生产总值（美元）	3,991（2001）
实际GDP增长率	2.4（2001）
消费品价格上涨	2.6（2001）
失业率	9.30（2001）
劳动力（百万）	5.65（2001）
经常性项目差额（十亿美元）	-1.0（2001）
直接投资	
吸收股票投资（十亿美元）	42.93（2000）
吸收流量（占GDP百分比）	5.21（2000）

智利

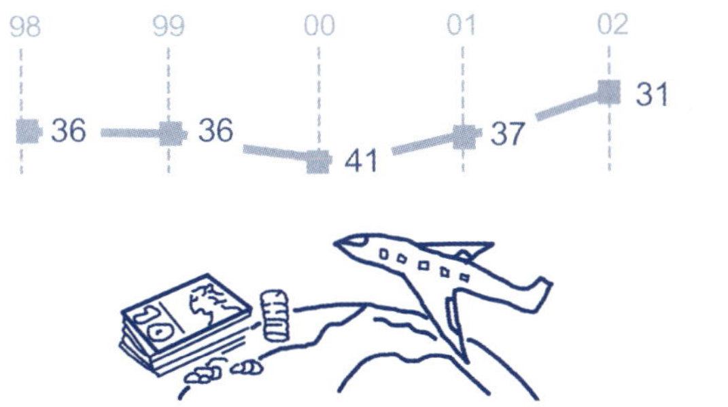

经　济　表　现

	2002
国内经济	32
国际贸易	39
国际投资	28
就　业	39
物　价	2

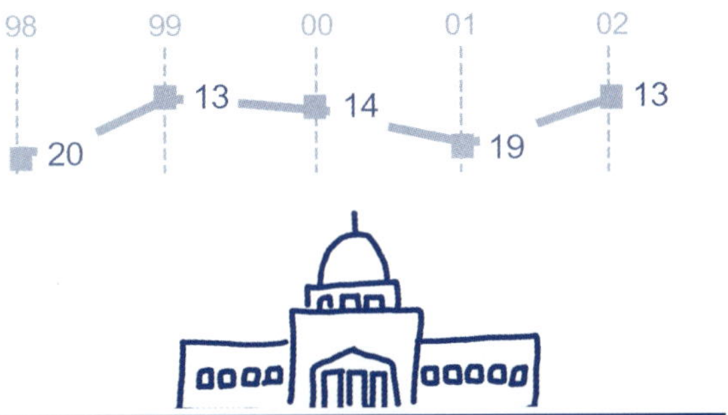

政　府　效　率

	2002
公共财政	8
财政政策	18
组织机构	19
企业法规	2
教　育	32

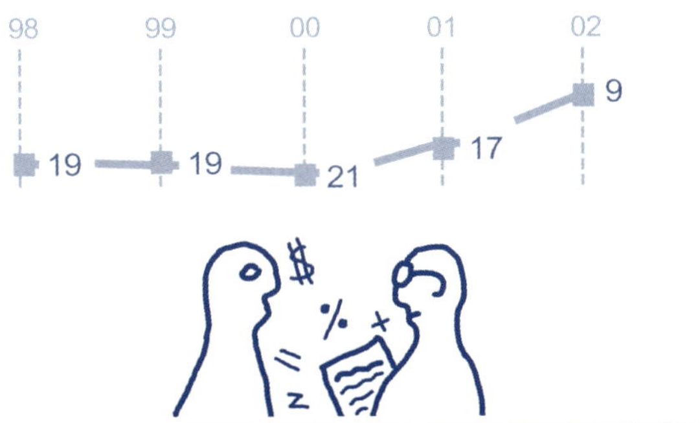

企　业　效　率

	2002
生产率	35
劳动力市场	2
金　融	23
管理实践	5
全球化影响	3

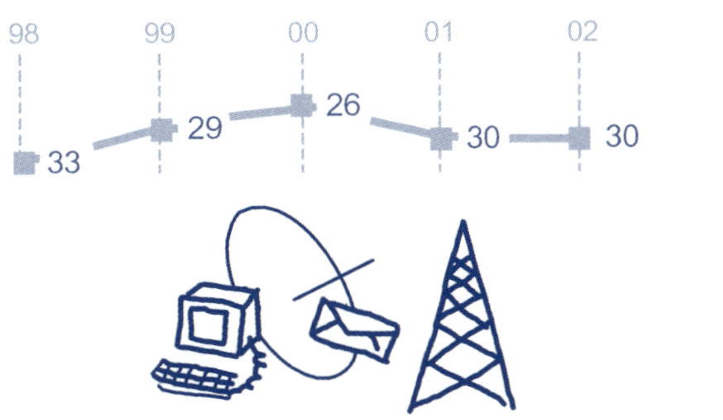

基　础　设　施

	2002
基本基础设施	27
技术基本基础设施	27
科学基本基础设施	39
健康与环境	37
价值系统	20

智利

这些指标是每类中最强的10个指标，这些类是通过对49个国家和地区平均的最大的价值差异来区分的。

1 经济表现

			排名
1.5.02	生活费指数	主要城市不包括住房的各种货物支出指数（纽约=100）	7
1.2.09	商品出口额实际增长率	按本地货币、不变价格计算的变化率	7
1.4.07	青年失业	25岁以下失业人口占总失业人口比例	8
1.3.04	对外直接投资存量实际增长率	按本地货币、不变价格计算的变化率	13
1.3.02	对外直接投资流量	对外直接投资流量占GDP的百分比	13
1.1.12	实际GDP增长率	按本地货币、不变价格计算的变化率	17
1.1.21	经济的弹性	经济体对于经济周期的弹性强	18
1.5.01	消费品价格上涨	年平均比率	18
1.1.13	实际人均GDP增长率	按本地货币、不变价格计算的变化率	19
1.3.06	吸引国外直接投资+流量	吸引国外直接投资流量占GDP的百分比	21

2 政府效率

2.4.04	公共部门合同	公共部门合同向外国投标者充分开放	1
2.4.11	外国公司	外国公司不被国内立法区别对待	1
2.4.24	投资保护计划	投资保护计划大多数外放国家可以享受	1
2.4.10	地下经济	地下经济不损害贵国的经济发展	1
2.4.19	外国投资者	外国投资者可以自由在国内公司中取得控制力	1
2.4.21	进入国内资本市场	外国公司进入国内资本市场不受限制	1
2.4.09	价格控制	价格控制没有影响多数产业的产品定价	2
2.5.12	合格工程师	合格工程师在贵国劳动力市场上容易获得	2
2.4.15	移民法	移民法不禁止本国公司雇用外国劳动力	3
2.4.20	外国金融机构	外国金融机构可以进入本国市场	3

3 企业效率

3.5.03	生产的再分配	国外的生产再分配没有威胁到贵国经济的未来	1
3.5.05	海外形象	贵国的海外形象支持了企业的发展	1
3.4.04	公司董事会	公司董事会确实合适地监督了公司的管理	2
3.2.05	工作小时	每年的平均工作小时数	2
3.4.03	管理人员的信誉	管理人员在经济中可信性被广泛认可	2
3.2.20	称职的高层管理人员	称职的高层管理人员在贵国劳动市场上易获得	2
3.3.16	金融机构透明度	金融机构透明度在贵国高度发达	2
3.5.04	R&D设施的再分配	R&D设施的再分配不会威胁贵国经济的未来	3
3.4.05	股东价值	有效地管理股东价值	3
3.4.09	销售	贵国企业中有效地进行销售	4

4 基础设施

4.1.19	非能源原材料自给	人均贸易收支差额，美元	3
4.5.02	民族文化	民族文化对外国文化开放	7
4.2.01	对电信的投资	年平均占GDP的百分比	8
4.5.04	歧视	歧视（种族、性别等）并没有给社会带来不利影响	9
4.1.09	空运的质量	空运的质量在贵国通常充分有效	9
4.4.16	可持续发展	贵国优先考虑可持续发展	10
4.5.08	骚扰和暴力	骚扰和暴力并没有严重动摇岗位	11
4.5.10	私人空间的保护	贵国执行了私人空间的保护	12
4.1.05	维护和发展	基础设施的维护和发展得到充分的计划和资助	14
4.2.07	新信息技术	新信息技术和应用满足企业需要	14

智利

这些指标是每类中最弱的10个指标，这些类是通过对49个国家和地区平均的最大的价值差异来区分的。

经济表现

			排名
1.4.02	就业率	总就业人口占总人口的百分比	46
1.2.10	商业服务出口额	10亿美元	43
1.2.12	商业服务出口实际增长	按本地货币、不变价格计算的变化率	41
1.2.07	商品出口额	商品出口额，10亿美元	41
1.3.09	证券投资资产	10亿美元	41
1.1.01	国内生产总值（GDP）	按现行价格、汇率计算，10亿美元	41
1.3.10	证券投资负债	10亿美元	40
1.3.08	吸引国外直接投资存量实际增长率	按本地货币、不变价格计算的变化率	39
1.1.22	人均GDP	人均美元	36
1.1.02	国内生产总值（PPP）	估计值：按购买力平价计算，10亿美元	36

政府效率

2.5.02	学生—教师比（初等教育）	学生与教师职员的比例	44
2.5.03	学生—教师比（中等教育）	学生与教师职员的比例	44
2.2.04	雇员社会保障缴款率	强制缴款占人均GDP的百分比	44
2.3.07	汇率稳定度	本币相对于特别提款权的汇兑年价变动	41
2.3.10	新立法	新立法鼓励企业竞争力	39
2.3.03	利率差	贷款利率减去存款利率	39
2.3.01	短期实际利率	平均贴现率/优惠利率（1月-12月）	38
2.5.05	高等教育成绩	25-34岁人中至少获得三级教育的人口所占比例	36
2.5.04	中等学校入学人数	接受全日制教育的相关年龄组所占比例	32
2.4.13	劳动法规	劳动法规（雇/解雇惯例、最低工资等）足够灵活	31

企业效率

3.2.13	女性劳动力	占全部劳动力的比例	45
3.1.10	服务业生产率（购买力平价）	每个服务业雇员创造的相应GDP，美元，估计值	39
3.3.12	股票市场交易额	人均美元	38
3.1.04	劳动生产率（购买力平价）	每雇员每小时的GDP，美元，估计值	37
3.3.04	发行的信用卡数目	每人	35
3.1.01	综合生产率（购买力平价）	每个就业者人均GDP，美元	35
3.3.06	风险资本	企业发展可以容易获得	33
3.3.11	股票市场筹资额	10亿美元	33
3.2.09	雇员培训	公司高度重视雇员培训	31
3.1.06	农业生产率（购买力平价）	每个农业劳动力创造的相应GDP，美元，估计值	28

基础设施

4.1.16	GDP和能源消耗	实际GDP增长率减去能源消耗增长率	46
4.1.06	道路	网络的密度	45
4.4.05	医疗帮助	每个医生负担的居民人数/每个护士负担的居民人数	44
4.4.01	健康总支出	占GDP的比例	44
4.3.09	企业研究与开发人数	每千国民中人数（全日约当单位）	43
4.1.07	铁路	网络的密度	41
4.1.04	赡养率	15岁以下和64岁以上的人口总量除以15岁-64岁之间人口总量	39
4.2.03	国际电话费用	高峰期通往美国的每三分钟费用（对美国指通往欧洲）	39
4.5.07	性别收入比	估计总体女性与男性收入比率	38
4.5.05	国会中女性人数	女性席位占全部席位的比例	38

智利

这一部分集锦了该国20个最强的指标，
这部分指标有着最高的标准化值（STD值）。
STD值＝（国家和地区的原始值－49个国家和地区平均值）/标准差

20个最强的指标

序号	名称	国家原始值	国家排名	49国家平均值
4.1.19	**非能源原材料自给** 人均贸易收支差额，美元	421.9	3	3.6
3.2.05	**工作小时** 每年的平均工作小时数	2244	2	1925
2.2.09	**雇主的社会保障缴款率** 强制缴款占人均GDP的比率	3.5	6	17.86
2.1.08	**利息支付额** 占当前收入的百分比	2.01	5	12.39
1.5.02	**生活费指数** 主要城市不包括住房的各种货物支出指数（纽约=100）	64.03	7	81.64
2.2.01	**税收总收入** 占GDP的百分比	20.69	12	31.24
1.2.09	**商品出口额实际增长率** 按本地货币、不变价格计算的变化率	12.43	7	2.01
2.4.06	**政府补贴** 对私人和公共企业的补贴占GDP比重	0.14	5	1.19
1.4.07	**青年失业** 25岁以下失业人口占总失业人口比例	20.9	8	26.47
2.1.04	**中央政府国内负债** 占GDP的百分比	10.9	10	33.2
2.1.06	**中央政府国外负债** 占GDP的百分比	3.912	15	12.214
2.2.12	**资本和财产税** 资本和财产税占GDP的百分比	0.79	17	1.57
4.2.01	**对电信的投资** 年平均占GDP的百分比	0.861	8	0.607
3.5.03 （调查）	**生产的再分配** 国外的生产再分配没有威胁到贵国经济的未来	7.2	1	4.87
3.5.04 （调查）	**R&D设施的再分配** R&D设施的再分配不会威胁贵国经济的未来	6.79	3	5.06
3.4.04 （调查）	**公司董事会** 公司董事会确实合适地监督了公司的管理	7.45	2	5.65
2.4.04 （调查）	**公共部门合同** 公共部门合同向外国投标者充分开放	8.86	1	6.56
2.4.09 （调查）	**价格控制** 价格控制没有影响多数产业的产品定价	9.02	2	7.16
2.4.11 （调查）	**外国公司** 外国公司不被国内立法区别对待	9.69	1	8.02
3.4.03 （调查）	**管理人员的信誉** 管理人员在经济中可信性被广泛认可	7.92	2	6.08

智利

如　果？

竞争力模拟研究帮助政策制定者将注意力和优先次序放在他们国家或地区面临的关键竞争力上。我们用49个国家或地区的平均值代替这些最弱的指标值，从而计算这个国家或地区的总体排名。然而，这只是一个理论方式，不应视为政策的建议。还必须考虑各个国家或地区的发展水平、政治体制和社会值系统

	从		到
模拟排名变化	20	→	16

20个最弱的指标

序号	名称	国家原始值	国家排名	49国家平均值
4.4.05	**医疗帮助** 每个医生负担的居民人数/每个护士负担的居民人数	-2	44	0
2.5.02	**学生—教师比（初等教育）** 学生与教师职员的比例	33.4	44	19.49
2.5.03	**学生—教师比（中等教育）** 学生与教师职员的比例	29.1	44	16.99
3.2.13	**女性劳动力** 占全部劳动力的比例	34.04	45	40.42
4.1.16	**GDP和能源消耗** 实际GDP增长率减去能源消耗增长率	-4.29	46	1.396
2.2.04	**雇员社会保障缴款率** 强制缴款占人均GDP的百分比	19.55	44	9.1
4.4.01	**健康总支出** 占GDP的比例	2.8	44	6.7
1.4.02	**就业率** 总就业人口占总人口的百分比	34.59	46	43.32
4.3.07	**每千人中研究与开发人员** 每千国民中人数（全日约当单位）	0.483	35	3
4.3.09	**企业研究与开发人数** 每千国民中人数（全日约当单位）	0.03	43	1.582
2.5.05	**高等教育成绩** 25-34岁人中至少获得三级教育的人口所占比例	11	36	21
3.1.10	**服务业生产率（购买力平价）** 每个服务业雇员创造的相应GDP，美元，估计值	23507	39	42358
4.2.09	**人均计算机** 每千人计算机数/来源：计算机行业年鉴	103	36	309
4.3.13 （调查）	**学校内的科学** 学校内的科学在贵国充分教育	4.08	37	5.19
2.3.10 （调查）	**新立法** 新立法鼓励企业竞争力	4.39	39	5.41
4.4.18 （调查）	**环境法** 环境法和遵守该法不会阻碍企业竞争力	5.49	38	6.09
4.4.17 （调查）	**污染问题** 污染问题并没有严重影响贵国基础设施	4.82	35	5.91
4.3.10 （调查）	**基础研究** 基础研究能够支持长期经济发展	4.36	34	5.36
2.4.13 （调查）	**劳动法规** 劳动法规（雇/解雇惯例、最低工资等）足够灵活	3.84	31	4.68
4.2.17 （调查）	**资助技术发展** 技术发展的资助非常充分	4.29	32	5.09

智利

国内经济

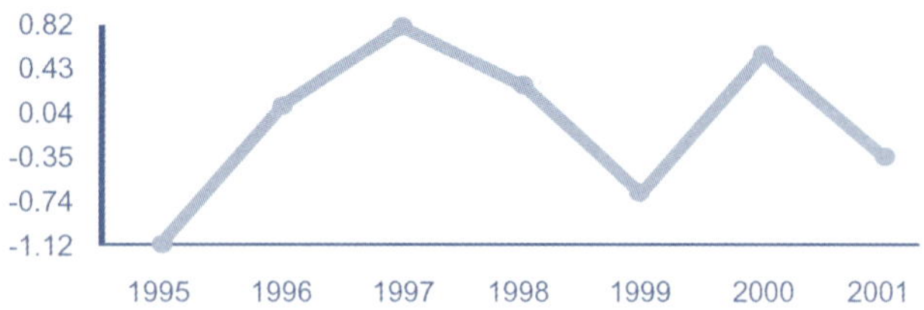

国际贸易

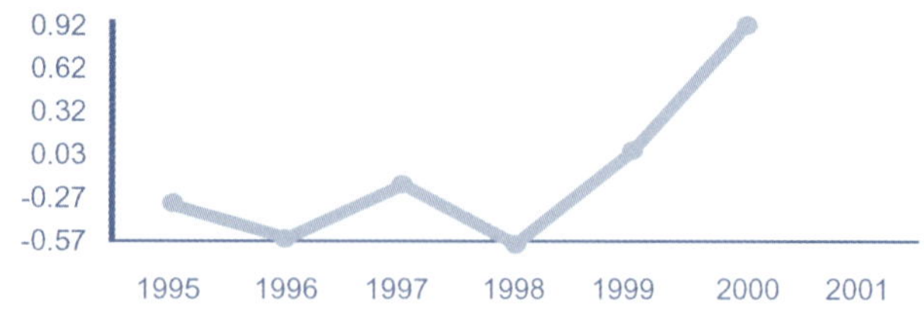

国际投资

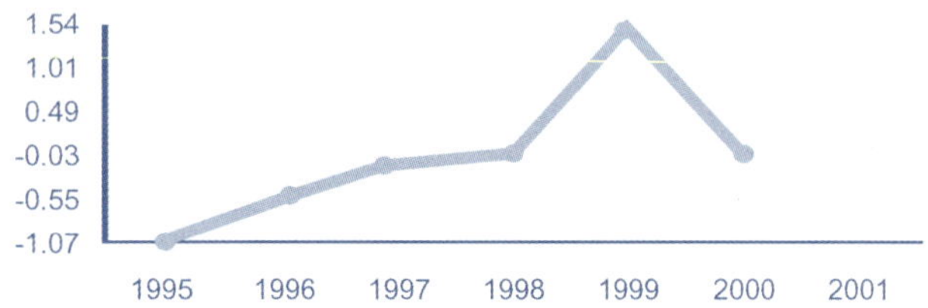

公共财政

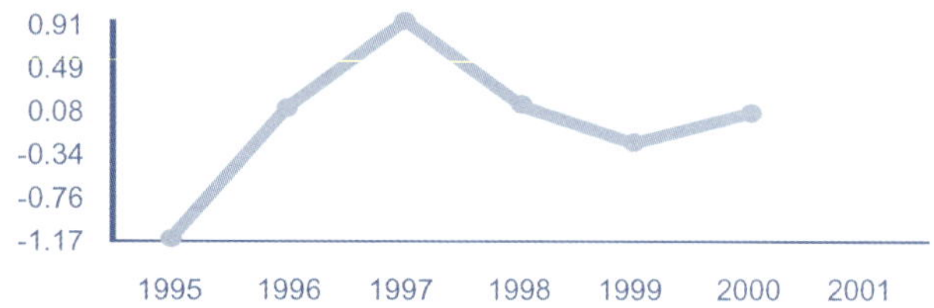

财政政策

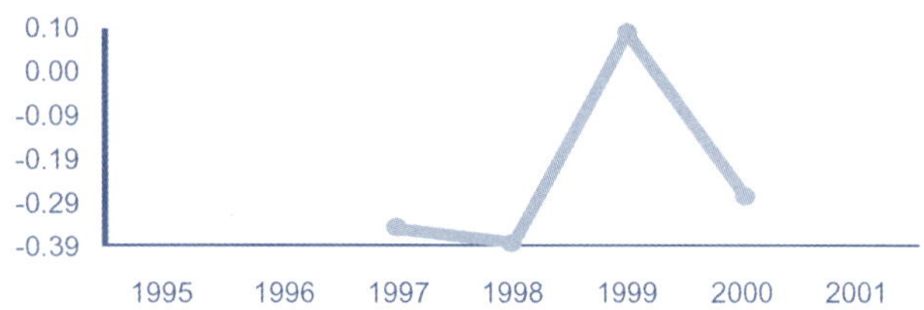

生产率

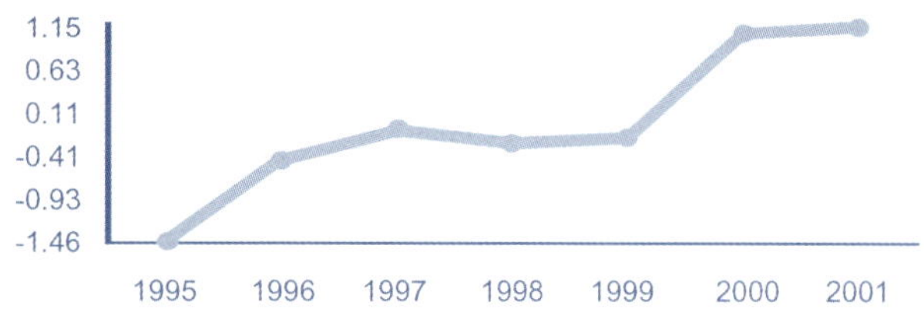

金融

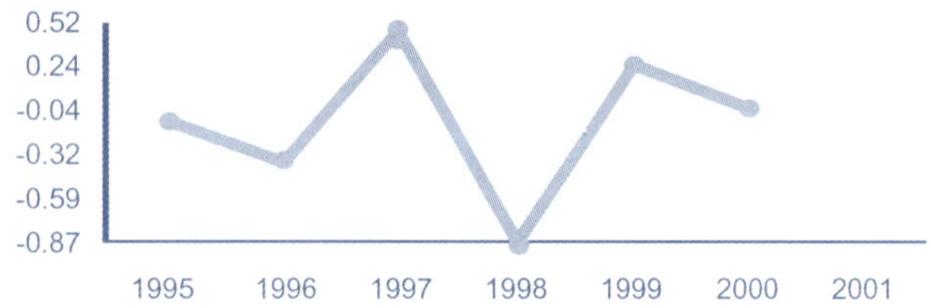

技术基础设施

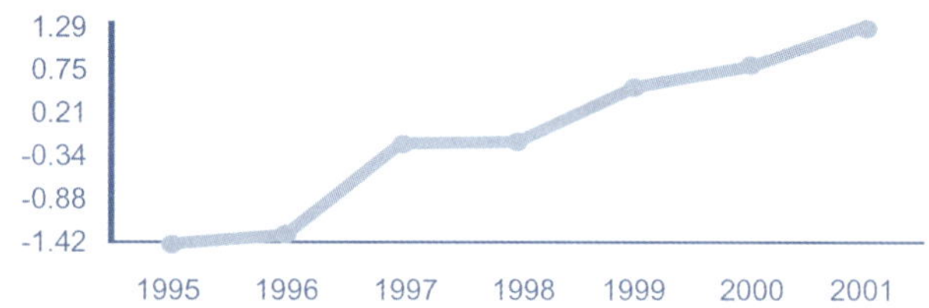

主要竞争力指标

人均国内生产总值

人均美元

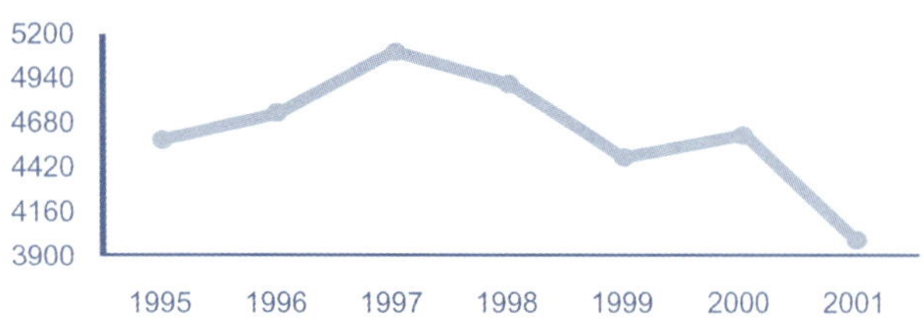

国内生产总值实际增长率

百分比变化，基于国家货币物价稳定

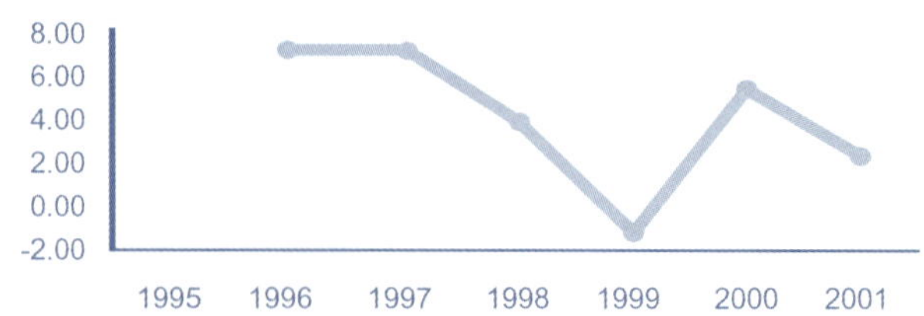

智利

个人最终消费支出
人均美元

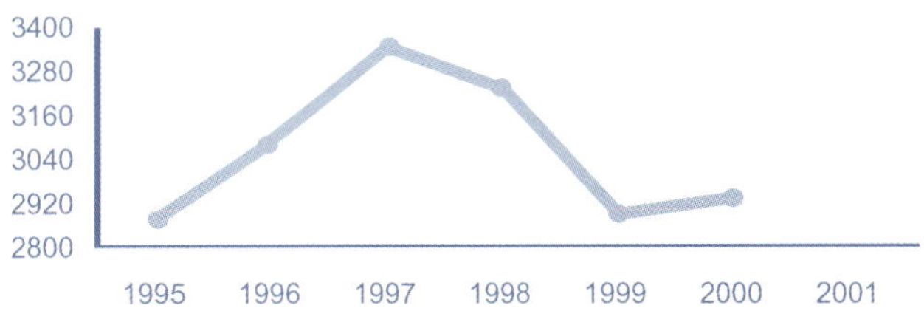

经常性项目差额
十亿美元（负号标志＝赤字）

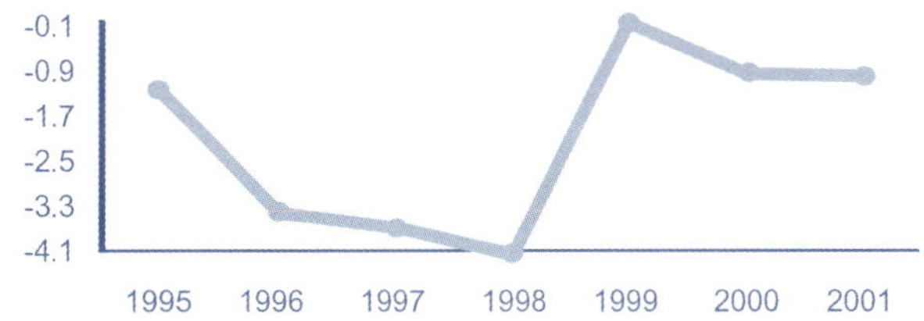

商品和商业劳务出口
十亿美元

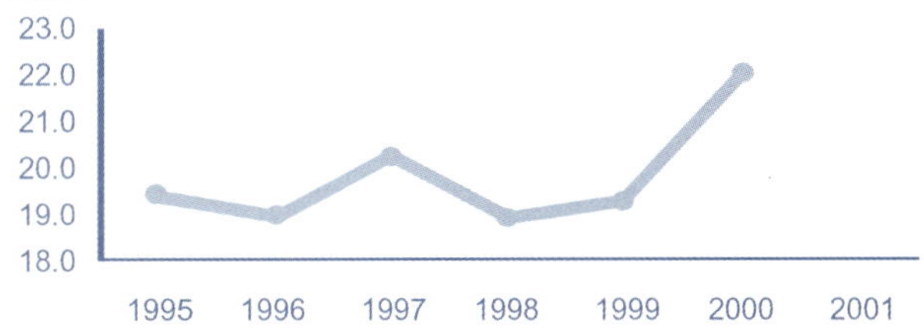

对外直接投资流量
十亿美元

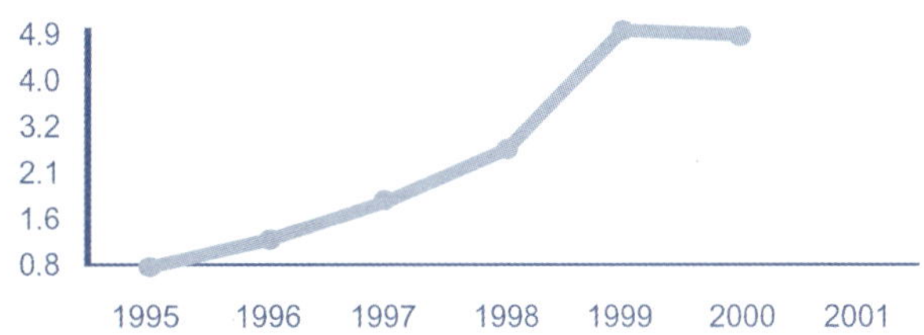

吸收直接投资流量
十亿美元

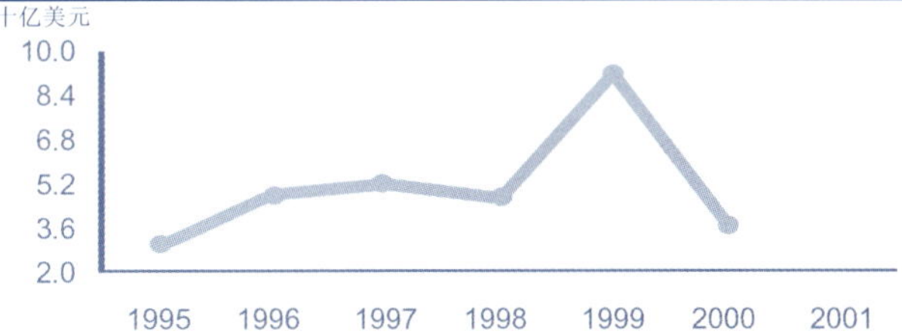

失业率
劳动力百分比

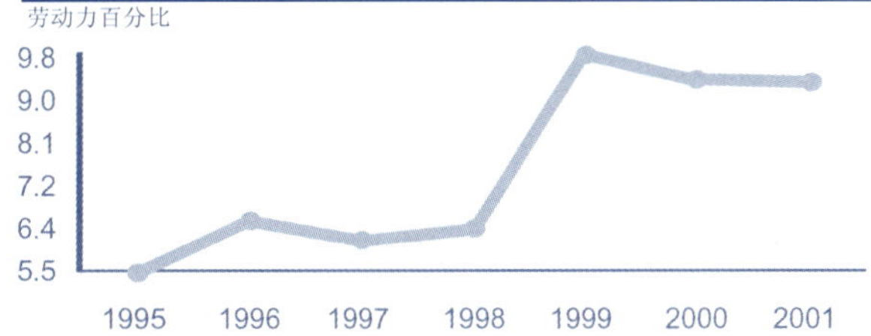

消费品价格增长率
年平均比率

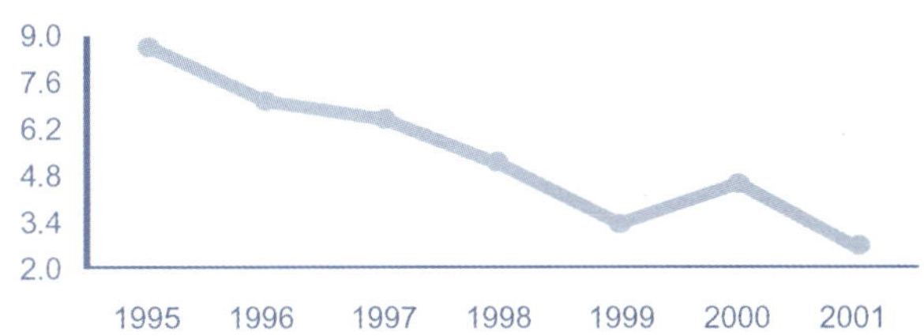

总体生产率
就业人员人均国内生产总值，美元

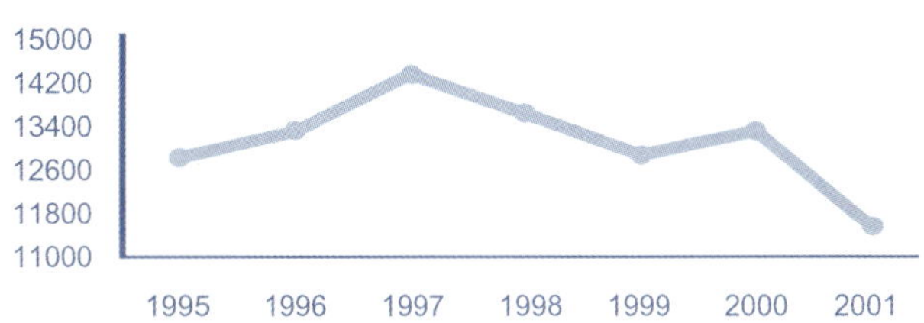

报酬水平
估计：制造工人的小时总补偿，美元

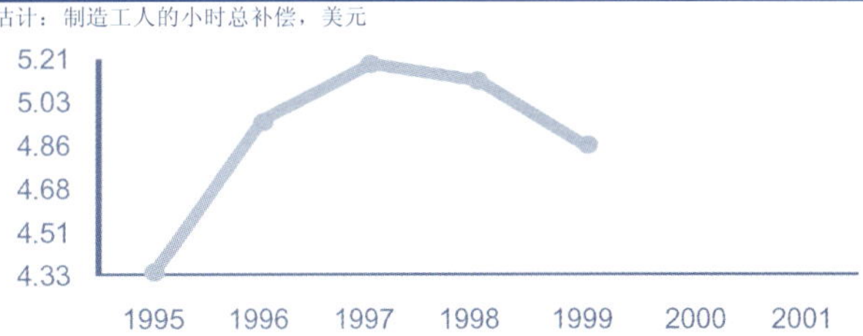

股票市场筹资额
十亿美元

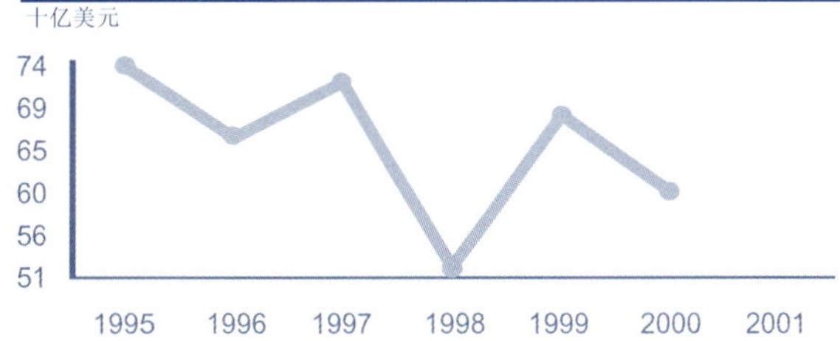

国内上市公司
上市公司的数量

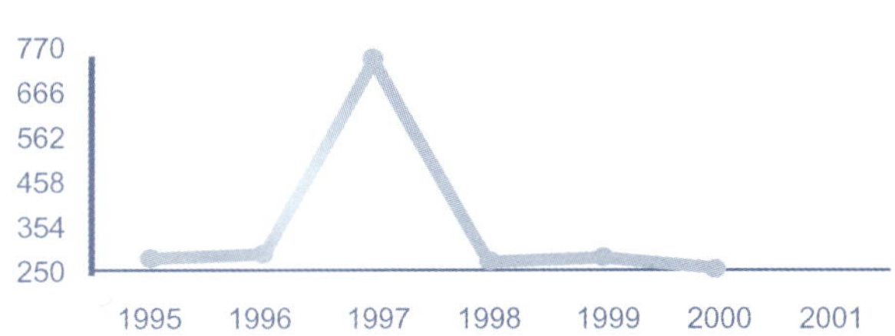

计算机
每1000人的计算机数量/来源：计算机工业年鉴

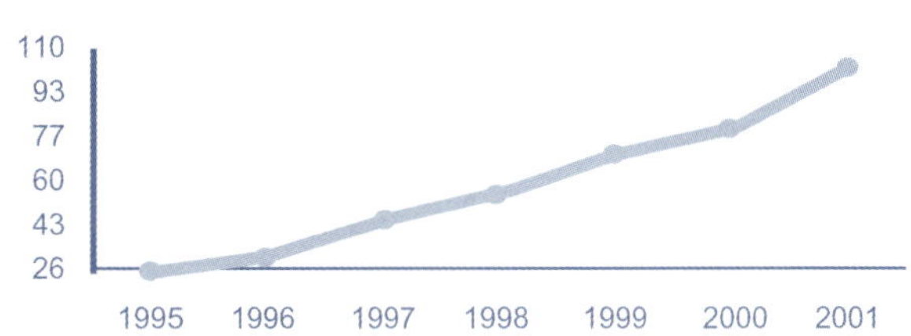

中国香港（地区）

地区竞争力的挑战，2002

- 在中国加入WTO之后，加强香港地区的作用与竞争力。
- 适应到全球化以及以知识为基础的经济中。
- 增加在教育上的投资以及提高人力资源的质量。
- 进一步加强有形的基础设施，包括跨界的基础设施。
- 解决失业和推动适应结构性调整。

提供者：

香港贸易发展理事会

总体表现

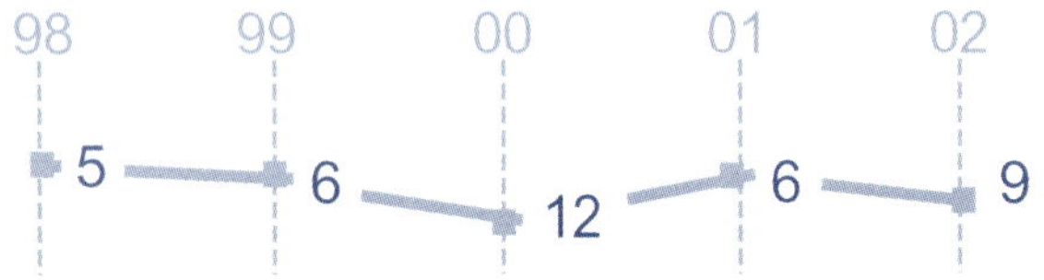

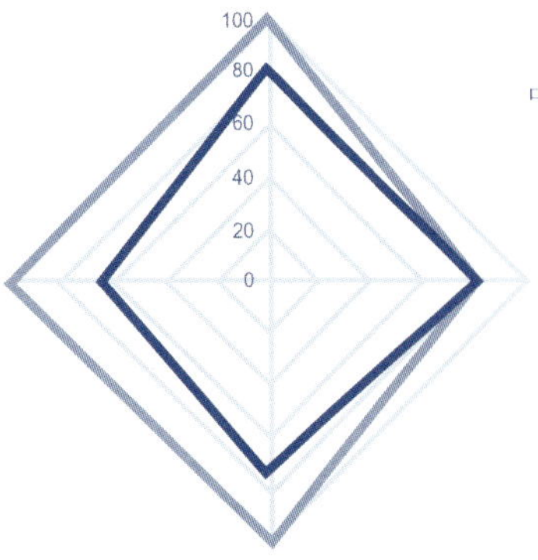

基本事实

人口	6.7（2001）
地域（平方千米）	1.1（2001）
汇率（百分之一美元）	7.80（2001）
地区内生产总值（十亿美元）	161.9（2001）
人均地区生产总值（美元）	24,099（2001）
实际地区生产总值增长率	0.1（2001）
消费品价格上涨	-1.6（2001）
失业率	5.10（2001）
劳动力（百万）	3.42（2001）
经常性项目差额（十亿美元）	12.0（2001）
直接投资	
吸收股票投资（十亿美元）	469.78（2000）
吸收流量（占GDP百分比）	39.62（2000）

中国香港（地区）

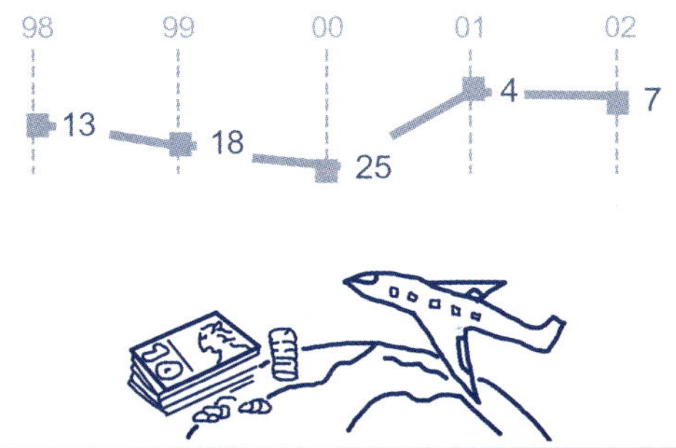

经 济 表 现

	2002
地区内经济	30
国际贸易	3
国际投资	5
就　业	12
物　价	23

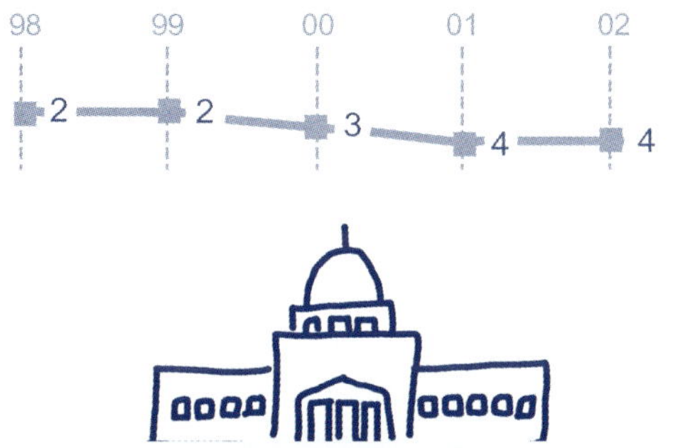

政 府 效 率

	2002
公共财政	4
财政政策	1
组织机构	21
企业法规	4
教　育	25

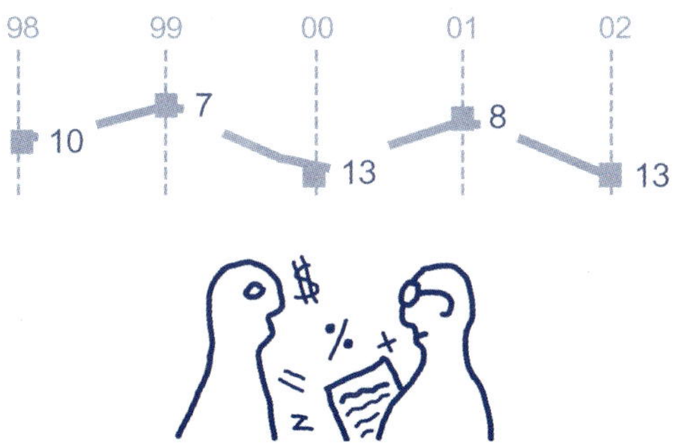

企 业 效 率

	2002
生产率	27
劳动力市场	3
金　融	6
管理实践	10
全球化影响	16

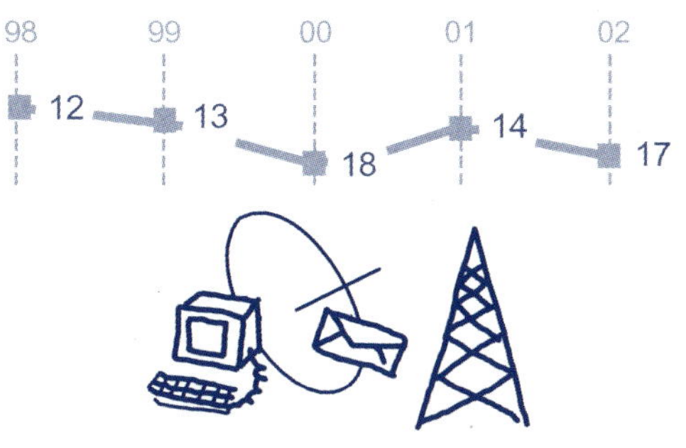

基 础 设 施

	2002
基本基础设施	13
技术基本基础设施	13
科学基本基础设施	33
健康与环境	21
价值系统	10

中国香港（地区）

这些指标是每类中最强的10个指标，这些类是通过对49个国家或地区平均的最大的价值差异来区分的。

1 经济表现

			排名
1.3.06	吸引地区外直接投资+流量	吸引地区外直接投资流量占GDP的百分比	1
1.5.01	消费品价格上涨	年平均比率	1
1.2.08	商品出口额	商品出口额占GDP的百分比	2
1.2.18	外贸依存度	（出口+进口）/（2xGDP）	2
1.3.02	对外直接投资流量	对外直接投资流量占GDP的百分比	3
1.3.07	吸引地区外直接投资存量	10亿美元	3
1.2.11	商业服务出口额	商业服务出口额占GDP的百分比	4
1.3.03	对外直接投资存量	10亿美元	5
1.3.05	吸引地区外直接投资流量	10亿美元	5
1.2.02	经常项目差额	经常项目差额占GDP的百分比	6

2 政府效率

2.2.07	对利润征收的平均公司税率	占税前利润的百分比	1
2.2.01	税收总收入	占GDP的百分比	1
2.2.13	间接税	商品和服务税占GDP的比重	1
2.1.04	政府地区内负债	占GDP的百分比	1
2.1.08	利息支付额	占当前收入的百分比	1
2.4.13	劳动法规	劳动法规（雇/解雇惯例、最低工资等）足够灵活	2
2.4.14	失业立法	失业立法激励人们寻找工作	2
2.4.12	新企业	新企业在贵地区容易建立	2
2.4.08	产品和服务立法	产品和服务立法不损害公司行为	2
2.2.06	实际个人税	实际个人税并不阻碍人们工作或者寻求发展	3

3 企业效率

3.4.09	销售	贵地区企业中有效地进行销售	2
3.2.19	国际经验	高层管理者通常有丰富的国际经验	2
3.3.01	银行部门的资产	占GDP的比例	2
3.4.07	企业家精神	贵地区企业家精神很普遍	2
3.4.08	公司的设立	贵地区设立公司很普遍	2
3.3.10	股票市场	股票市场为公司提供充足的资金	2
3.2.16	金融人才	金融人才在贵地区劳动市场上容易获得	2
3.3.12	股票市场交易额	人均美元	3
3.5.02	对全球化的态度	贵地区对全球化的态度普遍积极	4
3.3.03	信贷	很容易从银行流入企业	4

4 基础设施

4.1.07	铁路	网络的密度	1
4.1.04	赡养率	15岁以下和64岁以上的人口总量除以15岁-64岁之间人口总量	1
4.4.14	二氧化碳排放量	GDP的每百万美元中由工业过程排放的二氧化碳（吨）	1
4.5.09	社会的价值	社会价值支持竞争力	3
4.1.09	空运的质量	空运的质量在贵地区通常充分有效	4
4.1.10	用于货物和服务分配的基础设	普遍有效率	4
4.1.05	维护和发展	基础设施的维护和发展得到充分的计划和资助	5
4.1.11	水运	水运基础设施（港口、运河）满足企业需要	5
4.2.04	移动电话用户	每千户居民中的用户数	5
4.1.15	能源基础设施	贵地区能源基础设施充足有效	6

中国香港（地区）

这些指标是每类中最弱的10个指标，这些类是通过对49个国家或地区平均的最大的价值差异来区分的。

1 经济表现

			排名
1.1.12	实际GDP增长率	按本地货币、不变价格计算的变化率	42
1.1.21	经济的弹性	经济体对于经济周期的弹性强	41
1.5.02	生活费指数	主要城市不包括住房的各种货物支出指数（纽约=100）	39
1.1.13	实际人均GDP增长率	按本地货币、不变价格计算的变化率	38
1.2.09	商品出口额实际增长率	按本地货币、不变价格计算的变化率	37
1.4.01	总就业人口	总就业人口（百万）	37
1.1.02	地区生产总值	估计值：按购买力平价计算，10亿美元	33
1.1.01	地区内生产总值	按现行价格、汇率计算，10亿美元	26
1.3.08	吸引地区外直接投资存量实际增	按本地货币、不变价格计算的变化率	23
1.3.04	对外直接投资存量实际增长率	按本地货币、不变价格计算的变化率	22

2 政府效率

2.3.06	汇率政策	贵地区汇率政策支持公司的竞争力	47
2.3.01	短期实际利率	平均贴现率/优惠利率（1月-12月）	44
2.1.09	公共财政的管理	公共财政的管理在两年后可能完善	42
2.3.08	关于政策方向的一致性	政府中政策方向的一致性很高	38
2.5.12	合格工程师	合格工程师在贵地区劳动力市场上容易获得	38
2.5.09	文盲率	成人（15岁以上）文盲占总人口比例	37
2.3.11	政府经济政策	政府经济政策快速适应于经济发展	36
2.5.01	全部公共教育支出	全部公共教育支出占GDP的比例	35
2.3.21	社会凝聚力	社会凝聚力是政府的首要目标	35
2.5.03	学生—教师比（中等教育）	学生与教师职员的比例	35

3 企业效率

3.1.03	综合生产率实际增长率	每个就业者实际GDP变化率，估计值	44
3.2.04	经理报酬	全部底薪加上奖金和长期激励，美元	40
3.3.14	股票市场指数	支出的变化率	39
3.5.03	生产的再分配	外国的生产再分配没有威胁到贵地区经济的未来	35
3.4.10	社会责任	商界领袖重视对社会的责任	34
3.2.03	服务性职业报酬	年均总收入，包括附加薪水，例如额外薪金，美元	33
3.2.09	雇员培训	公司高度重视雇员培训	32
3.1.06	农业生产率（购买力平价）	每个农业劳动力创造的相应GDP，美元，估计值	31
3.4.11	健康、安全和环境事务	健康、安全和环境事务被管理层充分重视	30
3.2.15	熟练劳动力	熟练劳动力在贵地区劳动市场上可获得性	30

4 基础设施

4.1.16	GDP和能源消耗	实际GDP增长率减去能源消耗增长率	49
4.1.17	地区内能源总产量	占所有能源需求（等价为石油吨数）的比例	49
4.1.20	工业用户的电力成本	美元/千瓦	47
4.1.12	可耕地面积	人均平方米	47
4.1.19	非能源原材料自给	人均贸易收支差额，美元	46
4.4.17	污染问题	污染问题并没有严重影响贵地区基础设施	43
4.3.18	批准授予国民专利年平均增长速	变化百分比	43
4.3.03	所有研究与开发支出	占GDP的比例	42
4.2.01	对电信的投资	年平均占GDP的百分比	42
4.3.06	地区所有研究与开发人员	千人全日约当单位	41

中国香港（地区）

这一部分集了该地区20个最强的指标，
这部分指标有着最高的标准化值（STD值）。
STD值＝（国家和地区的原始值－49个国家或地区平均值）/标准差

20个最强的指标

序号	名称	国家或地区原始值	国家或地区排名	49国家或地区平均值
1.3.06	**吸引地区外直接投资+流量** 吸引地区外直接投资流量占GDP的百分比	39.62	1	6.48
1.3.02	**对外直接投资流量** 对外直接投资流量占GDP的百分比	38.75	3	6.85
1.2.08	**商品出口额** 商品出口额占GDP的百分比	117.74	2	38.5
1.2.18	**外贸依存度** （出口+进口）/（2×GDP）	149.08	2	49.38
4.1.07	**铁路** 网络的密度	0.1457	1	0.0394
2.2.07	**对利润征收的平均公司税率** 占税前利润的百分比	16	1	29.22
3.3.01	**银行部门的资产** 占GDP的比例	284.12	2	117.11
2.2.01	**税收总收入** 占GDP的百分比	9.94	1	31.24
2.2.13	**间接税** 商品和服务税占GDP的比重	4.01	1	10.45
3.3.12	**股票市场交易额** 人均美元	56652	3	14476
4.1.04	**赡养率** 15岁以下和64岁以上的人口总量除以15岁-64岁之间人口总量	38.5	1	50.8
1.3.07	**吸引地区外直接投资存量** 10亿美元	469.78	3	120.92
3.2.05	**工作小时** 每年的平均工作小时数	2181	5	1925
3.4.09 （调查）	**销售** 贵地区企业中有效地进行销售	8.24	2	6.42
2.2.06 （调查）	**实际个人税** 实际个人税并不阻碍人们工作或者寻求发展	7.77	3	4.81
3.2.19 （调查）	**国际经验** 高层管理者通常有丰富的国际经验	7.48	2	5.25
2.4.13 （调查）	**劳动法规** 劳动法规（雇/解雇惯例、最低工资等）足够灵活	8.1	2	4.68
2.2.11 （调查）	**实际公司税** 实际公司税鼓励企业的活力	7.95	3	5.24
3.4.07 （调查）	**企业家精神** 贵地区企业家精神很普遍	8.42	2	6.34
3.4.08 （调查）	**公司的设立** 贵地区设立公司很普遍	8.65	2	6.75

中国香港（地区）

如　果？

竞争力模拟研究帮助政策制定者将注意力和优先次序放在他们国家或地区面临的关键竞争力上。我们用49个国家或地区的平均值代替这些最弱的指标值，从而计算这个国家或地区的总体排名。然而，这只是一个理论方式，不应视为政策的建议。还必须考虑各个国家或地区的发展水平、政治体制和社会值系统

	从		到
模拟排名变化	9	→	7

20个最弱的指标

序号	名称	国家或地区原始值	国家或地区排名	49国家或地区平均值
4.1.16	**GDP和能源消耗** 实际GDP增长率减去能源消耗增长率	-8.032	49	1.396
4.1.20	**工业用户的电力成本** 美元/千瓦	0.106	47	0.056
4.3.03	**所有研究与开发支出** 占GDP的比例	0.481	42	1.375
2.3.01	**短期实际利率** 平均贴现率/优惠利率（1月-12月）	7.11	44	3.11
4.3.07	**每千人中研究与开发人员** 每千地区人民中人数（全日约当单位）	1.02	33	3
4.2.01	**对电信的投资** 年平均占GDP的百分比	0.322	42	0.607
4.3.09	**企业研究与开发人数** 每千地区人民中人数（全日约当单位）	0.487	28	1.582
4.3.05	**人均企业研究与开发支出额** 人均，美元	27.5	27	177.46
1.1.12	**实际GDP增长率** 按本地货币、不变价格计算的变化率	0.1	42	1.8
3.3.14	**股票市场指数** 支出的变化率	-24	39	-8.23
4.3.22	**专利生产率** 批准授予地区人民的专利数/企业中研究与开发人员数（千人）	7	37	50
2.5.01	**全部公共教育支出** 全部公共教育支出占GDP的比例	4.1	35	5.1
4.3.02	**人均研究与开发支出** 人均，美元	115.1	26	282.1
2.3.06 （调查）	**汇率政策** 贵地区汇率政策支持公司的竞争力	3.63	47	5.95
4.4.17 （调查）	**污染问题** 污染问题并没有严重影响贵地区基础设施	3.8	43	5.91
1.1.21 （调查）	**经济的弹性** 经济体对于经济周期的弹性强	3.95	41	5.18
2.1.09 （调查）	**公共财政的管理** 公共财政的管理在两年后可能完善	4.42	42	5.44
2.3.08 （调查）	**关于政策方向的一致性** 政府中政策方向的一致性很高	4.19	38	5.29
2.5.12 （调查）	**合格工程师** 合格工程师在贵地区劳动力市场上容易获得	6.2	38	6.86
3.2.09 （调查）	**雇员培训** 公司高度重视雇员培训	5.17	32	5.75

中国香港（地区）

地区内经济

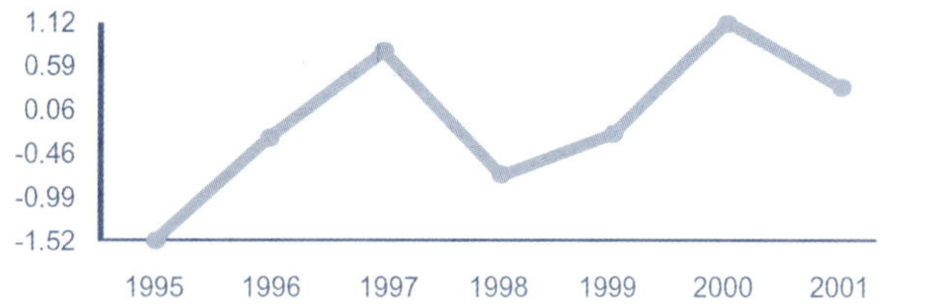

国际贸易

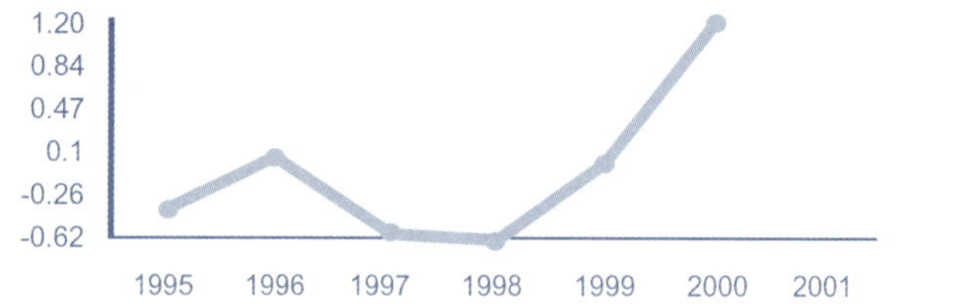

国际投资

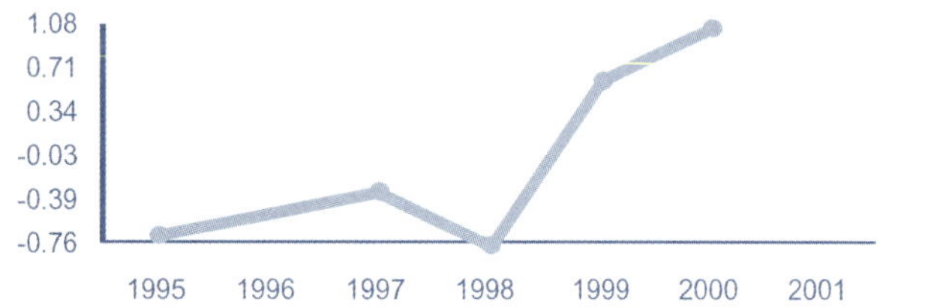

公共财政

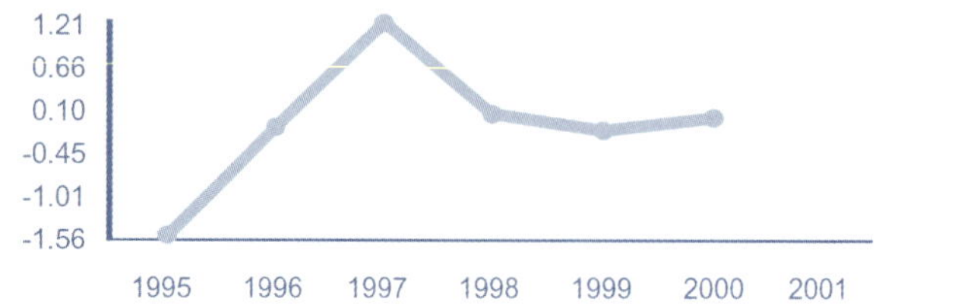

财政政策

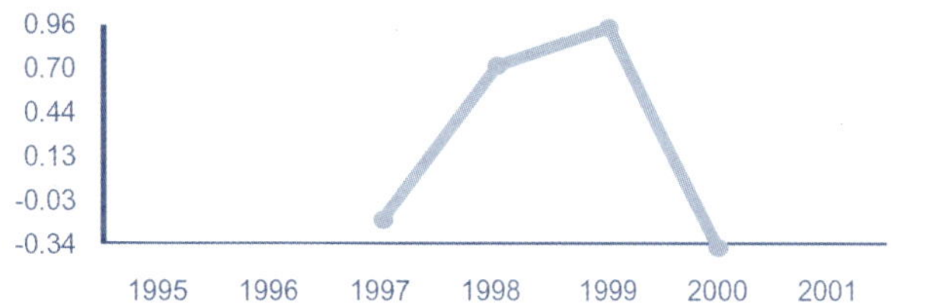

生产率

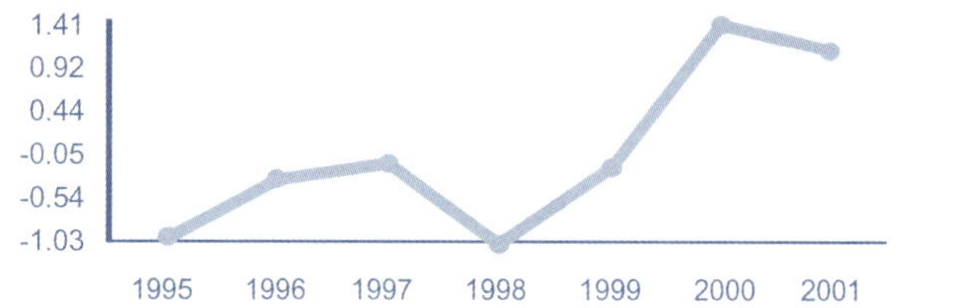

金融

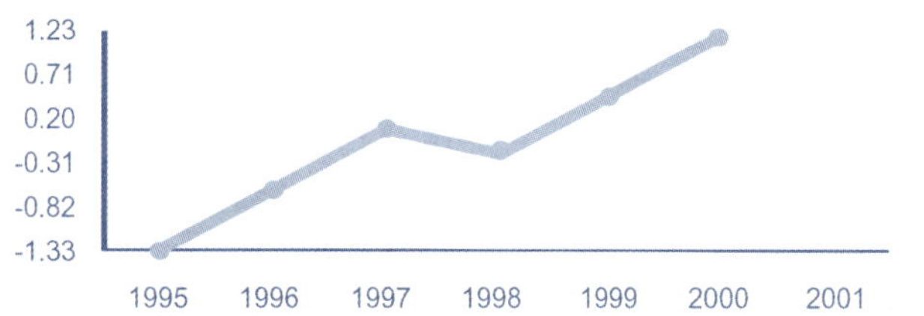

技术基础设施

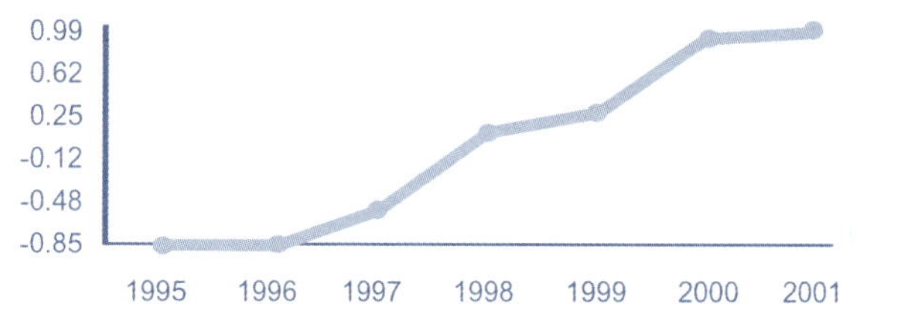

主要竞争力指标

人均地区内生产总值

人均美元

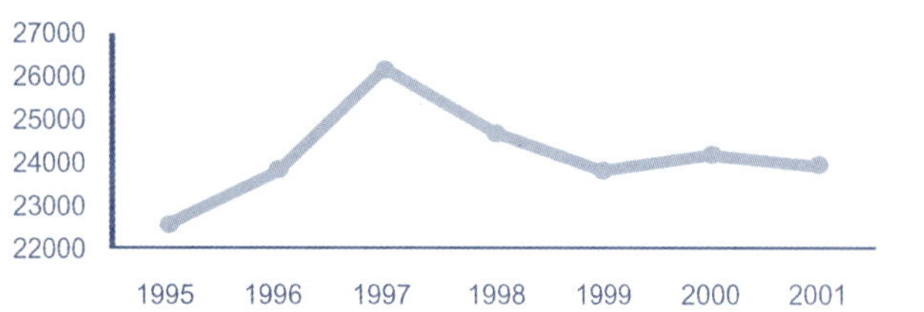

地区生产总值实际增长率

百分比变化，基于国家货币物价稳定

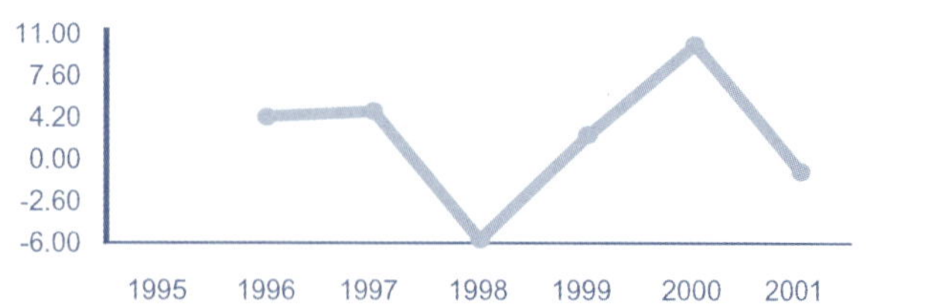

中国香港（地区）

个人最终消费支出
人均美元

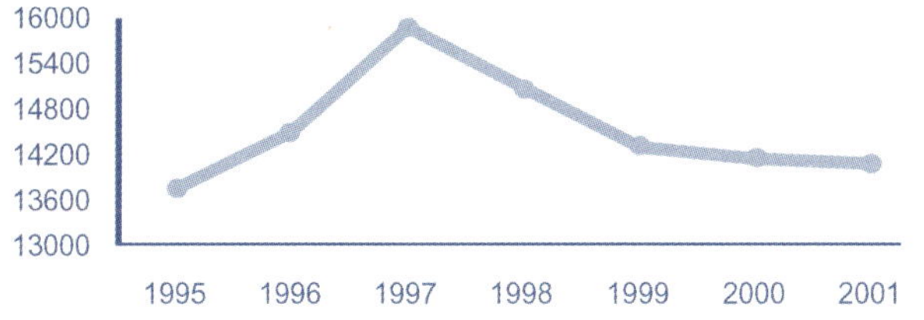

经常性项目差额
十亿美元（负号标志＝赤字）

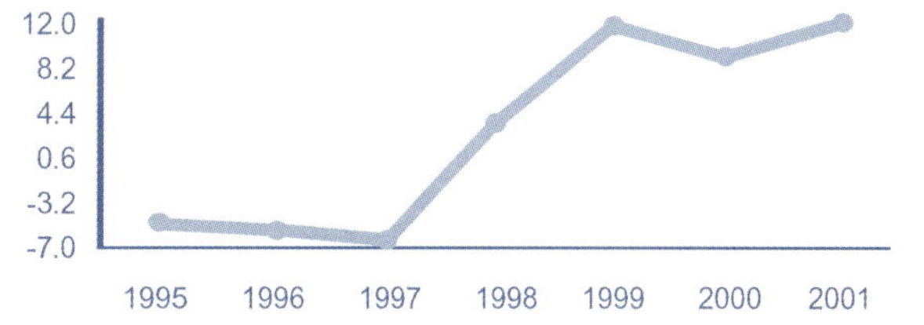

商品和商业劳务出口
十亿美元

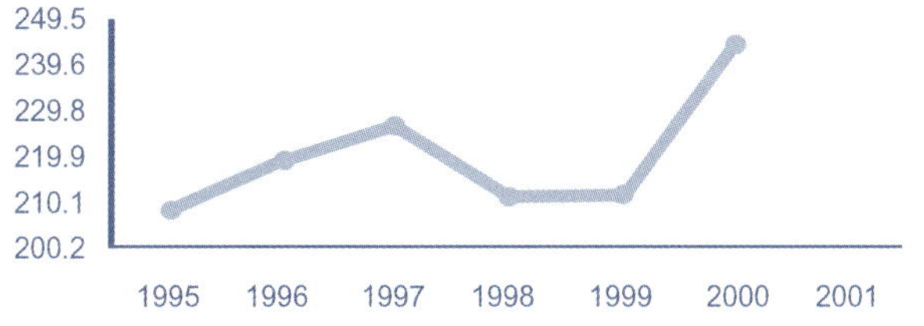

对外直接投资流量
十亿美元

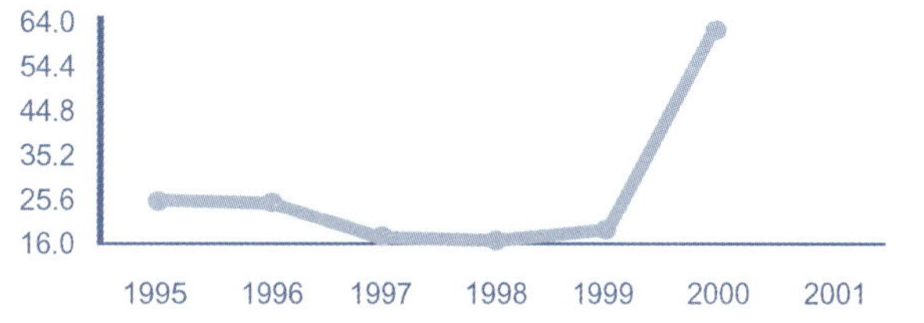

吸收直接投资流量
十亿美元

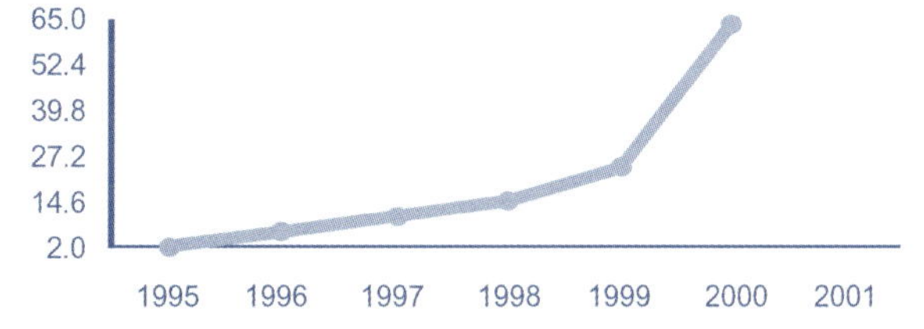

失业率
劳动力百分比

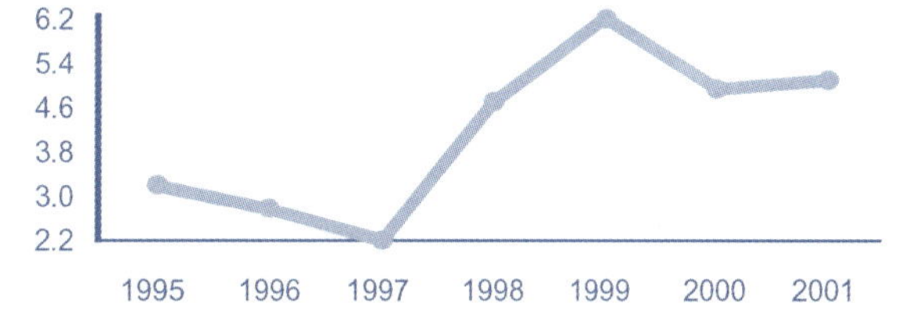

消费品价格增长率
年平均比率

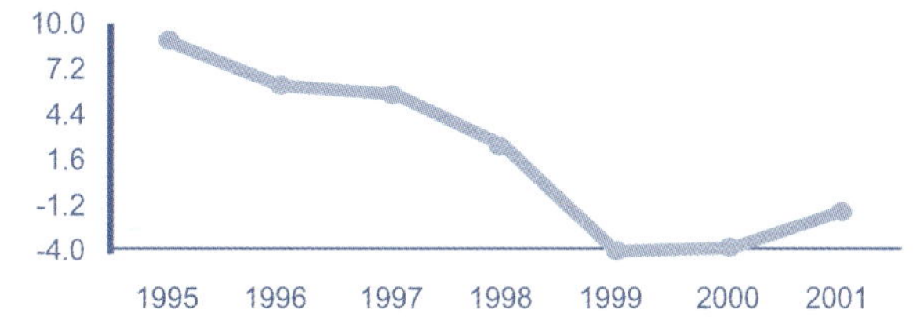

总体生产率
就业人员人均国内生产总值，美元

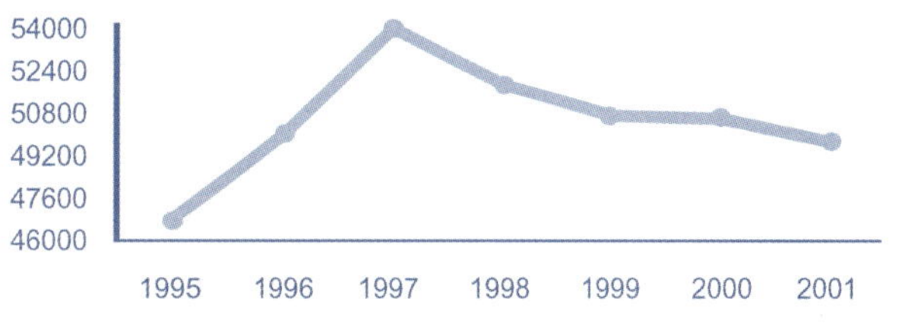

报酬水平
估计：制造工人的小时总补偿，美元

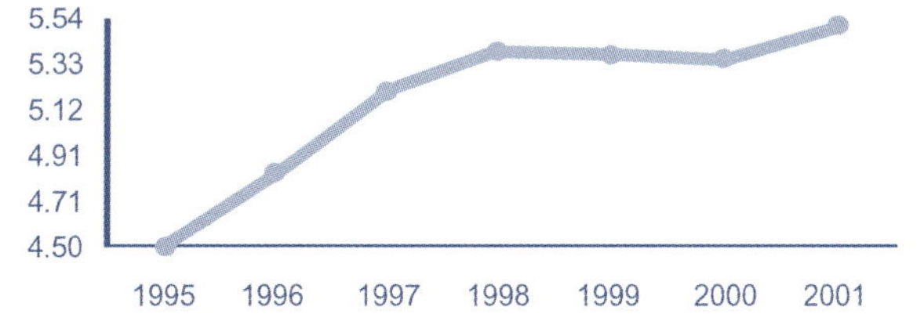

股票市场筹资额
十亿美元

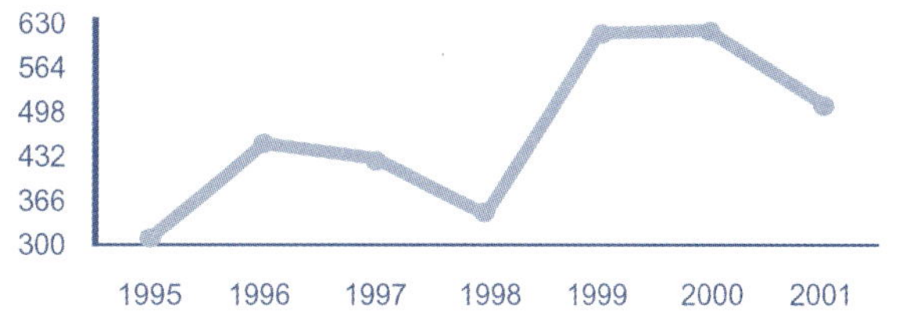

区内上市公司
上市公司的数量

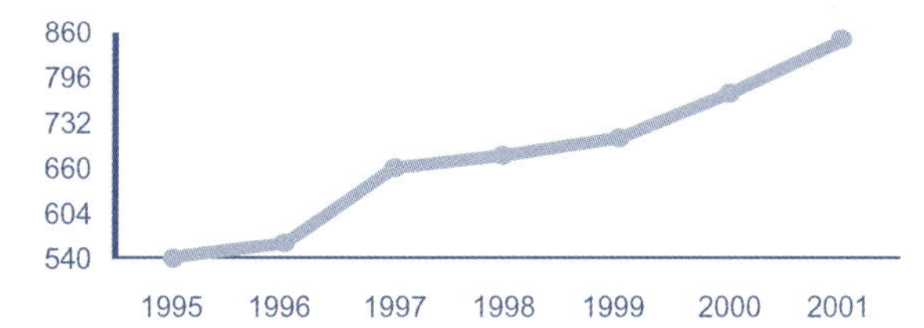

计算机
每1000人的计算机数量/来源：计算机工业年鉴

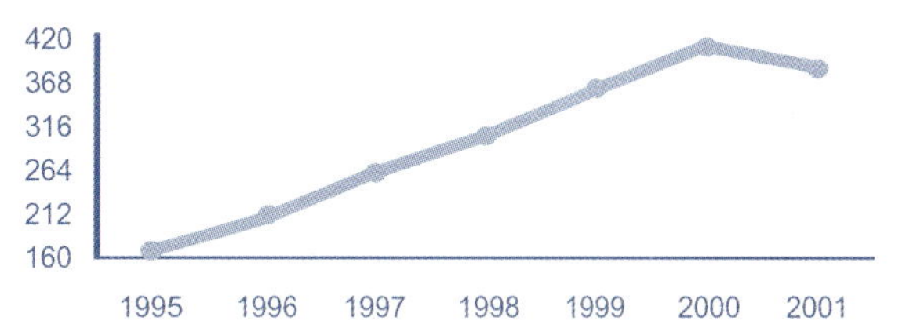

中国

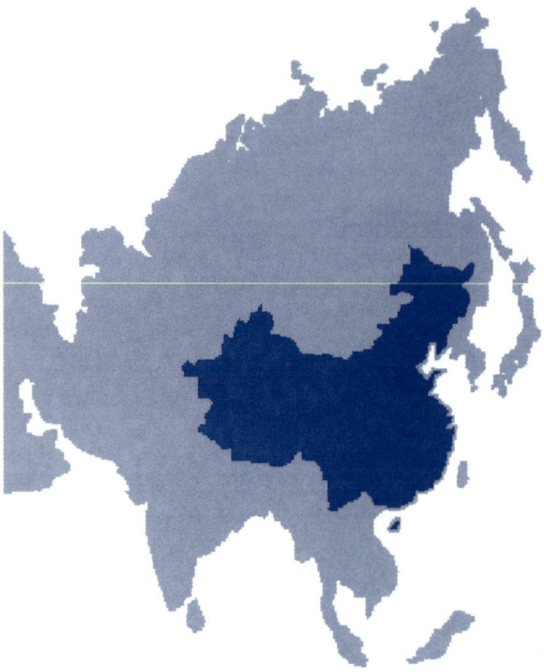

国家竞争力的挑战，2002

- 在加入WTO后，重新定位政府角色与作用。
- 消除吸引更多外资和刺激经济增长的障碍。
- 通过强化市场规范来进一步改善市场环境。
- 加快社会保障体系改革。
- 改革金融体系以融资给中小企业。

提供者：

经济体制与管理研究所

总体表现

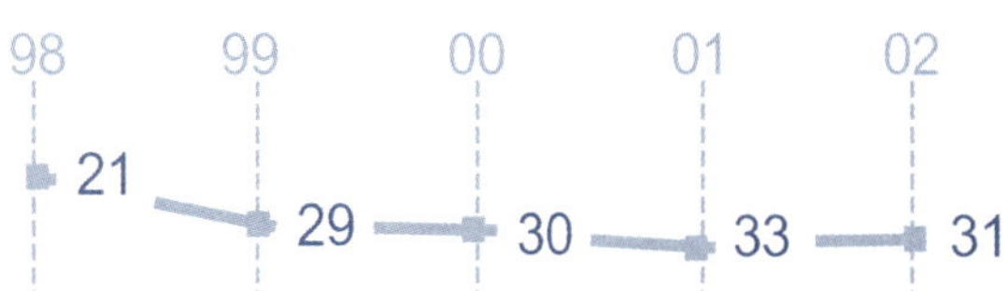

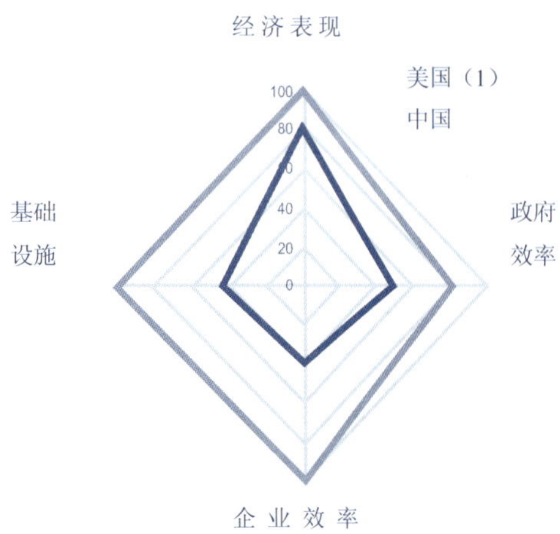

基本事实

首都	北京
人口	1,285.6（2001）
地域（平方千米）	9,561.0（2000）
汇率（百分之一美元）	8.28（2001）
国内生产总值（十亿美元）	1,159.1（2001）
人均国内生产总值（美元）	902（2001）
实际GDP增长率	7.3（2001）
消费品价格上涨	0.7（2001）
失业率	3.60（2001）
劳动力（百万）	717.45（2000）
经常性项目差额（十亿美元）	21.2（2001）
直接投资	
吸收股票投资（十亿美元）	346.69（2000）
吸收流量（占GDP百分比）	3.56（2000）

中国

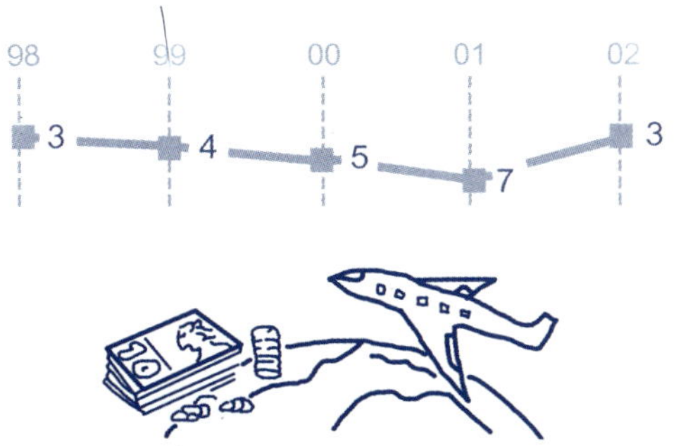

经　济　表　现

	2002
国内经济	3
国际贸易	18
国际投资	23
就　业	1
物　价	31

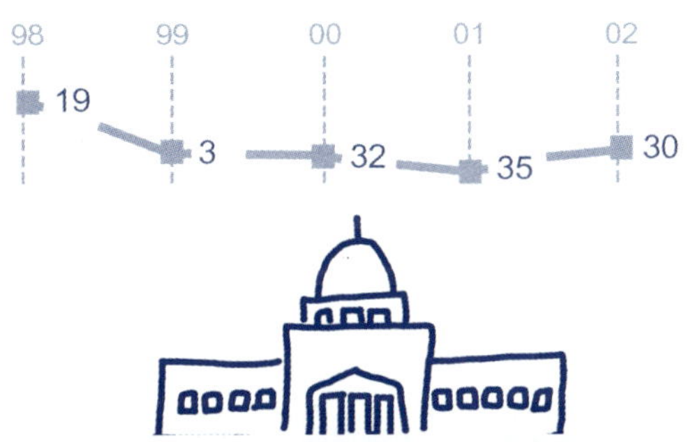

政　府　效　率

	2002
公共财政	6
财政政策	7
组织机构	23
企业法规	43
教　育	48

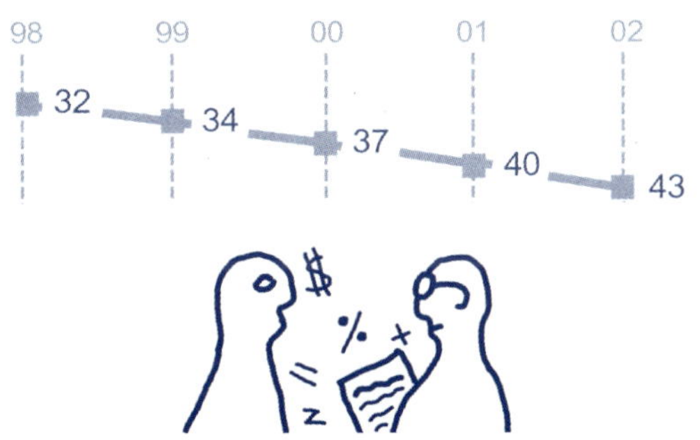

企　业　效　率

	2002
生产率	41
劳动力市场	47
金　融	43
管理实践	42
全球化影响	22

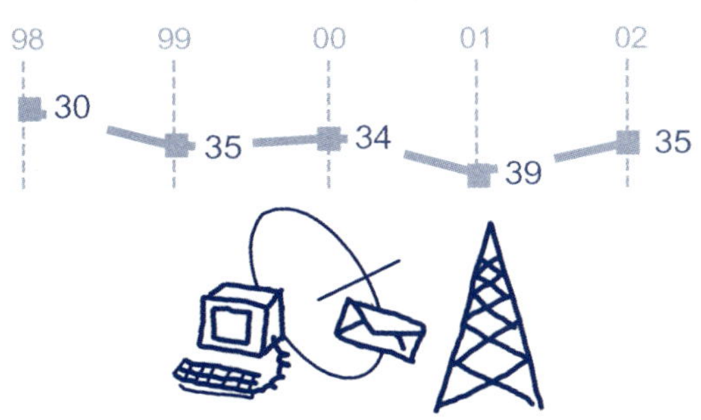

基　础　设　施

	2002
基本基础设施	17
技术基本基础设施	42
科学基本基础设施	24
健康与环境	40
价值系统	39

中国

这些指标是每类中最强的10个指标，这些类是通过对49个国家和地区平均的最大的价值差异来区分的。

1 经济表现			排名
1.4.01	总就业人口	总就业人口（百万）	1
1.1.12	实际GDP增长率	按本地货币、不变价格计算的变化率	1
1.1.13	实际人均GDP增长率	按本地货币、不变价格计算的变化率	1
1.1.02	国内生产总值（PPP）	估计值：按购买力平价计算，10亿美元	2
1.4.02	就业率	总就业人口占总人口的百分比	2
1.4.03	就业增长	变化率	4
1.5.01	消费品价格上涨	年平均比率	5
1.2.01	经常项目差额	经常项目差额，10亿美元（负号为逆差）	5
1.3.07	吸引国外直接投资存量	10亿美元	6
1.2.07	商品出口额	商品出口额，10亿美元	6

2 政府效率			
2.2.02	个人收入税有效税率	占人均GDP的百分比	1
2.2.09	雇主的社会保障缴款率	强制缴款占人均GDP的比率	1
2.2.04	雇员社会保障缴款率	强制缴款占人均GDP的百分比	1
2.1.10	国家总储备	包括黄金和官方储备（每盎司黄金=35个特别提款权）	2
2.3.13	政治团体	政治团体确实理解目前的经济挑战	5
2.3.10	新立法	新立法鼓励企业竞争力	5
2.1.06	中央政府国外负债	占GDP的百分比	5
2.2.01	税收总收入	占GDP的百分比	6
2.1.04	中央政府国内负债	占GDP的百分比	6
2.1.09	公共财政的管理	公共财政的管理在两年后可能完善	6

3 企业效率			
3.1.03	综合生产率实际增长率	每个就业者实际GDP变化率，估计值	3
3.2.04	经理报酬	全部底薪加上奖金和长期激励，美元	3
3.2.01	报酬水平	制造业工人每小时全部报酬，美元，估计值	3
3.2.03	服务性职业报酬	年均总收入，包括附加薪水，例如额外薪金，美元	7
3.3.13	国内上市公司	国内上市公司数目	8
3.5.05	海外形象	贵国的海外形象支持了企业的发展	9
3.3.01	银行部门的资产	占GDP的比例	9
3.5.03	生产的再分配	国外的生产再分配没有威胁到贵国经济的未来	10
3.3.11	股票市场筹资额	10亿美元	11
3.2.05	工作小时	每年的平均工作小时数	20

4 基础设施			
4.1.01	人口—市场规模	估计值，百万	1
4.3.06	全国所有研究与开发人员	千人全日约当单位	2
4.1.16	GDP和能源消耗	实际GDP增长率减去能源消耗增长率	2
4.3.08	企业研究与开发人数	千人全日约当单位	3
4.2.01	对电信的投资	年平均占GDP的百分比	3
4.3.18	批准授予国民专利年平均增长	变化百分比	4
4.1.08	空运	主要公司运载的乘客数	4
4.1.04	赡养率	15岁以下和64岁以上的人口总量除以15岁-64岁之间人口总量	5
4.2.08	在用计算机	占世界在用计算机总量的份额/来源：计算机行业年鉴	5
4.5.09	社会的价值	社会价值支持竞争力	6

中国

这些指标是每类中最弱的10个指标，这些类是通过对49个国家和地区平均的最大的价值差异来区分的。

1 经济表现

			排名
1.1.22	人均GDP	人均美元	47
1.1.23	人均GDP	估计值，按购买力平价计算的人均美元	46
1.3.02	对外直接投资流量	对外直接投资流量占GDP的百分比	45
1.2.11	商业服务出口额	商业服务出口额占GDP的百分比	42
1.2.18	外贸依存度	（出口+进口）/（2×GDP）	40
1.5.02	生活费指数	主要城市不包括住房的各种货物支出指数（纽约=100）	39
1.3.04	对外直接投资存量实际增长率	按本地货币、不变价格计算的变化率	36
1.3.01	对外直接投资流量	10亿美元	34
1.3.08	吸引国外直接投资存量实际增长	按本地货币、不变价格计算的变化率	33
1.2.08	商品出口额	商品出口额占GDP的百分比	33

2 政府效率

2.4.21	进入国内资本市场	外国公司进入国内资本市场不受限制	49
2.5.12	合格工程师	合格工程师在贵国劳动力市场上容易获得	49
2.4.20	外国金融机构	外国金融机构可以进入本国市场	49
2.4.19	外国投资者	外国投资者可以自由在国内公司中取得控制力	49
2.5.11	教育资金	教育资金在贵国很充足	49
2.4.22	进入国外资本市场	国内公司进入国外资本市场不受限制	48
2.4.04	公共部门合同	公共部门合同向外国投标者充分开放	48
2.5.09	文盲率	成人（15岁以上）文盲占总人口比例	48
2.4.18	跨国经营风险	建立跨国界企业可以自由谈判	47
2.1.07	中央政府总负债实际增长率	按本地货币、不变价格计算的变化率	47

3 企业效率

3.2.16	金融人才	金融人才在贵国劳动市场上容易获得	49
3.2.20	称职的高层管理人员	称职的高层管理人员在贵国劳动市场上易获得	49
3.2.19	国际经验	高层管理者通常有丰富的国际经验	49
3.2.15	熟练劳动力	熟练劳动力在贵国劳动市场上可获得性	48
3.4.09	销售	贵国企业中有效地进行销售	48
3.1.06	农业生产率（购买力平价）	每个农业劳动力创造的相应GDP，美元，估计值	48
3.4.01	适应性	贵国公司适应市场变化的能力很强	47
3.1.01	综合生产率（购买力平价）	每个就业者人均GDP，美元	47
3.1.10	服务业生产率（购买力平价）	每个服务业雇员创造的相应GDP，美元，估计值	47
3.1.04	劳动生产率（购买力平价）	每雇员每小时的GDP，美元，估计值	47

4 基础设施

4.2.14	信息技术人才	信息技术人才在贵国劳动市场上易获得	49
4.4.14	二氧化碳排放量	GDP的每百万美元中由工业过程排放的二氧化碳（吨）	48
4.2.03	国际电话费用	高峰期通往美国的每三分钟费用（对美国指通往欧洲）	48
4.5.02	民族文化	民族文化对外国文化开放	48
4.1.14	能源强度	单位美元GDP消费的商业能源数量，千焦耳	47
4.2.15	技术合作	公司间的技术合作很发达	47
4.2.09	人均计算机	每千人计算机数/来源：计算机行业年鉴	47
4.4.01	健康总支出	占GDP的比例	45
4.5.03	适应性	面对挑战，贵国人民的适应性很强	45
4.4.10	人文发展指数	经济、社会与教育的综合指数	45

中国

这一部分集锦了该国20个最强的指标，
这部分指标有着最高的标准化值（STD值）。
STD值＝（国家和地区的原始值－49个国家和地区平均值）/标准差

20个最强的指标

序号	名称	国家原始值	国家排名	49国家平均值
1.4.01	**总就业人口** 总就业人口（百万）	730.25	1	40.89
4.1.01	**人口—市场规模** 估计值，百万	1285.6	1	88.8
4.3.06	**全国所有研究与开发人员** 千人全日约当单位	893	2	110.1
4.3.08	**企业研究与开发人数** 千人全日约当单位	480	3	64
1.1.02	**国内生产总值（PPP）** 估计值：按购买力平价计算，10亿美元	5386	2	841
2.1.10	**国家总储备** 包括黄金和官方储备（每盎司黄金=35个特别提款权）	167.73	2	30.49
4.1.16	**GDP和能源消耗** 实际GDP增长率减去能源消耗增长率	10.995	2	1.396
4.2.01	**对电信的投资** 年平均占GDP的百分比	1.525	3	0.607
1.1.12	**实际GDP增长率** 按本地货币，不变价格计算的变化率	7.3	1	1.8
1.1.13	**实际人均GDP增长率** 按本地货币、不变价格计算的变化率	6.43	1	0.73
1.4.02	**就业率** 总就业人口占总人口的百分比	56.8	2	43.32
2.2.02	**个人收入税有效税率** 占人均GDP的百分比	0	1	17.15
3.1.03	**综合生产率实际增长率** 每个就业者实际GDP变化率，估计值	4.54	3	0.85
2.3.13 （调查）	**政治团体** 政治团体确实理解目前的经济挑战	6.65	5	4.63
4.5.09 （调查）	**社会的价值** 社会价值支持竞争力	7.94	6	6.44
2.3.10 （调查）	**新立法** 新立法鼓励企业竞争力	7.06	5	5.41
2.1.09 （调查）	**公共财政的管理** 公共财政的管理在两年后可能完善	6.72	6	5.44
3.5.05 （调查）	**海外形象** 贵国的海外形象支持了企业的发展	7.42	9	5.58
4.4.11 （调查）	**酗酒、吸毒** 酗酒和吸毒在工作岗位没有成为严重问题	7.46	12	6.61
1.1.21 （调查）	**经济的弹性** 经济体对于经济周期的弹性强	6	13	5.18

中国

如　果？

竞争力模拟研究帮助政策制定者将注意力和优先次序放在他们国家或地区面临的关键竞争力上。我们用49个国家或地区的平均值代替这些最弱的指标值，从而计算这个国家或地区的总体排名。然而，这只是一个理论方式，不应视为政策的建议。还必须考虑各个国家或地区的发展水平、政治体制和社会值系统

	从		到
模拟排名变化	31	→	27

20个最弱的指标

序号	名称	国家原始值	国家排名	49国家平均值
2.5.09	**文盲率** 成人（15岁以上）文盲占总人口比例	16.5	48	4.8
3.1.01	**综合生产率（购买力平价）** 每个就业者人均GDP，美元	7375	47	41680
3.1.10	**服务业生产率（购买力平价）** 每个服务业雇员创造的相应GDP，美元，估计值	9359	47	42358
2.5.05	**高等教育成绩** 25-34岁人中至少获得三级教育的人口所占比例	5	45	21
3.1.04	**劳动生产率（购买力平价）** 每雇员每小时的GDP，美元，估计值	3.72	47	22.41
2.5.01	**全部公共教育支出** 全部公共教育支出占GDP的比例	2.1	47	5.1
4.4.01	**健康总支出** 占GDP的比例	2.3	45	6.7
4.4.10	**人文发展指数** 经济、社会与教育的综合指数	0.718	45	0.835
3.1.08	**工业生产率（购买力平价）** 每个工业雇员创造的相应GDP，美元，估计值	17158	47	46005
4.1.14	**能源强度** 单位美元GDP消费的商业能源数量，千焦耳	35282	47	15435
1.1.23	**人均GDP** 估计值，按购买力平价计算的人均美元	4189	46	18407
4.2.10	**互联网用户数** 每千人互联网用户人数/来源：计算机行业年鉴	26.27	45	267.96
4.2.09	**人均计算机** 每千人计算机数/来源：计算机行业年鉴	22	47	309
2.4.21 （调查）	**进入国内资本市场** 外国公司进入国内资本市场不受限制	4.45	49	8.09
3.2.16 （调查）	**金融人才** 金融人才在贵国劳动市场上容易获得	2.95	49	6.55
2.5.12 （调查）	**合格工程师** 合格工程师在贵国劳动力市场上容易获得	3.8	49	6.86
2.4.22 （调查）	**进入国外资本市场** 国内公司进入国外资本市场不受限制	4.43	48	7.76
3.2.20 （调查）	**称职的高层管理人员** 称职的高层管理人员在贵国劳动市场上易获得	3.59	49	6.31
2.4.20 （调查）	**外国金融机构** 外国金融机构可以进入本国市场	6.14	49	8.21
2.4.19 （调查）	**外国投资者** 外国投资者可以自由在国内公司中取得控制力	4.57	49	7.66

中国

国内经济

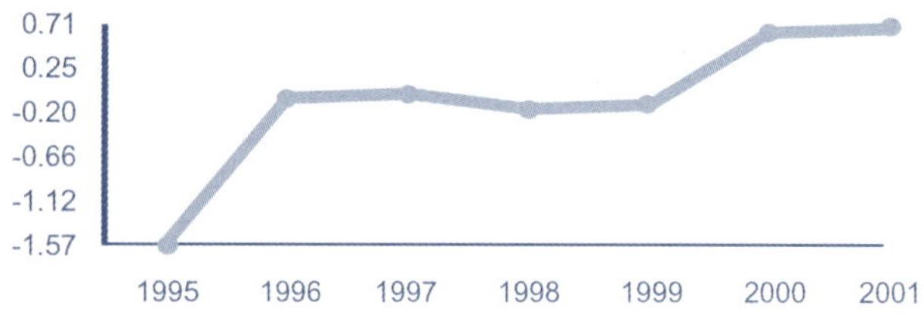

国际贸易

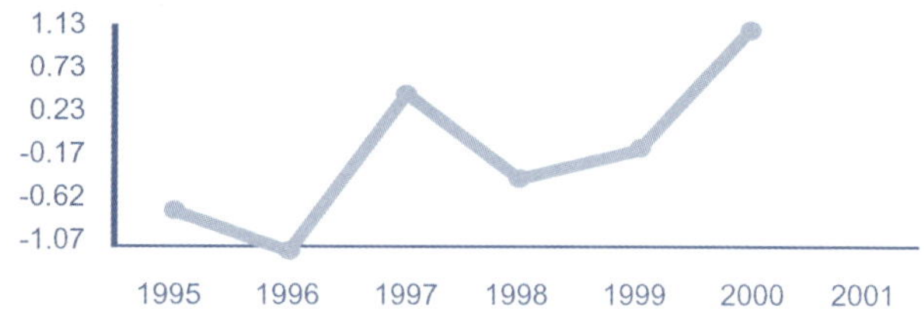

国际投资

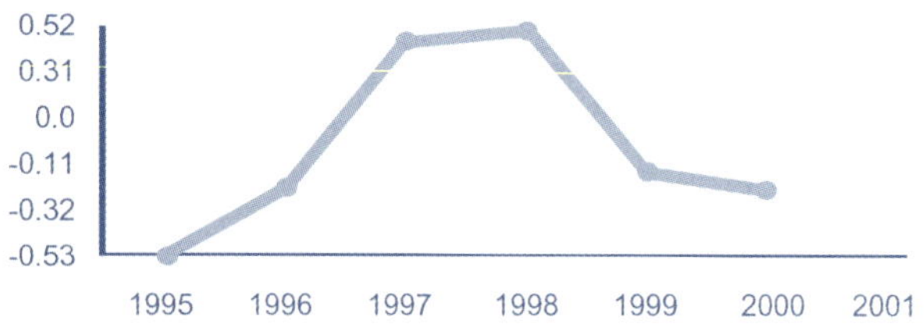

公共财政

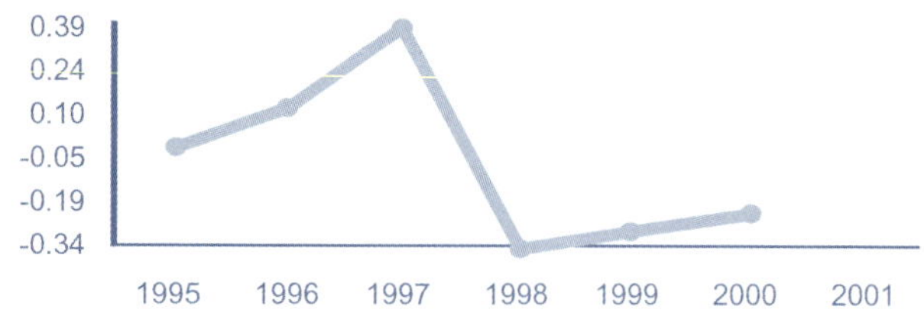

财政政策

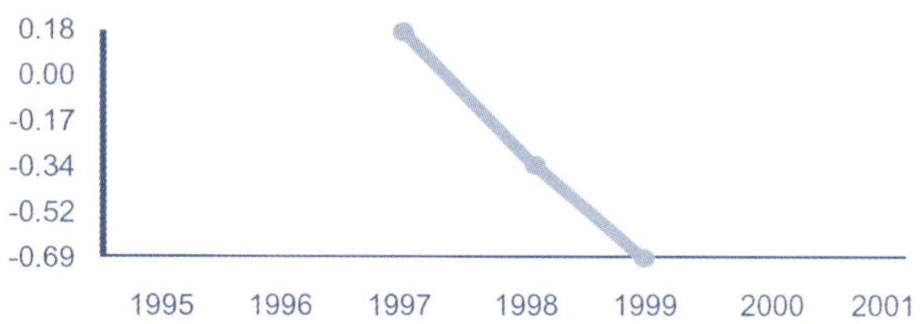

生产率

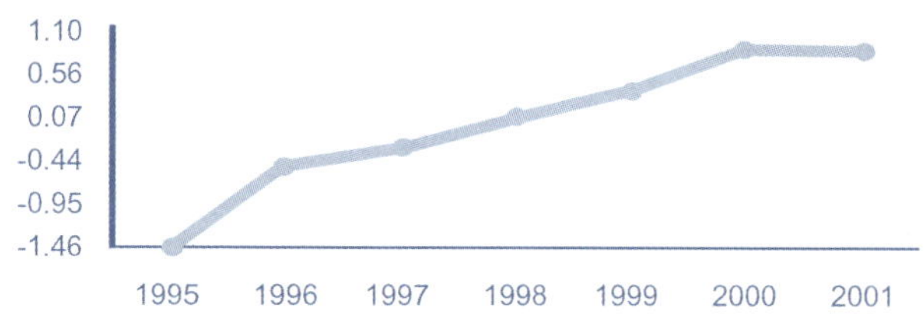

金融

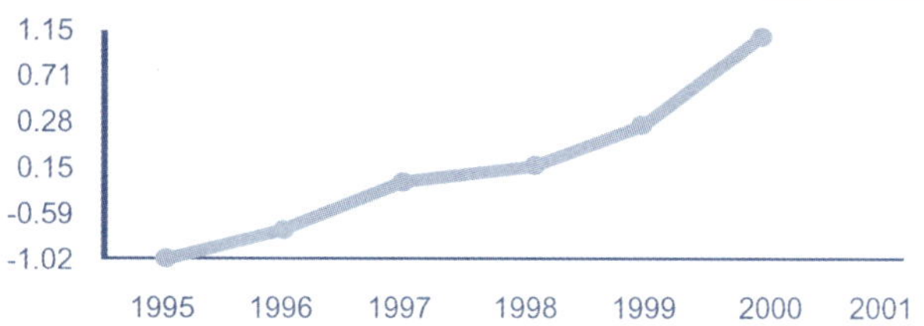

技术基础设施

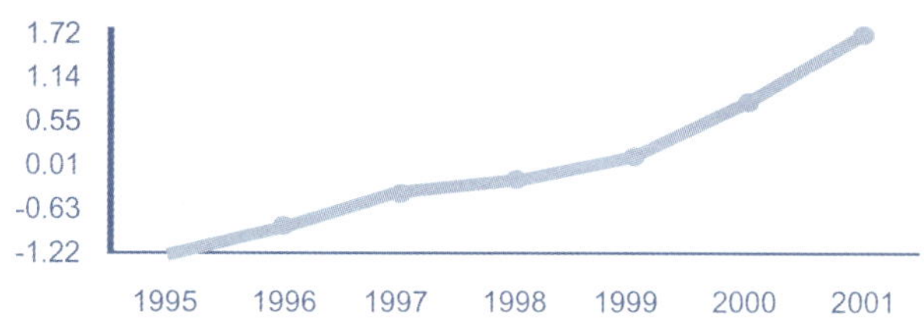

主要竞争力指标

人均国内生产总值

人均美元

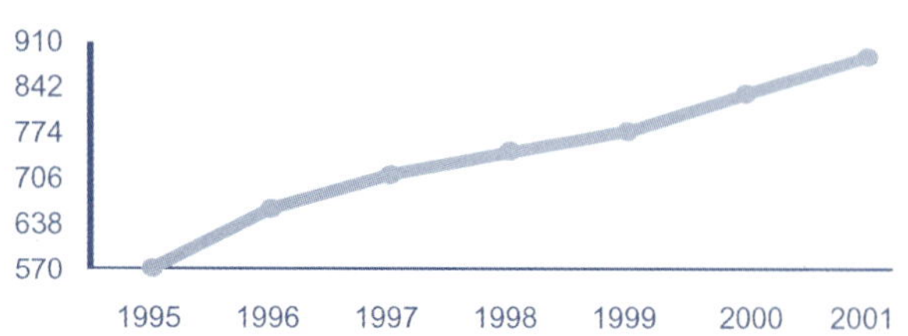

国内生产总值实际增长率

百分比变化，基于国家货币物价稳定

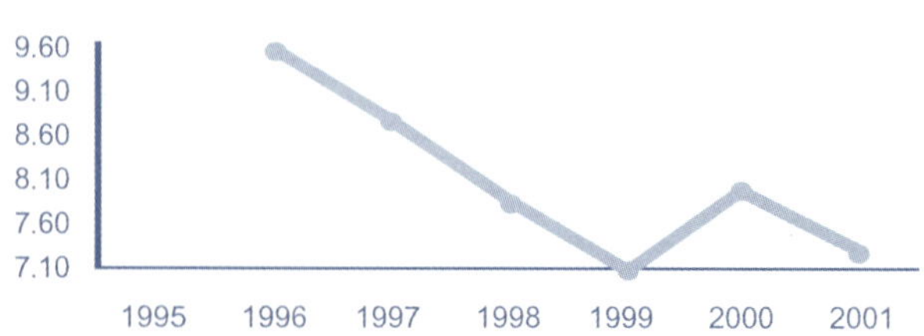

中国

个人最终消费支出
人均美元

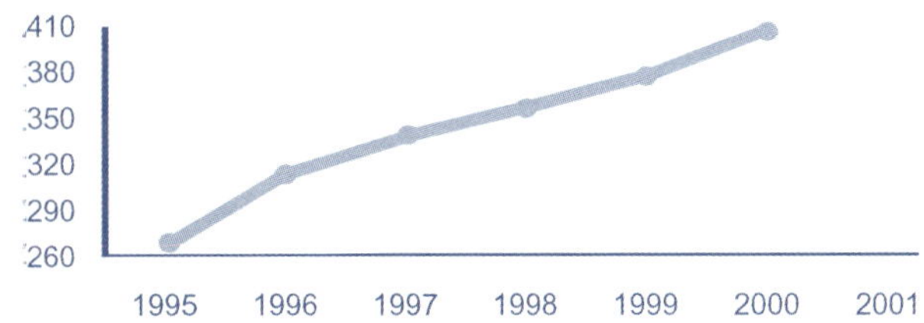

经常性项目差额
十亿美元（负号标志＝赤字）

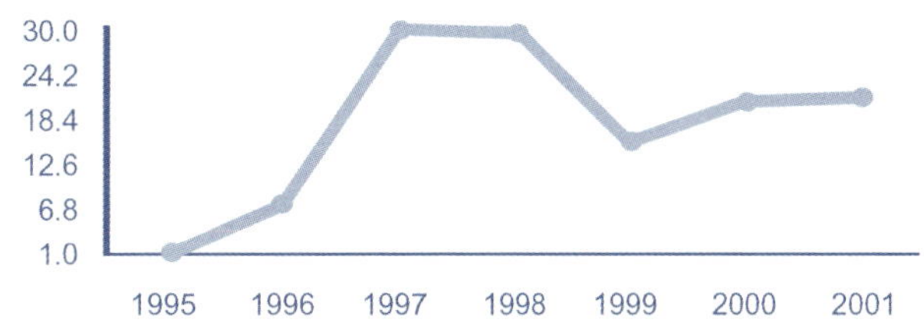

商品和商业劳务出口
十亿美元

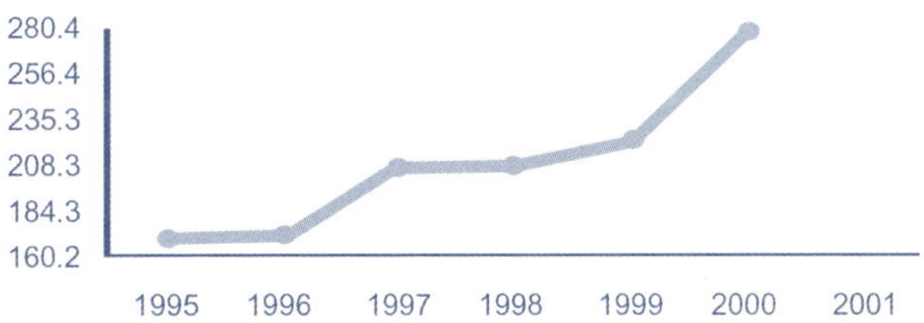

对外直接投资流量
十亿美元

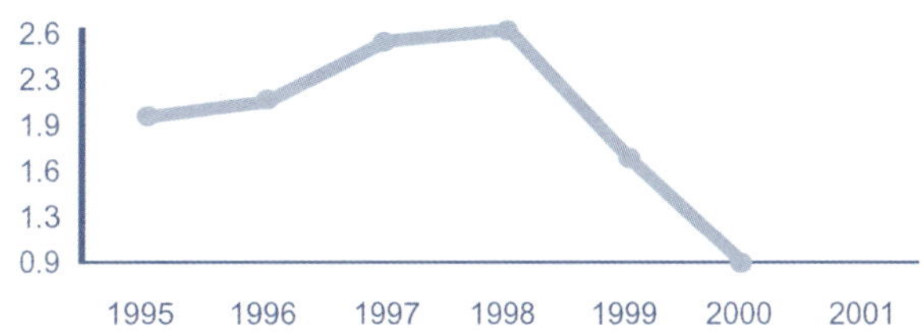

吸收直接投资流量
十亿美元

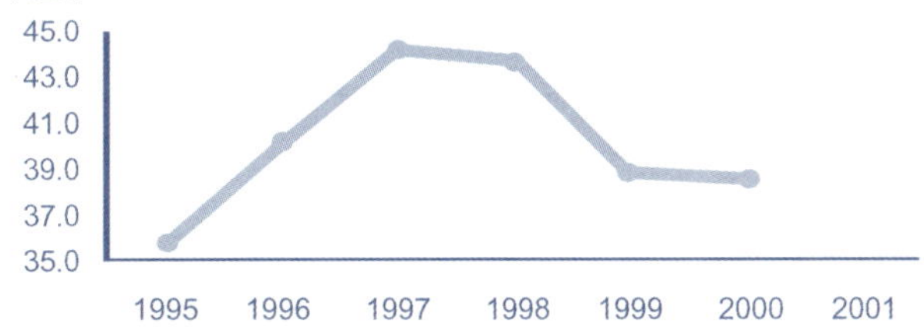

失业率
劳动力百分比

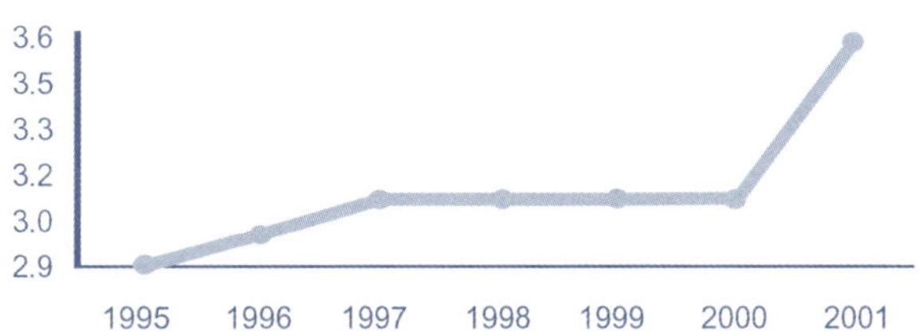

消费品价格增长率
年平均比率

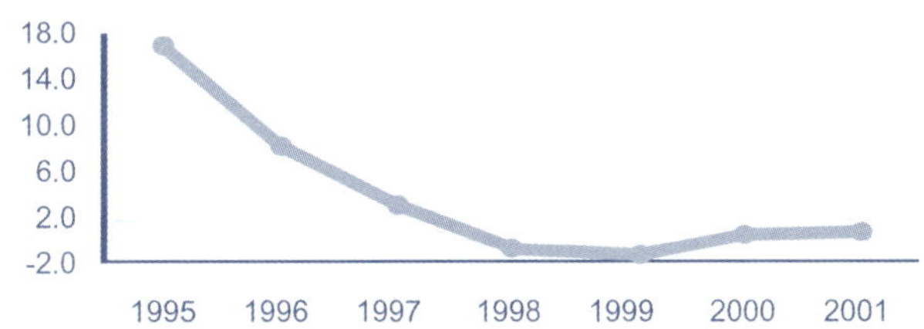

总体生产率
就业人员人均国内生产总值，美元

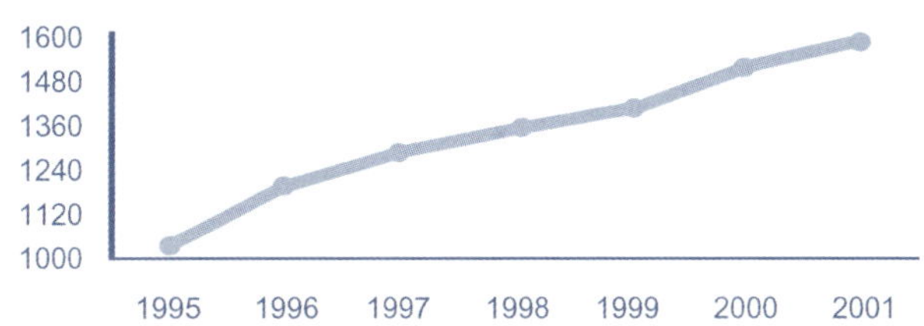

报酬水平
估计：制造工人的小时总补偿，美元

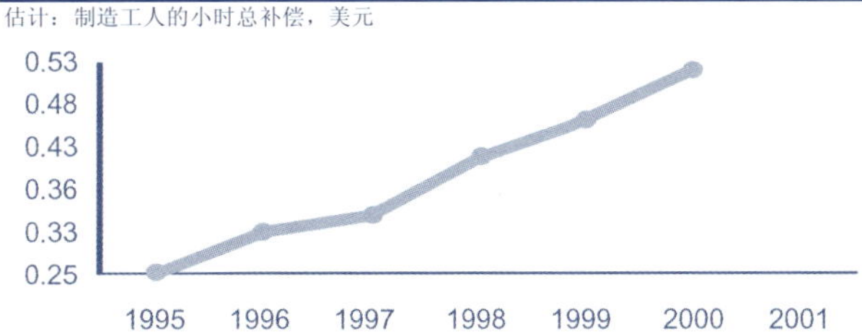

股票市场筹资额
十亿美元

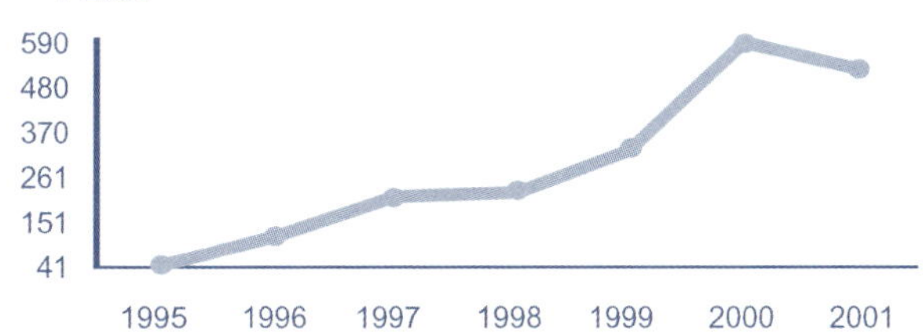

国内上市公司
上市公司的数量

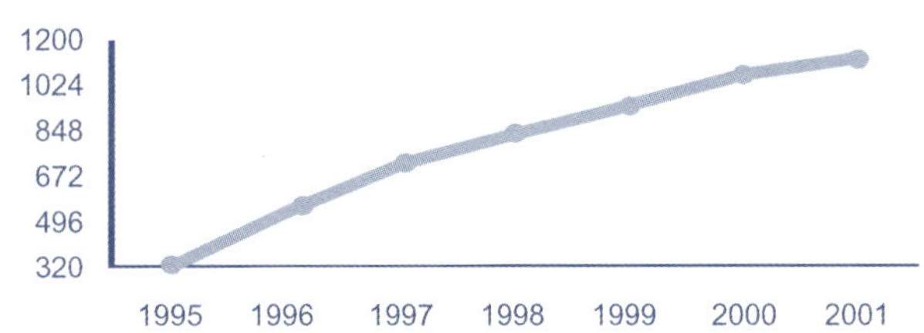

计算机
每1000人的计算机数量/来源：计算机工业年鉴

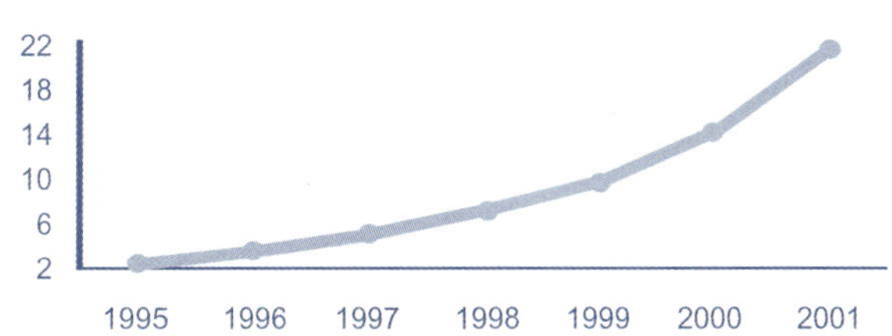

哥伦比亚

国家竞争力的挑战，2002

- 加强竞争力网络，使公众、个人和学术基地可以共同工作，以增强竞争力。
- 新的教育法用以提高教育质量并增加覆盖面。
- 保持一位数的通货膨胀和一个稳定的汇率
- 在来自20个不同地区和政府的私人企业间已经签署了20个有竞争力的出口协议。
- 为中小企业发展创新的项目增加社会资源。

提供者：

国家计划部

总体表现

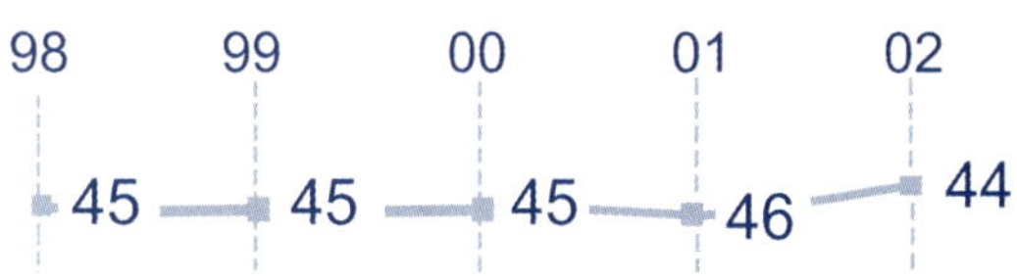

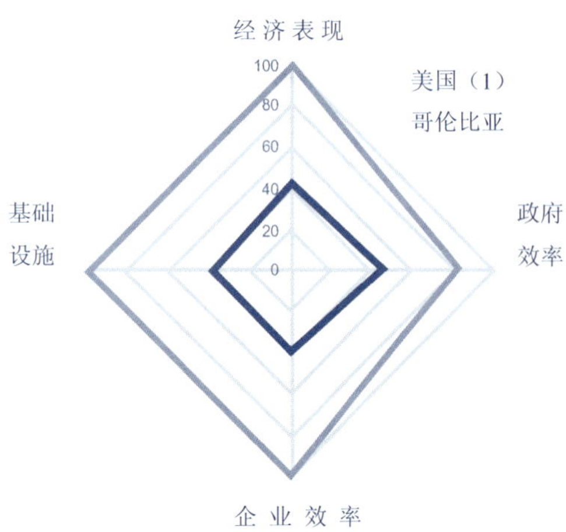

基本事实

首都	波哥大
人口	43.1（2001）
地域（平方千米）	1,038.7（2000）
汇率（百分之一美元）	2,299.63（2001）
国内生产总值（十亿美元）	81.4（2001）
人均国内生产总值（美元）	1,891（2001）
实际GDP增长率	0.7（2001）
消费品价格上涨	8.0（2001）
失业率	17.80（2001）
劳动力（百万）	18.48（2000）
经常性项目差额（十亿美元）	-1.7（2001）
直接投资	
吸收股票投资（十亿美元）	19.68（2000）
吸收流量（占GDP百分比）	3.22（2000）

哥伦比亚

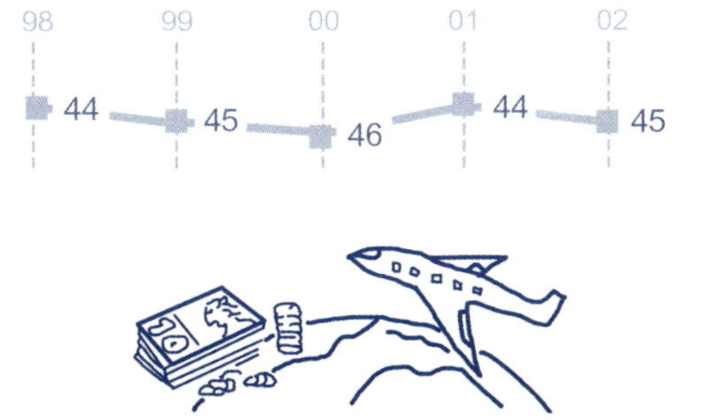

经济表现

	2002
国内经济	47
国际贸易	45
国际投资	37
就　业	44
物　价	33

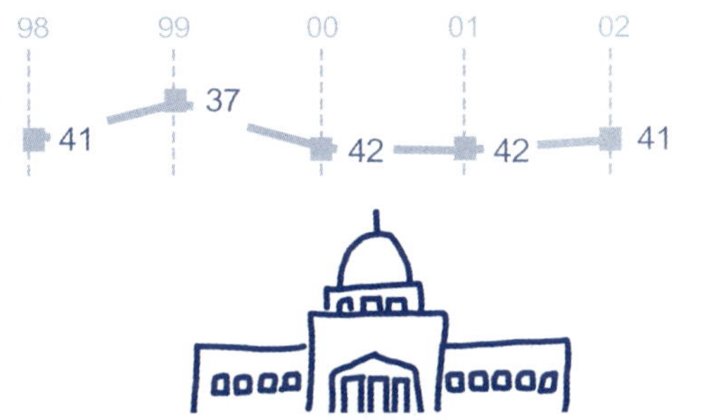

政府效率

	2002
公共财政	46
财政政策	19
组织机构	44
企业法规	35
教　育	37

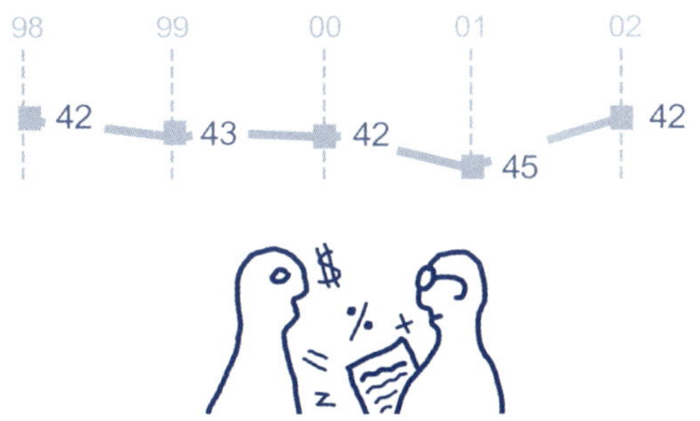

企业效率

	2002
生产率	40
劳动力市场	34
金　融	47
管理实践	30
全球化影响	45

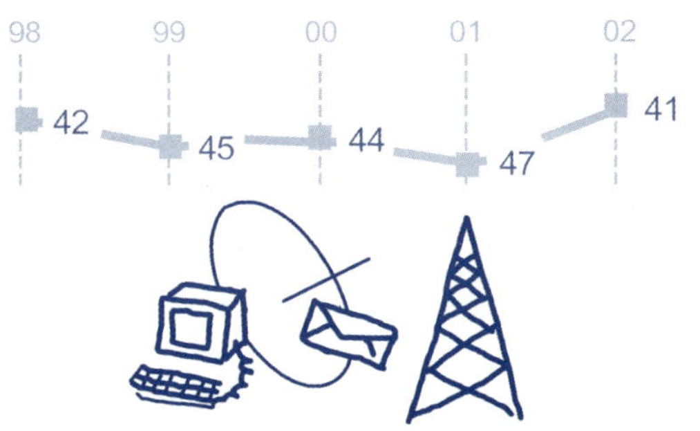

基础设施

	2002
基本基础设施	41
技术基本基础设施	38
科学基本基础设施	47
健康与环境	33
价值系统	42

哥伦比亚

这些指标是每类中最强的10个指标，这些类是通过对49个国家和地区平均的最大的价值差异来区分的。

1 经济表现

编号	指标	说明	排名
1.2.12	商业服务出口实际增长	按本地货币、不变价格计算的变化率	10
1.4.01	总就业人口	总就业人口（百万）	17
1.5.02	生活费指数	主要城市不包括住房的各种货物支出指数（纽约=100）	18
1.3.04	对外直接投资存量实际增长率	按本地货币、不变价格计算的变化率	18
1.2.09	商品出口额实际增长率	按本地货币、不变价格计算的变化率	20
1.4.07	青年失业	25岁以下失业人口占总失业人口比例	22
1.1.02	国内生产总值（PPP）	估计值：按购买力平价计算，10亿美元	26
1.3.06	吸引国外直接投资+流量	吸引国外直接投资流量占GDP的百分比	30
1.2.01	经常项目差额	经常项目差额，10亿美元（负号为逆差）	32
1.2.02	经常项目差额	经常项目差额占GDP的百分比	33

2 政府效率

编号	指标	说明	排名
2.2.01	税收总收入	占GDP的百分比	2
2.2.02	个人收入税有效税率	占人均GDP的百分比	12
2.2.13	间接税	商品和服务税占GDP的比重	12
2.4.15	移民法	移民法不禁止本国公司雇用外国劳动力	12
2.2.12	资本和财产税	资本和财产税占GDP的百分比	16
2.1.04	中央政府国内负债	占GDP的百分比	19
2.4.14	失业立法	失业立法激励人们寻找工作	19
2.5.12	合格工程师	合格工程师在贵国劳动力市场上容易获得	19
2.2.06	实际个人税	实际个人税并不阻碍人们工作或者寻求发展	21
2.4.21	进入国内资本市场	外国公司进入国内资本市场不受限制	23

3 企业效率

编号	指标	说明	排名
3.2.05	工作小时	每年的平均工作小时数	4
3.2.01	报酬水平	制造业工人每小时全部报酬，美元，估计值	11
3.2.03	服务性职业报酬	年均总收入，包括附加薪水，例如额外薪金，美元	12
3.2.20	称职的高层管理人员	称职的高层管理人员在贵国劳动市场上易获得	14
3.4.03	管理人员的信誉	管理人员在经济中可信性被广泛认可	16
3.4.04	公司董事会	公司董事会确实合适地监督了公司的管理	20
3.5.04	R&D设施的再分配	R&D设施的再分配不会威胁贵国经济的未来	23
3.1.03	综合生产率实际增长率	每个就业者实际GDP变化率，估计值	25
3.4.02	伦理实践	伦理实践在公司中采用	26
3.2.15	熟练劳动力	熟练劳动力在贵国劳动市场上可获得性	27

4 基础设施

编号	指标	说明	排名
4.2.01	对电信的投资	年平均占GDP的百分比	2
4.5.06	女性地位	所有立法委员、高级官员和经理中女性所占比例	2
4.1.17	国内能源总产量	占所有能源需求（等价为石油吨数）的比例	3
4.4.01	健康总支出	占GDP的比例	4
4.1.18	能源进口与商品出口	能源进口占商品出口的比例	5
4.4.13	废水处理工厂	接受废水处理工厂服务的人口占总人口的比重	16
4.1.19	非能源原材料自给	人均贸易收支差额，美元	19
4.1.16	GDP和能源消耗	实际GDP增长率减去能源消耗增长率	20
4.5.04	歧视	歧视（种族、性别等）并没有给社会带来不利影响	21
4.1.14	能源强度	单位美元GDP消费的商业能源数量，千焦耳	24

哥伦比亚

这些指标是每类中最弱的 10 个指标，这些类是通过对 49 个国家和地区平均的最大的价值差异来区分的。

1 经济表现

			排名
1.4.06	失业率	占劳动力比率	46
1.2.10	商业服务出口额	10亿美元	45
1.1.22	人均GDP	人均美元	44
1.2.18	外贸依存度	（出口+进口）/（2×GDP）	44
1.2.11	商业服务出口额	商业服务出口额占GDP的百分比	44
1.1.23	人均GDP	估计值，按购买力平价计算的人均美元	43
1.2.08	商品出口额	商品出口额占GDP的百分比	43
1.2.07	商品出口额	商品出口额，10亿美元	43
1.2.19	贸易条件指数	出口单位价值比进口单位价值（1995=100）	42
1.1.13	实际人均GDP增长率	按本地货币、不变价格计算的变化率	41

2 政府效率

2.3.19	个人安全和个人财产	个人安全和个人财产得到充分保护	47
2.1.07	中央政府总负债实际增长率	按本地货币、不变价格计算的变化率	46
2.1.02	中央政府预算盈余/赤字	占GDP的百分比	46
2.3.18	公平	贵国的社会公平得到公正管理公平	45
2.3.01	短期实际利率	平均贴现率/优惠利率（1月-12月）	45
2.3.04	国家信用评级	由《机构投资者杂志》杂志按百分制评分	44
2.3.09	法律体系	法律体系不损害贵国的竞争力	44
2.3.07	汇率稳定度	本币相对于特别提款权的汇兑年价变动	44
2.5.10	经济知识普及	经济知识普及率高	43
2.1.08	利息支付额	占当前收入的百分比	43

3 企业效率

3.3.14	股票市场指数	支书的变化率	49
3.5.05	海外形象	贵国的海外形象支持了企业的发展	47
3.2.18	外国高素质人员	外国高素质人员被贵国企业环境所吸引	47
3.3.10	股票市场	股票市场为公司提供充足的资金	45
3.1.04	劳动生产率（购买力平价）	每雇员每小时的GDP，美元，估计值	44
3.3.18	现金流	现金流通常足以允许公司自筹经费	44
3.3.06	风险资本	企业发展可以容易获得	44
3.2.17	人才流失	人才流失不损害贵国的竞争力	44
3.2.02	制造业部门单位劳动成本	制造业部门单位劳动成本变化率	43
3.1.10	服务业生产率（购买力平价）	每个服务业雇员创造的相应GDP，美元，估计值	43

4 基础设施

4.5.08	骚扰和暴力	骚扰和暴力并没有严重动摇岗位	49
4.1.10	用于货物和服务分配的基础设施	普遍有效率	49
4.3.10	基础研究	基础研究能够支持长期经济发展	48
4.5.01	生活质量	贵国生活质量很高	46
4.2.04	移动电话用户	每千户居民中的用户数	46
4.2.10	互联网用户数	每千人互联网用户人数/来源：计算机行业年鉴	43
4.5.10	私人空间的保护	贵国执行了私人空间的保护	43
4.3.13	学校内的科学	学校内的科学在贵国充分教育	43
4.2.03	国际电话费用	高峰期通往美国的每三分钟费用（对美国指通往欧洲）	43
4.2.09	人均计算机	每千人计算机数/来源：计算机行业年鉴	43

哥伦比亚

这一部分集锦了该国20个最强的指标，
这部分指标有着最高的标准化值（STD值）。
STD值＝（国家和地区的原始值－49个国家和地区平均值）/标准差

20个最强的指标

序号	名称	国家原始值	国家排名	49国家平均值
4.2.01	**对电信的投资** 年平均占GDP的百分比	1.559	2	0.607
2.2.01	**税收总收入** 占GDP的百分比	11.57	2	31.24
4.5.06	**女性地位** 所有立法委员、高级官员和经理中女性所占比例	40	2	21.64
3.2.05	**工作小时** 每年的平均工作小时数	2182	4	1925
4.1.17	**国内能源总产量** 占所有能源需求（等价为石油吨数）的比例	274.7	3	91.8
4.4.01	**健康总支出** 占GDP的比例	10.2	4	6.7
2.2.02	**个人收入税有效税率** 占人均GDP的百分比	7.39	12	17.15
4.1.18	**能源进口与商品出口** 能源进口占商品出口的比例	1.71	5	9.39
2.2.13	**间接税** 商品和服务税占GDP的比重	6.96	12	10.45
3.2.01	**报酬水平** 制造业工人每小时全部报酬，美元，估计值	2.15	11	9.16
3.2.03	**服务性职业报酬** 年均总收入，包括附加薪水，例如额外薪金，美元	1	12	0
2.2.12	**资本和财产税** 资本和财产税占GDP的百分比	0.71	16	1.57
1.2.12	**商业服务出口实际增长** 按本地货币、不变价格计算的变化率	17.93	10	11.47
2.4.15 （调查）	**移民法** 移民法不禁止本国公司雇用外国劳动力	6.59	12	5.82
3.2.20 （调查）	**称职的高层管理人员** 称职的高层管理人员在贵国劳动市场上易获得	7.14	14	6.31
3.4.03 （调查）	**管理人员的信誉** 管理人员在经济中可信性被广泛认可	6.59	16	6.08
2.4.14 （调查）	**失业立法** 失业立法激励人们寻找工作	5.67	19	4.98
2.5.12 （调查）	**合格工程师** 合格工程师在贵国劳动力市场上容易获得	7.41	19	6.86
2.4.21 （调查）	**进入国内资本市场** 外国公司进入国内资本市场不受限制	8.47	23	8.09
2.2.06 （调查）	**实际个人税** 实际个人税并不阻碍人们工作或者寻求发展	5.18	21	4.81

哥伦比亚

如 果？

竞争力模拟研究帮助政策制定者将注意力和优先次序放在他们国家或地区面临的关键竞争力上。我们用49个国家或地区的平均值代替这些最弱的指标值，从而计算这个国家或地区的总体排名。然而，这只是一个理论方式，不应视为政策的建议。还必须考虑各个国家或地区的发展水平、政治体制和社会值系统

	从		到
模拟排名变化	44	→	39

20个最弱的指标

序号	名称	国家原始值	国家排名	49国家平均值
1.4.06	**失业率** 占劳动力比率	17.8	46	7.95
3.3.14	**股票市场指数** 支书的变化率	-44.9	49	-8.23
2.1.02	**中央政府预算盈余/赤字** 占GDP的百分比	-6.13	46	-0.97
3.2.02	**制造业部门单位劳动成本** 制造业部门单位劳动成本变化率	16.72	43	4.61
2.3.04	**国家信用评级** 由《机构投资者杂志》杂志按百分制评分	38.8	44	67.8
3.1.10	**服务业生产率（购买力平价）** 每个服务业雇员创造的相应GDP，美元，估计值	15621	43	42358
4.2.10	**互联网用户数** 每千人互联网用户人数/来源：计算机行业年鉴	24.03	46	267.96
3.1.01	**综合生产率（购买力平价）** 每个就业者人均GDP，美元	16309	43	41680
3.1.04	**劳动生产率（购买力平价）** 每雇员每小时的GDP，美元，估计值	7.47	44	22.41
2.1.08	**利息支付额** 占当前收入的百分比	26.79	43	12.39
1.1.23	**人均GDP** 估计值，按购买力平价计算的人均美元	6180	43	18407
4.2.09	**人均计算机** 每千人计算机数/来源：计算机行业年鉴	54	43	309
2.3.01	**短期实际利率** 平均贴现率/优惠利率（1月-12月）	7.78	45	3.11
3.5.05 （调查）	**海外形象** 贵国的海外形象支持了企业的发展	1.05	47	5.58
2.3.19 （调查）	**个人安全和个人财产** 个人安全和个人财产得到充分保护	1.16	47	6.05
4.3.10 （调查）	**基础研究** 基础研究能够支持长期经济发展	2.41	48	5.36
3.3.10 （调查）	**股票市场** 股票市场为公司提供充足的资金	2.18	45	5.45
4.1.10 （调查）	**用于货物和服务分配的基础设施** 普遍有效率	3.14	49	6.15
4.5.01 （调查）	**生活质量** 贵国生活质量很高	2.86	46	6.58
2.3.18 （调查）	**公平** 贵国的社会公平得到公正管理公平	2.51	45	5.71

哥伦比亚

国内经济

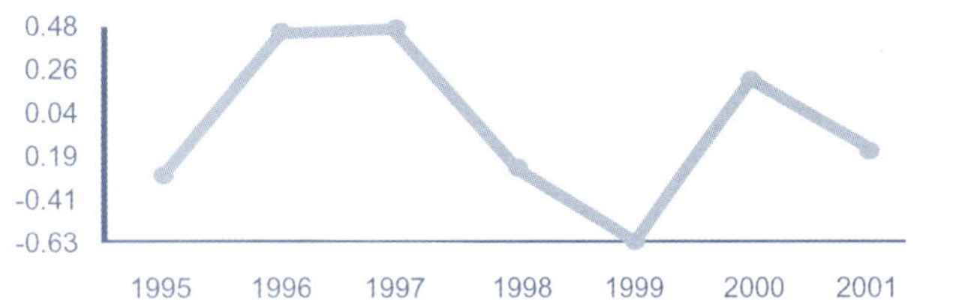

国际贸易

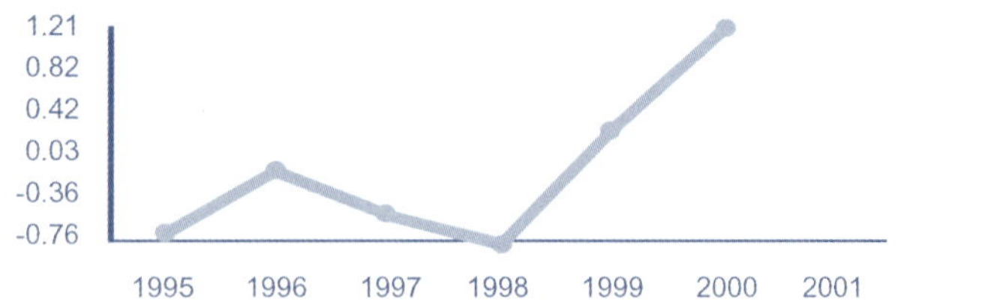

国际投资

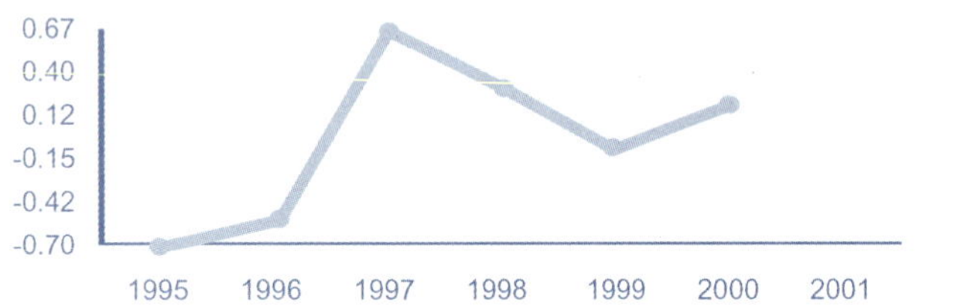

公共财政

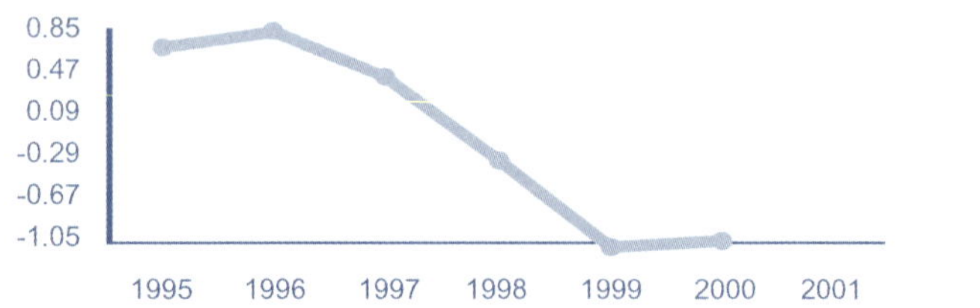

财政政策

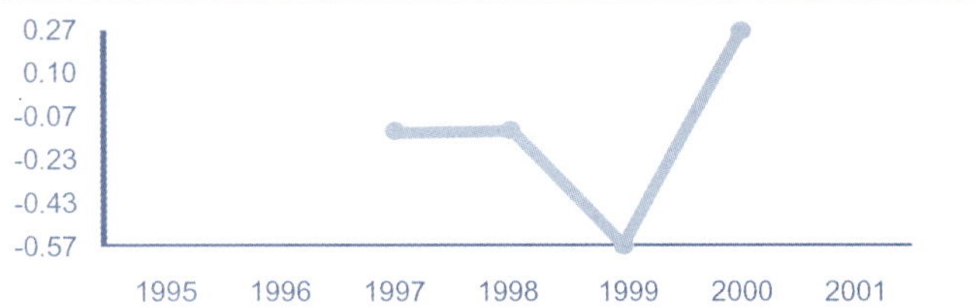

生产率

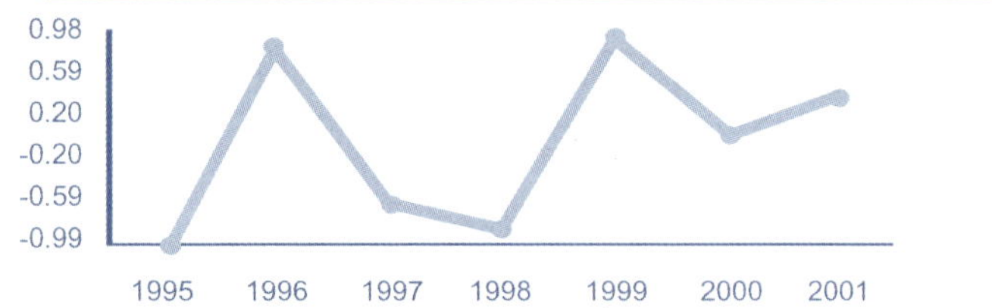

金融

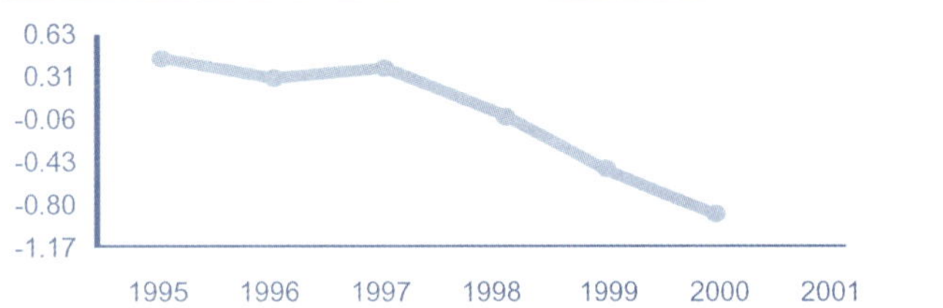

技术基础设施

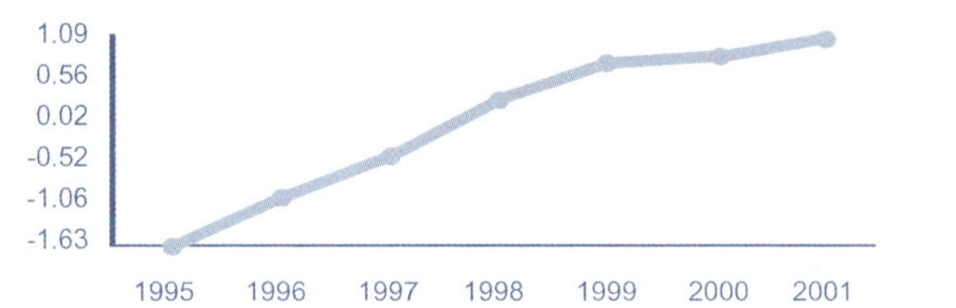

主要竞争力指标

人均国内生产总值

人均美元

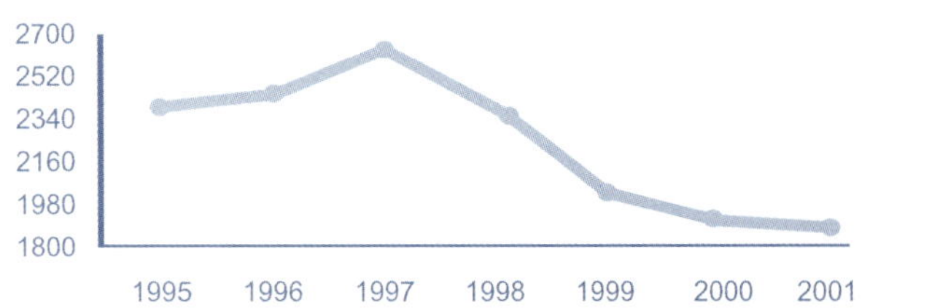

国内生产总值实际增长率

百分比变化，基于国家货币物价稳定

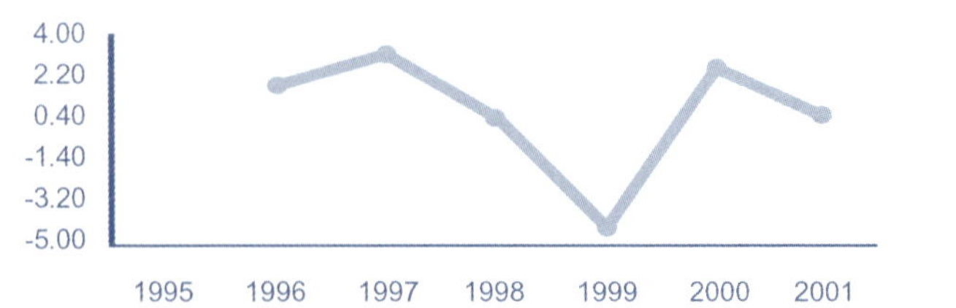

哥伦比亚

个人最终消费支出

人均美元

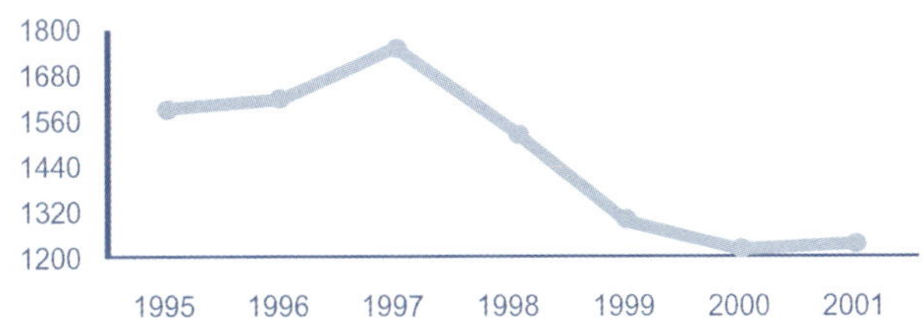

经常性项目差额

十亿美元（负号标志＝赤字）

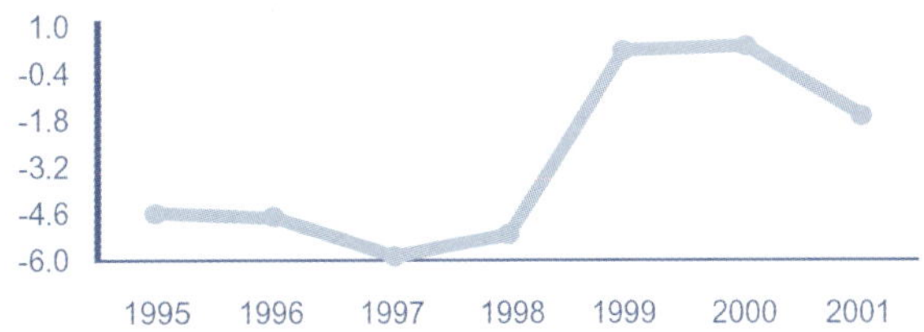

商品和商业劳务出口

十亿美元

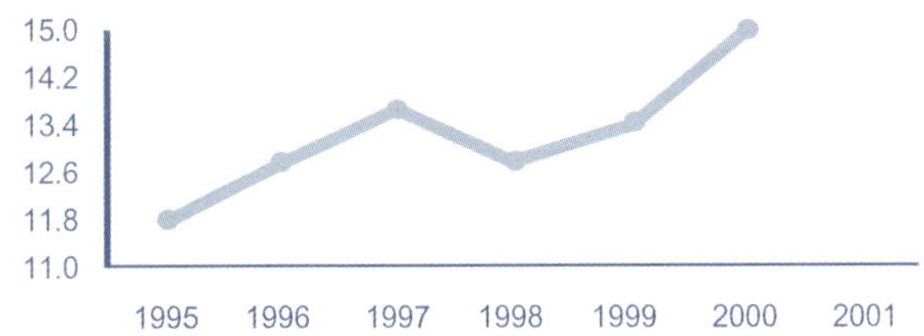

对外直接投资流量

十亿美元

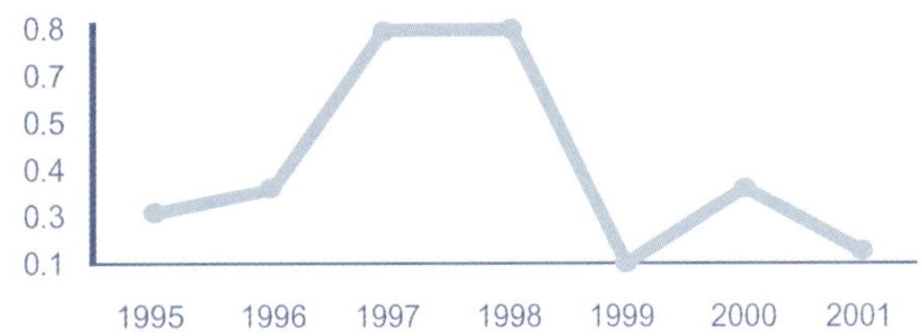

吸收直接投资流量

十亿美元

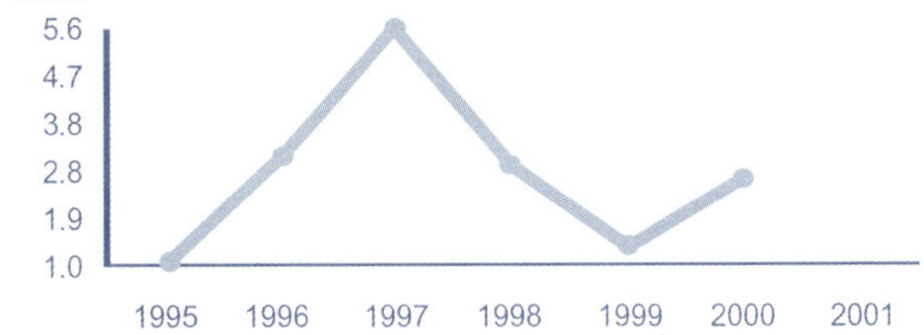

失业率

劳动力百分比

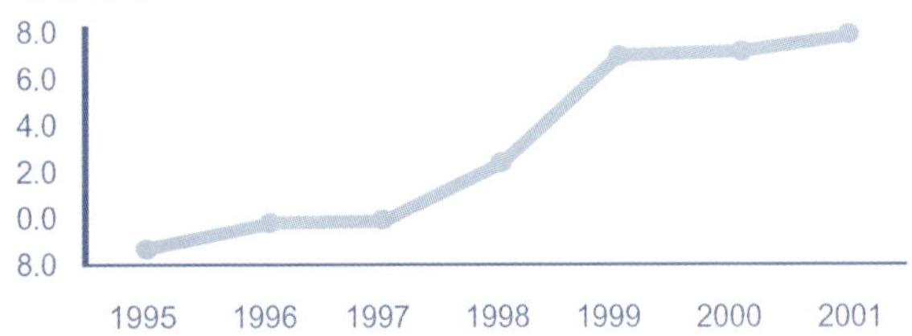

消费品价格增长率

年平均比率

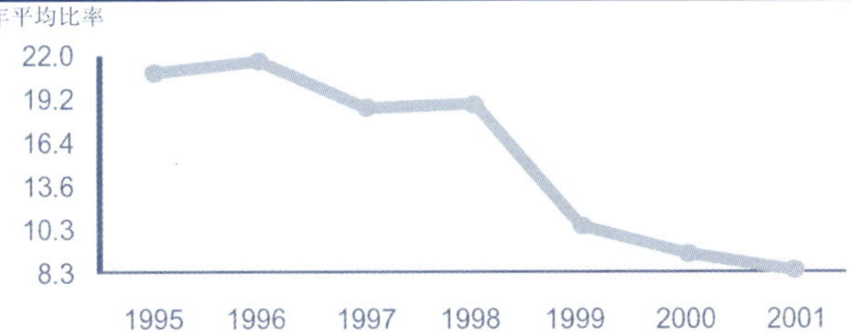

总体生产率

就业人员人均国内生产总值，美元

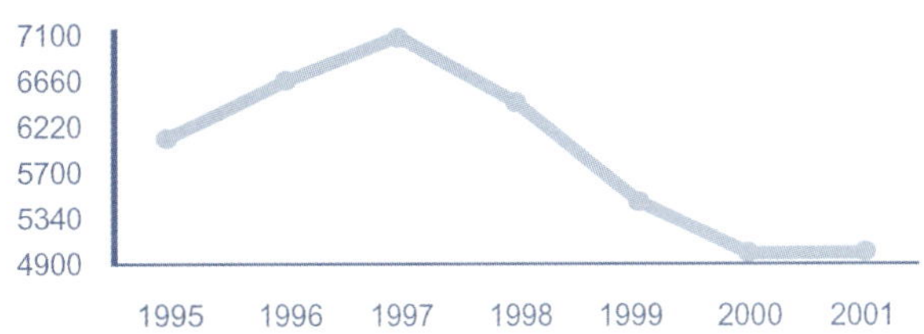

报酬水平

估计：制造工人的小时总补偿，美元

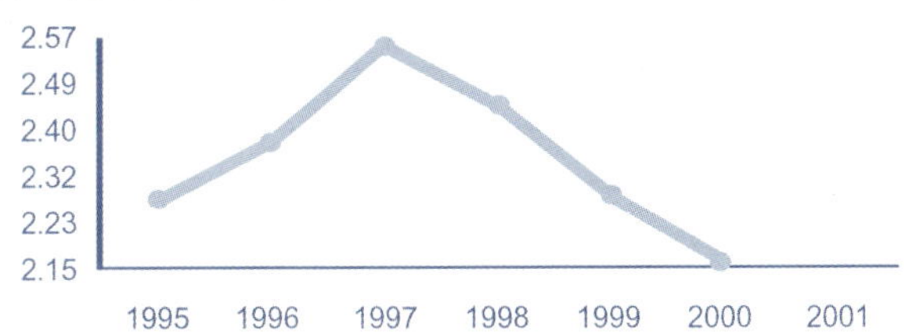

股票市场筹资额

十亿美元

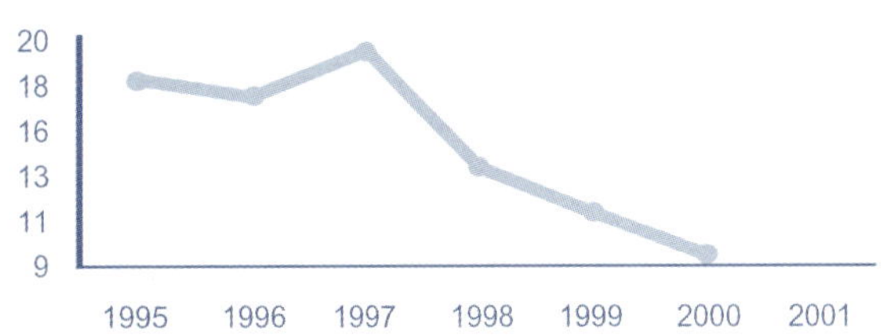

国内上市公司

上市公司的数量

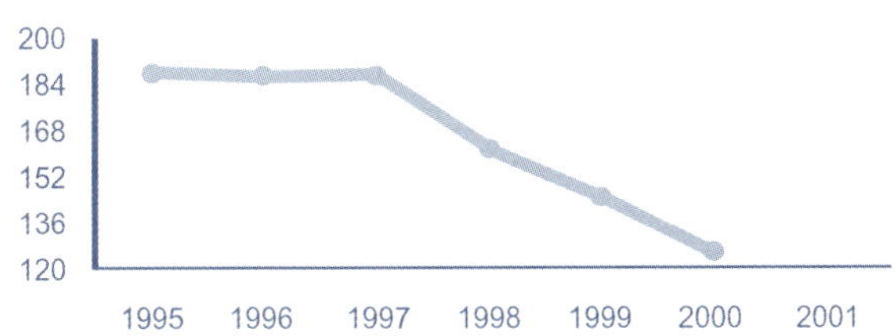

计算机

每1000人的计算机数量/来源：计算机工业年鉴

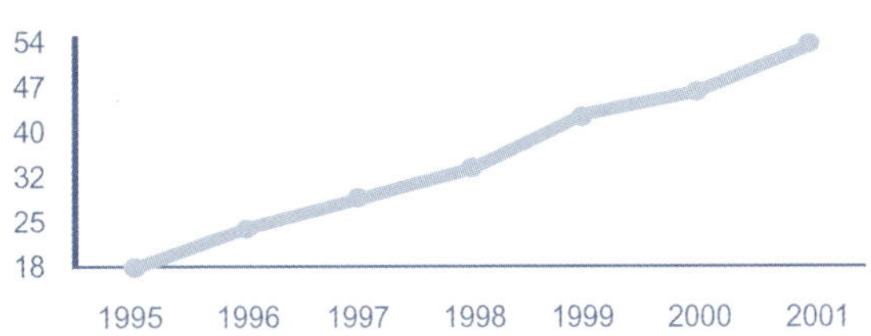

捷克

国家竞争力的挑战，2002

- 加入欧盟和加入协商。
- 改善立法的框架和国家管理。
- 减少腐败和增加透明度，
- 减少快速增加的财政赤字，要求长期耽搁的税收和养老金改革。
- 应对快速增值的货币。

提供者：

G. E. R. E. -E. I.

总体表现

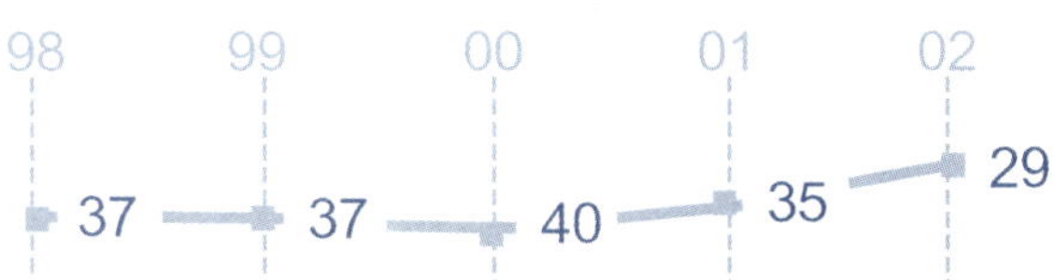

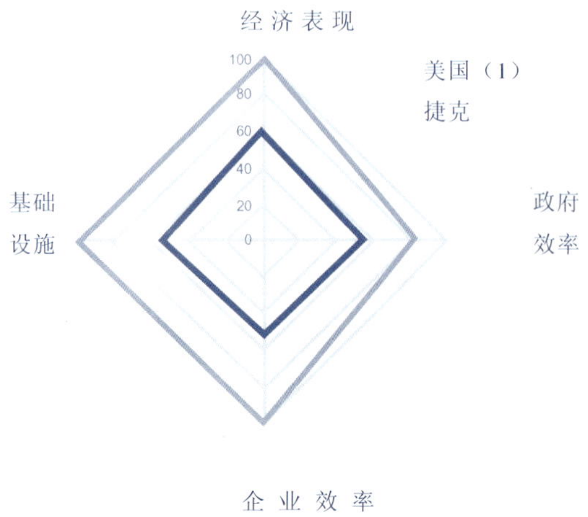

基本事实

首都	布拉格
人口	10.3（2001）
地域（平方千米）	79.0（2000）
汇率（百分之一美元）	38.04（2001）
国内生产总值（十亿美元）	56.2（2001）
人均国内生产总值（美元）	5,476（2001）
实际GDP增长率	3.5（2001）
消费品价格上涨	4.8（2001）
失业率	8.30（2001）
劳动力（百万）	5.13（2001）
经常性项目差额（十亿美元）	-2.7（2001）
直接投资	
吸收股票投资（十亿美元）	21.10（2000）
吸收流量（占GDP百分比）	9.04（2000）

捷克

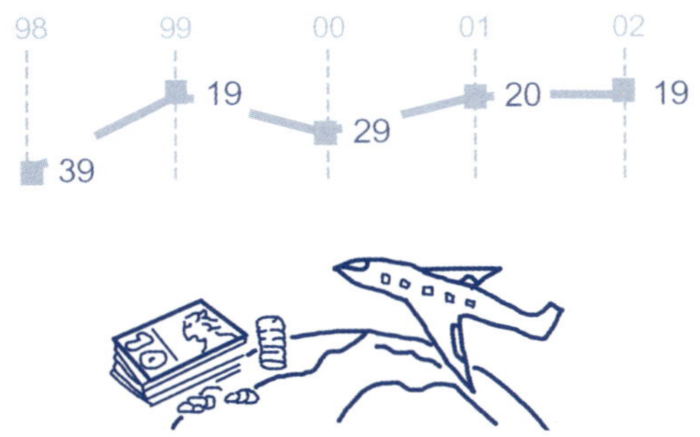

经 济 表 现

	2002
国内经济	28
国际贸易	23
国际投资	27
就　业	27
物　价	5

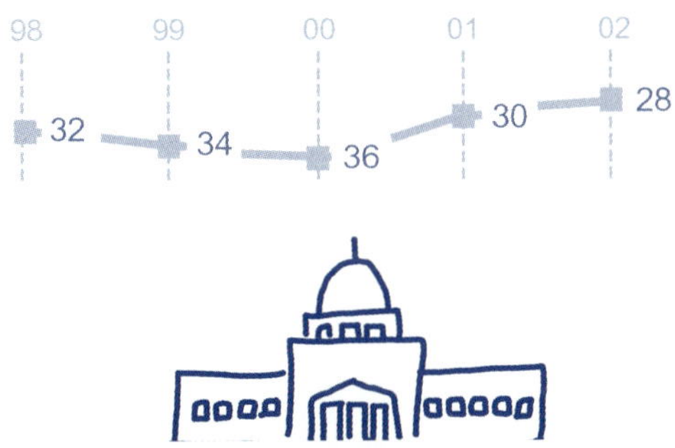

政 府 效 率

	2002
公共财政	21
财政政策	37
组织机构	26
企业法规	27
教　育	22

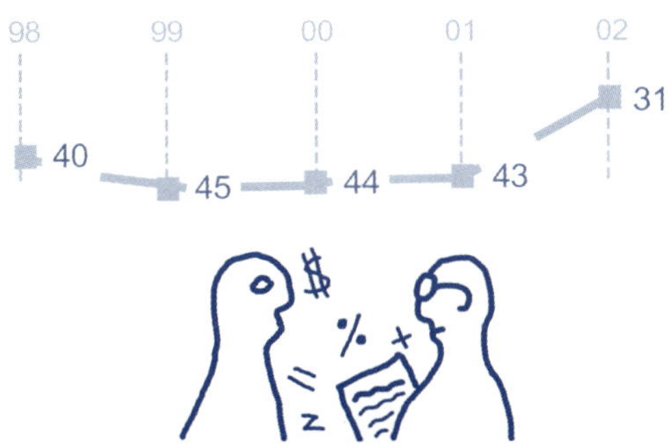

企 业 效 率

	2002
生产率	31
劳动力市场	22
金　融	41
管理实践	38
全球化影响	13

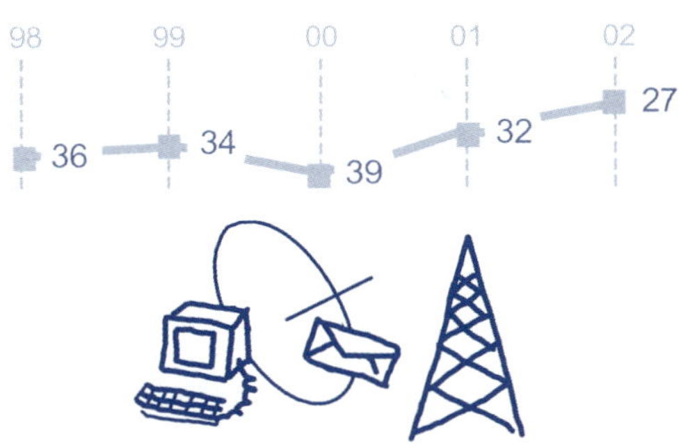

基 础 设 施

	2002
基本基础设施	20
技术基本基础设施	28
科学基本基础设施	28
健康与环境	25
价值系统	35

捷克

这些指标是每类中最强的 10 个指标，这些类是通过对 49 个国家和地区平均的最大的价值差异来区分的。

1 经济表现

			排名
1.5.02	生活费指数	主要城市不包括住房的各种货物支出指数（纽约=100）	3
1.1.13	实际人均GDP增长率	按本地货币、不变价格计算的变化率	5
1.2.08	商品出口额	商品出口额占GDP的百分比	9
1.2.18	外贸依存度	（出口+进口）/（2×GDP）	9
1.2.11	商业服务出口额	商业服务出口额占GDP的百分比	9
1.1.12	实际GDP增长率	按本地货币、不变价格计算的变化率	10
1.2.09	商品出口额实际增长率	按本地货币、不变价格计算的变化率	10
1.3.06	吸引国外直接投资+流量	吸引国外直接投资流量占GDP的百分比	10
1.3.08	吸引国外直接投资存量实际增	按本地货币、不变价格计算的变化率	15
1.4.07	青年失业	25岁以下失业人口占总失业人口比例	16

2 政府效率

2.4.23	投资激励	对外国投资有吸引力	1
2.5.04	中等学校入学人数	接受全日制教育的相关年龄组所占比例	1
2.3.01	短期实际利率	平均贴现率/优惠利率（1月-12月）	2
2.5.09	文盲率	成人（15岁以上）文盲占总人口比例	3
2.1.08	利息支付额	占当前收入的百分比	6
2.4.20	外国金融机构	外国金融机构可以进入本国市场	7
2.1.06	中央政府国外负债	占GDP的百分比	10
2.4.24	投资保护计划	投资保护计划大多数外放国家可以享受	12
2.3.07	汇率稳定度	本币相对于特别提款权的汇兑年价变动	12
2.2.12	资本和财产税	资本和财产税占GDP的百分比	14

3 企业效率

3.2.04	经理报酬	全部底薪加上奖金和长期激励，美元	5
3.2.02	制造业部门单位劳动成本	制造业部门单位劳动成本变化率	7
3.5.03	生产的再分配	国外的生产再分配没有威胁到贵国经济的未来	8
3.2.01	报酬水平	制造业工人每小时全部报酬，美元，估计值	9
3.1.03	综合生产率实际增长率	每个就业者实际GDP变化率，估计值	9
3.1.06	农业生产率（购买力平价）	每个农业劳动力创造的相应GDP，美元，估计值	11
3.5.04	R&D设施的再分配	R&D设施的再分配不会威胁贵国经济的未来	12
3.5.01	全球化	全球化没有威胁贵国经济	14
3.2.08	产业纠纷	每千个居民年均因纠纷损失的工作日	14
3.2.18	外国高素质人员	外国高素质人员被贵国企业环境所吸引	16

4 基础设施

4.2.05	移动电话费用	高峰期每三分钟费用，美元	2
4.1.07	铁路	网络的密度	3
4.2.01	对电信的投资	年平均占GDP的百分比	6
4.5.07	性别收入比	估计总体女性与男性收入比率	7
4.1.04	赡养率	15岁以下和64岁以上的人口总量除以15岁-64岁之间人口总量	7
4.3.13	学校内的科学	学校内的科学在贵国充分教育	10
4.4.05	医疗帮助	每个医生负担的居民人数 每个护士负担的居民人数	11
4.1.20	工业用户的电力成本	美元/千瓦	12
4.1.06	道路	网络的密度	12
4.3.14	科学和技术的兴趣	贵国青年具有浓厚的科学技术兴趣	14

捷克

这些指标是每类中最弱的10个指标，这些类是通过对49个国家和地区平均的最大的价值差异来区分的。

1 经济表现			排名
1.2.02	经常项目差额	经常项目差额占GDP的百分比	44
1.3.03	对外直接投资存量	10亿美元	43
1.3.01	对外直接投资流量	10亿美元	43
1.3.02	对外直接投资流量	对外直接投资流量占GDP的百分比	42
1.1.01	国内生产总值（GDP）	按现行价格、汇率计算，10亿美元	42
1.3.07	吸引国外直接投资存量	10亿美元	38
1.3.10	证券投资负债	10亿美元	36
1.2.10	商业服务出口额	10亿美元	35
1.1.02	国内生产总值（PPP）	估计值：按购买力平价计算，10亿美元	35
1.2.01	经常项目差额	经常项目差额，10亿美元（负号为逆差）	34

2 政府效率			
2.4.06	政府补贴	对私人和公共企业的补贴占GDP比重	48
2.1.07	中央政府总负债实际增长率	按本地货币、不变价格计算的变化率	45
2.2.09	雇主的社会保障缴款率	强制缴款占人均GDP的比率	44
2.4.14	失业立法	失业立法激励人们寻找工作	40
2.3.06	汇率政策	贵国汇率政策支持公司的竞争力	39
2.2.01	税收总收入	占GDP的百分比	38
2.5.02	学生—教师比（初等教育）	学生与教师职员的比例	37
2.5.05	高等教育成绩	25-34岁人中至少获得三级教育的人口所占比例	36
2.3.17	受贿和腐败	受贿和腐败在经济中不盛行	36
2.5.11	教育资金	教育资金在贵国很充足	36

3 企业效率			
3.4.03	管理人员的信誉	管理人员在经济中可信性被广泛认可	47
3.4.05	股东价值	有效地管理股东价值	47
3.3.10	股票市场	股票市场为公司提供充足的资金	46
3.2.16	金融人才	金融人才在贵国劳动市场上容易获得	45
3.3.03	信贷	很容易从银行流入企业	44
3.2.20	称职的高层管理人员	称职的高层管理人员在贵国劳动市场上易获得	44
3.4.04	公司董事会	公司董事会确实合适地监督了公司的管理	43
3.4.09	销售	贵国企业中有效地进行销售	43
3.4.02	伦理实践	伦理实践在公司中采用	43
3.3.07	银行服务	银行服务在贵国广泛发展	41

4 基础设施			
4.4.14	二氧化碳排放量	GDP的每百万美元中由工业过程排放的二氧化碳（吨）	44
4.5.03	适应性	面对挑战，贵国人民的适应性很强	42
4.1.14	能源强度	单位美元GDP消费的商业能源数量，千焦耳	42
4.5.04	歧视	歧视（种族、性别等）并没有给社会带来不利影响	40
4.1.11	水运	水运基础设施（港口、运河）满足企业需要	38
4.5.02	民族文化	民族文化对外国文化开放	38
4.5.09	社会的价值	社会价值支持竞争力	37
4.5.10	私人空间的保护	贵国执行了私人空间的保护	36
4.4.18	环境法	环境法和遵守该法不会阻碍企业竞争力	35
4.2.19	高技术出口	占制造业出口的比例	33

捷克

这一部分集锦了该国20个最强的指标，
这部分指标有着最高的标准化值（STD值）。
STD值＝（国家和地区的原始值－49个国家和地区平均值）/标准差

20个最强的指标

序号	名称	国家原始值	国家排名	49国家平均值
4.1.07	**铁路** 网络的密度	0.1185	3	0.0394
3.2.04	**经理报酬** 全部底薪加上奖金和长期激励，美元	1	5	0
1.5.02	**生活费指数** 主要城市不包括住房的各种货物支出指数（纽约=100）	61.01	3	81.64
4.5.07	**性别收入比** 估计总体女性与男性收入比率	0.64	7	0.41
4.1.04	**赡养率** 15岁以下和64岁以上的人口总量除以15岁-64岁之间人口总量	43.7	7	50.8
2.3.01	**短期实际利率** 平均贴现率/优惠利率（1月-12月）	-0.97	2	3.11
3.2.01	**报酬水平** 制造业工人每小时全部报酬，美元，估计值	2.06	9	9.16
3.1.03	**综合生产率实际增长率** 每个就业者实际GDP变化率，估计值	2.97	9	0.85
1.1.13	**实际人均GDP增长率** 按本地货币，不变价格计算的变化率	3.5	5	0.73
2.5.04	**中等学校入学人数** 接受全日制教育的相关年龄组所占比例	100	1	81.6
4.2.05	**移动电话费用** 高峰期每三分钟费用，美元	0.2	2	0.42
2.1.06	**中央政府国外负债** 占GDP的百分比	1.523	10	12.214
4.2.01	**对电信的投资** 年平均占GDP的百分比	0.953	6	0.607
2.4.23 （调查）	**投资激励** 对外国投资有吸引力	8.83	1	6.06
2.4.20 （调查）	**外国金融机构** 外国金融机构可以进入本国市场	9.17	7	8.21
4.3.13 （调查）	**学校内的科学** 学校内的科学在贵国充分教育	6.39	10	5.19
3.5.03 （调查）	**生产的再分配** 国外的生产再分配没有威胁到贵国经济的未来	5.78	8	4.87
2.4.24 （调查）	**投资保护计划** 投资保护计划大多数外放国家可以享受	7.83	12	7
2.4.19 （调查）	**外国投资者** 外国投资者可以自由在国内公司中取得控制力	8.63	14	7.66
4.1.15 （调查）	**能源基础设施** 贵国能源基础设施充足有效	7.94	15	6.52

捷克

如 果？

竞争力模拟研究帮助政策制定者将注意力和优先次序放在他们国家或地区面临的关键竞争力上。我们用49个国家或地区的平均值代替这些最弱的指标值，从而计算这个国家或地区的总体排名。然而，这只是一个理论方式，不应视为政策的建议。还必须考虑各个国家或地区的发展水平、政治体制和社会值系统

	从		到
模拟排名变化	29	→	27

20个最弱的指标

序号	名称	国家原始值	国家排名	49国家平均值
2.4.06	**政府补贴** 对私人和公共企业的补贴占GDP比重	6.39	48	1.19
2.2.09	**雇主的社会保障缴款率** 强制缴款占人均GDP的比率	35.69	44	17.86
2.5.05	**高等教育成绩** 25-34岁人中至少获得三级教育的人口所占比例	11	36	21
1.2.02	**经常项目差额** 经常项目差额占GDP的百分比	-4.8	44	0.99
4.2.19	**高技术出口** 占制造业出口的比例	8.18	33	16.96
4.1.14	**能源强度** 单位美元GDP消费的商业能源数量，千焦耳	28565	42	15435
1.1.22	**人均GDP** 人均美元	5476	32	14689
3.1.08	**工业生产率（购买力平价）** 每个工业雇员创造的相应GDP，美元，估计值	32308	33	46005
2.2.01	**税收总收入** 占GDP的百分比	39.41	38	31.24
4.3.02	**人均研究与开发支出** 人均，美元	66.7	29	282.1
4.3.05	**人均企业研究与开发支出额** 人均，美元	40.02	26	177.46
2.2.13	**间接税** 商品和服务税占GDP的比重	12.62	36	10.45
3.1.10	**服务业生产率（购买力平价）** 每个服务业雇员创造的相应GDP，美元，估计值	30854	35	42358
3.3.10 （调查）	**股票市场** 股票市场为公司提供充足的资金	2.17	46	5.45
3.4.03 （调查）	**管理人员的信誉** 管理人员在经济中可信性被广泛认可	4.4	47	6.08
3.2.16 （调查）	**金融人才** 金融人才在贵国劳动市场上容易获得	4.78	45	6.55
3.4.05 （调查）	**股东价值** 有效地管理股东价值	3.97	47	5.57
3.3.03 （调查）	**信贷** 很容易从银行流入企业	3.28	44	5.83
3.4.04 （调查）	**公司董事会** 公司董事会确实合适地监督了公司的管理	4.56	43	5.65
3.2.20 （调查）	**称职的高层管理人员** 称职的高层管理人员在贵国劳动市场上易获得	4.92	44	6.31

捷克

国内经济

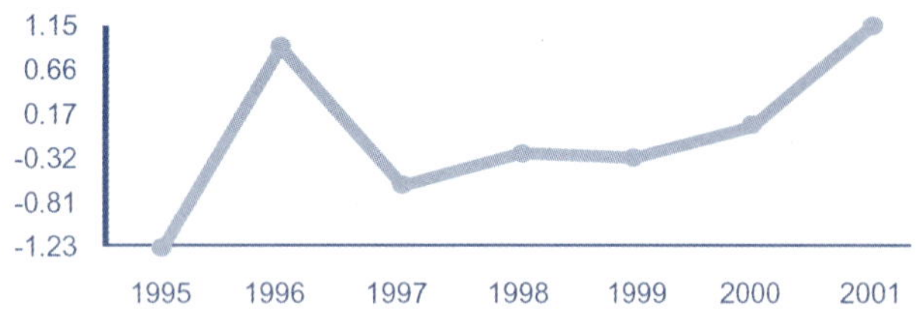

国际贸易

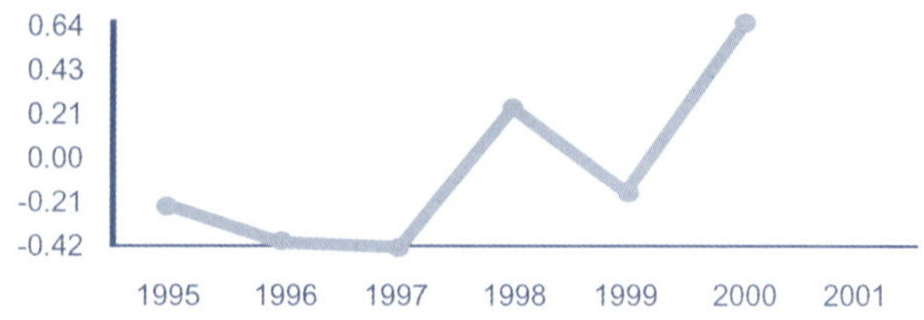

国际投资

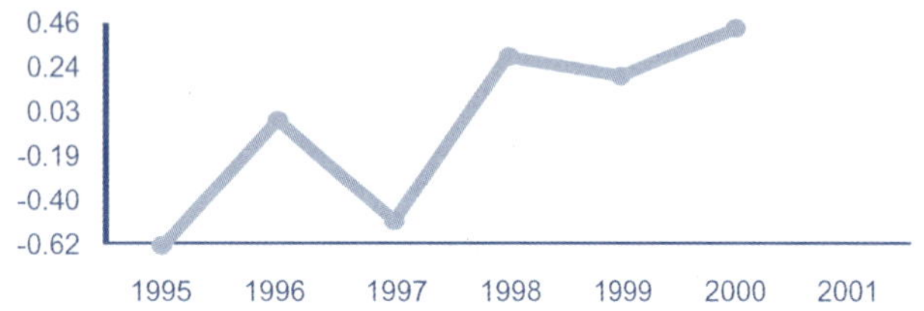

公共财政

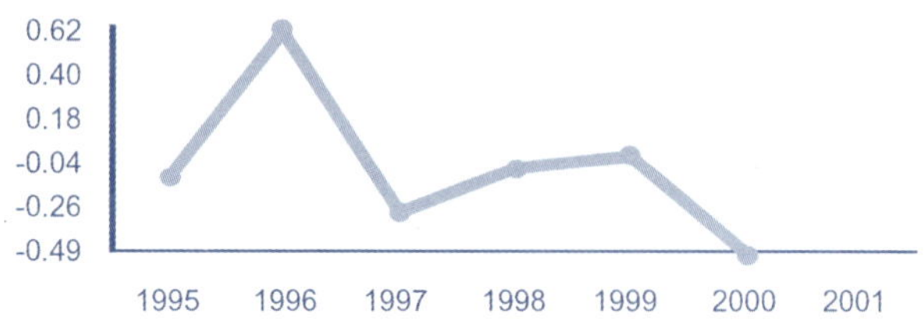

财政政策

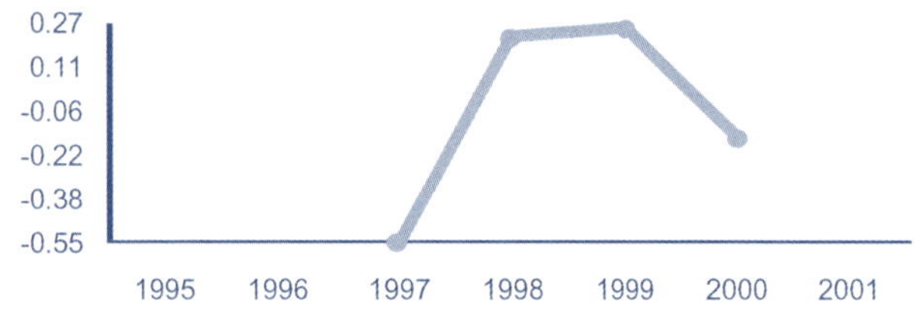

生产率

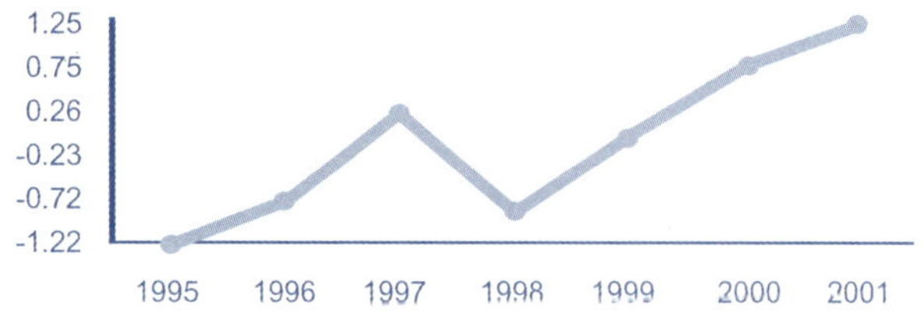

金融

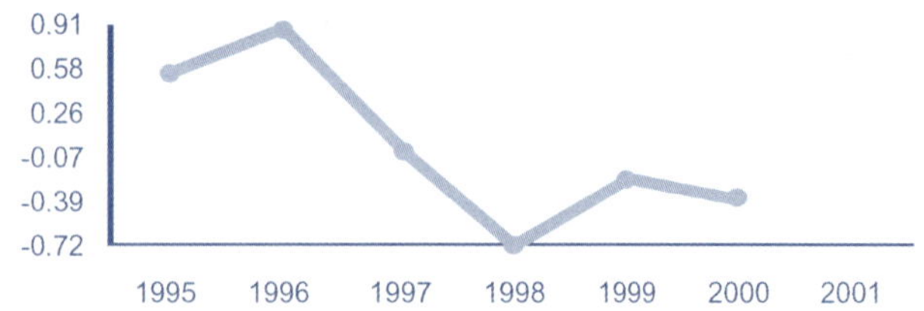

技术基础设施

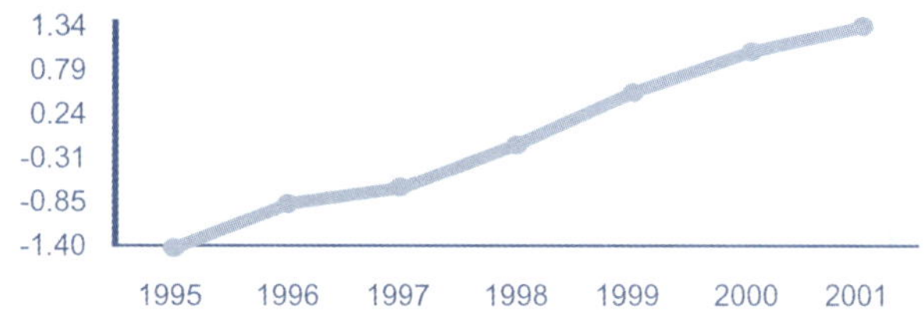

主要竞争力指标

人均国内生产总值

人均美元

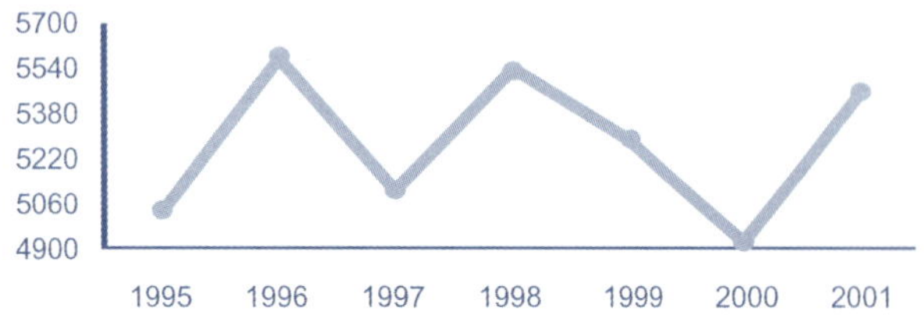

国内生产总值实际增长率

百分比变化，基于国家货币物价稳定

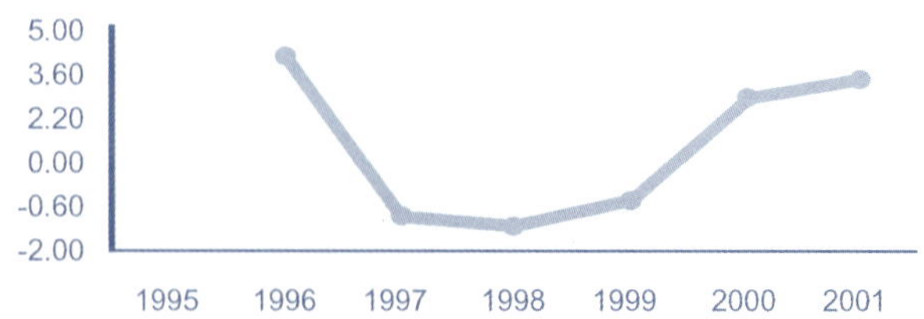

捷克

个人最终消费支出
人均美元

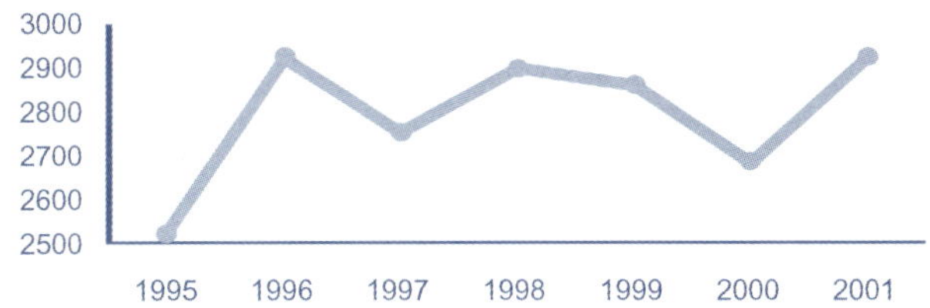

经常性项目差额
十亿美元（负号标志＝赤字）

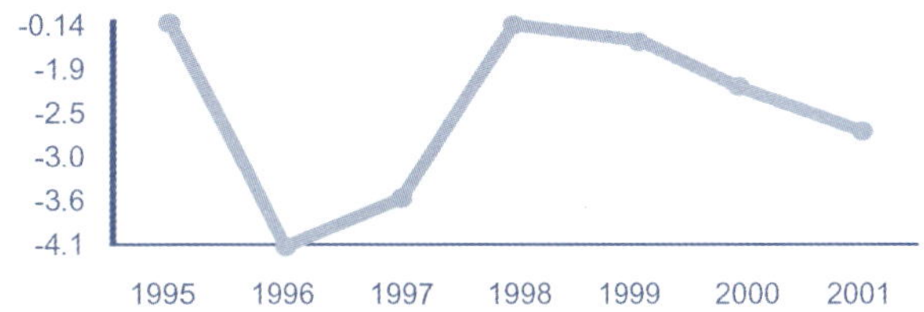

商品和商业劳务出口
十亿美元

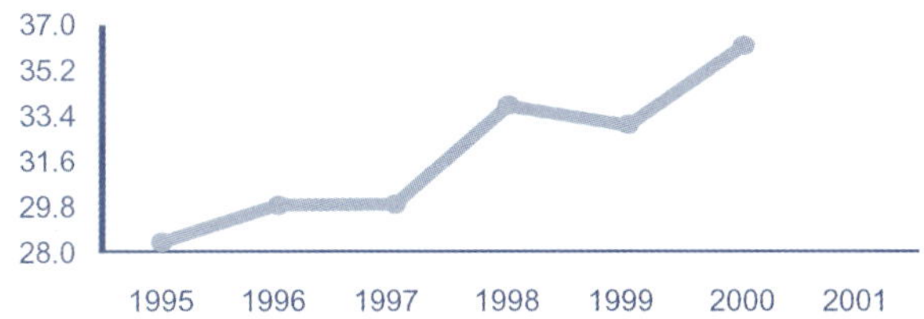

对外直接投资流量
十亿美元

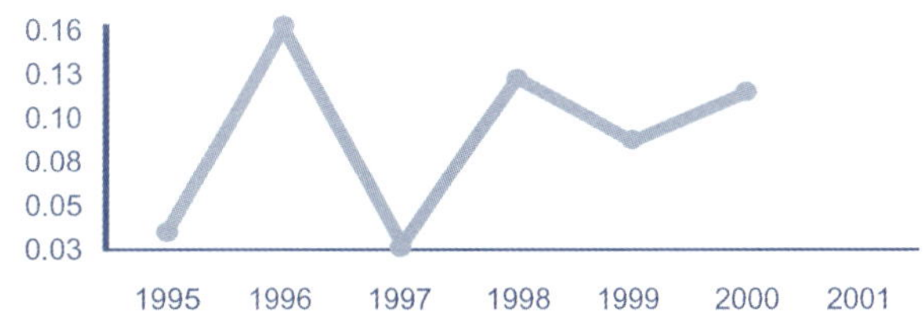

吸收直接投资流量
十亿美元

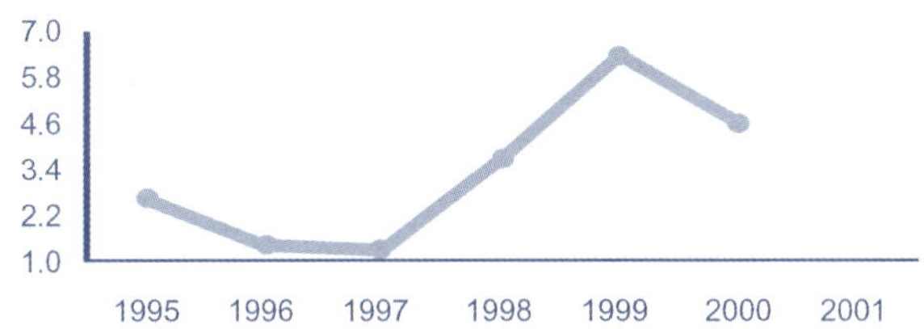

失业率
劳动力百分比

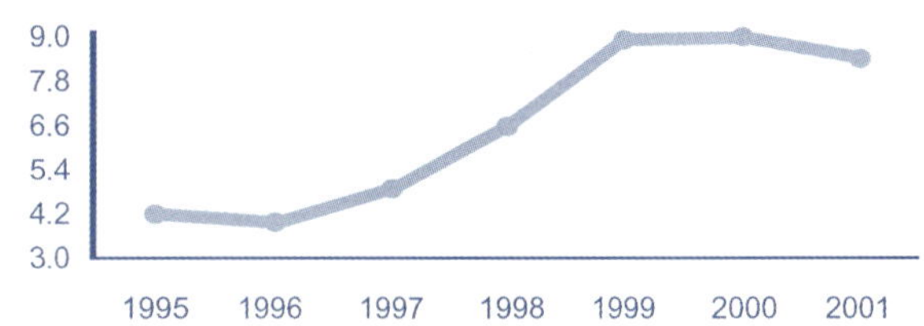

消费品价格增长率
年平均比率

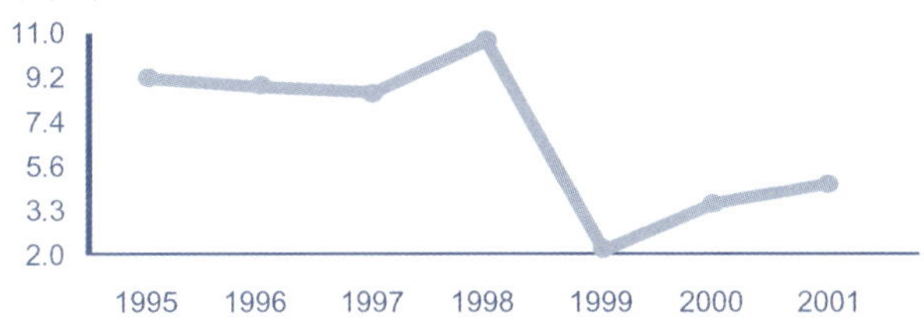

总体生产率
就业人员人均国内生产总值，美元

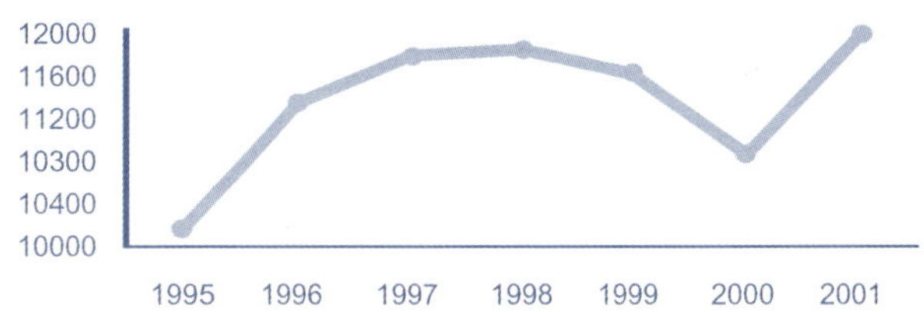

报酬水平
估计：制造工人的小时总补偿，美元

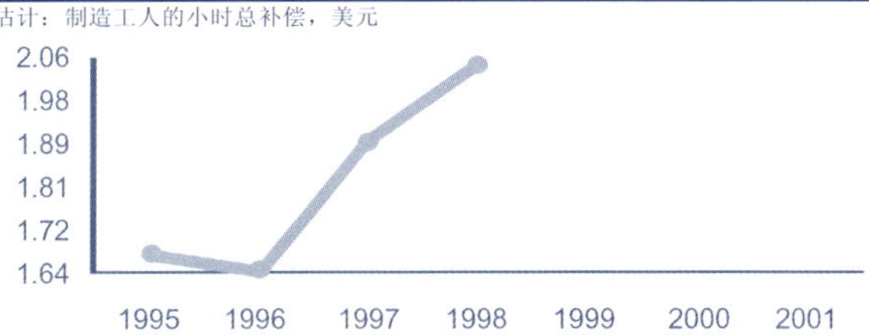

股票市场筹资额
十亿美元

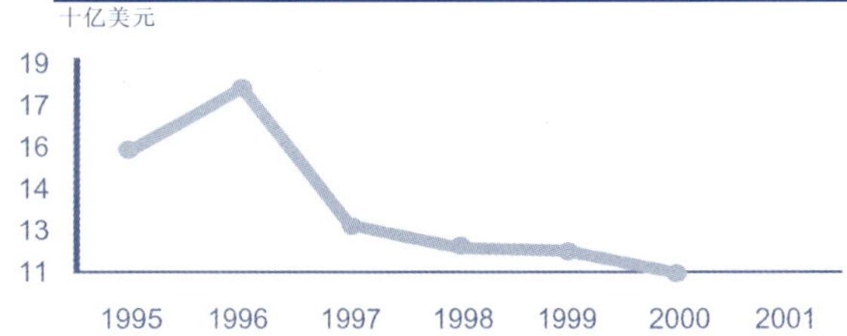

国内上市公司
上市公司的数量

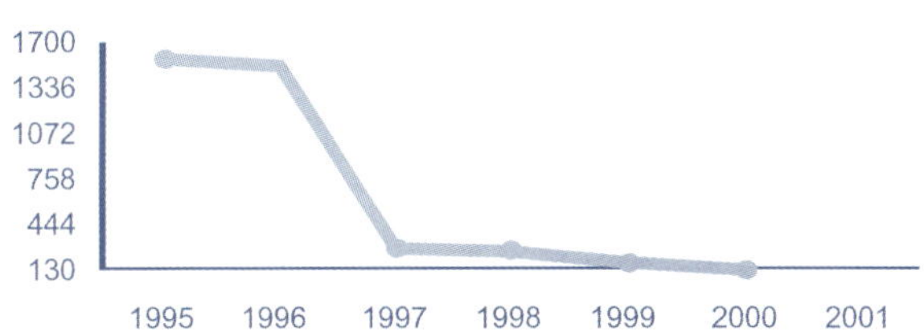

计算机
每1000人的计算机数量/来源：计算机工业年鉴

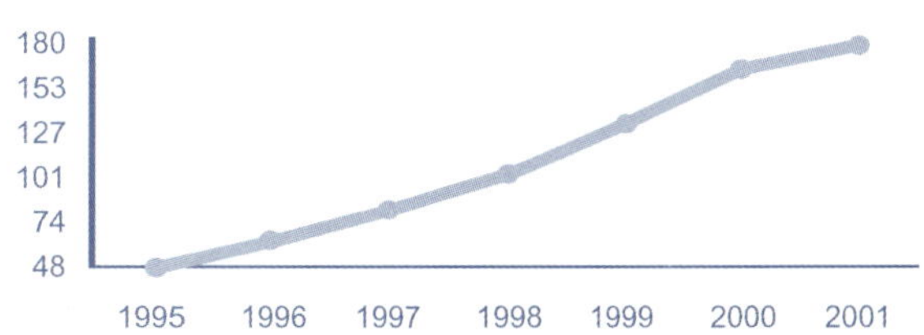

丹麦

总体表现

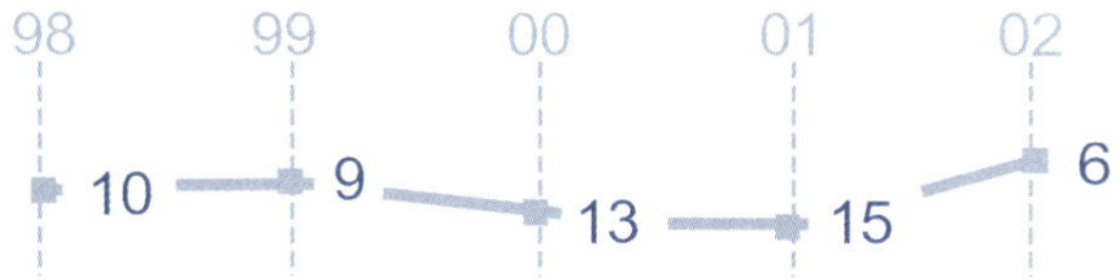

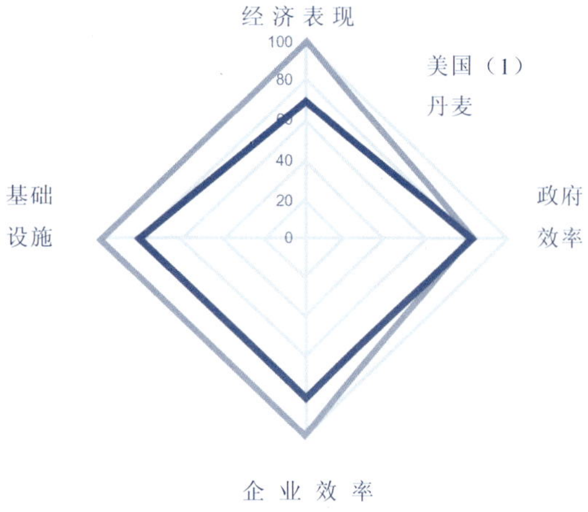

基本事实

首都	哥本哈根
人口	5.3（2001）
地域（平方千米）	43.0（2000）
汇率（百分之一美元）	8.32（2001）
国内生产总值（十亿美元）	162.4（2001）
人均国内生产总值（美元）	30,421（2001）
实际GDP增长率	1.3（2001）
消费品价格上涨	2.3（2001）
失业率	4.70（2001）
劳动力（百万）	2.87（2001）
经常性项目差额（十亿美元）	7.6（2001）
直接投资	
吸收股票投资（十亿美元）	52.17（2000）
吸收流量（占GDP百分比）	21.77（2000）

丹麦

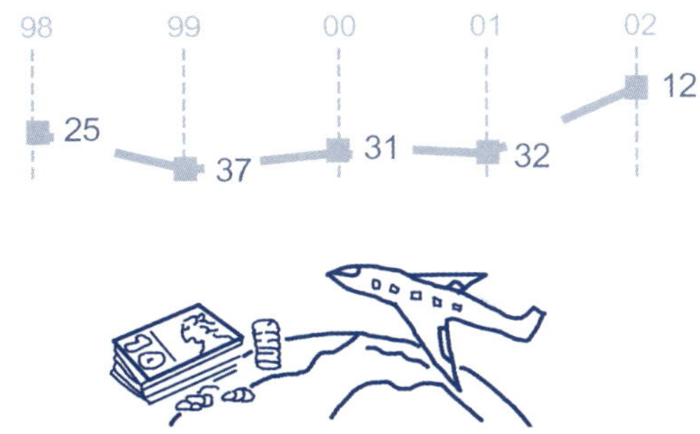

经　济　表　现

	2002
国内经济	10
国际贸易	7
国际投资	9
就　业	17
物　价	39

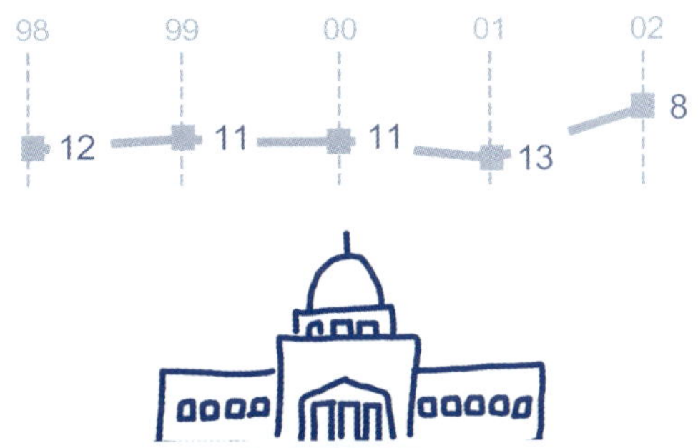

政　府　效　率

	2002
公共财政	9
财政政策	34
组织机构	3
企业法规	6
教　育	5

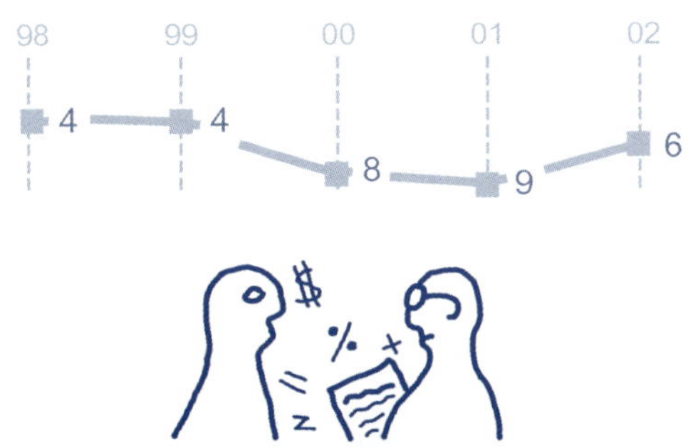

企　业　效　率

	2002
生产率	14
劳动力市场	19
金　融	9
管理实践	7
全球化影响	6

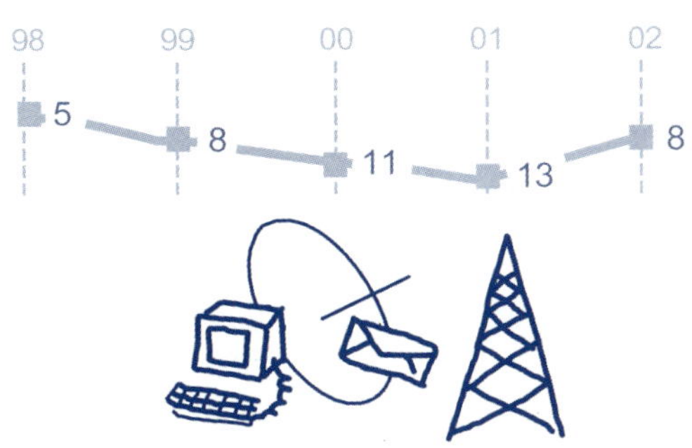

基　础　设　施

	2002
基本基础设施	5
技术基本基础设施	8
科学基本基础设施	12
健康与环境	7
价值系统	13

丹麦

这些指标是每类中最弱的 10 个指标，这些类是通过对 49 个国家和地区平均的最大的价值差异来区分的。

1 经济表现

			排名
1.2.12	商业服务出口实际增长	按本地货币、不变价格计算的变化率	1
1.3.08	吸引国外直接投资存量实际增增	按本地货币、不变价格计算的变化率	3
1.3.06	吸引国外直接投资+流量	吸引国外直接投资流量占GDP的百分比	4
1.4.02	就业率	总就业人口占总人口的百分比	5
1.1.22	人均GDP	人均美元	6
1.1.21	经济的弹性	经济体对于经济周期的弹性强	7
1.3.02	对外直接投资流量	对外直接投资流量占GDP的百分比	7
1.1.23	人均GDP	估计值，按购买力平价计算的人均美元	7
1.2.02	经常项目差额	经常项目差额占GDP的百分比	11
1.3.04	对外直接投资存量实际增长率	按本地货币、不变价格计算的变化率	11

2 政府效率

2.1.09	公共财政的管理	公共财政的管理在两年后可能完善	1
2.5.01	全部公共教育支出	全部公共教育支出占GDP的比例	1
2.3.18	公平	贵国的社会公平得到公正管理公平	1
2.5.02	学生—教师比（初等教育）	学生与教师职员的比例	1
2.3.17	受贿和腐败	受贿和腐败在经济中不盛行	2
2.5.11	教育资金	教育资金在贵国很充足	2
2.3.14	透明度	政府政策的透明度是令人满意的	2
2.3.12	政府决策	政府决策可以有效实施	3
2.4.03	保护主义	保护主义没有影响贵国的企业行为	3
2.4.07	竞争立法	贵国竞争立法阻止不正当竞争	3

3 企业效率

3.3.17	内幕交易	内幕交易在股票市场不普遍	1
3.4.10	社会责任	商界领袖重视对社会的责任	1
3.3.19	国际保理业务	占商品出口的比重	3
3.2.09	雇员培训	公司高度重视雇员培训	3
3.3.09	银行业规定	银行业规定没有阻碍贵国竞争力	3
3.4.03	管理人员的信誉	管理人员在经济中可信性被广泛认可	4
3.2.07	工人的动机	贵国工人动机很重要	4
3.2.06	劳资关系	劳资关系有利于生产	4
3.5.04	R&D设施的再分配	R&D设施的再分配不会威胁贵国经济的未来	4
3.4.02	伦理实践	伦理实践在公司中采用	4

4 基础设施

4.5.07	性别收入比	估计总体女性与男性收入比率	1
4.4.11	酗酒、吸毒	酗酒和吸毒在工作岗位没有成为严重问题	1
4.1.13	城市化	城市化不浪费国家资源	2
4.5.05	国会中女性人数	女性席位占全部席位的比例	2
4.1.10	用于货物和服务分配的基础设	普遍有效率	2
4.1.09	空运的质量	空运的质量在贵国通常充分有效	2
4.1.11	水运	水运基础设施（港口、运河）满足企业需要	2
4.2.06	通信的充分性	通信在贵国普遍比较充分	2
4.2.13	合适的互联网访问数	贵国可以提供合适的互联网访问数（可获性、速度、费用）	2
4.4.17	污染问题	污染问题并没有严重影响贵国基础设施	3

丹麦

这些指标是每类中最弱的 10 个指标，这些类是通过对 49 个国家和地区平均的最大的价值差异来区分的。

1 经济表现

			排名
1.5.02	生活费指数	主要城市不包括住房的各种货物支出指数（纽约=100）	42
1.4.01	总就业人口	总就业人口（百万）	38
1.4.03	就业增长	变化率	37
1.1.02	国内生产总值（PPP）	估计值；按购买力平价计算，10亿美元	34
1.1.12	实际GDP增长率	按本地货币、不变价格计算的变化率	29
1.2.07	商品出口额	商品出口额，10亿美元	28
1.3.10	证券投资负债	10亿美元	25
1.1.01	国内生产总值（GDP）	按现行价格、汇率计算，10亿美元	25
1.2.08	商品出口额	商品出口额占GDP的百分比	25
1.3.07	吸引国外直接投资存量	10亿美元	24

2 政府效率

2.2.02	个人收入税有效税率	占人均GDP的百分比	49
2.2.01	税收总收入	占GDP的百分比	48
2.2.13	间接税	商品和服务税占GDP的比重	48
2.2.06	实际个人税	实际个人税并不阻碍人们工作或者寻求发展	41
2.1.04	中央政府国内负债	占GDP的百分比	41
2.4.14	失业立法	失业立法激励人们寻找工作	39
2.4.06	政府补贴	对私人和公共企业的补贴占GDP比重	39
2.3.03	利率差	贷款利率减去存款利率	33
2.2.04	雇员社会保障缴款率	强制缴款占人均GDP的百分比	29
2.2.12	资本和财产税	资本和财产税占GDP的百分比	28

3 企业效率

3.2.05	工作小时	每年的平均工作小时数	47
3.2.01	报酬水平	制造业工人每小时全部报酬，美元，估计值	43
3.2.03	服务性职业报酬	年均总收入，包括附加薪水，例如额外薪金，美元	43
3.4.08	公司的设立	贵国设立公司很普遍	41
3.4.07	企业家精神	贵国企业家精神很普遍	39
3.2.18	外国高素质人员	外国高素质人员被贵国企业环境所吸引	36
3.3.14	股票市场指数	支书的变化率	35
3.2.08	产业纠纷	每千个居民年均因纠纷损失的工作日	34
3.3.13	国内上市公司	国内上市公司数目	34
			31

4 基础设施

4.1.19	非能源原材料自给	人均贸易收支差额，美元	44
4.1.01	人口—市场规模	估计值，百万	40
4.5.02	民族文化	民族文化对外国文化开放	39
4.5.04	歧视	歧视（种族、性别等）并没有给社会带来不利影响	38
4.1.08	空运	主要公司运载的乘客数	37
4.3.14	科学和技术的兴趣	贵国青年具有浓厚的科学技术兴趣	35
4.3.22	专利生产率	批准授予国民的专利数/企业中研究与开发人员数（千人）	31
4.5.03	适应性	面对挑战，贵国人民的适应性很强	31
4.4.12	纸张和纸板的回收率	占表面消耗量的比率	30
4.3.17	批准授予国民专利	批准授予国民专利数目	27

丹麦

这一部分集锦了该国20个最强的指标，
这部分指标有着最高的标准化值（STD值）。
STD值＝（国家和地区的原始值－49个国家和地区平均值）/标准差

20个最强的指标

序号	名称	国家原始值	国家排名	49国家平均值
1.2.12	**商业服务出口实际增长** 按本地货币、不变价格计算的变化率	37.74	1	11.47
1.3.08	**吸引国外直接投资存量实际增长率** 按本地货币、不变价格计算的变化率	61.28	3	23
4.3.16	**人均诺贝尔奖** 每百万人中从1950年以来在物理、化学、心理或医药和经济学领域获奖数目	0.749	4	0.154
3.3.19	**国际保理业务** 占商品出口的比重	3.561	3	0.88
4.5.05	**国会中女性人数** 女性席位占全部席位的比例	37.4	2	17.41
1.3.06	**吸引国外直接投资+流量** 吸引国外直接投资流量占GDP的百分比	21.77	4	6
2.5.01	**全部公共教育支出** 全部公共教育支出占GDP的比例	8.3	1	5.1
4.5.07	**性别收入比** 估计总体女性与男性收入比率	0.7	1	0.41
4.2.10	**互联网用户数** 每千人互联网用户人数/来源：计算机行业年鉴	541.24	3	267.96
4.2.09	**人均计算机** 每千人计算机数/来源：计算机行业年鉴	609	5	309
4.2.02	**固定电话数** 每千户居民中的主要干线数	735	4	430
1.1.22	**人均GDP** 人均美元	30421	6	14689
4.3.09	**企业研究与开发人数** 每千国民中人数（全日约当单位）	3.944	5	1.582
2.1.09 （调查）	**公共财政的管理** 公共财政的管理在两年后可能完善	7.95	1	5.44
4.1.13 （调查）	**城市化** 城市化不浪费国家资源	8.69	2	5.74
3.3.17 （调查）	**内幕交易** 内幕交易在股票市场不普遍	8.18	1	5.59
3.4.10 （调查）	**社会责任** 商界领袖重视对社会的责任	7.87	1	5.7
3.2.09 （调查）	**雇员培训** 公司高度重视雇员培训	7.72	3	5.75
4.4.17 （调查）	**污染问题** 污染问题并没有严重影响贵国基础设施	8.74	3	5.91
2.3.12 （调查）	**政府决策** 政府决策可以有效实施	7.56	3	4.77

丹麦

如　果？

竞争力模拟研究帮助政策制定者将注意力和优先次序放在他们国家或地区面临的关键竞争力上。我们用49个国家或地区的平均值代替这些最弱的指标值，从而计算这个国家或地区的总体排名。然而，这只是一个理论方式，不应视为政策的建议。还必须考虑各个国家或地区的发展水平、政治体制和社会值系统

	从		到
模拟排名变化	6	→	4

20个最弱的指标

序号	名称	国家原始值	国家排名	49国家平均值
2.2.02	**个人收入税有效税率** 占人均GDP的百分比	34.08	49	17.15
2.2.01	**税收总收入** 占GDP的百分比	50.01	48	31.24
2.2.13	**间接税** 商品和服务税占GDP的比重	16.22	48	10.45
3.2.05	**工作小时** 每年的平均工作小时数	1687	47	1925
2.1.04	**中央政府国内负债** 占GDP的百分比	56.8	41	33.2
1.5.02	**生活费指数** 主要城市不包括住房的各种货物支出指数（纽约=100）	95.88	42	81.64
2.4.06	**政府补贴** 对私人和公共企业的补贴占GDP比重	1.8	39	1.19
3.3.01	**银行部门的资产** 占GDP的比例	74.31	34	117.11
3.3.14	**股票市场指数** 支书的变化率	-19.8	35	-8.23
4.3.22	**专利生产率** 批准授予国民的专利数/企业中研究与开发人员数（千人）	17	31	50
4.2.18	**高技术出口** 百万美元	6527	24	21693
1.2.07	**商品出口额** 商品出口额，10亿美元	51.81	28	115.59
1.3.10	**证券投资负债** 10亿美元	3.79	25	31.46
3.4.08 （调查）	**公司的设立** 贵国设立公司很普遍	5.56	41	6.75
2.2.06 （调查）	**实际个人税** 实际个人税并不阻碍人们工作或者寻求发展	3.41	41	4.81
4.5.02 （调查）	**民族文化** 民族文化对外国文化开放	6.44	39	7.24
2.4.14 （调查）	**失业立法** 失业立法激励人们寻找工作	3.72	39	4.98
4.5.04 （调查）	**歧视** 歧视（种族、性别等）并没有给社会带来不利影响	5.74	38	6.51
3.4.07 （调查）	**企业家精神** 贵国企业家精神很普遍	5.56	39	6.34
3.2.18 （调查）	**外国高素质人员** 外国高素质人员被贵国企业环境所吸引	4.23	36	5.29

丹麦

国内经济

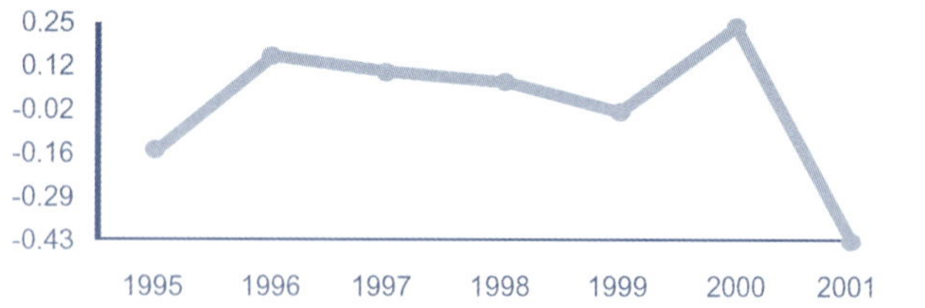

国际贸易

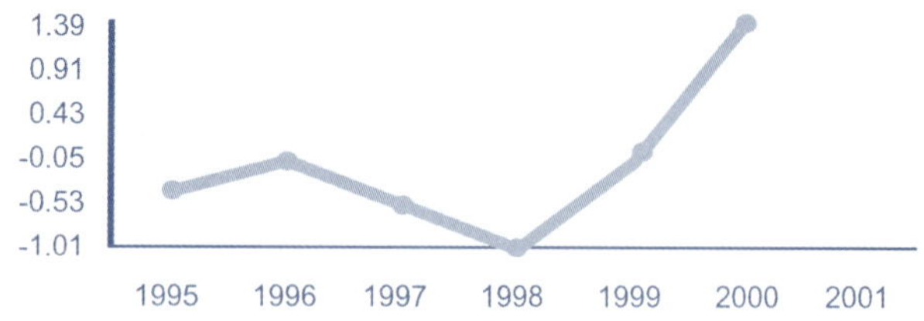

国际投资

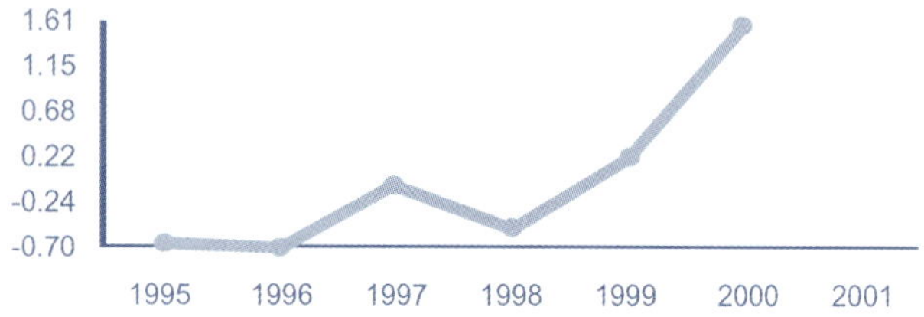

公共财政

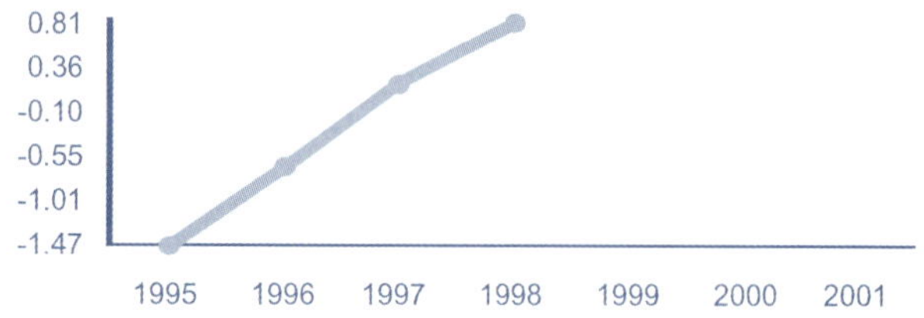

财政政策

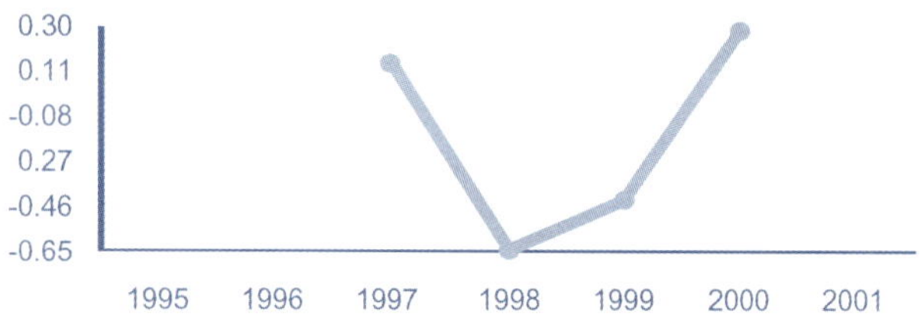

生产率

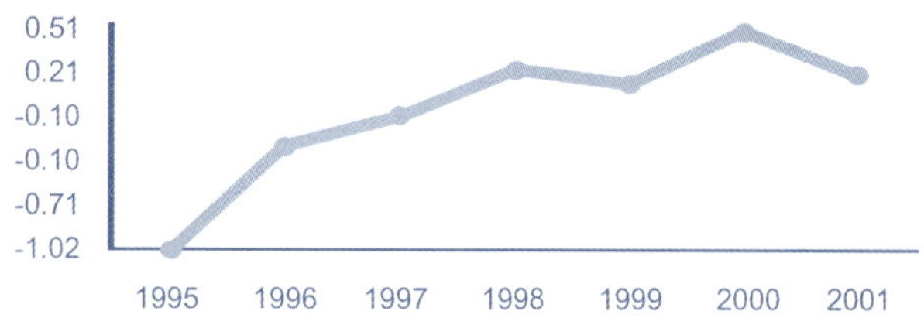

金融

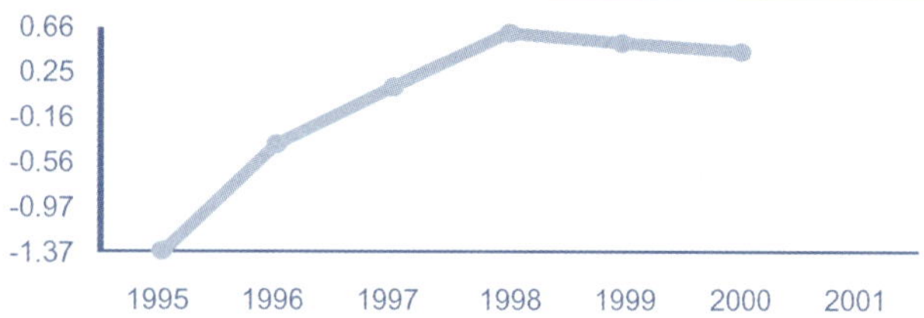

技术基础设施

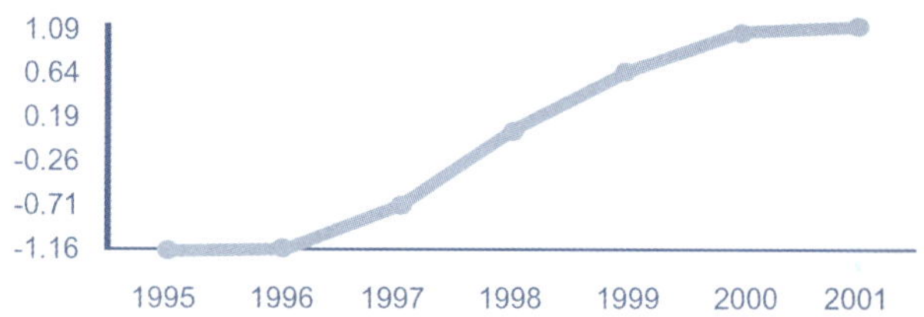

主要竞争力指标

人均国内生产总值

人均美元

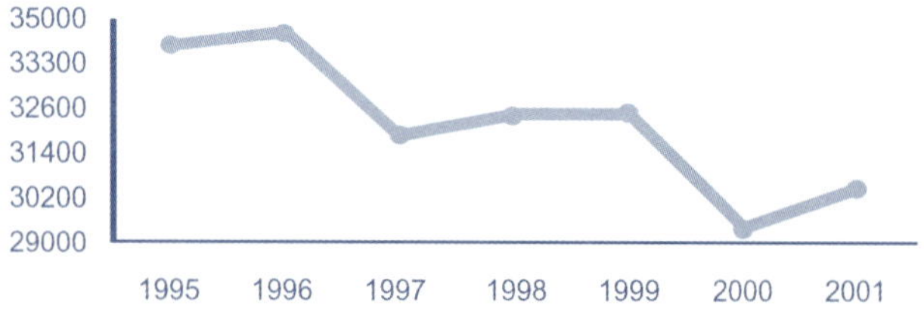

国内生产总值实际增长率

百分比变化，基于国家货币物价稳定

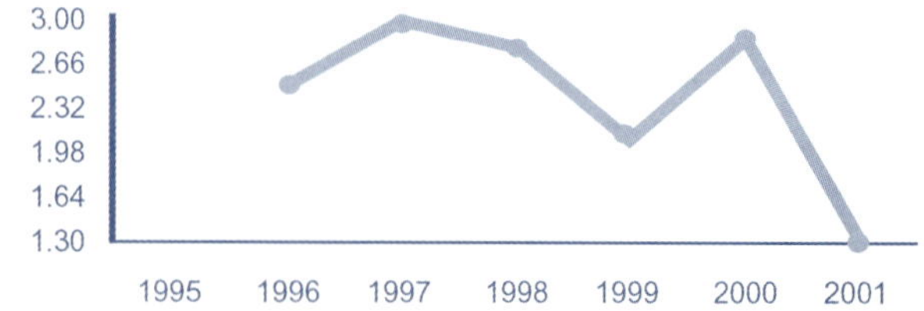

丹麦

个人最终消费支出

人均美元

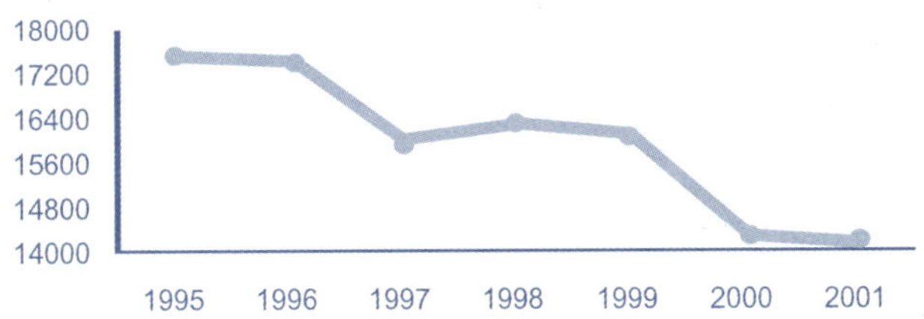

经常性项目差额

十亿美元（负号标志＝赤字）

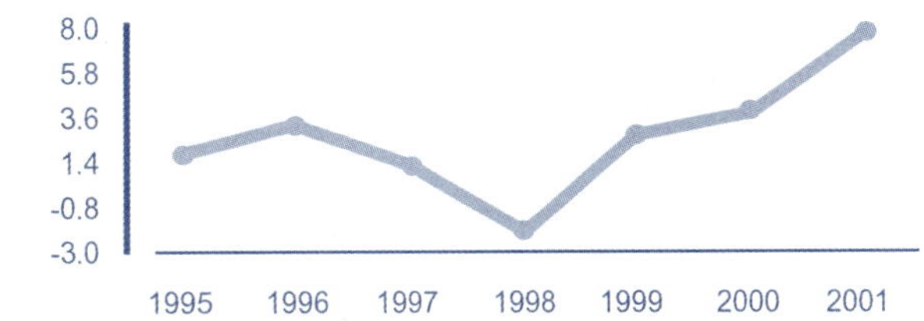

商品和商业劳务出口

十亿美元

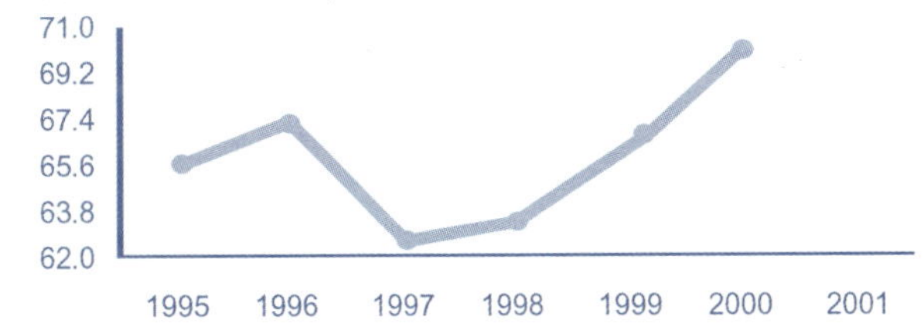

对外直接投资流量

十亿美元

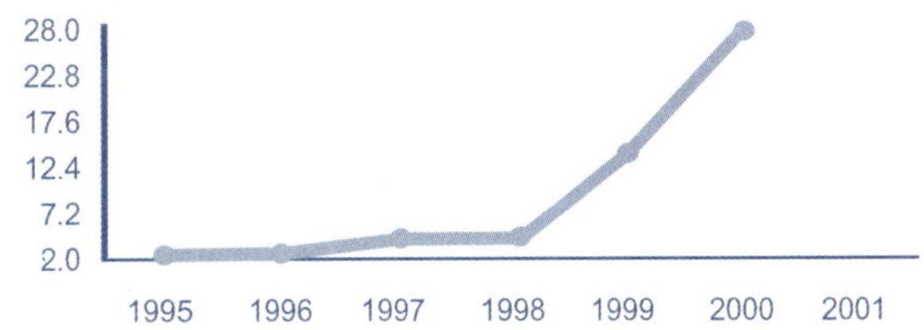

吸收直接投资流量

十亿美元

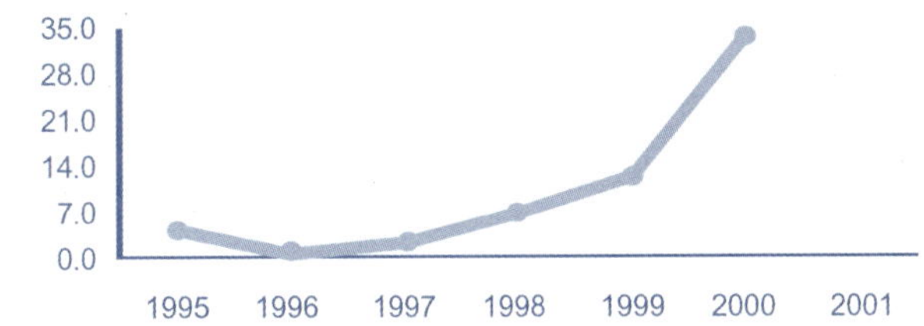

失业率

劳动力百分比

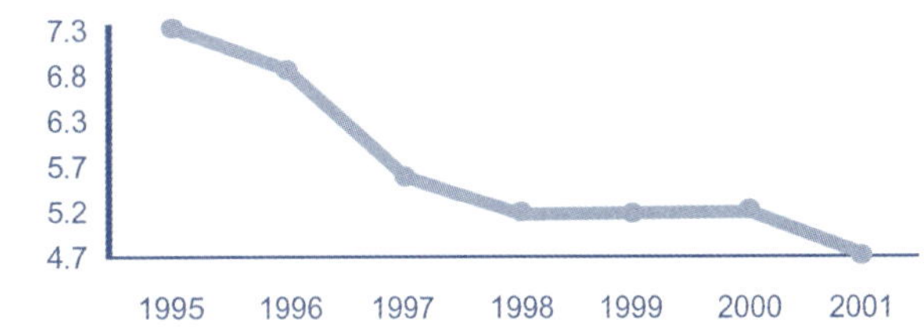

消费品价格增长率

年平均比率

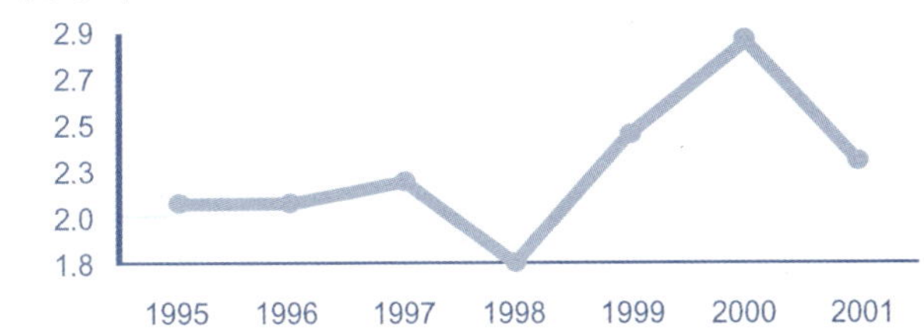

总体生产率

就业人员人均国内生产总值，美元

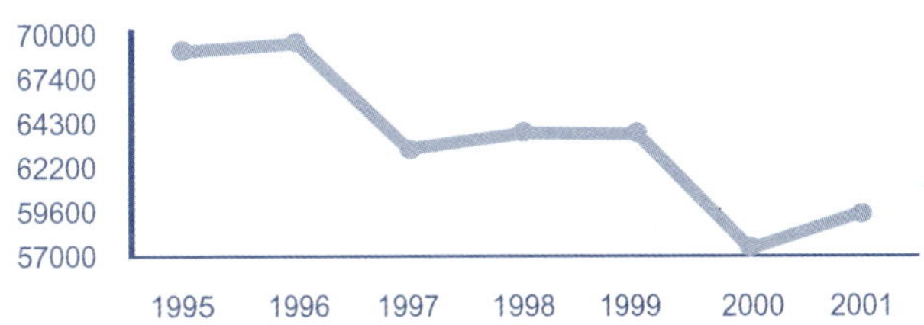

报酬水平

估计：制造工人的小时总补偿，美元

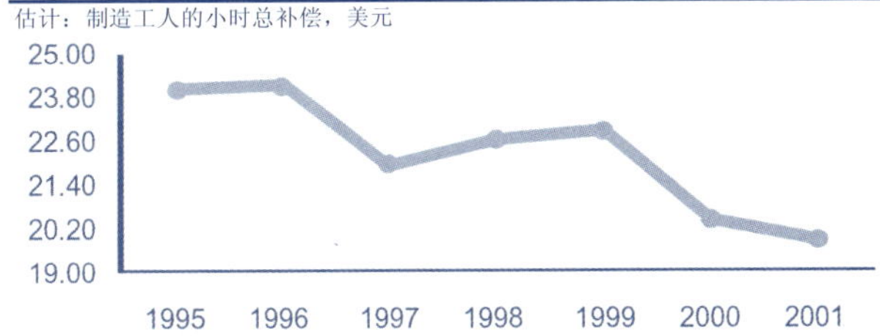

股票市场筹资额

十亿美元

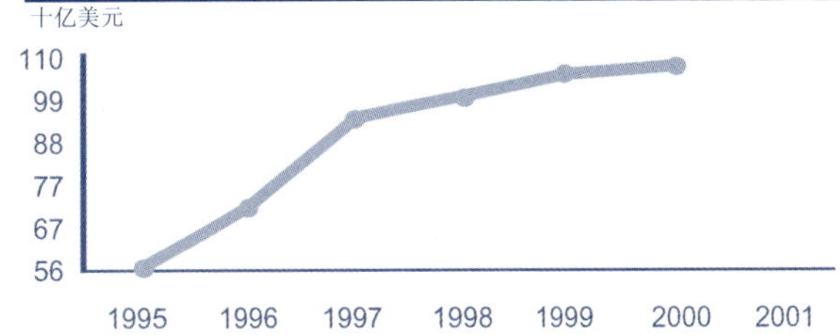

国内上市公司

上市公司的数量

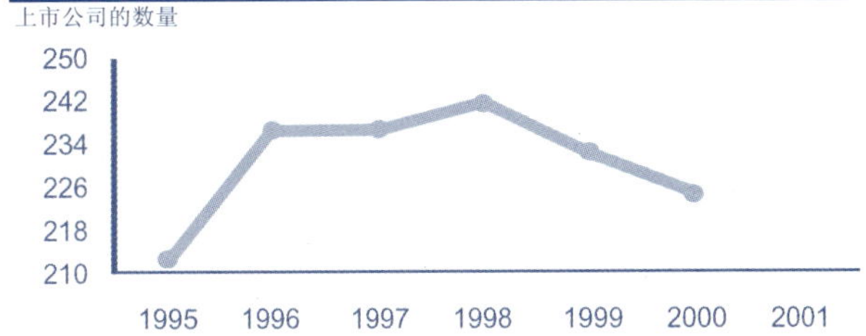

计算机

每1000人的计算机数量/来源：计算机工业年鉴

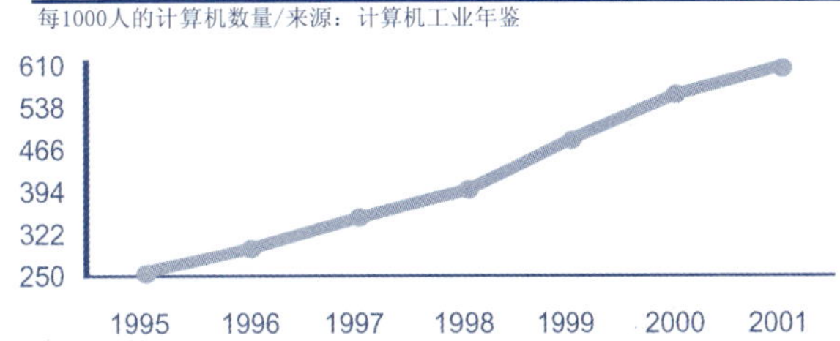

爱沙尼亚

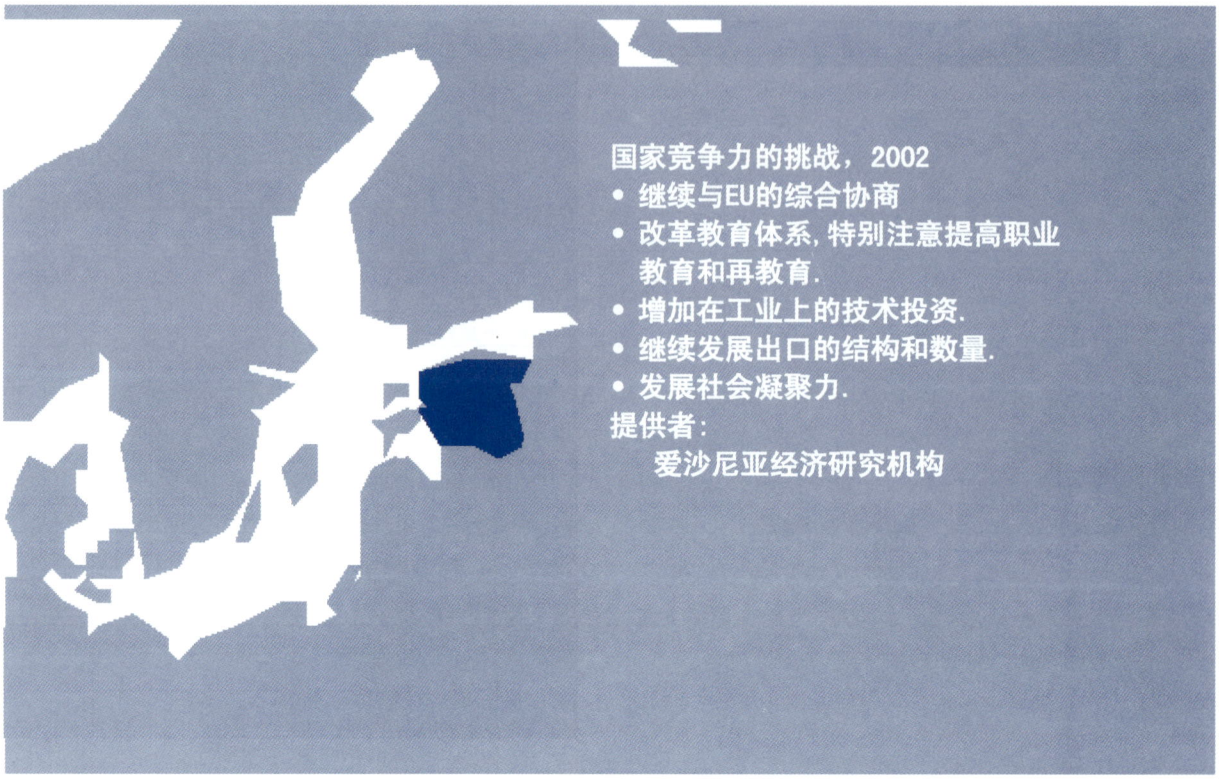

国家竞争力的挑战，2002
- 继续与EU的综合协商
- 改革教育体系，特别注意提高职业教育和再教育.
- 增加在工业上的技术投资.
- 继续发展出口的结构和数量.
- 发展社会凝聚力.

提供者：
爱沙尼亚经济研究机构

总体表现

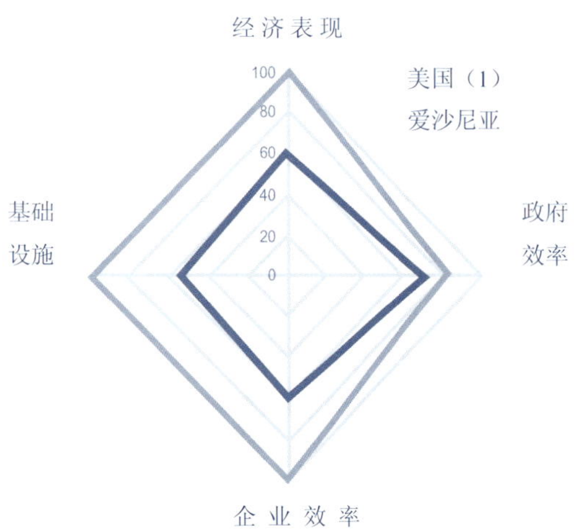

基本事实

首都	塔林
人口	1.4（2001）
地域（平方千米）	45.2（2001）
汇率（百分之一美元）	17.54（2001）
国内生产总值（十亿美元）	5.4（2001）
人均国内生产总值（美元）	3,974（2001）
实际GDP增长率	5.4（2001）
消费品价格上涨	5.8（2001）
失业率	12.60（2001）
劳动力（百万）	0.70（2001）
经常性项目差额（十亿美元）	-0.4（2001）
直接投资	
吸收股票投资（十亿美元）	2.84（2000）
吸收流量（占GDP百分比）	7.69（2000）

爱沙尼亚

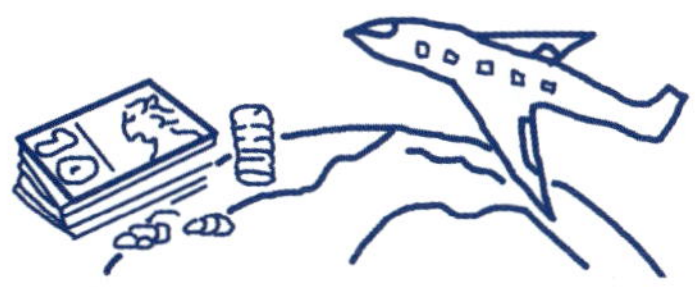

经　济　表　现

	2002
国内经济	20
国际贸易	15
国际投资	17
就　业	29
物　价	35

政　府　效　率

	2002
公共财政	2
财政政策	22
组织机构	22
企业法规	14
教　育	20

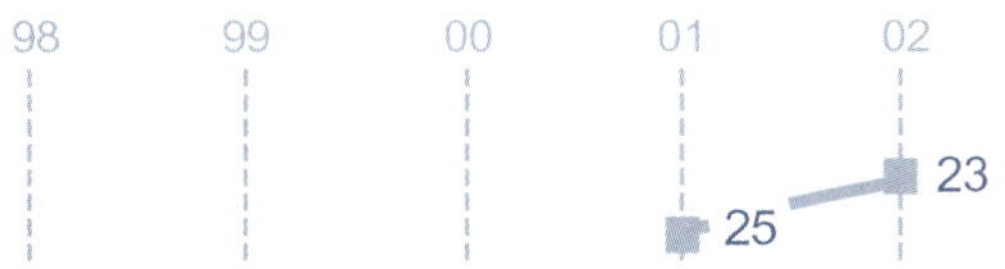

企　业　效　率

	2002
生产率	34
劳动力市场	21
金　融	19
管理实践	26
全球化影响	8

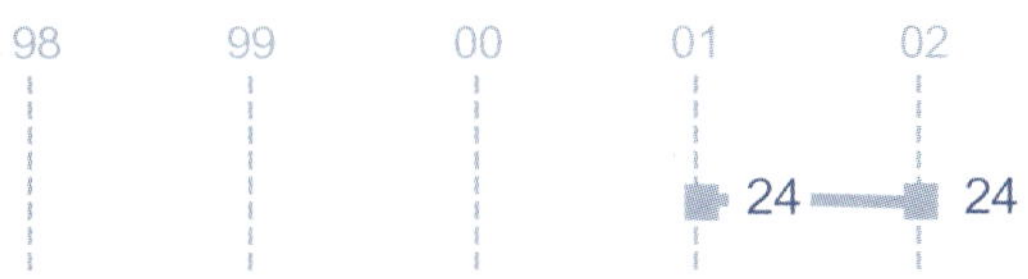

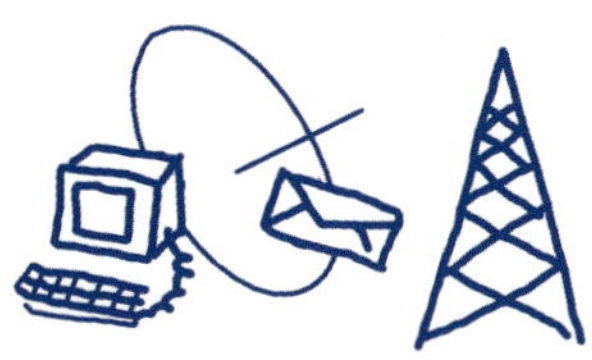

基　础　设　施

	2002
基本基础设施	21
技术基本基础设施	20
科学基本基础设施	30
健康与环境	39
价值系统	11

爱沙尼亚

这些指标是每类中最强的 10 个指标，这些类是通过对 49 个国家和地区平均的最大的价值差异来区分的。

1 经济表现

			排名
1.3.04	对外直接投资存量实际增长率	按本地货币、不变价格计算的变化率	2
1.1.13	实际人均GDP增长率	按本地货币、不变价格计算的变化率	2
1.1.12	实际GDP增长率	按本地货币、不变价格计算的变化率	2
1.2.11	商业服务出口额	商业服务出口额占GDP的百分比	2
1.2.18	外贸依存度	（出口+进口）/（2×GDP）	5
1.2.19	贸易条件指数	出口单位价值比进口单位价值（1995=100）	6
1.2.08	商品出口额	商品出口额占GDP的百分比	7
1.4.07	青年失业	25岁以下失业人口占总失业人口比例	9
1.3.06	吸引国外直接投资+流量	吸引国外直接投资流量占GDP的百分比	12
1.3.08	吸引国外直接投资存量实际增	按本地货币、不变价格计算的变化率	14

2 政府效率

2.1.07	中央政府总负债实际增长率	按本地货币、不变价格计算的变化率	1
2.4.24	投资保护计划	投资保护计划大多数外放国家可以享受	2
2.4.18	跨国经营风险	建立跨国界企业可以自由谈判	2
2.1.04	中央政府国内负债	占GDP的百分比	2
2.3.06	汇率政策	贵国汇率政策支持公司的竞争力	3
2.4.19	外国投资者	外国投资者可以自由在国内公司中取得控制力	3
2.1.08	利息支付额	占当前收入的百分比	3
2.3.01	短期实际利率	平均贴现率/优惠利率（1月-12月）	3
2.4.11	外国公司	外国公司不被国内立法区别对待	4
2.4.20	外国金融机构	外国金融机构可以进入本国市场	4

3 企业效率

3.2.04	经理报酬	全部底薪加上奖金和长期激励，美元	1
3.3.19	国际保理业务	占商品出口的比重	2
3.2.13	女性劳动力	占全部劳动力的比例	2
3.1.03	综合生产率实际增长率	每个就业者实际GDP变化率，估计值	5
3.3.07	银行服务	银行服务在贵国广泛发展	5
3.2.03	服务性职业报酬	年均总收入，包括附加薪水，例如额外薪金，美元	6
3.2.01	报酬水平	制造业工人每小时全部报酬，美元，估计值	6
3.5.03	生产的再分配	国外的生产再分配没有威胁到贵国经济的未来	7
3.5.04	R&D设施的再分配	R&D设施的再分配不会威胁贵国经济的未来	9
3.3.14	股票市场指数	支书的变化率	9

4 基础设施

4.2.01	对电信的投资	年平均占GDP的百分比	1
4.1.16	GDP和能源消耗	实际GDP增长率减去能源消耗增长率	1
4.5.04	歧视	歧视（种族、性别等）并没有给社会带来不利影响	2
4.3.18	批准授予国民专利年平均增长	变化百分比	3
4.1.12	可耕地面积	人均平方米	5
4.5.06	女性地位	所有立法委员、高级官员和经理中女性所占比例	5
4.2.13	合适的互联网访问数	贵国可以提供合适的互联网访问数（可获性、速度、费用）	8
4.5.07	性别收入比	估计总体女性与男性收入比率	8
4.2.05	移动电话费用	高峰期每三分钟费用，美元	8
4.3.13	学校内的科学	学校内的科学在贵国充分教育	12

爱沙尼亚

这些指标是每类中最弱的10个指标，这些类是通过对49个国家和地区平均的最大的价值差异来区分的。

1 经济表现

			排名
1.1.01	国内生产总值（GDP）	按现行价格、汇率计算，10亿美元	49
1.2.07	商品出口额	商品出口额，10亿美元	48
1.1.02	国内生产总值（PPP）	估计值：按购买力平价计算，10亿美元	48
1.2.02	经常项目差额	经常项目差额占GDP的百分比	47
1.2.10	商业服务出口额	10亿美元	47
1.3.07	吸引国外直接投资存量	10亿美元	47
1.3.03	对外直接投资存量	10亿美元	47
1.4.01	总就业人口	总就业人口（百万）	47
1.3.05	吸引国外直接投资流量	10亿美元	45
1.3.09	证券投资资产	10亿美元	44

2 政府效率

2.4.15	移民法	移民法不禁止本国公司雇用外国劳动力	48
2.5.12	合格工程师	合格工程师在贵国劳动力市场上容易获得	48
2.1.10	国家总储备	包括黄金和官方储备（每盎司黄金=35个特别提款权）	47
2.2.09	雇主的社会保障缴款率	强制缴款占人均GDP的比率	42
2.2.13	间接税	商品和服务税占GDP的比重	39
2.3.04	国家信用评级	由《机构投资者杂志》杂志按百分制评分	37
2.3.21	社会凝聚力	社会凝聚力是政府的首要目标	36
2.4.05	出口信用和保险	公司可以以合理的价格得到出口信用和保险	36
2.4.02	海关职权	海关职权推动了商品的有效转口	36
2.3.19	个人安全和个人财产	个人安全和个人财产得到充分保护	36

3 企业效率

3.2.15	熟练劳动力	熟练劳动力在贵国劳动市场上可获得性	49
3.3.13	国内上市公司	国内上市公司数目	49
3.2.20	称职的高层管理人员	称职的高层管理人员在贵国劳动市场上易获得	43
3.1.08	工业生产率（购买力平价）	每个工业雇员创造的相应GDP，美元，估计值	43
3.3.04	发行的信用卡数目	每人	43
3.3.01	银行部门的资产	占GDP的比例	41
3.3.12	股票市场交易额	人均美元	41
3.4.10	社会责任	商界领袖重视对社会的责任	39
3.2.02	制造业部门单位劳动成本	制造业部门单位劳动成本变化率	39
3.1.10	服务业生产率（购买力平价）	每个服务业雇员创造的相应GDP，美元，估计值	38

4 基础设施

4.4.14	二氧化碳排放量	GDP的每百万美元中由工业过程排放的二氧化碳（吨）	49
4.1.14	能源强度	单位美元GDP消费的商业能源数量，千焦耳	48
4.3.08	企业研究与开发人数	千人全日约当单位	44
4.3.12	科学论文	发表的科学和技术论文数（按作者的出生地）	44
4.3.06	全国所有研究与开发人员	千人全日约当单位	43
4.4.12	纸张和纸板的回收率	占表面消耗量的比率	39
4.3.05	人均企业研究与开发支出额	人均，美元	39
4.4.03	出生时的寿命期望	平均估计	39
4.4.11	酗酒、吸毒	酗酒和吸毒在工作岗位没有成为严重问题	38
4.5.01	生活质量	贵国生活质量很高	37

爱沙尼亚

这一部分集锦了该国20个最强的指标，
这部分指标有着最高的标准化值（STD值）。
STD值＝（国家和地区的原始值－49个国家和地区平均值）/标准差

20个最强的指标

序号	名称	国家原始值	国家排名	49国家平均值
4.2.01	**对电信的投资** 年平均占GDP的百分比	1.887	1	0.607
3.3.19	**国际保理业务** 占商品出口的比重	5.365	2	1
4.1.16	**GDP和能源消耗** 实际GDP增长率减去能源消耗增长率	11.077	1	1.396
1.3.04	**对外直接投资存量实际增长率** 按本地货币、不变价格计算的变化率	75.23	2	24.80
2.1.07	**中央政府总负债实际增长率** 按本地货币、不变价格计算的变化率	-25.71	1	2.91
1.1.13	**实际人均GDP增长率** 按本地货币、不变价格计算的变化率	5.64	2	1
3.1.03	**综合生产率实际增长率** 每个就业者实际GDP变化率，估计值	4.36	5	0.85
3.2.04	**经理报酬** 全部底薪加上奖金和长期激励，美元	2	1	0
1.1.12	**实际GDP增长率** 按本地货币、不变价格计算的变化率	5.4	2	1.8
1.2.18	**外贸依存度** （出口+进口）/（2×GDP）	97.9	5	49.38
1.2.11	**商业服务出口额** 商业服务出口额占GDP的百分比	29.83	2	10.68
3.2.13	**女性劳动力** 占全部劳动力的比例	48.21	2	40.42
2.1.04	**中央政府国内负债** 占GDP的百分比	0.2	2	33.2
2.4.24 （调查）	**投资保护计划** 投资保护计划大多数外放国家可以享受	8.71	2	7
4.5.04 （调查）	**歧视** 歧视（种族、性别等）并没有给社会带来不利影响	8.08	2	6.51
2.4.18 （调查）	**跨国经营风险** 建立跨国界企业可以自由谈判	9.41	2	7.84
2.4.11 （调查）	**外国公司** 外国公司不被国内立法区别对待	9.25	4	8.02
2.4.20 （调查）	**外国金融机构** 外国金融机构可以进入本国市场	9.33	4	8.21
2.3.06 （调查）	**汇率政策** 贵国汇率政策支持公司的竞争力	7.73	3	5.95
2.4.19 （调查）	**外国投资者** 外国投资者可以自由在国内公司中取得控制力	9.29	3	7.66

爱沙尼亚

如 果？

竞争力模拟研究帮助政策制定者将注意力和优先次序放在他们国家或地区面临的关键竞争力上。我们用49个国家或地区的平均值代替这些最弱的指标值，从而计算这个国家或地区的总体排名。然而，这只是一个理论方式，不应视为政策的建议。还必须考虑各个国家或地区的发展水平、政治体制和社会值系统

	从		到
模拟排名变化	21	→	17

20个最弱的指标

序号	名称	国家原始值	国家排名	49国家平均值
4.1.14	**能源强度** 单位美元GDP消费的商业能源数量，千焦耳	39810	48	15435
1.2.02	**经常项目差额** 经常项目差额占GDP的百分比	-6.49	47	0.99
2.2.09	**雇主的社会保障缴款率** 强制缴款占人均GDP的比率	33.51	42	17.86
3.1.08	**工业生产率（购买力平价）** 每个工业雇员创造的相应GDP，美元，估计值	23589	43	46005
3.1.10	**服务业生产率（购买力平价）** 每个服务业雇员雇员创造的相应GDP，美元，估计值	23857	38	42358
1.1.22	**人均GDP** 人均美元	3974	37	14689
3.1.01	**综合生产率（购买力平价）** 每个就业者人均GDP，美元	23627	37	41680
4.3.09	**企业研究与开发人数** 每千国民中人数（全日约当单位）	0.305	33	1.582
3.1.04	**劳动生产率（购买力平价）** 每雇员每小时的GDP，美元，估计值	12.41	36	22.41
1.4.06	**失业率** 占劳动力比率	12.6	42	7.95
4.3.02	**人均研究与开发支出** 人均，美元	25.2	35	282.1
4.3.05	**人均企业研究与开发支出额** 人均，美元	5.59	39	177.46
4.3.03	**所有研究与开发支出** 占GDP的比例	0.686	36	1.375
2.4.15 （调查）	**移民法** 移民法不禁止本国公司雇用外国劳动力	3.33	48	5.82
3.2.15 （调查）	**熟练劳动力** 熟练劳动力在贵国劳动市场上可获得性	4.16	49	6.75
2.5.12 （调查）	**合格工程师** 合格工程师在贵国劳动力市场上容易获得	4.2	48	6.86
3.2.20 （调查）	**称职的高层管理人员** 称职的高层管理人员在贵国劳动市场上易获得	4.98	43	6.31
4.5.01 （调查）	**生活质量** 贵国生活质量很高	4.78	37	6.58
3.4.10 （调查）	**社会责任** 商界领袖重视对社会的责任	4.78	39	5.7
3.4.02 （调查）	**伦理实践** 伦理实践在公司中采用	5.06	36	6

爱沙尼亚

国内经济

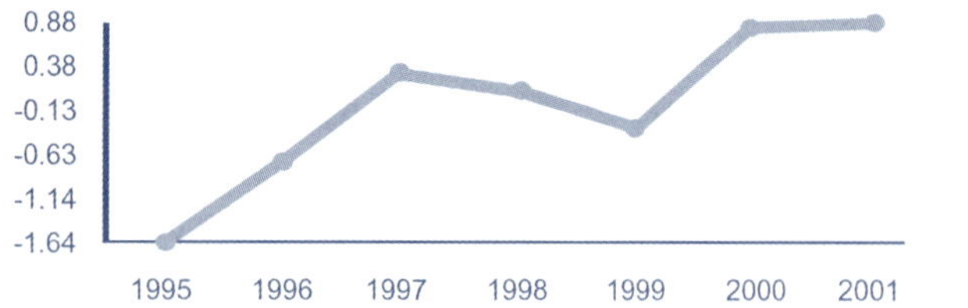

国际贸易

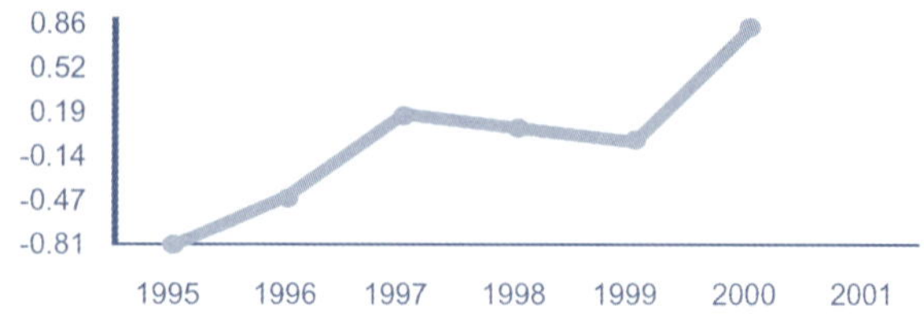

国际投资

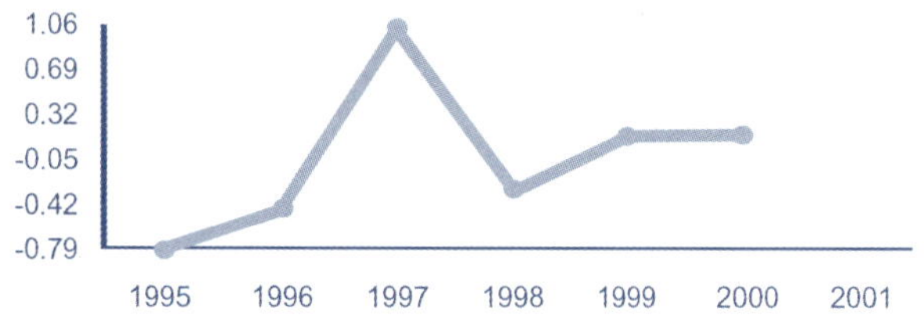

公共财政

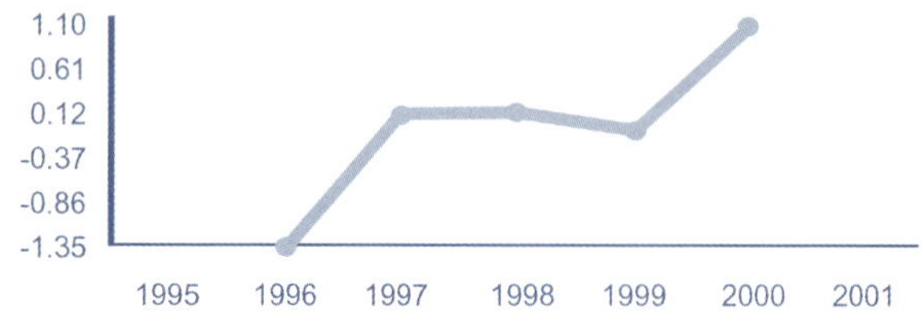

财政政策

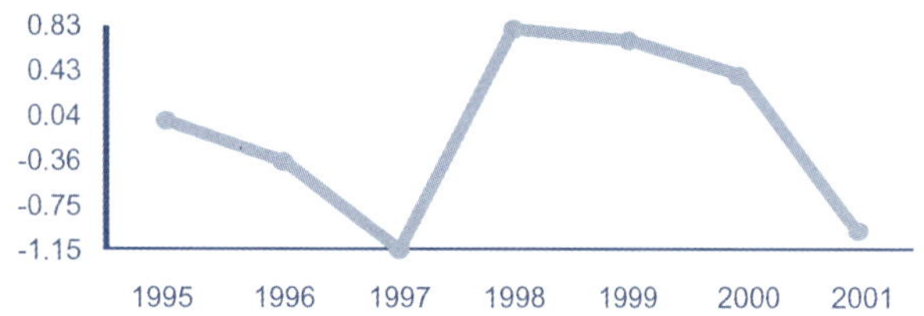

生产率

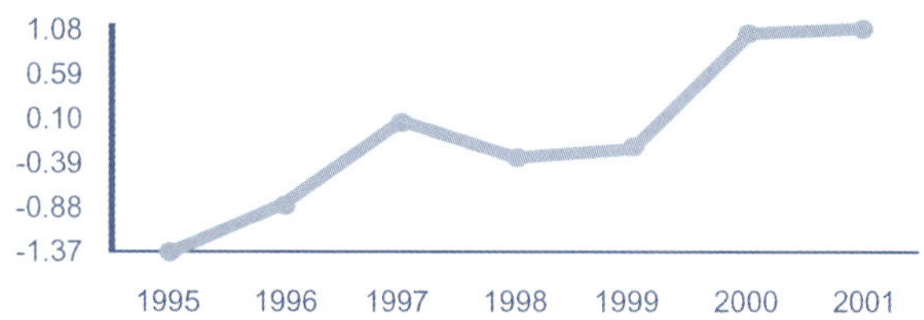

金融

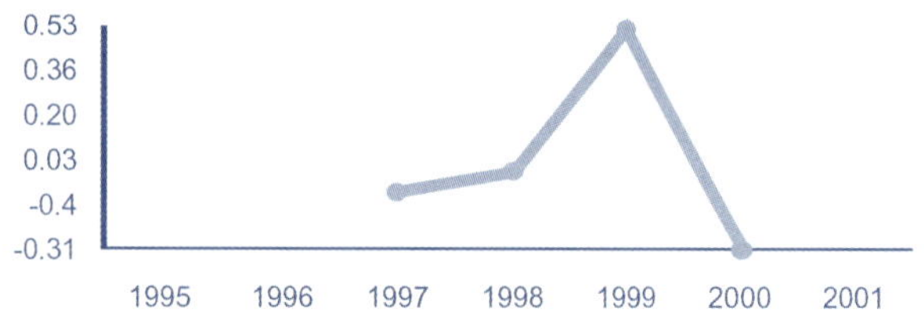

技术基础设施

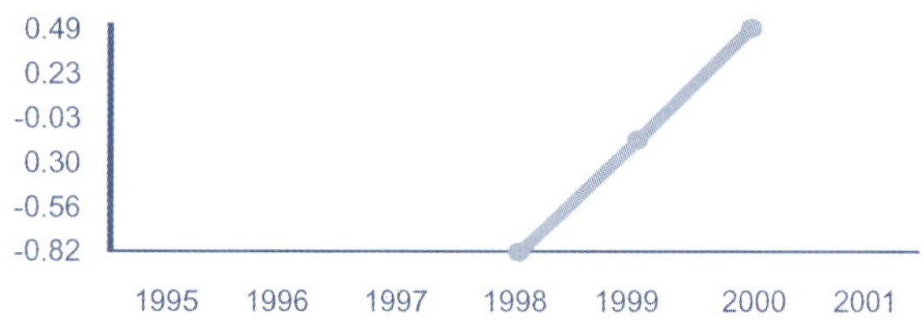

主要竞争力指标

人均国内生产总值

人均美元

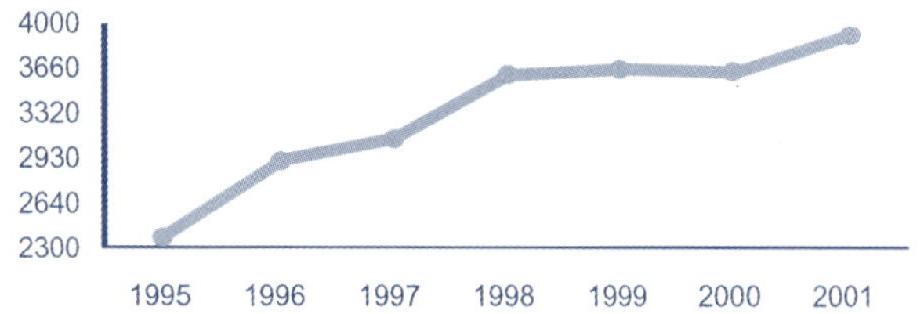

国内生产总值实际增长率

百分比变化，基于国家货币物价稳定

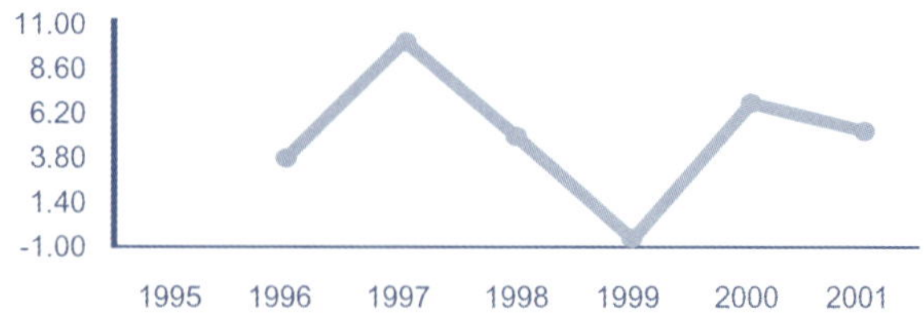

爱沙尼亚

个人最终消费支出
人均美元

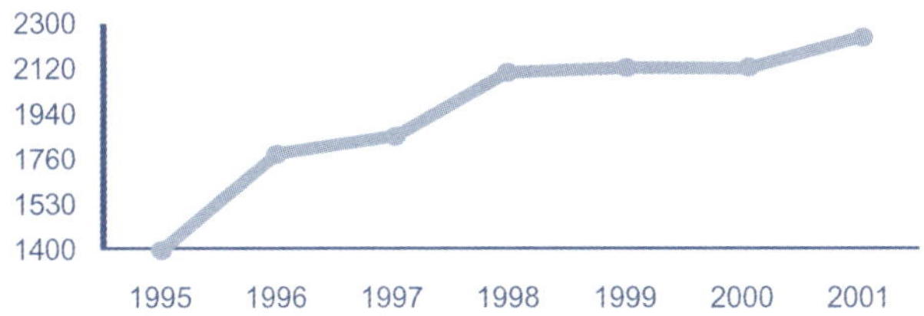

经常性项目差额
十亿美元（负号标志＝赤字）

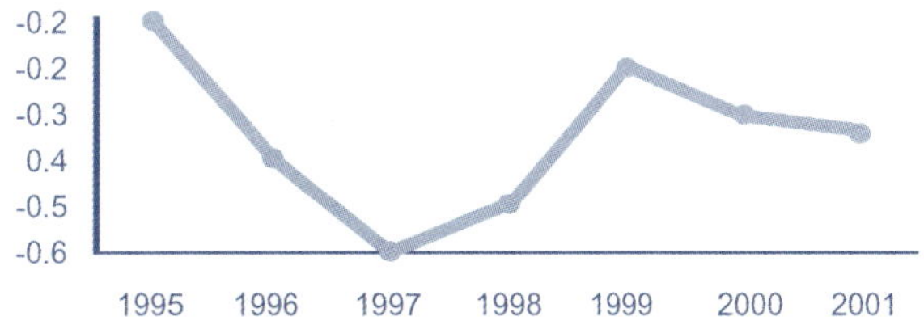

商品和商业劳务出口
十亿美元

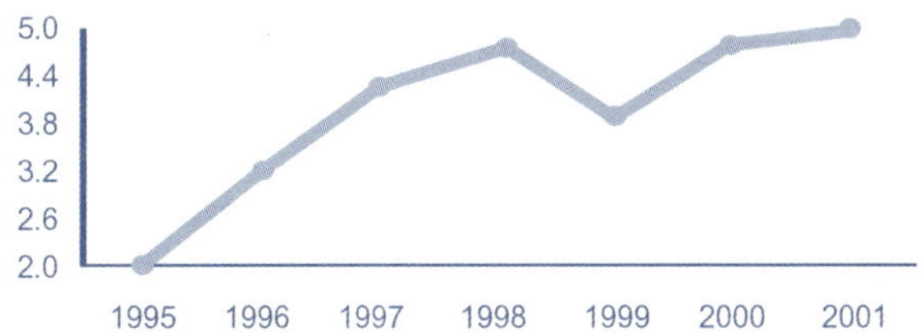

对外直接投资流量
十亿美元

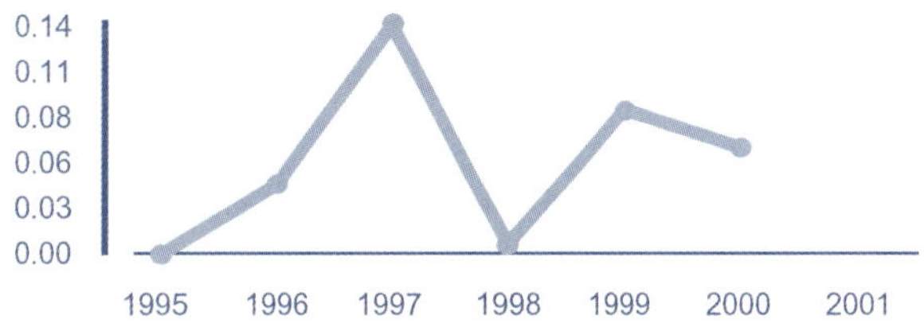

吸收直接投资流量
十亿美元

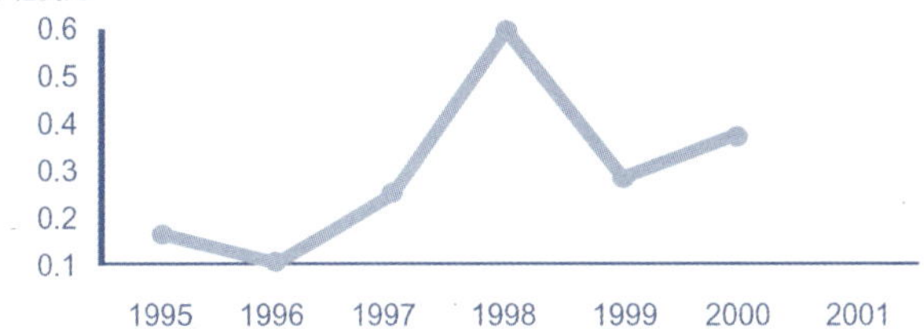

失业率
劳动力百分比

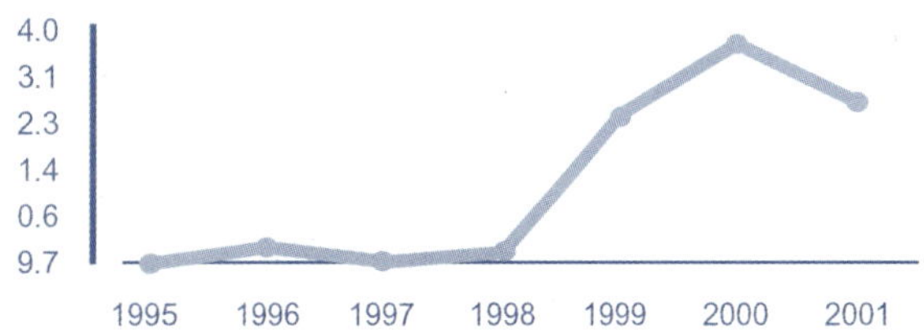

消费品价格增长率
年平均比率

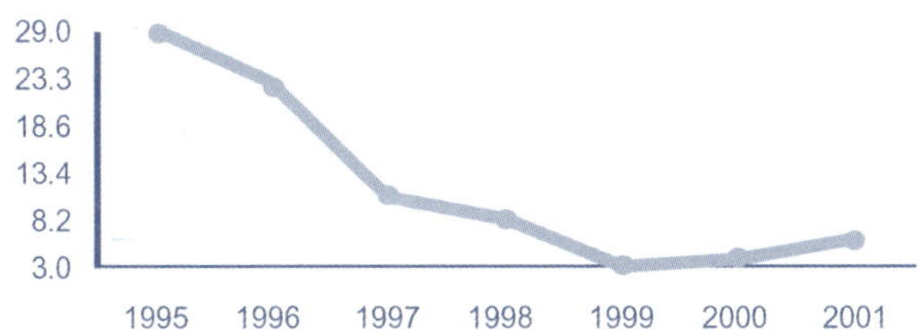

总体生产率
就业人员人均国内生产总值，美元

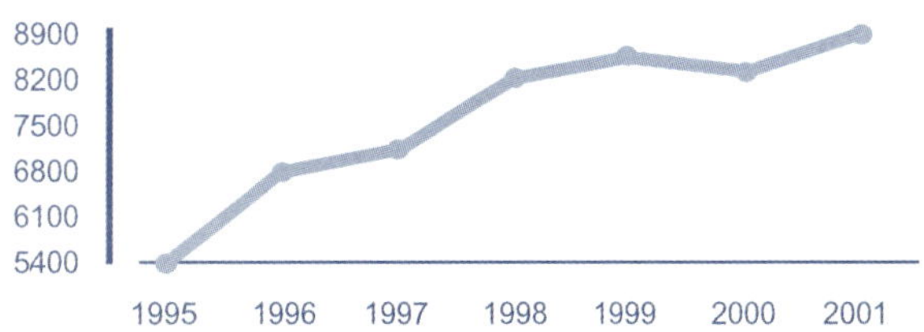

报酬水平
估计：制造工人的小时总补偿，美元

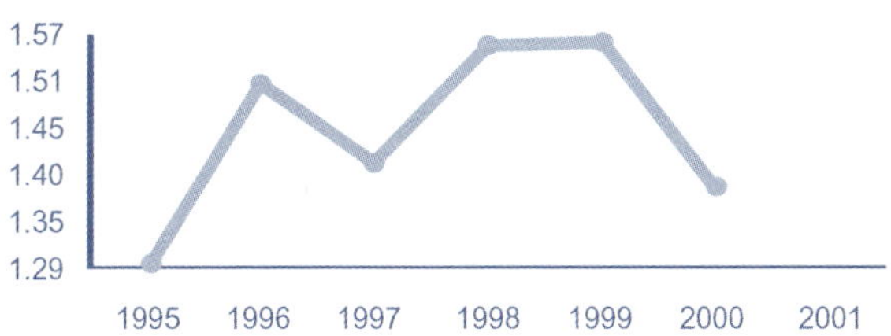

股票市场筹资额
十亿美元

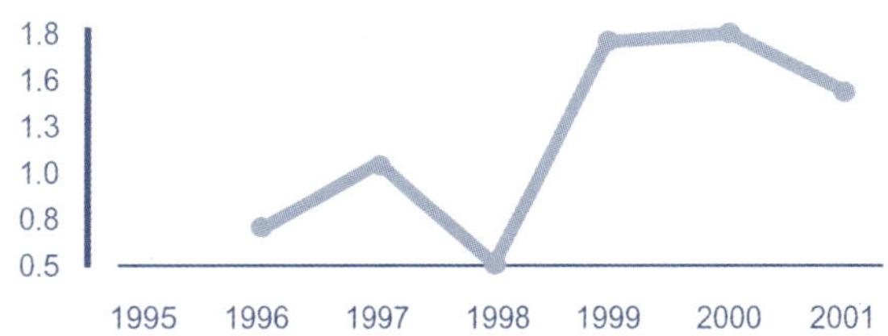

国内上市公司
上市公司的数量

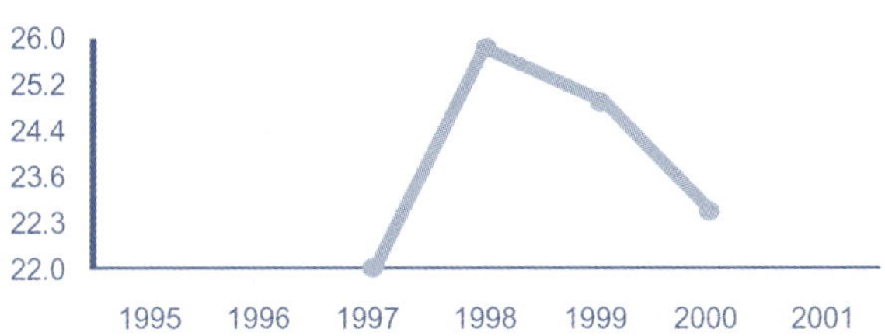

计算机
每1000人的计算机数量/来源：计算机工业年鉴

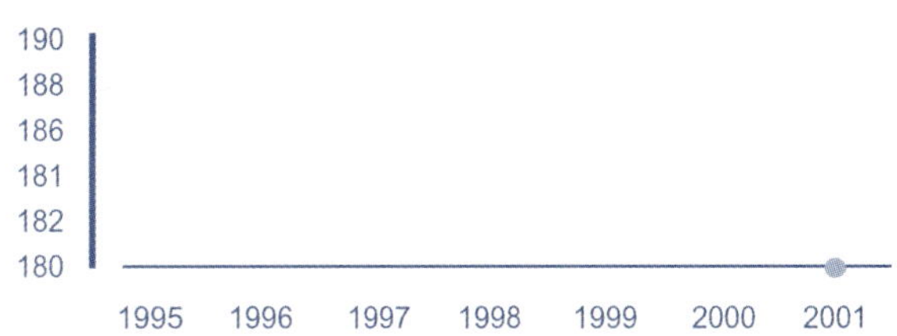

芬兰

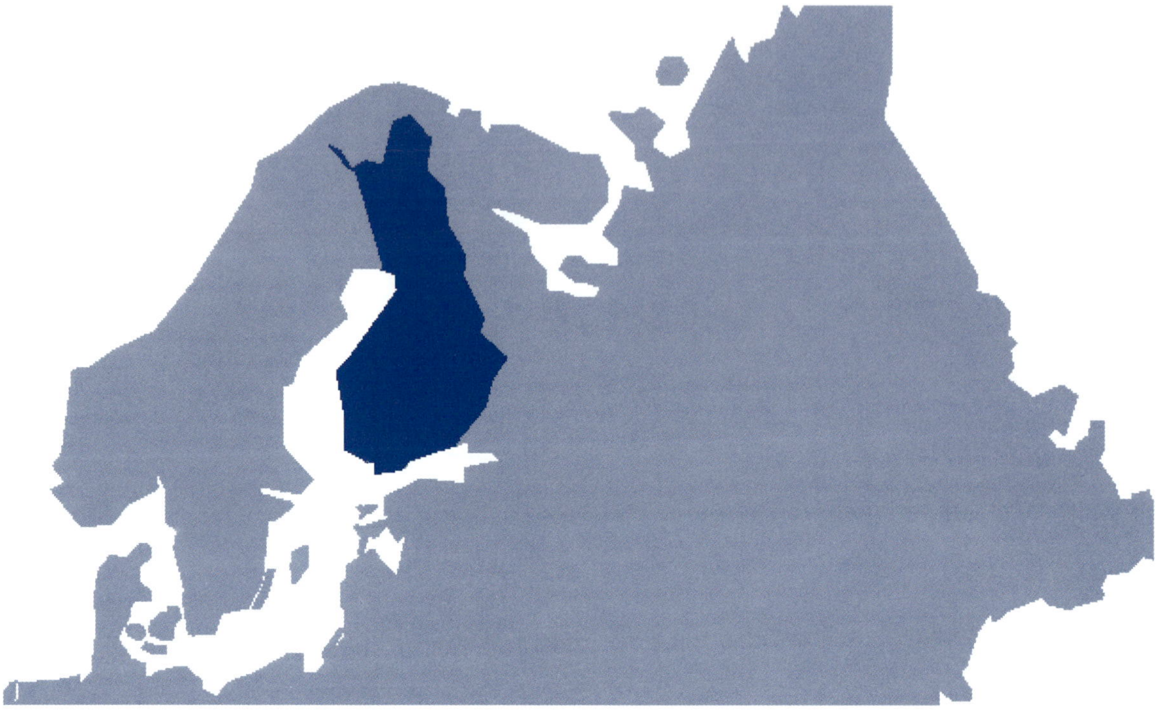

总体表现

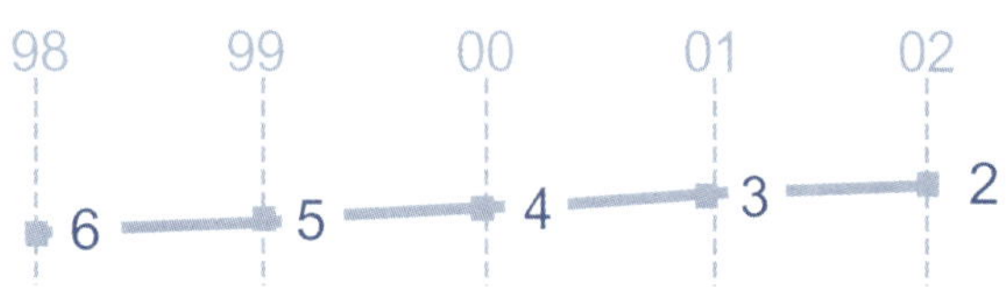

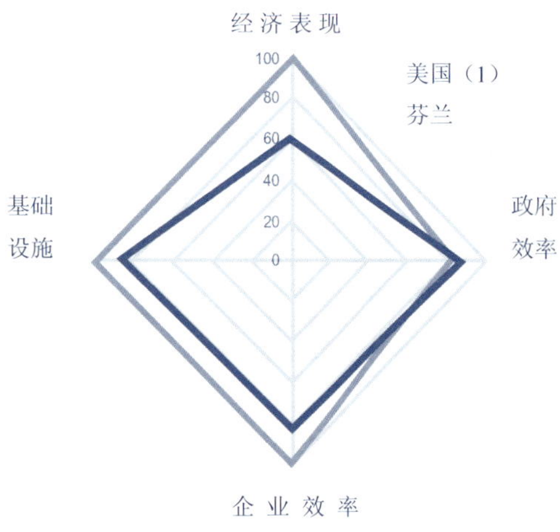

基本事实

首都	赫尔辛基
人口	5.2（2001）
地域（平方千米）	338.0（2000）
汇率（百分之一美元）	6.64（2001）
国内生产总值（十亿美元）	120.9（2001）
人均国内生产总值（美元）	23,295（2001）
实际GDP增长率	0.4（2001）
消费品价格上涨	2.6（2001）
失业率	9.10（2001）
劳动力（百万）	2.62（2001）
经常性项目差额（十亿美元）	8.0（2001）
直接投资	
吸收股票投资（十亿美元）	23.04（2000）
吸收流量（占GDP百分比）	6.86（2000）

芬兰

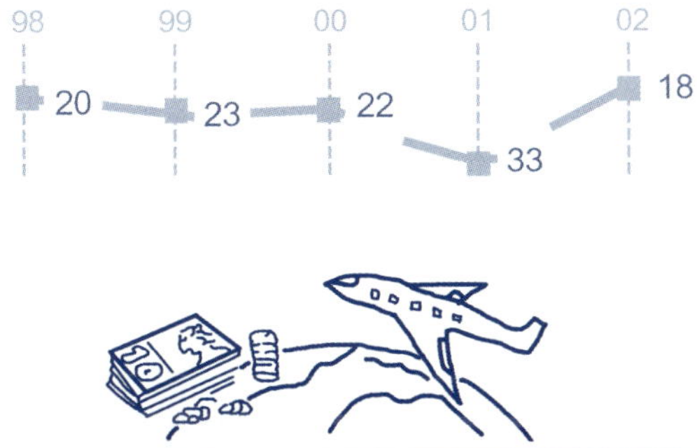

经　济　表　现

2002	
国内经济	21
国际贸易	35
国际投资	12
就　业	26
物　价	29

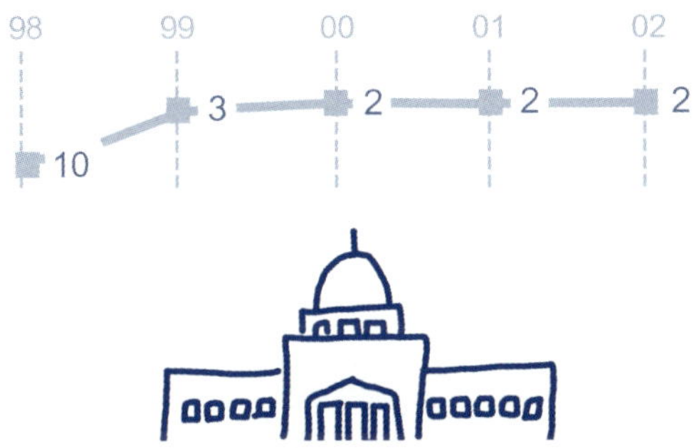

政　府　效　率

2002	
公共财政	14
财政政策	28
组织机构	2
企业法规	1
教　育	1

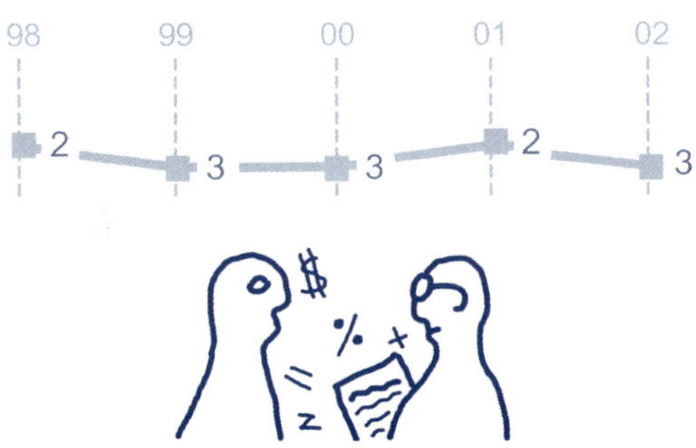

企　业　效　率

2002	
生产率	21
劳动力市场	5
金　融	4
管理实践	3
全球化影响	5

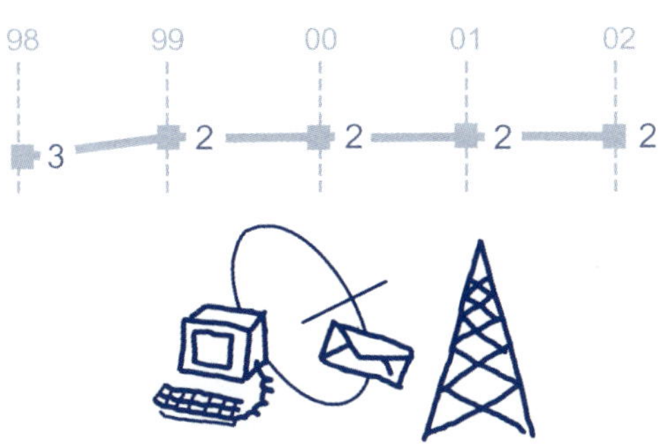

基　础　设　施

2002	
基本基础设施	8
技术基本基础设施	2
科学基本基础设施	6
健康与环境	4
价值系统	2

芬兰

这些指标是每类中最强的 10 个指标，这些类是通过对 49 个国家和地区平均的最大的价值差异来区分的。

1 经济表现

编号	指标	说明	排名
1.3.04	对外直接投资存量实际增长率	按本地货币、不变价格计算的变化率	1
1.3.02	对外直接投资流量	对外直接投资流量占GDP的百分比	5
1.3.08	吸引国外直接投资存量实际增	按本地货币、不变价格计算的变化率	7
1.2.02	经常项目差额	经常项目差额占GDP的百分比	8
1.1.21	经济的弹性	经济体对于经济周期的弹性强	9
1.1.22	人均GDP	人均美元	13
1.3.10	证券投资负债	10亿美元	13
1.2.01	经常项目差额	经常项目差额，10亿美元（负号为逆差）	14
1.3.01	对外直接投资流量	10亿美元	14
1.3.06	吸引国外直接投资+流量	吸引国外直接投资流量占GDP的百分比	15

2 政府效率

编号	指标	说明	排名
2.5.13	知识转让	公司与大学间的知识转让很充分	1
2.3.15	公共服务	公共服务不受政治干预	1
2.5.07	教育体系	教育系统满足有竞争力的社会的需要	1
2.5.08	大学教育	大学教育满足有竞争力的社会的需要	1
2.5.11	教育资金	教育资金在贵国很充足	1
2.4.08	产品和服务立法	产品和服务立法不损害公司行为	1
2.3.14	透明度	政府政策的透明度是令人满意的	1
2.4.03	保护主义	保护主义没有影响贵国的企业行为	1
2.4.07	竞争立法	贵国竞争立法阻止不正当竞争	1
2.3.17	受贿和腐败	受贿和腐败在经济中不盛行	1

3 企业效率

编号	指标	说明	排名
3.4.04	公司董事会	公司董事会确实合适地监督了公司的管理	1
3.5.01	全球化	全球化没有威胁贵国经济	1
3.4.05	股东价值	有效地管理股东价值	1
3.4.03	管理人员的信誉	管理人员在经济中可信性被广泛认可	1
3.2.09	雇员培训	公司高度重视雇员培训	1
3.3.15	股东权利和义务	股东权利和义务明确界定	1
3.3.18	现金流	现金流通常足以允许公司自筹经费	1
3.4.02	伦理实践	伦理实践在公司中采用	1
3.3.09	银行业规定	银行业规定没有阻碍贵国竞争力	1
3.4.11	健康、安全和环境事务	健康、安全和环境事务被管理层充分重视	1

4 基础设施

编号	指标	说明	排名
4.3.07	每千人中研究与开发人员	每千国民中人数（全日约当单位）	1
4.3.09	企业研究与开发人数	每千国民中人数（全日约当单位）	1
4.2.15	技术合作	公司间的技术合作很发达	1
4.2.16	技术的发展和应用	合法环境支持技术的发展和应用	1
4.2.17	资助技术发展	技术发展的资助非常充分	1
4.2.20	数据安全性	贵国数据安全性有保障	1
4.2.07	新信息技术	新信息技术和应用满足企业需要	1
4.2.06	通信的充分性	通信在贵国普遍比较充分	1
4.2.13	合适的互联网访问数	贵国可以提供合适的互联网访问数（可获性、速度、费用）	1
4.4.18	环境法	环境法和遵守该法不会阻碍企业竞争力	2

芬兰

这些指标是每类中最弱的10个指标，这些类是通过对49个国家和地区平均的最大的价值差异来区分的。

1 经济表现

编号	指标	说明	排名
1.2.12	商业服务出口实际增长	按本地货币、不变价格计算的变化率	42
1.1.12	实际GDP增长率	按本地货币、不变价格计算的变化率	40
1.2.09	商品出口额实际增长率	按本地货币、不变价格计算的变化率	39
1.1.02	国内生产总值（PPP）	估计值；按购买力平价计算，10亿美元	39
1.4.01	总就业人口	总就业人口（百万）	39
1.2.10	商业服务出口额	10亿美元	37
1.3.07	吸引国外直接投资存量	10亿美元	37
1.2.11	商业服务出口额	商业服务出口额占GDP的百分比	35
1.4.06	失业率	占劳动力比率	33
1.1.13	实际人均GDP增长率	按本地货币、不变价格计算的变化率	33

2 政府效率

编号	指标	说明	排名
2.2.01	税收总收入	占GDP的百分比	47
2.2.02	个人收入税有效税率	占人均GDP的百分比	46
2.4.06	政府补贴	对私人和公共企业的补贴占GDP比重	45
2.4.14	失业立法	失业立法激励人们寻找工作	43
2.2.06	实际个人税	实际个人税并不阻碍人们工作或者寻求发展	43
2.2.13	间接税	商品和服务税占GDP的比重	42
2.1.10	国家总储备	包括黄金和官方储备（每盎司黄金=35个特别提款权）	40
2.1.08	利息支付额	占当前收入的百分比	33
2.3.07	汇率稳定度	本币相对于特别提款权的汇兑年价变动	33
2.2.09	雇主的社会保障缴款率	强制缴款占人均GDP的比率	32

3 企业效率

编号	指标	说明	排名
3.2.05	工作小时	每年的平均工作小时数	43
3.2.08	产业纠纷	每千个居民年均因纠纷损失的工作日	40
3.2.01	报酬水平	制造业工人每小时全部报酬，美元，估计值	39
3.1.03	综合生产率实际增长率	每个就业者实际GDP变化率，估计值	39
3.3.13	国内上市公司	国内上市公司数目	36
3.2.02	制造业部门单位劳动成本	制造业部门单位劳动成本变化率	34
3.4.07	企业家精神	贵国企业家精神很普遍	32
3.2.18	外国高素质人员	外国高素质人员被贵国企业环境所吸引	31
3.4.08	公司的设立	贵国设立公司很普遍	31
3.3.04	发行的信用卡数目	每人	30

4 基础设施

编号	指标	说明	排名
4.1.01	人口—市场规模	估计值，百万	41
4.1.08	空运	主要公司运载的乘客数	36
4.1.06	道路	网络的密度	35
4.3.18	批准授予国民专利年平均增长速	变化百分比	33
4.1.07	铁路	网络的密度	31
4.2.01	对电信的投资	年平均占GDP的百分比	31
4.1.17	国内能源总产量	占所有能源需求（等价为石油吨数）的比例	28
4.2.08	在用计算机	占世界在用计算机总量的份额/来源：计算机行业年鉴	26
4.3.16	人均诺贝尔奖	每百万人中从1950年以来在物理、化学、心理或医药和经济学领域获奖数目	24
4.3.15	诺贝尔奖数目	自1950年以来在物理、化学、心理或医药和经济学领域获奖数目	24

芬兰

这一部分集锦了该国20个最强的指标，
这部分指标有着最高的标准化值（STD值）。
STD值＝（国家和地区的原始值－49个国家和地区平均值）/标准差

20个最强的指标

序号	名称	国家原始值	国家排名	49国家平均值
4.3.07	**每千人中研究与开发人员** 每千国民中人数（全日约当单位）	9.788	1	3
1.3.04	**对外直接投资存量实际增长率** 按本地货币、不变价格计算的变化率	75.33	1	24.8
4.3.09	**企业研究与开发人数** 每千国民中人数（全日约当单位）	5.381	1	1.582
4.3.03	**所有研究与开发支出** 占GDP的比例	3.319	2	1.375
4.5.05	**国会中女性人数** 女性席位占全部席位的比例	36.5	3	17.41
4.3.05	**人均企业研究与开发支出额** 人均，美元	550.88	5	177.46
4.3.02	**人均研究与开发支出** 人均，美元	774.7	5	282.1
4.2.09	**人均计算机** 每千人计算机数/来源：计算机行业年鉴	614	3	309
2.5.05	**高等教育成绩** 25-34岁人中至少获得三级教育的人口所占比例	38	3	21
4.2.10	**互联网用户数** 每千人互联网用户人数/来源：计算机行业年鉴	512.52	7	267.96
2.1.02	**中央政府预算盈余/赤字** 占GDP的百分比	3.44	5	-0.97
4.5.07	**性别收入比** 估计总体女性与男性收入比率	0.66	4	0.41
4.2.04	**移动电话用户** 每千户居民中的用户数	831.3	6	506.4
2.5.13 （调查）	**知识转让** 公司与大学间的知识转让很充分	7.82	1	4.45
4.2.15 （调查）	**技术合作** 公司间的技术合作很发达	8.18	1	5.52
4.4.18 （调查）	**环境法** 环境法和遵守该法不会阻碍企业竞争力	8.03	2	6.09
2.3.15 （调查）	**公共服务** 公共服务不受政治干预	6.96	1	3.95
2.5.07 （调查）	**教育体系** 教育系统满足有竞争力的社会的需要	8.61	1	5.14
4.2.16 （调查）	**技术的发展和应用** 合法环境支持技术的发展和应用	8.67	1	6.48
2.5.08 （调查）	**大学教育** 大学教育满足有竞争力的社会的需要	8.86	1	5.72

芬兰

如　果？

竞争力模拟研究帮助政策制定者将注意力和优先次序放在他们国家或地区面临的关键竞争力上。我们用49个国家或地区的平均值代替这些最弱的指标值，从而计算这个国家或地区的总体排名。然而，这只是一个理论方式，不应视为政策的建议。还必须考虑各个国家或地区的发展水平、政治体制和社会值系统

	从		到
模拟排名变化	2	→	2

20个最弱的指标

序号	名称	国家原始值	国家排名	49国家平均值
2.2.02	**个人收入税有效税率** 占人均GDP的百分比	30.73	46	17.15
2.2.01	**税收总收入** 占GDP的百分比	46.7	47	31.24
2.4.06	**政府补贴** 对私人和公共企业的补贴占GDP比重	2.84	45	1.19
3.2.05	**工作小时** 每年的平均工作小时数	1723	43	1925
2.2.13	**间接税** 商品和服务税占GDP的比重	13.67	42	10.45
1.1.12	**实际GDP增长率** 按本地货币、不变价格计算的变化率	0.4	40	27.19
1.2.10	**商业服务出口额** 10亿美元	5.97	37	0.607
4.2.01	**对电信的投资** 年平均占GDP的百分比	0.459	31	115.59
1.2.07	**商品出口额** 商品出口额，10亿美元	43.3	30	120.92
1.3.07	**吸引国外直接投资存量** 10亿美元	23.04	37	30.49
2.1.10	**国家总储备** 包括黄金和官方储备（每盎司黄金=35个特别提款权）	6.41	40	117.11
3.3.01	**银行部门的资产** 占GDP的比例	79.88	30	10.68
1.2.11	**商业服务出口额** 商业服务出口额占GDP的百分比	4.94	35	4.98
2.4.14 （调查）	**失业立法** 失业立法激励人们寻找工作	3.4	43	4.81
2.2.06 （调查）	**实际个人税** 实际个人税并不阻碍人们工作或者寻求发展	3.27	43	5.29
3.2.18 （调查）	**外国高素质人员** 外国高素质人员被贵国企业环境所吸引	4.57	31	6.75
3.4.08 （调查）	**公司的设立** 贵国设立公司很普遍	6.47	31	6.34
3.4.07 （调查）	**企业家精神** 贵国企业家精神很普遍	6.11	32	6.06
2.4.23 （调查）	**投资激励** 对外国投资有吸引力	6.21	25	7.24
4.5.02 （调查）	**民族文化** 民族文化对外国文化开放	7.39	22	7.24

芬兰

国内经济

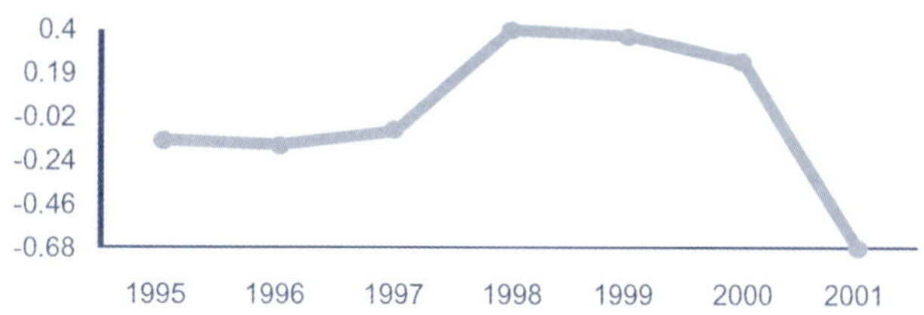

国际贸易

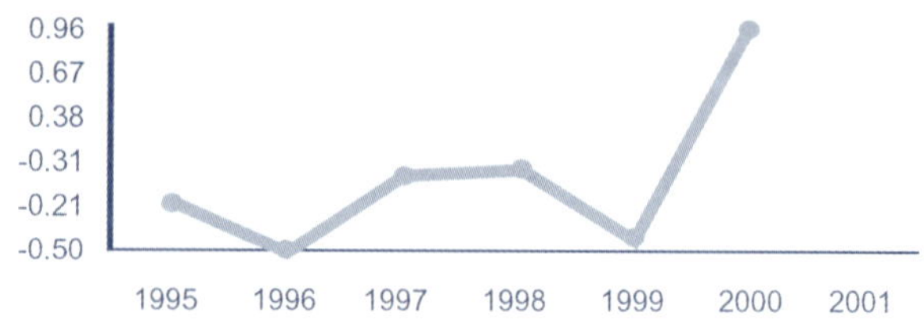

国际投资

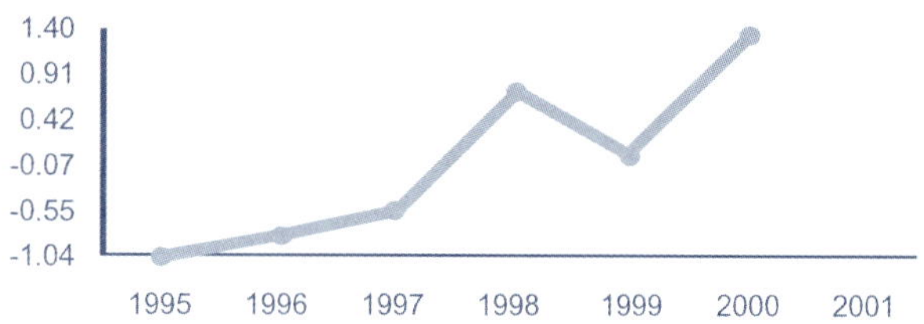

公共财政

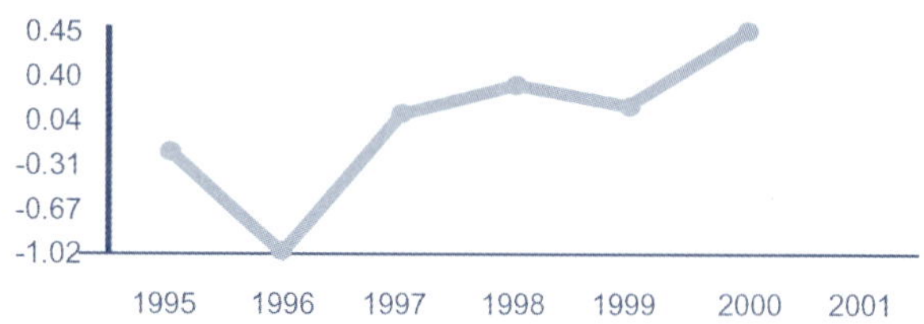

财政政策

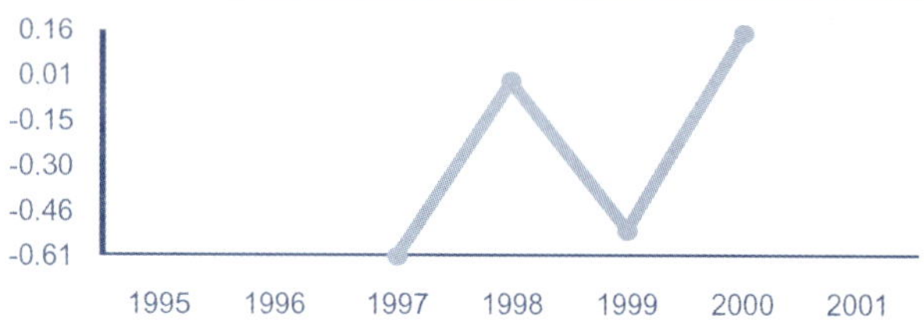

生产率

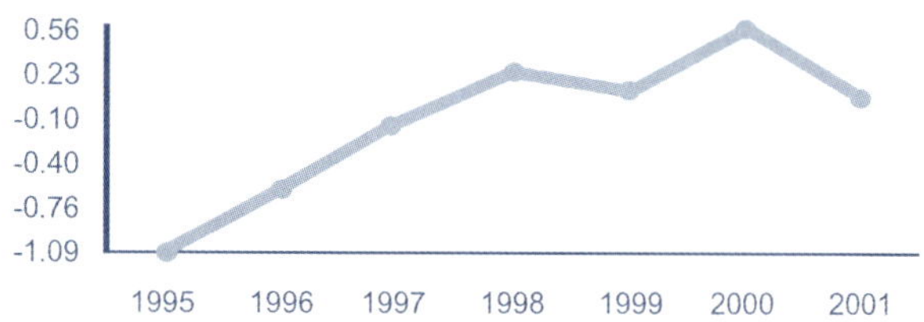

金融

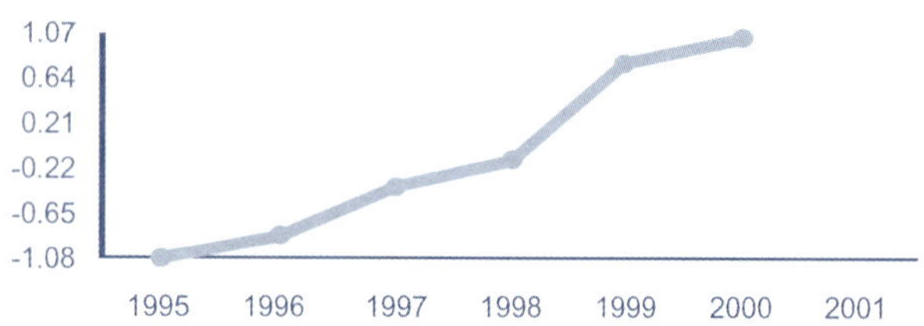

技术基础设施

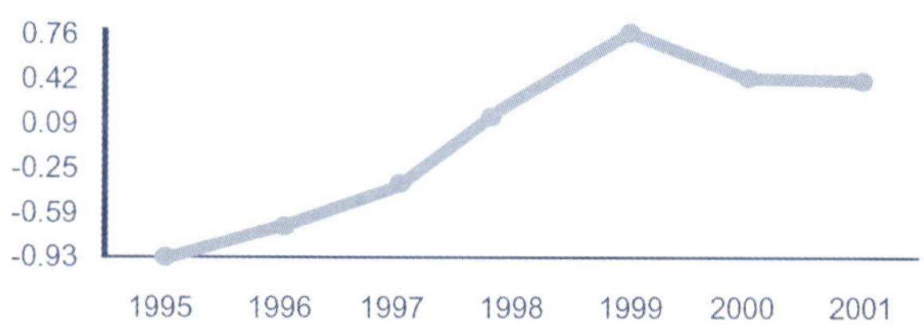

主要竞争力指标

人均国内生产总值

人均美元

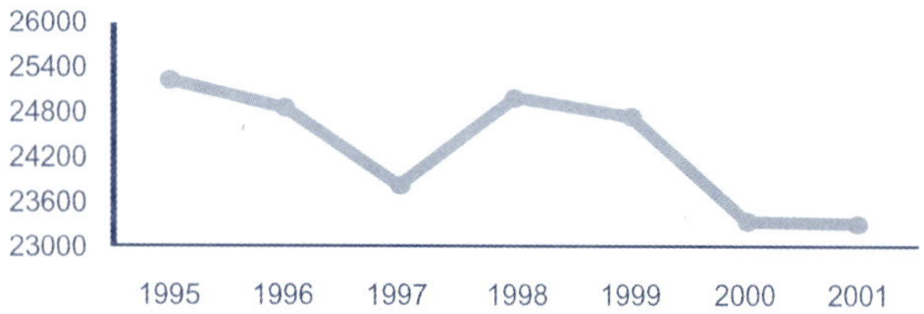

国内生产总值实际增长率

百分比变化，基于国家货币物价稳定

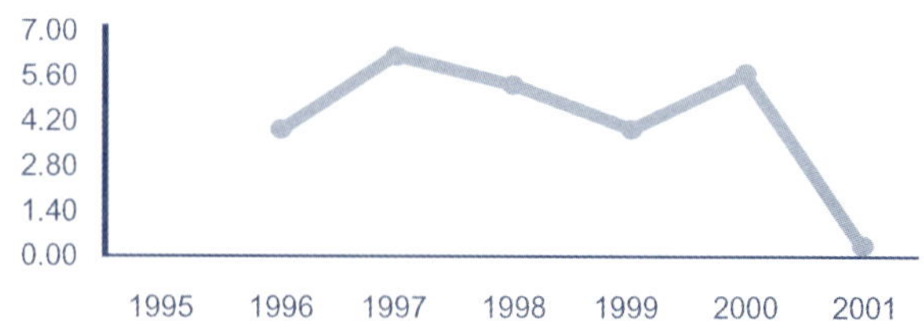

芬兰

个人最终消费支出

人均美元

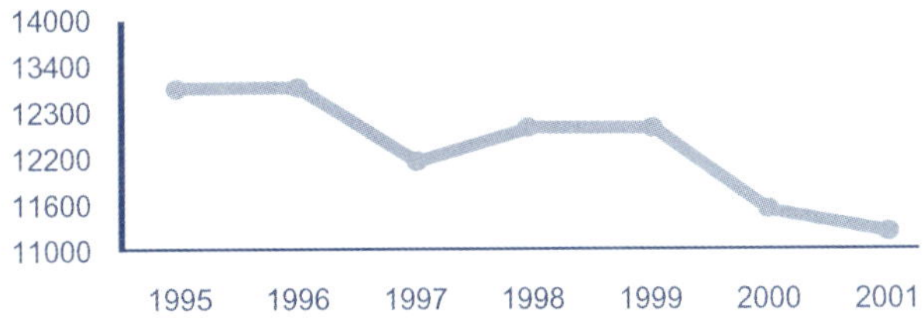

经常性项目差额

十亿美元（负号标志=赤字）

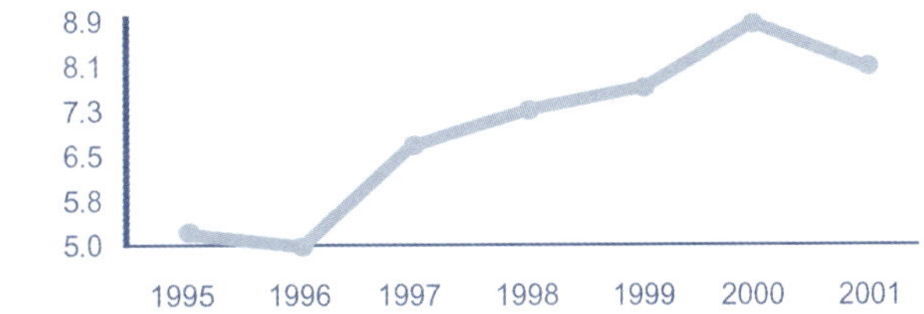

商品和商业劳务出口

十亿美元

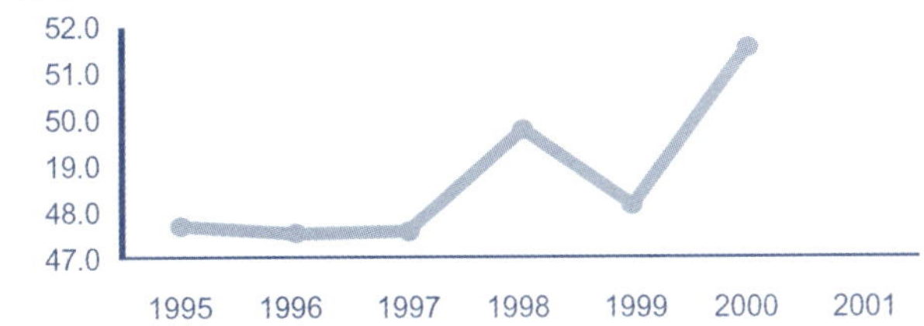

对外直接投资流量

十亿美元

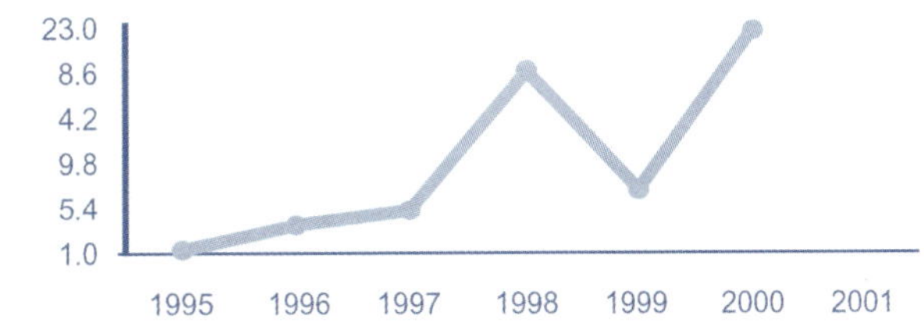

吸收直接投资流量

十亿美元

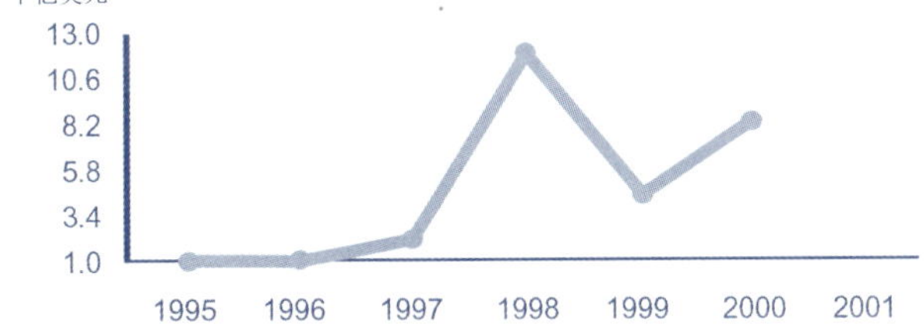

失业率

劳动力百分比

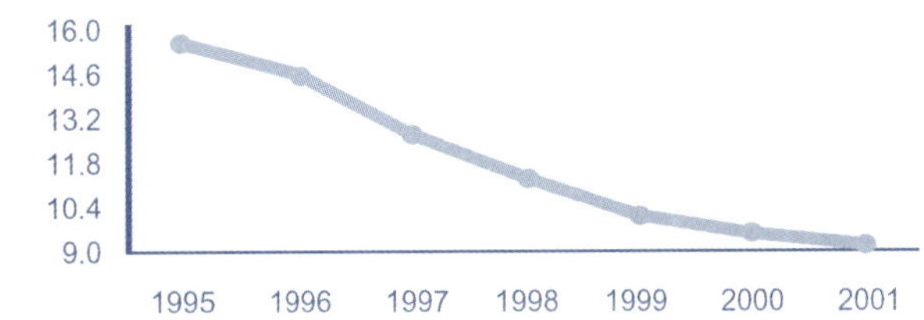

消费品价格增长率

年平均比率

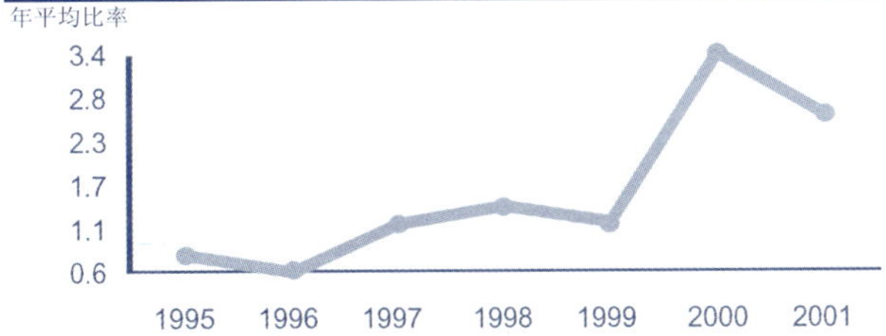

总体生产率

就业人员人均国内生产总值，美元

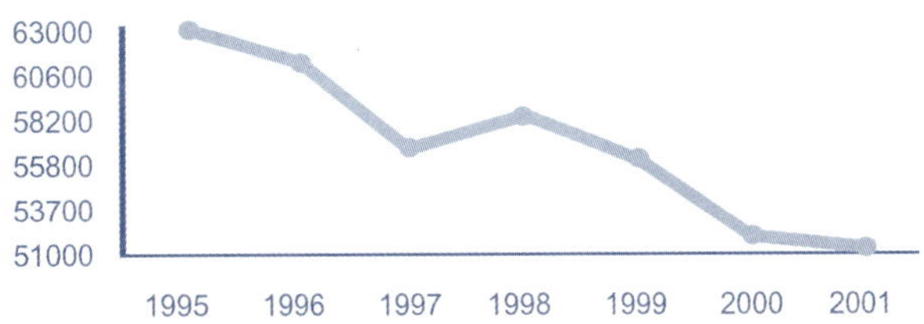

报酬水平

估计：制造工人的小时总补偿，美元

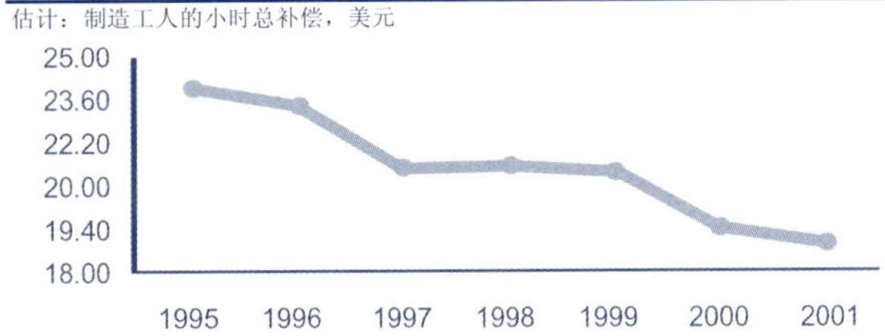

股票市场筹资额

十亿美元

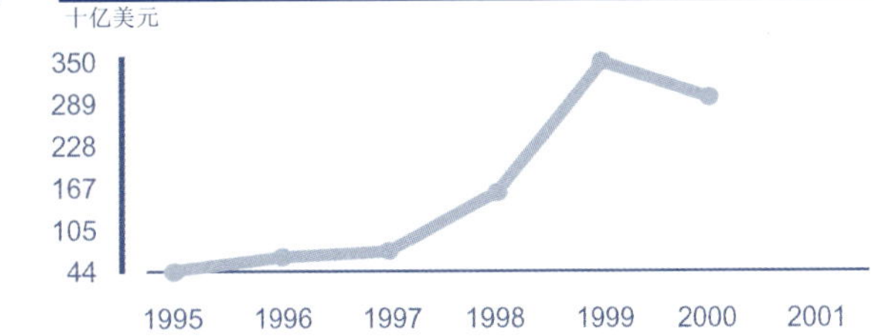

国内上市公司

上市公司的数量

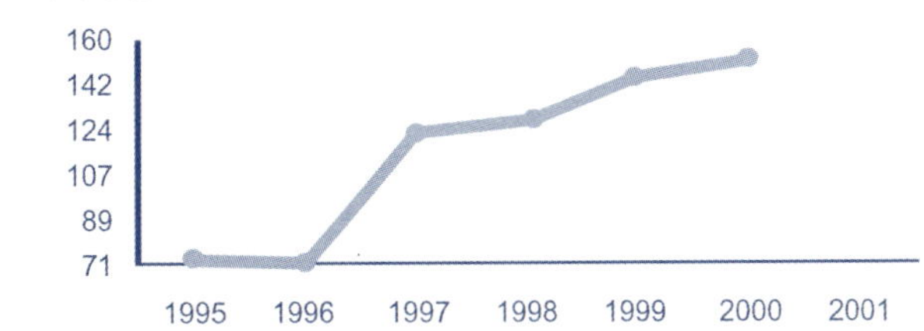

计算机

每1000人的计算机数量/来源：计算机工业年鉴

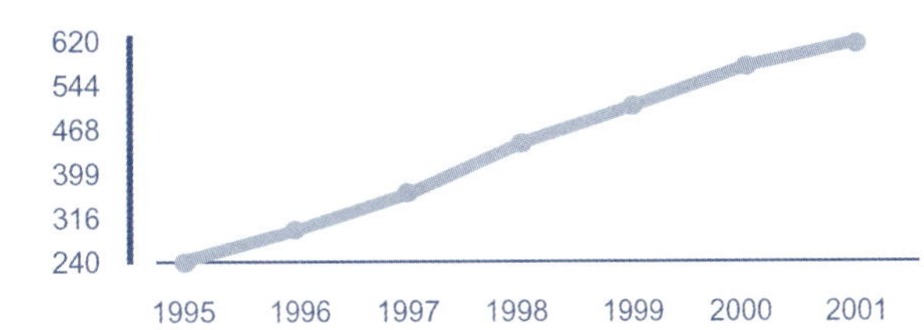

法国

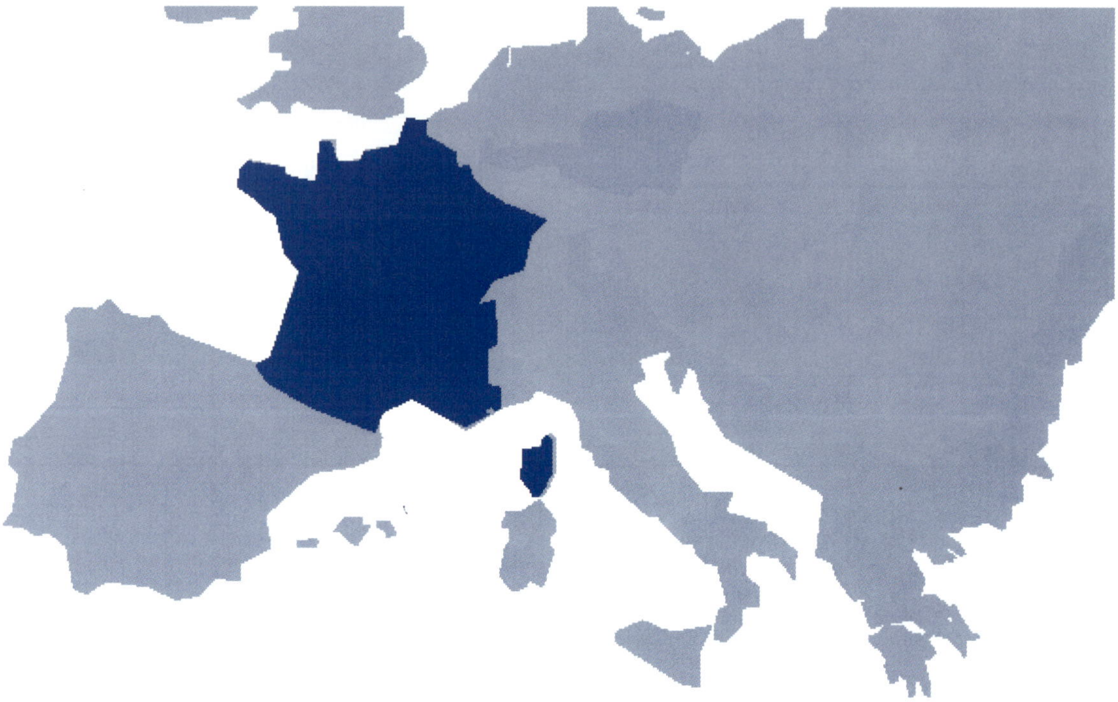

总体表现

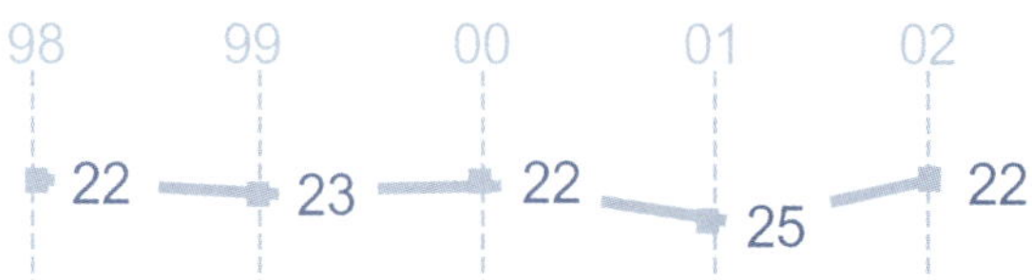

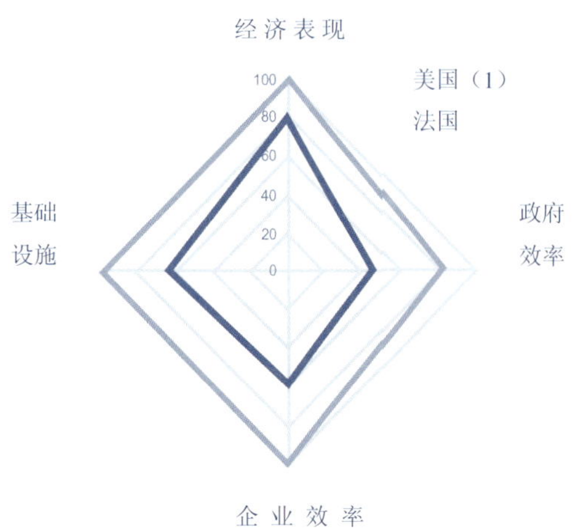

基本事实

首都	巴黎
人口	58.9（2001）
地域（平方千米）	552.0（2000）
汇率（百分之一美元）	7.33（2001）
国内生产总值（十亿美元）	1,305.6（2001）
人均国内生产总值（美元）	22,169（2001）
实际GDP增长率	2.0（2001）
消费品价格上涨	1.7（2001）
失业率	8.90（2001）
劳动力（百万）	26.74（2001）
经常性项目差额（十亿美元）	20.5（2001）
直接投资	
吸收股票投资（十亿美元）	266.65（2000）
吸收流量（占GDP百分比）	3.33（2000）

法国

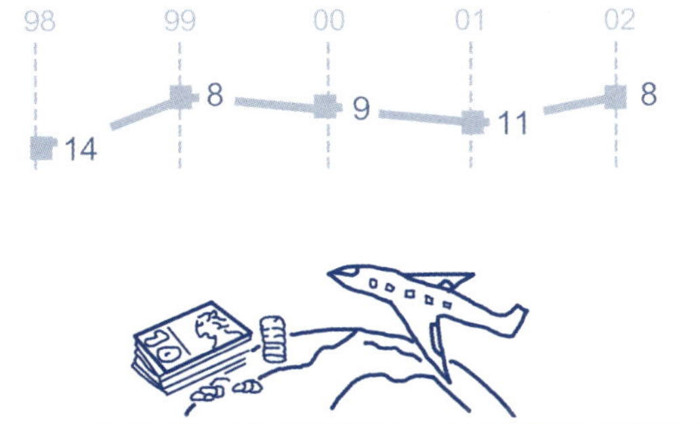

经 济 表 现

	2002
国内经济	8
国际贸易	12
国际投资	6
就　业	20
物　价	19

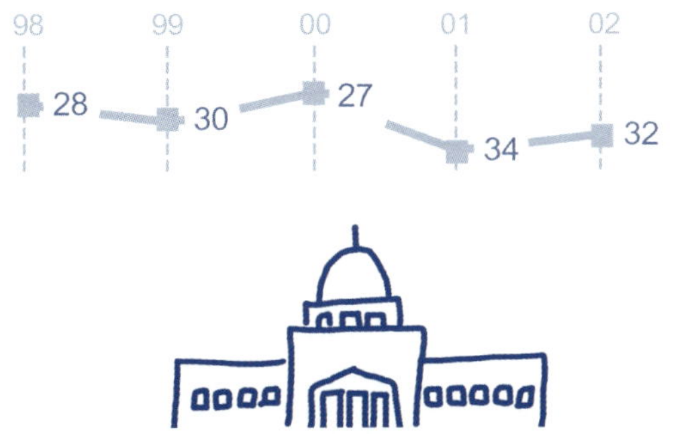

政 府 效 率

	2002
公共财政	33
财政政策	49
组织机构	34
企业法规	31
教　育	17

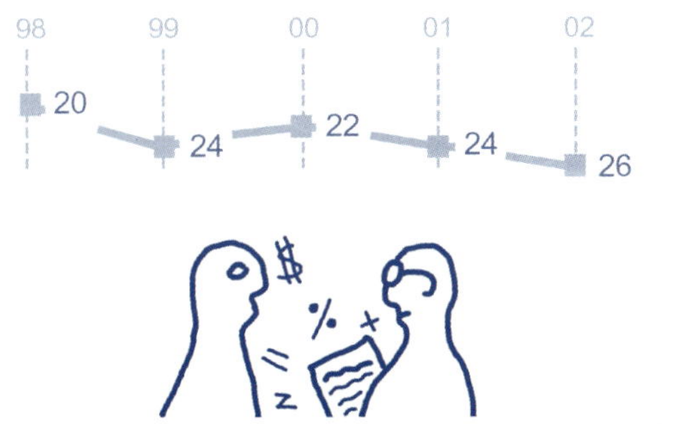

企 业 效 率

	2002
生产率	6
劳动力市场	37
金　融	25
管理实践	34
全球化影响	38

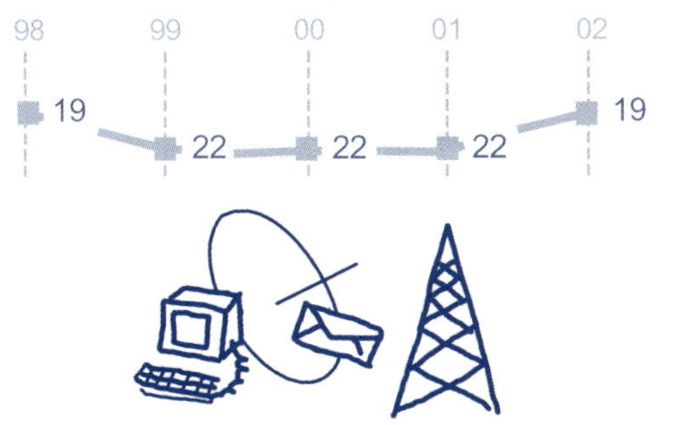

基 础 设 施

	2002
基本基础设施	14
技术基本基础设施	22
科学基本基础设施	7
健康与环境	15
价值系统	40

法国

这些指标是每类中最强的10个指标，这些类是通过对49个国家和地区平均的最大的价值差异来区分的。

1 经济表现

			排名
1.3.01	对外直接投资流量	10亿美元	2
1.3.03	对外直接投资存量	10亿美元	3
1.4.07	青年失业	25岁以下失业人口占总失业人口比例	3
1.2.10	商业服务出口额	10亿美元	3
1.3.10	证券投资负债	10亿美元	3
1.2.07	商品出口额	商品出口额，10亿美元	4
1.3.04	对外直接投资存量实际增长率	按本地货币、不变价格计算的变化率	5
1.3.09	证券投资资产	10亿美元	5
1.1.01	国内生产总值（GDP）	按现行价格、汇率计算，10亿美元	5
1.2.01	经常项目差额	经常项目差额，10亿美元（负号为逆差）	6

2 政府效率

2.5.09	文盲率	成人（15岁以上）文盲占总人口比例	3
2.3.04	国家信用评级	由《机构投资者杂志》杂志按百分制评分	5
2.5.04	中等学校入学人数	接受全日制教育的相关年龄组所占比例	7
2.1.06	中央政府国外负债	占GDP的百分比	9
2.5.12	合格工程师	合格工程师在贵国劳动力市场上容易获得	10
2.4.01	贵国参与区域贸易集团的程度	贵国参与区域贸易集团提供进入外国市场的途径	11
2.5.05	高等教育成绩	25-34岁人中至少获得三级教育的人口所占比例	12
2.5.03	学生—教师比（中等教育）	学生与教师职员的比例	15
2.1.08	利息支付额	占当前收入的百分比	15
2.4.02	海关职权	海关职权推动了商品的有效转口	16

3 企业效率

3.1.04	劳动生产率（购买力平价）	每雇员每小时的GDP，美元，估计值	3
3.3.11	股票市场筹资额	10亿美元	4
3.1.10	服务业生产率（购买力平价）	每个服务业雇员创造的相应GDP，美元，估计值	5
3.1.01	综合生产率（购买力平价）	每个就业者人均GDP，美元	6
3.1.06	农业生产率（购买力平价）	每个农业劳动力创造的相应GDP，美元，估计值	7
3.2.02	制造业部门单位劳动成本	制造业部门单位劳动成本变化率	10
3.3.10	股票市场	股票市场为公司提供充足的资金	12
3.2.13	女性劳动力	占全部劳动力的比例	13
3.3.12	股票市场交易额	人均美元	14
3.3.01	银行部门的资产	占GDP的比例	15

4 基础设施

4.2.03	国际电话费用	高峰期通往美国的每三分钟费用（对美国指通往欧洲）	3
4.3.13	学校内的科学	学校内的科学在贵国充分教育	4
4.3.19	国民在国外获取专利件数	国民在国外获取专利件数	4
4.4.14	二氧化碳排放量	GDP的每百万美元中由工业过程排放的二氧化碳（吨）	4
4.4.01	健康总支出	占GDP的比例	5
4.3.06	全国所有研究与开发人员	千人全日约当单位	5
4.3.12	科学论文	发表的科学和技术论文数（按作者的出生地）	5
4.2.18	高技术出口	百万美元	6
4.4.03	出生时的寿命期望	平均估计	7
4.4.13	废水处理工厂	接受废水处理工厂服务的人口占总人口的比重	8

法国

这些指标是每类中最弱的10个指标，这些类是通过对49个国家和地区平均的最大的价值差异来区分的。

1 经济实力

			排名
1.2.18	外贸依存度	（出口+进口）/（2×GDP）	35
1.2.08	商品出口额	商品出口额占GDP的百分比	32
1.4.02	就业率	总就业人口占总人口的百分比	32
1.4.06	失业率	占劳动力比率	31
1.2.19	贸易条件指数	出口单位价值比进口单位价值（1995=100）	30
1.3.06	吸引国外直接投资+流量	吸引国外直接投资流量占GDP的百分比	29
1.2.11	商业服务出口额	商业服务出口额占GDP的百分比	29
1.5.02	生活费指数	主要城市不包括住房的各种货物支出指数（纽约=100）	27
1.1.21	经济的弹性	经济体对于经济周期的弹性强	24
1.2.02	经常项目差额	经常项目差额占GDP的百分比	22

2 政府效率

2.2.09	雇主的社会保障缴款率	强制缴款占人均GDP的比率	49
2.2.04	雇员社会保障缴款率	强制缴款占人均GDP的百分比	49
2.4.13	劳动法规	劳动法规（雇/解雇惯例、最低工资等）足够灵活	49
2.3.10	新立法	新立法鼓励企业竞争力	47
2.4.14	失业立法	失业立法激励人们寻找工作	47
2.2.06	实际个人税	实际个人税并不阻碍人们工作或者寻求发展	47
2.1.09	公共财政的管理	公共财政的管理在两年后可能完善	46
2.4.12	新企业	新企业在贵国容易建立	45
2.2.01	税收总收入	占GDP的百分比	45
2.3.11	政府经济政策	政府经济政策快速适应于经济发展	44

3 企业效率

3.2.05	工作小时	每年的平均工作小时数	49
3.2.06	劳资关系	劳资关系有利于生产	48
3.5.02	对全球化的态度	贵国对全球化的态度普遍积极	47
3.4.08	公司的设立	贵国设立公司很普遍	47
3.4.07	企业家精神	贵国企业家精神很普遍	42
3.3.14	股票市场指数	支书的变化率	42
3.2.07	工人的动机	贵国工人动机很重要	37
3.2.03	服务性职业报酬	年均总收入，包括附加薪水，例如额外薪金，美元	37
3.4.01	适应性	贵国公司适应市场变化的能力很强	37
3.5.03	生产的再分配	国外的生产再分配没有威胁到贵国经济的未来	37

4 基础设施

4.5.03	适应性	面对挑战，贵国人民的适应性很强	48
4.5.02	民族文化	民族文化对外国文化开放	47
4.5.09	社会的价值	社会价值支持竞争力	44
4.2.01	对电信的投资	年平均占GDP的百分比	40
4.5.05	国会中女性人数	女性席位占全部席位的比例	37
4.4.16	可持续发展	贵国优先考虑可持续发展	36
4.1.04	赡养率	15岁以下和64岁以上的人口总量除以15岁-64岁之间人口总量	32
4.5.04	歧视	歧视（种族、性别等）并没有给社会带来不利影响	31
4.5.08	骚扰和暴力	骚扰和暴力并没有严重动摇岗位	31
4.4.11	酗酒、吸毒	酗酒和吸毒在工作岗位没有成为严重问题	30

法国

这一部分集锦了该国20个最强的指标，
这部分指标有着最高的标准化值（STD值）。
STD值＝（国家和地区的原始值－49个国家和地区平均值）/标准差

20个最强的指标

序号	名称	国家原始值	国家排名	49国家平均值
1.3.01	**对外直接投资流量** 10亿美元	169.48	2	25.52
1.3.04	**对外直接投资存量实际增长率** 按本地货币、不变价格计算的变化率	62.22	5	24.8
1.3.03	**对外直接投资存量** 10亿美元	496.74	3	120.62
1.3.09	**证券投资资产** 10亿美元	96.8	5	26.1
1.2.07	**商品出口额** 商品出口额，10亿美元	319.47	4	115.59
3.1.04	**劳动生产率（购买力平价）** 每雇员每小时的GDP，美元，估计值	38.55	3	22.41
3.1.06	**农业生产率（购买力平价）** 每个农业劳动力创造的相应GDP，美元，估计值	46938	7	23748
1.4.07	**青年失业** 25岁以下失业人口占总失业人口比例	16.7	3	26.47
1.2.10	**商业服务出口额** 10亿美元	81.15	3	27.19
1.3.10	**证券投资负债** 10亿美元	132.96	3	31.46
2.3.04	**国家信用评级** 由《机构投资者杂志》杂志按百分制评分	92	5	67.8
4.2.03	**国际电话费用** 高峰期通往美国的每三分钟费用（对美国指通往欧洲）	0.238	3	1.056
4.4.13	**废水处理工厂** 接受废水处理工厂服务的人口占总人口的比重	86	8	49
4.3.13 （调查）	**学校内的科学** 学校内的科学在贵国充分教育	6.94	4	5.19
4.1.10 （调查）	**用于货物和服务分配的基础设施** 普遍有效率	8.11	9	6.15
4.4.06 （调查）	**健康基础设施** 健康基础设施满足社会需要	7.83	9	5.53
4.1.05 （调查）	**维护和发展** 基础设施的维护和发展得到充分的计划和资助	7.2	8	5.27
4.1.15 （调查）	**能源基础设施** 贵国能源基础设施充足有效	8.58	9	6.52
3.3.10 （调查）	**股票市场** 股票市场为公司提供充足的资金	7.18	12	5.45
2.4.01 （调查）	**贵国参与区域贸易集团的程度** 贵国参与区域贸易集团提供进入外国市场的途径	7.68	11	6.47

法国

如　果？

竞争力模拟研究帮助政策制定者将注意力和优先次序放在他们国家或地区面临的关键竞争力上。我们用49个国家或地区的平均值代替这些最弱的指标值，从而计算这个国家或地区的总体排名。然而，这只是一个理论方式，不应视为政策的建议。还必须考虑各个国家或地区的发展水平、政治体制和社会值系统

	从		到
模拟排名变化	22	→	20

20个最弱的指标

序号	名称	国家原始值	国家排名	49国家平均值
2.2.09	**雇主的社会保障缴款率** 强制缴款占人均GDP的比率	48.43	49	17.86
2.2.04	**雇员社会保障缴款率** 强制缴款占人均GDP的百分比	22.72	49	9.1
3.2.05	**工作小时** 每年的平均工作小时数	1587	49	1925
2.2.01	**税收总收入** 占GDP的百分比	45.39	45	31.24
2.2.12	**资本和财产税** 资本和财产税占GDP的百分比	3.04	43	1.57
2.2.07	**对利润征收的平均公司税率** 占税前利润的百分比	36.4	42	29.22
4.2.01	**对电信的投资** 年平均占GDP的百分比	0.367	40	0.607
3.3.14	**股票市场指数** 支书的变化率	-25.1	42	-8.23
2.4.06	**政府补贴** 对私人和公共企业的补贴占GDP比重	1.91	40	1.19
2.2.02	**个人收入税有效税率** 占人均GDP的百分比	22.72	36	17.15
1.2.18	**外贸依存度** （出口+进口）/（2×GDP）	28.77	35	49.38
4.2.11	**稳定的服务器数目** 每百万居民中稳定的服务器数	22.02	19	36.02
1.2.08	**商品出口额** 商品出口额占GDP的百分比	24.47	32	38.5
3.2.06 （调查）	**劳资关系** 劳资关系有利于生产	3.63	48	6.22
4.5.03 （调查）	**适应性** 面对挑战，贵国人民的适应性很强	4.86	48	6.85
2.3.10 （调查）	**新立法** 新立法鼓励企业竞争力	2.79	47	5.41
4.5.02 （调查）	**民族文化** 民族文化对外国文化开放	5.7	47	7.24
3.5.02 （调查）	**对全球化的态度** 贵国对全球化的态度普遍积极	3.58	47	5.77
2.4.13 （调查）	**劳动法规** 劳动法规（雇/解雇惯例、最低工资等）足够灵活	1.75	49	4.68
2.4.14 （调查）	**失业立法** 失业立法激励人们寻找工作	2.64	47	4.98

法国

国内经济

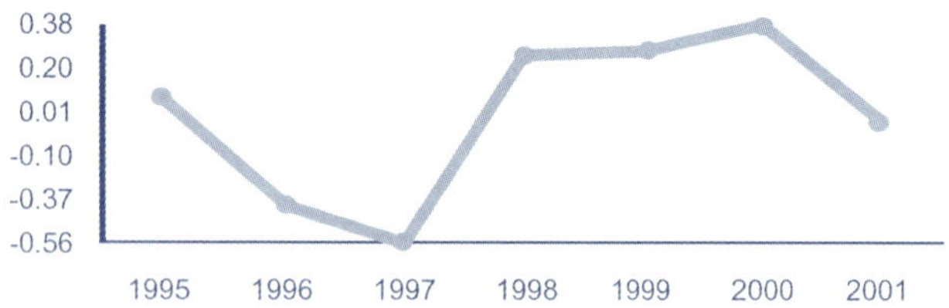

国际贸易

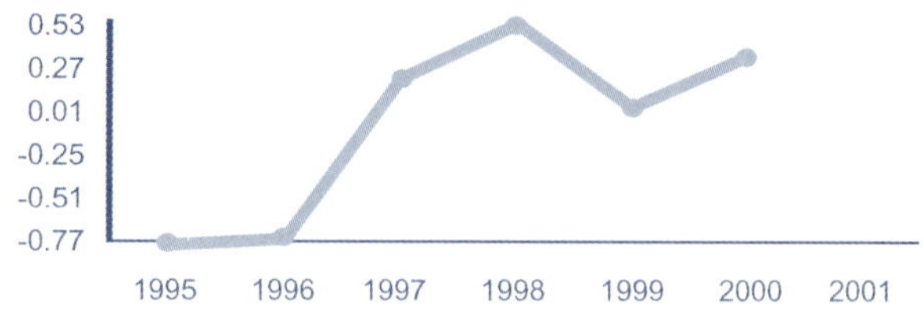

国际投资

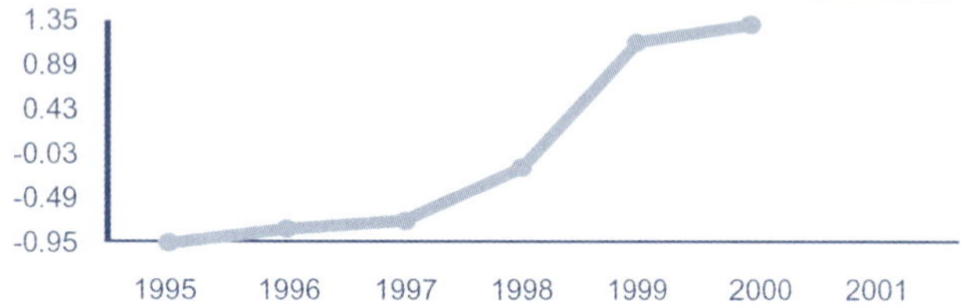

公共财政

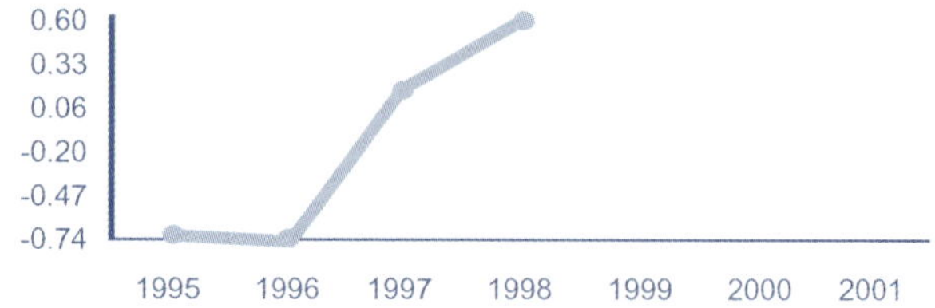

财政政策

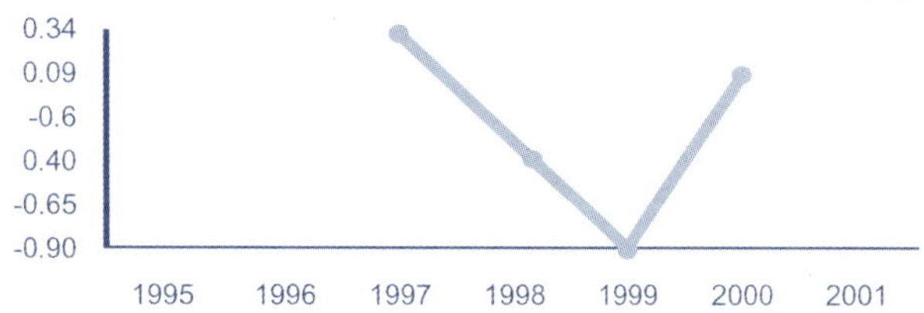

生产率

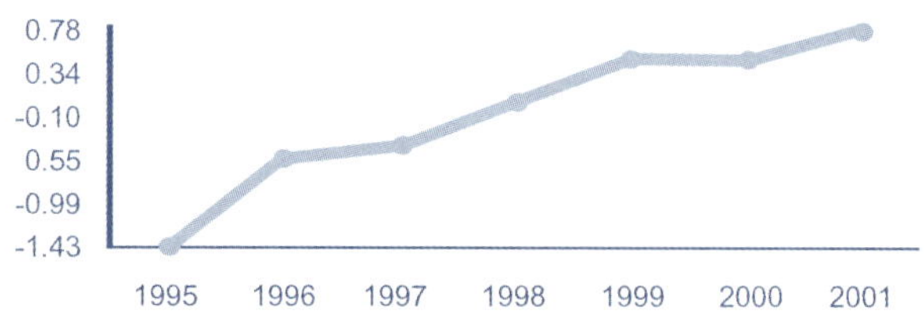

金融

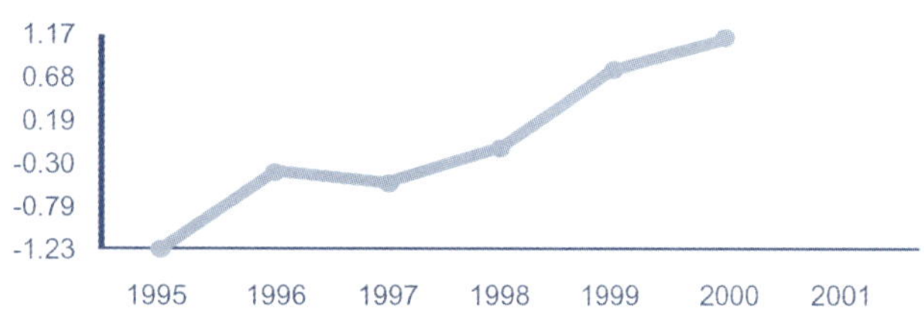

技术基础设施

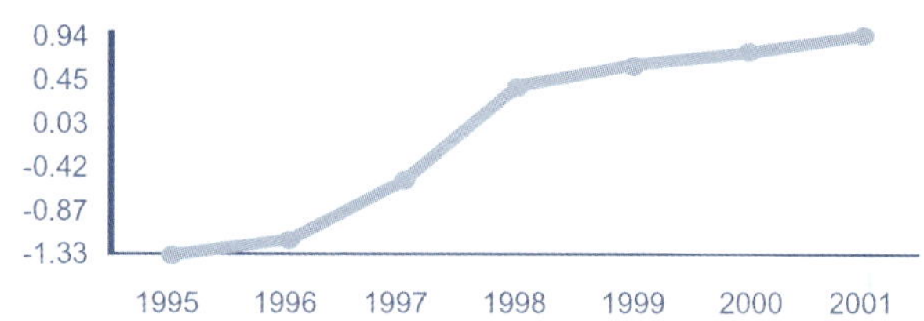

主要竞争力指标

人均国内生产总值

人均美元

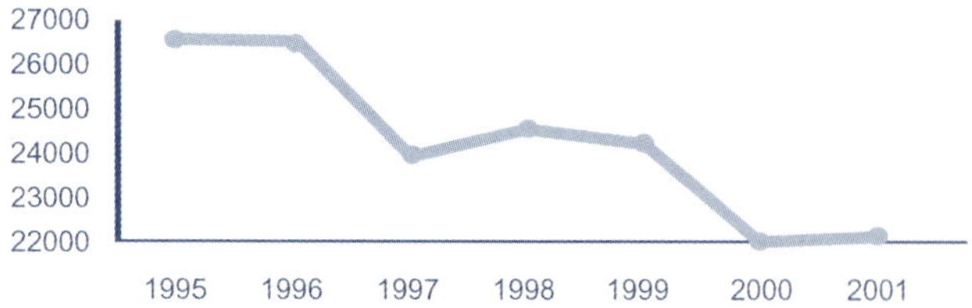

国内生产总值实际增长率

百分比变化，基于国家货币物价稳定

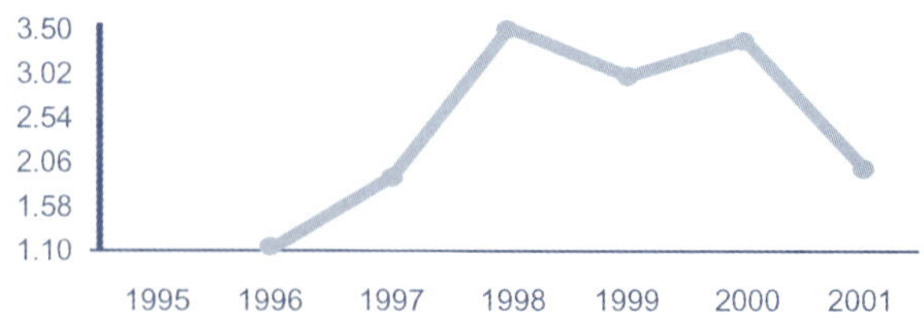

法国

个人最终消费支出
人均美元

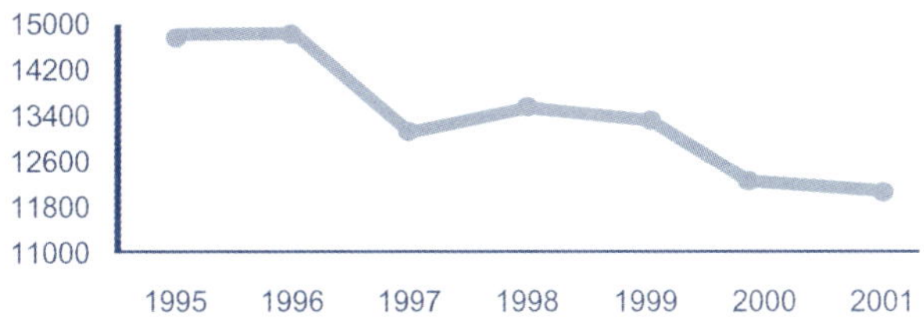

经常性项目差额
十亿美元（负号标志＝赤字）

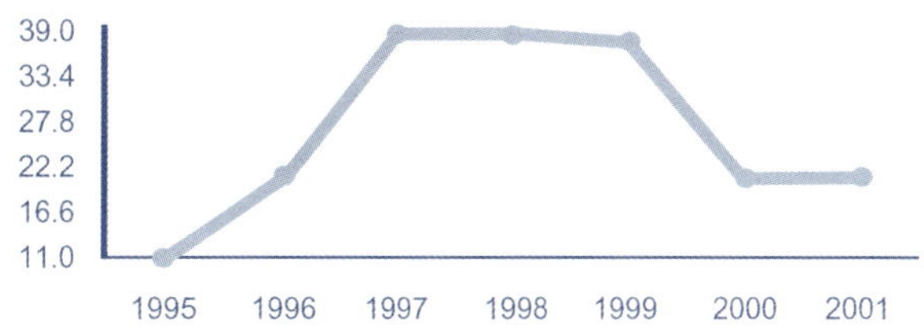

商品和商业劳务出口
十亿美元

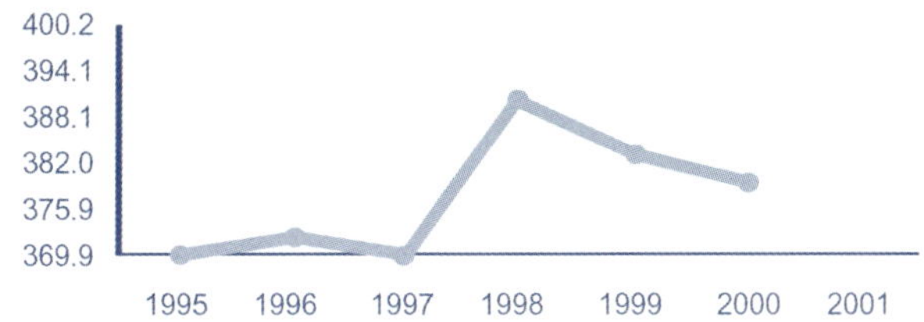

对外直接投资流量
十亿美元

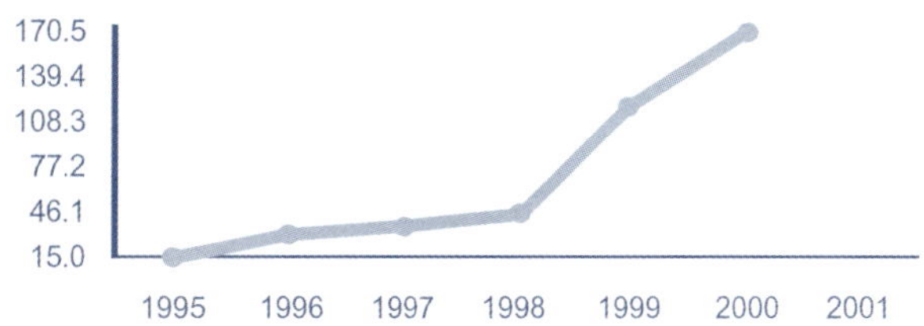

吸收直接投资流量
十亿美元

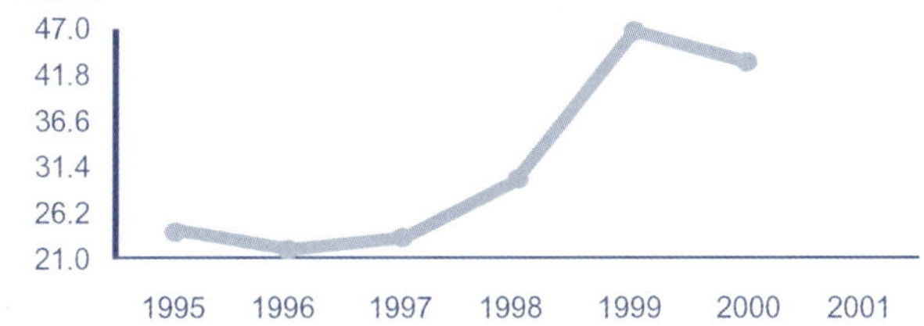

失业率
劳动力百分比

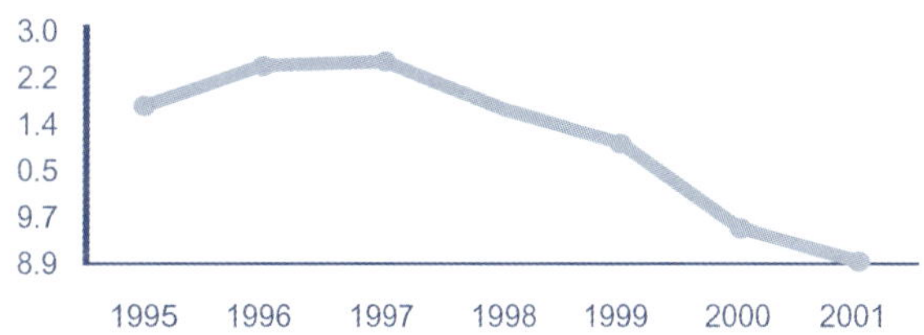

消费品价格增长率
年平均比率

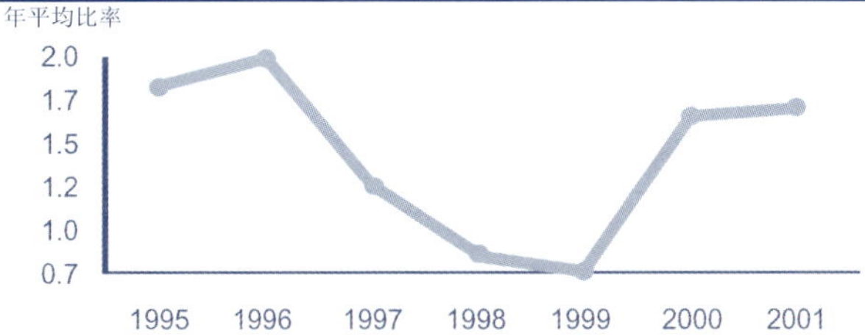

总体生产率
就业人员人均国内生产总值，美元

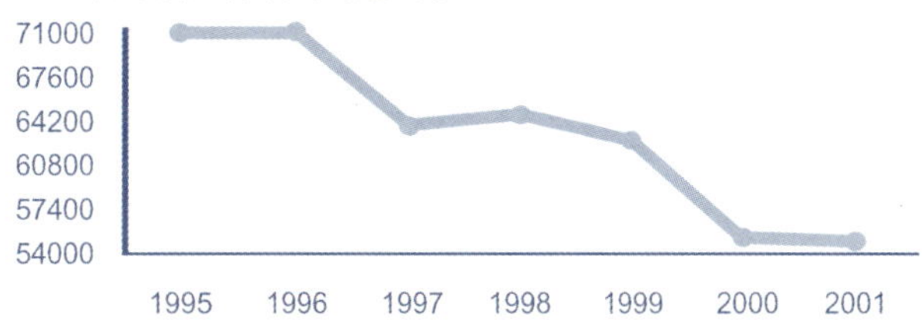

报酬水平
估计：制造工人的小时总补偿，美元

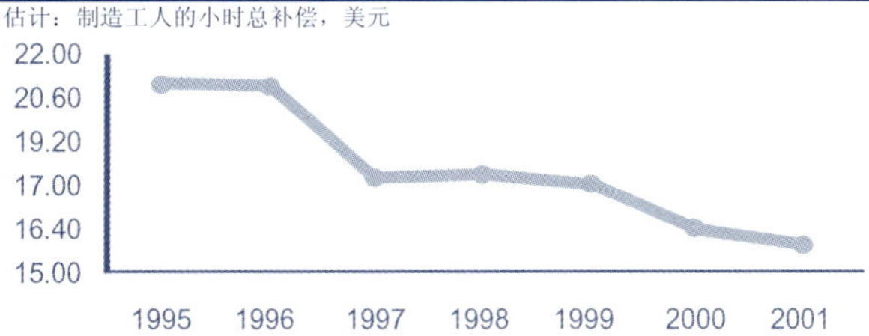

股票市场筹资额
十亿美元

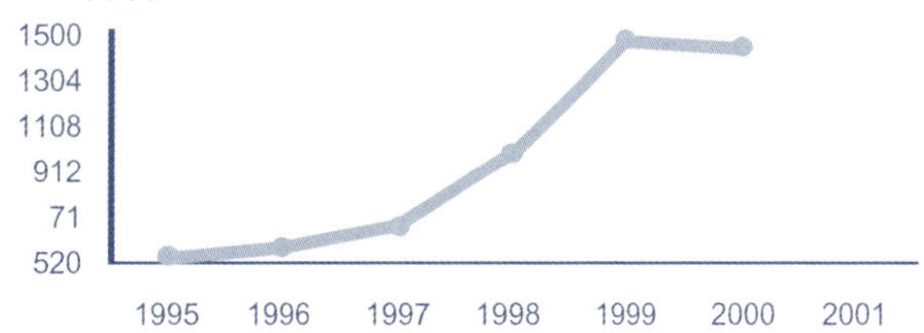

国内上市公司
上市公司的数量

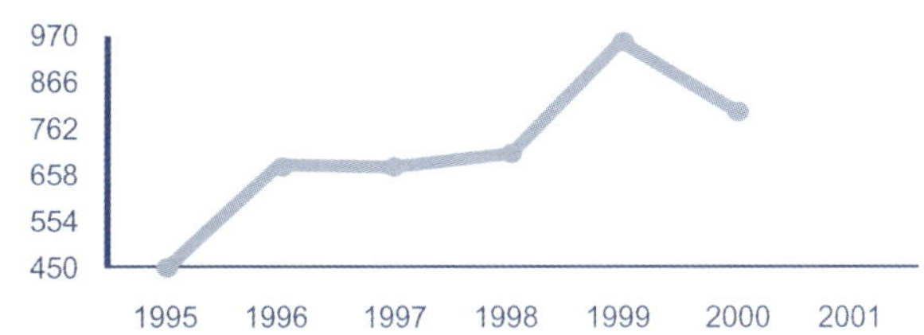

计算机
每1000人的计算机数量/来源：计算机工业年鉴

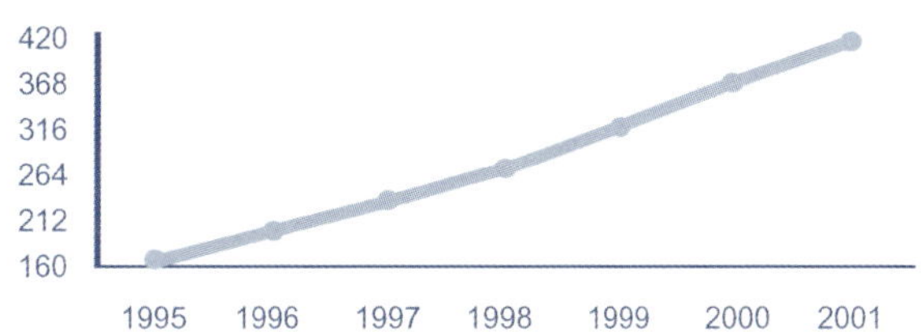

德国

总体表现

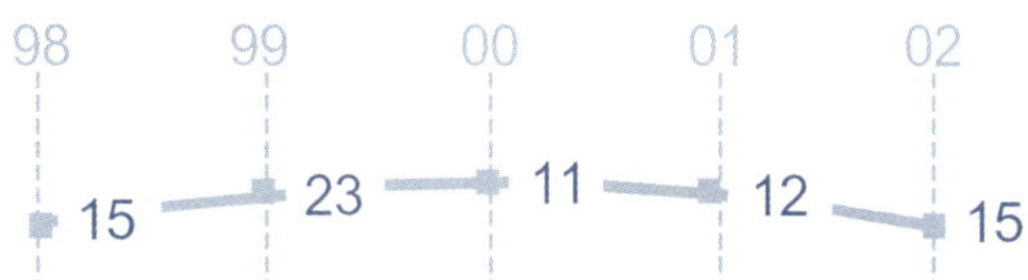

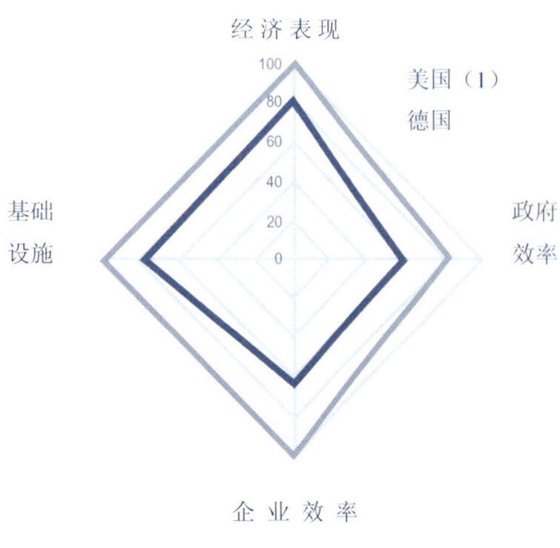

基本事实

首都	柏林
人口	82.0（2001）
地域（平方千米）	357.0（2000）
汇率（百分之一美元）	2.19（2001）
国内生产总值（十亿美元）	1,845.8（2001）
人均国内生产总值（美元）	22,504（2001）
实际GDP增长率	0.6（2001）
消费品价格上涨	2.4（2001）
失业率	7.80（2001）
劳动力（百万）	40.10（2001）
经常性项目差额（十亿美元）	-12.9（2001）
直接投资	
吸收股票投资（十亿美元）	460.95（2000）
吸收流量（占GDP百分比）	10.13（2000）

德国

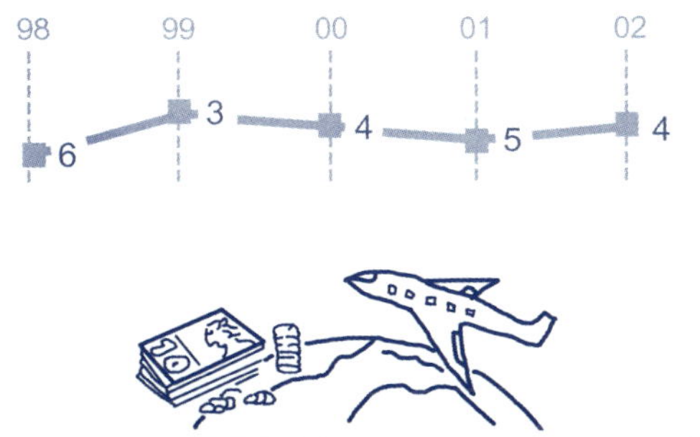

经 济 表 现

	2002
国内经济	17
国际贸易	9
国际投资	4
就　业	13
物　价	18

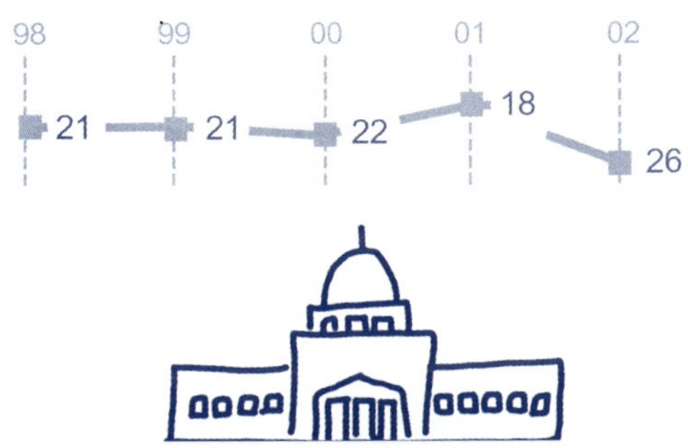

政 府 效 率

	2002
公共财政	19
财政政策	44
组织机构	20
企业法规	21
教　育	27

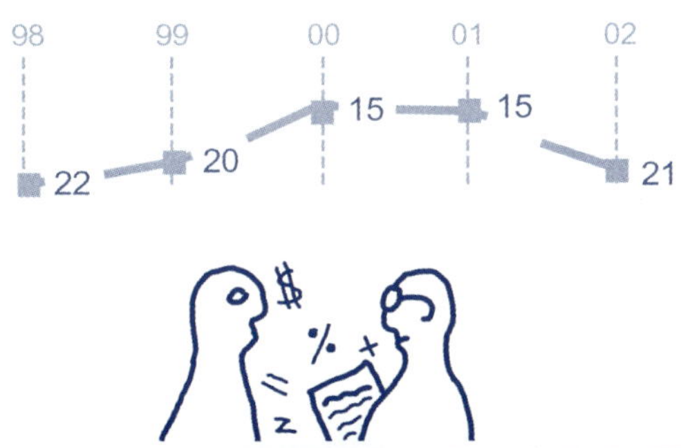

企 业 效 率

	2002
生产率	20
劳动力市场	31
金　融	13
管理实践	24
全球化影响	23

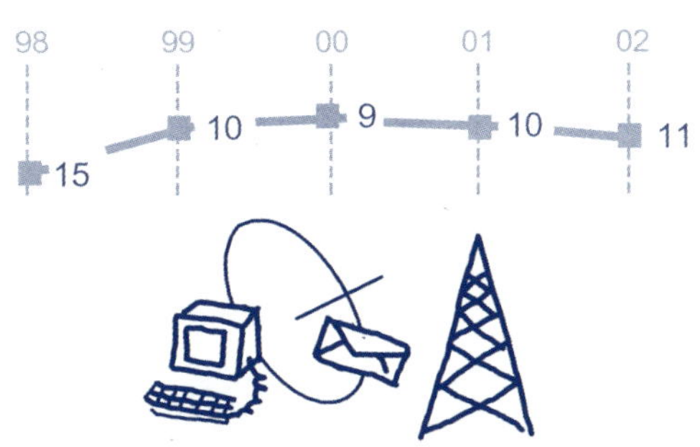

基 础 设 施

	2002
基本基础设施	4
技术基本基础设施	12
科学基本基础设施	4
健康与环境	8
价值系统	23

德国

这些指标是每类中最强的10个指标，这些类是通过对49个国家和地区平均的最大的价值差异来区分的。

1 经济实力

			排名
1.3.09	证券投资资产	10亿美元	1
1.3.08	吸引国外直接投资存量实际增	按本地货币、不变价格计算的变化率	1
1.4.07	青年失业	25岁以下失业人口占总失业人口比例	1
1.3.05	吸引国外直接投资流量	10亿美元	2
1.2.07	商品出口额	商品出口额，10亿美元	2
1.1.01	国内生产总值（GDP）	按现行价格、汇率计算，10亿美元	3
1.3.07	吸引国外直接投资存量	10亿美元	4
1.3.03	对外直接投资存量	10亿美元	4
1.2.10	商业服务出口额	10亿美元	4
1.1.02	国内生产总值（PPP）	估计值；按购买力平价计算，10亿美元	5

2 政府效率

2.3.04	国家信用评级	由《机构投资者杂志》杂志按百分制评分	2
2.4.07	竞争立法	贵国竞争立法阻止不正当竞争	5
2.4.01	贵国参与区域贸易集团的程度	贵国参与区域贸易集团提供进入外国市场的途径	6
2.4.05	出口信用和保险	公司可以以合理的价格得到出口信用和保险	8
2.3.06	汇率政策	贵国汇率政策支持公司的竞争力	8
2.3.21	社会凝聚力	社会凝聚力是政府的首要目标	10
2.4.02	海关职权	海关职权推动了商品的有效转口	11
2.3.19	个人安全和个人财产	个人安全和个人财产得到充分保护	12
2.4.16	金融机构法规	金融机构法规对于金融稳定性是足够的	12
2.3.15	公共服务	公共服务不受政治干预	13

3 企业效率

3.3.04	发行的信用卡数目	每人	7
3.2.09	雇员培训	公司高度重视雇员培训	7
3.4.11	健康、安全和环境事务	健康、安全和环境事务被管理层充分重视	8
3.3.10	股票市场	股票市场为公司提供充足的资金	9
3.3.17	内幕交易	内幕交易在股票市场不普遍	9
3.1.10	服务业生产率（购买力平价）	每个服务业雇员创造的相应GDP，美元，估计值	9
3.1.04	劳动生产率（购买力平价）	每雇员每小时的GDP，美元，估计值	10
3.4.10	社会责任	商界领袖重视对社会的责任	10
3.3.01	银行部门的资产	占GDP的比例	10
3.1.01	综合生产率（购买力平价）	每个就业者人均GDP，美元	11

4 基础设施

4.4.01	健康总支出	占GDP的比例	2
4.3.19	国民在国外获取专利件数	国民在国外获取专利件数	3
4.2.18	高技术出口	百万美元	3
4.4.12	纸张和纸板的回收率	占表面消耗量的比率	3
4.3.08	企业研究与开发人数	千人全日约当单位	4
4.3.06	全国所有研究与开发人员	千人全日约当单位	4
4.1.13	城市化	城市化不浪费国家资源	4
4.3.12	科学论文	发表的科学和技术论文数（按作者的出生地）	4
4.1.15	能源基础设施	贵国能源基础设施充足有效	5
4.1.07	铁路	网络的密度	6

德国

这些指标是每类中最弱的10个指标，这些类是通过对49个国家和地区平均的最大的价值差异来区分的。

1 经济表现

			排名
1.2.01	经常项目差额	经常项目差额，10亿美元（负号为逆差）	44
1.1.21	经济的弹性	经济体对于经济周期的弹性强	39
1.1.12	实际GDP增长率	按本地货币、不变价格计算的变化率	39
1.4.03	就业增长	变化率	39
1.2.11	商业服务出口额	商业服务出口额占GDP的百分比	37
1.2.19	贸易条件指数	出口单位价值比进口单位价值（1995=100）	32
1.1.13	实际人均GDP增长率	按本地货币、不变价格计算的变化率	32
1.2.18	外贸依存度	（出口+进口）/（2×GDP）	30
1.4.06	失业率	占劳动力比率	29
1.4.02	就业率	总就业人口占总人口的百分比	27

2 政府效率

2.4.14	失业立法	失业立法激励人们寻找工作	49
2.4.13	劳动法规	劳动法规（雇/解雇惯例、最低工资等）足够灵活	48
2.2.04	雇员社会保障缴款率	强制缴款占人均GDP的百分比	46
2.3.11	政府经济政策	政府经济政策快速适应于经济发展	46
2.2.07	对利润征收的平均公司税率	占税前利润的百分比	45
2.2.06	实际个人税	实际个人税并不阻碍人们工作或者寻求发展	44
2.4.06	政府补贴	对私人和公共企业的补贴占GDP比重	41
2.1.06	中央政府国外负债	占GDP的百分比	39
2.5.12	合格工程师	合格工程师在贵国劳动力市场上容易获得	39
2.4.15	移民法	移民法不禁止本国公司雇用外国劳动力	39

3 企业效率

3.2.01	报酬水平	制造业工人每小时全部报酬，美元，估计值	47
3.2.05	工作小时	每年的平均工作小时数	46
3.2.03	服务性职业报酬	年均总收入，包括附加薪水，例如额外薪金，美元	44
3.4.08	公司的设立	贵国设立公司很普遍	42
3.4.07	企业家精神	贵国企业家精神很普遍	41
3.2.04	经理报酬	全部底薪加上奖金和长期激励，美元	38
3.5.04	R&D设施的再分配	R&D设施的再分配不会威胁贵国经济的未来	38
3.3.14	股票市场指数	支书的变化率	36
3.4.06	消费者满意度	贵国重视消费者满意度	36
3.4.01	适应性	贵国公司适应市场变化的能力很强	31

4 基础设施

4.5.03	适应性	面对挑战，贵国人民的适应性很强	47
4.2.01	对电信的投资	年平均占GDP的百分比	46
4.2.14	信息技术人才	信息技术人才在贵国劳动市场上易获得	37
4.4.18	环境法	环境法和遵守该法不会阻碍企业竞争力	37
4.3.13	学校内的科学	学校内的科学在贵国充分教育	34
4.1.12	可耕地面积	人均平方米	33
4.1.17	国内能源总产量	占所有能源需求（等价为石油吨数）的比例	32
4.5.02	民族文化	民族文化对外国文化开放	31
4.5.09	社会的价值	社会价值支持竞争力	29
4.3.14	科学和技术的兴趣	贵国青年具有浓厚的科学技术兴趣	28

德国

这一部分集锦了该国20个最强的指标，
这部分指标有着最高的标准化值（STD值）。
STD值＝（国家和地区的原始值－49个国家和地区平均值）/标准差

20个最强的指标

序号	名称	国家原始值	国家排名	49国家平均值
1.3.09	**证券投资资产** 10亿美元	197.52	1	26.1
1.3.08	**吸引国外直接投资存量实际增长率** 按本地货币、不变价格计算的变化率	83.33	1	23.25
1.3.05	**吸引国外直接投资流量** 10亿美元	189.18	2	26.03
1.2.07	**商品出口额** 商品出口额，10亿美元	569.58	2	115.59
4.3.19	**国民在国外获取专利件数** 国民在国外获取专利件数	73466	3	8744
1.4.07	**青年失业** 25岁以下失业人口占总失业人口比例	12.8	1	26.47
4.3.08	**企业研究与开发人数** 千人全日约当单位	306.7	4	64
1.3.07	**吸引国外直接投资存量** 10亿美元	460.95	4	120.92
4.2.18	**高技术出口** 百万美元	82958	3	21693
4.1.07	**铁路** 网络的密度	0.1027	6	0.0394
4.3.06	**全国所有研究与开发人员** 千人全日约当单位	480.4	4	110.1
4.4.12	**纸张和纸板的回收率** 占表面消耗量的比率	74	3	34.5
4.4.01	**健康总支出** 占GDP的比例	10.5	2	6.7
4.1.13 （调查）	**城市化** 城市化不浪费国家资源	7.72	4	5.74
4.1.09 （调查）	**空运的质量** 空运的质量在贵国通常充分有效	8.65	6	6.71
4.1.10 （调查）	**用于货物和服务分配的基础设施** 普遍有效率	8.47	7	6.15
2.4.01 （调查）	**贵国参与区域贸易集团的程度** 贵国参与区域贸易集团提供进入外国市场的途径	8.26	6	6.47
2.4.07 （调查）	**竞争立法** 贵国竞争立法阻止不正当竞争	7.47	5	5.93
4.1.11 （调查）	**水运** 水运基础设施（港口、运河）满足企业需要	8.53	6	6.43
3.2.09 （调查）	**雇员培训** 公司高度重视雇员培训	7.14	7	5.75

德国

如　果？

竞争力模拟研究帮助政策制定者将注意力和优先次序放在他们国家或地区面临的关键竞争力上。我们用49个国家或地区的平均值代替这些最弱的指标值，从而计算这个国家或地区的总体排名。然而，这只是一个理论方式，不应视为政策的建议。还必须考虑各个国家或地区的发展水平、政治体制和社会值系统

	从		到
模拟排名变化	15	→	14

20个最弱的指标

序号	名称	国家原始值	国家排名	49国家平均值
2.2.04	**雇员社会保障缴款率** 强制缴款占人均GDP的百分比	20.65	46	9.1
2.2.07	**对利润征收的平均公司税率** 占税前利润的百分比	41.6	45	29.22
3.2.05	**工作小时** 每年的平均工作小时数	1688	46	1925
4.2.01	**对电信的投资** 年平均占GDP的百分比	0.256	46	0.607
2.2.02	**个人收入税有效税率** 占人均GDP的百分比	26.53	38	17.15
2.1.06	**中央政府国外负债** 占GDP的百分比	20.464	39	12.214
2.4.06	**政府补贴** 对私人和公共企业的补贴占GDP比重	1.93	41	1.19
2.2.01	**税收总收入** 占GDP的百分比	37.9	36	31.24
3.3.14	**股票市场指数** 支书的变化率	22.2	36	-8.23
1.1.12	**实际GDP增长率** 按本地货币、不变价格计算的变化率	0.6	39	1.8
1.2.11	**商业服务出口额** 商业服务出口额占GDP的百分比	4.29	37	10.68
1.2.18	**外贸依存度** （出口+进口）/（2×GDP）	33.92	30	49.38
1.2.19	**贸易条件指数** 出口单位价值比进口单位价值（1995=100）	93.1	32	89.9
2.4.14 （调查）	**失业立法** 失业立法激励人们寻找工作	2.02	49	4.98
4.5.03 （调查）	**适应性** 面对挑战，贵国人民的适应性很强	4.91	47	6.85
2.4.13 （调查）	**劳动法规** 劳动法规（雇/解雇惯例、最低工资等）足够灵活	1.88	48	4.68
2.3.11 （调查）	**政府经济政策** 政府经济政策快速适应于经济发展	2.73	46	4.71
2.2.06 （调查）	**实际个人税** 实际个人税并不阻碍人们工作或者寻求发展	3.12	44	4.81
3.4.08 （调查）	**公司的设立** 贵国设立公司很普遍	5.49	42	6.75
3.4.07 （调查）	**企业家精神** 贵国企业家精神很普遍	5.16	41	6.34

德国

国内经济

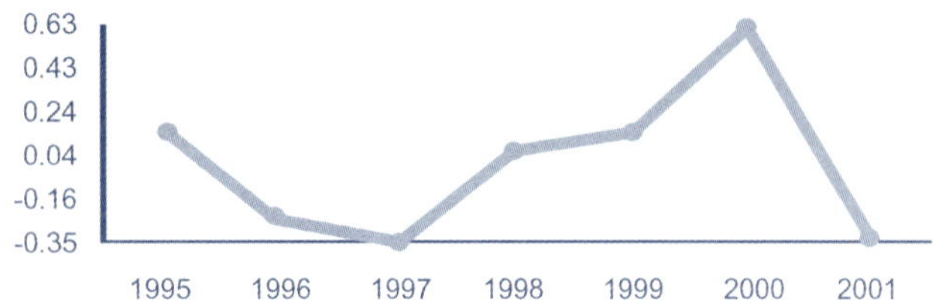

国际贸易

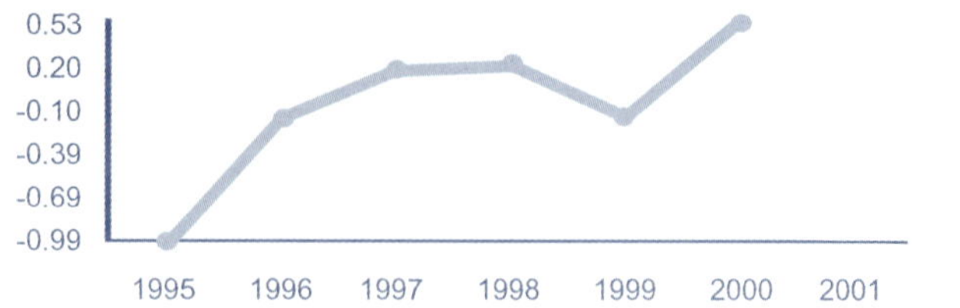

国际投资

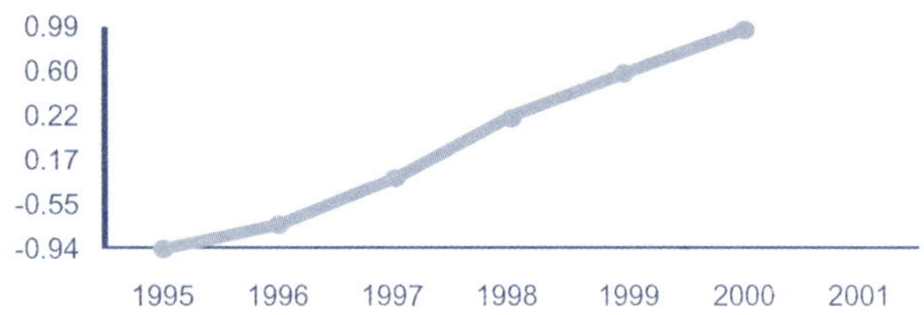

公共财政

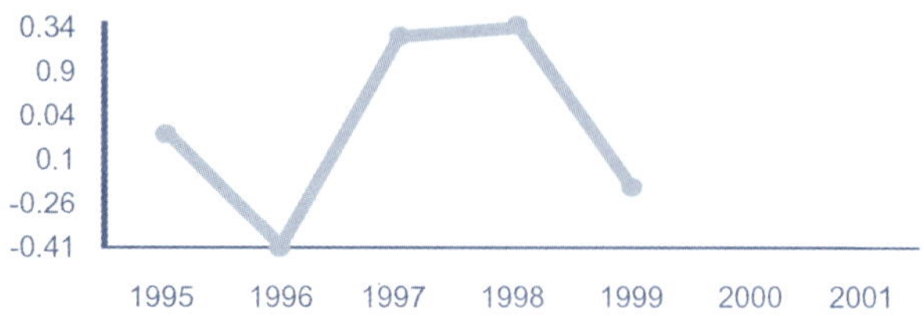

财政政策

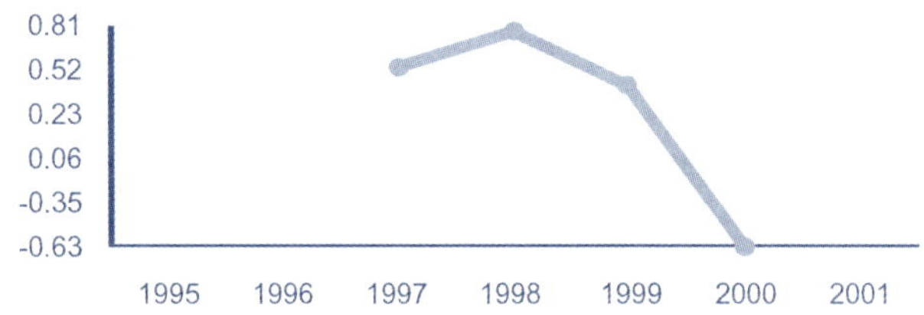

生产率

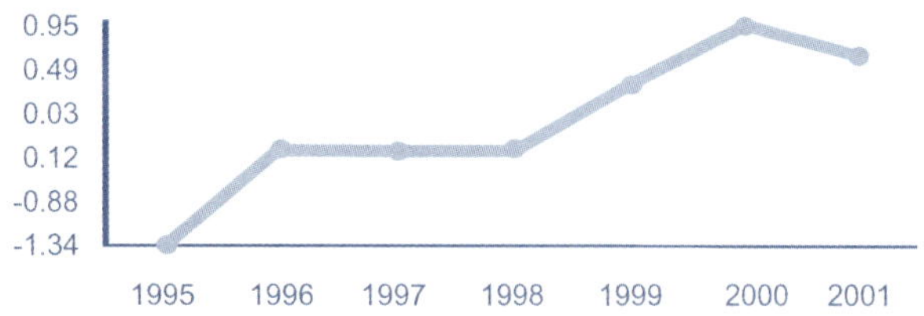

金融

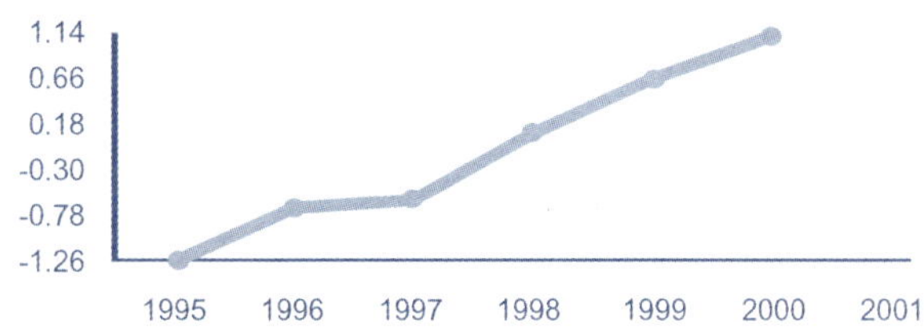

技术基础设施

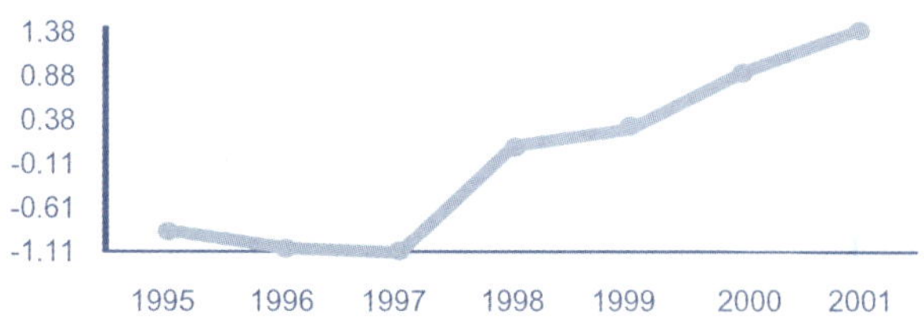

主要竞争力指标

人均国内生产总值

人均美元

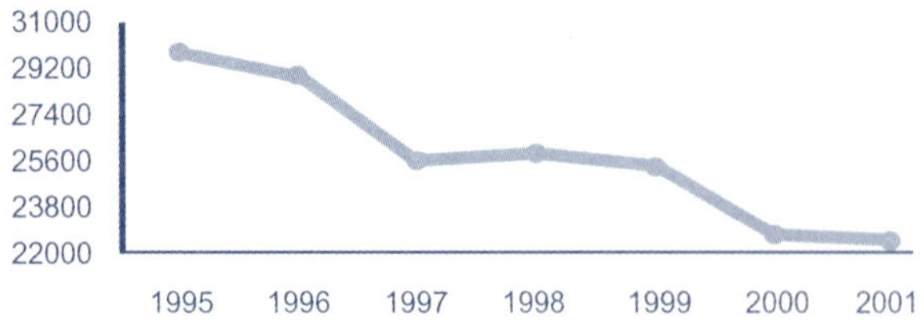

国内生产总值实际增长率

百分比变化，基于国家货币物价稳定

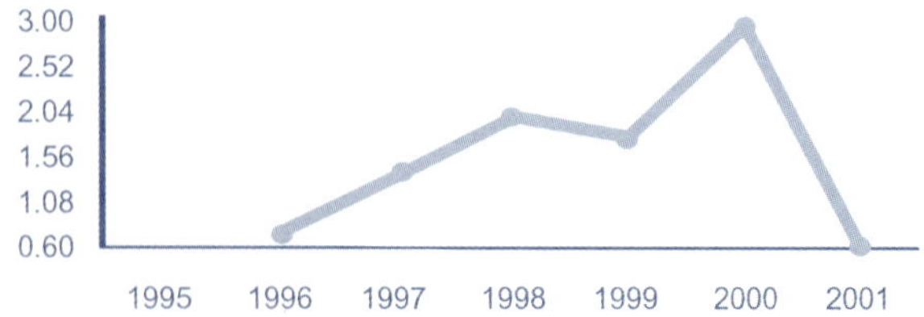

德国

个人最终消费支出

人均美元

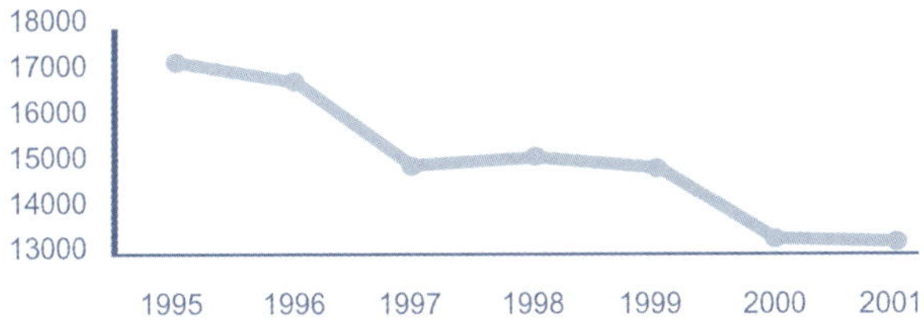

经常性项目差额

十亿美元（负号标志＝赤字）

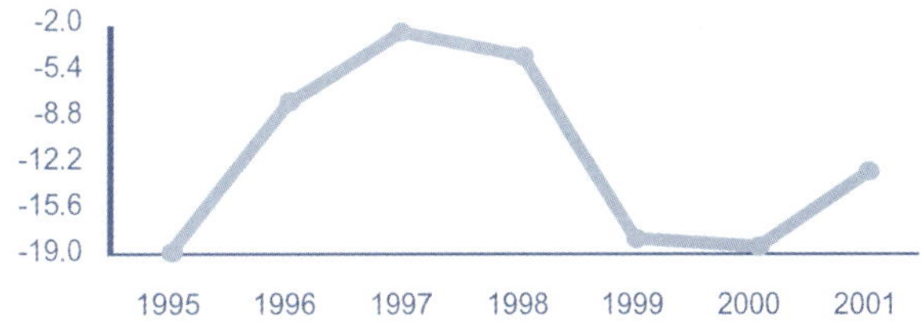

商品和商业劳务出口

十亿美元

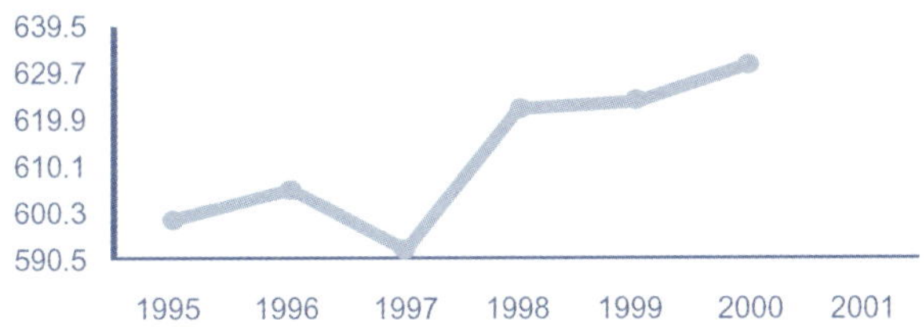

对外直接投资流量

十亿美元

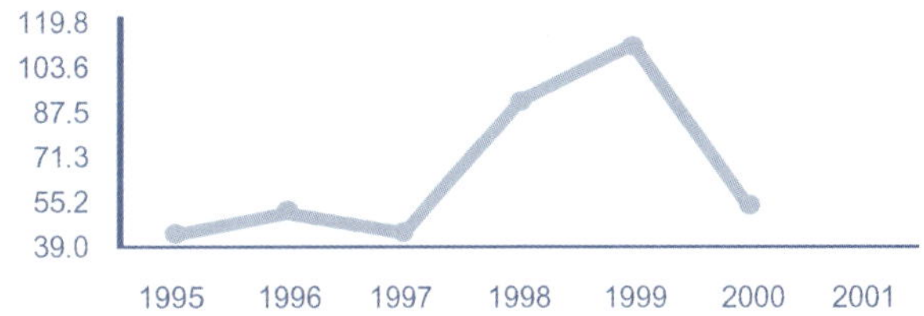

吸收直接投资流量

十亿美元

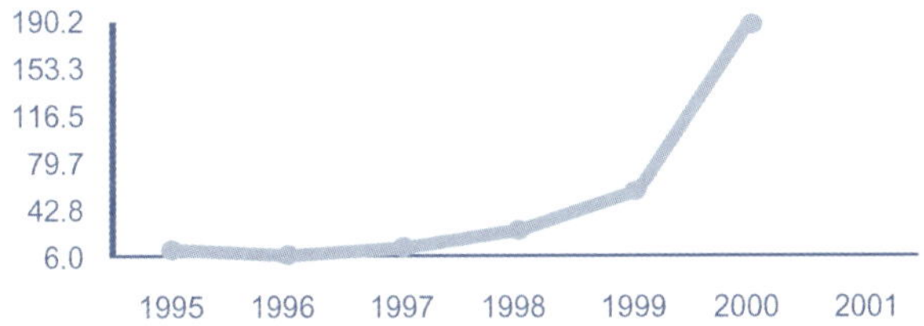

失业率

劳动力百分比

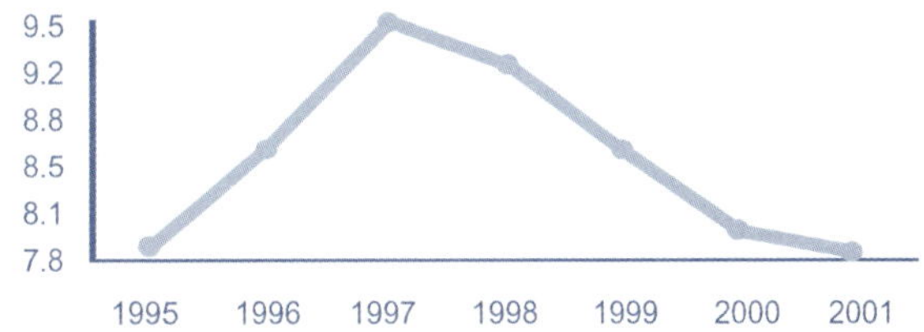

消费品价格增长率

年平均比率

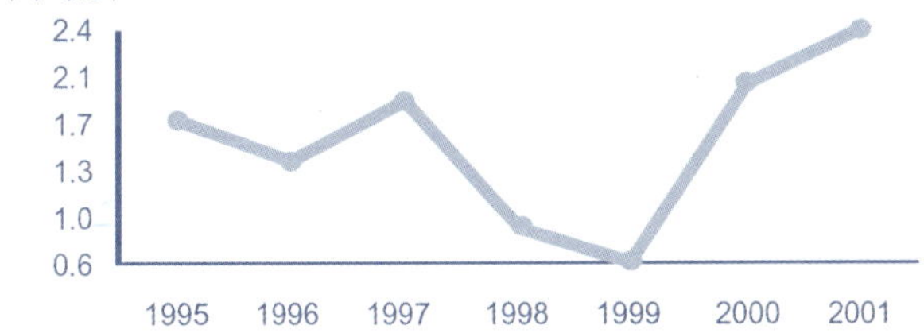

总体生产率

就业人员人均国内生产总值，美元

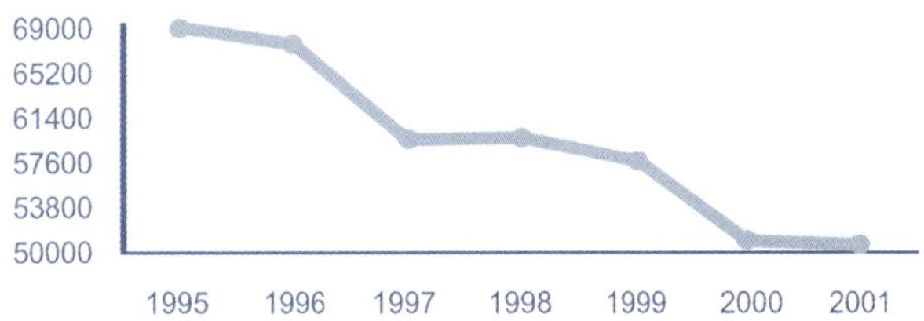

报酬水平

估计：制造工人的小时总补偿，美元

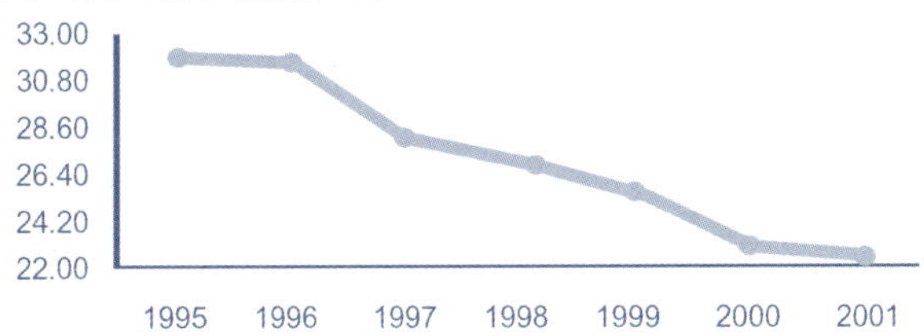

股票市场筹资额

十亿美元

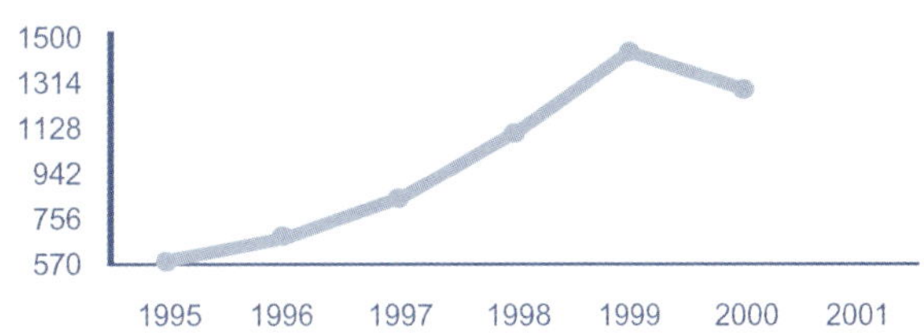

国内上市公司

上市公司的数量

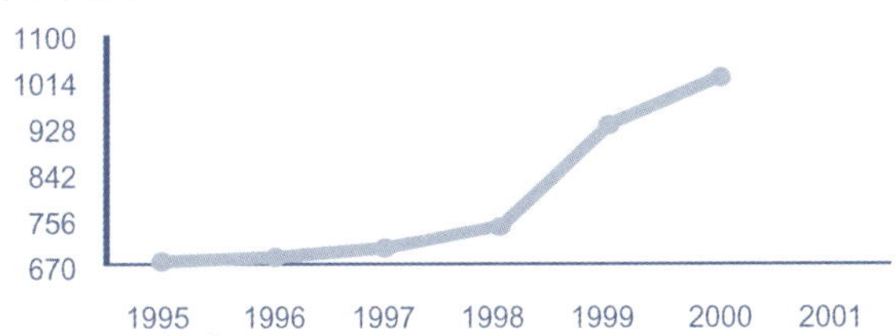

计算机

每1000人的计算机数量/来源：计算机工业年鉴

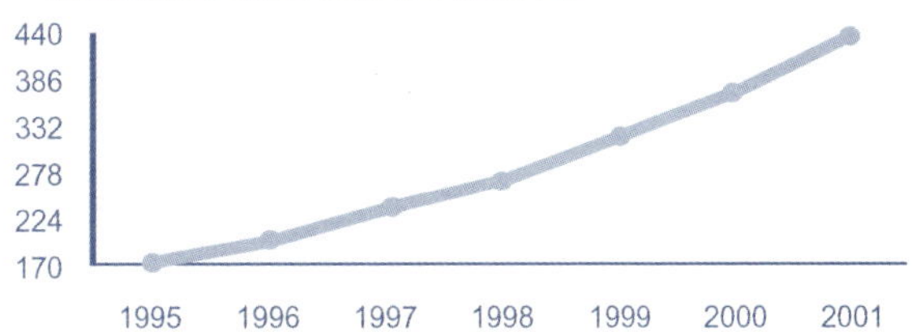

希腊

国家竞争力的挑战，2002

- 改善公众管理服务，简化企业设立程序.
- 提高措施的质量，增强劳动力的需要与雇主要求之间的兼容性.
- 实施结构性调整，尤其是私有化、保险业和税收.
- 增强对国外投资的指导.
- 增强网络工作聚集性和企业间的合作.

提供者：

北希腊工业联盟

总体表现

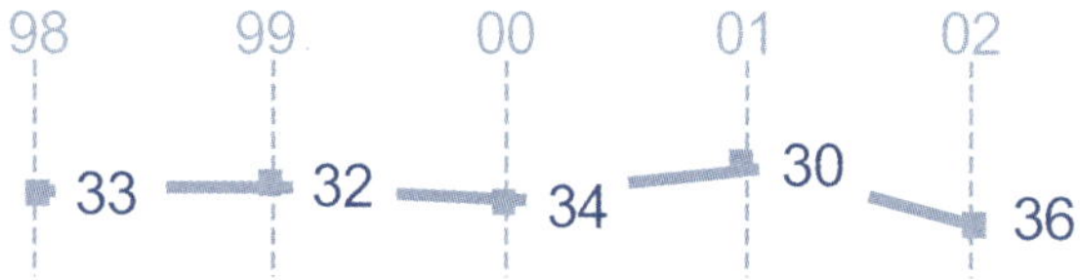

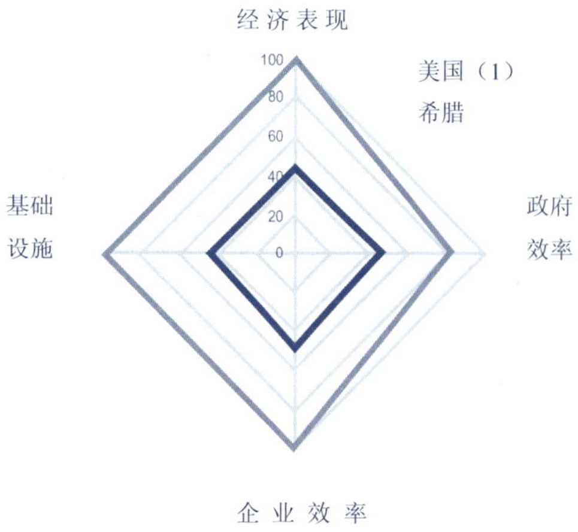

基本事实

首都	雅典
人口	10.9（2001）
地域（平方千米）	132.0（2000）
汇率（百分之一美元）	380.79
国内生产总值（十亿美元）	116.8（2001）
人均国内生产总值（美元）	10,674
实际GDP增长率	4.1（2001）
消费品价格上涨	3.4（2001）
失业率	11.20（2001）
劳动力（百万）	4.41（2001）
经常性项目差额（十亿美元）	-6.1（2001）
直接投资	
吸收股票投资（十亿美元）	23.11（2000）
吸收流量（占GDP百分比）	0.99（2000）

希腊

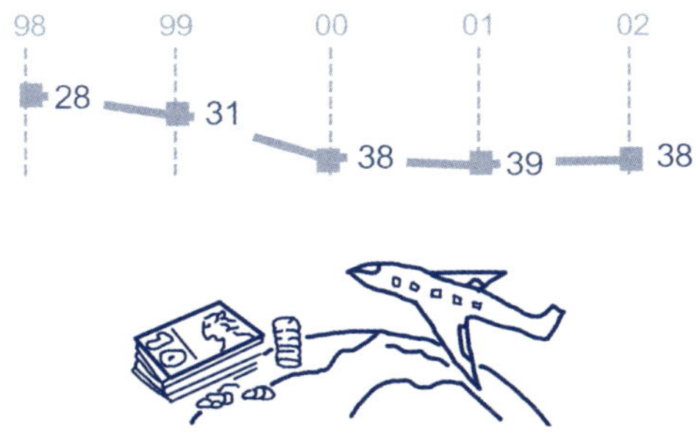

经　济　表　现

	2002
国内经济	31
国际贸易	41
国际投资	49
就　业	45
物　价	8

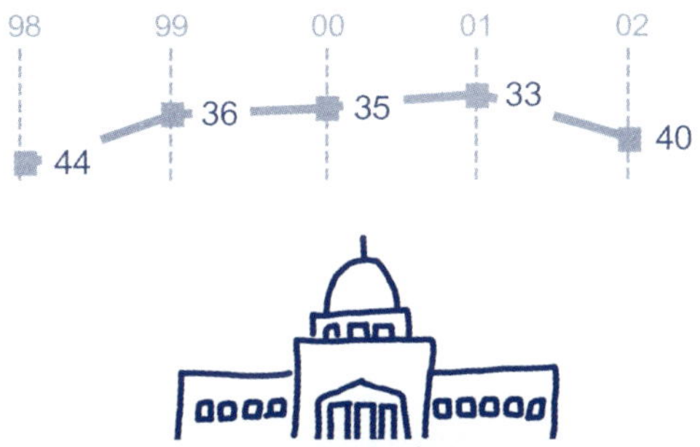

政　府　效　率

	2002
公共财政	48
财政政策	46
组织机构	32
企业法规	26
教　育	30

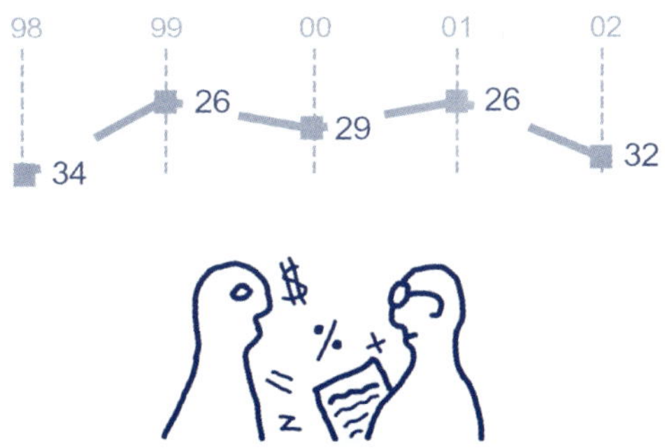

企　业　效　率

	2002
生产率	17
劳动力市场	38
金　融	30
管理实践	37
全球化影响	37

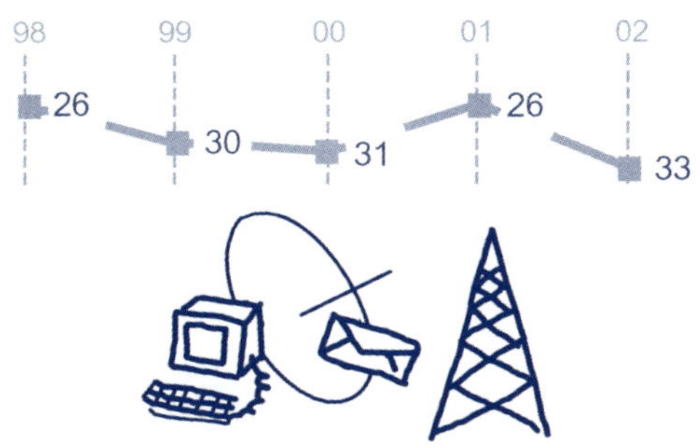

基　础　设　施

	2002
基本基础设施	37
技术基本基础设施	30
科学基本基础设施	36
健康与环境	27
价值系统	33

希腊

这些指标是每类中最强的10个指标，这些类是通过对49个国家和地区平均的最大的价值差异来区分的。

1 经济实力

			排名
1.2.09	商品出口额实际增长率	按本地货币、不变价格计算的变化率	4
1.1.12	实际GDP增长率	按本地货币、不变价格计算的变化率	7
1.5.02	生活费指数	主要城市不包括住房的各种货物支出指数（纽约=100）	13
1.2.12	商业服务出口实际增长	按本地货币、不变价格计算的变化率	13
1.3.10	证券投资负债	10亿美元	20
1.3.08	吸引国外直接投资存量实际增	按本地货币、不变价格计算的变化率	22
1.2.11	商业服务出口额	商业服务出口额占GDP的百分比	22
1.3.02	对外直接投资流量	对外直接投资流量占GDP的百分比	25
1.5.01	消费品价格上涨	年平均比率	26
1.1.22	人均GDP	人均美元	27

2 政府效率

2.5.03	学生—教师比（中等教育）	学生与教师职员的比例	6
2.4.06	政府补贴	对私人和公共企业的补贴占GDP比重	6
2.4.14	失业立法	失业立法激励人们寻找工作	8
2.5.02	学生—教师比（初等教育）	学生与教师职员的比例	9
2.4.15	移民法	移民法不禁止本国公司雇用外国劳动力	13
2.3.06	汇率政策	贵国汇率政策支持公司的竞争力	17
2.4.22	进入国外资本市场	国内公司进入国外资本市场不受限制	18
2.4.21	进入国内资本市场	外国公司进入国内资本市场不受限制	20
2.3.02	资本成本	贵国资本成本鼓励公司发展	20
2.4.01	贵国参与区域贸易集团的程度	贵国参与区域贸易集团提供进入外国市场的途径	20

3 企业效率

3.1.03	综合生产率实际增长率	每个就业者实际GDP变化率，估计值	1
3.3.19	国际保理业务	占商品出口的比重	8
3.1.10	服务业生产率（购买力平价）	每个服务业雇员创造的相应GDP，美元，估计值	13
3.2.02	制造业部门单位劳动成本	制造业部门单位劳动成本变化率	15
3.2.04	经理报酬	全部底薪加上奖金和长期激励，美元	18
3.2.03	服务性职业报酬	年均总收入，包括附加薪水，例如额外薪金，美元	20
3.5.04	R&D设施的再分配	R&D设施的再分配不会威胁贵国经济的未来	20
3.3.12	股票市场交易额	人均美元	20
3.3.04	发行的信用卡数目	每人	21
3.1.04	劳动生产率（购买力平价）	每雇员每小时的GDP，美元，估计值	22

4 基础设施

4.1.16	GDP和能源消耗	实际GDP增长率减去能源消耗增长率	10
4.2.12	互联网费用	高峰期互联网访问20小时费用，美元	11
4.3.14	科学和技术的兴趣	贵国青年具有浓厚的科学技术兴趣	12
4.4.01	健康总支出	占GDP的比例	13
4.4.11	酗酒、吸毒	酗酒和吸毒在工作岗位没有成为严重问题	14
4.1.20	工业用户的电力成本	美元/千瓦	14
4.2.03	国际电话费用	高峰期通往美国的每三分钟费用（对美国指通往欧洲）	15
4.4.03	出生时的寿命期望	平均估计	16
4.2.04	移动电话用户	每千户居民中的用户数	17
4.2.02	固定电话数	每千户居民中的主要干线数	17

希腊

这些指标是每类中最弱的10个指标，这些类是通过对49个国家和地区平均的最大的价值差异来区分的。

1 经济表现

			排名
1.3.04	对外直接投资存量实际增长率	按本地货币、不变价格计算的变化率	48
1.2.08	商品出口额	商品出口额占GDP的百分比	48
1.3.03	对外直接投资存量	10亿美元	46
1.2.02	经常项目差额	经常项目差额占GDP的百分比	45
1.2.07	商品出口额	商品出口额，10亿美元	45
1.4.03	就业增长	变化率	44
1.4.02	就业率	总就业人口占总人口的百分比	44
1.3.06	吸引国外直接投资+流量	吸引国外直接投资流量占GDP的百分比	43
1.1.13	实际人均GDP增长率	按本地货币、不变价格计算的变化率	42
1.3.05	吸引国外直接投资流量	10亿美元	42

2 政府效率

2.2.13	间接税	商品和服务税占GDP的比重	47
2.1.08	利息支付额	占当前收入的百分比	46
2.1.04	中央政府国内负债	占GDP的百分比	46
2.5.08	大学教育	大学教育满足有竞争力的社会的需要	46
2.1.06	中央政府国外负债	占GDP的百分比	44
2.5.01	全部公共教育支出	全部公共教育支出占GDP的比例	44
2.1.02	中央政府预算盈余/赤字	占GDP的百分比	43
2.3.16	官僚主义	官僚主义不阻碍企业发展	42
2.3.15	公共服务	公共服务不受政治干预	42
2.5.07	教育体系	教育系统满足有竞争力的社会的需要	42

3 企业效率

3.5.02	对全球化的态度	贵国对全球化的态度普遍积极	44
3.2.09	雇员培训	公司高度重视雇员培训	42
3.2.07	工人的动机	贵国工人动机很重要	42
3.4.11	健康、安全和环境事务	健康、安全和环境事务被管理层充分重视	42
3.2.18	外国高素质人员	外国高素质人员被贵国企业环境所吸引	41
3.4.01	适应性	贵国公司适应市场变化的能力很强	40
3.2.06	劳资关系	劳资关系有利于生产	39
3.2.15	熟练劳动力	熟练劳动力在贵国劳动市场上可获得性	39
3.3.01	银行部门的资产	占GDP的比例	39
3.2.05	工作小时	每年的平均工作小时数	37

4 基础设施

4.1.18	能源进口与商品出口	能源进口占商品出口的比例	48
4.1.13	城市化	城市化不浪费国家资源	42
4.2.07	新信息技术	新信息技术和应用满足企业需要	42
4.3.22	专利生产率	批准授予国民的专利数/企业中研究与开发人员数（千人）	42
4.3.10	基础研究	基础研究能够支持长期经济发展	41
4.5.05	国会中女性人数	女性席位占全部席位的比例	39
4.2.14	信息技术人才	信息技术人才在贵国劳动市场上易获得	39
4.2.13	合适的互联网访问数	贵国可以提供合适的互联网访问数（可获性、速度、费用）	36
4.1.15	能源基础设施	贵国能源基础设施充足有效	36
4.4.17	污染问题	污染问题并没有严重影响贵国基础设施	36

希腊

这一部分集锦了该国20个最强的指标，
这部分指标有着最高的标准化值（STD值）。
STD值＝（国家和地区的原始值－49个国家和地区平均值）/标准差

20个最强的指标

序号	名称	国家原始值	国家排名	49国家平均值
3.1.03	**综合生产率实际增长率** 每个就业者实际GDP变化率，估计值	5.32	1	0.85
1.2.09	**商品出口额实际增长率** 按本地货币、不变价格计算的变化率	16.88	4	2.01
1.1.12	**实际GDP增长率** 按本地货币、不变价格计算的变化率	4.1	7	1.8
2.5.02	**学生—教师比（初等教育）** 学生与教师职员的比例	13.5	9	19.49
2.5.03	**学生—教师比（中等教育）** 学生与教师职员的比例	10.6	6	16.99
2.4.06	**政府补贴** 对私人和公共企业的补贴占GDP比重	0.15	6	1.19
1.5.02	**生活费指数** 主要城市不包括住房的各种货物支出指数（纽约=100）	67.22	13	81.64
4.2.04	**移动电话用户** 每千户居民中的用户数	729.3	17	506.4
4.1.16	**GDP和能源消耗** 实际GDP增长率减去能源消耗增长率	3.872	10	1.396
4.2.02	**固定电话数** 每千户居民中的主要干线数	578	17	430
3.3.19	**国际保理业务** 占商品出口的比重	1.818	8	0.878
4.2.03	**国际电话费用** 高峰期通往美国的每三分钟费用（对美国指通往欧洲）	0.56	15	1.056
4.4.01	**健康总支出** 占GDP的比例	8.5	13	6.7
2.4.14 （调查）	**失业立法** 失业立法激励人们寻找工作	6.19	8	4.98
4.4.11 （调查）	**酗酒、吸毒** 酗酒和吸毒在工作岗位没有成为严重问题	7.41	14	6.61
2.4.15 （调查）	**移民法** 移民法不禁止本国公司雇用外国劳动力	6.5	13	5.82
4.3.14 （调查）	**科学和技术的兴趣** 贵国青年具有浓厚的科学技术兴趣	6.06	12	5.39
2.4.22 （调查）	**进入国外资本市场** 国内公司进入国外资本市场不受限制	8.54	18	7.76
2.3.06 （调查）	**汇率政策** 贵国汇率政策支持公司的竞争力	6.67	17	5.95
2.4.21 （调查）	**进入国内资本市场** 外国公司进入国内资本市场不受限制	8.63	20	8.09

希腊

如　果？

竞争力模拟研究帮助政策制定者将注意力和优先次序放在他们国家或地区面临的关键竞争力上。我们用49个国家或地区的平均值代替这些最弱的指标值，从而计算这个国家或地区的总体排名。然而，这只是一个理论方式，不应视为政策的建议。还必须考虑各个国家或地区的发展水平、政治体制和社会值系统

	从		到
模拟排名变化	36	→	31

20个最弱的指标

序号	名称	国家原始值	国家排名	49国家平均值
2.1.08	**利息支付额** 占当前收入的百分比	38.36	46	12.39
2.1.04	**中央政府国内负债** 占GDP的百分比	86.6	46	33.2
2.2.13	**间接税** 商品和服务税占GDP的比重	15.14	47	10.45
2.1.06	**中央政府国外负债** 占GDP的百分比	27.673	44	12.214
2.1.02	**中央政府预算盈余/赤字** 占GDP的百分比	-5.25	43	-0.97
1.2.08	**商品出口额** 商品出口额占GDP的百分比	9.03	48	38.5
1.2.02	**经常项目差额** 经常项目差额占GDP的百分比	-5.22	45	0.99
1.4.02	**就业率** 总就业人口占总人口的百分比	35.64	44	43.32
2.2.04	**雇员社会保障缴款率** 强制缴款占人均GDP的百分比	15.9	40	9.1
4.2.09	**人均计算机** 每千人计算机数/来源：计算机行业年鉴	112	35	309
1.1.13	**实际人均GDP增长率** 按本地货币、不变价格计算的变化率	-1.82	42	0.73
2.5.01	**全部公共教育支出** 全部公共教育支出占GDP的比例	3.4	44	5.1
4.2.19	**高技术出口** 占制造业出口的比例	9.05	32	16.96
3.5.02 （调查）	**对全球化的态度** 贵国对全球化的态度普遍积极	4.22	44	5.77
2.5.08 （调查）	**大学教育** 大学教育满足有竞争力的社会的需要	3.88	46	5.72
4.1.13 （调查）	**城市化** 城市化不浪费国家资源	4.03	42	5.74
3.2.09 （调查）	**雇员培训** 公司高度重视雇员培训	4.44	42	5.75
2.4.10 （调查）	**地下经济** 地下经济不损害贵国的经济发展	3.65	40	5.73
3.2.07 （调查）	**工人的动机** 贵国工人动机很重要	4.44	42	5.85
2.3.16 （调查）	**官僚主义** 官僚主义不阻碍企业发展	1.91	42	3.56

希腊

国内经济

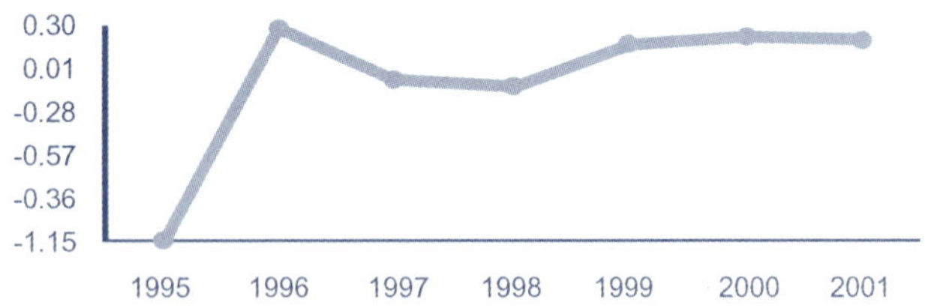

国际贸易

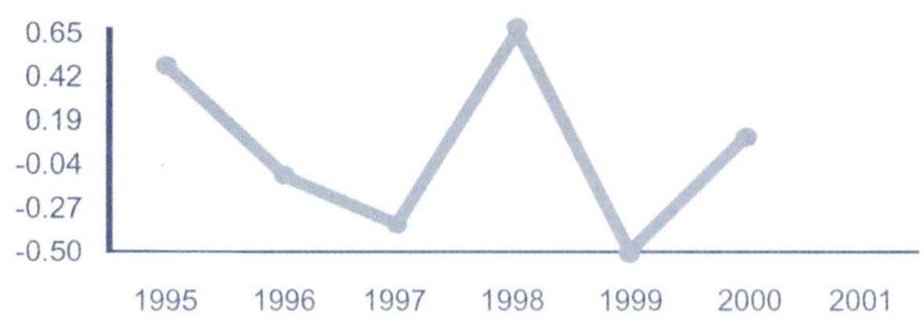

国际投资

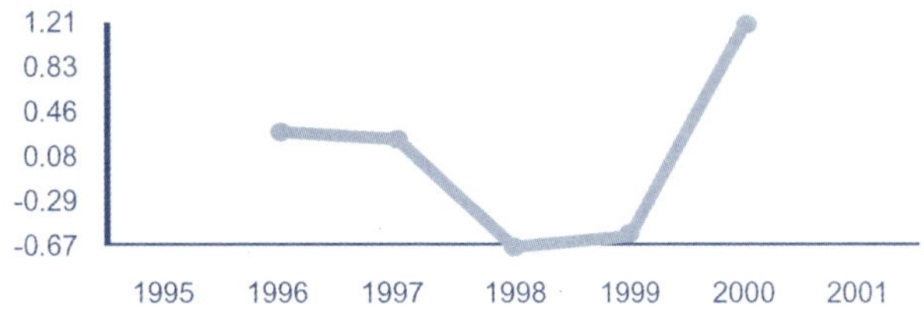

公共财政

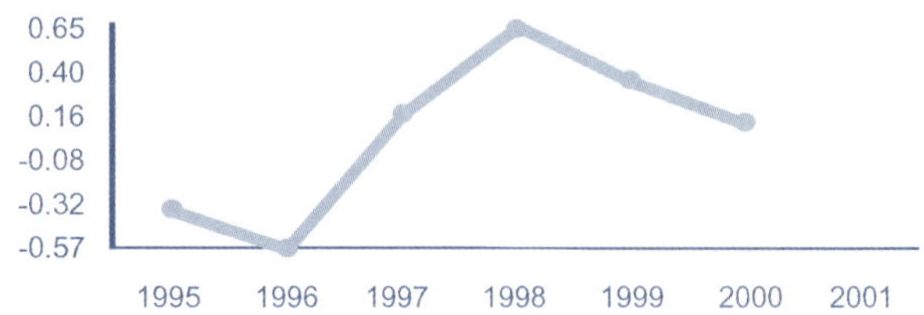

财政政策

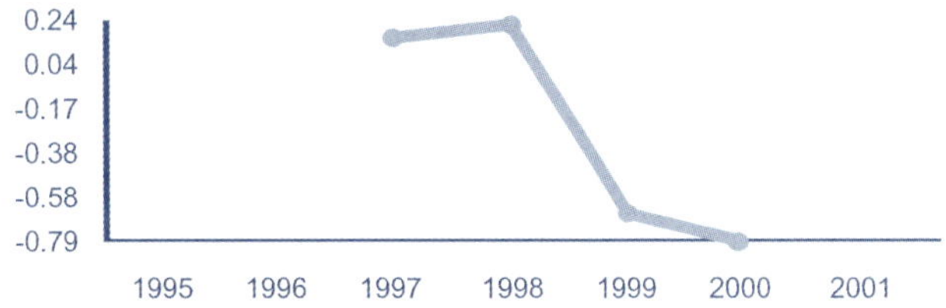

生产率

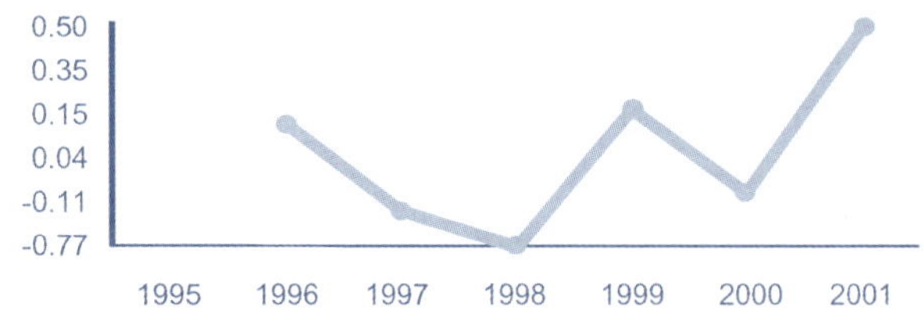

金融

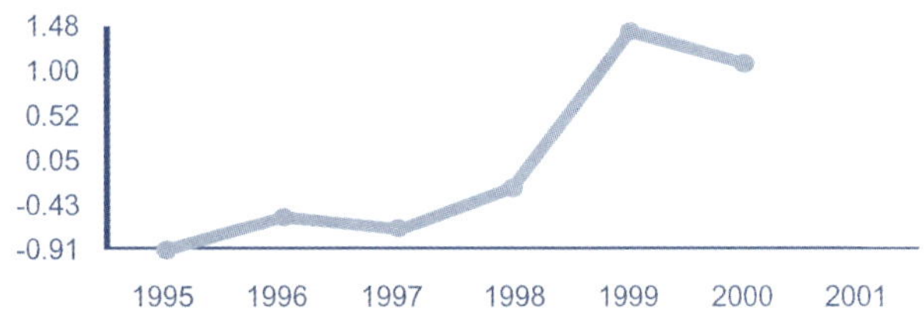

技术基础设施

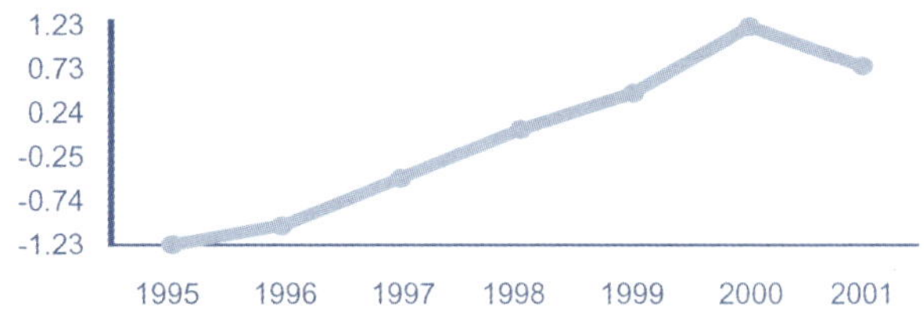

主要竞争力指标

人均国内生产总值

人均美元

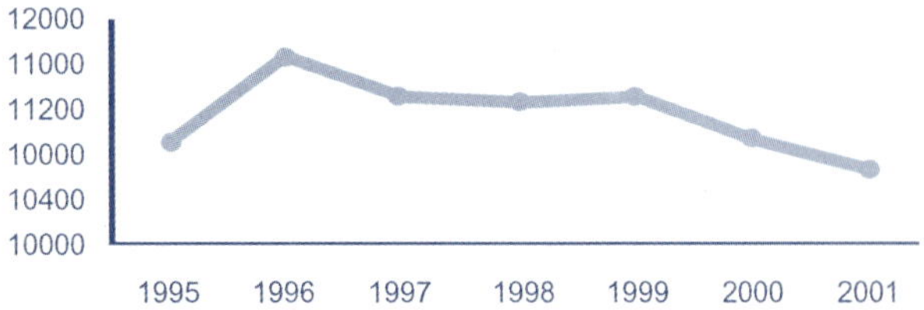

国内生产总值实际增长率

百分比变化，基于国家货币物价稳定

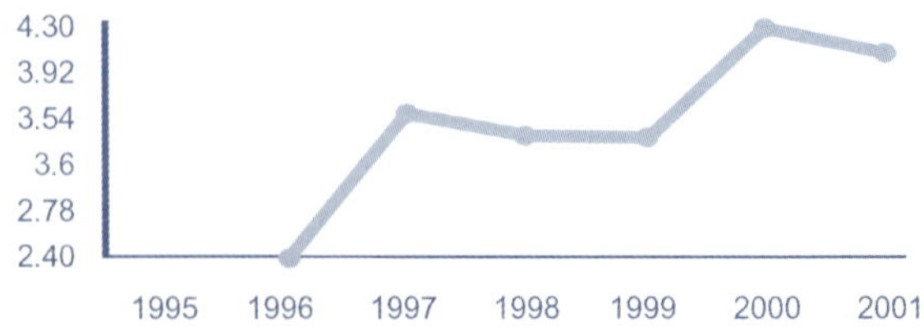

希腊

个人最终消费支出
人均美元

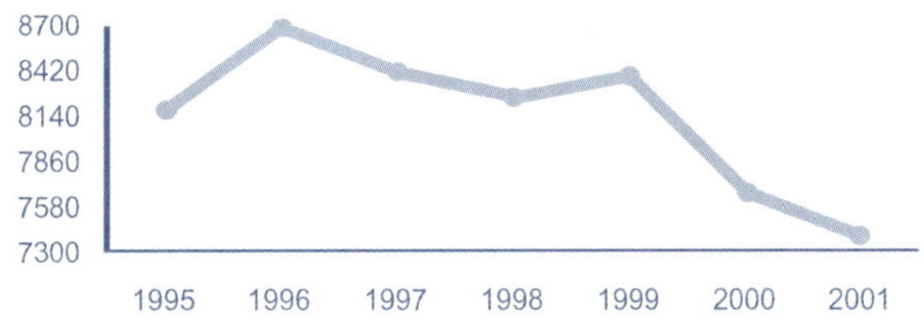

经常性项目差额
十亿美元（负号标志＝赤字）

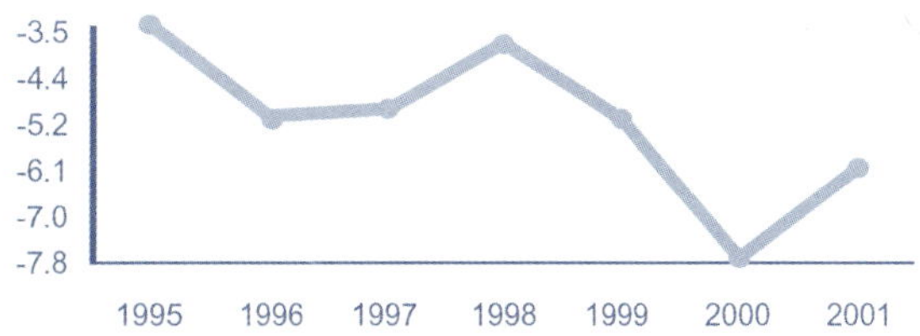

商品和商业劳务出口
十亿美元

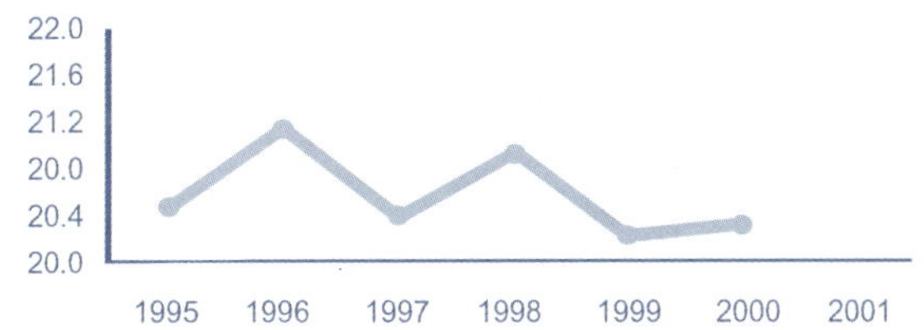

对外直接投资流量
十亿美元

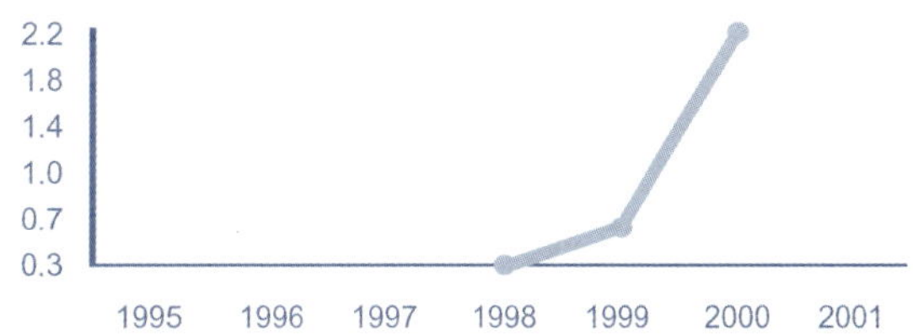

吸收直接投资流量
十亿美元

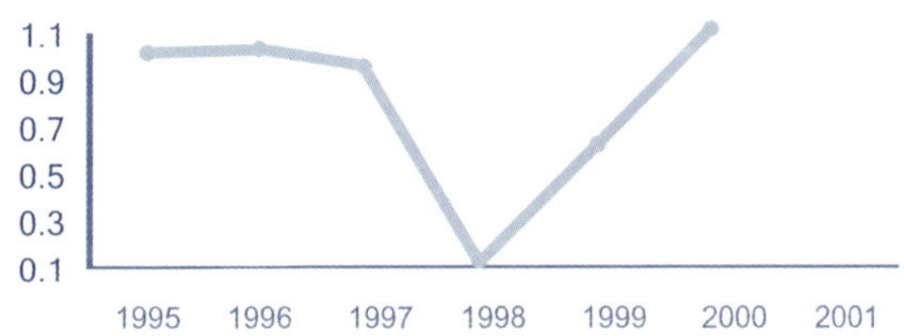

失业率
劳动力百分比

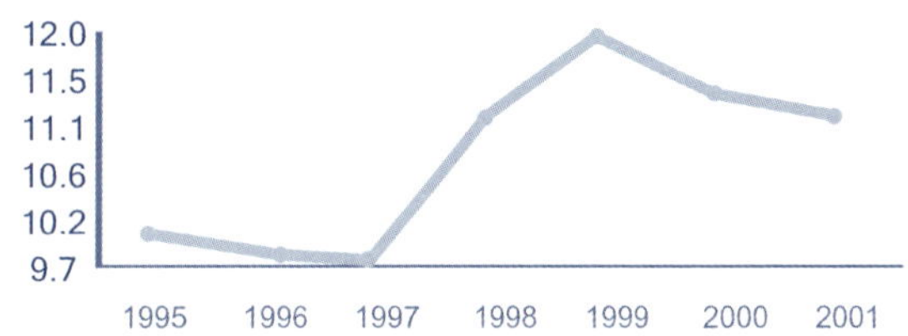

消费品价格增长率
年平均比率

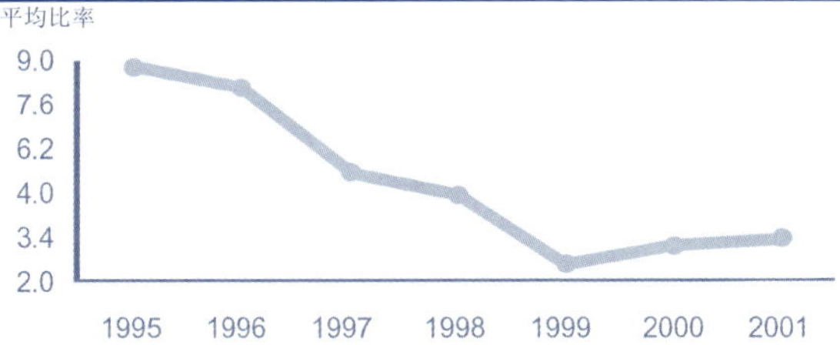

总体生产率
就业人员人均国内生产总值，美元

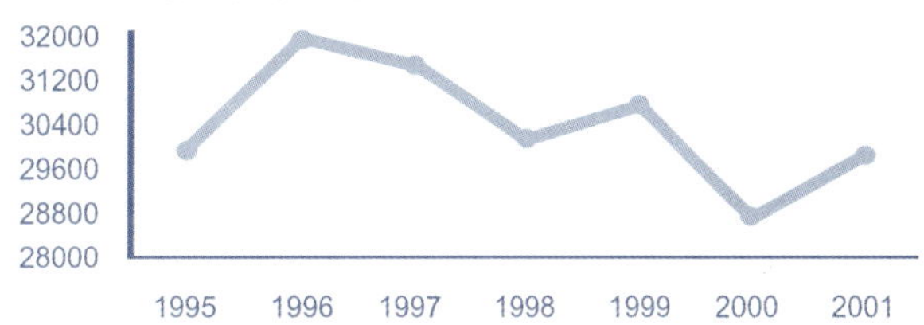

报酬水平
估计：制造工人的小时总补偿，美元

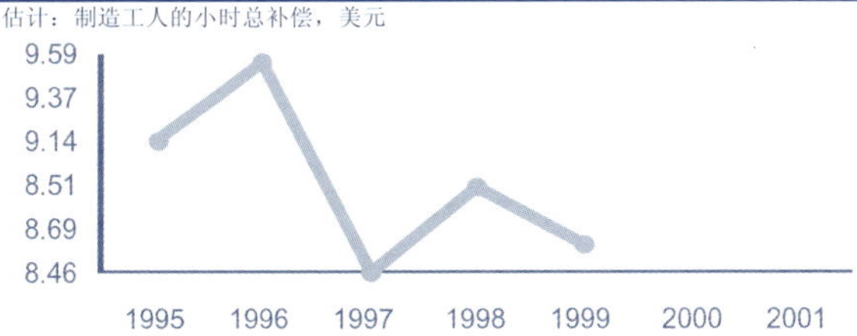

股票市场筹资额
十亿美元

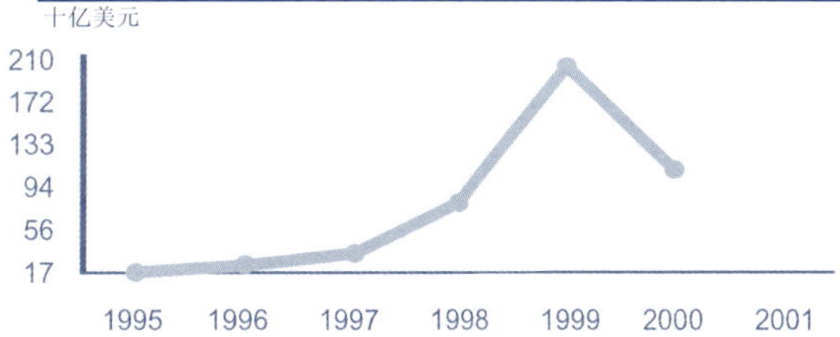

国内上市公司
上市公司的数量

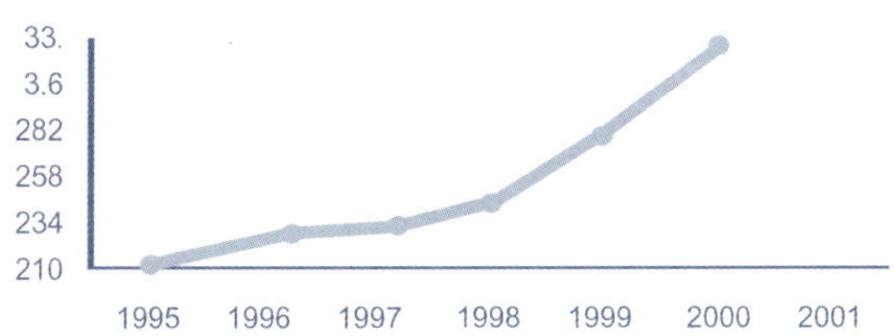

计算机
每1000人的计算机数量/来源：计算机工业年鉴

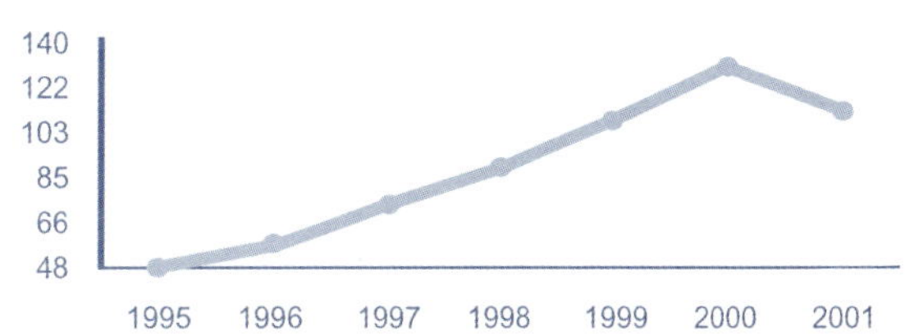

匈牙利

总体表现

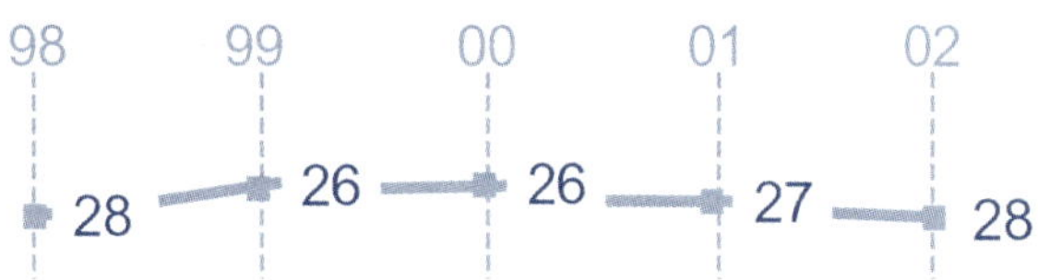

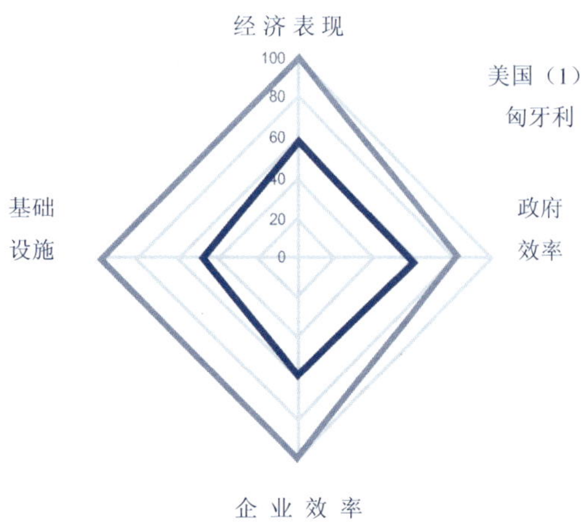

基本事实

首都	布达佩斯
人口	10.2（2001）
地域（平方千米）	93.0（2000）
汇率（百分之一美元）	286.49（2001）
国内生产总值（十亿美元）	51.7（2001）
人均国内生产总值（美元）	5,072（2001）
实际GDP增长率	3.8（2001）
消费品价格上涨	9.2（2001）
失业率	5.90（2001）
劳动力（百万）	4.09（2001）
经常性项目差额（十亿美元）	-1.1（2001）
直接投资	
吸收股票投资（十亿美元）	19.86（2000）
吸收流量（占GDP百分比）	3.55（2000）

匈牙利

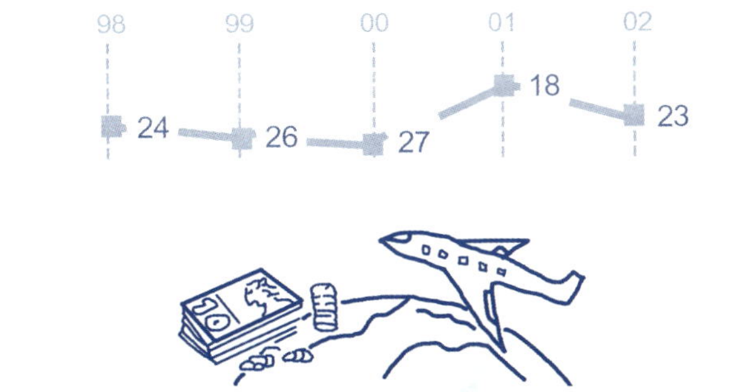

经 济 表 现

	2002
国内经济	26
国际贸易	19
国际投资	32
就　业	31
物　价	10

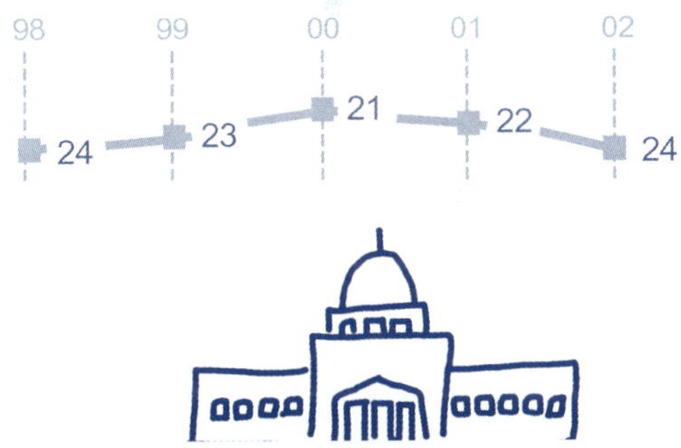

政 府 效 率

	2002
公共财政	37
财政政策	31
组织机构	27
企业法规	22
教　育	15

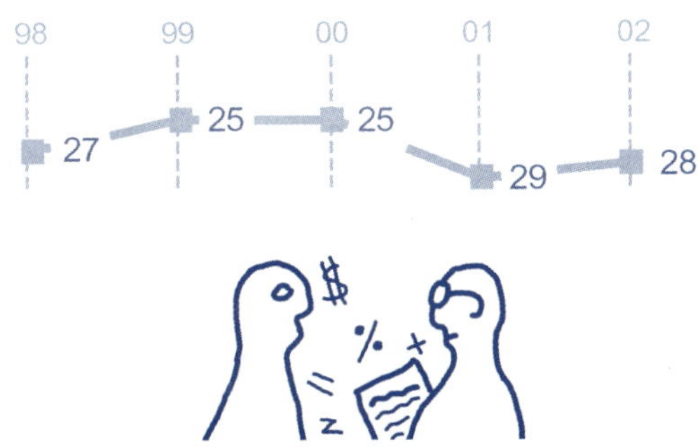

企 业 效 率

	2002
生产率	32
劳动力市场	12
金　融	32
管理实践	36
全球化影响	19

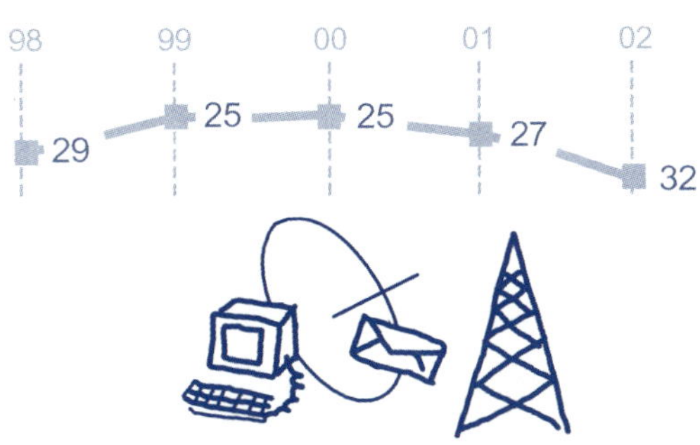

基 础 设 施

	2002
基本基础设施	23
技术基本基础设施	29
科学基本基础设施	27
健康与环境	34
价值系统	34

匈牙利

这些指标是每类中最强的10个指标，这些类是通过对49个国家和地区平均的最大的价值差异来区分的。

1 经济表现

			排名
1.5.02	生活费指数	主要城市不包括住房的各种货物支出指数（纽约=100）	1
1.2.12	商业服务出口实际增长	按本地货币、不变价格计算的变化率	6
1.1.12	实际GDP增长率	按本地货币、不变价格计算的变化率	8
1.1.21	经济的弹性	经济体对于经济周期的弹性强	10
1.3.04	对外直接投资存量实际增长率	按本地货币、不变价格计算的变化率	10
1.2.11	商业服务出口额	商业服务出口额占GDP的百分比	10
1.2.08	商品出口额	商品出口额占GDP的百分比	11
1.2.18	外贸依存度	（出口+进口）/（2×GDP）	11
1.4.07	青年失业	25岁以下失业人口占总失业人口比例	14
1.1.13	实际人均GDP增长率	按本地货币、不变价格计算的变化率	14

2 政府效率

2.5.02	学生—教师比（初等教育）	学生与教师职员的比例	2
2.2.07	对利润征收的平均公司税率	占税前利润的百分比	3
2.4.24	投资保护计划	投资保护计划大多数外放国家可以享受	3
2.5.09	文盲率	成人（15岁以上）文盲占总人口比例	3
2.5.12	合格工程师	合格工程师在贵国劳动力市场上容易获得	4
2.4.13	劳动法规	劳动法规（雇/解雇惯例、最低工资等）足够灵活	6
2.5.03	学生—教师比（中等教育）	学生与教师职员的比例	6
2.4.23	投资激励	对外国投资有吸引力	8
2.4.19	外国投资者	外国投资者可以自由在国内公司中取得控制力	9
2.2.11	实际公司税	实际公司税鼓励企业的活力	9

3 企业效率

3.2.04	经理报酬	全部底薪加上奖金和长期激励，美元	2
3.2.03	服务性职业报酬	年均总收入，包括附加薪水，例如额外薪金，美元	3
3.5.04	R&D设施的再分配	R&D设施的再分配不会威胁贵国经济的未来	7
3.1.03	综合生产率实际增长率	每个就业者实际GDP变化率，估计值	8
3.4.08	公司的设立	贵国设立公司很普遍	9
3.2.01	报酬水平	制造业工人每小时全部报酬，美元，估计值	10
3.3.14	股票市场指数	支书的变化率	13
3.2.19	国际经验	高层管理者通常有丰富的国际经验	14
3.2.06	劳资关系	劳资关系有利于生产	18
3.2.05	工作小时	每年的平均工作小时数	18

4 基础设施

4.1.18	能源进口与商品出口	能源进口占商品出口的比例	2
4.3.13	学校内的科学	学校内的科学在贵国充分教育	3
4.2.01	对电信的投资	年平均占GDP的百分比	5
4.3.14	科学和技术的兴趣	贵国青年具有浓厚的科学技术兴趣	6
4.1.16	GDP和能源消耗	实际GDP增长率减去能源消耗增长率	6
4.1.06	道路	网络的密度	6
4.1.07	铁路	网络的密度	7
4.5.06	女性地位	所有立法委员、高级官员和经理中女性所占比例	7
4.1.12	可耕地面积	人均平方米	8
4.1.04	赡养率	15岁以下和64岁以上的人口总量除以15岁-64岁之间人口总量	11

匈牙利

这些指标是每类中最弱的10个指标，这些类是通过对49个国家和地区平均的最大的价值差异来区分的。

1 经济表现

			排名
1.5.01	消费品价格上涨	年平均比率	45
1.1.01	国内生产总值（GDP）	按现行价格、汇率计算，10亿美元	43
1.3.10	证券投资负债	10亿美元	41
1.3.05	吸引国外直接投资流量	10亿美元	40
1.1.02	国内生产总值（PPP）	估计值：按购买力平价计算，10亿美元	40
1.4.02	就业率	总就业人口占总人口的百分比	39
1.3.03	对外直接投资存量	10亿美元	39
1.3.07	吸引国外直接投资存量	10亿美元	39
1.2.07	商品出口额	商品出口额，10亿美元	38
1.3.09	证券投资资产	10亿美元	37

2 政府效率

2.4.04	公共部门合同	公共部门合同向外国投标者充分开放	47
2.2.09	雇主的社会保障缴款率	强制缴款占人均GDP的比率	46
2.3.21	社会凝聚力	社会凝聚力是政府的首要目标	46
2.2.13	间接税	商品和服务税占GDP的比重	46
2.2.02	个人收入税有效税率	占人均GDP的百分比	45
2.3.14	透明度	政府政策的透明度是令人满意的	43
2.4.06	政府补贴	对私人和公共企业的补贴占GDP比重	42
2.1.02	中央政府预算盈余/赤字	占GDP的百分比	41
2.2.01	税收总收入	占GDP的百分比	37
2.3.06	汇率政策	贵国汇率政策支持公司的竞争力	36

3 企业效率

3.3.13	国内上市公司	国内上市公司数目	46
3.4.04	公司董事会	公司董事会确实合适地监督了公司的管理	44
3.4.10	社会责任	商界领袖重视对社会的责任	44
3.4.06	消费者满意度	贵国重视消费者满意度	43
3.4.11	健康、安全和环境事务	健康、安全和环境事务被管理层充分重视	43
3.4.03	管理人员的信誉	管理人员在经济中可信性被广泛认可	42
3.3.10	股票市场	股票市场为公司提供充足的资金	41
3.2.02	制造业部门单位劳动成本	制造业部门单位劳动成本变化率	40
3.4.02	伦理实践	伦理实践在公司中采用	38
3.5.02	对全球化的态度	贵国对全球化的态度普遍积极	38

4 基础设施

4.4.06	健康基础设施	健康基础设施满足社会需要	47
4.5.04	歧视	歧视（种族、性别等）并没有给社会带来不利影响	46
4.2.13	合适的互联网访问数	贵国可以提供合适的互联网访问数（可获性、速度、费用）	45
4.4.11	酗酒、吸毒	酗酒和吸毒在工作岗位没有成为严重问题	42
4.4.03	出生时的寿命期望	平均估计	41
4.5.05	国会中女性人数	女性席位占全部席位的比例	40
4.4.16	可持续发展	贵国优先考虑可持续发展	40
4.1.09	空运的质量	空运的质量在贵国通常充分有效	38
4.1.10	用于货物和服务分配的基础设施	普遍有效率	36
4.1.11	水运	水运基础设施（港口、运河）满足企业需要	36

匈牙利

这一部分集锦了该国20个最强的指标，
这部分指标有着最高的标准化值（STD值）。
STD值＝（国家和地区的原始值－49个国家和地区平均值）/标准差

20个最强的指标

序号	名称	国家原始值	国家排名	49国家平均值
2.2.07	**对利润征收的平均公司税率** 占税前利润的百分比	20	3	29.22
1.5.02	**生活费指数** 主要城市不包括住房的各种货物支出指数（纽约=100）	54.73	1	81.64
3.2.04	**经理报酬** 全部底薪加上奖金和长期激励，美元	1	2	0
4.2.01	**对电信的投资** 年平均占GDP的百分比	1.121	5	0.607
3.2.03	**服务性职业报酬** 年均总收入，包括附加薪水，例如额外薪金，美元	1	3	－0
2.5.02	**学生—教师比（初等教育）** 学生与教师职员的比例	10.9	2	19.49
4.1.07	**铁路** 网络的密度	0.0861	7	0.0394
1.2.12	**商业服务出口实际增长** 按本地货币、不变价格计算的变化率	21.34	6	11.47
4.1.18	**能源进口与商品出口** 能源进口占商品出口的比例	1.24	2	9.39
3.1.03	**综合生产率实际增长率** 每个就业者实际GDP变化率，估计值	3.01	8	0.85
3.2.01	**报酬水平** 制造业工人每小时全部报酬，美元，估计值	2.13	10	9.16
4.1.16	**GDP和能源消耗** 实际GDP增长率减去能源消耗增长率	4.955	6	1.396
2.5.03	**学生—教师比（中等教育）** 学生与教师职员的比例	10.6	6	16.99
2.4.13 （调查）	**劳动法规** 劳动法规（雇/解雇惯例、最低工资等）足够灵活	7.19	6	4.68
4.3.13 （调查）	**学校内的科学** 学校内的科学在贵国充分教育	7	3	5.19
4.3.14 （调查）	**科学和技术的兴趣** 贵国青年具有浓厚的科学技术兴趣	6.77	6	5.39
2.4.24 （调查）	**投资保护计划** 投资保护计划大多数外放国家可以享受	8.38	3	7
2.5.12 （调查）	**合格工程师** 合格工程师在贵国劳动力市场上容易获得	8.3	4	6.86
3.5.04 （调查）	**R&D设施的再分配** R&D设施的再分配不会威胁贵国经济的未来	5.93	7	5.06
2.4.19 （调查）	**外国投资者** 外国投资者可以自由在国内公司中取得控制力	9.04	9	7.66

匈牙利

如　果？

竞争力模拟研究帮助政策制定者将注意力和优先次序放在他们国家或地区面临的关键竞争力上。我们用49个国家或地区的平均值代替这些最弱的指标值，从而计算这个国家或地区的总体排名。然而，这只是一个理论方式，不应视为政策的建议。还必须考虑各个国家或地区的发展水平、政治体制和社会值系统

	从		到
模拟排名变化	28	→	25

20个最弱的指标

序号	名称	国家原始值	国家排名	49国家平均值
2.2.09	**雇主的社会保障缴款率** 强制缴款占人均GDP的比率	37.75	46	17.86
2.2.02	**个人收入税有效税率** 占人均GDP的百分比	30.63	45	17.15
2.2.13	**间接税** 商品和服务税占GDP的比重	15.08	46	10.45
1.1.22	**人均GDP** 人均美元	5072	34	14689
1.4.02	**就业率** 总就业人口占总人口的百分比	37.38	39	43.32
2.5.05	**高等教育成绩** 25-34岁人中至少获得三级教育的人口所占比例	14	30	21
2.4.06	**政府补贴** 对私人和公共企业的补贴占GDP比重	2.13	42	1.19
4.2.11	**稳定的服务器数目** 每百万居民中稳定的服务器数	8.96	24	36.02
4.3.02	**人均研究与开发支出** 人均，美元	37.2	31	282.1
4.3.05	**人均企业研究与开发支出额** 人均，美元	16.48	30	177.46
2.1.02	**中央政府预算盈余/赤字** 占GDP的百分比	-3.44	41	-0.97
3.1.08	**工业生产率（购买力平价）** 每个工业雇员创造的相应GDP，美元，估计值	33145	32	46005
4.4.03	**出生时的寿命期望** 平均估计	70.8	41	74.5
4.5.04 （调查）	**歧视** 歧视（种族、性别等）并没有给社会带来不利影响	4.89	46	6.51
4.4.06 （调查）	**健康基础设施** 健康基础设施满足社会需要	2.15	47	5.53
2.4.04 （调查）	**公共部门合同** 公共部门合同向外国投标者充分开放	4.96	47	6.56
2.3.21 （调查）	**社会凝聚力** 社会凝聚力是政府的首要目标	4	46	6.12
3.4.04 （调查）	**公司董事会** 公司董事会确实合适地监督了公司的管理	4.52	44	5.65
3.4.10 （调查）	**社会责任** 商界领袖重视对社会的责任	4.07	44	5.7
4.2.13	**合适的互联网访问数**	6.07	45	7.63

匈牙利

国内经济

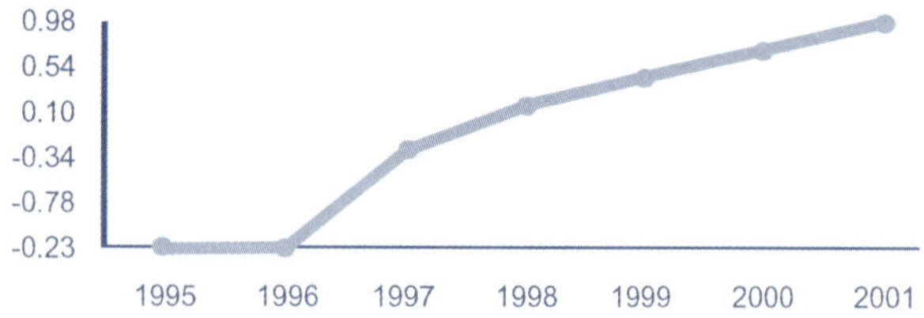

国际贸易

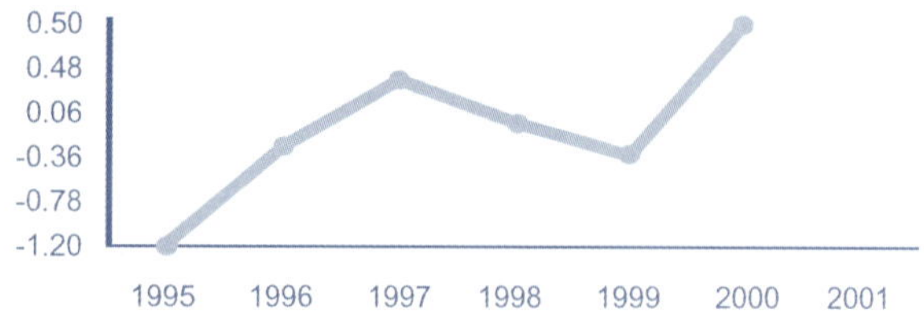

国际投资

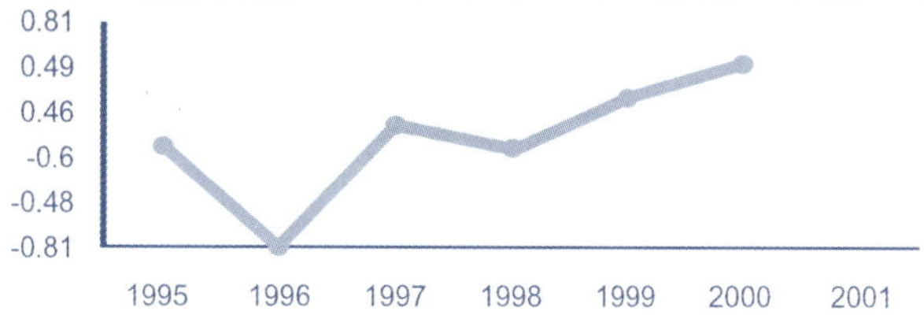

公共财政

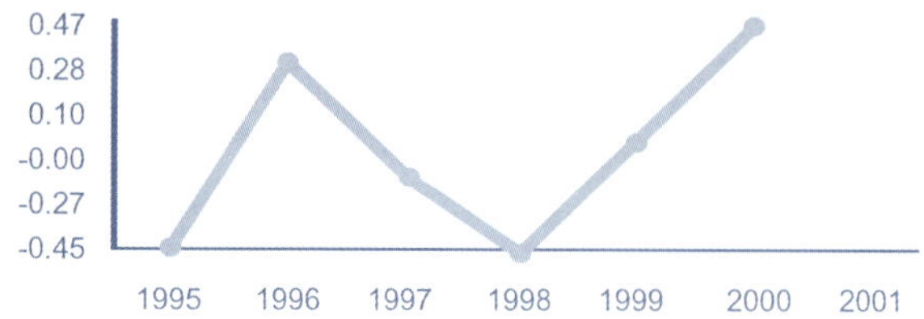

财政政策

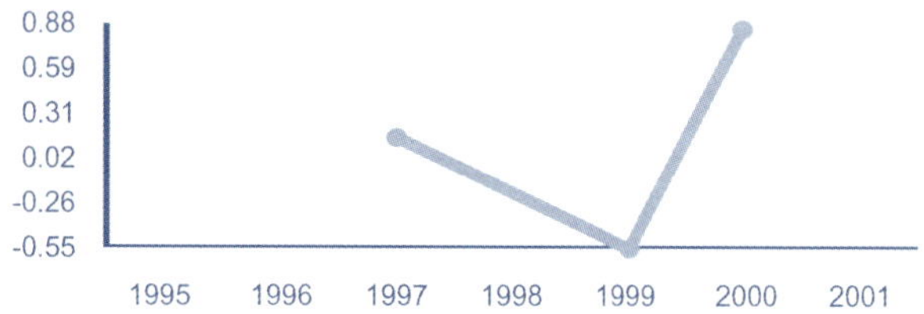

生产率

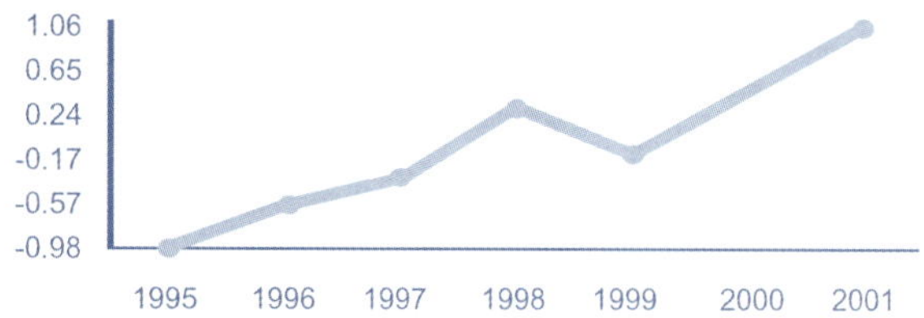

金融

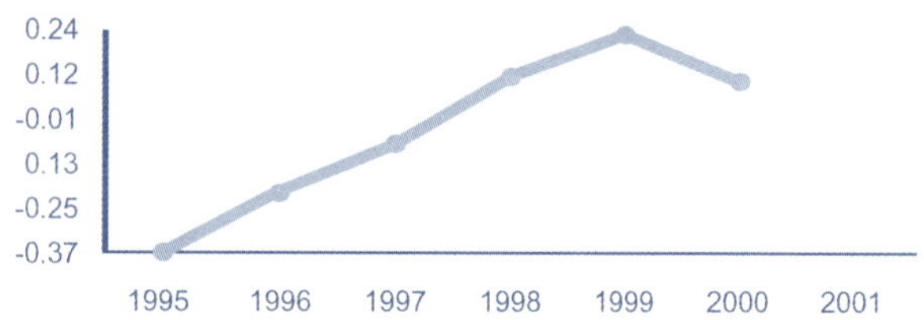

技术基础设施

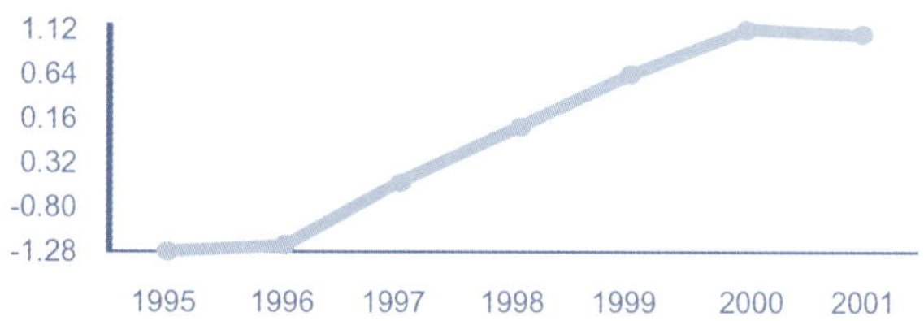

主要竞争力指标

人均国内生产总值

人均美元

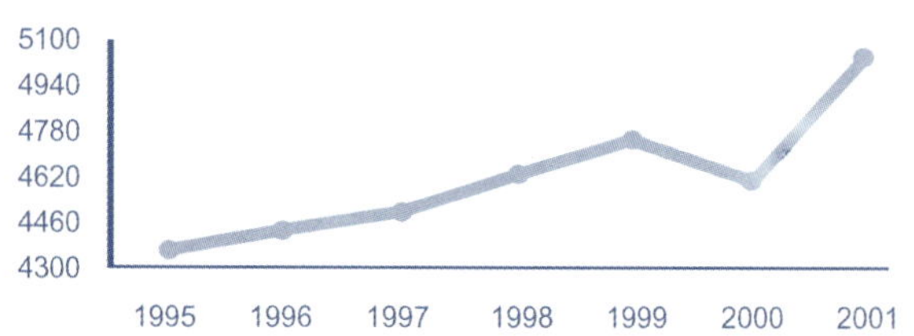

国内生产总值实际增长率

百分比变化，基于国家货币物价稳定

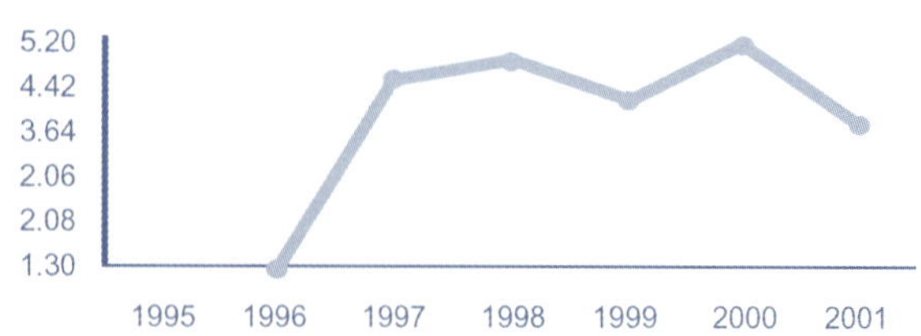

匈牙利

个人最终消费支出
人均美元

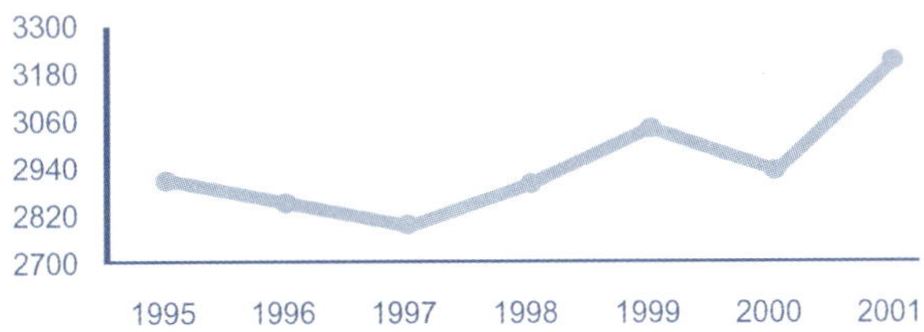

经常性项目差额
十亿美元（负号标志＝赤字）

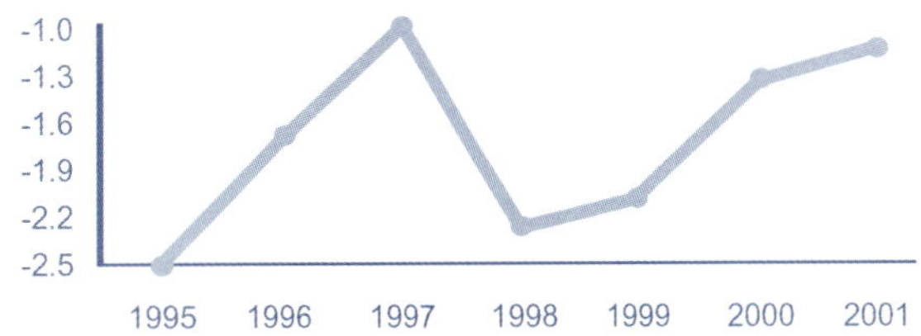

商品和商业劳务出口
十亿美元

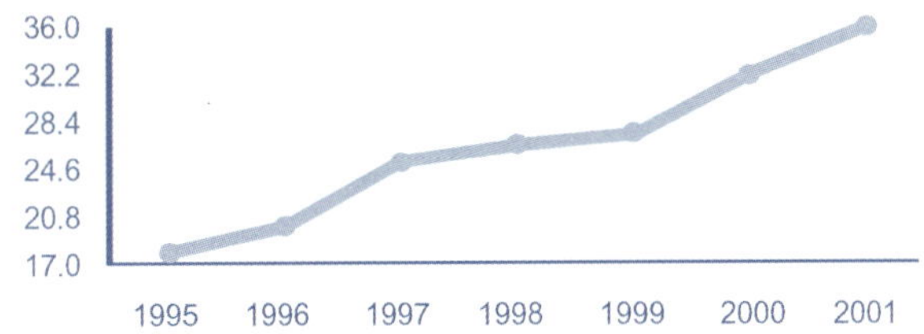

对外直接投资流量
十亿美元

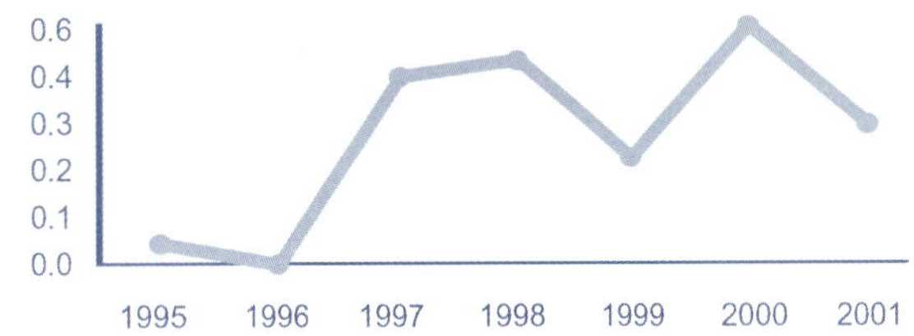

吸收直接投资流量
十亿美元

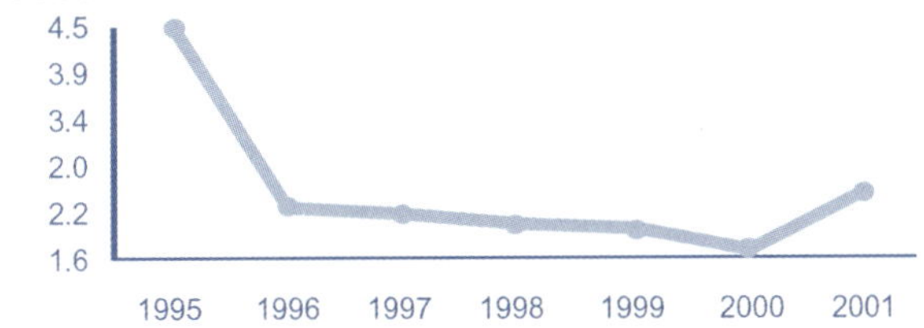

失业率
劳动力百分比

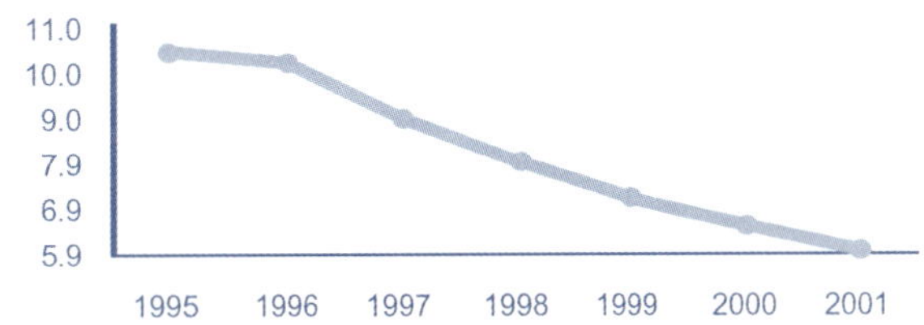

消费品价格增长率
年平均比率

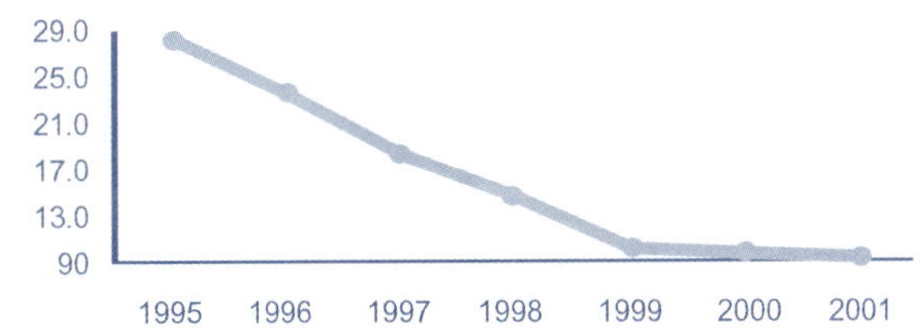

总体生产率
就业人员人均国内生产总值，美元

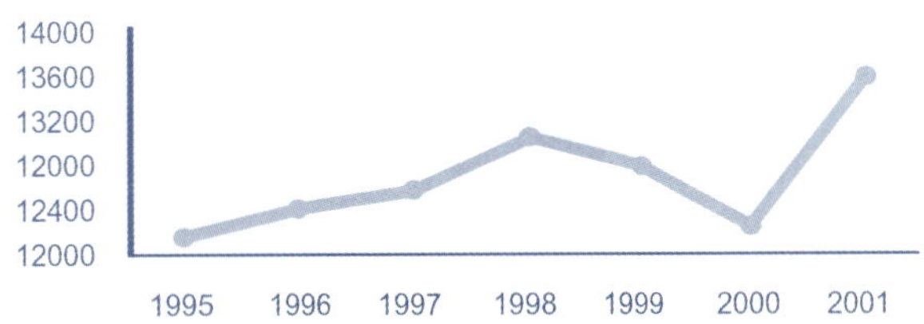

报酬水平
估计：制造工人的小时总补偿，美元

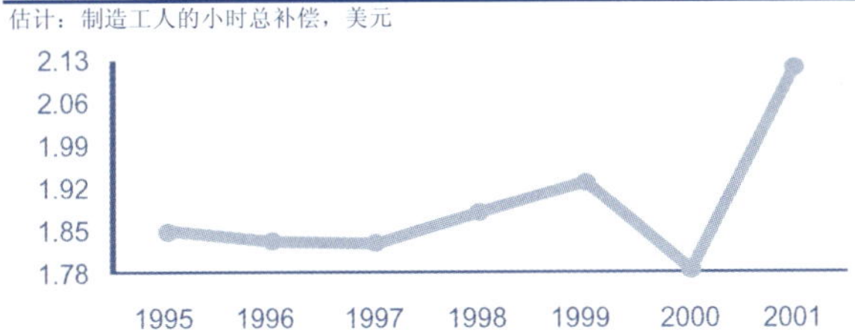

股票市场筹资额
十亿美元

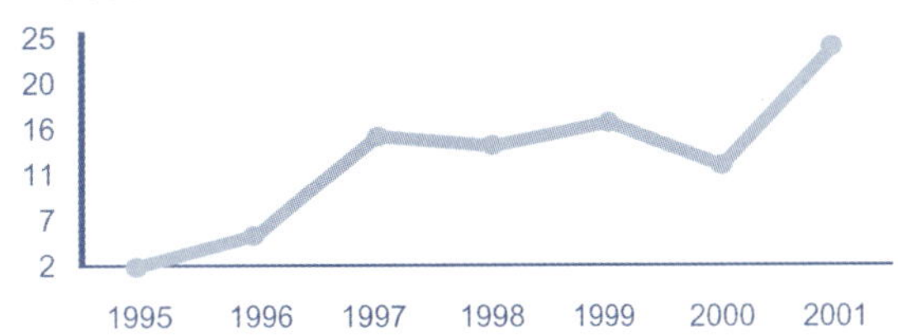

国内上市公司
上市公司的数量

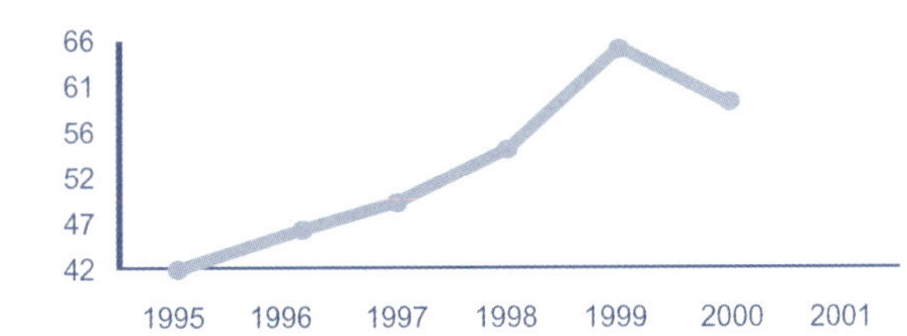

计算机
每1000人的计算机数量/来源：计算机工业年鉴

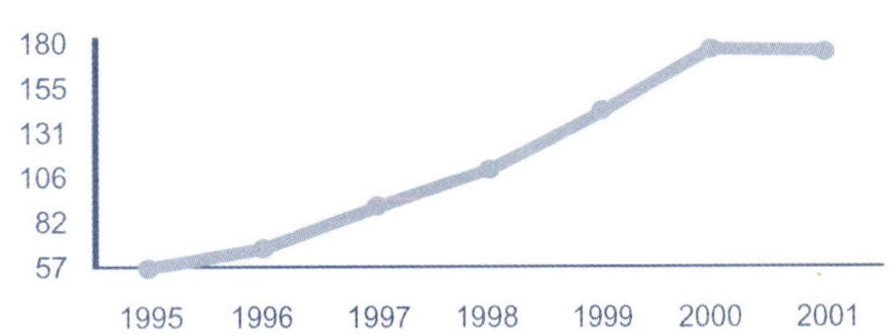

冰岛

国家竞争力的挑战，2002

- 增加研发支出.
- 降低通货膨胀率.
- 私有化能源部门,进一步私有化银行系统.
- 降低利息率.
- 加强企业文化的学习与建设.

提供者:

国家经济学院

总体表现

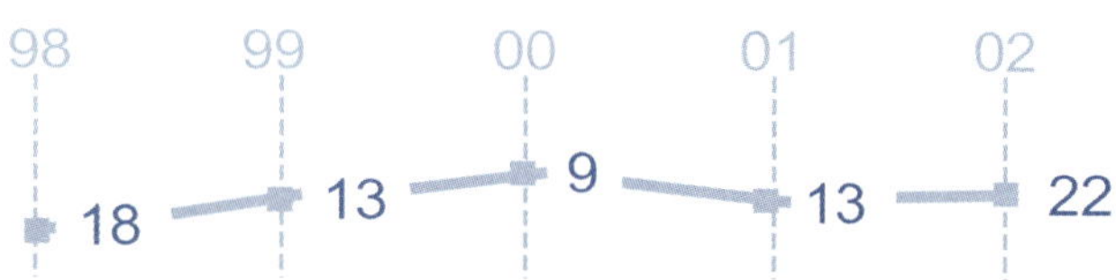

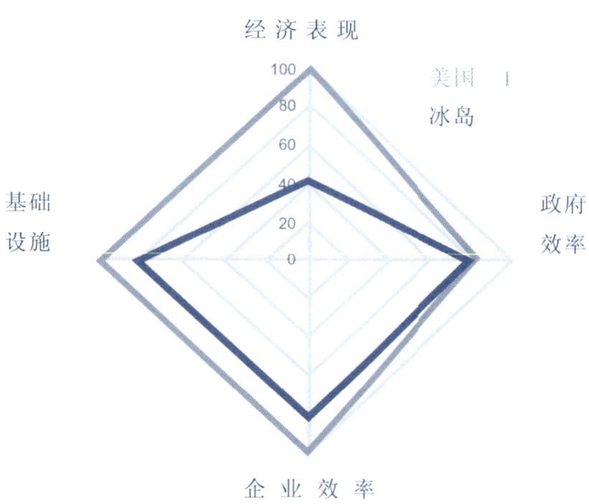

基本事实

首都	雷克雅未克
人口	0.3 (2001)
地域（平方千米）	102.8 (2000)
汇率（百分之一美元）	97.43 (2001)
国内生产总值（十亿美元）	7.6 (2001)
人均国内生产总值（美元）	26,369 (2001)
实际GDP增长率	1.9 (2001)
消费品价格上涨	6.4 (2001)
失业率	1.40 (2001)
劳动力（百万）	0.16 (2000)
经常性项目差额（十亿美元）	-0.3 (2001)
直接投资	
吸收股票投资（十亿美元）	0.52 (2000)
吸收流量（占GDP百分比）	1.70 (2000)

冰岛

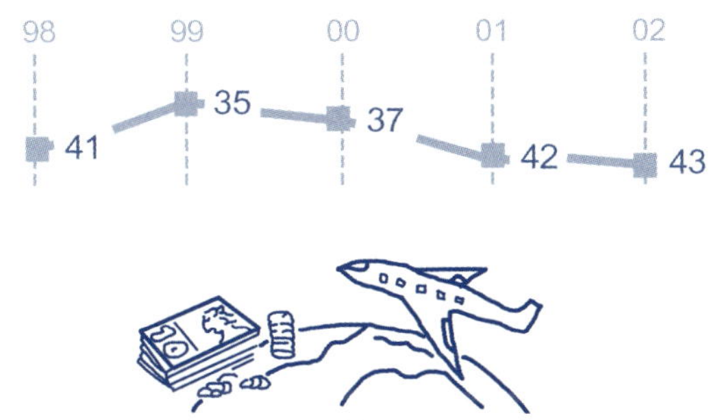

经 济 表 现

	2002
国内经济	13
国际贸易	40
国际投资	26
就　业	7
物　价	48

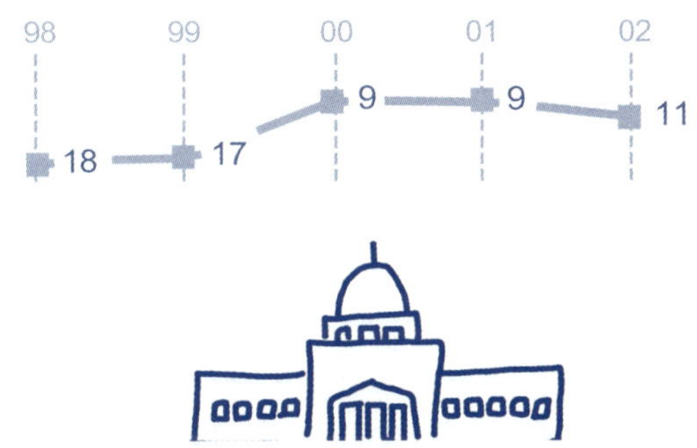

政 府 效 率

	2002
公共财政	12
财政政策	16
组织机构	17
企业法规	20
教　育	3

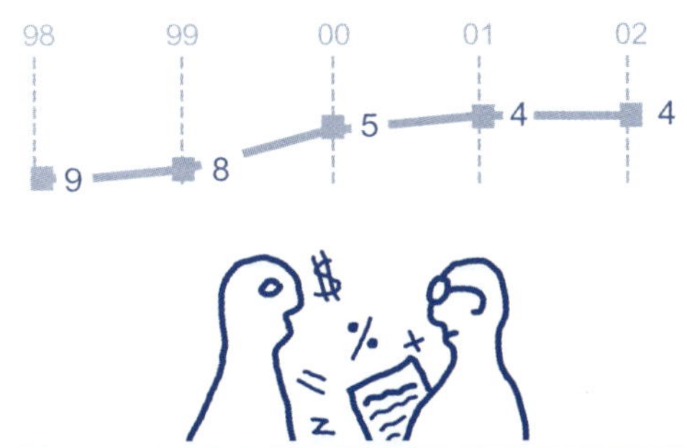

企 业 效 率

	2002
生产率	8
劳动力市场	10
金　融	15
管理实践	12
全球化影响	1

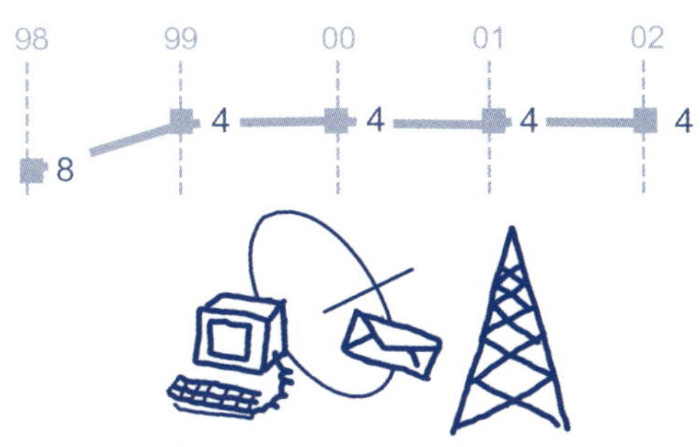

基 础 设 施

	2002
基本基础设施	15
技术基本基础设施	6
科学基本基础设施	16
健康与环境	5
价值系统	1

冰岛

这些指标是每类中最强的10个指标，这些类是通过对49个国家和地区平均的最大的价值差异来区分的。

1 经济表现

			排名
1.4.06	失业率	占劳动力比率	1
1.4.02	就业率	总就业人口占总人口的百分比	4
1.1.23	人均GDP	估计值，按购买力平价计算的人均美元	5
1.3.04	对外直接投资存量实际增长率	按本地货币、不变价格计算的变化率	6
1.1.22	人均GDP	人均美元	8
1.2.12	商业服务出口实际增长	按本地货币、不变价格计算的变化率	12
1.1.13	实际人均GDP增长率	按本地货币、不变价格计算的变化率	13
1.2.19	贸易条件指数	出口单位价值比进口单位价值（1995=100）	13
1.4.03	就业增长	变化率	14
1.2.11	商业服务出口额	商业服务出口额占GDP的百分比	14

2 政府效率

2.2.11	实际公司税	实际公司税鼓励企业的活力	1
2.5.10	经济知识普及	经济知识普及率高	1
2.3.16	官僚主义	官僚主义不阻碍企业发展	3
2.5.02	学生—教师比（初等教育）	学生与教师职员的比例	3
2.1.02	中央政府预算盈余/赤字	占GDP的百分比	4
2.3.10	新立法	新立法鼓励企业竞争力	4
2.3.19	个人安全和个人财产	个人安全和个人财产得到充分保护	4
2.4.13	劳动法规	劳动法规（雇/解雇惯例、最低工资等）足够灵活	5
2.5.07	教育体系	教育系统满足有竞争力的社会的需要	5
2.5.13	知识转让	公司与大学间的知识转让很充分	5

3 企业效率

3.3.19	国际保理业务	占商品出口的比重	1
3.5.04	R&D设施的再分配	R&D设施的再分配不会威胁贵国经济的未来	1
3.3.04	发行的信用卡数目	每人	1
3.1.06	农业生产率（购买力平价）	每个农业劳动力创造的相应GDP，美元，估计值	1
3.2.13	女性劳动力	占全部劳动力的比例	1
3.5.03	生产的再分配	国外的生产再分配没有威胁到贵国经济的未来	2
3.2.17	人才流失	人才流失不损害贵国的竞争力	2
3.2.15	熟练劳动力	熟练劳动力在贵国劳动市场上可获得性	2
3.5.01	全球化	全球化没有威胁贵国经济	3
3.4.08	公司的设立	贵国设立公司很普遍	5

4 基础设施

4.1.19	非能源原材料自给	人均贸易收支差额，美元	1
4.4.12	纸张和纸板的回收率	占表面消耗量的比率	1
4.2.11	稳定的服务器数目	每百万居民中稳定的服务器数	2
4.3.07	每千人中研究与开发人员	每千国民中人数（全日约当单位）	2
4.2.10	互联网用户数	每千人互联网用户人数/来源：计算机行业年鉴	2
4.5.03	适应性	面对挑战，贵国人民的适应性很强	3
4.1.20	工业用户的电力成本	美元/千瓦	3
4.4.06	健康基础设施	健康基础设施满足社会需要	3
4.4.17	污染问题	污染问题并没有严重影响贵国基础设施	4
4.4.18	环境法	环境法和遵守该法不会阻碍企业竞争力	4

冰岛

这些指标是每类中最弱的10个指标，这些类是通过对49个国家和地区平均的最大的价值差异来区分的。

1 经济表现

			排名
1.2.07	商品出口额	商品出口额，10亿美元	49
1.2.10	商业服务出口额	10亿美元	49
1.1.02	国内生产总值（PPP）	估计值：按购买力平价计算，10亿美元	49
1.4.01	总就业人口	总就业人口（百万）	49
1.5.02	生活费指数	主要城市不包括住房的各种货物支出指数（纽约=100）	48
1.3.07	吸引国外直接投资存量	10亿美元	48
1.1.01	国内生产总值（GDP）	按现行价格、汇率计算，10亿美元	48
1.3.05	吸引国外直接投资流量	10亿美元	47
1.3.03	对外直接投资存量	10亿美元	44
1.2.02	经常项目差额	经常项目差额占GDP的百分比	40

2 政府效率

2.2.13	间接税	商品和服务税占GDP的比重	49
2.1.10	国家总储备	包括黄金和官方储备（每盎司黄金=35个特别提款权）	48
2.4.19	外国投资者	外国投资者可以自由在国内公司中取得控制力	47
2.3.02	资本成本	贵国资本成本鼓励公司发展	46
2.3.05	中央银行政策	中央银行政策对经济发展有积极影响	46
2.3.03	利率差	贷款利率减去存款利率	46
2.3.07	汇率稳定度	本币相对于特别提款权的汇兑年价变动	43
2.4.11	外国公司	外国公司不被国内立法区别对待	42
2.2.12	资本和财产税	资本和财产税占GDP的百分比	38
2.4.20	外国金融机构	外国金融机构可以进入本国市场	37

3 企业效率

3.3.14	股票市场指数	支书的变化率	47
3.3.11	股票市场筹资额	10亿美元	46
3.2.08	产业纠纷	每千个居民年均因纠纷损失的工作日	45
3.3.13	国内上市公司	国内上市公司数目	45
3.3.01	银行部门的资产	占GDP的比例	44
3.3.17	内幕交易	内幕交易在股票市场不普遍	33
3.2.01	报酬水平	制造业工人每小时全部报酬，美元，估计值	31
3.2.03	服务性职业报酬	年均总收入，包括附加薪水，例如额外薪金，美元	31
3.2.02	制造业部门单位劳动成本	制造业部门单位劳动成本变化率	31
3.3.06	风险资本	企业发展可以容易获得	30

4 基础设施

4.1.01	人口—市场规模	估计值，百万	49
4.2.08	在用计算机	占世界在用计算机总量的份额/来源：计算机行业年鉴	48
4.1.16	GDP和能源消耗	实际GDP增长率减去能源消耗增长率	47
4.1.12	可耕地面积	人均平方米	46
4.3.17	批准授予国民专利	批准授予国民专利数目	45
4.1.08	空运	主要公司运载的乘客数	45
4.3.06	全国所有研究与开发人员	千人全日约当单位	44
4.3.01	所有研究与开发支出	百万美元	44
4.1.06	道路	网络的密度	42
4.3.08	企业研究与开发人数	千人全日约当单位	42

冰岛

这一部分集锦了该国20个最强的指标，
这部分指标有着最高的标准化值（STD值）。
STD值＝（国家和地区的原始值－49个国家和地区平均值）/标准差

20个最强的指标

序号	名称	国家原始值	国家排名	49国家平均值
3.3.19	**国际保理业务** 占商品出口的比重	6.042	1	0.878
4.1.19	**非能源原材料自给** 人均贸易收支差额，美元	590	1	3.6
4.2.11	**稳定的服务器数目** 每百万居民中稳定的服务器数	231.03	2	36.02
3.3.04	**发行的信用卡数目** 每人	1.909	1	0.609
3.1.06	**农业生产率（购买力平价）** 每个农业劳动力创造的相应GDP，美元，估计值	64347	1	23748
4.3.07	**每千人中研究与开发人员** 每千国民中人数（全日约当单位）	8.655	2	3
4.4.12	**纸张和纸板的回收率** 占表面消耗量的比率	80	1	34.5
4.5.05	**国会中女性人数** 女性席位占全部席位的比例	34.9	5	17.41
3.2.13	**女性劳动力** 占全部劳动力的比例	49.81	1	40.42
1.4.02	**就业率** 总就业人口占总人口的百分比	54.9	4	43.32
1.3.04	**对外直接投资存量实际增长率** 按本地货币、不变价格计算的变化率	59.92	6	24.8
4.2.10	**互联网用户数** 每千人互联网用户人数/来源：计算机行业年鉴	545.01	2	267.96
4.1.20	**工业用户的电力成本** 美元/千瓦	0.022	3	0.056
3.5.04（调查）	**R&D设施的再分配** R&D设施的再分配不会威胁贵国经济的未来	7.4	1	5.06
3.5.03（调查）	**生产的再分配** 国外的生产再分配没有威胁到贵国经济的未来	7.02	2	4.87
2.2.11（调查）	**实际公司税** 实际公司税鼓励企业的活力	8.09	1	5.24
2.5.10（调查）	**经济知识普及** 经济知识普及率高	7.95	1	5.29
2.5.01（调查）	**全部公共教育支出** 全部公共教育支出占GDP的比例	7.95	3	5.88
3.2.17（调查）	**人才流失** 人才流失不损害贵国的竞争力	8.19	2	5.74
4.4.17（调查）	**污染问题** 污染问题并没有严重影响贵国基础设施	8.6	4	5.91

冰岛

如 果？

竞争力模拟研究帮助政策制定者将注意力和优先次序放在他们国家或地区面临的关键竞争力上。我们用49个国家或地区的平均值代替这些最弱的指标值，从而计算这个国家或地区的总体排名。然而，这只是一个理论方式，不应视为政策的建议。还必须考虑各个国家或地区的发展水平、政治体制和社会值系统

	从		到
模拟排名变化	12	→	5

20个最弱的指标

序号	名称	国家原始值	国家排名	49国家平均值
1.5.02	**生活费指数** 主要城市不包括住房的各种货物支出指数（纽约=100）	155.55	48	81.64
3.2.08	**产业纠纷** 每千个居民年均因纠纷损失的工作日	162.39	45	24.45
2.2.13	**间接税** 商品和服务税占GDP的比重	16.57	49	10.45
4.1.16	**GDP和能源消耗** 实际GDP增长率减去能源消耗增长率	-4.586	47	1.396
1.2.02	**经常项目差额** 经常项目差额占GDP的百分比	-4.41	40	0.99
2.3.03	**利率差** 贷款利率减去存款利率	10.65	46	5.25
3.3.14	**股票市场指数** 支书的变化率	-29	47	8.23
2.2.12	**资本和财产税** 资本和财产税占GDP的百分比	2.58	38	1.57
1.2.07	**商品出口额** 商品出口额，10亿美元	1.92	49	115.59
1.4.07	**青年失业** 25岁以下失业人口占总失业人口比例	37.8	34	26.47
3.3.01	**银行部门的资产** 占GDP的比例	54.97	44	117.11
2.3.07	**汇率稳定度** 本币相对于特别提款权的汇兑年价变动	0.325	43	0.188
1.3.09	**证券投资资产** 10亿美元	0.67	33	26.1
2.4.19 （调查）	**外国投资者** 外国投资者可以自由在国内公司中取得控制力	5.4	47	7.66
2.3.02 （调查）	**资本成本** 贵国资本成本鼓励公司发展	2.09	46	5.26
2.3.05 （调查）	**中央银行政策** 中央银行政策对经济发展有积极影响	4.56	46	6.34
2.4.11 （调查）	**外国公司** 外国公司不被国内立法区别对待	7.16	42	8.02
2.4.20 （调查）	**外国金融机构** 外国金融机构可以进入本国市场	7.67	37	8.21
2.3.06 （调查）	**汇率政策** 贵国汇率政策支持公司的竞争力	5.21	35	5.95
3.3.17 （调查）	**内幕交易** 内幕交易在股票市场不普遍	4.93	33	5.59

冰岛

国内经济

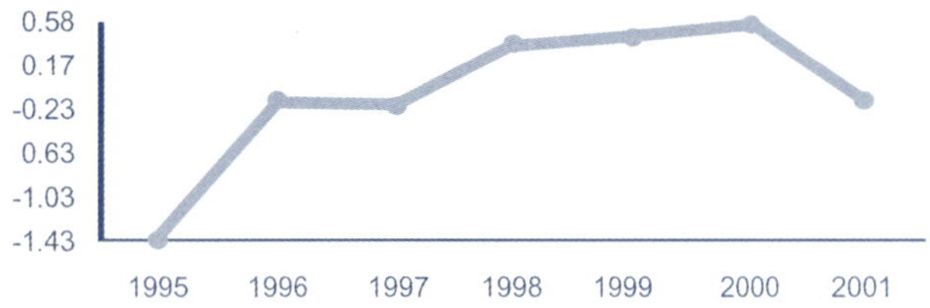

国际贸易

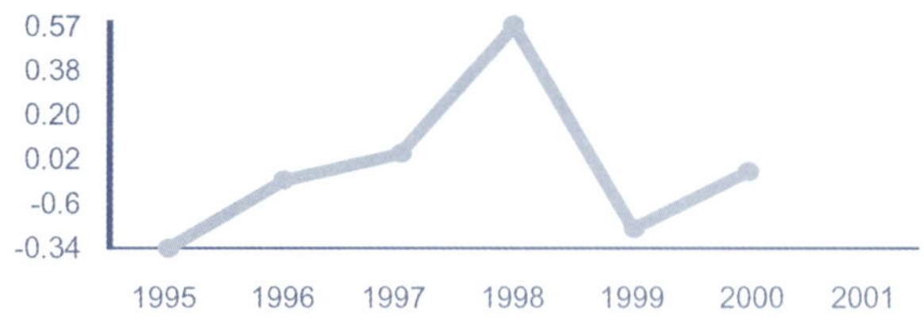

国际投资

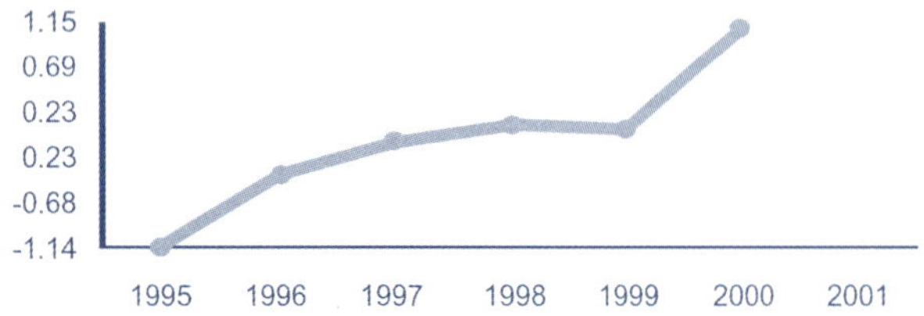

公共财政

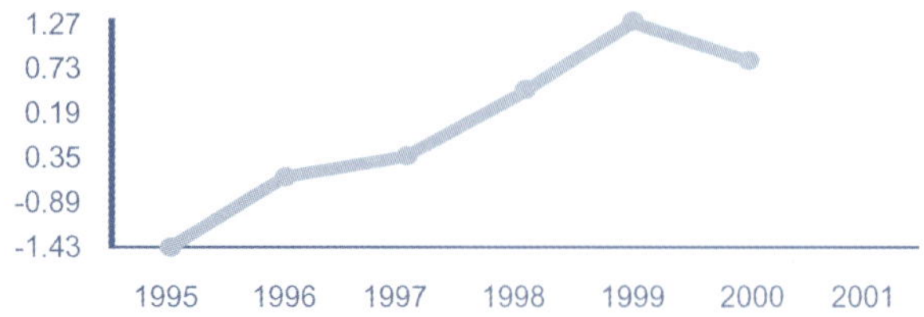

财政政策

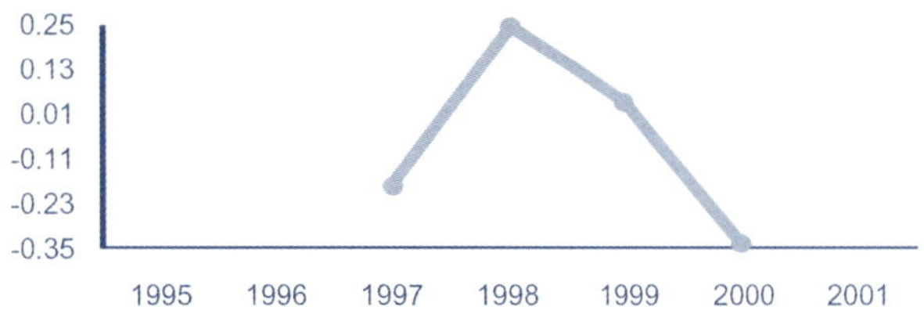

生产率

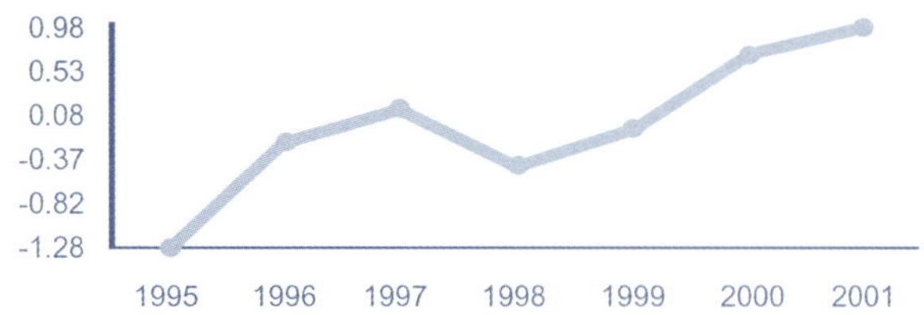

金融

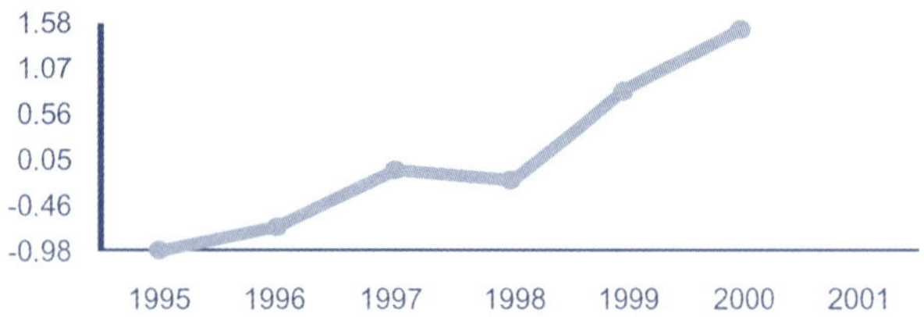

技术基础设施

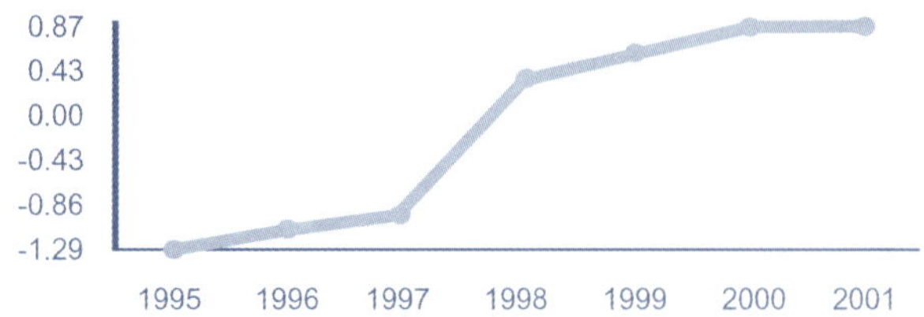

主要竞争力指标

人均国内生产总值

人均美元

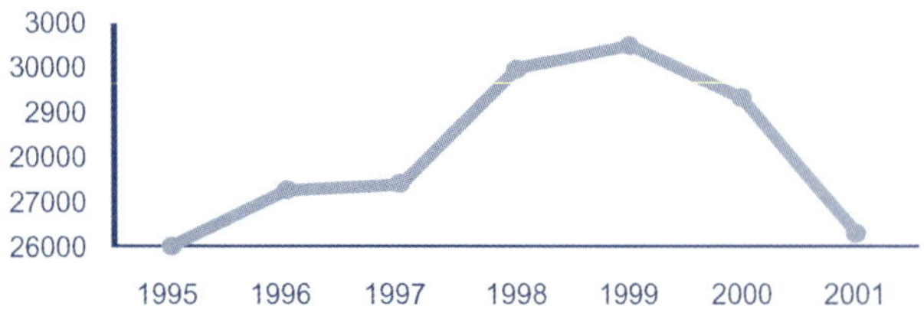

国内生产总值实际增长率

百分比变化，基于国家货币物价稳定

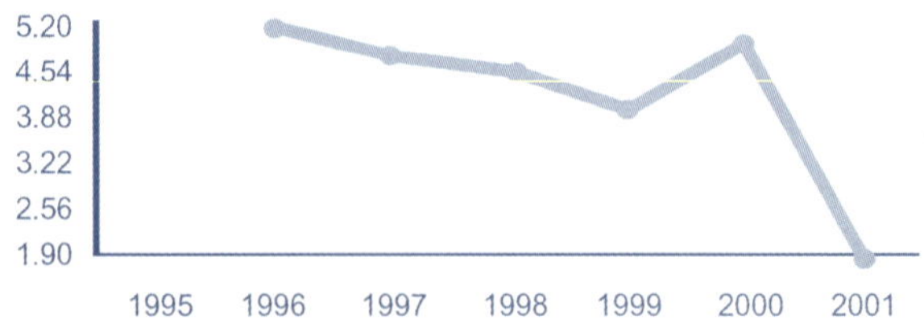

冰岛

个人最终消费支出
人均美元

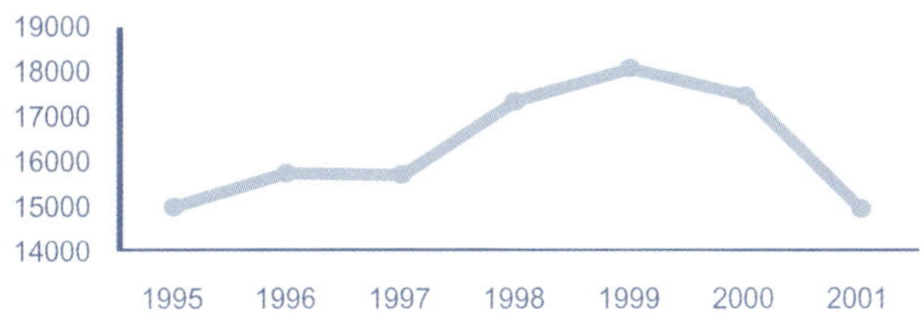

经常性项目差额
十亿美元（负号标志＝赤字）

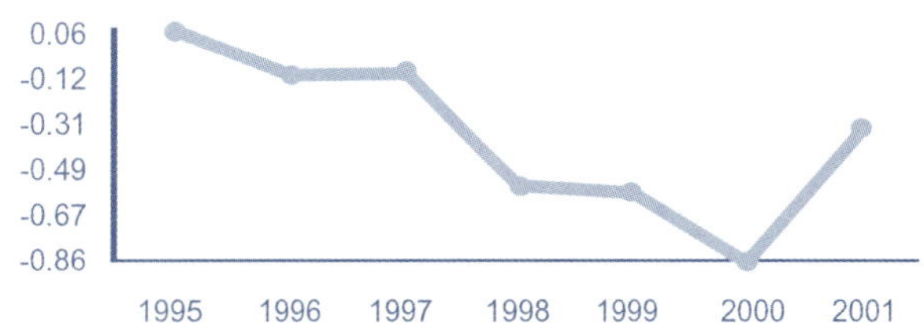

商品和商业劳务出口
十亿美元

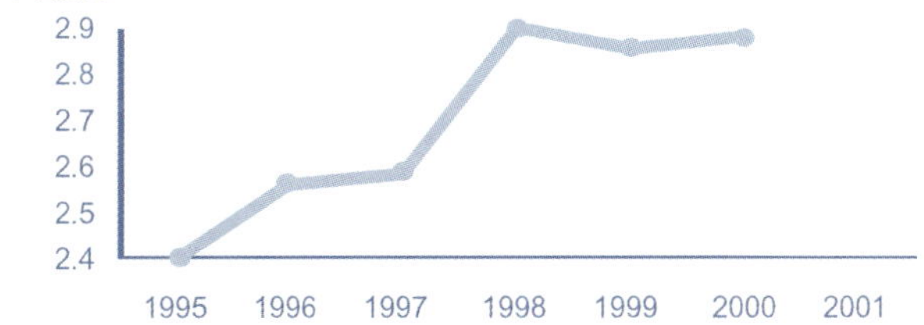

对外直接投资流量
十亿美元

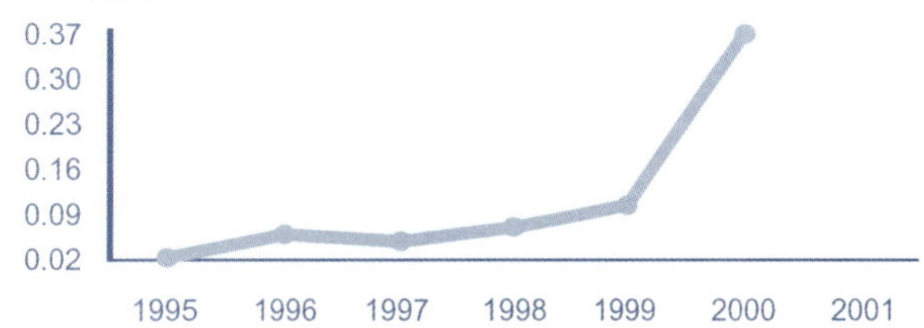

吸收直接投资流量
十亿美元

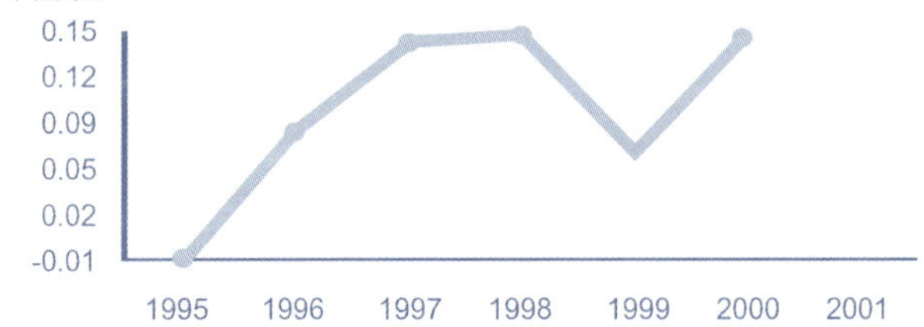

失业率
劳动力百分比

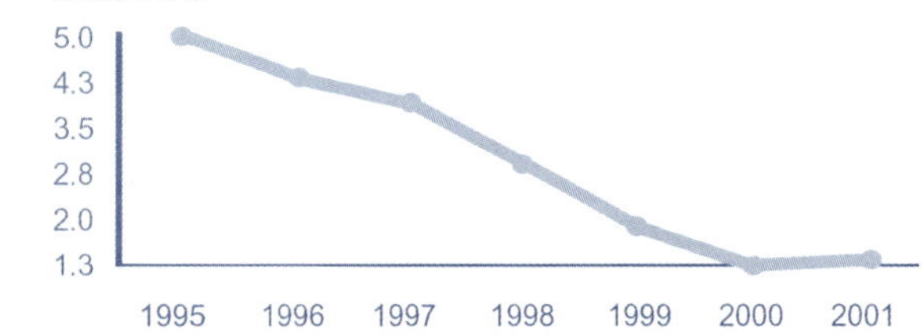

消费品价格增长率
年平均比率

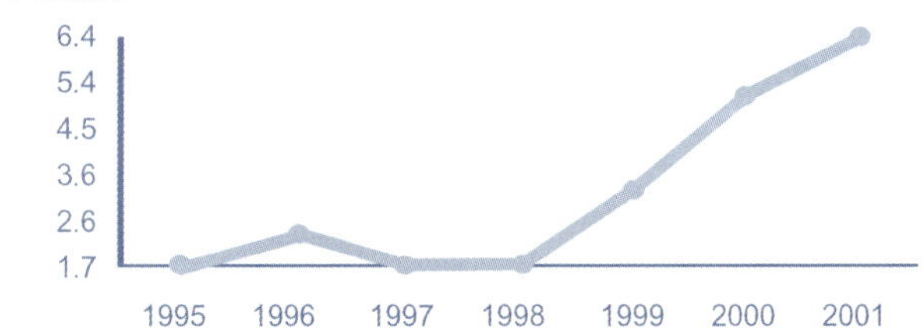

总体生产率
就业人员人均国内生产总值，美元

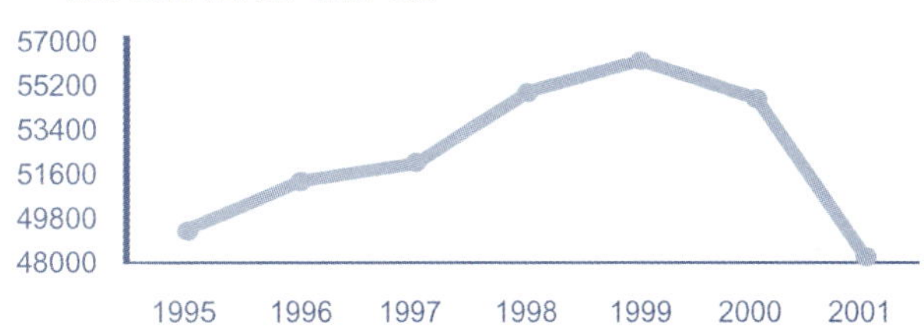

报酬水平
估计：制造工人的小时总补偿，美元

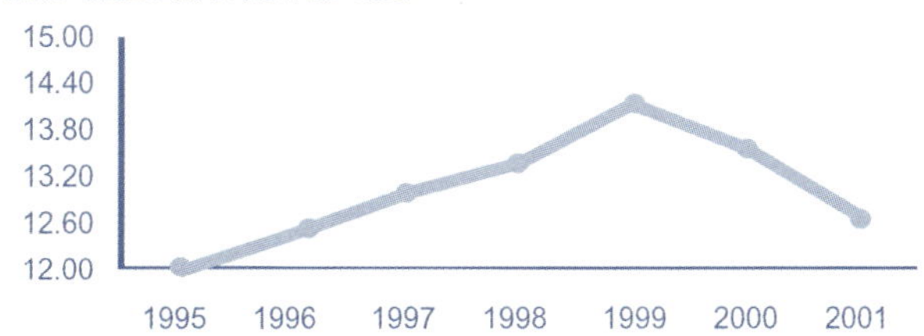

股票市场筹资额
十亿美元

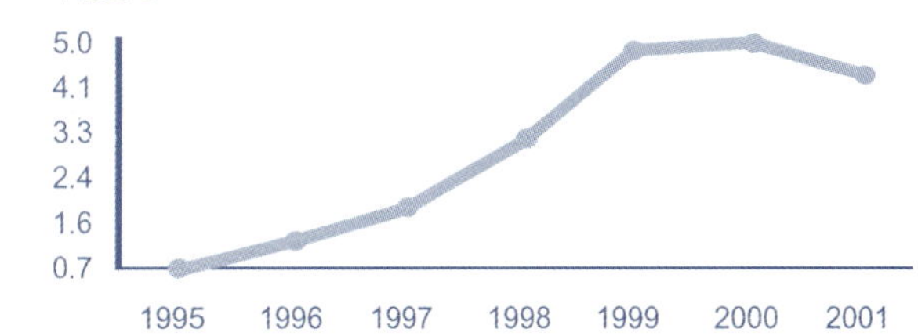

国内上市公司
上市公司的数量

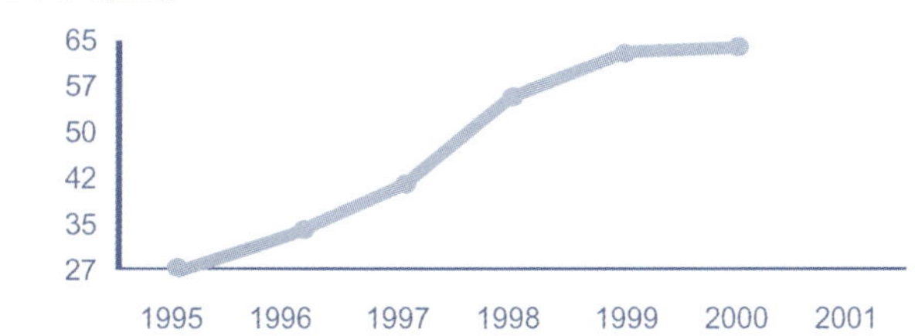

计算机
每1000人的计算机数量/来源：计算机工业年鉴

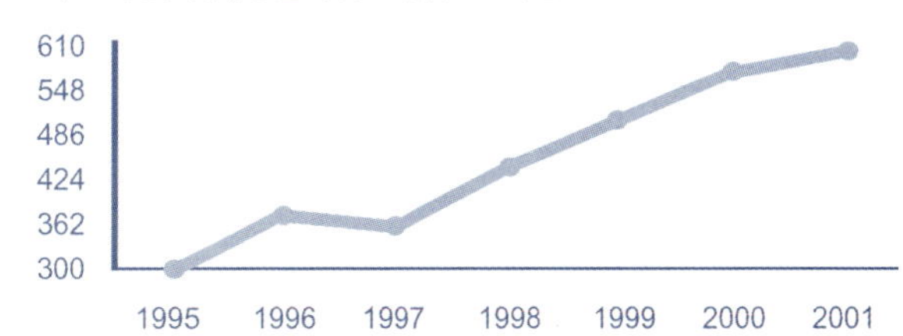

印度

国家竞争力的挑战，2002

- 基础设施薄弱.
- 生产率水平低下.
- 普遍贫困.
- 人力资源质量低.
- 公众财政的管理效率低.

提供者:

国家生产率理事会

总体表现

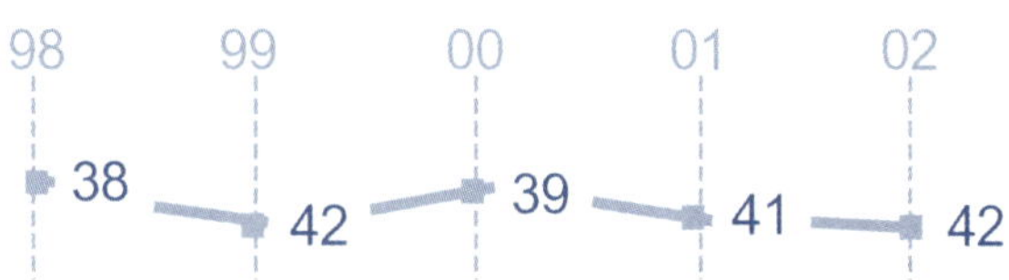

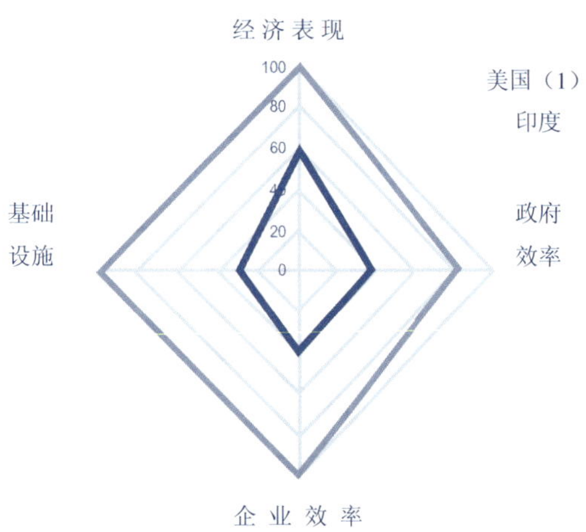

基本事实

首都	新德里
人口	1, 025. 3 (2001)
地域（平方千米）	3, 288. 0 (2000)
汇率（百分之一美元）	47. 19 (2001)
国内生产总值（十亿美元）	440. 9 (2001)
人均国内生产总值（美元）	430 (2001)
实际GDP增长率	4. 8 (2001)
消费品价格上涨	3. 7 (2001)
失业率	10. 50 (2000)
劳动力（百万）	443. 86 (2001)
经常性项目差额（十亿美元）	-3. 5 (2001)
直接投资	
吸收股票投资（十亿美元）	18. 97 (2000)
吸收流量（占GDP百分比）	0. 55 (2000)

印度

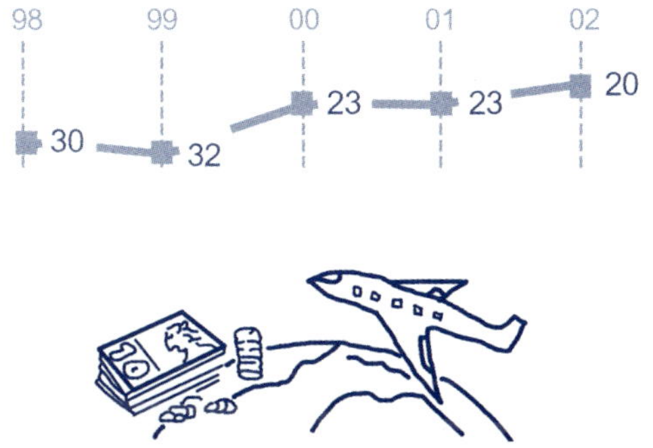

经　济　表　现

	2002
国内经济	24
国际贸易	30
国际投资	31
就　业	3
物　价	26

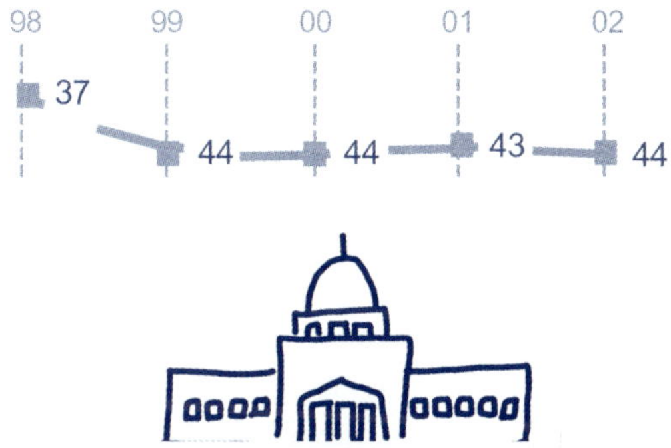

政　府　效　率

	2002
公共财政	45
财政政策	9
组织机构	36
企业法规	44
教　育	47

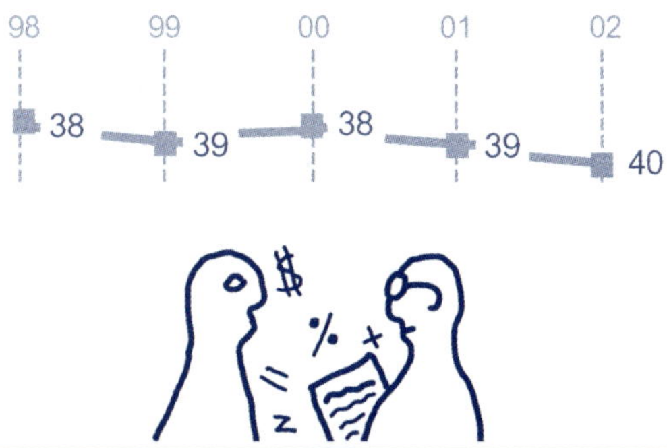

企　业　效　率

	2002
生产率	46
劳动力市场	28
金　融	31
管理实践	43
全球化影响	34

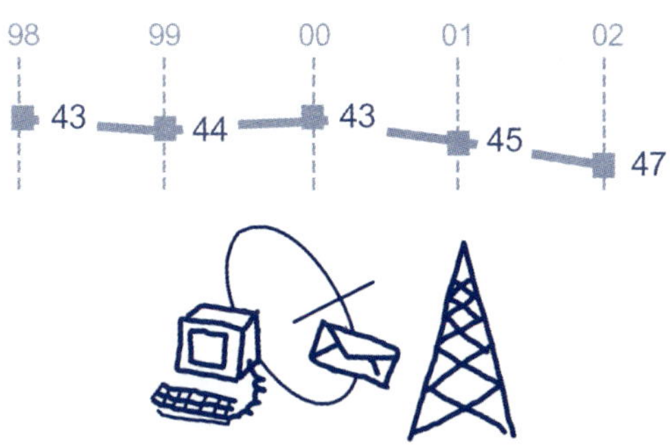

基　础　设　施

	2002
基本基础设施	48
技术基本基础设施	46
科学基本基础设施	31
健康与环境	49
价值系统	38

印度

这些指标是每类中最强的10个指标，这些类是通过对49个国家和地区平均的最大的价值差异来区分的。

1 经济表现

			排名
1.4.01	总就业人口	总就业人口（百万）	2
1.2.12	商业服务出口实际增长	按本地货币、不变价格计算的变化率	3
1.2.02	经常项目差额	经常项目差额占GDP的百分比	4
1.1.12	实际GDP增长率	按本地货币、不变价格计算的变化率	6
1.1.13	实际人均GDP增长率	按本地货币、不变价格计算的变化率	6
1.4.03	就业增长	变化率	6
1.2.19	贸易条件指数	出口单位价值比进口单位价值（1995=100）	11
1.1.01	国内生产总值（GDP）	按现行价格、汇率计算，10亿美元	12
1.3.04	对外直接投资存量实际增长率	按本地货币、不变价格计算的变化率	14
1.2.09	商品出口额实际增长率	按本地货币、不变价格计算的变化率	15

2 政府效率

2.2.02	个人收入税有效税率	占人均GDP的百分比	1
2.2.09	雇主的社会保障缴款率	强制缴款占人均GDP的比率	1
2.2.04	雇员社会保障缴款率	强制缴款占人均GDP的百分比	1
2.3.07	汇率稳定度	本币相对于特别提款权的汇兑年价变动	2
2.2.12	资本和财产税	资本和财产税占GDP的百分比	3
2.5.12	合格工程师	合格工程师在贵国劳动力市场上容易获得	7
2.2.06	实际个人税	实际个人税并不阻碍人们工作或者寻求发展	8
2.3.03	利率差	贷款利率减去存款利率	9
2.2.01	税收总收入	占GDP的百分比	10
2.1.10	国家总储备	包括黄金和官方储备（每盎司黄金=35个特别提款权）	10

3 企业效率

3.2.03	服务性职业报酬	年均总收入，包括附加薪水，例如额外薪金，美元	1
3.3.13	国内上市公司	国内上市公司数目	2
3.2.01	报酬水平	制造业工人每小时全部报酬，美元，估计值	4
3.2.04	经理报酬	全部底薪加上奖金和长期激励，美元	6
3.5.04	R&D设施的再分配	R&D设施的再分配不会威胁贵国经济的未来	6
3.1.03	综合生产率实际增长率	每个就业者实际GDP变化率，估计值	10
3.2.05	工作小时	每年的平均工作小时数	10
3.2.20	称职的高层管理人员	称职的高层管理人员在贵国劳动市场上易获得	13
3.2.15	熟练劳动力	熟练劳动力在贵国劳动市场上可获得性	13
3.2.16	金融人才	金融人才在贵国劳动市场上容易获得	18

4 基础设备

4.1.01	人口—市场规模	估计值，百万	2
4.3.14	科学和技术的兴趣	贵国青年具有浓厚的科学技术兴趣	5
4.2.14	信息技术人才	信息技术人才在贵国劳动市场上易获得	5
4.1.16	GDP和能源消耗	实际GDP增长率减去能源消耗增长率	5
4.3.06	全国所有研究与开发人员	千人全日约当单位	6
4.3.08	企业研究与开发人数	千人全日约当单位	8
4.3.13	学校内的科学	学校内的科学在贵国充分教育	9
4.3.12	科学论文	发表的科学和技术论文数（按作者的出生地）	15
4.2.08	在用计算机	占世界在用计算机总量的份额/来源：计算机行业年鉴	15
4.1.17	国内能源总产量	占所有能源需求（等价为石油吨数）的比例	16

印度

这些指标是每类中最弱的10个指标，这些类是通过对49个国家和地区平均的最大的价值差异来区分的。

1 经济表现			排名
1.1.23	人均GDP	估计值，按购买力平价计算的人均美元	49
1.1.22	人均GDP	人均美元	49
1.3.02	对外直接投资流量	对外直接投资流量占GDP的百分比	46
1.2.08	商品出口额	商品出口额占GDP的百分比	45
1.2.18	外贸依存度	（出口+进口）/（2×GDP）	45
1.3.06	吸引国外直接投资+流量	吸引国外直接投资流量占GDP的百分比	45
1.3.03	对外直接投资存量	10亿美元	42
1.3.07	吸引国外直接投资存量	10亿美元	42
1.3.01	对外直接投资流量	10亿美元	39
1.4.06	失业率	占劳动力比率	38

2 政府效率			
2.5.09	文盲率	成人（15岁以上）文盲占总人口比例	49
2.4.01	贵国参与区域贸易集团的程度	贵国参与区域贸易集团提供进入外国市场的途径	48
2.5.02	学生—教师比（初等教育）	学生与教师职员的比例	47
2.4.18	跨国经营风险	建立跨国界企业可以自由谈判	46
2.4.21	进入国内资本市场	外国公司进入国内资本市场不受限制	46
2.4.10	地下经济	地下经济不损害贵国的经济发展	46
2.4.13	劳动法规	劳动法规（雇/解雇惯例、最低工资等）足够灵活	46
2.1.08	利息支付额	占当前收入的百分比	45
2.5.03	学生—教师比（中等教育）	学生与教师职员的比例	45
2.4.02	海关职权	海关职权推动了商品的有效转口	45

3 企业效率			
3.1.01	综合生产率（购买力平价）	每个就业者人均GDP，美元	49
3.1.04	劳动生产率（购买力平价）	每雇员每小时的GDP，美元，估计值	49
3.3.04	发行的信用卡数目	每人	49
3.1.08	工业生产率（购买力平价）	每个工业雇员创造的相应GDP，美元，估计值	48
3.1.06	农业生产率（购买力平价）	每个农业劳动力创造的相应GDP，美元，估计值	47
3.2.13	女性劳动力	占全部劳动力的比例	46
3.4.01	适应性	贵国公司适应市场变化的能力很强	46
3.4.04	公司董事会	公司董事会确实合适地监督了公司的管理	46
3.4.02	伦理实践	伦理实践在公司中采用	46
3.4.06	消费者满意度	贵国重视消费者满意度	45

4 基础设备			
4.1.18	能源进口与商品出口	能源进口占商品出口的比例	49
4.2.03	国际电话费用	高峰期通往美国的每三分钟费用（对美国指通往欧洲）	49
4.4.01	健康总支出	占GDP的比例	49
4.1.11	水运	水运基础设施（港口、运河）满足企业需要	49
4.2.04	移动电话用户	每千户居民中的用户数	49
4.2.10	互联网用户数	每千人互联网用户人数/来源：计算机行业年鉴	49
4.2.09	人均计算机	每千人计算机数/来源：计算机行业年鉴	49
4.4.10	人文发展指数	经济、社会与教育的综合指数	48
4.1.15	能源基础设施	贵国能源基础设施充足有效	48
4.4.03	出生时的寿命期望	平均估计	48

印度

这一部分集锦了该国20个最强的指标，
这部分指标有着最高的标准化值（STD值）。
STD值＝（国家和地区的原始值－49个国家和地区平均值）/标准差

20个最强的指标

序号	名称	国家原始值	国家排名	49国家平均值
4.1.01	**人口—市场规模** 估计值，百万	1025.3	2	88.8
3.3.13	**国内上市公司** 国内上市公司数目	5937	2	795
1.4.01	**总就业人口** 总就业人口（百万）	402.51	2	40.89
2.2.02	**个人收入税有效税率** 占人均GDP的百分比	0	1	17.15
1.2.12	**商业服务出口实际增长** 按本地货币、不变价格计算的变化率	26.5	3	11.47
2.2.09	**雇主的社会保障缴款率** 强制缴款占人均GDP的比率	0	1	17.86
2.2.04	**雇员社会保障缴款率** 强制缴款占人均GDP的百分比	0	1	9.1
3.2.03	**服务性职业报酬** 年均总收入，包括附加薪水，例如额外薪金，美元	1	1	－0
2.2.01	**税收总收入** 占GDP的百分比	16.79	10	31.24
2.2.12	**资本和财产税** 资本和财产税占GDP的百分比	0.07	3	1.57
1.1.12	**实际GDP增长率** 按本地货币、不变价格计算的变化率	4.8	6	1.8
3.2.01	**报酬水平** 制造业工人每小时全部报酬，美元，估计值	0.78	4	9.16
4.1.16	**GDP和能源消耗** 实际GDP增长率减去能源消耗增长率	5.526	5	1.396
4.3.14 （调查）	**科学和技术的兴趣** 贵国青年具有浓厚的科学技术兴趣	7.02	5	5.39
4.2.14 （调查）	**信息技术人才** 信息技术人才在贵国劳动市场上易获得	8.72	5	7.1
2.5.12 （调查）	**合格工程师** 合格工程师在贵国劳动力市场上容易获得	8.21	7	6.86
3.5.04 （调查）	**R&D设施的再分配** R&D设施的再分配不会威胁贵国经济的未来	5.94	6	5.06
4.3.13 （调查）	**学校内的科学** 学校内的科学在贵国充分教育	6.55	9	5.19
2.2.06 （调查）	**实际个人税** 实际个人税并不阻碍人们工作或者寻求发展	6.08	8	4.81
3.2.20 （调查）	**称职的高层管理人员** 称职的高层管理人员在贵国劳动市场上易获得	7.17	13	6.31

印度

如　　果？

竞争力模拟研究帮助政策制定者将注意力和优先次序放在他们国家或地区面临的关键竞争力上。我们用49个国家或地区的平均值代替这些最弱的指标值，从而计算这个国家或地区的总体排名。然而，这只是一个理论方式，不应视为政策的建议。还必须考虑各个国家或地区的发展水平、政治体制和社会值系统

	从		到
模拟排名变化	42	→	34

20个最弱的指标

序号	名称	国家原始值	国家排名	49国家平均值
2.5.09	**文盲率** 成人（15岁以上）文盲占总人口比例	37.5	49	4.8
4.4.10	**人文发展指数** 经济、社会与教育的综合指数	0.571	48	0.835
2.5.02	**学生一教师比（初等教育）** 学生与教师职员的比例	43	47	19.49
4.4.01	**健康总支出** 占GDP的比例	0.1	49	6.7
4.4.03	**出生时的寿命期望** 平均估计	61.3	48	74.5
3.2.13	**女性劳动力** 占全部劳动力的比例	30.98	46	40.42
2.1.08	**利息支付额** 占当前收入的百分比	36.38	45	12.39
4.4.05	**医疗帮助** 每个医生负担的居民人数/每个护士负担的居民人数	-2	43	0
2.5.03	**学生一教师比（中等教育）** 学生与教师职员的比例	31	45	16.99
3.1.01	**综合生产率（购买力平价）** 每个就业者人均GDP，美元	6237	49	41680
4.1.04	**赡养率** 15岁以下和64岁以上的人口总量除以15岁-64岁之间人口总量	62.1	46	50.8
3.1.04	**劳动生产率（购买力平价）** 每雇员每小时的GDP，美元，估计值	2.97	49	22.41
3.1.08	**工业生产率（购买力平价）** 每个工业雇员创造的相应GDP，美元，估计值	14033	48	46005
4.1.15 （调查）	**能源基础设施** 贵国能源基础设施充足有效	2.21	48	6.52
2.4.01 （调查）	**贵国参与区域贸易集团的程度** 贵国参与区域贸易集团提供进入外国市场的途径	3.84	48	6.47
2.4.18 （调查）	**跨国经营风险** 建立跨国界企业可以自由谈判	5.98	46	7.84
2.4.21 （调查）	**进入国内资本市场** 外国公司进入国内资本市场不受限制	6.21	46	8.09
2.4.02 （调查）	**海关职权** 海关职权推动了商品的有效转口	3.52	45	6.3
4.1.05 （调查）	**维护和发展** 基础设施的维护和发展得到充分的计划和资助	2.29	48	5.27
2.4.20 （调查）	**外国金融机构** 外国金融机构可以进入本国市场	6.87	45	8.21

印度

国内经济

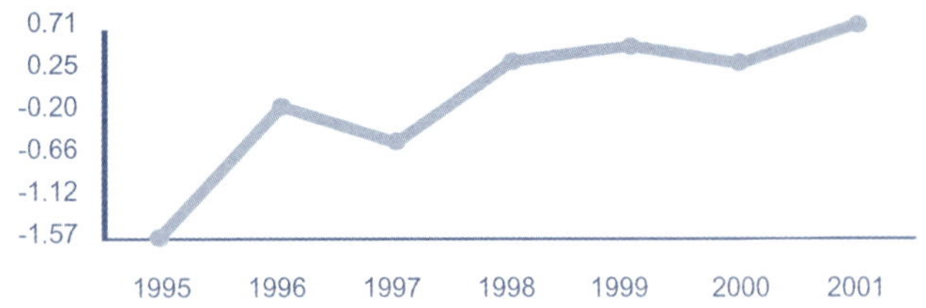

国际贸易

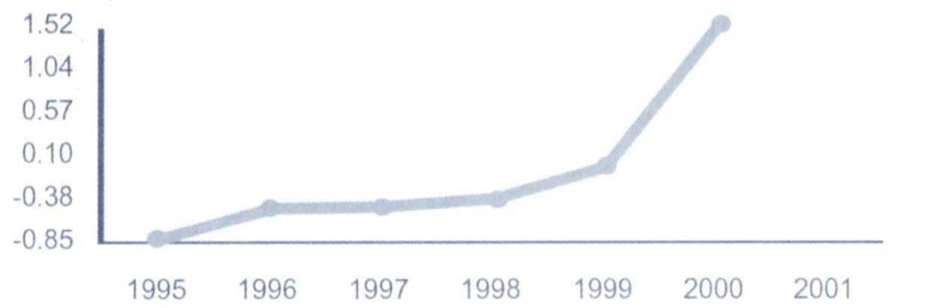

国际投资

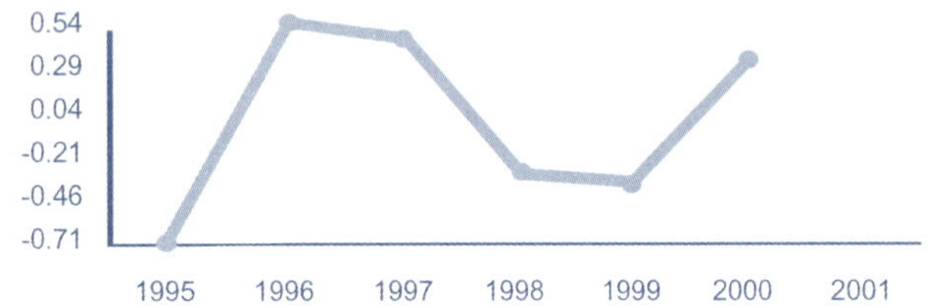

公共财政

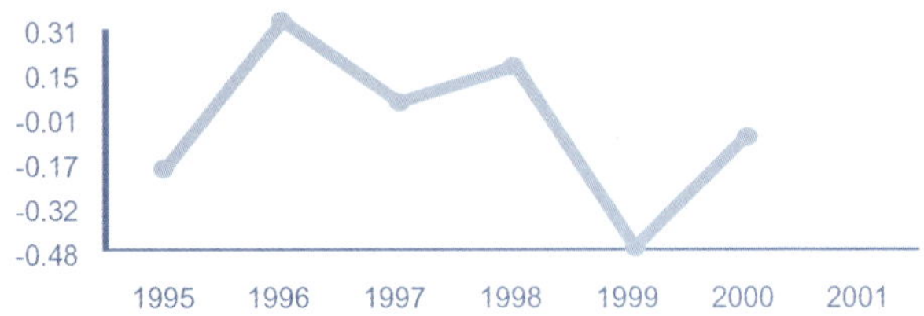

财政政策

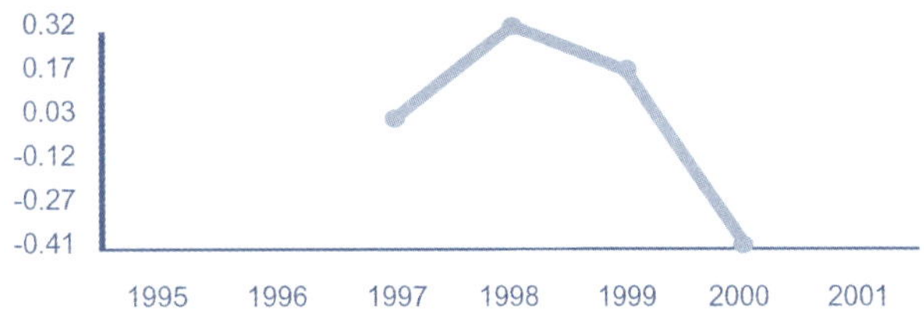

生产率

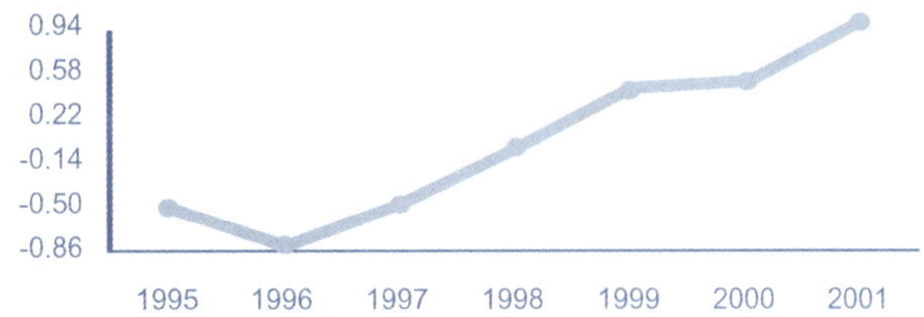

金融

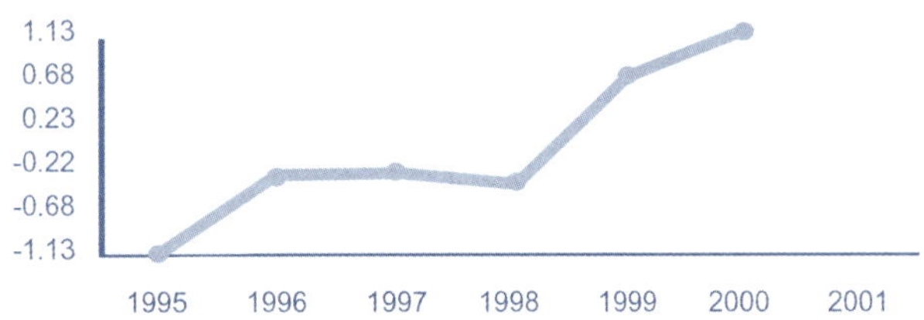

技术基础设施

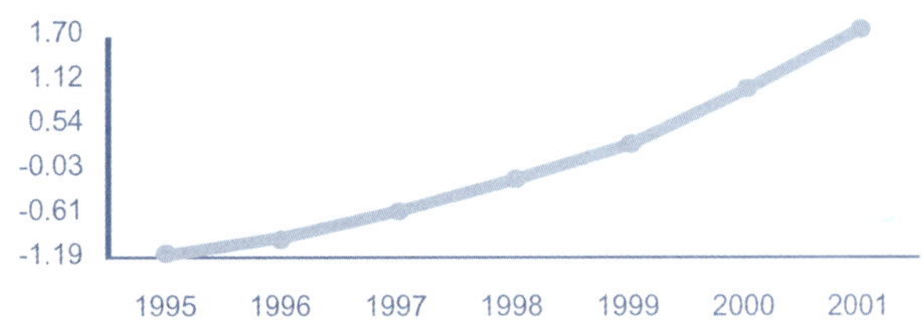

主要竞争力指标

人均国内生产总值

人均美元

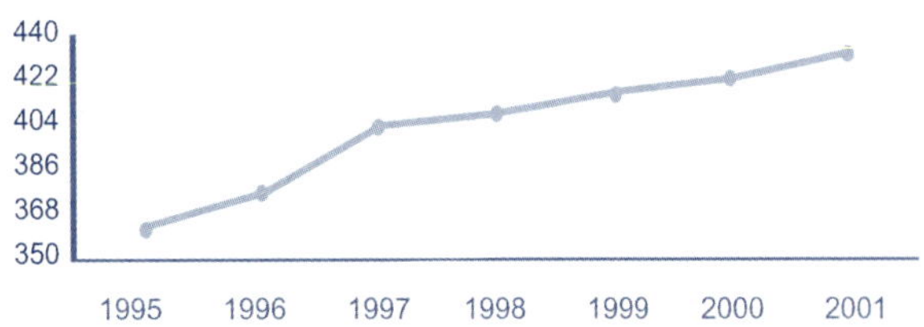

国内生产总值实际增长率

百分比变化，基于国家货币物价稳定

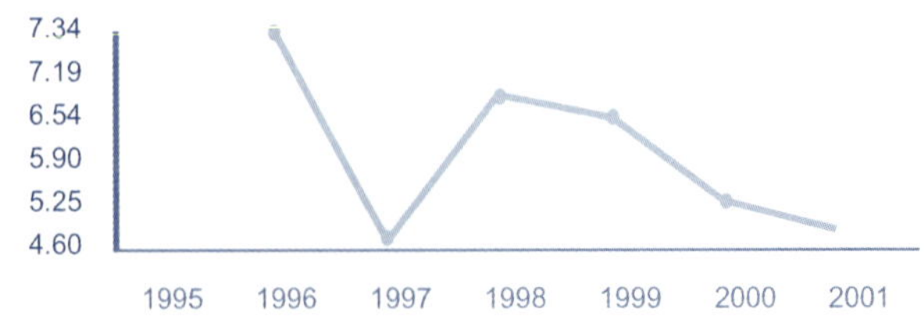

印度

个人最终消费支出
人均美元

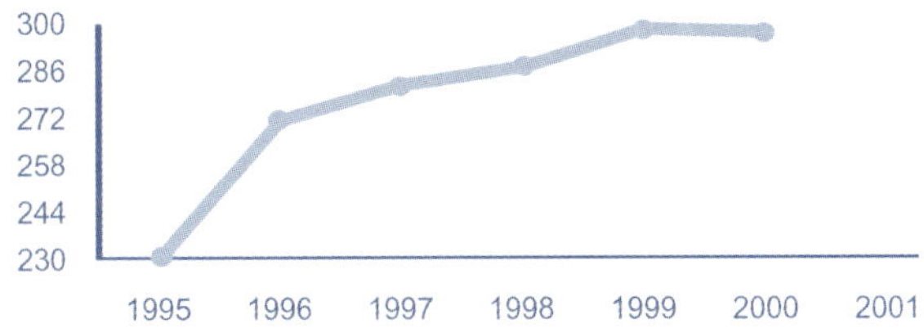

经常性项目差额
十亿美元（负号标志＝赤字）

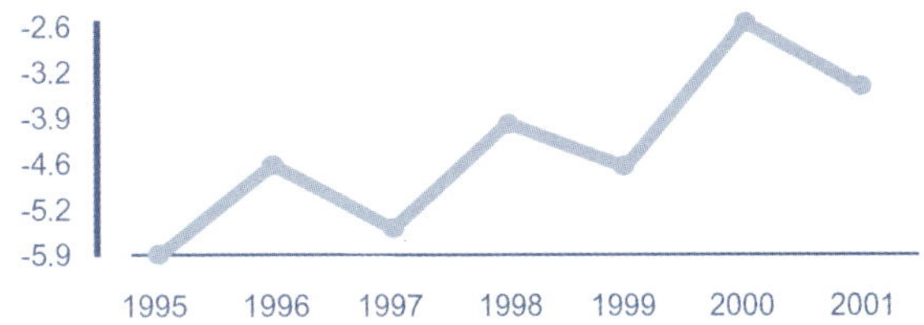

商品和商业劳务出口
十亿美元

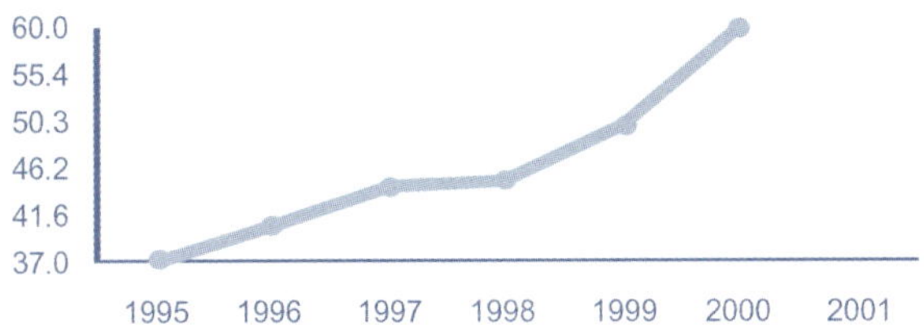

对外直接投资流量
十亿美元

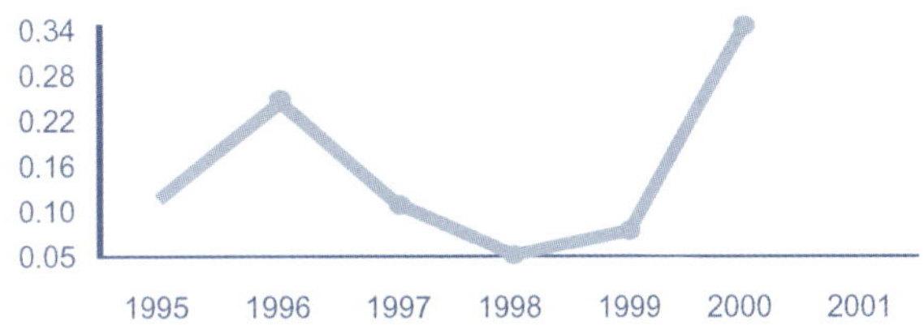

吸收直接投资流量
十亿美元

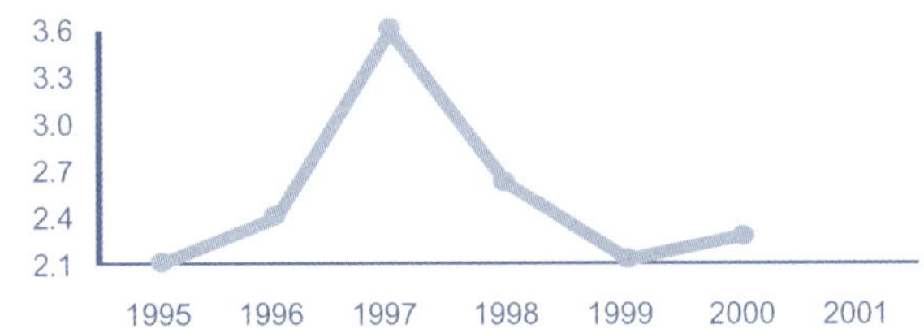

失业率
劳动力百分比

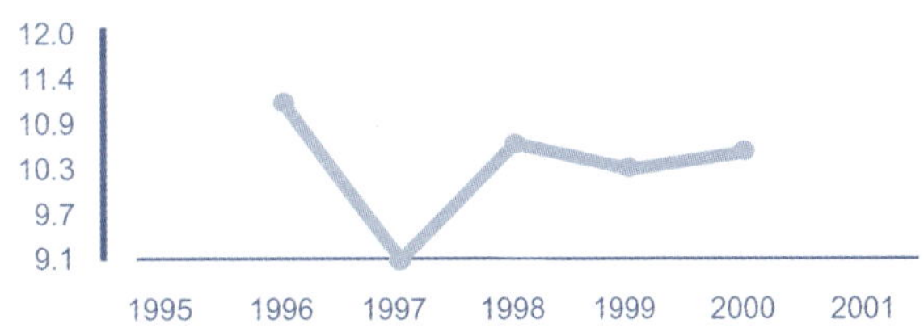

消费品价格增长率
年平均比率

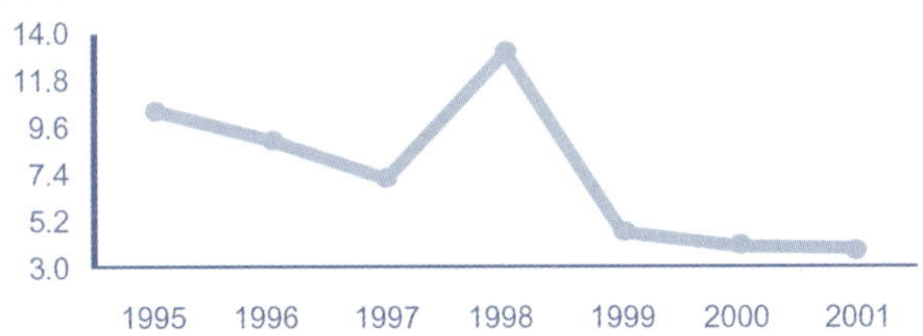

总体生产率
就业人员人均国内生产总值，美元

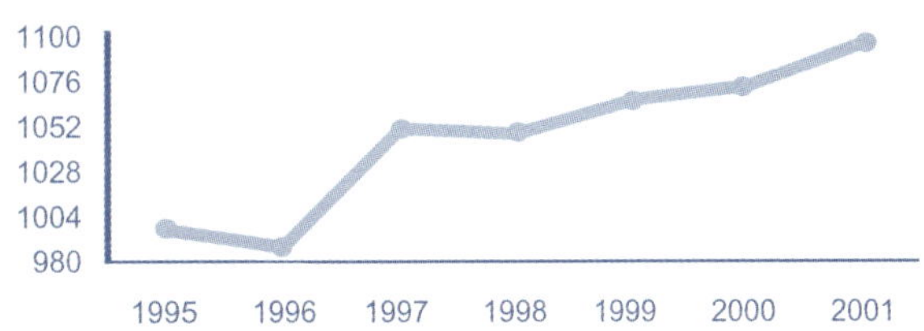

报酬水平
估计：制造工人的小时总补偿，美元

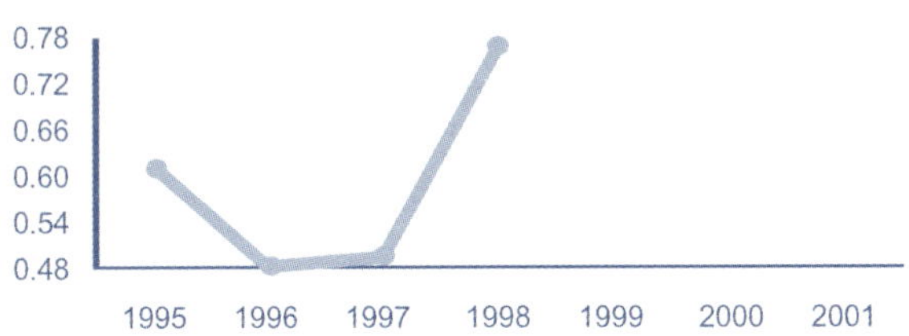

股票市场筹资额
十亿美元

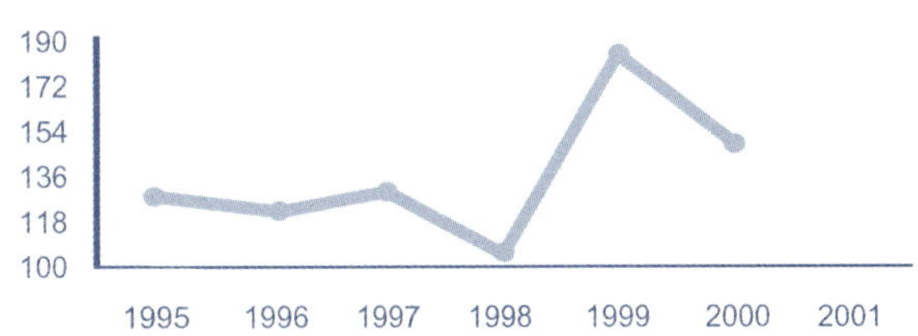

国内上市公司
上市公司的数量

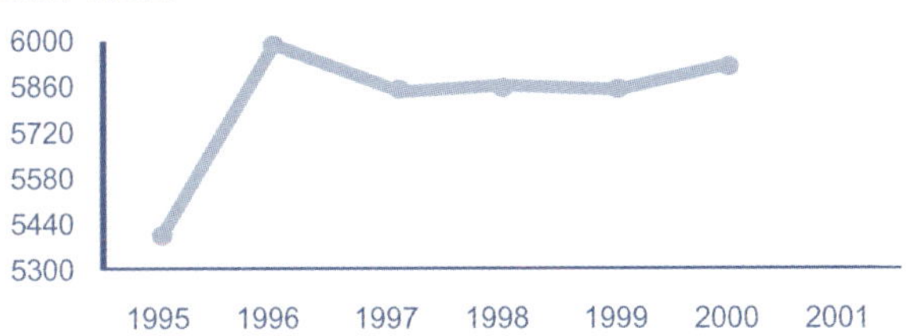

计算机
每1000人的计算机数量/来源：计算机工业年鉴

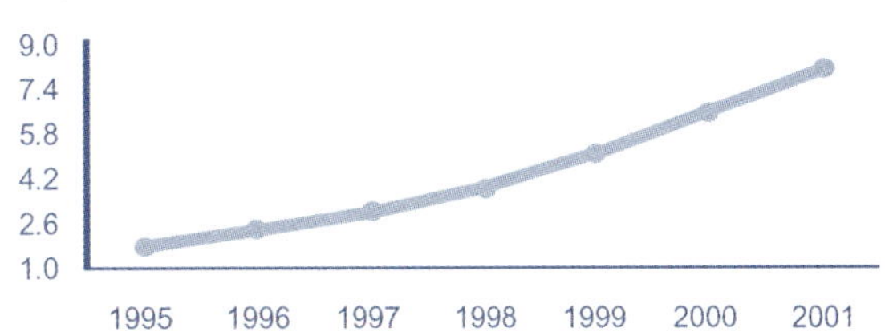

印度尼西亚

国家竞争力的挑战，2002

- 应对政治不稳定.
- 增加国外直接投资.
- 减少劳动纠纷
- 提高人力资源的质量.
- 继续推行新的区域自治.

提供者:

政策与国际研究中心

总体表现

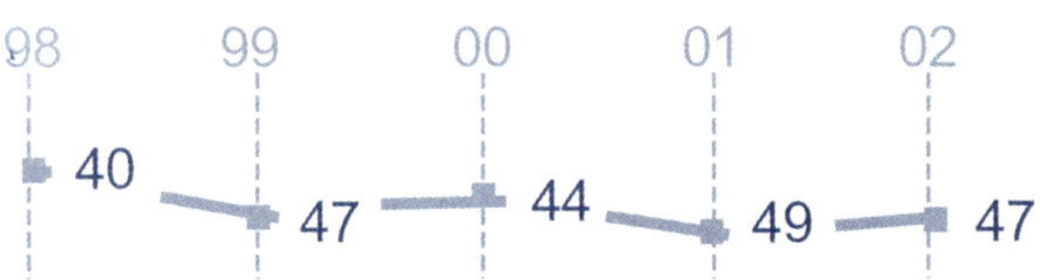

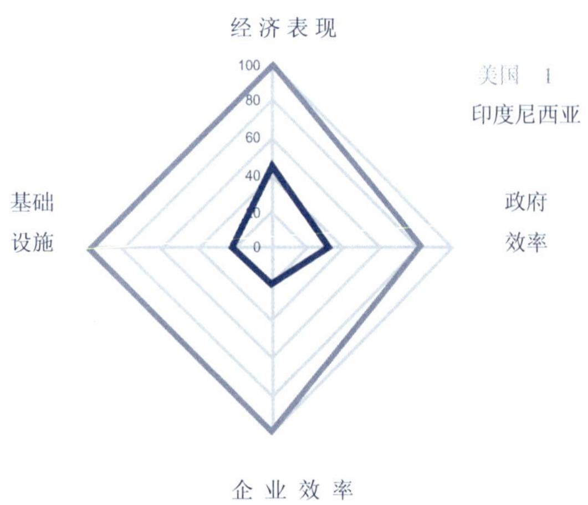

基本事实

首都	雅加达
人口	213.6（2001）
地域（平方千米）	1,905.0（2000）
汇率（百分之一美元）	10,260.90（2001）
国内生产总值（十亿美元）	130.3（2001）
人均国内生产总值（美元）	610（2001）
实际GDP增长率	3.3（2001）
消费品价格上涨	12.6（2001）
失业率	6.14（2000）
劳动力（百万）	95.65（2000）
经常性项目差额（十亿美元）	1.8（2001）
直接投资	
吸收股票投资（十亿美元）	60.64（2000）
吸收流量（占GDP百分比）	-3.01（2000）

印度尼西亚

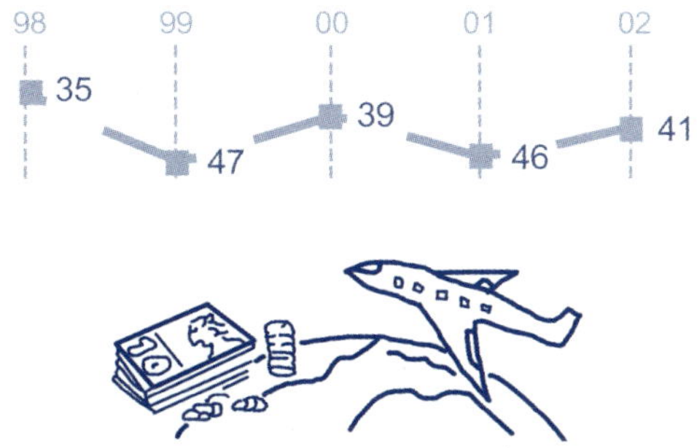

经 济 表 现

	2002
国内经济	45
国际贸易	42
国际投资	48
就　业	19
物　价	34

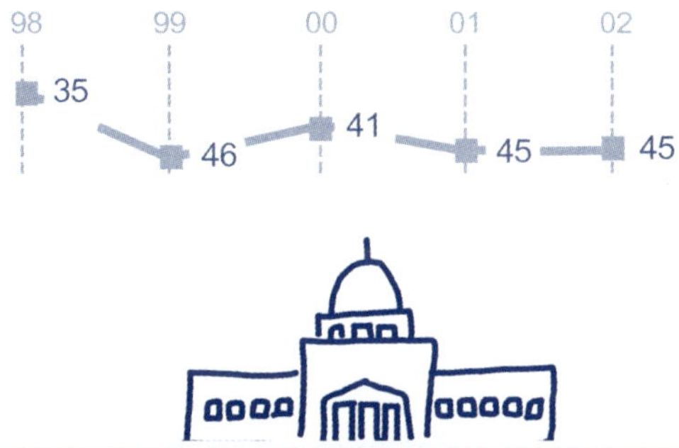

政 府 效 率

	2002
公共财政	35
财政政策	8
组织机构	47
企业法规	45
教　育	49

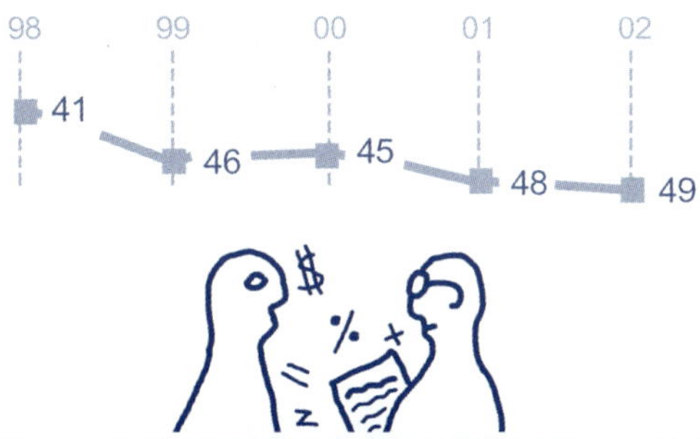

企 业 效 率

	2002
生产率	48
劳动力市场	43
金　融	48
管理实践	47
全球化影响	48

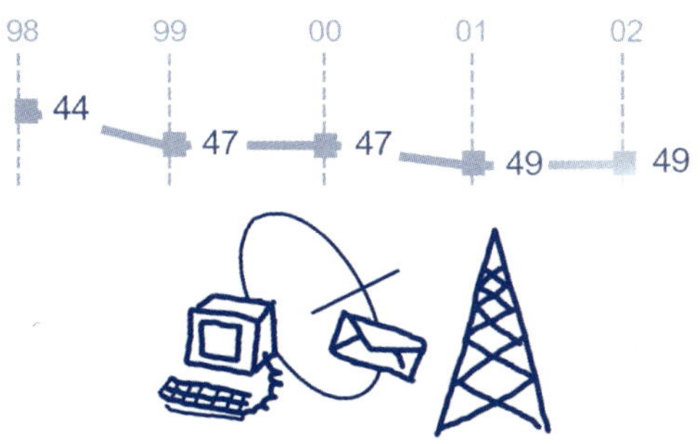

基 础 设 施

	2002
基本基础设施	47
技术基本基础设施	49
科学基本基础设施	38
健康与环境	48
价值系统	49

印度尼西亚

这些指标是每类中最强的10个指标，这些类是通过对49个国家和地区平均的最大的价值差异来区分的。

1 经济表现

			排名
1.4.01	总就业人口	总就业人口（百万）	4
1.5.02	生活费指数	主要城市不包括住房的各种货物支出指数（纽约=100）	11
1.1.12	实际GDP增长率	按本地货币、不变价格计算的变化率	12
1.1.02	国内生产总值（PPP）	估计值：按购买力平价计算，10亿美元	15
1.2.08	商品出口额	商品出口额占GDP的百分比	16
1.3.07	吸引国外直接投资存量	10亿美元	19
1.4.03	就业增长	变化率	22
1.2.01	经常项目差额	经常项目差额，10亿美元（负号为逆差）	23
1.2.02	经常项目差额	经常项目差额占GDP的百分比	23
1.4.06	失业率	占劳动力比率	24

2 政府效率

2.2.12	资本和财产税	资本和财产税占GDP的百分比	2
2.2.02	个人收入税有效税率	占人均GDP的百分比	3
2.1.07	中央政府总负债实际增长率	按本地货币、不变价格计算的变化率	3
2.1.04	中央政府国内负债	占GDP的百分比	4
2.2.13	间接税	商品和服务税占GDP的比重	5
2.2.09	雇主的社会保障缴款率	强制缴款占人均GDP的比率	8
2.2.01	税收总收入	占GDP的百分比	9
2.2.04	雇员社会保障缴款率	强制缴款占人均GDP的百分比	9
2.3.03	利率差	贷款利率减去存款利率	12
2.2.07	对利润征收的平均公司税率	占税前利润的百分比	17

3 企业效率

3.2.01	报酬水平	制造业工人每小时全部报酬，美元，估计值	1
3.2.03	服务性职业报酬	年均总收入，包括附加薪水，例如额外薪金，美元	2
3.2.04	经理报酬	全部底薪加上奖金和长期激励，美元	4
3.2.02	制造业部门单位劳动成本	制造业部门单位劳动成本变化率	5
3.2.05	工作小时	每年的平均工作小时数	14
3.3.14	股票市场指数	支书的变化率	23
3.2.08	产业纠纷	每千个居民年均因纠纷损失的工作日	25
3.3.13	国内上市公司	国内上市公司数目	25
3.3.01	银行部门的资产	占GDP的比例	28
3.2.18	外国高素质人员	外国高素质人员被贵国企业环境所吸引	30

4 基础设施

4.2.05	移动电话费用	高峰期每三分钟费用，美元	1
4.1.01	人口—市场规模	估计值，百万	4
4.1.20	工业用户的电力成本	美元/千瓦	5
4.1.17	国内能源总产量	占所有能源需求（等价为石油吨数）的比例	6
4.1.19	非能源原材料自给	人均贸易收支差额，美元	16
4.1.18	能源进口与商品出口	能源进口占商品出口的比例	31
4.4.14	二氧化碳排放量	GDP的每百万美元中由工业过程排放的二氧化碳（吨）	37
4.1.08	空运	主要公司运载的乘客数	29
4.3.01	所有研究与开发支出	百万美元	45
4.2.01	对电信的投资	年平均占GDP的百分比	27

印度尼西亚

这些指标是每类中最弱的10个指标，这些类是通过对49个国家和地区平均的最大的价值差异来区分的。

1 经济表现

			排名
1.3.08	吸引国外直接投资存量实际增长	按本地货币、不变价格计算的变化率	48
1.1.23	人均GDP	估计值，按购买力平价计算的人均美元	48
1.1.22	人均GDP	人均美元	48
1.3.06	吸引国外直接投资+流量	吸引国外直接投资流量占GDP的百分比	48
1.3.05	吸引国外直接投资流量	10亿美元	48
1.5.01	消费品价格上涨	年平均比率	46
1.1.21	经济的弹性	经济体对于经济周期的弹性强	45
1.3.10	证券投资负债	10亿美元	45
1.2.12	商业服务出口实际增长	按本地货币、不变价格计算的变化率	44
1.3.02	对外直接投资流量	对外直接投资流量占GDP的百分比	44

2 政府效率

2.3.04	国家信用评级	由《机构投资者杂志》杂志按百分制评分	49
2.4.11	外国公司	外国公司不被国内立法区别对待	49
2.5.01	全部公共教育支出	全部公共教育支出占GDP的比例	48
2.4.09	价格控制	价格控制没有影响多数产业的产品定价	48
2.4.16	金融机构法规	金融机构法规对于金融稳定性是足够的	48
2.5.08	大学教育	大学教育满足有竞争力的社会的需要	48
2.3.08	关于政策方向的一致性	政府中政策方向的一致性很高	48
2.3.13	政治团体	政治团体确实理解目前的经济挑战	48
2.1.06	中央政府国外负债	占GDP的百分比	47
2.5.12	合格工程师	合格工程师在贵国劳动力市场上容易获得	47

3 企业效率

3.5.01	全球化	全球化没有威胁贵国经济	49
3.2.06	劳资关系	劳资关系有利于生产	49
3.5.03	生产的再分配	国外的生产再分配没有威胁到贵国经济的未来	49
3.4.02	伦理实践	伦理实践在公司中采用	49
3.3.17	内幕交易	内幕交易在股票市场不普遍	49
3.4.03	管理人员的信誉	管理人员在经济中可信性被广泛认可	48
3.4.01	适应性	贵国公司适应市场变化的能力很强	48
3.1.10	服务业生产率（购买力平价）	每个服务业雇员创造的相应GDP，美元，估计值	48
3.1.01	综合生产率（购买力平价）	每个就业者人均GDP，美元	48
3.1.04	劳动生产率（购买力平价）	每雇员每小时的GDP，美元，估计值	48

4 基础设施

4.3.20	专利权和版权保护	专利和版权在贵国得到了充分保护	49
4.2.06	通信的充分性	通信在贵国普遍比较充分	49
4.2.20	数据安全性	贵国数据安全性有保障	49
4.4.17	污染问题	污染问题并没有严重影响贵国基础设施	49
4.2.02	固定电话数	每千户居民中的主要干线数	49
4.2.14	信息技术人才	信息技术人才在贵国劳动市场上易获得	48
4.5.09	社会的价值	社会价值支持竞争力	48
4.2.04	移动电话用户	每千户居民中的用户数	48
4.1.16	GDP和能源消耗	实际GDP增长率减去能源消耗增长率	48
4.2.03	国际电话费用	高峰期通往美国的每三分钟费用（对美国指通往欧洲）	47

印度尼西亚

这一部分集锦了该国20个最强的指标，
这部分指标有着最高的标准化值（STD值）。
STD值＝（国家和地区的原始值－49个国家和地区平均值）/标准差

20个最强的指标

序号	名称	国家原始值	国家排名	49国家平均值
2.2.13	**间接税** 商品和服务税占GDP的比重	5	5	10.45
2.2.02	**个人收入税有效税率** 占人均GDP的百分比	2.29	3	17.15
2.1.07	**中央政府总负债实际增长率** 按本地货币、不变价格计算的变化率	-21.8	3	2.91
3.2.03	**服务性职业报酬** 年均总收入，包括附加薪水，例如额外薪金，美元	1	2	-0
2.2.01	**税收总收入** 占GDP的百分比	16.51	9	31.24
4.1.20	**工业用户的电力成本** 美元/千瓦	0.027	5	0.056
3.2.01	**报酬水平** 制造业工人每小时全部报酬，美元，估计值	0.14	1	9.16
2.2.12	**资本和财产税** 资本和财产税占GDP的百分比	0.06	2	1.57
2.1.04	**中央政府国内负债** 占GDP的百分比	0.6	4	33.2
3.2.04	**经理报酬** 全部底薪加上奖金和长期激励，美元	1	4	0
2.2.04	**雇员社会保障缴款率** 强制缴款占人均GDP的百分比	1.99	9	9.1
2.2.09	**雇主的社会保障缴款率** 强制缴款占人均GDP的比率	4.28	8	17.86
4.2.05	**移动电话费用** 高峰期每三分钟费用，美元	0.17	1	0.42
2.4.15 （调查）	**移民法** 移民法不禁止本国公司雇用外国劳动力	5.74	28	5.82
2.4.22 （调查）	**进入国外资本市场** 国内公司进入国外资本市场不受限制	7.61	34	7.76
2.2.06 （调查）	**实际个人税** 实际个人税并不阻碍人们工作或者寻求发展	4.43	28	4.81
3.4.08 （调查）	**公司的设立** 贵国设立公司很普遍	6.43	33	6.75
3.2.18 （调查）	**外国高素质人员** 外国高素质人员被贵国企业环境所吸引	4.74	30	5.29
2.4.12 （调查）	**新企业** 新企业在贵国容易建立	5.83	30	6.36
2.4.13 （调查）	**劳动法规** 劳动法规（雇/解雇惯例、最低工资等）足够灵活	3.96	29	4.68

印度尼西亚

如 果？

竞争力模拟研究帮助政策制定者将注意力和优先次序放在他们国家或地区面临的关键竞争力上。我们用49个国家或地区的平均值代替这些最弱的指标值，从而计算这个国家或地区的总体排名。然而，这只是一个理论方式，不应视为政策的建议。还必须考虑各个国家或地区的发展水平、政治体制和社会值系统

	从		到
模拟排名变化	47	→	45

20个最弱的指标

序号	名称	国家原始值	国家排名	49国家平均值
4.4.05	**医疗帮助** 每个医生负担的居民人数/每个护士负担的居民人数	-3	46	0
2.5.01	**全部公共教育支出** 全部公共教育支出占GDP的比例	0.1	48	5.1
2.1.06	**中央政府国外负债** 占GDP的百分比	44.207	47	12.214
2.3.04	**国家信用评级** 由《机构投资者杂志》杂志按百分制评分	21.6	49	67.8
4.4.01	**健康总支出** 占GDP的比例	0.5	47	6.7
4.4.10	**人文发展指数** 经济、社会与教育的综合指数	0.677	47	0.835
2.4.06	**政府补贴** 对私人和公共企业的补贴占GDP比重	3.58	46	1.19
2.5.04	**中等学校入学人数** 接受全日制教育的相关年龄组所占比例	56	44	81.6
3.1.10	**服务业生产率（购买力平价）** 每个服务业雇员创造的相应GDP，美元，估计值	7312	48	42358
3.1.01	**综合生产率（购买力平价）** 每个就业者人均GDP，美元	7286	48	41680
4.1.16	**GDP和能源消耗** 实际GDP增长率减去能源消耗增长率	-4.663	48	1.396
4.4.03	**出生时的寿命期望** 平均估计	65.4	47	74.5
3.1.04	**劳动生产率（购买力平价）** 每雇员每小时的GDP，美元，估计值	3.53	48	22.41
3.5.01 （调查）	**全球化** 全球化没有威胁贵国经济	2.83	49	5.88
3.2.06 （调查）	**劳资关系** 劳资关系有利于生产	3.32	49	6.22
3.5.03 （调查）	**生产的再分配** 国外的生产再分配没有威胁到贵国经济的未来	2.48	49	4.87
4.3.20 （调查）	**专利权和版权保护** 专利和版权在贵国得到了充分保护	2.52	49	6.42
2.4.11 （调查）	**外国公司** 外国公司不被国内立法区别对待	6.13	49	8.02
3.4.02 （调查）	**伦理实践** 伦理实践在公司中采用	3.11	49	6
4.2.14 （调查）	**信息技术人才** 信息技术人才在贵国劳动市场上易获得	4.8	48	7.1

印度尼西亚

国内经济

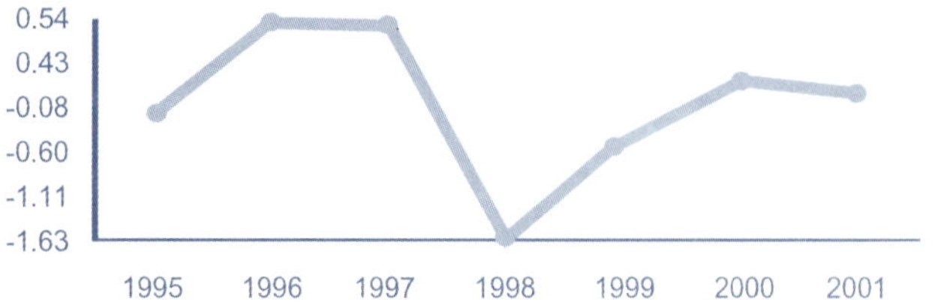

国际贸易

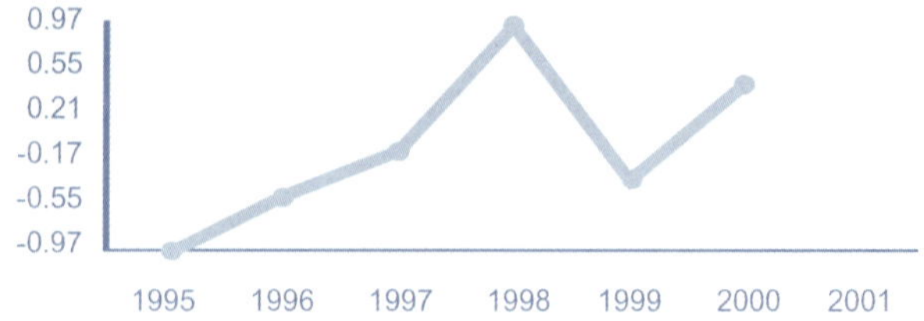

国际投资

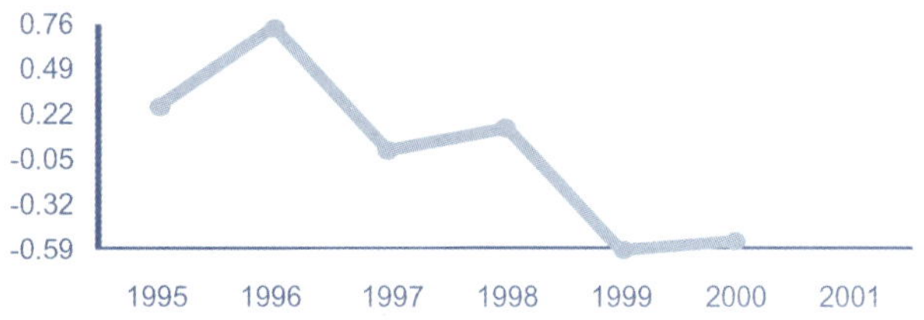

公共财政

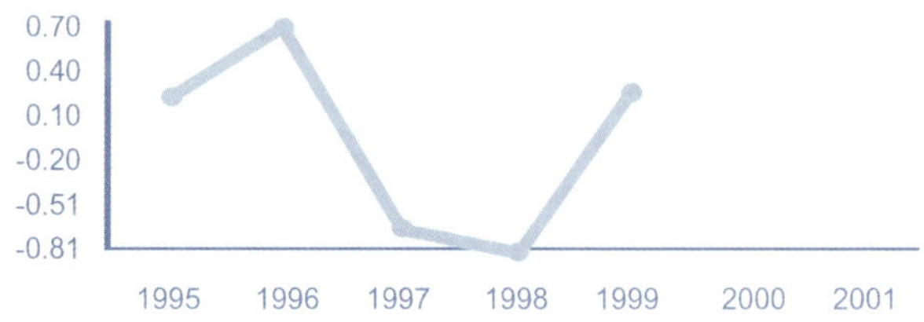

财政政策

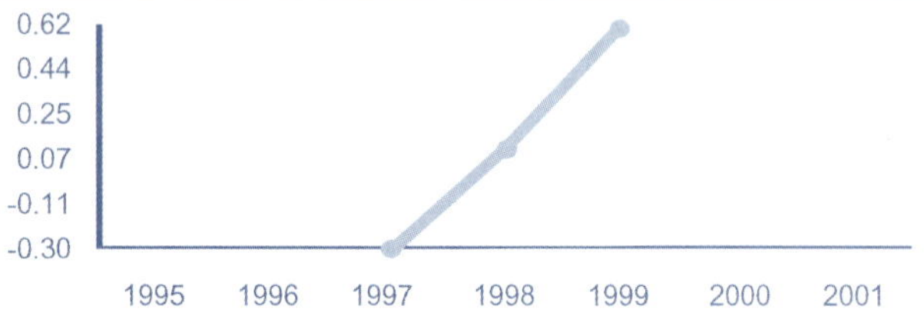

生产率

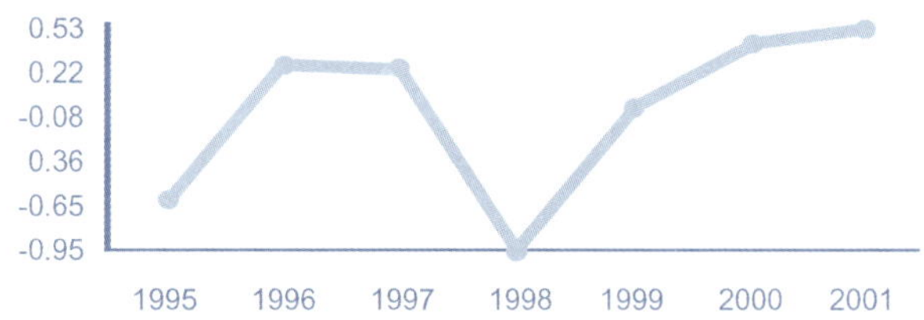

金融

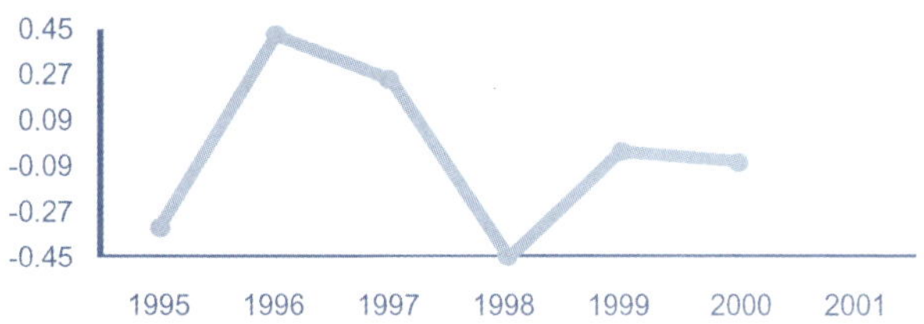

技术基础设施

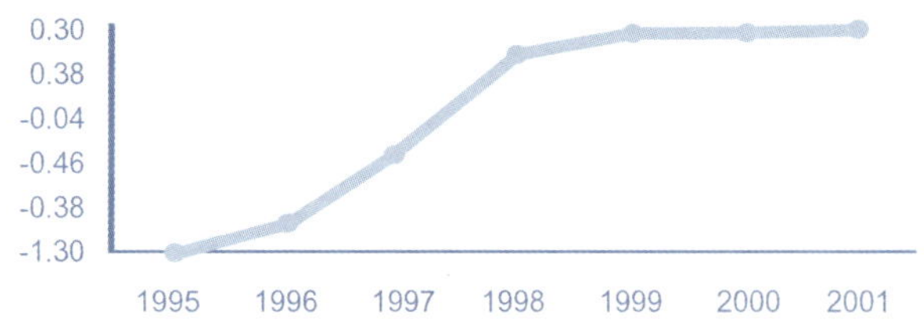

主要竞争力指标

人均国内生产总值

人均美元

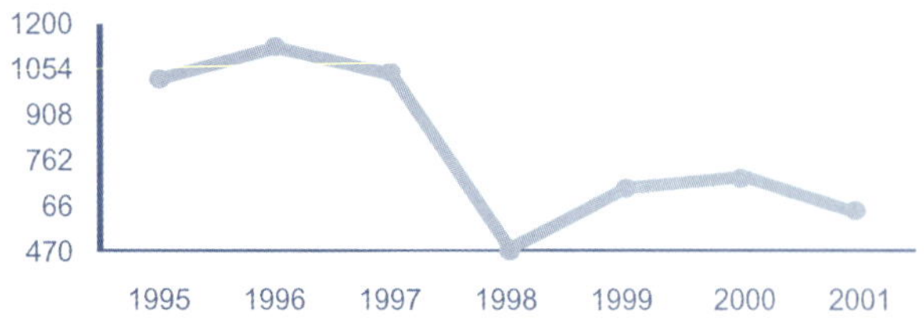

国内生产总值实际增长率

百分比变化，基于国家货币物价稳定

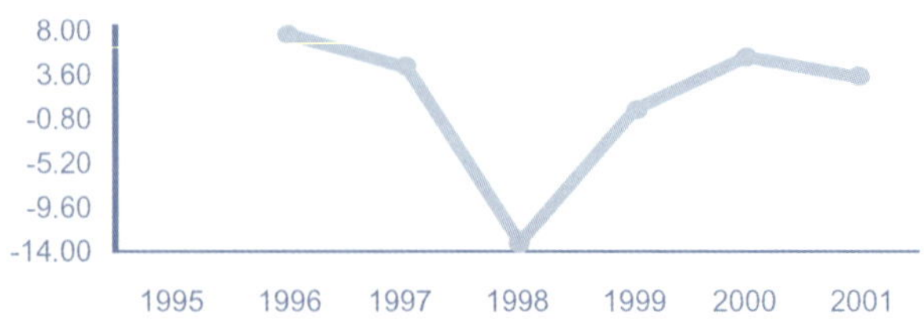

印度尼西亚

个人最终消费支出
人均美元

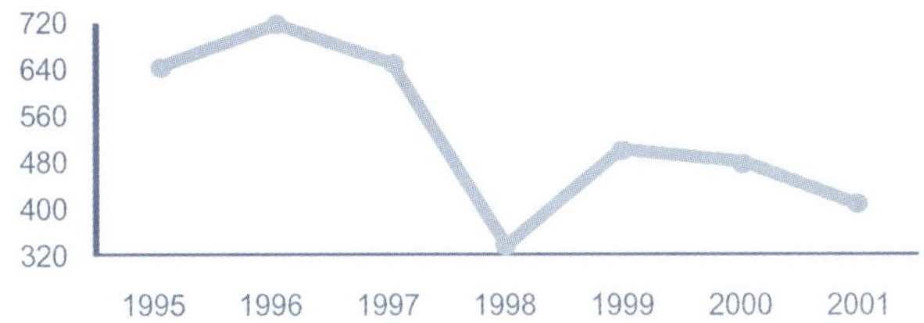

经常性项目差额
十亿美元（负号标志=赤字）

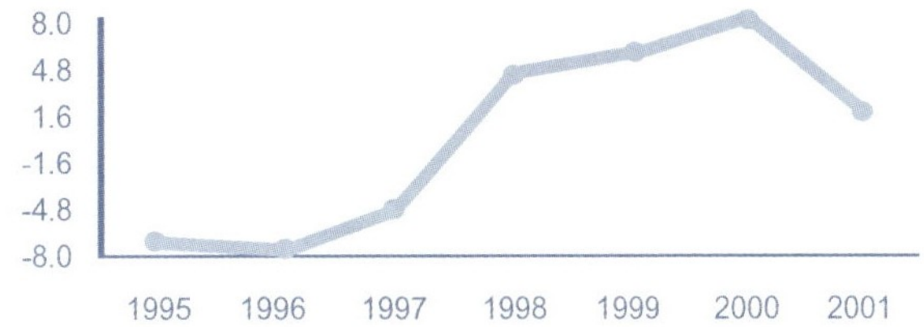

商品和商业劳务出口
十亿美元

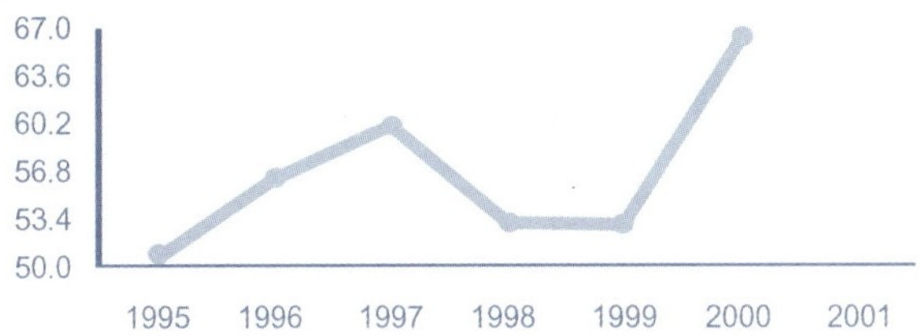

对外直接投资流量
十亿美元

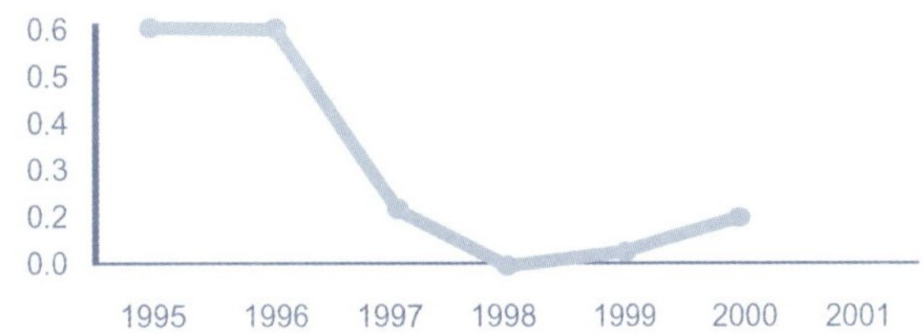

吸收直接投资流量
十亿美元

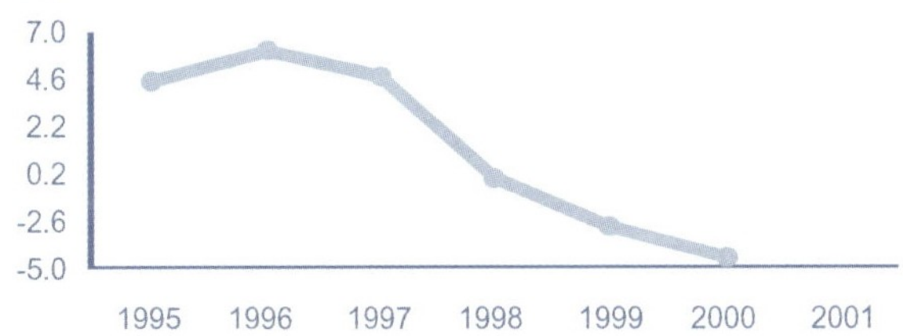

失业率
劳动力百分比

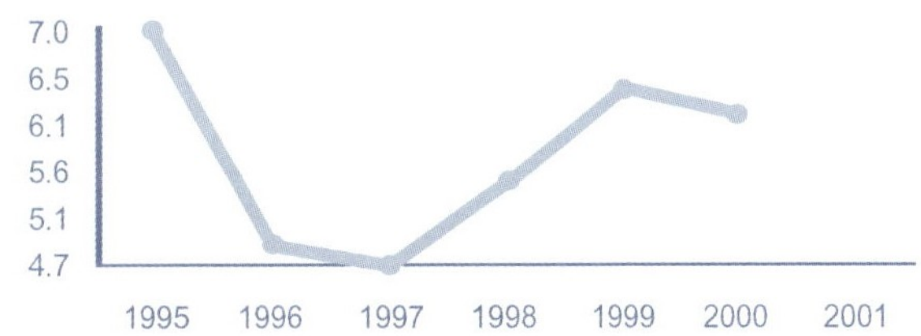

消费品价格增长率
年平均比率

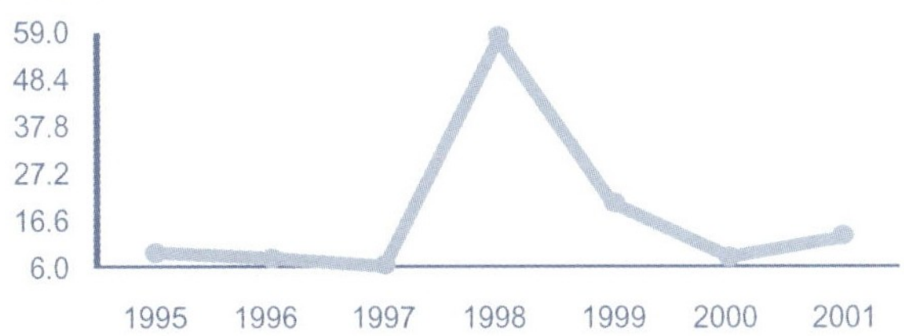

总体生产率
就业人员人均国内生产总值，美元

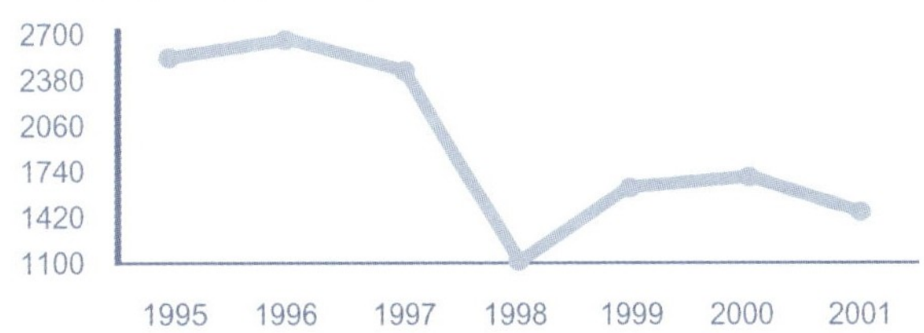

报酬水平
估计：制造工人的小时总补偿，美元

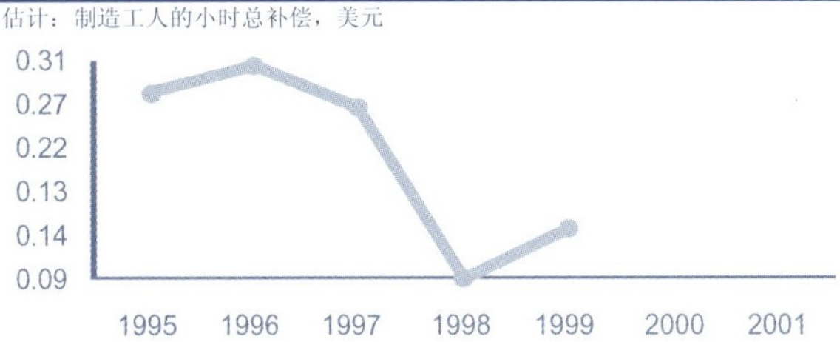

股票市场筹资额
十亿美元

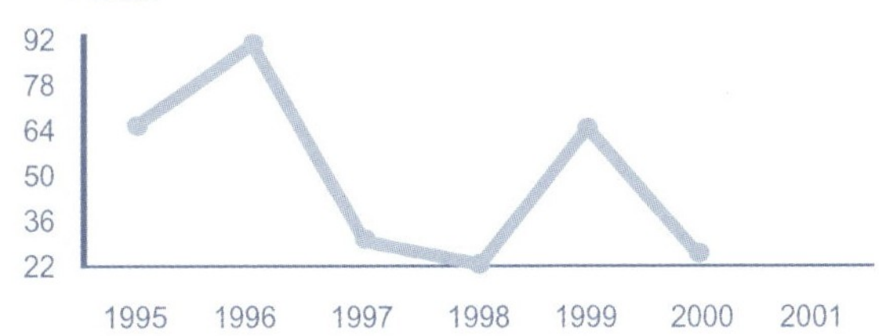

国内上市公司
上市公司的数量

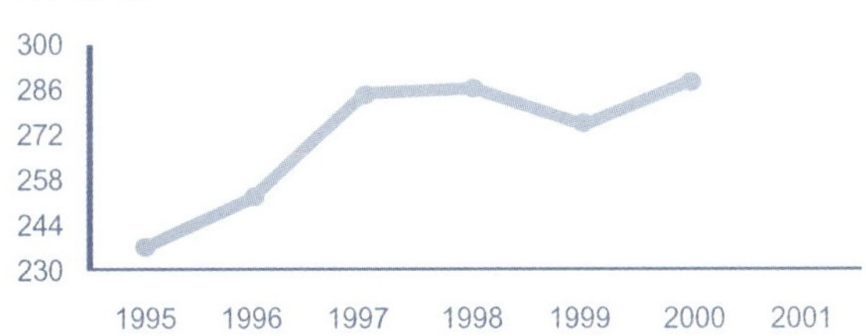

计算机
每1000人的计算机数量/来源：计算机工业年鉴

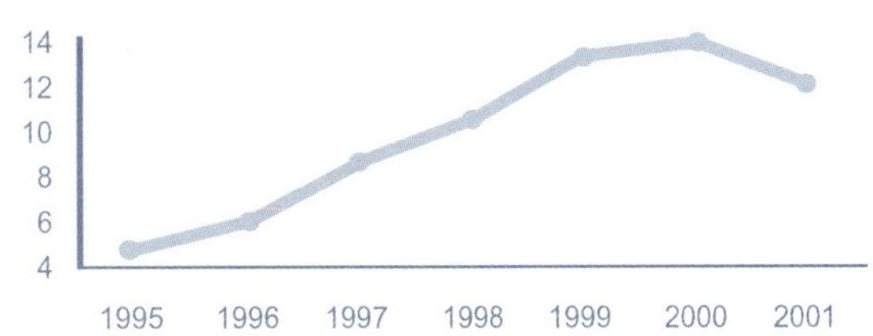

爱尔兰

总体表现

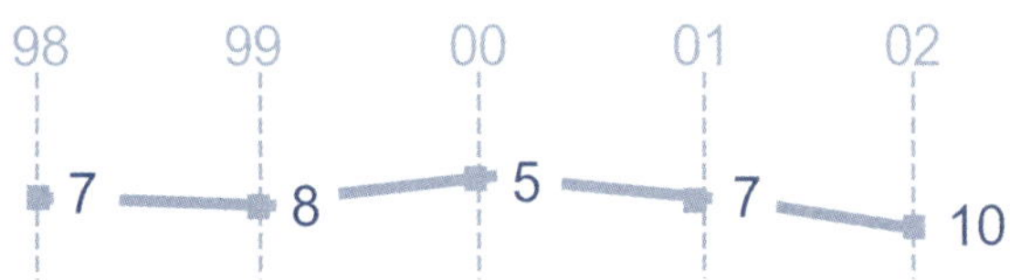

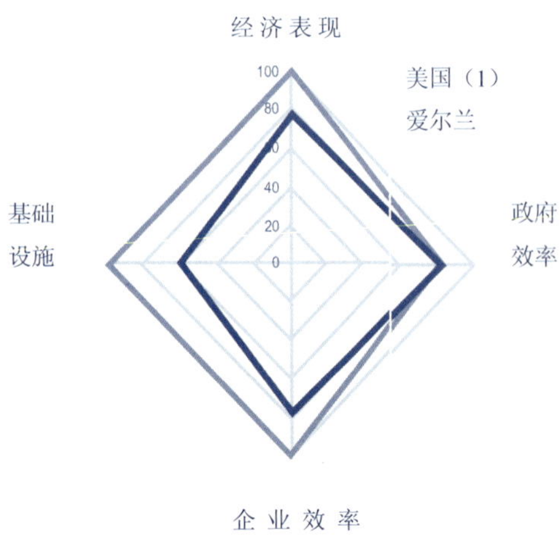

基本事实

首都	都柏林是
人口	3.8（2001）
地域（平方千米）	70.0（2000）
汇率（百分之一美元）	0.88（2001）
国内生产总值（十亿美元）	105.2（2001）
人均国内生产总值（美元）	27,464（2001）
实际GDP增长率	5.0（2001）
消费品价格上涨	4.9（2001）
失业率	4.20（2001）
劳动力（百万）	1.81（2001）
经常性项目差额（十亿美元）	-1.8（2001）
直接投资	
吸收股票投资（十亿美元）	59.35（2000）
吸收流量（占GDP百分比）	24.26（2000）

爱尔兰

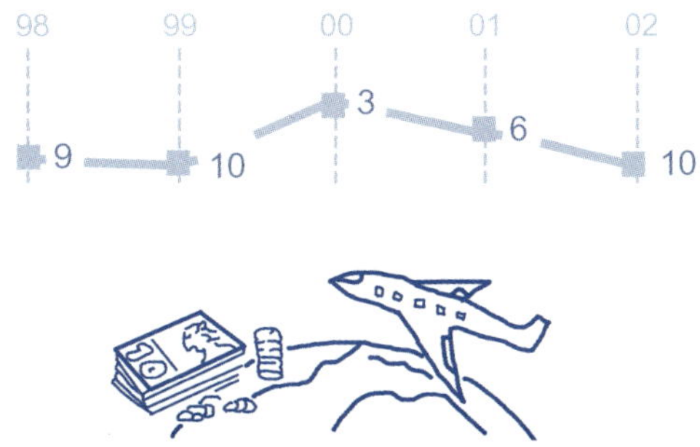

经济表现

	2002
国内经济	4
国际贸易	10
国际投资	10
就　业	5
物　价	37

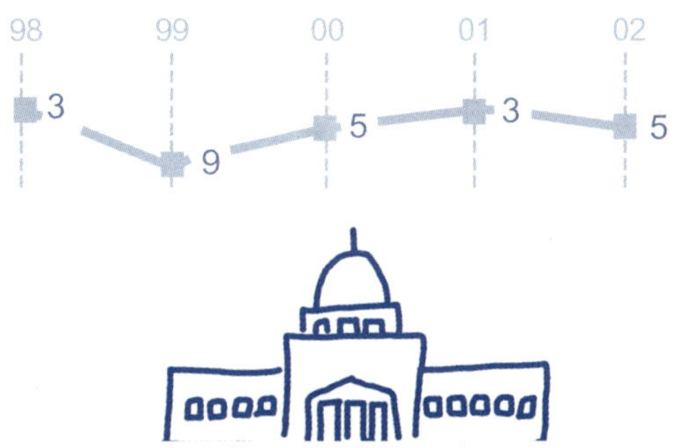

政府效率

	2002
公共财政	28
财政政策	5
组织机构	9
企业法规	7
教　育	9

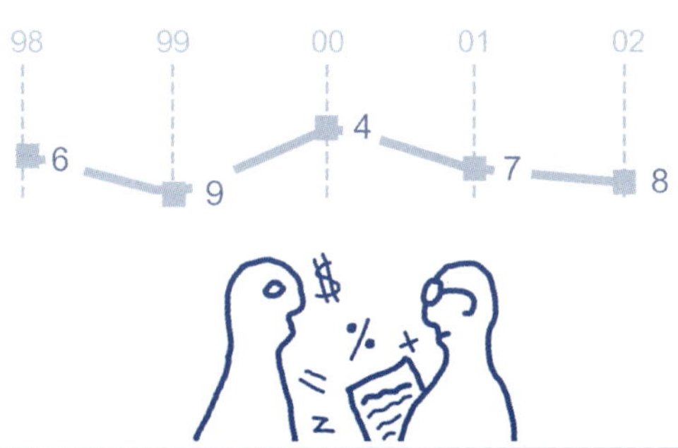

企业效率

	2002
生产率	3
劳动力市场	7
金　融	14
管理实践	14
全球化影响	10

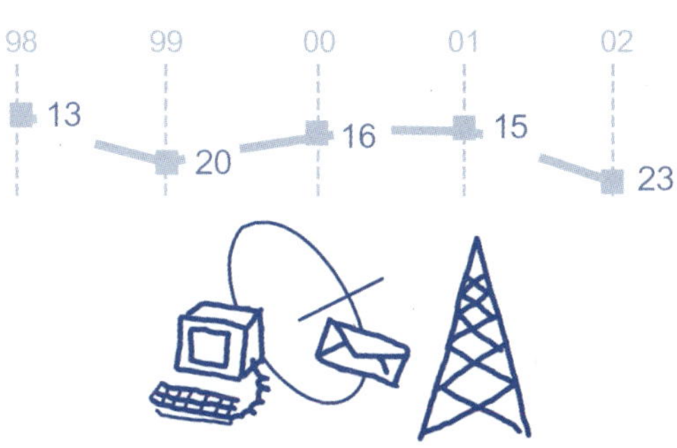

基础设施

	2002
基本基础设施	31
技术基本基础设施	21
科学基本基础设施	25
健康与环境	23
价值系统	18

爱尔兰

这些指标是每类中最强的10个指标，这些类是通过对49个国家和地区平均的最大的价值差异来区分的。

1 经济表现			排名
1.3.06	吸引国外直接投资+流量	吸引国外直接投资流量占GDP的百分比	3
1.4.03	就业增长	变化率	3
1.1.23	人均GDP	估计值，按购买力平价计算的人均美元	3
1.3.08	吸引国外直接投资存量实际增	按本地货币、不变价格计算的变化率	4
1.2.08	商品出口额	商品出口额占GDP的百分比	4
1.1.12	实际GDP增长率	按本地货币、不变价格计算的变化率	4
1.1.13	实际人均GDP增长率	按本地货币、不变价格计算的变化率	4
1.3.10	证券投资负债	10亿美元	5
1.2.11	商业服务出口额	商业服务出口额占GDP的百分比	5
1.2.18	外贸依存度	（出口+进口）/（2×GDP）	6

2 政府效率			
2.2.07	对利润征收的平均公司税率	占税前利润的百分比	1
2.2.11	实际公司税	实际公司税鼓励企业的活力	2
2.5.07	教育体系	教育系统满足有竞争力的社会的需要	2
2.4.23	投资激励	对外国投资有吸引力	2
2.5.08	大学教育	大学教育满足有竞争力的社会的需要	3
2.4.11	外国公司	外国公司不被国内立法区别对待	3
2.4.01	贵国参与区域贸易集团的程度	贵国参与区域贸易集团提供进入外国市场的途径	3
2.4.12	新企业	新企业在贵国容易建立	3
2.3.11	政府经济政策	政府经济政策快速适应于经济发展	4
2.2.06	实际个人税	实际个人税并不阻碍人们工作或者寻求发展	5

3 企业效率			
3.3.01	银行部门的资产	占GDP的比例	3
3.5.05	海外形象	贵国的海外形象支持了企业的发展	3
3.1.08	工业生产率（购买力平价）	每个工业雇员创造的相应GDP，美元，估计值	4
3.1.01	综合生产率（购买力平价）	每个就业者人均GDP，美元	4
3.1.06	农业生产率（购买力平价）	每个农业劳动力创造的相应GDP，美元，估计值	5
3.3.06	风险资本	企业发展可以容易获得	5
3.2.18	外国高素质人员	外国高素质人员被贵国企业环境所吸引	6
3.1.04	劳动生产率（购买力平价）	每雇员每小时的GDP，美元，估计值	6
3.2.19	国际经验	高层管理者通常有丰富的国际经验	7
3.3.17	内幕交易	内幕交易在股票市场不普遍	7

4 基础设施			
4.2.19	高技术出口	占制造业出口的比例	3
4.5.03	适应性	面对挑战，贵国人民的适应性很强	5
4.5.06	女性地位	所有立法委员、高级官员和经理中女性所占比例	7
4.1.18	能源进口与商品出口	能源进口占商品出口的比例	8
4.1.16	GDP和能源消耗	实际GDP增长率减去能源消耗增长率	8
4.2.17	资助技术发展	技术发展的资助非常充分	10
4.5.09	社会的价值	社会价值支持竞争力	10
4.2.14	信息技术人才	信息技术人才在贵国劳动市场上易获得	10
4.4.05	医疗帮助	每个医生负担的居民人数 每个护士负担的居民人数	10
4.2.04	移动电话用户	每千户居民中的用户数	12

爱尔兰

这些指标是每类中最弱的10个指标，这些类是通过对49个国家和地区平均的最大的价值差异来区分的。

1 经济表现			排名
1.4.01	总就业人口	总就业人口（百万）	45
1.1.02	国内生产总值（PPP）	估计值：按购买力平价计算，10亿美元	42
1.1.01	国内生产总值（GDP）	按现行价格、汇率计算，10亿美元	36
1.5.02	生活费指数	主要城市不包括住房的各种货物支出指数（纽约=100）	35
1.5.01	消费品价格上涨	年平均比率	34
1.2.01	经常项目差额	经常项目差额，10亿美元（负号为逆差）	33
1.2.02	经常项目差额	经常项目差额占GDP的百分比	31
1.2.19	贸易条件指数	出口单位价值比进口单位价值（1995=100）	31
1.4.07	青年失业	25岁以下失业人口占总失业人口比例	30
1.3.03	对外直接投资存量	10亿美元	28

2 政府效率			
2.1.10	国家总储备	包括黄金和官方储备（每盎司黄金=35个特别提款权）	42
2.1.04	中央政府国内负债	占GDP的百分比	37
2.3.07	汇率稳定度	本币相对于特别提款权的汇兑年价变动	36
2.1.09	公共财政的管理	公共财政的管理在两年后可能完善	34
2.5.02	学生—教师比（初等教育）	学生与教师职员的比例	31
2.5.04	中等学校入学人数	接受全日制教育的相关年龄组所占比例	31
2.2.12	资本和财产税	资本和财产税占GDP的百分比	29
2.1.08	利息支付额	占当前收入的百分比	29
2.4.06	政府补贴	对私人和公共企业的补贴占GDP比重	29
2.3.03	利率差	贷款利率减去存款利率	28

3 企业效率			
3.3.13	国内上市公司	国内上市公司数目	44
3.5.03	生产的再分配	国外的生产再分配没有威胁到贵国经济的未来	41
3.2.08	产业纠纷	每千个居民年均因纠纷损失的工作日	36
3.2.05	工作小时	每年的平均工作小时数	35
3.3.19	国际保理业务	占商品出口的比重	35
3.2.03	服务性职业报酬	年均总收入，包括附加薪水，例如额外薪金，美元	34
3.2.13	女性劳动力	占全部劳动力的比例	32
3.2.01	报酬水平	制造业工人每小时全部报酬，美元，估计值	28
3.3.11	股票市场筹资额	10亿美元	28
3.2.04	经理报酬	全部底薪加上奖金和长期激励，美元	26

4 基础设备			
4.1.10	用于货物和服务分配的基础设施	普遍有效率	46
4.2.13	合适的互联网访问数	贵国可以提供合适的互联网访问数（可获性、速度、费用）	46
4.1.19	非能源原材料自给	人均贸易收支差额，美元	43
4.3.18	批准授予国民专利年平均增长速	变化百分比	42
4.1.17	国内能源总产量	占所有能源需求（等价为石油吨数）的比例	41
4.1.09	空运的质量	空运的质量在贵国通常充分有效	39
4.4.11	酗酒、吸毒	酗酒和吸毒在工作岗位没有成为严重问题	39
4.4.12	纸张和纸板的回收率	占表面消耗量的比率	37
4.3.06	全国所有研究与开发人员	千人全日约当单位	37
4.5.07	性别收入比	估计总体女性与男性收入比率	36

爱尔兰

这一部分集锦了该国20个最强的指标，
这部分指标有着最高的标准化值（STD值）。
STD值＝（国家和地区的原始值－49个国家和地区平均值）/标准差

20个最强的指标

序号	名称	国家原始值	国家排名	49国家平均值
2.2.07	**对利润征收的平均公司税率** 占税前利润的百分比	16	1	29.22
1.3.06	**吸引国外直接投资+流量** 吸引国外直接投资流量占GDP的百分比	24.26	3	6.48
4.2.19	**高技术出口** 占制造业出口的比例	47.75	3	16.96
1.4.03	**就业增长** 变化率	4.46	3	0.92
3.1.08	**工业生产率（购买力平价）** 每个工业雇员创造的相应GDP，美元，估计值	79685	4	46005
1.3.08	**吸引国外直接投资存量实际增长率** 按本地货币、不变价格计算的变化率	51.13	4	23.25
1.2.08	**商品出口额** 商品出口额占GDP的百分比	79.32	4	38.5
3.1.06	**农业生产率（购买力平价）** 每个农业劳动力创造的相应GDP，美元，估计值	49471	5	23748
3.3.01	**银行部门的资产** 占GDP的比例	237.56	3	117.11
1.1.12	**实际GDP增长率** 按本地货币、不变价格计算的变化率	5	4	1.8
1.1.13	**实际人均GDP增长率** 按本地货币、不变价格计算的变化率	4.5	4	0.73
3.1.01	**综合生产率（购买力平价）** 每个就业者人均GDP，美元	66594	4	41680
3.1.04	**劳动生产率（购买力平价）** 每雇员每小时的GDP，美元，估计值	37.04	6	22.41
2.2.11 （调查）	**实际公司税** 实际公司税鼓励企业的活力	7.96	2	5.24
2.5.07 （调查）	**教育体系** 教育系统满足有竞争力的社会的需要	8	2	5.14
2.4.23 （调查）	**投资激励** 对外国投资有吸引力	8.6	2	6.06
3.2.18 （调查）	**外国高素质人员** 外国高素质人员被贵国企业环境所吸引	7.82	6	5.29
2.5.08 （调查）	**大学教育** 大学教育满足有竞争力的社会的需要	8.04	3	5.72
2.4.11 （调查）	**外国公司** 外国公司不被国内立法区别对待	9.37	3	8.02
2.4.01 （调查）	**贵国参与区域贸易集团的程度** 贵国参与区域贸易集团提供进入外国市场的途径	8.49	3	6.47

爱尔兰

如 果？

竞争力模拟研究帮助政策制定者将注意力和优先次序放在他们国家或地区面临的关键竞争力上。我们用49个国家或地区的平均值代替这些最弱的指标值，从而计算这个国家或地区的总体排名。然而，这只是一个理论方式，不应视为政策的建议。还必须考虑各个国家或地区的发展水平、政治体制和社会值系统

	从		到
模拟排名变化	10	→	9

20个最弱的指标

序号	名称	国家原始值	国家排名	49国家平均值
4.2.12	**互联网费用** 高峰期互联网访问20小时费用，美元	48.07	27	22.72
3.2.05	**工作小时** 每年的平均工作小时数	1798	35	1925
2.1.10	**国家总储备** 包括黄金和官方储备（每盎司黄金=35个特别提款权）	4.45	42	30.49
4.3.18	**批准授予国民专利年平均增长速度** 变化百分比	-37.22	42	33.56
3.3.12	**股票市场交易额** 人均美元	3808	23	14476
1.2.02	**经常项目差额** 经常项目差额占GDP的百分比	-1.71	31	0.99
2.1.04	**中央政府国内负债** 占GDP的百分比	45.2	37	33.2
1.3.03	**对外直接投资存量** 10亿美元	16.04	28	120.62
1.3.01	**对外直接投资流量** 10亿美元	3.98	26	25.52
4.3.19	**国民在国外获取专利件数** 国民在国外获取专利件数	913	21	8744
1.2.19	**贸易条件指数** 出口单位价值比进口单位价值（1995=100）	93.2	31	89.9
1.4.07	**青年失业** 25岁以下失业人口占总失业人口比例	34.2	30	26.47
4.2.08	**在用计算机** 占世界在用计算机总量的份额/来源：计算机行业年鉴	0.27	41	1.85
4.1.10 （调查）	**用于货物和服务分配的基础设施** 普遍有效率	3.54	46	6.15
4.2.13 （调查）	**合适的互联网访问数** 贵国可以提供合适的互联网访问数（可获性、速度、费用）	6	46	7.63
3.5.03 （调查）	**生产的再分配** 国外的生产再分配没有威胁到贵国经济的未来	4.04	41	4.87
4.1.09 （调查）	**空运的质量** 空运的质量在贵国通常充分有效	5.75	39	6.71
4.2.07 （调查）	**新信息技术** 新信息技术和应用满足企业需要	6.49	36	7.29
4.2.06 （调查）	**通信的充分性** 通信在贵国普遍比较充分	6.48	33	7.21
4.3.14 （调查）	**科学和技术的兴趣** 贵国青年具有浓厚的科学技术兴趣	4.84	36	5.39

爱尔兰

国内经济

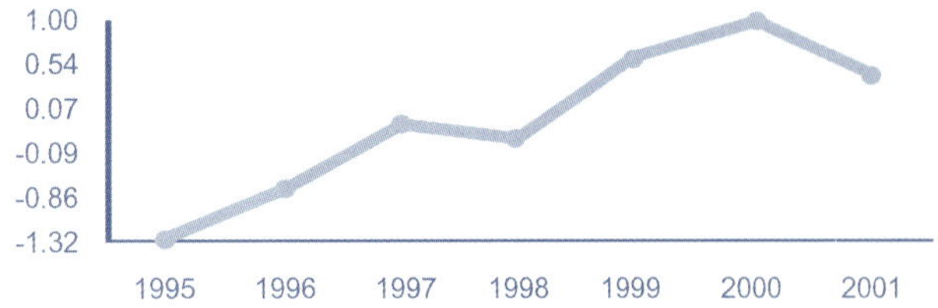

国际贸易

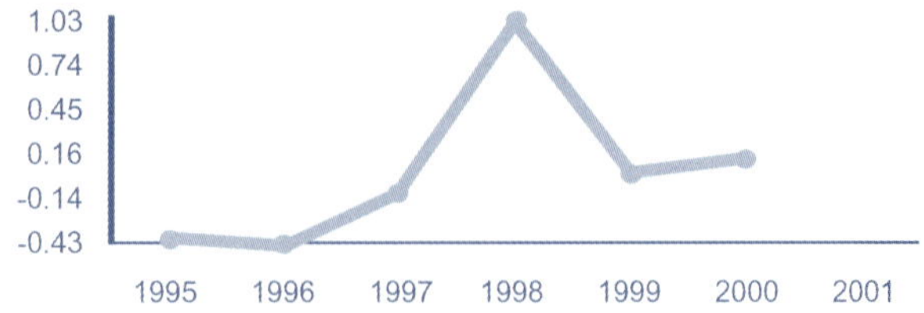

国际投资

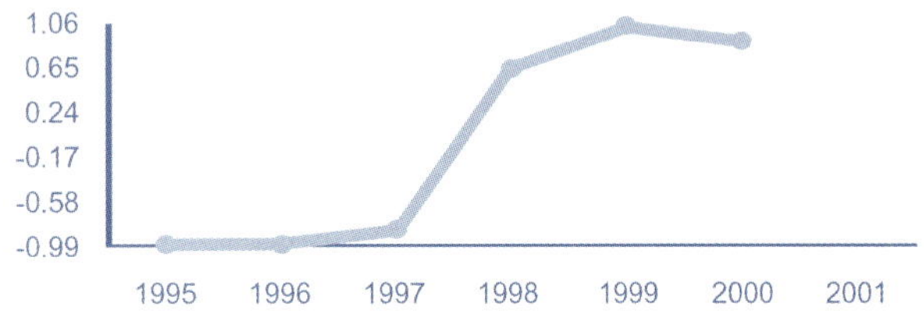

公共财政

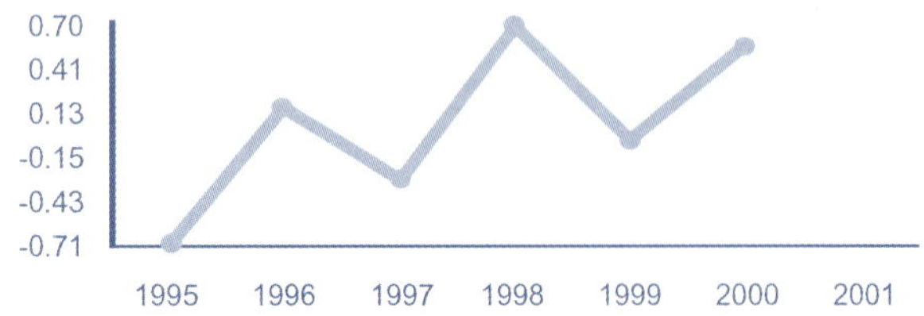

财政政策

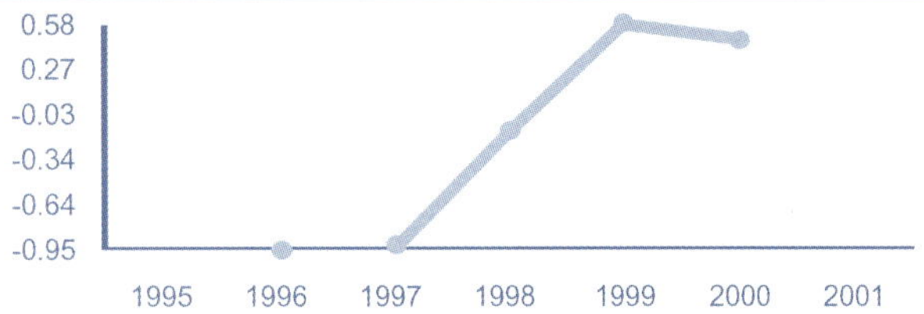

生产率

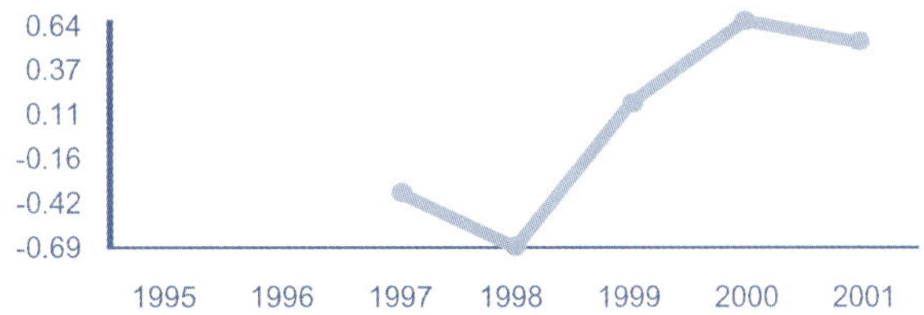

金融

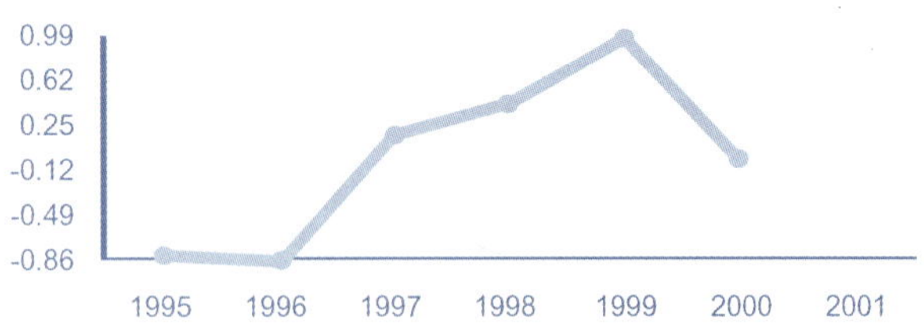

技术基础设施

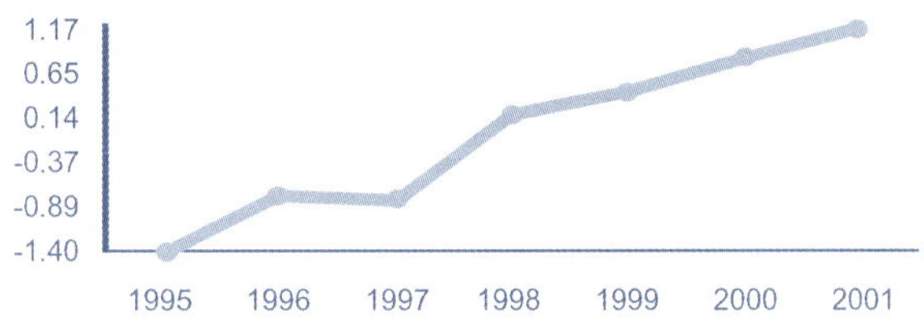

主要竞争力指标

人均国内生产总值

人均美元

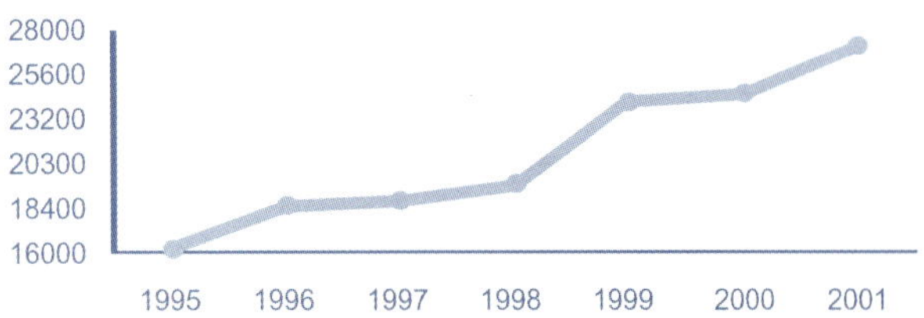

国内生产总值实际增长率

百分比变化，基于国家货币物价稳定

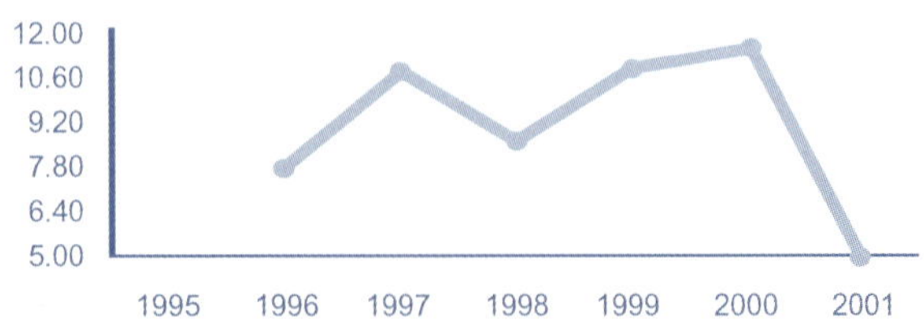

爱尔兰

个人最终消费支出

人均美元

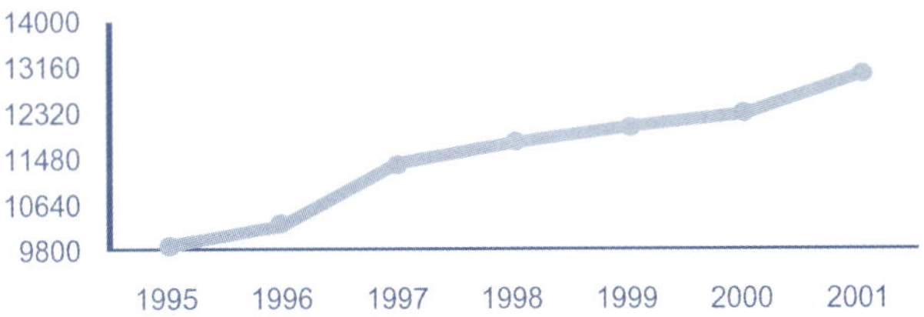

经常性项目差额

十亿美元（负号标志＝赤字）

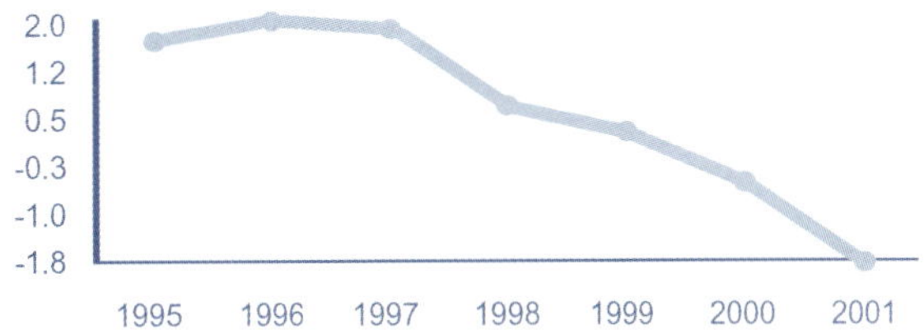

商品和商业劳务出口

十亿美元

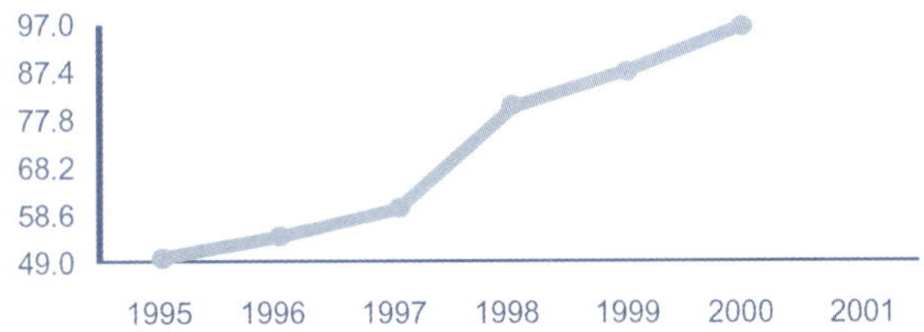

对外直接投资流量

十亿美元

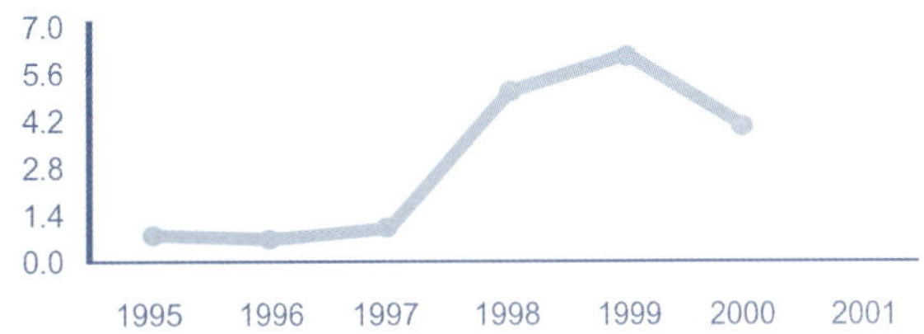

吸收直接投资流量

十亿美元

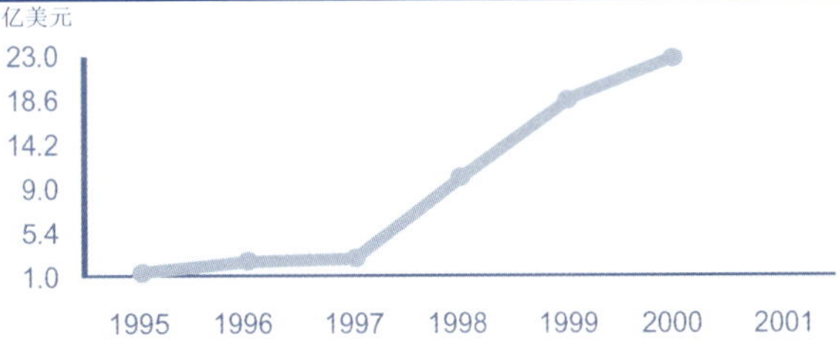

失业率

劳动力百分比

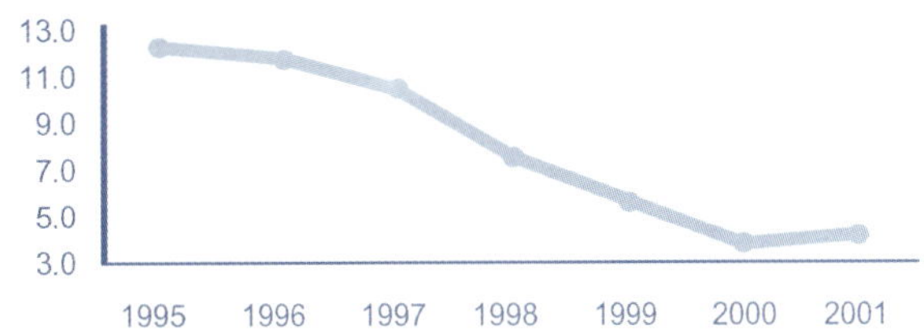

消费品价格增长率

年平均比率

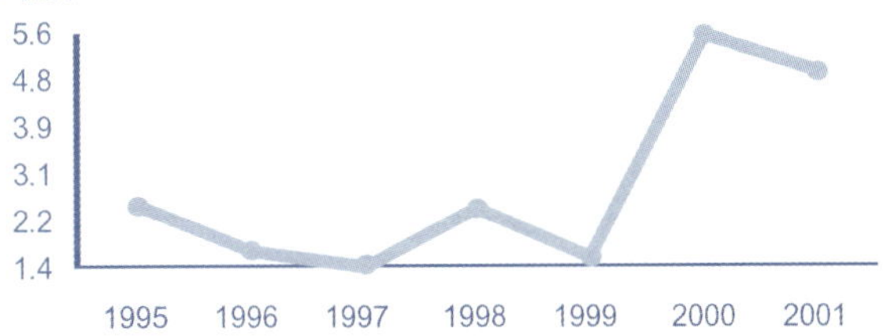

总体生产率

就业人员人均国内生产总值，美元

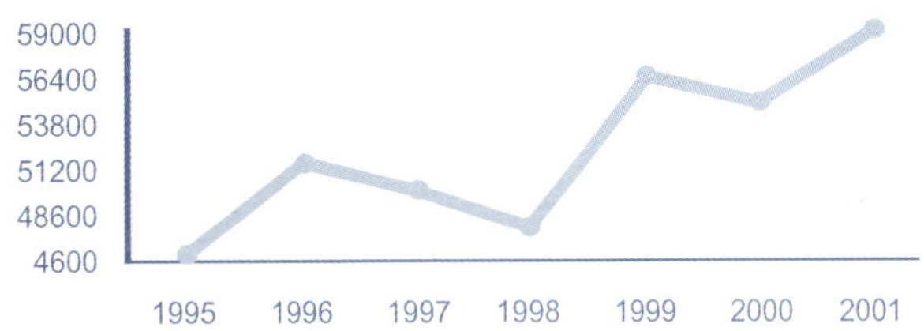

报酬水平

估计：制造工人的小时总补偿，美元

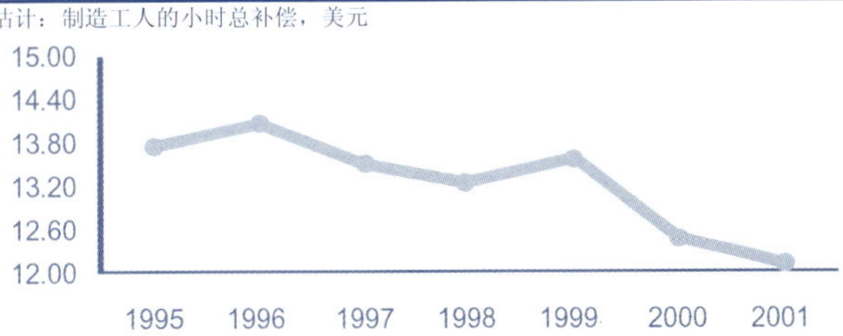

股票市场筹资额

十亿美元

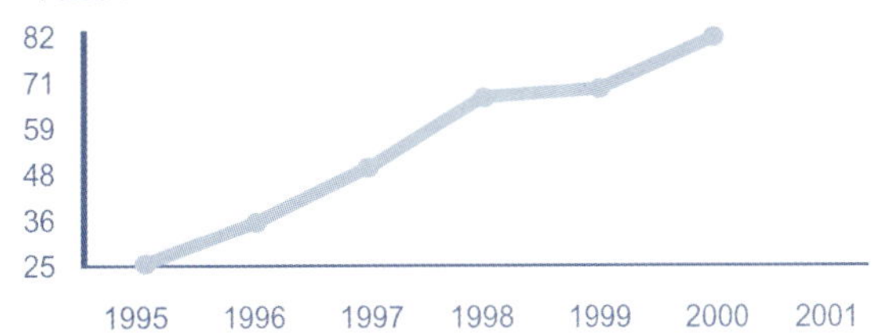

国内上市公司

上市公司的数量

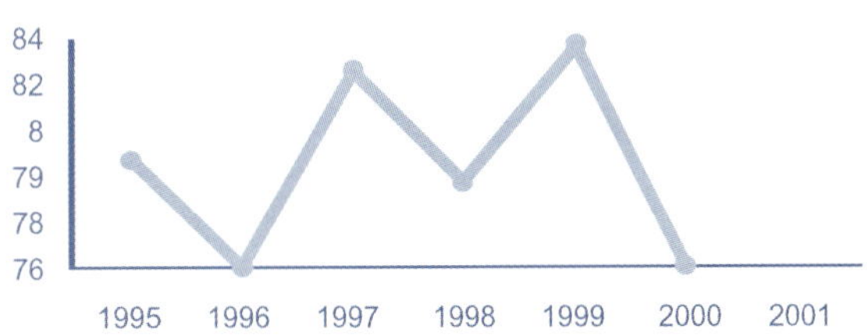

计算机

每1000人的计算机数量/来源：计算机工业年鉴

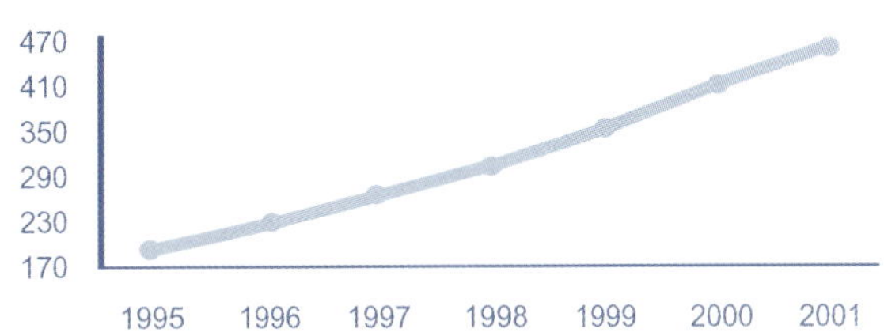

以色列

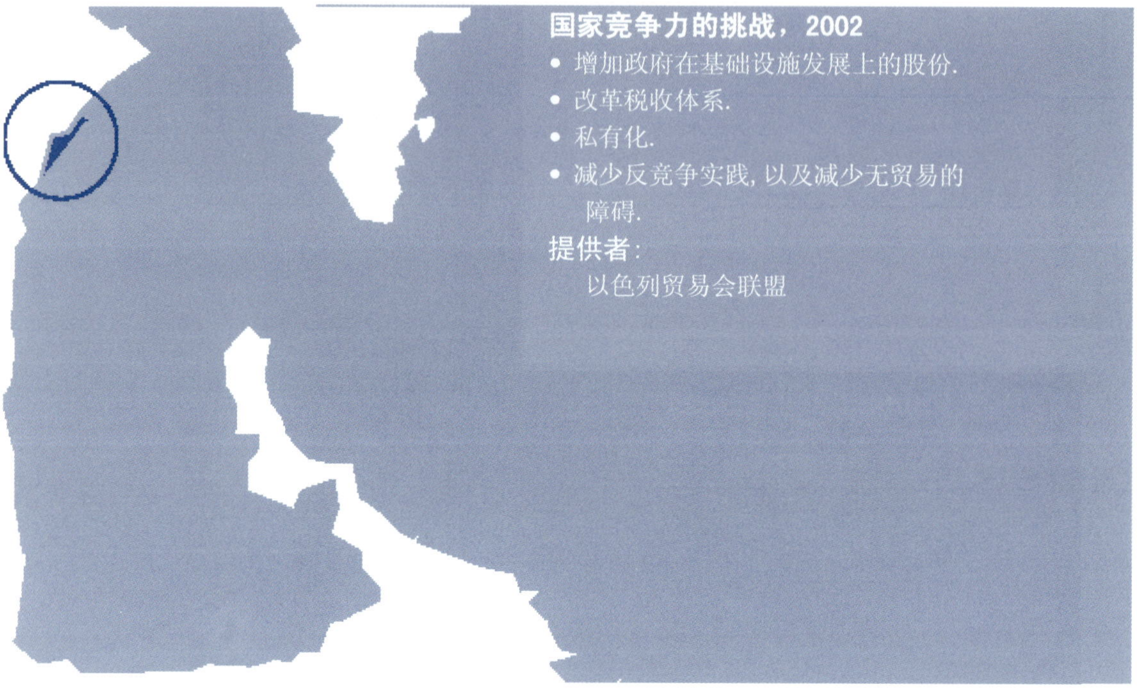

国家竞争力的挑战，2002

- 增加政府在基础设施发展上的股份.
- 改革税收体系.
- 私有化.
- 减少反竞争实践，以及减少无贸易的障碍.

提供者：

以色列贸易会联盟

总体表现

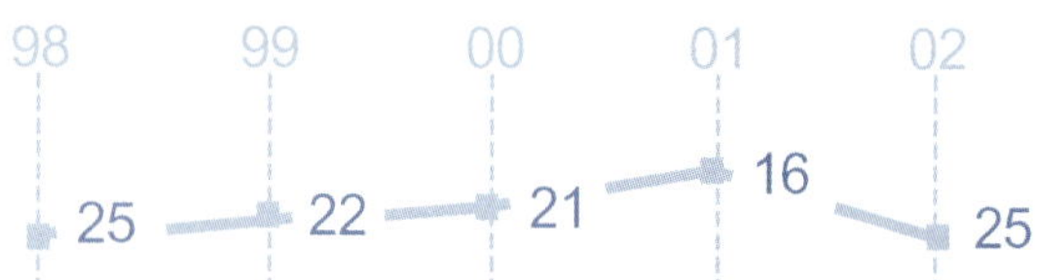

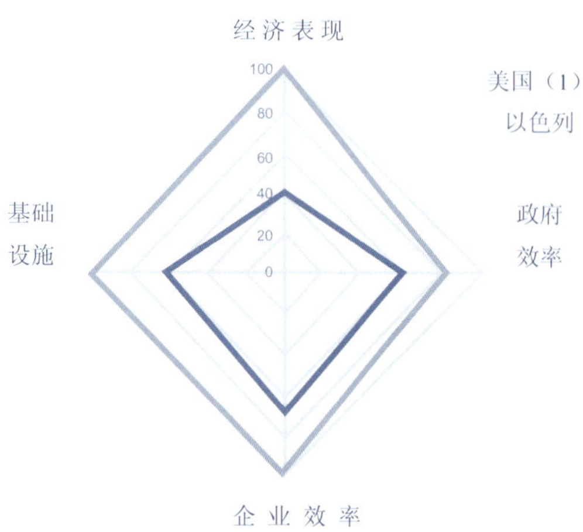

基本事实

首都	特拉维夫
人口	6.5（2001）
地域（平方千米）	21.0（2000）
汇率（百分之一美元）	4.21（2001）
国内生产总值（十亿美元）	110.3（2001）
人均国内生产总值（美元）	16,968（2001）
实际GDP增长率	-0.6（2001）
消费品价格上涨	1.1（2001）
失业率	10.10（2001）
劳动力（百万）	2.50（2001）
经常性项目差额（十亿美元）	-5.0（2001）
直接投资	
吸收股票投资（十亿美元）	23.35（2000）
吸收流量（占GDP百分比）	3.92（2000）

以色列

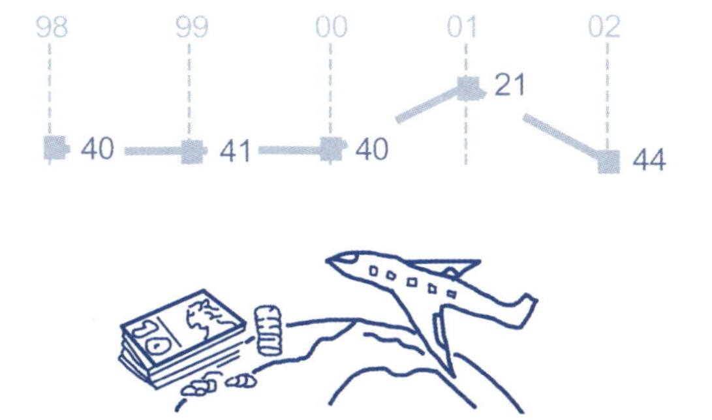

经　济　表　现

	2002
国内经济	43
国际贸易	27
国际投资	24
就　业	40
物　价	44

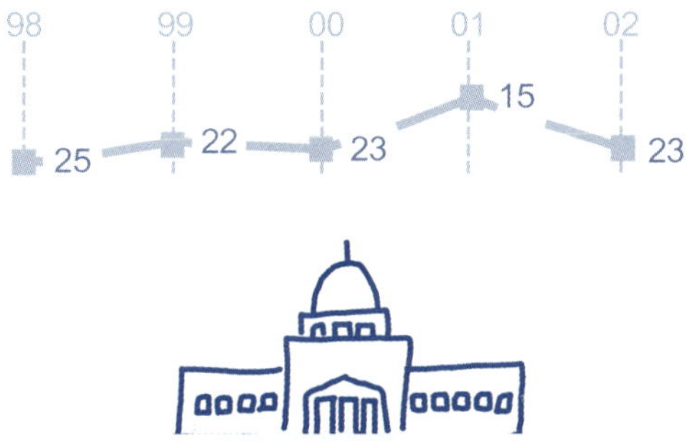

政　府　效　率

	2002
公共财政	42
财政政策	32
组织机构	31
企业法规	18
教　育	2

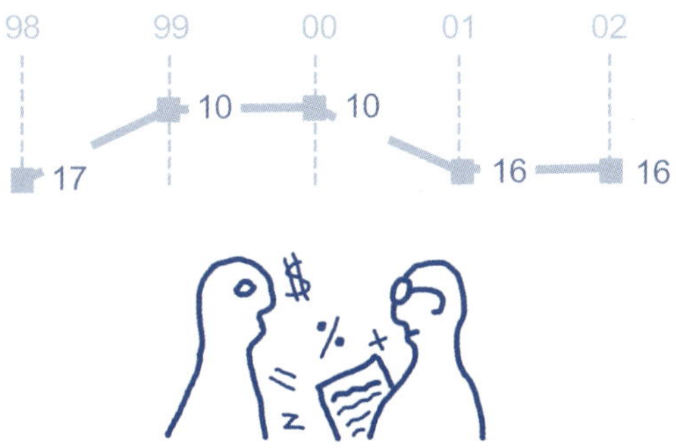

企　业　效　率

	2002
生产率	13
劳动力市场	20
金　融	17
管理实践	18
全球化影响	18

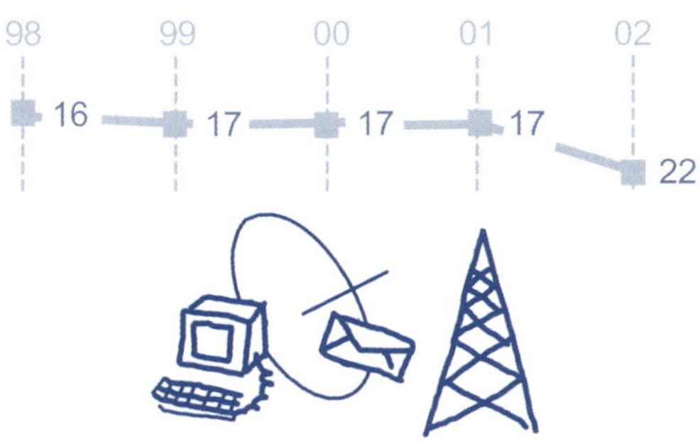

基　础　设　施

	2002
基本基础设施	39
技术基本基础设施	10
科学基本基础设施	17
健康与环境	18
价值系统	21

以色列

这些指标是每类中最强的10个指标，这些类是通过对49个国家和地区平均的最大的价值差异来区分的。

1 经济表现

			排名
1.2.12	商业服务出口实际增长	按本地货币、不变价格计算的变化率	2
1.4.03	就业增长	变化率	7
1.2.19	贸易条件指数	出口单位价值比进口单位价值（1995=100）	7
1.5.01	消费品价格上涨	年平均比率	8
1.2.11	商业服务出口额	商业服务出口额占GDP的百分比	12
1.3.04	对外直接投资存量实际增长率	按本地货币、不变价格计算的变化率	15
1.3.08	吸引国外直接投资存量实际增	按本地货币、不变价格计算的变化率	16
1.2.18	外贸依存度	（出口+进口）/（2×GDP）	20
1.3.02	对外直接投资流量	对外直接投资流量占GDP的百分比	21
1.1.22	人均GDP	人均美元	22

2 政府效率

2.5.12	合格工程师	合格工程师在贵国劳动力市场上容易获得	1
2.5.03	学生—教师比（中等教育）	学生与教师职员的比例	1
2.5.13	知识转让	公司与大学间的知识转让很充分	3
2.5.01	全部公共教育支出	全部公共教育支出占GDP的比例	3
2.5.08	大学教育	大学教育满足有竞争力的社会的需要	4
2.5.02	学生—教师比（初等教育）	学生与教师职员的比例	5
2.3.07	汇率稳定度	本币相对于特别提款权的汇兑年价变动	7
2.5.10	经济知识普及	经济知识普及率高	9
2.2.09	雇主的社会保障缴款率	强制缴款占人均GDP的比率	9
2.5.11	教育资金	教育资金在贵国很充足	9

3 企业效率

3.1.06	农业生产率（购买力平价）	每个农业劳动力创造的相应GDP，美元，估计值	2
3.4.07	企业家精神	贵国企业家精神很普遍	3
3.4.08	公司的设立	贵国设立公司很普遍	3
3.3.06	风险资本	企业发展可以容易获得	4
3.1.08	工业生产率（购买力平价）	每个工业雇员创造的相应GDP，美元，估计值	6
3.5.02	对全球化的态度	贵国对全球化的态度普遍积极	6
3.4.01	适应性	贵国公司适应市场变化的能力很强	7
3.2.15	熟练劳动力	熟练劳动力在贵国劳动市场上可获得性	7
3.2.16	金融人才	金融人才在贵国劳动市场上容易获得	9
3.2.02	制造业部门单位劳动成本	制造业部门单位劳动成本变化率	9

4 基础设施

4.2.14	信息技术人才	信息技术人才在贵国劳动市场上易获得	1
4.2.04	移动电话用户	每千户居民中的用户数	3
4.3.14	科学和技术的兴趣	贵国青年具有浓厚的科学技术兴趣	4
4.2.15	技术合作	公司间的技术合作很发达	4
4.3.03	所有研究与开发支出	占GDP的比例	4
4.3.10	基础研究	基础研究能够支持长期经济发展	4
4.2.17	资助技术发展	技术发展的资助非常充分	4
4.2.16	技术的发展和应用	合法环境支持技术的发展和应用	6
4.5.03	适应性	面对挑战，贵国人民的适应性很强	6
4.4.11	酗酒、吸毒	酗酒和吸毒在工作岗位没有成为严重问题	7

以色列

这些指标是每类中最弱的10个指标，这些类是通过对49个国家和地区平均的最大的价值差异来区分的。

1 经济表现

			排名
1.1.13	实际人均GDP增长率	按本地货币、不变价格计算的变化率	47
1.5.02	生活费指数	主要城市不包括住房的各种货物支出指数（纽约=100）	45
1.4.02	就业率	总就业人口占总人口的百分比	45
1.1.12	实际GDP增长率	按本地货币、不变价格计算的变化率	45
1.2.02	经常项目差额	经常项目差额占GDP的百分比	41
1.2.09	商品出口额实际增长率	按本地货币、不变价格计算的变化率	41
1.1.02	国内生产总值（PPP）	估计值：按购买力平价计算，10亿美元	41
1.4.01	总就业人口	总就业人口（百万）	40
1.4.07	青年失业	25岁以下失业人口占总失业人口比例	39
1.1.21	经济的弹性	经济体对于经济周期的弹性强	37

2 政府效率

2.1.09	公共财政的管理	公共财政的管理在两年后可能完善	47
2.4.15	移民法	移民法不禁止本国公司雇用外国劳动力	46
2.3.08	关于政策方向的一致性	政府中政策方向的一致性很高	46
2.3.13	政治团体	政治团体确实理解目前的经济挑战	46
2.1.04	中央政府国内负债	占GDP的百分比	44
2.3.01	短期实际利率	平均贴现率/优惠利率（1月-12月）	43
2.1.06	中央政府国外负债	占GDP的百分比	42
2.4.14	失业立法	失业立法激励人们寻找工作	41
2.3.11	政府经济政策	政府经济政策快速适应于经济发展	41
2.3.21	社会凝聚力	社会凝聚力是政府的首要目标	41

3 企业效率

3.1.03	综合生产率实际增长率	每个就业者实际GDP变化率，估计值	48
3.5.05	海外形象	贵国的海外形象支持了企业的发展	40
3.2.18	外国高素质人员	外国高素质人员被贵国企业环境所吸引	40
3.2.08	产业纠纷	每千个居民年均因纠纷损失的工作日	39
3.4.06	消费者满意度	贵国重视消费者满意度	34
3.3.11	股票市场筹资额	10亿美元	31
3.2.01	报酬水平	制造业工人每小时全部报酬，美元，估计值	29
3.4.11	健康、安全和环境事务	健康、安全和环境事务被管理层充分重视	29
3.2.06	劳资关系	劳资关系有利于生产	29
3.5.04	R&D设施的再分配	R&D设施的再分配不会威胁贵国经济的未来	28

4 基础设施

4.1.04	赡养率	15岁以下和64岁以上的人口总量除以15岁-64岁之间人口总量	47
4.1.17	国内能源总产量	占所有能源需求（等价为石油吨数）的比例	46
4.1.20	工业用户的电力成本	美元/千瓦	45
4.1.19	非能源原材料自给	人均贸易收支差额，美元	40
4.1.12	可耕地面积	人均平方米	40
4.1.01	人口—市场规模	估计值，百万	38
4.2.01	对电信的投资	年平均占GDP的百分比	37
4.5.04	歧视	歧视（种族、性别等）并没有给社会带来不利影响	37
4.4.16	可持续发展	贵国优先考虑可持续发展	37
4.1.05	维护和发展	基础设施的维护和发展得到充分的计划和资助	34

以色列

这一部分集锦了该国20个最强的指标，
这部分指标有着最高的标准化值（STD值）。
STD值＝（国家和地区的原始值－49个国家和地区平均值）/标准差

20个最强的指标

序号	名称	国家原始值	国家排名	49国家平均值
3.1.06	**农业生产率（购买力平价）** 每个农业劳动力创造的相应GDP，美元，估计值	63666	2	23748
1.2.12	**商业服务出口实际增长** 按本地货币、不变价格计算的变化率	29.2	2	11.47
2.5.01	**全部公共教育支出** 全部公共教育支出占GDP的比例	8	3	5.1
4.3.03	**所有研究与开发支出** 占GDP的比例	2.788	4	1.375
2.5.03	**学生—教师比（中等教育）** 学生与教师职员的比例	7.9	1	16.99
3.1.08	**工业生产率（购买力平价）** 每个工业雇员创造的相应GDP，美元，估计值	73120	6	46005
4.2.04	**移动电话用户** 每千户居民中的用户数	867	3	506.4
2.5.02	**学生—教师比（初等教育）** 学生与教师职员的比例	12.2	5	19.49
2.2.09	**雇主的社会保障缴款率** 强制缴款占人均GDP的比率	4.93	9	17.86
3.2.13	**女性劳动力** 占全部劳动力的比例	45.78	12	40.42
1.4.03	**就业增长** 变化率	2.23	7	0.92
4.4.03	**出生时的寿命期望** 平均估计	78.6	11	74.5
2.3.07	**汇率稳定度** 本币相对于特别提款权的汇兑年价变动	0.053	7	0.188
2.5.13 （调查）	**知识转让** 公司与大学间的知识转让很充分	6.87	3	4.45
4.3.14 （调查）	**科学和技术的兴趣** 贵国青年具有浓厚的科学技术兴趣	7.25	4	5.39
4.2.14 （调查）	**信息技术人才** 信息技术人才在贵国劳动市场上易获得	9.05	1	7.1
2.5.12 （调查）	**合格工程师** 合格工程师在贵国劳动力市场上容易获得	8.74	1	6.86
2.5.08 （调查）	**大学教育** 大学教育满足有竞争力的社会的需要	8	4	5.72
4.2.15 （调查）	**技术合作** 公司间的技术合作很发达	7.33	4	5.52
4.3.10 （调查）	**基础研究** 基础研究能够支持长期经济发展	7.69	4	5.36

以色列

如 果？

竞争力模拟研究帮助政策制定者将注意力和优先次序放在他们国家或地区面临的关键竞争力上。我们用49个国家或地区的平均值代替这些最弱的指标值，从而计算这个国家或地区的总体排名。然而，这只是一个理论方式，不应视为政策的建议。还必须考虑各个国家或地区的发展水平、政治体制和社会值系统

	从		到
模拟排名变化	25	→	18

20个最弱的指标

序号	名称	国家原始值	国家排名	49国家平均值
4.1.04	**赡养率** 15岁以下和64岁以上的人口总量除以15岁-64岁之间人口总量	64	47	50.8
1.5.02	**生活费指数** 主要城市不包括住房的各种货物支出指数（纽约=100）	119.58	45	81.64
1.1.13	**实际人均GDP增长率** 按本地货币、不变价格计算的变化率	-3.96	47	0.73
2.1.04	**中央政府国内负债** 占GDP的百分比	71.6	44	33.2
4.1.20	**工业用户的电力成本** 美元/千瓦	0.09	45	0.056
1.4.07	**青年失业** 25岁以下失业人口占总失业人口比例	43.1	39	26.47
1.4.02	**就业率** 总就业人口占总人口的百分比	34.93	45	43.32
2.2.12	**资本和财产税** 资本和财产税占GDP的百分比	2.78	40	1.57
2.1.06	**中央政府国外负债** 占GDP的百分比	24.334	42	12.214
1.1.12	**实际GDP增长率** 按本地货币、不变价格计算的变化率	-0.6	45	1.8
1.2.02	**经常项目差额** 经常项目差额占GDP的百分比	-4.49	41	0.99
2.3.01	**短期实际利率** 平均贴现率/优惠利率（1月-12月）	6.82	43	3.11
2.2.07	**对利润征收的平均公司税率** 占税前利润的百分比	36	40	29.22
2.4.15 （调查）	**移民法** 移民法不禁止本国公司雇用外国劳动力	3.9	46	5.82
2.3.08 （调查）	**关于政策方向的一致性** 政府中政策方向的一致性很高	2.9	46	5.29
2.1.09 （调查）	**公共财政的管理** 公共财政的管理在两年后可能完善	3.8	47	5.44
2.3.13 （调查）	**政治团体** 政治团体确实理解目前的经济挑战	2.7	46	4.63
2.4.14 （调查）	**失业立法** 失业立法激励人们寻找工作	3.54	41	4.98
2.2.06 （调查）	**实际个人税** 实际个人税并不阻碍人们工作或者寻求发展	3.5	40	4.81
2.3.11 （调查）	**政府经济政策** 政府经济政策快速适应于经济发展	3.45	41	4.71

以色列

国内经济

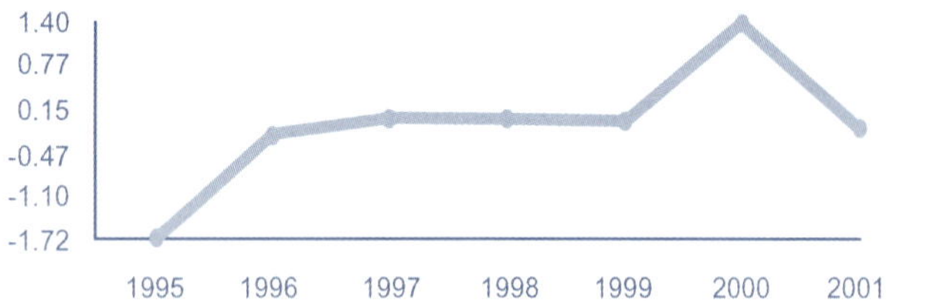

国际贸易

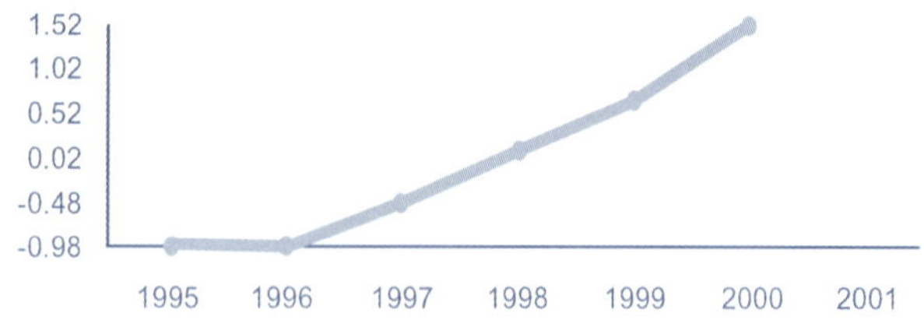

国际投资

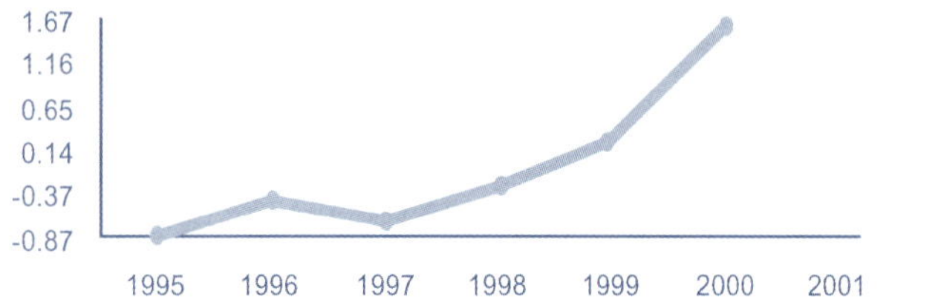

公共财政

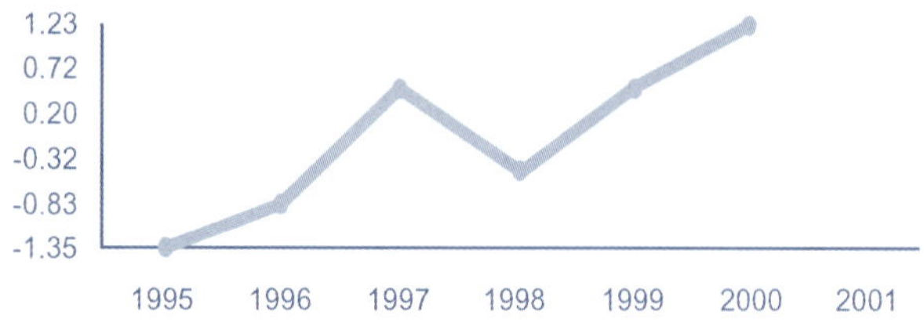

财政政策

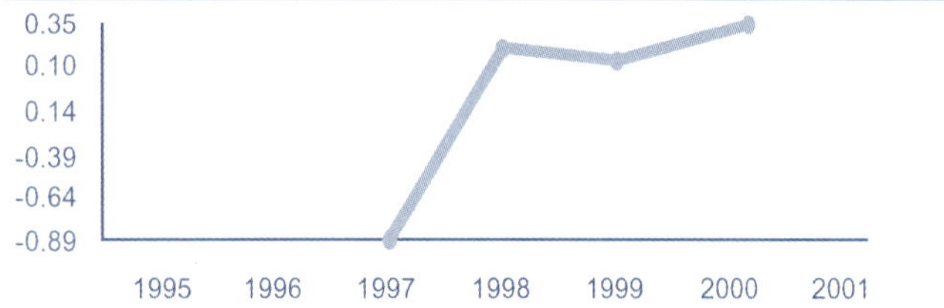

生产率

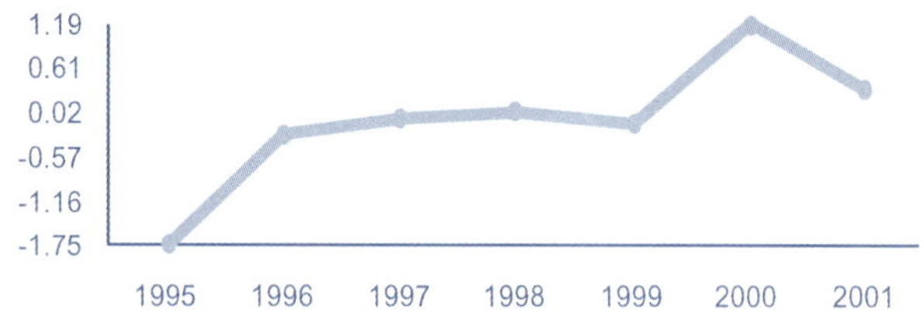

金融

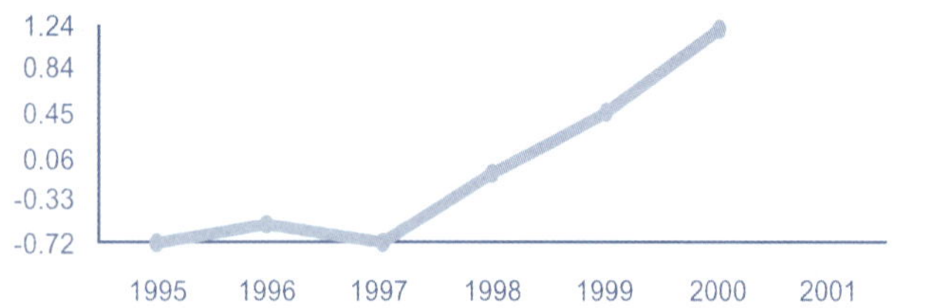

技术基础设施

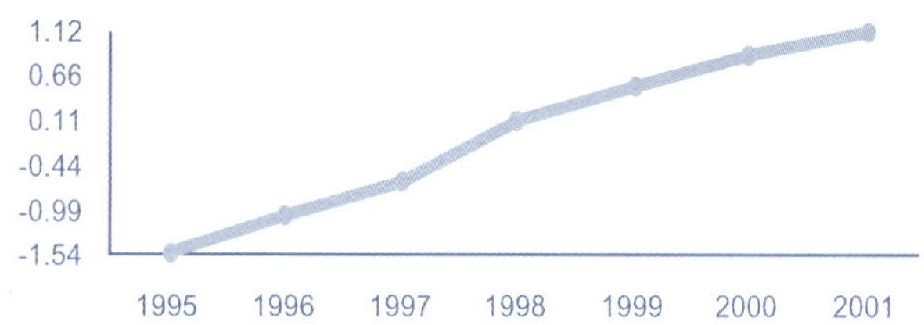

主要竞争力指标

人均国内生产总值

人均美元

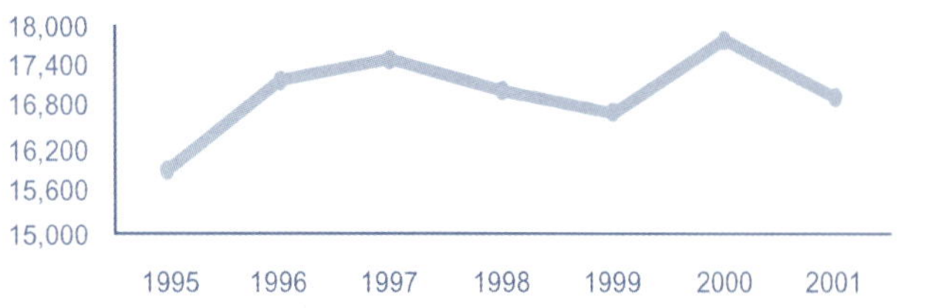

国内生产总值实际增长率

百分比变化，基于国家货币物价稳定

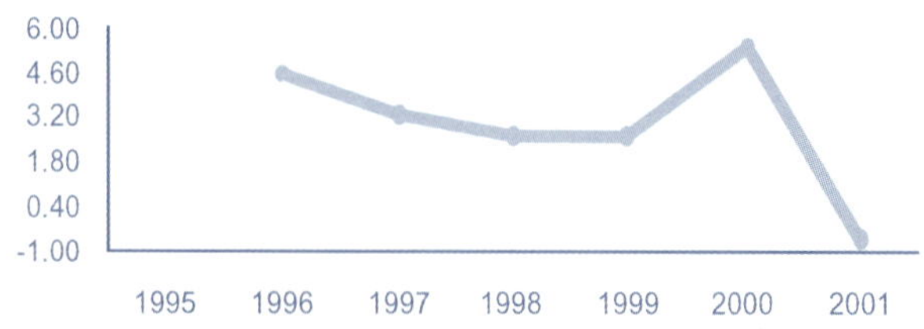

以色列

个人最终消费支出
人均美元

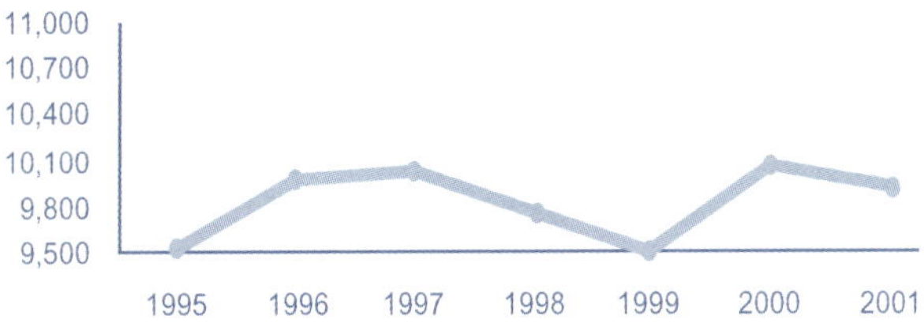

经常性项目差额
十亿美元（负号标志＝赤字）

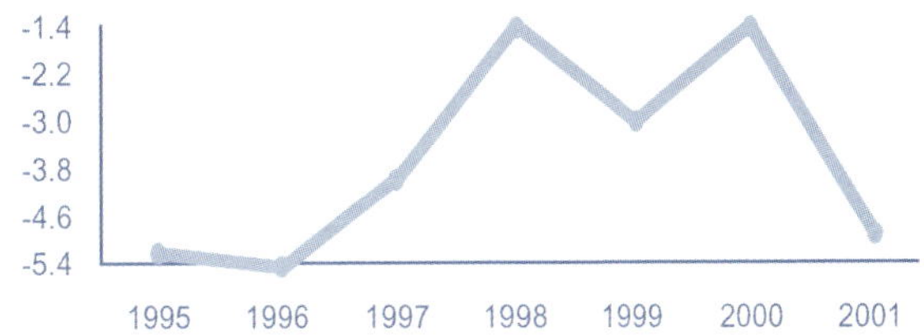

商品和商业劳务出口
十亿美元

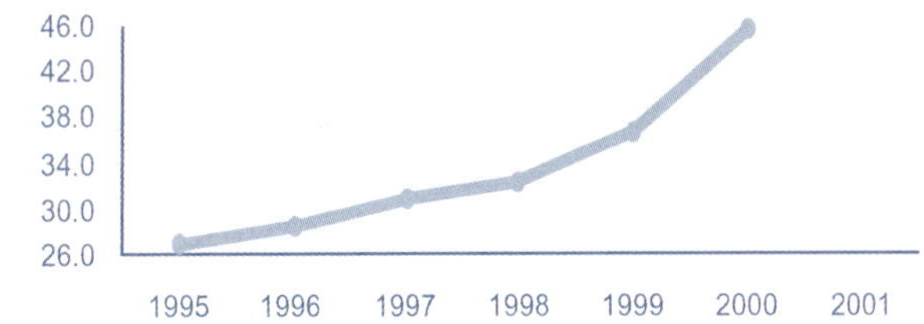

对外直接投资流量
十亿美元

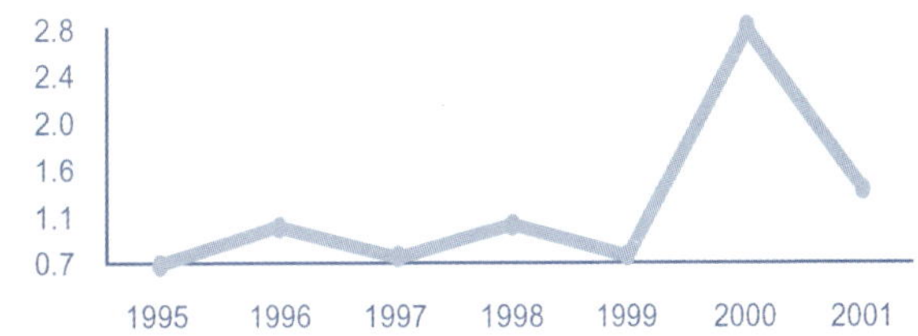

吸收直接投资流量
十亿美元

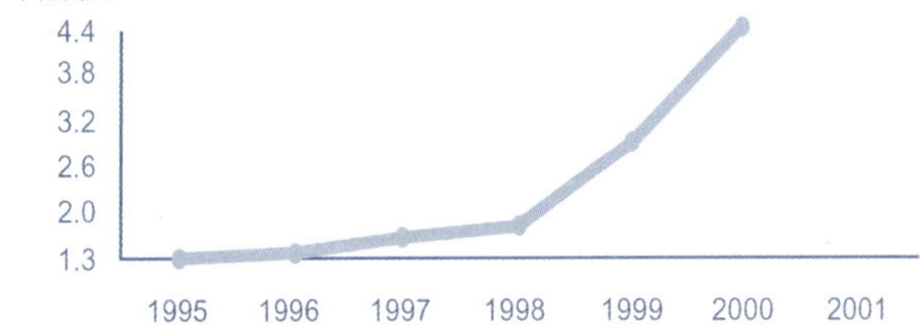

失业率
劳动力百分比

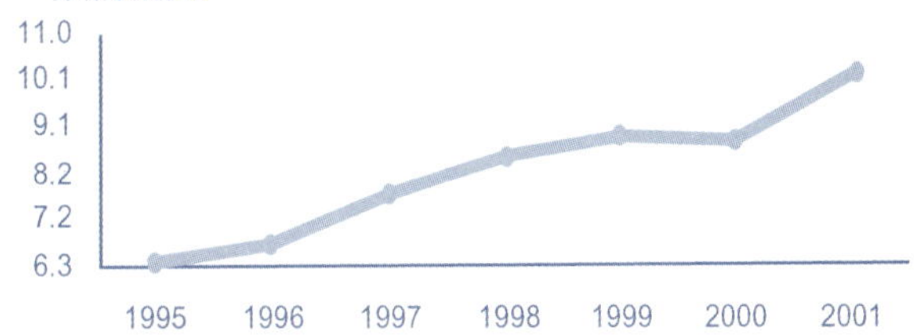

消费品价格增长率
年平均比率

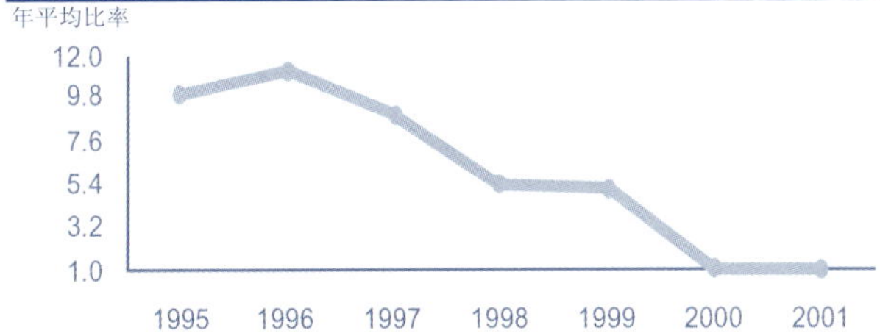

总体生产率
就业人员人均国内生产总值，美元

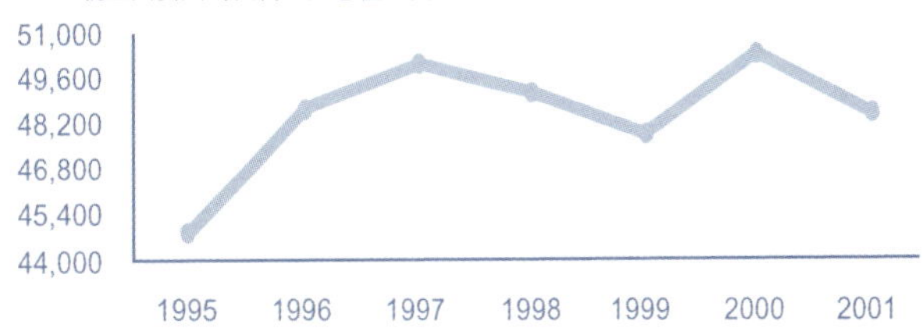

报酬水平
估计：制造工人的小时总补偿，美元

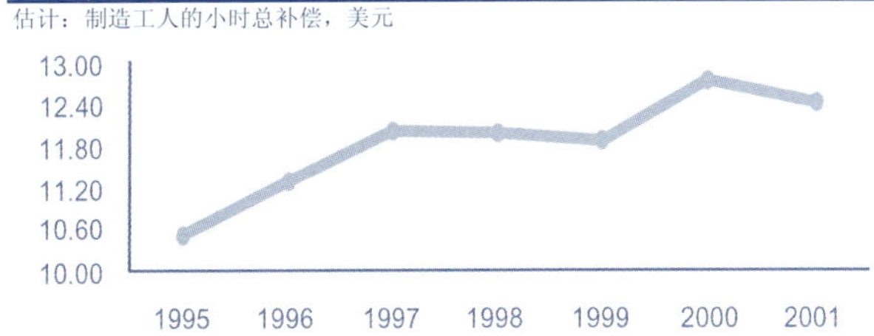

股票市场筹资额
十亿美元

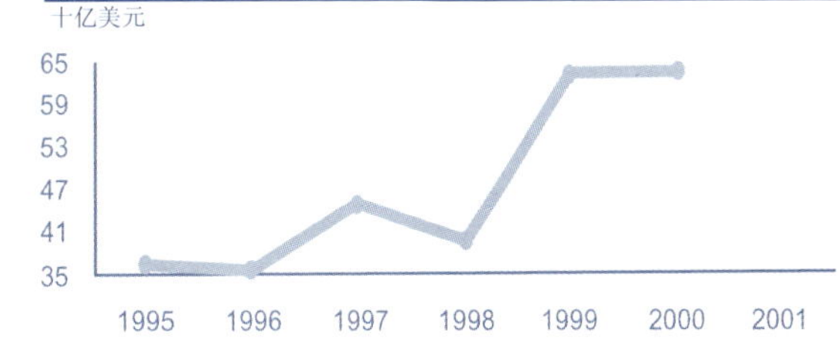

国内上市公司
上市公司的数量

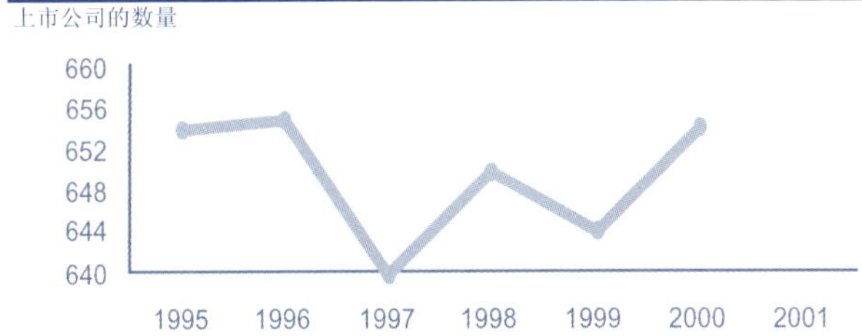

计算机
每1000人的计算机数量/来源：计算机工业年鉴

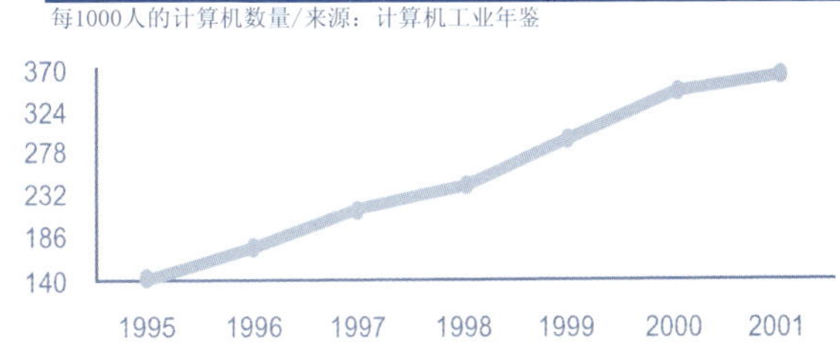

意大利

国家竞争力的挑战，2002

- 降低体系成本，尤其是劳动力税收，社会安全以及财政压力水平.
- 简化公众管理，完成公众效用服务，贸易和独立职业的自由化过程.
- 发展研究和以科学为基础(高科技内容)的创新.
- 同增加国外直接投资的流入一样，支持本国公司的国际化.
- 提高劳动力市场的弹性.

提供者：

CONFINDUSTRIA

总体表现

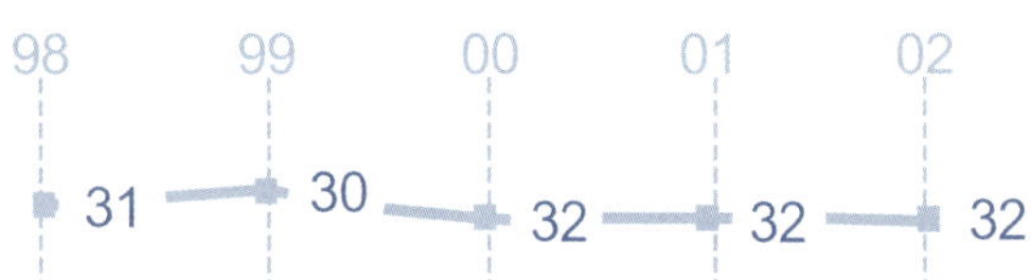

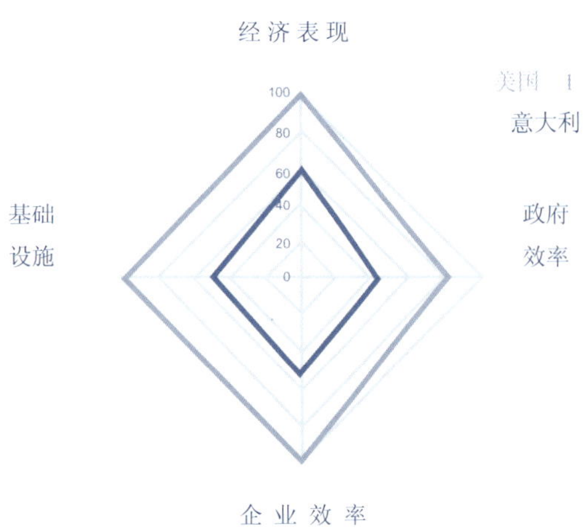

基本事实

首都	罗马
人口	58.0 (2001)
地域（平方千米）	301.0 (2000)
汇率（百分之一美元）	2,163.78 (2001)
国内生产总值（十亿美元）	1,088.7 (2001)
人均国内生产总值（美元）	18,783 (2001)
实际GDP增长率	1.8 (2001)
消费品价格上涨	2.8 (2001)
失业率	9.60 (2001)
劳动力（百万）	23.88 (2001)
经常性项目差额（十亿美元）	3.2 (2001)
直接投资	
吸收股票投资（十亿美元）	115.09 (2000)
吸收流量（占GDP百分比）	1.23 (2000)

意大利

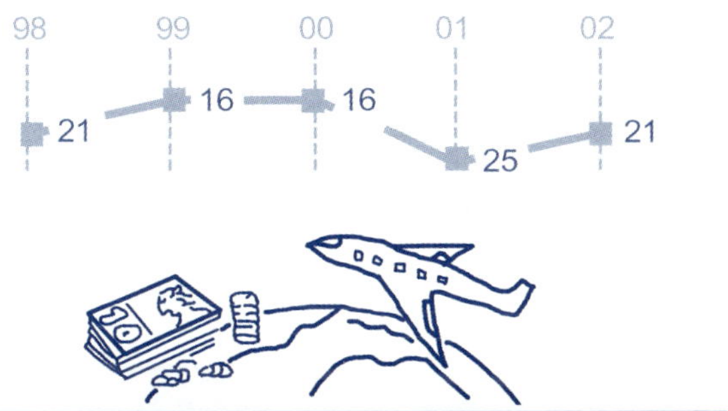

经济表现

	2002
国内经济	16
国际贸易	26
国际投资	18
就　业	35
物　价	20

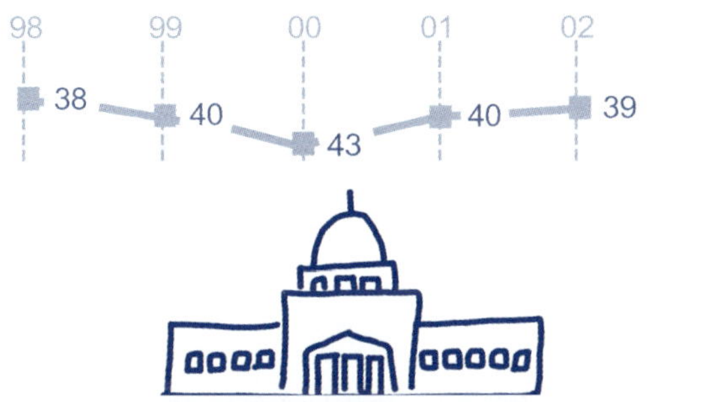

政府效率

	2002
公共财政	38
财政政策	43
组织机构	33
企业法规	36
教　育	35

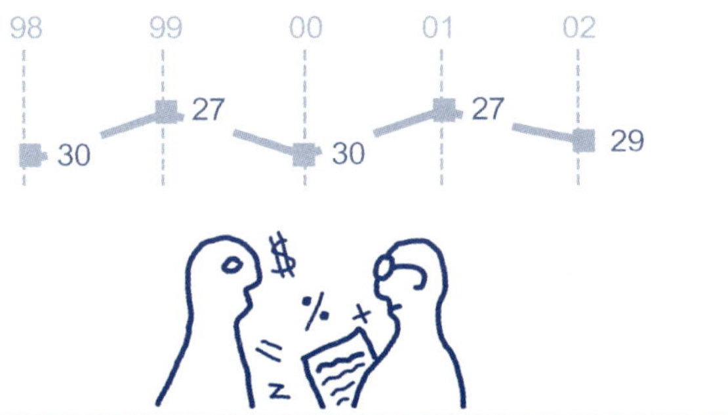

企业效率

	2002
生产率	9
劳动力市场	46
金　融	34
管理实践	33
全球化影响	29

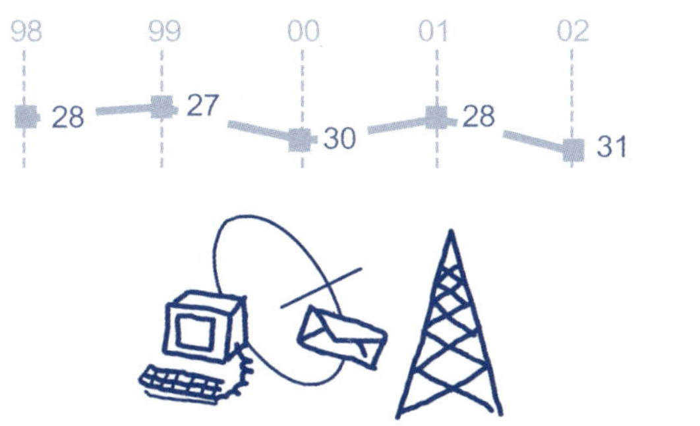

基础设施

	2002
基本基础设施	45
技术基本基础设施	32
科学基本基础设施	23
健康与环境	24
价值系统	31

意大利

这些指标是每类中最强的10个指标，这些类是通过对49个国家和地区平均的最大的价值差异来区分的。

1 经济表现			排名
1.2.10	商业服务出口额	10亿美元	6
1.3.09	证券投资资产	10亿美元	7
1.1.01	国内生产总值（GDP）	按现行价格、汇率计算，10亿美元	7
1.3.10	证券投资负债	10亿美元	7
1.2.07	商品出口额	商品出口额，10亿美元	8
1.1.02	国内生产总值（PPP）	估计值：按购买力平价计算，10亿美元	8
1.4.03	就业增长	变化率	9
1.3.03	对外直接投资存量	10亿美元	11
1.3.07	吸引国外直接投资存量	10亿美元	12
1.2.19	贸易条件指数	出口单位价值比进口单位价值（1995=100）	15

2 政府效率			
2.5.02	学生—教师比（初等教育）	学生与教师职员的比例	3
2.5.03	学生—教师比（中等教育）	学生与教师职员的比例	5
2.3.01	短期实际利率	平均贴现率/优惠利率（1月-12月）	16
2.3.04	国家信用评级	由《机构投资者杂志》杂志按百分制评分	18
2.1.06	中央政府国外负债	占GDP的百分比	19
2.3.08	关于政策方向的一致性	政府中政策方向的一致性很高	19
2.4.03	保护主义	保护主义没有影响贵国的企业行为	20
2.1.09	公共财政的管理	公共财政的管理在两年后可能完善	20
2.3.10	新立法	新立法鼓励企业竞争力	21
2.1.07	中央政府总负债实际增长率	按本地货币、不变价格计算的变化率	21

3 企业效率			
3.1.10	服务业生产率（购买力平价）	每个服务业雇员创造的相应GDP，美元，估计值	3
3.1.04	劳动生产率（购买力平价）	每雇员每小时的GDP，美元，估计值	5
3.4.07	企业家精神	贵国企业家精神很普遍	5
3.1.01	综合生产率（购买力平价）	每个就业者人均GDP，美元	5
3.3.19	国际保理业务	占商品出口的比重	7
3.4.08	公司的设立	贵国设立公司很普遍	8
3.3.11	股票市场筹资额	10亿美元	8
3.1.08	工业生产率（购买力平价）	每个工业雇员创造的相应GDP，美元，估计值	13
3.5.03	生产的再分配	国外的生产再分配没有威胁到贵国经济的未来	14
3.3.12	股票市场交易额	人均美元	16

4 基础设施			
4.3.18	批准授予国民专利年平均增长	变化百分比	1
4.2.04	移动电话用户	每千户居民中的用户数	4
4.3.22	专利生产率	批准授予国民的专利数/企业中研究与开发人员数（千人）	4
4.4.03	出生时的寿命期望	平均估计	6
4.2.12	互联网费用	高峰期互联网访问20小时费用，美元	6
4.1.14	能源强度	单位美元GDP消费的商业能源数量，千焦耳	6
4.2.08	在用计算机	占世界在用计算机总量的份额/来源：计算机行业年鉴	7
4.4.05	医疗帮助	每个医生负担的居民人数/每个护士负担的居民人数	8
4.3.12	科学论文	发表的科学和技术论文数（按作者的出生地）	8
4.4.14	二氧化碳排放量	GDP的每百万美元中由工业过程排放的二氧化碳（吨）	9

意大利

这些指标是每类中最弱的10个指标，这些类是通过对49个国家和地区平均的最大的价值差异来区分的。

1 经济表现

			排名
1.4.02	就业率	总就业人口占总人口的百分比	41
1.3.06	吸引国外直接投资+流量	吸引国外直接投资流量占GDP的百分比	40
1.2.12	商业服务出口实际增长	按本地货币、不变价格计算的变化率	39
1.2.18	外贸依存度	（出口+进口）/（2×GDP）	38
1.2.08	商品出口额	商品出口额占GDP的百分比	36
1.3.04	对外直接投资存量实际增长率	按本地货币、不变价格计算的变化率	35
1.4.06	失业率	占劳动力比率	35
1.3.02	对外直接投资流量	对外直接投资流量占GDP的百分比	33
1.2.11	商业服务出口额	商业服务出口额占GDP的百分比	33
1.1.21	经济的弹性	经济体对于经济周期的弹性强	30

2 政府效率

2.1.04	中央政府国内负债	占GDP的百分比	48
2.4.04	公共部门合同	公共部门合同向外国投标者充分开放	46
2.3.21	社会凝聚力	社会凝聚力是政府的首要目标	45
2.5.11	教育资金	教育资金在贵国很充足	43
2.3.16	官僚主义	官僚主义不阻碍企业发展	43
2.4.08	产品和服务立法	产品和服务立法不损害公司行为	43
2.2.01	税收总收入	占GDP的百分比	42
2.3.15	公共服务	公共服务不受政治干预	41
2.3.09	法律体系	法律体系不损害贵国的竞争力	41
2.5.05	高等教育成绩	25-34岁人中至少获得三级教育的人口所占比例	40

3 企业效率

3.3.14	股票市场指数	支书的变化率	46
3.3.07	银行服务	银行服务在贵国广泛发展	44
3.3.15	股东权利和义务	股东权利和义务明确界定	42
3.2.16	金融人才	金融人才在贵国劳动市场上容易获得	42
3.2.06	劳资关系	劳资关系有利于生产	42
3.4.10	社会责任	商界领袖重视对社会的责任	42
3.4.02	伦理实践	伦理实践在公司中采用	42
3.4.06	消费者满意度	贵国重视消费者满意度	41
3.2.15	熟练劳动力	熟练劳动力在贵国劳动市场上可获得性	41
3.2.05	工作小时	每年的平均工作小时数	40

4 基础设施

4.1.11	水运	水运基础设施（港口、运河）满足企业需要	48
4.3.13	学校内的科学	学校内的科学在贵国充分教育	47
4.1.10	用于货物和服务分配的基础设施	普遍有效率	47
4.1.09	空运的质量	空运的质量在贵国通常充分有效	46
4.2.14	信息技术人才	信息技术人才在贵国劳动市场上易获得	45
4.4.16	可持续发展	贵国优先考虑可持续发展	45
4.1.20	工业用户的电力成本	美元/千瓦	44
4.2.16	技术的发展和应用	合法环境支持技术的发展和应用	44
4.1.05	维护和发展	基础设施的维护和发展得到充分的计划和资助	43
4.2.06	通信的充分性	通信在贵国普遍比较充分	43

意大利

这一部分集锦了该国20个最强的指标，
这部分指标有着最高的标准化值（STD值）。
STD值＝（国家和地区的原始值－49个国家和地区平均值）/标准差

20个最强的指标

序号	名称	国家原始值	国家排名	49国家平均值
4.3.18	**批准授予国民专利年平均增长速度** 变化百分比	772.27	1	33.56
3.1.10	**服务业生产率（购买力平价）** 每个服务业雇员创造的相应GDP，美元，估计值	69274	3	42358
3.1.04	**劳动生产率（购买力平价）** 每雇员每小时的GDP，美元，估计值	37.24	5	22.41
4.2.04	**移动电话用户** 每千户居民中的用户数	862.4	4	506.4
2.5.02	**学生—教师比（初等教育）** 学生与教师职员的比例	11.3	3	19.49
1.3.09	**证券投资资产** 10亿美元	80.26	7	26.1
3.1.01	**综合生产率（购买力平价）** 每个就业者人均GDP，美元	64495	5	41680
2.5.03	**学生—教师比（中等教育）** 学生与教师职员的比例	10.3	5	16.99
1.2.07	**商品出口额** 商品出口额，10亿美元	241.26	8	115.59
4.4.03	**出生时的寿命期望** 平均估计	79.2	6	74.5
4.2.12	**互联网费用** 高峰期互联网访问20小时费用，美元	26.73	6	22.72
2.3.04	**国家信用评级** 由《机构投资者杂志》杂志按百分制评分	82.9	18	67.8
3.3.19	**国际保理业务** 占商品出口的比重	1.907	7	0.878
3.4.07 （调查）	**企业家精神** 贵国企业家精神很普遍	7.69	5	6.34
3.4.08 （调查）	**公司的设立** 贵国设立公司很普遍	7.79	8	6.75
4.5.03 （调查）	**适应性** 面对挑战，贵国人民的适应性很强	7.46	15	6.85
4.4.11 （调查）	**酗酒、吸毒** 酗酒和吸毒在工作岗位没有成为严重问题	7.29	18	6.61
3.5.03 （调查）	**生产的再分配** 国外的生产再分配没有威胁到贵国经济的未来	5.44	14	4.87
4.5.01 （调查）	**生活质量** 贵国生活质量很高	7.48	22	6.58
2.3.10 （调查）	**新立法** 新立法鼓励企业竞争力	5.88	21	5.41

意大利

如　果？

竞争力模拟研究帮助政策制定者将注意力和优先次序放在他们国家或地区面临的关键竞争力上。我们用49个国家或地区的平均值代替这些最弱的指标值，从而计算这个国家或地区的总体排名。然而，这只是一个理论方式，不应视为政策的建议。还必须考虑各个国家或地区的发展水平、政治体制和社会值系统

	从		到
模拟排名变化	32	→	29

20个最弱的指标

序号	名称	国家原始值	国家排名	49国家平均值
2.1.04	**中央政府国内负债** 占GDP的百分比	103	48	33.2
4.1.20	**工业用户的电力成本** 美元/千瓦	0.089	44	0.056
2.5.05	**高等教育成绩** 25-34岁人中至少获得三级教育的人口所占比例	10	40	21
3.2.05	**工作小时** 每年的平均工作小时数	1732	40	1925
2.2.09	**雇主的社会保障缴款率** 强制缴款占人均GDP的比率	31.68	39	17.86
2.2.01	**税收总收入** 占GDP的百分比	42.26	42	31.24
3.3.14	**股票市场指数** 支书的变化率	-28.5	46	-8.23
4.2.19	**高技术出口** 占制造业出口的比例	9.2	30	16.96
1.4.02	**就业率** 总就业人口占总人口的百分比	37.12	41	43.32
4.2.01	**对电信的投资** 年平均占GDP的百分比	0.347	41	0.607
2.2.07	**对利润征收的平均公司税率** 占税前利润的百分比	36	40	29.22
2.2.02	**个人收入税有效税率** 占人均GDP的百分比	24.49	37	17.15
3.2.13	**女性劳动力** 占全部劳动力的比例	38.66	38	40.42
4.1.09 （调查）	**空运的质量** 空运的质量在贵国通常充分有效	4.52	46	6.71
4.3.13 （调查）	**学校内的科学** 学校内的科学在贵国充分教育	3.15	47	5.19
4.1.10 （调查）	**用于货物和服务分配的基础设施** 普遍有效率	3.51	47	6.15
3.3.07 （调查）	**银行服务** 银行服务在贵国广泛发展	5.51	44	7.56
2.4.04 （调查）	**公共部门合同** 公共部门合同向外国投标者充分开放	5	46	6.56
4.2.14 （调查）	**信息技术人才** 信息技术人才在贵国劳动市场上易获得	5.67	45	7.1
2.5.11 （调查）	**教育资金** 教育资金在贵国很充足	3.73	43	5.49

意大利

国内经济

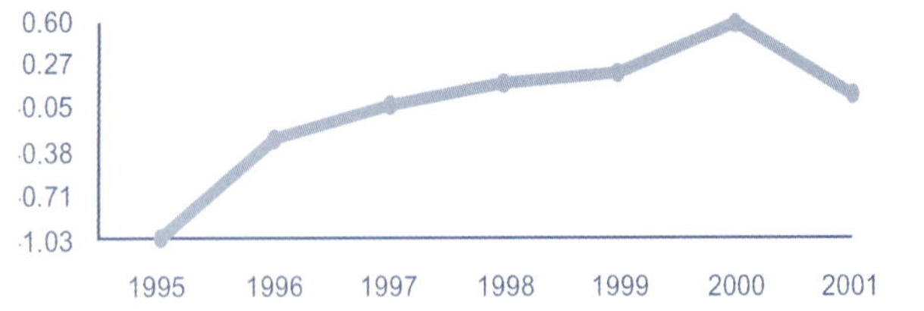

国际贸易

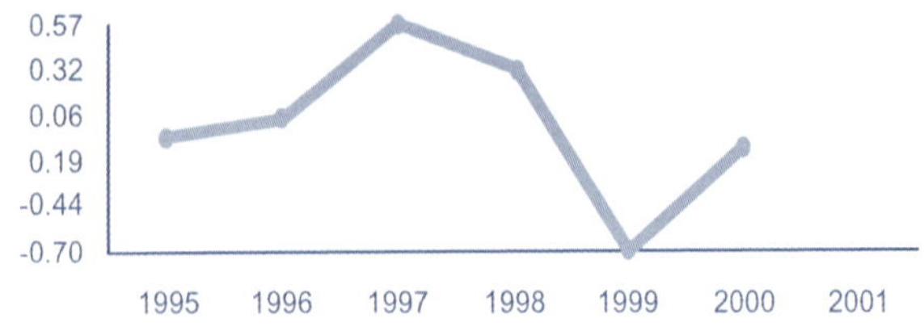

国际投资

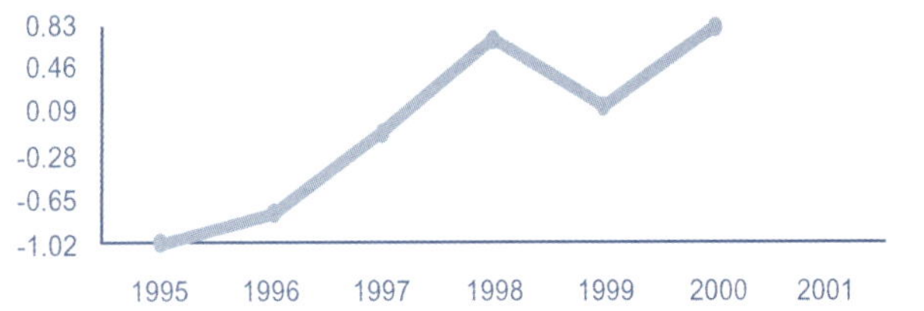

公共财政

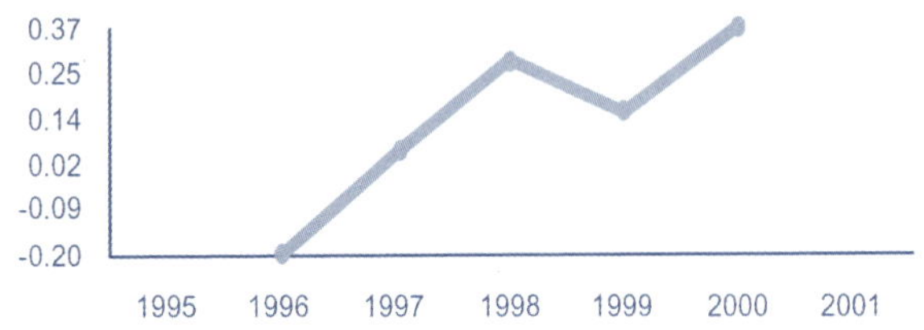

财政政策

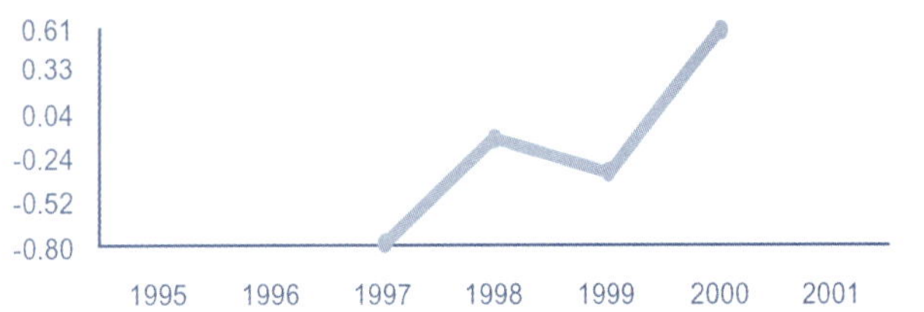

生产率

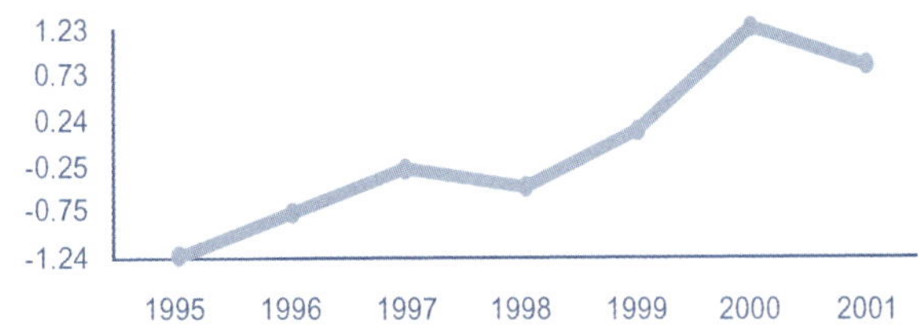

金融

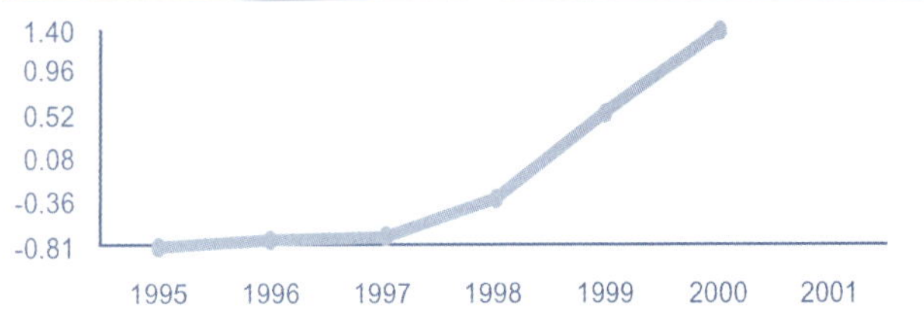

技术基础设施

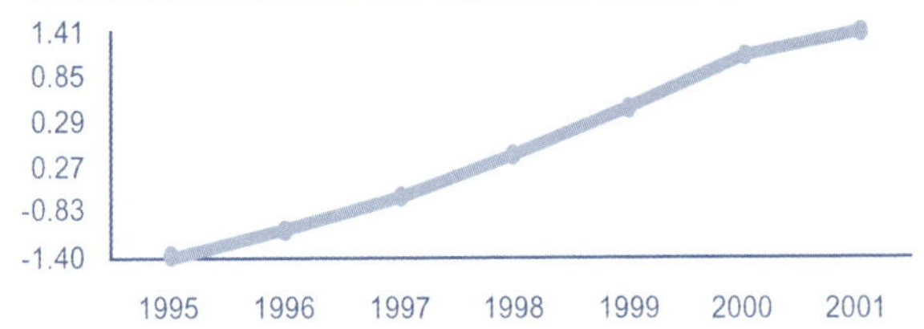

主要竞争力指标

人均国内生产总值

人均美元

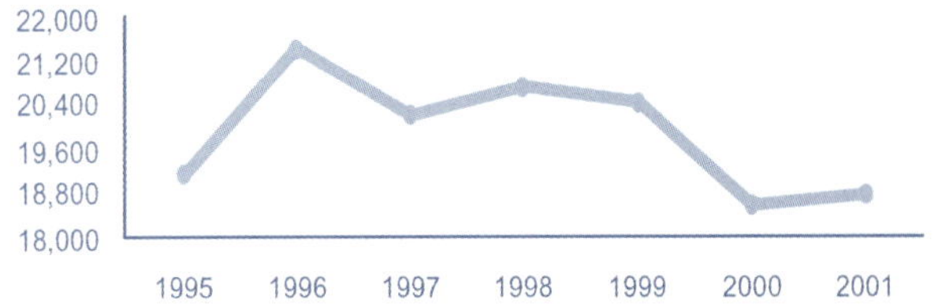

国内生产总值实际增长率

百分比变化，基于国家货币物价稳定

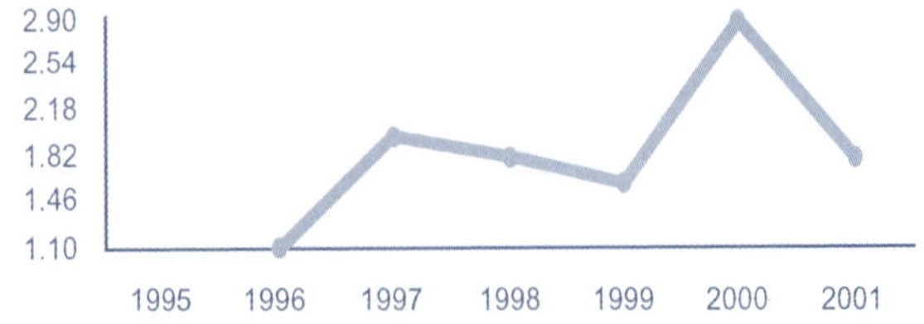

意大利

个人最终消费支出
人均美元

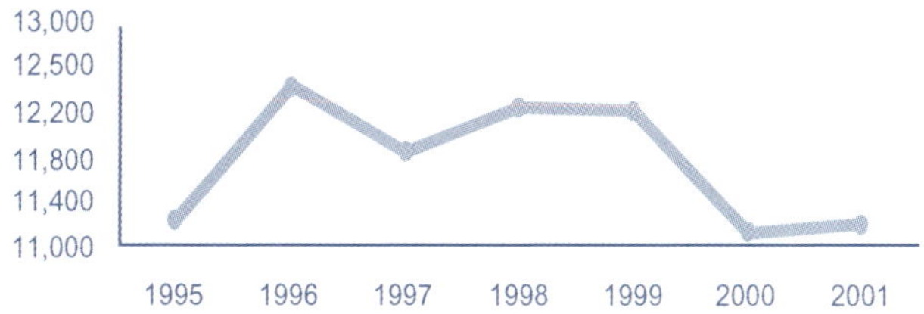

经常性项目差额
十亿美元（负号标志=赤字）

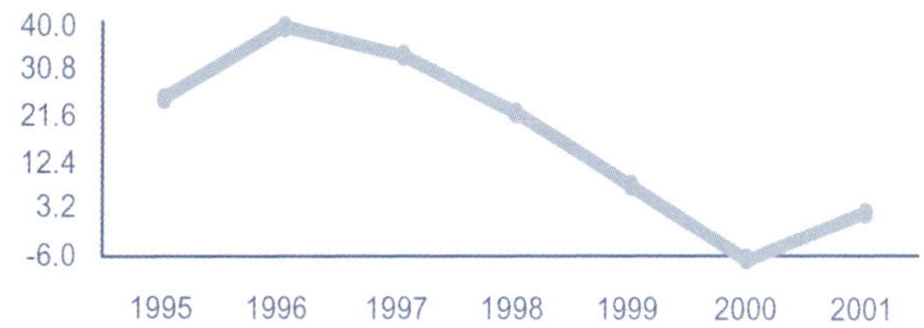

商品和商业劳务出口
十亿美元

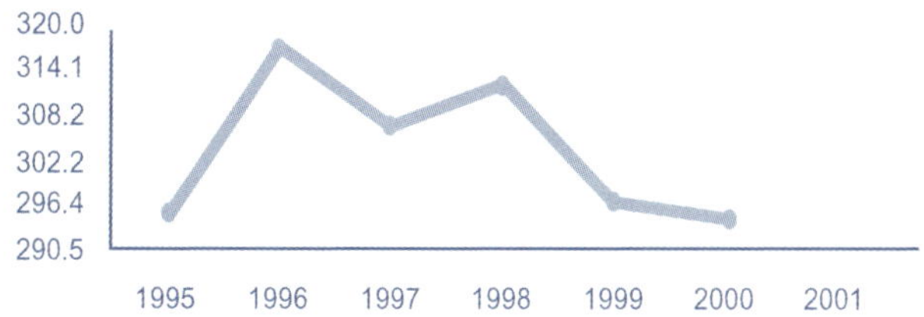

对外直接投资流量
十亿美元

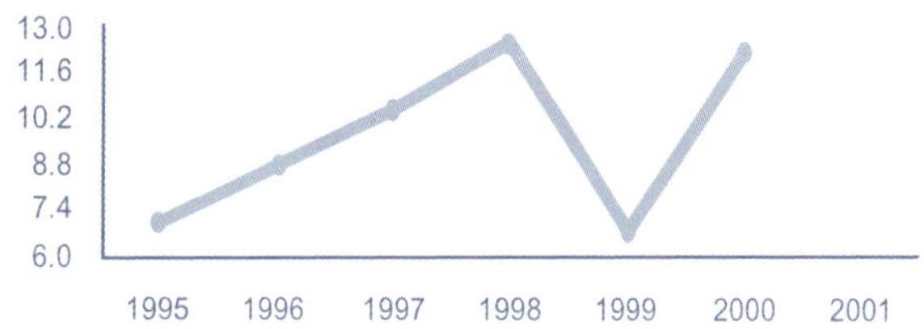

吸收直接投资流量
十亿美元

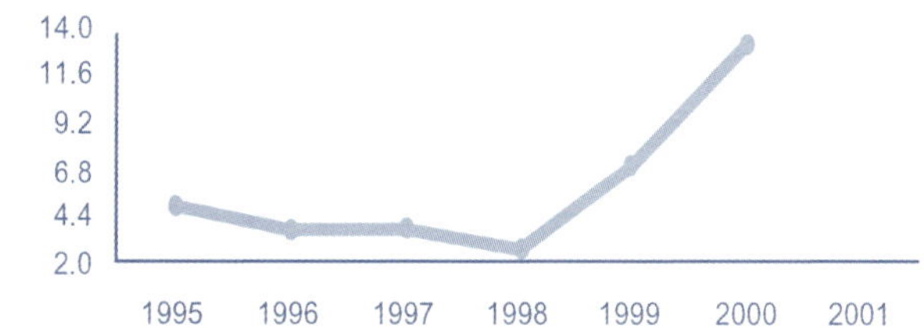

失业率
劳动力百分比

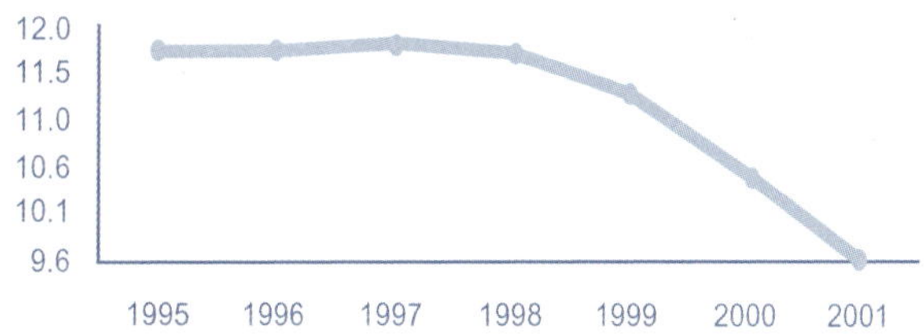

消费品价格增长率
年平均比率

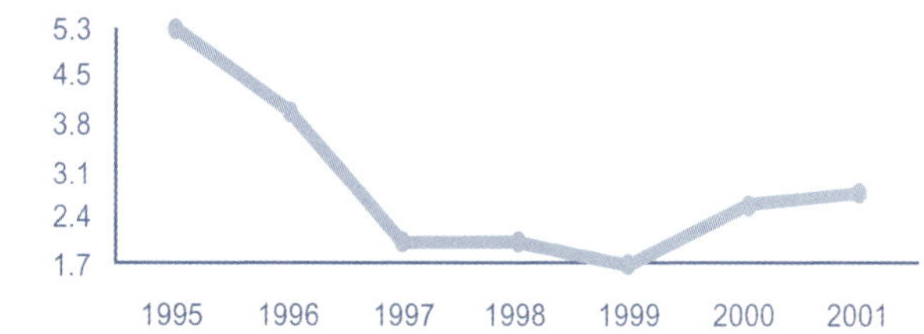

总体生产率
就业人员人均国内生产总值，美元

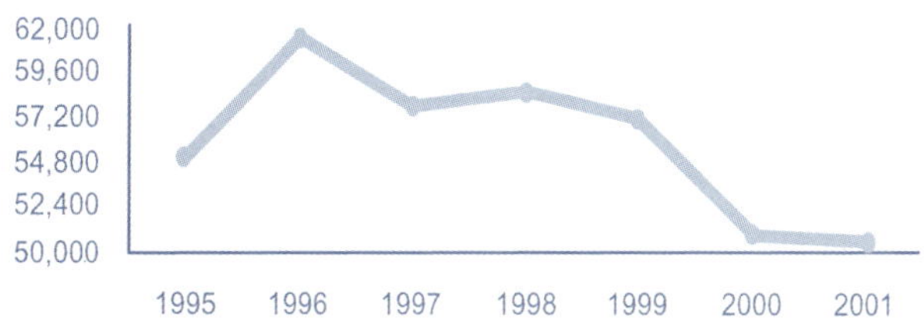

报酬水平
估计：制造工人的小时总补偿，美元

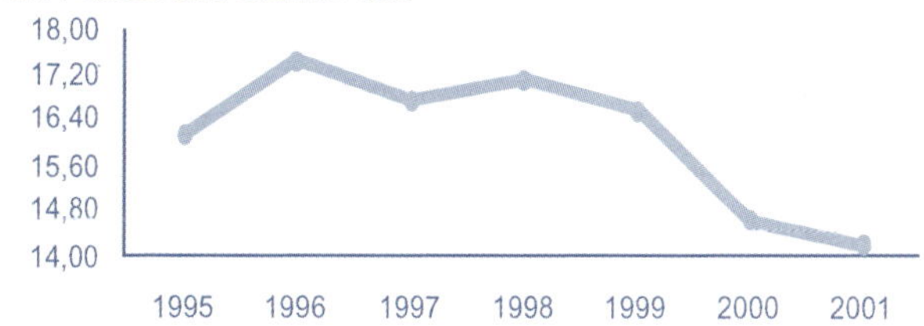

股票市场筹资额
十亿美元

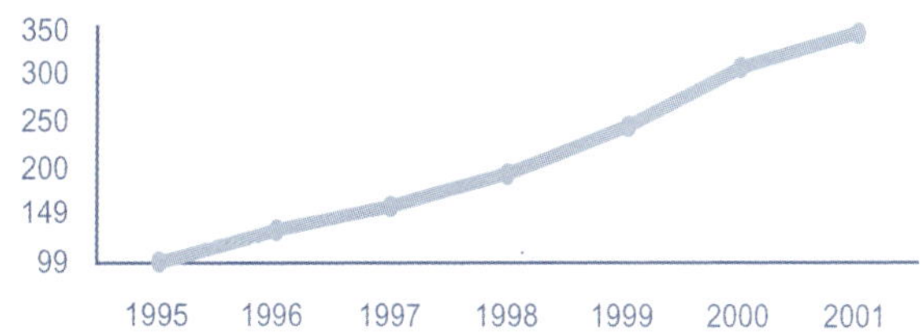

国内上市公司
上市公司的数量

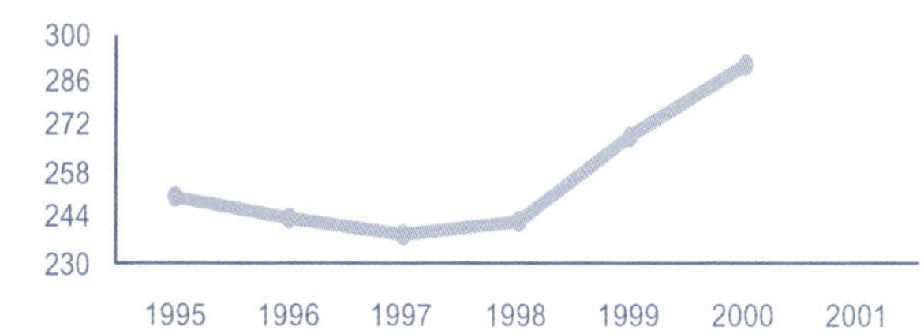

计算机
每1000人的计算机数量/来源：计算机工业年鉴

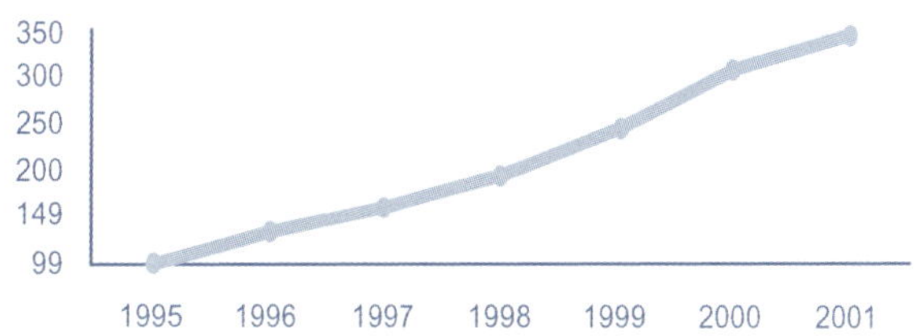

日本

国家竞争力的挑战，2002

- 稳定日本的金融系统.迫切的需要避免由支付的自由化造成大银行公共资金与不良贷款相混.
- 根除通货紧缩.
- 减少高失业率.日本政府应当为那些失去工作的人提供安全保障体系,如同促进劳动力市场的流动性一样.
- IT市场包括移动电话的成熟,推动了过去几年日本工业的发展.
- 与韩国共同举办的世界杯足球赛，将加速日本文化在亚洲的传播.

提供者:

Dentsu人力研究机构

总体表现

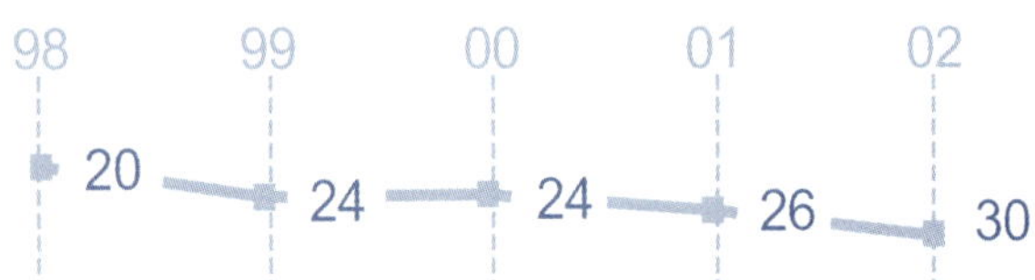

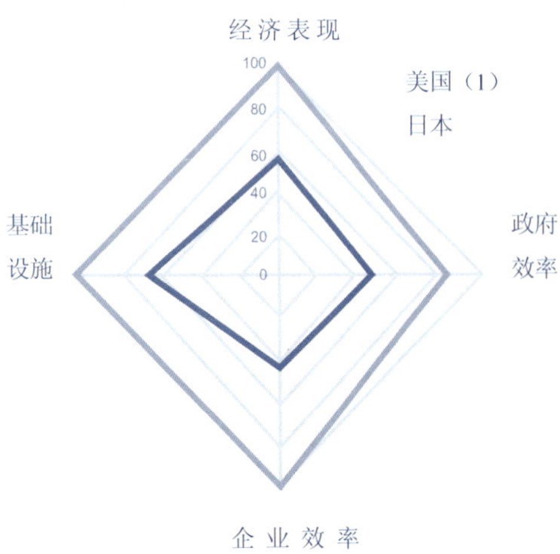

基本事实

首都	东京
人口	127.3 (2001)
地域（平方千米）	378.0 (2000)
汇率（百分之一美元）	121.53 (2001)
国内生产总值（十亿美元）	4,143.8 (2001)
人均国内生产总值（美元）	32,554 (2001)
实际GDP增长率	-0.5 (2001)
消费品价格上涨	-0.7 (2001)
失业率	4.80 (2001)
劳动力（百万）	67.52 (2001)
经常性项目差额（十亿美元）	95.8 (2001)
直接投资	
吸收股票投资（十亿美元）	54.30 (2000)
吸收流量（占GDP百分比）	0.17 (2000)

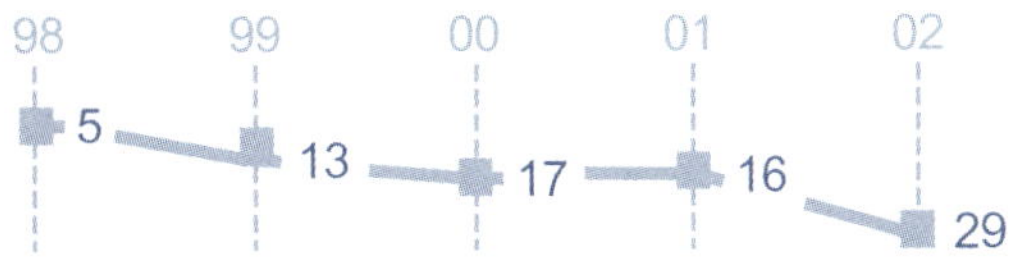

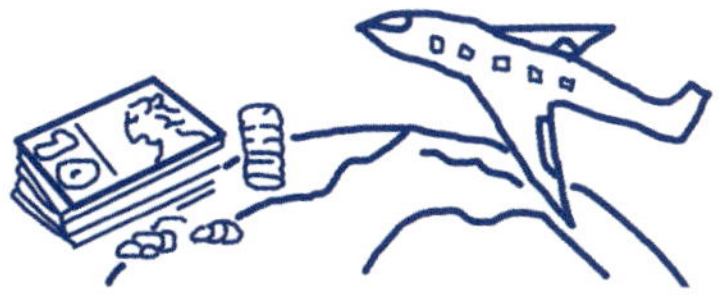

经 济 表 现

	2002
国内经济	11
国际贸易	16
国际投资	20
就 业	9
物 价	45

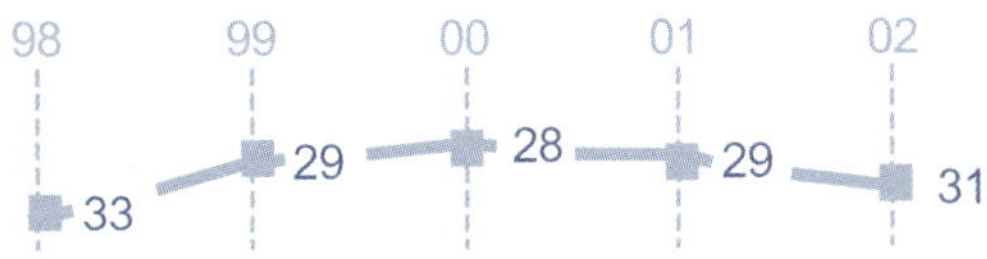

政 府 效 率

	2002
公共财政	15
财政政策	33
组织机构	30
企业法规	41
教 育	33

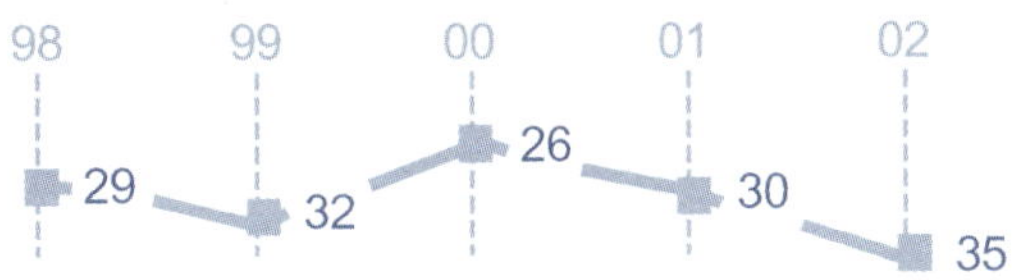

企 业 效 率

	2002
生产率	23
劳动力市场	41
金 融	33
管理实践	41
全球化影响	39

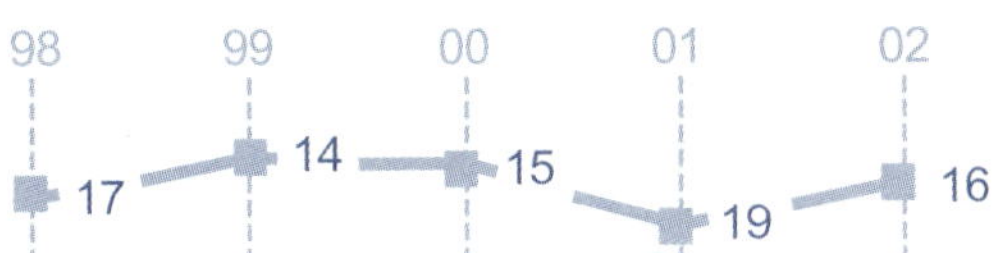

基 础 设 施

	2002
基本基础设施	28
技术基本基础设施	25
科学基本基础设施	2
健康与环境	11
价值系统	48

日本

这些指标是每类中最强的10个指标，这些类是通过对49个国家和地区平均的最大的价值差异来区分的。

1 经济表现			排名
1.2.01	经常项目差额	经常项目差额，10亿美元（负号为逆差）	1
1.1.01	国内生产总值（GDP）	按现行价格、汇率计算，10亿美元	2
1.2.07	商品出口额	商品出口额，10亿美元	3
1.1.02	国内生产总值（PPP）	估计值；按购买力平价计算，10亿美元	3
1.5.01	消费品价格上涨	年平均比率	3
1.1.22	人均GDP	人均美元	5
1.2.10	商业服务出口额	10亿美元	5
1.3.09	证券投资资产	10亿美元	6
1.4.02	就业率	总就业人口占总人口的百分比	6
1.4.01	总就业人口	总就业人口（百万）	7

2 政府效率			
2.1.10	国家总储备	包括黄金和官方储备（每盎司黄金=35个特别提款权）	1
2.5.04	中等学校入学人数	接受全日制教育的相关年龄组所占比例	1
2.5.05	高等教育成绩	25-34岁人中至少获得三级教育的人口所占比例	2
2.3.03	利率差	贷款利率减去存款利率	3
2.5.09	文盲率	成人（15岁以上）文盲占总人口比例	3
2.3.07	汇率稳定度	本币相对于特别提款权的汇兑年价变动	4
2.2.13	间接税	商品和服务税占GDP的比重	6
2.1.06	中央政府国外负债	占GDP的百分比	6
2.3.01	短期实际利率	平均贴现率/优惠利率（1月-12月）	9
2.4.10	地下经济	地下经济不损害贵国的经济发展	10

3 企业效率			
3.3.11	股票市场筹资额	10亿美元	2
3.3.13	国内上市公司	国内上市公司数目	4
3.4.06	消费者满意度	贵国重视消费者满意度	9
3.2.09	雇员培训	公司高度重视雇员培训	9
3.2.06	劳资关系	劳资关系有利于生产	10
3.2.08	产业纠纷	每千个居民年均因纠纷损失的工作日	10
3.2.15	熟练劳动力	熟练劳动力在贵国劳动市场上可获得性	12
3.2.07	工人的动机	贵国工人动机很重要	12
3.1.10	服务业生产率（购买力平价）	每个服务业更雇员创造的相应GDP，美元，估计值	12
3.3.01	银行部门的资产	占GDP的比例	12

4 基础设施			
4.3.17	批准授予国民专利	批准授予国民专利数目	1
4.3.08	企业研究与开发人数	千人全日约当单位	1
4.3.06	全国所有研究与开发人员	千人全日约当单位	1
4.3.02	人均研究与开发支出	人均，美元	1
4.4.03	出生时的寿命期望	平均估计	1
4.3.01	所有研究与开发支出	百万美元	2
4.3.19	国民在国外获取专利件数	国民在国外获取专利件数	2
4.2.18	高技术出口	百万美元	2
4.3.04	企业研究与开发支出	百万美元	2
4.2.08	在用计算机	占世界在用计算机总量的份额/来源：计算机行业年鉴	2

日本

这些指标是每类中最弱的10个指标，这些类是通过对49个国家和地区平均的最大的价值差异来区分的。

1 经济表现

			排名
1.2.18	外贸依存度	（出口+进口）/（2×GDP）	49
1.1.21	经济的弹性	经济体对于经济周期的弹性强	48
1.2.11	商业服务出口额	商业服务出口额占GDP的百分比	48
1.5.02	生活费指数	主要城市不包括住房的各种货物支出指数（纽约=100）	47
1.3.06	吸引国外直接投资+流量	吸引国外直接投资流量占GDP的百分比	47
1.2.08	商品出口额	商品出口额占GDP的百分比	46
1.1.12	实际GDP增长率	按本地货币、不变价格计算的变化率	44
1.4.03	就业增长	变化率	42
1.1.13	实际人均GDP增长率	按本地货币、不变价格计算的变化率	40
1.3.04	对外直接投资存量实际增长率	按本地货币、不变价格计算的变化率	39

2 政府效率

			排名
2.4.15	移民法	移民法不禁止本国公司雇用外国劳动力	49
2.4.04	公共部门合同	公共部门合同向外国投标者充分开放	49
2.5.08	大学教育	大学教育满足有竞争力的社会的需要	49
2.1.02	中央政府预算盈余/赤字	占GDP的百分比	48
2.4.11	外国公司	外国公司不被国内立法区别对待	47
2.4.12	新企业	新企业在贵国容易建立	47
2.5.07	教育体系	教育系统满足有竞争力的社会的需要	47
2.2.07	对利润征收的平均公司税率	占税前利润的百分比	46
2.4.16	金融机构法规	金融机构法规对于金融稳定性是足够的	46
2.1.04	中央政府国内负债	占GDP的百分比	45

3 企业效率

			排名
3.4.07	企业家精神	贵国企业家精神很普遍	49
3.3.15	股东权利和义务	股东权利和义务明确界定	49
3.4.05	股东价值	有效地管理股东价值	49
3.4.08	公司的设立	贵国设立公司很普遍	48
3.2.19	国际经验	高层管理者通常有丰富的国际经验	48
3.2.03	服务性职业报酬	年均总收入，包括附加薪水，例如额外薪金，美元	47
3.3.16	金融机构透明度	金融机构透明度在贵国高度发达	47
3.2.20	称职的高层管理人员	称职的高层管理人员在贵国劳动市场上易获得	46
3.3.09	银行业规定	银行业规定没有阻碍贵国竞争力	46
3.4.04	公司董事会	公司董事会确实合适地监督了公司的管理	45

4 基础设施

			排名
4.5.02	民族文化	民族文化对外国文化开放	49
4.1.20	工业用户的电力成本	美元/千瓦	48
4.5.03	适应性	面对挑战，贵国人民的适应性很强	46
4.3.14	科学和技术的兴趣	贵国青年具有浓厚的科学技术兴趣	46
4.1.12	可耕地面积	人均平方米	45
4.5.04	歧视	歧视（种族、性别等）并没有给社会带来不利影响	44
4.5.09	社会的价值	社会价值支持竞争力	40
4.1.17	国内能源总产量	占所有能源需求（等价为石油吨数）的比例	40
4.1.16	GDP和能源消耗	实际GDP增长率减去能源消耗增长率	39
4.5.06	女性地位	所有立法委员、高级官员和经理中女性所占比例	38

日本

这一部分集锦了该国20个最强的指标，
这部分指标有着最高的标准化值（STD值）。
STD值=（国家和地区的原始值－49个国家和地区平均值）/标准差

20个最强的指标

序号	名称	国家原始值	国家排名	49国家平均值
2.1.10	**国家总储备** 包括黄金和官方储备（每盎司黄金=35个特别提款权）	315.29	1	30.49
4.3.17	**批准授予国民专利** 批准授予国民专利数目	133960	1	7,353
4.3.08	**企业研究与开发人数** 千人全日约当单位	604.5	1	64
4.3.06	**全国所有研究与开发人员** 千人全日约当单位	919.1	1	110.10
4.3.01	**所有研究与开发支出** 百万美元	148566	2	13320
4.3.19	**国民在国外获取专利件数** 国民在国外获取专利件数	83,814	2	8,744
4.2.18	**高技术出口** 百万美元	127368	2	21693
4.3.02	**人均研究与开发支出** 人均，美元	1,170.50	1	282.1
4.3.04	**企业研究与开发支出** 百万美元	93323	2	8958
4.3.05	**人均企业研究与开发支出额** 人均，美元	736.65	3	177.46
1.1.01	**国内生产总值（GDP）** 按现行价格、汇率计算，10亿美元	4143.8	2	600.8
2.5.05	**高等教育成绩** 25-34岁人中至少获得三级教育的人口所占比例	45	2	21
1.2.07	**商品出口额** 商品出口额，10亿美元	404.69	3	115.59
4.4.11 （调查）	**酗酒、吸毒** 酗酒和吸毒在工作岗位没有成为严重问题	8.38	4	6.61
2.4.10 （调查）	**地下经济** 地下经济不损害贵国的经济发展	7.75	10	5.73
4.4.18 （调查）	**环境法** 环境法和遵守该法不会阻碍企业竞争力	7.02	8	6.09
3.4.06 （调查）	**消费者满意度** 贵国重视消费者满意度	7.4	9	6.29
3.2.09 （调查）	**雇员培训** 公司高度重视雇员培训	6.85	9	5.75
2.2.14 （调查）	**逃税** 逃税在贵国不普遍	6.36	11	4.57
3.2.06 （调查）	**劳资关系** 劳资关系有利于生产	7.35	10	6.22

日本

如　　果？

竞争力模拟研究帮助政策制定者将注意力和优先次序放在他们国家或地区面临的关键竞争力上。我们用49个国家或地区的平均值代替这些最弱的指标值，从而计算这个国家或地区的总体排名。然而，这只是一个理论方式，不应视为政策的建议。还必须考虑各个国家或地区的发展水平、政治体制和社会值系统

	从		到
模拟排名变化	30	→	22

20个最弱的指标

序号	名称	国家原始值	国家排名	49国家平均值
4.1.20	**工业用户的电力成本** 美元/千瓦	0.143	48	0.056
2.2.07	**对利润征收的平均公司税率** 占税前利润的百分比	49	46	29.22
1.5.02	**生活费指数** 主要城市不包括住房的各种货物支出指数（纽约=100）	131.17	47	81.64
4.2.12	**互联网费用** 高峰期互联网访问20小时费用，美元	58.2	31	22.72
2.1.02	**中央政府预算盈余/赤字** 占GDP的百分比	-7.37	48	-0.97
2.1.04	**中央政府国内负债** 占GDP的百分比	73.5	45	33.2
1.2.18	**外贸依存度** （出口+进口）/（2×GDP）	10.94	49	49.38
1.2.08	**商品出口额** 商品出口额占GDP的百分比	9.77	46	38.5
2.2.12	**资本和财产税** 资本和财产税占GDP的百分比	2.77	39	1.57
1.1.12	**实际GDP增长率** 按本地货币、不变价格计算的变化率	-0.5	44	1.8
2.5.01	**全部公共教育支出** 全部公共教育支出占GDP的比例	3.6	43	5.1
1.3.06	**吸引国外直接投资+流量** 吸引国外直接投资流量占GDP的百分比	0.17	47	6.48
4.1.16	**GDP和能源消耗** 实际GDP增长率减去能源消耗增长率	-1.256	39	1.396
2.4.15 （调查）	**移民法** 移民法不禁止本国公司雇用外国劳动力	3.20	49	5.82
2.4.04 （调查）	**公共部门合同** 公共部门合同向外国投标者充分开放	3.87	49	6.56
3.4.07 （调查）	**企业家精神** 贵国企业家精神很普遍	3.80	49	6.34
2.5.08 （调查）	**大学教育** 大学教育满足有竞争力的社会的需要	2.45	49	5.72
1.1.21 （调查）	**经济的弹性** 经济体对于经济周期的弹性强	2.71	48	5.18
3.4.08 （调查）	**公司的设立** 贵国设立公司很普遍	4.53	48	6.75
3.3.15 （调查）	**股东权利和义务** 股东权利和义务明确界定	4.09	49	6.49

日本

国内经济

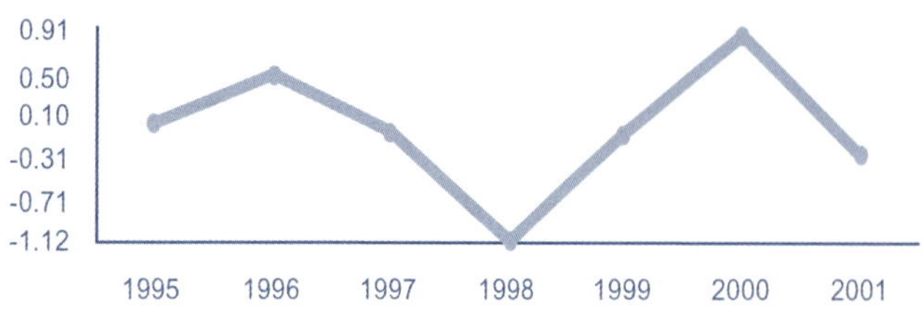

国际贸易

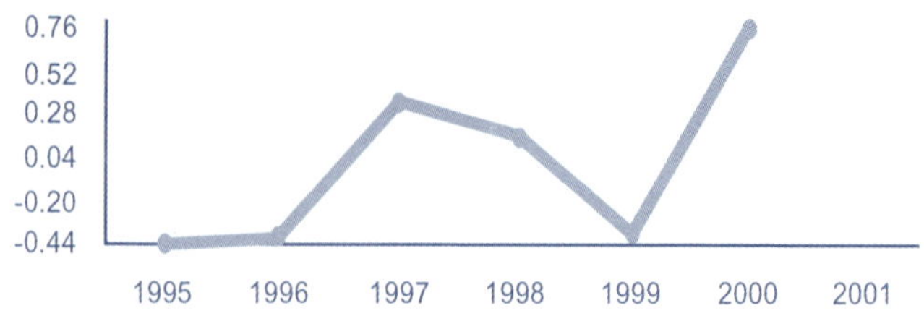

国际投资

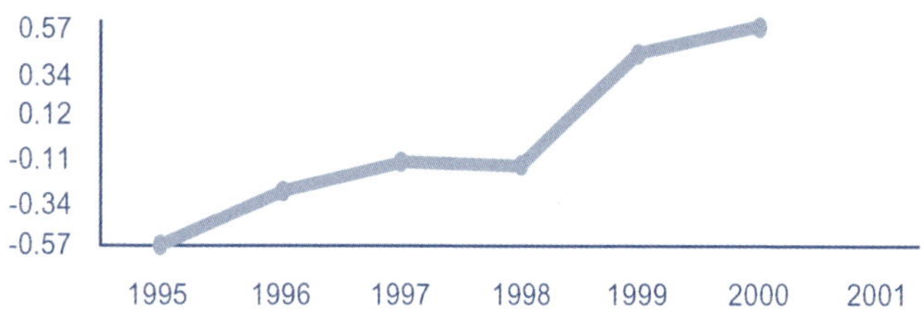

公共财政

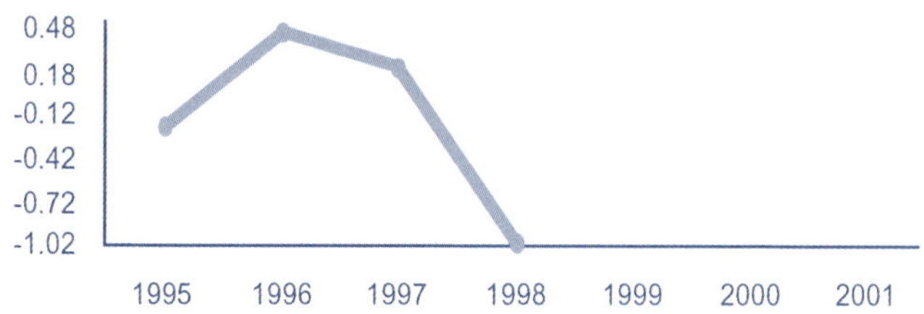

财政政策

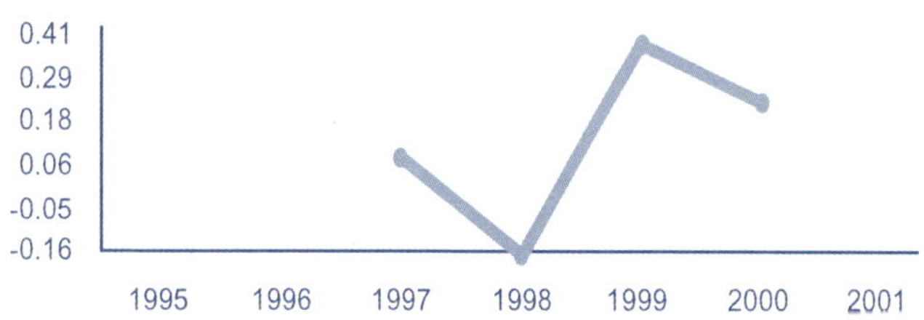

生产率

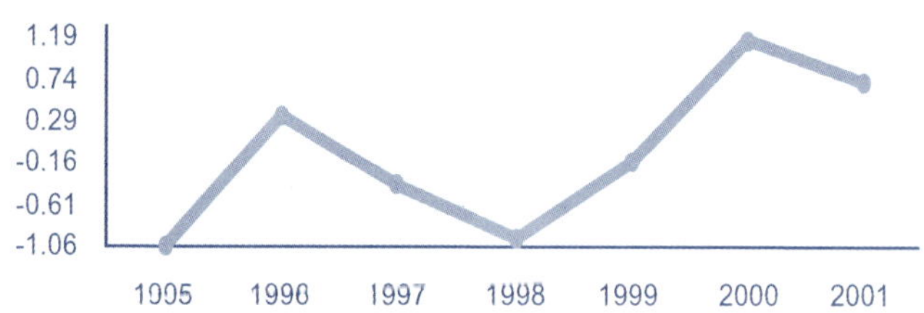

金融

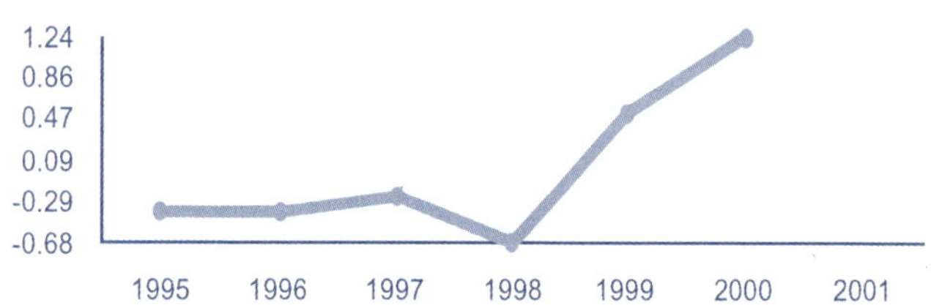

技术基础设施

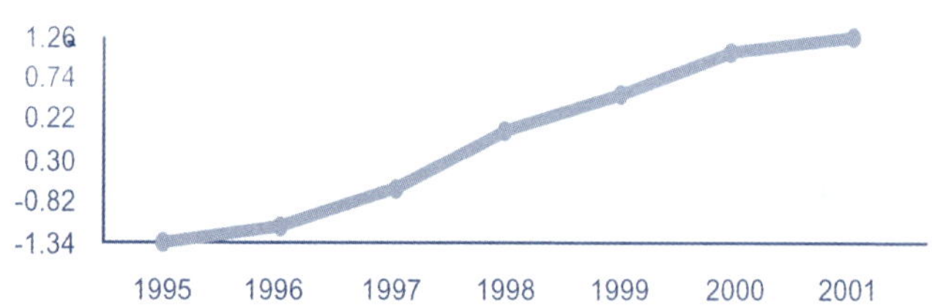

主要竞争力指标

人均国内生产总值

人均美元

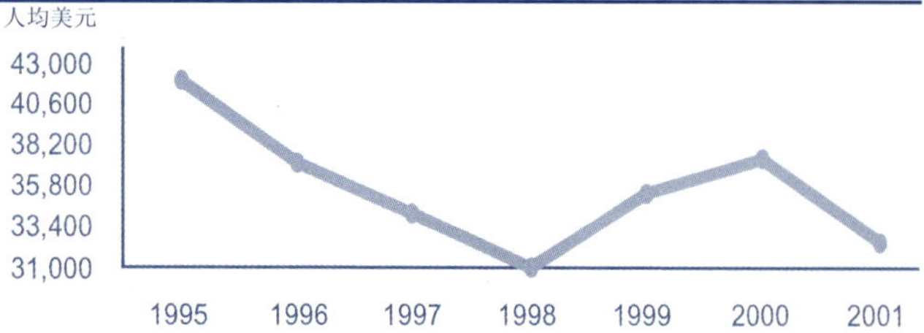

国内生产总值实际增长率

百分比变化，基于国家货币物价稳定

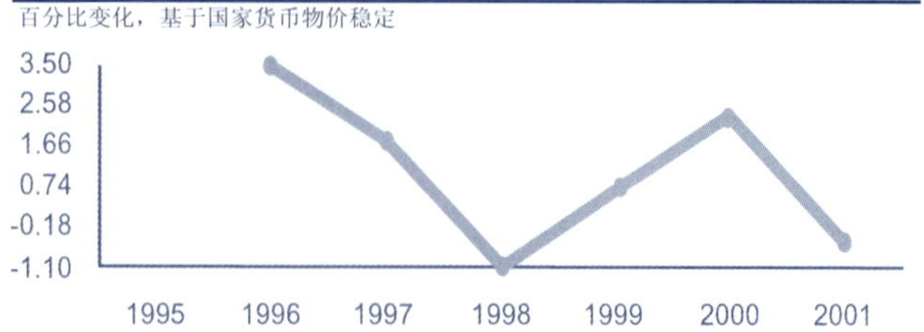

日本

个人最终消费支出
人均美元

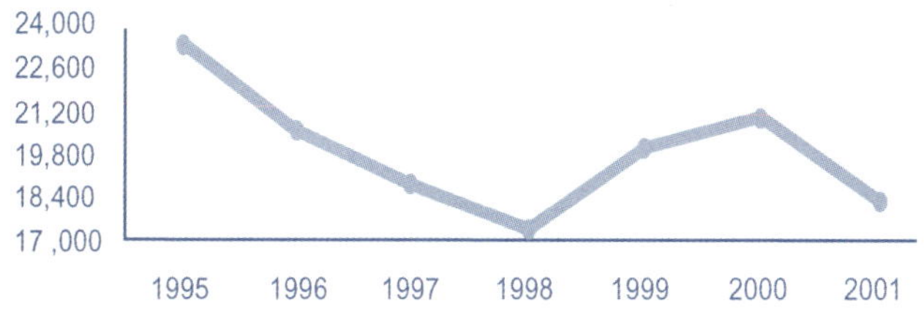

经常性项目差额
十亿美元（负号标志=赤字）

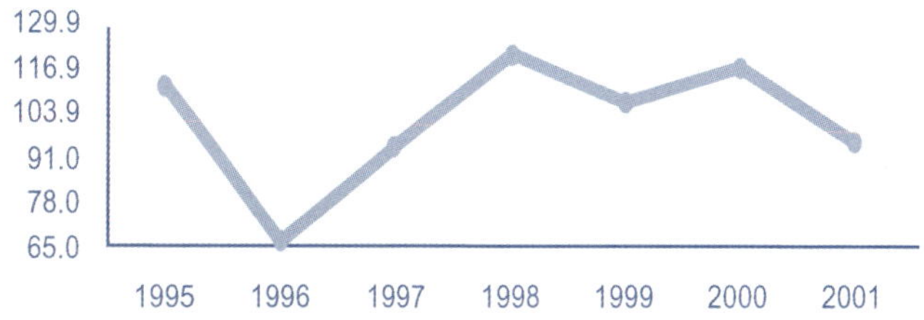

商品和商业劳务出口
十亿美元

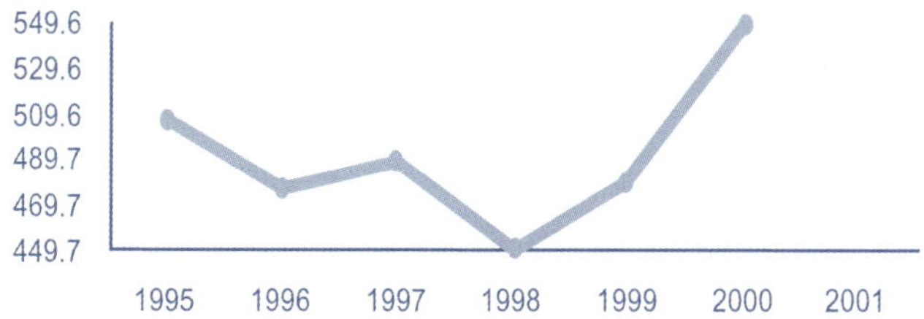

对外直接投资流量
十亿美元

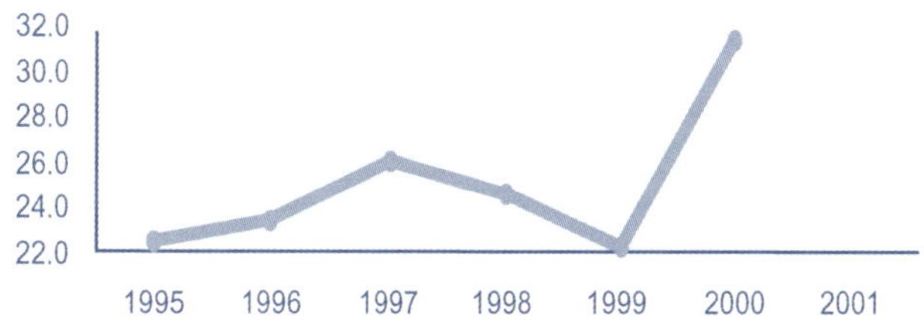

吸收直接投资流量
十亿美元

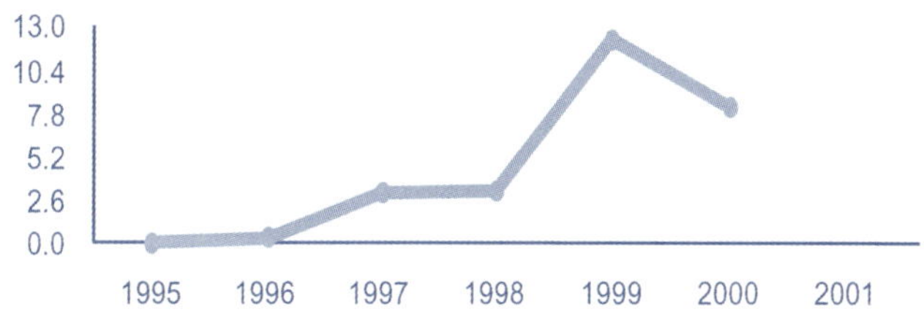

失业率
劳动力百分比

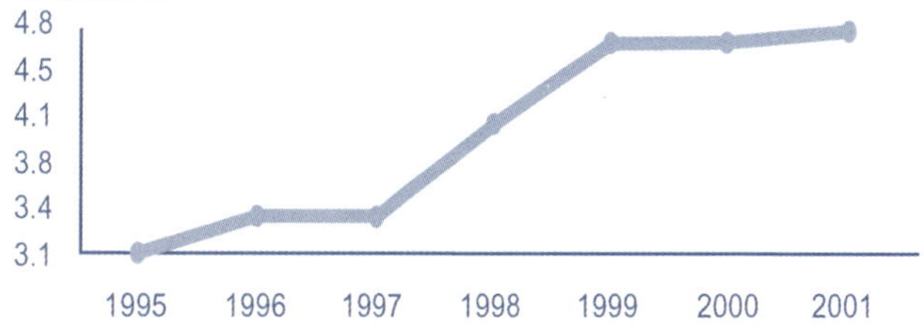

消费品价格增长率
年平均比率

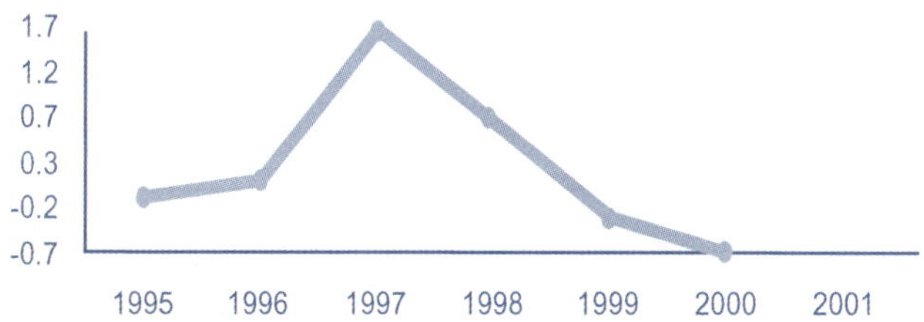

总体生产率
就业人员人均国内生产总值，美元

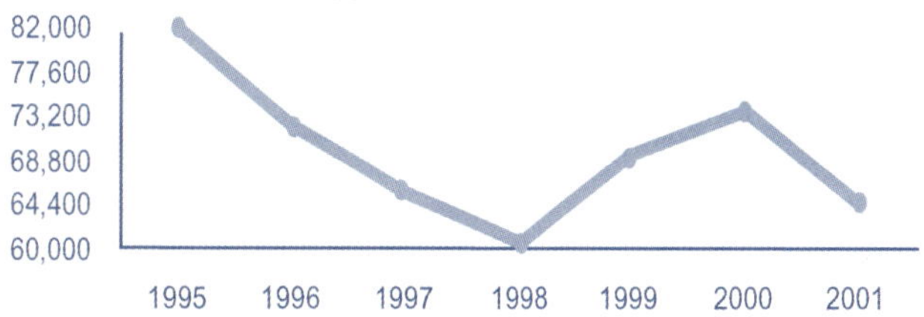

报酬水平
估计：制造工人的小时总补偿，美元

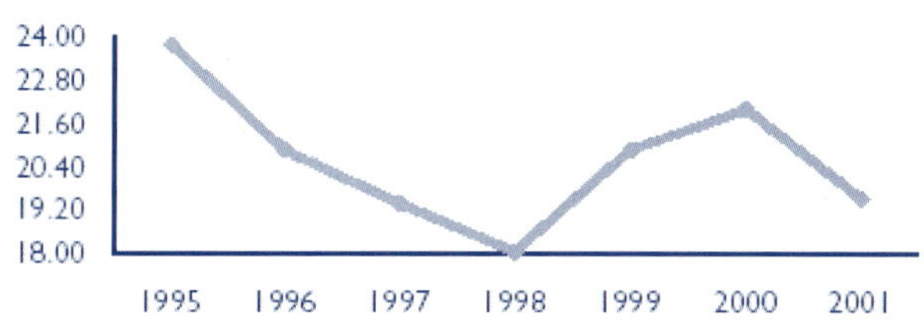

股票市场筹资额
十亿美元

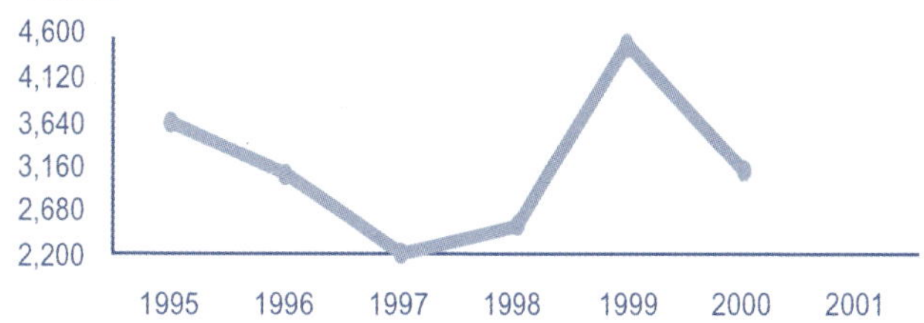

国内上市公司
上市公司的数量

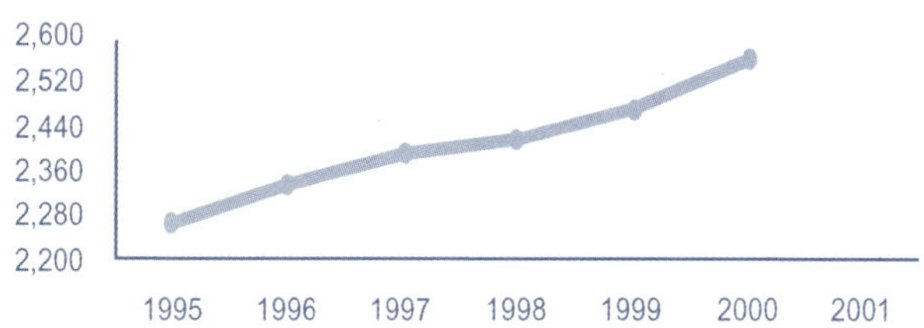

计算机
每1000人的计算机数量/来源：计算机工业年鉴

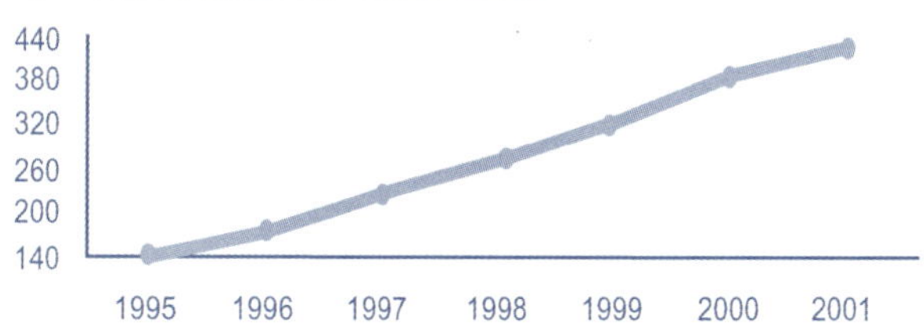

韩国

国家竞争力的挑战，2002

- 在数字经济下，应用个人电脑和网络成为世界的领导者.
- 营造一个韩国e-政府，以培育有效率的企业环境.
- 在分享信息和知识方面，最大化使用IT技术.
- 增加国企和私企在管理上的透明度.
- 增强韩国企业在新领域上的竞争力.

提供者：

韩国人力发展学院

总体表现

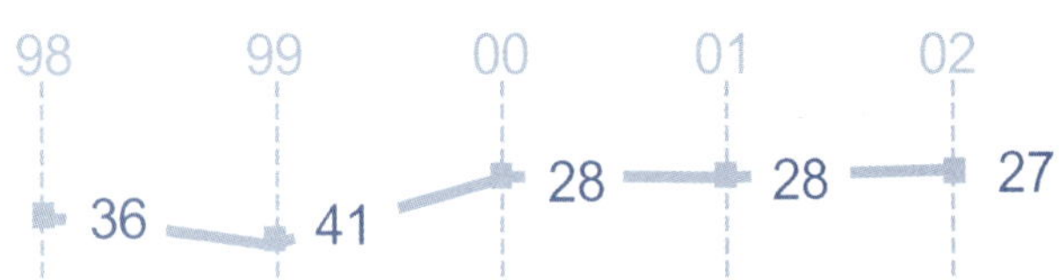

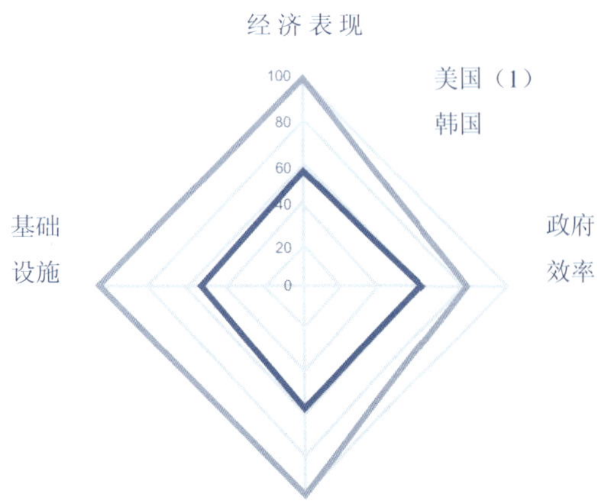

基本事实

首都	汉城
人口	47.3 (2001)
地域（平方千米）	99.0 (2000)
汇率（百分之一美元）	1,290.99 (2001)
国内生产总值（十亿美元）	422.2 (2001)
人均国内生产总值（美元）	8,918 (2001)
实际GDP增长率	3.0 (2001)
消费品价格上涨	4.1 (2001)
失业率	3.80 (2001)
劳动力（百万）	22.18 (2001)
经常性项目差额（十亿美元）	8.6 (2001)
直接投资	
吸收股票投资（十亿美元）	43.33 (2000)
吸收流量（占GDP百分比）	1.89 (2000)

韩国

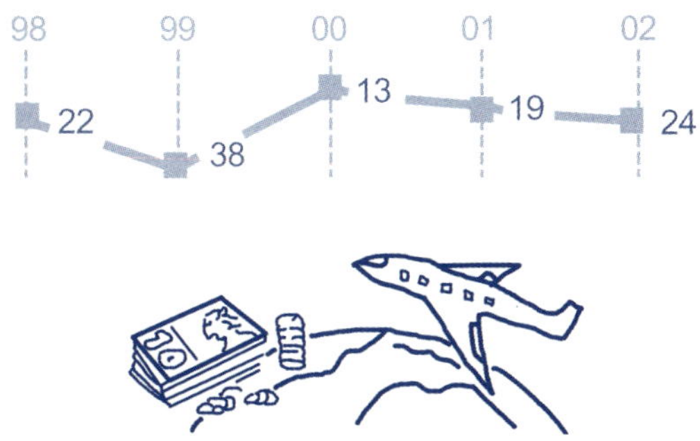

经 济 表 现

	2002
国内经济	18
国际贸易	37
国际投资	34
就　业	10
物　价	25

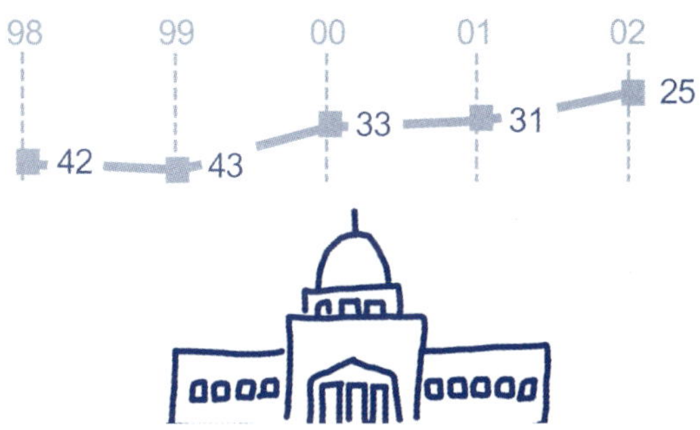

政 府 效 率

	2002
公共财政	3
财政政策	17
组织机构	29
企业法规	40
教　育	31

企 业 效 率

	2002
生产率	29
劳动力市场	27
金　融	29
管理实践	29
全球化影响	24

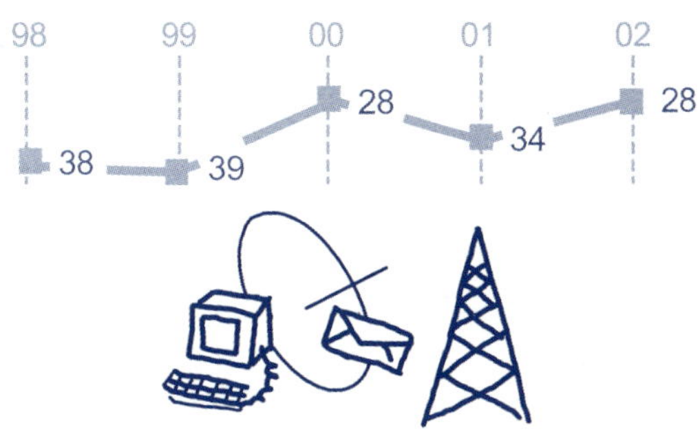

基 础 设 施

	2002
基本基础设施	33
技术基本基础设施	19
科学基本基础设施	10
健康与环境	29
价值系统	47

韩国

这些指标是每类中最强的10个指标，这些类是通过对49个国家和地区平均的最大的价值差异来区分的。

1 经济表现

			排名
1.1.21	经济的弹性	经济体对于经济周期的弹性强	11
1.4.06	失业率	占劳动力比率	11
1.1.13	实际人均GDP增长率	按本地货币、不变价格计算的变化率	12
1.4.07	青年失业	25岁以下失业人口占总失业人口比例	13
1.2.07	商品出口额	商品出口额，10亿美元	13
1.2.01	经常项目差额	经常项目差额，10亿美元（负号为逆差）	13
1.2.10	商业服务出口额	10亿美元	13
1.1.02	国内生产总值（PPP）	估计值：按购买力平价计算，10亿美元	13
1.1.01	国内生产总值（GDP）	按现行价格、汇率计算，10亿美元	13
1.1.12	实际GDP增长率	按本地货币、不变价格计算的变化率	14

2 政府效率

2.5.04	中等学校入学人数	接受全日制教育的相关年龄组所占比例	1
2.3.03	利率差	贷款利率减去存款利率	2
2.1.04	中央政府国内负债	占GDP的百分比	3
2.1.10	国家总储备	包括黄金和官方储备（每盎司黄金=35个特别提款权）	5
2.5.05	高等教育成绩	25-34岁人中至少获得三级教育的人口所占比例	6
2.3.07	汇率稳定度	本币相对于特别提款权的汇兑年价变动	6
2.2.02	个人收入税有效税率	占人均GDP的百分比	10
2.1.08	利息支付额	占当前收入的百分比	10
2.2.07	对利润征收的平均公司税率	占税前利润的百分比	10
2.4.14	失业立法	失业立法激励人们寻找工作	11

3 企业效率

3.3.14	股票市场指数	支书的变化率	2
3.3.13	国内上市公司	国内上市公司数目	7
3.4.06	消费者满意度	贵国重视消费者满意度	10
3.2.04	经理报酬	全部底薪加上奖金和长期激励，美元	10
3.3.12	股票市场交易额	人均美元	11
3.2.02	制造业部门单位劳动成本	制造业部门单位劳动成本变化率	12
3.2.05	工作小时	每年的平均工作小时数	13
3.1.08	工业生产率（购买力平价）	每个工业雇员创造的相应GDP，美元，估计值	14
3.3.06	风险资本	企业发展可以容易获得	14
3.1.03	综合生产率实际增长率	每个就业者实际GDP变化率，估计值	14

4 基础设施

4.3.22	专利生产率	批准授予国民的专利数/企业中研究与开发人员数（千人）	1
4.1.04	赡养率	15岁以下和64岁以上的人口总量除以15岁-64岁之间人口总量	2
4.2.12	互联网费用	高峰期互联网访问20小时费用，美元	3
4.3.17	批准授予国民专利	批准授予国民专利数目	3
4.2.05	移动电话费用	高峰期每三分钟费用，美元	5
4.2.19	高技术出口	占制造业出口的比例	6
4.3.03	所有研究与开发支出	占GDP的比例	7
4.2.18	高技术出口	百万美元	7
4.2.10	互联网用户数	每千人互联网用户人数/来源：计算机行业年鉴	8
4.2.08	在用计算机	占世界在用计算机总量的份额/来源：计算机行业年鉴	8

韩国

这些指标是每类中最弱的10个指标，这些类是通过对49个国家和地区平均的最大的价值差异来区分的。

1 经济表现

			排名
1.2.19	贸易条件指数	出口单位价值比进口单位价值（1995=100）	43
1.3.04	对外直接投资存量实际增长率	按本地货币、不变价格计算的变化率	41
1.2.12	商业服务出口实际增长	按本地货币、不变价格计算的变化率	40
1.3.06	吸引国外直接投资+流量	吸引国外直接投资流量占GDP的百分比	37
1.3.09	证券投资资产	10亿美元	36
1.2.09	商品出口额实际增长率	按本地货币、不变价格计算的变化率	35
1.3.02	对外直接投资流量	对外直接投资流量占GDP的百分比	32
1.1.22	人均GDP	人均美元	29
1.2.11	商业服务出口额	商业服务出口额占GDP的百分比	28
1.1.23	人均GDP	估计值，按购买力平价计算的人均美元	26

2 政府效率

2.4.11	外国公司	外国公司不被国内立法区别对待	45
2.4.17	金融交易的机密性	金融交易的机密性是有保证的	45
2.2.12	资本和财产税	资本和财产税占GDP的百分比	45
2.4.09	价格控制	价格控制没有影响多数产业的产品定价	44
2.4.18	跨国经营风险	建立跨国界企业可以自由谈判	44
2.4.06	政府补贴	对私人和公共企业的补贴占GDP比重	44
2.5.02	学生—教师比（初等教育）	学生与教师职员的比例	43
2.4.22	进入国外资本市场	国内公司进入国外资本市场不受限制	42
2.4.21	进入国内资本市场	外国公司进入国内资本市场不受限制	42
2.4.04	公共部门合同	公共部门合同向外国投标者充分开放	42

3 企业效率

3.2.06	劳资关系	劳资关系有利于生产	47
3.3.07	银行服务	银行服务在贵国广泛发展	42
3.3.09	银行业规定	银行业规定没有阻碍贵国竞争力	41
3.4.04	公司董事会	公司董事会确实合适地监督了公司的管理	41
3.3.15	股东权利和义务	股东权利和义务明确界定	40
3.4.03	管理人员的信誉	管理人员在经济中可信性被广泛认可	40
3.4.05	股东价值	有效地管理股东价值	39
3.2.17	人才流失	人才流失不损害贵国的竞争力	39
3.2.20	称职的高层管理人员	称职的高层管理人员在贵国劳动市场上易获得	38
3.3.19	国际保理业务	占商品出口的比重	38

4 基础设施

4.1.18	能源进口与商品出口	能源进口占商品出口的比例	46
4.5.04	歧视	歧视（种族、性别等）并没有给社会带来不利影响	45
4.5.02	民族文化	民族文化对外国文化开放	44
4.4.18	环境法	环境法和遵守该法不会阻碍企业竞争力	44
4.5.05	国会中女性人数	女性席位占全部席位的比例	43
4.1.12	可耕地面积	人均平方米	43
4.5.08	骚扰和暴力	骚扰和暴力并没有严重动摇岗位	42
4.5.10	私人空间的保护	贵国执行了私人空间的保护	42
4.1.16	GDP和能源消耗	实际GDP增长率减去能源消耗增长率	42
4.1.17	国内能源总产量	占所有能源需求（等价为石油吨数）的比例	42

韩国

这一部分集锦了该国20个最强的指标，
这部分指标有着最高的标准化值（STD值）。
STD值＝（国家和地区的原始值－49个国家和地区平均值）/标准差

20个最强的指标

序号	名称	国家原始值	国家排名	49国家平均值
4.3.22	**专利生产率** 批准授予国民的专利数/企业中研究与开发人员数（千人）	515	1	50
3.3.14	**股票市场指数** 支书的变化率	44.2	2	-8.23
4.2.12	**互联网费用** 高峰期互联网访问20小时费用，美元	16.99	3	22.72
4.1.04	**赡养率** 15岁以下和64岁以上的人口总量除以15岁-64岁之间人口总量	39.8	2	50.8
4.3.17	**批准授予国民专利** 批准授予国民专利数目	43314	3	7,353
4.3.03	**所有研究与开发支出** 占GDP的比例	2.653	7	1.375
4.2.10	**互联网用户数** 每千人互联网用户人数/来源：计算机行业年鉴	510.04	8	267.96
2.1.04	**中央政府国内负债** 占GDP的百分比	0.5	3	33.2
2.5.05	**高等教育成绩** 25-34岁人中至少获得三级教育的人口所占比例	35	6	21
2.2.02	**个人收入税有效税率** 占人均GDP的百分比	6.83	10	17.15
4.2.19	**高技术出口** 占制造业出口的比例	34.89	6	16.96
2.1.10	**国家总储备** 包括黄金和官方储备（每盎司黄金=35个特别提款权）	81.78	5	30.49
2.5.04	**中等学校入学人数** 接受全日制教育的相关年龄组所占比例	100	1	81.6
4.2.13 （调查）	**合适的互联网访问数** 贵国可以提供合适的互联网访问数（可获性、速度、费用）	8.98	9	7.63
3.4.06 （调查）	**消费者满意度** 贵国重视消费者满意度	7.31	10	6.29
4.2.06 （调查）	**通信的充分性** 通信在贵国普遍比较充分	8.33	13	7.21
1.1.21 （调查）	**经济的弹性** 经济体对于经济周期的弹性强	6.07	11	5.18
2.4.14 （调查）	**失业立法** 失业立法激励人们寻找工作	6.04	11	4.98
4.3.10 （调查）	**基础研究** 基础研究能够支持长期经济发展	6.47	12	5.36
2.2.06 （调查）	**实际个人税** 实际个人税并不阻碍人们工作或者寻求发展	5.71	13	4.81

韩国

如　果？

竞争力模拟研究帮助政策制定者将注意力和优先次序放在他们国家或地区面临的关键竞争力上。我们用49个国家或地区的平均值代替这些最弱的指标值，从而计算这个国家或地区的总体排名。然而，这只是一个理论方式，不应视为政策的建议。还必须考虑各个国家或地区的发展水平、政治体制和社会值系统

	从		到
模拟排名变化	27	→	26

20个最弱的指标

序号	名称	国家原始值	国家排名	49国家平均值
2.5.02	**学生—教师比（初等教育）** 学生与教师职员的比例	32.2	43	19.49
2.2.12	**资本和财产税** 资本和财产税占GDP的百分比	3.23	45	1.57
1.2.19	**贸易条件指数** 出口单位价值比进口单位价值（1995=100）	72.1	43	89.9
2.4.06	**政府补贴** 对私人和公共企业的补贴占GDP比重	2.52	44	1.19
4.4.01	**健康总支出** 占GDP的比例	4.3	40	6.7
4.2.11	**稳定的服务器数目** 每百万居民中稳定的服务器数	5.17	26	36.02
4.1.16	**GDP和能源消耗** 实际GDP增长率减去能源消耗增长率	-1.455	42	1.396
2.5.03	**学生—教师比（中等教育）** 学生与教师职员的比例	22.2	42	16.99
2.5.01	**全部公共教育支出** 全部公共教育支出占GDP的比例	3.7	42	5.1
1.3.09	**证券投资资产** 10亿美元	0.36	36	26.1
1.3.06	**吸引国外直接投资+流量** 吸引国外直接投资流量占GDP的百分比	1.89	37	6.48
1.3.02	**对外直接投资流量** 对外直接投资流量占GDP的百分比	1.14	32	6.85
1.1.22	**人均GDP** 人均美元	8,918	29	14,689
4.5.02 （调查）	**民族文化** 民族文化对外国文化开放	5.89	44	7.24
4.5.04 （调查）	**歧视** 歧视（种族、性别等）并没有给社会带来不利影响	4.91	45	6.51
2.4.11 （调查）	**外国公司** 外国公司不被国内立法区别对待	6.67	45	8.02
2.4.09 （调查）	**价格控制** 价格控制没有影响多数产业的产品定价	5.71	44	7.16
2.4.17 （调查）	**金融交易的机密性** 金融交易的机密性是有保证的	5.3	45	7.19
3.2.06 （调查）	**劳资关系** 劳资关系有利于生产	4.47	47	6.22
2.4.18 （调查）	**跨国经营风险** 建立跨国界企业可以自由谈判	6.59	44	7.84

韩国

国内经济

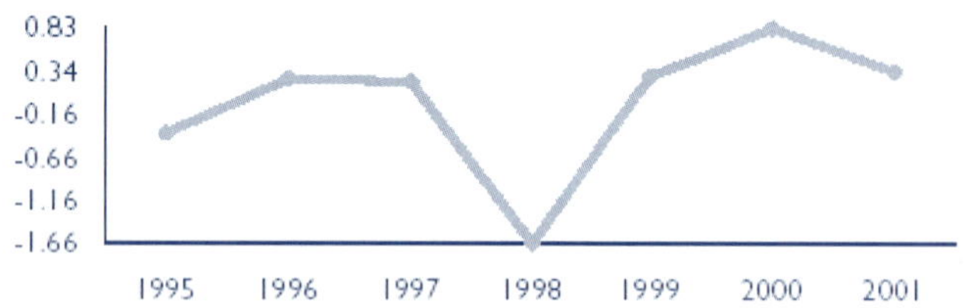

国际贸易

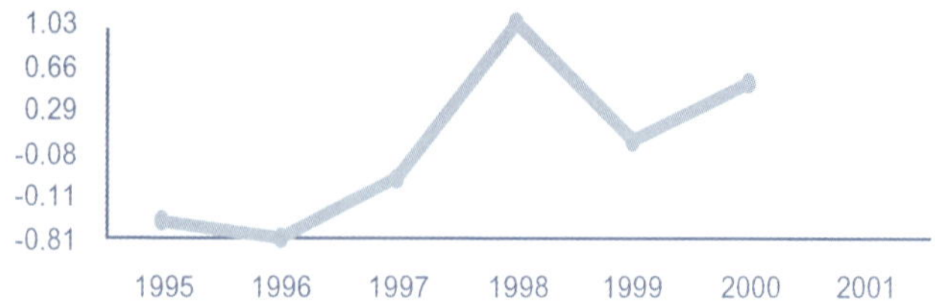

国际投资

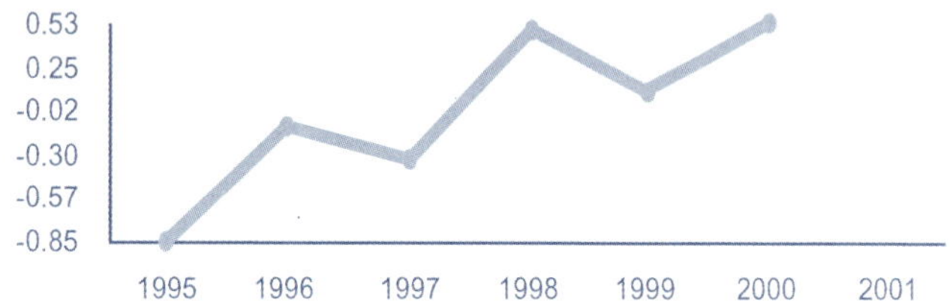

公共财政

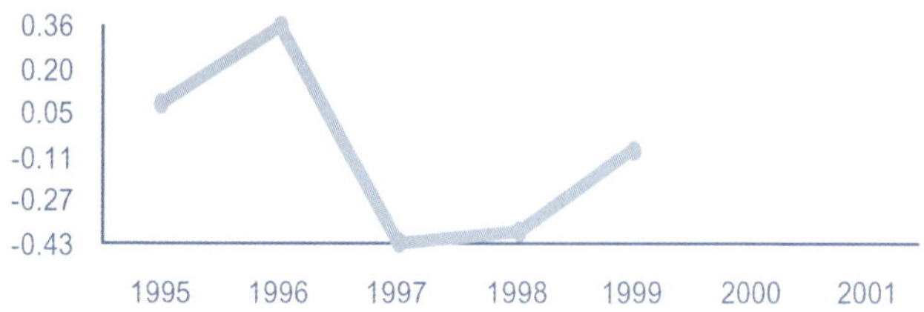

财政政策

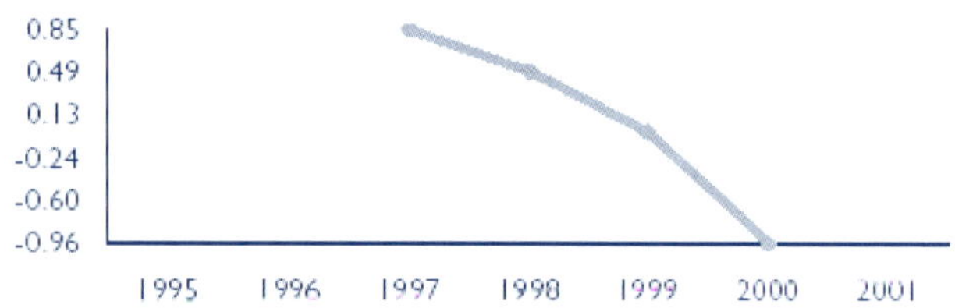

生产率

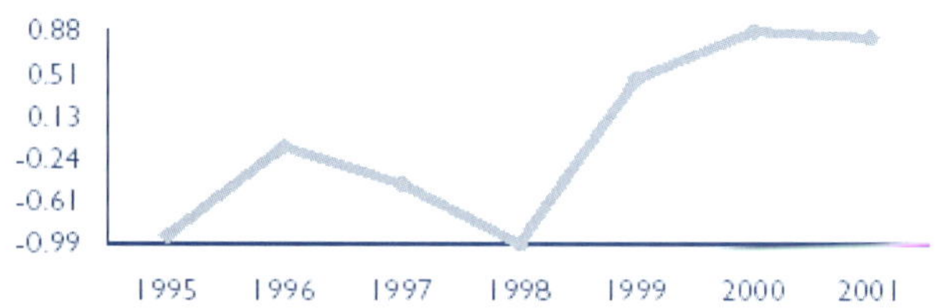

金融

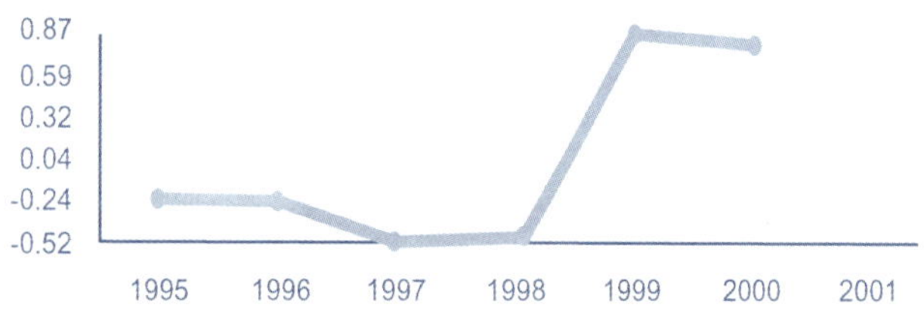

技术基础设施

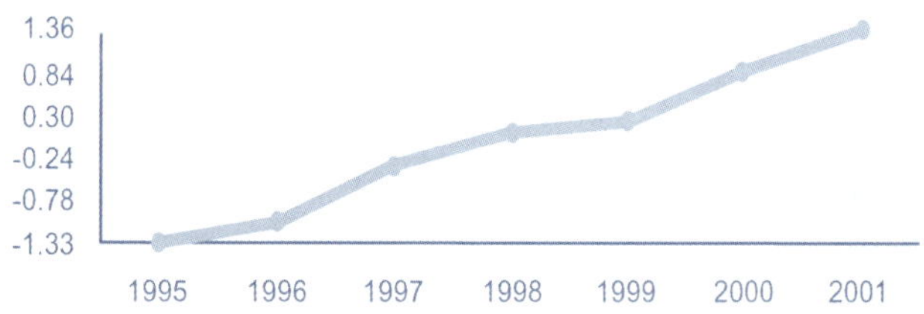

主要竞争力指标

人均国内生产总值

人均美元

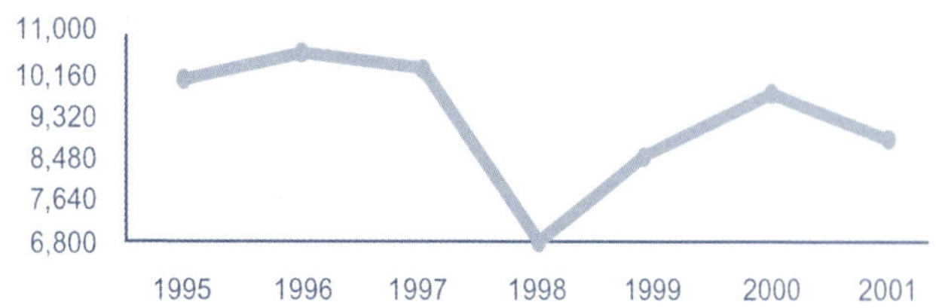

国内生产总值实际增长率

百分比变化，基于国家货币物价稳定

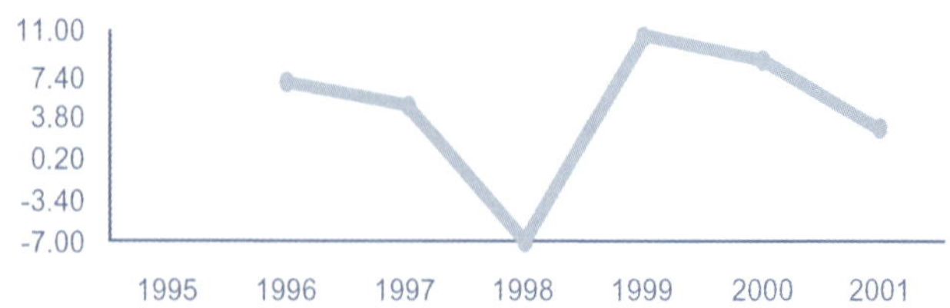

韩国

个人最终消费支出
人均美元

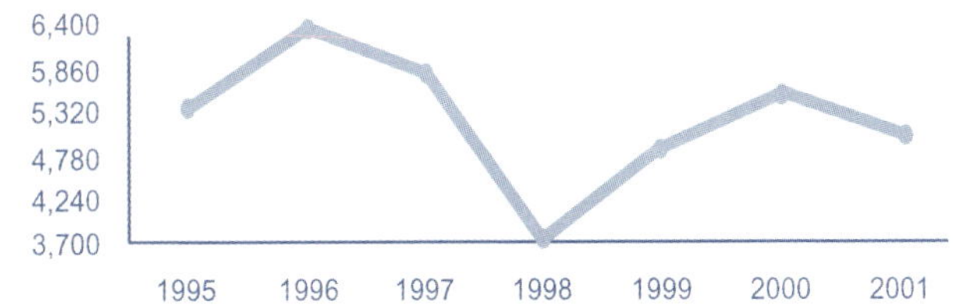

经常性项目差额
十亿美元（负号标志＝赤字）

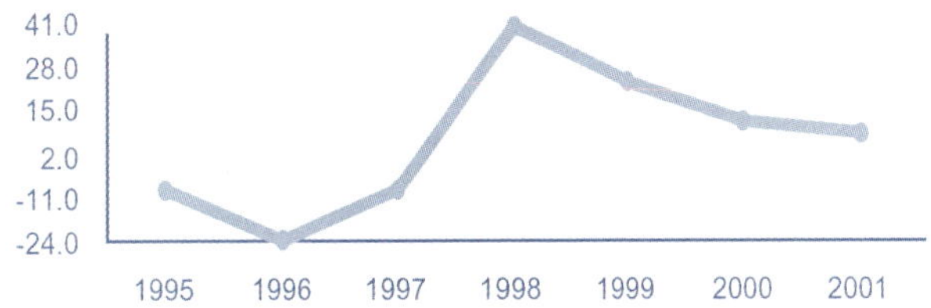

商品和商业劳务出口
十亿美元

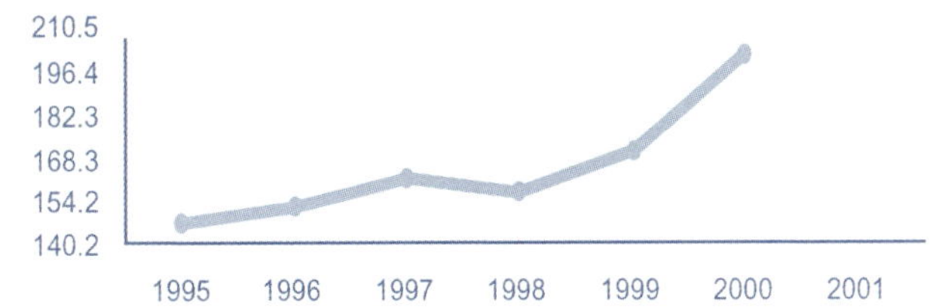

对外直接投资流量
十亿美元

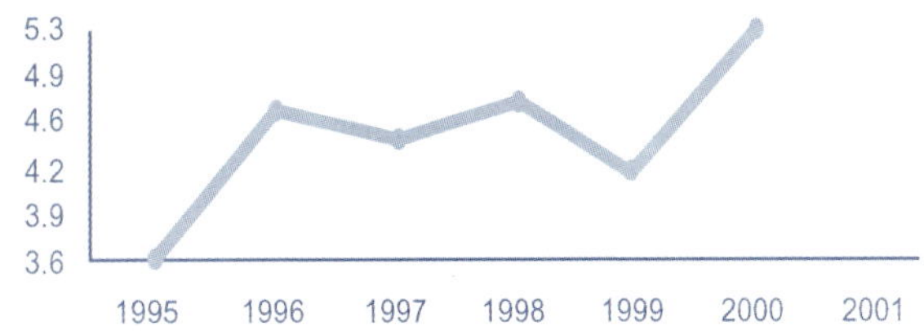

吸收直接投资流量
十亿美元

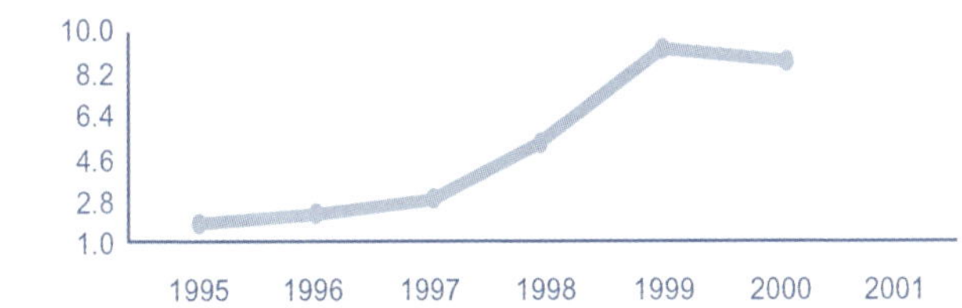

失业率
劳动力百分比

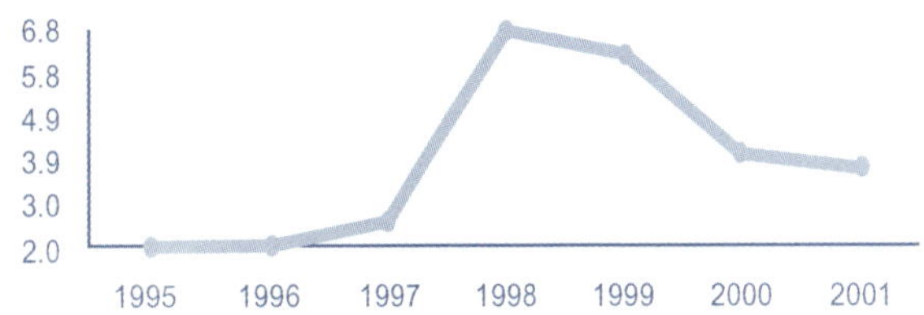

消费品价格增长率
年平均比率

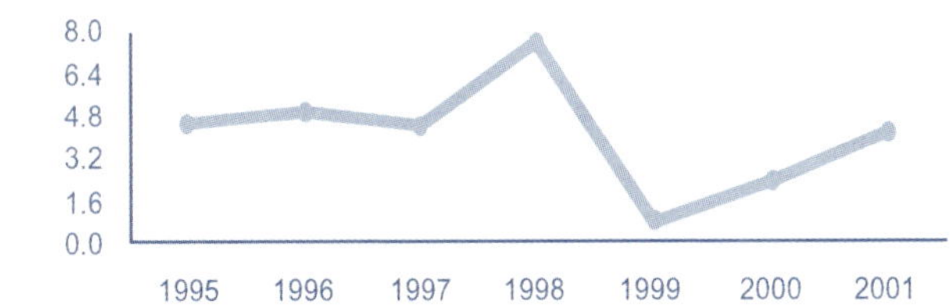

总体生产率
就业人员人均国内生产总值，美元

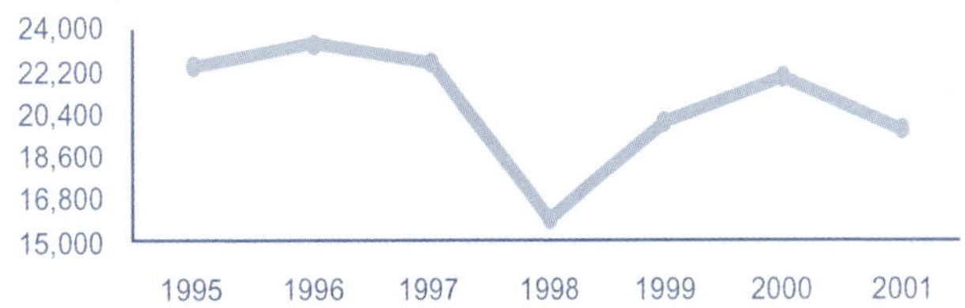

报酬水平
估计：制造工人的小时总补偿，美元

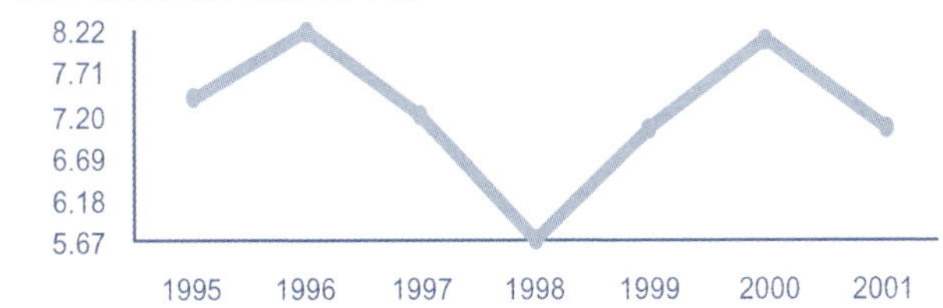

股票市场筹资额
十亿美元

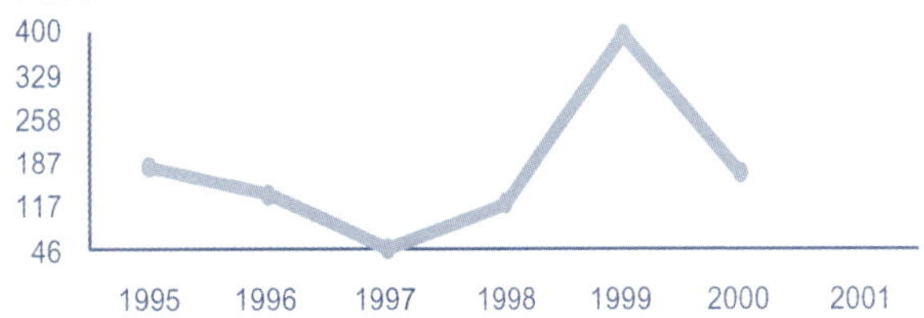

国内上市公司
上市公司的数量

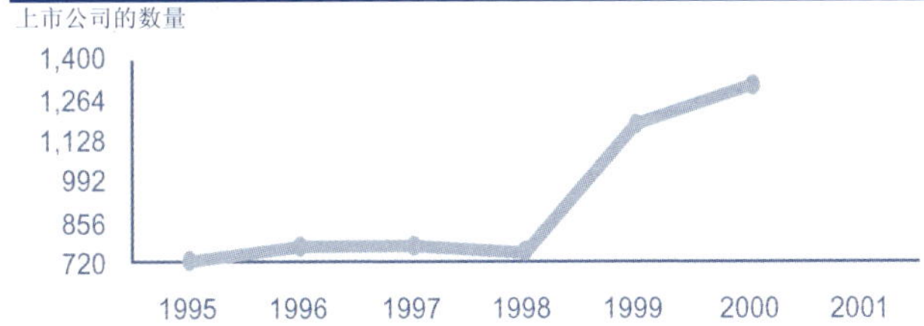

计算机
每1000人的计算机数量/来源：计算机工业年鉴

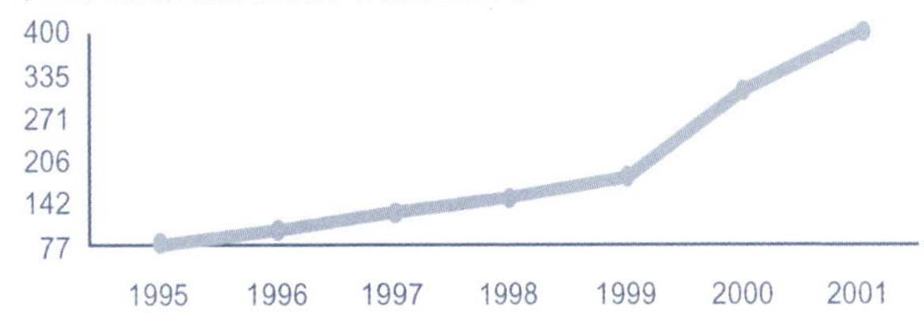

卢森堡

国家竞争力的挑战，2002

- 采用一种超前的方法来应对长期挑战，尤其是基础设施建设和教育.
- 降低单位劳动力成本，继续提升生产率增长.
- 加强社会安全系统的财政持久性(尤其是退休系统).
- 提高劳动力市场的弹性.
- 继续推进贸易自由化和信息社会化(电子商务).

提供者:

卢森堡贸易所

总体表现

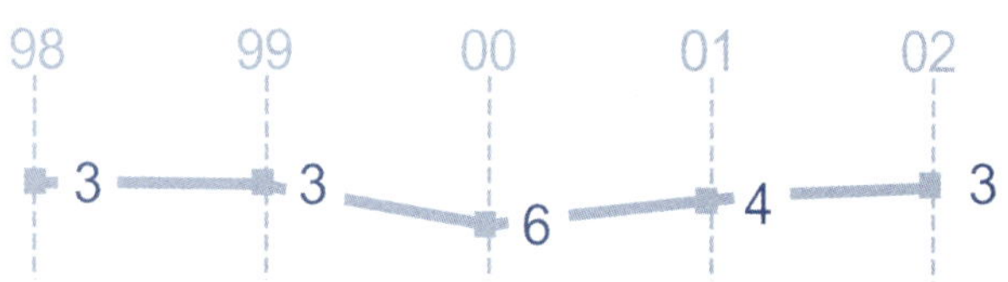

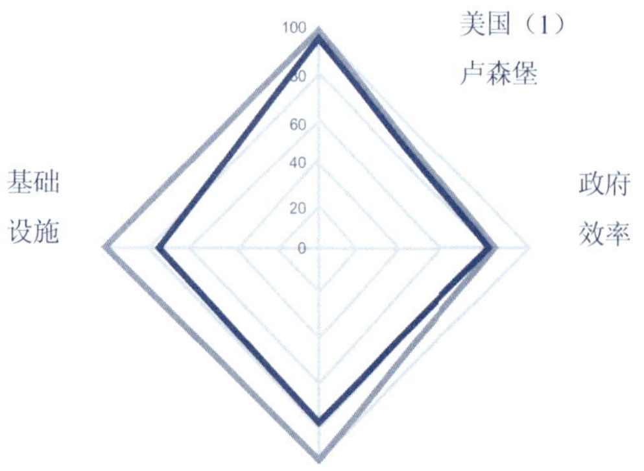

基本事实

首都	卢森堡
人口	0.5 (2001)
地域(平方千米)	2.6 (2000)
汇率(百分之一美元)	45.08 (2001)
国内生产总值(十亿美元)	19.5 (2001)
人均国内生产总值(美元)	43,350 (2001)
实际GDP增长率	5.1 (2001)
消费品价格上涨	2.7 (2001)
失业率	2.60 (2001)
劳动力(百万)	0.26 (2001)
经常性项目差额(十亿美元)	1.0 (2001)
直接投资	
吸收股票投资(十亿美元)	-
吸收流量(占GDP百分比)	-

卢森堡

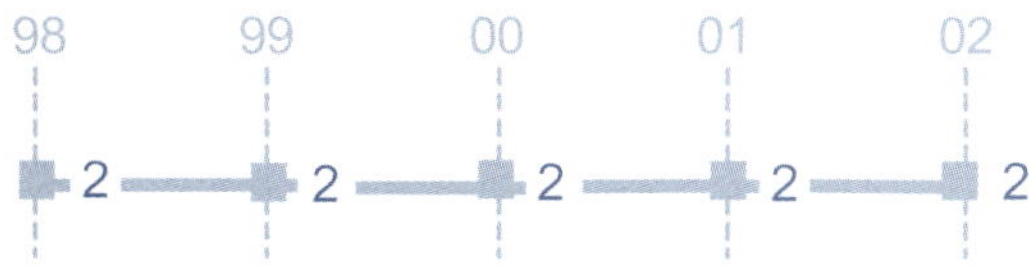

经济表现

	2002
国内经济	2
国际贸易	2
国际投资	11
就　业	2
物　价	24

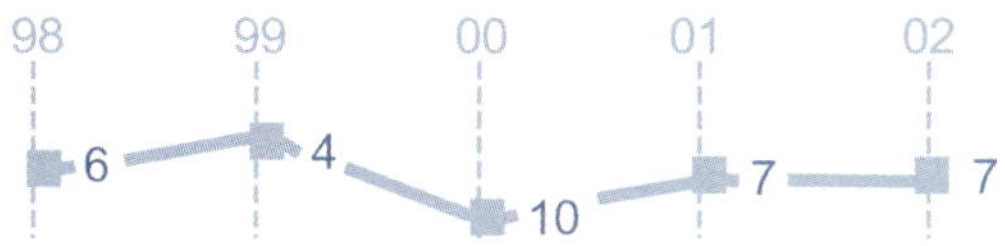

政府效率

	2002
公共财政	1
财政政策	21
组织机构	4
企业法规	5
教　育	28

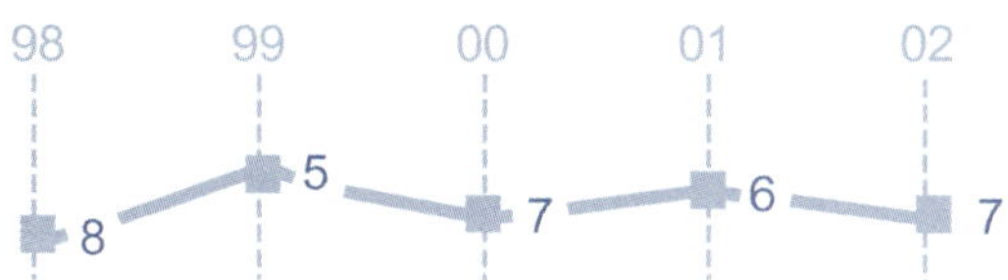

企业效率

	2002
生产率	1
劳动力市场	25
金　融	3
管理实践	13
全球化影响	14

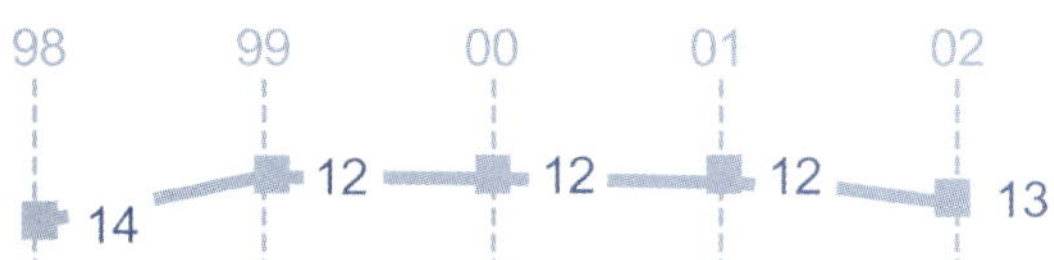

基础设施

	2002
基本基础设施	18
技术基本基础设施	16
科学基本基础设施	18
健康与环境	14
价值系统	7

卢森堡

这些指标是每类中最强的10个指标，这些类是通过对49个国家和地区平均的最大的价值差异来区分的。

1 经济表现

编号	指标	说明	排名
1.2.11	商业服务出口额	商业服务出口额占GDP的百分比	1
1.1.23	人均GDP	估计值，按购买力平价计算的人均美元	1
1.1.22	人均GDP	人均美元	1
1.4.02	就业率	总就业人口占总人口的百分比	1
1.3.02	对外直接投资流量	对外直接投资流量占GDP的百分比	2
1.4.03	就业增长	变化率	2
1.2.18	外贸依存度	（出口+进口）/（2×GDP）	3
1.1.12	实际GDP增长率	按本地货币、不变价格计算的变化率	3
1.2.12	商业服务出口实际增长	按本地货币、不变价格计算的变化率	4
1.4.06	失业率	占劳动力比率	4

2 政府效率

编号	指标	说明	排名
2.2.06	实际个人税	实际个人税并不阻碍人们工作或者寻求发展	1
2.1.02	中央政府预算盈余/赤字	占GDP的百分比	1
2.4.17	金融交易的机密性	金融交易的机密性是有保证的	1
2.3.10	新立法	新立法鼓励企业竞争力	2
2.2.14	逃税	逃税在贵国不普遍	2
2.3.21	社会凝聚力	社会凝聚力是政府的首要目标	2
2.4.20	外国金融机构	外国金融机构可以进入本国市场	2
2.4.16	金融机构法规	金融机构法规对于金融稳定性是足够的	2
2.3.13	政治团体	政治团体确实理解目前的经济挑战	3
2.3.11	政府经济政策	政府经济政策快速适应于经济发展	3

3 企业效率

编号	指标	说明	排名
3.3.01	银行部门的资产	占GDP的比例	1
3.1.10	服务业生产率（购买力平价）	每个服务业雇员创造的相应GDP，美元，估计值	1
3.1.01	综合生产率（购买力平价）	每个就业者人均GDP，美元	1
3.1.04	劳动生产率（购买力平价）	每雇员每小时的GDP，美元，估计值	1
3.2.18	外国高素质人员	外国高素质人员被贵国企业环境所吸引	2
3.3.09	银行业规定	银行业规定没有阻碍贵国竞争力	2
3.4.04	公司董事会	公司董事会确实合适地监督了公司的管理	4
3.3.07	银行服务	银行服务在贵国广泛发展	4
3.2.19	国际经验	高层管理者通常有丰富的国际经验	5
3.3.17	内幕交易	内幕交易在股票市场不普遍	5

4 基础设施

编号	指标	说明	排名
4.3.21	有效专利数	平均每10万国民持有的有效专利件数	1
4.2.02	固定电话数	每千户居民中的主要干线数	1
4.2.04	移动电话用户	每千户居民中的用户数	1
4.5.01	生活质量	贵国生活质量很高	2
4.5.02	民族文化	民族文化对外国文化开放	3
4.4.13	废水处理工厂	接受废水处理工厂服务的人口占总人口的比重	3
4.5.08	骚扰和暴力	骚扰和暴力并没有严重动摇岗位	3
4.5.04	歧视	歧视（种族、性别等）并没有给社会带来不利影响	4
4.5.10	私人空间的保护	贵国执行了私人空间的保护	4
4.1.07	铁路	网络的密度	5

卢森堡

这些指标是每类中最弱的10个指标，这些类是通过对49个国家和地区平均的最大的价值差异来区分的。

1 经济表现

	指标	说明	排名
1.4.01	总就业人口	总就业人口（百万）	48
1.2.07	商品出口额	商品出口额，10亿美元	47
1.1.02	国内生产总值（PPP）	估计值：按购买力平价计算，10亿美元	47
1.1.01	国内生产总值（GDP）	按现行价格、汇率计算，10亿美元	46
1.2.19	贸易条件指数	出口单位价值比进口单位价值（1995=100）	37
1.5.02	生活费指数	主要城市不包括住房的各种货物支出指数（纽约=100）	28
1.2.01	经常项目差额	经常项目差额，10亿美元（负号为逆差）	24
1.5.01	消费品价格上涨	年平均比率	22
1.2.10	商业服务出口额	10亿美元	21
1.3.01	对外直接投资流量	10亿美元	18

2 政府效率

	指标	说明	排名
2.1.10	国家总储备	包括黄金和官方储备（每盎司黄金=35个特别提款权）	49
2.2.12	资本和财产税	资本和财产税占GDP的百分比	48
2.5.08	大学教育	大学教育满足有竞争力的社会的需要	47
2.5.12	合格工程师	合格工程师在贵国劳动力市场上容易获得	44
2.2.01	税收总收入	占GDP的百分比	41
2.2.04	雇员社会保障缴款率	强制缴款占人均GDP的百分比	36
2.5.07	教育体系	教育系统满足有竞争力的社会的需要	33
2.5.13	知识转让	公司与大学间的知识转让很充分	31
2.2.02	个人收入税有效税率	占人均GDP的百分比	31
2.3.07	汇率稳定度	本币相对于特别提款权的汇兑年价变动	28

3 企业效率

	指标	说明	排名
3.3.13	国内上市公司	国内上市公司数目	47
3.2.15	熟练劳动力	熟练劳动力在贵国劳动市场上可获得性	46
3.2.03	服务性职业报酬	年均总收入，包括附加薪水，例如额外薪金，美元	46
3.1.03	综合生产率实际增长率	每个就业者实际GDP变化率，估计值	43
3.2.13	女性劳动力	占全部劳动力的比例	42
3.4.07	企业家精神	贵国企业家精神很普遍	38
3.2.02	制造业部门单位劳动成本	制造业部门单位劳动成本变化率	37
3.2.01	报酬水平	制造业工人每小时全部报酬，美元，估计值	36
3.2.05	工作小时	每年的平均工作小时数	36
3.3.11	股票市场筹资额	10亿美元	36

4 基础设施

	指标	说明	排名
4.1.01	人口—市场规模	估计值，百万	48
4.1.17	国内能源总产量	占所有能源需求（等价为石油吨数）的比例	47
4.1.08	空运	主要公司运载的乘客数	46
4.2.14	信息技术人才	信息技术人才在贵国劳动市场上易获得	41
4.1.20	工业用户的电力成本	美元/千瓦	40
4.3.18	批准授予国民专利年平均增长速	变化百分比	40
4.3.17	[illegible]准授予国民专利	批准授予国民专利数目	37
4.4.01	[illegible]总支出	占GDP的比例	35
4.2.01	对电信的投资	年平均占GDP的百分比	34
4.1.16	GDP和能源消耗	实际GDP增长率减去能源消耗增长率	31

卢森堡

这一部分集锦了该国20个最强的指标，
这部分指标有着最高的标准化值（STD值）。
STD值＝（国家和地区的原始值－49个国家和地区平均值）/标准差

20个最强的指标

序号	名称	国家原始值	国家排名	49国家平均值
4.3.21	**有效专利数** 平均每10完国民持有的有效专利件数	7,094	1	398
1.2.11	**商业服务出口额** 商业服务出口额占GDP的百分比	97.27	1	10.68
3.3.01	**银行部门的资产** 占GDP的比例	569.96	1	117.11
1.3.02	**对外直接投资流量** 对外直接投资流量占GDP的百分比	43.89	2	6.85
1.1.23	**人均GDP** 估计值，按购买力平价计算的人均美元	51,258	1	18,407
1.4.03	**就业增长** 变化率	6.16	2	0.92
3.1.10	**服务业生产率（购买力平价）** 每个服务业雇员创造的相应GDP，美元，估计值	99,627	1	42,358
1.1.22	**人均GDP** 人均美元	43,350	1	14,689
3.1.01	**综合生产率（购买力平价）** 每个就业者人均GDP，美元	89,787	1	41,680
1.2.18	**外贸依存度** （出口+进口）/（2×GDP）	135.49	3	49.38
3.1.04	**劳动生产率（购买力平价）** 每雇员每小时的GDP，美元，估计值	50.16	1	22.41
2.1.02	**中央政府预算盈余/赤字** 占GDP的百分比	5.97	1	0.97
1.4.02	**就业率** 总就业人口占总人口的百分比	57.09	1	43.32
2.2.06 （调查）	**实际个人税** 实际个人税并不阻碍人们工作或者寻求发展	8.14	1	4.81
3.2.18 （调查）	**外国高素质人员** 外国高素质人员被贵国企业环境所吸引	8.47	2	5.29
2.2.11 （调查）	**实际公司税** 实际公司税鼓励企业的活力	7.81	5	5.24
2.4.17 （调查）	**金融交易的机密性** 金融交易的机密性是有保证的	9.58	1	7.19
2.3.10 （调查）	**新立法** 新立法鼓励企业竞争力	7.72	2	5.41
3.2.19 （调查）	**国际经验** 高层管理者通常有丰富的国际经验	7.07	5	5.25
2.3.12 （调查）	**政府决策** 政府决策可以有效实施	7.53	4	4.77

卢森堡

如 果？

竞争力模拟研究帮助政策制定者将注意力和优先次序放在他们国家或地区面临的关键竞争力上。我们用49个国家或地区的平均值代替这些最弱的指标值，从而计算这个国家或地区的总体排名。然而，这只是一个理论方式，不应视为政策的建议。还必须考虑各个国家或地区的发展水平、政治体制和社会值系统

	从		到
模拟排名变化	3	→	2

20个最弱的指标

序号	名称	国家原始值	国家排名	49国家平均值
2.2.12	**资本和财产税** 资本和财产税占GDP的百分比	4.39	48	1.57
4.2.12	**互联网费用** 高峰期互联网访问20小时费用，美元	54.46	29	22.72
3.2.13	**女性劳动力** 占全部劳动力的比例	36.21	42	40.42
2.2.01	**税收总收入** 占GDP的百分比	41.85	41	31.24
4.1.20	**工业用户的电力成本** 美元/千瓦	0.075	40	0.056
3.2.05	**工作小时** 每年的平均工作小时数	1,790	36	1,925
1.2.07	**商品出口额** 商品出口额，10亿美元	8.81	47	115.59
1.2.19	**贸易条件指数** 出口单位价值比进口单位价值（1995=100）	87.1	37	89.9
2.1.10	**国家总储备** 包括黄金和官方储备（每盎司黄金=35个特别提款权）	0.09	49	30.49
2.2.04	**雇员社会保障缴款率** 强制缴款占人均GDP的百分比	12.76	36	9.1
4.2.01	**对电信的投资** 年平均占GDP的百分比	0.448	34	0.607
3.3.12	**股票市场交易额** 人均美元	2,739	27	14,476
4.3.19	**国民在国外获取专利件数** 国民在国外获取专利件数	745	22	8,744
3.2.15 （调查）	**熟练劳动力** 熟练劳动力在贵国劳动市场上可获得性	4.68	46	6.75
2.5.12 （调查）	**合格工程师** 合格工程师在贵国劳动力市场上容易获得	4.93	44	6.86
2.5.08 （调查）	**大学教育** 大学教育满足有竞争力的社会的需要	3.44	47	5.72
4.2.14 （调查）	**信息技术人才** 信息技术人才在贵国劳动市场上易获得	6.09	41	7.1
3.4.07 （调查）	**企业家精神** 贵国企业家精神很普遍	5.72	38	6.34
2.5.07 （调查）	**教育体系** 教育系统满足有竞争力的社会的需要	4.23	33	5.14
2.5.13 （调查）	**知识转让** 公司与大学间的知识转让很充分	3.77	31	4.45

卢森堡

国内经济

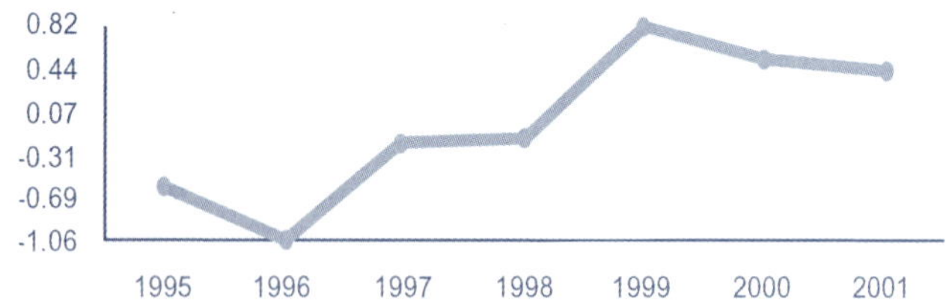

国际贸易

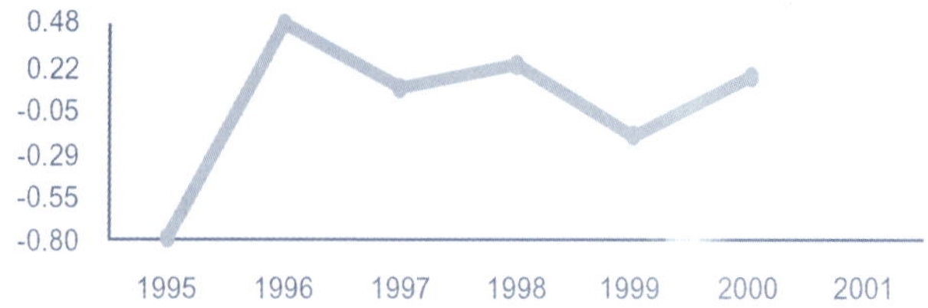

国际投资

公共财政

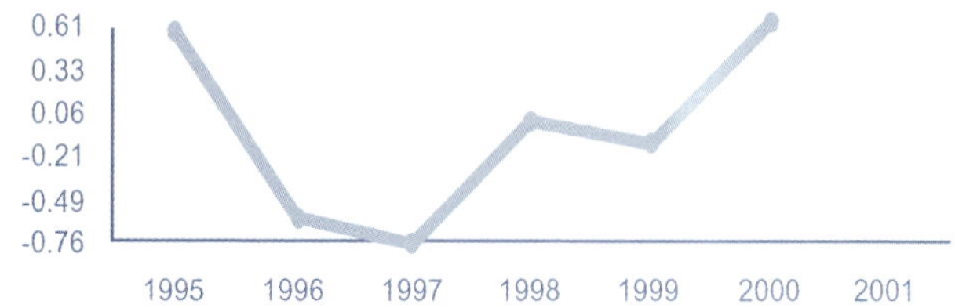

财政政策

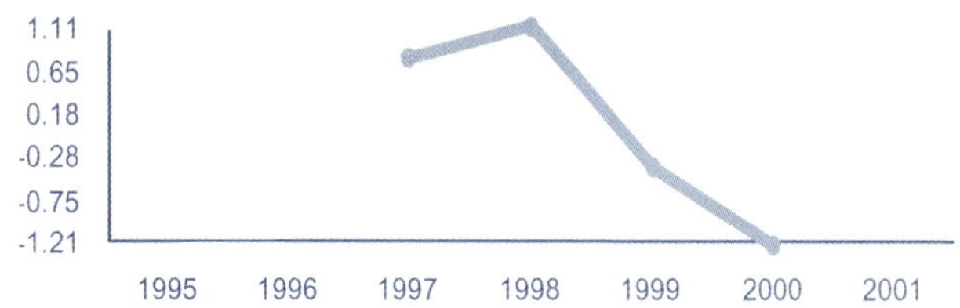

生产率

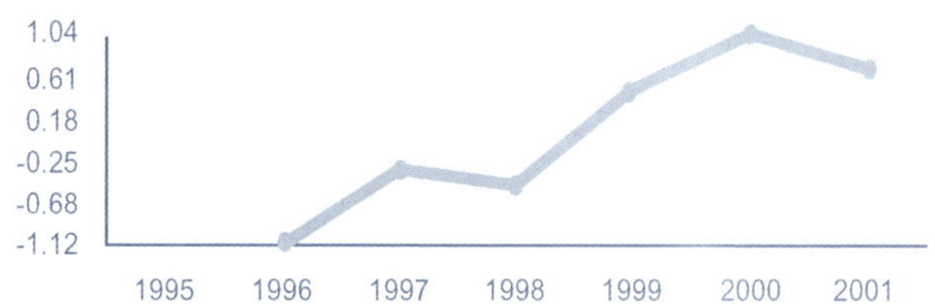

金融

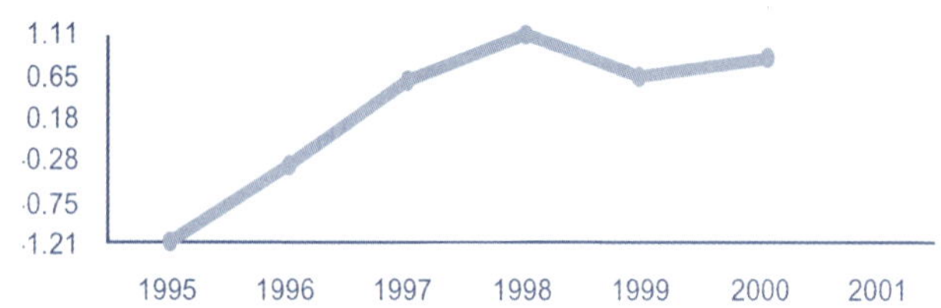

技术基础设施

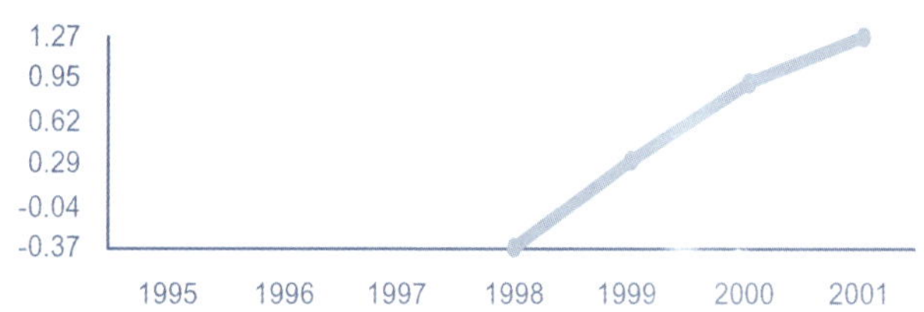

主要竞争力指标

人均国内生产总值

人均美元

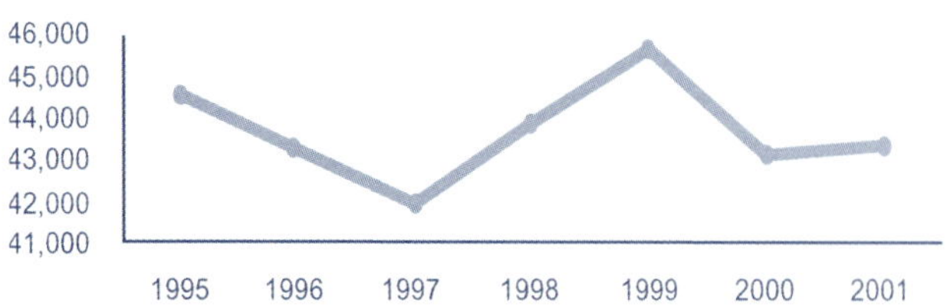

国内生产总值实际增长率

百分比变化，基于国家货币物价稳定

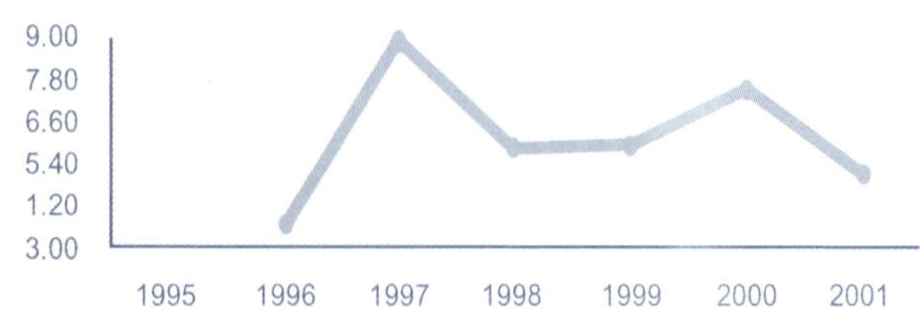

卢森堡

个人最终消费支出
人均美元

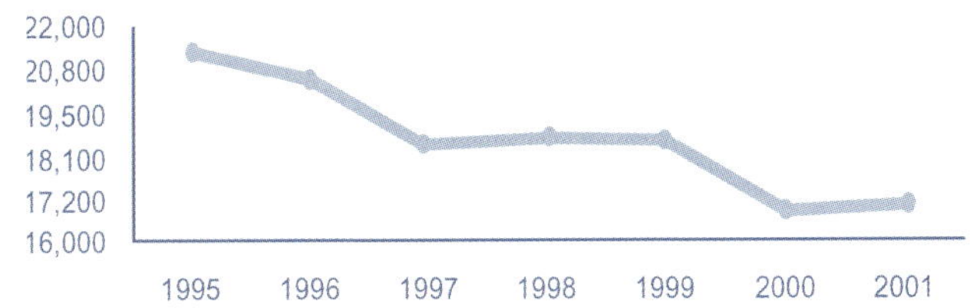

经常性项目差额
十亿美元（负号标志＝赤字）

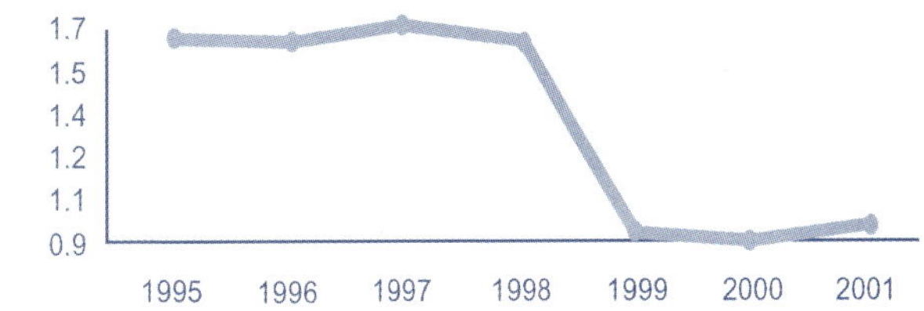

商品和商业劳务出口
十亿美元

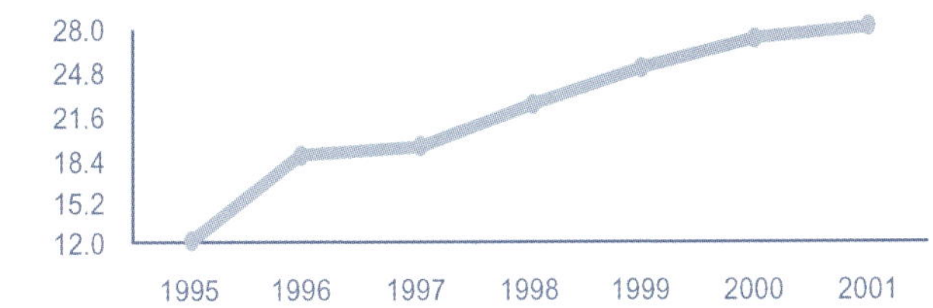

对外直接投资流量
十亿美元

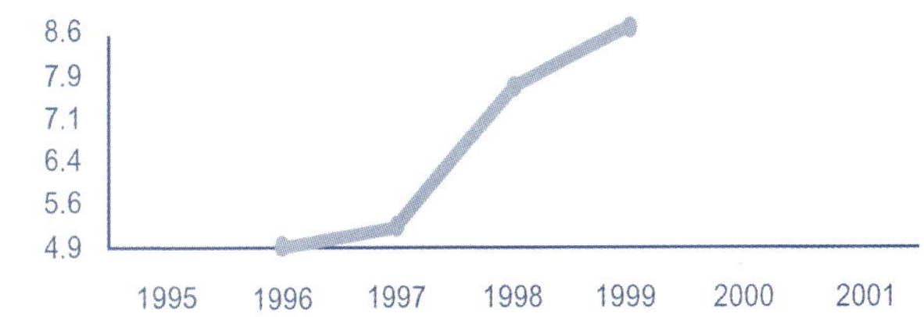

吸收直接投资流量
十亿美元

失业率
劳动力百分比

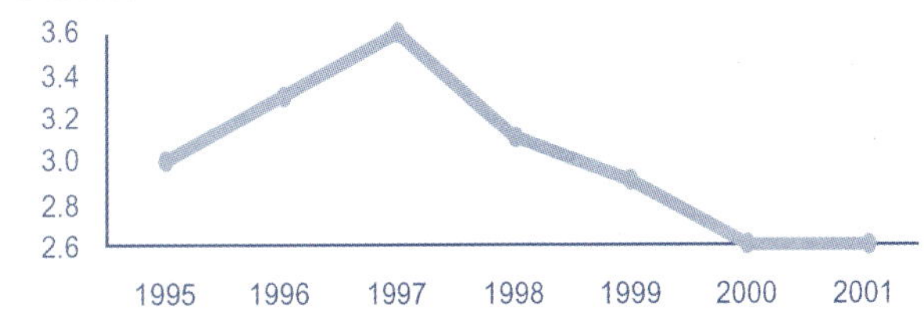

消费品价格增长率
年平均比率

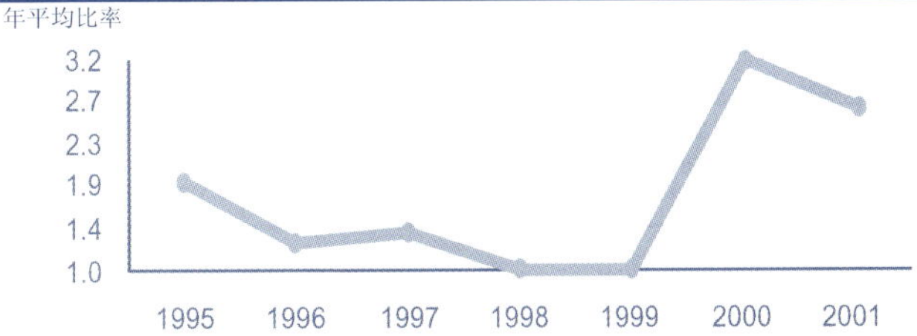

总体生产率
就业人员人均国内生产总值，美元

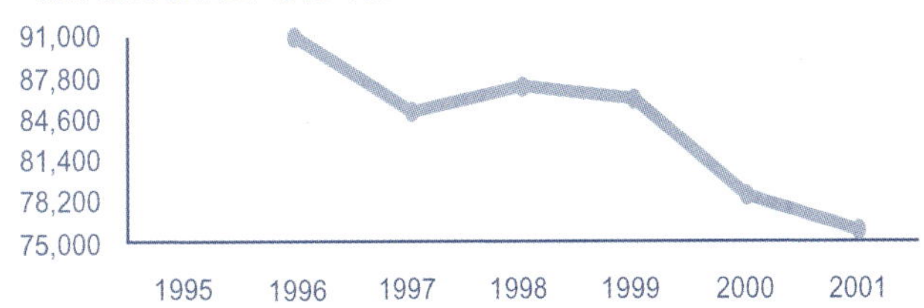

报酬水平
估计：制造工人的小时总补偿，美元

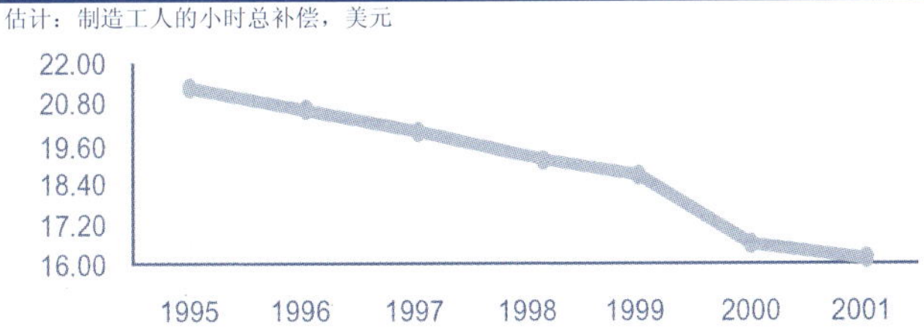

股票市场筹资额
十亿美元

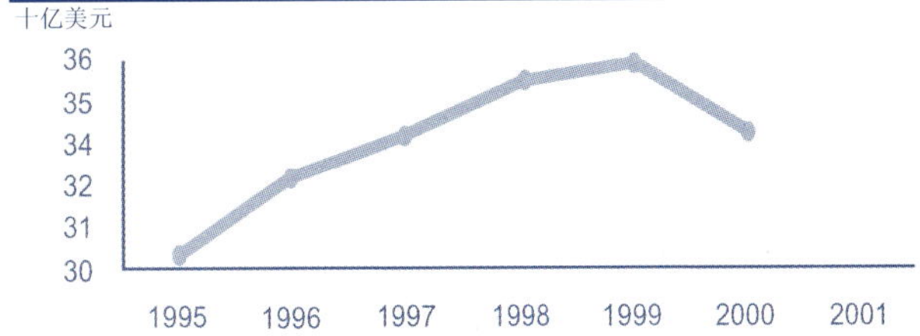

国内上市公司
上市公司的数量

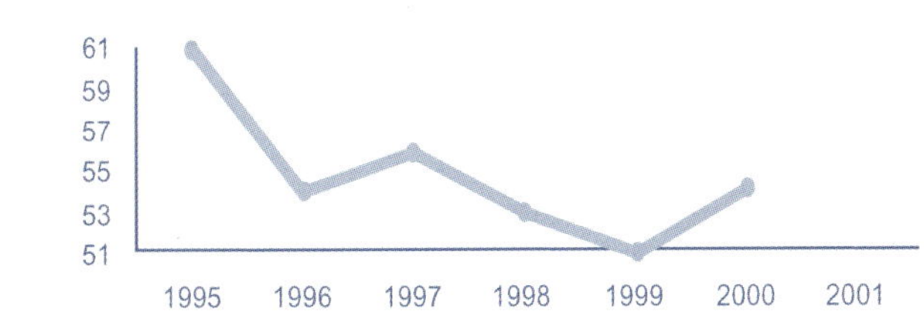

计算机
每1000人的计算机数量/来源：计算机工业年鉴

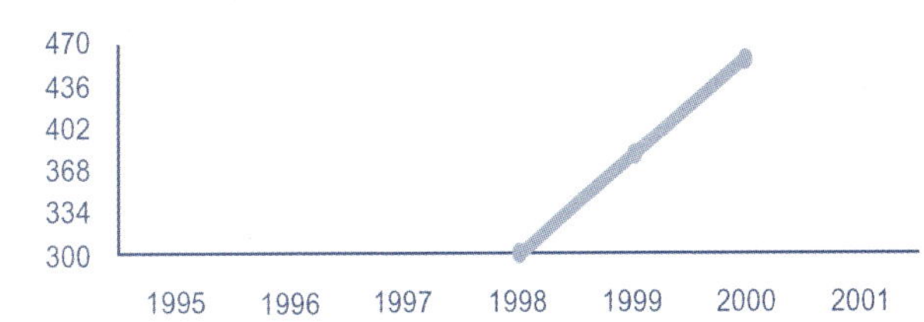

马来西亚

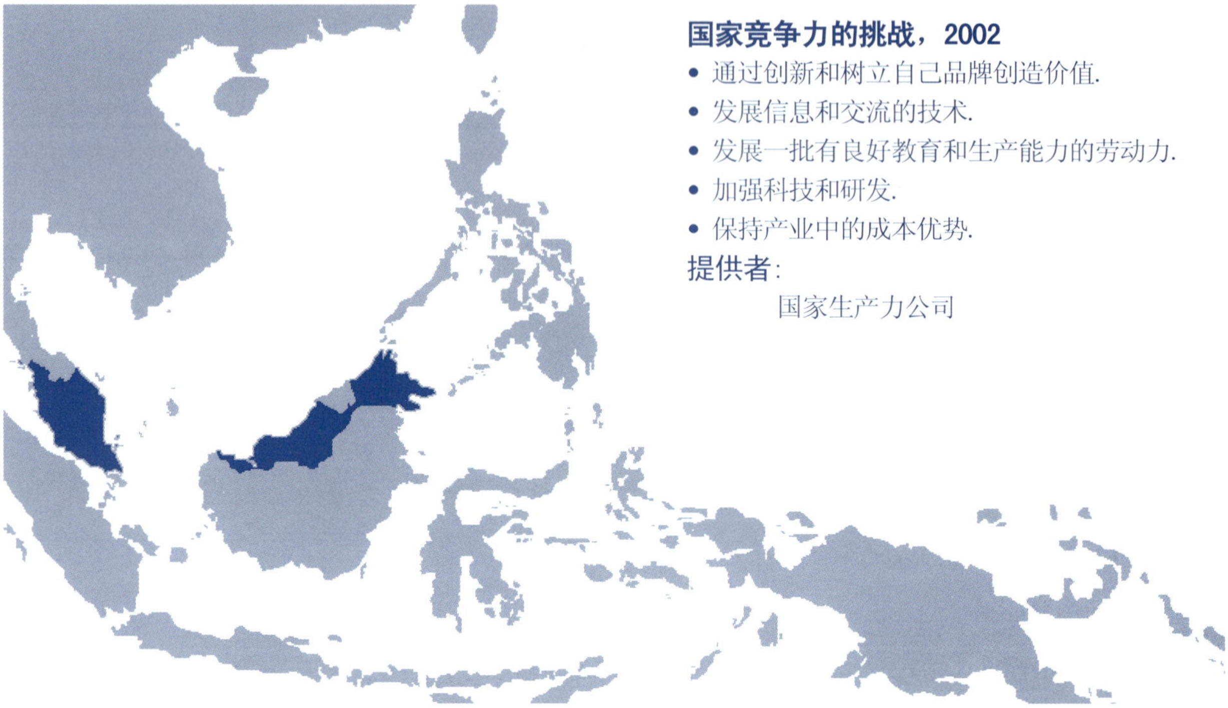

国家竞争力的挑战，2002

- 通过创新和树立自己品牌创造价值.
- 发展信息和交流的技术.
- 发展一批有良好教育和生产能力的劳动力.
- 加强科技和研发.
- 保持产业中的成本优势.

提供者:

国家生产力公司

总体表现

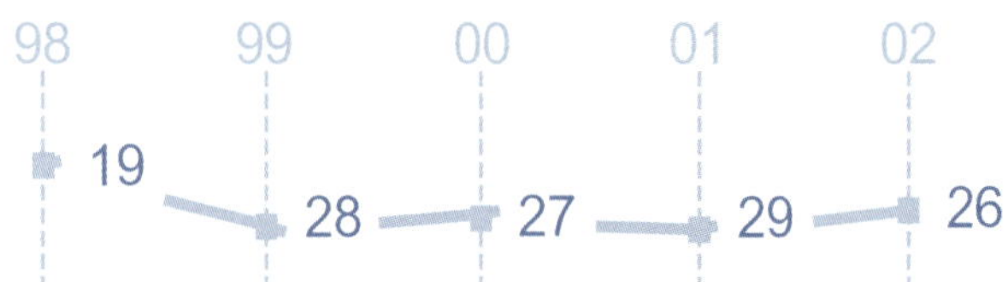

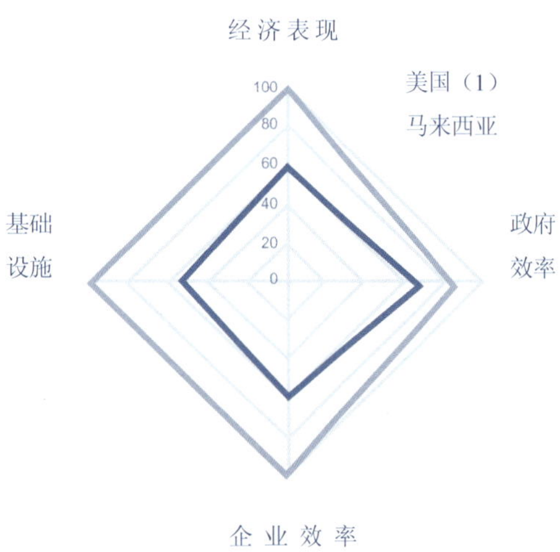

基本事实

首都	吉隆坡
人口	23.8 (2001)
地域（平方千米）	330.0 (2001)
汇率（百分之一美元）	3.80 (2001)
国内生产总值（十亿美元）	87.5 (2001)
人均国内生产总值（美元）	3,678 (2001)
实际GDP增长率	0.4 (2001)
消费品价格上涨	1.4 (2001)
失业率	3.70 (2001)
劳动力（百万）	9.89 (2001)
经常性项目差额（十亿美元）	7.2 (2001)
直接投资	
吸收股票投资（十亿美元）	54.32 (2000)
吸收流量（占GDP百分比）	1.96 (1999)

马来西亚

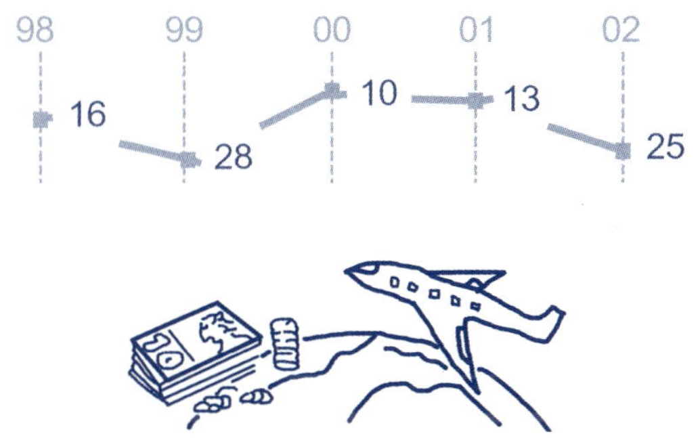

经　济　表　现

	2002
国内经济	37
国际贸易	4
国际投资	29
就　业	41
物　价	3

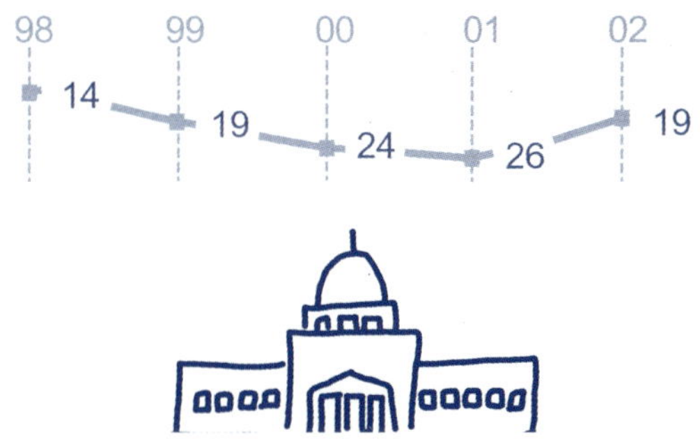

政　府　效　率

	2002
公共财政	32
财政政策	3
组织机构	13
企业法规	25
教　育	34

企　业　效　率

	2002
生产率	43
劳动力市场	6
金　融	26
管理实践	21
全球化影响	25

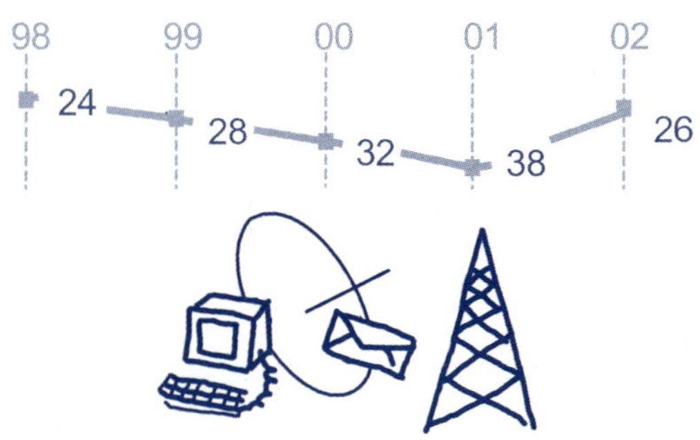

基　础　设　施

	2002
基本基础设施	22
技术基本基础设施	26
科学基本基础设施	29
健康与环境	30
价值系统	27

马来西亚

这些指标是每类中最强的10个指标，这些类是通过对49个国家和地区平均的最大的价值差异来区分的。

			排名
1 经济表现			
1.2.08	商品出口额	商品出口额占GDP的百分比	3
1.2.18	外贸依存度	（出口+进口）/（2×GDP）	4
1.2.19	贸易条件指数	出口单位价值比进口单位价值（1995=100）	4
1.2.02	经常项目差额	经常项目差额占GDP的百分比	5
1.4.03	就业增长	变化率	5
1.1.21	经济的弹性	经济体对于经济周期的弹性强	6
1.2.11	商业服务出口额	商业服务出口额占GDP的百分比	7
1.5.01	消费品价格上涨	年平均比率	9
1.4.06	失业率	占劳动力比率	10
1.3.02	对外直接投资流量	对外直接投资流量占GDP的百分比	11
2 政府效率			
2.3.11	政府经济政策	政府经济政策快速适应于经济发展	2
2.4.14	失业立法	失业立法激励人们寻找工作	3
2.2.06	实际个人税	实际个人税并不阻碍人们工作或者寻求发展	4
2.3.21	社会凝聚力	社会凝聚力是政府的首要目标	4
2.3.02	资本成本	贵国资本成本鼓励公司发展	4
2.2.11	实际公司税	实际公司税鼓励企业的活力	6
2.4.12	新企业	新企业在贵国容易建立	6
2.4.23	投资激励	对外国投资有吸引力	6
2.3.05	中央银行政策	中央银行政策对经济发展有积极影响	6
2.2.13	间接税	商品和服务税占GDP的比重	7
3 企业效率			
3.2.05	工作小时	每年的平均工作小时数	3
3.3.01	银行部门的资产	占GDP的比例	6
3.2.06	劳资关系	劳资关系有利于生产	7
3.2.04	经理报酬	全部底薪加上奖金和长期激励，美元	7
3.4.07	企业家精神	贵国企业家精神很普遍	9
3.2.08	产业纠纷	每千个居民年均因纠纷损失的工作日	9
3.2.18	外国高素质人员	外国高素质人员被贵国企业环境所吸引	10
3.3.14	股票市场指数	支书的变化率	10
3.2.09	雇员培训	公司高度重视雇员培训	11
3.4.08	公司的设立	贵国设立公司很普遍	13
4 基础设施			
4.2.19	高技术出口	占制造业出口的比例	2
4.1.17	国内能源总产量	占所有能源需求（等价为石油吨数）的比例	5
4.1.05	维护和发展	基础设施的维护和发展得到充分的计划和资助	7
4.1.10	用于货物和服务分配的基础设	普遍有效率	10
4.1.18	能源进口与商品出口	能源进口占商品出口的比例	11
4.4.13	废水处理工厂	接受废水处理工厂服务的人口占总人口的比重	12
4.4.16	可持续发展	贵国优先考虑可持续发展	12
4.1.09	空运的质量	空运的质量在贵国通常充分有效	13
4.3.14	科学和技术的兴趣	贵国青年具有浓厚的科学技术兴趣	13
4.1.11	水运	水运基础设施（港口、运河）满足企业需要	14

马来西亚

这些指标是每类中最弱的10个指标，这些类是通过对49个国家和地区平均的最大的价值差异来区分的。

1 经济表现

编号	指标	说明	排名
1.2.09	商品出口额实际增长率	按本地货币、不变价格计算的变化率	46
1.4.07	青年失业	25岁以下失业人口占总失业人口比例	43
1.1.13	实际人均GDP增长率	按本地货币、不变价格计算的变化率	43
1.3.08	吸引国外直接投资存量实际增长	按本地货币、不变价格计算的变化率	41
1.3.05	吸引国外直接投资流量	10亿美元	41
1.1.12	实际GDP增长率	按本地货币、不变价格计算的变化率	40
1.1.22	人均GDP	人均美元	38
1.1.23	人均GDP	估计值，按购买力平价计算的人均美元	38
1.1.01	国内生产总值（GDP）	按现行价格、汇率计算，10亿美元	37
1.3.06	吸引国外直接投资+流量	吸引国外直接投资流量占GDP的百分比	36

2 政府效率

编号	指标	说明	排名
2.4.19	外国投资者	外国投资者可以自由在国内公司中取得控制力	48
2.4.20	外国金融机构	外国金融机构可以进入本国市场	46
2.4.21	进入国内资本市场	外国公司进入国内资本市场不受限制	45
2.1.02	中央政府预算盈余/赤字	占GDP的百分比	44
2.5.09	文盲率	成人（15岁以上）文盲占总人口比例	43
2.5.04	中等学校入学人数	接受全日制教育的相关年龄组所占比例	42
2.4.11	外国公司	外国公司不被国内立法区别对待	41
2.1.07	中央政府总负债实际增长率	按本地货币、不变价格计算的变化率	41
2.4.04	公共部门合同	公共部门合同向外国投标者充分开放	39
2.4.09	价格控制	价格控制没有影响多数产业的产品定价	39

3 企业效率

编号	指标	说明	排名
3.1.03	综合生产率实际增长率	每个就业者实际GDP变化率，估计值	46
3.2.13	女性劳动力	占全部劳动力的比例	43
3.3.19	国际保理业务	占商品出口的比重	42
3.1.10	服务业生产率（购买力平价）	每个服务业故园创造的相应GDP，美元，估计值	40
3.1.04	劳动生产率（购买力平价）	每雇员每小时的GDP，美元，估计值	40
3.1.01	综合生产率（购买力平价）	每个就业者人均GDP，美元	38
3.3.04	发行的信用卡数目	每人	37
3.1.06	农业生产率（购买力平价）	每个农业劳动力创造的相应GDP，美元，估计值	37
3.1.08	工业生产率（购买力平价）	每个工业雇员创造的相应GDP，美元，估计值	35
3.5.01	全球化	全球化没有威胁贵国经济	32

4 基础设施

编号	指标	说明	排名
4.4.01	健康总支出	占GDP的比例	46
4.2.03	国际电话费用	高峰期通往美国的每三分钟费用（对美国指通往欧洲）	44
4.1.04	赡养率	15岁以下和64岁以上的人口总量除以15岁-64岁之间人口总量	44
4.4.05	医疗帮助	每个医生负担的居民人数每个护士负担的居民人数	41
4.3.03	所有研究与开发支出	占GDP的比例	41
4.2.02	固定电话数	每千户居民中的主要干线数	39
4.1.07	铁路	网络的密度	39
4.3.02	人均研究与开发支出	人均，美元	39
4.1.19	非能源原材料自给	人均贸易收支差额，美元	39
4.3.07	每千人中研究与开发人员	每千国民中人数（全日约当单位）	38

马来西亚

这一部分集锦了该国20个最强的指标，
这部分指标有着最高的标准化值（STD值）。
STD值＝（国家和地区的原始值－49个国家和地区平均值）/标准差

20个最强的指标

序号	名称	国家原始值	国家排名	49国家平均值
1.2.08	**商品出口额** 商品出口额占GDP的百分比	101.12	3	38.5
4.2.19	**高技术出口** 占制造业出口的比例	49.16	2	16.96
1.2.18	**外贸依存度** （出口+进口）/（2×GDP）	117.45	4	49.38
3.2.05	**工作小时** 每年的平均工作小时数	2,217	3	1,925
2.2.13	**间接税** 商品和服务税占GDP的比重	5.33	7	10.45
1.2.19	**贸易条件指数** 出口单位价值比进口单位价值（1995=100）	131.9	4	89.9
1.2.02	**经常项目差额** 经常项目差额占GDP的百分比	8.24	5	0.99
1.4.03	**就业增长** 变化率	2.6	5	0.92
3.2.01	**报酬水平** 制造业工人每小时全部报酬，美元，估计值	2.68	14	9.16
2.2.12	**资本和财产税** 资本和财产税占GDP的百分比	0.5	10	1.57
3.3.01	**银行部门的资产** 占GDP的比例	192.82	6	117.11
3.2.04	**经理报酬** 全部底薪加上奖金和长期激励，美元	1	7	0
1.5.02	**生活费指数** 主要城市不包括住房的各种货物支出指数（纽约=100）	67.13	12	81.64
2.3.11 （调查）	**政府经济政策** 政府经济政策快速适应于经济发展	7.38	2	4.71
2.2.06 （调查）	**实际个人税** 实际个人税并不阻碍人们工作或者寻求发展	7.15	4	4.81
2.4.14 （调查）	**失业立法** 失业立法激励人们寻找工作	7.2	3	4.98
2.3.21 （调查）	**社会凝聚力** 社会凝聚力是政府的首要目标	8.08	4	6.12
2.2.11 （调查）	**实际公司税** 实际公司税鼓励企业的活力	6.96	6	5.24
2.4.13 （调查）	**劳动法规** 劳动法规（雇/解雇惯例、最低工资等）足够灵活	6.68	8	4.68
2.4.12 （调查）	**新企业** 新企业在贵国容易建立	8.09	6	6.36

马来西亚

如 果？

竞争力模拟研究帮助政策制定者将注意力和优先次序放在他们国家或地区面临的关键竞争力上。我们用49个国家或地区的平均值代替这些最弱的指标值，从而计算这个国家或地区的总体排名。然而，这只是一个理论方式，不应视为政策的建议。还必须考虑各个国家或地区的发展水平、政治体制和社会值系统

	从		到
模拟排名变化	26	→	21

20个最弱的指标

序号	名称	国家原始值	国家排名	49国家平均值
1.4.07	**青年失业** 25岁以下失业人口占总失业人口比例	65.5	43	26.47
4.4.01	**健康总支出** 占GDP的比例	1.5	46	6.7
2.5.04	**中等学校入学人数** 接受全日制教育的相关年龄组所占比例	61.2	42	81.6
4.1.04	**赡养率** 15岁以下和64岁以上的人口总量除以15岁-64岁之间人口总量	61	44	50.8
3.2.13	**女性劳动力** 占全部劳动力的比例	34.94	43	40.42
4.4.05	**医疗帮助** 每个医生负担的居民人数/每个护士负担的居民人数	-1	41	0
2.1.02	**中央政府预算盈余/赤字** 占GDP的百分比	-5.79	44	-0.97
2.5.09	**文盲率** 成人（15岁以上）文盲占总人口比例	13	43	4.8
4.3.07	**每千人中研究与开发人员** 每千国民中人数（全日约当单位）	0.433	38	3.000
3.1.10	**服务业生产率（购买力平价）** 每个服务业雇员创造的相应GDP，美元，估计值	20,875	40	42,358
2.5.05	**高等教育成绩** 25-34岁人中至少获得三级教育的人口所占比例	11	36	21
3.1.04	**劳动生产率（购买力平价）** 每雇员每小时的GDP，美元，估计值	10.05	40	22.41
4.3.09	**企业研究与开发人数** 每千国民中人数（全日约当单位）	0.144	38	1.582
2.4.19 （调查）	**外国投资者** 外国投资者可以自由在国内公司中取得控制力	5.38	48	7.66
2.4.20 （调查）	**外国金融机构** 外国金融机构可以进入本国市场	6.76	46	8.21
2.4.21 （调查）	**进入国内资本市场** 外国公司进入国内资本市场不受限制	6.39	45	8.09
2.4.11 （调查）	**外国公司** 外国公司不被国内立法区别对待	7.18	41	8.02
2.4.04 （调查）	**公共部门合同** 公共部门合同向外国投标者充分开放	5.49	39	6.56
2.4.09 （调查）	**价格控制** 价格控制没有影响多数产业的产品定价	6.34	39	7.16
2.4.22 （调查）	**进入国外资本市场** 国内公司进入国外资本市场不受限制	6.85	39	7.76

马来西亚

国内经济

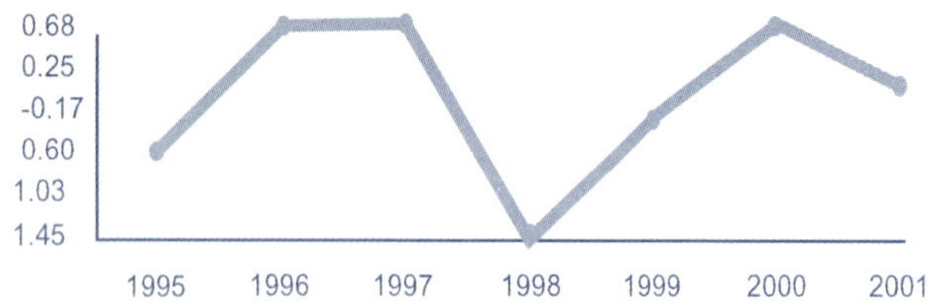

国际贸易

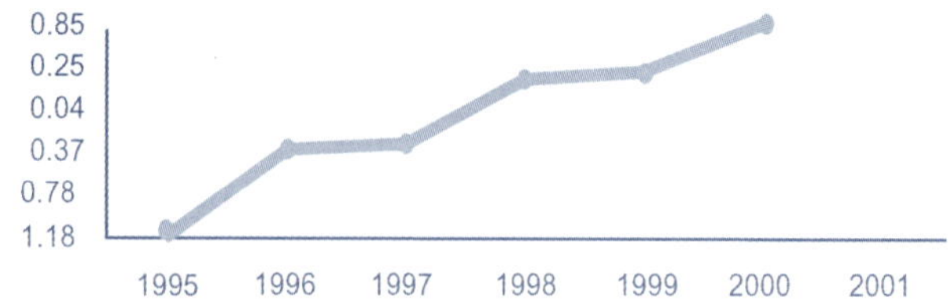

国际投资

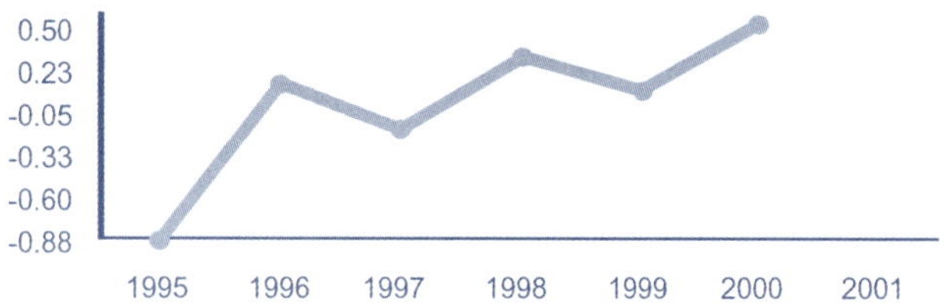

公共财政

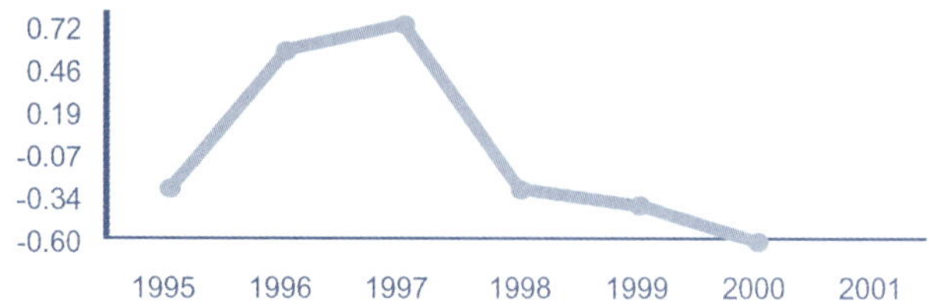

财政政策

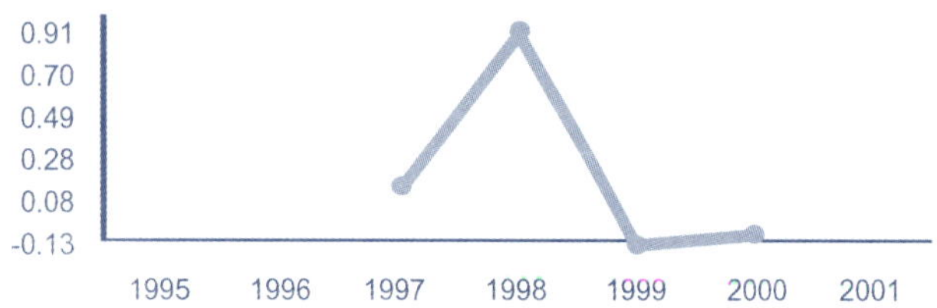

生产率

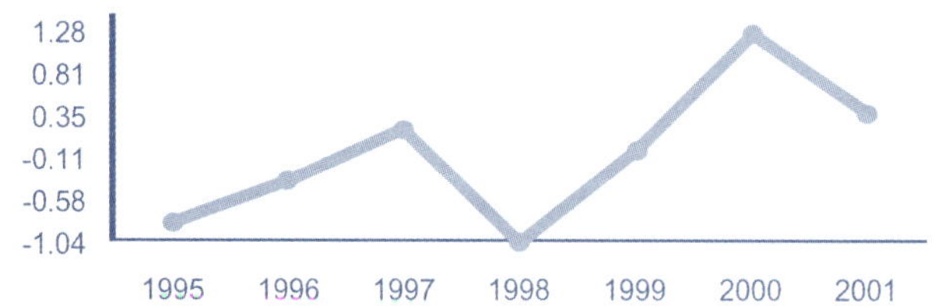

金融

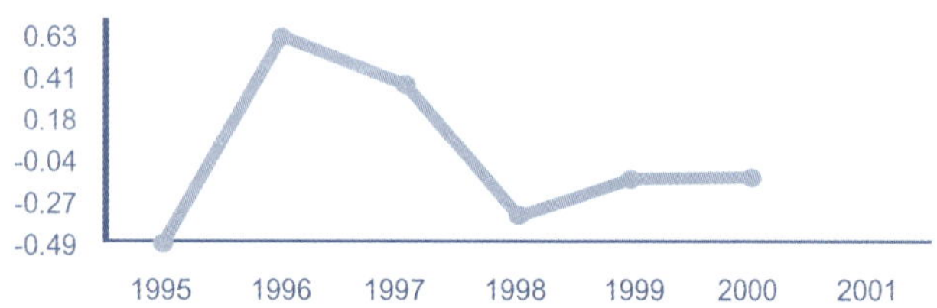

技术基础设施

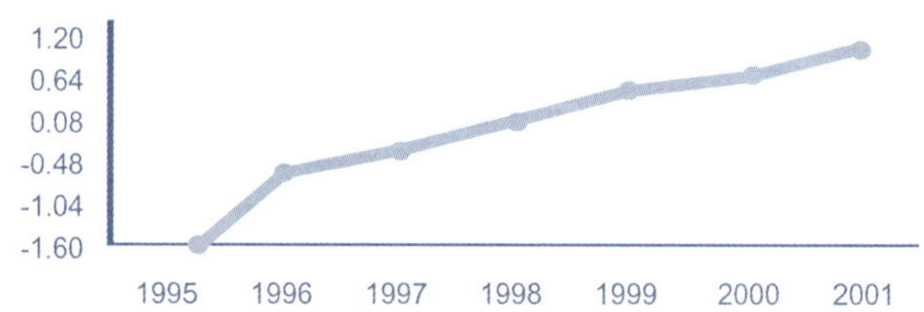

主要竞争力指标

人均国内生产总值

人均美元

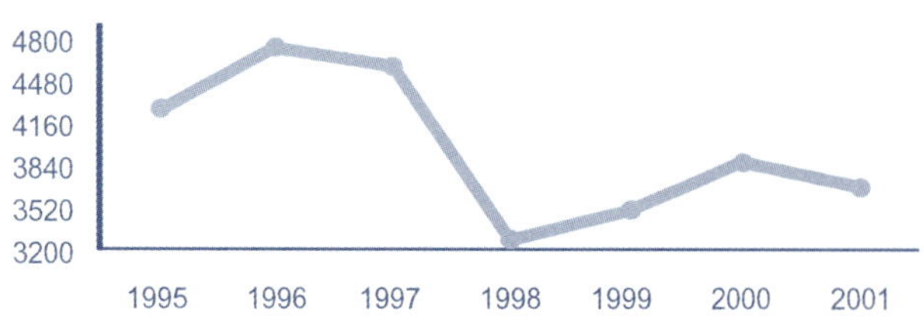

国内生产总值实际增长率

百分比变化，基于国家货币物价稳定

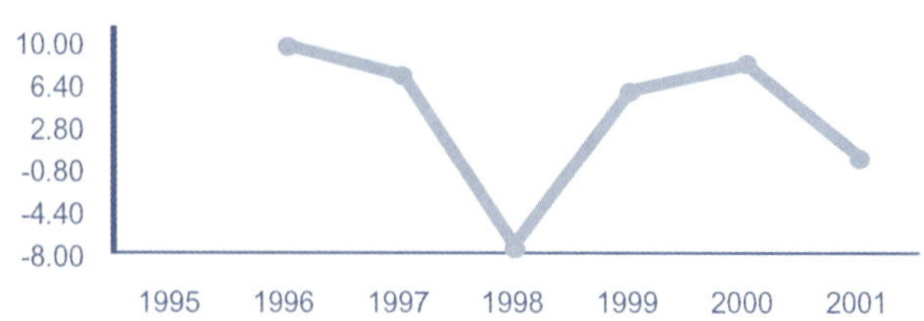

马来西亚

个人最终消费支出
人均美元

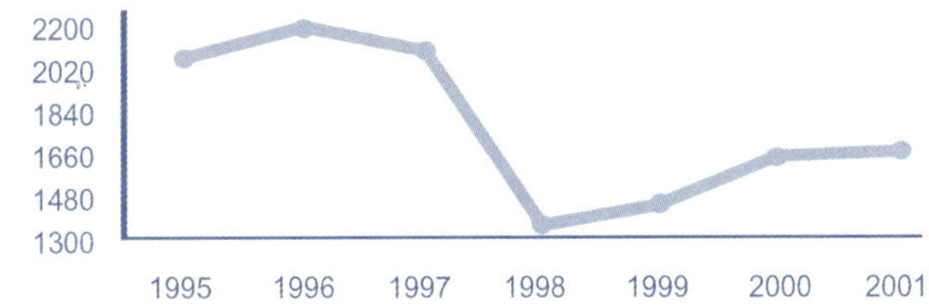

商品和商业劳务出口
十亿美元

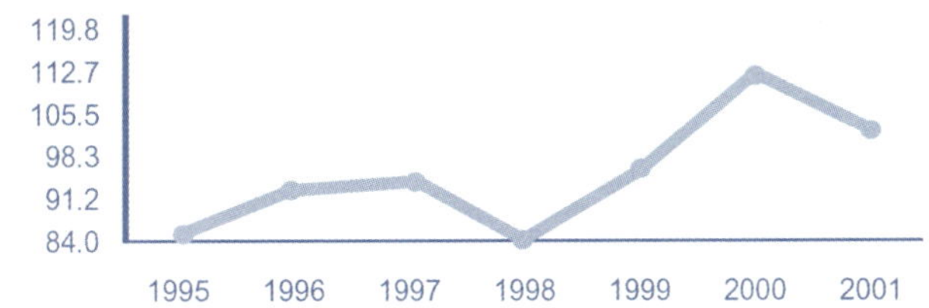

吸收直接投资流量
十亿美元

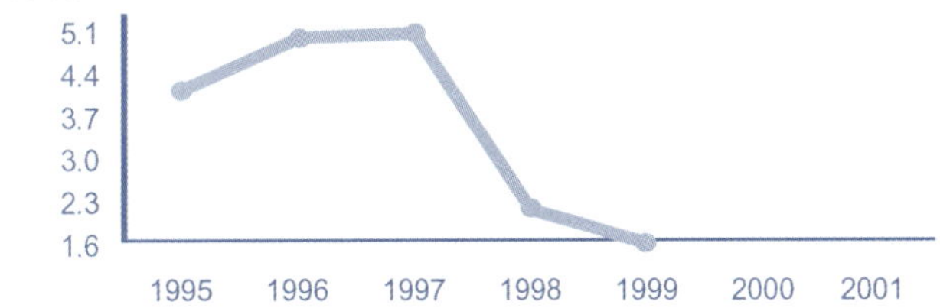

消费品价格增长率
年平均比率

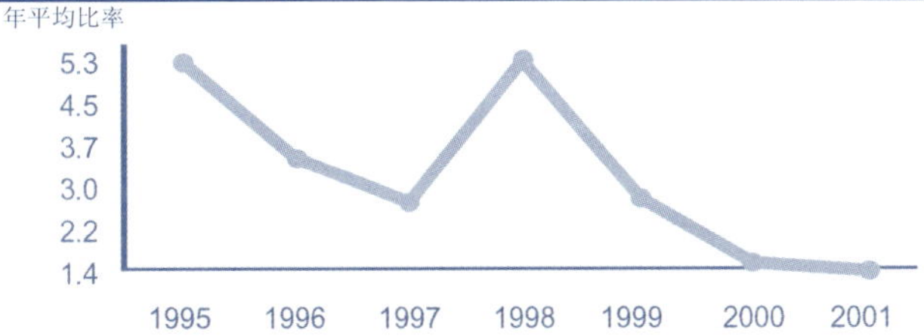

报酬水平
估计：制造工人的小时总补偿，美元

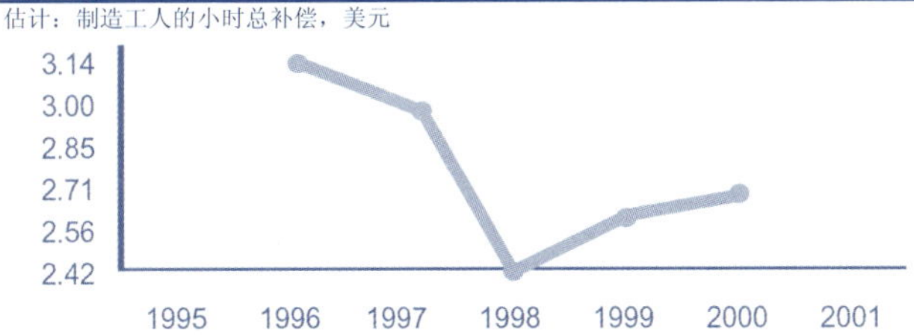

国内上市公司
上市公司的数量

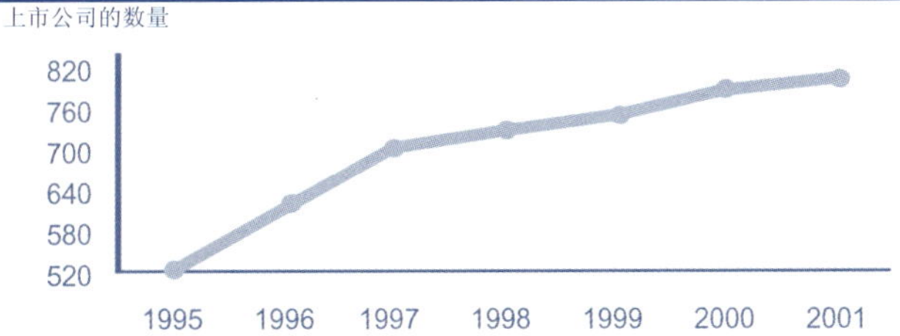

经常性项目差额
十亿美元（负号标志＝赤字）

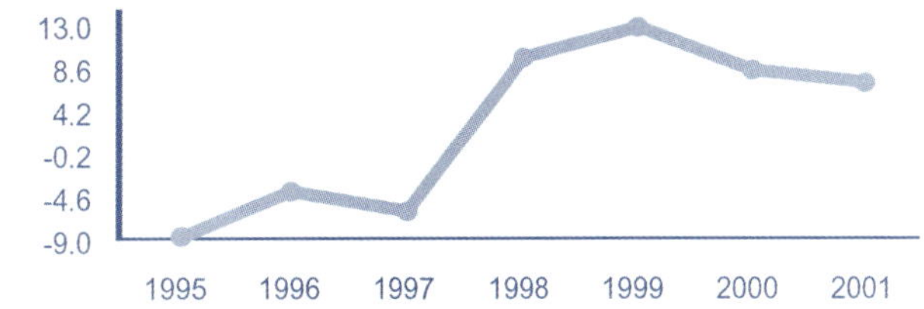

对外直接投资流量
十亿美元

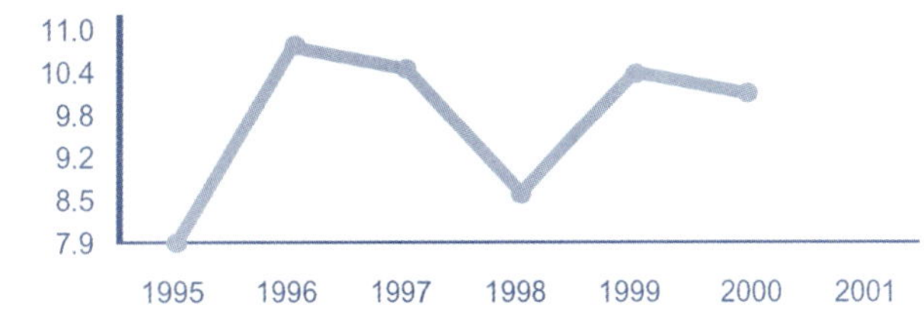

失业率
劳动力百分比

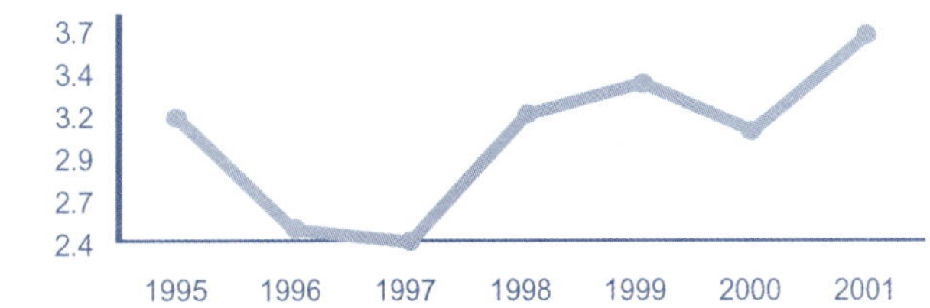

总体生产率
就业人员人均国内生产总值，美元

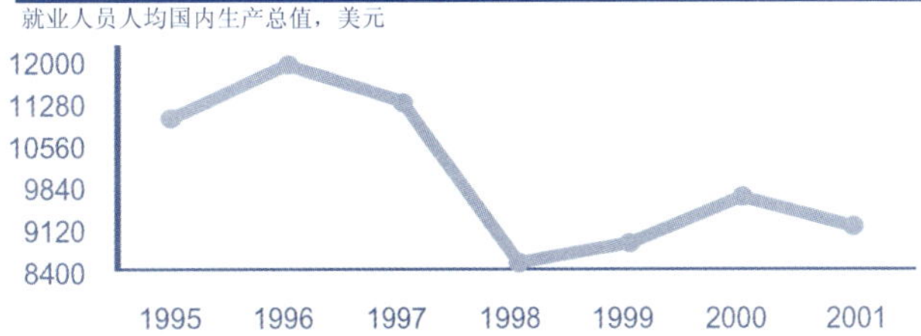

股票市场筹资额
十亿美元

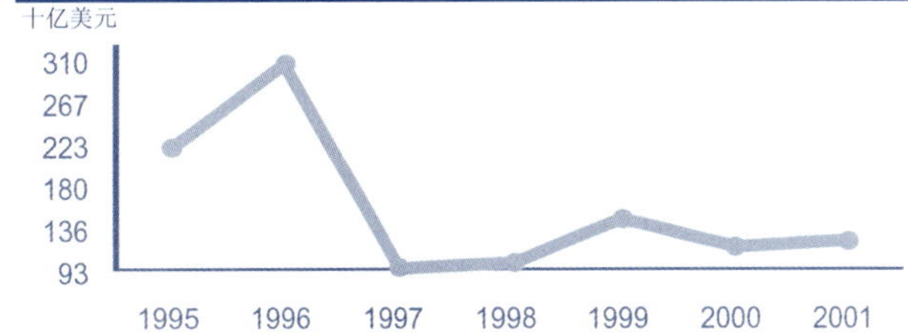

计算机
每1000人的计算机数量/来源：计算机工业年鉴

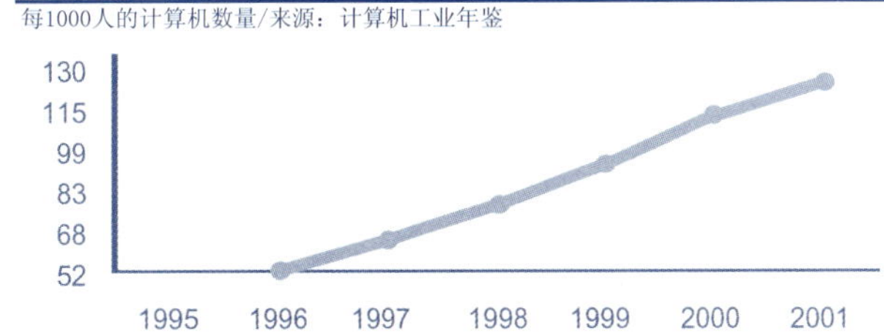

墨西哥

国家竞争力的挑战，2002

- 建立快速和持久恢复经济的基础.
- 继续结构金融和财政改革以加强公共财政.
- 加强公共和工业基础设施.
- 继续创造新的政府环境.
- 提高国内市场的增长率.

提供者:

COMIMSA

总体表现

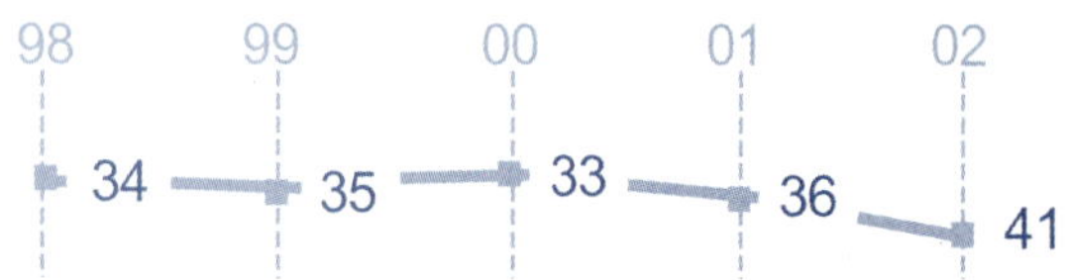

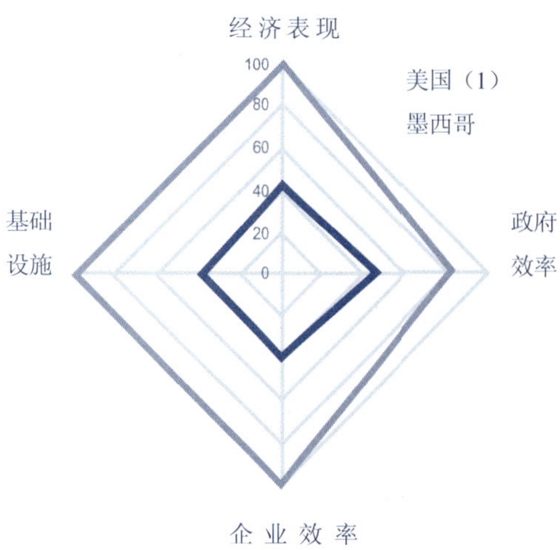

基本事实

首都	墨西哥城
人口	100.9 (2001)
地域（平方千米）	1,958.0 (2000)
汇率（百分之一美元）	9.34 (2001)
国内生产总值（十亿美元）	635.5 (2001)
人均国内生产总值（美元）	6,299 (2001)
实际GDP增长率	-0.3 (2001)
消费品价格上涨	6.3 (2001)
失业率	2.60 (2001)
劳动力（百万）	41.87 (2000)
经常性项目差额（十亿美元）	-29.2 (2001)
直接投资	
吸收股票投资（十亿美元）	91.22 (2000)
吸收流量（占GDP百分比）	2.31 (2000)

墨西哥

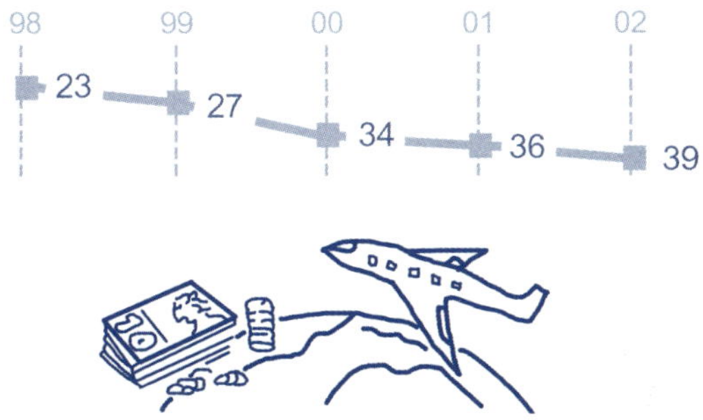

经　济　表　现

	2002
国内经济	44
国际贸易	48
国际投资	41
就　业	22
物　价	27

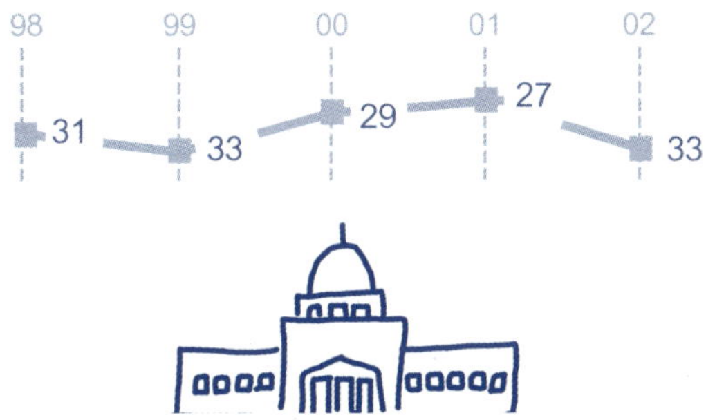

政　府　效　率

	2002
公共财政	17
财政政策	14
组织机构	41
企业法规	34
教　育	44

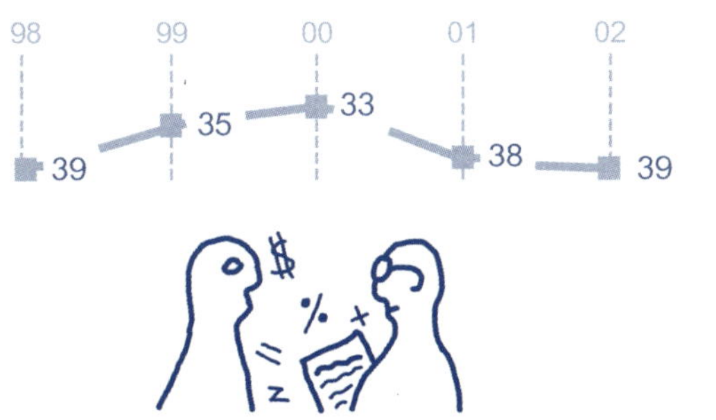

企　业　效　率

	2002
生产率	45
劳动力市场	32
金　融	44
管理实践	39
全球化影响	21

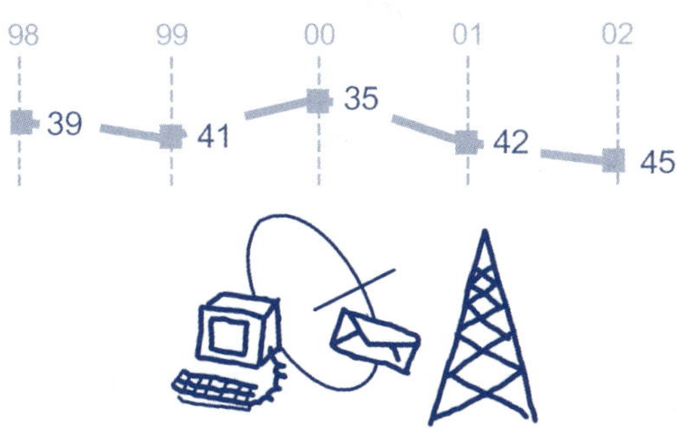

基　础　设　施

	2002
基本基础设施	38
技术基本基础设施	44
科学基本基础设施	49
健康与环境	41
价值系统	41

墨西哥

这些指标是每类中最强的10个指标，这些类是通过对49个国家和地区平均的最大的价值差异来区分的。

1 经济表现			排名
1.4.06	失业率	占劳动力比率	4
1.4.01	总就业人口	总就业人口（百万）	8
1.1.01	国内生产总值（GDP）	按现行价格、汇率计算，10亿美元	9
1.1.02	国内生产总值（PPP）	估计值：按购买力平价计算，10亿美元	11
1.4.03	就业增长	变化率	12
1.2.07	商品出口额	商品出口额，10亿美元	12
1.3.07	吸引国外直接投资存量	10亿美元	14
1.3.01	对外直接投资流量	10亿美元	15
1.5.02	生活费指数	主要城市不包括住房的各种货物支出指数（纽约=100）	16
1.3.05	吸引国外直接投资流量	10亿美元	16

2 政府效率			
2.2.02	个人收入税有效税率	占人均GDP的百分比	5
2.2.12	资本和财产税	资本和财产税占GDP的百分比	5
2.2.13	间接税	商品和服务税占GDP的比重	9
2.4.01	贵国参与区域贸易集团的程度	贵国参与区域贸易集团提供进入外国市场的途径	9
2.1.10	国家总储备	包括黄金和官方储备（每盎司黄金=35个特别提款权）	9
2.2.04	雇员社会保障缴款率	强制缴款占人均GDP的百分比	10
2.2.01	税收总收入	占GDP的百分比	11
2.1.09	公共财政的管理	公共财政的管理在两年后可能完善	12
2.1.04	中央政府国内负债	占GDP的百分比	12
2.4.06	政府补贴	对私人和公共企业的补贴占GDP比重	12

3 企业效率			
3.3.14	股票市场指数	支书的变化率	4
3.5.04	R&D设施的再分配	R&D设施的再分配不会威胁贵国经济的未来	5
3.2.05	工作小时	每年的平均工作小时数	7
3.2.03	服务性职业报酬	年均总收入，包括附加薪水，例如额外薪金，美元	9
3.2.01	报酬水平	制造业工人每小时全部报酬，美元，估计值	12
3.2.08	产业纠纷	每千个居民年均因纠纷损失的工作日	21
3.2.18	外国高素质人员	外国高素质人员被贵国企业环境所吸引	22
3.3.11	股票市场筹资额	10亿美元	22
3.5.03	生产的再分配	国外的生产再分配没有威胁到贵国经济的未来	23
3.2.06	劳资关系	劳资关系有利于生产	24

4 基础设施			
4.2.12	互联网费用	高峰期互联网访问20小时费用，美元	5
4.1.18	能源进口与商品出口	能源进口占商品出口的比例	7
4.1.01	人口—市场规模	估计值，百万	8
4.1.16	GDP和能源消耗	实际GDP增长率减去能源消耗增长率	9
4.1.17	国内能源总产量	占所有能源需求（等价为石油吨数）的比例	9
4.2.18	高技术出口	百万美元	13
4.1.08	空运	主要公司运载的乘客数	14
4.2.19	高技术出口	占制造业出口的比例	17
4.2.08	在用计算机	占世界在用计算机总量的份额/来源：计算机行业年鉴	17
4.1.20	工业用户的电力成本	美元/千瓦	18

墨西哥

这些指标是每类中最弱的10个指标，这些类是通过对49个国家和地区平均的最大的价值差异来区分的。

1 经济表现			排名
1.2.01	经常项目差额	经常项目差额，10亿美元（负号为逆差）	48
1.2.09	商品出口额实际增长率	按本地货币、不变价格计算的变化率	47
1.3.10	证券投资负债	10亿美元	47
1.3.08	吸引国外直接投资存量实际增长	按本地货币、不变价格计算的变化率	46
1.3.09	证券投资资产	10亿美元	45
1.2.11	商业服务出口额	商业服务出口额占GDP的百分比	45
1.1.13	实际人均GDP增长率	按本地货币、不变价格计算的变化率	44
1.1.12	实际GDP增长率	按本地货币、不变价格计算的变化率	43
1.2.02	经常项目差额	经常项目差额占GDP的百分比	42
1.1.23	人均GDP	估计值，按购买力平价计算的人均美元	40

2 政府效率			
2.4.12	新企业	新企业在贵国容易建立	48
2.5.11	教育资金	教育资金在贵国很充足	48
2.5.03	学生—教师比（中等教育）	学生与教师职员的比例	47
2.4.10	地下经济	地下经济不损害贵国的经济发展	47
2.2.14	逃税	逃税在贵国不普遍	47
2.5.10	经济知识普及	经济知识普及率高	46
2.3.10	新立法	新立法鼓励企业竞争力	45
2.3.19	个人安全和个人财产	个人安全和个人财产得到充分保护	44
2.4.08	产品和服务立法	产品和服务立法不损害公司行为	44
2.5.13	知识转让	公司与大学间的知识转让很充分	44

3 企业效率			
3.3.03	信贷	很容易从银行流入企业	48
3.3.01	银行部门的资产	占GDP的比例	47
3.3.06	风险资本	企业发展可以容易获得	46
3.4.08	公司的设立	贵国设立公司很普遍	46
3.1.03	综合生产率实际增长率	每个就业者实际GDP变化率，估计值	45
3.3.09	银行业规定	银行业规定没有阻碍贵国竞争力	44
3.3.07	银行服务	银行服务在贵国广泛发展	43
3.4.07	企业家精神	贵国企业家精神很普遍	43
3.1.06	农业生产率（购买力平价）	每个农业劳动力创造的相应GDP，美元，估计值	43
3.2.16	金融人才	金融人才在贵国劳动市场上容易获得	43

4 基础设施			
4.2.15	技术合作	公司间的技术合作很发达	49
4.1.13	城市化	城市化不浪费国家资源	48
4.3.14	科学和技术的兴趣	贵国青年具有浓厚的科学技术兴趣	48
4.2.17	资助技术发展	技术发展的资助非常充分	47
4.1.11	水运	水运基础设施（港口、运河）满足企业需要	46
4.2.06	通信的充分性	通信在贵国普遍比较充分	46
4.3.13	学校内的科学	学校内的科学在贵国充分教育	46
4.3.10	基础研究	基础研究能够支持长期经济发展	46
4.2.07	新信息技术	新信息技术和应用满足企业需要	46
4.1.15	能源基础设施	贵国能源基础设施充足有效	45

墨西哥

这一部分集锦了该国20个最强的指标，
这部分指标有着最高的标准化值（STD值）。
STD值＝（国家和地区的原始值－49个国家和地区平均值）/标准差

20个最强的指标

序号	名称	国家原始值	国家排名	49国家平均值
2.2.02	**个人收入税有效税率** 占人均GDP的百分比	3.68	5	17.15
2.2.13	**间接税** 商品和服务税占GDP的比重	5.94	9	10.45
3.2.05	**工作小时** 每年的平均工作小时数	2,150	7	1,925
3.3.14	**股票市场指数** 支书的变化率	21.2	4	-8.23
2.2.01	**税收总收入** 占GDP的百分比	17.89	11	31.24
2.2.12	**资本和财产税** 资本和财产税占GDP的百分比	0.16	5	1.57
3.2.03	**服务性职业报酬** 年均总收入，包括附加薪水，例如额外薪金，美元	1	9	0
2.2.04	**雇员社会保障缴款率** 强制缴款占人均GDP的百分比	2.39	10	9.1
3.2.01	**报酬水平** 制造业工人每小时全部报酬，美元，估计值	2.29	12	9.16
1.4.06	**失业率** 占劳动力比率	2.6	4	7.95
4.1.18	**能源进口与商品出口** 能源进口占商品出口的比例	2.19	7	9.39
4.2.12	**互联网费用** 高峰期互联网访问20小时费用，美元	26.18	5	22.72
4.1.16	**GDP和能源消耗** 实际GDP增长率减去能源消耗增长率	4.255	9	1.396
3.5.04 （调查）	**R&D设施的再分配** R&D设施的再分配不会威胁贵国经济的未来	5.98	5	5.06
2.4.01 （调查）	**贵国参与区域贸易集团的程度** 贵国参与区域贸易集团提供进入外国市场的途径	7.87	9	6.47
2.1.09 （调查）	**公共财政的管理** 公共财政的管理在两年后可能完善	6.40	12	5.44
2.4.20 （调查）	**外国金融机构** 外国金融机构可以进入本国市场	8.55	20	8.21
2.4.23 （调查）	**投资激励** 对外国投资有吸引力	6.6	21	6.06
2.4.14 （调查）	**失业立法** 失业立法激励人们寻找工作	5.45	22	4.98
2.4.11 （调查）	**外国公司** 外国公司不被国内立法区别对待	8.22	22	8.02

墨西哥

如 果？

竞争力模拟研究帮助政策制定者将注意力和优先次序放在他们国家或地区面临的关键竞争力上。我们用49个国家或地区的平均值代替这些最弱的指标值，从而计算这个国家或地区的总体排名。然而，这只是一个理论方式，不应视为政策的建议。还必须考虑各个国家或地区的发展水平、政治体制和社会值系统

	从		到
模拟排名变化	41	→	39

20个最弱的指标

序号	名称	国家原始值	国家排名	49国家平均值
2.5.03	**学生—教师比（中等教育）** 学生与教师职员的比例	32.2	47	16.99
4.1.04	**赡养率** 15岁以下和64岁以上的人口总量除以15岁-64岁之间人口总量	60.2	42	50.8
2.5.04	**中等学校入学人数** 接受全日制教育的相关年龄组所占比例	66	39	81.6
4.2.10	**互联网用户数** 每千人互联网用户人数/来源：计算机行业年鉴	52.63	43	267.96
4.3.07	**每千人中研究与开发人员** 每千国民中人数（全日约当单位）	0.368	40	3
3.1.08	**工业生产率（购买力平价）** 每个工业雇员创造的相应GDP，美元，估计值	25,109	39	46,005
4.2.09	**人均计算机** 每千人计算机数/来源：计算机行业年鉴	76	40	309
4.3.03	**所有研究与开发支出** 占GDP的比例	0.401	44	1.375
3.1.04	**劳动生产率（购买力平价）** 每雇员每小时的GDP，美元，估计值	9.89	41	22.41
2.5.02	**学生—教师比（初等教育）** 学生与教师职员的比例	28	40	19.49
4.3.09	**企业研究与开发人数** 每千国民中人数（全日约当单位）	0.049	42	1.582
1.1.13	**实际人均GDP增长率** 按本地货币、不变价格计算的变化率	-2.2	44	0.73
3.1.01	**综合生产率（购买力平价）** 每个就业者人均GDP，美元	21,257	39	41,680
2.4.12 （调查）	**新企业** 新企业在贵国容易建立	3.67	48	6.36
2.5.11 （调查）	**教育资金** 教育资金在贵国很充足	3.15	48	5.49
3.3.03 （调查）	**信贷** 很容易从银行流入企业	2.73	48	5.83
4.1.15 （调查）	**能源基础设施** 贵国能源基础设施充足有效	3.65	45	6.52
2.4.10 （调查）	**地下经济** 地下经济不损害贵国的经济发展	2.85	47	5.73
4.2.15 （调查）	**技术合作** 公司间的技术合作很发达	3.67	49	5.52
4.2.17 （调查）	**资助技术发展** 技术发展的资助非常充分	2.59	47	5.09

墨西哥

国内经济

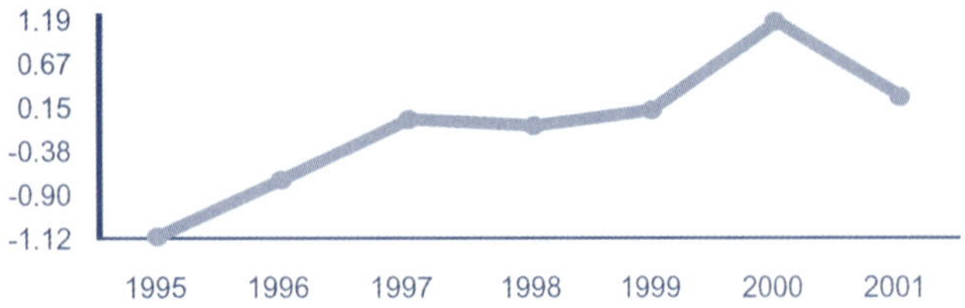

国际贸易

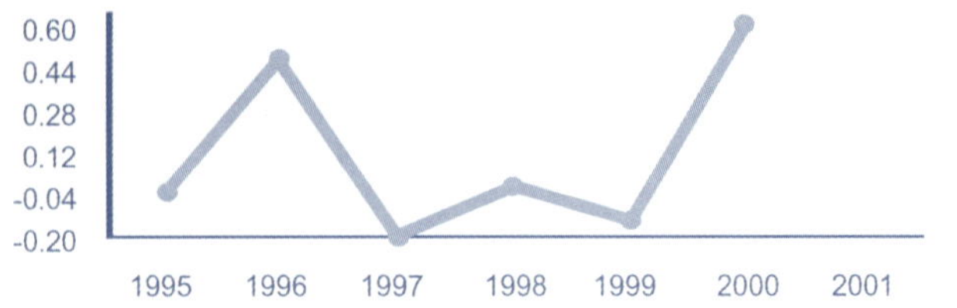

国际投资

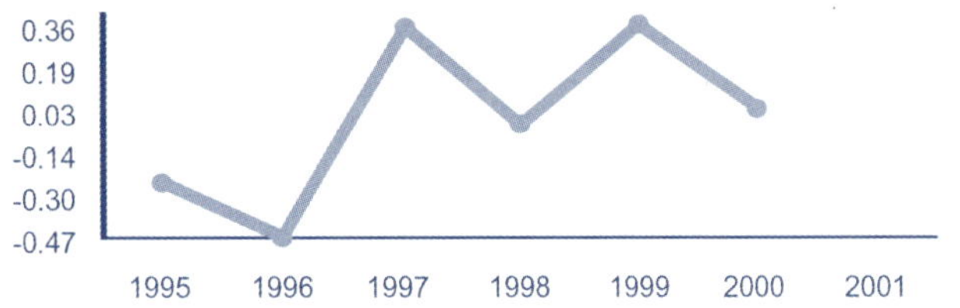

公共财政

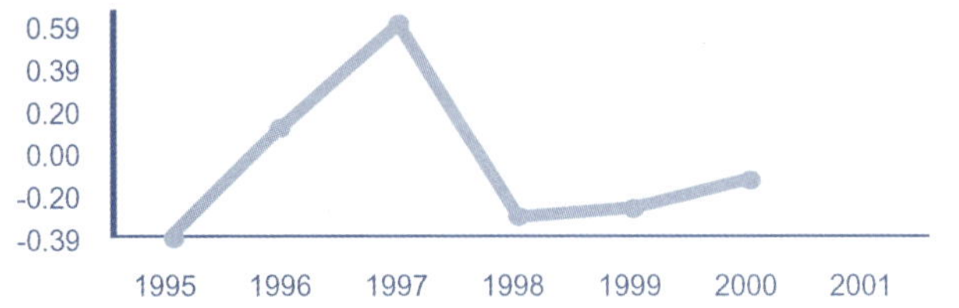

财政政策

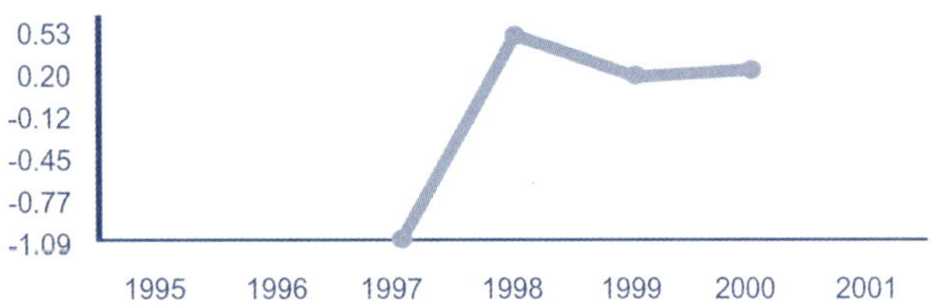

生产率

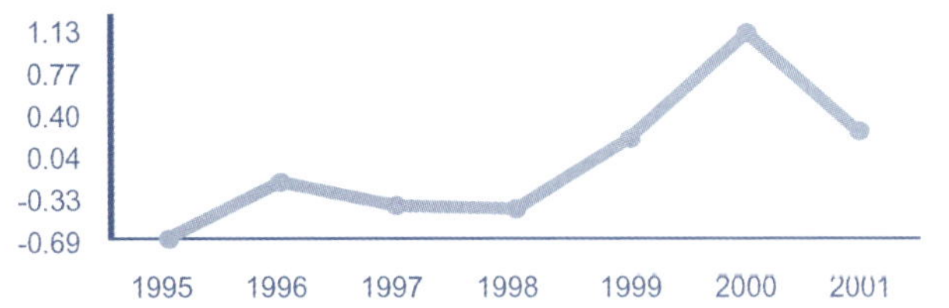

金融

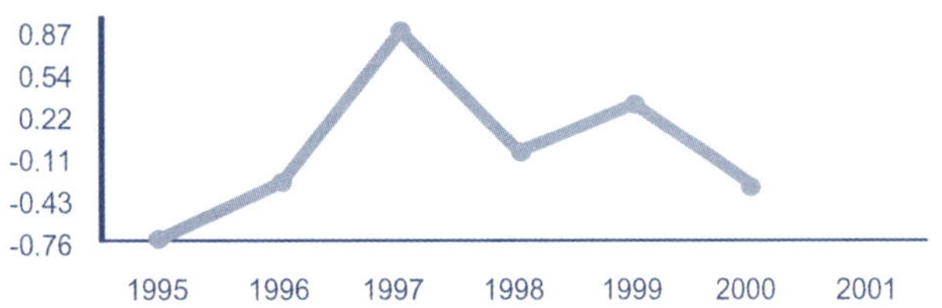

技术基础设施

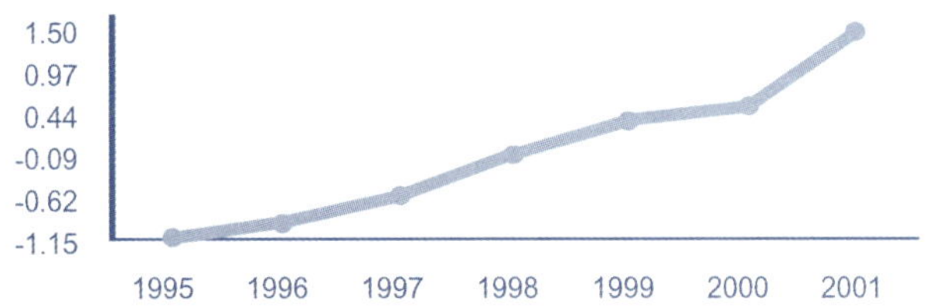

主要竞争力指标

人均国内生产总值

人均美元

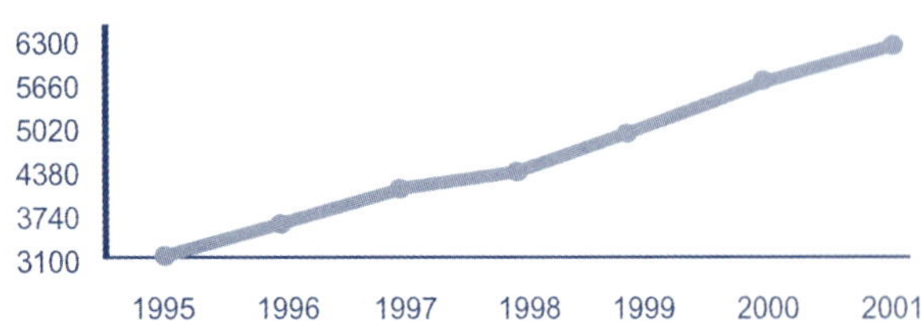

国内生产总值实际增长率

百分比变化，基于国家货币物价稳定

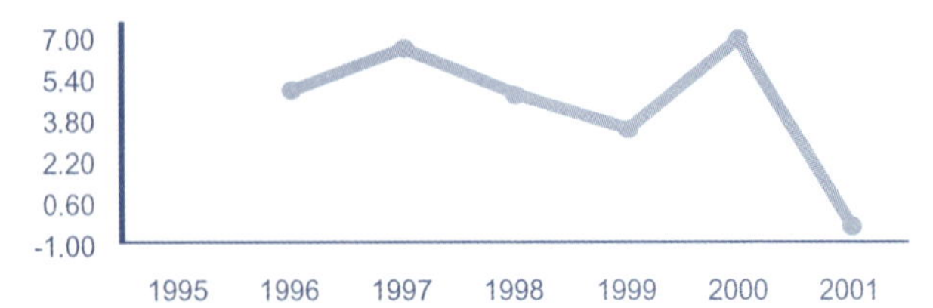

墨西哥

个人最终消费支出
人均美元

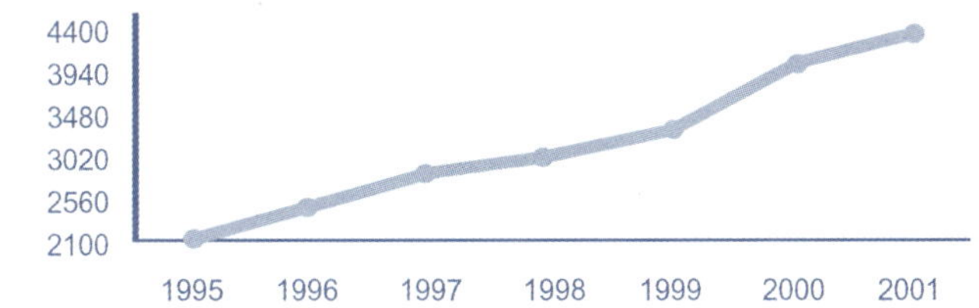

经常性项目差额
十亿美元（负号标志=赤字）

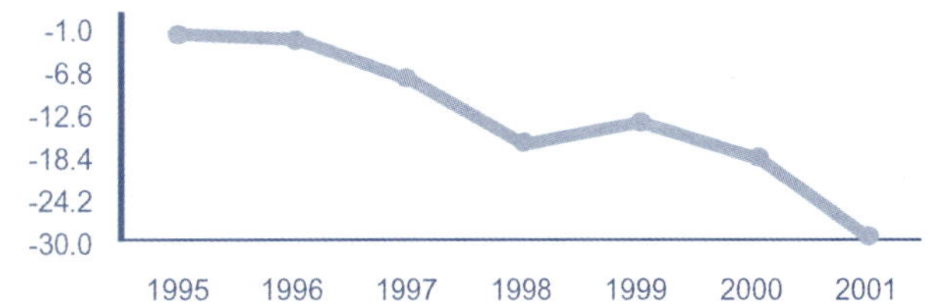

商品和商业劳务出口
十亿美元

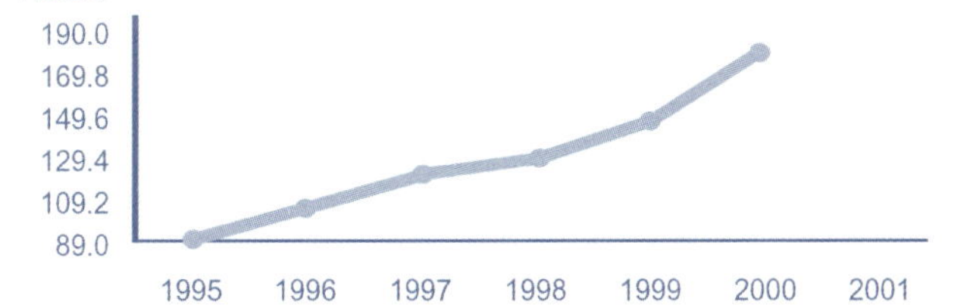

对外直接投资流量
十亿美元

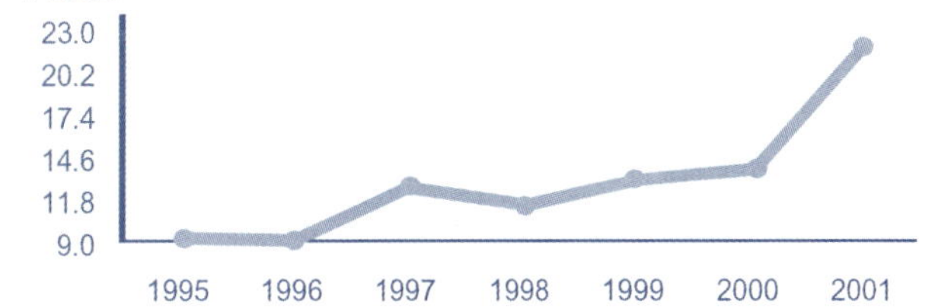

吸收直接投资流量
十亿美元

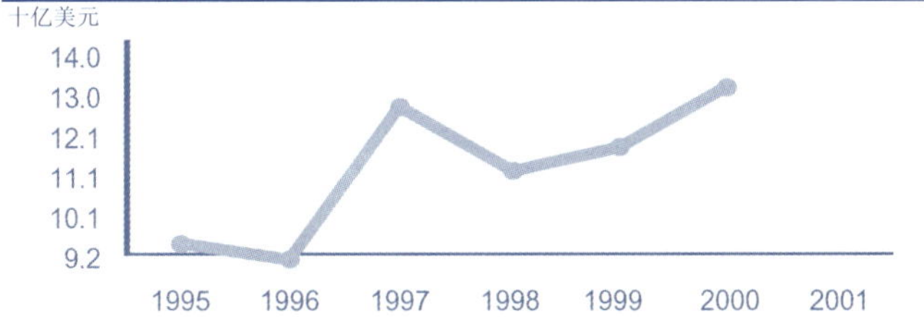

失业率
劳动力百分比

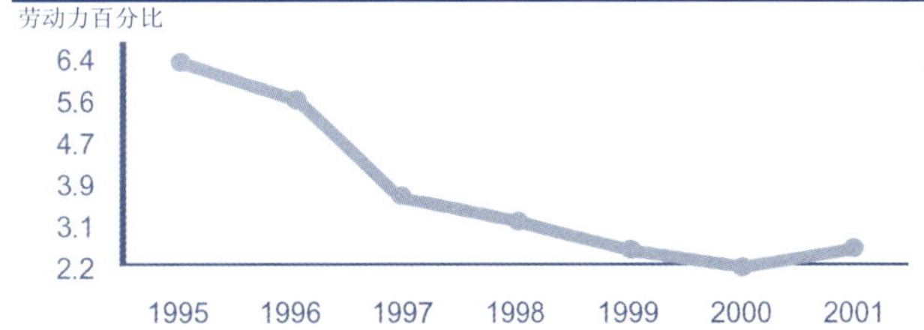

消费品价格增长率
年平均比率

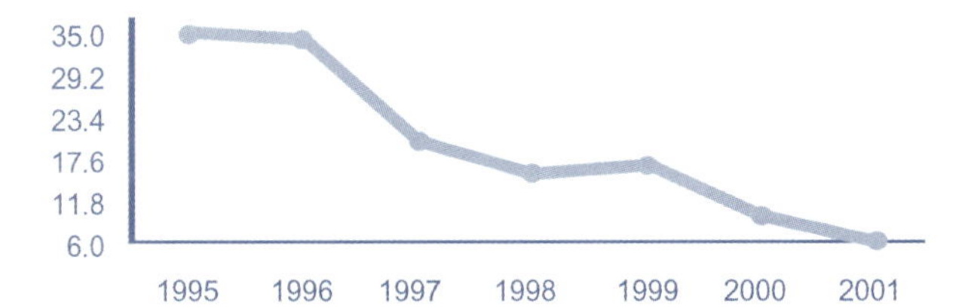

总体生产率
就业人员人均国内生产总值，美元

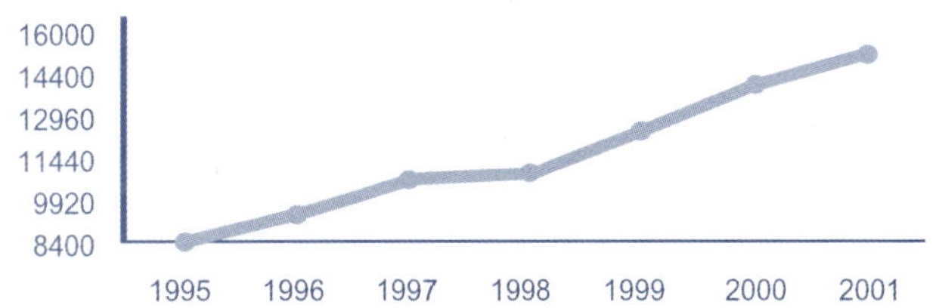

报酬水平
估计：制造工人的小时总补偿，美元

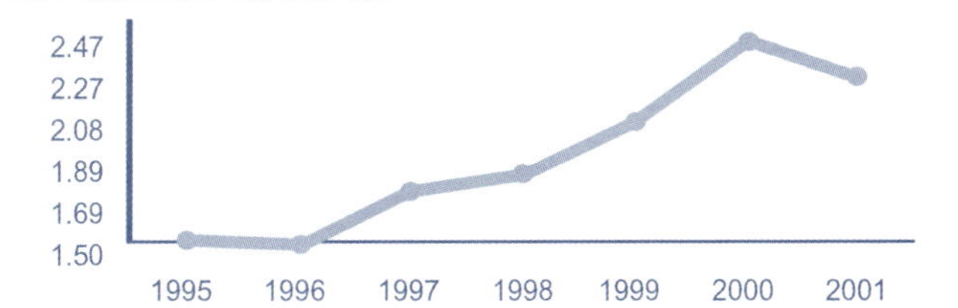

股票市场筹资额
十亿美元

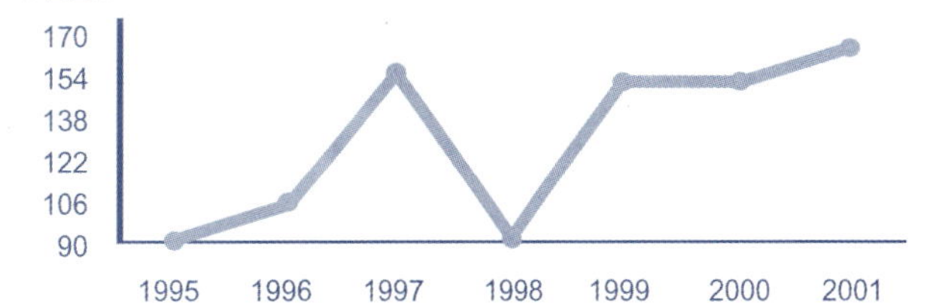

国内上市公司
上市公司的数量

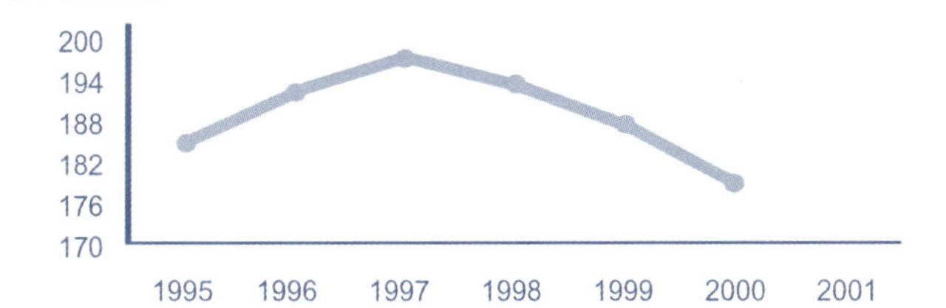

计算机
每1000人的计算机数量/来源：计算机工业年鉴

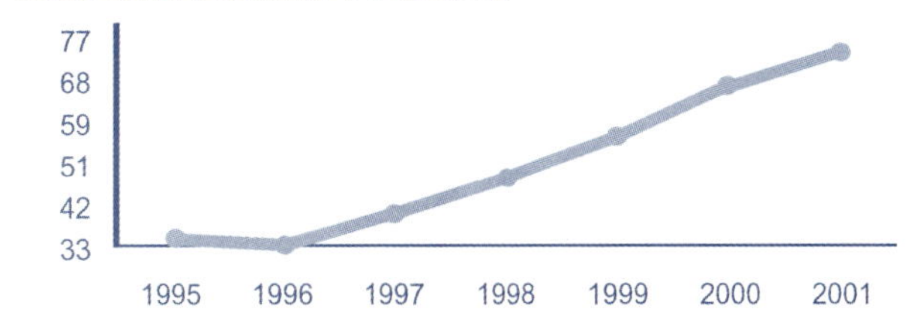

荷兰

总体表现

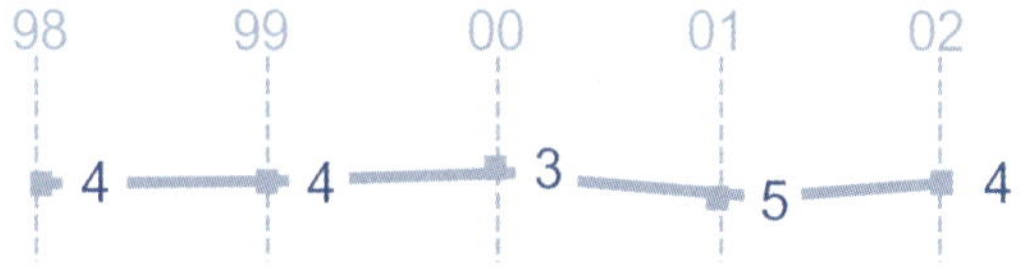

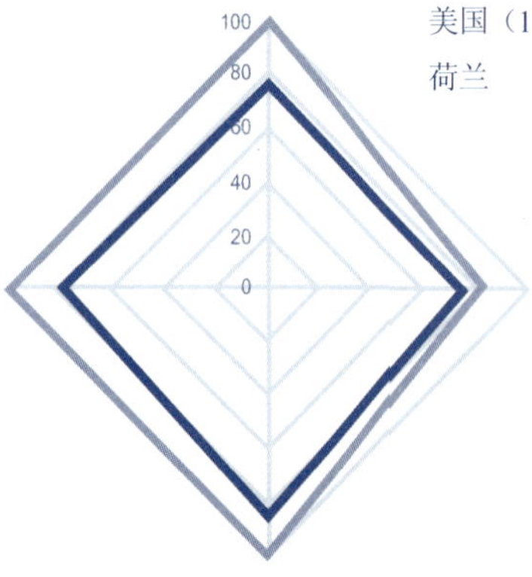

基本事实

首都	阿姆斯特丹
人口	15.9 (2001)
地域（平方千米）	41.5 (2000)
汇率（百分之一美元）	2.46 (2001)
国内生产总值（十亿美元）	379.8 (2001)
人均国内生产总值（美元）	23,887 (2001)
实际GDP增长率	1.1 (2001)
消费品价格上涨	4.5 (2001)
失业率	2.50 (2001)
劳动力（百万）	7.26 (2001)
经常性项目差额（十亿美元）	13.8 (2001)
直接投资	
吸收股票投资（十亿美元）	247.59 (2000)
吸收流量（占GDP百分比）	14.64 (2000)

荷兰

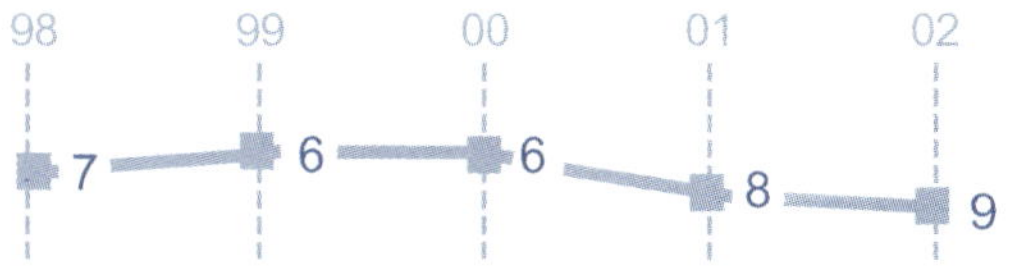

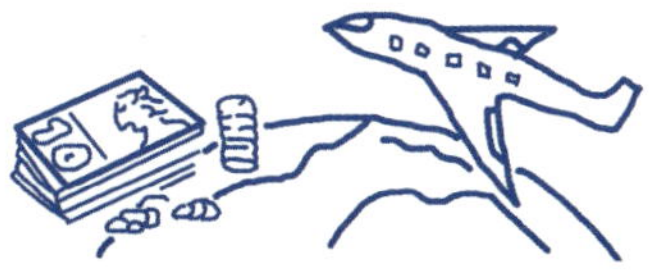

经 济 表 现

	2002
国内经济	12
国际贸易	5
国际投资	7
就　业	14
物　价	28

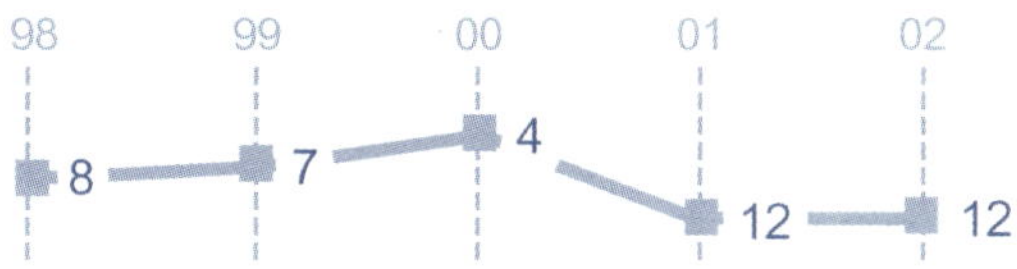

政 府 效 率

	2002
公共财政	29
财政政策	35
组织机构	7
企业法规	8
教　育	14

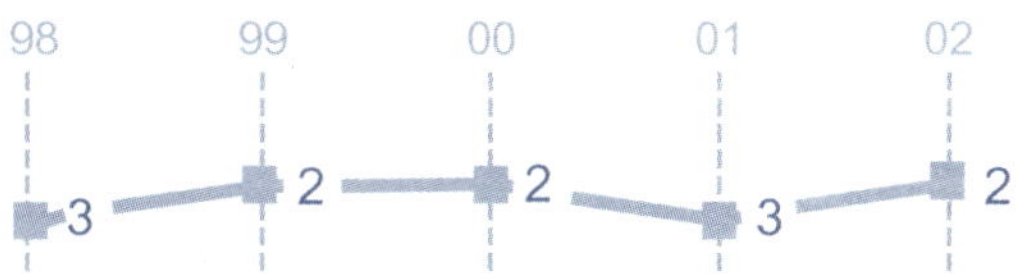

企 业 效 率

	2002
生产率	5
劳动力市场	4
金　融	2
管理实践	2
全球化影响	4

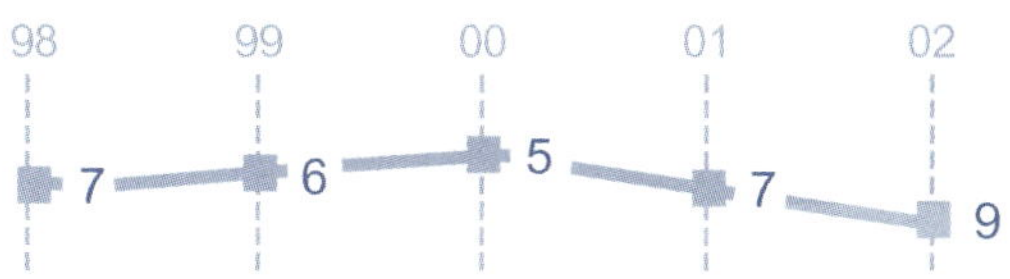

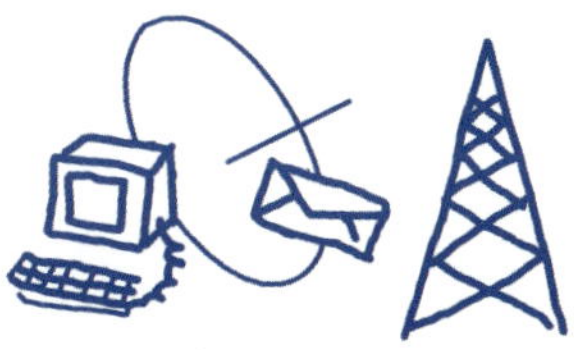

基 础 设 施

	2002
基本基础设施	9
技术基本基础设施	7
科学基本基础设施	14
健康与环境	10
价值系统	8

荷兰

这些指标是每类中最强的10个指标，这些类是通过对49个国家和地区平均的最大的价值差异来区分的。

1 经济表现			排名
1.4.06	失业率	占劳动力比率	2
1.3.02	对外直接投资流量	对外直接投资流量占GDP的百分比	4
1.3.01	对外直接投资流量	10亿美元	5
1.3.06	吸引国外直接投资+流量	吸引国外直接投资流量占GDP的百分比	5
1.3.08	吸引国外直接投资存量实际增	按本地货币、不变价格计算的变化率	6
1.3.10	证券投资负债	10亿美元	6
1.3.03	对外直接投资存量	10亿美元	7
1.3.05	吸引国外直接投资流量	10亿美元	7
1.1.21	经济的弹性	经济体对于经济周期的弹性强	8
1.2.08	商品出口额	商品出口额占GDP的百分比	8

2 政府效率			
2.3.15	公共服务	公共服务不受政治干预	3
2.5.11	教育资金	教育资金在贵国很充足	3
2.3.04	国家信用评级	由《机构投资者杂志》杂志按百分制评分	3
2.4.01	贵国参与区域贸易集团的程度	贵国参与区域贸易集团提供进入外国市场的途径	4
2.4.07	竞争立法	贵国竞争立法阻止不正当竞争	4
2.4.05	出口信用和保险	公司可以以合理的价格得到出口信用和保险	4
2.4.03	保护主义	保护主义没有影响贵国的企业行为	5
2.5.10	经济知识普及	经济知识普及率高	5
2.4.18	跨国经营风险	建立跨国界企业可以自由谈判	5
2.4.23	投资激励	对外国投资有吸引力	5

3 企业效率			
3.2.19	国际经验	高层管理者通常有丰富的国际经验	1
3.5.02	对全球化的态度	贵国对全球化的态度普遍积极	1
3.4.02	伦理实践	伦理实践在公司中采用	2
3.1.06	农业生产率（购买力平价）	每个农业劳动力创造的相应GDP，美元，估计值	3
3.1.08	工业生产率（购买力平价）	每个工业雇员创造的相应GDP，美元，估计值	3
3.3.06	风险资本	企业发展可以容易获得	3
3.5.03	生产的再分配	国外的生产再分配没有威胁到贵国经济的未来	3
3.3.18	现金流	现金流通常足以允许公司自筹经费	3
3.3.17	内幕交易	内幕交易在股票市场不普遍	3
3.4.09	销售	贵国企业中有效地进行销售	3

4 基础设施			
4.4.13	废水处理工厂	接受废水处理工厂服务的人口占总人口的比重	1
4.5.02	民族文化	民族文化对外国文化开放	2
4.2.03	国际电话费用	高峰期通往美国的每三分钟费用（对美国指通往欧洲）	2
4.1.06	道路	网络的密度	3
4.1.11	水运	水运基础设施（港口、运河）满足企业需要	4
4.4.12	纸张和纸板的回收率	占表面消耗量的比率	4
4.2.17	资助技术发展	技术发展的资助非常充分	5
4.2.19	高技术出口	占制造业出口的比例	5
4.5.05	国会中女性人数	女性席位占全部席位的比例	6
4.2.15	技术合作	公司间的技术合作很发达	6

荷兰

这些指标是每类中最强的10个指标，这些类是通过对49个国家和地区平均的最大的价值差异来区分的。

1 经济表现			排名
1.1.12	实际GDP增长率	按本地货币、不变价格计算的变化率	33
1.5.01	消费品价格上涨	年平均比率	32
1.1.13	实际人均GDP增长率	按本地货币、不变价格计算的变化率	29
1.2.12	商业服务出口实际增长	按本地货币、不变价格计算的变化率	28
1.4.02	就业率	总就业人口占总人口的百分比	28
1.4.01	总就业人口	总就业人口（百万）	27
1.5.02	生活费指数	主要城市不包括住房的各种货物支出指数（纽约=100）	22
1.1.02	国内生产总值（PPP）	估计值：按购买力平价计算，10亿美元	20
1.2.19	贸易条件指数	出口单位价值比进口单位价值（1995=100）	18
1.1.01	国内生产总值（GDP）	按现行价格、汇率计算，10亿美元	14

2 政府效率			
2.2.04	雇员社会保障缴款率	强制缴款占人均GDP的百分比	48
2.2.02	个人收入税有效税率	占人均GDP的百分比	41
2.2.01	税收总收入	占GDP的百分比	40
2.1.04	中央政府国内负债	占GDP的百分比	39
2.5.12	合格工程师	合格工程师在贵国劳动力市场上容易获得	37
2.2.12	资本和财产税	资本和财产税占GDP的百分比	36
2.1.10	国家总储备	包括黄金和官方储备（每盎司黄金=35个特别提款权）	36
2.3.07	汇率稳定度	本币相对于特别提款权的汇兑年价变动	34
2.4.14	失业立法	失业立法激励人们寻找工作	32
2.5.03	学生—教师比（中等教育）	学生与教师职员的比例	32

3 企业效率			
3.2.05	工作小时	每年的平均工作小时数	48
3.3.14	股票市场指数	支书的变化率	44
3.1.03	综合生产率实际增长率	每个就业者实际GDP变化率，估计值	41
3.2.01	报酬水平	制造业工人每小时全部报酬，美元，估计值	40
3.2.03	服务性职业报酬	年均总收入，包括附加薪水，例如额外薪金，美元	36
3.2.02	制造业部门单位劳动成本	制造业部门单位劳动成本变化率	32
3.3.13	国内上市公司	国内上市公司数目	29
3.2.13	女性劳动力	占全部劳动力的比例	27
3.2.04	经理报酬	全部底薪加上奖金和长期激励，美元	24
3.2.15	熟练劳动力	熟练劳动力在贵国劳动市场上可获得性	17

4 基础设施			
4.1.12	可耕地面积	人均平方米	42
4.1.19	非能源原材料自给	人均贸易收支差额，美元	34
4.1.20	工业用户的电力成本	美元/千瓦	28
4.5.06	女性地位	所有立法委员、高级官员和经理中女性所占比例	27
4.1.01	人口—市场规模	估计值，百万	27
4.3.14	科学和技术的兴趣	贵国青年具有浓厚的科学技术兴趣	26
4.2.12	互联网费用	高峰期互联网访问20小时费用，美元	25
4.3.18	批准授予国民专利年平均增长速	变化百分比	24
4.5.07	性别收入比	估计总体女性与男性收入比率	20
4.1.17	国内能源总产量	占所有能源需求（等价为石油吨数）的比例	18

荷兰

这一部分集锦了该国20个最强的指标，
这部分指标有着最高的标准化值（STD值）。
STD值＝（国家和地区的原始值－49个国家和地区平均值）/标准差

20个最强的指标

序号	名称	国家原始值	国家排名	49国家平均值
4.1.06	**道路** 网络的密度	4	3	1.08
3.1.06	**农业生产率（购买力平价）** 每个农业劳动力创造的相应GDP，美元，估计值	59,300	3	23,748
3.1.08	**工业生产率（购买力平价）** 每个工业雇员创造的相应GDP，美元，估计值	83,716	3	46,005
4.4.13	**废水处理工厂** 接受废水处理工厂服务的人口占总人口的比重	98	1	49
4.5.05	**国会中女性人数** 女性席位占全部席位的比例	32.900	6	17.41
4.4.12	**纸张和纸板的回收率** 占表面消耗量的比率	71.00	4	34.5
3.3.04	**发行的信用卡数目** 每人	1.314	6	0.609
3.3.12	**股票市场交易额** 人均美元	42,699	6	14,476
1.3.02	**对外直接投资流量** 对外直接投资流量占GDP的百分比	20.24	4	6.85
2.3.04	**国家信用评级** 由《机构投资者杂志》杂志按百分制评分	92.6	3	67.8
1.3.08	**吸引国外直接投资存量实际增长率** 按本地货币、不变价格计算的变化率	44.91	6	23.25
4.2.03	**国际电话费用** 高峰期通往美国的每三分钟费用（对美国指通往欧洲）	0.200	2	1.056
4.2.19	**高技术出口** 占制造业出口的比例	35.72	5	16.96
3.2.19 （调查）	**国际经验** 高层管理者通常有丰富的国际经验	7.50	1	5.25
3.5.02 （调查）	**对全球化的态度** 贵国对全球化的态度普遍积极	7.97	1	5.77
2.3.15 （调查）	**公共服务** 公共服务不受政治干预	6.44	3	3.95
4.5.02 （调查）	**民族文化** 民族文化对外国文化开放	8.63	2	7.24
3.5.01 （调查）	**全球化** 全球化没有威胁贵国经济	7.90	4	5.88
3.3.06 （调查）	**风险资本** 企业发展可以容易获得	7.38	3	4.71
3.5.03 （调查）	**生产的再分配** 国外的生产再分配没有威胁到贵国经济的未来	6.56	3	4.87

荷兰

如 果？

竞争力模拟研究帮助政策制定者将注意力和优先次序放在他们国家或地区面临的关键竞争力上。我们用49个国家或地区的平均值代替这些最弱的指标值，从而计算这个国家或地区的总体排名。然而，这只是一个理论方式，不应视为政策的建议。还必须考虑各个国家或地区的发展水平、政治体制和社会值系统

	从		到
模拟排名变化	4	→	2

20个最弱的指标

序号	名称	国家原始值	国家排名	49国家平均值
2.2.04	**雇员社会保障缴款率** 强制缴款占人均GDP的百分比	22.3	48	9.1
3.2.05	**工作小时** 每年的平均工作小时数	1,686	48	1,925
2.2.02	**个人收入税有效税率** 占人均GDP的百分比	28.17	41	17.15
2.2.01	**税收总收入** 占GDP的百分比	41.19	40	31.24
4.2.12	**互联网费用** 高峰期互联网访问20小时费用，美元	45.07	25	22.72
3.3.14	**股票市场指数** 支书的变化率	-25.9	44	-8.23
2.1.04	**中央政府国内负债** 占GDP的百分比	51.0	39	33.2
2.2.07	**对利润征收的平均公司税率** 占税前利润的百分比	35.00	29	29.22
2.2.12	**资本和财产税** 资本和财产税占GDP的百分比	2.22	36	1.57
2.1.10	**国家总储备** 包括黄金和官方储备（每盎司黄金=35个特别提款权）	8.18	36	30.49
4.2.11	**稳定的服务器数目** 每百万居民中稳定的服务器数	34.11	15	36.02
2.2.13	**间接税** 商品和服务税占GDP的比重	11.69	27	10.45
1.4.01	**总就业人口** 总就业人口（百万）	7.09	27	40.89
2.5.12 （调查）	**合格工程师** 合格工程师在贵国劳动力市场上容易获得	6.26	37	6.86
2.4.14 （调查）	**失业立法** 失业立法激励人们寻找工作	4.35	32	4.98
4.3.14 （调查）	**科学和技术的兴趣** 贵国青年具有浓厚的科学技术兴趣	5.1	26	5.39
2.4.13 （调查）	**劳动法规** 劳动法规（雇/解雇惯例、最低工资等）足够灵活	4.52	21	4.68
4.1.10 （调查）	**用于货物和服务分配的基础设施** 普遍有效率	6.31	24	6.15
2.4.15 （调查）	**移民法** 移民法不禁止本国公司雇用外国劳动力	6.00	23	5.82
2.1.09 （调查）	**公共财政的管理** 公共财政的管理在两年后可能完善	5.69	19	5.44

荷兰

国内经济

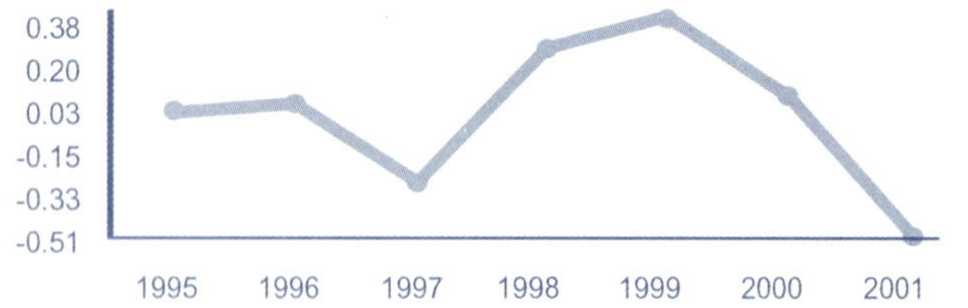

国际贸易

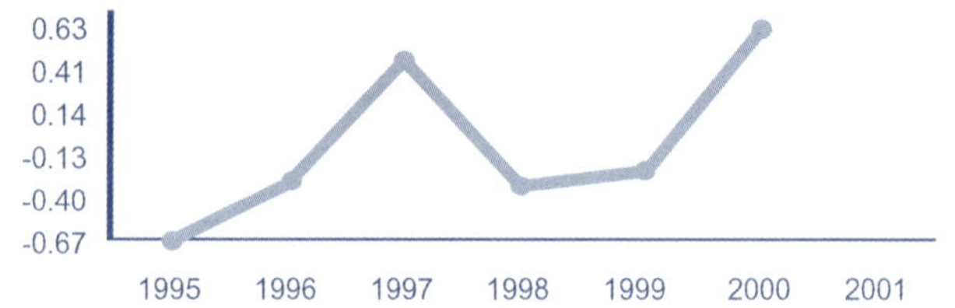

国际投资

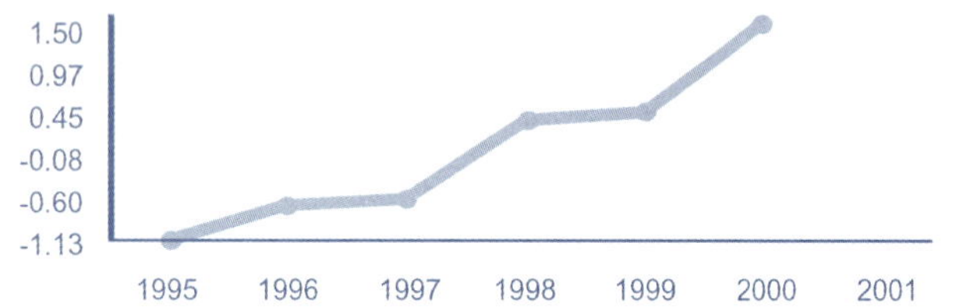

公共财政

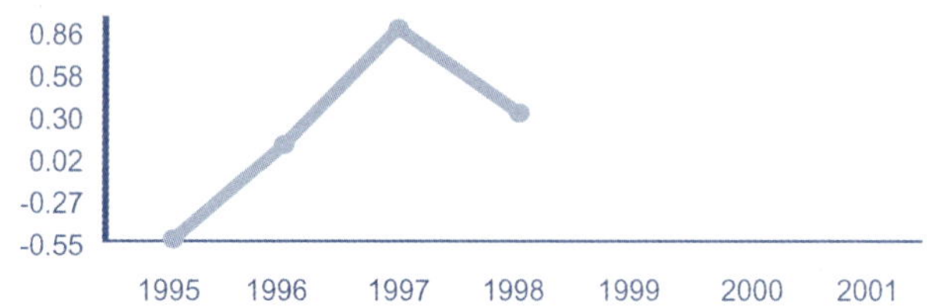

财政政策

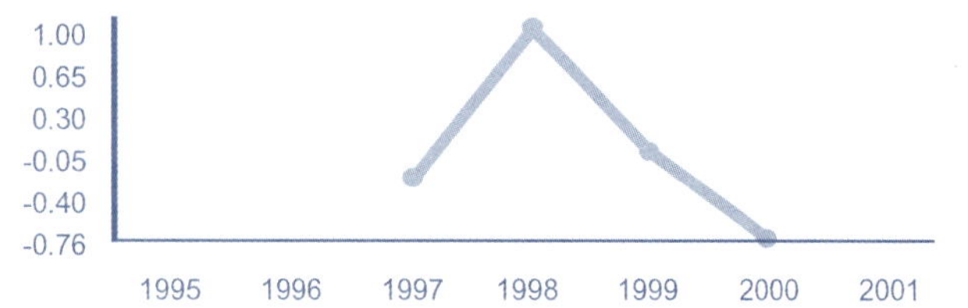

生产率

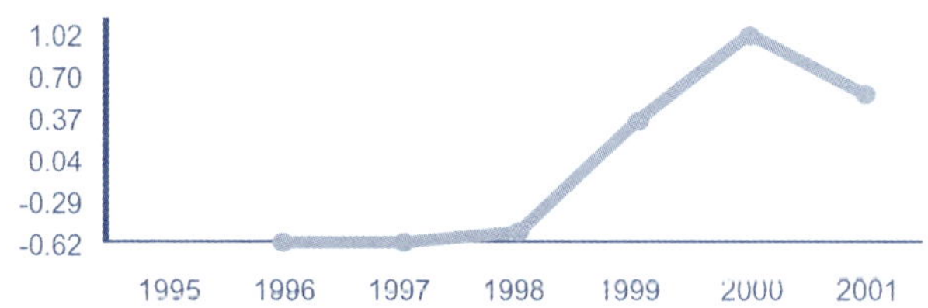

金融

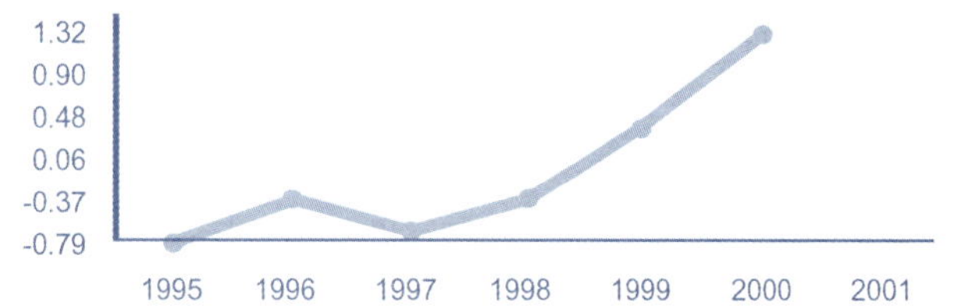

技术基础设施

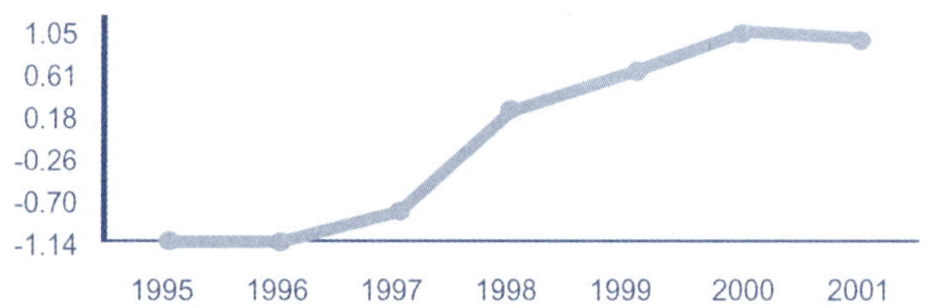

主要竞争力指标

人均国内生产总值

人均美元

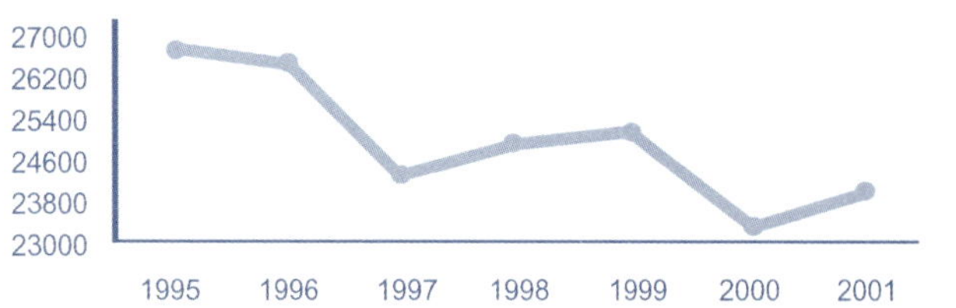

国内生产总值实际增长率

百分比变化，基于国家货币物价稳定

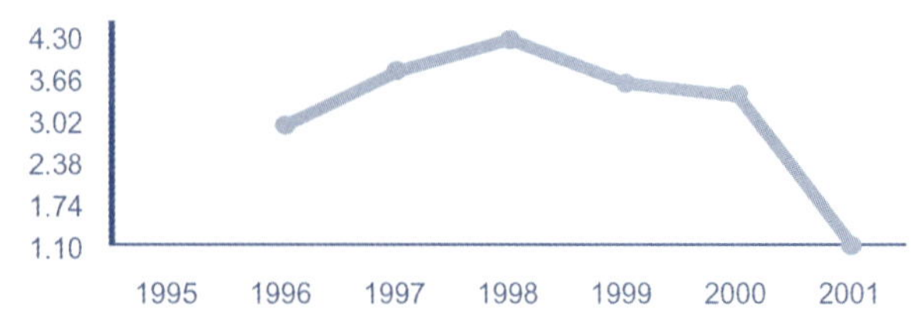

荷兰

个人最终消费支出
人均美元

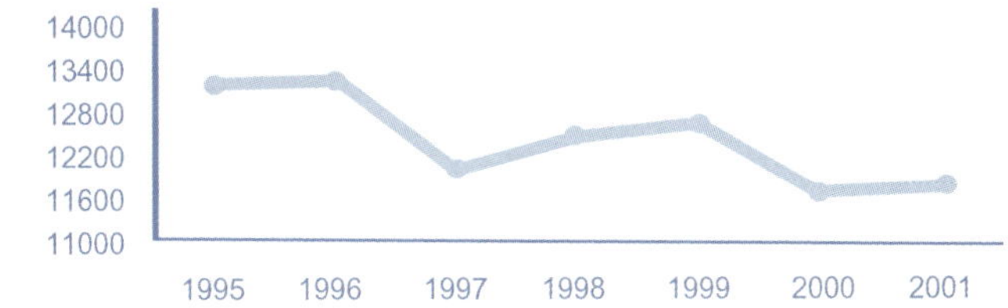

经常性项目差额
十亿美元（负号标志＝赤字）

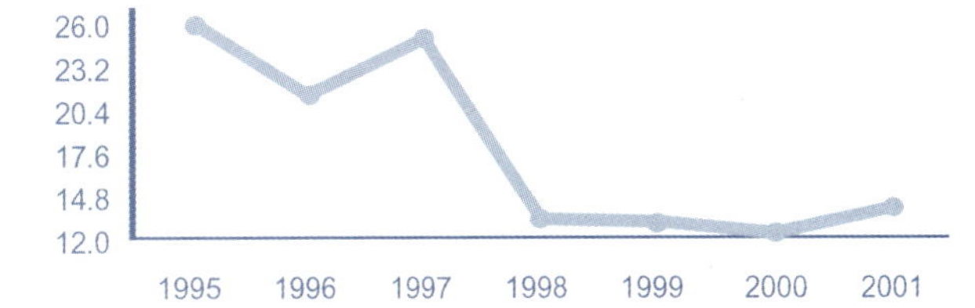

商品和商业劳务出口
十亿美元

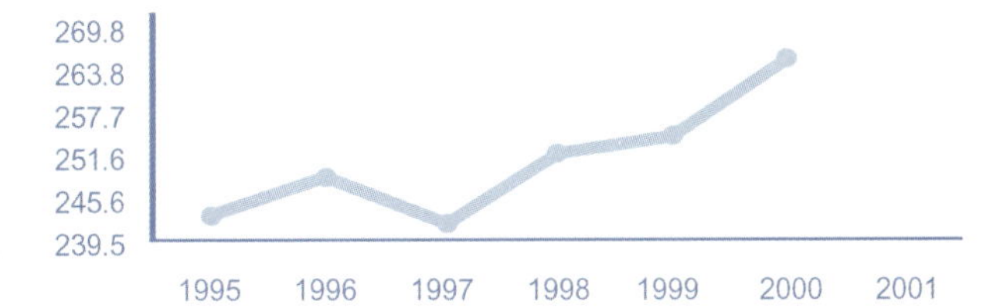

对外直接投资流量
十亿美元

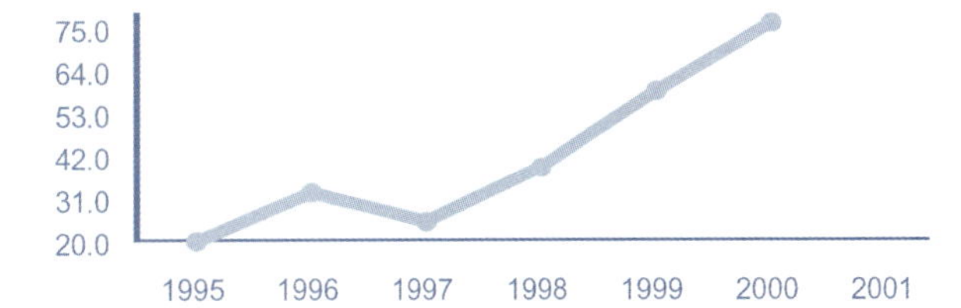

吸收直接投资流量
十亿美元

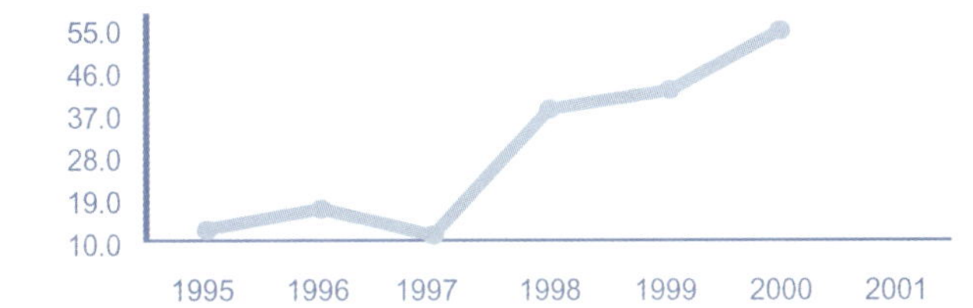

失业率
劳动力百分比

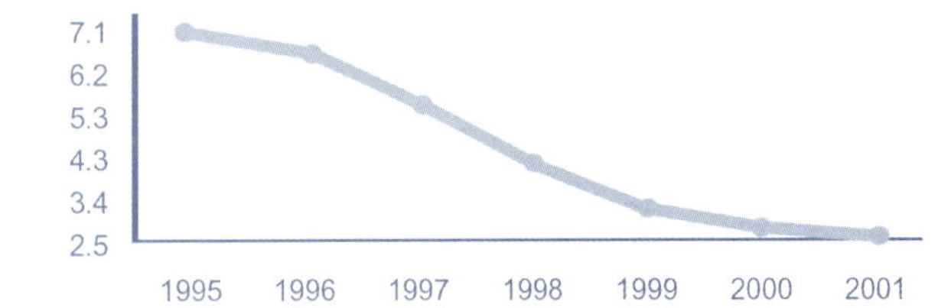

消费品价格增长率
年平均比率

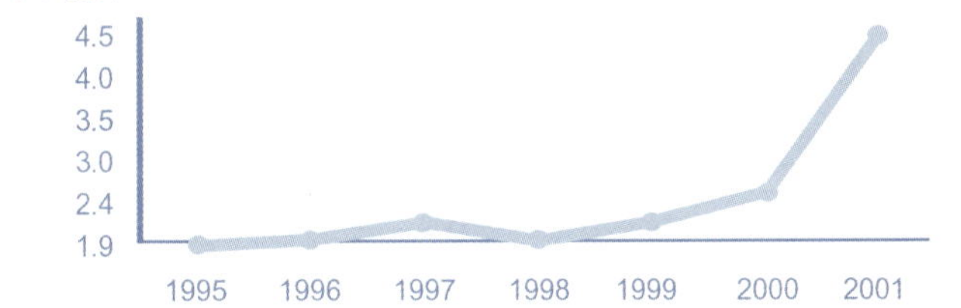

总体生产率
就业人员人均国内生产总值，美元

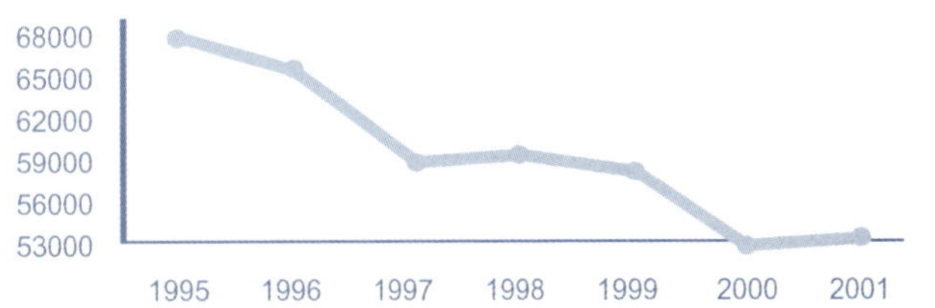

报酬水平
估计：制造工人的小时总补偿，美元

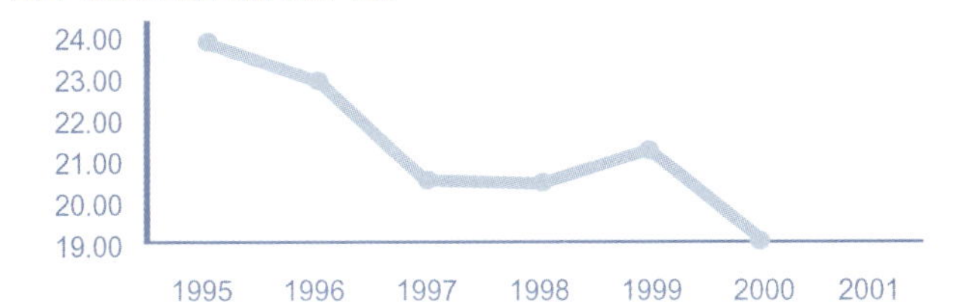

股票市场筹资额
十亿美元

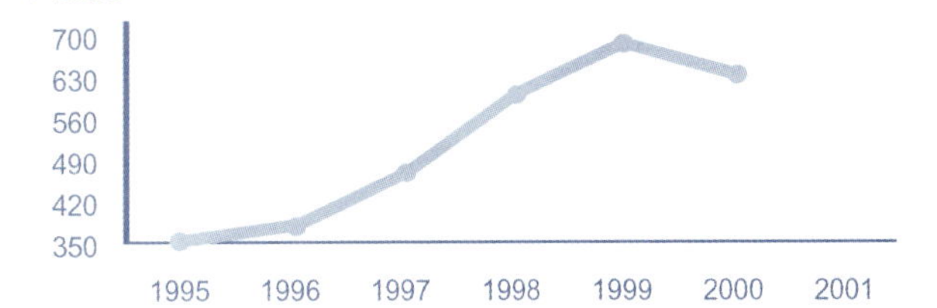

国内上市公司
上市公司的数量

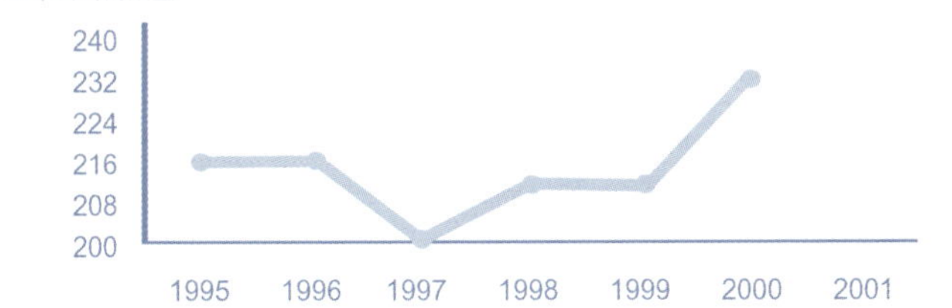

计算机
每1000人的计算机数量/来源：计算机工业年鉴

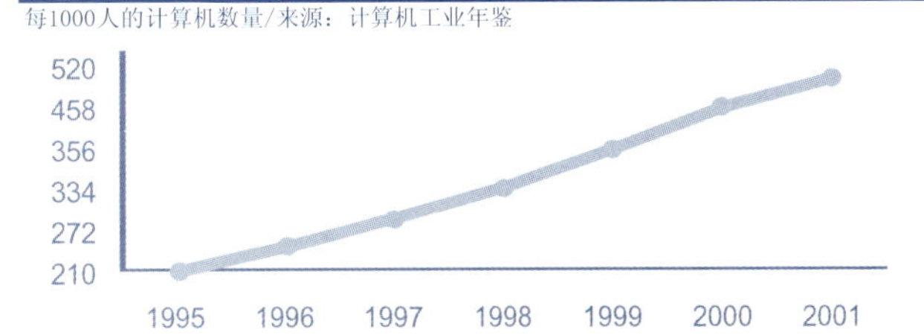

新西兰

总体表现

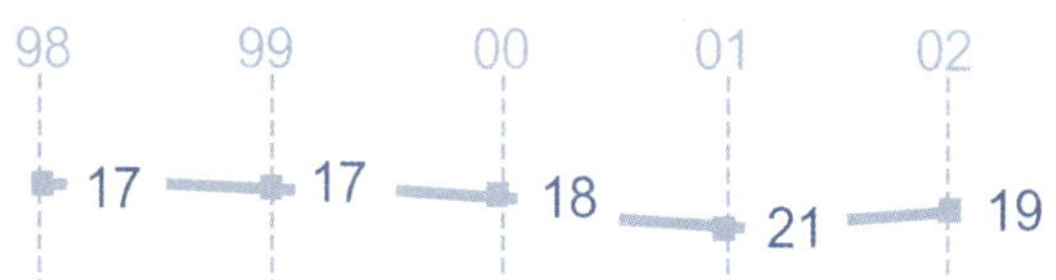

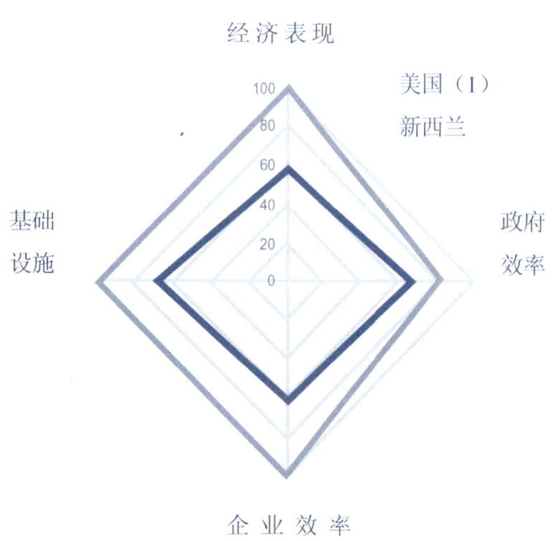

基本事实

首都	惠灵顿
人口	3.9 (2001)
地域（平方千米）	271.0 (2000)
汇率（百分之一美元）	2.38 (2001)
国内生产总值（十亿美元）	49.1 (2001)
人均国内生产总值（美元）	12,763 (2001)
实际GDP增长率	2.1 (2001)
消费品价格上涨	2.6 (2001)
失业率	5.30 (2001)
劳动力（百万）	1.92 (2001)
经常性项目差额（十亿美元）	-2.7 (2000)
直接投资	
吸收股票投资（十亿美元）	31.96 (2000)
吸收流量（占GDP百分比）	6.41 (2000)

新西兰

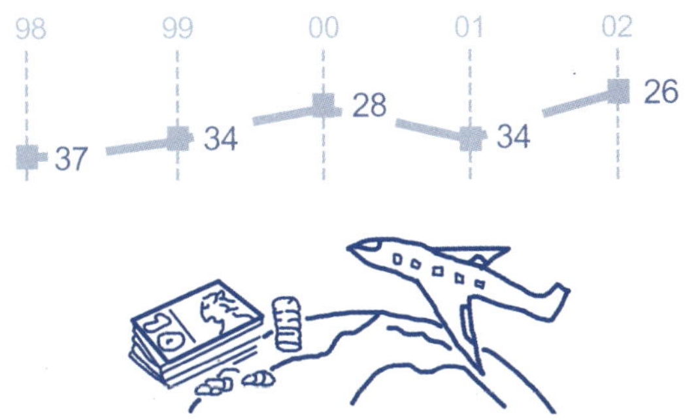

经济表现

	2002
国内经济	29
国际贸易	31
国际投资	43
就业	23
物价	4

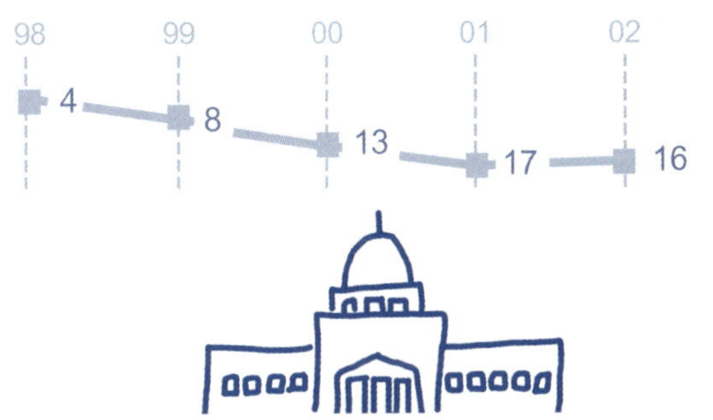

政府效率

	2002
公共财政	24
财政政策	23
组织机构	14
企业法规	13
教育	19

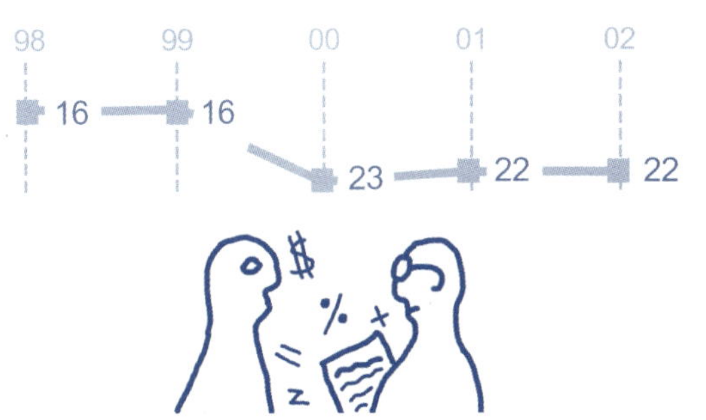

企业效率

	2002
生产率	24
劳动力市场	26
金融	21
管理实践	15
全球化影响	27

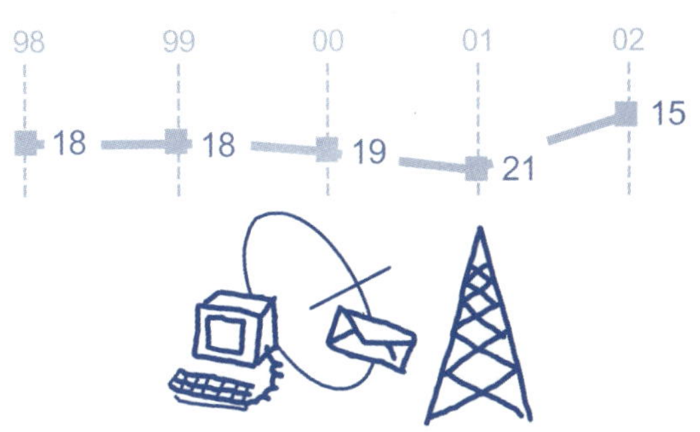

基础设施

	2002
基本基础设施	19
技术基本基础设施	23
科学基本基础设施	26
健康与环境	17
价值系统	6

新西兰

这些指标是每类中最强的10个指标，这些类是通过对49个国家和地区平均的最大的价值差异来区分的。

1 经济表现

			排名
1.2.09	商品出口额实际增长率	按本地货币、不变价格计算的变化率	3
1.5.02	生活费指数	主要城市不包括住房的各种货物支出指数（纽约=100）	10
1.4.03	就业增长	变化率	11
1.4.02	就业率	总就业人口占总人口的百分比	15
1.1.13	实际人均GDP增长率	按本地货币、不变价格计算的变化率	16
1.3.06	吸引国外直接投资+流量	吸引国外直接投资流量占GDP的百分比	17
1.2.19	贸易条件指数	出口单位价值比进口单位价值（1995=100）	17
1.2.12	商业服务出口实际增长	按本地货币、不变价格计算的变化率	19
1.5.01	消费品价格上涨	年平均比率	20
1.1.12	实际GDP增长率	按本地货币、不变价格计算的变化率	20

2 政府效率

2.4.09	价格控制	价格控制没有影响多数产业的产品定价	1
2.3.15	公共服务	公共服务不受政治干预	2
2.4.04	公共部门合同	公共部门合同向外国投标者充分开放	3
2.3.17	受贿和腐败	受贿和腐败在经济中不盛行	3
2.2.14	逃税	逃税在贵国不普遍	4
2.4.03	保护主义	保护主义没有影响贵国的企业行为	4
2.4.06	政府补贴	对私人和公共企业的补贴占GDP比重	4
2.2.09	雇主的社会保障缴款率	强制缴款占人均GDP的比率	5
2.4.10	地下经济	地下经济不损害贵国的经济发展	5
2.4.17	金融交易的机密性	金融交易的机密性是有保证的	5

3 企业效率

3.3.16	金融机构透明度	金融机构透明度在贵国高度发达	6
3.3.09	银行业规定	银行业规定没有阻碍贵国竞争力	6
3.4.02	伦理实践	伦理实践在公司中采用	7
3.2.02	制造业部门单位劳动成本	制造业部门单位劳动成本变化率	8
3.4.11	健康、安全和环境事务	健康、安全和环境事务被管理层充分重视	10
3.4.08	公司的设立	贵国设立公司很普遍	11
3.3.07	银行服务	银行富翁在贵国广泛发展	12
3.4.07	企业家精神	贵国企业家精神很普遍	12
3.1.06	农业生产率（购买力平价）	每个农业劳动力创造的相应GDP，美元，估计值	12
3.5.05	海外形象	贵国的海外形象支持了企业的发展	13

4 基础设施

4.5.06	女性地位	所有立法委员、高级官员和经理中女性所占比例	3
4.1.20	工业用户的电力成本	美元/千瓦	4
4.5.03	适应性	面对挑战，贵国人民的适应性很强	4
4.1.12	可耕地面积	人均平方米	4
4.5.07	性别收入比	估计总体女性与男性收入比率	5
4.2.11	稳定的服务器数目	每百万居民中稳定的服务器数	5
4.5.05	国会中女性人数	女性席位占全部席位的比例	7
4.4.12	纸张和纸板的回收率	占表面消耗量的比率	7
4.2.12	互联网费用	高峰期互联网访问20小时费用，美元	7
4.4.17	污染问题	污染问题并没有严重影响贵国基础设施	9

新西兰

这些指标是每类中最弱的10个指标，这些类是通过对49个国家和地区平均的最大的价值差异来区分的。

1 经济表现

			排名
1.2.02	经常项目差额	经常项目差额占GDP的百分比	46
1.1.02	国内生产总值（PPP）	估计值：按购买力平价计算，10亿美元	44
1.1.01	国内生产总值（GDP）	按现行价格、汇率计算，10亿美元	44
1.4.01	总就业人口	总就业人口（百万）	44
1.3.08	吸引国外直接投资存量实际增长	按本地货币、不变价格计算的变化率	43
1.2.07	商品出口额	商品出口额，10亿美元	42
1.2.10	商业服务出口额	10亿美元	41
1.4.07	青年失业	25岁以下失业人口占总失业人口比例	38
1.3.05	吸引国外直接投资流量	10亿美元	34
1.3.01	对外直接投资流量	10亿美元	33

2 政府效率

2.1.10	国家总储备	包括黄金和官方储备（每盎司黄金=35个特别提款权）	46
2.4.23	投资激励	对外国投资有吸引力	45
2.4.24	投资保护计划	投资保护计划大多数外放国家可以享受	45
2.3.10	新立法	新立法鼓励企业竞争力	43
2.5.12	合格工程师	合格工程师在贵国劳动力市场上容易获得	40
2.2.11	实际公司税	实际公司税鼓励企业的活力	38
2.1.09	公共财政的管理	公共财政的管理在两年后可能完善	36
2.2.06	实际个人税	实际个人税并不阻碍人们工作或者寻求发展	34
2.2.12	资本和财产税	资本和财产税占GDP的百分比	34
2.2.13	间接税	商品和服务税占GDP的比重	33

3 企业效率

3.2.17	人才流失	人才流失不损害贵国的竞争力	45
3.2.19	国际经验	高层管理者通常有丰富的国际经验	44
3.3.19	国际保理业务	占商品出口的比重	44
3.3.11	股票市场筹资额	10亿美元	41
3.5.04	R&D设施的再分配	R&D设施的再分配不会威胁贵国经济的未来	40
3.5.03	生产的再分配	国外的生产再分配没有威胁到贵国经济的未来	39
3.3.13	国内上市公司	国内上市公司数目	37
3.2.15	熟练劳动力	熟练劳动力在贵国劳动市场上可获得性	35
3.2.20	称职的高层管理人员	称职的高层管理人员在贵国劳动市场上易获得	34
3.1.03	综合生产率实际增长率	每个就业者实际GDP变化率，估计值	31

4 基础设施

4.4.18	环境法	环境法和遵守该法不会阻碍企业竞争力	47
4.1.01	人口—市场规模	估计值，百万	44
4.2.18	高技术出口	百万美元	42
4.2.04	移动电话用户	每千户居民中的用户数	41
4.1.16	GDP和能源消耗	实际GDP增长率减去能源消耗增长率	40
4.3.08	企业研究与开发人数	千人全日约当单位	38
4.2.08	在用计算机	占世界在用计算机总量的份额/来源：计算机行业年鉴	37
4.3.06	全国所有研究与开发人员	千人全日约当单位	36
4.3.18	批准授予国民专利年平均增长速	变化百分比	36
4.4.11	酗酒、吸毒	酗酒和吸毒在工作岗位没有成为严重问题	35

新西兰

这一部分集锦了该国20个最强的指标，
这部分指标有着最高的标准化值（STD值）。
STD值＝（国家和地区的原始值－49个国家和地区平均值）/标准差

20个最强的指标

序号	名称	国家原始值	国家排名	49国家平均值
1.2.09	**商品出口额实际增长率** 按本地货币、不变价格计算的变化率	21.02	3	2.01
4.1.20	**工业用户的电力成本** 美元/千瓦	0.023	4	0.056
2.2.09	**雇主的社会保障缴款率** 强制缴款占人均GDP的比率	1.56	5	17.86
4.5.06	**女性地位** 所有立法委员、高级官员和经理中女性所占比例	37	3	21.64
4.5.05	**国会中女性人数** 女性席位占全部席位的比例	30.8	7	17.41
2.2.04	**雇员社会保障缴款率** 强制缴款占人均GDP的百分比	1.1	7	9.1
4.1.12	**可耕地面积** 人均平方米	8,609	4	3,418
4.5.07	**性别收入比** 估计总体女性与男性收入比率	0.65	5	0.41
4.4.12	**纸张和纸板的回收率** 占表面消耗量的比率	66	7	34.5
4.2.11	**稳定的服务器数目** 每百万居民中稳定的服务器数	125.85	5	36.02
2.5.01	**全部公共教育支出** 全部公共教育支出占GDP的比例	7.1	7	5.1
4.2.09	**人均计算机** 每千人计算机数/来源：计算机行业年鉴	517	11	309
2.4.06	**政府补贴** 对私人和公共企业的补贴占GDP比重	0.12	4	1.19
2.4.09 （调查）	**价格控制** 价格控制没有影响多数产业的产品定价	9.1	1	7.16
2.3.15 （调查）	**公共服务** 公共服务不受政治干预	6.76	2	3.95
2.4.04 （调查）	**公共部门合同** 公共部门合同向外国投标者充分开放	8.41	3	6.56
2.3.17 （调查）	**受贿和腐败** 受贿和腐败在经济中不盛行	9.04	3	4.88
2.2.14 （调查）	**逃税** 逃税在贵国不普遍	7.29	4	4.57
2.4.03 （调查）	**保护主义** 保护主义没有影响贵国的企业行为	8.32	4	6.56
3.4.02 （调查）	**伦理实践** 伦理实践在公司中采用	7.76	7	6

新西兰

如　果？

竞争力模拟研究帮助政策制定者将注意力和优先次序放在他们国家或地区面临的关键竞争力上。我们用49个国家或地区的平均值代替这些最弱的指标值，从而计算这个国家或地区的总体排名。然而，这只是一个理论方式，不应视为政策的建议。还必须考虑各个国家或地区的发展水平、政治体制和社会值系统

	从		到
模拟排名变化	19	→	16

20个最弱的指标

序号	名称	国家原始值	国家排名	49国家平均值
1.2.02	**经常项目差额** 经常项目差额占GDP的百分比	-5.46	46	0.99
1.4.07	**青年失业** 25岁以下失业人口占总失业人口比例	39.4	38	26.47
4.2.19	**高技术出口** 占制造业出口的比例	9.16	31	16.96
4.1.16	**GDP和能源消耗** 实际GDP增长率减去能源消耗增长率	-1.308	40	1.396
1.2.07	**商品出口额** 商品出口额，10亿美元	13.27	42	115.59
4.3.05	**人均企业研究与开发支出额** 人均，美元	44.97	25	177.46
4.2.18	**高技术出口** 百万美元	365	42	21,693
1.3.09	**证券投资资产** 10亿美元	2.18	27	26.1
4.3.09	**企业研究与开发人数** 每千国民中人数（全日约当单位）	0.863	26	1.582
2.1.10	**国家总储备** 包括黄金和官方储备（每盎司黄金=35个特别提款权）	2.39	46	30.49
2.2.13	**间接税** 商品和服务税占GDP的比重	12.32	33	10.45
1.2.10	**商业服务出口额** 10亿美元	4.24	41	27.19
3.3.12	**股票市场交易额** 人均美元	2,816	26	14,476
4.4.18 （调查）	**环境法** 环境法和遵守该法不会阻碍企业竞争力	4.55	47	6.09
2.4.23 （调查）	**投资激励** 对外国投资有吸引力	3.64	45	6.06
2.4.24 （调查）	**投资保护计划** 投资保护计划大多数外放国家可以享受	5.53	45	7
3.2.17 （调查）	**人才流失** 人才流失不损害贵国的竞争力	4	45	5.74
3.2.19 （调查）	**国际经验** 高层管理者通常有丰富的国际经验	4.08	44	5.25
2.3.10 （调查）	**新立法** 新立法鼓励企业竞争力	4.12	43	5.41
2.2.11 （调查）	**实际公司税** 实际公司税鼓励企业的活力	4	38	5.24

新西兰

国内经济

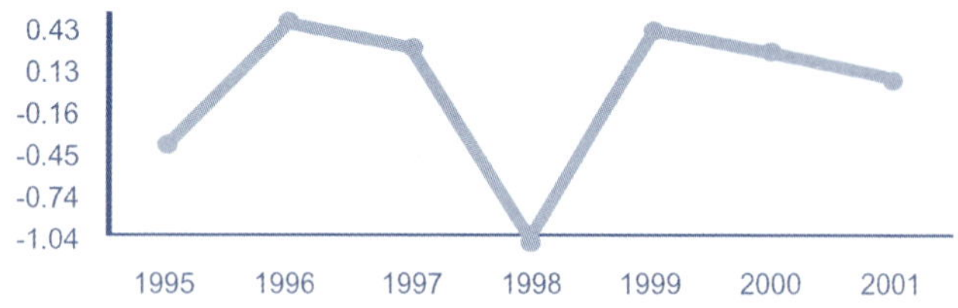

国际贸易

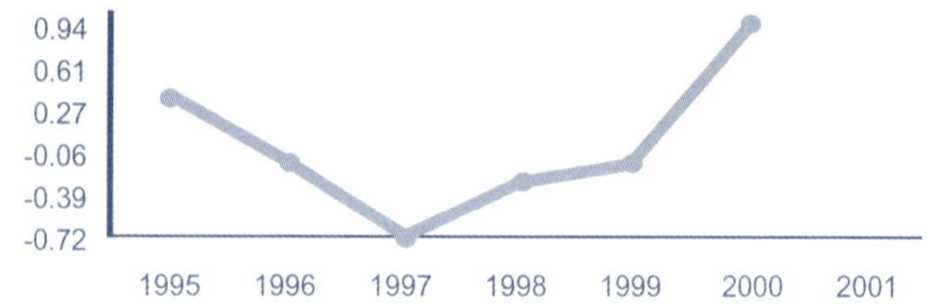

国际投资

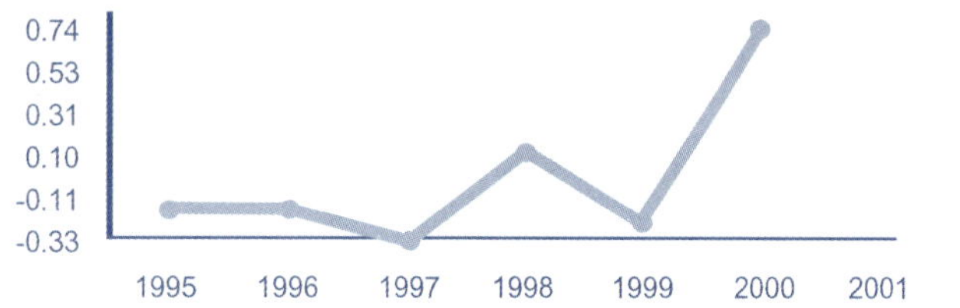

公共财政

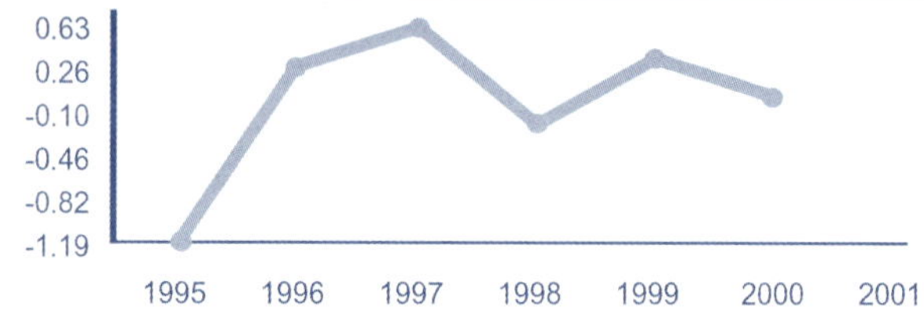

财政政策

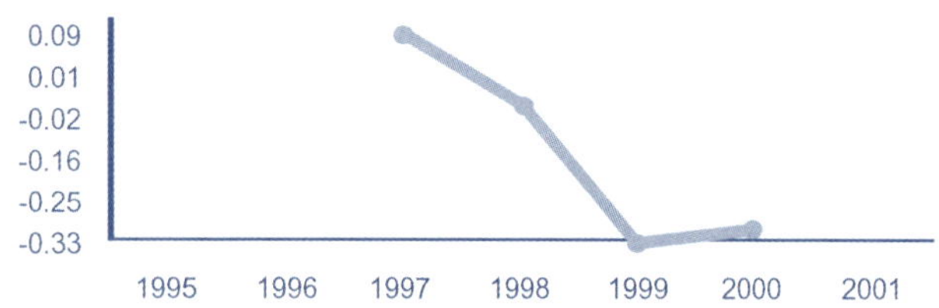

生产率

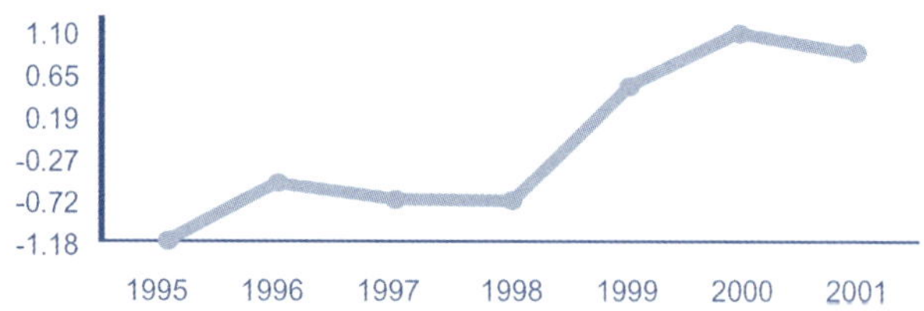

金融

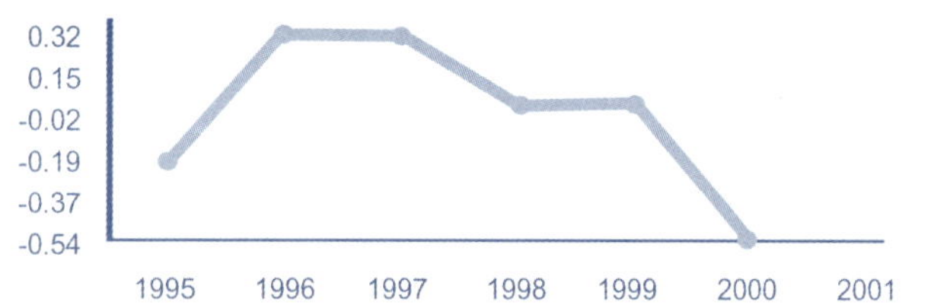

技术基础设施

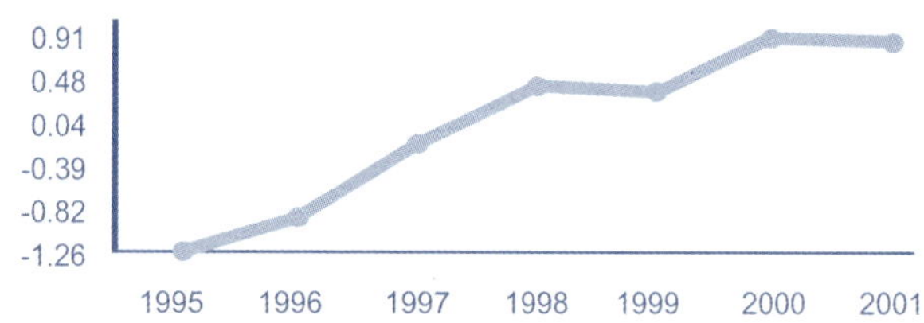

主要竞争力指标

人均国内生产总值

人均美元

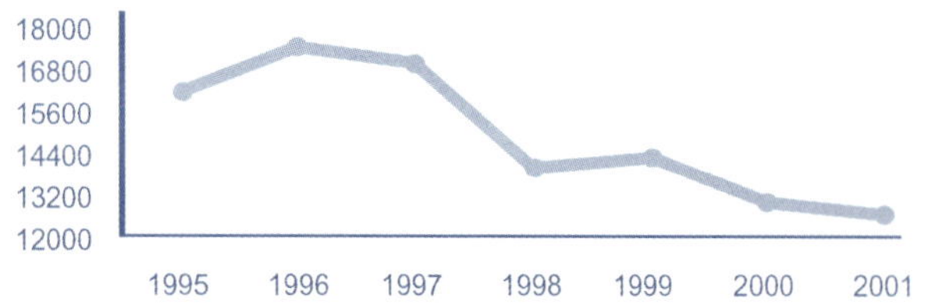

国内生产总值实际增长率

百分比变化，基于国家货币物价稳定

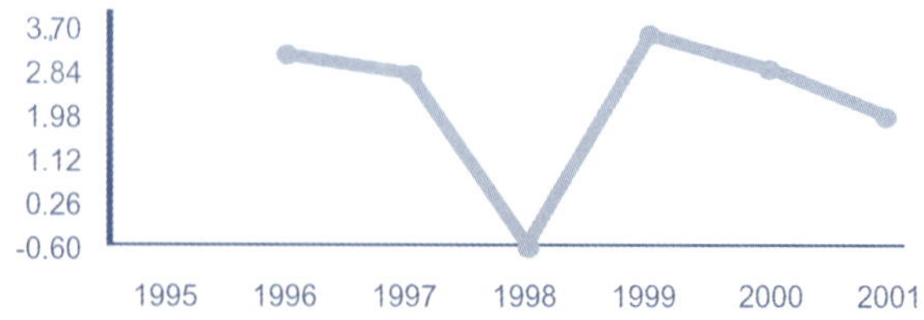

新西兰

个人最终消费支出
人均美元

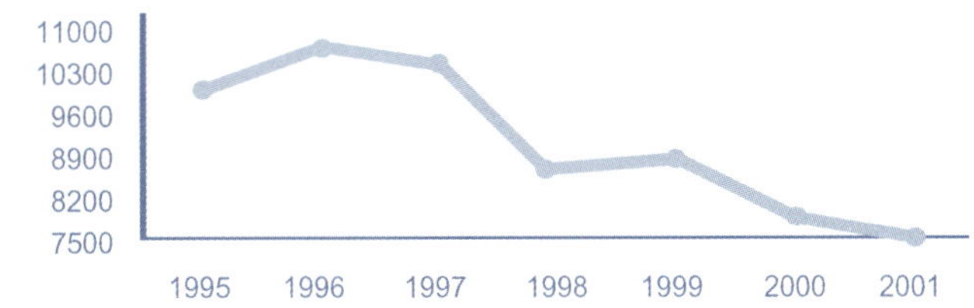

经常性项目差额
十亿美元（负号标志＝赤字）

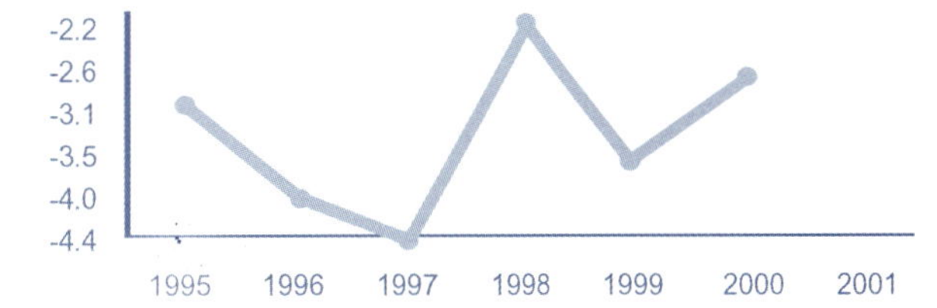

商品和商业劳务出口
十亿美元

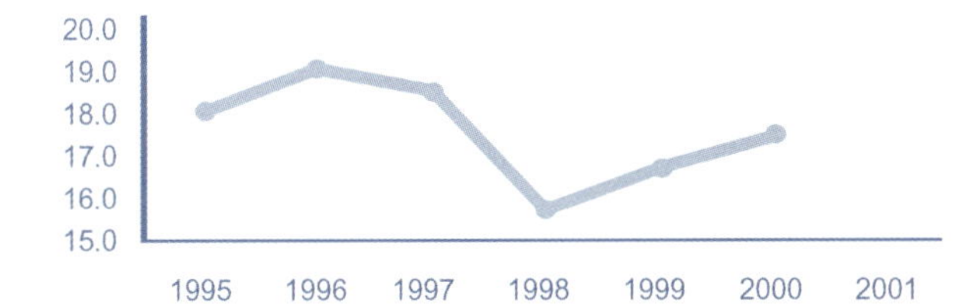

对外直接投资流量
十亿美元

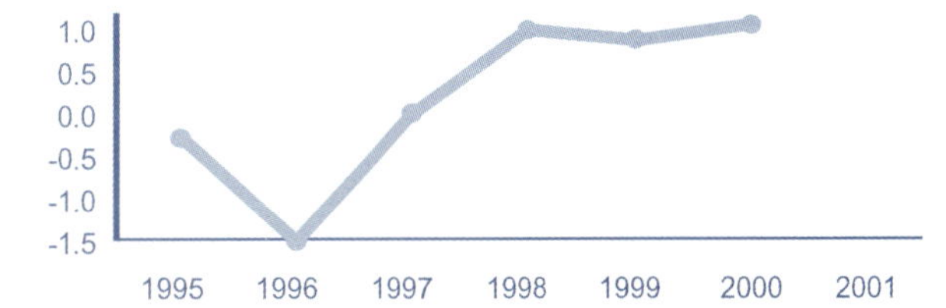

吸收直接投资流量
十亿美元

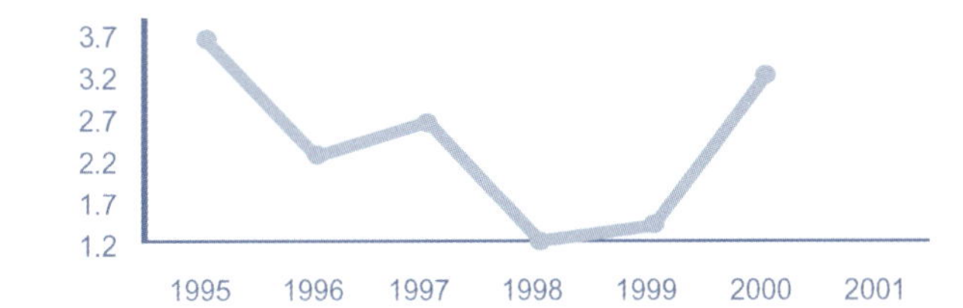

失业率
劳动力百分比

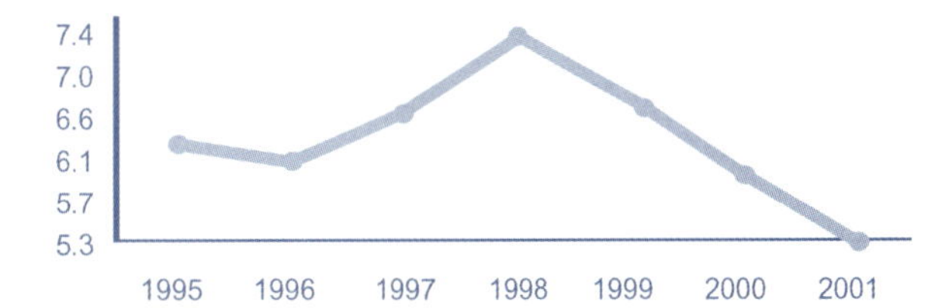

消费品价格增长率
年平均比率

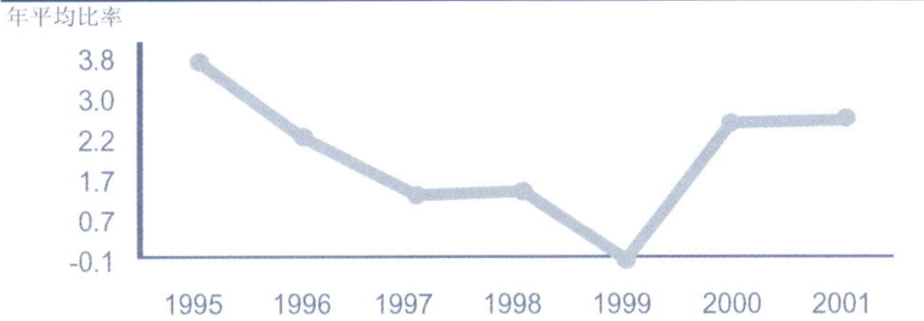

总体生产率
就业人员人均国内生产总值，美元

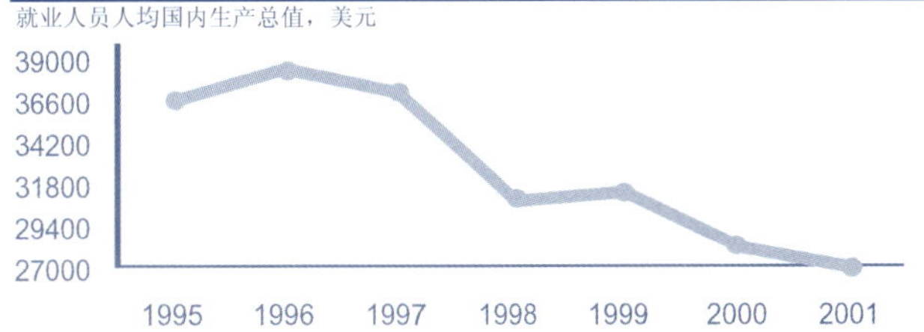

报酬水平
估计：制造工人的小时总补偿，美元

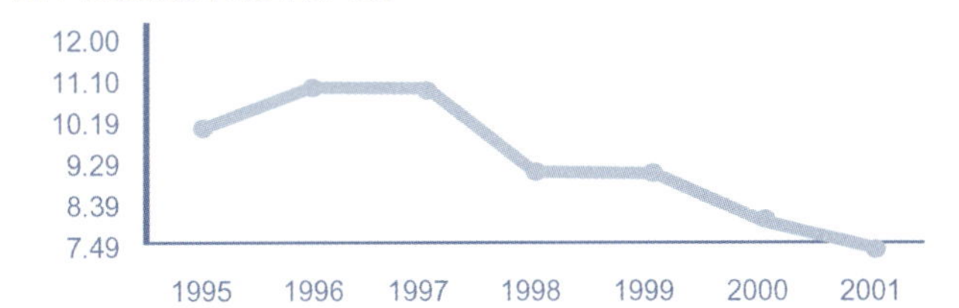

股票市场筹资额
十亿美元

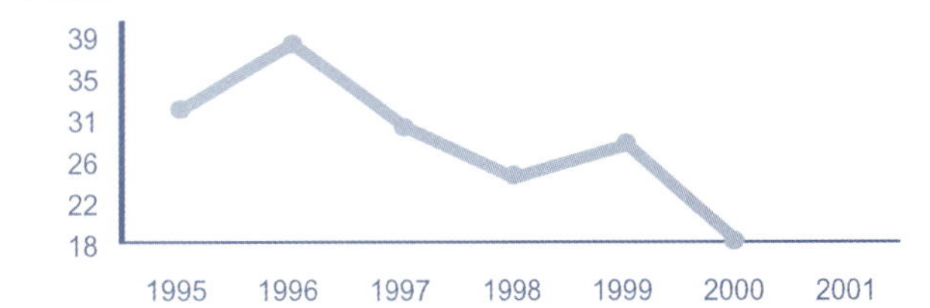

国内上市公司
上市公司的数量

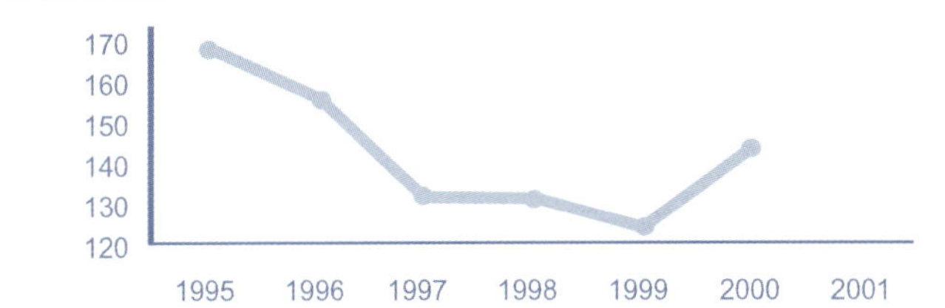

计算机
每1000人的计算机数量/来源：计算机工业年鉴

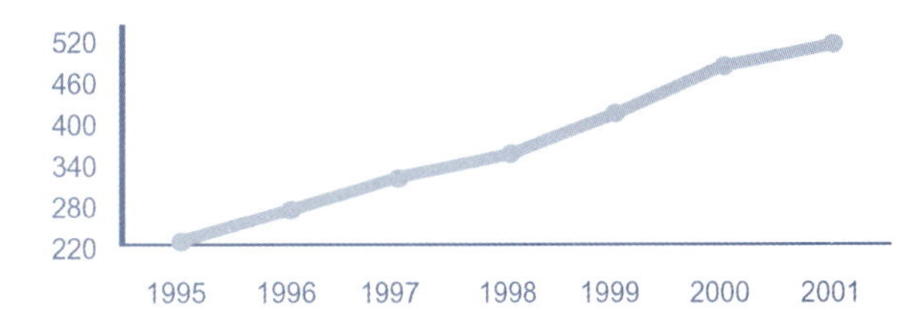

挪威

国家竞争力的挑战，2002

- 保护适中的工资水平协议，以降低成本压力.
- 通过提高公共服务的效率使公共部门现代化.
- 保护有国际竞争力的税收体系.
- 增加R&D投入和有效的激励机制以提高企业的R&D投入.

提供者:

挪威企业和行业联合会

总体表现

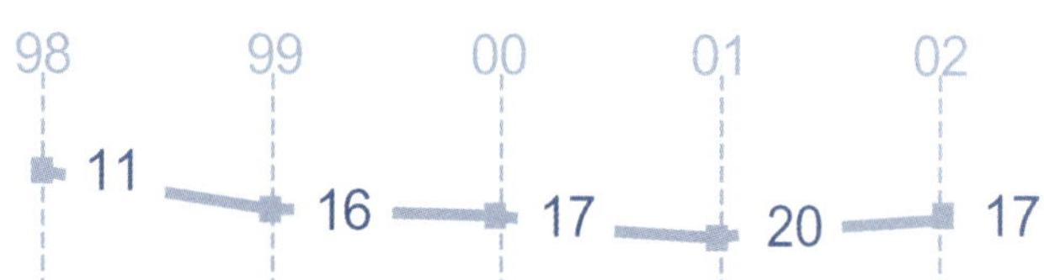

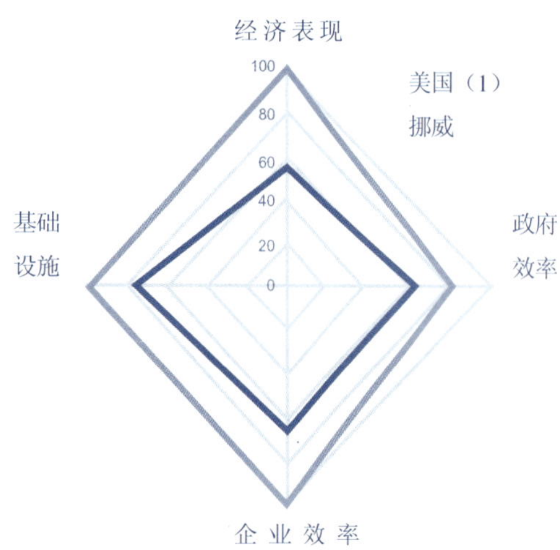

基本事实

首都	奥斯陆
人口	4.5 (2001)
地域（平方千米）	324.0 (2000)
汇率（百分之一美元）	8.99 (2001)
国内生产总值（十亿美元）	163.7 (2001)
人均国内生产总值（美元）	36,219 (2001)
实际GDP增长率	1.4 (2001)
消费品价格上涨	3.0 (2001)
失业率	3.40 (2001)
劳动力（百万）	2.36 (2001)
经常性项目差额（十亿美元）	24.0 (2001)
直接投资	
吸收股票投资（十亿美元）	37.09 (2000)
吸收流量（占GDP百分比）	3.63 (2000)

挪威

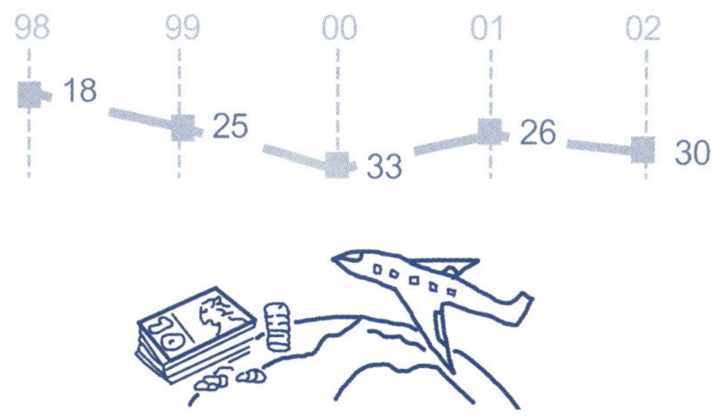

经 济 表 现

	2002
国内经济	6
国际贸易	6
国际投资	21
就　业	25
物　价	47

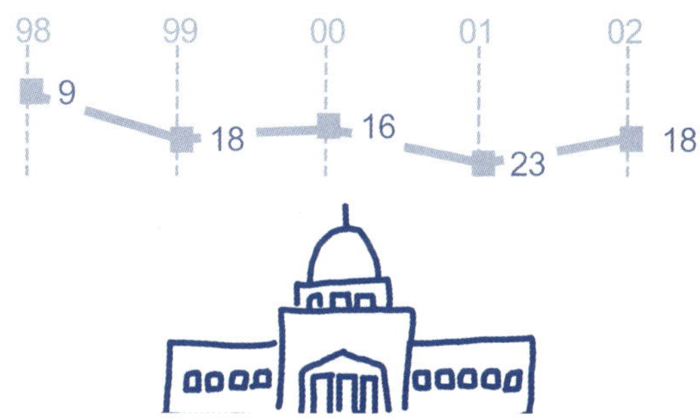

政 府 效 率

	2002
公共财政	13
财政政策	27
组织机构	16
企业法规	29
教　育	16

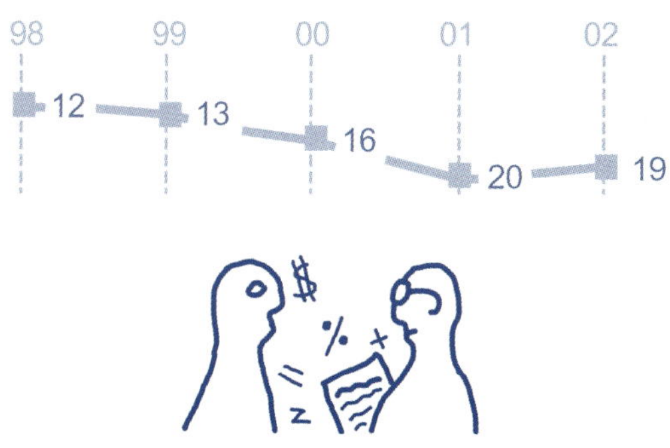

企 业 效 率

	2002
生产率	7
劳动力市场	33
金　融	22
管理实践	22
全球化影响	20

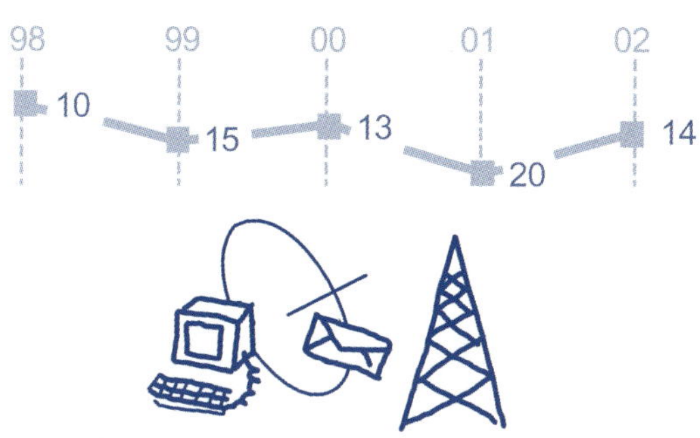

基 础 设 施

	2002
基本基础设施	6
技术基本基础设施	11
科学基本基础设施	22
健康与环境	6
价值系统	16

挪威

这些指标是每类中最强的10个指标，这些类是通过对49个国家和地区平均的最大的价值差异来区分的。

1 经济表现

			排名
1.2.02	经常项目差额	经常项目差额占GDP的百分比	2
1.1.22	人均GDP	人均美元	2
1.1.21	经济的弹性	经济体对于经济周期的弹性强	2
1.2.19	贸易条件指数	出口单位价值比进口单位价值（1995=100）	3
1.1.23	人均GDP	估计值，按购买力平价计算的人均美元	4
1.2.01	经常项目差额	经常项目差额，10亿美元（负号为逆差）	4
1.4.02	就业率	总就业人口占总人口的百分比	7
1.4.06	失业率	占劳动力比率	7
1.2.12	商业服务出口实际增长	按本地货币、不变价格计算的变化率	7
1.3.08	吸引国外直接投资存量实际增	按本地货币、不变价格计算的变化率	11

2 政府效率

2.5.03	学生—教师比（中等教育）	学生与教师职员的比例	3
2.3.18	公平	贵国的社会公平得到公正管理公平	4
2.3.21	社会凝聚力	社会凝聚力是政府的首要目标	5
2.5.02	学生—教师比（初等教育）	学生与教师职员的比例	7
2.3.17	受贿和腐败	受贿和腐败在经济中不盛行	8
2.3.04	国家信用评级	由《机构投资者杂志》杂志按百分制评分	8
2.1.06	中央政府国外负债	占GDP的百分比	8
2.1.09	公共财政的管理	公共财政的管理在两年后可能完善	8
2.5.01	全部公共教育支出	全部公共教育支出占GDP的比例	8
2.4.10	地下经济	地下经济不损害贵国的经济发展	9

3 企业效率

3.1.08	工业生产率（购买力平价）	每个工业雇员创造的相应GDP，美元，估计值	2
3.4.11	健康、安全和环境事务	健康、安全和环境事务被管理层充分重视	4
3.4.10	社会责任	商界领袖重视对社会的责任	5
3.1.04	劳动生产率（购买力平价）	每雇员每小时的GDP，美元，估计值	7
3.2.13	女性劳动力	占全部劳动力的比例	7
3.1.01	综合生产率（购买力平价）	每个就业者人均GDP，美元	7
3.2.17	人才流失	人才流失不损害贵国的竞争力	9
3.3.15	股东权利和义务	股东权利和义务明确界定	10
3.3.03	信贷	很容易从银行流入企业	11
3.5.03	生产的再分配	国外的生产再分配没有威胁到贵国经济的未来	12

4 基础设施

4.1.17	国内能源总产量	占所有能源需求（等价为石油吨数）的比例	1
4.4.10	人文发展指数	经济、社会与教育的综合指数	1
4.2.02	固定电话数	每千户居民中的主要干线数	2
4.5.05	国会中女性人数	女性席位占全部席位的比例	4
4.1.19	非能源原材料自给	人均贸易收支差额，美元	4
4.2.09	人均计算机	每千人计算机数/来源：计算机行业年鉴	4
4.1.18	能源进口与商品出口	能源进口占商品出口的比例	4
4.2.10	互联网用户数	每千人互联网用户人数/来源：计算机行业年鉴	5
4.3.16	人均诺贝尔奖	每百万人中从1950年以来在物理、化学、心理或医药和经济学领域获奖数目	6
4.4.17	污染问题	污染问题并没有严重影响贵国基础设施	6

挪威

这些指标是每类中最弱的10个指标，这些类是通过对49个国家和地区平均的最大的价值差异来区分的。

1 经济表现			排名
1.5.02	生活费指数	主要城市不包括住房的各种货物支出指数（纽约=100）	46
1.4.01	总就业人口	总就业人口（百万）	41
1.2.09	商品出口额实际增长率	按本地货币、不变价格计算的变化率	38
1.1.02	国内生产总值（PPP）	估计值：按购买力平价计算，10亿美元	38
1.4.07	青年失业	25岁以下失业人口占总失业人口比例	37
1.4.03	就业增长	变化率	33
1.1.12	实际GDP增长率	按本地货币、不变价格计算的变化率	28
1.3.07	吸引国外直接投资存量	10亿美元	27
1.3.05	吸引国外直接投资流量	10亿美元	27
1.2.07	商品出口额	商品出口额，10亿美元	26

2 政府效率			
2.4.15	移民法	移民法不禁止本国公司雇用外国劳动力	44
2.2.13	间接税	商品和服务税占GDP的比重	44
2.4.06	政府补贴	对私人和公共企业的补贴占GDP比重	43
2.4.23	投资激励	对外国投资有吸引力	42
2.3.01	短期实际利率	平均贴现率/优惠利率（1月-12月）	42
2.4.01	贵国参与区域贸易集团的程度	贵国参与区域贸易集团提供进入外国市场的途径	41
2.2.02	个人收入税有效税率	占人均GDP的百分比	39
2.2.01	税收总收入	占GDP的百分比	39
2.4.19	外国投资者	外国投资者可以自由在国内公司中取得控制力	38
2.3.06	汇率政策	贵国汇率政策支持公司的竞争力	37

3 企业效率			
3.2.01	报酬水平	制造业工人每小时全部报酬，美元，估计值	46
3.2.08	产业纠纷	每千个居民年均因纠纷损失的工作日	44
3.2.05	工作小时	每年的平均工作小时数	41
3.2.03	服务性职业报酬	年均总收入，包括附加薪水，例如额外薪金，美元	40
3.2.19	国际经验	高层管理者通常有丰富的国际经验	39
3.2.18	外国高素质人员	外国高素质人员被贵国企业环境所吸引	38
3.4.09	销售	贵国企业中有效地进行销售	37
3.4.07	企业家精神	贵国企业家精神很普遍	37
3.3.01	银行部门的资产	占GDP的比例	37
3.3.17	内幕交易	内幕交易在股票市场不普遍	34

4 基础设施			
4.3.14	科学和技术的兴趣	贵国青年具有浓厚的科学技术兴趣	43
4.5.02	民族文化	民族文化对外国文化开放	43
4.1.01	人口—市场规模	估计值，百万	42
4.3.13	学校内的科学	学校内的科学在贵国充分教育	41
4.5.03	适应性	面对挑战，贵国人民的适应性很强	41
4.1.04	赡养率	15岁以下和64岁以上的人口总量除以15岁-64岁之间人口总量	37
4.1.07	铁路	网络的密度	34
4.1.06	道路	网络的密度	34
4.5.09	社会的价值	社会价值支持竞争力	34
4.2.18	高技术出口	百万美元	32

挪威

这一部分集锦了该国20个最强的指标，
这部分指标有着最高的标准化值（STD值）。
STD值＝（国家和地区的原始值－49个国家和地区平均值）/标准差

20个最强的指标

序号	名称	国家原始值	国家排名	49国家平均值
4.1.17	**国内能源总产量** 占所有能源需求（等价为石油吨数）的比例	788.3	1	91.8
1.2.02	**经常项目差额** 经常项目差额占GDP的百分比	14.66	2	0.99
1.2.19	**贸易条件指数** 出口单位价值比进口单位价值（1995=100）	150.4	3	89.9
3.1.08	**工业生产率（购买力平价）** 每个工业雇员创造的相应GDP，美元，估计值	85,497	2	46,005
1.1.22	**人均GDP** 人均美元	36,219	2	14,689
4.5.05	**国会中女性人数** 女性席位占全部席位的比例	36.4	4	17.41
4.3.16	**人均诺贝尔奖** 每百万人中从1950年以来在物理、化学、心理或医药和经济学领域获奖数目	0.664	6	0.154
4.1.19	**非能源原材料自给** 人均贸易收支差额，美元	269.2	4	3.6
4.2.02	**固定电话数** 每千户居民中的主要干线数	754	2	430
4.2.10	**互联网用户数** 每千人互联网用户人数/来源：计算机行业年鉴	532.01	5	267.96
4.2.09	**人均计算机** 每千人计算机数/来源：计算机行业年鉴	610	4	309
1.1.23	**人均GDP** 估计值，按购买力平价计算的人均美元	30,142	4	18,407
2.3.04	**国家信用评级** 由《机构投资者杂志》杂志按百分制评分	90	8	67.8
1.1.21 （调查）	**经济的弹性** 经济体对于经济周期的弹性强	6.97	2	5.18
4.4.17 （调查）	**污染问题** 污染问题并没有严重影响贵国基础设施	8.29	6	5.91
3.4.11 （调查）	**健康、安全和环境事务** 健康、安全和环境事务被管理层充分重视	8.13	4	6.04
3.4.10 （调查）	**社会责任** 商界领袖重视对社会的责任	7.32	5	5.7
2.3.18 （调查）	**公平** 贵国的社会公平得到公正管理公平	8.56	4	5.71
2.3.21 （调查）	**社会凝聚力** 社会凝聚力是政府的首要目标	8.08	5	6.12
4.4.11 （调查）	**酗酒、吸毒** 酗酒和吸毒在工作岗位没有成为严重问题	8.03	8	6.61

挪威

如 果？

竞争力模拟研究帮助政策制定者将注意力和优先次序放在他们国家或地区面临的关键竞争力上。我们用49个国家或地区的平均值代替这些最弱的指标值，从而计算这个国家或地区的总体排名。然而，这只是一个理论方式，不应视为政策的建议。还必须考虑各个国家或地区的发展水平、政治体制和社会值系统

	从		到
模拟排名变化	17	→	15

20个最弱的指标

序号	名称	国家原始值	国家排名	49国家平均值
1.5.02	**生活费指数** 主要城市不包括住房的各种货物支出指数（纽约=100）	129.31	46	81.64
4.2.12	**互联网费用** 高峰期互联网访问20小时费用，美元	55.02	30	22.72
3.2.08	**产业纠纷** 每千个居民年均因纠纷损失的工作日	110.59	44	24.45
3.2.05	**工作小时** 每年的平均工作小时数	1,730	41	1,925
2.2.02	**个人收入税有效税率** 占人均GDP的百分比	26.85	39	17.15
2.2.13	**间接税** 商品和服务税占GDP的比重	13.87	44	10.45
1.4.07	**青年失业** 25岁以下失业人口占总失业人口比例	39.3	37	26.47
2.4.06	**政府补贴** 对私人和公共企业的补贴占GDP比重	2.21	43	1.19
2.2.01	**税收总收入** 占GDP的百分比	40.21	39	31.24
2.3.01	**短期实际利率** 平均贴现率/优惠利率（1月-12月）	5.54	42	3.11
4.2.18	**高技术出口** 百万美元	1,895	32	21,693
3.3.01	**银行部门的资产** 占GDP的比例	69.62	37	117.11
4.1.04	**赡养率** 15岁以下和64岁以上的人口总量除以15岁-64岁之间人口总量	54.1	37	50.8
2.4.23 （调查）	**投资激励** 对外国投资有吸引力	4.41	42	6.06
2.4.19 （调查）	**外国投资者** 外国投资者可以自由在国内公司中取得控制力	6.19	38	7.66
4.3.14 （调查）	**科学和技术的兴趣** 贵国青年具有浓厚的科学技术兴趣	4.26	43	5.39
4.3.13 （调查）	**学校内的科学** 学校内的科学在贵国充分教育	3.74	41	5.19
4.5.02 （调查）	**民族文化** 民族文化对外国文化开放	6.34	43	7.24
2.4.15 （调查）	**移民法** 移民法不禁止本国公司雇用外国劳动力	4.79	44	5.82
4.5.03 （调查）	**适应性** 面对挑战，贵国人民的适应性很强	5.89	41	6.85

挪威

国内经济

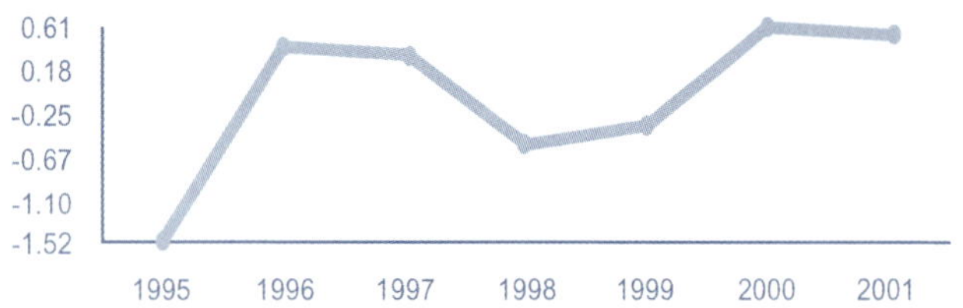

国际贸易

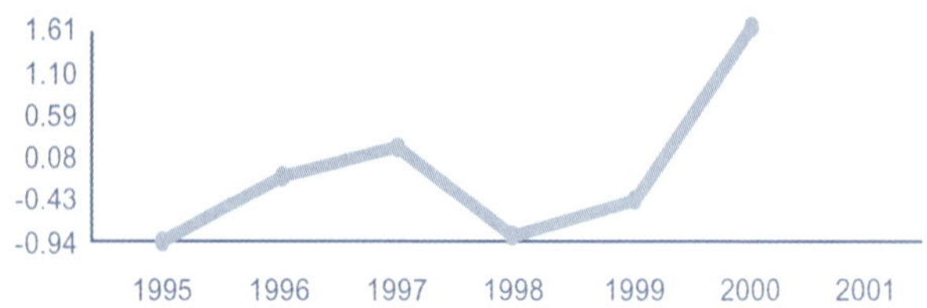

国际投资

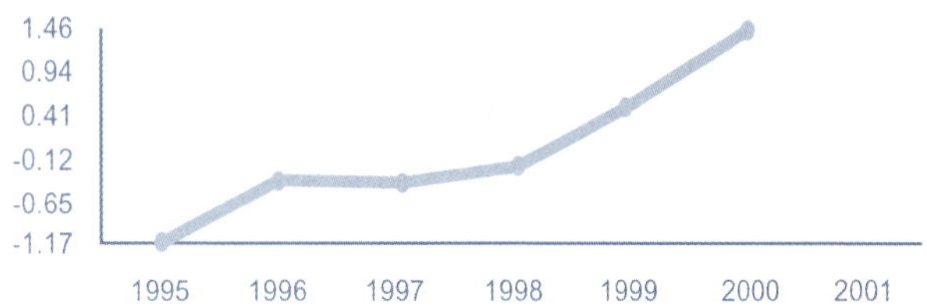

公共财政

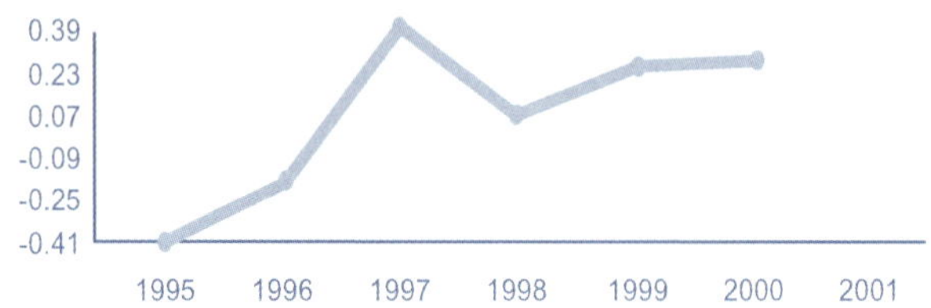

财政政策

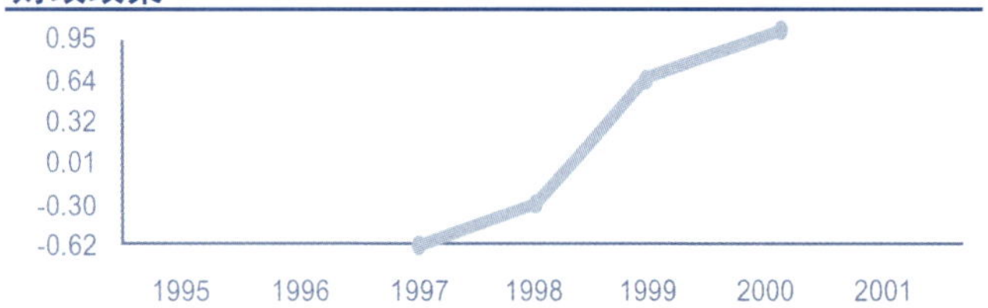

生产率

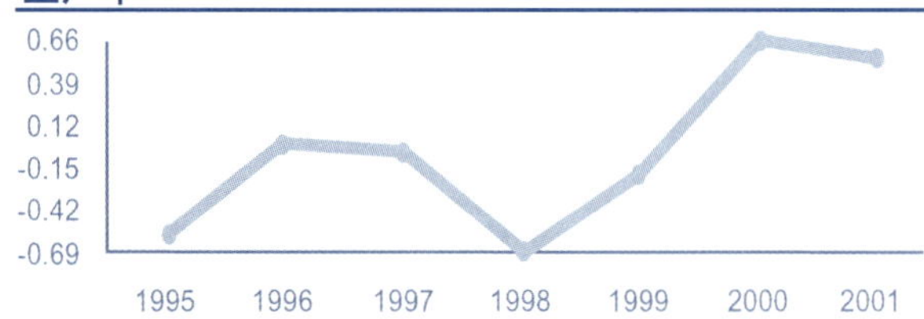

金融

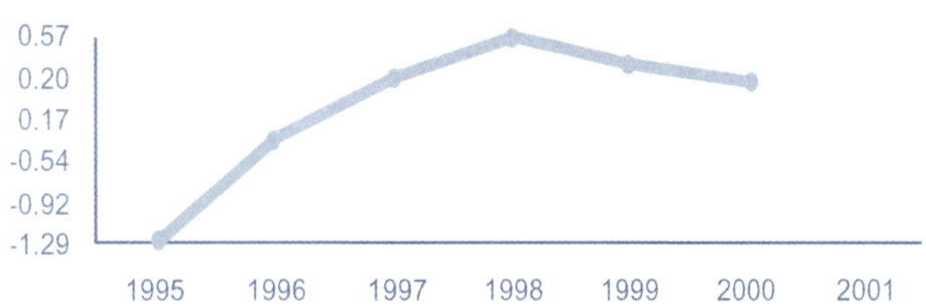

技术基础设施

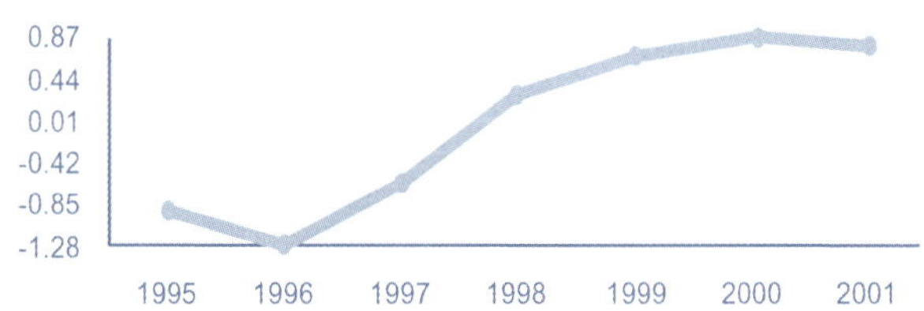

主要竞争力指标

人均国内生产总值

人均美元

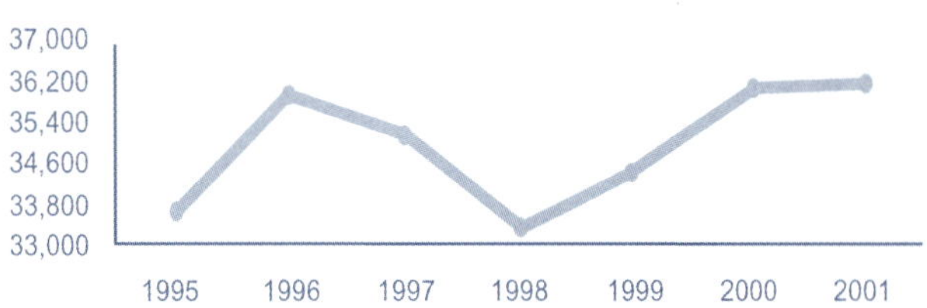

国内生产总值实际增长率

百分比变化，基于国家货币物价稳定

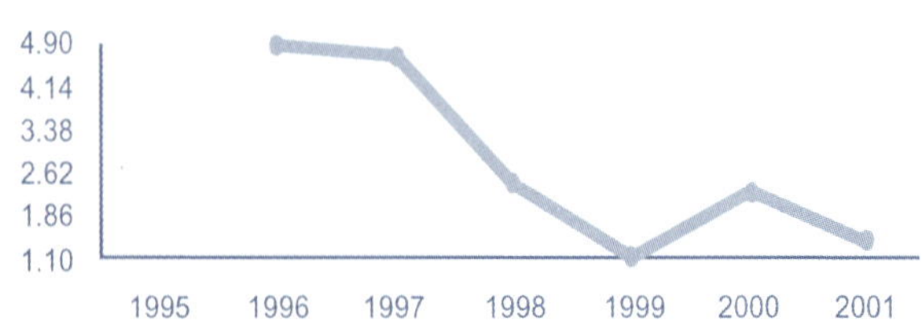

挪威

个人最终消费支出
人均美元

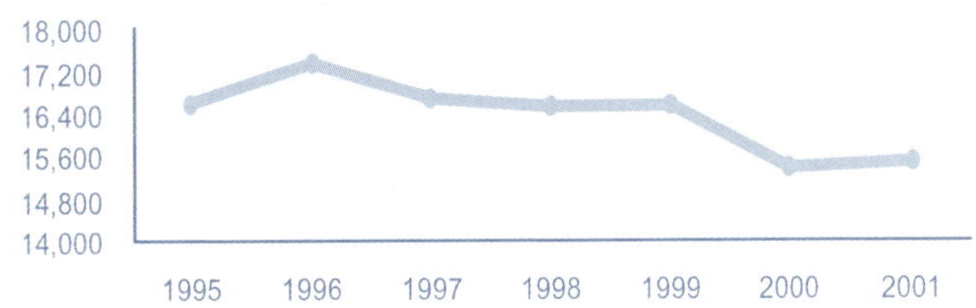

经常性项目差额
十亿美元（负号标志＝赤字）

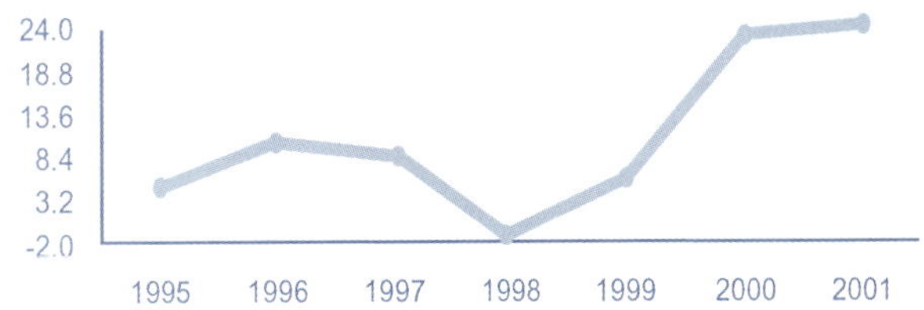

商品和商业劳务出口
十亿美元

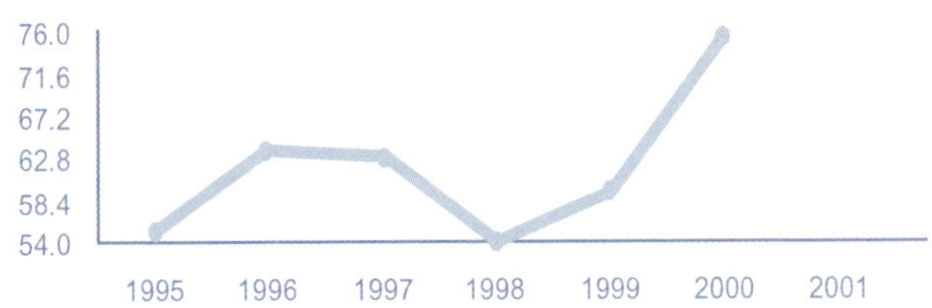

对外直接投资流量
十亿美元

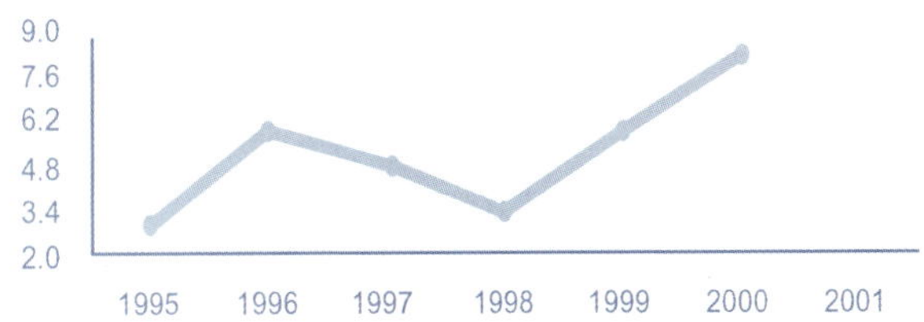

吸收直接投资流量
十亿美元

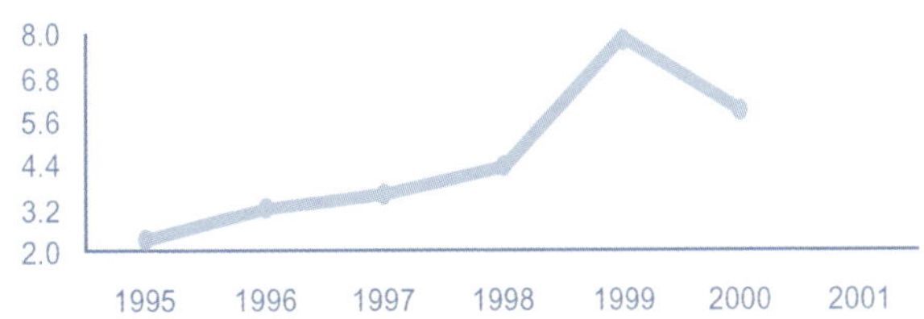

失业率
劳动力百分比

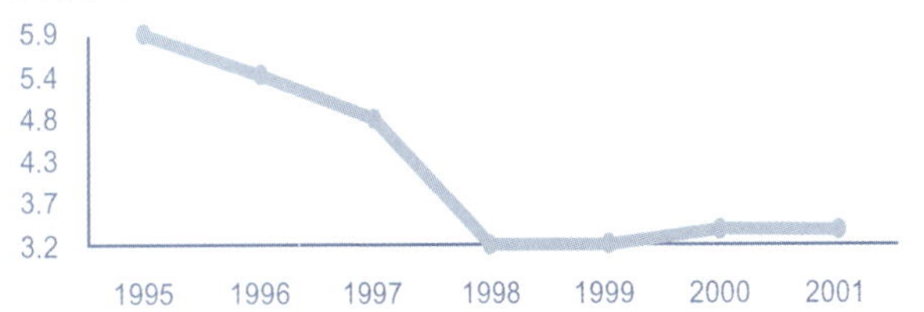

消费品价格增长率
年平均比率

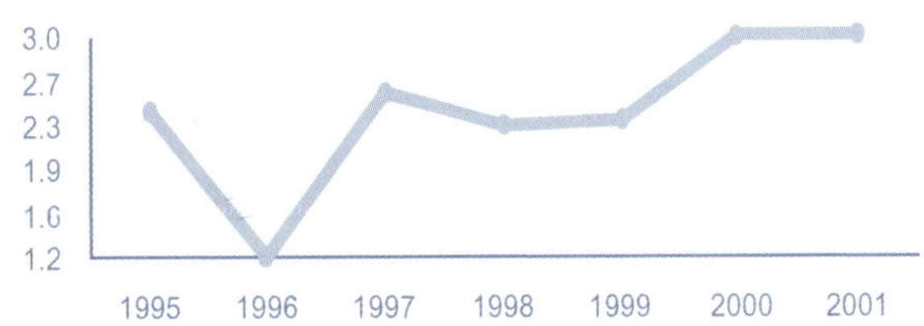

总体生产率
就业人员人均国内生产总值，美元

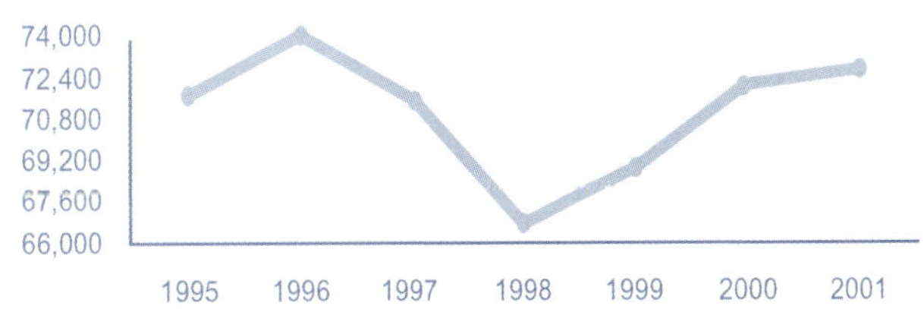

报酬水平
估计：制造工人的小时总补偿，美元

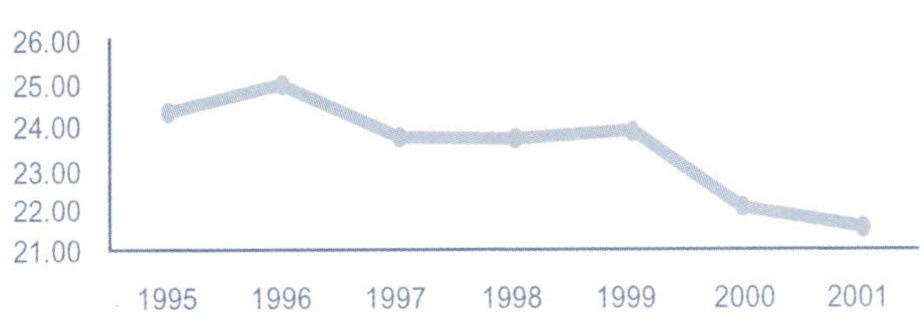

股票市场筹资额
十亿美元

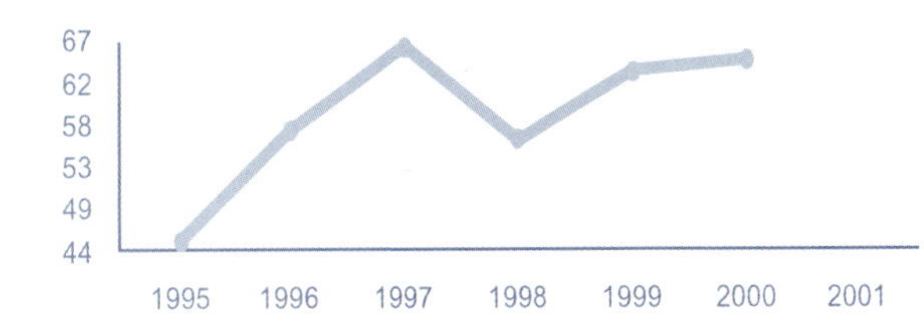

国内上市公司
上市公司的数量

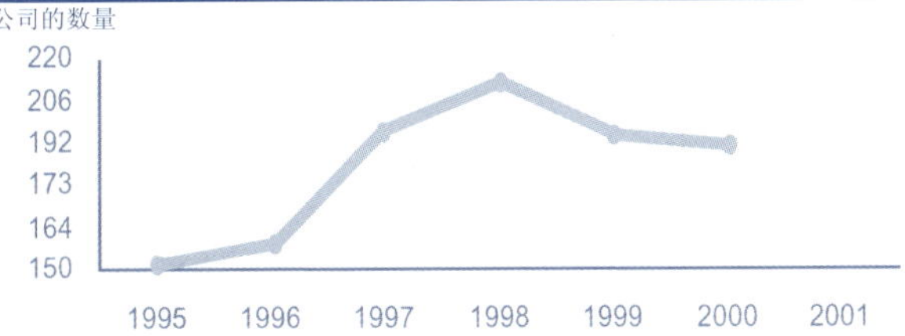

计算机
每1000人的计算机数量/来源：计算机工业年鉴

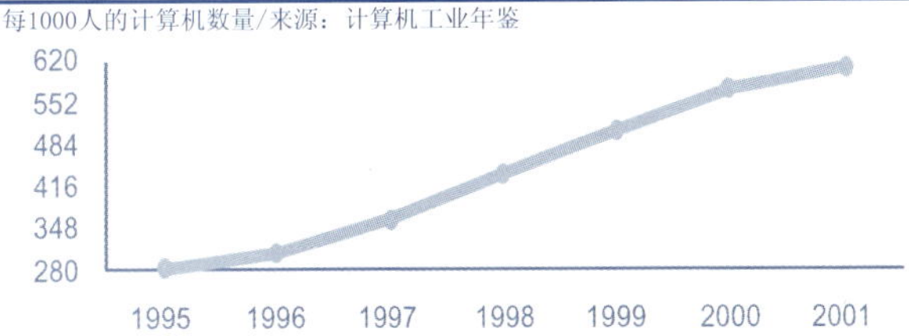

菲律宾

国家竞争力的挑战，2002

- 通过进一步自由化和微观经济结构目标改革提高生产率和就业。
- 关注农业尤其使灌溉的发展、技术和金融三方面的资源。
- 注重和平和秩序问题，以及通过司法改革完善法规。
- 通过改革税收政策及其管理提高财政管理能力。通过快速跟踪私有化项目来帮助短期收入的生产。

提供者:

Washington SyCip Policy Centre

总体表现

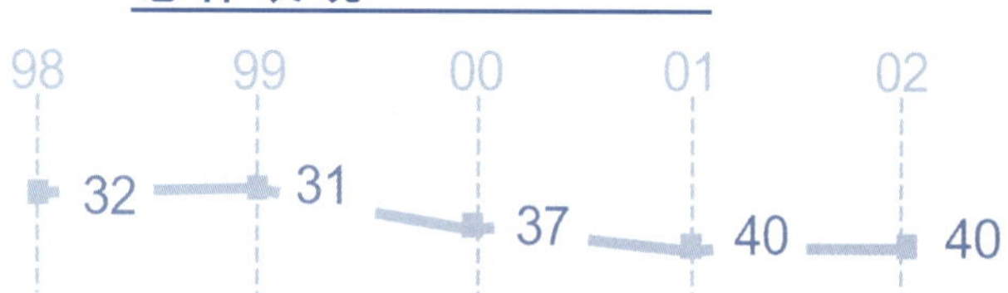

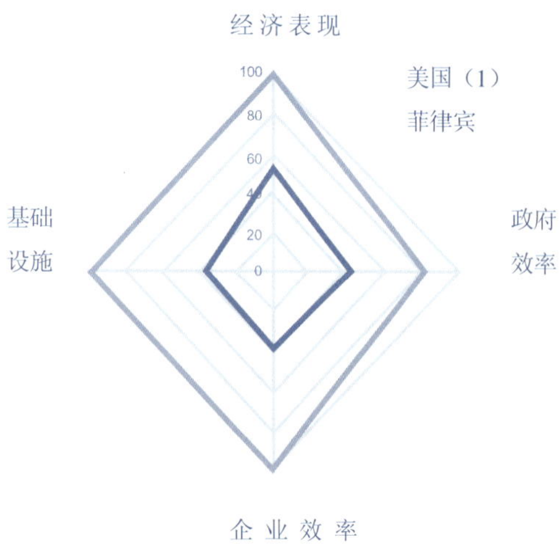

基本事实

首都	马尼拉
人口	77.9 (2001)
地域（平方千米）	300.0 (2000)
汇率（百分之一美元）	50.99 (2001)
国内生产总值（十亿美元）	71.4 (2001)
人均国内生产总值（美元）	917 (2001)
实际GDP增长率	3.4 (2001)
消费品价格上涨	6.1 (2001)
失业率	11.10 (2001)
劳动力（百万）	33.36 (2001)
经常性项目差额（十亿美元）	2.8 (2001)
直接投资	
吸收股票投资（十亿美元）	12.69 (2000)
吸收流量（占GDP百分比）	2.72 (2000)

菲律宾

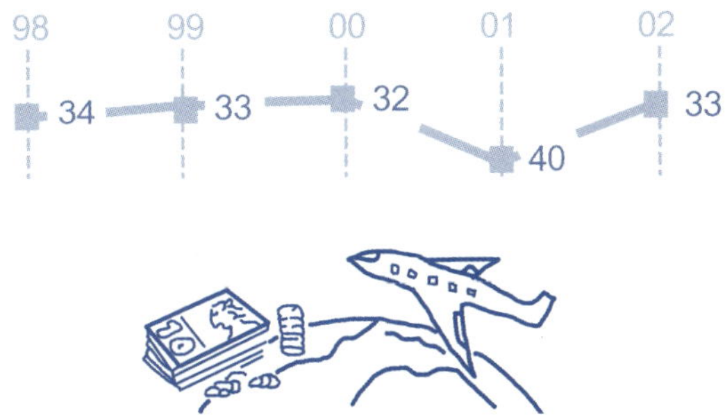

经　济　表　现

	2002
国内经济	35
国际贸易	22
国际投资	39
就　业	33
物　价	13

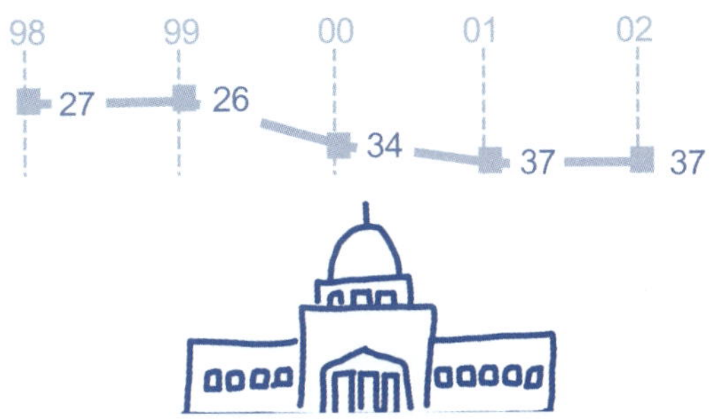

政　府　效　率

	2002
公共财政	44
财政政策	11
组织机构	40
企业法规	39
教　育	36

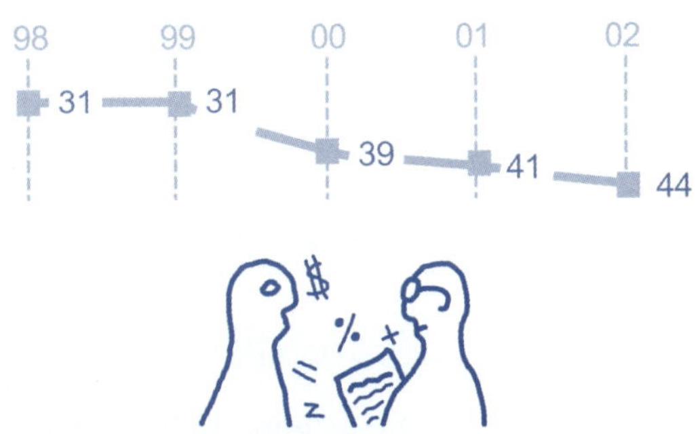

企　业　效　率

	2002
生产率	49
劳动力市场	9
金　融	39
管理实践	27
全球化影响	46

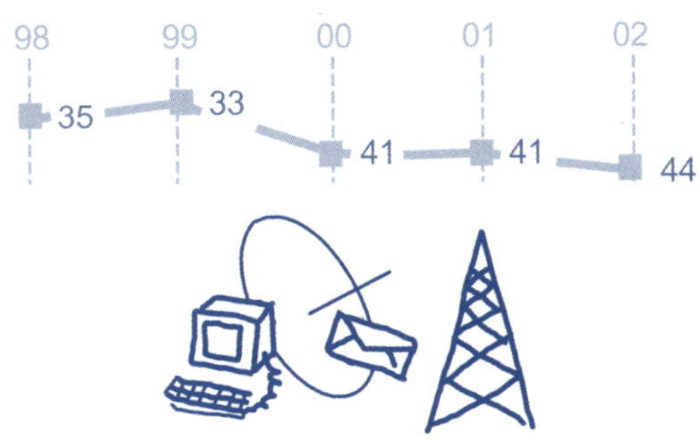

基　础　设　施

	2002
基本基础设施	49
技术基本基础设施	40
科学基本基础设施	45
健康与环境	47
价值系统	25

菲律宾

这些指标是每类中最强的10个指标，这些类是通过对49个国家和地区平均的最大的价值差异来区分的。

1 经济表现

			排名
1.4.03	就业增长	变化率	1
1.2.19	贸易条件指数	出口单位价值比进口单位价值（1995=100）	2
1.5.02	生活费指数	主要城市不包括住房的各种货物支出指数（纽约=100）	9
1.1.12	实际GDP增长率	按本地货币、不变价格计算的变化率	11
1.4.01	总就业人口	总就业人口（百万）	11
1.2.02	经常项目差额	经常项目差额占GDP的百分比	13
1.2.08	商品出口额	商品出口额占GDP的百分比	13
1.2.18	外贸依存度	（出口+进口）/（2xGDP）	14
1.1.13	实际人均GDP增长率	按本地货币、不变价格计算的变化率	18
1.3.08	吸引国外直接投资存量实际增	按本地货币、不变价格计算的变化率	21

2 政府效率

2.2.12	资本和财产税	资本和财产税占GDP的百分比	1
2.2.13	间接税	商品和服务税占GDP的比重	2
2.2.01	税收总收入	占GDP的百分比	3
2.4.06	政府补贴	对私人和公共企业的补贴占GDP比重	10
2.2.02	个人收入税有效税率	占人均GDP的百分比	11
2.4.14	失业立法	失业立法激励人们寻找工作	13
2.2.09	雇主的社会保障缴款率	强制缴款占人均GDP的比率	16
2.5.12	合格工程师	合格工程师在贵国劳动力市场上容易获得	17
2.1.09	公共财政的管理	公共财政的管理在两年后可能完善	17
2.3.03	利率差	贷款利率减去存款利率	17

3 企业效率

3.2.15	熟练劳动力	熟练劳动力在贵国劳动市场上可获得性	1
3.2.02	制造业部门单位劳动成本	制造业部门单位劳动成本变化率	2
3.2.20	称职的高层管理人员	称职的高层管理人员在贵国劳动市场上易获得	3
3.2.03	服务性职业报酬	年均总收入，包括附加薪水，例如额外薪金，美元	4
3.2.16	金融人才	金融人才在贵国劳动市场上容易获得	4
3.2.05	工作小时	每年的平均工作小时数	6
3.2.01	报酬水平	制造业工人每小时全部报酬，美元，估计值	8
3.2.19	国际经验	高层管理者通常有丰富的国际经验	10
3.4.09	销售	贵国企业中有效地进行销售	15
3.4.07	企业家精神	贵国企业家精神很普遍	16

4 基础设施

4.5.03	适应性	面对挑战，贵国人民的适应性很强	7
4.5.06	女性地位	所有立法委员、高级官员和经理中女性所占比例	10
4.1.01	人口—市场规模	估计值，百万	10
4.5.04	歧视	歧视（种族、性别等）并没有给社会带来不利影响	12
4.2.19	高技术出口	占制造业出口的比例	12
4.2.05	移动电话费用	高峰期每三分钟费用，美元	13
4.2.14	信息技术人才	信息技术人才在贵国劳动市场上易获得	14
4.5.02	民族文化	民族文化对外国文化开放	16
4.5.07	性别收入比	估计总体女性与男性收入比率	18
4.2.01	对电信的投资	年平均占GDP的百分比	21

菲律宾

这些指标是每类中最弱的10个指标，这些类是通过对49个国家和地区平均的最大的价值差异来区分的。

1 经济表现

			排名
1.3.02	对外直接投资流量	对外直接投资流量占GDP的百分比	49
1.3.01	对外直接投资流量	10亿美元	49
1.2.12	商业服务出口实际增长	按本地货币、不变价格计算的变化率	47
1.1.23	人均GDP	估计值，按购买力平价计算的人均美元	47
1.1.22	人均GDP	人均美元	46
1.3.07	吸引国外直接投资存量	10亿美元	43
1.2.09	商品出口额实际增长率	按本地货币、不变价格计算的变化率	42
1.2.10	商业服务出口额	10亿美元	42
1.4.07	青年失业	25岁以下失业人口占总失业人口比例	41
1.4.06	失业率	占劳动力比率	40

2 政府效率

			排名
2.5.03	学生—教师比（中等教育）	学生与教师职员的比例	48
2.4.03	保护主义	保护主义没有影响贵国的企业行为	48
2.1.06	中央政府国外负债	占GDP的百分比	46
2.2.14	逃税	逃税在贵国不普遍	46
2.5.02	学生—教师比（初等教育）	学生与教师职员的比例	45
2.3.17	受贿和腐败	受贿和腐败在经济中不盛行	45
2.3.09	法律体系	法律体系不损害贵国的竞争力	45
2.5.01	全部公共教育支出	全部公共教育支出占GDP的比例	45
2.4.02	海关职权	海关职权推动了商品的有效转口	44
2.1.08	利息支付额	占当前收入的百分比	44

3 企业效率

			排名
3.5.03	生产的再分配	国外的生产再分配没有威胁到贵国经济的未来	48
3.3.17	内幕交易	内幕交易在股票市场不普遍	48
3.5.01	全球化	全球化没有威胁贵国经济	47
3.1.03	综合生产率实际增长率	每个就业者实际GDP变化率，估计值	47
3.1.10	服务业生产率（购买力平价）	每个服务业雇员创造的相应GDP，美元，估计值	46
3.1.01	综合生产率（购买力平价）	每个就业者人均GDP，美元	46
3.1.04	劳动生产率（购买力平价）	每雇员每小时的GDP，美元，估计值	46
3.1.08	工业生产率（购买力平价）	每个工业雇员创造的相应GDP，美元，估计值	45
3.3.19	国际保理业务	占商品出口的比重	45
3.5.05	海外形象	贵国的海外形象支持了企业的发展	44

4 基础设施

			排名
4.1.04	赡养率	15岁以下和64岁以上的人口总量除以15岁-64岁之间人口总量	49
4.4.18	环境法	环境法和遵守该法不会阻碍企业竞争力	49
4.4.01	健康总支出	占GDP的比例	48
4.4.17	污染问题	污染问题并没有严重影响贵国基础设施	48
4.1.10	用于货物和服务分配的基础设施	普遍有效率	48
4.3.03	所有研究与开发支出	占GDP的比例	48
4.2.02	固定电话数	每千户居民中的主要干线数	47
4.2.10	互联网用户数	每千人互联网用户人数/来源：计算机行业年鉴	47
4.3.20	专利权和版权保护	专利和版权在贵国得到了充分保护	46
4.1.20	工业用户的电力成本	美元/千瓦	46

菲律宾

这一部分集锦了该国20个最强的指标，
这部分指标有着最高的标准化值（STD值）。
STD值＝（国家和地区的原始值－49个国家和地区平均值）/标准差

20个最强的指标

序号	名称	国家原始值	国家排名	49国家平均值
1.2.19	**贸易条件指数** 出口单位价值比进口单位价值（1995=100）	183.2	2	89.9
1.4.03	**就业增长** 变化率	6.2	1	0.92
2.2.13	**间接税** 商品和服务税占GDP的比重	4.22	2	10.45
2.2.01	**税收总收入** 占GDP的百分比	13.93	3	31.24
3.2.05	**工作小时** 每年的平均工作小时数	2,164	6	1,925
2.2.12	**资本和财产税** 资本和财产税占GDP的百分比	0.01	1	1.57
3.2.03	**服务性职业报酬** 年均总收入，包括附加薪水，例如额外薪金，美元	1	4	0
3.2.01	**报酬水平** 制造业工人每小时全部报酬，美元，估计值	1.78	8	9.16
2.2.02	**个人收入税有效税率** 占人均GDP的百分比	7.31	11	17.15
1.5.02	**生活费指数** 主要城市不包括住房的各种货物支出指数（纽约=100）	65.98	9	81.64
3.2.02	**制造业部门单位劳动成本** 制造业部门单位劳动成本变化率	-2.08	2	4.61
2.4.06	**政府补贴** 对私人和公共企业的补贴占GDP比重	0.27	10	1.19
4.5.06	**女性地位** 所有立法委员、高级官员和经理中女性所占比例	33	10	21.64
3.2.20 （调查）	**称职的高层管理人员** 称职的高层管理人员在贵国劳动市场上易获得	7.97	3	6.31
3.2.15 （调查）	**熟练劳动力** 熟练劳动力在贵国劳动市场上可获得性	8.25	1	6.75
3.2.16 （调查）	**金融人才** 金融人才在贵国劳动市场上容易获得	7.97	4	6.55
4.5.03 （调查）	**适应性** 面对挑战，贵国人民的适应性很强	7.94	7	6.85
3.2.19 （调查）	**国际经验** 高层管理者通常有丰富的国际经验	6.35	10	5.25
4.5.04 （调查）	**歧视** 歧视（种族、性别等）并没有给社会带来不利影响	7.33	12	6.51
4.5.02 （调查）	**民族文化** 民族文化对外国文化开放	7.81	16	7.24

菲律宾

如 果？

竞争力模拟研究帮助政策制定者将注意力和优先次序放在他们国家或地区面临的关键竞争力上。我们用49个国家或地区的平均值代替这些最弱的指标值，从而计算这个国家或地区的总体排名。然而，这只是一个理论方式，不应视为政策的建议。还必须考虑各个国家或地区的发展水平、政治体制和社会值系统

	从		到
模拟排名变化	40	→	33

20个最弱的指标

序号	名称	国家原始值	国家排名	49国家平均值
2.5.03	**学生—教师比（中等教育）** 学生与教师职员的比例	32.9	48	16.99
4.1.04	**赡养率** 15岁以下和64岁以上的人口总量除以15岁-64岁之间人口总量	66.2	49	50.8
4.4.01	**健康总支出** 占GDP的比例	0.5	48	6.7
2.5.02	**学生—教师比（初等教育）** 学生与教师职员的比例	34.4	45	19.49
1.4.07	**青年失业** 25岁以下失业人口占总失业人口比例	49.8	41	26.47
2.1.06	**中央政府国外负债** 占GDP的百分比	32.956	46	12.214
3.1.10	**服务业生产率（购买力平价）** 每个服务业雇员创造的相应GDP，美元，估计值	10,502	46	42,358
3.1.01	**综合生产率（购买力平价）** 每个就业者人均GDP，美元	10,644	46	41,680
3.1.04	**劳动生产率（购买力平价）** 每雇员每小时的GDP，美元，估计值	4.82	46	22.41
4.1.20	**工业用户的电力成本** 美元/千瓦	0.09	46	0.056
4.3.03	**所有研究与开发支出** 占GDP的比例	0.078	48	1.375
1.1.23	**人均GDP** 估计值，按购买力平价计算的人均美元	3,983	47	18,407
4.2.10	**互联网用户数** 每千人互联网用户人数/来源：计算机行业年鉴	17.46	47	267.96
3.5.03 （调查）	**生产的再分配** 国外的生产再分配没有威胁到贵国经济的未来	2.61	48	4.87
4.4.18 （调查）	**环境法** 环境法和遵守该法不会阻碍企业竞争力	4.21	49	6.09
3.5.01 （调查）	**全球化** 全球化没有威胁贵国经济	3.71	47	5.88
4.4.17 （调查）	**污染问题** 污染问题并没有严重影响贵国基础设施	3.05	48	5.91
2.4.03 （调查）	**保护主义** 保护主义没有影响贵国的企业行为	4.32	48	6.56
4.1.10 （调查）	**用于货物和服务分配的基础设施** 普遍有效率	3.23	48	6.15
3.3.17 （调查）	**内幕交易** 内幕交易在股票市场不普遍	3.39	48	5.59

菲律宾

国内经济

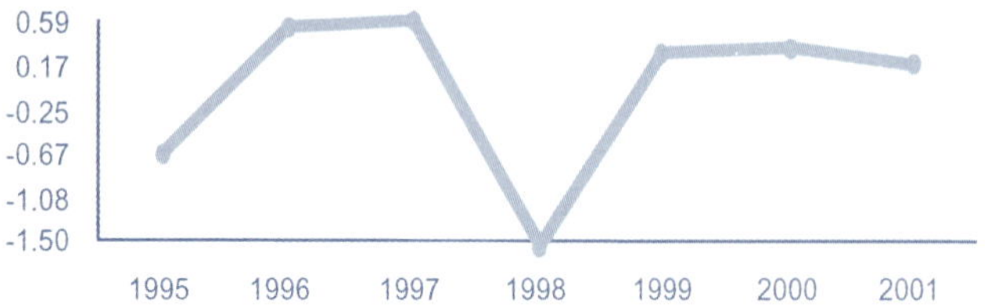

国际贸易

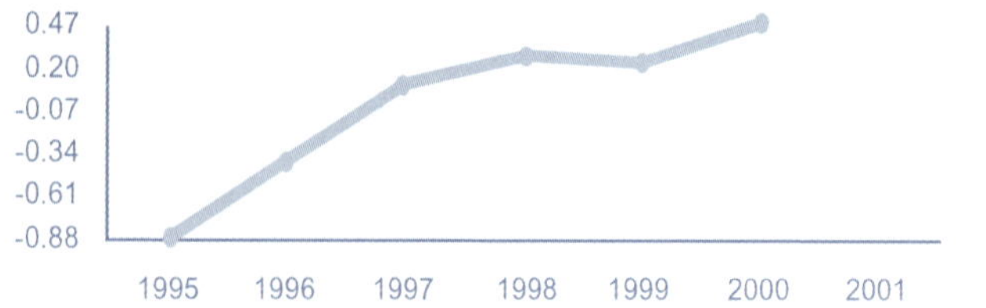

国际投资

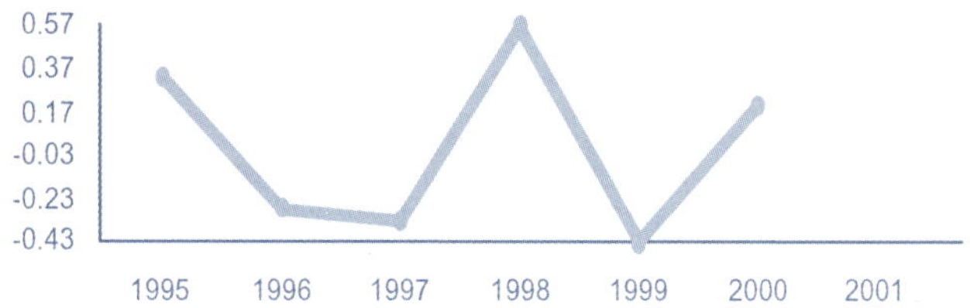

公共财政

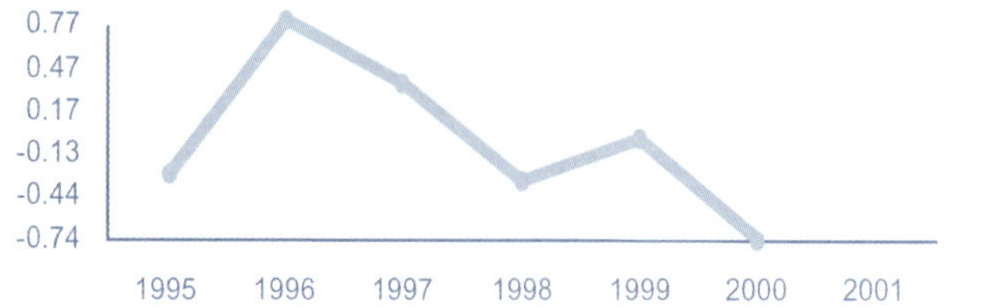

财政政策

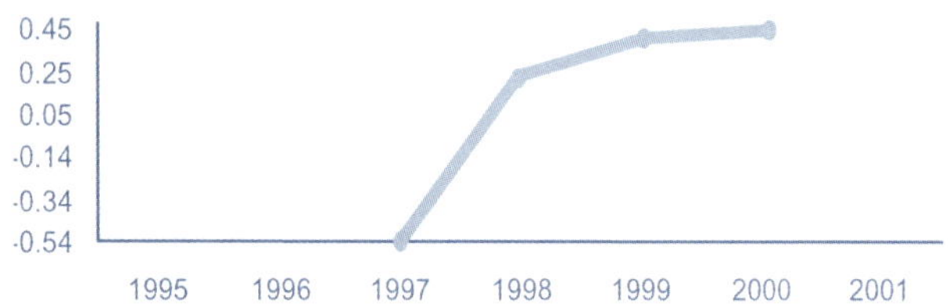

生产率

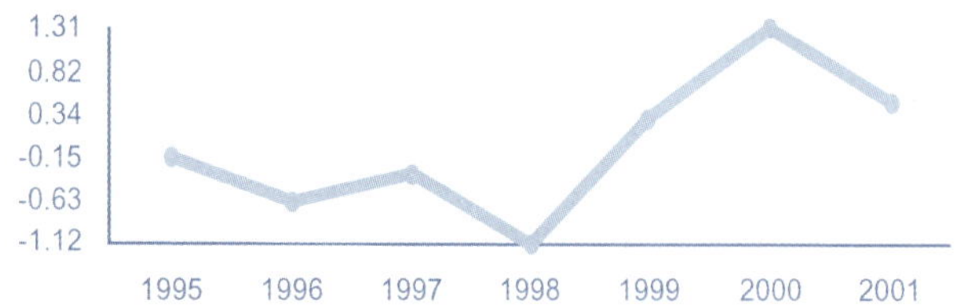

金融

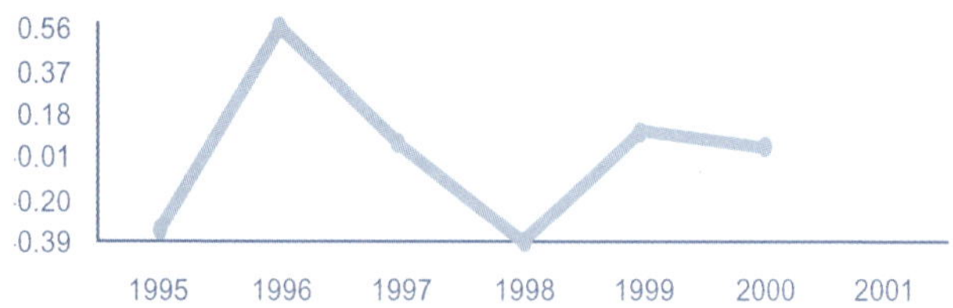

技术基础设施

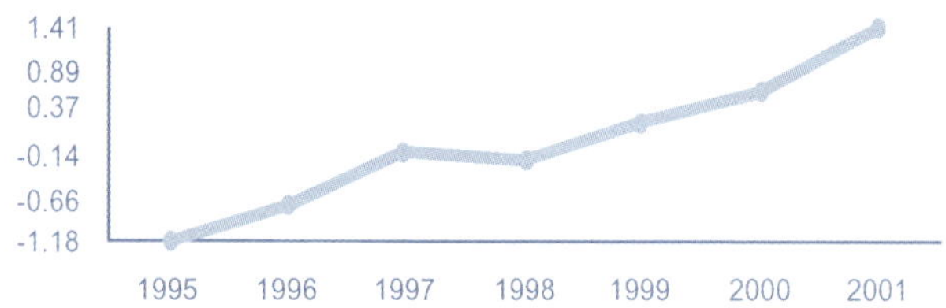

主要竞争力指标

人均国内生产总值

人均美元

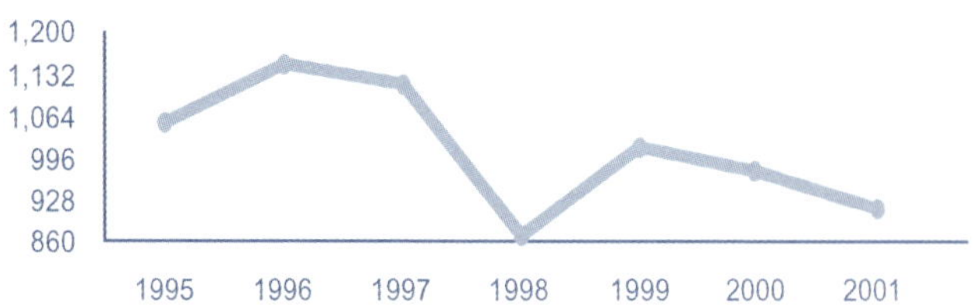

国内生产总值实际增长率

百分比变化，基于国家货币物价稳定

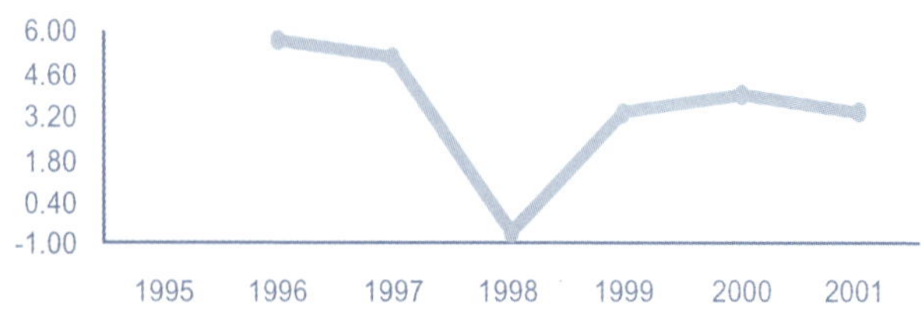

菲律宾

个人最终消费支出
人均美元

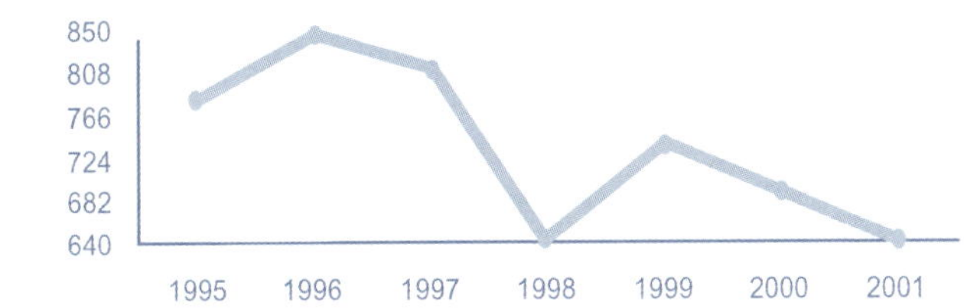

经常性项目差额
十亿美元（负号标志＝赤字）

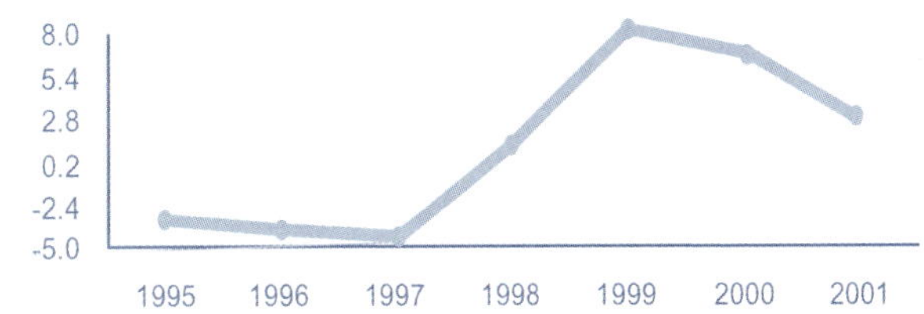

商品和商业劳务出口
十亿美元

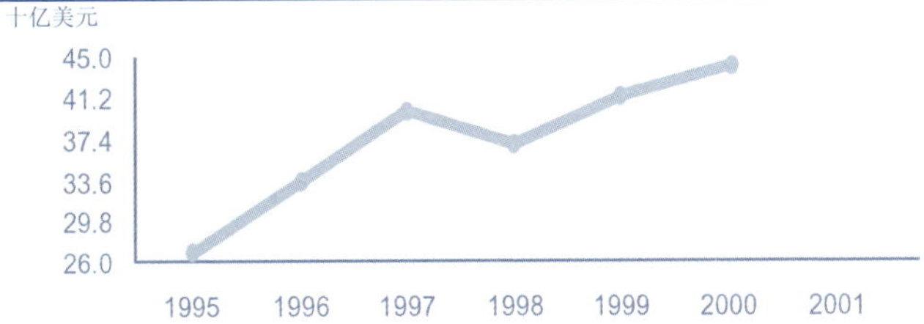

对外直接投资流量
十亿美元

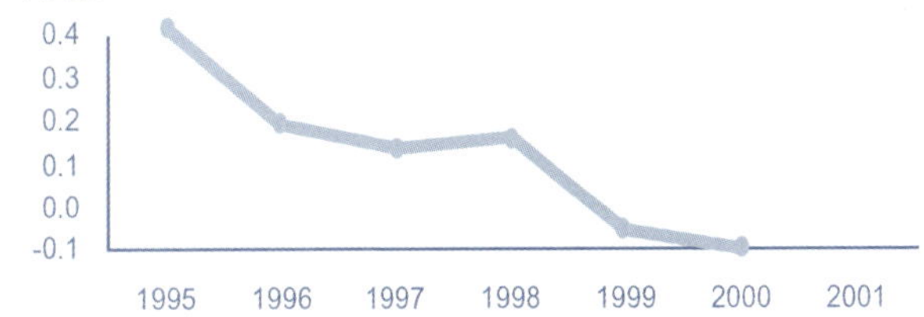

吸收直接投资流量
十亿美元

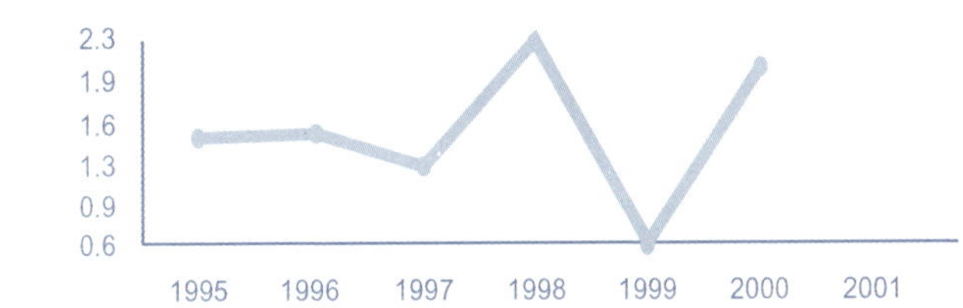

失业率
劳动力百分比

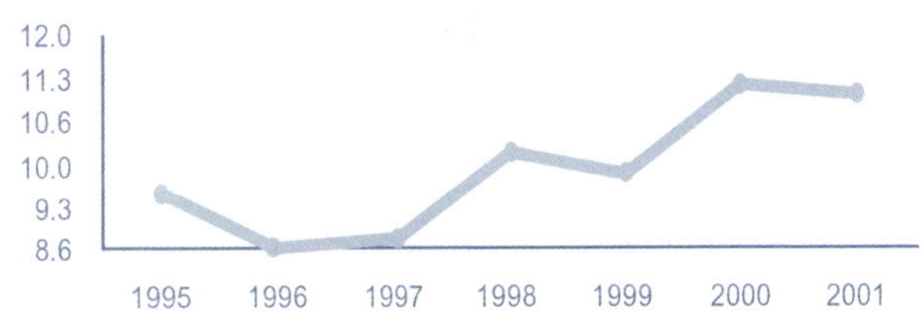

消费品价格增长率
年平均比率

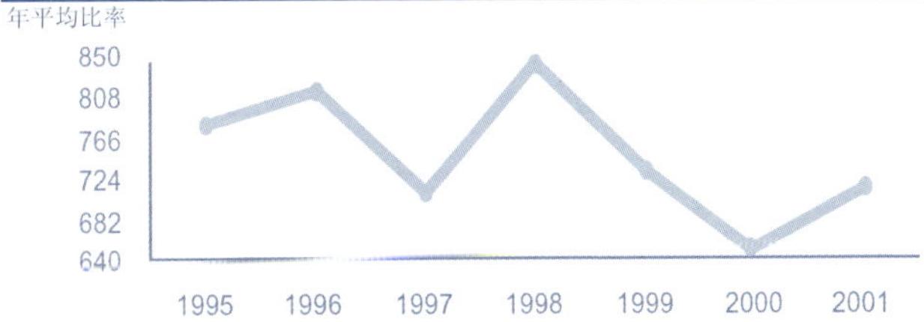

总体生产率
就业人员人均国内生产总值，美元

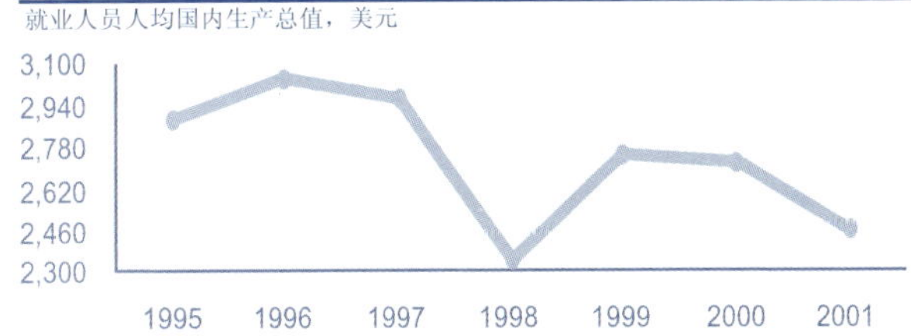

报酬水平
估计：制造工人的小时总补偿，美元

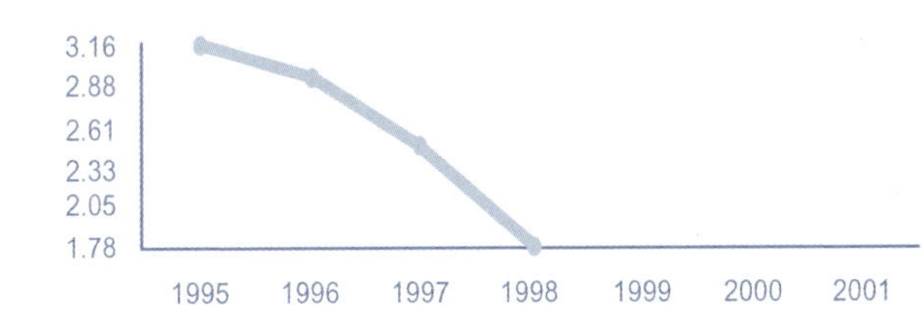

股票市场筹资额
十亿美元

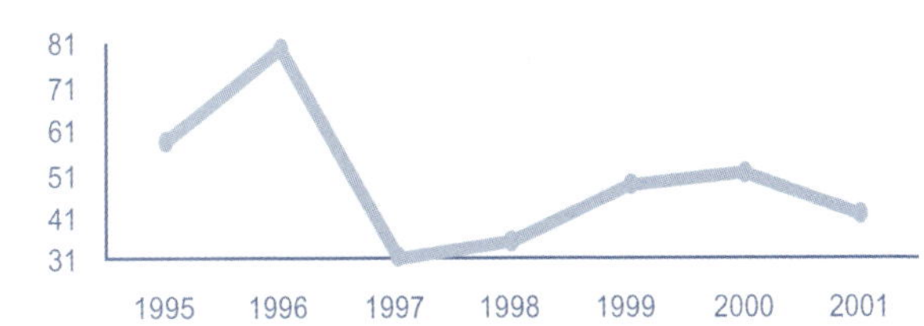

国内上市公司
上市公司的数量

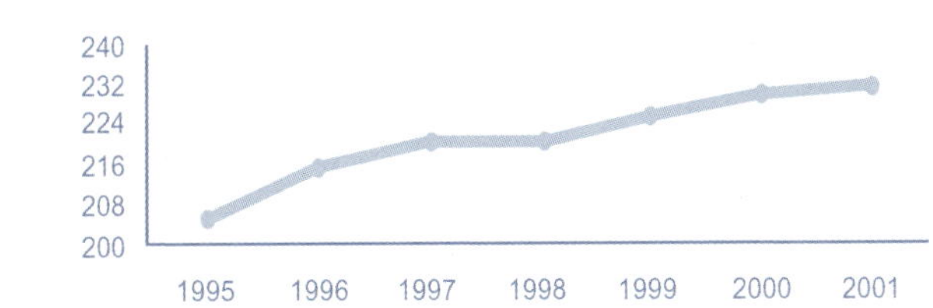

计算机
每1000人的计算机数量/来源：计算机工业年鉴

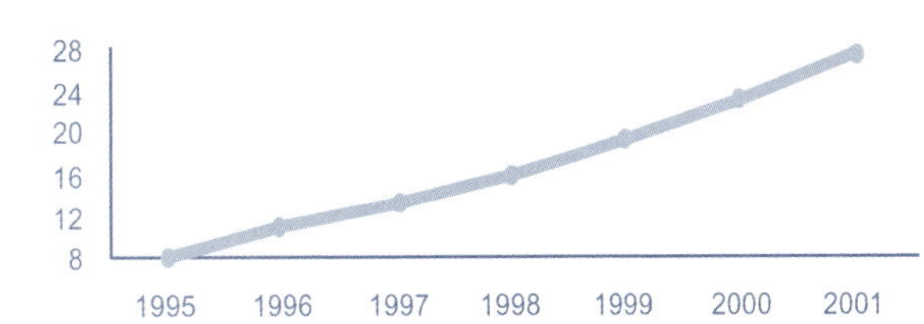

波兰

国家竞争力的挑战，2002

- 回复到可持续经济发展的轨道上来。
- 降低高失业率。
- 结束在波兰加入欧盟的问题上与欧盟的谈判。
- 调整中央银行的货币政策以适应国内经济需求，和保护央行的独立性和中立性。
- 调整汇率与经常项目差额和收支差额之间的平衡。

提供者：

Warsaw School of Economics

总体表现

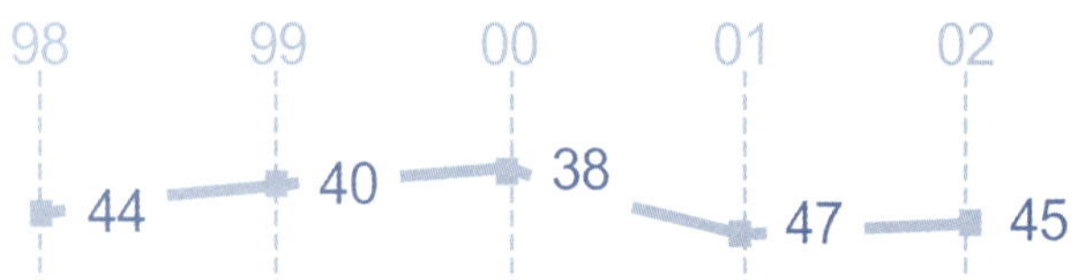

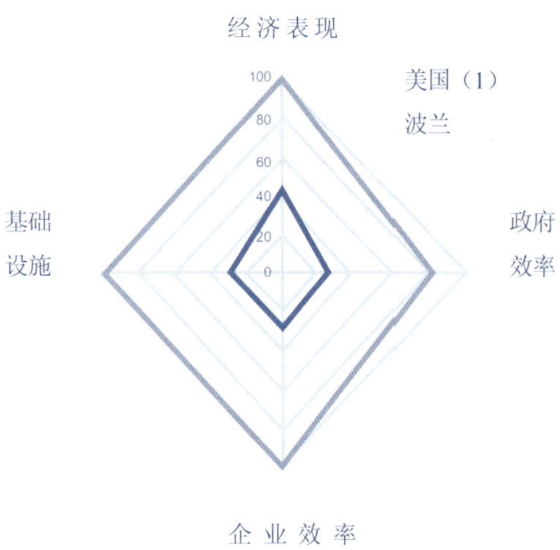

基本事实

首都	华沙
人口	38.7 (2001)
地域（平方千米）	313.0 (2001)
汇率（百分之一美元）	4.09 (2001)
国内生产总值（十亿美元）	175.7 (2001)
人均国内生产总值（美元）	4,547 (2001)
实际GDP增长率	1.1 (2001)
消费品价格上涨	5.5 (2001)
失业率	17.60 (2001)
劳动力（百万）	17.30 (2001)
经常性项目差额（十亿美元）	7.1 (2001)
直接投资	
吸收股票投资（十亿美元）	36.48 (2000)
吸收流量（占GDP百分比）	5.93 (2000)

波兰

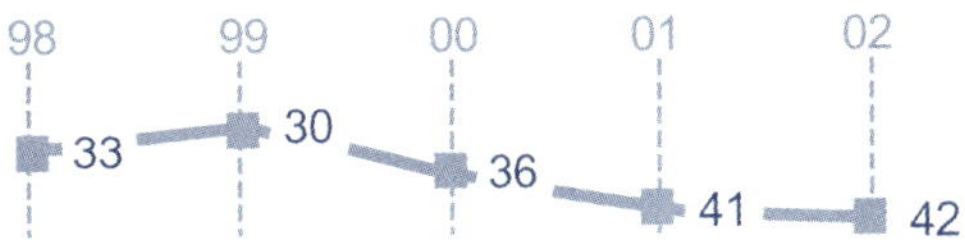

经 济 表 现

2002	
国内经济	46
国际贸易	44
国际投资	30
就　业	46
物　价	6

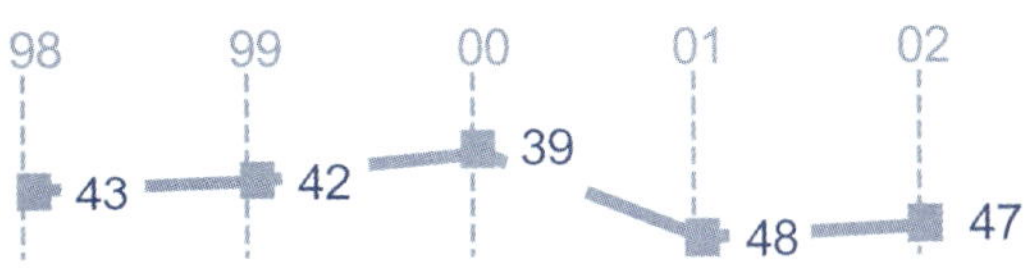

政 府 效 率

2002	
公共财政	39
财政政策	47
组织机构	46
企业法规	49
教　育	39

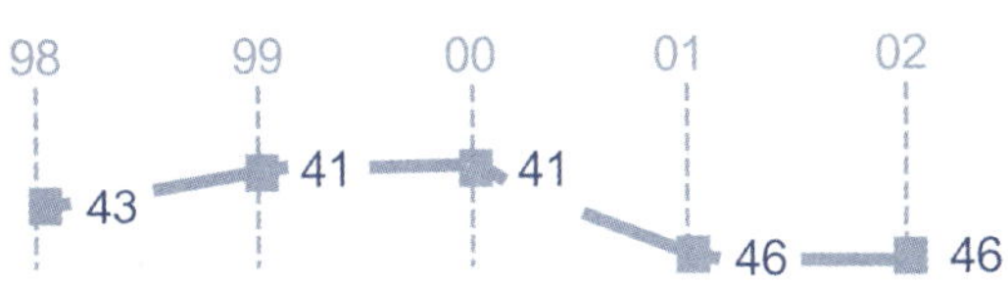

企 业 效 率

2002	
生产率	38
劳动力市场	39
金　融	42
管理实践	49
全球化影响	42

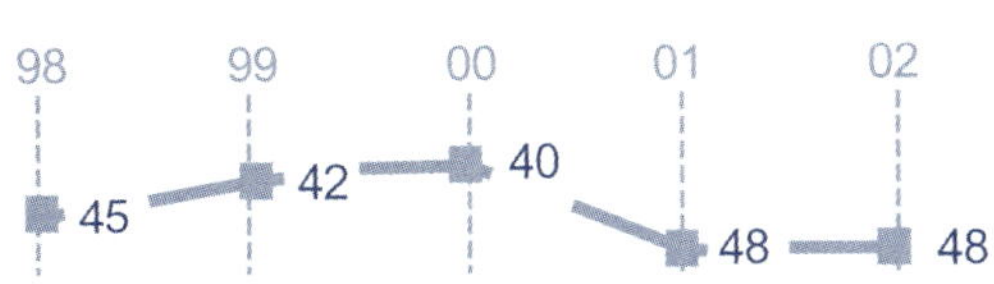

基 础 设 施

2002	
基本基础设施	36
技术基本基础设施	48
科学基本基础设施	40
健康与环境	46
价值系统	46

波兰

这些指标是每类中最强的10个指标，这些类是通过对49个国家和地区平均的最大的价值差异来区分的。

1 经济表现			排名
1.5.02	生活费指数	主要城市不包括住房的各种货物支出指数（纽约=100）	5
1.3.08	吸引国外直接投资存量实际增	按本地货币、不变价格计算的变化率	9
1.3.06	吸引国外直接投资+流量	吸引国外直接投资流量占GDP的百分比	18
1.4.01	总就业人口	总就业人口（百万）	20
1.3.05	吸引国外直接投资流量	10亿美元	20
1.4.07	青年失业	25岁以下失业人口占总失业人口比例	21
1.1.13	实际人均GDP增长率	按本地货币、不变价格计算的变化率	21
1.1.01	国内生产总值（GDP）	按现行价格、汇率计算，10亿美元	23
1.1.02	国内生产总值（PPP）	估计值：按购买力平价计算，10亿美元	23
1.2.12	商业服务出口实际增长	按本地货币、不变价格计算的变化率	24

2 政府效率			
2.3.07	汇率稳定度	本币相对于特别提款权的汇兑年价变动	3
2.5.09	文盲率	成人（15岁以上）文盲占总人口比例	3
2.1.07	中央政府总负债实际增长率	按本地货币、不变价格计算的变化率	7
2.2.07	对利润征收的平均公司税率	占税前利润的百分比	10
2.5.02	学生—教师比（初等教育）	学生与教师职员的比例	13
2.5.01	全部公共教育支出	全部公共教育支出占GDP的比例	18
2.1.08	利息支付额	占当前收入的百分比	20
2.1.04	中央政府国内负债	占GDP的百分比	21
2.4.06	政府补贴	对私人和公共企业的补贴占GDP比重	21
2.1.10	国家总储备	包括黄金和官方储备（每盎司黄金=35个特别提款权）	22

3 企业效率			
3.2.03	服务性职业报酬	年均总收入，包括附加薪水，例如额外薪金，美元	5
3.1.03	综合生产率实际增长率	每个就业者实际GDP变化率，估计值	11
3.2.02	制造业部门单位劳动成本	制造业部门单位劳动成本变化率	13
3.5.04	R&D设施的再分配	R&D设施的再分配不会威胁贵国经济的未来	14
3.2.04	经理报酬	全部底薪加上奖金和长期激励，美元	15
3.2.13	女性劳动力	占全部劳动力的比例	16
3.2.08	产业纠纷	每千个居民年均因纠纷损失的工作日	16
3.3.14	股票市场指数	支书的变化率	16
3.3.19	国际保理业务	占商品出口的比重	16
3.2.18	外国高素质人员	外国高素质人员被贵国企业环境所吸引	24

4 基础设施			
4.1.16	GDP和能源消耗	实际GDP增长率减去能源消耗增长率	3
4.5.06	女性地位	所有立法委员、高级官员和经理中女性所占比例	7
4.2.01	对电信的投资	年平均占GDP的百分比	7
4.1.20	工业用户的电力成本	美元/千瓦	8
4.1.07	铁路	网络的密度	10
4.5.07	性别收入比	估计总体女性与男性收入比率	12
4.1.12	可耕地面积	人均平方米	14
4.1.17	国内能源总产量	占所有能源需求（等价为石油吨数）的比例	15
4.3.22	专利生产率	批准授予国民的专利数/企业中研究与开发人员数（千人）	15
4.3.06	全国所有研究与开发人员	千人全日约当单位	15

波兰

这些指标是每类中最弱的10个指标，这些类是通过对49个国家和地区平均的最大的价值差异来区分的。

1 经济表现

			排名
1.1.21	经济的弹性	经济体对于经济周期的弹性强	47
1.3.02	对外直接投资流量	对外直接投资流量占GDP的百分比	47
1.3.01	对外直接投资流量	10亿美元	47
1.4.06	失业率	占劳动力比率	45
1.4.03	就业增长	变化率	45
1.4.02	就业率	总就业人口占总人口的百分比	42
1.3.09	证券投资资产	10亿美元	42
1.3.03	对外直接投资存量	10亿美元	41
1.2.02	经常项目差额	经常项目差额占GDP的百分比	38
1.2.08	商品出口额	商品出口额占GDP的百分比	38

2 政府效率

2.4.03	保护主义	保护主义没有影响贵国的企业行为	49
2.4.08	产品和服务立法	产品和服务立法不损害公司行为	49
2.4.18	跨国经营风险	建立跨国界企业可以自由谈判	48
2.4.05	出口信用和保险	公司可以以合理的价格得到出口信用和保险	48
2.4.07	竞争立法	贵国竞争立法阻止不正当竞争	48
2.3.21	社会凝聚力	社会凝聚力是政府的首要目标	48
2.2.02	个人收入税有效税率	占人均GDP的百分比	48
2.2.11	实际公司税	实际公司税鼓励企业的活力	48
2.3.15	公共服务	公共服务不受政治干预	48
2.3.01	短期实际利率	平均贴现率/优惠利率（1月-12月）	47

3 企业效率

3.4.10	社会责任	商界领袖重视对社会的责任	49
3.4.01	适应性	贵国公司适应市场变化的能力很强	49
3.4.03	管理人员的信誉	管理人员在经济中可信性被广泛认可	49
3.4.11	健康、安全和环境事务	健康、安全和环境事务被管理层充分重视	49
3.4.09	销售	贵国企业中有效地进行销售	49
3.4.04	公司董事会	公司董事会确实合适地监督了公司的管理	49
3.2.09	雇员培训	公司高度重视雇员培训	49
3.4.06	消费者满意度	贵国重视消费者满意度	48
3.4.07	企业家精神	贵国企业家精神很普遍	48
3.3.09	银行业规定	银行业规定没有阻碍贵国竞争力	48

4 基础设施

4.2.13	合适的互联网访问数	贵国可以提供合适的互联网访问数（可获性、速度、费用）	49
4.2.07	新信息技术	新信息技术和应用满足企业需要	49
4.2.16	技术的发展和应用	合法环境支持技术的发展和应用	49
4.5.03	适应性	面对挑战，贵国人民的适应性很强	49
4.4.11	酗酒、吸毒	酗酒和吸毒在工作岗位没有成为严重问题	48
4.4.18	环境法	环境法和遵守该法不会阻碍企业竞争力	48
4.5.04	歧视	歧视（种族、性别等）并没有给社会带来不利影响	48
4.2.06	通信的充分性	通信在贵国普遍比较充分	47
4.2.03	国际电话费用	高峰期通往美国的每三分钟费用（对美国指通往欧洲）	46
4.5.10	私人空间的保护	贵国执行了私人空间的保护	46

波兰

这一部分集锦了该国20个最强的指标，
这部分指标有着最高的标准化值（STD值）。
STD值＝（国家和地区的原始值－49个国家和地区平均值）/标准差

20个最强的指标

序号	名称	国家原始值	国家排名	49国家平均值
4.1.16	**GDP和能源消耗** 实际GDP增长率减去能源消耗增长率	6.444	3	1.396
3.2.03	**服务性职业报酬** 年均总收入，包括附加薪水，例如额外薪金，美元	1	5	0
1.5.02	**生活费指数** 主要城市不包括住房的各种货物支出指数（纽约=100）	61.63	5	81.64
2.3.07	**汇率稳定度** 本币相对于特别提款权的汇兑年价变动	0.015	3	0.188
4.5.06	**女性地位** 所有立法委员、高级官员和经理中女性所占比例	34	7	21.64
4.1.20	**工业用户的电力成本** 美元/千瓦	0.037	8	0.056
4.2.01	**对电信的投资** 年平均占GDP的百分比	0.92	7	0.607
4.1.07	**铁路** 网络的密度	0.0721	10	0.0394
3.1.03	**综合生产率实际增长率** 每个就业者实际GDP变化率，估计值	2.48	11	0.85
4.5.07	**性别收入比** 估计总体女性与男性收入比率	0.61	12	0.41
1.3.08	**吸引国外直接投资存量实际增长率** 按本地货币、不变价格计算的变化率	37.15	9	23.25
2.5.02	**学生—教师比（初等教育）** 学生与教师职员的比例	15	13	19.49
2.1.07	**中央政府总负债实际增长率** 按本地货币、不变价格计算的变化率	-7.76	7	2.91
3.5.04 （调查）	**R&D设施的再分配** R&D设施的再分配不会威胁贵国经济的未来	5.52	14	5.06
3.2.18 （调查）	**外国高素质人员** 外国高素质人员被贵国企业环境所吸引	5.15	24	5.29
2.5.12 （调查）	**合格工程师** 合格工程师在贵国劳动力市场上容易获得	6.63	30	6.86
3.2.15 （调查）	**熟练劳动力** 熟练劳动力在贵国劳动市场上可获得性	6.38	34	6.75
3.3.18 （调查）	**现金流** 现金流通常足以允许公司自筹经费	4.68	32	5.18
4.2.14 （调查）	**信息技术人才** 信息技术人才在贵国劳动市场上易获得	6.59	33	7.1
4.1.15 （调查）	**能源基础设施** 贵国能源基础设施充足有效	5.57	35	6.52

波兰

如 果？

竞争力模拟研究帮助政策制定者将注意力和优先次序放在他们国家或地区面临的关键竞争力上。我们用49个国家或地区的平均值代替这些最弱的指标值，从而计算这个国家或地区的总体排名。然而，这只是一个理论方式，不应视为政策的建议。还必须考虑各个国家或地区的发展水平、政治体制和社会值系统

	从		到
模拟排名变化	45	→	45

20个最弱的指标

序号	名称	国家原始值	国家排名	49国家平均值
2.3.01	**短期实际利率** 平均贴现率/优惠利率（1月-12月）	15.22	47	3.11
1.4.06	**失业率** 占劳动力比率	17.6	45	7.95
2.1.02	**中央政府预算盈余/赤字** 占GDP的百分比	-6.84	47	-0.97
2.2.02	**个人收入税有效税率** 占人均GDP的百分比	32.92	48	17.15
2.2.04	**雇员社会保障缴款率** 强制缴款占人均GDP的百分比	18.71	43	9.1
4.2.19	**高技术出口** 占制造业出口的比例	3.31	40	16.96
3.1.08	**工业生产率（购买力平价）** 每个工业雇员创造的相应GDP，美元，估计值	25,723	38	46,005
2.5.05	**高等教育成绩** 25-34岁人中至少获得三级教育的人口所占比例	12	32	21
1.1.23	**人均GDP** 估计值，按购买力平价计算的人均美元	9,151	36	18,407
1.1.22	**人均GDP** 人均美元	4,547	35	14,689
4.2.09	**人均计算机** 每千人计算机数/来源：计算机行业年鉴	122	34	309
3.1.01	**综合生产率（购买力平价）** 每个就业者人均GDP，美元	24,680	36	41,680
1.2.02	**经常项目差额** 经常项目差额占GDP的百分比	-4.03	38	0.99
4.2.13 （调查）	**合适的互联网访问数** 贵国可以提供合适的互联网访问数（可获性、速度、费用）	4.16	49	7.63
2.4.03 （调查）	**保护主义** 保护主义没有影响贵国的企业行为	3.13	49	6.56
2.4.08 （调查）	**产品和服务立法** 产品和服务立法不损害公司行为	3.88	49	6.42
3.4.10 （调查）	**社会责任** 商界领袖重视对社会的责任	2.76	49	5.7
3.4.01 （调查）	**适应性** 贵国公司适应市场变化的能力很强	3.27	49	6.06
4.2.07 （调查）	**新信息技术** 新信息技术和应用满足企业需要	4.7	49	7.29
3.4.03 （调查）	**管理人员的信誉** 管理人员在经济中可信性被广泛认可	3.74	49	6.08

波兰

国内经济

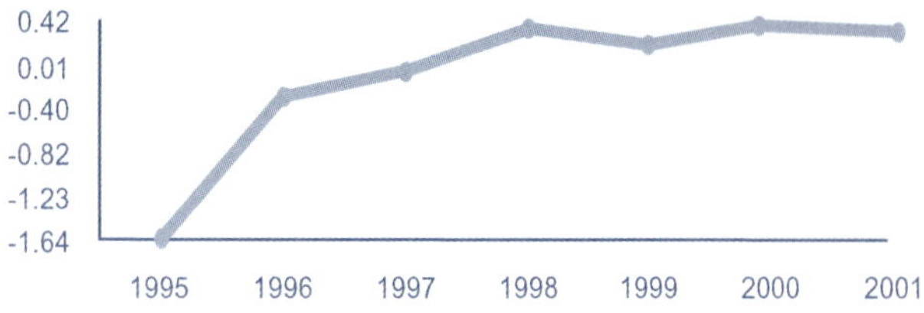

国际贸易

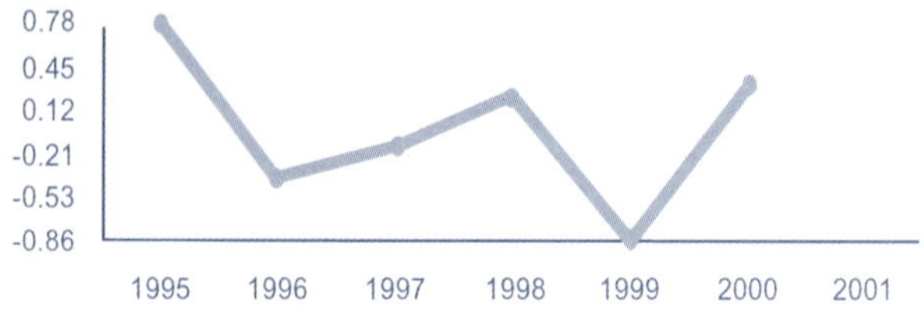

国际投资

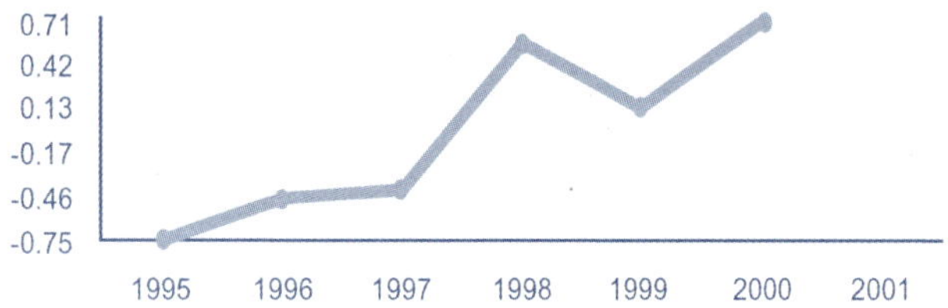

公共财政

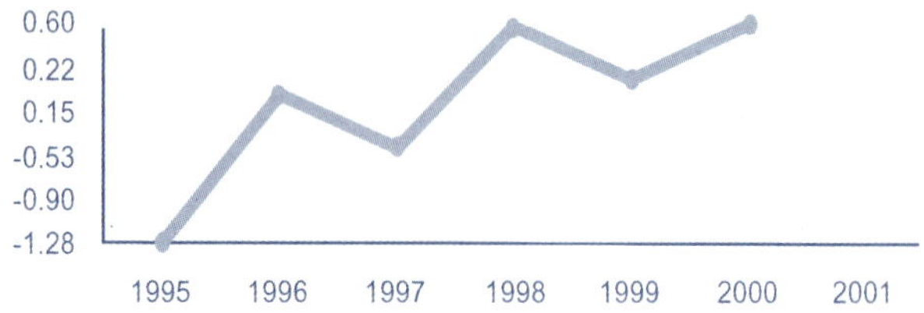

财政政策

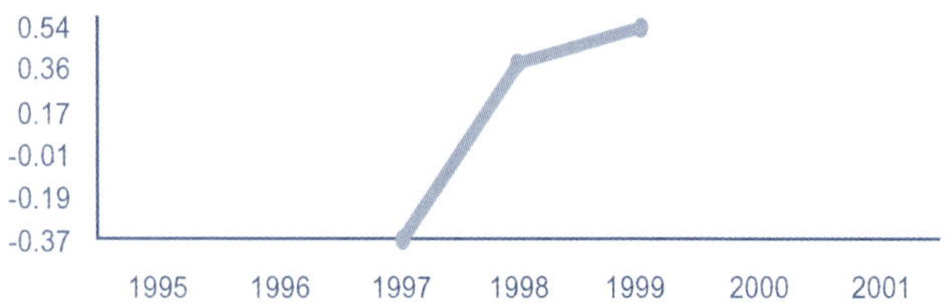

生产率

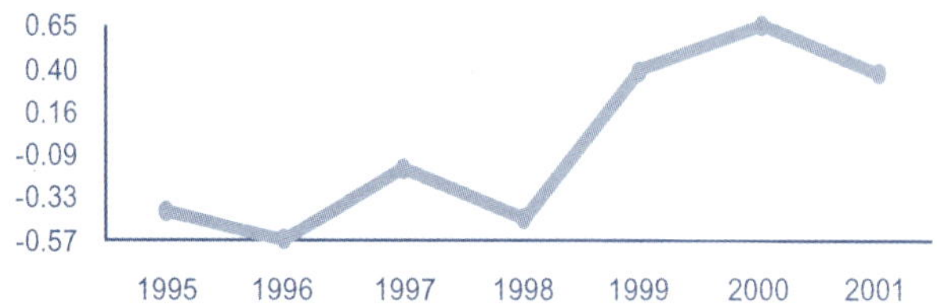

金融

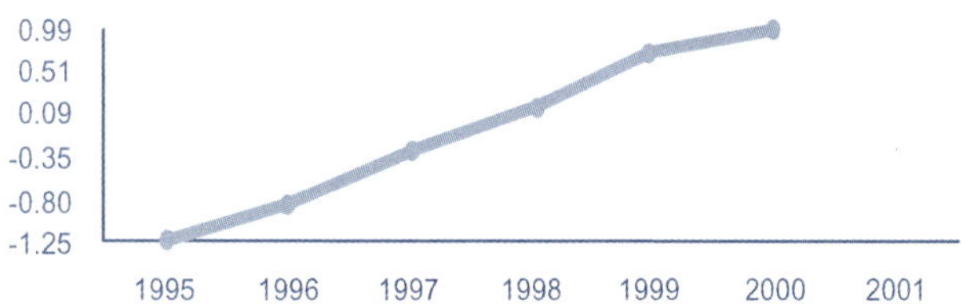

技术基础设施

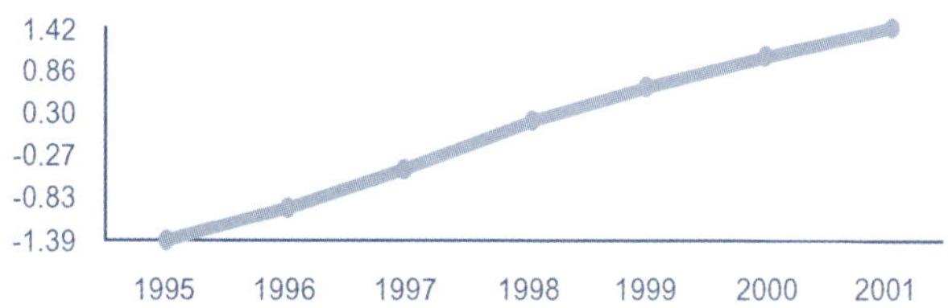

主要竞争力指标

人均国内生产总值

人均美元

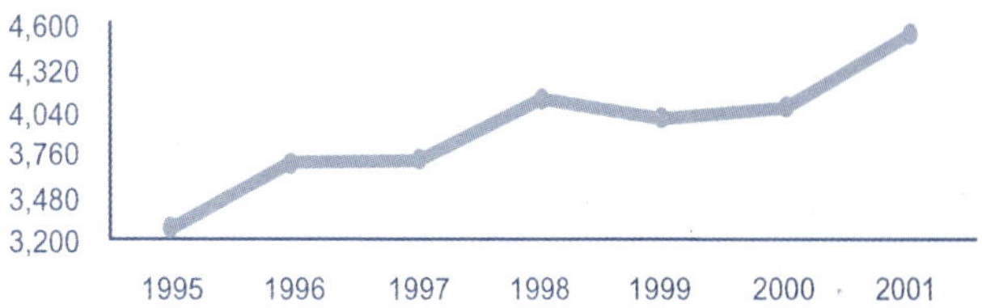

国内生产总值实际增长率

百分比变化，基于国家货币物价稳定

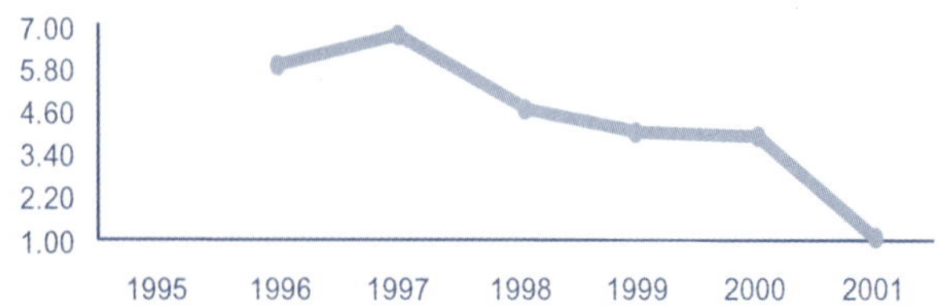

波兰

个人最终消费支出
人均美元

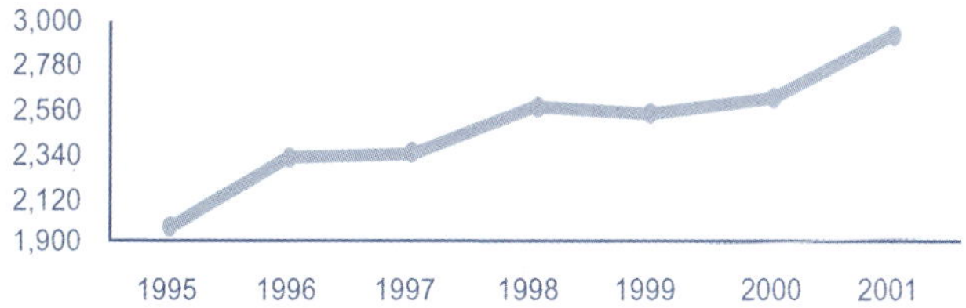

经常性项目差额
十亿美元（负号标志＝赤字）

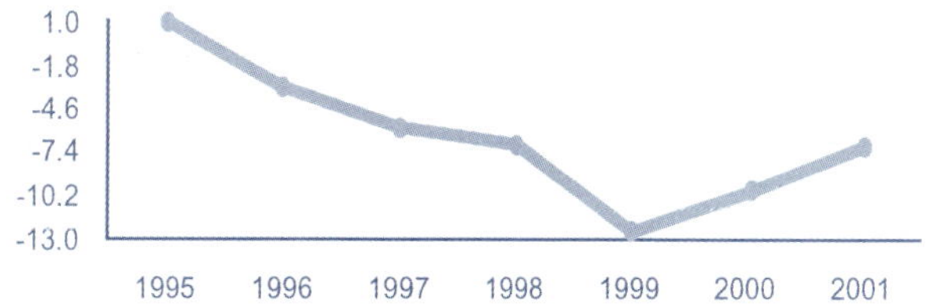

商品和商业劳务出口
十亿美元

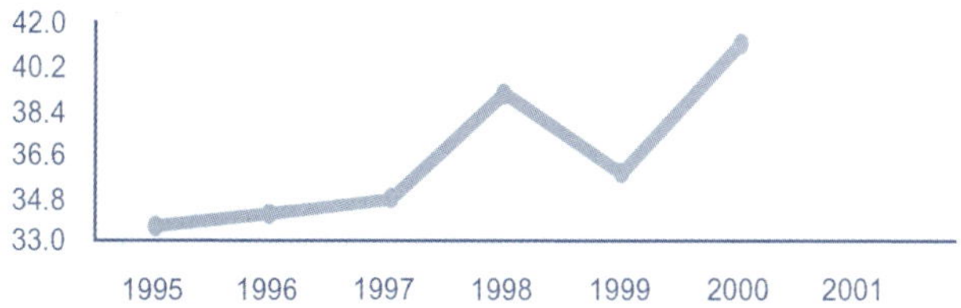

对外直接投资流量
十亿美元

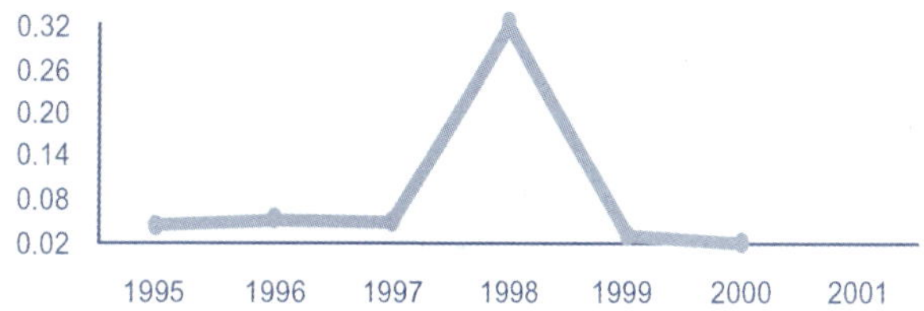

吸收直接投资流量
十亿美元

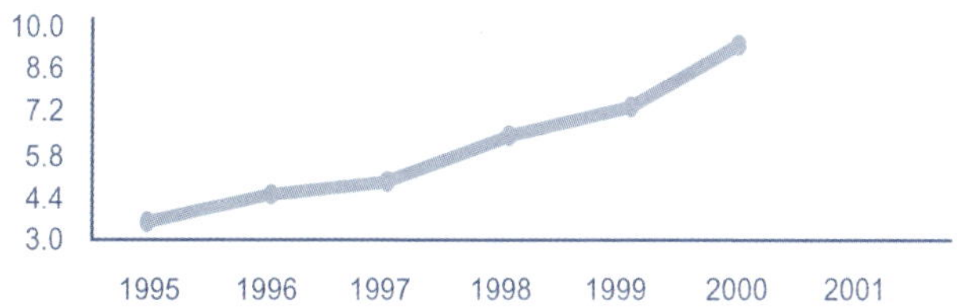

失业率
劳动力百分比

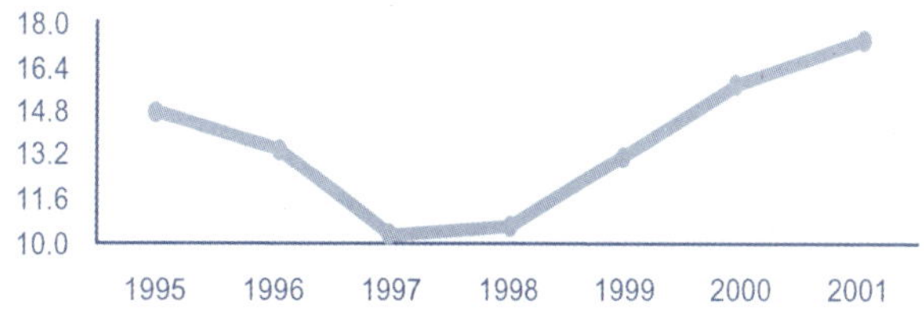

消费品价格增长率
年平均比率

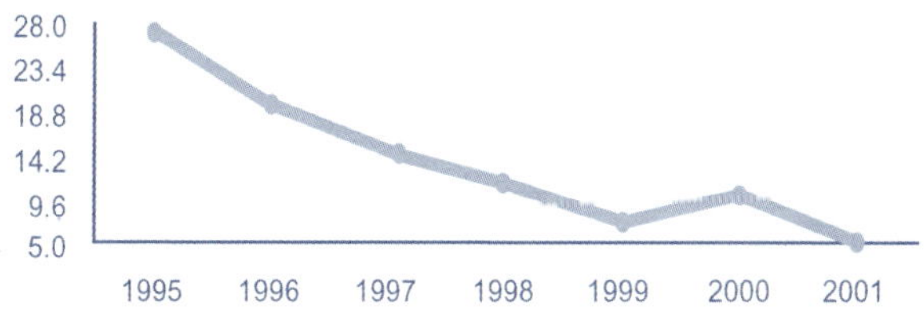

总体生产率
就业人员人均国内生产总值，美元

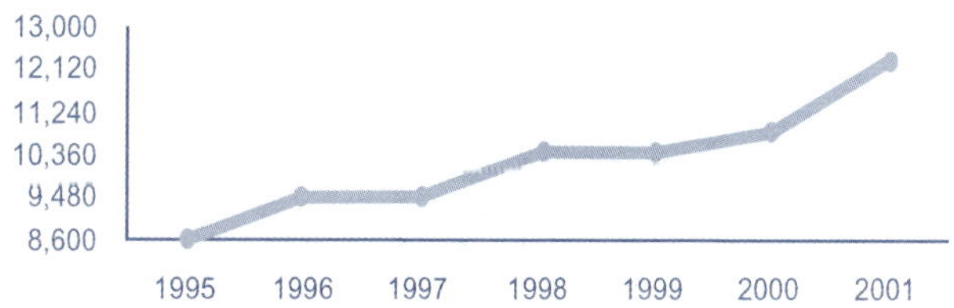

报酬水平
估计：制造工人的小时总补偿，美元

股票市场筹资额
十亿美元

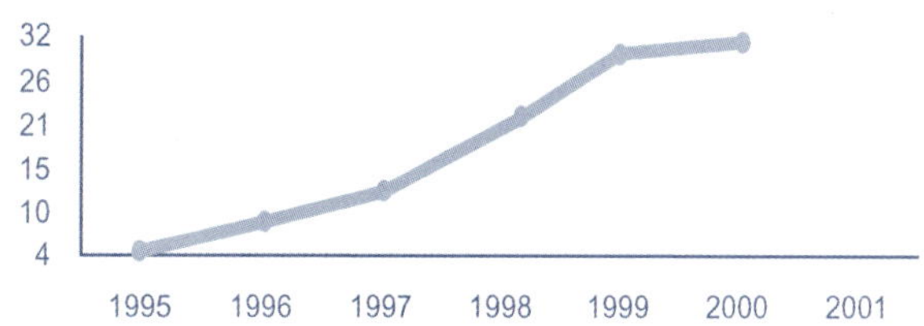

国内上市公司
上市公司的数量

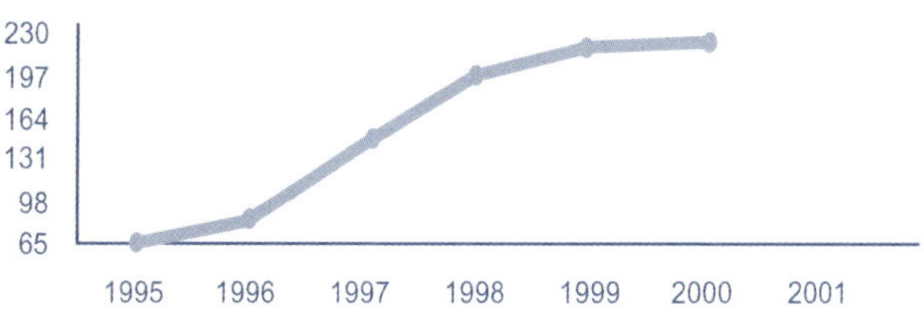

计算机
每1000人的计算机数量/来源：计算机工业年鉴

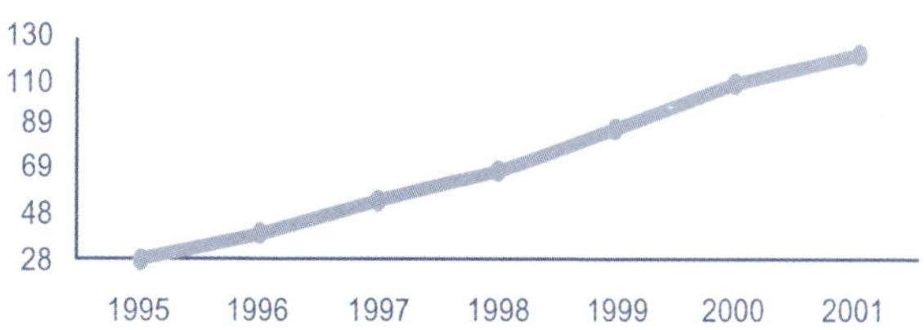

葡萄牙

国家竞争力的挑战，2002

- 改革税收体系。
- 经济恢复。
- 保健体系改革。
- 公众预算控制。

提供者：

FORMEDIA-IEFEG

总体表现

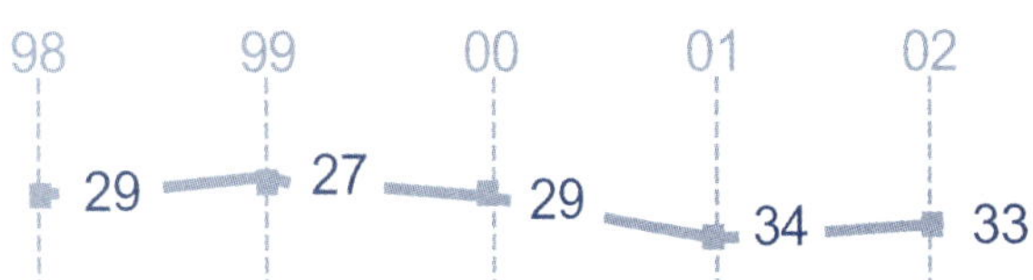

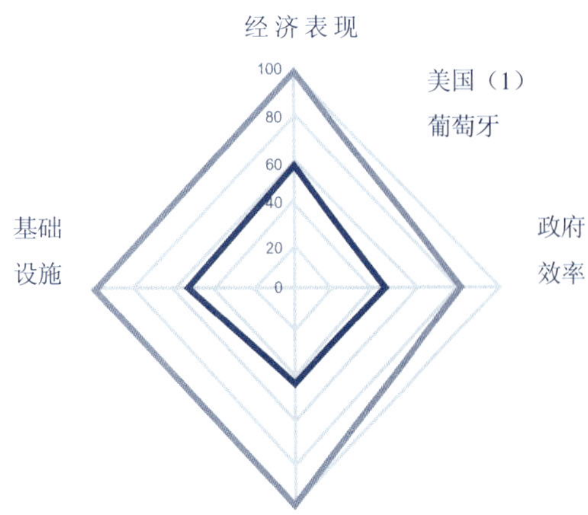

基本事实

首都	里斯本
人口	10.1 (2001)
地域（平方千米）	92.0 (2000)
汇率（百分之一美元）	224.04 (2001)
国内生产总值（十亿美元）	114.9 (2001)
人均国内生产总值（美元）	11,343 (2001)
实际GDP增长率	1.8 (2001)
消费品价格上涨	4.4 (2001)
失业率	4.00 (2001)
劳动力（百万）	5.19 (2001)
经常性项目差额（十亿美元）	-9.7 (2001)
直接投资	
吸收股票投资（十亿美元）	26.56 (2000)
吸收流量（占GDP百分比）	5.86 (2000)

葡萄牙

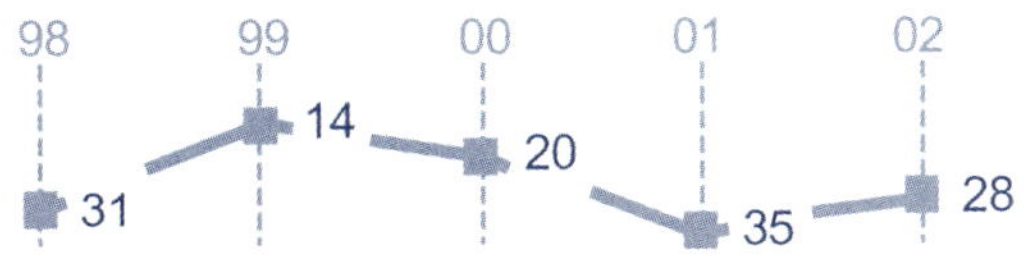

经 济 表 现

	2002
国内经济	36
国际贸易	46
国际投资	15
就 业	15
物 价	9

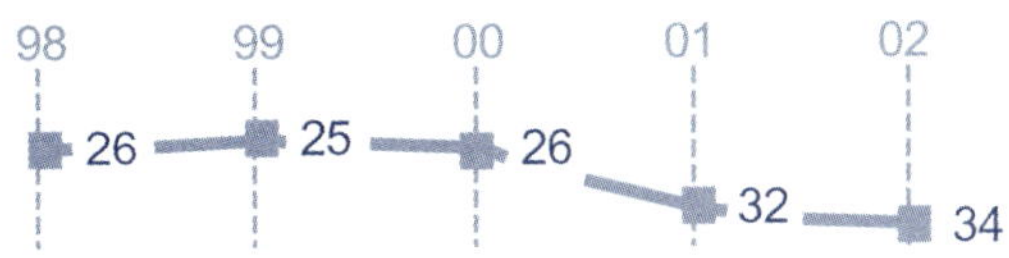

政 府 效 率

	2002
公共财政	36
财政政策	40
组织机构	35
企业法规	23
教 育	40

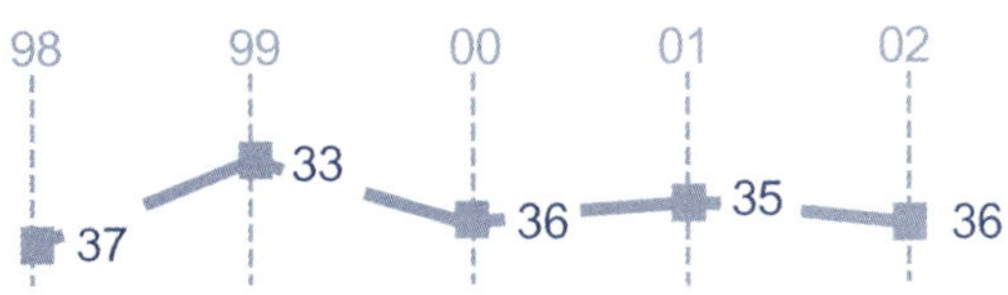

企 业 效 率

	2002
生产率	33
劳动力市场	40
金 融	28
管理实践	40
全球化影响	40

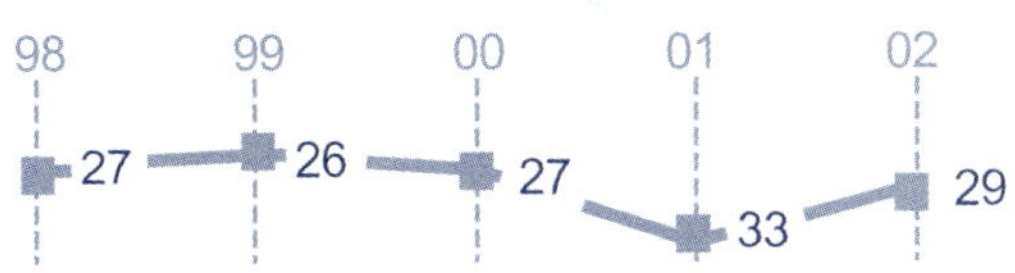

基 础 设 施

	2002
基本基础设施	34
技术基本基础设施	33
科学基本基础设施	44
健康与环境	26
价值系统	15

葡萄牙

这些指标是每类中最强的10个指标，这些类是通过对49个国家和地区平均的最大的价值差异来区分的。

1 经济表现

			排名
1.3.04	对外直接投资存量实际增长率	按本地货币、不变价格计算的变化率	3
1.5.02	生活费指数	主要城市不包括住房的各种货物支出指数（纽约=100）	8
1.4.02	就业率	总就业人口占总人口的百分比	10
1.4.06	失业率	占劳动力比率	13
1.3.08	吸引国外直接投资存量实际增	按本地货币、不变价格计算的变化率	13
1.3.02	对外直接投资流量	对外直接投资流量占GDP的百分比	14
1.4.03	就业增长	变化率	19
1.3.06	吸引国外直接投资+流量	吸引国外直接投资流量占GDP的百分比	19
1.1.12	实际GDP增长率	按本地货币、不变价格计算的变化率	24
1.2.09	商品出口额实际增长率	按本地货币、不变价格计算的变化率	25

2 政府效率

2.4.15	移民法	移民法不禁止本国公司雇用外国劳动力	6
2.3.01	短期实际利率	平均贴现率/优惠利率（1月-12月）	7
2.3.03	利率差	贷款利率减去存款利率	11
2.4.01	贵国参与区域贸易集团的程度	贵国参与区域贸易集团提供进入外国市场的途径	12
2.4.21	进入国内资本市场	外国公司进入国内资本市场不受限制	12
2.4.03	保护主义	保护主义没有影响贵国的企业行为	15
2.4.11	外国公司	外国公司不被国内立法区别对待	16
2.3.05	中央银行政策	中央银行政策对经济发展有积极影响	16
2.5.03	学生—教师比（中等教育）	学生与教师职员的比例	17
2.4.22	进入国外资本市场	国内公司进入国外资本市场不受限制	17

3 企业效率

3.3.19	国际保理业务	占商品出口的比重	11
3.3.04	发行的信用卡数目	每人	13
3.2.13	女性劳动力	占全部劳动力的比例	14
3.3.01	银行部门的资产	占GDP的比例	16
3.2.01	报酬水平	制造业工人每小时全部报酬，美元，估计值	17
3.2.04	经理报酬	全部底薪加上奖金和长期激励，美元	19
3.2.03	服务性职业报酬	年均总收入，包括附加薪水，例如额外薪金，美元	21
3.2.08	产业纠纷	每千个居民年均因纠纷损失的工作日	22
3.3.16	金融机构透明度	金融机构透明度在贵国高度发达	23
3.3.03	信贷	很容易从银行流入企业	24

4 基础设施

4.5.04	歧视	歧视（种族、性别等）并没有给社会带来不利影响	7
4.2.04	移动电话用户	每千户居民中的用户数	7
4.3.18	批准授予国民专利年平均增长	变化百分比	7
4.1.14	能源强度	单位美元GDP消费的商业能源数量，千焦耳	9
4.5.02	民族文化	民族文化对外国文化开放	11
4.5.06	女性地位	所有立法委员、高级官员和经理中女性所占比例	12
4.2.01	对电信的投资	年平均占GDP的百分比	12
4.2.12	互联网费用	高峰期互联网访问20小时费用，美元	12
4.1.04	赡养率	15岁以下和64岁以上的人口总量除以15岁-64岁之间人口总量	16
4.4.12	纸张和纸板的回收率	占表面消耗量的比率	16

葡萄牙

这些指标是每类中最弱的10个指标，这些类是通过对49个国家和地区平均的最大的价值差异来区分的。

1 经济表现

			排名
1.2.02	经常项目差额	经常项目差额占GDP的百分比	49
1.1.21	经济的弹性	经济体对于经济周期的弹性强	46
1.2.07	商品出口额	商品出口额，10亿美元	40
1.2.08	商品出口额	商品出口额占GDP的百分比	37
1.2.10	商业服务出口额	10亿美元	34
1.2.12	商业服务出口实际增长	按本地货币、不变价格计算的变化率	33
1.3.07	吸引国外直接投资存量	10亿美元	32
1.1.02	国内生产总值（PPP）	估计值：按购买力平价计算，10亿美元	32
1.1.01	国内生产总值（GDP）	按现行价格、汇率计算，10亿美元	32
1.4.01	总就业人口	总就业人口（百万）	29

2 政府效率

2.4.13	劳动法规	劳动法规（雇/解雇惯例、最低工资等）足够灵活	47
2.3.15	公共服务	公共服务不受政治干预	46
2.3.12	政府决策	政府决策可以有效实施	46
2.3.14	透明度	政府政策的透明度是令人满意的	46
2.3.11	政府经济政策	政府经济政策快速适应于经济发展	45
2.5.08	大学教育	大学教育满足有竞争力的社会的需要	45
2.5.13	知识转让	公司与大学间的知识转让很充分	45
2.3.08	关于政策方向的一致性	政府中政策方向的一致性很高	44
2.5.11	教育资金	教育资金在贵国很充足	44
2.5.07	教育体系	教育系统满足有竞争力的社会的需要	44

3 企业效率

3.2.09	雇员培训	公司高度重视雇员培训	46
3.5.01	全球化	全球化没有威胁贵国经济	46
3.4.07	企业家精神	贵国企业家精神很普遍	44
3.2.15	熟练劳动力	熟练劳动力在贵国劳动市场上可获得性	43
3.4.01	适应性	贵国公司适应市场变化的能力很强	43
3.2.19	国际经验	高层管理者通常有丰富的国际经验	43
3.5.03	生产的再分配	国外的生产再分配没有威胁到贵国经济的未来	43
3.4.09	销售	贵国企业中有效地进行销售	42
3.4.10	社会责任	商界领袖重视对社会的责任	41
3.2.07	工人的动机	贵国工人动机很重要	40

4 基础设施

4.3.14	科学和技术的兴趣	贵国青年具有浓厚的科学技术兴趣	47
4.3.13	学校内的科学	学校内的科学在贵国充分教育	45
4.1.17	国内能源总产量	占所有能源需求（等价为石油吨数）的比例	45
4.3.10	基础研究	基础研究能够支持长期经济发展	44
4.1.18	能源进口与商品出口	能源进口占商品出口的比例	44
4.4.16	可持续发展	贵国优先考虑可持续发展	42
4.2.15	技术合作	公司间的技术合作很发达	41
4.1.19	非能源原材料自给	人均贸易收支差额，美元	41
4.2.14	信息技术人才	信息技术人才在贵国劳动市场上易获得	40
4.4.06	健康基础设施	健康基础设施满足社会需要	39

葡萄牙

这一部分集锦了该国20个最强的指标，
这部分指标有着最高的标准化值（STD值）。
STD值=（国家和地区的原始值－49个国家和地区平均值）/标准差

20个最强的指标

序号	名称	国家原始值	国家排名	49国家平均值
1.3.04	**对外直接投资存量实际增长率** 按本地货币、不变价格计算的变化率	71.18	3	24.8
4.2.04	**移动电话用户** 每千户居民中的用户数	823.1	7	506.4
1.5.02	**生活费指数** 主要城市不包括住房的各种货物支出指数（纽约=100）	65.49	8	81.64
3.3.04	**发行的信用卡数目** 每人	1.025	13	0.609
2.3.01	**短期实际利率** 平均贴现率/优惠利率（1月-12月）	0.19	7	3.11
1.4.02	**就业率** 总就业人口占总人口的百分比	48.73	10	43.32
1.4.06	**失业率** 占劳动力比率	4	13	7.95
3.2.13	**女性劳动力** 占全部劳动力的比例	45.55	14	40.42
3.2.01	**报酬水平** 制造业工人每小时全部报酬，美元，估计值	4.61	17	9.16
4.1.14	**能源强度** 单位美元GDP消费的商业能源数量，千焦耳	6,589	9	15,435
4.5.06	**女性地位** 所有立法委员、高级官员和经理中女性所占比例	32	12	21.64
2.5.03	**学生—教师比（中等教育）** 学生与教师职员的比例	13	17	16.99
2.3.04	**国家信用评级** 由《机构投资者杂志》杂志按百分制评分	79.8	21	67.8
2.4.15 （调查）	**移民法** 移民法不禁止本国公司雇用外国劳动力	7.11	6	5.82
4.5.04 （调查）	**歧视** 歧视（种族、性别等）并没有给社会带来不利影响	7.72	7	6.51
4.5.02 （调查）	**民族文化** 民族文化对外国文化开放	8	11	7.24
2.4.01 （调查）	**贵国参与区域贸易集团的程度** 贵国参与区域贸易集团提供进入外国市场的途径	7.67	12	6.47
2.4.21 （调查）	**进入国内资本市场** 外国公司进入国内资本市场不受限制	8.85	12	8.09
2.4.03 （调查）	**保护主义** 保护主义没有影响贵国的企业行为	7.46	15	6.56
4.5.08 （调查）	**骚扰和暴力** 骚扰和暴力并没有严重动摇岗位	8.25	17	7.46

葡萄牙

如 果？

竞争力模拟研究帮助政策制定者将注意力和优先次序放在他们国家或地区面临的关键竞争力上。我们用49个国家或地区的平均值代替这些最弱的指标值，从而计算这个国家或地区的总体排名。然而，这只是一个理论方式，不应视为政策的建议。还必须考虑各个国家或地区的发展水平、政治体制和社会值系统

	从		到
模拟排名变化	33	→	31

20个最弱的指标

序号	名称	国家原始值	国家排名	49国家平均值
1.2.02	**经常项目差额** 经常项目差额占GDP的百分比	-8.44	49	0.99
4.2.19	**高技术出口** 占制造业出口的比例	4.96	35	16.96
3.2.05	**工作小时** 每年的平均工作小时数	1,738	39	1,925
2.2.07	**对利润征收的平均公司税率** 占税前利润的百分比	37.4	43	29.22
2.2.13	**间接税** 商品和服务税占GDP的比重	13.83	43	10.45
2.5.05	**高等教育成绩** 25-34岁人中至少获得三级教育的人口所占比例	12	32	21
3.1.08	**工业生产率（购买力平价）** 每个工业雇员创造的相应GDP，美元，估计值	27,603	36	46,005
4.3.09	**企业研究与开发人数** 每千国民中人数（全日约当单位）	0.33	32	1.582
4.3.05	**人均企业研究与开发支出额** 人均，美元	19.9	29	177.46
4.2.11	**稳定的服务器项目** 每百万居民中稳定的服务器数	11.59	23	36.02
4.3.03	**所有研究与开发支出** 占GDP的比例	0.753	31	1.375
1.2.08	**商品出口额** 商品出口额占GDP的百分比	20.65	37	38.5
1.2.07	**商品出口额** 商品出口额，10亿美元	23.73	40	115.59
3.2.09 （调查）	**雇员培训** 公司高度重视雇员培训	3.97	46	5.75
3.2.15 （调查）	**熟练劳动力** 熟练劳动力在贵国劳动市场上可获得性	5.07	43	6.75
1.1.21 （调查）	**经济的弹性** 经济体对于经济周期的弹性强	3.44	46	5.18
4.3.13 （调查）	**学校内的科学** 学校内的科学在贵国充分教育	3.25	45	5.19
4.3.14 （调查）	**科学和技术的兴趣** 贵国青年具有浓厚的科学技术兴趣	3.97	47	5.39
2.3.15 （调查）	**公共服务** 公共服务不受政治干预	2.06	46	3.95
3.4.07 （调查）	**企业家精神** 贵国企业家精神很普通	4.89	44	6.34

葡萄牙

国内经济

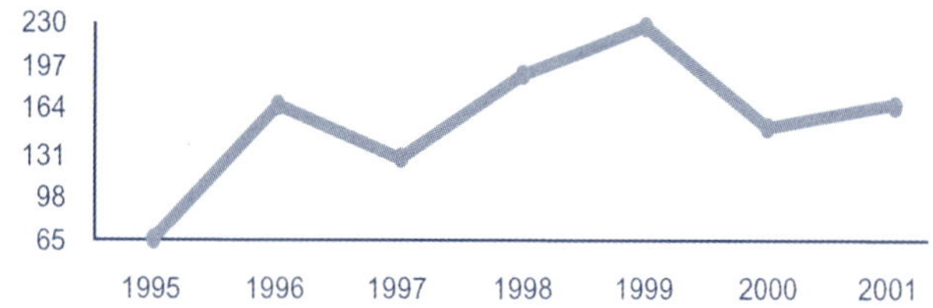

国际贸易

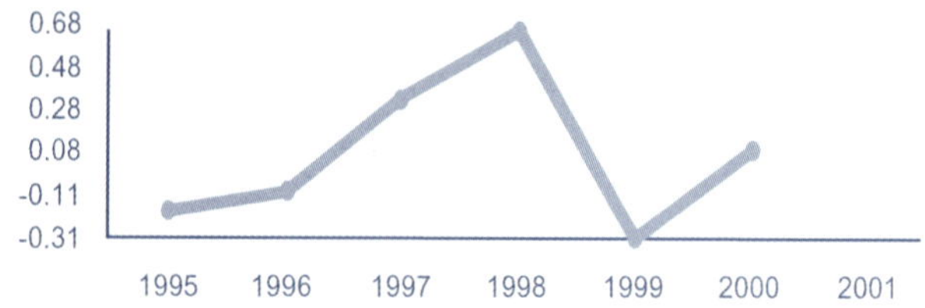

国际投资

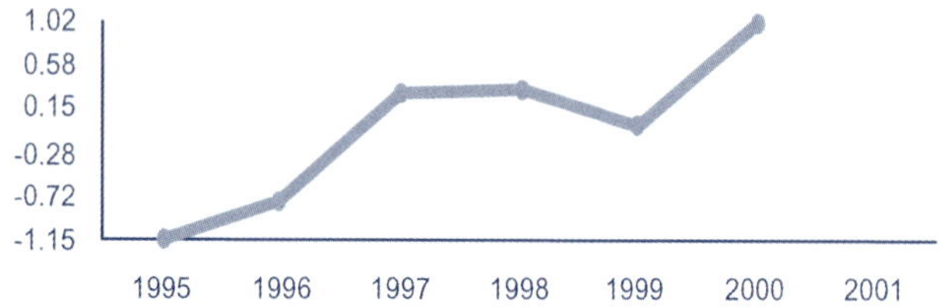

公共财政

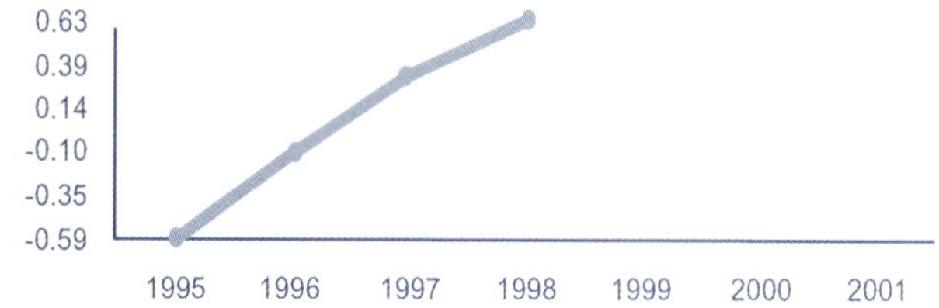

财政政策

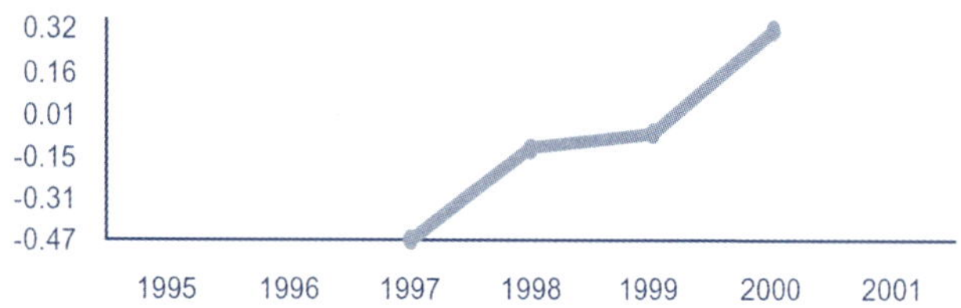

生产率

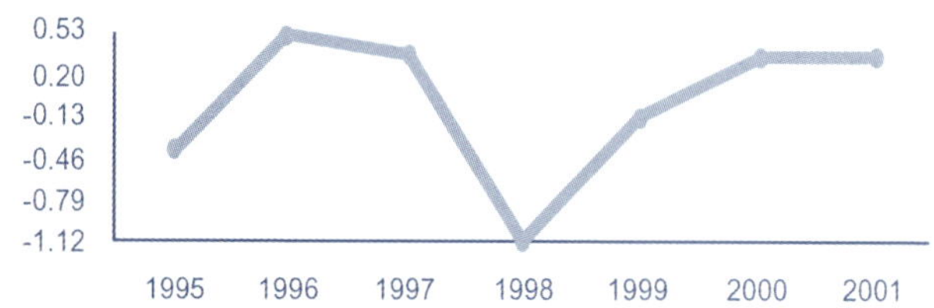

金融

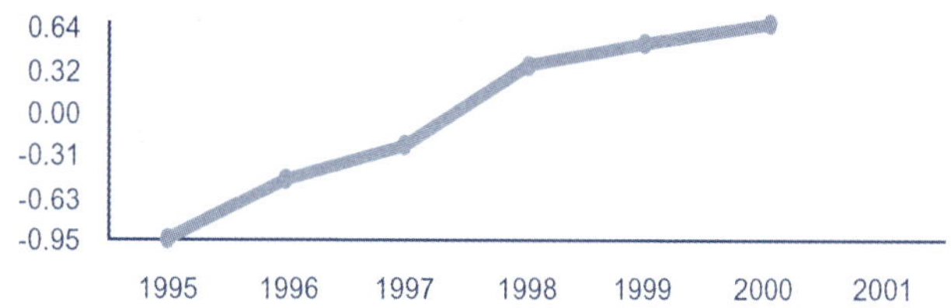

技术基础设施

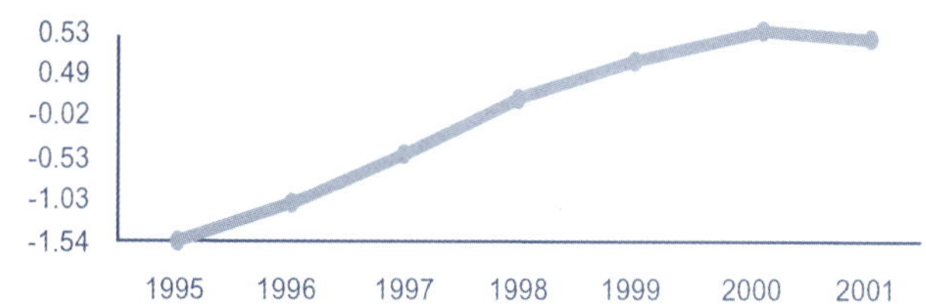

主要竞争力指标

人均国内生产总值

人均美元

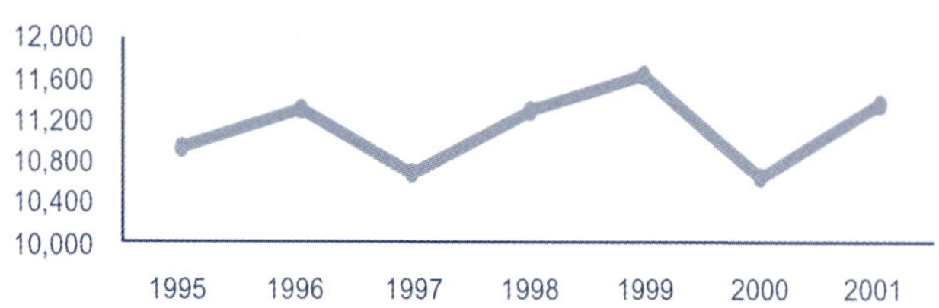

国内生产总值实际增长率

百分比变化，基于国家货币物价稳定

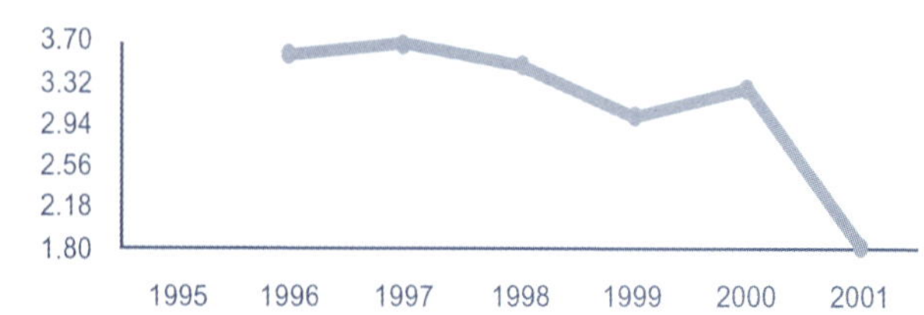

葡萄牙

个人最终消费支出
人均美元

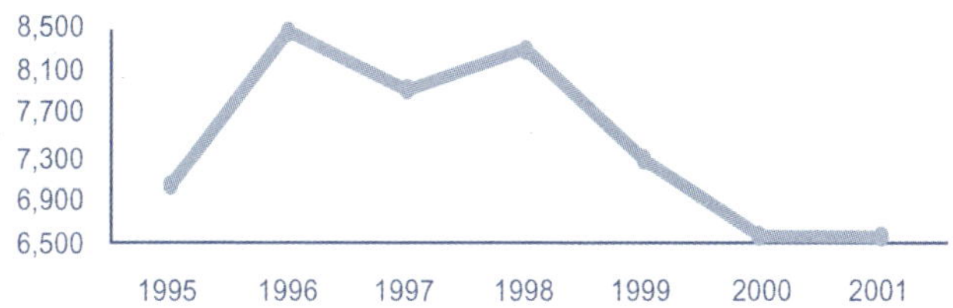

经常性项目差额
十亿美元（负号标志=赤字）

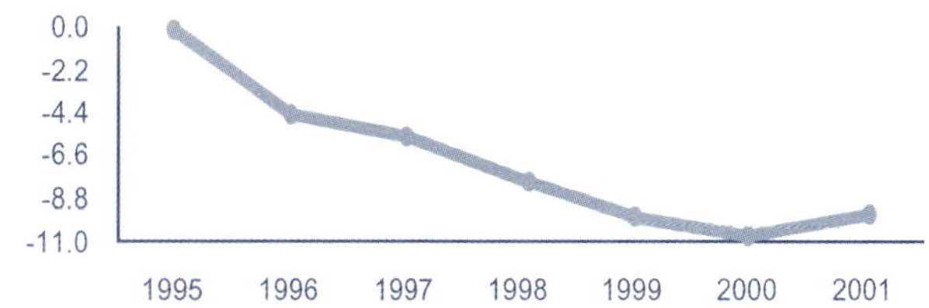

商品和商业劳务出口
十亿美元

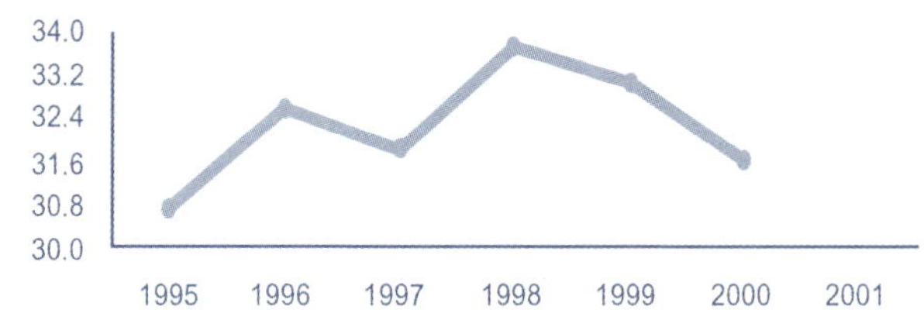

对外直接投资流量
十亿美元

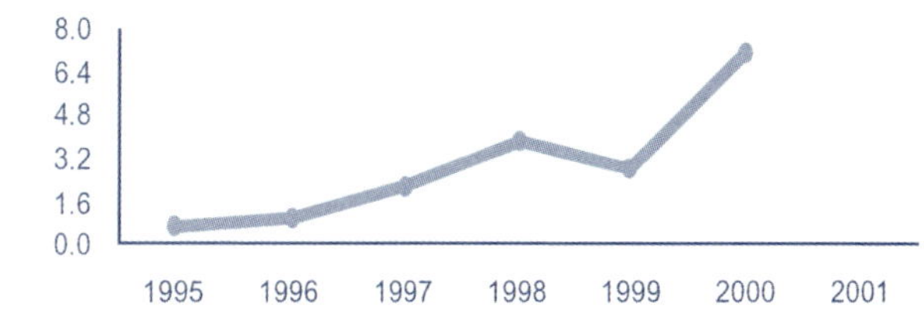

吸收直接投资流量
十亿美元

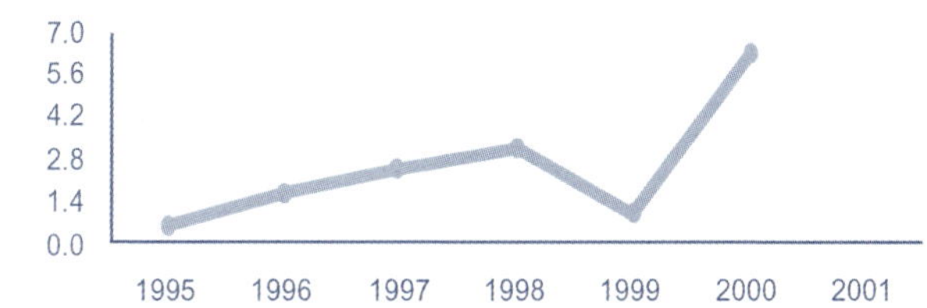

失业率
劳动力百分比

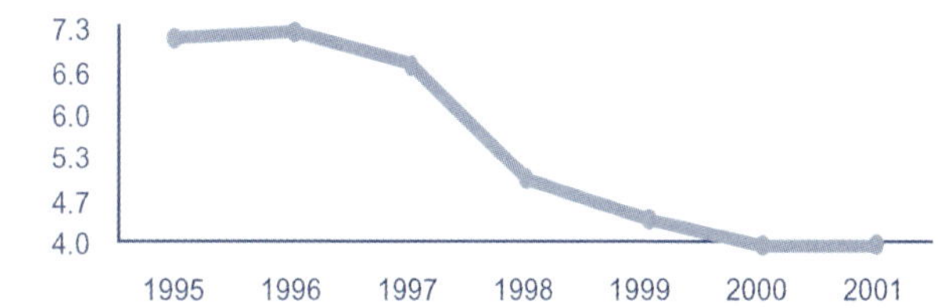

消费品价格增长率
年平均比率

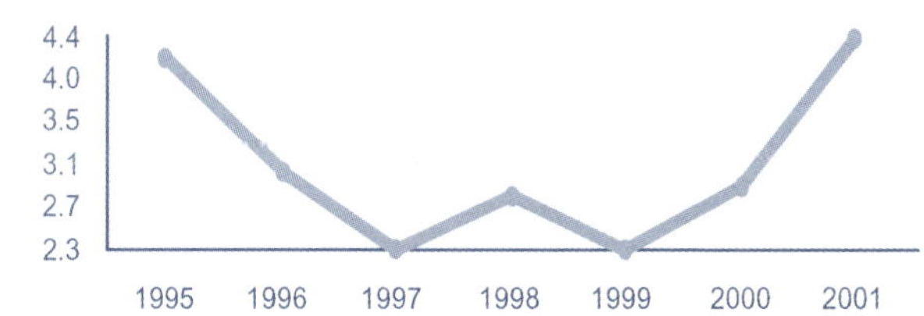

总体生产率
就业人员人均国内生产总值，美元

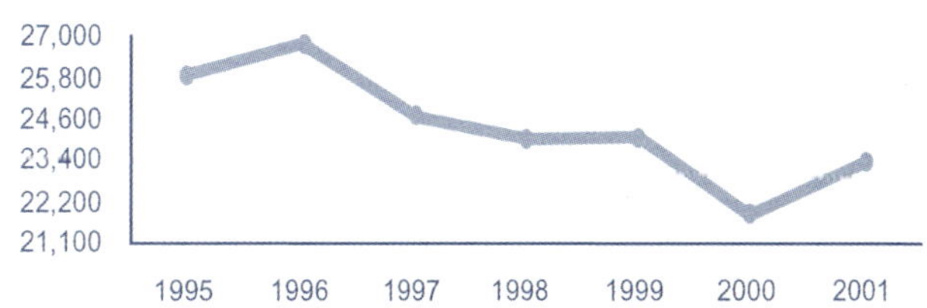

报酬水平
估计：制造工人的小时总补偿，美元

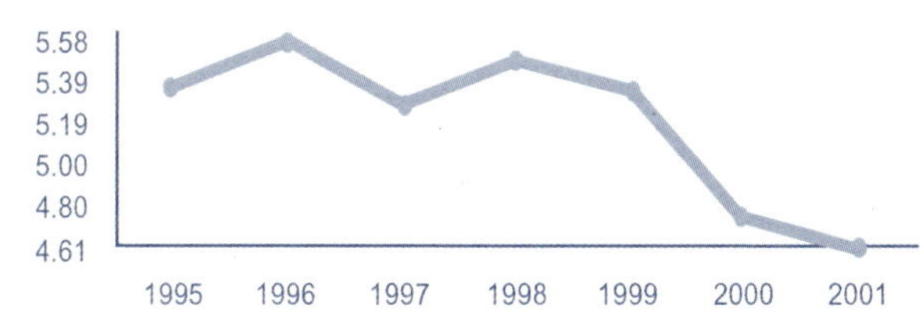

股票市场筹资额
十亿美元

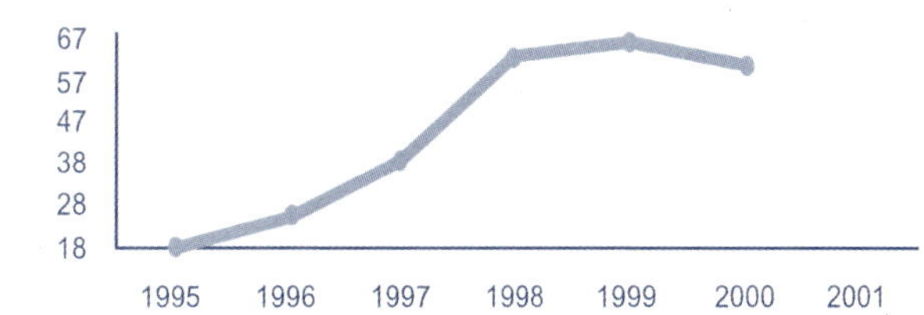

国内上市公司
上市公司的数量

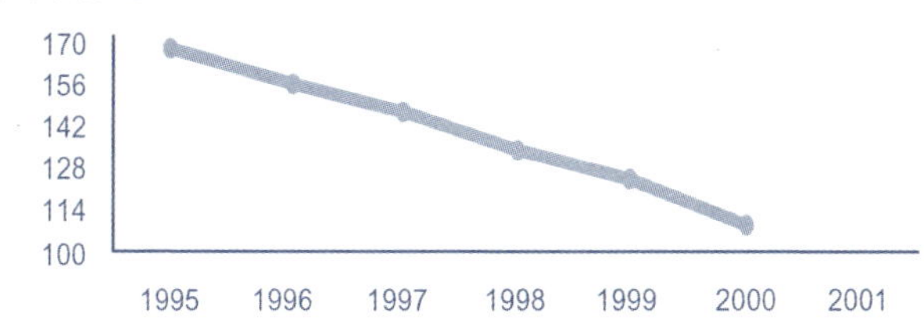

计算机
每1000人的计算机数量/来源：计算机工业年鉴

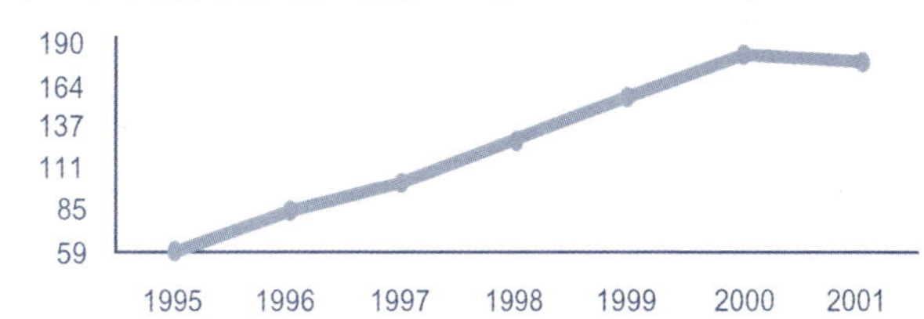

俄罗斯

国家竞争力的挑战，2002

- 通过提高高科技产品的份额促成产业结构变化。
- 扩大俄罗斯R&D的潜力
- 改善中、高教育的质量
- 显著提高对生产和社会领域的投资。
- 实行银行和金融系统改革。

提供者：

MIRBIS

总体表现

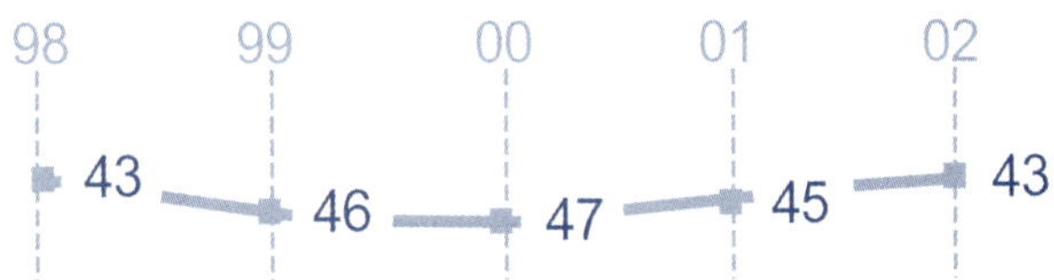

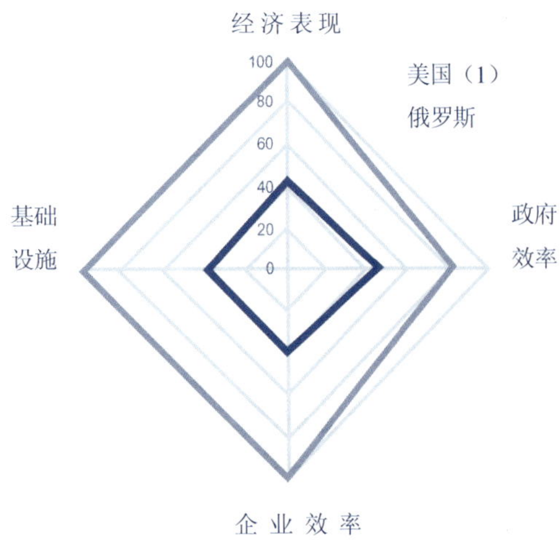

基本事实

首都	莫斯科
人口	144.8 (2001)
地域（平方千米）	17,075.0 (2000)
汇率（百分之一美元）	29.17 (2001)
国内生产总值（十亿美元）	310.0 (2001)
人均国内生产总值（美元）	2,141 (2001)
实际GDP增长率	5.0 (2001)
消费品价格上涨	21.6 (2001)
失业率	9.00 (2001)
劳动力（百万）	65.30 (2000)
经常性项目差额（十亿美元）	34.2 (2001)
直接投资	
吸收股票投资（十亿美元）	19.25 (2000)
吸收流量（占GDP百分比）	1.08 (2000)

俄罗斯

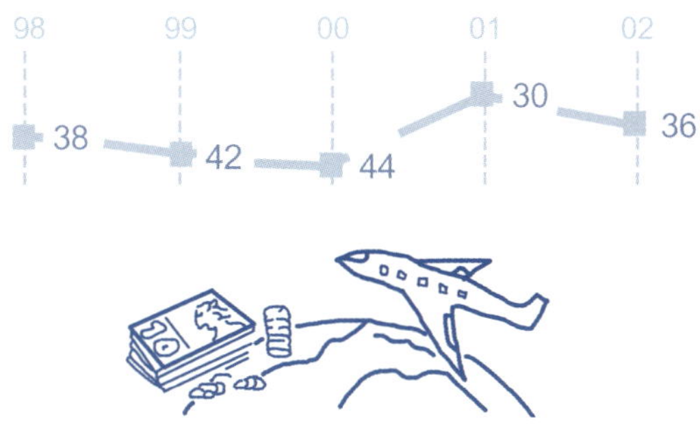

经济表现

	2002
国内经济	27
国际贸易	13
国际投资	42
就　业	21
物　价	46

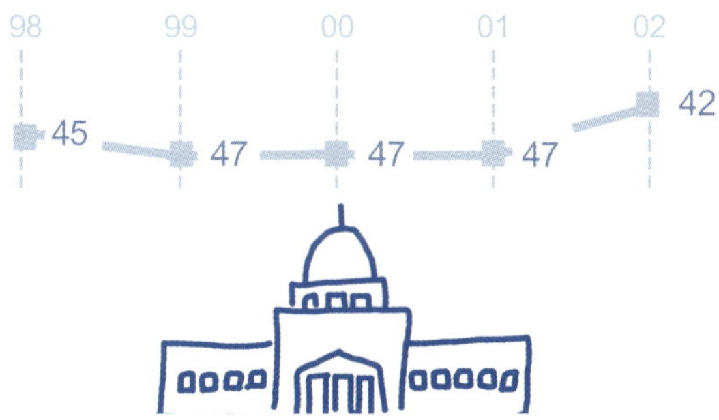

政府效率

	2002
公共财政	25
财政政策	29
组织机构	43
企业法规	48
教　育	23

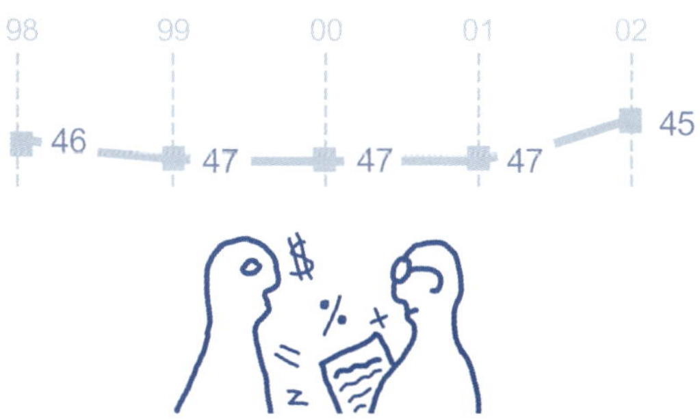

企业效率

	2002
生产率	37
劳动力市场	45
金　融	40
管理实践	44
全球化影响	41

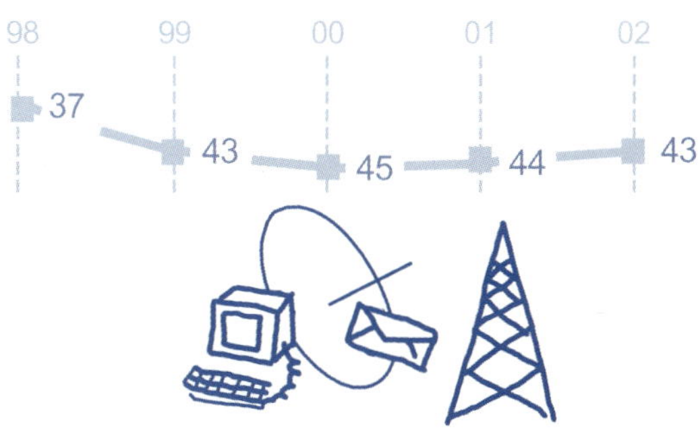

基础设施

	2002
基本基础设施	42
技术基本基础设施	47
科学基本基础设施	15
健康与环境	45
价值系统	45

俄罗斯

这些指标是每类中最强的10个指标，这些类是通过对49个国家和地区平均的最大的价值差异来区分的。

1 经济表现

			排名
1.2.19	贸易条件指数	出口单位价值比进口单位价值（1995=100）	1
1.2.01	经常项目差额	经常项目差额，10亿美元（负号为逆差）	2
1.1.13	实际人均GDP增长率	按本地货币、不变价格计算的变化率	3
1.2.02	经常项目差额	经常项目差额占GDP的百分比	4
1.1.12	实际GDP增长率	按本地货币、不变价格计算的变化率	4
1.4.01	总就业人口	总就业人口（百万）	6
1.1.02	国内生产总值（PPP）	估计值：按购买力平价计算，10亿美元	10
1.4.07	青年失业	25岁以下失业人口占总失业人口比例	12
1.1.01	国内生产总值（GDP）	按现行价格、汇率计算，10亿美元	16
1.2.07	商品出口额	商品出口额，10亿美元	17

2 政府效率

2.2.04	雇员社会保障缴款率	强制缴款占人均GDP的百分比	1
2.1.07	中央政府总负债实际增长率	按本地货币、不变价格计算的变化率	2
2.1.02	中央政府预算盈余/赤字	占GDP的百分比	2
2.5.09	文盲率	成人（15岁以上）文盲占总人口比例	2
2.4.06	政府补贴	对私人和公共企业的补贴占GDP比重	8
2.5.03	学生—教师比（中等教育）	学生与教师职员的比例	10
2.1.04	中央政府国内负债	占GDP的百分比	11
2.2.06	实际个人税	实际个人税并不阻碍人们工作或者寻求发展	14
2.5.04	中等学校入学人数	接受全日制教育的相关年龄组所占比例	15
2.1.10	国家总储备	包括黄金和官方储备（每盎司黄金=35个特别提款权）	16

3 企业效率

3.3.14	股票市场指数	支书的变化率	1
3.2.01	报酬水平	制造业工人每小时全部报酬，美元，估计值	2
3.1.03	综合生产率实际增长率	每个就业者实际GDP变化率，估计值	4
3.2.13	女性劳动力	占全部劳动力的比例	6
3.2.03	服务性职业报酬	年均总收入，包括附加薪水，例如额外薪金，美元	8
3.5.03	生产的再分配	国外的生产再分配没有威胁到贵国经济的未来	13
3.2.08	产业纠纷	每千个居民年均因纠纷损失的工作日	15
3.2.18	外国高素质人员	外国高素质人员被贵国企业环境所吸引	19
3.4.08	公司的设立	贵国设立公司很普遍	21
3.2.15	熟练劳动力	熟练劳动力在贵国劳动市场上可获得性	24

4 基础设施

4.1.18	能源进口与商品出口	能源进口站商品出口的比例	1
4.3.08	企业研究与开发人数	千人全日约当单位	2
4.1.20	工业用户的电力成本	美元/千瓦	2
4.3.06	全国所有研究与开发人员	千人全日约当单位	3
4.5.06	女性地位	所有立法委员、高级官员和经理中女性所占比例	3
4.1.12	可耕地面积	人均平方米	3
4.3.09	企业研究与开发人数	每千国民中人数（全日约当单位）	6
4.3.17	批准授予国民专利	批准授予国民专利数目	6
4.1.01	人口—市场规模	估计值，百万	6
4.3.15	诺贝尔奖数目	自1950年以来在物理、化学、心理或医药和经济学领域获奖数目	6

俄罗斯

这些指标是每类中最弱的10个指标，这些类是通过对49个国家和地区平均的最大的价值差异来区分的。

1 经济表现

			排名
1.2.09	商品出口额实际增长率	按本地货币、不变价格计算的变化率	49
1.5.01	消费品价格上涨	年平均比率	48
1.3.10	证券投资负债	10亿美元	48
1.2.12	商业服务出口实际增长	按本地货币、不变价格计算的变化率	46
1.1.21	经济的弹性	经济体对于经济周期的弹性强	43
1.1.22	人均GDP	人均美元	43
1.3.06	吸引国外直接投资+流量	吸引国外直接投资流量占GDP的百分比	41
1.3.07	吸引国外直接投资存量	10亿美元	41
1.3.08	吸引国外直接投资存量实际增长	按本地货币、不变价格计算的变化率	40
1.2.11	商业服务出口额	商业服务出口额占GDP的百分比	40

2 政府效率

			排名
2.4.22	进入国外资本市场	国内公司进入国外资本市场不受限制	49
2.4.24	投资保护计划	投资保护计划大多数外放国家可以享受	49
2.4.17	金融交易的机密性	金融交易的机密性是有保证的	49
2.4.09	价格控制	价格控制没有影响多数产业的产品定价	49
2.1.06	中央政府国外负债	占GDP的百分比	48
2.4.11	外国公司	外国公司不被国内立法区别对待	48
2.3.04	国家信用评级	由《机构投资者杂志》杂志按百分制评分	48
2.2.09	雇主的社会保障缴款率	强制缴款占人均GDP的比率	48
2.3.03	利率差	贷款利率减去存款利率	47
2.4.20	外国金融机构	外国金融机构可以进入本国市场	47

3 企业效率

			排名
3.3.07	银行服务	银行服务在贵国广泛发展	49
3.2.17	人才流失	人才流失不损害贵国的竞争力	48
3.4.11	健康、安全和环境事务	健康、安全和环境事务被管理层充分重视	48
3.3.15	股东权利和义务	股东权利和义务明确界定	48
3.3.16	金融机构透明度	金融机构透明度在贵国高度发达	48
3.4.09	销售	贵国企业中有效地进行销售	47
3.4.10	社会责任	商界领袖重视对社会的责任	47
3.2.19	国际经验	高层管理者通常有丰富的国际经验	47
3.3.09	银行业规定	银行业规定没有阻碍贵国竞争力	45
3.5.02	对全球化的态度	贵国对全球化的态度普遍积极	45

4 基础设施

			排名
4.1.14	能源强度	单位美元GDP消费的商业能源数量，千焦耳	49
4.4.11	酗酒、吸毒	酗酒和吸毒在工作岗位没有成为严重问题	49
4.5.10	私人空间的保护	贵国执行了私人空间的保护	48
4.2.07	新信息技术	新信息技术和应用满足企业需要	48
4.2.06	通信的充分性	通信在贵国普遍比较充分	48
4.5.01	生活质量	贵国生活质量很高	48
4.4.14	二氧化碳排放量	GDP的每百万美元中由工业过程排放的二氧化碳（吨）	47
4.5.08	骚扰和暴力	骚扰和暴力并没有严重动摇岗位	47
4.1.09	空运的质量	空运的质量在贵国通常充分有效	47
4.2.01	对电信的投资	年平均占GDP的百分比	47

俄罗斯

这一部分集锦了该国20个最强的指标，
这部分指标有着最高的标准化值（STD值）。
STD值＝（国家和地区的原始值－49个国家和地区平均值）/标准差

20个最强的指标

序号	名称	国家原始值	国家排名	49国家平均值
3.3.14	**股票市场指数** 支书的变化率	102.9	1	-8.23
1.2.19	**贸易条件指数** 出口单位价值比进口单位价值（1995=100）	203	1	89.9
4.3.08	**企业研究与开发人数** 千人全日约当单位	572.6	2	64
4.3.06	**全国所有研究与开发人员** 千人全日约当单位	887.7	3	110.1
1.1.13	**实际人均GDP增长率** 按本地货币、不变价格计算的变化率	5.58	3	0.73
3.1.03	**综合生产率实际增长率** 每个就业者实际GDP变化率，估计值	4.52	4	0.85
1.2.02	**经常项目差额** 经常项目差额占GDP的百分比	11.05	4	0.99
4.1.20	**工业用户的电力成本** 美元/千瓦	0.02	2	0.056
2.1.07	**中央政府总负债实际增长率** 按本地货币、不变价格计算的变化率	-22.65	2	2.91
2.1.02	**中央政府预算盈余/赤字** 占GDP的百分比	4.06	2	-0.97
2.2.04	**雇员社会保障缴款率** 强制缴款占人均GDP的百分比	0	1	9.1
1.1.12	**实际GDP增长率** 按本地货币、不变价格计算的变化率	5	4	1.8
4.3.09	**企业研究与开发人数** 每千国民中人数（全日约当单位）	3.934	6	1.582
4.3.13 （调查）	**学校内的科学** 学校内的科学在贵国充分教育	6.26	13	5.19
3.5.03 （调查）	**生产的再分配** 国外的生产再分配没有威胁到贵国经济的未来	5.49	13	4.87
2.5.12 （调查）	**合格工程师** 合格工程师在贵国劳动力市场上容易获得	7.5	18	6.86
2.2.06 （调查）	**实际个人税** 实际个人税并不阻碍人们工作或者寻求发展	5.5	14	4.81
2.5.08 （调查）	**大学教育** 大学教育满足有竞争力的社会的需要	6.3	17	5.72
4.3.14 （调查）	**科学和技术的兴趣** 贵国青年具有浓厚的科学技术兴趣	5.74	16	5.39
3.2.15 （调查）	**熟练劳动力** 熟练劳动力在贵国劳动市场上可获得性	7.07	24	6.75

俄罗斯

如 果？

竞争力模拟研究帮助政策制定者将注意力和优先次序放在他们国家或地区面临的关键竞争力上。我们用49个国家或地区的平均值代替这些最弱的指标值，从而计算这个国家或地区的总体排名。然而，这只是一个理论方式，不应视为政策的建议。还必须考虑各个国家或地区的发展水平、政治体制和社会值系统

	从		到
模拟排名变化	43	→	36

20个最弱的指标

序号	名称	国家原始值	国家排名	49国家平均值
4.1.14	**能源强度** 单位美元GDP消费的商业能源数量，千焦耳	86,110	49	15,435
3.2.02	**制造业部门单位劳动成本** 制造业部门单位劳动成本变化率	36	44	4.61
2.1.06	**中央政府国外负债** 占GDP的百分比	52.88	48	12.214
1.5.01	**消费品价格上涨** 年平均比率	21.6	48	5.3
2.3.04	**国家信用评级** 由《机构投资者杂志》杂志按百分制评分	26.8	48	67.8
2.3.03	**利率差** 贷款利率减去存款利率	16.6	47	5.25
4.2.01	**对电信的投资** 年平均占GDP的百分比	0.016	47	0.607
2.2.09	**雇主的社会保障缴款率** 强制缴款占人均GDP的比率	39.77	48	17.86
4.4.03	**出生时的寿命期望** 平均估计	65.7	46	74.5
3.1.08	**工业生产率（购买力平价）** 每个工业雇员创造的相应GDP，美元，估计值	24,609	42	46,005
3.1.01	**综合生产率（购买力平价）** 每个就业者人均GDP，美元	19,697	41	41,680
2.5.01	**全部公共教育支出** 全部公共教育支出占GDP的比例	3	46	5.1
4.2.10	**互联网用户数** 每千人互联网用户人数/来源：计算机行业年鉴	68.29	38	267.96
2.4.22 （调查）	**进入国外资本市场** 国内公司进入国外资本市场不受限制	3.35	49	7.76
2.4.24 （调查）	**投资保护计划** 投资保护计划大多数外放国家可以享受	4.24	49	7
2.4.17 （调查）	**金融交易的机密性** 金融交易的机密性是有保证的	3.80	49	7.19
3.2.17 （调查）	**人才流失** 人才流失不损害贵国的竞争力	2.32	48	5.74
4.5.10 （调查）	**私人空间的保护** 贵国执行了私人空间的保护	3.48	48	6.68
3.3.07 （调查）	**银行服务** 银行服务在贵国广泛发展	4.18	49	7.56
2.4.11 （调查）	**外国公司** 外国公司不被国内立法区别对待	6.18	48	8.02

俄罗斯

国内经济

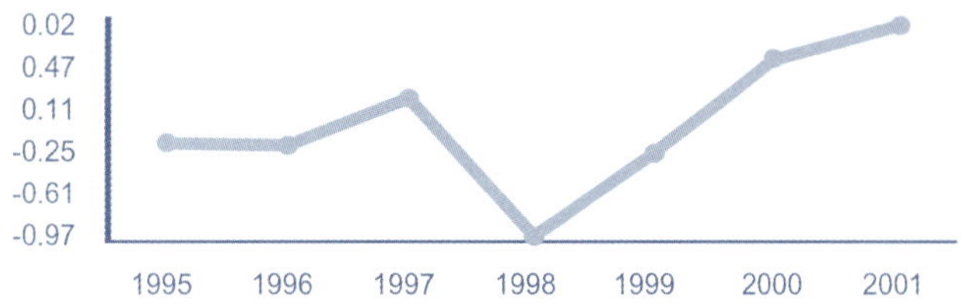

国际贸易

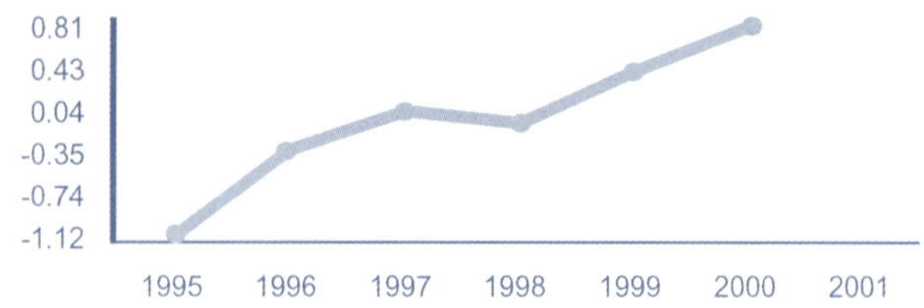

国际投资

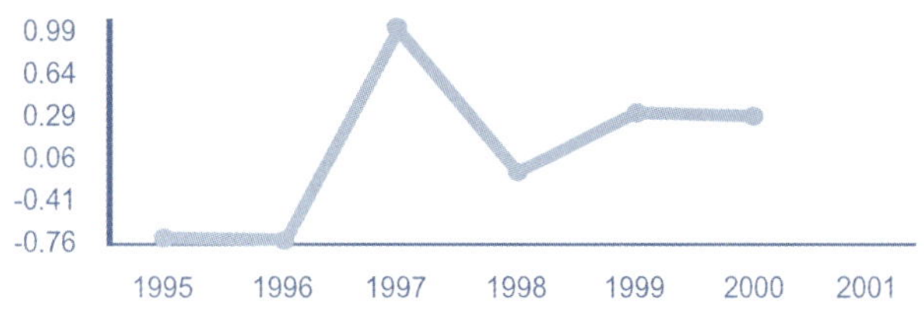

公共财政

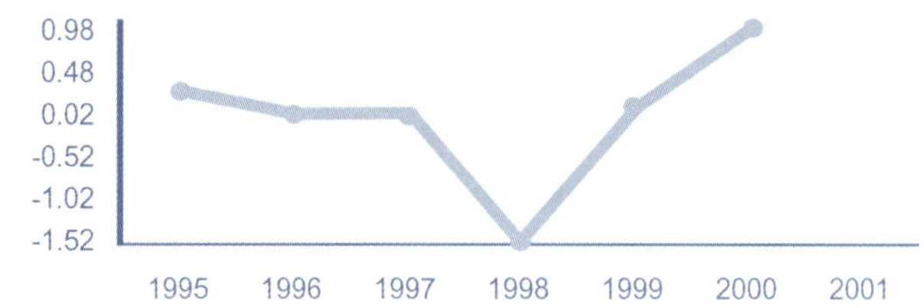

财政政策

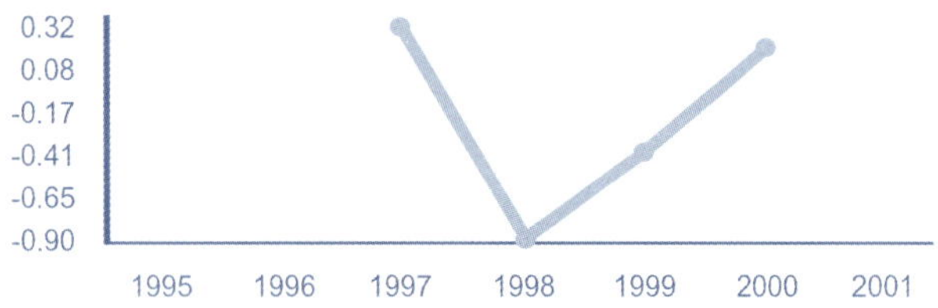

生产率

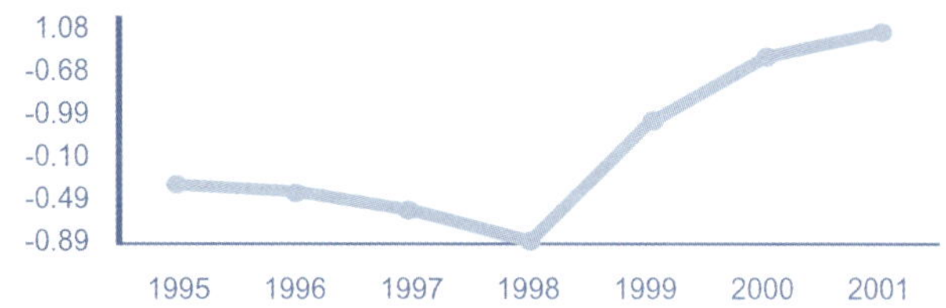

金融

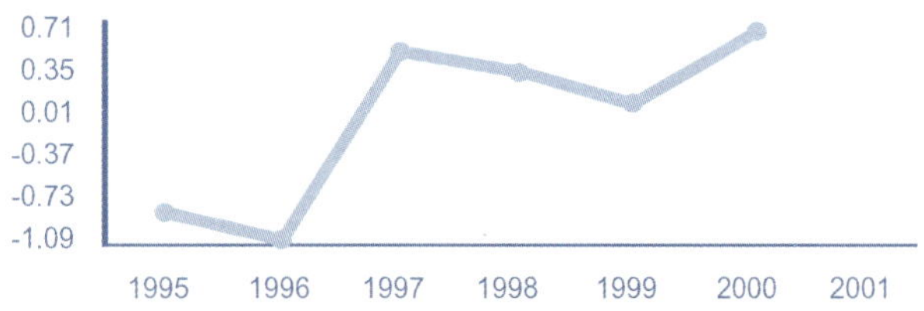

技术基础设施

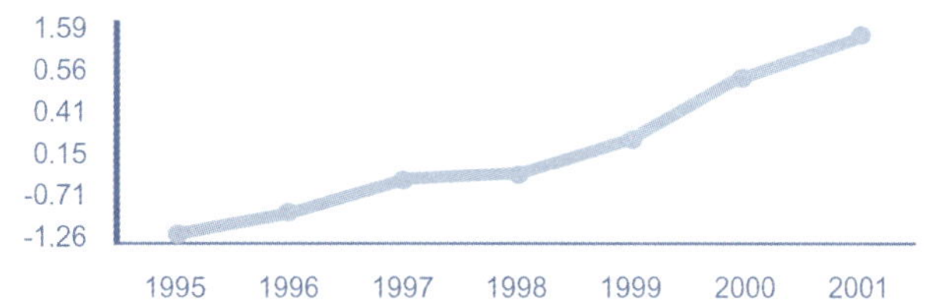

主要竞争力指标

人均国内生产总值

人均美元

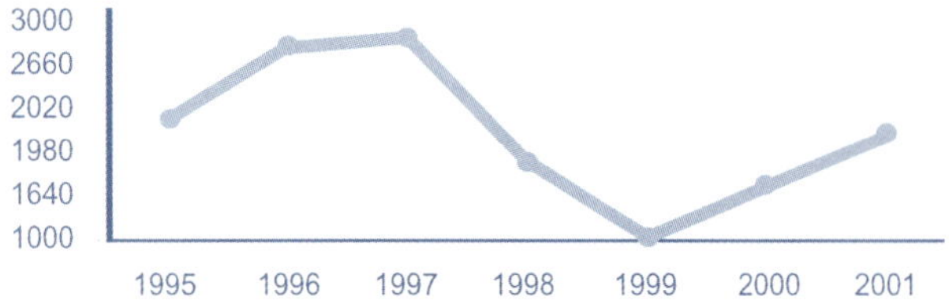

国内生产总值实际增长率

百分比变化，基于国家货币物价稳定

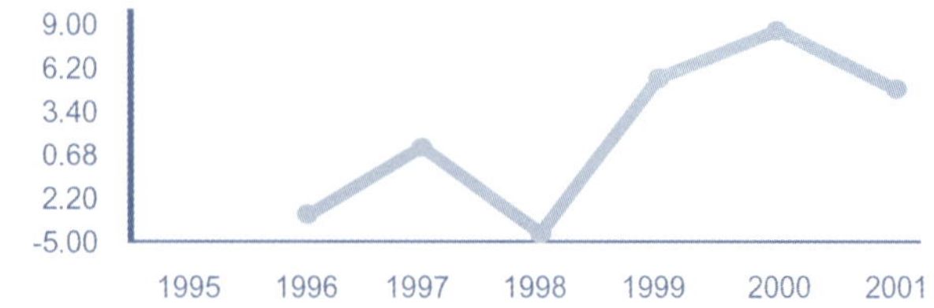

俄罗斯

个人最终消费支出
人均美元

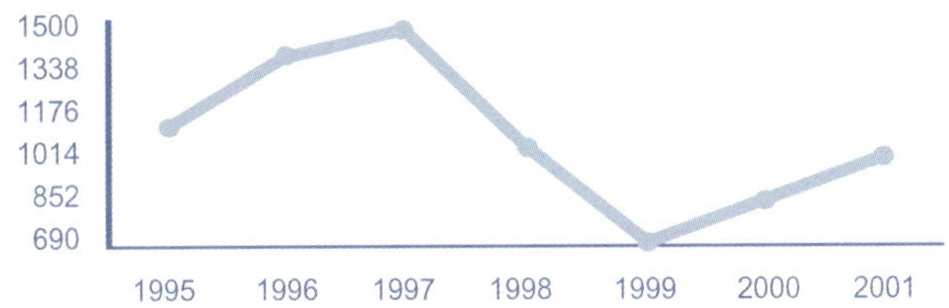

经常性项目差额
十亿美元（负号标志＝赤字）

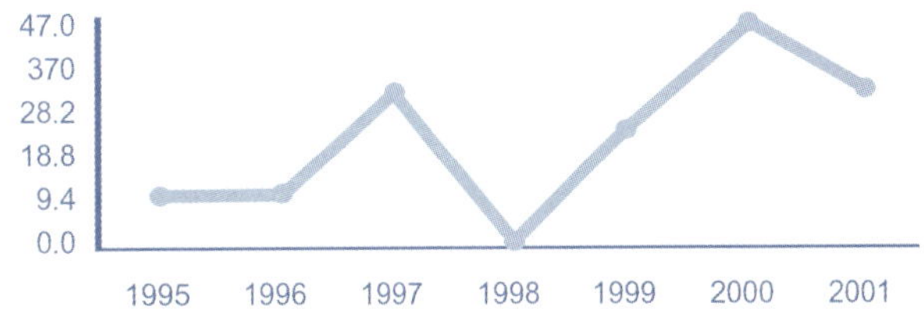

商品和商业劳务出口
十亿美元

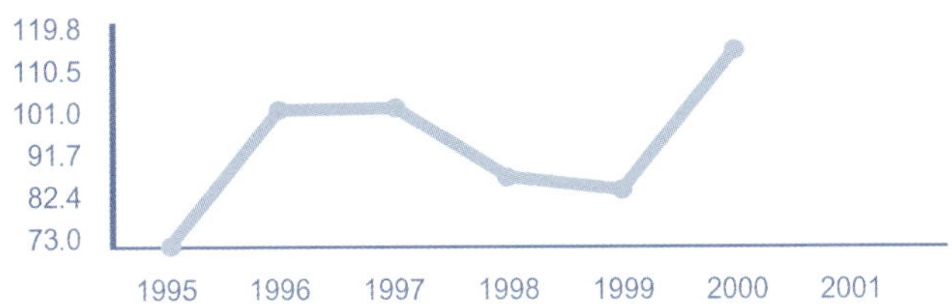

对外直接投资流量
十亿美元

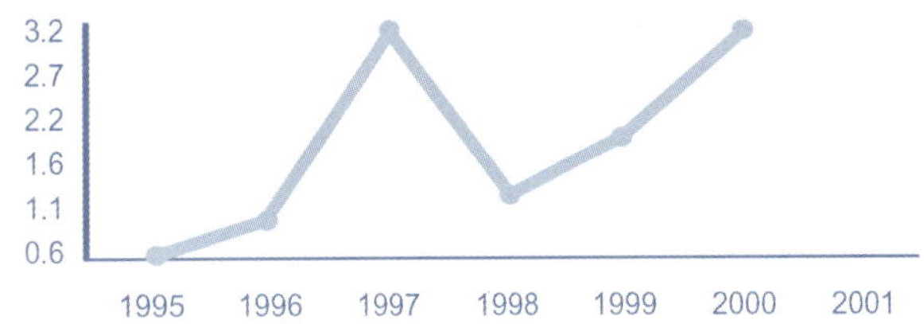

吸收直接投资流量
十亿美元

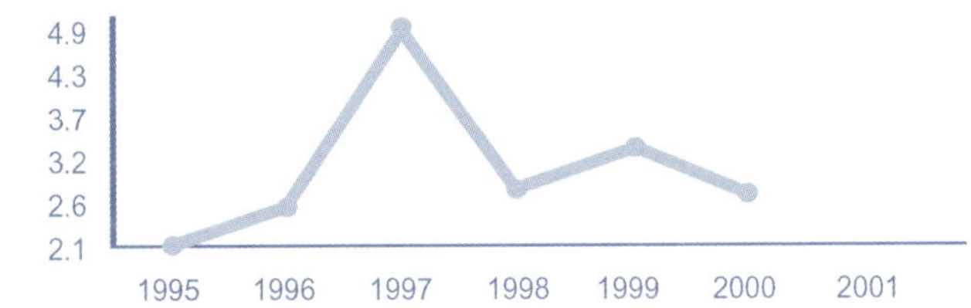

失业率
劳动力百分比

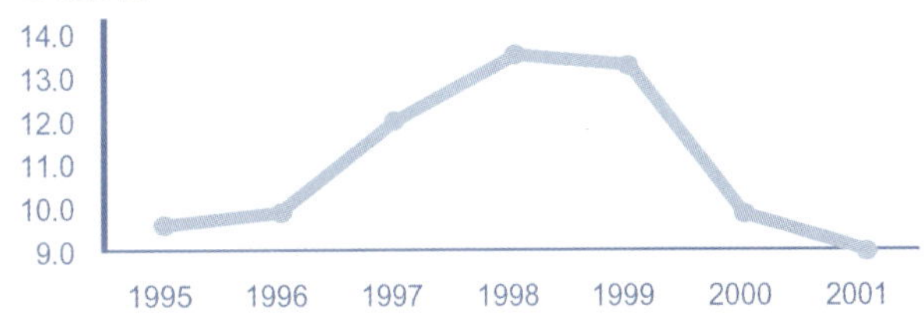

消费品价格增长率
年平均比率

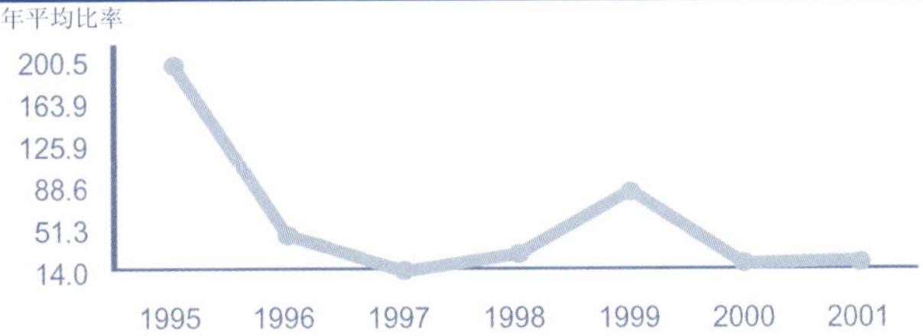

总体生产率
就业人员人均国内生产总值，美元

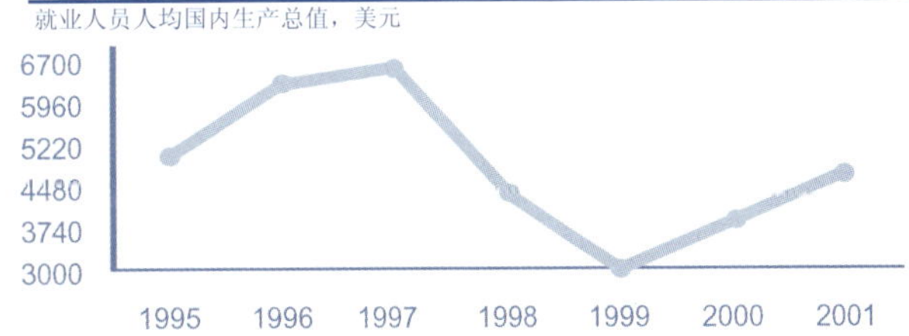

报酬水平
估计：制造工人的小时总补偿，美元

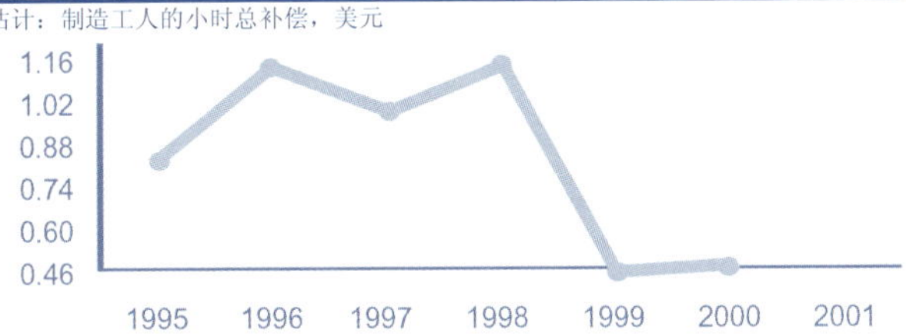

股票市场筹资额
十亿美元

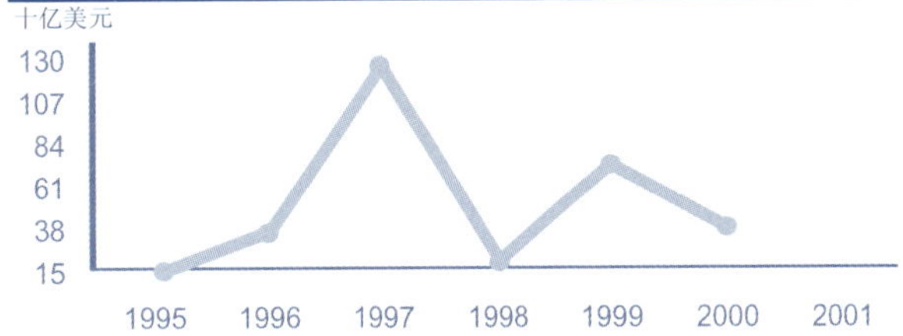

国内上市公司
上市公司的数量

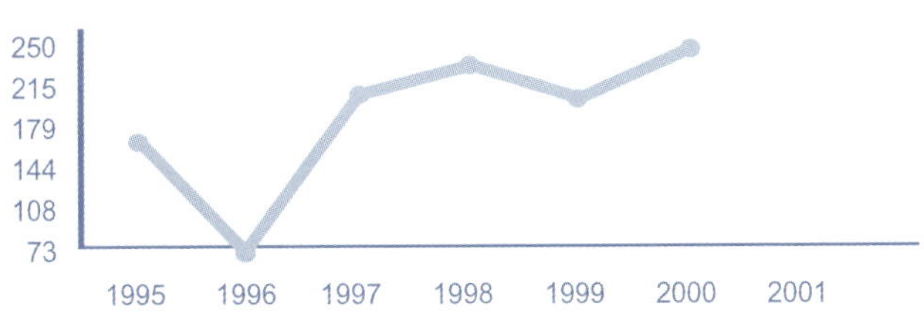

计算机
每1000人的计算机数量/来源：计算机工业年鉴

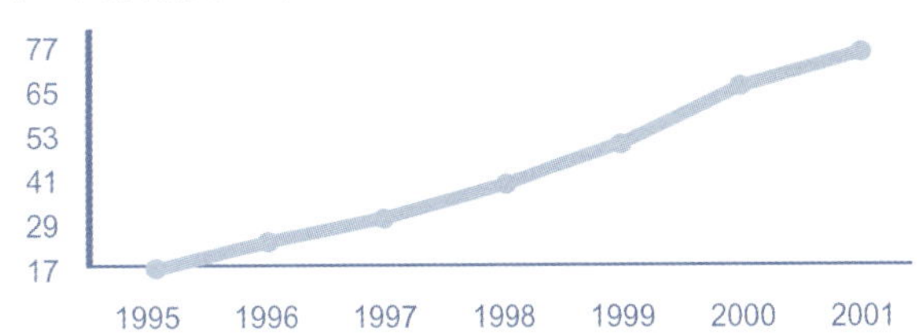

新加坡

国家竞争力的挑战，2002

- 培育世界一流企业。
- 促成有活力的企业文化。
- 发展人力资本。
- 在科学、技术和创新上采取有效的行动。
- 通过自由贸易提高市场准入。

提供者：

贸易和产业部

总体表现

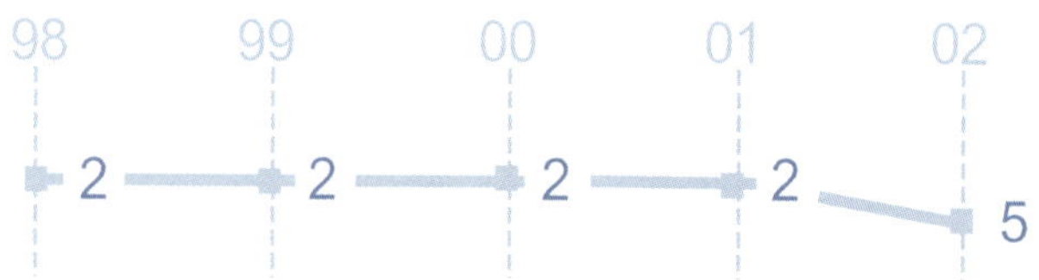

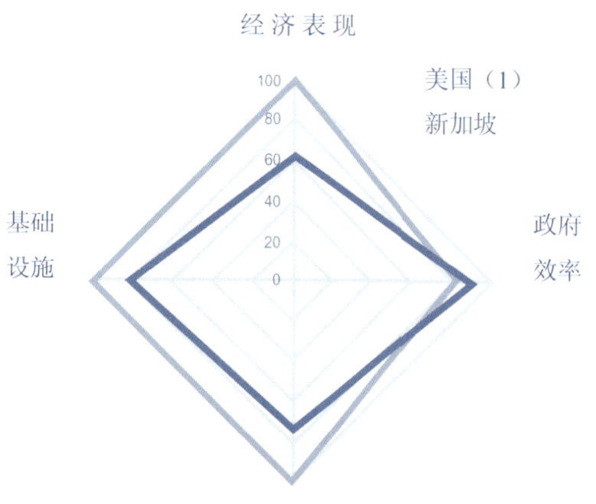

基本事实

首都	新加坡
人口	4.1 (2001)
地域（平方千米）	0.7 (2001)
汇率（百分之一美元）	1.79 (2001)
国内生产总值（十亿美元）	85.6 (2001)
人均国内生产总值（美元）	20,732 (2001)
实际GDP增长率	-2.0 (2001)
消费品价格上涨	1.0 (2001)
失业率	3.30 (2001)
劳动力（百万）	2.12 (2001)
经常性项目差额（十亿美元）	17.9 (2001)
直接投资	
吸收股票投资（十亿美元）	89.25 (2000)
吸收流量（占GDP百分比）	6.89 (2000)

新加坡

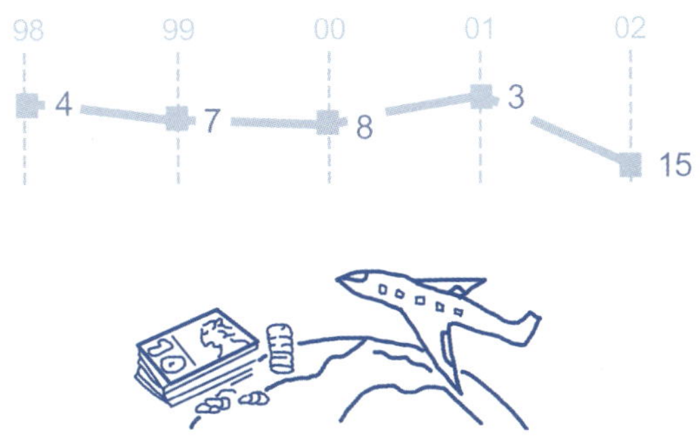

经　济　表　现

	2002
国内经济	39
国际贸易	1
国际投资	33
就　业	24
物　价	22

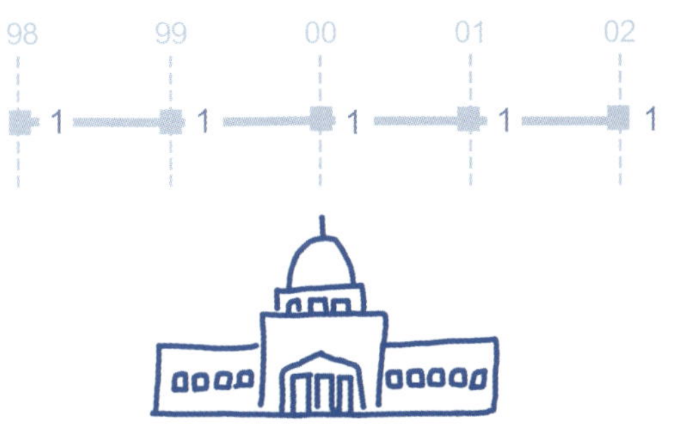

政　府　效　率

	2002
公共财政	10
财政政策	2
组织机构	1
企业法规	3
教　育	12

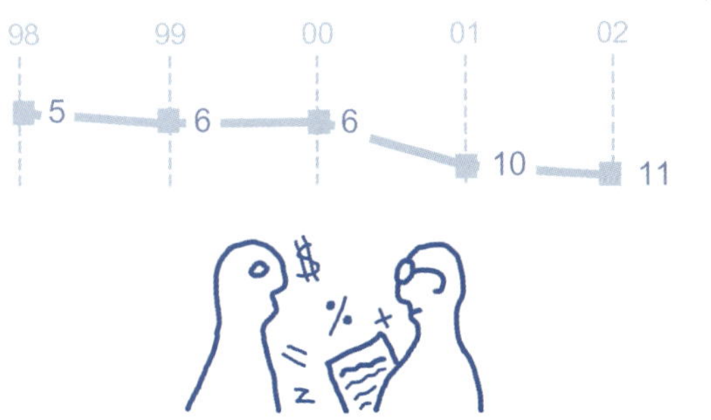

企　业　效　率

	2002
生产率	28
劳动力市场	1
金　融	10
管理实践	8
全球化影响	11

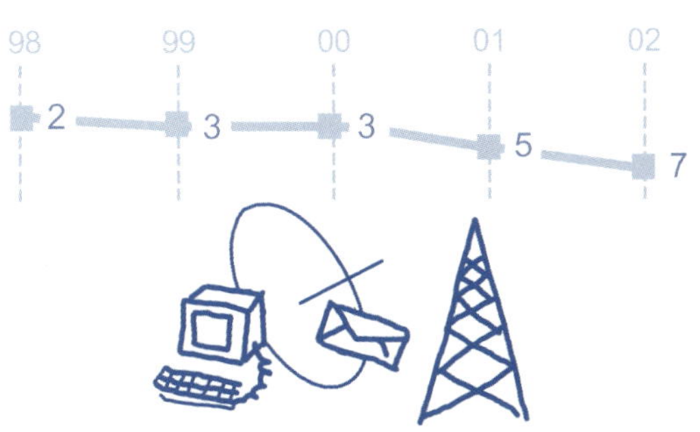

基　础　设　施

	2002
基本基础设施	1
技术基本基础设施	3
科学基本基础设施	9
健康与环境	9
价值系统	14

新加坡

这些指标是每类中最强的10个指标，这些类是通过对49个国家和地区平均的最大的价值差异来区分的。

1 经济表现

编号	指标	说明	排名
1.2.08	商品出口额	商品出口额占GDP的百分比	1
1.2.18	外贸依存度	（出口+进口）/（2×GDP）	1
1.2.02	经常项目差额	经常项目差额占GDP的百分比	1
1.2.11	商业服务出口额	商业服务出口额占GDP的百分比	3
1.2.19	贸易条件指数	出口单位价值比进口单位价值（1995=100）	5
1.4.06	失业率	占劳动力比率	6
1.5.01	消费品价格上涨	年平均比率	7
1.4.02	就业率	总就业人口占总人口的百分比	9
1.2.01	经常项目差额	经常项目差额，10亿美元（负号为逆差）	9
1.4.07	青年失业	25岁以下失业人口占总失业人口比例	11

2 政府效率

编号	指标	说明	排名
2.3.11	政府经济政策	政府经济政策快速适应于经济发展	1
2.3.16	官僚主义	官僚主义不阻碍企业发展	1
2.3.12	政府决策	政府决策可以有效实施	1
2.4.14	失业立法	失业立法激励人们寻找工作	1
2.3.08	关于政策方向的一致性	政府中政策方向的一致性很高	1
2.3.13	政治团体	政治团体确实理解目前的经济挑战	1
2.4.13	劳动法规	劳动法规（雇/解雇惯例、最低工资等）足够灵活	1
2.2.14	逃税	逃税在贵国不普遍	1
2.3.10	新立法	新立法鼓励企业竞争力	1
2.4.15	移民法	移民法不禁止本国公司雇用外国劳动力	1

3 企业效率

编号	指标	说明	排名
3.2.06	劳资关系	劳资关系有利于生产	1
3.2.09	雇员培训	公司高度重视雇员培训	2
3.5.02	对全球化的态度	贵国对全球化的态度普遍积极	2
3.5.05	海外形象	贵国的海外形象支持了企业的发展	2
3.2.18	外国高素质人员	外国高素质人员被贵国企业环境所吸引	3
3.4.04	公司董事会	公司董事会确实合适地监督了公司的管理	3
3.4.03	管理人员的信誉	管理人员在经济中可信性被广泛认可	3
3.2.07	工人的动机	贵国工人动机很重要	3
3.3.17	内幕交易	内幕交易在股票市场不普遍	4
3.3.18	现金流	现金流通常足以允许公司自筹经费	4

4 基础设施

编号	指标	说明	排名
4.2.19	高技术出口	占制造业出口的比例	1
4.4.18	环境法	环境法和遵守该法不会阻碍企业竞争力	1
4.3.14	科学和技术的兴趣	贵国青年具有浓厚的科学技术兴趣	1
4.3.13	学校内的科学	学校内的科学在贵国充分教育	1
4.1.13	城市化	城市化不浪费国家资源	1
4.1.09	空运的质量	空运的质量在贵国通常充分有效	1
4.1.05	维护和发展	基础设施的维护和发展得到充分的计划和资助	1
4.4.16	可持续发展	贵国优先考虑可持续发展	1
4.1.10	用于货物和服务分配的基础设	普遍有效率	1
4.1.11	水运	水运基础设施（港口、运河）满足企业需要	1

新加坡

这些指标是每类中最弱的10个指标，这些类是通过对49个国家和地区平均的最大的价值差异来区分的。

1 经济表现

			排名
1.1.13	实际人均GDP增长率	按本地货币、不变价格计算的变化率	48
1.4.03	就业增长	变化率	48
1.1.12	实际GDP增长率	按本地货币、不变价格计算的变化率	47
1.3.10	证券投资负债	10亿美元	46
1.2.09	商品出口额实际增长率	按本地货币、不变价格计算的变化率	44
1.3.08	吸引国外直接投资存量实际增长	按本地货币、不变价格计算的变化率	44
1.1.02	国内生产总值（PPP）	估计值：按购买力平价计算，10亿美元	43
1.4.01	总就业人口	总就业人口（百万）	43
1.1.01	国内生产总值（GDP）	按现行价格、汇率计算，10亿美元	38
1.3.04	对外直接投资存量实际增长率	按本地货币、不变价格计算的变化率	34

2 政府效率

			排名
2.1.04	中央政府国内负债	占GDP的百分比	47
2.2.04	雇员社会保障缴款率	强制缴款占人均GDP的百分比	45
2.4.20	外国金融机构	外国金融机构可以进入本国市场	41
2.5.09	文盲率	成人（15岁以上）文盲占总人口比例	39
2.5.02	学生—教师比（初等教育）	学生与教师职员的比例	38
2.5.01	全部公共教育支出	全部公共教育支出占GDP的比例	37
2.5.03	学生—教师比（中等教育）	学生与教师职员的比例	36
2.1.07	中央政府总负债实际增长率	按本地货币、不变价格计算的变化率	35
2.2.02	个人收入税有效税率	占人均GDP的百分比	34
2.4.21	进入国内资本市场	外国公司进入国内资本市场不受限制	34

3 企业效率

			排名
3.2.02	制造业部门单位劳动成本	制造业部门单位劳动成本变化率	41
3.5.03	生产的再分配	国外的生产再分配没有威胁到贵国经济的未来	38
3.4.07	企业家精神	贵国企业家精神很普遍	35
3.5.04	R&D设施的再分配	R&D设施的再分配不会威胁贵国经济的未来	33
3.2.04	经理报酬	全部底薪加上奖金和长期激励，美元	32
3.1.06	农业生产率（购买力平价）	每个农业劳动力创造的相应GDP，美元，估计值	30
3.1.03	综合生产率实际增长率	每个就业者实际GDP变化率，估计值	30
3.1.10	服务业生产率（购买力平价）	每个服务业故园创造的相应GDP，美元，估计值	29
3.3.19	国际保理业务	占商品出口的比重	28
3.3.14	股票市场指数	支书的变化率	28

4 基础设施

			排名
4.1.12	可耕地面积	人均平方米	48
4.1.17	国内能源总产量	占所有能源需求（等价为石油吨数）的比例	48
4.1.19	非能源原材料自给	人均贸易收支差额，美元	47
4.4.01	健康总支出	占GDP的比例	43
4.1.01	人口—市场规模	估计值，百万	43
4.5.05	国会中女性人数	女性席位占全部席位的比例	42
4.1.20	工业用户的电力成本	美元/千瓦	42
4.3.12	科学论文	发表的科学和技术论文数（按作者的出生地）	37
4.1.18	能源进口与商品出口	能源进口站商品出口的比例	37
4.2.08	在用计算机	占世界在用计算机总量的份额/来源：计算机行业年鉴	34

新加坡

这一部分集锦了该国20个最强的指标，
这部分指标有着最高的标准化值（STD值）。
STD值＝（国家和地区的原始值－49个国家和地区平均值）/标准差

20个最强的指标

序号	名称	国家原始值	国家排名	49国家平均值
1.2.08	**商品出口额** 商品出口额占GDP的百分比	142.13	1	38.5
1.2.18	**外贸依存度** （出口+进口）/（2×GDP）	172.88	1	49.38
1.2.02	**经常项目差额** 经常项目差额占GDP的百分比	20.88	1	0.99
4.1.06	**道路** 网络的密度	4.6	2	1.08
4.2.19	**高技术出口** 占制造业出口的比例	62.39	1	16.96
4.1.07	**铁路** 网络的密度	0.1338	2	0.0394
2.2.13	**间接税** 商品和服务税占GDP的比重	4.8	4	10.45
4.1.04	**赡养率** 15岁以下和64岁以上的人口总量除以15岁-64岁之间人口总量	40.4	3	50.8
2.2.01	**税收总收入** 占GDP的百分比	15.82	7	31.24
4.2.18	**高技术出口** 百万美元	73,643	4	21,693
4.1.16	**GDP和能源消耗** 实际GDP增长率减去能源消耗增长率	6.026	4	1.396
1.2.11	**商业服务出口额** 商业服务出口额占GDP的百分比	28.77	3	10.68
4.2.09	**人均计算机** 每千人计算机数/来源：计算机行业年鉴	580	10	309
2.3.11 （调查）	**政府经济政策** 政府经济政策快速适应于经济发展	8.58	1	4.71
4.4.18 （调查）	**环境法** 环境法和遵守该法不会阻碍企业竞争力	8.43	1	6.09
4.3.14 （调查）	**科学和技术的兴趣** 贵国青年具有浓厚的科学技术兴趣	8.04	1	5.39
2.3.16 （调查）	**官僚主义** 官僚主义不阻碍企业发展	7.46	1	3.56
2.3.12 （调查）	**政府决策** 政府决策可以有效实施	8.81	1	4.77
4.3.13 （调查）	**学校内的科学** 学校内的科学在贵国充分教育	8.3	1	5.19
2.4.14 （调查）	**失业立法** 失业立法激励人们寻找工作	8.27	1	4.98

新加坡

如　果？

竞争力模拟研究帮助政策制定者将注意力和优先次序放在他们国家或地区面临的关键竞争力上。我们用49个国家或地区的平均值代替这些最弱的指标值，从而计算这个国家或地区的总体排名。然而，这只是一个理论方式，不应视为政策的建议。还必须考虑各个国家或地区的发展水平、政治体制和社会值系统

	从		到
模拟排名变化	5	→	2

20个最弱的指标

序号	名称	国家原始值	国家排名	49国家平均值
2.1.04	**中央政府国内负债** 占GDP的百分比	86.9	47	33.2
1.1.13	**实际人均GDP增长率** 按本地货币、不变价格计算的变化率	-4.73	48	0.73
2.2.04	**雇员社会保障缴款率** 强制缴款占人均GDP的百分比	20	45	9.1
1.1.12	**实际GDP增长率** 按本地货币、不变价格计算的变化率	-2	47	1.8
4.4.01	**健康总支出** 占GDP的比例	3.6	43	6.7
4.1.20	**工业用户的电力成本** 美元/千瓦	0.079	42	0.056
3.2.02	**制造业部门单位劳动成本** 制造业部门单位劳动成本变化率	12.2	41	4.61
2.5.02	**学生—教师比（初等教育）** 学生与教师职员的比例	25	38	19.49
2.5.01	**全部公共教育支出** 全部公共教育支出占GDP的比例	4	37	5.1
2.5.09	**文盲率** 成人（15岁以上）文盲占总人口比例	7.9	39	4.8
1.3.10	**证券投资负债** 10亿美元	-2.03	46	31.46
1.3.01	**对外直接投资流量** 10亿美元	4.28	25	25.52
2.2.02	**个人收入税有效税率** 占人均GDP的百分比	20.93	34	17.15
2.4.20 （调查）	**外国金融机构** 外国金融机构可以进入本国市场	7.35	41	8.21
3.5.03 （调查）	**生产的再分配** 国外的生产再分配没有威胁到贵国经济的未来	4.3	38	4.87
3.5.04 （调查）	**R&D设施的再分配** R&D设施的再分配不会威胁贵国经济的未来	4.65	33	5.06
3.4.07 （调查）	**企业家精神** 贵国企业家精神很普遍	5.83	35	6.34
2.4.21 （调查）	**进入国内资本市场** 外国公司进入国内资本市场不受限制	8	34	8.09
3.4.08 （调查）	**公司的设立** 贵国设立公司很普遍	6.72	26	6.75
1.1.21 （调查）	**经济的弹性** 经济体对于经济周期的弹性强	5.29	25	5.18

新加坡

国内经济

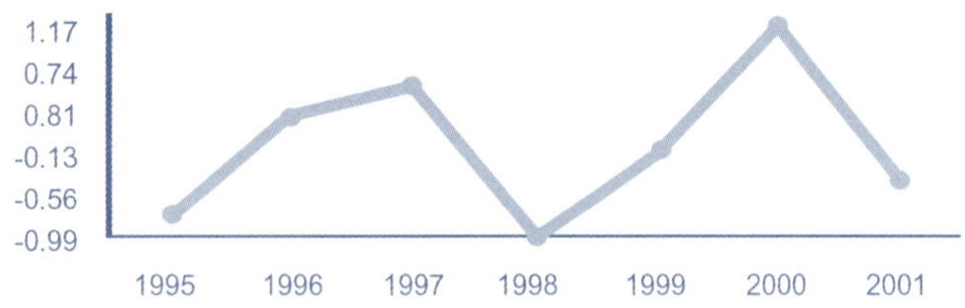

国际贸易

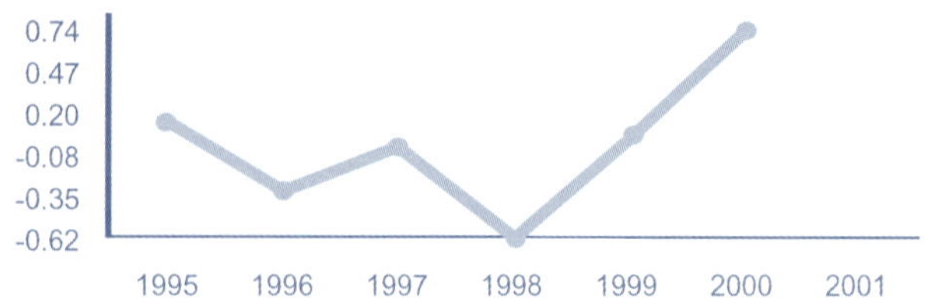

国际投资

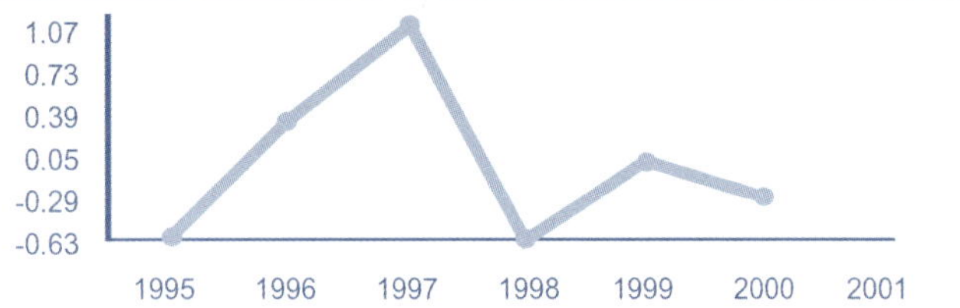

公共财政

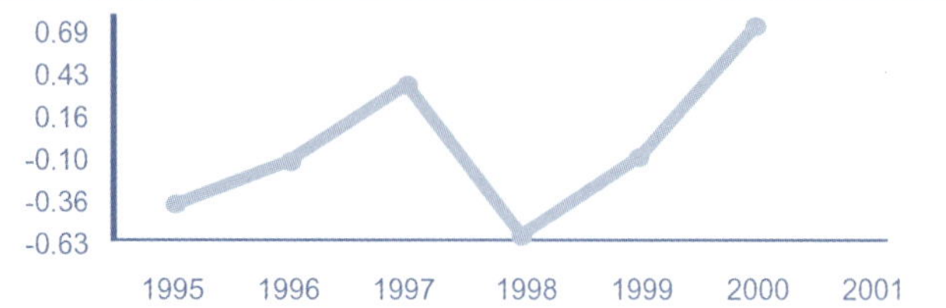

财政政策

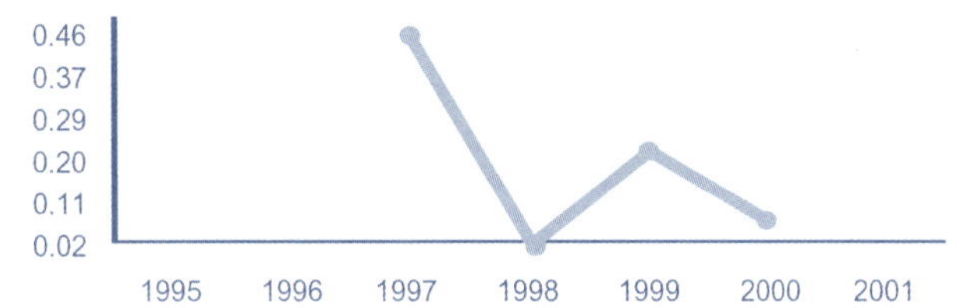

生产率

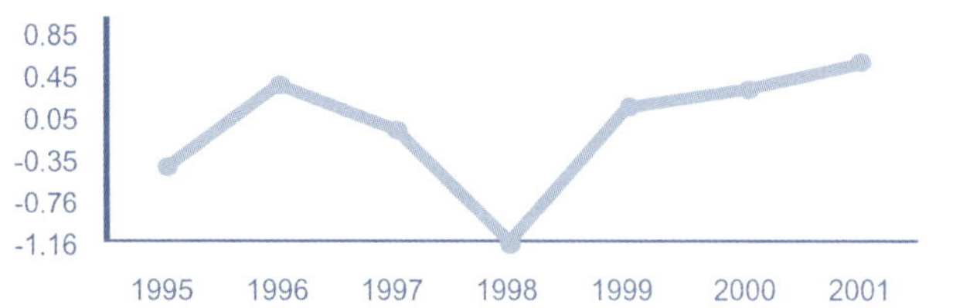

金融

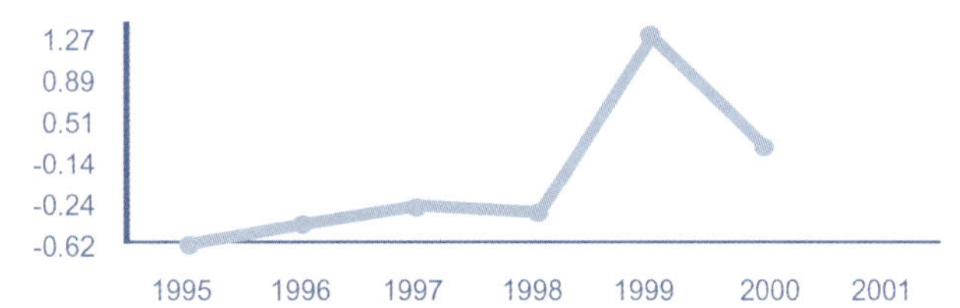

技术基础设施

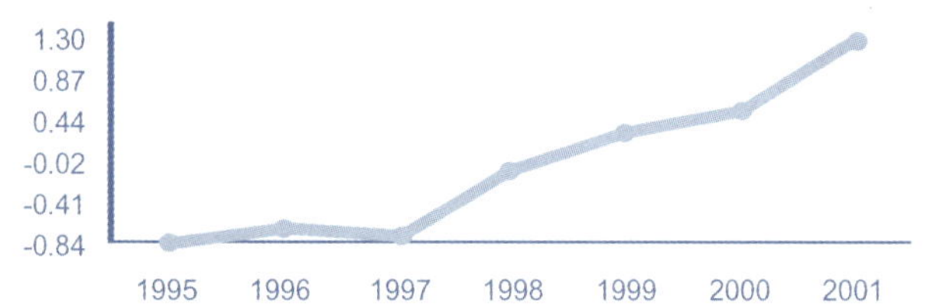

主要竞争力指标

人均国内生产总值

人均美元

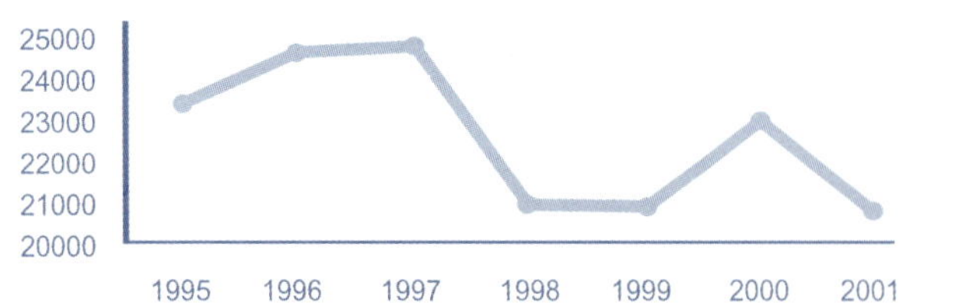

国内生产总值实际增长率

百分比变化，基于国家货币物价稳定

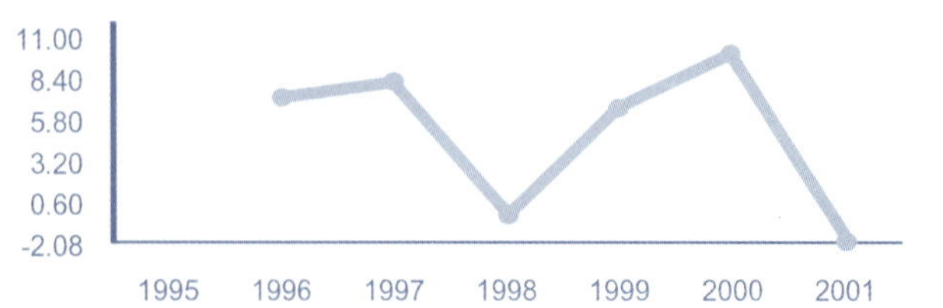

新加坡

个人最终消费支出
人均美元

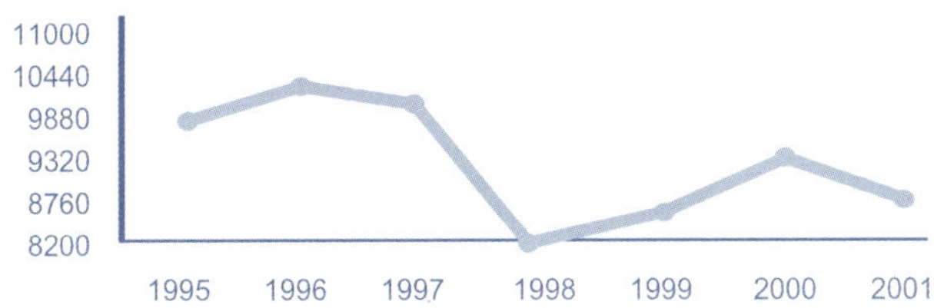

经常性项目差额
十亿美元（负号标志=赤字）

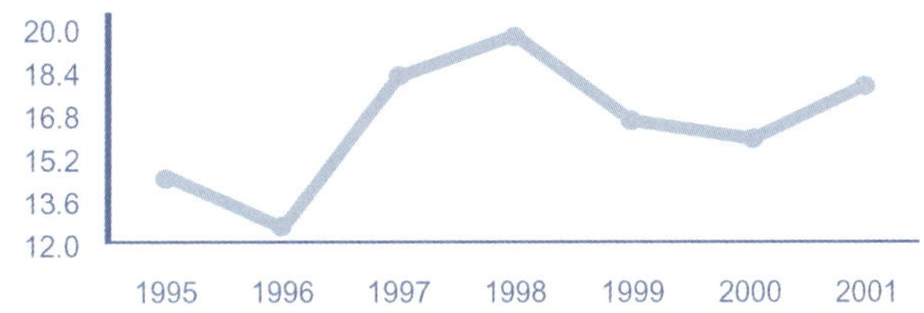

商品和商业劳务出口
十亿美元

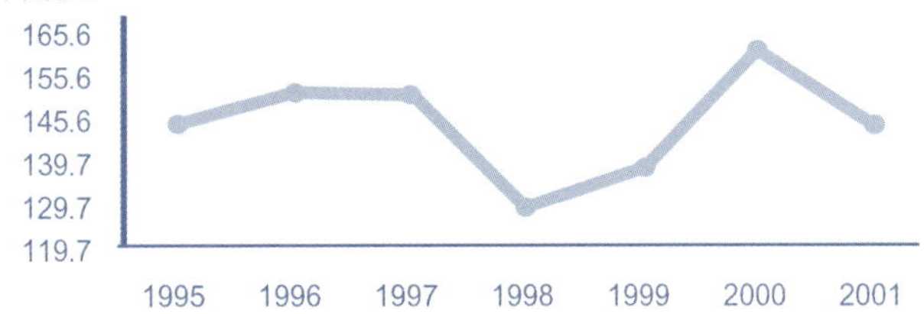

对外直接投资流量
十亿美元

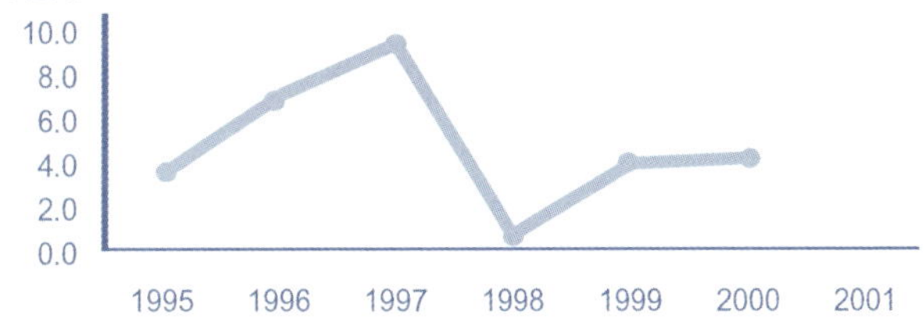

吸收直接投资流量
十亿美元

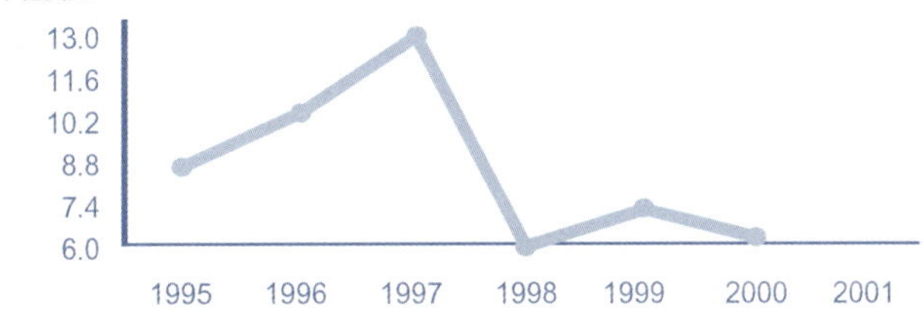

失业率
劳动力百分比

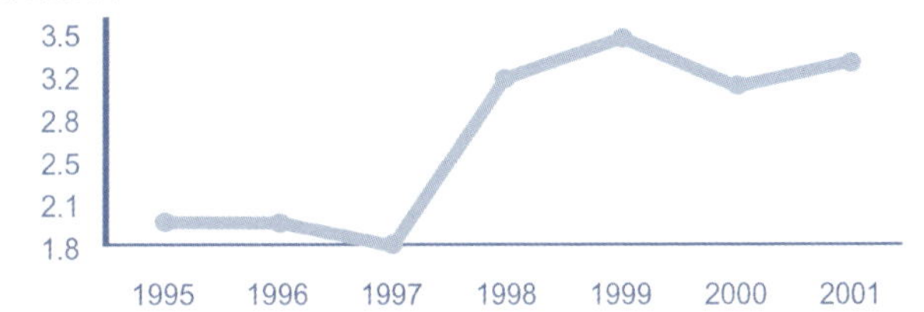

消费品价格增长率
年平均比率

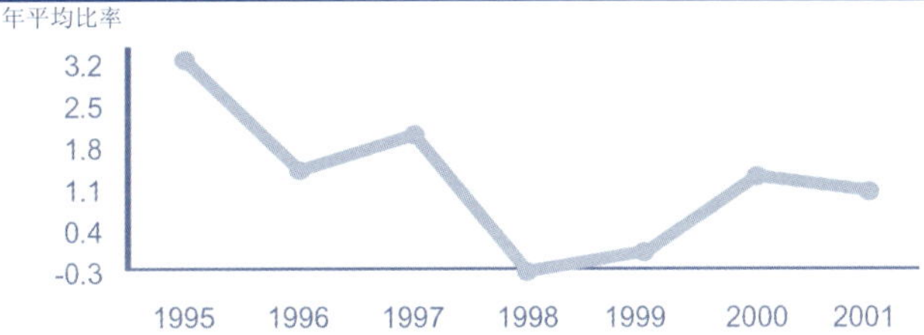

总体生产率
就业人员人均国内生产总值，美元

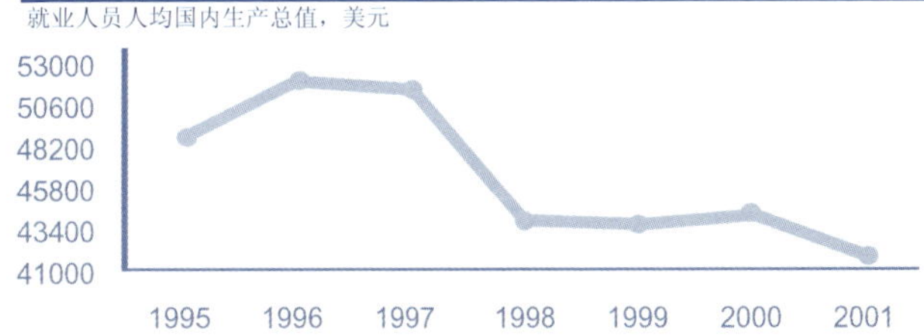

报酬水平
估计：制造工人的小时总补偿，美元

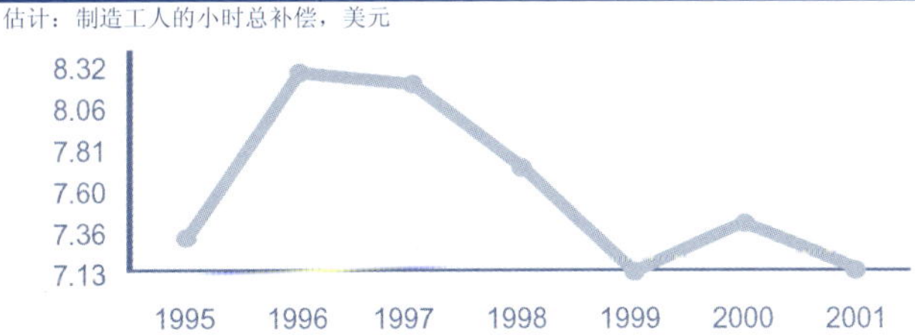

股票市场筹资额
十亿美元

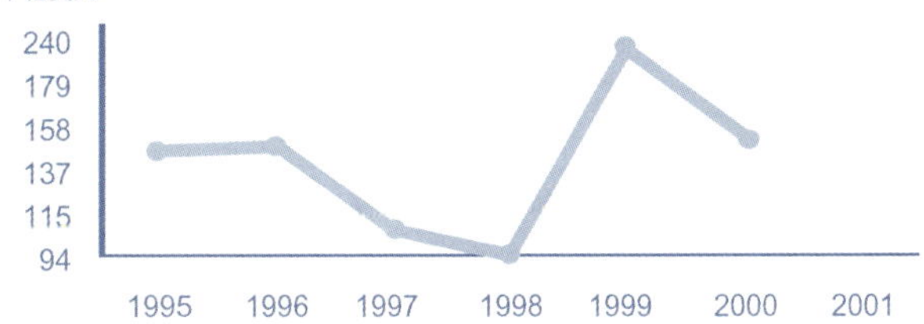

国内上市公司
上市公司的数量

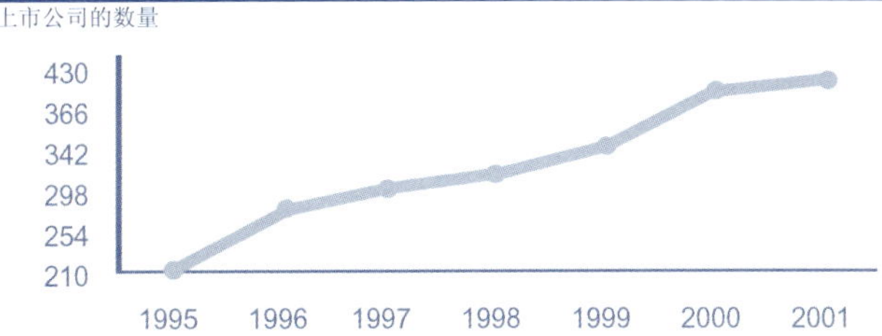

计算机
每1000人的计算机数量/来源：计算机工业年鉴

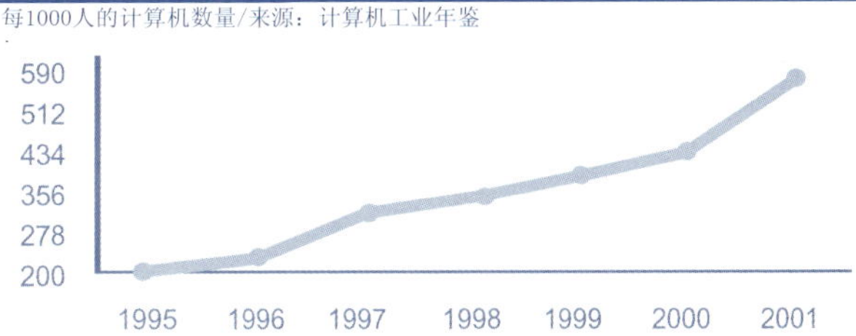

斯洛伐克

国家竞争力的挑战，2002

- 结束公共部门的私有化。
- 消除在投资上的行政障碍。
- 加速社会保障和养老金体系的改革。
- 提高执法效率。

提供者：

The F.A Hayek Foundation

总体表现

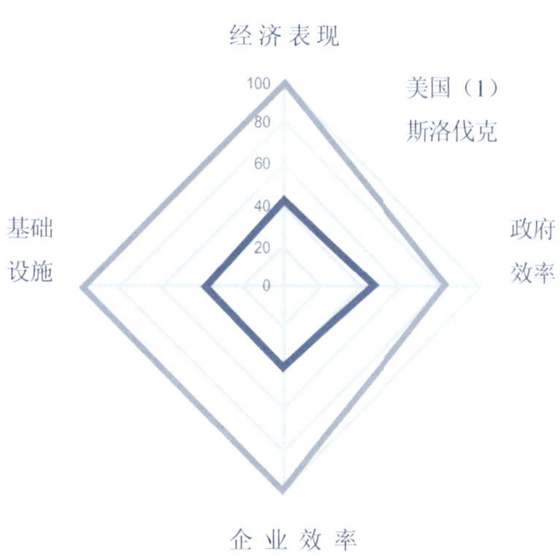

基本事实

首都	布拉迪斯拉发
人口	5.4 (2001)
地域（平方千米）	49.0 (2000)
汇率（百分之一美元）	48.36 (2001)
国内生产总值（十亿美元）	19.5 (2001)
人均国内生产总值（美元）	3,631 (2001)
实际GDP增长率	3.3 (2001)
消费品价格上涨	7.3 (2001)
失业率	19.00 (2001)
劳动力（百万）	2.61 (2001)
经常性项目差额（十亿美元）	-1.5 (2001)
直接投资	
吸收股票投资（十亿美元）	4.89 (2000)
吸收流量（占GDP百分比）	10.85 (2000)

斯洛伐克

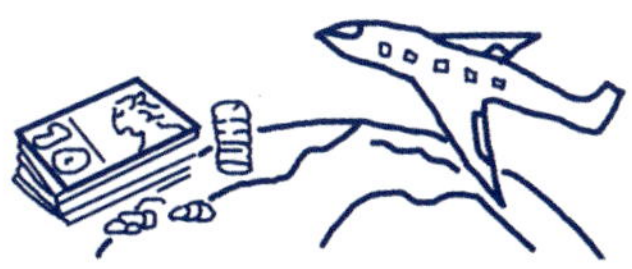

经 济 表 现

	2002
国内经济	34
国际贸易	17
国际投资	19
就　业	43
物　价	38

政 府 效 率

	2002
公共财政	31
财政政策	38
组织机构	38
企业法规	38
教　育	24

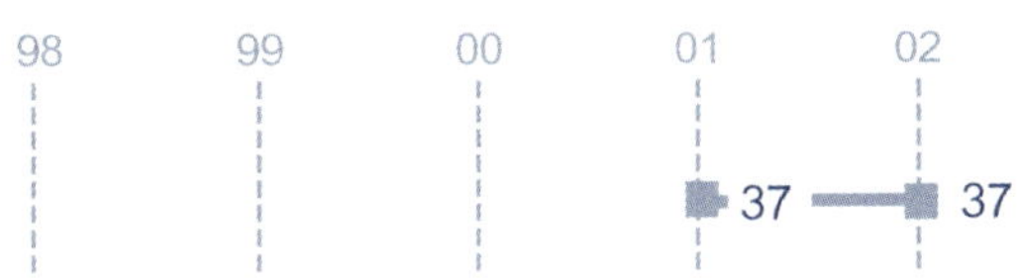

企 业 效 率

	2002
生产率	36
劳动力市场	29
金　融	37
管理实践	46
全球化影响	30

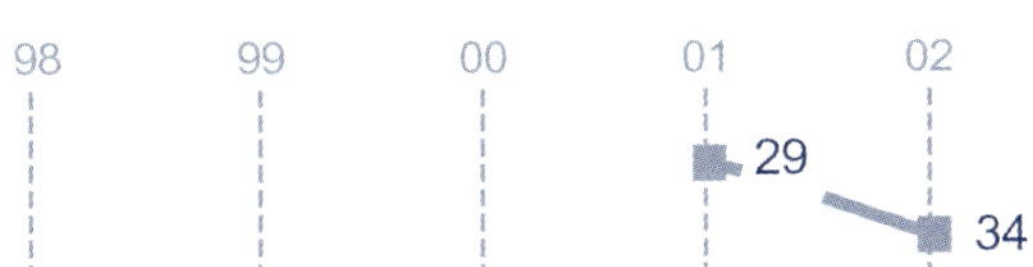

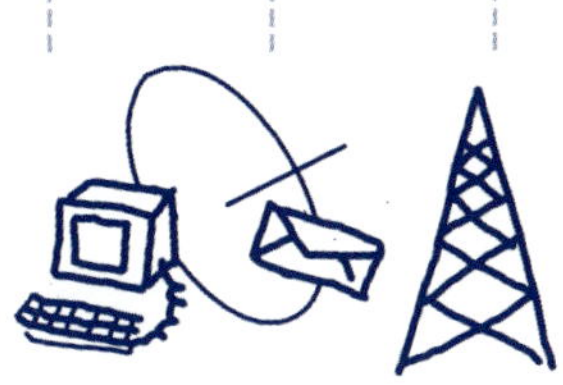

基 础 设 施

	2002
基本基础设施	35
技术基本基础设施	36
科学基本基础设施	35
健康与环境	31
价值系统	32

斯洛伐克

这些指标是每类中最强的10个指标，这些类是通过对49个国家和地区平均的最大的价值差异来区分的。

			排名
1 经济表现			
1.3.08	吸引国外直接投资存量实际增	按本地货币、不变价格计算的变化率	2
1.2.09	商品出口额实际增长率	按本地货币、不变价格计算的变化率	5
1.2.08	商品出口额	商品出口额占GDP的百分比	6
1.3.06	吸引国外直接投资+流量	吸引国外直接投资流量占GDP的百分比	6
1.1.13	实际人均GDP增长率	按本地货币、不变价格计算的变化率	8
1.2.18	外贸依存度	（出口+进口）/（2×GDP）	8
1.2.12	商业服务出口实际增长	按本地货币、不变价格计算的变化率	11
1.1.12	实际GDP增长率	按本地货币、不变价格计算的变化率	13
1.2.11	商业服务出口额	商业服务出口额占GDP的百分比	13
1.4.03	就业增长	变化率	27
2 政府效率			
2.5.09	文盲率	成人（15岁以上）文盲占总人口比例	3
2.5.12	合格工程师	合格工程师在贵国劳动力市场上容易获得	6
2.2.12	资本和财产税	资本和财产税占GDP的百分比	12
2.4.20	外国金融机构	外国金融机构可以进入本国市场	13
2.5.07	教育体系	教育系统满足有竞争力的社会的需要	15
2.3.01	短期实际利率	平均贴现率/优惠利率（1月-12月）	15
2.2.07	对利润征收的平均公司税率	占税前利润的百分比	15
2.1.04	中央政府国内负债	占GDP的百分比	16
2.5.08	大学教育	大学教育满足有竞争力的社会的需要	16
2.1.08	利息支付额	占当前收入的百分比	17
3 企业效率			
3.2.08	产业纠纷	每千个居民年均因纠纷损失的工作日	1
3.3.14	股票市场指数	支书的变化率	3
3.2.15	熟练劳动力	熟练劳动力在贵国劳动市场上可获得性	6
3.2.01	报酬水平	制造业工人每小时全部报酬，美元，估计值	7
3.2.05	工作小时	每年的平均工作小时数	8
3.5.03	生产的再分配	国外的生产再分配没有威胁到贵国经济的未来	9
3.2.13	女性劳动力	占全部劳动力的比例	11
3.3.13	国内上市公司	国内上市公司数目	11
3.1.03	综合生产率实际增长率	每个就业者实际GDP变化率，估计值	15
3.3.19	国际保理业务	占商品出口的比重	15
4 基础设施			
4.5.07	性别收入比	估计总体女性与男性收入比率	5
4.4.01	健康总支出	占GDP的比例	6
4.3.14	科学和技术的兴趣	贵国青年具有浓厚的科学技术兴趣	7
4.1.19	非能源原材料自给	人均贸易收支差额，美元	8
4.1.07	铁路	网络的密度	9
4.4.05	医疗帮助	每个医生负担的居民人数/每个护士负担的居民人数	9
4.1.04	赡养率	15岁以下和64岁以上的人口总量除以15岁-64岁之间人口总量	10
4.5.06	女性地位	所有立法委员、高级官员和经理中女性所占比例	12
4.1.20	工业用户的电力成本	美元/千瓦	16
4.2.05	移动电话费用	高峰期每三分钟费用，美元	17

斯洛伐克

这些指标是每类中最弱的10个指标，这些类是通过对49个国家和地区平均的最大的价值差异来区分的。

1 经济表现

			排名
1.4.06	失业率	占劳动力比率	48
1.2.02	经常项目差额	经常项目差额占GDP的百分比	48
1.3.03	对外直接投资存量	10亿美元	48
1.3.01	对外直接投资流量	10亿美元	46
1.3.07	吸引国外直接投资存量	10亿美元	45
1.1.02	国内生产总值（PPP）	估计值；按购买力平价计算，10亿美元	45
1.1.01	国内生产总值（GDP）	按现行价格、汇率计算，10亿美元	45
1.2.07	商品出口额	商品出口额，10亿美元	44
1.2.10	商业服务出口额	10亿美元	44
1.3.02	对外直接投资流量	对外直接投资流量占GDP的百分比	43

2 政府效率

2.4.14	失业立法	失业立法激励人们寻找工作	48
2.4.06	政府补贴	对私人和公共企业的补贴占GDP比重	47
2.2.09	雇主的社会保障缴款率	强制缴款占人均GDP的比率	47
2.3.16	官僚主义	官僚主义不阻碍企业发展	46
2.4.03	保护主义	保护主义没有影响贵国的企业行为	46
2.3.08	关于政策方向的一致性	政府中政策方向的一致性很高	45
2.3.20	政策不稳定性风险	政策不稳定性风险很低	44
2.3.17	受贿和腐败	受贿和腐败在经济中不盛行	44
2.3.12	政府决策	政府决策可以有效实施	42
2.4.12	新企业	新企业在贵国容易建立	42

3 企业效率

3.3.10	股票市场	股票市场为公司提供充足的资金	48
3.4.09	销售	贵国企业中有效地进行销售	46
3.4.03	管理人员的信誉	管理人员在经济中可信性被广泛认可	46
3.4.10	社会责任	商界领袖重视对社会的责任	45
3.2.20	称职的高层管理人员	称职的高层管理人员在贵国劳动市场上易获得	45
3.3.18	现金流	现金流通常足以允许公司自筹经费	45
3.4.02	伦理实践	伦理实践在公司中采用	45
3.4.01	适应性	贵国公司适应市场变化的能力很强	44
3.4.06	消费者满意度	贵国重视消费者满意度	44
3.4.05	股东价值	有效地管理股东价值	43

4 基础设施

4.1.09	空运的质量	空运的质量在贵国通常充分有效	48
4.1.14	能源强度	单位美元GDP消费的商业能源数量，千焦耳	45
4.2.17	资助技术发展	技术发展的资助非常充分	43
4.2.13	合适的互联网访问数	贵国可以提供合适的互联网访问数（可获性、速度、费用）	42
4.3.10	基础研究	基础研究能够支持长期经济发展	42
4.5.01	生活质量	贵国生活质量很高	41
4.5.09	社会的价值	社会价值支持竞争力	41
4.4.14	二氧化碳排放量	GDP的每百万美元中由工业过程排放的二氧化碳（吨）	41
4.1.05	维护和发展	基础设施的维护和发展得到充分的计划和资助	40
4.2.04	移动电话用户	每千户居民中的用户数	39

斯洛伐克

这一部分集锦了该国20个最强的指标，
这部分指标有着最高的标准化值（STD值）。
STD值＝（国家和地区的原始值－49个国家和地区平均值）/标准差

20个最强的指标

序号	名称	国家原始值	国家排名	49国家平均值
1.3.08	**吸引国外直接投资存量实际增长率** 按本地货币、不变价格计算的变化率	73.78	2	23.25
3.3.14	**股票市场指数** 支书的变化率	31.41	3	-8.23
1.2.09	**商品出口额实际增长率** 按本地货币、不变价格计算的变化率	15.94	5	2.01
4.5.07	**性别收入比** 估计总体女性与男性收入比率	0.65	5	0.41
3.2.01	**报酬水平** 制造业工人每小时全部报酬，美元，估计值	1.41	7	9.16
3.2.05	**工作小时** 每年的平均工作小时数	2,108	8	1,925
4.4.01	**健康总支出** 占GDP的比例	9.1	6	6.7
1.2.08	**商品出口额** 商品出口额占GDP的百分比	62.97	6	38.5
4.1.07	**铁路** 网络的密度	0.0747	9	0.0394
2.2.12	**资本和财产税** 资本和财产税占GDP的百分比	0.57	12	1.57
4.1.04	**赡养率** 15岁以下和64岁以上的人口总量除以15岁-64岁之间人口总量	45.5	10	50.8
3.2.13	**女性劳动力** 占全部劳动力的比例	45.8	11	40.42
1.1.13	**实际人均GDP增长率** 按本地货币、不变价格计算的变化率	2.89	8	0.73
2.5.12 (调查)	**合格工程师** 合格工程师在贵国劳动力市场上容易获得	8.23	6	6.86
4.3.14 (调查)	**科学和技术的兴趣** 贵国青年具有浓厚的科学技术兴趣	6.5	7	5.39
3.2.15 (调查)	**熟练劳动力** 熟练劳动力在贵国劳动市场上可获得性	7.94	6	6.75
3.5.03 (调查)	**生产的再分配** 国外的生产再分配没有威胁到贵国经济的未来	5.62	9	4.87
2.4.20 (调查)	**外国金融机构** 外国金融机构可以进入本国市场	8.85	13	8.21
2.5.07 (调查)	**教育体系** 教育系统满足有竞争力的社会的需要	6.23	15	5.14
4.3.13 (调查)	**学校内的科学** 学校内的科学在贵国充分教育	6.03	18	5.19

斯洛伐克

如　　果？

竞争力模拟研究帮助政策制定者将注意力和优先次序放在他们国家或地区面临的关键竞争力上。我们用49个国家或地区的平均值代替这些最弱的指标值，从而计算这个国家或地区的总体排名。然而，这只是一个理论方式，不应视为政策的建议。还必须考虑各个国家或地区的发展水平、政治体制和社会值系统

	从		到
模拟排名变化	37	→	33

20个最弱的指标

序号	名称	国家原始值	国家排名	49国家平均值
2.4.06	**政府补贴** 对私人和公共企业的补贴占GDP比重	4.2	47	1.19
1.4.06	**失业率** 占劳动力比率	19	48	7.95
2.2.09	**雇主的社会保障缴款率** 强制缴款占人均GDP的比率	38	47	17.86
1.2.02	**经常项目差额** 经常项目差额占GDP的百分比	-7.64	48	0.99
4.2.19	**高技术出口** 占制造业出口的比例	4.38	37	16.96
4.1.14	**能源强度** 单位美元GDP消费的商业能源数量，千焦耳	32,192	45	15,435
3.1.08	**工业生产率（购买力平价）** 每个工业雇员创造的相应GDP，美元，估计值	24,886	41	46,005
2.3.04	**国家信用评级** 由《机构投资者杂志》杂志按百分制评分	47.7	40	67.8
2.5.05	**高等教育成绩** 25-34岁人中至少获得三级教育的人口所占比例	12	32	21
1.1.22	**人均GDP** 人均美元	3,631	39	14,689
2.5.04	**中等学校入学人数** 接受全日制教育的相关年龄组所占比例	71	37	81.6
4.3.02	**人均研究与开发支出** 人均，美元	24.2	36	282.1
4.3.05	**人均企业研究与开发支出额** 人均，美元	13.19	31	177.46
4.1.09 （调查）	**空运的质量** 空运的质量在贵国通常充分有效	2.99	48	6.71
3.3.10 （调查）	**股票市场** 股票市场为公司提供充足的资金	2.03	48	5.45
2.4.14 （调查）	**失业立法** 失业立法激励人们寻找工作	2.59	48	4.98
3.4.09 （调查）	**销售** 贵国企业中有效地进行销售	5.07	46	6.42
3.4.03 （调查）	**管理人员的信誉** 管理人员在经济中可信性被广泛认可	4.44	46	6.08
3.4.10 （调查）	**社会责任** 商界领袖重视对社会的责任	3.86	45	5.7
3.4.05 （调查）	**股东价值** 有效地管理股东价值	4.09	43	5.57

斯洛伐克

国内经济

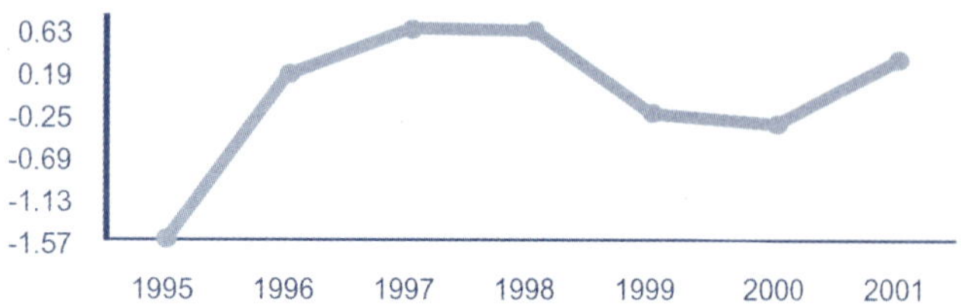

国际贸易

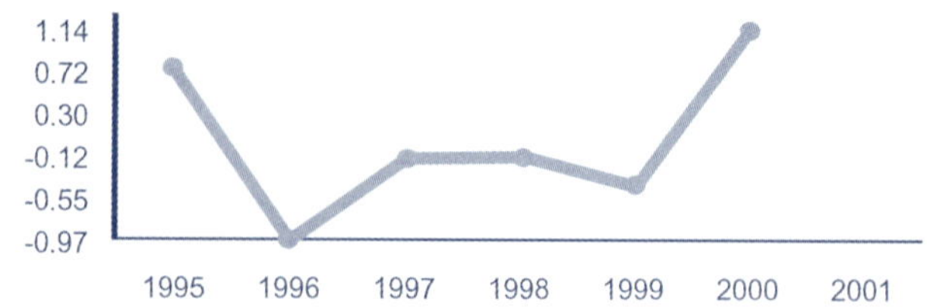

国际投资

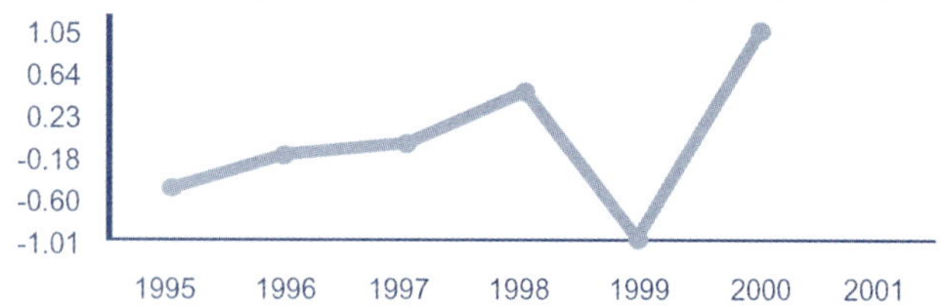

公共财政

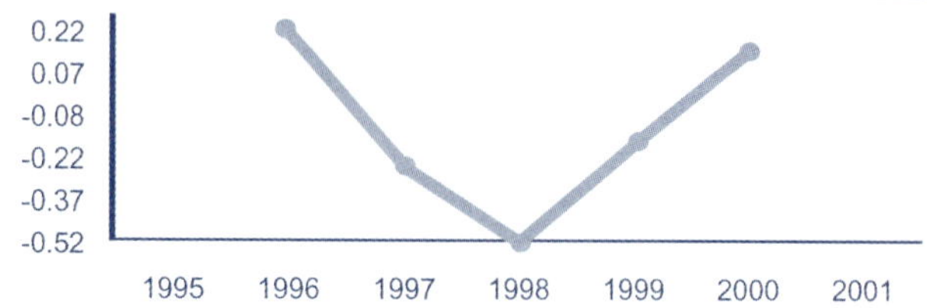

财政政策

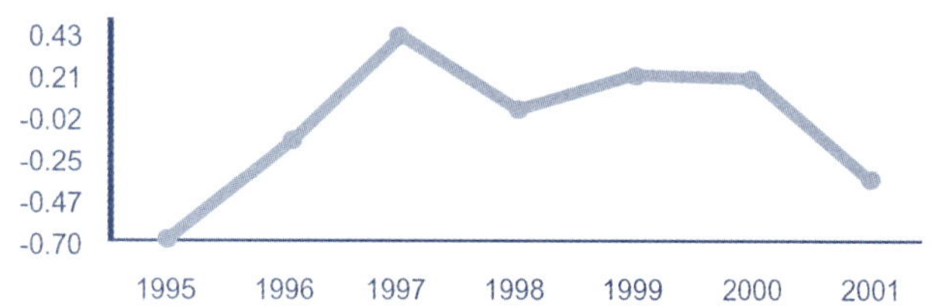

生产率

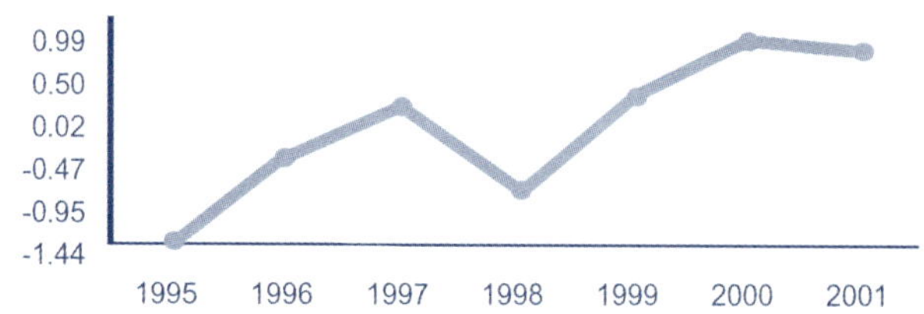

金融

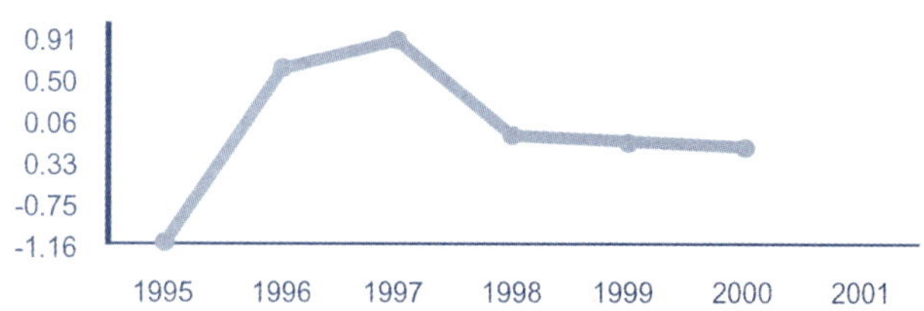

技术基础设施

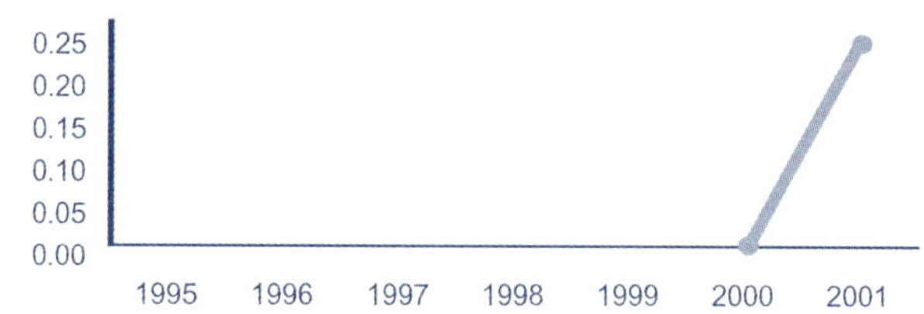

主要竞争力指标

人均国内生产总值

人均美元

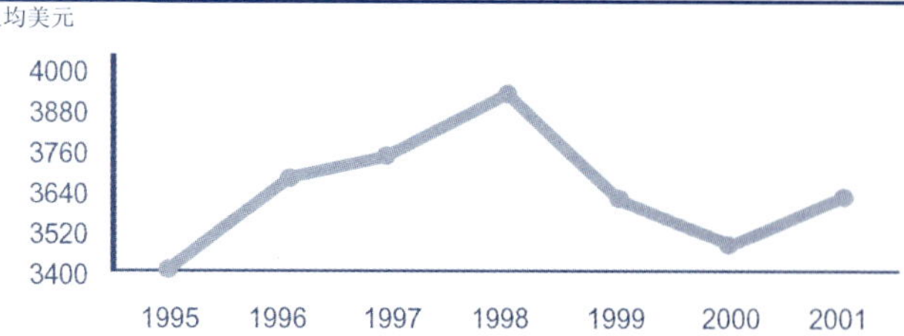

国内生产总值实际增长率

百分比变化，基于国家货币物价稳定

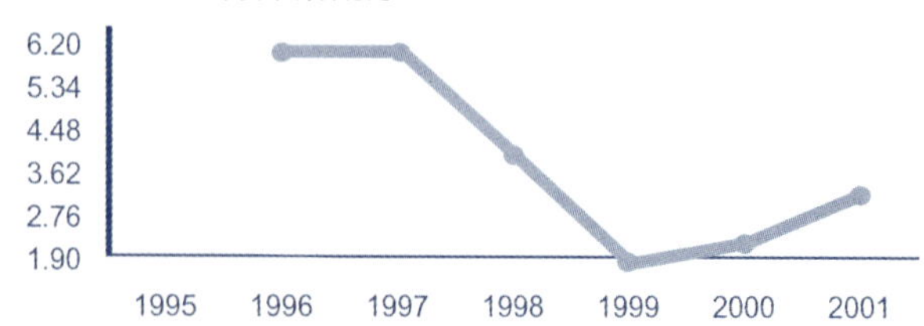

斯洛伐克

个人最终消费支出
人均美元

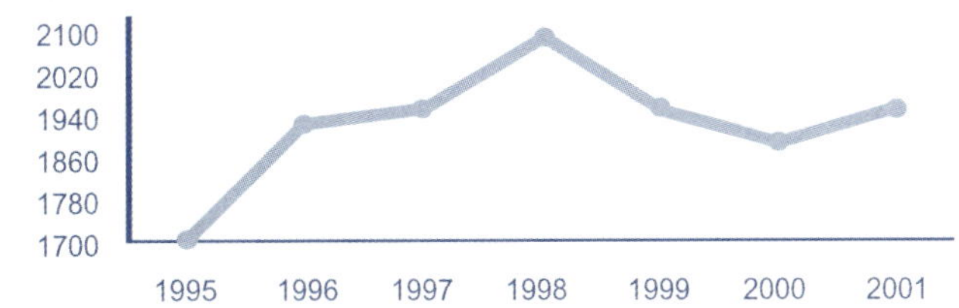

经常性项目差额
十亿美元（负号标志＝赤字）

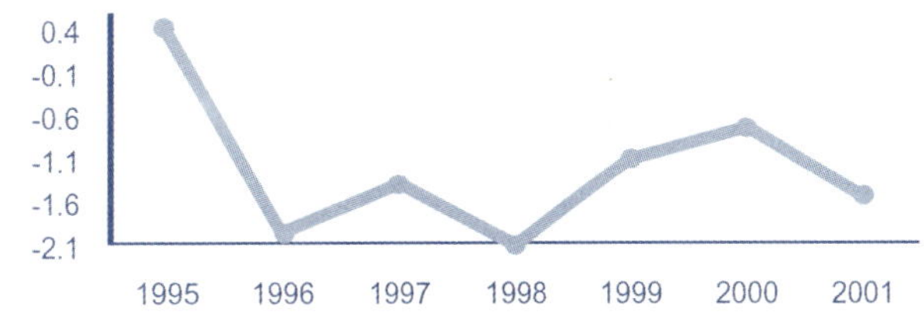

商品和商业劳务出口
十亿美元

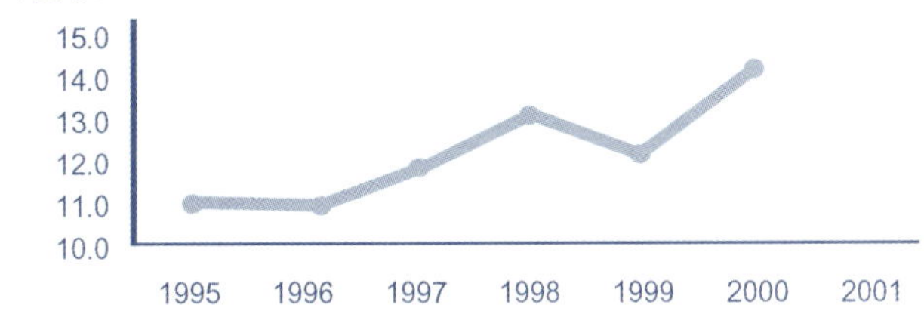

对外直接投资流量
十亿美元

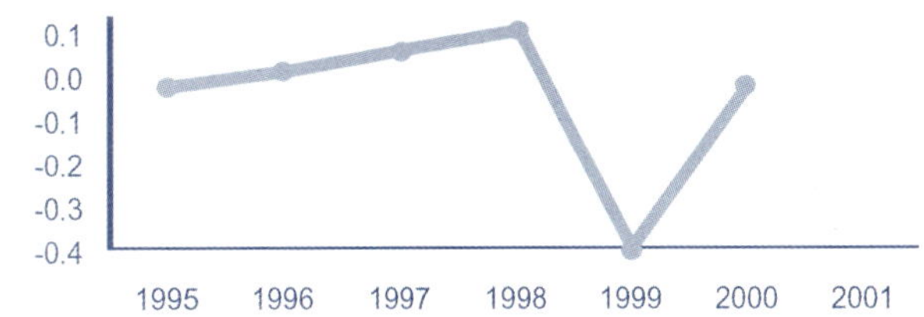

吸收直接投资流量
十亿美元

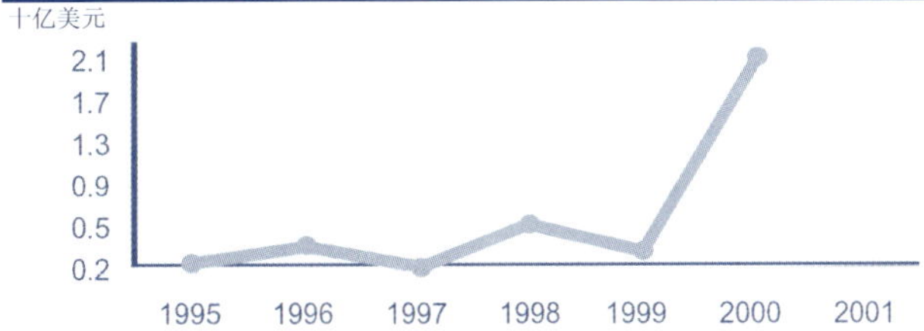

失业率
劳动力百分比

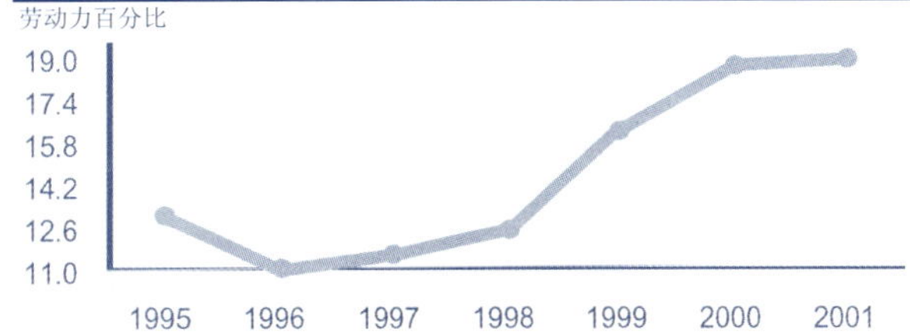

消费品价格增长率
年平均比率

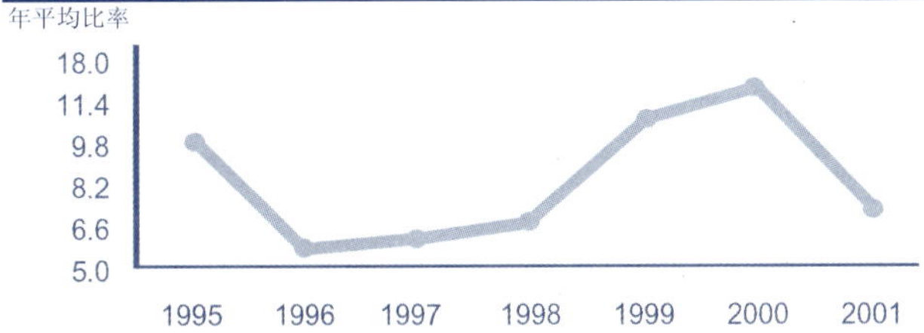

总体生产率
就业人员人均国内生产总值，美元

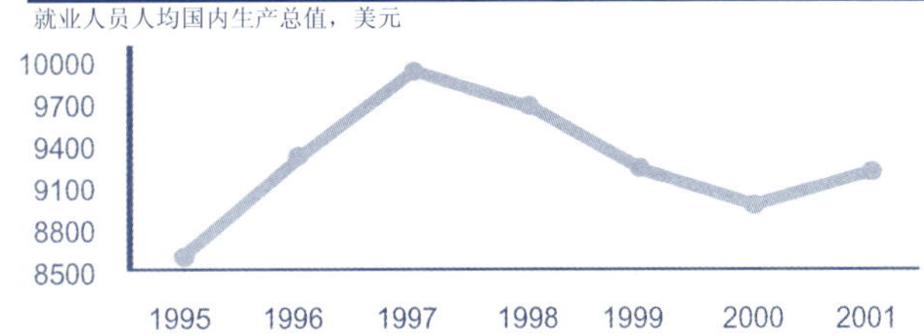

报酬水平
估计：制造工人的小时总补偿，美元

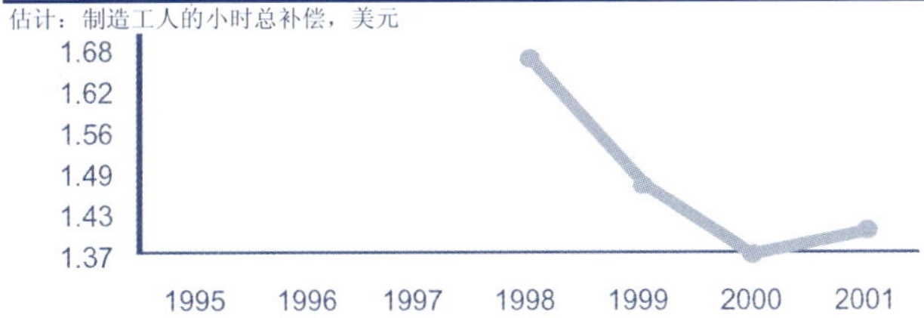

股票市场筹资额
十亿美元

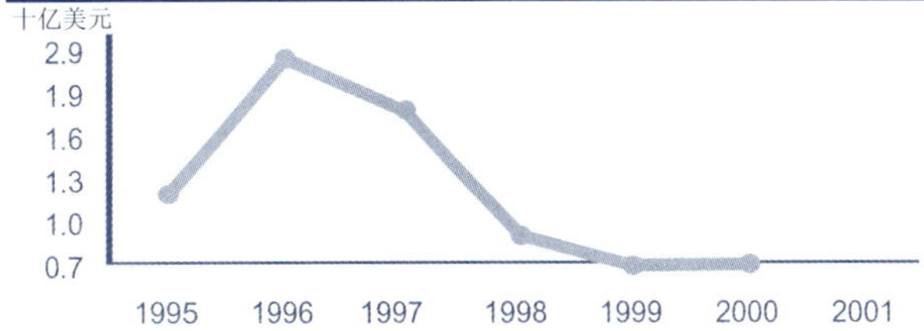

国内上市公司
上市公司的数量

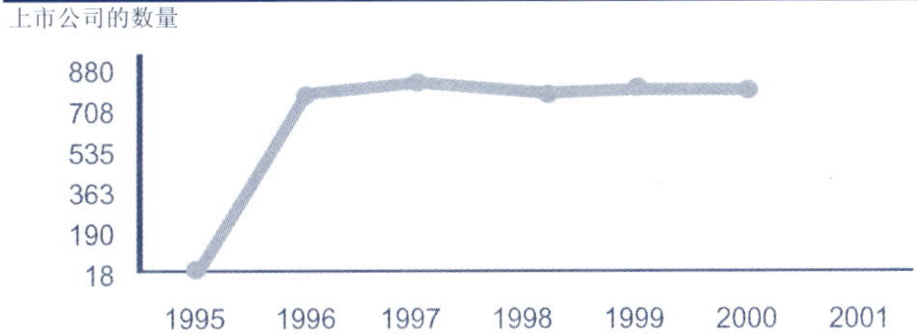

计算机
每1000人的计算机数量/来源：计算机工业年鉴

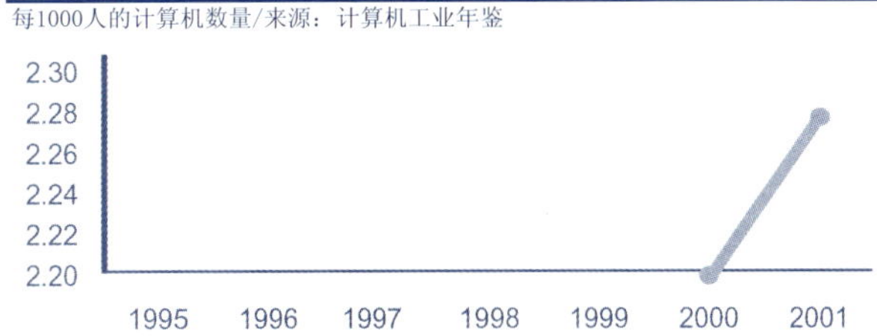

斯洛文尼亚

国家竞争力的挑战，2002

- 减少通货膨胀率。
- 合并与私有化银行与保险公司。
- 私有化与解除关键基础设施部分的管制（电信、能源、公共事业）。
- 加强学校、科研和企业的合作。
- 提高创新和技术能力。

提供者：

经济研究机构

总体表现

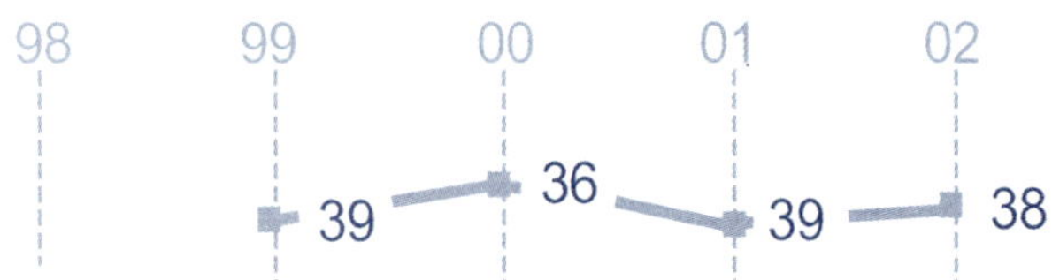

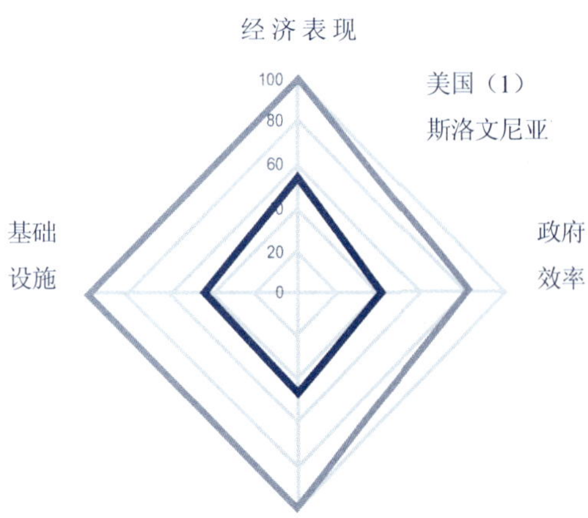

基本事实

首都	卢布尔雅那
人口	2.0 (2001)
地域（平方千米）	21.0 (2000)
汇率（百分之一美元）	242.75 (2001)
国内生产总值（十亿美元）	18.7 (2001)
人均国内生产总值（美元）	9,306 (2001)
实际GDP增长率	3.7（2001）
消费品价格上涨	8.4（2001）
失业率	6.30 (2001)
劳动力（百万）	0.97 (2001)
经常性项目差额（十亿美元）	-0.2 (2001)
直接投资	
吸收股票投资（十亿美元）	2.87（2000）
吸收流量（占GDP百分比）	1.00（2000）

斯洛文尼亚

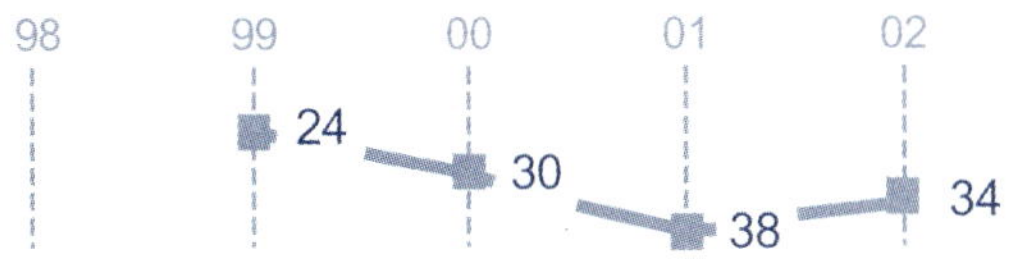

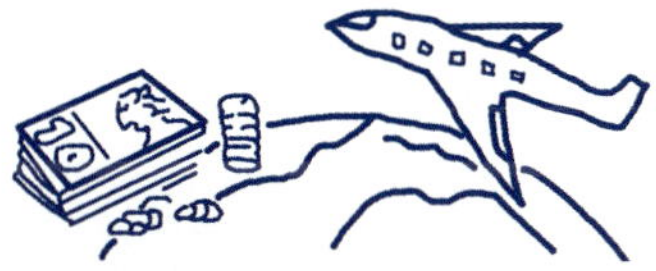

经 济 表 现

	2002
国内经济	25
国际贸易	25
国际投资	40
就　业	11
物　价	41

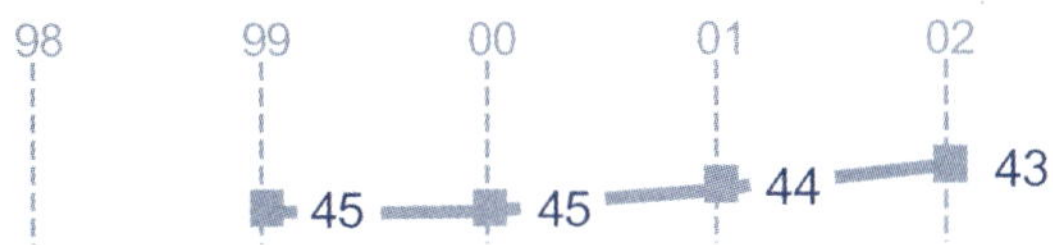

政 府 效 率

	2002
公共财政	26
财政政策	45
组织机构	39
企业法规	47
教　育	26

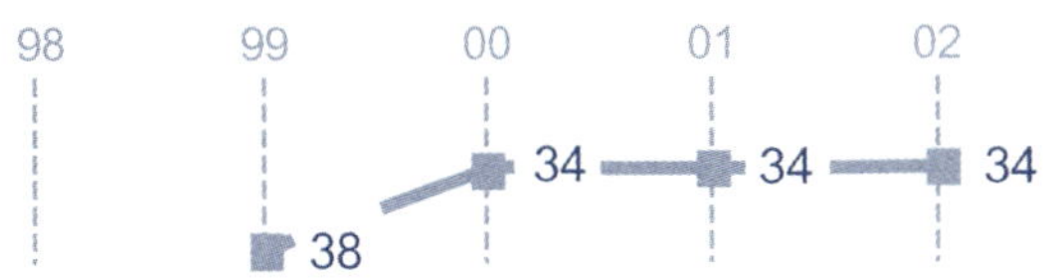

企 业 效 率

	2002
生产率	30
劳动力市场	36
金　融	38
管理实践	28
全球化影响	36

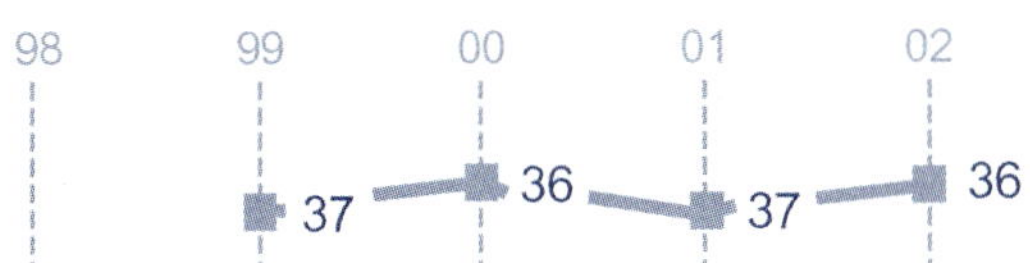

基 础 设 施

	2002
基本基础设施	30
技术基本基础设施	37
科学基本基础设施	34
健康与环境	35
价值系统	36

斯洛文尼亚

这些指标是每类中最强的10个指标，这些类是通过对49个国家和地区平均的最大的价值差异来区分的。

1 经济表现

			排名
1.4.07	青年失业	25岁以下失业人口占总失业人口比例	4
1.1.13	实际人均GDP增长率	按本地货币、不变价格计算的变化率	7
1.1.12	实际GDP增长率	按本地货币、不变价格计算的变化率	9
1.2.09	商品出口额实际增长率	按本地货币、不变价格计算的变化率	11
1.2.08	商品出口额	商品出口额占GDP的百分比	12
1.2.18	外贸依存度	（出口+进口）/（2×GDP）	13
1.2.11	商业服务出口额	商业服务出口额占GDP的百分比	17
1.4.02	就业率	总就业人口占总人口的百分比	22
1.4.03	就业增长	变化率	23
1.3.04	对外直接投资存量实际增长率	按本地货币、不变价格计算的变化率	24

2 政府效率

2.5.09	文盲率	成人（15岁以上）文盲占总人口比例	1
2.5.02	学生—教师比（初等教育）	学生与教师职员的比例	6
2.2.07	对利润征收的平均公司税率	占税前利润的百分比	6
2.1.08	利息支付额	占当前收入的百分比	7
2.5.03	学生—教师比（中等教育）	学生与教师职员的比例	11
2.1.04	中央政府国内负债	占GDP的百分比	13
2.2.12	资本和财产税	资本和财产税占GDP的百分比	15
2.4.02	海关职权	海关职权推动了商品的有效转口	21
2.5.01	全部公共教育支出	全部公共教育支出占GDP的比例	21
2.3.01	短期实际利率	平均贴现率/优惠利率（1月-12月）	23

3 企业效率

3.3.14	股票市场指数	支书的变化率	5
3.1.03	综合生产率实际增长率	每个就业者实际GDP变化率，估计值	7
3.2.13	女性劳动力	占全部劳动力的比例	8
3.2.05	工作小时	每年的平均工作小时数	9
3.2.04	经理报酬	全部底薪加上奖金和长期激励，美元	11
3.4.06	消费者满意度	贵国重视消费者满意度	14
3.2.02	制造业部门单位劳动成本	制造业部门单位劳动成本变化率	14
3.4.07	企业家精神	贵国企业家精神很普遍	15
3.2.01	报酬水平	制造业工人每小时全部报酬，美元，估计值	16
3.4.05	股东价值	有效地管理股东价值	16

4 基础设施

4.1.04	赡养率	15岁以下和64岁以上的人口总量除以15岁-64岁之间人口总量	6
4.2.01	对电信的投资	年平均占GDP的百分比	10
4.5.07	性别收入比	估计总体女性与男性收入比率	12
4.1.16	GDP和能源消耗	实际GDP增长率减去能源消耗增长率	12
4.5.06	女性地位	所有立法委员、高级官员和经理中女性所占比例	14
4.1.07	铁路	网络的密度	15
4.3.07	每千人中研究与开发人员	每千国民中人数（全日约当单位）	17
4.3.09	企业研究与开发人数	每千国民中人数（全日约当单位）	19
4.2.05	移动电话费用	高峰期每三分钟费用，美元	21
4.2.03	国际电话费用	高峰期通往美国的每三分钟费用（对美国指通往欧洲）	22

斯洛文尼亚

这些指标是每类中最弱的10个指标，这些类是通过对49个国家和地区平均的最大的价值差异来区分的。

1 经济表现

			排名
1.1.01	国内生产总值（GDP）	按现行价格、汇率计算，10亿美元	47
1.2.07	商品出口额	商品出口额，10亿美元	46
1.2.10	商业服务出口额	10亿美元	46
1.3.07	吸引国外直接投资存量	10亿美元	46
1.3.05	吸引国外直接投资流量	10亿美元	46
1.1.02	国内生产总值（PPP）	估计值：按购买力平价计算，10亿美元	46
1.4.01	总就业人口	总就业人口（百万）	46
1.3.03	对外直接投资存量	10亿美元	45
1.3.01	对外直接投资流量	10亿美元	45
1.5.01	消费品价格上涨	年平均比率	44

2 政府效率

			排名
2.4.21	进入国内资本市场	外国公司进入国内资本市场不受限制	48
2.4.17	金融交易的机密性	金融交易的机密性是有保证的	48
2.4.20	外国金融机构	外国金融机构可以进入本国市场	48
2.4.10	地下经济	地下经济不损害贵国的经济发展	48
2.2.04	雇员社会保障缴款率	强制缴款占人均GDP的百分比	47
2.4.09	价格控制	价格控制没有影响多数产业的产品定价	47
2.4.23	投资激励	对外国投资有吸引力	47
2.4.22	进入国外资本市场	国内公司进入国外资本市场不受限制	46
2.4.24	投资保护计划	投资保护计划大多数外放国家可以享受	46
2.4.11	外国公司	外国公司不被国内立法区别对待	46

3 企业效率

			排名
3.2.20	称职的高层管理人员	称职的高层管理人员在贵国劳动市场上易获得	48
3.3.07	银行服务	银行服务在贵国广泛发展	47
3.5.04	R&D设施的再分配	R&D设施的再分配不会威胁贵国经济的未来	46
3.2.16	金融人才	金融人才在贵国劳动市场上容易获得	44
3.4.09	销售	贵国企业中有效地进行销售	44
3.3.10	股票市场	股票市场为公司提供充足的资金	43
3.2.15	熟练劳动力	熟练劳动力在贵国劳动市场上可获得性	42
3.3.09	银行业规定	银行业规定没有阻碍贵国竞争力	42
3.2.19	国际经验	高层管理者通常有丰富的国际经验	42
3.2.18	外国高素质人员	外国高素质人员被贵国企业环境所吸引	42

4 基础设施

			排名
4.2.14	信息技术人才	信息技术人才在贵国劳动市场上易获得	47
4.4.16	可持续发展	贵国优先考虑可持续发展	47
4.4.11	酗酒、吸毒	酗酒和吸毒在工作岗位没有成为严重问题	46
4.1.19	非能源原材料自给	人均贸易收支差额，美元	45
4.4.18	环境法	环境法和遵守该法不会阻碍企业竞争力	45
4.5.03	适应性	面对挑战，贵国人民的适应性很强	43
4.2.07	新信息技术	新信息技术和应用满足企业需要	43
4.2.16	技术的发展和应用	合法环境支持技术的发展和应用	42
4.2.17	资助技术发展	技术发展的资助非常充分	41
4.2.06	通信的充分性	通信在贵国普遍比较充分	41

斯洛文尼亚

这一部分集锦了该国20个最强的指标，
这部分指标有着最高的标准化值（STD值）。
STD值＝（国家和地区的原始值－49个国家和地区平均值）/标准差

20个最强的指标

序号	名称	国家原始值	国家排名	49国家平均值
1.4.07	**青年失业** 25岁以下失业人口占总失业人口比例	16.9	4	26.47
3.3.14	**股票市场指数** 支书的变化率	19	5	-8.23
4.1.04	**赡养率** 15岁以下和64岁以上的人口总量除以15岁-64岁之间人口总量	43.3	6	50.8
2.5.02	**学生—教师比（初等教育）** 学生与教师职员的比例	12.5	6	19.49
3.1.03	**综合生产率实际增长率** 每个就业者实际GDP变化率，估计值	3.13	7	0.85
3.2.05	**工作小时** 每年的平均工作小时数	2,106	9	1,925
2.2.07	**对利润征收的平均公司税率** 占税前利润的百分比	25	6	29.22
3.2.13	**女性劳动力** 占全部劳动力的比例	46.32	8	40.42
1.1.13	**实际人均GDP增长率** 按本地货币、不变价格计算的变化率	3.18	7	0.73
2.1.08	**利息支付额** 占当前收入的百分比	3.87	7	12.39
1.1.12	**实际GDP增长率** 按本地货币、不变价格计算的变化率	3.7	9	1.8
2.2.12	**资本和财产税** 资本和财产税占GDP的百分比	0.66	15	1.57
2.5.03	**学生—教师比（中等教育）** 学生与教师职员的比例	11.8	11	16.99
3.4.06 （调查）	**消费者满意度** 贵国重视消费者满意度	7.18	14	6.29
3.4.05 （调查）	**股东价值** 有效地管理股东价值	6.18	16	5.57
3.4.10 （调查）	**社会责任** 商界领袖重视对社会的责任	6.39	17	5.7
3.4.07 （调查）	**企业家精神** 贵国企业家精神很普遍	6.8	15	6.34
2.4.02 （调查）	**海关职权** 海关职权推动了商品的有效转口	6.92	21	6.3
3.4.11 （调查）	**健康、安全和环境事务** 健康、安全和环境事务被管理层充分重视	6.49	19	6.04
3.3.03 （调查）	**信贷** 很容易从银行流入企业	6.18	28	5.83

斯洛文尼亚

如　果？

竞争力模拟研究帮助政策制定者将注意力和优先次序放在他们国家或地区面临的关键竞争力上。我们用49个国家或地区的平均值代替这些最弱的指标值，从而计算这个国家或地区的总体排名。然而，这只是一个理论方式，不应视为政策的建议。还必须考虑各个国家或地区的发展水平、政治体制和社会值系统

	从		到
模拟排名变化	38	→	34

20个最弱的指标

序号	名称	国家原始值	国家排名	49国家平均值
2.2.04	**雇员社会保障缴款率** 强制缴款占人均GDP的百分比	22.1	47	9.1
2.2.02	**个人收入税有效税率** 占人均GDP的百分比	30.14	44	17.15
2.2.13	**间接税** 商品和服务税占GDP的比重	14.97	45	10.45
4.2.19	**高技术出口** 占制造业出口的比例	4.35	38	16.96
2.2.01	**税收总收入** 占GDP的百分比	42.79	43	31.24
2.3.07	**汇率稳定度** 本币相对于特别提款权的汇兑年价变动	0.389	45	0.188
1.2.07	**商品出口额** 商品出口额，10亿美元	9.36	46	115.59
3.1.08	**工业生产率（购买力平价）** 每个工业雇员创造的相应GDP，美元，估计值	33,234	30	46,005
1.3.06	**吸引国外直接投资+流量** 吸引国外直接投资流量占GDP的百分比	1	42	6.48
1.3.09	**证券投资资产** 10亿美元	0.06	43	26.1
3.3.12	**股票市场交易额** 人均美元	234	42	14,476
1.3.02	**对外直接投资流量** 对外直接投资流量占GDP的百分比	0.26	41	6.85
4.2.18	**高技术出口** 百万美元	368	41	21,693
2.4.21 （调查）	**进入国内资本市场** 外国公司进入国内资本市场不受限制	5.59	48	8.09
3.2.20 （调查）	**称职的高层管理人员** 称职的高层管理人员在贵国劳动市场上易获得	3.78	48	6.31
2.4.17 （调查）	**金融交易的机密性** 金融交易的机密性是有保证的	4.29	48	7.19
2.4.20 （调查）	**外国金融机构** 外国金融机构可以进入本国市场	6.31	48	8.21
4.2.14 （调查）	**信息技术人才** 信息技术人才在贵国劳动市场上易获得	4.98	47	7.1
2.4.09 （调查）	**价格控制** 价格控制没有影响多数产业的产品定价	5.43	47	7.16
4.4.16 （调查）	**可持续发展** 贵国优先考虑可持续发展	4.47	47	6.49

斯洛文尼亚

国内经济

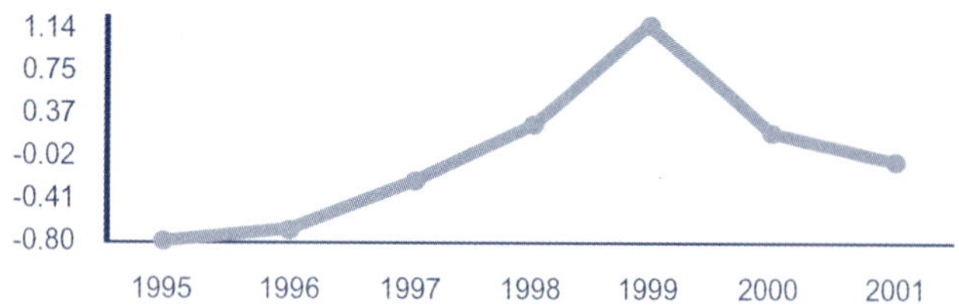

国际贸易

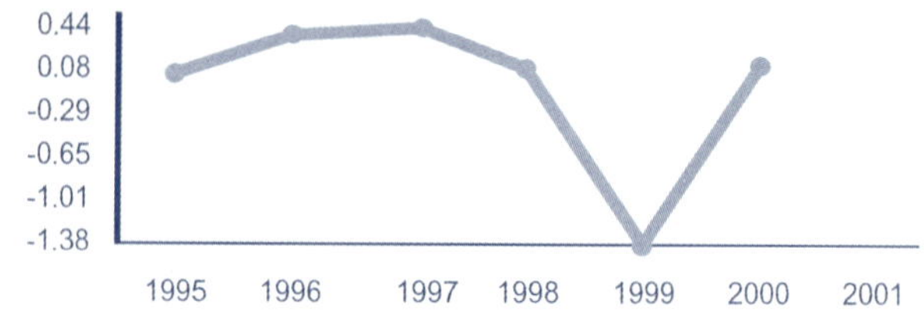

国际投资

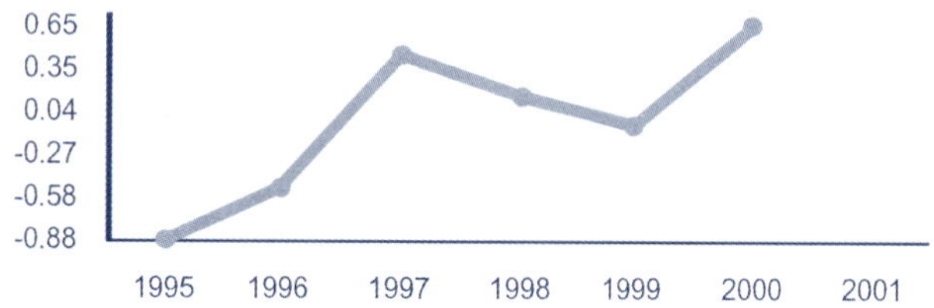

公共财政

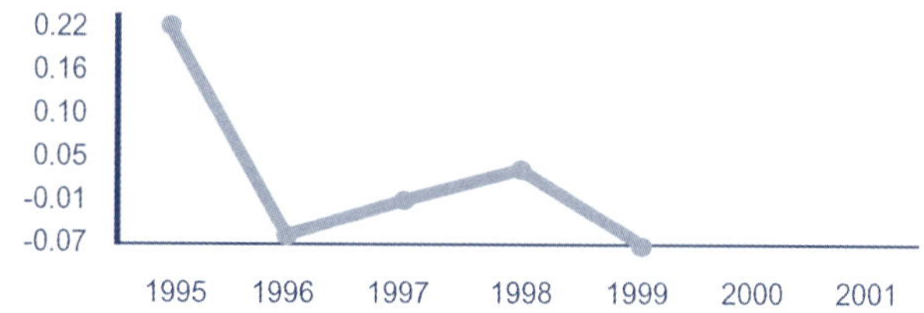

财政政策

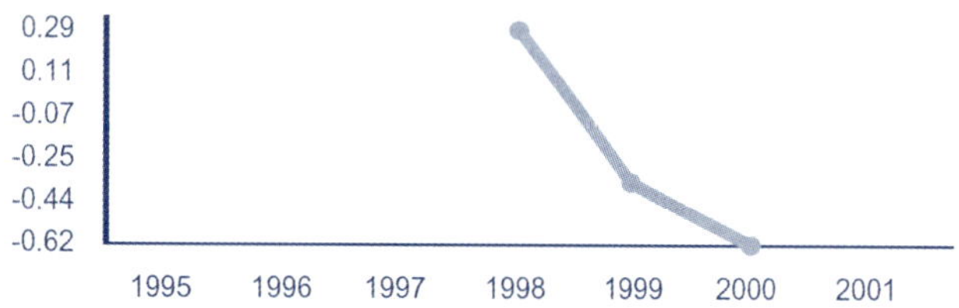

生产率

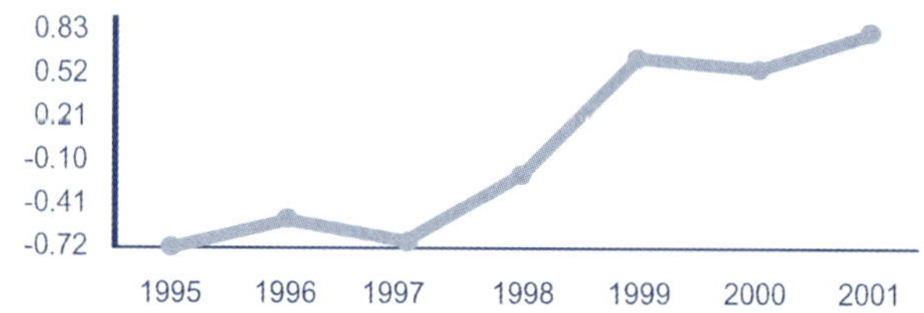

金融

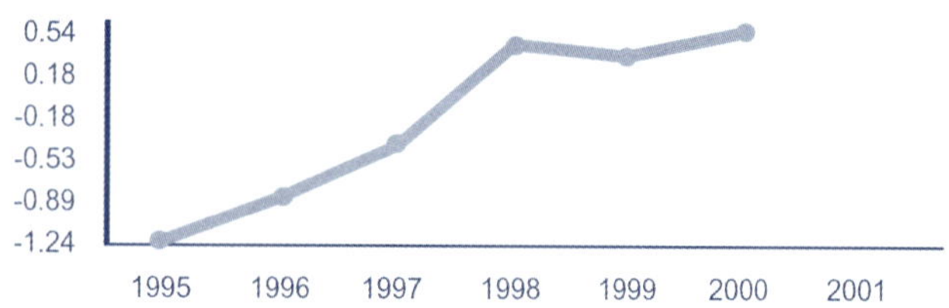

技术基础设施

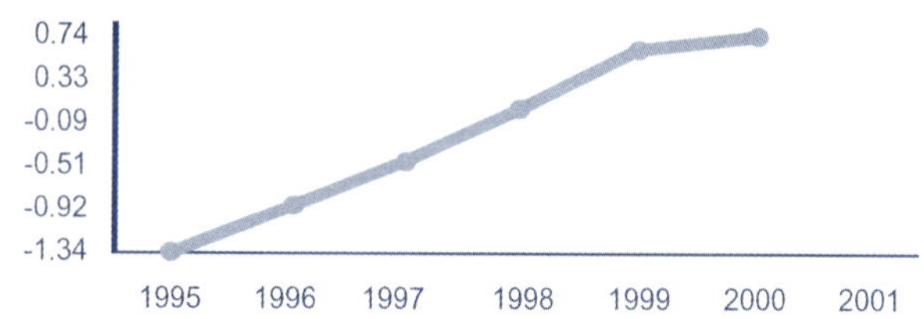

主要竞争力指标

人均国内生产总值

人均美元

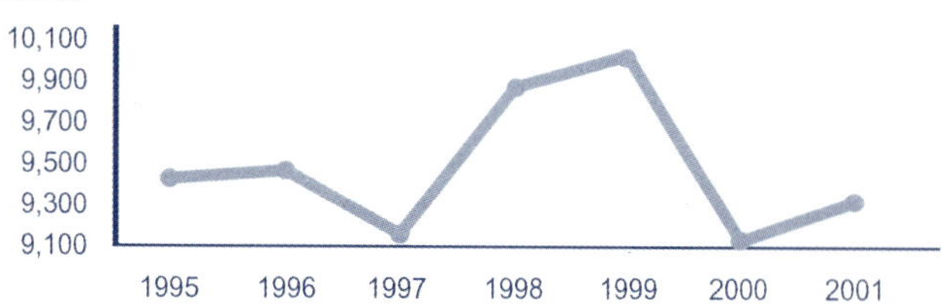

国内生产总值实际增长率

百分比变化，基于国家货币物价稳定

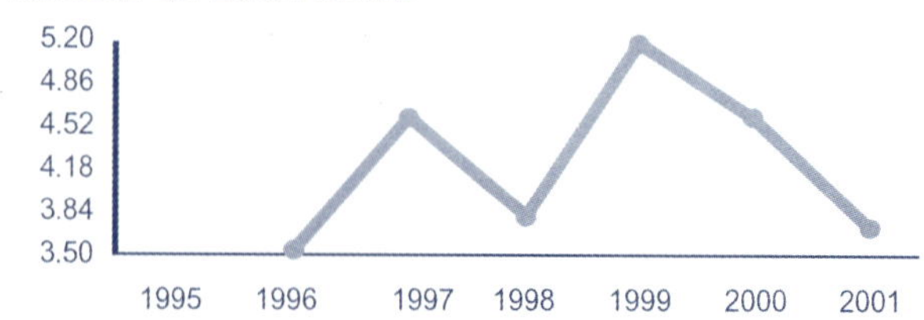

斯洛文尼亚

个人最终消费支出
人均美元

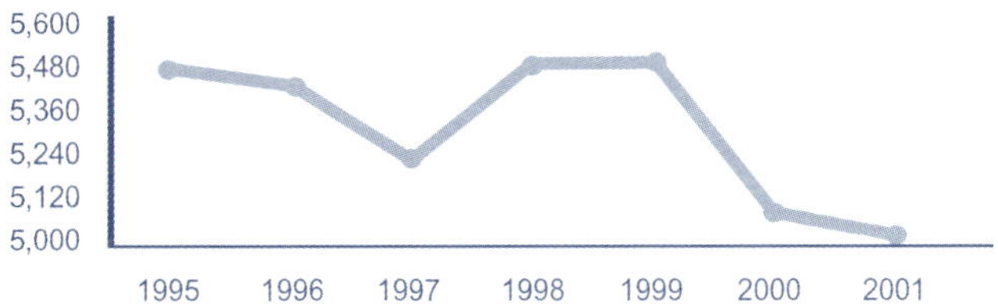

经常性项目差额
十亿美元（负号标志＝赤字）

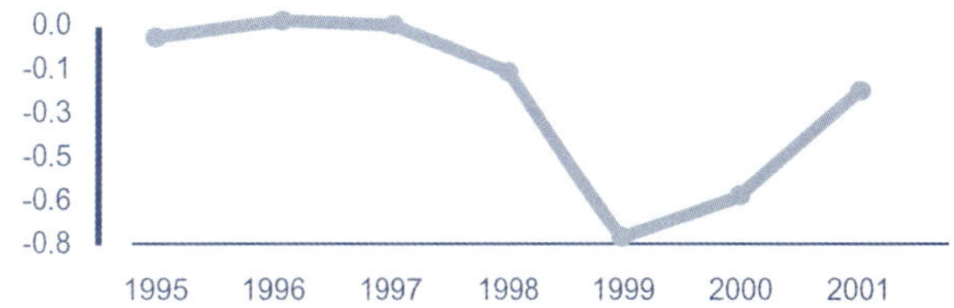

商品和商业劳务出口
十亿美元

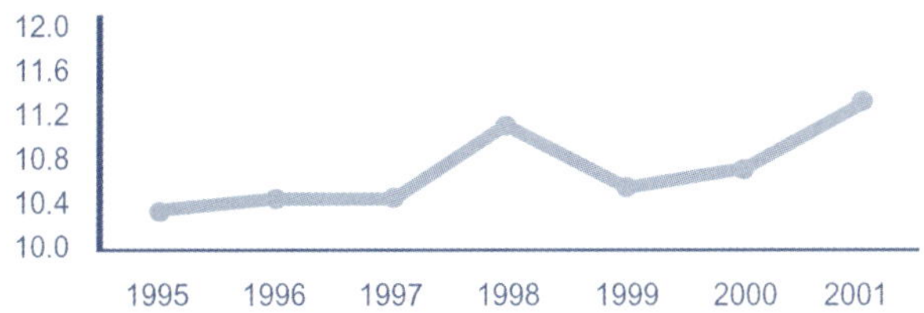

对外直接投资流量
十亿美元

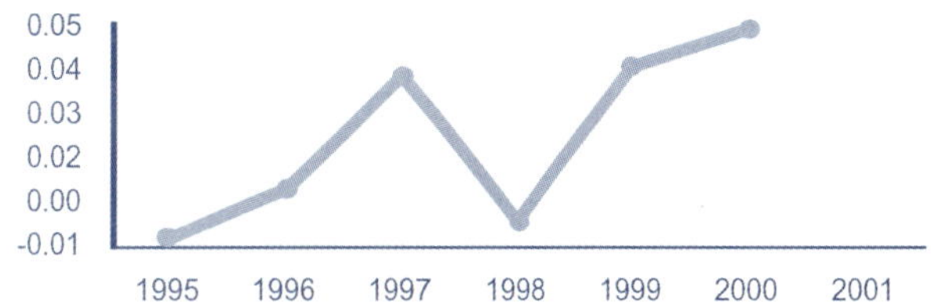

吸收直接投资流量
十亿美元

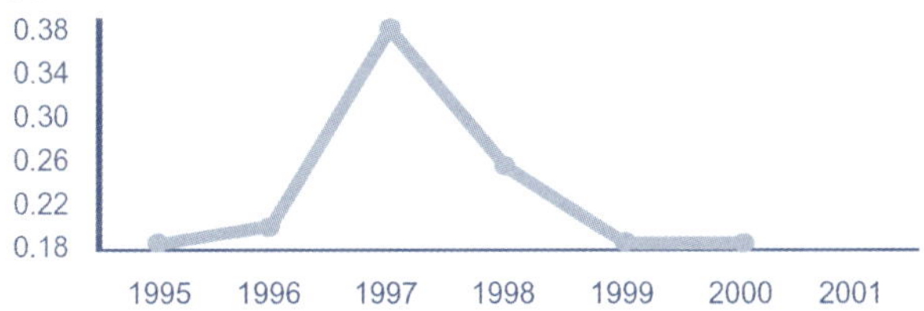

失业率
劳动力百分比

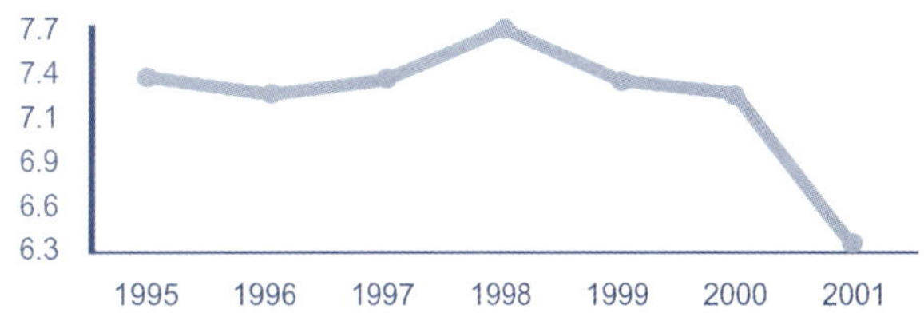

消费品价格增长率
年平均比率

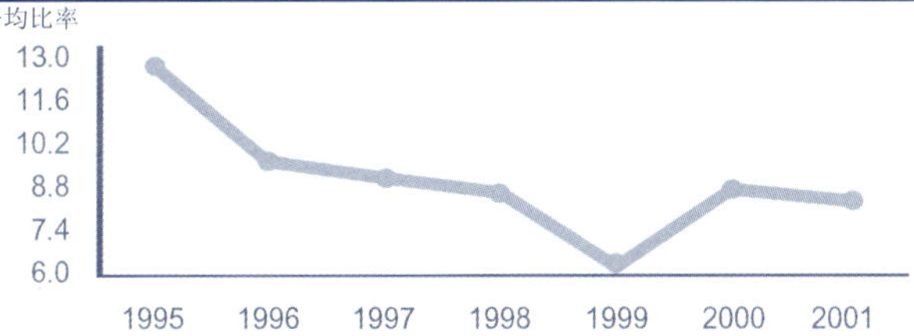

总体生产率
就业人员人均国内生产总值，美元

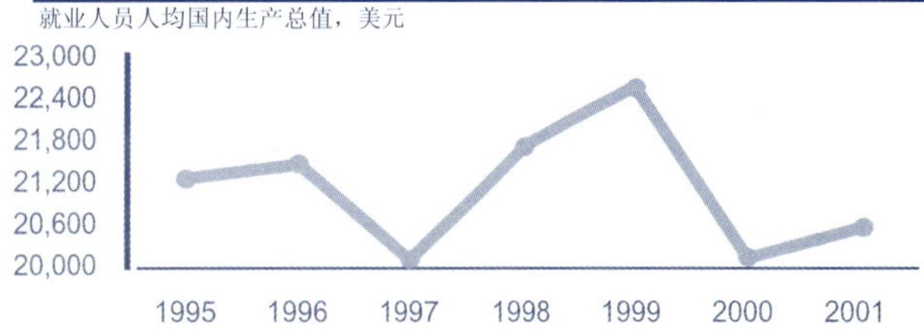

报酬水平
估计：制造工人的小时总补偿，美元

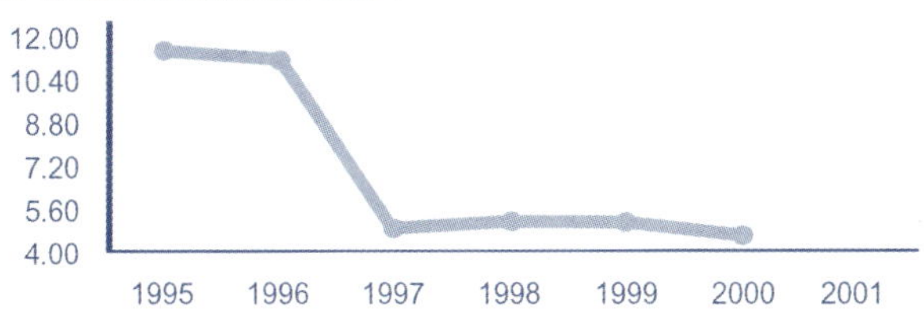

股票市场筹资额
十亿美元

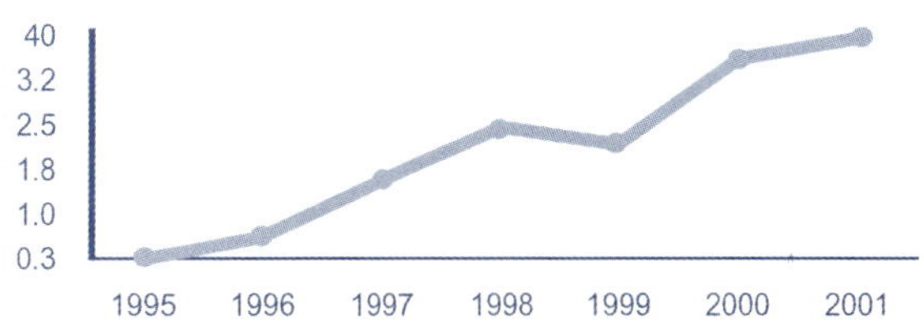

国内上市公司
上市公司的数量

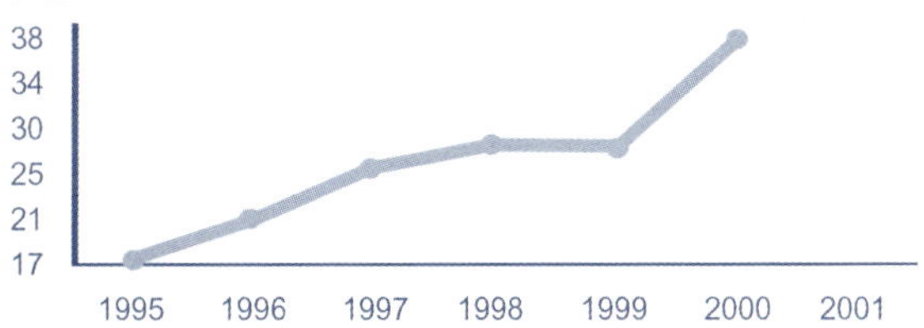

计算机
每1000人的计算机数量/来源：计算机工业年鉴

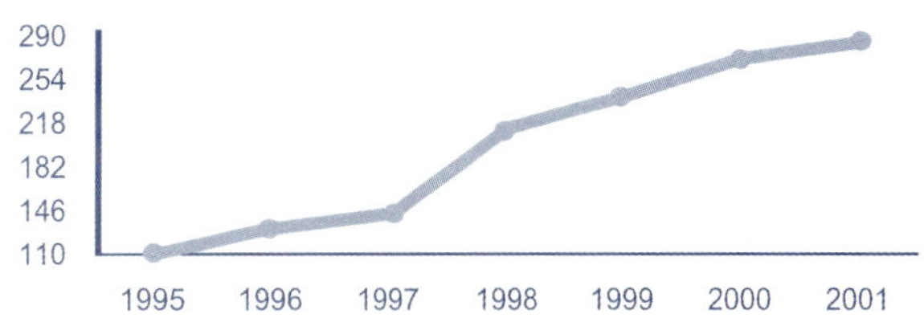

南非

国家竞争力的挑战，2002

- 增强经济增长的动力，尤其是在经济基础设施上的投资。
- 加快教育和技术的发展。
- 创造就业和减缓贫困。
- 与HIV/AIDS作斗争。
- 与犯罪作斗争。

提供者：

国家生产率机构（NPI）

总体表现

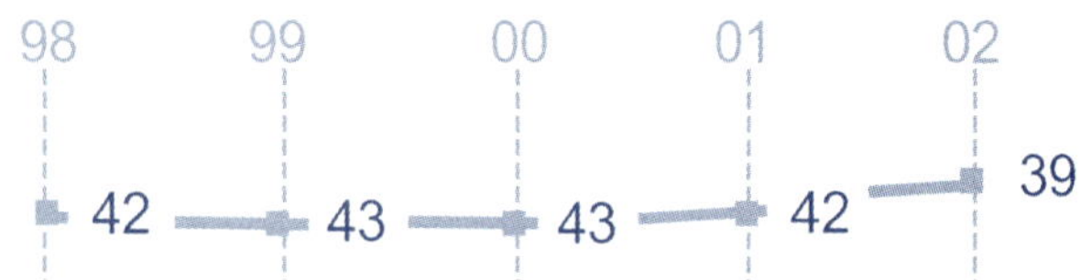

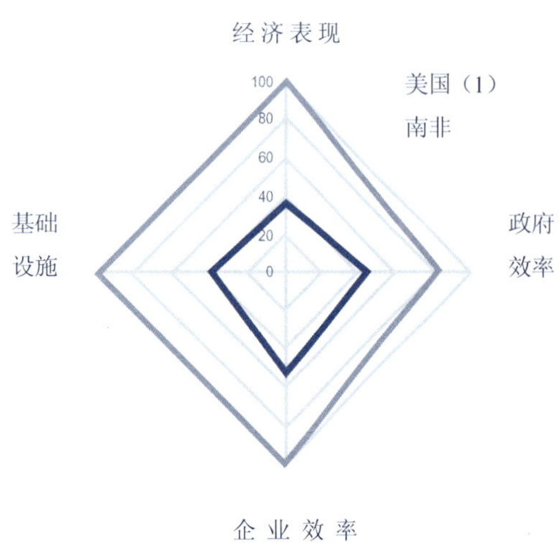

基本事实

首都	开普敦
人口	44.3 (2001)
地域（平方千米）	1,221.0 (2000)
汇率（百分之一美元）	8.61 (2001)
国内生产总值（十亿美元）	113.3 (2001)
人均国内生产总值（美元）	2,555 (2001)
实际GDP增长率	2.2 (2001)
消费品价格上涨	7.4 (2001)
失业率	29.50 (2001)
劳动力（百万）	16.25 (1999)
经常性项目差额（十亿美元）	-0.2 (2001)
直接投资	
吸收股票投资（十亿美元）	52.65 (2000)
吸收流量（占GDP百分比）	0.75 (2000)

南非

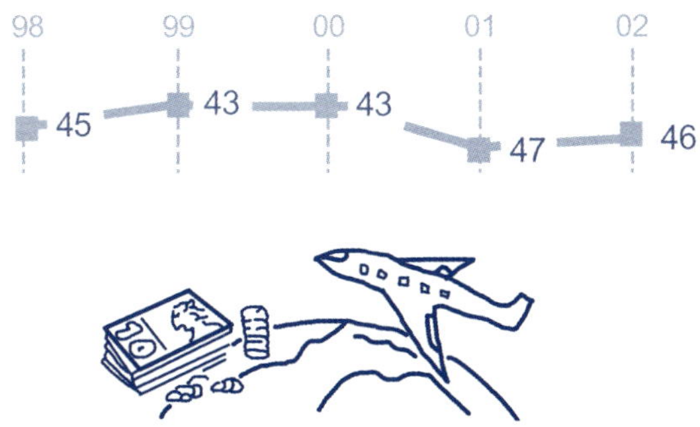

经　济　表　现

	2002
国内经济	38
国际贸易	38
国际投资	47
就　业	49
物　价	7

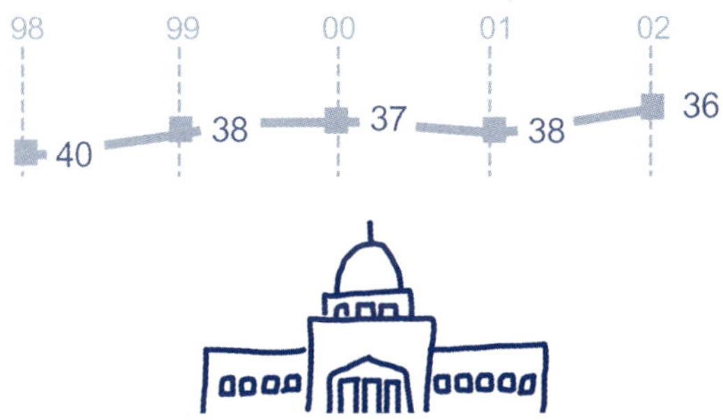

政　府　效　率

	2002
公共财政	27
财政政策	15
组织机构	37
企业法规	37
教　育	45

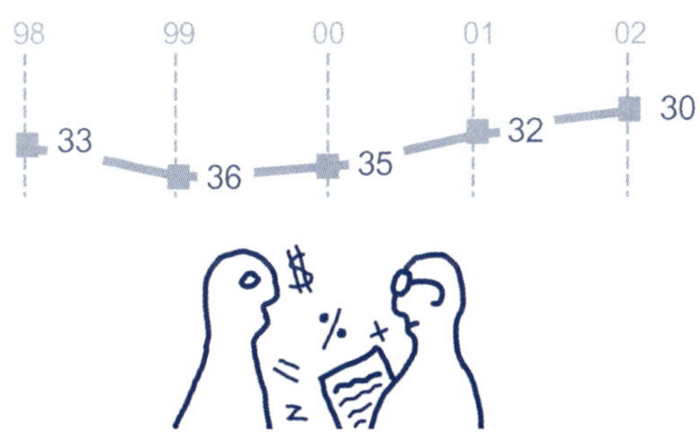

企　业　效　率

	2002
生产率	16
劳动力市场	44
金　融	27
管理实践	25
全球化影响	44

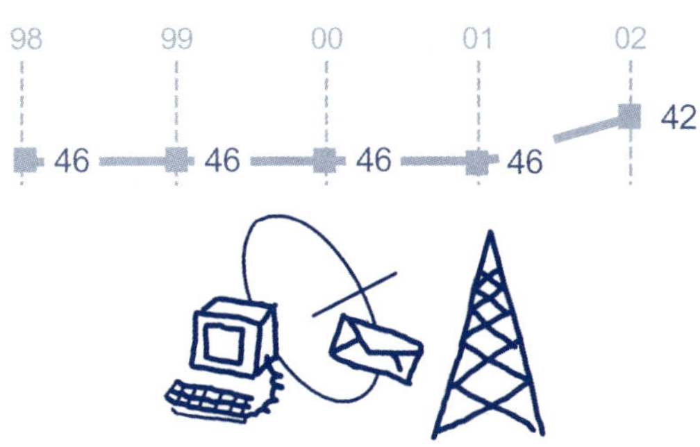

基　础　设　施

	2002
基本基础设施	29
技术基本基础设施	31
科学基本基础设施	43
健康与环境	43
价值系统	43

南非

这些指标是每类中最强的10个指标，这些类是通过对49个国家和地区平均的最大的价值差异来区分的。

1 经济表现			排名
1.5.02	生活费指数	主要城市不包括住房的各种货物支出指数（纽约=100）	2
1.2.09	商品出口额实际增长率	按本地货币、不变价格计算的变化率	6
1.4.07	青年失业	25岁以下失业人口占总失业人口比例	15
1.1.12	实际GDP增长率	按本地货币、不变价格计算的变化率	19
1.3.03	对外直接投资存量	10亿美元	20
1.1.02	国内生产总值（PPP）	估计值：按购买力平价计算，10亿美元	21
1.3.07	吸引国外直接投资存量	10亿美元	23
1.2.01	经常项目差额	经常项目差额，10亿美元（负号为逆差）	25
1.2.02	经常项目差额	经常项目差额占GDP的百分比	25
1.4.01	总就业人口	总就业人口（百万）	26

2 政府效率			
2.2.04	雇员社会保障缴款率	强制缴款占人均GDP的百分比	1
2.2.09	雇主的社会保障缴款率	强制缴款占人均GDP的比率	4
2.4.14	失业立法	失业立法激励人们寻找工作	5
2.1.09	公共财政的管理	公共财政的管理在两年后可能完善	5
2.5.01	全部公共教育支出	全部公共教育支出占GDP的比例	6
2.2.02	个人收入税有效税率	占人均GDP的百分比	9
2.1.06	中央政府国外负债	占GDP的百分比	14
2.4.06	政府补贴	对私人和公共企业的补贴占GDP比重	15
2.2.01	税收总收入	占GDP的百分比	15
2.3.14	透明度	政府政策的透明度是令人满意的	17

3 企业效率			
3.2.13	女性劳动力	占全部劳动力的比例	5
3.1.03	综合生产率实际增长率	每个就业者实际GDP变化率，估计值	6
3.1.08	工业生产率（购买力平价）	每个工业雇员创造的相应GDP，美元，估计值	11
3.4.10	社会责任	商界领袖重视对社会的责任	14
3.2.03	服务性职业报酬	年均总收入，包括附加薪水，例如额外薪金，美元	14
3.4.05	股东价值	有效地管理股东价值	14
3.3.15	股东权利和义务	股东权利和义务明确界定	14
3.3.10	股票市场	股票市场为公司提供充足的资金	15
3.2.05	工作小时	每年的平均工作小时数	15
3.2.02	制造业部门单位劳动成本	制造业部门单位劳动成本变化率	16

4 基础设施			
4.1.20	工业用户的电力成本	美元/千瓦	1
4.2.01	对电信的投资	年平均占GDP的百分比	4
4.1.19	非能源原材料自给	人均贸易收支差额，美元	6
4.3.22	专利生产率	批准授予国民的专利数/企业中研究与开发人员数（千人）	6
4.1.16	GDP和能源消耗	实际GDP增长率减去能源消耗增长率	7
4.5.05	国会中女性人数	女性席位占全部席位的比例	10
4.1.17	国内能源总产量	占所有能源需求（等价为石油吨数）的比例	10
4.4.01	健康总支出	占GDP的比例	11
4.1.09	空运的质量	空运的质量在贵国通常充分有效	16
4.1.12	可耕地面积	人均平方米	16

南非

这些指标是每类中最弱的10个指标，这些类是通过对49个国家和地区平均的最大的价值差异来区分的。

1 经济表现

			排名
1.4.06	失业率	占劳动力比率	49
1.4.02	就业率	总就业人口占总人口的百分比	49
1.3.06	吸引国外直接投资+流量	吸引国外直接投资流量占GDP的百分比	44
1.3.05	吸引国外直接投资流量	10亿美元	44
1.3.08	吸引国外直接投资存量实际增长	按本地货币、不变价格计算的变化率	42
1.1.22	人均GDP	人均美元	41
1.4.03	就业增长	变化率	41
1.2.11	商业服务出口额	商业服务出口额占GDP的百分比	39
1.1.13	实际人均GDP增长率	按本地货币、不变价格计算的变化率	39
1.2.10	商业服务出口额	10亿美元	38

2 政府效率

2.5.10	经济知识普及	经济知识普及率高	49
2.3.07	汇率稳定度	本币相对于特别提款权的汇兑年价变动	47
2.4.15	移民法	移民法不禁止本国公司雇用外国劳动力	47
2.5.03	学生—教师比（中等教育）	学生与教师职员的比例	46
2.5.02	学生—教师比（初等教育）	学生与教师职员的比例	46
2.5.12	合格工程师	合格工程师在贵国劳动力市场上容易获得	46
2.3.19	个人安全和个人财产	个人安全和个人财产得到充分保护	46
2.5.11	教育资金	教育资金在贵国很充足	46
2.4.22	进入国外资本市场	国内公司进入国外资本市场不受限制	45
2.5.09	文盲率	成人（15岁以上）文盲占总人口比例	45

3 企业效率

3.2.17	人才流失	人才流失不损害贵国的竞争力	49
3.2.15	熟练劳动力	熟练劳动力在贵国劳动市场上可获得性	47
3.2.16	金融人才	金融人才在贵国劳动市场上容易获得	46
3.2.18	外国高素质人员	外国高素质人员被贵国企业环境所吸引	46
3.5.05	海外形象	贵国的海外形象支持了企业的发展	45
3.2.07	工人的动机	贵国工人动机很重要	45
3.2.06	劳资关系	劳资关系有利于生产	44
3.3.04	发行的信用卡数目	每人	42
3.2.20	称职的高层管理人员	称职的高层管理人员在贵国劳动市场上易获得	41
3.2.19	国际经验	高层管理者通常有丰富的国际经验	41

4 基础设施

4.4.03	出生时的寿命期望	平均估计	49
4.5.04	歧视	歧视（种族、性别等）并没有给社会带来不利影响	49
4.3.14	科学和技术的兴趣	贵国青年具有浓厚的科学技术兴趣	49
4.5.08	骚扰和暴力	骚扰和暴力并没有严重动摇岗位	48
4.1.04	赡养率	15岁以下和64岁以上的人口总量除以15岁-64岁之间人口总量	48
4.3.13	学校内的科学	学校内的科学在贵国充分教育	48
4.4.11	酗酒、吸毒	酗酒和吸毒在工作岗位没有成为严重问题	47
4.4.10	人文发展指数	经济、社会与教育的综合指数	46
4.5.09	社会的价值	社会价值支持竞争力	45
4.2.02	固定电话数	每千户居民中的主要干线数	44

南非

这一部分集锦了该国20个最强的指标，
这部分指标有着最高的标准化值（STD值）。
STD值＝（国家和地区的原始值－49个国家和地区平均值）/标准差

20个最强的指标

序号	名称	国家原始值	国家排名	49国家平均值
4.1.20	**工业用户的电力成本** 美元/千瓦	0.011	1	0.056
4.2.01	**对电信的投资** 年平均占GDP的百分比	1.165	4	0.607
2.2.04	**雇员社会保障缴款率** 强制缴款占人均GDP的百分比	0	1	9.1
1.5.02	**生活费指数** 主要城市不包括住房的各种货物支出指数（纽约=100）	57.18	2	81.64
3.1.03	**综合生产率实际增长率** 每个就业者实际GDP变化率，估计值	3.63	6	0.85
2.2.09	**雇主的社会保障缴款率** 强制缴款占人均GDP的比率	1.4	4	17.86
2.5.01	**全部公共教育支出** 全部公共教育支出占GDP的比例	7.3	6	5.1
2.2.02	**个人收入税有效税率** 占人均GDP的百分比	5.52	9	17.15
3.2.13	**女性劳动力** 占全部劳动力的比例	47.14	5	40.42
1.2.09	**商品出口额实际增长率** 按本地货币、不变价格计算的变化率	12.89	6	2.01
4.5.05	**国会中女性人数** 女性席位占全部席位的比例	27.9	10	17.41
4.1.16	**GDP和能源消耗** 实际GDP增长率减去能源消耗增长率	4.696	7	1.396
3.1.08	**工业生产率（购买力平价）** 每个工业雇员创造的相应GDP，美元，估计值	64,566	11	46,005
2.4.14 （调查）	**失业立法** 失业立法激励人们寻找工作	6.74	5	4.98
2.1.09 （调查）	**公共财政的管理** 公共财政的管理在两年后可能完善	6.73	5	5.44
3.3.10 （调查）	**股票市场** 股票市场为公司提供充足的资金	6.92	15	5.45
3.4.10 （调查）	**社会责任** 商界领袖重视对社会的责任	6.6	14	5.7
3.4.05 （调查）	**股东价值** 有效地管理股东价值	6.3	14	5.57
2.4.07 （调查）	**竞争立法** 贵国竞争立法阻止不正当竞争	6.68	18	5.93
3.3.07 （调查）	**银行服务** 银行服务在贵国广泛发展	8.44	19	7.56

南非

如　　果？

竞争力模拟研究帮助政策制定者将注意力和优先次序放在他们国家或地区面临的关键竞争力上。我们用49个国家或地区的平均值代替这些最弱的指标值，从而计算这个国家或地区的总体排名。然而，这只是一个理论方式，不应视为政策的建议。还必须考虑各个国家或地区的发展水平、政治体制和社会值系统

	从		到
模拟排名变化	39	→	32

20个最弱的指标

序号	名称	国家原始值	国家排名	49国家平均值
4.4.03	**出生时的寿命期望** 平均估计	50.9	49	74.5
1.4.06	**失业率** 占劳动力比率	29.5	49	7.95
2.3.07	**汇率稳定度** 本币相对于特别提款权的汇兑年价变动	0.847	47	0.188
1.4.02	**就业率** 总就业人口占总人口的百分比	18.59	49	43.32
2.5.03	**学生—教师比（中等教育）** 学生与教师职员的比例	32	46	16.99
2.5.02	**学生—教师比（初等教育）** 学生与教师职员的比例	34.99	46	19.49
4.1.04	**赡养率** 15岁以下和64岁以上的人口总量除以15岁-64岁之间人口总量	64.1	48	50.8
4.4.10	**人文发展指数** 经济、社会与教育的综合指数	0.702	46	0.835
2.5.04	**中等学校入学人数** 接受全日制教育的相关年龄组所占比例	59	43	81.6
2.5.09	**文盲率** 成人（15岁以上）文盲占总人口比例	15.1	45	4.8
4.3.07	**每千人中研究与开发人员** 每千国民中人数（全日约当单位）	0.45	37	3
4.2.10	**互联网用户数** 每千人互联网用户人数/来源：计算机行业年鉴	67.53	39	267.96
4.2.09	**人均计算机** 每千人计算机数/来源：计算机行业年鉴	79	37	309
3.2.17（调查）	**人才流失** 人才流失不损害贵国的竞争力	2.11	49	5.74
2.4.15（调查）	**移民法** 移民法不禁止本国公司雇用外国劳动力	3.42	47	5.82
4.5.04（调查）	**歧视** 歧视（种族、性别等）并没有给社会带来不利影响	4.3	49	6.51
3.2.15（调查）	**熟练劳动力** 熟练劳动力在贵国劳动市场上可获得性	4.41	47	6.75
4.3.14（调查）	**科学和技术的兴趣** 贵国青年具有浓厚的科学技术兴趣	3.32	49	5.39
2.5.10（调查）	**经济知识普及** 经济知识普及率高	2.3	49	5.29
2.5.12（调查）	**合格工程师** 合格工程师在贵国劳动力市场上容易获得	4.58	46	6.86

南非

国内经济

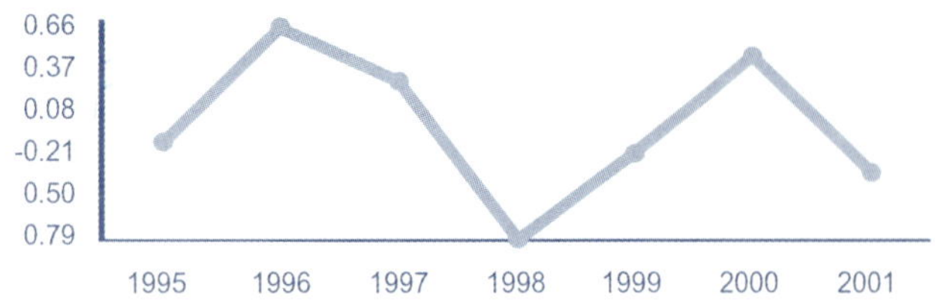

国际贸易

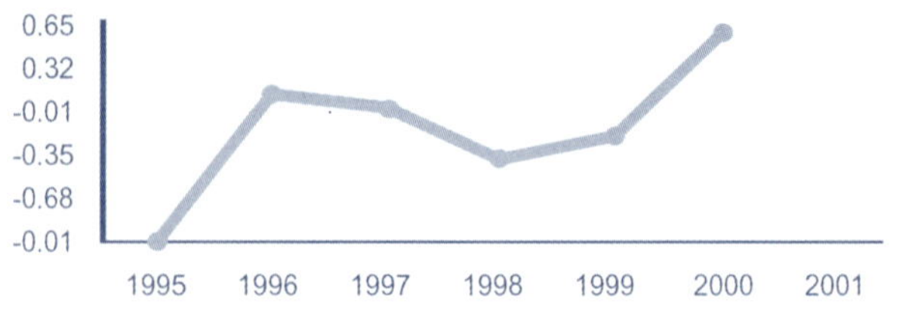

国际投资

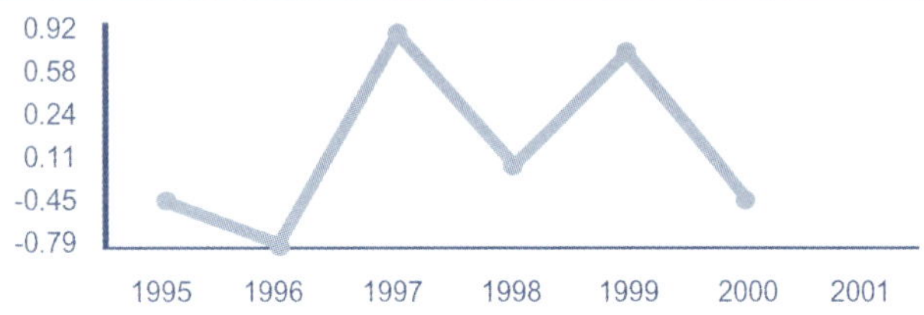

公共财政

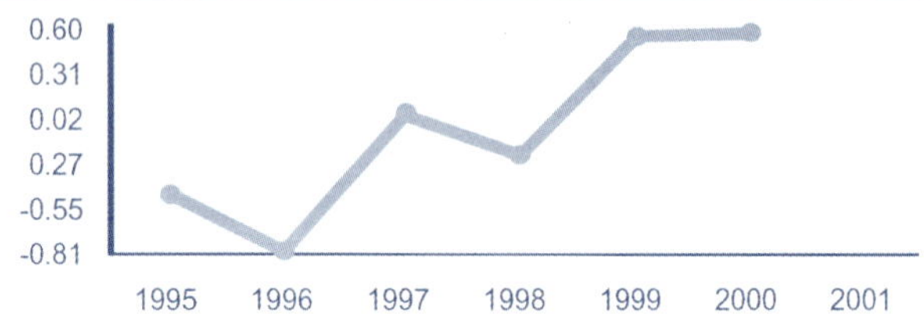

财政政策

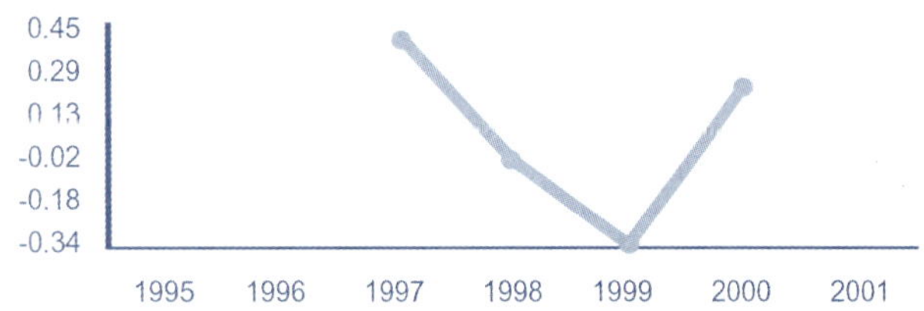

生产率

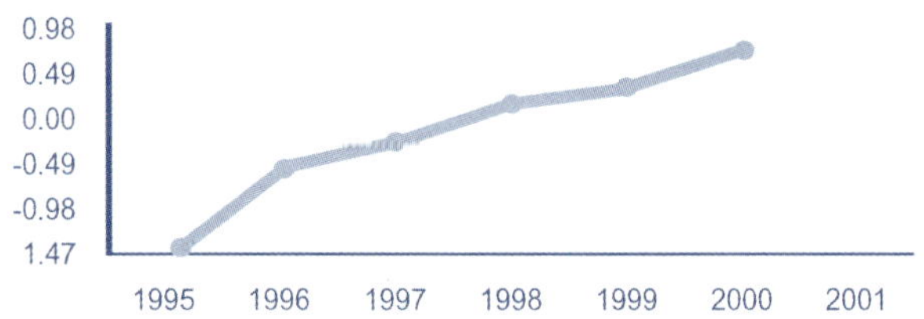

金融

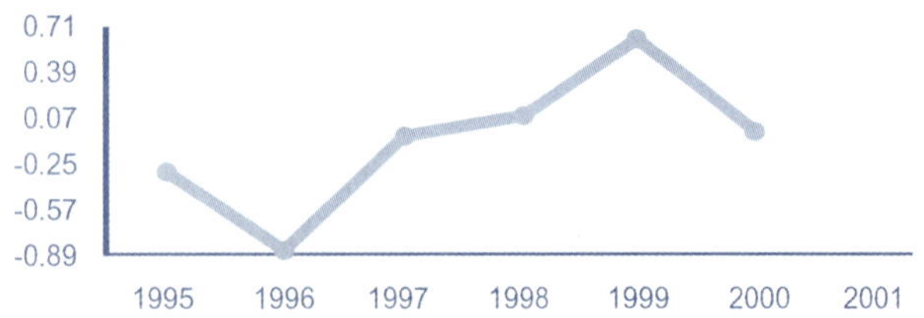

技术基础设施

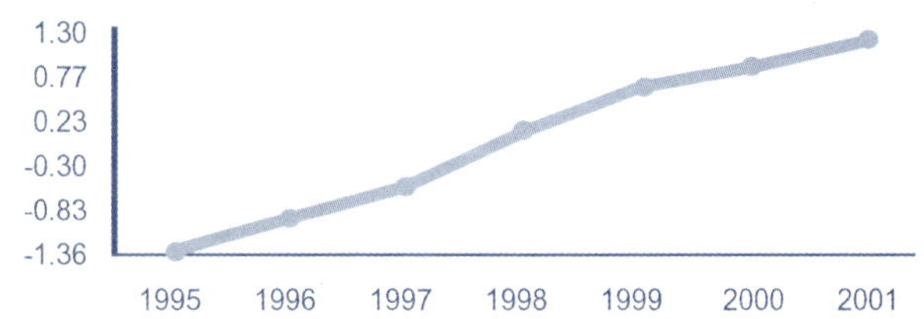

主要竞争力指标

人均国内生产总值

人均美元

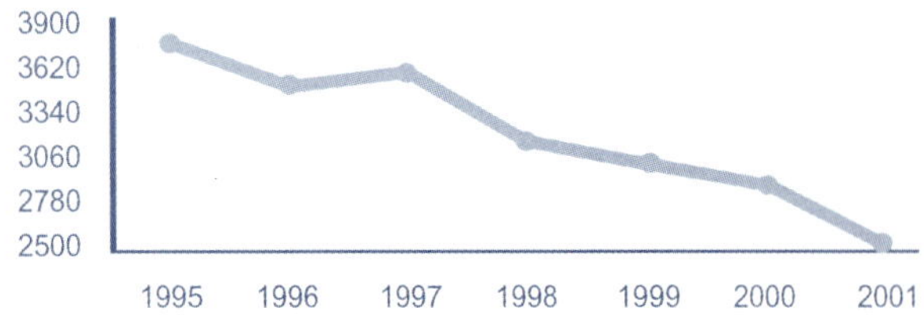

国内生产总值实际增长率

百分比变化，基于国家货币物价稳定

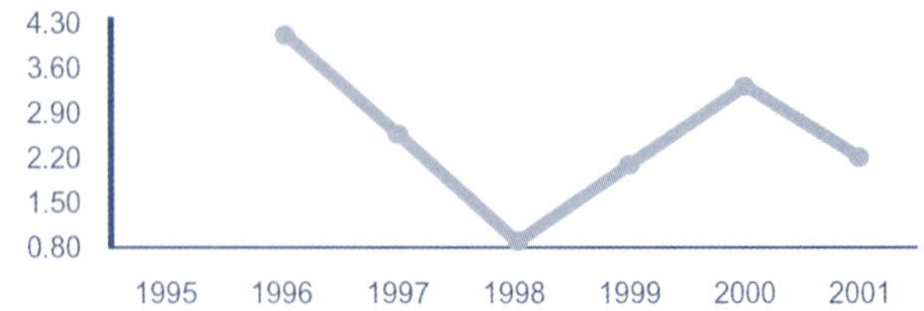

南非

个人最终消费支出

人均美元

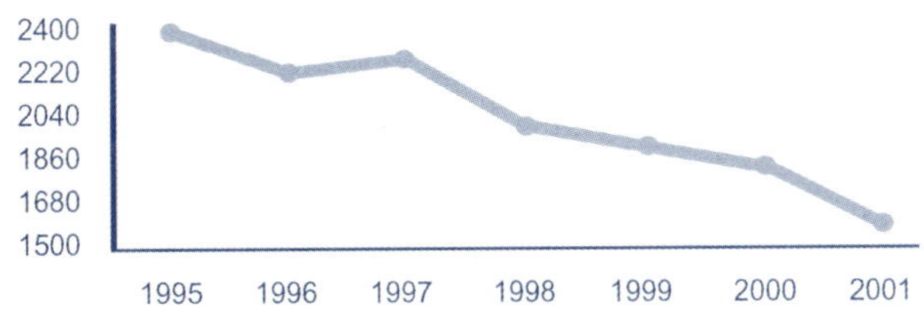

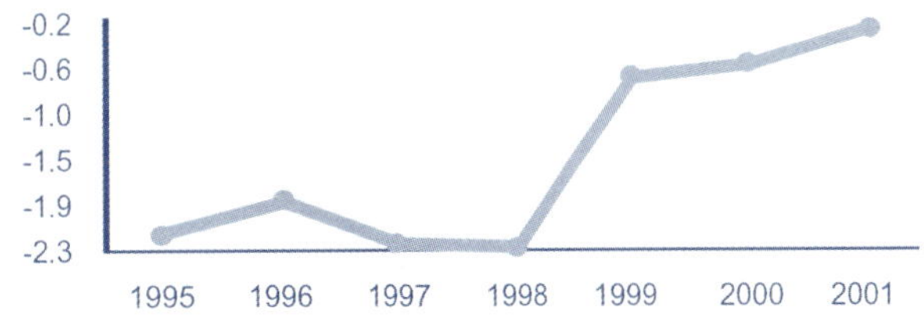

商品和商业劳务出口

十亿美元

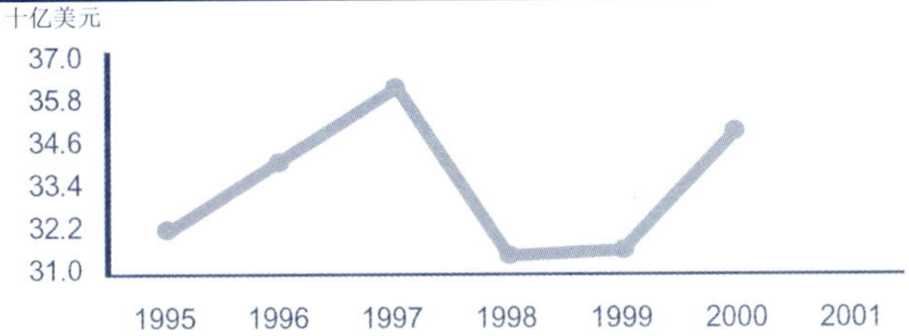

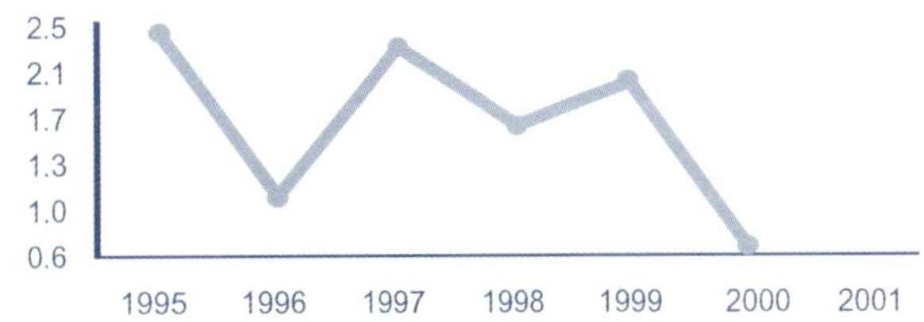

吸收直接投资流量

十亿美元

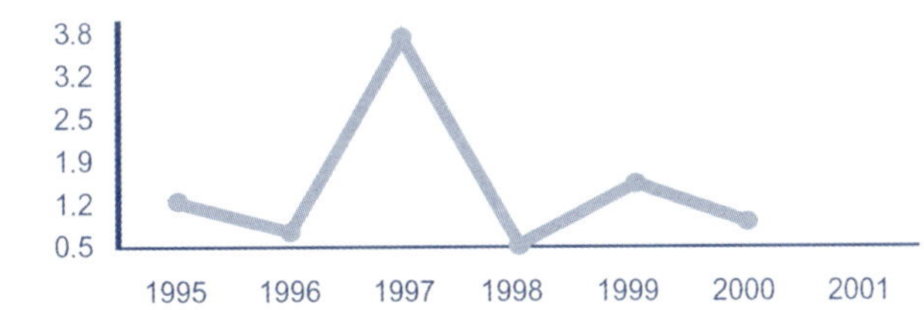

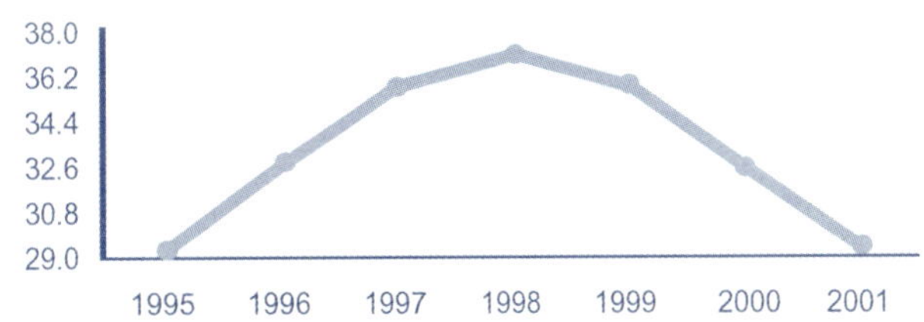

消费品价格增长率

年平均比率

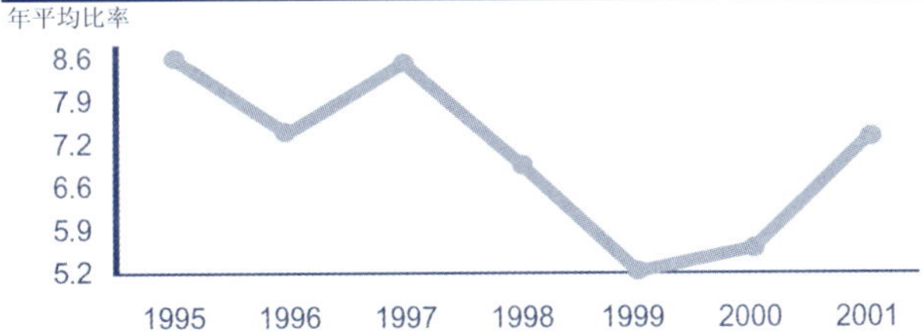

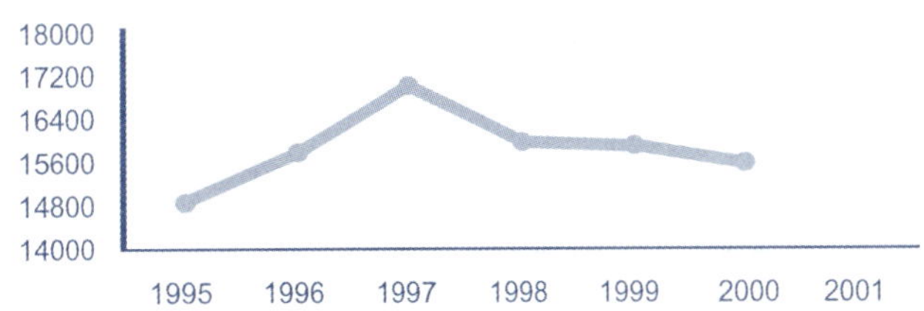

报酬水平

估计：制造工人的小时总补偿，美元

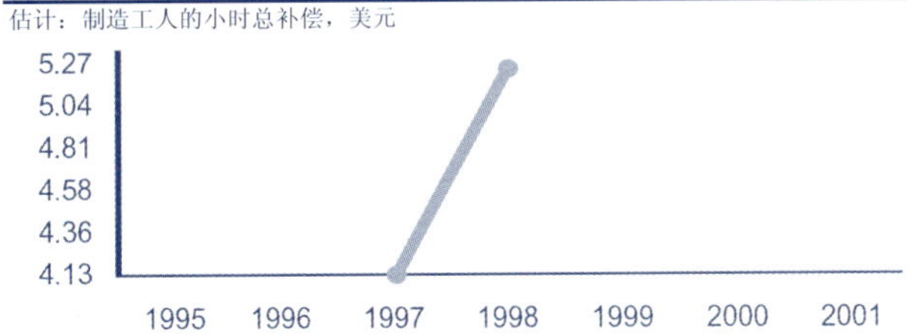

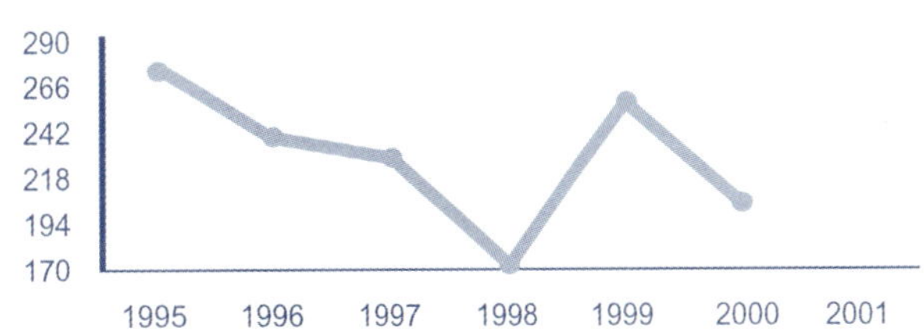

国内上市公司

上市公司的数量

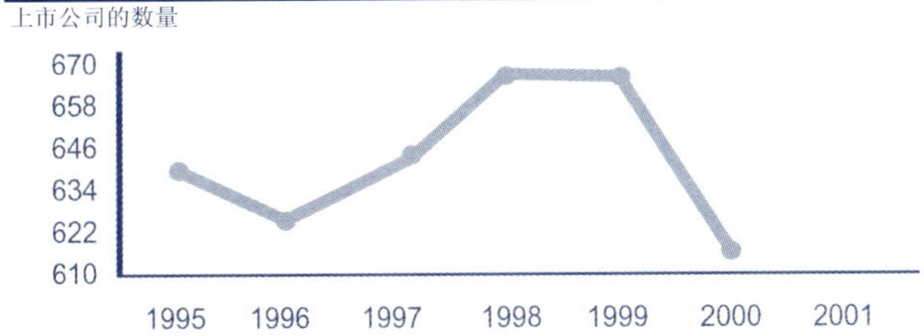

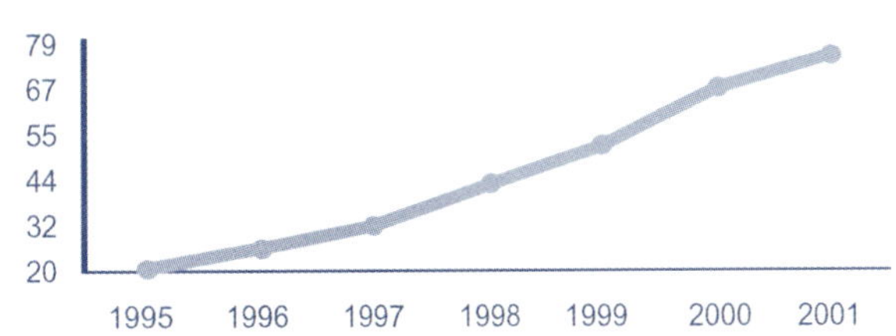

西班牙

总体表现

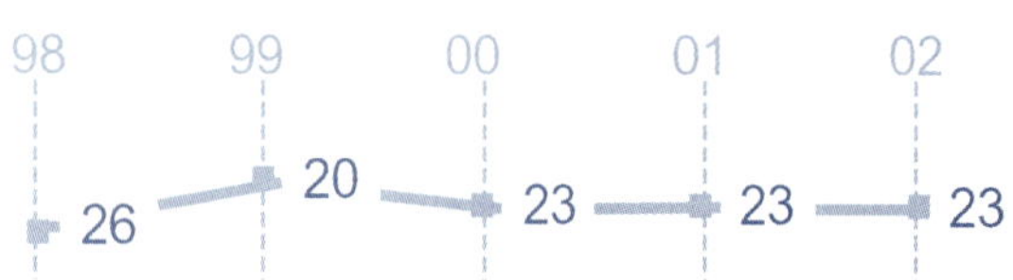

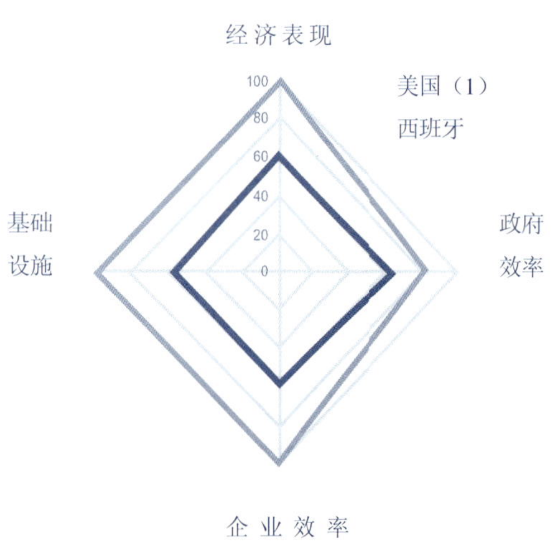

基本事实

首都	马德里
人口	39.5 (2001)
地域（平方千米）	505.0 (2000)
汇率（百分之一美元）	185.94 (2001)
国内生产总值（十亿美元）	581.8 (2001)
人均国内生产总值（美元）	14,726 (2001)
实际GDP增长率	2.8 (2001)
消费品价格上涨	3.6 (2001)
失业率	13.10 (2001)
劳动力（百万）	17.04 (2001)
经常性项目差额（十亿美元）	-16.0 (2001)
直接投资	
吸收股票投资（十亿美元）	142.42 (2000)
吸收流量（占GDP百分比）	6.42 (2000)

西班牙

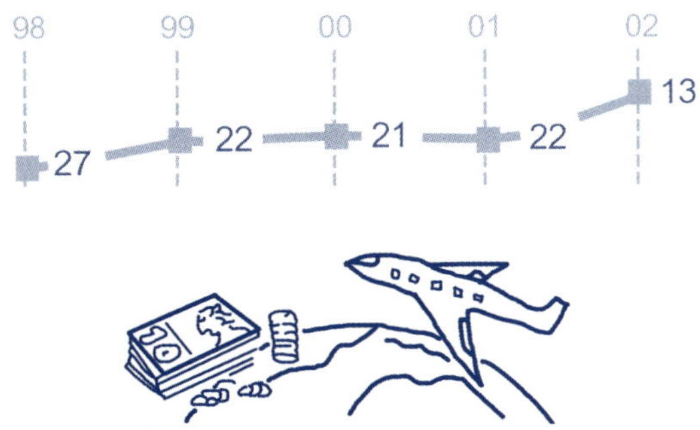

经 济 表 现

	2002
国内经济	15
国际贸易	34
国际投资	8
就　业	37
物　价	11

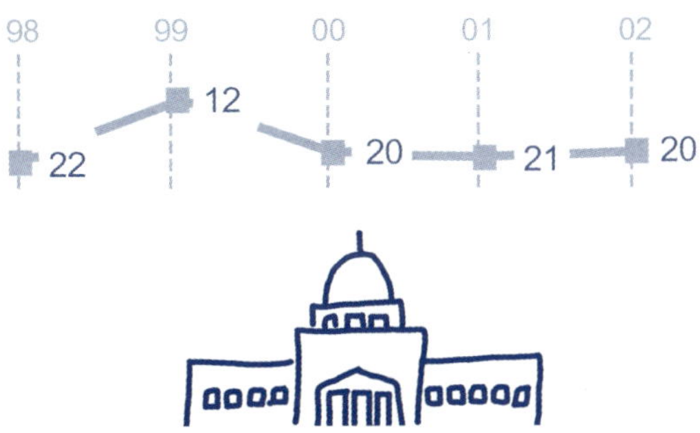

政 府 效 率

	2002
公共财政	23
财政政策	25
组织机构	15
企业法规	24
教　育	21

企 业 效 率

	2002
生产率	19
劳动力市场	35
金　融	24
管理实践	35
全球化影响	17

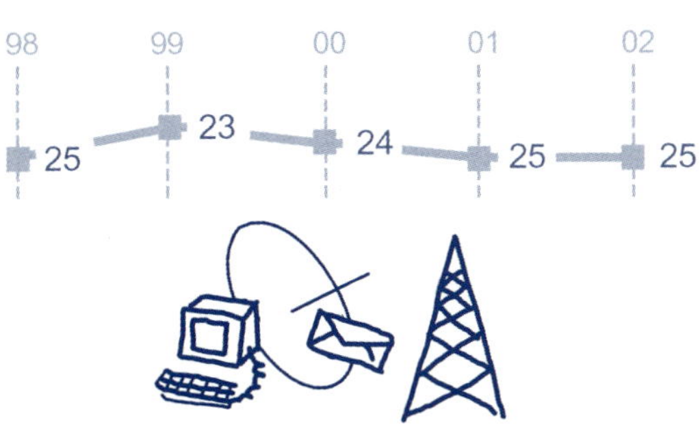

基 础 设 施

	2002
基本基础设施	26
技术基本基础设施	35
科学基本基础设施	32
健康与环境	19
价值系统	28

西班牙

这些指标是每类中最强的10个指标，这些类是通过对49个国家和地区平均的最大的价值差异来区分的。

1 经济表现

			排名
1.3.04	对外直接投资存量实际增长率	按本地货币、不变价格计算的变化率	4
1.2.10	商业服务出口额	10亿美元	7
1.3.01	对外直接投资流量	10亿美元	7
1.3.08	吸引国外直接投资存量实际增	按本地货币、不变价格计算的变化率	8
1.3.10	证券投资负债	10亿美元	8
1.3.09	证券投资资产	10亿美元	10
1.1.13	实际人均GDP增长率	按本地货币、不变价格计算的变化率	10
1.4.03	就业增长	变化率	10
1.3.05	吸引国外直接投资流量	10亿美元	10
1.3.07	吸引国外直接投资存量	10亿美元	11

2 政府效率

2.3.08	关于政策方向的一致性	政府中政策方向的一致性很高	2
2.3.03	利率差	贷款利率减去存款利率	8
2.5.05	高等教育成绩	25-34岁人中至少获得三级教育的人口所占比例	9
2.1.09	公共财政的管理	公共财政的管理在两年后可能完善	9
2.4.01	贵国参与区域贸易集团的程度	贵国参与区域贸易集团提供进入外国市场的途径	10
2.3.20	政策不稳定性风险	政策不稳定性风险很低	10
2.3.10	新立法	新立法鼓励企业竞争力	10
2.3.06	汇率政策	贵国汇率政策支持公司的竞争力	12
2.3.11	政府经济政策	政府经济政策快速适应于经济发展	12
2.3.02	资本成本	贵国资本成本鼓励公司发展	13

3 企业效率

3.3.04	发行的信用卡数目	每人	8
3.3.12	股票市场交易额	人均美元	9
3.1.10	服务业生产率（购买力平价）	每个服务业雇员创造的相应GDP，美元，估计值	10
3.3.13	国内上市公司	国内上市公司数目	10
3.5.04	R&D设施的再分配	R&D设施的再分配不会威胁贵国经济的未来	13
3.1.04	劳动生产率（购买力平价）	每雇员每小时的GDP，美元，估计值	14
3.2.18	外国高素质人员	外国高素质人员被贵国企业环境所吸引	14
3.1.01	综合生产率（购买力平价）	每个就业者人均GDP，美元	16
3.5.03	生产的再分配	国外的生产再分配没有威胁到贵国经济的未来	16
3.1.06	农业生产率（购买力平价）	每个农业劳动力创造的相应GDP，美元，估计值	16

4 基础设施

4.4.03	出生时的寿命期望	平均估计	9
4.1.12	可耕地面积	人均平方米	9
4.5.05	国会中女性人数	女性席位占全部席位的比例	11
4.2.03	国际电话费用	高峰期通往美国的每三分钟费用（对美国指通往欧洲）	12
4.1.04	赡养率	15岁以下和64岁以上的人口总量除以15岁-64岁之间人口总量	12
4.4.06	健康基础设施	健康基础设施满足社会需要	13
4.1.14	能源强度	单位美元GDP消费的商业能源数量，千焦耳	13
4.2.04	移动电话用户	每千户居民中的用户数	14
4.5.06	女性地位	所有立法委员、高级官员和经理中女性所占比例	14
4.5.01	生活质量	贵国生活质量很高	15

西班牙

这些指标是每类中最弱的10个指标，这些类是通过对49个国家和地区平均的最大的价值差异来区分的。

1 经济表现			排名
1.2.01	经常项目差额	经常项目差额，10亿美元（负号为逆差）	45
1.4.06	失业率	占劳动力比率	43
1.2.08	商品出口额	商品出口额占GDP的百分比	41
1.4.02	就业率	总就业人口占总人口的百分比	40
1.2.02	经常项目差额	经常项目差额占GDP的百分比	35
1.2.18	外贸依存度	（出口+进口）/（2×GDP）	33
1.2.09	商品出口额实际增长率	按本地货币、不变价格计算的变化率	33
1.2.12	商业服务出口实际增长	按本地货币、不变价格计算的变化率	27
1.2.19	贸易条件指数	出口单位价值比进口单位价值（1995=100）	25
1.1.23	人均GDP	估计值，按购买力平价计算的人均美元	24

2 政府效率			
2.2.09	雇主的社会保障缴款率	强制缴款占人均GDP的比率	41
2.1.06	中央政府国外负债	占GDP的百分比	37
2.5.13	知识转让	公司与大学间的知识转让很充分	36
2.4.14	失业立法	失业立法激励人们寻找工作	35
2.2.12	资本和财产税	资本和财产税占GDP的百分比	35
2.4.15	移民法	移民法不禁止本国公司雇用外国劳动力	34
2.3.18	公平	贵国的社会公平得到公正管理公平	34
2.4.13	劳动法规	劳动法规（雇/解雇惯例、最低工资等）足够灵活	33
2.5.11	教育资金	教育资金在贵国很充足	33
2.4.12	新企业	新企业在贵国容易建立	33

3 企业效率			
3.2.08	产业纠纷	每千个居民年均因纠纷损失的工作日	43
3.2.05	工作小时	每年的平均工作小时数	42
3.4.07	企业家精神	贵国企业家精神很普遍	40
3.4.08	公司的设立	贵国设立公司很普遍	40
3.2.09	雇员培训	公司高度重视雇员培训	38
3.4.10	社会责任	商界领袖重视对社会的责任	38
3.2.15	熟练劳动力	熟练劳动力在贵国劳动市场上可获得性	36
3.2.13	女性劳动力	占全部劳动力的比例	35
3.4.11	健康、安全和环境事务	健康、安全和环境事务被管理层充分重视	34
3.4.01	适应性	贵国公司适应市场变化的能力很强	34

4 基础设施			
4.2.07	新信息技术	新信息技术和应用满足企业需要	45
4.2.13	合适的互联网访问数	贵国可以提供合适的互联网访问数（可获性、速度、费用）	44
4.2.01	对电信的投资	年平均占GDP的百分比	44
4.2.14	信息技术人才	信息技术人才在贵国劳动市场上易获得	42
4.1.18	能源进口与商品出口	能源进口占商品出口的比例	41
4.3.10	基础研究	基础研究能够支持长期经济发展	38
4.2.06	通信的充分性	通信在贵国普遍比较充分	38
4.1.15	能源基础设施	贵国能源基础设施充足有效	38
4.1.19	非能源原材料自给	人均贸易收支差额，美元	38
4.1.17	国内能源总产量	占所有能源需求（等价为石油吨数）的比例	38

西班牙

这一部分集锦了该国20个最强的指标，
这部分指标有着最高的标准化值（STD值）。
STD值＝（国家和地区的原始值－49个国家和地区平均值）/标准差

20个最强的指标

序号	名称	国家原始值	国家排名	49国家平均值
1.3.04	**对外直接投资存量实际增长率** 按本地货币、不变价格计算的变化率	67.58	4	24.8
3.3.04	**发行的信用卡数目** 每人	1.181	8	0.609
2.5.05	**高等教育成绩** 25-34岁人中至少获得三级教育的人口所占比例	33	9	21
4.5.05	**国会中女性人数** 女性席位占全部席位的比例	26.6	11	17.41
4.2.04	**移动电话用户** 每千户居民中的用户数	731.4	14	506.4
1.3.08	**吸引国外直接投资存量实际增长率** 按本地货币、不变价格计算的变化率	37.74	8	23.25
3.1.10	**服务业生产率（购买力平价）** 每个服务业雇员创造的相应GDP，美元，估计值	58,856	10	42,358
4.4.03	**出生时的寿命期望** 平均估计	78.9	9	74.5
4.2.03	**国际电话费用** 高峰期通往美国的每三分钟费用（对美国指通往欧洲）	0.496	12	1.056
3.1.04	**劳动生产率（购买力平价）** 每雇员每小时的GDP，美元，估计值	31.03	14	22.41
2.3.04	**国家信用评级** 由《机构投资者杂志》杂志按百分制评分	82.8	19	67.8
1.5.02	**生活费指数** 主要城市不包括住房的各种货物支出指数（纽约=100）	68.93	14	81.64
1.3.09	**证券投资资产** 10亿美元	59.4	10	26.1
2.3.08 （调查）	**关于政策方向的一致性** 政府中政策方向的一致性很高	7.94	2	5.29
2.4.01 （调查）	**贵国参与区域贸易集团的程度** 贵国参与区域贸易集团提供进入外国市场的途径	7.82	10	6.47
2.1.09 （调查）	**公共财政的管理** 公共财政的管理在两年后可能完善	6.52	9	5.44
2.3.20 （调查）	**政策不稳定性风险** 政策不稳定性风险很低	9	10	6.98
4.5.01 （调查）	**生活质量** 贵国生活质量很高	8.58	15	6.58
2.3.06 （调查）	**汇率政策** 贵国汇率政策支持公司的竞争力	7.09	12	5.95
2.3.10 （调查）	**新立法** 新立法鼓励企业竞争力	6.48	10	5.41

西班牙

如　果？

竞争力模拟研究帮助政策制定者将注意力和优先次序放在他们国家或地区面临的关键竞争力上。我们用49个国家或地区的平均值代替这些最弱的指标值，从而计算这个国家或地区的总体排名。然而，这只是一个理论方式，不应视为政策的建议。还必须考虑各个国家或地区的发展水平、政治体制和社会值系统

	从		到
模拟排名变化	23	→	21

20个最弱的指标

序号	名称	国家原始值	国家排名	49国家平均值
2.2.09	**雇主的社会保障缴款率** 强制缴款占人均GDP的比率	32.85	41	17.86
3.2.08	**产业纠纷** 每千个居民年均因纠纷损失的工作日	91.64	43	24.45
3.2.05	**工作小时** 每年的平均工作小时数	1,724	42	1,925
4.2.19	**高技术出口** 占制造业出口的比例	7.66	34	16.96
1.4.06	**失业率** 占劳动力比率	13.1	43	7.95
4.2.01	**对电信的投资** 年平均占GDP的百分比	0.321	44	0.607
1.4.02	**就业率** 总就业人口占总人口的百分比	37.38	40	43.32
1.2.08	**商品出口额** 商品出口额占GDP的百分比	19.05	41	38.5
1.2.02	**经常项目差额** 经常项目差额占GDP的百分比	-2.75	35	0.99
2.1.06	**中央政府国外负债** 占GDP的百分比	19.87	37	12.214
2.2.07	**对利润征收的平均公司税率** 占税前利润的百分比	35	29	29.22
4.2.11	**稳定的服务器数目** 每百万居民中稳定的服务器数	19.23	20	36.02
4.3.03	**所有研究与开发支出** 占GDP的比例	0.897	28	1.375
4.2.07 （调查）	**新信息技术** 新信息技术和应用满足企业需要	5.76	45	7.29
4.2.13 （调查）	**合适的互联网访问数** 贵国可以提供合适的互联网访问数（可获性、速度、费用）	6.09	44	7.63
3.4.07 （调查）	**企业家精神** 贵国企业家精神很普遍	5.24	40	6.34
4.2.14 （调查）	**信息技术人才** 信息技术人才在贵国劳动市场上易获得	6.06	42	7.1
4.3.10 （调查）	**基础研究** 基础研究能够支持长期经济发展	3.85	38	5.36
4.2.15 （调查）	**技术合作** 公司间的技术合作很发达	4.42	37	5.52
3.2.09 （调查）	**雇员培训** 公司高度重视雇员培训	4.7	38	5.75

西班牙

国内经济

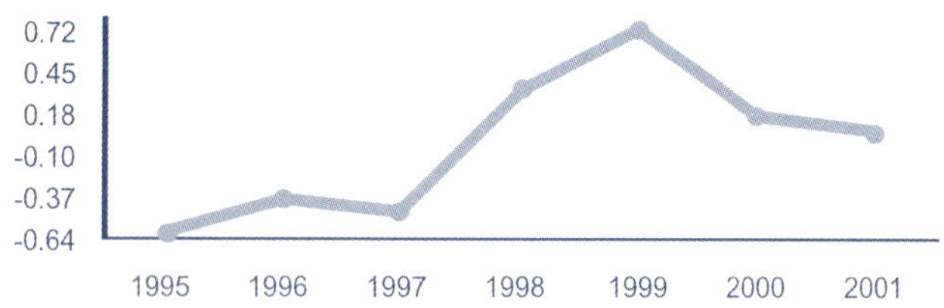

国际贸易

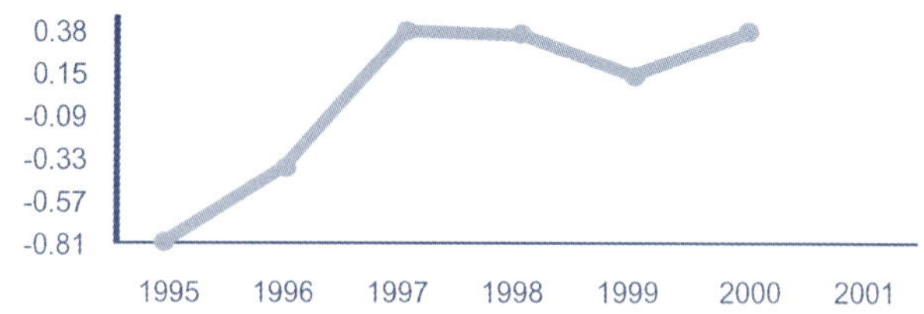

国际投资

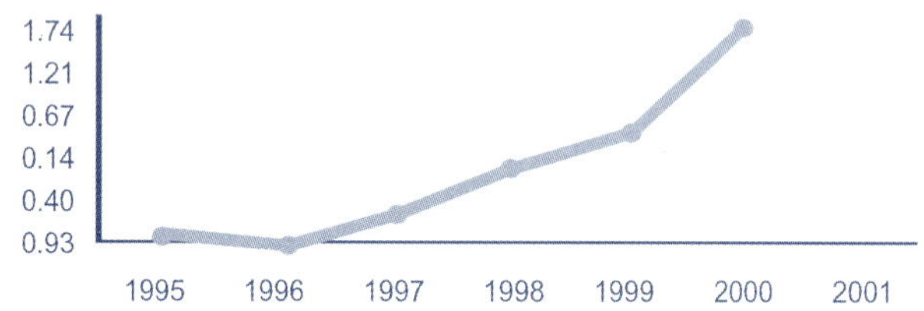

公共财政

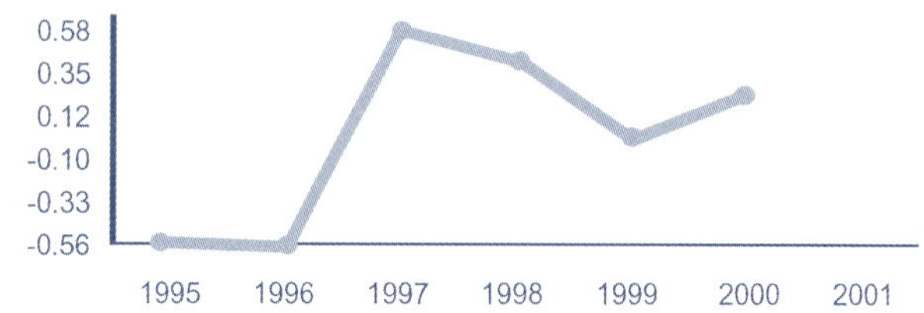

财政政策

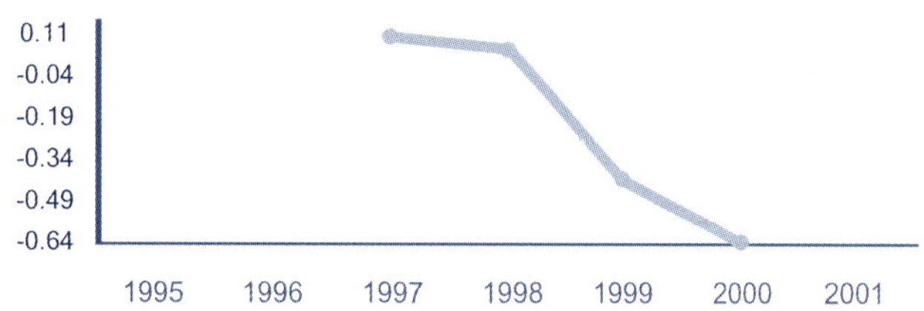

生产率

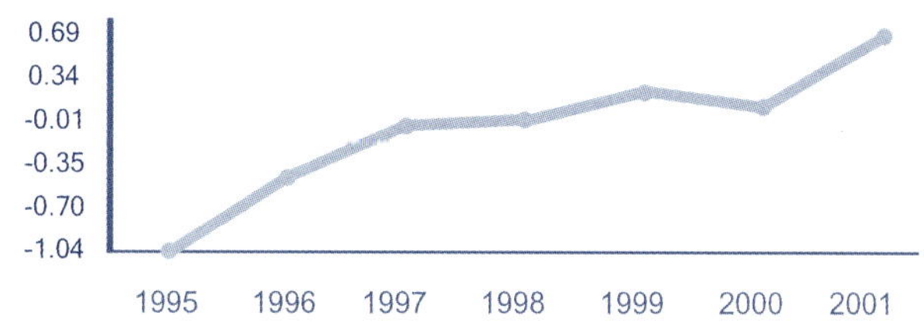

金融

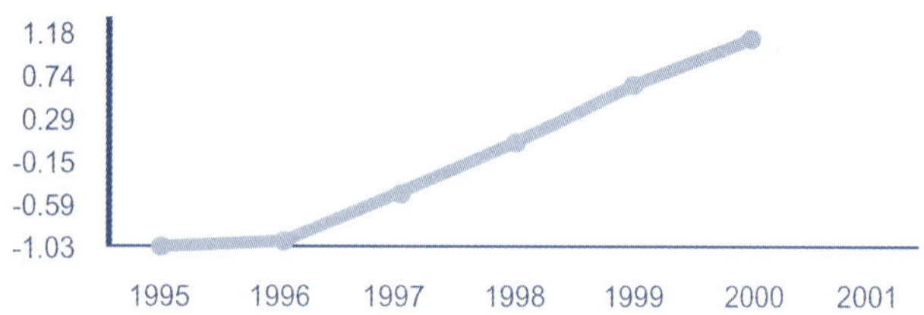

技术基础设施

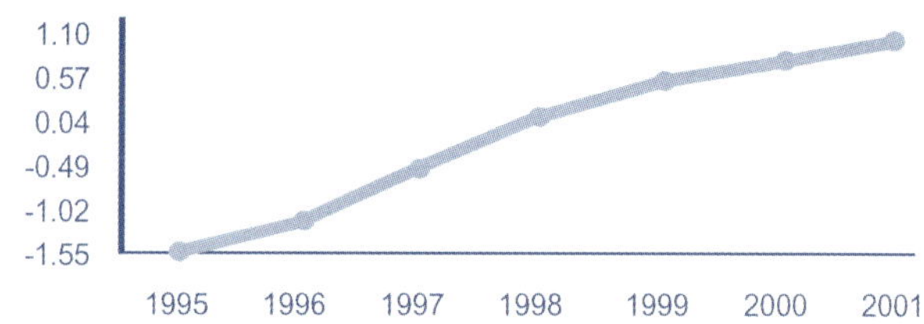

主要竞争力指标

人均国内生产总值

人均美元

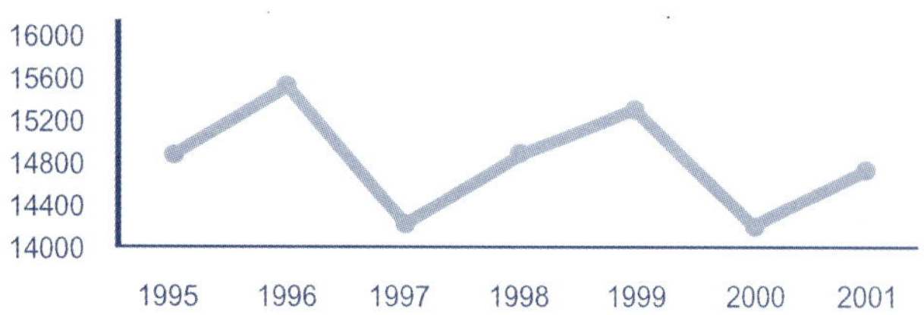

国内生产总值实际增长率

百分比变化，基于国家货币物价稳定

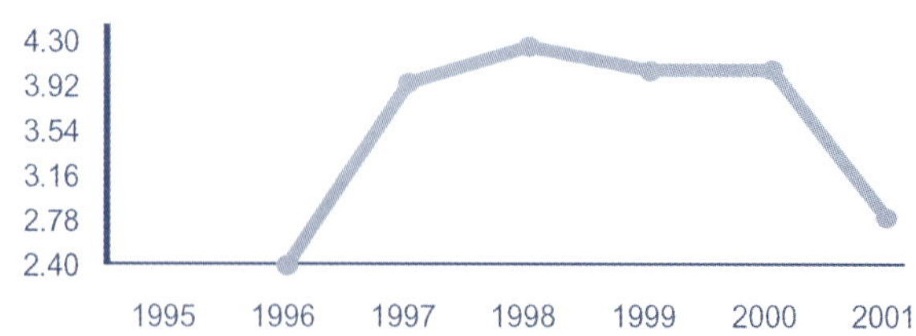

西班牙

个人最终消费支出
人均美元

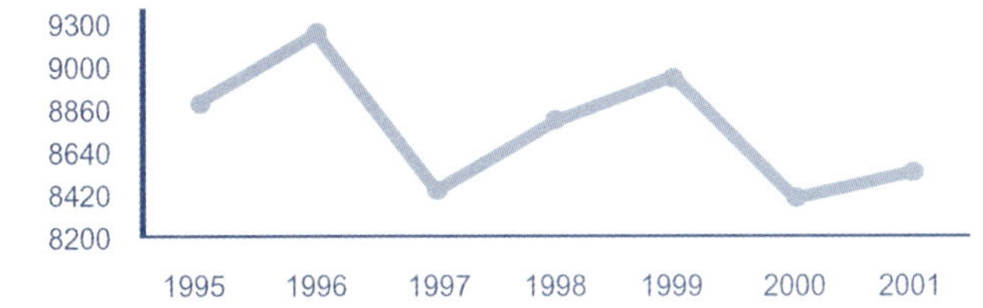

经常性项目差额
十亿美元（负号标志=赤字）

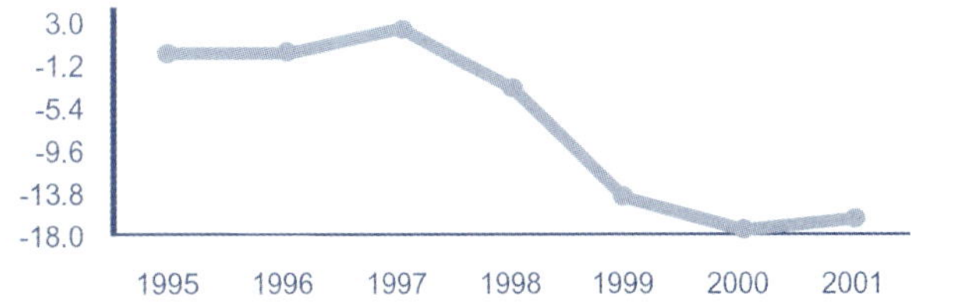

商品和商业劳务出口
十亿美元

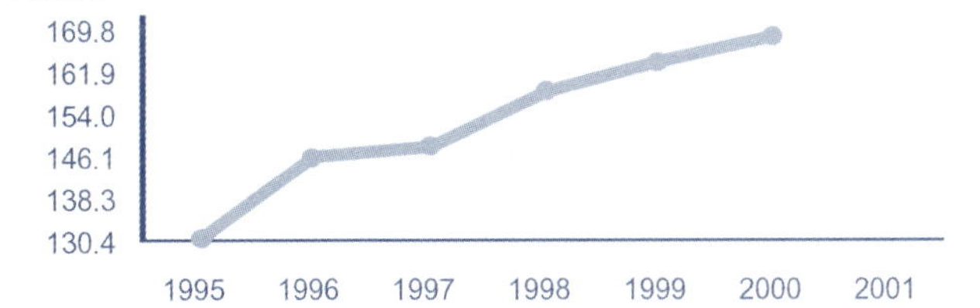

对外直接投资流量
十亿美元

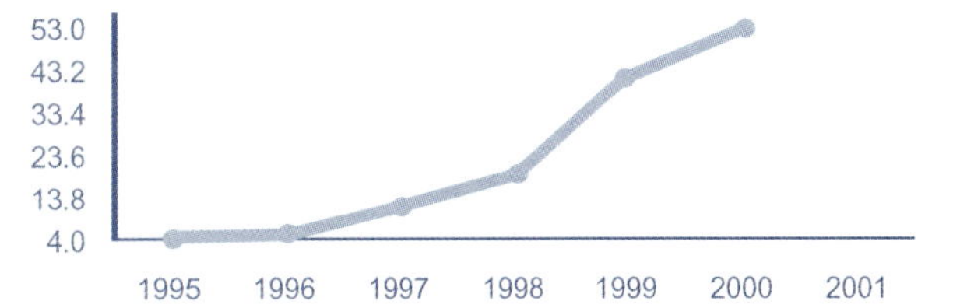

吸收直接投资流量
十亿美元

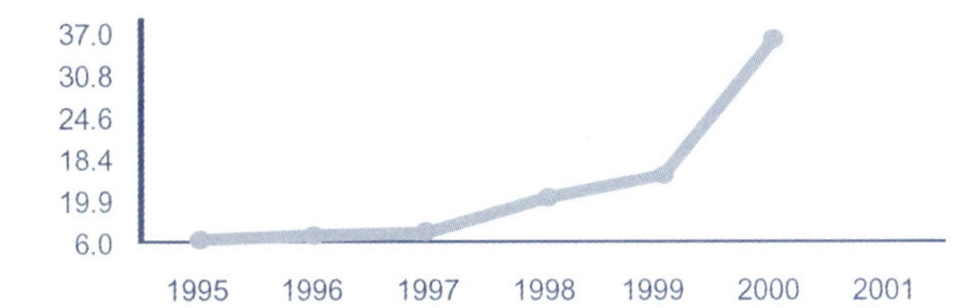

失业率
劳动力百分比

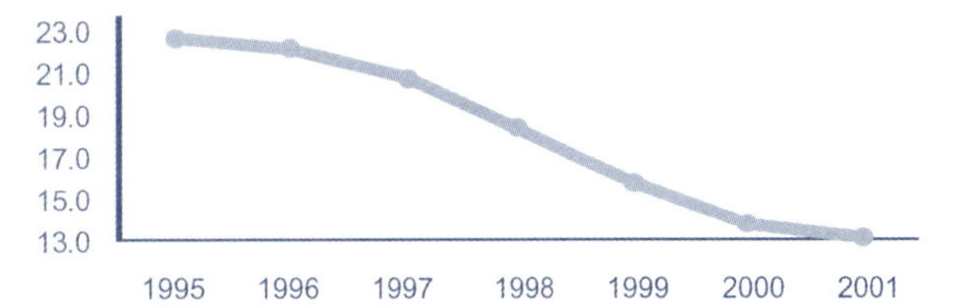

消费品价格增长率
年平均比率

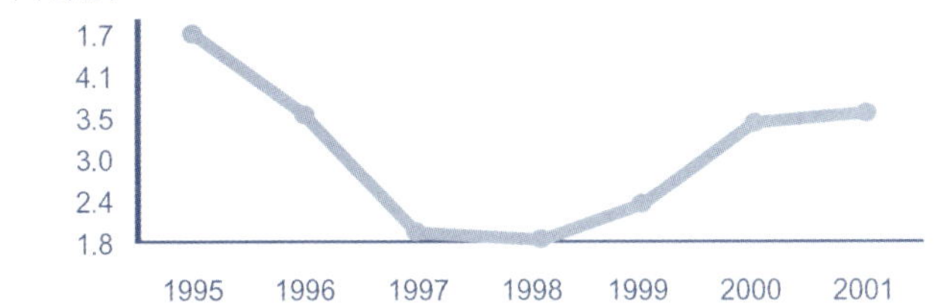

总体生产率
就业人员人均国内生产总值，美元

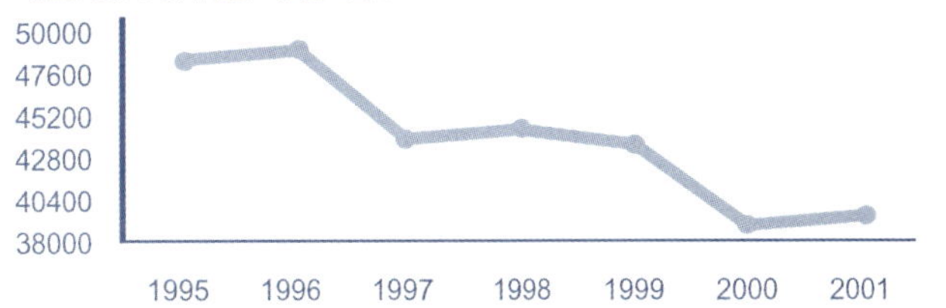

报酬水平
估计：制造工人的小时总补偿，美元

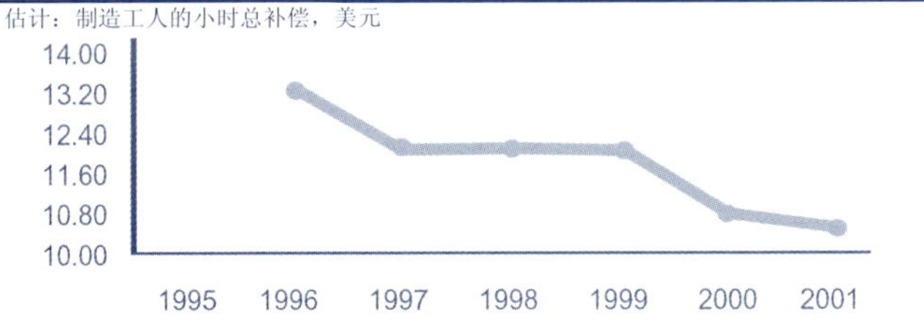

股票市场筹资额
十亿美元

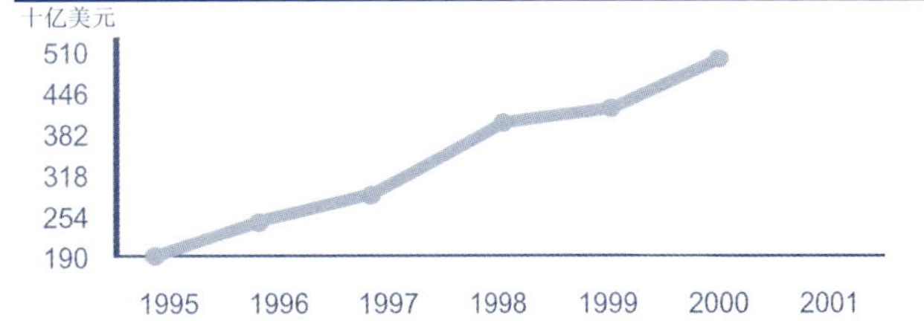

国内上市公司
上市公司的数量

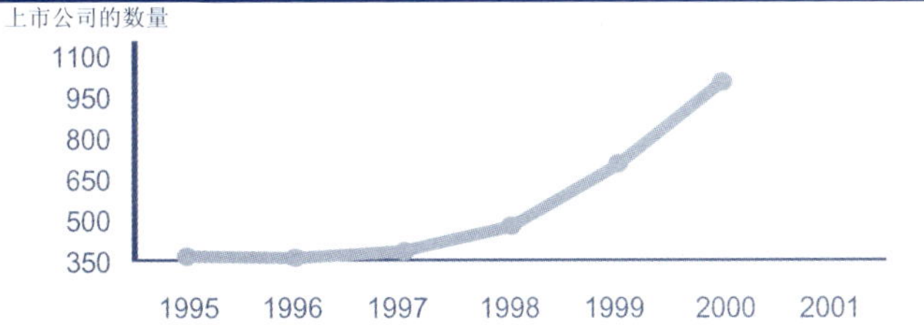

计算机
每1000人的计算机数量/来源：计算机工业年鉴

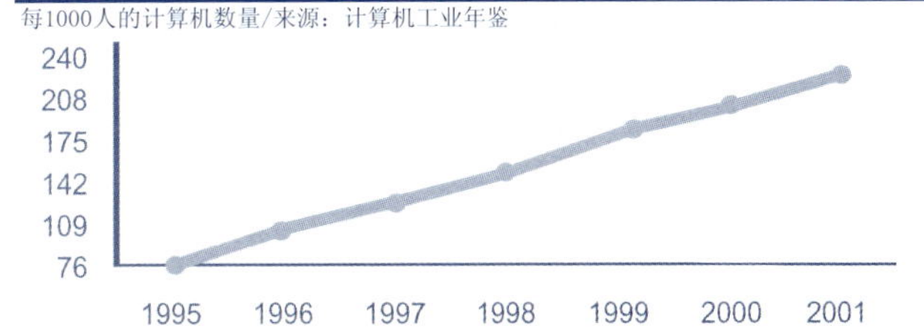

瑞典

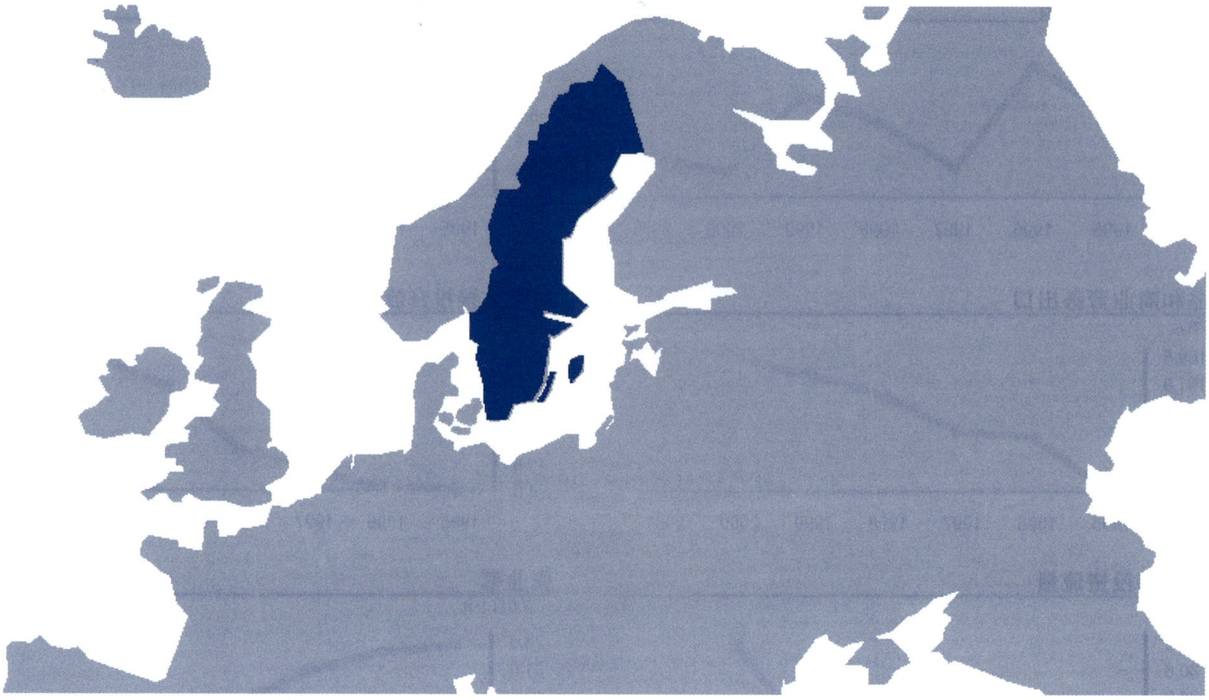

总体表现

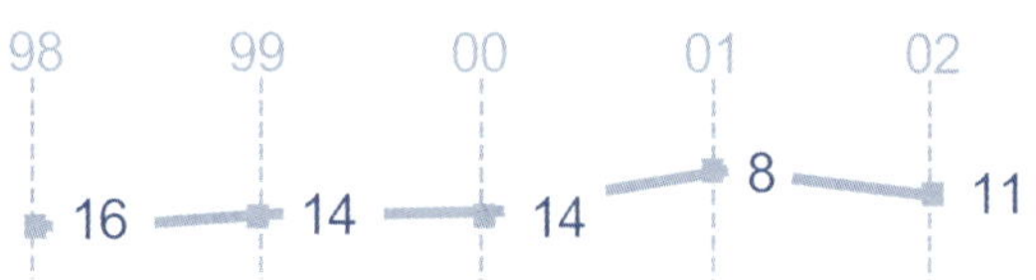

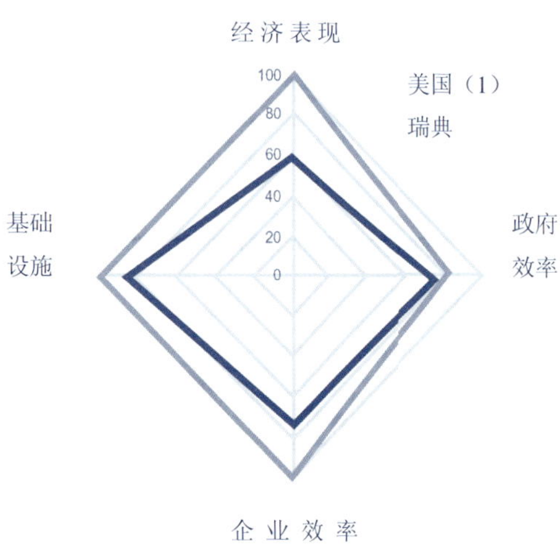

基本事实

首都	斯德哥尔摩
人口	8.9 (2001)
地域（平方千米）	450.0 (2000)
汇率（百分之一美元）	10.33 (2001)
国内生产总值（十亿美元）	210.1 (2001)
人均国内生产总值（美元）	23,658 (2001)
实际GDP增长率	1. 1 (2001)
消费品价格上涨	2. 6 (2001)
失业率	4.10 (2001)
劳动力（百万）	4.39 (2001)
经常性项目差额（十亿美元）	5.3 (2001)
直接投资	
吸收股票投资（十亿美元）	76. 98 (2000)
吸收流量（占GDP百分比）	9. 65 (2000)

瑞典

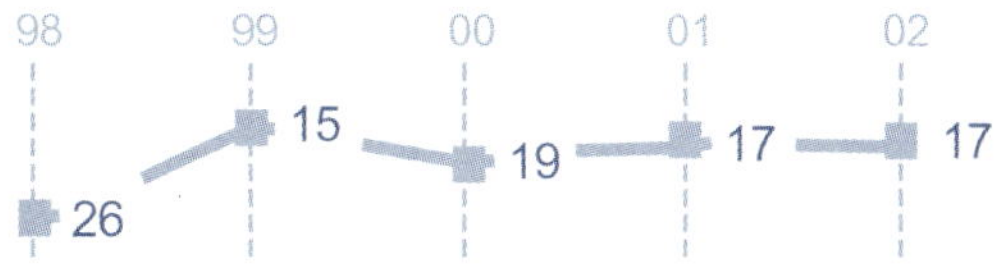

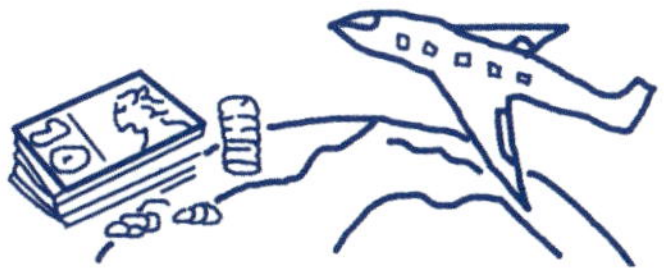

经 济 表 现

	2002
国内经济	22
国际贸易	28
国际投资	16
就 业	6
物 价	32

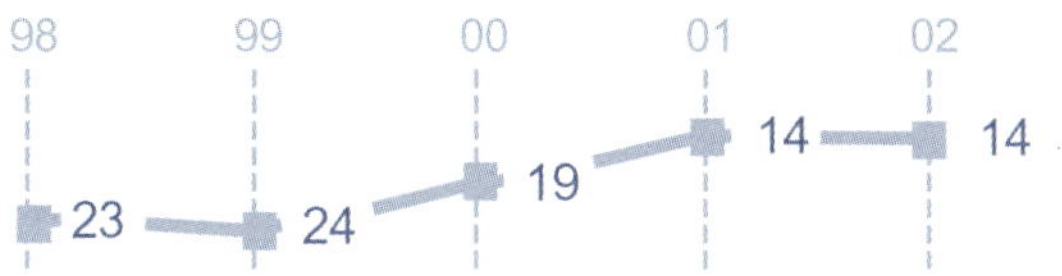

政 府 效 率

	2002
公共财政	16
财政政策	41
组织机构	11
企业法规	11
教 育	8

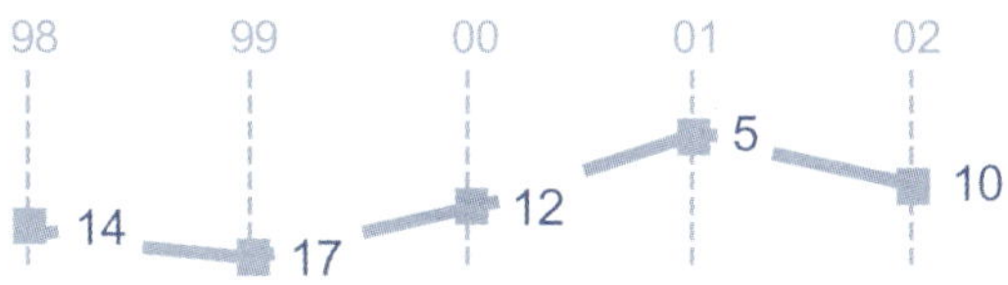

企 业 效 率

	2002
生产率	18
劳动力市场	8
金 融	12
管理实践	6
全球化影响	15

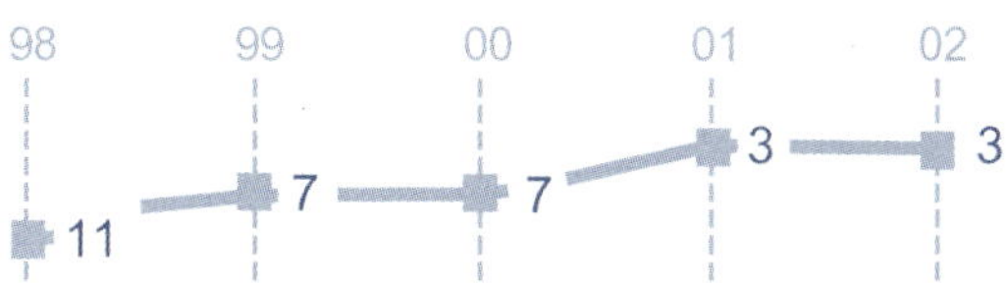

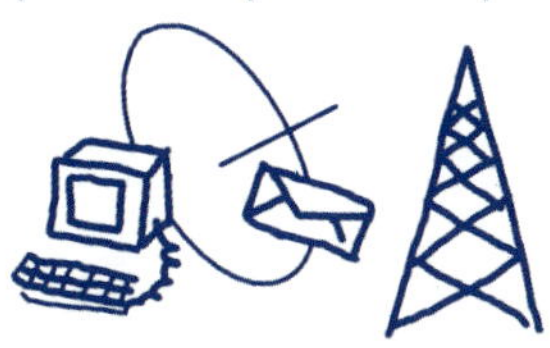

基 础 设 施

	2002
基本基础设施	16
技术基本基础设施	4
科学基本基础设施	5
健康与环境	3
价值系统	9

瑞典

这些指标是每类中最强的10个指标，这些类是通过对49个国家和地区平均的最大的价值差异来区分的。

1 经济表现			排名
1.4.07	青年失业	25岁以下失业人口占总失业人口比例	7
1.3.02	对外直接投资流量	对外直接投资流量占GDP的百分比	8
1.3.06	吸引国外直接投资+流量	吸引国外直接投资流量占GDP的百分比	8
1.3.01	对外直接投资流量	10亿美元	11
1.1.22	人均GDP	人均美元	12
1.3.03	对外直接投资存量	10亿美元	13
1.4.06	失业率	占劳动力比率	14
1.4.02	就业率	总就业人口占总人口的百分比	14
1.3.05	吸引国外直接投资流量	10亿美元	14
1.2.02	经常项目差额	经常项目差额占GDP的百分比	17

2 政府效率			
2.5.04	中等学校入学人数	接受全日制教育的相关年龄组所占比例	1
2.4.03	保护主义	保护主义没有影响贵国的企业行为	2
2.1.02	中央政府预算盈余/赤字	占GDP的百分比	3
2.5.01	全部公共教育支出	全部公共教育支出占GDP的比例	4
2.4.09	价格控制	价格控制没有影响多数产业的产品定价	4
2.5.10	经济知识普及	经济知识普及率高	4
2.4.02	海关职权	海关职权推动了商品的有效转口	4
2.4.19	外国投资者	外国投资者可以自由在国内公司中取得控制力	4
2.1.07	中央政府总负债实际增长率	按本地货币、不变价格计算的变化率	4
2.3.17	受贿和腐败	受贿和腐败在经济中不盛行	5

3 企业效率			
3.2.19	国际经验	高层管理者通常有丰富的国际经验	3
3.4.11	健康、安全和环境事务	健康、安全和环境事务被管理层充分重视	3
3.3.15	股东权利和义务	股东权利和义务明确界定	3
3.4.10	社会责任	商界领袖重视对社会的责任	3
3.3.10	股票市场	股票市场为公司提供充足的资金	3
3.4.02	伦理实践	伦理实践在公司中采用	3
3.4.01	适应性	贵国公司适应市场变化的能力很强	3
3.2.13	女性劳动力	占全部劳动力的比例	3
3.2.09	雇员培训	公司高度重视雇员培训	4
3.2.20	称职的高层管理人员	称职的高层管理人员在贵国劳动市场上易获得	4

4 基础设备			
4.3.16	人均诺贝尔奖	每百万人中从1950年以来在物理、化学、心理或医药和经济学领域获奖数目	1
4.3.03	所有研究与开发支出	占GDP的比例	1
4.5.05	国会中女性人数	女性席位占全部席位的比例	1
4.2.10	互联网用户数	每千人互联网用户人数/来源：计算机行业年鉴	1
4.3.05	人均企业研究与开发支出额	人均，美元	2
4.3.09	企业研究与开发人数	每千国民中人数（全日约当单位）	2
4.2.07	新信息技术	新信息技术和应用满足企业需要	2
4.2.09	人均计算机	每千人计算机数/来源：计算机行业年鉴	2
4.5.07	性别收入比	估计总体女性与男性收入比率	2
4.3.02	人均研究与开发支出	人均，美元	3

瑞典

这些指标是每类中最弱的10个指标，这些类是通过对49个国家和地区平均的最大的价值差异来区分的。

1 经济表现

			排名
1.2.09	商品出口额实际增长率	按本地货币、不变价格计算的变化率	40
1.5.02	生活费指数	主要城市不包括住房的各种货物支出指数（纽约=100）	34
1.1.12	实际GDP增长率	按本地货币、不变价格计算的变化率	33
1.3.08	吸引国外直接投资存量实际增长	按本地货币、不变价格计算的变化率	32
1.4.01	总就业人口	总就业人口（百万）	31
1.2.12	商业服务出口实际增长	按本地货币、不变价格计算的变化率	29
1.1.02	国内生产总值（PPP）	估计值：按购买力平价计算，10亿美元	28
1.3.04	对外直接投资存量实际增长率	按本地货币、不变价格计算的变化率	27
1.2.11	商业服务出口额	商业服务出口额占GDP的百分比	23
1.3.10	证券投资负债	10亿美元	21

2 政府效率

2.2.01	税收总收入	占GDP的百分比	49
2.2.02	个人收入税有效税率	占人均GDP的百分比	47
2.2.06	实际个人税	实际个人税并不阻碍人们工作或者寻求发展	46
2.2.09	雇主的社会保障缴款率	强制缴款占人均GDP的比率	40
2.4.14	失业立法	失业立法激励人们寻找工作	38
2.1.06	中央政府国外负债	占GDP的百分比	36
2.4.06	政府补贴	对私人和公共企业的补贴占GDP比重	36
2.1.10	国家总储备	包括黄金和官方储备（每盎司黄金=35个特别提款权）	33
2.2.12	资本和财产税	资本和财产税占GDP的百分比	32
2.1.09	公共财政的管理	公共财政的管理在两年后可能完善	31

3 企业效率

3.2.18	外国高素质人员	外国高素质人员被贵国企业环境所吸引	44
3.3.14	股票市场指数	支书的变化率	40
3.2.01	报酬水平	制造业工人每小时全部报酬，美元，估计值	37
3.4.08	公司的设立	贵国设立公司很普遍	37
3.1.03	综合生产率实际增长率	每个就业者实际GDP变化率，估计值	37
3.2.03	服务性职业报酬	年均总收入，包括附加薪水，例如额外薪金，美元	35
3.3.01	银行部门的资产	占GDP的比例	35
3.3.19	国际保理业务	占商品出口的比重	33
3.5.03	生产的再分配	国外的生产再分配没有威胁到贵国经济的未来	32
3.2.05	工作小时	每年的平均工作小时数	31

4 基础设施

4.1.04	赡养率	15岁以下和64岁以上的人口总量除以15岁-64岁之间人口总量	38
4.2.01	对电信的投资	年平均占GDP的百分比	36
4.1.01	人口—市场规模	估计值，百万	34
4.1.06	道路	网络的密度	30
4.5.03	适应性	面对挑战，贵国人民的适应性很强	30
4.5.04	歧视	歧视（种族、性别等）并没有给社会带来不利影响	30
4.3.14	科学和技术的兴趣	贵国青年具有浓厚的科学技术兴趣	29
4.5.09	社会的价值	社会价值支持竞争力	27
4.1.07	铁路	网络的密度	26
4.3.13	学校内的科学	学校内的科学在贵国充分教育	26

瑞典

这一部分集锦了该国20个最强的指标，
这部分指标有着最高的标准化值（STD值）。
STD值=（国家和地区的原始值－49个国家和地区平均值）/标准差

20个最强的指标

序号	名称	国家原始值	国家排名	49国家平均值
4.3.16	**人均诺贝尔奖** 每百万人中从1950年以来在物理、化学、心理或医药和经济学领域获奖数目	1.239	1	0.154
4.3.03	**所有研究与开发支出** 占GDP的比例	3.782	1	1.375
4.3.05	**人均企业研究与开发支出额** 人均，美元	778.04	2	177.46
4.5.05	**国会中女性人数** 女性席位占全部席位的比例	42.7	1	17.41
4.3.02	**人均研究与开发支出** 人均，美元	1,035.70	3	282.1
4.3.09	**企业研究与开发人数** 每千国民中人数（全日约当单位）	4.985	2	1.582
4.3.07	**每千人中研究与开发人员** 每千国民中人数（全日约当单位）	7.525	3	3
2.5.01	**全部公共教育支出** 全部公共教育支出占GDP的比例	8	4	5.1
4.2.10	**互联网用户数** 每千人互联网用户人数/来源：计算机行业年鉴	554.18	1	267.96
4.2.09	**人均计算机** 每千人计算机数/来源：计算机行业年鉴	626	2	309
4.5.07	**性别收入比** 估计总体女性与男性收入比率	0.68	2	0.41
4.2.02	**固定电话数** 每千户居民中的主要干线数	750	3	430
2.1.02	**中央政府预算盈余/赤字** 占GDP的百分比	3.68	3	-0.97
3.2.19 （调查）	**国际经验** 高层管理者通常有丰富的国际经验	7.38	3	5.25
3.2.09 （调查）	**雇员培训** 公司高度重视雇员培训	7.61	4	5.75
4.2.15 （调查）	**技术合作** 公司间的技术合作很发达	7.4	3	5.52
4.4.17 （调查）	**污染问题** 污染问题并没有严重影响贵国基础设施	8.48	5	5.91
4.2.07 （调查）	**新信息技术** 新信息技术和应用满足企业需要	9.03	2	7.29
4.2.14 （调查）	**信息技术人才** 信息技术人才在贵国劳动市场上易获得	8.77	4	7.1
3.4.11 （调查）	**健康、安全和环境事务** 健康、安全和环境事务被管理层充分重视	8.3	3	6.04

瑞典

如 果 ?

竞争力模拟研究帮助政策制定者将注意力和优先次序放在他们国家或地区面临的关键竞争力上。我们用49个国家或地区的平均值代替这些最弱的指标值，从而计算这个国家或地区的总体排名。然而，这只是一个理论方式，不应视为政策的建议。还必须考虑各个国家或地区的发展水平、政治体制和社会值系统

	从		到
模拟排名变化	11	→	9

20个最弱的指标

序号	名称	国家原始值	国家排名	49国家平均值
2.2.01	**税收总收入** 占GDP的百分比	52.94	49	31.24
2.2.02	**个人收入税有效税率** 占人均GDP的百分比	31.1	47	17.15
2.2.09	**雇主的社会保障缴款率** 强制缴款占人均GDP的比率	32.82	40	17.86
4.1.04	**赡养率** 15岁以下和64岁以上的人口总量除以15岁-64岁之间人口总量	55.8	38	50.8
3.3.14	**股票市场指数** 支书的变化率	-24.5	40	-8.23
4.2.01	**对电信的投资** 年平均占GDP的百分比	0.4	36	0.607
2.1.06	**中央政府国外负债** 占GDP的百分比	19.511	36	12.214
3.3.01	**银行部门的资产** 占GDP的比例	72.47	35	117.11
2.1.10	**国家总储备** 包括黄金和官方储备（每盎司黄金=35个特别提款权）	9.76	33	30.49
3.2.05	**工作小时** 每年的平均工作小时数	1,860	31	1,925
4.2.12	**互联网费用** 高峰期互联网访问20小时费用，美元	39.93	20	22.72
1.3.09	**证券投资资产** 10亿美元	12.77	18	26.1
1.4.01	**总就业人口** 总就业人口（百万）	4.21	31	40.89
2.2.06 （调查）	**实际个人税** 实际个人税并不阻碍人们工作或者寻求发展	2.73	46	4.81
3.2.18 （调查）	**外国高素质人员** 外国高素质人员被贵国企业环境所吸引	3.7	44	5.29
2.4.14 （调查）	**失业立法** 失业立法激励人们寻找工作	3.87	38	4.98
3.4.08 （调查）	**公司的设立** 贵国设立公司很普遍	6.1	37	6.75
2.4.13 （调查）	**劳动法规** 劳动法规（雇/解雇惯例、最低工资等）足够灵活	3.97	28	4.68
4.3.14 （调查）	**科学和技术的兴趣** 贵国青年具有浓厚的科学技术兴趣	4.98	39	5.39
3.5.03 （调查）	**生产的再分配** 国外的生产再分配没有威胁到贵国经济的未来	4.52	32	4.87

瑞典

国内经济

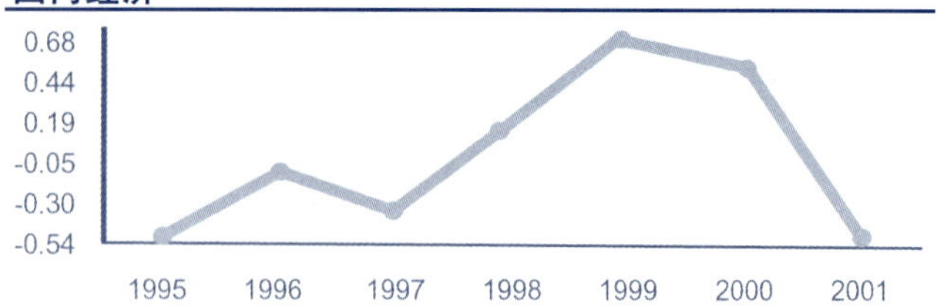

国际贸易

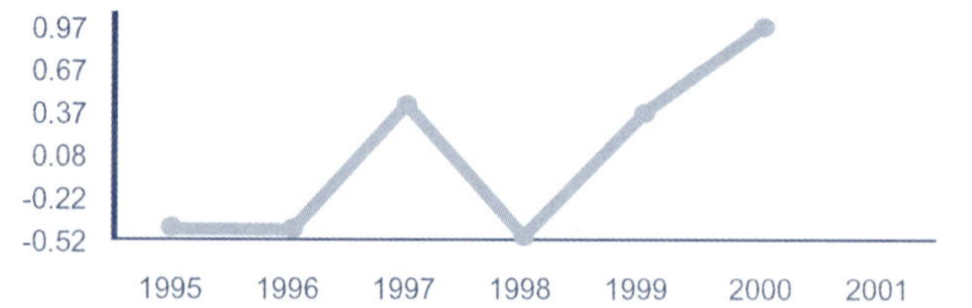

国际投资

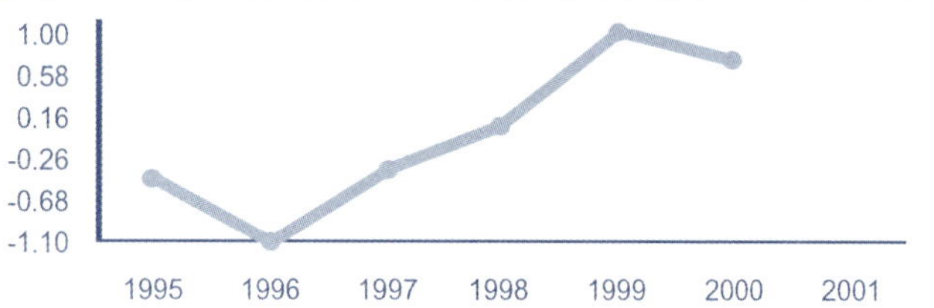

公共财政

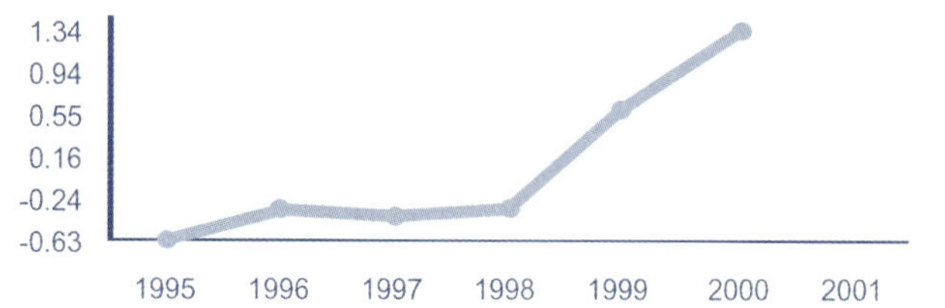

财政政策

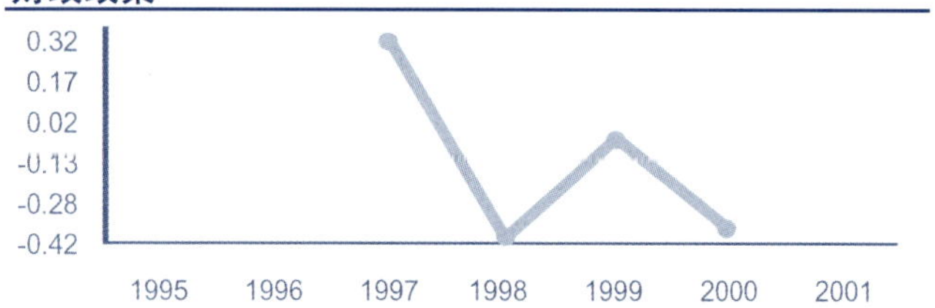

生产率

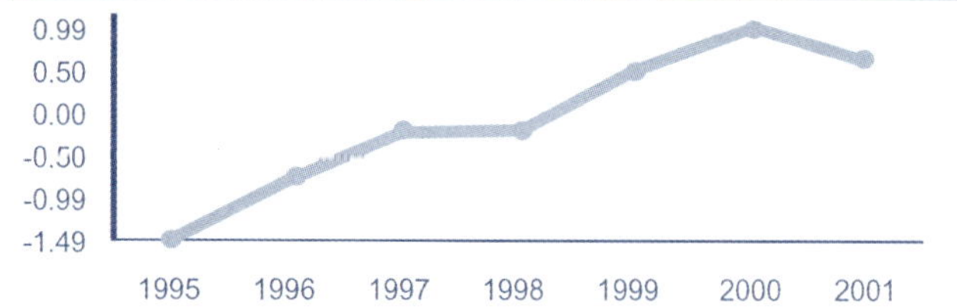

金融

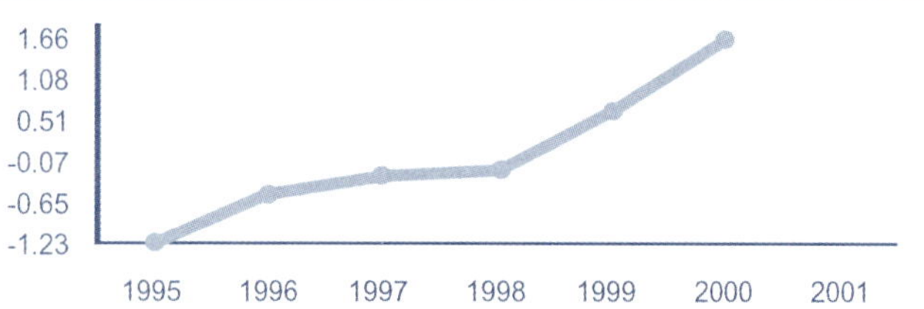

技术基础设施

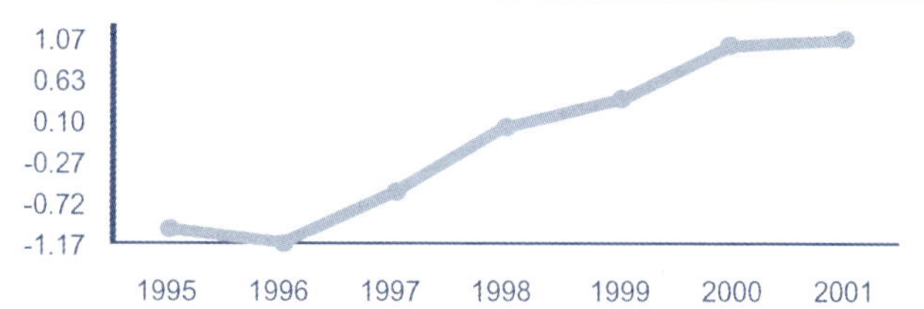

主要竞争力指标

人均国内生产总值

人均美元

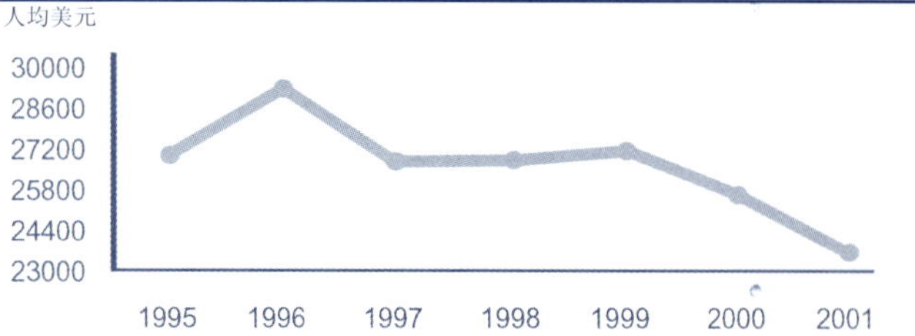

国内生产总值实际增长率

百分比变化，基于国家货币物价稳定

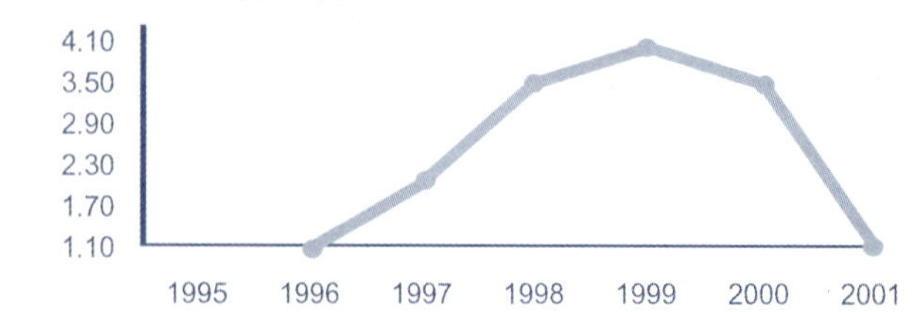

瑞典

个人最终消费支出
人均美元

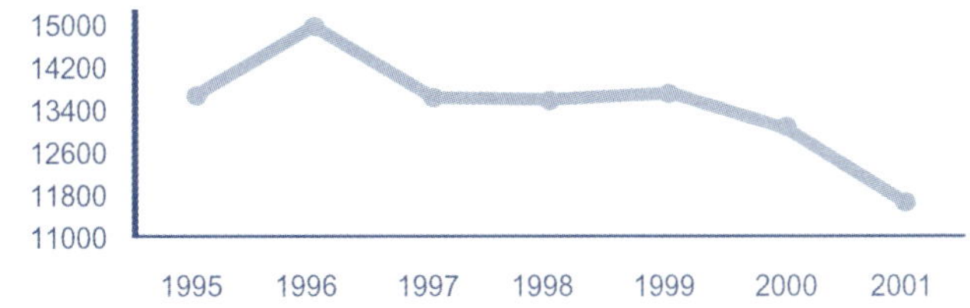

经常性项目差额
十亿美元（负号标志＝赤字）

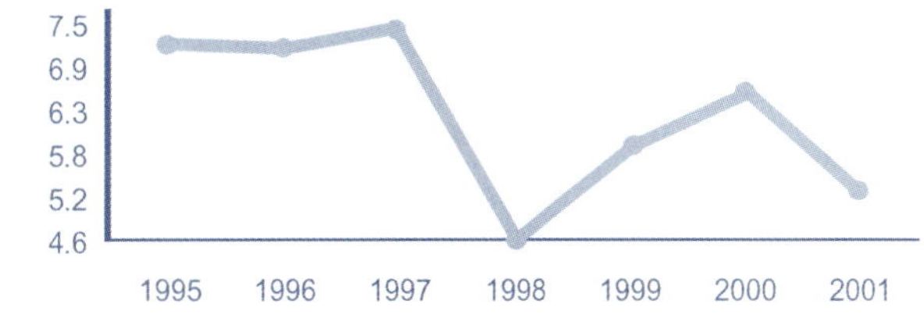

商品和商业劳务出口
十亿美元

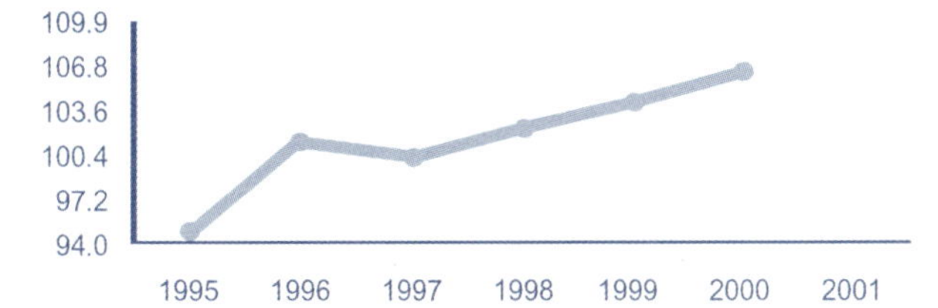

对外直接投资流量
十亿美元

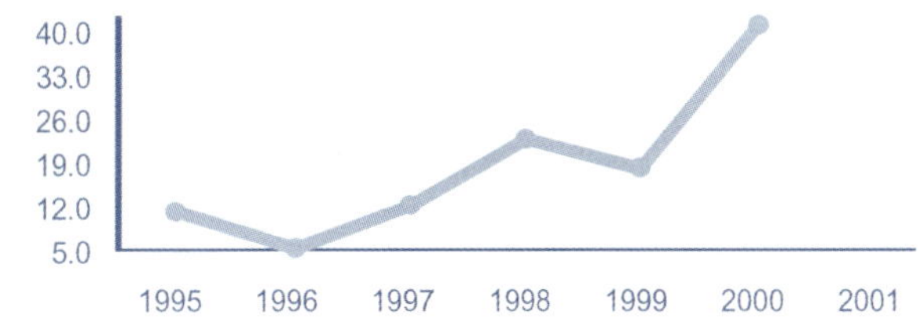

吸收直接投资流量
十亿美元

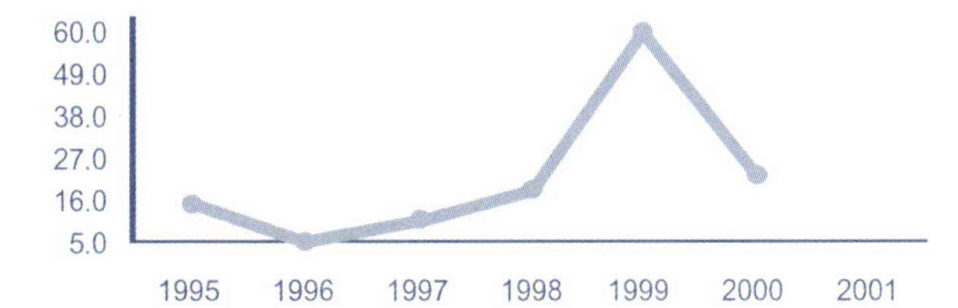

失业率
劳动力百分比

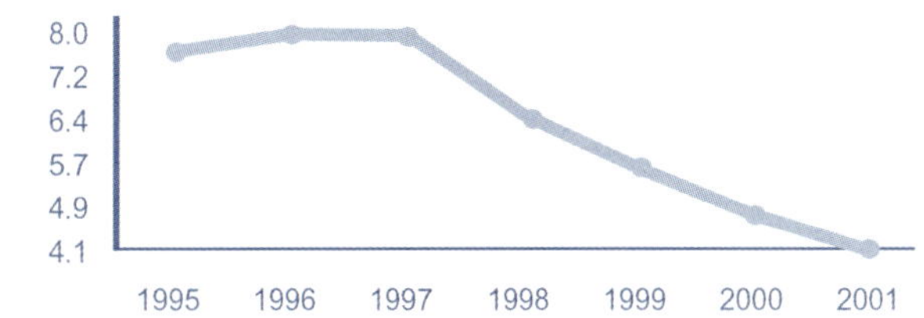

消费品价格增长率
年平均比率

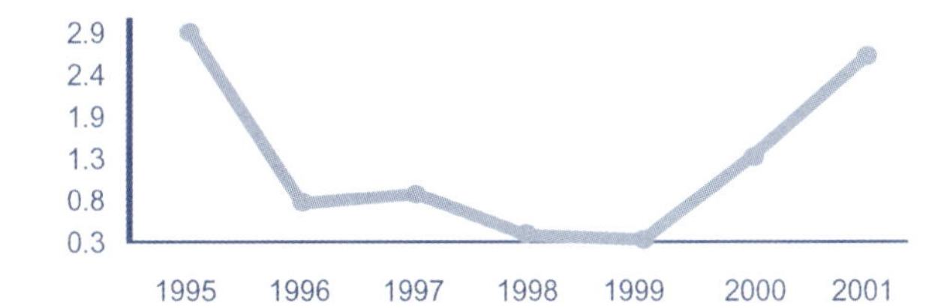

总体生产率
就业人员人均国内生产总值，美元

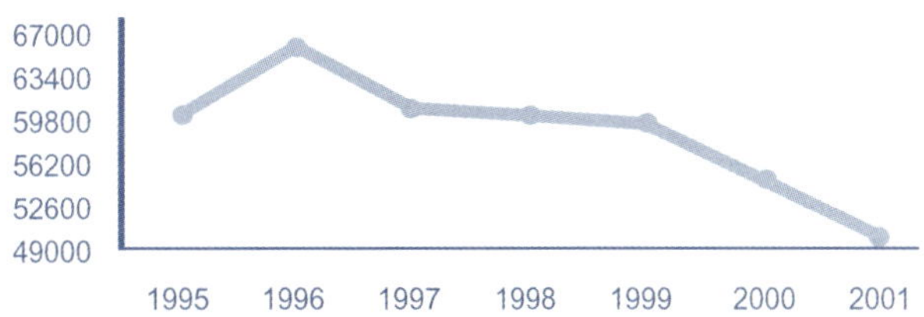

报酬水平
估计：制造工人的小时总补偿，美元

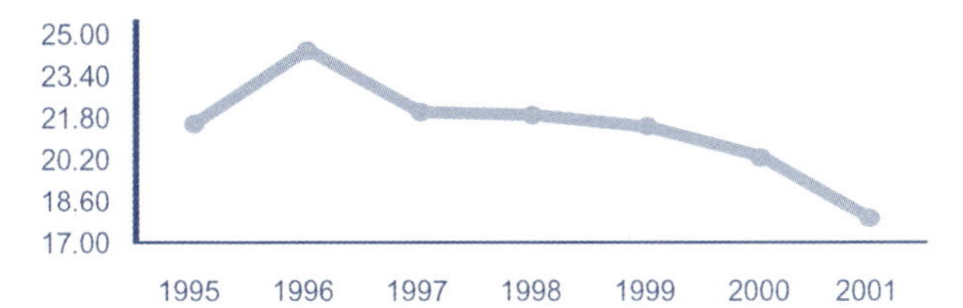

股票市场筹资额
十亿美元

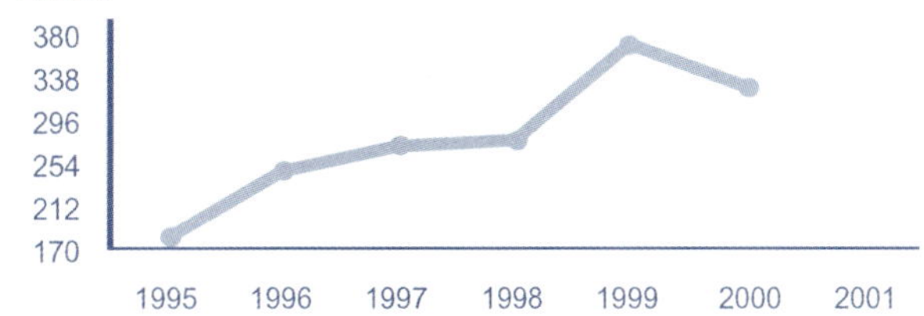

国内上市公司
上市公司的数量

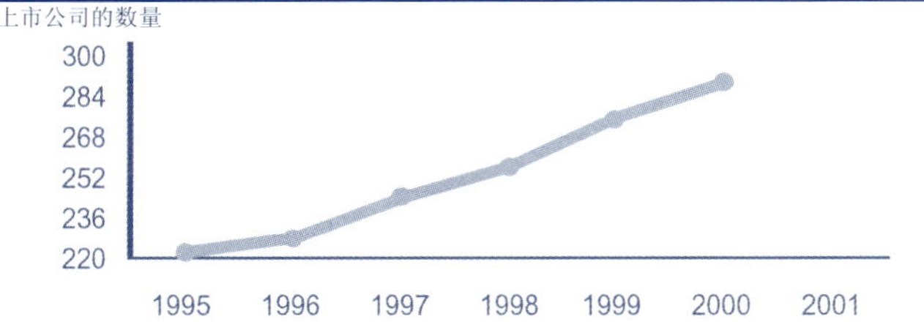

计算机
每1000人的计算机数量/来源：计算机工业年鉴

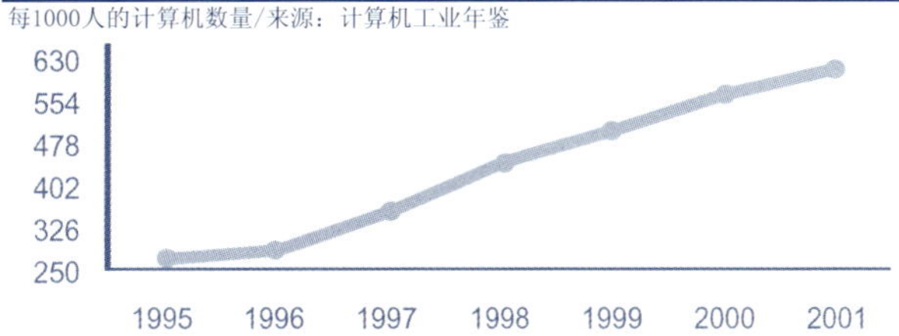

瑞士

总体表现

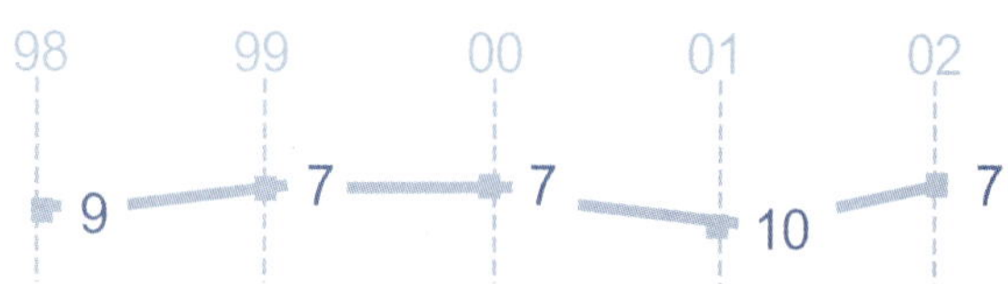

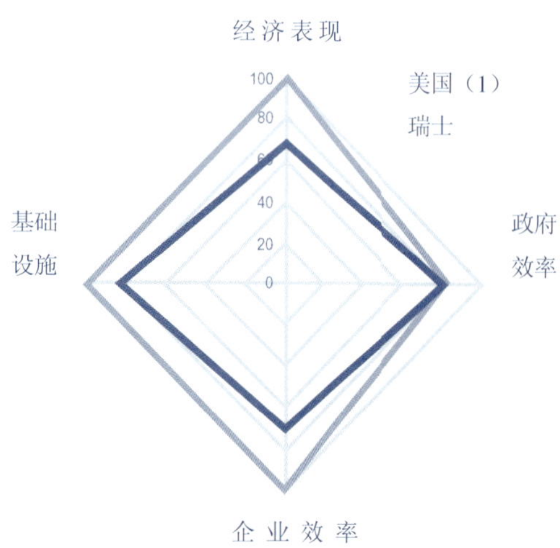

基本事实

首都	苏黎世
人口	7.2 (2001)
地域（平方千米）	41.0 (2000)
汇率（百分之一美元）	1.69 (2001)
国内生产总值（十亿美元）	247.4 (2001)
人均国内生产总值（美元）	34,363 (2001)
实际GDP增长率	1.3 (2001)
消费品价格上涨	1.0 (2001)
失业率	2.50 (2001)
劳动力（百万）	4.05 (2001)
经常性项目差额（十亿美元）	30.5 (2001)
直接投资	
吸收股票投资（十亿美元）	87.23 (2000)
吸收流量（占GDP百分比）	7.47 (2000)

瑞士

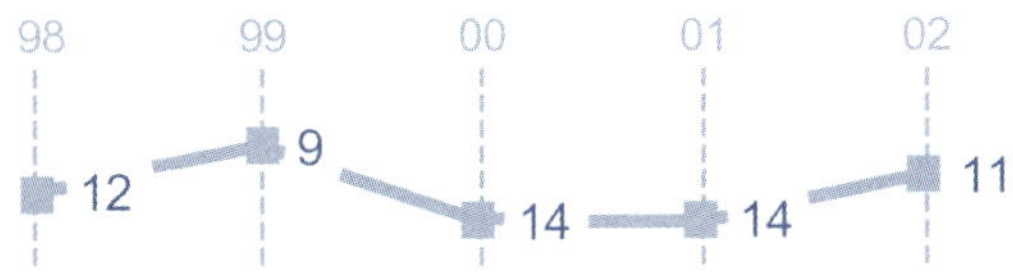

经　济　表　现

	2002
国内经济	9
国际贸易	14
国际投资	13
就　业	4
物　价	30

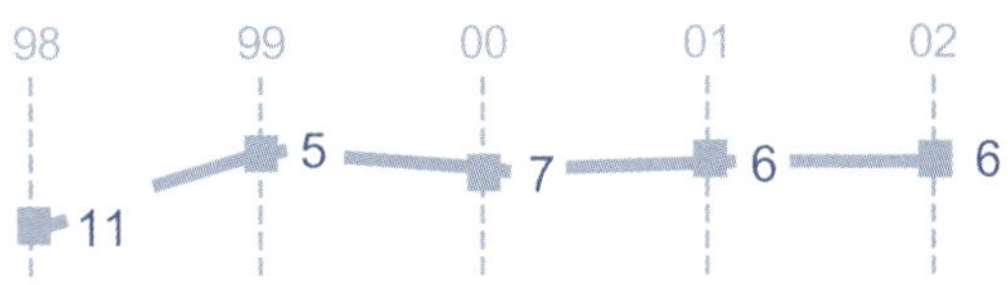

政　府　效　率

	2002
公共财政	7
财政政策	10
组织机构	5
企业法规	15
教　育	10

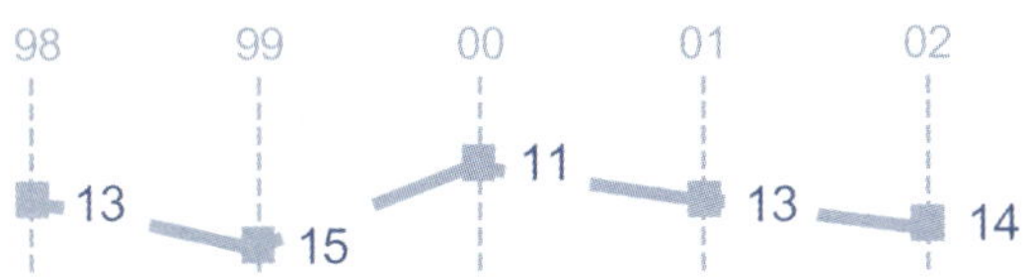

企　业　效　率

	2002
生产率	22
劳动力市场	14
金　融	8
管理实践	17
全球化影响	9

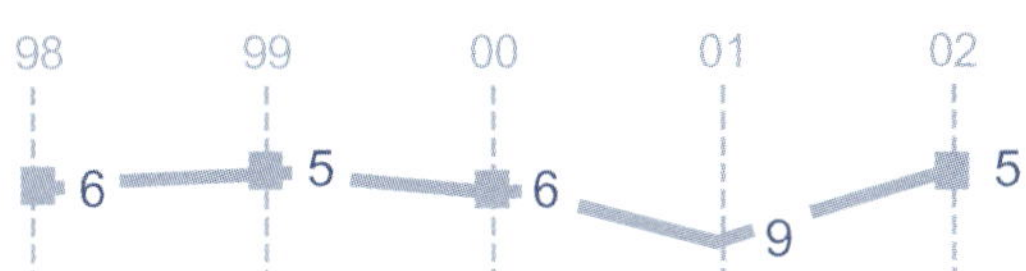

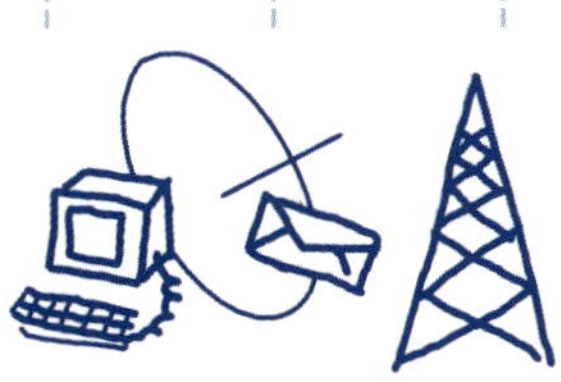

基　础　设　施

	2002
基本基础设施	12
技术基本基础设施	9
科学基本基础设施	3
健康与环境	2
价值系统	19

瑞士

这些指标是每类中最强的10个指标，这些类是通过对49个国家和地区平均的最大的价值差异来区分的。

1 经济表现

编号	指标	说明	排名
1.4.06	失业率	占劳动力比率	2
1.2.02	经常项目差额	经常项目差额占GDP的百分比	3
1.4.02	就业率	总就业人口占总人口的百分比	3
1.2.01	经常项目差额	经常项目差额，10亿美元（负号为逆差）	3
1.1.22	人均GDP	人均美元	4
1.1.23	人均GDP	估计值，按购买力平价计算的人均美元	6
1.5.01	消费品价格上涨	年平均比率	6
1.3.02	对外直接投资流量	对外直接投资流量占GDP的百分比	9
1.3.03	对外直接投资存量	10亿美元	9
1.3.01	对外直接投资流量	10亿美元	10

2 政府效率

编号	指标	说明	排名
2.3.04	国家信用评级	由《机构投资者杂志》杂志按百分制评分	1
2.3.02	资本成本	贵国资本成本鼓励公司发展	2
2.1.06	中央政府国外负债	占GDP的百分比	2
2.4.17	金融交易的机密性	金融交易的机密性是有保证的	3
2.3.14	透明度	政府政策的透明度是令人满意的	3
2.4.13	劳动法规	劳动法规（雇/解雇惯例、最低工资等）足够灵活	4
2.2.07	对利润征收的平均公司税率	占税前利润的百分比	4
2.3.15	公共服务	公共服务不受政治干预	4
2.3.20	政策不稳定性风险	政策不稳定性风险很低	4
2.3.12	政府决策	政府决策可以有效实施	5

3 企业效率

编号	指标	说明	排名
3.2.07	工人的动机	贵国工人动机很重要	1
3.3.12	股票市场交易额	人均美元	2
3.2.06	劳资关系	劳资关系有利于生产	2
3.3.07	银行服务	银行服务在贵国广泛发展	2
3.2.19	国际经验	高层管理者通常有丰富的国际经验	4
3.2.18	外国高素质人员	外国高素质人员被贵国企业环境所吸引	4
3.3.09	银行业规定	银行业规定没有阻碍贵国竞争力	4
3.3.18	现金流	现金流通常足以允许公司自筹经费	5
3.3.01	银行部门的资产	占GDP的比例	5
3.2.17	人才流失	人才流失不损害贵国的竞争力	6

4 基础设施

编号	指标	说明	排名
4.3.05	人均企业研究与开发支出额	人均，美元	1
4.3.20	专利权和版权保护	专利和版权在贵国得到了充分保护	1
4.3.16	人均诺贝尔奖	每百万人中从1950年以来在物理、化学、心理或医药和经济学领域获奖数目	2
4.3.02	人均研究与开发支出	人均，美元	2
4.3.10	基础研究	基础研究能够支持长期经济发展	2
4.4.06	健康基础设施	健康基础设施满足社会需要	2
4.1.05	维护和发展	基础设施的维护和发展得到充分的计划和资助	2
4.4.12	纸张和纸板的回收率	占表面消耗量的比率	2
4.4.13	废水处理工厂	接受废水处理工厂服务的人口占总人口的比重	2
4.1.15	能源基础设施	贵国能源基础设施充足有效	2

瑞士

这些指标是每类中最弱的10个指标，这些类是通过对49个国家和地区平均的最大的价值差异来区分的。

			排名
1 经济表现			
1.5.02	生活费指数	主要城市不包括住房的各种货物支出指数（纽约=100）	38
1.4.01	总就业人口	总就业人口（百万）	33
1.1.02	国内生产总值（PPP）	估计值：按购买力平价计算，10亿美元	30
1.2.12	商业服务出口实际增长	按本地货币、不变价格计算的变化率	30
1.1.12	实际GDP增长率	按本地货币、不变价格计算的变化率	29
1.2.09	商品出口额实际增长率	按本地货币、不变价格计算的变化率	27
1.1.13	实际人均GDP增长率	按本地货币、不变价格计算的变化率	26
1.4.07	青年失业	25岁以下失业人口占总失业人口比例	25
1.2.08	商品出口额	商品出口额占GDP的百分比	24
1.2.07	商品出口额	商品出口额，10亿美元	20
2 政府效率			
2.2.12	资本和财产税	资本和财产税占GDP的百分比	44
2.4.04	公共部门合同	公共部门合同向外国投标者充分开放	36
2.5.12	合格工程师	合格工程师在贵国劳动力市场上容易获得	35
2.3.06	汇率政策	贵国汇率政策支持公司的竞争力	34
2.4.15	移民法	移民法不禁止本国公司雇用外国劳动力	32
2.4.03	保护主义	保护主义没有影响贵国的企业行为	31
2.4.01	贵国参与区域贸易集团的程度	贵国参与区域贸易集团提供进入外国市场的途径	30
2.2.01	税收总收入	占GDP的百分比	29
2.3.11	政府经济政策	政府经济政策快速适应于经济发展	29
2.4.19	外国投资者	外国投资者可以自由在国内公司中取得控制力	26
3 企业效率			
3.2.03	服务性职业报酬	年均总收入，包括附加薪水，例如额外薪金，美元	48
3.2.01	报酬水平	制造业工人每小时全部报酬，美元，估计值	45
3.2.04	经理报酬	全部底薪加上奖金和长期激励，美元	41
3.3.14	股票市场指数	支书的变化率	38
3.1.03	综合生产率实际增长率	每个就业者实际GDP变化率，估计值	36
3.2.05	工作小时	每年的平均工作小时数	32
3.4.04	公司董事会	公司董事会确实合适地监督了公司的管理	31
3.3.19	国际保理业务	占商品出口的比重	27
3.3.13	国内上市公司	国内上市公司数目	27
3.1.06	农业生产率（购买力平价）	每个农业劳动力创造的相应GDP，美元，估计值	27
4 基础设备			
4.1.12	可耕地面积	人均平方米	41
4.5.03	适应性	面对挑战，贵国人民的适应性很强	40
4.2.01	对电信的投资	年平均占GDP的百分比	38
4.1.20	工业用户的电力成本	美元/千瓦	37
4.1.01	人口—市场规模	估计值，百万	36
4.5.06	女性地位	所有立法委员、高级官员和经理中女性所占比例	35
4.1.19	非能源原材料自给	人均贸易收支差额，美元	35
4.5.02	民族文化	民族文化对外国文化开放	33
4.1.16	GDP和能源消耗	实际GDP增长率减去能源消耗增长率	33
4.1.17	国内能源总产量	占所有能源需求（等价为石油吨数）的比例	31

瑞士

这一部分集锦了该国20个最强的指标，
这部分指标有着最高的标准化值（STD值）。
STD值＝（国家和地区的原始值－49个国家和地区平均值）/标准差

20个最强的指标

序号	名称	国家原始值	国家排名	49国家平均值
4.3.16	**人均诺贝尔奖** 每百万人中从1950年以来在物理、化学、心理或医药和经济学领域获奖数目	1.111	2	0.154
3.3.12	**股票市场交易额** 人均美元	84,956	2	14,476
4.3.05	**人均企业研究与开发支出额** 人均，美元	807.92	1	177.46
4.3.02	**人均研究与开发支出** 人均，美元	1,143.20	2	282.1
1.2.02	**经常项目差额** 经常项目差额占GDP的百分比	12.33	3	0.99
4.3.09	**企业研究与开发人数** 每千国民中人数（全日约当单位）	4.873	3	1.582
1.1.22	**人均GDP** 人均美元	34,363	4	14,689
2.2.07	**对利润征收的平均公司税率** 占税前利润的百分比	20.97	4	29.22
1.4.02	**就业率** 总就业人口占总人口的百分比	55.1	3	43.32
4.4.12	**纸张和纸板的回收率** 占表面消耗量的比率	75	2	34.5
4.3.07	**每千人中研究与开发人员** 每千国民中人数（全日约当单位）	7.11	5	3
4.3.03	**所有研究与开发支出** 占GDP的比例	2.731	5	1.375
4.4.13	**废水处理工厂** 接受废水处理工厂服务的人口占总人口的比重	96	2	49
2.4.13 （调查）	**劳动法规** 劳动法规（雇/解雇惯例、最低工资等）足够灵活	7.79	4	4.68
3.2.19 （调查）	**国际经验** 高层管理者通常有丰富的国际经验	7.27	4	5.25
4.3.10 （调查）	**基础研究** 基础研究能够支持长期经济发展	8.13	2	5.36
4.4.06 （调查）	**健康基础设施** 健康基础设施满足社会需要	9.13	2	5.53
4.1.05 （调查）	**维护和发展** 基础设施的维护和发展得到充分的计划和资助	8.39	2	5.27
3.2.06 （调查）	**劳资关系** 劳资关系有利于生产	8.29	2	6.22
3.2.18 （调查）	**外国高素质人员** 外国高素质人员被贵国企业环境所吸引	7.95	4	5.29

瑞士

如　果？

竞争力模拟研究帮助政策制定者将注意力和优先次序放在他们国家或地区面临的关键竞争力上。我们用49个国家或地区的平均值代替这些最弱的指标值，从而计算这个国家或地区的总体排名。然而，这只是一个理论方式，不应视为政策的建议。还必须考虑各个国家或地区的发展水平、政治体制和社会值系统

	从		到
模拟排名变化	7	→	5

20个最弱的指标

序号	名称	国家原始值	国家排名	49国家平均值
2.2.12	**资本和财产税** 资本和财产税占GDP的百分比	3.21	44	1.57
4.2.12	**互联网费用** 高峰期互联网访问20小时费用，美元	48.49	28	22.72
4.2.01	**对电信的投资** 年平均占GDP的百分比	0.375	38	0.607
3.3.14	**股票市场指数** 支书的变化率	-23.8	38	-8.23
4.1.20	**工业用户的电力成本** 美元/千瓦	0.069	37	0.056
4.1.16	**GDP和能源消耗** 实际GDP增长率减去能源消耗增长率	-0.207	33	1.396
2.2.01	**税收总收入** 占GDP的百分比	36.1	29	31.24
1.5.02	**生活费指数** 主要城市不包括住房的各种货物支出指数（纽约=100）	91.54	38	81.64
3.2.05	**工作小时** 每年的平均工作小时数	1,855	32	1,925
1.4.01	**总就业人口** 总就业人口（百万）	3.97	33	40.89
4.2.08	**在用计算机** 占世界在用计算机总量的份额/来源：计算机行业年鉴	0.69	21	1.85
1.3.10	**证券投资负债** 10亿美元	10.55	17	31.46
4.3.17	**批准授予国民专利** 批准授予国民专利数目	1,455	14	7,353
4.5.03 （调查）	**适应性** 面对挑战，贵国人民的适应性很强	5.9	40	6.85
2.4.04 （调查）	**公共部门合同** 公共部门合同向外国投标者充分开放	5.84	36	6.56
3.4.04 （调查）	**公司董事会** 公司董事会确实合适地监督了公司的管理	5.25	31	5.65
4.5.02 （调查）	**民族文化** 民族文化对外国文化开放	6.86	33	7.24
2.5.12 （调查）	**合格工程师** 合格工程师在贵国劳动力市场上容易获得	6.42	35	6.86
2.3.06 （调查）	**汇率政策** 贵国汇率政策支持公司的竞争力	5.45	34	5.95
2.4.01 （调查）	**贵国参与区域贸易集团的程度** 贵国参与区域贸易集团提供进入外国市场的途径	6	30	6.47

瑞士

国内经济

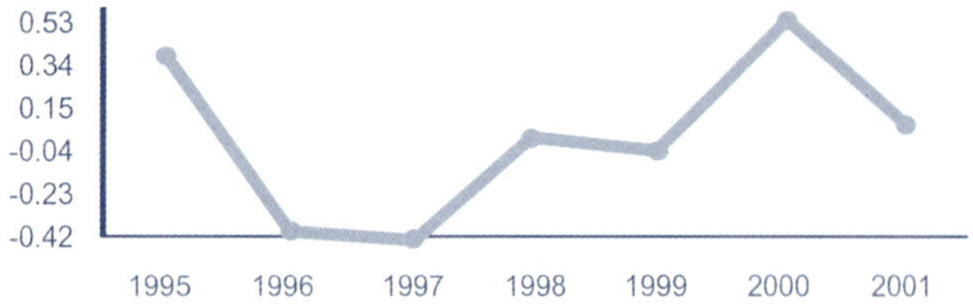

国际贸易

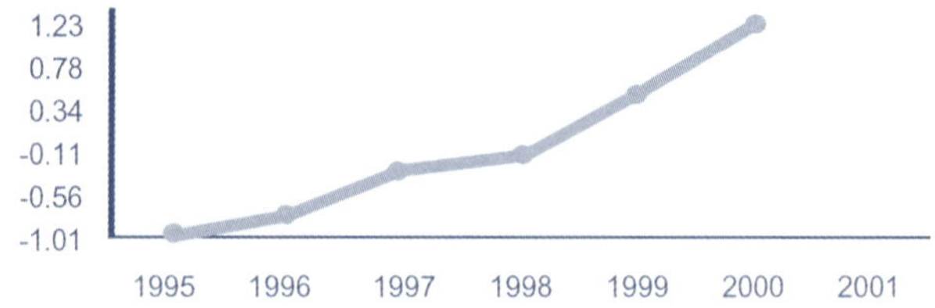

国际投资

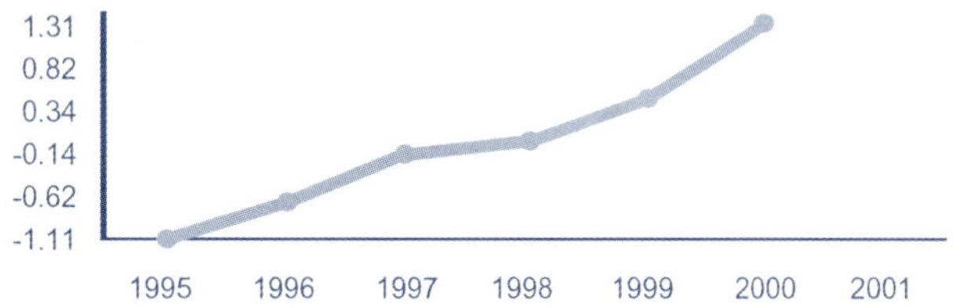

公共财政

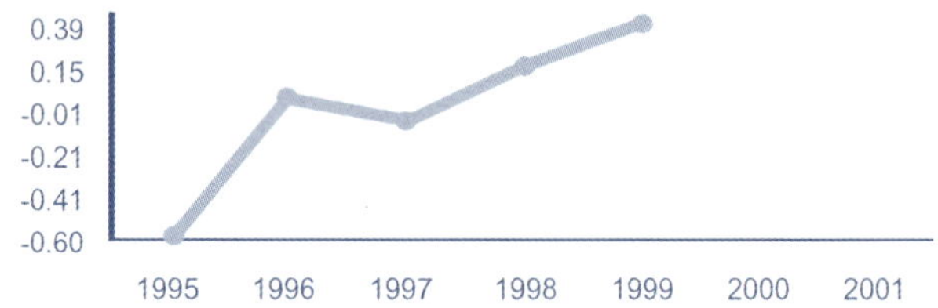

财政政策

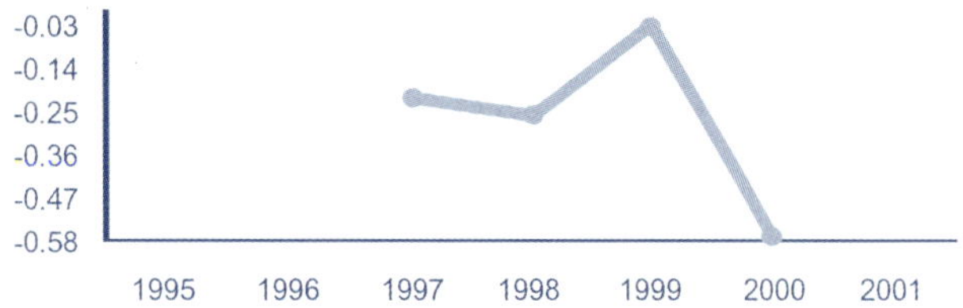

生产率

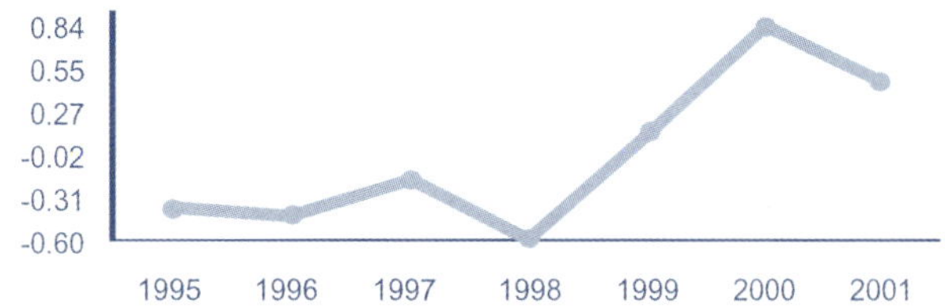

金融

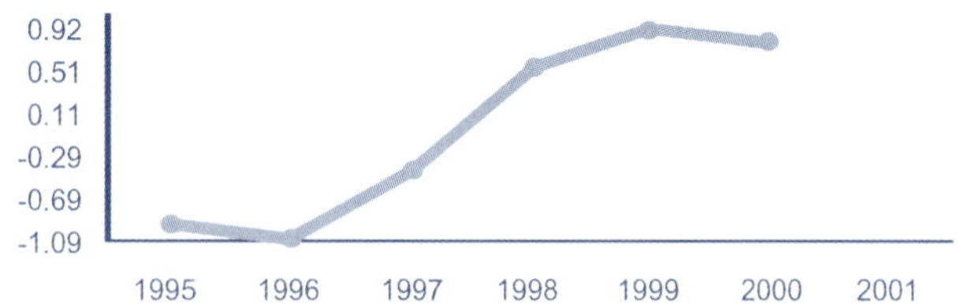

技术基础设施

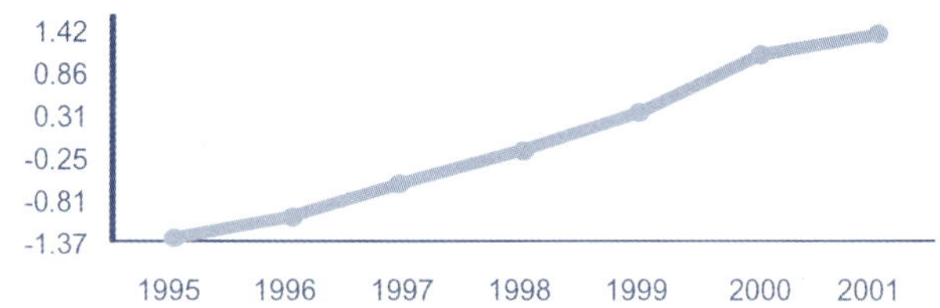

主要竞争力指标

人均国内生产总值

人均美元

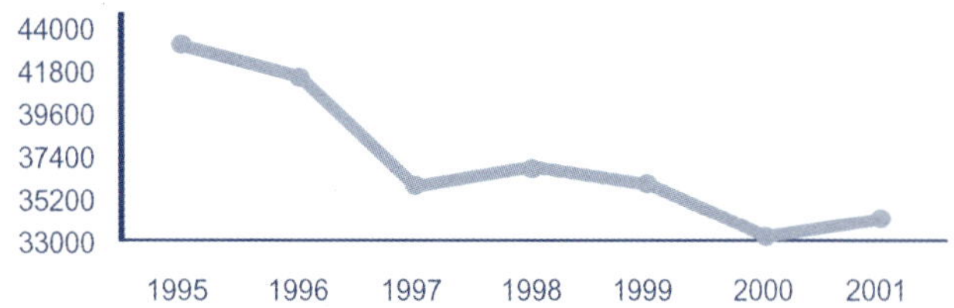

国内生产总值实际增长率

百分比变化，基于国家货币物价稳定

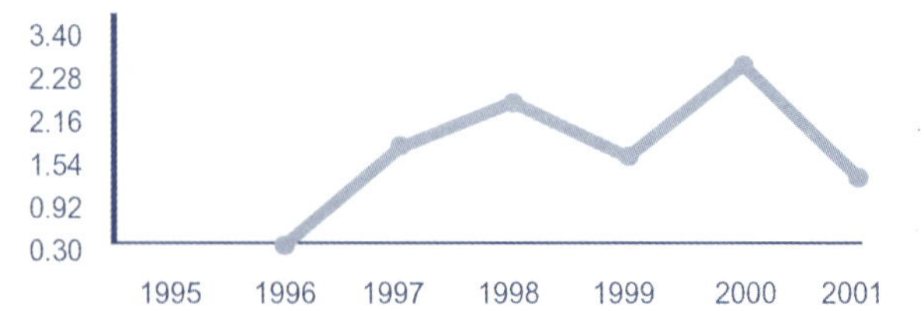

瑞士

个人最终消费支出
人均美元

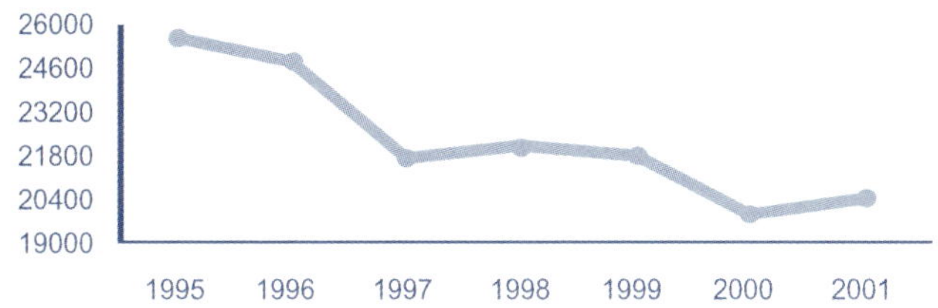

经常性项目差额
十亿美元（负号标志＝赤字）

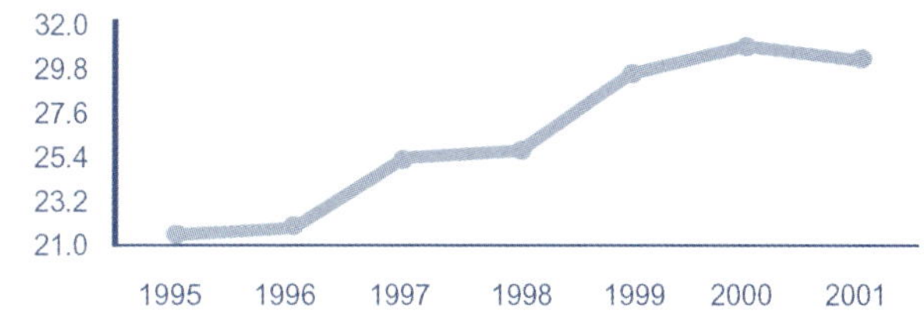

商品和商业劳务出口
十亿美元

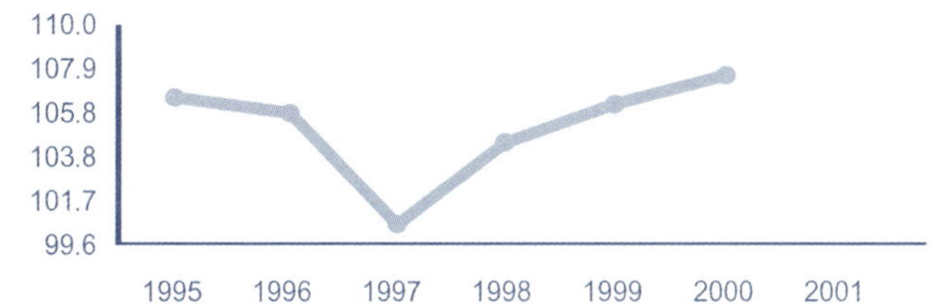

对外直接投资流量
十亿美元

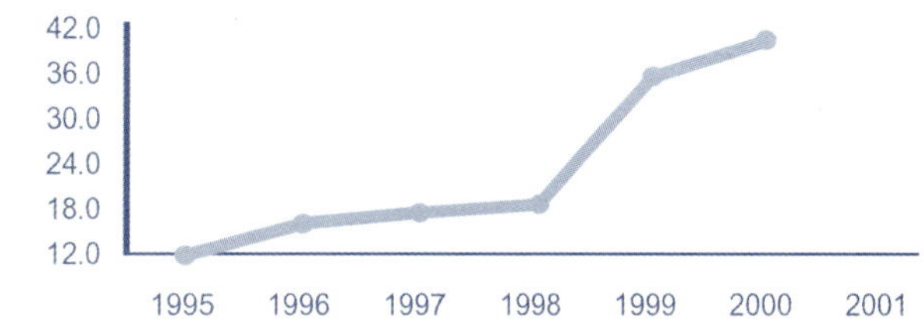

吸收直接投资流量
十亿美元

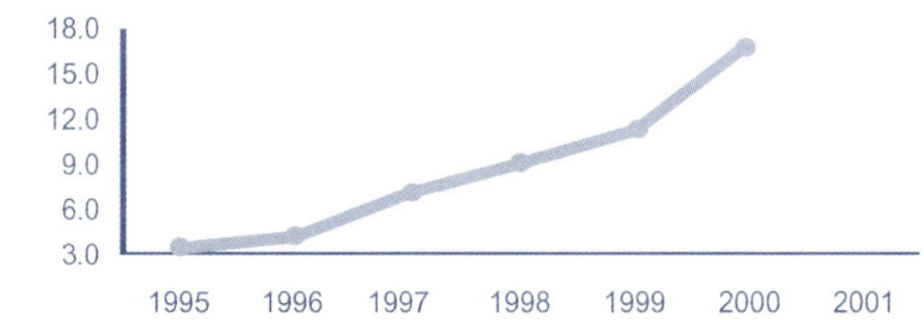

失业率
劳动力百分比

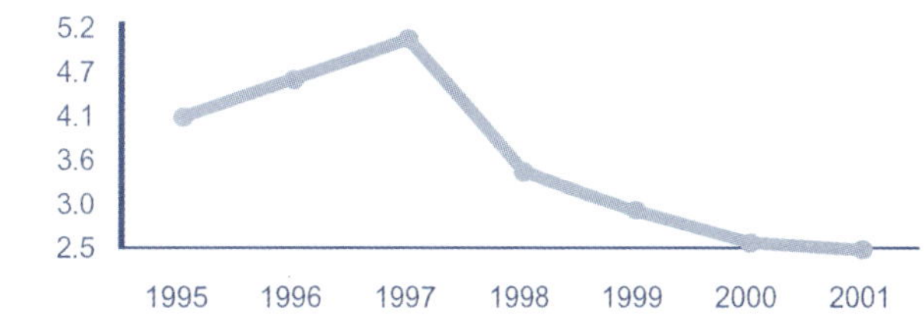

消费品价格增长率
年平均比率

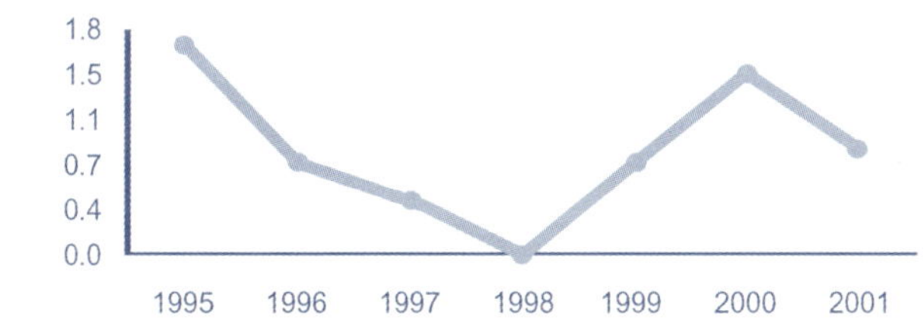

总体生产率
就业人员人均国内生产总值，美元

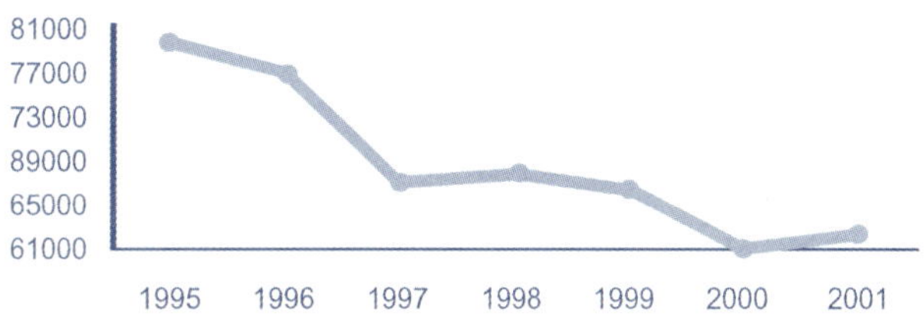

报酬水平
估计：制造工人的小时总补偿，美元

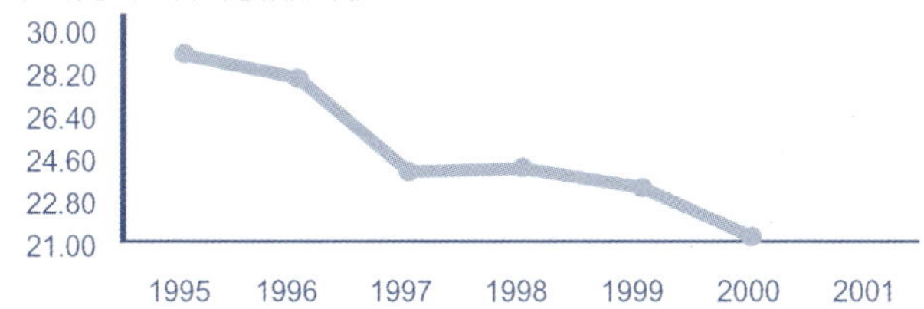

股票市场筹资额
十亿美元

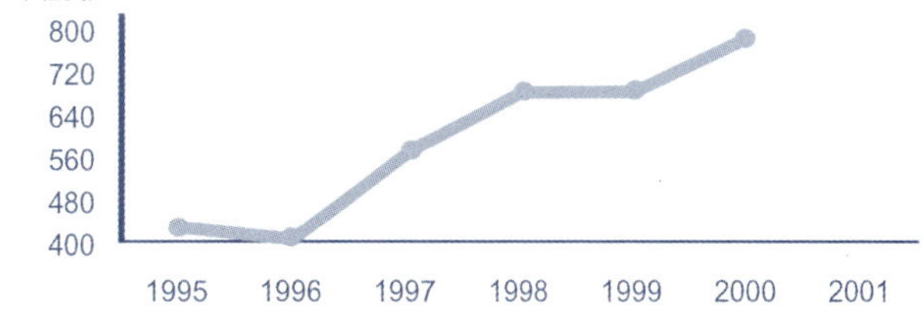

国内上市公司
上市公司的数量

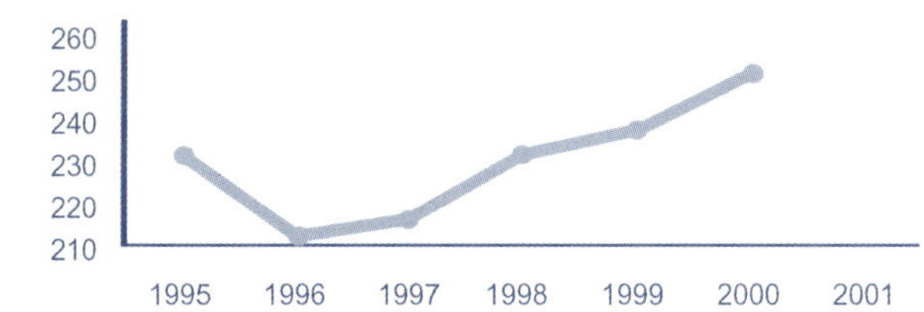

计算机
每1000人的计算机数量/来源：计算机工业年鉴

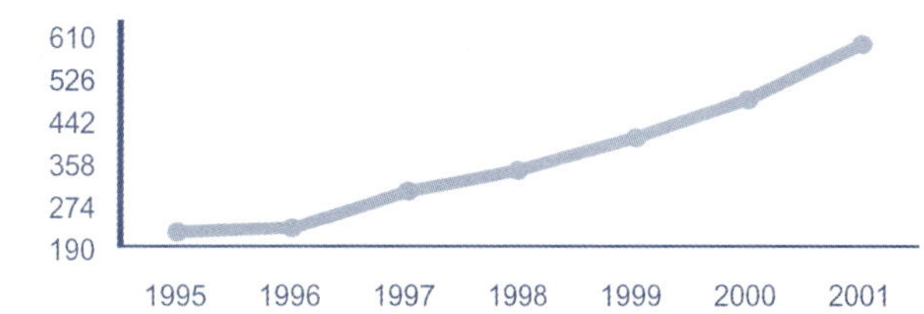

中国台湾（地区）

地区竞争力的挑战，2002

- 在工业创新和提升附加值上建立核心竞争力。
- 实行地区政府改革计划。
- 实施金融自由化和加强金融优势。
- 使台湾地区为全球性的后勤中心。
- 发展海峡两岸建设性的合作关系。

提供者：

经济计划与发展委员会

总体表现

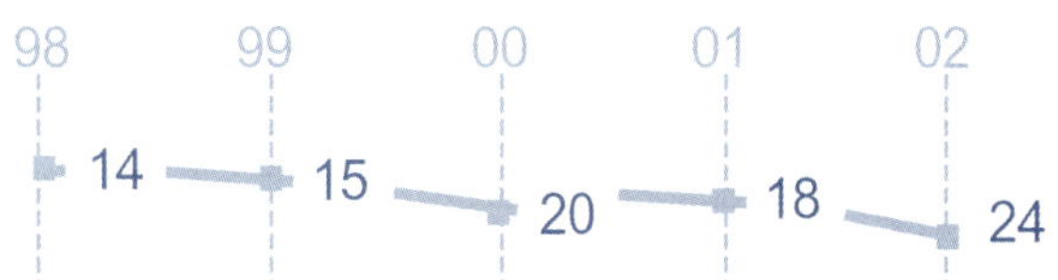

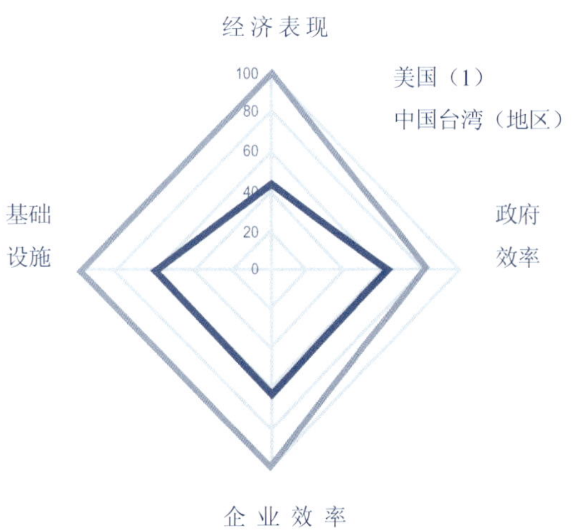

基本事实

人口	22.4 (2001)
地域（平方千米）	36.0 (2001)
汇率（百分之一美元）	33.81 (2001)
地区生产总值（十亿美元）	282.2 (2001)
人均地区生产总值（美元）	12,595 (2001)
实际地区生产总值增长率	-1.9（2001）
消费品价格上涨	-0.0（2001）
失业率	4.57 (2001)
劳动力（百万）	9.83 (2001)
经常性项目差额（十亿美元）	19.0 (2001)
直接投资	
吸收股票投资（十亿美元）	27.92（2000）
吸收流量（占GDP百分比）	1.59（2000）

中国台湾（地区）

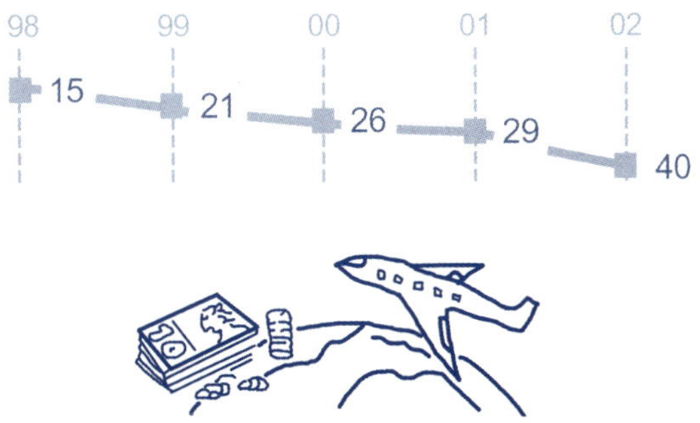

经　济　表　现

	2002
地区经济	40
国际贸易	20
国际投资	36
就　业	36
物　价	42

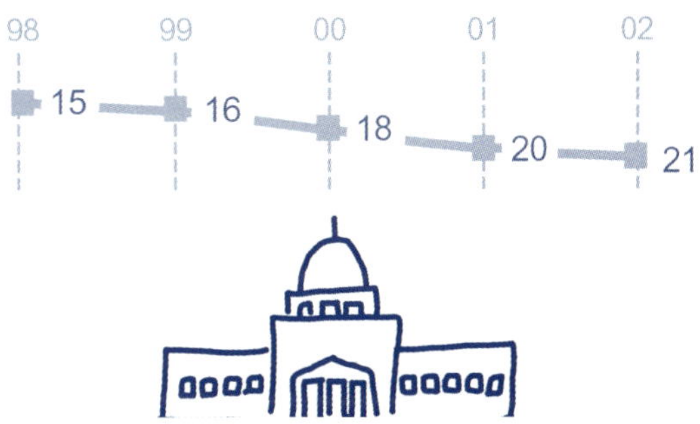

政　府　效　率

	2002
公共财政	40
财政政策	4
组织机构	25
企业法规	33
教　育	18

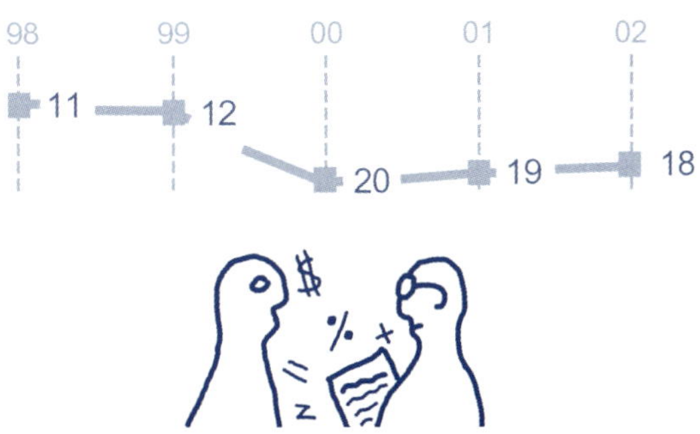

企　业　效　率

	2002
生产率	25
劳动力市场	13
金　融	16
管理实践	16
全球化影响	26

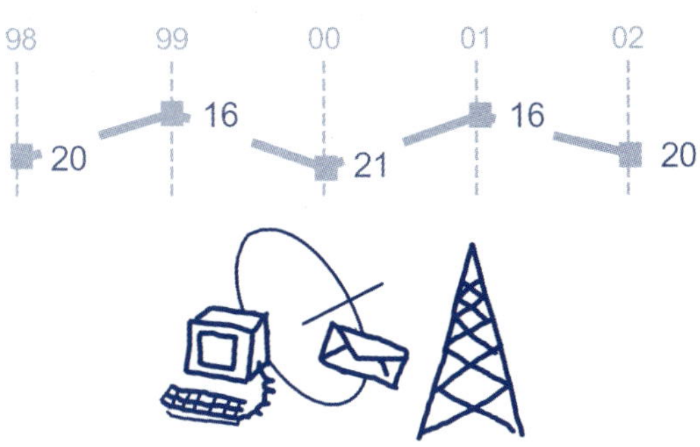

基　础　设　施

	2002
基本基础设施	25
技术基本基础设施	18
科学基本基础设施	13
健康与环境	28
价值系统	17

中国台湾（地区）

这些指标是每类中最强的10个指标，这些类是通过对49个国家或地区平均的最大的价值差异来区分的。

1 经济表现

			排名
1.5.01	消费品价格上涨	年平均比率	4
1.2.02	经常项目差额	经常项目差额占GDP的百分比	7
1.2.01	经常项目差额	经常项目差额，10亿美元（负号为逆差）	7
1.2.19	贸易条件指数	出口单位价值比进口单位价值（1995=100）	9
1.2.07	商品出口额	商品出口额，10亿美元	14
1.2.08	商品出口额	商品出口额占GDP的百分比	15
1.2.18	外贸依存度	（出口+进口）/（2×GDP）	15
1.4.06	失业率	占劳动力比率	16
1.1.01	地区生产总值	按现行价格、汇率计算，10亿美元	17
1.1.02	地区生产总值	估计值：按购买力平价计算，10亿美元	17

2 政府效率

2.2.01	税收总收入	占GDP的百分比	4
2.1.10	地区总储备	包括黄金和官方储备（每盎司黄金=35个特别提款权）	4
2.1.06	政府地区外负债	占GDP的百分比	4
2.2.02	个人收入税有效税率	占人均GDP的百分比	6
2.2.07	对利润征收的平均公司税率	占税前利润的百分比	6
2.2.13	间接税	商品和服务税占GDP的比重	8
2.5.13	知识转让	公司与大学间的知识转让很充分	8
2.5.05	高等教育成绩	25-34岁人中至少获得三级教育的人口所占比例	8
2.2.06	实际个人税	实际个人税并不阻碍人们工作或者寻求发展	9
2.5.04	中等学校入学人数	接受全日制教育的相关年龄组所占比例	10

3 企业效率

3.2.05	工作小时	每年的平均工作小时数	1
3.5.02	对全球化的态度	贵地区对全球化的态度普遍积极	3
3.3.04	发行的信用卡数目	每人	4
3.3.12	股票市场交易额	人均美元	4
3.4.01	适应性	贵地区公司适应市场变化的能力很强	4
3.3.01	银行部门的资产	占GDP的比例	4
3.4.08	公司的设立	贵地区设立公司很普遍	6
3.3.14	股票市场指数	支出的变化率	6
3.4.07	企业家精神	贵地区企业家精神很普遍	7
3.1.10	服务业生产率（购买力平价）	每个服务业雇员创造的相应GDP，美元，估计值	8

4 基础设施

4.3.22	专利生产率	批准授予地区人民的专利数/企业中研究与开发人员数（千人）	2
4.3.14	科学和技术的兴趣	贵地区青年具有浓厚的科学技术兴趣	2
4.2.12	互联网费用	高峰期互联网访问20小时费用，美元	2
4.2.04	移动电话用户	每千户居民中的用户数	2
4.1.04	赡养率	15岁以下和64岁以上的人口总量除以15岁-64岁之间人口总量	4
4.3.13	学校内的科学	学校内的科学在贵地区充分教育	6
4.5.09	社会的价值	社会价值支持竞争力	8
4.2.17	资助技术发展	技术发展的资助非常充分	9
4.3.09	企业研究与开发人数	每千地区人民中人数（全日约当单位）	10
4.4.12	纸张和纸板的回收率	占表面消耗量的比率	10

中国台湾（地区）

这些指标是每类中最弱的10个指标，这些类是通过对49个国家或地区平均的最大的价值差异来区分的。

1 经济表现

			排名
1.1.12	实际GDP增长率	按本地货币、不变价格计算的变化率	46
1.1.13	实际人均GDP增长率	按本地货币、不变价格计算的变化率	45
1.2.09	商品出口额实际增长率	按本地货币、不变价格计算的变化率	45
1.5.02	生活费指数	主要城市不包括住房的各种货物支出指数（纽约=100）	44
1.4.03	就业增长	变化率	43
1.3.06	吸引地区外直接投资+流量	吸引地区外直接投资流量占GDP的百分比	39
1.1.21	经济的弹性	经济体对于经济周期的弹性强	35
1.3.04	对外直接投资存量实际增长率	按本地货币、不变价格计算的变化率	31
1.3.07	吸引地区外直接投资存量	10亿美元	30
1.3.08	吸引地区外直接投资存量实际增	按本地货币、不变价格计算的变化率	29

2 政府效率

2.1.07	政府总负债实际增长率	按本地货币、不变价格计算的变化率	48
2.4.21	进入地区内资本市场	外国公司进入地区内资本市场不受限制	47
2.2.12	资本和财产税	资本和财产税占GDP的百分比	46
2.4.19	外国投资者	外国投资者可以自由在地区内公司中取得控制力	43
2.4.20	外国金融机构	外国金融机构可以进入本地区市场	43
2.4.21	进入地区内资本市场	外国公司进入地区内资本市场不受限制	43
2.4.22	进入地区外资本市场	地区内公司进入地区外资本市场不受限制	41
2.3.20	政策不稳定性风险	政策不稳定性风险很低	41
2.4.18	跨地区经营风险	建立跨地区界企业可以自由谈判	40
2.4.15	移民法	移民法不禁止本地区公司雇用外地区劳动力	40

3 企业效率

3.1.03	综合生产率实际增长率	每个就业者实际GDP变化率，估计值	42
3.5.04	R&D设施的再分配	R&D设施的再分配不会威胁贵地区经济的未来	39
3.3.09	银行业规定	银行业规定没有阻碍贵地区竞争力	37
3.5.01	全球化	全球化没有威胁贵地区经济	35
3.3.07	银行服务	银行服务在贵地区广泛发展	35
3.2.13	女性劳动力	占全部劳动力的比例	34
3.1.06	农业生产率（购买力平价）	每个农业劳动力创造的相应GDP，美元，估计值	33
3.5.03	生产的再分配	地区外的生产再分配没有威胁到贵地区经济的未来	33
3.3.17	内幕交易	内幕交易在股票市场不普遍	31
3.2.16	金融人才	金融人才在贵地区劳动市场上容易获得	31

4 基础设施

4.1.12	可耕地面积	人均平方米	44
4.1.17	地区内能源总产量	占所有能源需求（等价为石油吨数）的比例	44
4.4.13	废水处理工厂	接受废水处理工厂服务的人口占总人口的比重	42
4.4.18	环境法	环境法和遵守该法不会阻碍企业竞争力	39
4.4.17	污染问题	污染问题并没有严重影响贵地区基础设施	39
4.4.01	健康总支出	占GDP的比例	36
4.2.03	国际电话费用	高峰期通往美国的每三分钟费用（对美国指通往欧洲）	36
4.1.15	能源基础设施	贵地区能源基础设施充足有效	34
4.5.01	生活质量	贵地区生活质量很高	33
4.1.20	工业用户的电力成本	美元/千瓦	33

中国台湾（地区）

这一部分集锦了该地区20个最强的指标，
这部分指标有着最高的标准化值（STD值）。
STD值＝（国家和地区的原始值－49个国家或地区平均值）/标准差

20个最强的指标

序号	名称	国家或地区原始值	国家或地区排名	49国家或地区平均值
4.3.22	**专利生产率** 批准授予地区人民的专利数/企业中研究与开发人员数（千人）	260	2	50
3.2.05	**工作小时** 每年的平均工作小时数	2,282	1	1,925
4.2.12	**互联网费用** 高峰期互联网访问20小时费用，美元	15.1	2	22.72
3.3.04	**发行的信用卡数目** 每人	1.455	4	0.609
2.2.01	**税收总收入** 占GDP的百分比	13.96	4	31.24
2.2.02	**个人收入税有效税率** 占人均GDP的百分比	4.26	6	17.15
4.2.04	**移动电话用户** 每千户居民中的用户数	881	2	506.4
2.2.13	**间接税** 商品和服务税占GDP的比重	5.92	8	10.45
3.3.12	**股票市场交易额** 人均美元	44,148	4	14,476
4.1.04	**赡养率** 15岁以下和64岁以上的人口总量除以15岁-64岁之间人口总量	42.2	4	50.8
3.3.01	**银行部门的资产** 占GDP的比例	216.95	4	117.11
3.3.14	**股票市场指数** 支出的变化率	17.14	6	-8.23
2.1.10	**地区总储备** 包括黄金和官方储备（每盎司黄金=35个特别提款权）	84.9	4	30.49
4.3.14（调查）	**科学和技术的兴趣** 贵地区青年具有浓厚的科学技术兴趣	7.39	2	5.39
3.5.02（调查）	**对全球化的态度** 贵地区对全球化的态度普遍积极	7.47	3	5.77
4.3.13（调查）	**学校内的科学** 学校内的科学在贵地区充分教育	6.82	6	5.19
3.4.08（调查）	**公司的设立** 贵地区设立公司很普遍	7.97	6	6.75
3.4.01（调查）	**适应性** 贵地区公司适应市场变化的能力很强	7.45	4	6.06
3.3.06（调查）	**风险资本** 企业发展可以容易获得	6.47	9	4.71
3.4.07（调查）	**企业家精神** 贵地区企业家精神很普遍	7.53	7	6.34

中国台湾（地区）

如　果？

竞争力模拟研究帮助政策制定者将注意力和优先次序放在他们国家或地区面临的关键竞争力上。我们用49个国家或地区的平均值代替这些最弱的指标值，从而计算这个国家或地区的总体排名。然而，这只是一个理论方式，不应视为政策的建议。还必须考虑各个国家或地区的发展水平、政治体制和社会值系统

	从		到
模拟排名变化	24	→	21

20个最弱的指标

序号	名称	国家或地区原始值	国家或地区排名	49国家或地区平均值
2.2.12	**资本和财产税** 资本和财产税占GDP的百分比	3.38	46	1.57
1.1.12	**实际GDP增长率** 按本地货币、不变价格计算的变化率	-1.9	46	1.8
1.5.02	**生活费指数** 主要城市不包括住房的各种货物支出指数（纽约=100）	111.23	44	81.64
1.1.13	**实际人均GDP增长率** 按本地货币、不变价格计算的变化率	-2.47	45	0.73
1.3.06	**吸引地区外直接投资+流量** 吸引地区外直接投资流量占GDP的百分比	1.59	39	6.48
2.5.01	**全部公共教育支出** 全部公共教育支出占GDP的比例	4.2	32	5.1
1.3.07	**吸引地区外直接投资存量** 10亿美元	27.92	30	120.92
1.3.02	**对外直接投资流量** 对外直接投资流量占GDP的百分比	2.17	23	6.85
4.4.01	**健康总支出** 占GDP的比例	5.5	36	6.7
1.3.05	**吸引地区外直接投资流量** 10亿美元	4.93	28	26.03
1.3.09	**证券投资资产** 10亿美元	10.09	21	26.1
1.3.01	**对外直接投资流量** 10亿美元	6.7	21	25.52
3.2.13	**女性劳动力** 占全部劳动力的比例	40.45	34	40.42
2.4.21 （调查）	**进入地区内资本市场** 外国公司进入地区内资本市场不受限制	5.63	47	8.09
2.4.19 （调查）	**外国投资者** 外国投资者可以自由在地区内公司中取得控制力	5.84	43	7.66
2.4.20 （调查）	**外国金融机构** 外国金融机构可以进入本地区市场	7.13	43	8.21
2.4.22 （调查）	**进入地区外资本市场** 地区内公司进入外地区资本市场不受限制	6.32	41	7.76
2.3.20 （调查）	**政策不稳定性风险** 政策不稳定性风险很低	4.61	41	6.98
2.4.11 （调查）	**外国公司** 外国公司不被地区内立法区别对待	7.11	43	8.02
2.4.18 （调查）	**跨地区经营风险** 建立跨地区界企业可以自由谈判	6.92	40	7.84

中国台湾（地区）

地区经济

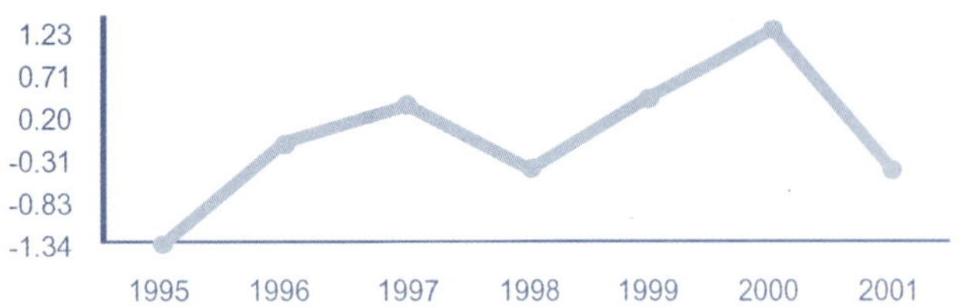

国际贸易

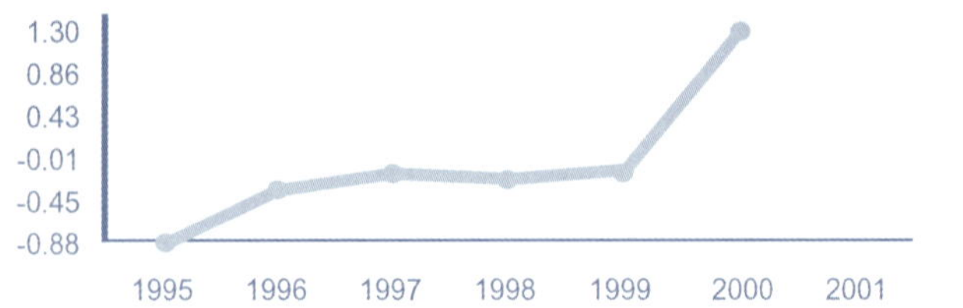

国际投资

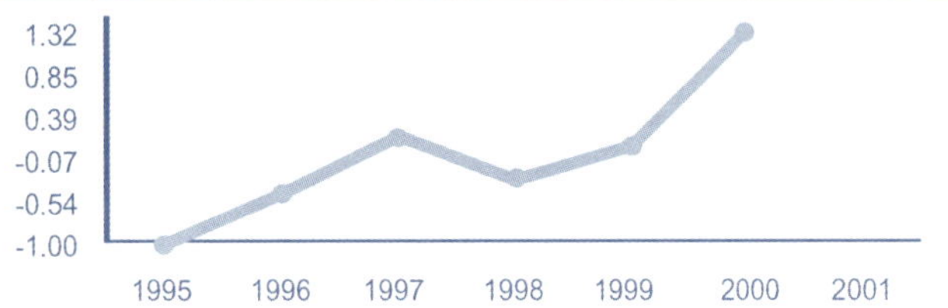

公共财政

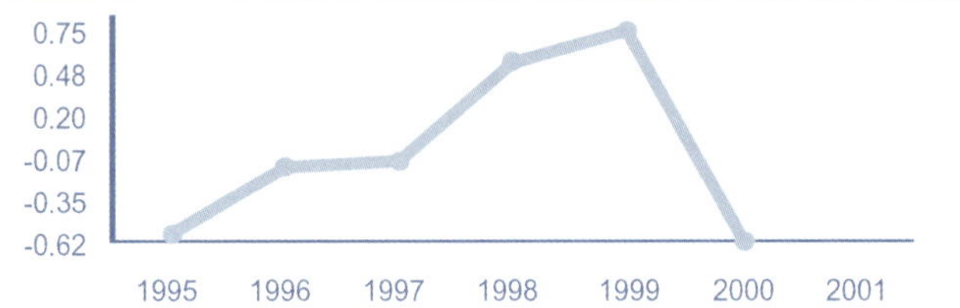

财政政策

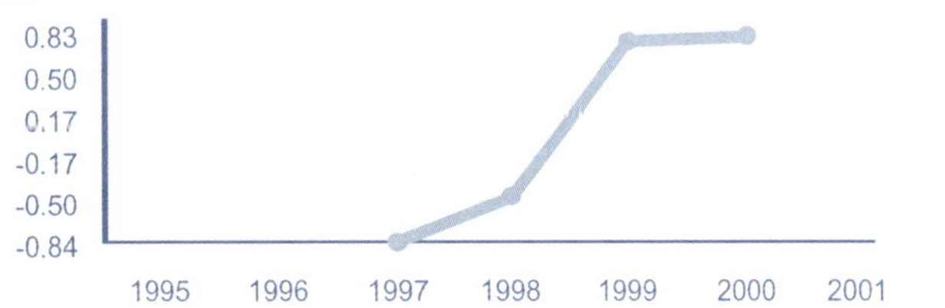

生产率

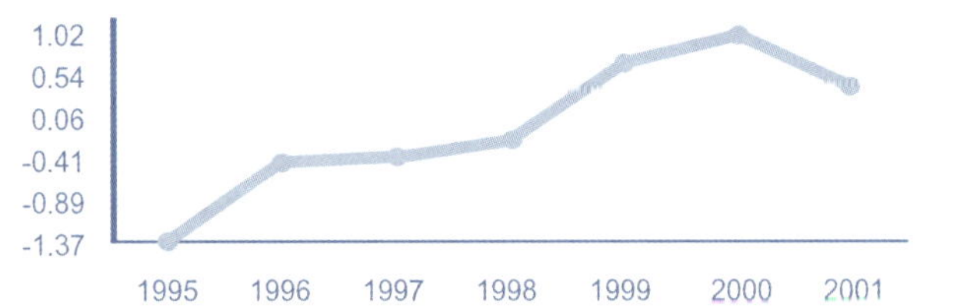

金融

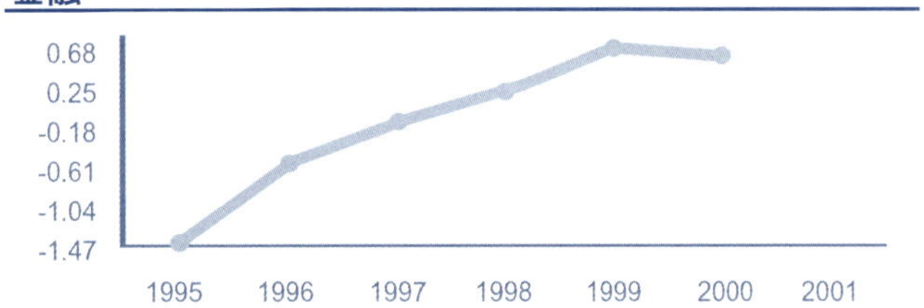

技术基础设施

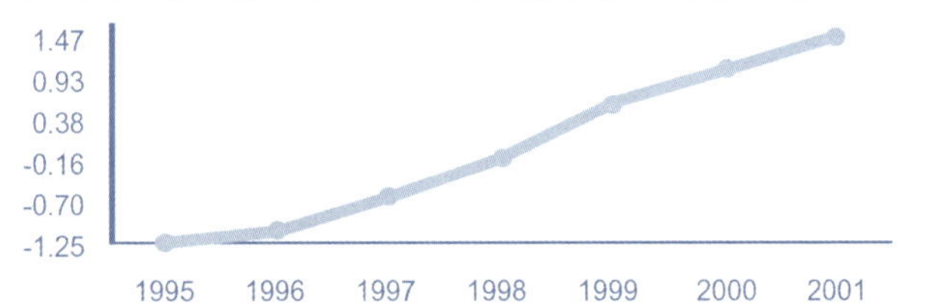

主要竞争力指标

人均地区生产总值

人均美元

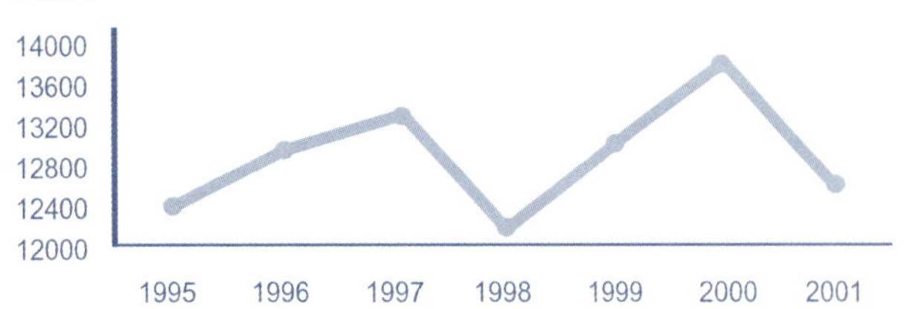

地区生产总值实际增长率

百分比变化，基于国家货币物价稳定

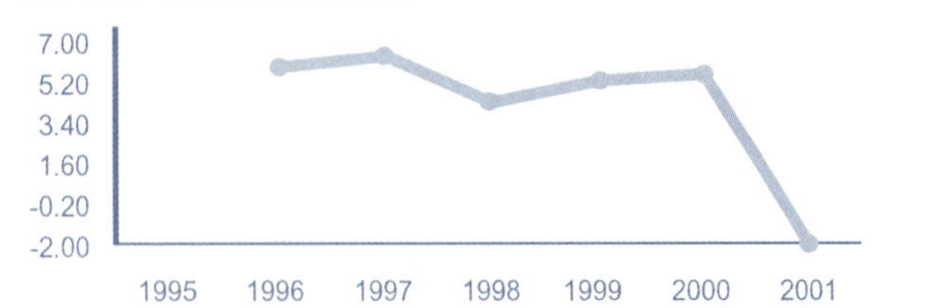

中国台湾（地区）

个人最终消费支出
人均美元

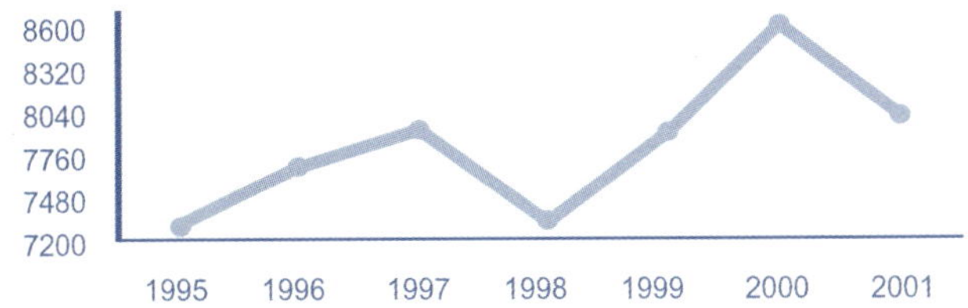

经常性项目差额
十亿美元（负号标志＝赤字）

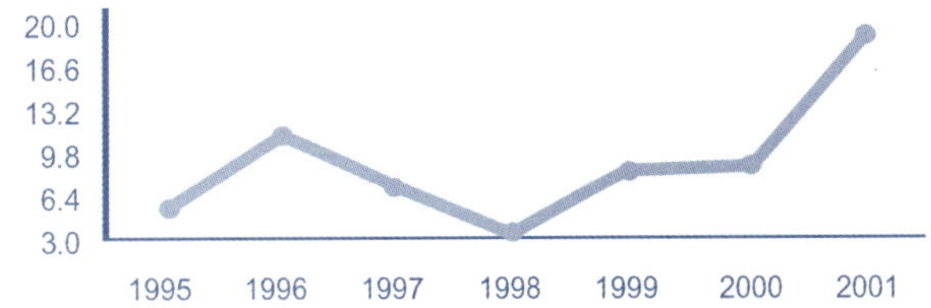

商品和商业劳务出口
十亿美元

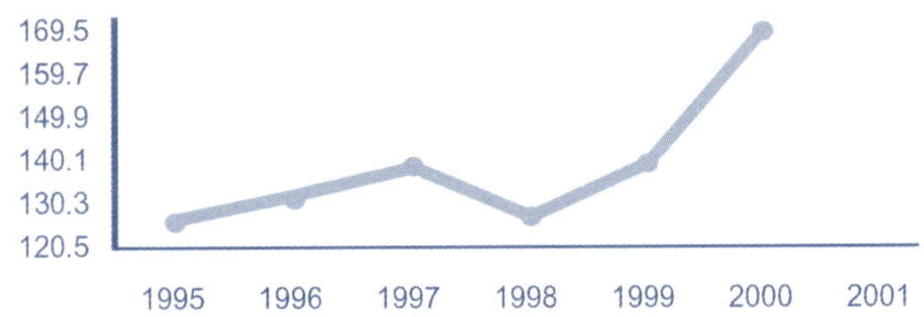

对外直接投资流量
十亿美元

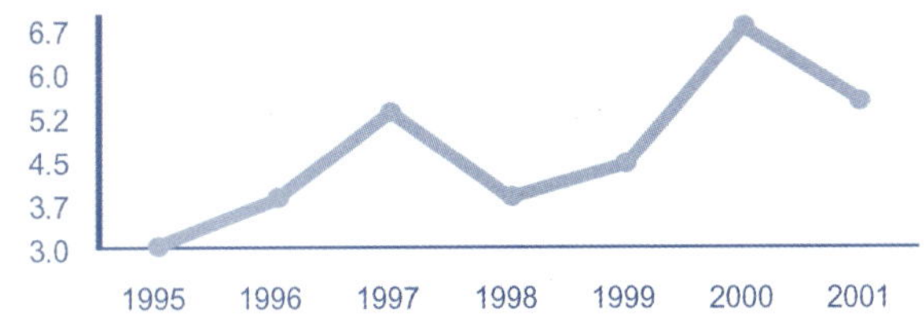

吸收直接投资流量
十亿美元

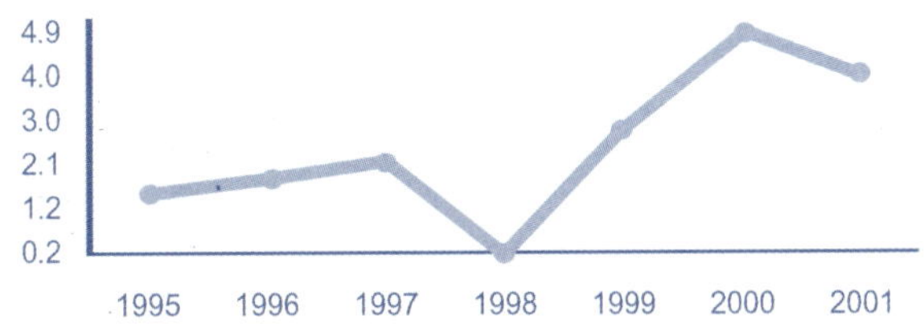

失业率
劳动力百分比

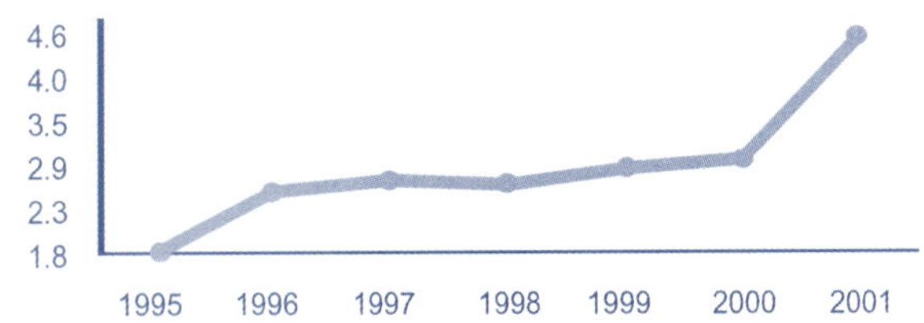

消费品价格增长率
年平均比率

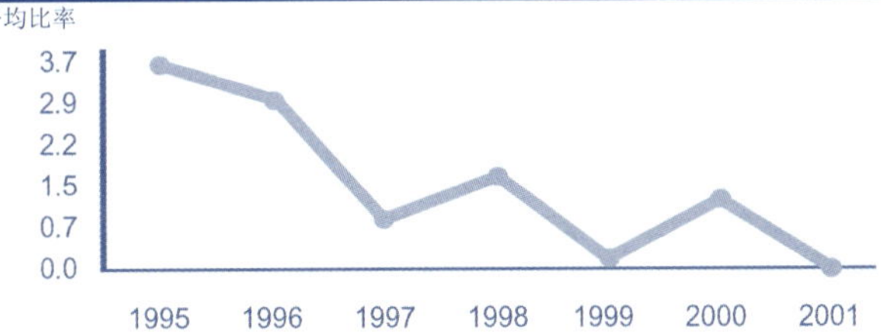

总体生产率
就业人员人均国内生产总值，美元

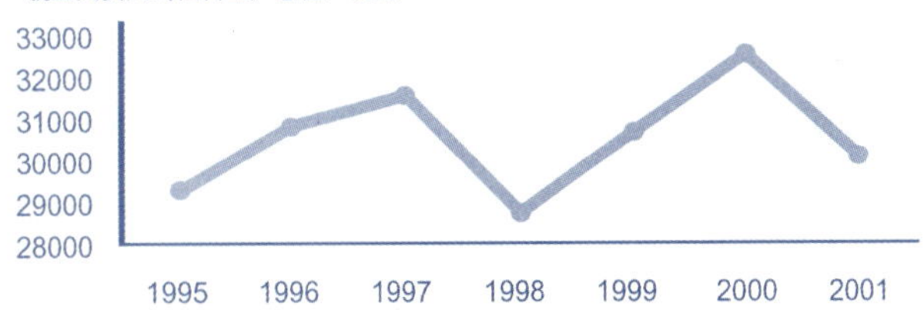

报酬水平
估计：制造工人的小时总补偿，美元

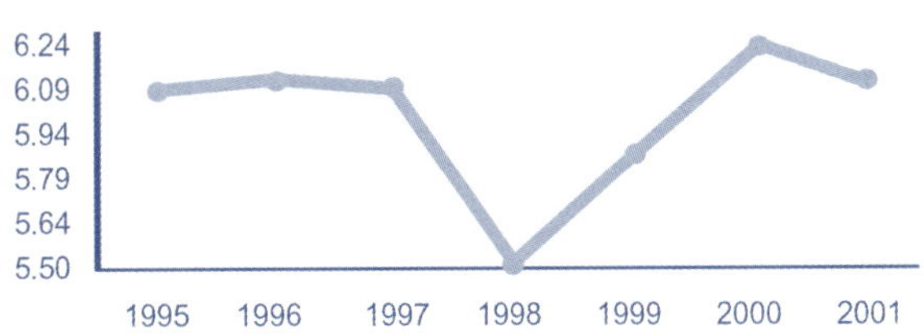

股票市场筹资额
十亿美元

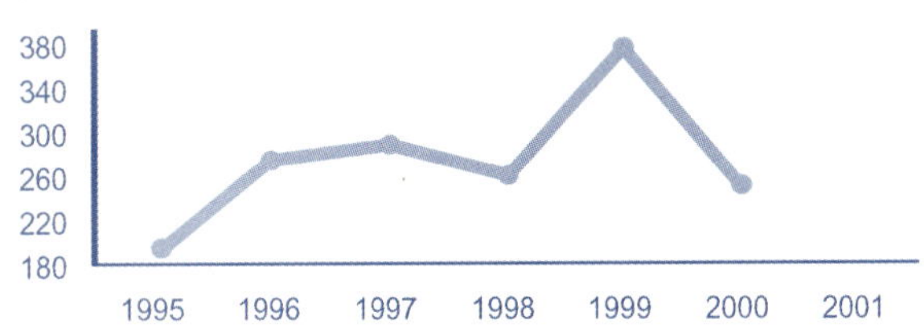

区内上市公司
上市公司的数量

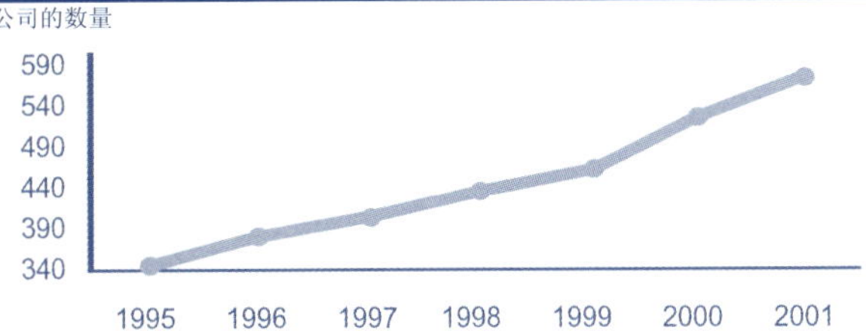

计算机
每1000人的计算机数量/来源：计算机工业年鉴

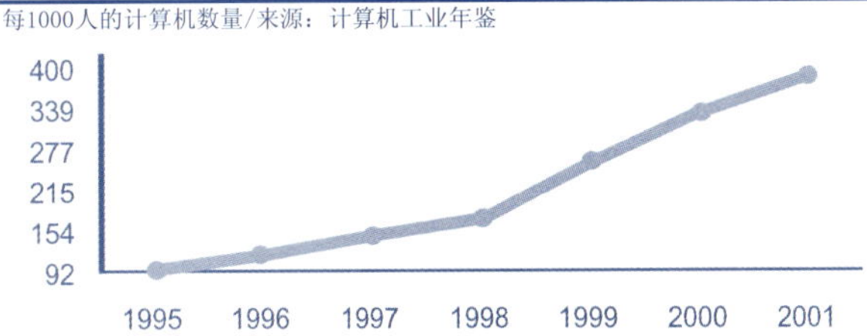

泰国

总体表现

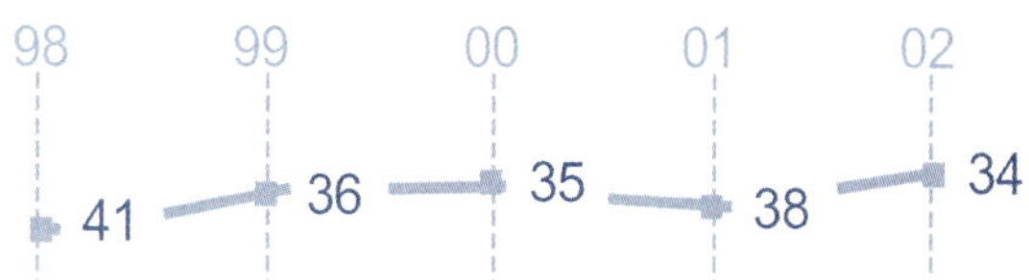

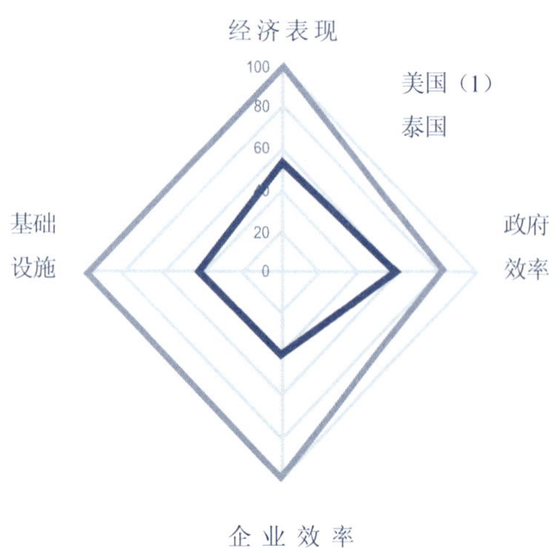

基本事实

首都	曼谷
人口	63.0 (2001)
地域（平方千米）	513.0 (2000)
汇率（百分之一美元）	44.53 (2001)
国内生产总值（十亿美元）	113.6 (2001)
人均国内生产总值（美元）	1,803 (2001)
实际GDP增长率	1.5（2001）
消费品价格上涨	1.7（2001）
失业率	3.90 (2001)
劳动力（百万）	33.38 (2001)
经常性项目差额（十亿美元）	5.0 (2001)
直接投资	
吸收股票投资（十亿美元）	24.17（2000）
吸收流量（占GDP百分比）	2.76（2000）

泰国

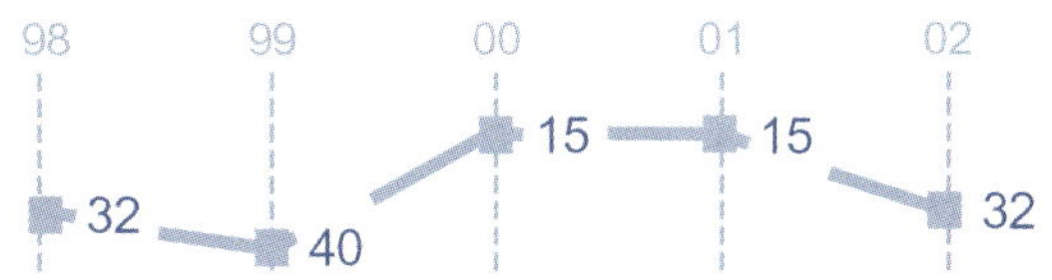

经 济 表 现

	2002
国内经济	41
国际贸易	32
国际投资	46
就　业	30
物　价	1

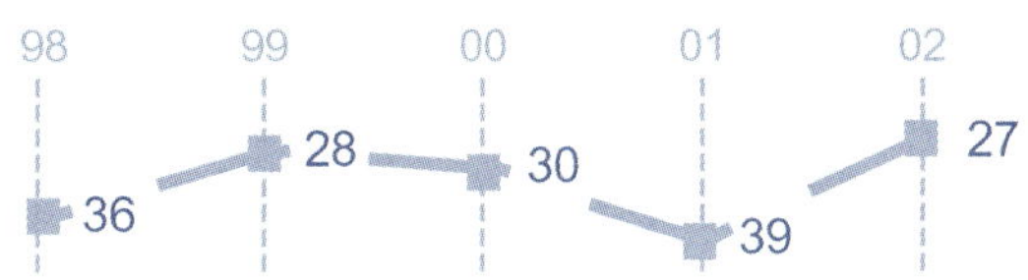

政 府 效 率

	2002
公共财政	30
财政政策	6
组织机构	24
企业法规	30
教　育	41

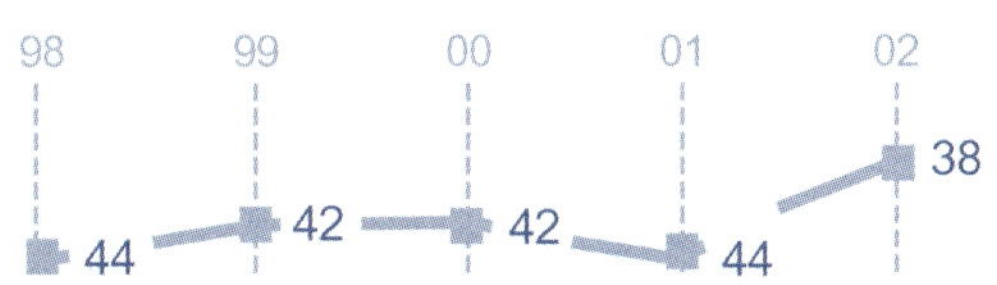

企 业 效 率

	2002
生产率	44
劳动力市场	23
金　融	36
管理实践	31
全球化影响	43

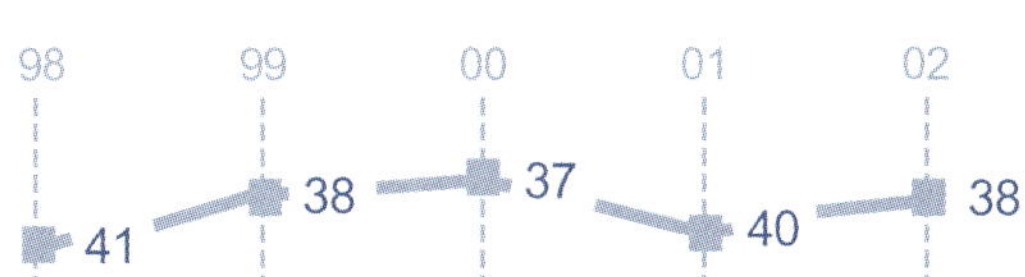

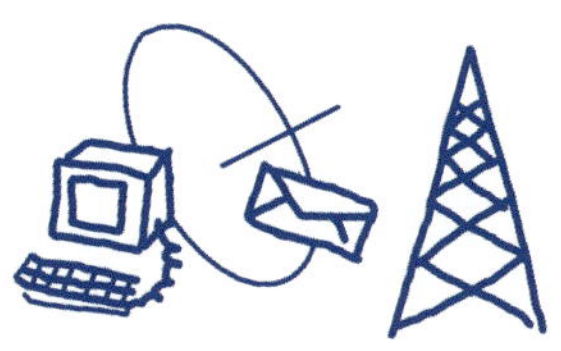

基 础 设 施

	2002
基本基础设施	32
技术基本基础设施	43
科学基本基础设施	46
健康与环境	42
价值系统	24

泰国

这些指标是每类中最强的10个指标，这些类是通过对49个国家和地区平均的最大的价值差异来区分的。

1 经济表现			排名
1.5.02	生活费指数	主要城市不包括住房的各种货物支出指数（纽约=100）	4
1.4.02	就业率	总就业人口占总人口的百分比	8
1.2.08	商品出口额	商品出口额占GDP的百分比	10
1.4.01	总就业人口	总就业人口（百万）	10
1.5.01	消费品价格上涨	年平均比率	11
1.4.06	失业率	占劳动力比率	12
1.2.02	经常项目差额	经常项目差额占GDP的百分比	12
1.2.18	外贸依存度	（出口+进口）/（2×GDP）	12
1.2.11	商业服务出口额	商业服务出口额占GDP的百分比	16
1.2.01	经常项目差额	经常项目差额，10亿美元（负号为逆差）	18

2 政府效率			
2.2.02	个人收入税有效税率	占人均GDP的百分比	4
2.2.01	税收总收入	占GDP的百分比	5
2.2.12	资本和财产税	资本和财产税占GDP的百分比	7
2.2.09	雇主的社会保障缴款率	强制缴款占人均GDP的比率	7
2.4.13	劳动法规	劳动法规（雇/解雇惯例、最低工资等）足够灵活	10
2.4.23	投资激励	对外国投资有吸引力	10
2.3.02	资本成本	贵国资本成本鼓励公司发展	10
2.4.14	失业立法	失业立法激励人们寻找工作	10
2.3.07	汇率稳定度	本币相对于特别提款权的汇兑年价变动	10
2.2.04	雇员社会保障缴款率	强制缴款占人均GDP的百分比	12

3 企业效率			
3.3.14	股票市场指数	支书的变化率	7
3.2.04	经理报酬	全部底薪加上奖金和长期激励，美元	9
3.2.03	服务性职业报酬	年均总收入，包括附加薪水，例如额外薪金，美元	10
3.2.05	工作小时	每年的平均工作小时数	11
3.2.18	外国高素质人员	外国高素质人员被贵国企业环境所吸引	15
3.1.03	综合生产率实际增长率	每个就业者实际GDP变化率，估计值	17
3.3.01	银行部门的资产	占GDP的比例	17
3.2.08	产业纠纷	每千个居民年均因纠纷损失的工作日	20
3.4.06	消费者满意度	贵国重视消费者满意度	21
3.2.19	国际经验	高层管理者通常有丰富的国际经验	24

4 基础设施			
4.5.04	歧视	歧视（种族、性别等）并没有给社会带来不利影响	1
4.5.02	民族文化	民族文化对外国文化开放	6
4.2.19	高技术出口	占制造业出口的比例	7
4.3.22	专利生产率	批准授予国民的专利数/企业中研究与开发人员数（千人）	7
4.1.04	赡养率	15岁以下和64岁以上的人口总量除以15岁-64岁之间人口总量	8
4.1.01	人口—市场规模	估计值，百万	12
4.1.05	维护和发展	基础设施的维护和发展得到充分的计划和资助	19
4.1.09	空运的质量	空运的质量在贵国通常充分有效	19
4.1.10	用于货物和服务分配的基础设	普遍有效率	20
4.5.03	适应性	面对挑战，贵国人民的适应性很强	22

泰国

这些指标是每类中最强的10个指标，这些类是通过对49个国家和地区平均的最大的价值差异来区分的。

1 经济表现

编号	指标	说明	排名
1.2.12	商业服务出口实际增长	按本地货币、不变价格计算的变化率	48
1.3.02	对外直接投资流量	对外直接投资流量占GDP的百分比	48
1.3.01	对外直接投资流量	10亿美元	48
1.1.22	人均GDP	人均美元	45
1.1.23	人均GDP	估计值，按购买力平价计算的人均美元	42
1.3.04	对外直接投资存量实际增长率	按本地货币、不变价格计算的变化率	42
1.3.10	证券投资负债	10亿美元	42
1.4.07	青年失业	25岁以下失业人口占总失业人口比例	40
1.2.19	贸易条件指数	出口单位价值比进口单位价值（1995=100）	40
1.3.09	证券投资资产	10亿美元	40

2 政府效率

编号	指标	说明	排名
2.5.04	中等学校入学人数	接受全日制教育的相关年龄组所占比例	47
2.5.03	学生—教师比（中等教育）	学生与教师职员的比例	43
2.1.07	中央政府总负债实际增长率	按本地货币、不变价格计算的变化率	43
2.4.02	海关职权	海关职权推动了商品的有效转口	42
2.4.19	外国投资者	外国投资者可以自由在国内公司中取得控制力	41
2.5.12	合格工程师	合格工程师在贵国劳动力市场上容易获得	41
2.4.22	进入国外资本市场	国内公司进入国外资本市场不受限制	40
2.4.09	价格控制	价格控制没有影响多数产业的产品定价	40
2.4.18	跨国经营风险	建立跨国界企业可以自由谈判	39
2.4.20	外国金融机构	外国金融机构可以进入本国市场	39

3 企业效率

编号	指标	说明	排名
3.5.01	全球化	全球化没有威胁贵国经济	48
3.1.01	综合生产率（购买力平价）	每个就业者人均GDP，美元	45
3.1.04	劳动生产率（购买力平价）	每雇员每小时的GDP，美元，估计值	45
3.1.06	农业生产率（购买力平价）	每个农业劳动力创造的相应GDP，美元，估计值	45
3.5.04	R&D设施的再分配	R&D设施的再分配不会威胁贵国经济的未来	45
3.3.04	发行的信用卡数目	每人	45
3.1.08	工业生产率（购买力平价）	每个工业雇员创造的相应GDP，美元，估计值	44
3.1.10	服务业生产率（购买力平价）	每个服务业雇员创造的相应GDP，美元，估计值	41
3.3.12	股票市场交易额	人均美元	40
3.2.20	称职的高层管理人员	称职的高层管理人员在贵国劳动市场上易获得	39

4 基础设施

编号	指标	说明	排名
4.5.05	国会中女性人数	女性席位占全部席位的比例	47
4.2.14	信息技术人才	信息技术人才在贵国劳动市场上易获得	46
4.2.02	固定电话数	每千户居民中的主要干线数	46
4.3.03	所有研究与开发支出	占GDP的比例	46
4.4.05	医疗帮助	每个医生负担的居民人数　每个护士负担的居民人数	45
4.2.09	人均计算机	每千人计算机数/来源：计算机行业年鉴	45
4.3.14	科学和技术的兴趣	贵国青年具有浓厚的科学技术兴趣	45
4.2.04	移动电话用户	每千户居民中的用户数	44
4.1.16	GDP和能源消耗	实际GDP增长率减去能源消耗增长率	44
4.2.16	技术的发展和应用	合法环境支持技术的发展和应用	43

泰国

这一部分集锦了该国20个最强的指标，
这部分指标有着最高的标准化值（STD值）。
STD值=（国家和地区的原始值－49个国家和地区平均值）/标准差

20个最强的指标

序号	名称	国家原始值	国家排名	49国家平均值
2.2.02	**个人收入税有效税率** 占人均GDP的百分比	3	4	17.15
2.2.01	**税收总收入** 占GDP的百分比	14.98	5	31.24
1.5.02	**生活费指数** 主要城市不包括住房的各种货物支出指数（纽约=100）	61.19	4	81.64
2.2.12	**资本和财产税** 资本和财产税占GDP的百分比	0.28	7	1.57
2.2.09	**雇主的社会保障缴款率** 强制缴款占人均GDP的比率	4.1	7	17.86
3.3.14	**股票市场指数** 支书的变化率	16.8	7	−8.23
3.2.03	**服务性职业报酬** 年均总收入，包括附加薪水，例如额外薪金，美元	1	10	0
3.2.05	**工作小时** 每年的平均工作小时数	2,092	11	1,925
2.2.04	**雇员社会保障缴款率** 强制缴款占人均GDP的百分比	3	12	9.1
1.4.02	**就业率** 总就业人口占总人口的百分比	49.78	8	43.32
4.1.04	**赡养率** 15岁以下和64岁以上的人口总量除以15岁-64岁之间人口总量	44.9	8	50.8
4.2.19	**高技术出口** 占制造业出口的比例	32.33	7	16.96
3.2.04	**经理报酬** 全部底薪加上奖金和长期激励，美元	1	9	0
4.5.04 （调查）	**歧视** 歧视（种族、性别等）并没有给社会带来不利影响	8.15	1	6.51
4.5.02 （调查）	**民族文化** 民族文化对外国文化开放	8.15	6	7.24
2.4.13 （调查）	**劳动法规** 劳动法规（雇/解雇惯例、最低工资等）足够灵活	6.41	10	4.68
2.4.12 （调查）	**新企业** 新企业在贵国容易建立	7.72	14	6.36
2.4.23 （调查）	**投资激励** 对外国投资有吸引力	7.34	10	6.06
2.3.02 （调查）	**资本成本** 贵国资本成本鼓励公司发展	6.86	10	5.26
2.4.14 （调查）	**失业立法** 失业立法激励人们寻找工作	6.05	10	4.98

泰国

如 果？

竞争力模拟研究帮助政策制定者将注意力和优先次序放在他们国家或地区面临的关键竞争力上。我们用49个国家或地区的平均值代替这些最弱的指标值，从而计算这个国家或地区的总体排名。然而，这只是一个理论方式，不应视为政策的建议。还必须考虑各个国家或地区的发展水平、政治体制和社会值系统

	从		到
模拟排名变化	34	→	31

20个最弱的指标

序号	名称	国家原始值	国家排名	49国家平均值
4.4.05	**医疗帮助** 每个医生负担的居民人数/每个护士负担的居民人数	-2	45	0
2.5.04	**中等学校入学人数** 接受全日制教育的相关年龄组所占比例	48	47	81.6
3.1.01	**综合生产率（购买力平价）** 每个就业者人均GDP，美元	12,584	45	41,680
3.1.04	**劳动生产率（购买力平价）** 每雇员每小时的GDP，美元，估计值	6.02	45	22.41
1.4.07	**青年失业** 25岁以下失业人口占总失业人口比例	43.42	40	26.47
4.2.09	**人均计算机** 每千人计算机数/来源：计算机行业年鉴	40	45	309
4.3.03	**所有研究与开发支出** 占GDP的比例	0.26	46	1.375
3.1.10	**服务业生产率（购买力平价）** 每个服务业雇员创造的相应GDP，美元，估计值	18,825	41	42,358
4.3.07	**每千人中研究与开发人员** 每千国民中人数（全日约当单位）	0.231	41	3
3.1.08	**工业生产率（购买力平价）** 每个工业雇员创造的相应GDP，美元，估计值	22,940	44	46,005
1.1.23	**人均GDP** 估计值，按购买力平价计算的人均美元	6,264	42	18,407
4.2.10	**互联网用户数** 每千人互联网用户人数/来源：计算机行业年鉴	58.17	40	267.96
4.4.10	**人文发展指数** 经济、社会与教育的综合指数	0.757	41	0.835
3.5.01 （调查）	**全球化** 全球化没有威胁贵国经济	3.49	48	5.88
4.2.14 （调查）	**信息技术人才** 信息技术人才在贵国劳动市场上易获得	5.34	46	7.1
2.4.19 （调查）	**外国投资者** 外国投资者可以自由在国内公司中取得控制力	5.87	41	7.66
4.2.16 （调查）	**技术的发展和应用** 合法环境支持技术的发展和应用	5.24	43	6.48
4.3.14 （调查）	**科学和技术的兴趣** 贵国青年具有浓厚的科学技术兴趣	4.2	45	5.39
3.5.04 （调查）	**R&D设施的再分配** R&D设施的再分配不会威胁贵国经济的未来	4.13	45	5.06
3.3.03 （调查）	**信贷** 很容易从银行流入企业	3.85	38	5.83

泰国

国内经济

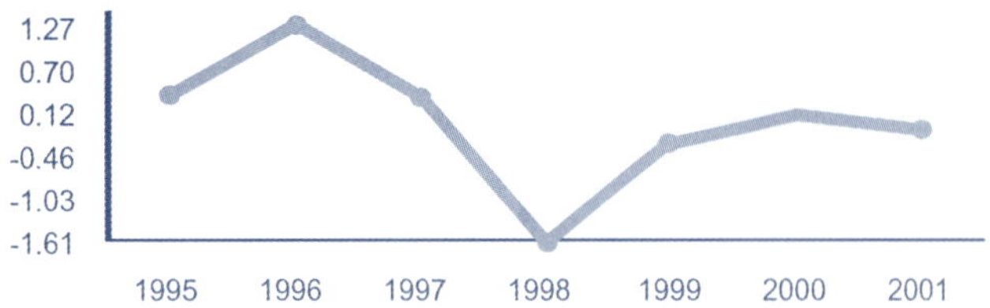

国际贸易

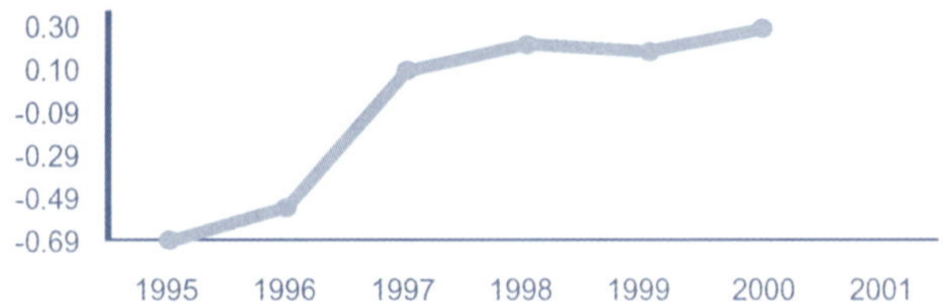

国际投资

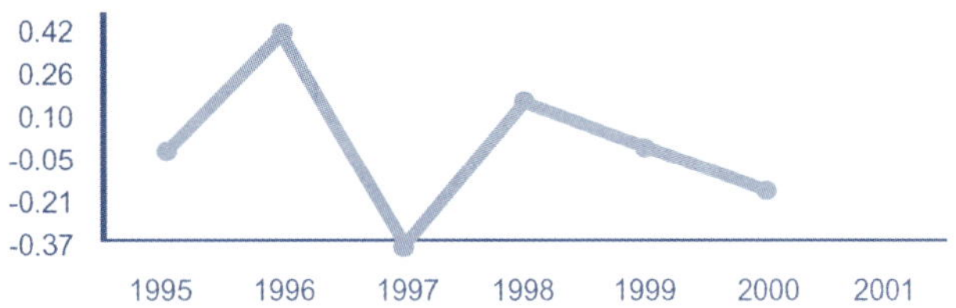

公共财政

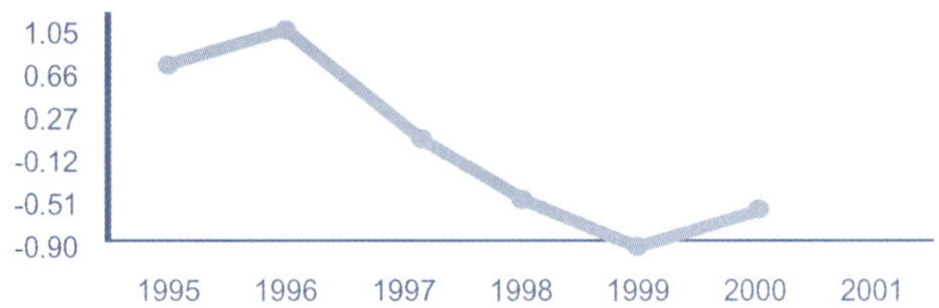

财政政策

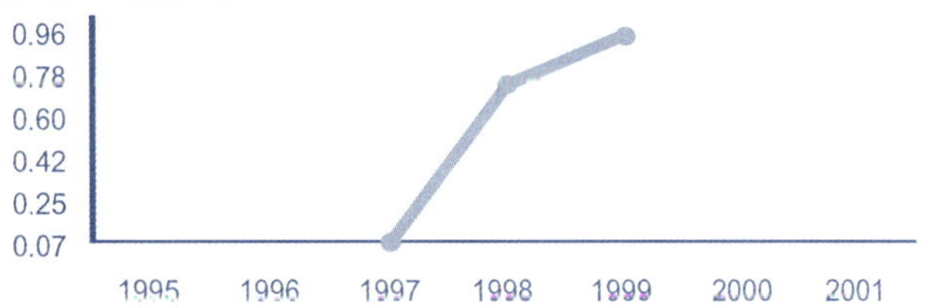

生产率

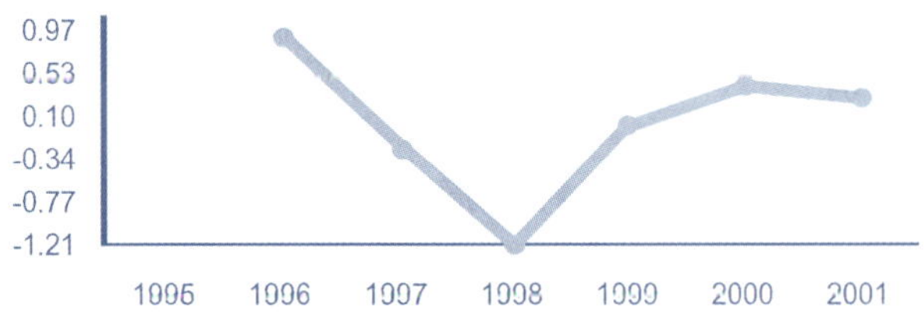

金融

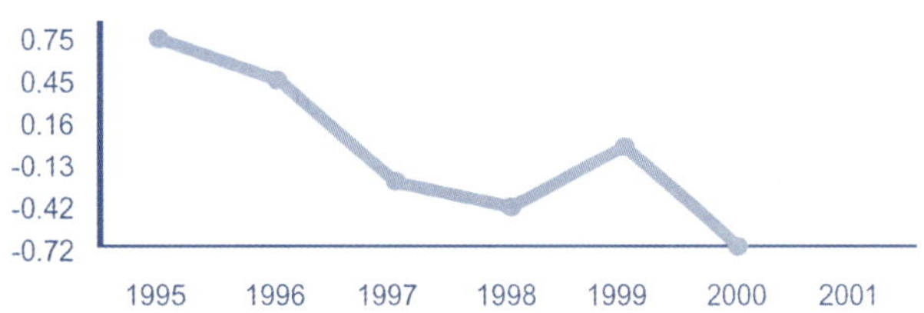

技术基础设施

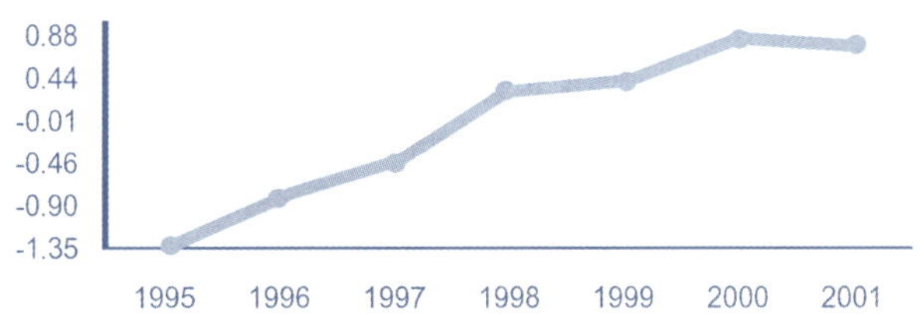

主要竞争力指标

人均国内生产总值

人均美元

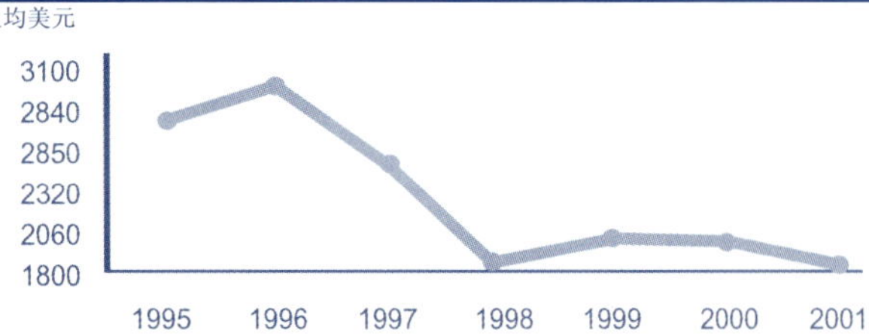

国内生产总值实际增长率

百分比变化，基于国家货币物价稳定

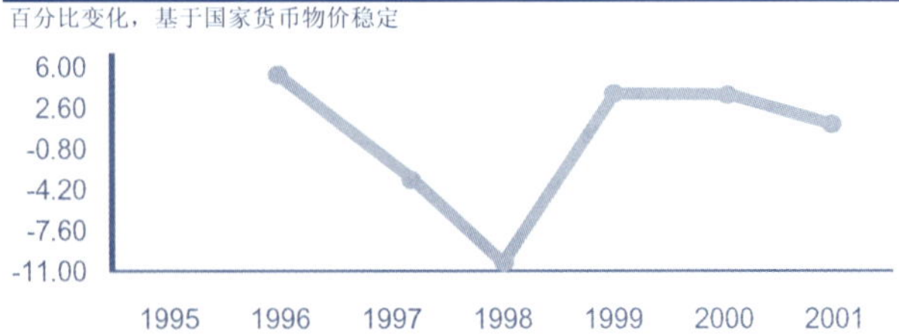

泰国

个人最终消费支出

人均美元

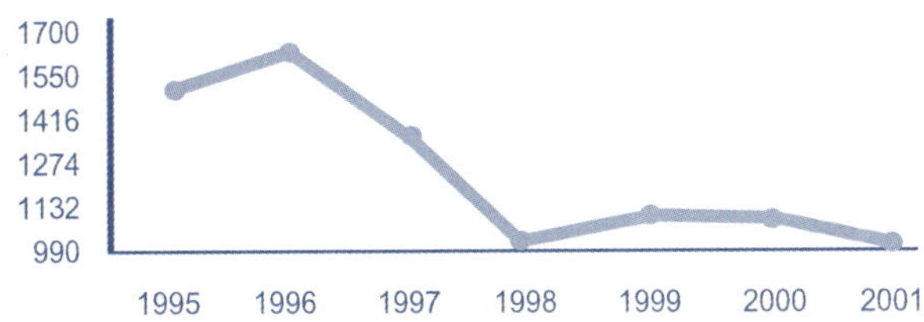

经常性项目差额

十亿美元（负号标志＝赤字）

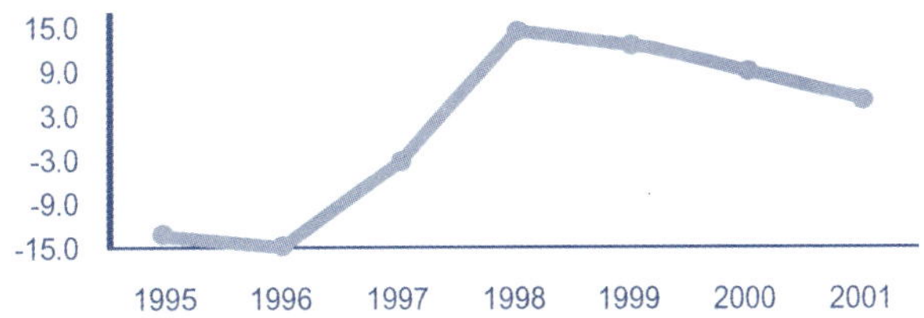

商品和商业劳务出口

十亿美元

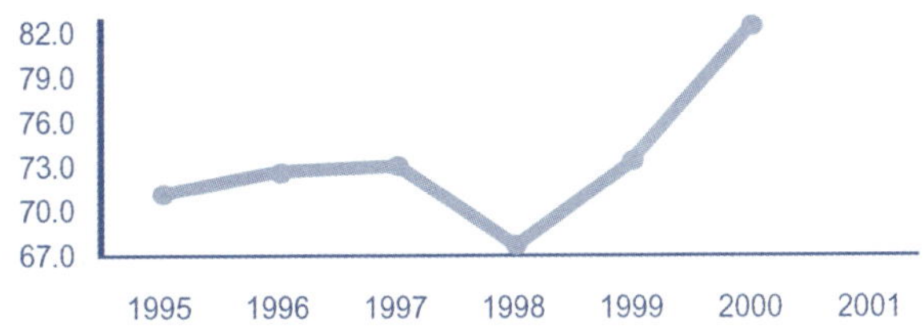

对外直接投资流量

十亿美元

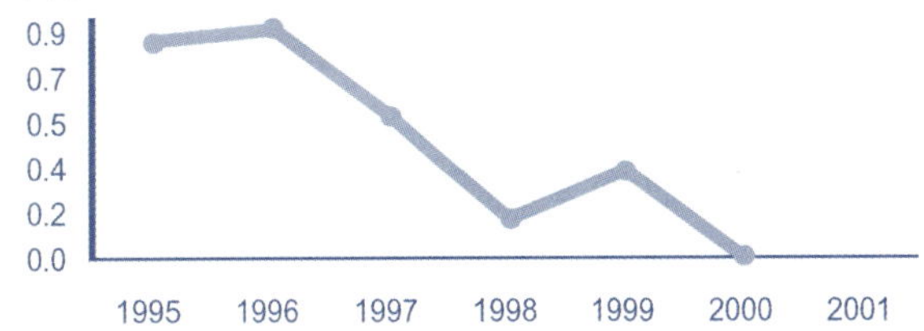

吸收直接投资流量

十亿美元

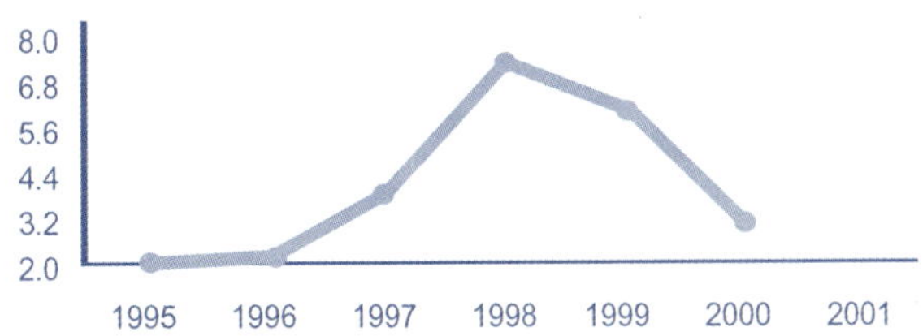

失业率

劳动力百分比

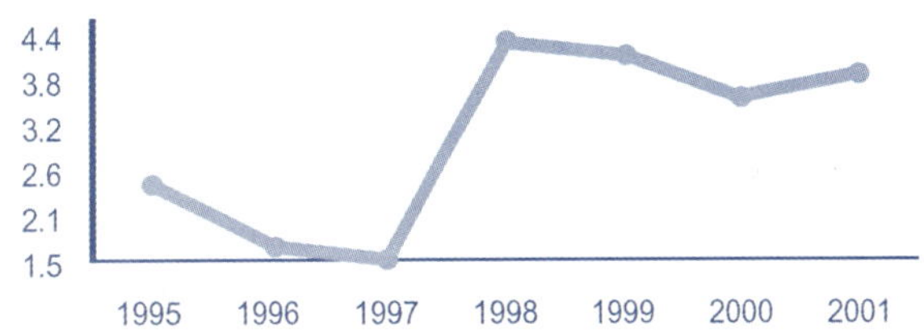

消费品价格增长率

年平均比率

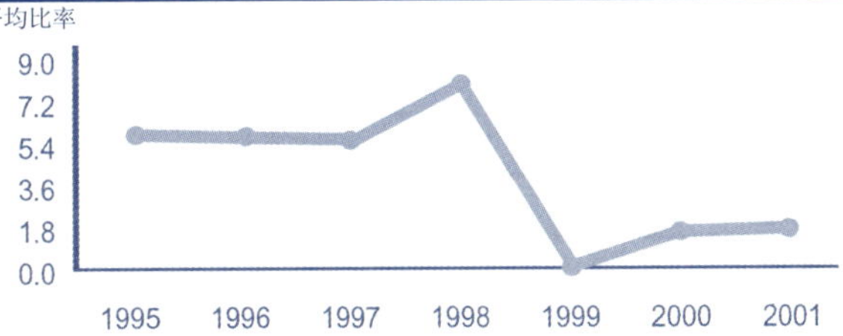

总体生产率

就业人员人均国内生产总值，美元

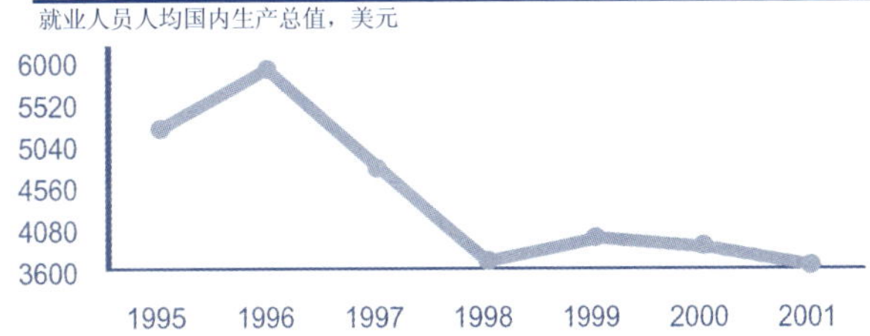

报酬水平

估计：制造工人的小时总补偿，美元

股票市场筹资额

十亿美元

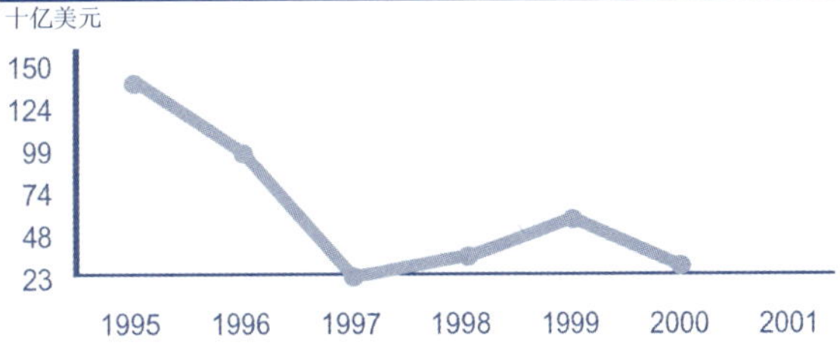

国内上市公司

上市公司的数量

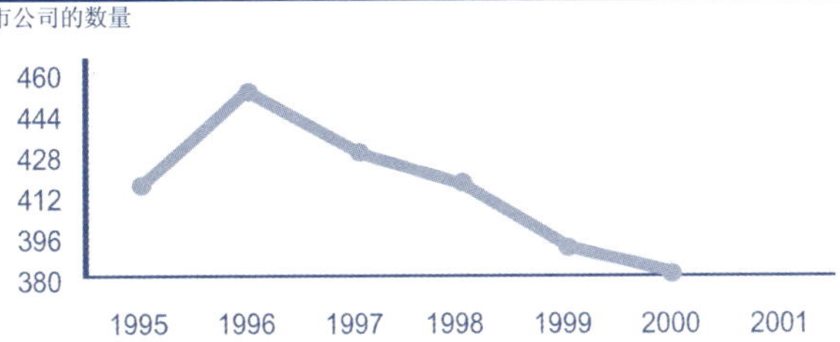

计算机

每1000人的计算机数量/来源：计算机工业年鉴

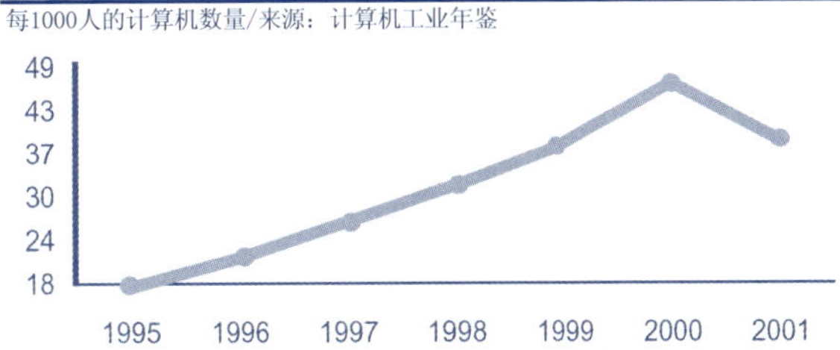

土耳其

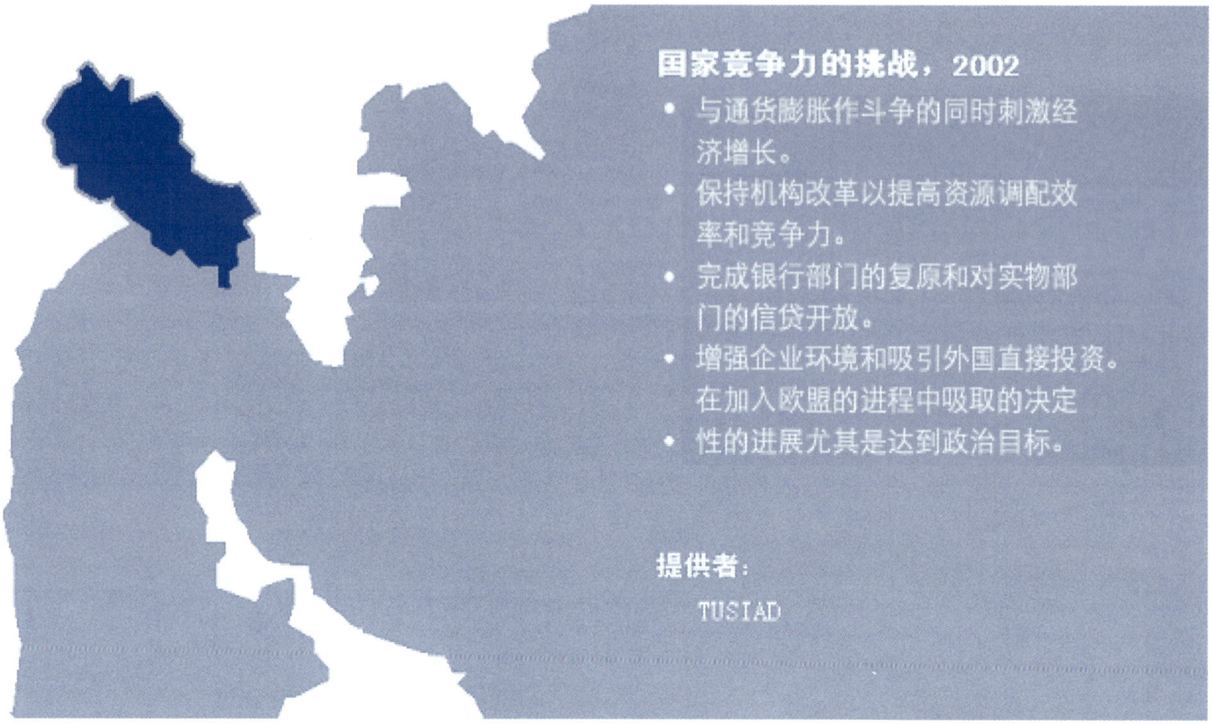

国家竞争力的挑战，2002

- 与通货膨胀作斗争的同时刺激经济增长。
- 保持机构改革以提高资源调配效率和竞争力。
- 完成银行部门的复原和对实物部门的信贷开放。
- 增强企业环境和吸引外国直接投资。在加入欧盟的进程中吸取的决定
- 性的进展尤其是达到政治目标。

提供者：

TUSIAD

总体表现

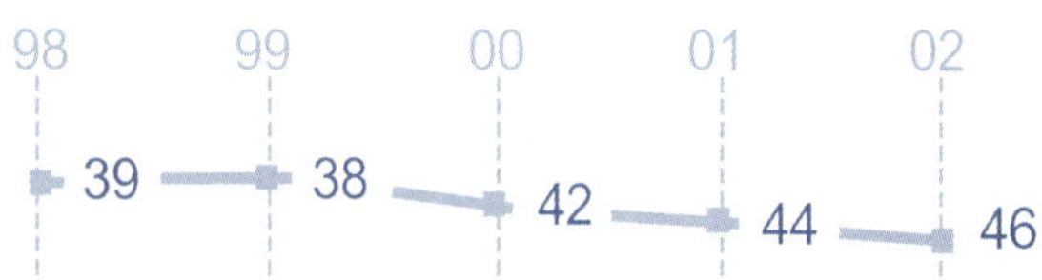

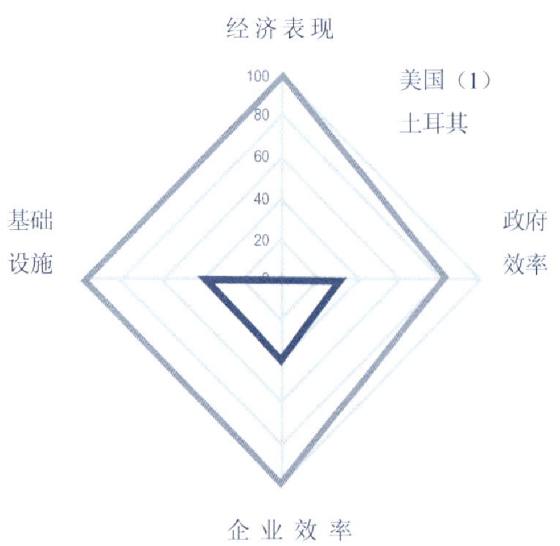

基本事实

首都	安哥拉
人口	67.8 (2001)
地域（平方千米）	775.0 (2000)
汇率（百分之一美元）	1,226.40 (2001)
国内生产总值（十亿美元）	159.3 (2001)
人均国内生产总值（美元）	2,349 (2001)
实际GDP增长率	-8.0 (2001)
消费品价格上涨	54.4 (2001)
失业率	10.60 (2001)
劳动力（百万）	22.08 (2001)
经常性项目差额（十亿美元）	3.3 (2001)
直接投资	
吸收股票投资（十亿美元）	9.34 (2000)
吸收流量（占GDP百分比）	0.49 (2000)

土耳其

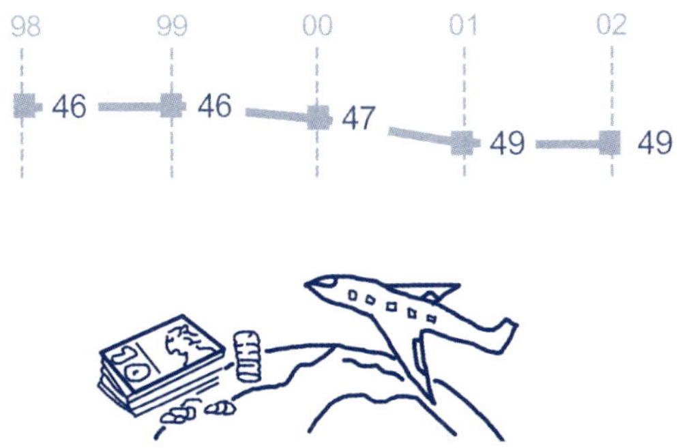

经济表现

	2002
国内经济	49
国际贸易	11
国际投资	35
就　业	47
物　价	49

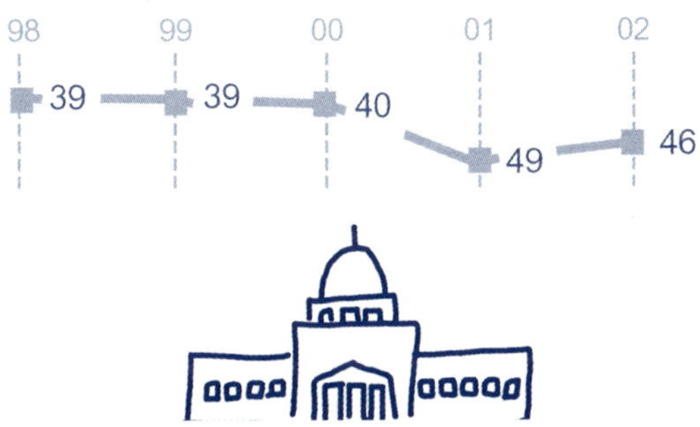

政府效率

	2002
公共财政	49
财政政策	42
组织机构	45
企业法规	32
教　育	43

企业效率

	2002
生产率	47
劳动力市场	42
金　融	45
管理实践	32
全球化影响	31

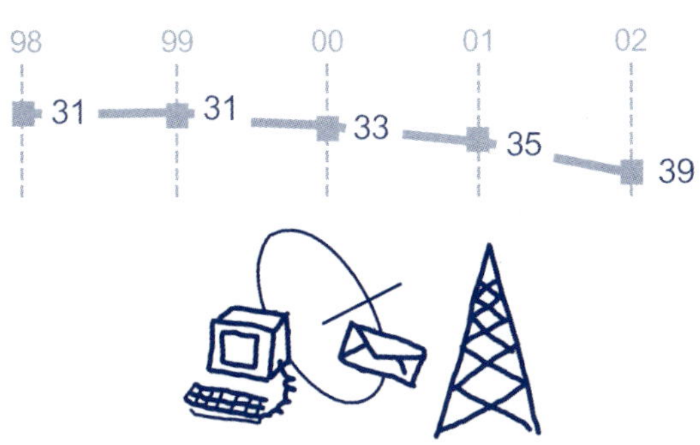

基础设施

	2002
基本基础设施	46
技术基本基础设施	39
科学基本基础设施	42
健康与环境	36
价值系统	30

土耳其

这些指标是每类中最强的10个指标，这些类是通过对49个国家和地区平均的最大的价值差异来区分的。

			排名
1 经济表现			
1.2.09	商品出口额实际增长率	按本地货币、不变价格计算的变化率	1
1.3.04	对外直接投资存量实际增长率	按本地货币、不变价格计算的变化率	8
1.2.12	商业服务出口实际增长	按本地货币、不变价格计算的变化率	15
1.4.01	总就业人口	总就业人口（百万）	16
1.4.07	青年失业	25岁以下失业人口占总失业人口比例	18
1.2.02	经常项目差额	经常项目差额占GDP的百分比	19
1.2.11	商业服务出口额	商业服务出口额占GDP的百分比	19
1.1.02	国内生产总值（PPP）	估计值：按购买力平价计算，10亿美元	19
1.2.01	经常项目差额	经常项目差额，10亿美元（负号为逆差）	20
1.2.10	商业服务出口额	10亿美元	20
2 政府效率			
2.4.14	失业立法	失业立法激励人们寻找工作	6
2.4.06	政府补贴	对私人和公共企业的补贴占GDP比重	9
2.4.13	劳动法规	劳动法规（雇/解雇惯例、最低工资等）足够灵活	11
2.4.21	进入国内资本市场	外国公司进入国内资本市场不受限制	16
2.1.09	公共财政的管理	公共财政的管理在两年后可能完善	16
2.2.07	对利润征收的平均公司税率	占税前利润的百分比	17
2.5.12	合格工程师	合格工程师在贵国劳动力市场上容易获得	20
2.2.12	资本和财产税	资本和财产税占GDP的百分比	21
2.4.19	外国投资者	外国投资者可以自由在国内公司中取得控制力	22
2.2.01	税收总收入	占GDP的百分比	22
3 企业效率			
3.3.19	国际保理业务	占商品出口的比重	4
3.2.05	工作小时	每年的平均工作小时数	12
3.4.08	公司的设立	贵国设立公司很普遍	12
3.4.07	企业家精神	贵国企业家精神很普遍	13
3.2.04	经理报酬	全部底薪加上奖金和长期激励，美元	14
3.2.01	报酬水平	制造业工人每小时全部报酬，美元，估计值	15
3.2.03	服务性职业报酬	年均总收入，包括附加薪水，例如额外薪金，美元	16
3.5.02	对全球化的态度	贵国对全球化的态度普遍积极	17
3.5.04	R&D设施的再分配	R&D设施的再分配不会威胁贵国经济的未来	19
3.4.01	适应性	贵国公司适应市场变化的能力很强	21
4 基础设施			
4.2.12	互联网费用	高峰期互联网访问20小时费用，美元	1
4.4.11	酗酒、吸毒	酗酒和吸毒在工作岗位没有成为严重问题	3
4.4.12	纸张和纸板的回收率	占表面消耗量的比率	11
4.1.01	人口—市场规模	估计值，百万	11
4.1.12	可耕地面积	人均平方米	12
4.5.04	歧视	歧视（种族、性别等）并没有给社会带来不利影响	13
4.5.03	适应性	面对挑战，贵国人民的适应性很强	13
4.2.05	移动电话费用	高峰期每三分钟费用，美元	16
4.1.09	空运的质量	空运的质量在贵国通常充分有效	18
4.5.09	社会的价值	社会价值支持竞争力	18

土耳其

这些指标是每类中最弱的10个指标，这些类是通过对49个国家和地区平均的最大的价值差异来区分的。

1 经济表现

			排名
1.5.01	消费品价格上涨	年平均比率	49
1.1.13	实际人均GDP增长率	按本地货币、不变价格计算的变化率	49
1.1.12	实际GDP增长率	按本地货币、不变价格计算的变化率	49
1.4.02	就业率	总就业人口占总人口的百分比	48
1.4.03	就业增长	变化率	47
1.3.06	吸引国外直接投资+流量	吸引国外直接投资流量占GDP的百分比	46
1.3.08	吸引国外直接投资存量实际增长	按本地货币、不变价格计算的变化率	45
1.1.23	人均GDP	估计值，按购买力平价计算的人均美元	44
1.3.07	吸引国外直接投资存量	10亿美元	44
1.3.05	吸引国外直接投资流量	10亿美元	43

2 政府效率

2.1.02	中央政府预算盈余/赤字	占GDP的百分比	49
2.3.07	汇率稳定度	本币相对于特别提款权的汇兑年价变动	48
2.1.08	利息支付额	占当前收入的百分比	47
2.5.09	文盲率	成人（15岁以上）文盲占总人口比例	47
2.3.15	公共服务	公共服务不受政治干预	47
2.3.04	国家信用评级	由《机构投资者杂志》杂志按百分制评分	46
2.2.11	实际公司税	实际公司税鼓励企业的活力	46
2.5.04	中等学校入学人数	接受全日制教育的相关年龄组所占比例	45
2.3.02	资本成本	贵国资本成本鼓励公司发展	45
2.3.20	政策不稳定性风险	政策不稳定性风险很低	45

3 企业效率

3.1.03	综合生产率实际增长率	每个就业者实际GDP变化率，估计值	49
3.3.18	现金流	现金流通常足以允许公司自筹经费	48
3.3.06	风险资本	企业发展可以容易获得	48
3.2.13	女性劳动力	占全部劳动力的比例	47
3.3.14	股票市场指数	支书的变化率	47
3.3.03	信贷	很容易从银行流入企业	46
3.3.17	内幕交易	内幕交易在股票市场不普遍	46
3.2.02	制造业部门单位劳动成本	制造业部门单位劳动成本变化率	45
3.2.09	雇员培训	公司高度重视雇员培训	45
3.3.16	金融机构透明度	金融机构透明度在贵国高度发达	44

4 基础设施

4.1.18	能源进口与商品出口	能源进口占商品出口的比例	47
4.5.05	国会中女性人数	女性席位占全部席位的比例	46
4.1.13	城市化	城市化不浪费国家资源	45
4.1.15	能源基础设施	贵国能源基础设施充足有效	44
4.4.10	人文发展指数	经济、社会与教育的综合指数	44
4.2.15	技术合作	公司间的技术合作很发达	44
4.2.09	人均计算机	每千人计算机数/来源：计算机行业年鉴	44
4.3.10	基础研究	基础研究能够支持长期经济发展	43
4.1.20	工业用户的电力成本	美元/千瓦	43
4.5.01	生活质量	贵国生活质量很高	42

土耳其

这一部分集锦了该国20个最强的指标，
这部分指标有着最高的标准化值（STD值）。
STD值＝（国家和地区的原始值－49个国家和地区平均值）/标准差

20个最强的指标

序号	名称	国家原始值	国家排名	49国家平均值
1.2.09	**商品出口额实际增长率** 按本地货币、不变价格计算的变化率	49.27	1	2.01
4.2.12	**互联网费用** 高峰期互联网访问20小时费用，美元	11.4	1	22.72
3.3.19	**国际保理业务** 占商品出口的比重	3.171	4	0.878
1.3.04	**对外直接投资存量实际增长率** 按本地货币、不变价格计算的变化率	47.4	8	24.8
3.2.05	**工作小时** 每年的平均工作小时数	2,074	12	1,925
3.2.01	**报酬水平** 制造业工人每小时全部报酬，美元，估计值	3.45	15	9.16
2.4.06	**政府补贴** 对私人和公共企业的补贴占GDP比重	0.27	9	1.19
4.4.12	**纸张和纸板的回收率** 占表面消耗量的比率	57	11	34.5
3.2.03	**服务性职业报酬** 年均总收入，包括附加薪水，例如额外薪金，美元	1	16	0
3.2.04	**经理报酬** 全部底薪加上奖金和长期激励，美元	1	14	0
2.2.12	**资本和财产税** 资本和财产税占GDP的百分比	1.06	21	1.57
3.2.08	**产业纠纷** 每千个居民年均因纠纷损失的工作日	5.6	24	24.45
1.2.12	**商业服务出口实际增长** 按本地货币、不变价格计算的变化率	14.45	15	11.47
4.4.11 （调查）	**酗酒、吸毒** 酗酒和吸毒在工作岗位没有成为严重问题	8.41	3	6.61
2.4.14 （调查）	**失业立法** 失业立法激励人们寻找工作	6.56	6	4.98
2.4.13 （调查）	**劳动法规** 劳动法规（雇/解雇惯例、最低工资等）足够灵活	6.09	11	4.68
3.4.08 （调查）	**公司的设立** 贵国设立公司很普遍	7.63	12	6.75
4.5.04 （调查）	**歧视** 歧视（种族、性别等）并没有给社会带来不利影响	7.25	13	6.51
4.5.03 （调查）	**适应性** 面对挑战，贵国人民的适应性很强	7.53	13	6.85
3.4.07 （调查）	**企业家精神** 贵国企业家精神很普遍	7.03	13	6.34

土耳其

如　果？

竞争力模拟研究帮助政策制定者将注意力和优先次序放在他们国家或地区面临的关键竞争力上。我们用49个国家或地区的平均值代替这些最弱的指标值，从而计算这个国家或地区的总体排名。然而，这只是一个理论方式，不应视为政策的建议。还必须考虑各个国家或地区的发展水平、政治体制和社会值系统

	从		到
模拟排名变化	46	→	40

20个最弱的指标

序号	名称	国家原始值	国家排名	49国家平均值
1.5.01	**消费品价格上涨** 年平均比率	54.4	49	5.3
3.2.02	**制造业部门单位劳动成本** 制造业部门单位劳动成本变化率	41	45	4.61
2.1.08	**利息支付额** 占当前收入的百分比	58.71	47	12.39
1.1.13	**实际人均GDP增长率** 按本地货币、不变价格计算的变化率	-10.79	49	0.73
2.3.07	**汇率稳定度** 本币相对于特别提款权的汇兑年价变动	0.981	48	0.188
1.1.12	**实际GDP增长率** 按本地货币、不变价格计算的变化率	-8	49	1.8
3.2.13	**女性劳动力** 占全部劳动力的比例	26.41	47	40.42
2.1.02	**中央政府预算盈余/赤字** 占GDP的百分比	-11.45	49	-0.97
2.5.04	**中等学校入学人数** 接受全日制教育的相关年龄组所占比例	51	45	81.6
1.4.02	**就业率** 总就业人口占总人口的百分比	29.1	48	43.32
2.3.04	**国家信用评级** 由《机构投资者杂志》杂志按百分制评分	34.4	46	67.8
2.5.09	**文盲率** 成人（15岁以上）文盲占总人口比例	15.4	47	4.8
4.4.10	**人文发展指数** 经济、社会与教育的综合指数	0.735	44	0.835
3.3.18 （调查）	**现金流** 现金流通常足以允许公司自筹经费	2.75	48	5.18
3.3.06 （调查）	**风险资本** 企业发展可以容易获得	1.97	48	4.71
3.3.03 （调查）	**信贷** 很容易从银行流入企业	2.84	46	5.83
3.3.02 （调查）	**机构投资者的金融资产** 10亿美元	2.25	45	5.26
3.3.15 （调查）	**股东权利和义务** 股东权利和义务明确界定	1.81	47	3.95
3.3.16 （调查）	**金融机构透明度** 金融机构透明度在贵国高度发达	3.81	44	6.05
3.3.17 （调查）	**内幕交易** 内幕交易在股票市场不普遍	3.59	46	5.59

土耳其

国内经济

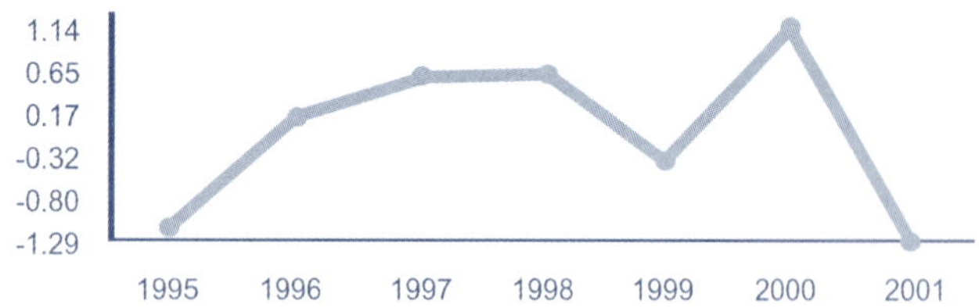

国际贸易

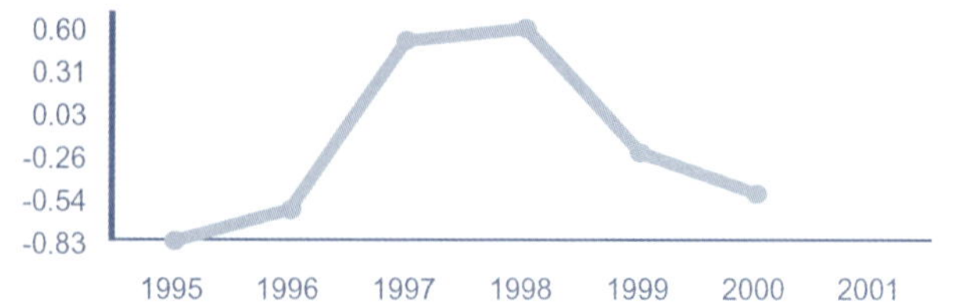

国际投资

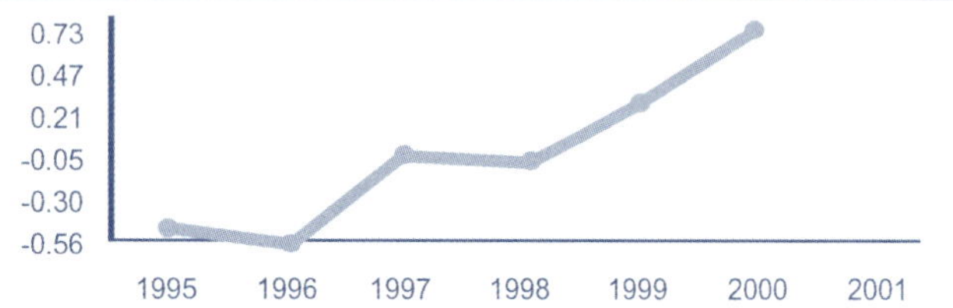

公共财政

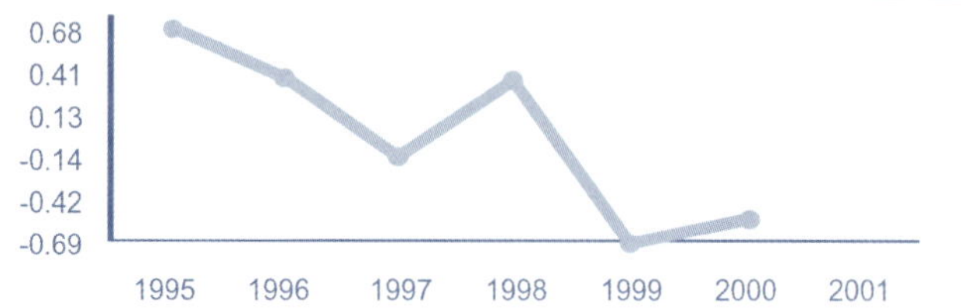

财政政策

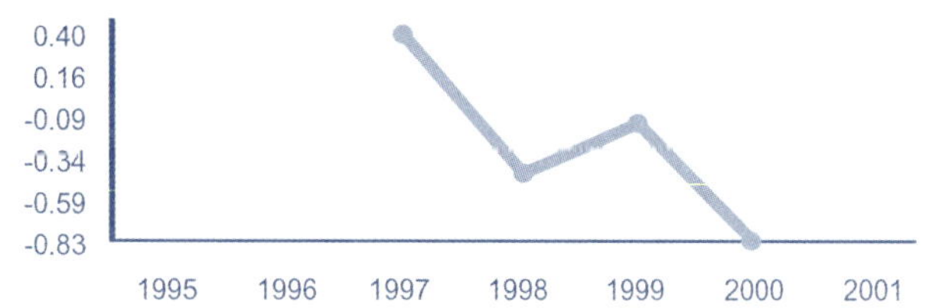

生产率

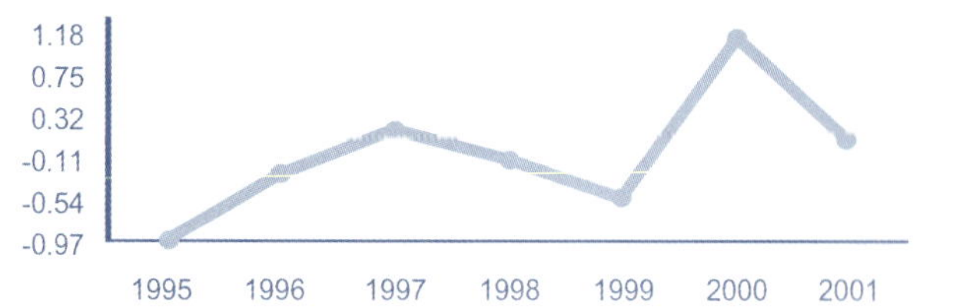

金融

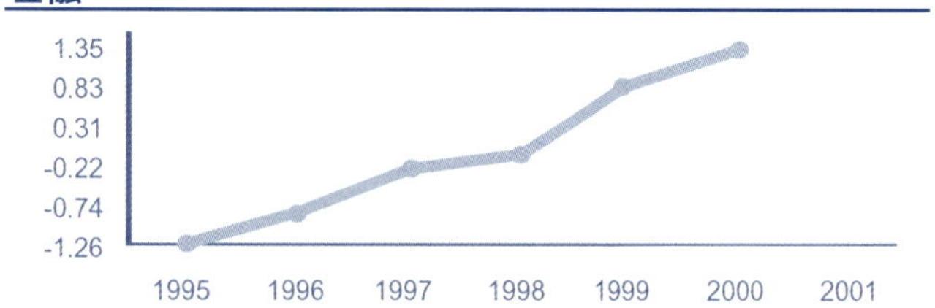

技术基础设施

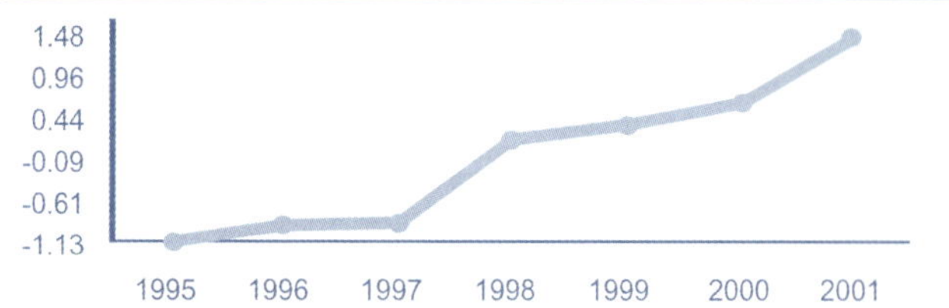

主要竞争力指标

人均国内生产总值

人均美元

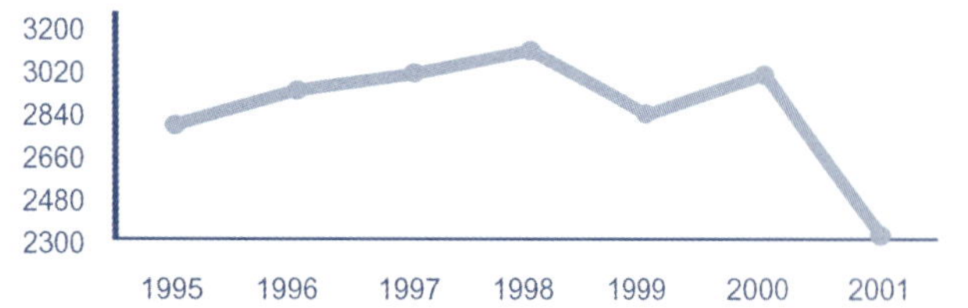

国内生产总值实际增长率

百分比变化，基于国家货币物价稳定

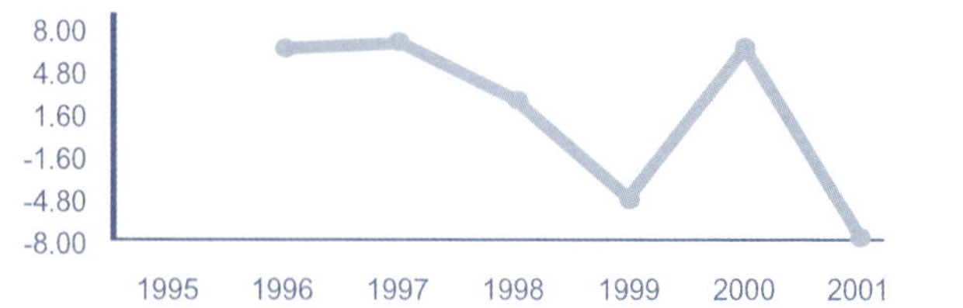

土耳其

个人最终消费支出
人均美元

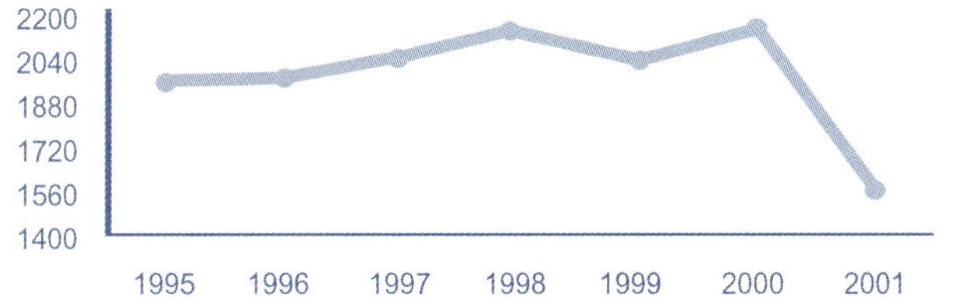

经常性项目差额
十亿美元（负号标志=赤字）

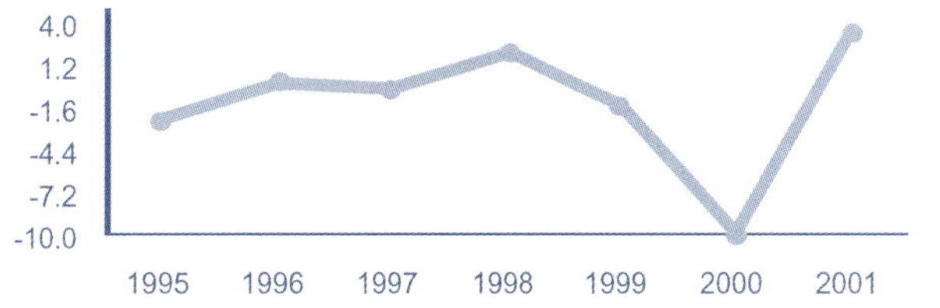

商品和商业劳务出口
十亿美元

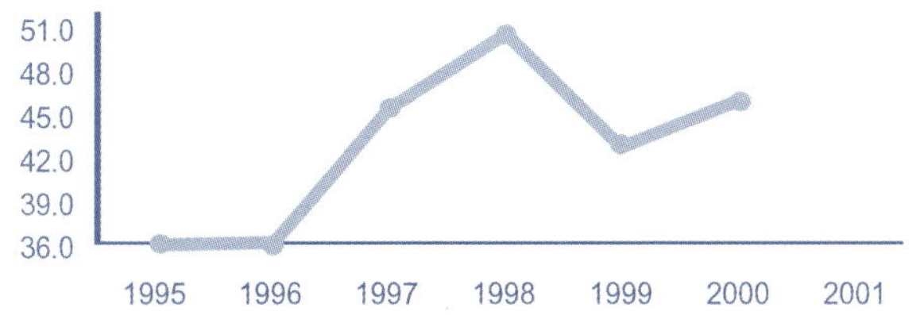

对外直接投资流量
十亿美元

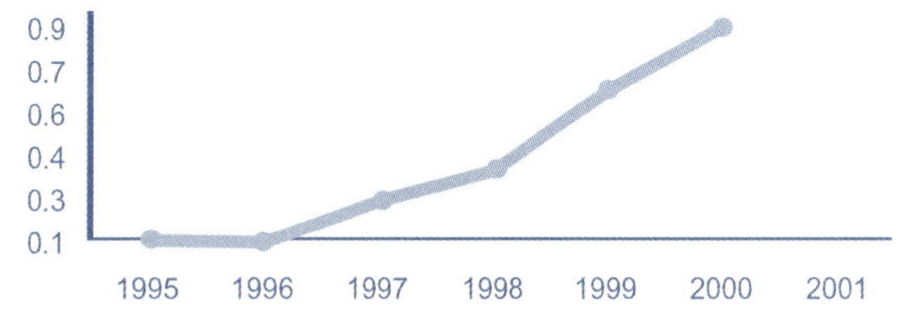

吸收直接投资流量
十亿美元

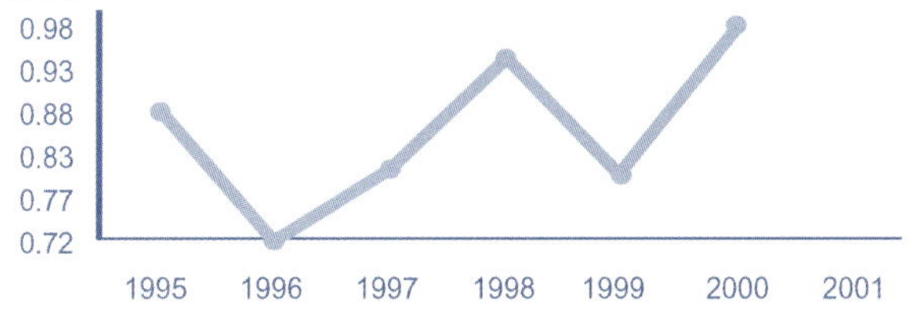

失业率
劳动力百分比

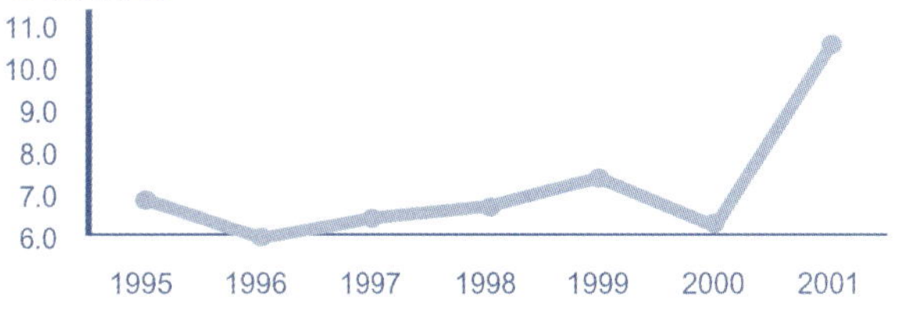

消费品价格增长率
年平均比率

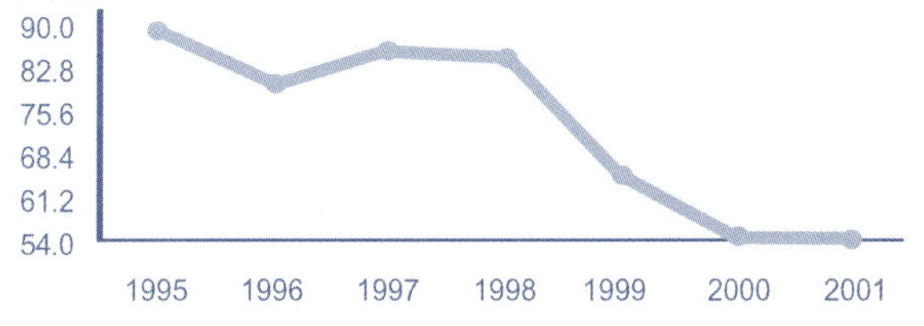

总体生产率
就业人员人均国内生产总值，美元

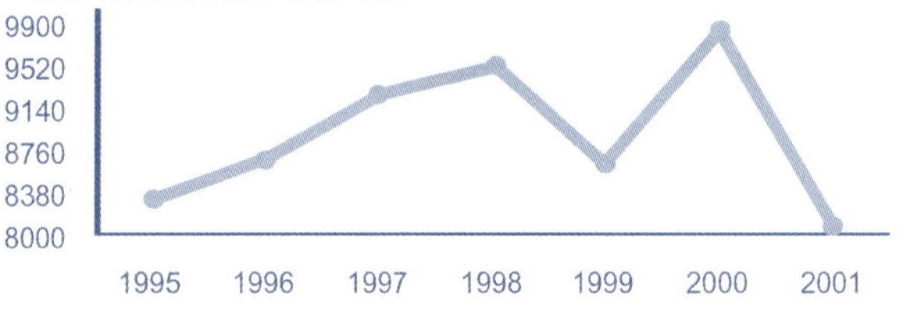

报酬水平
估计：制造工人的小时总补偿，美元

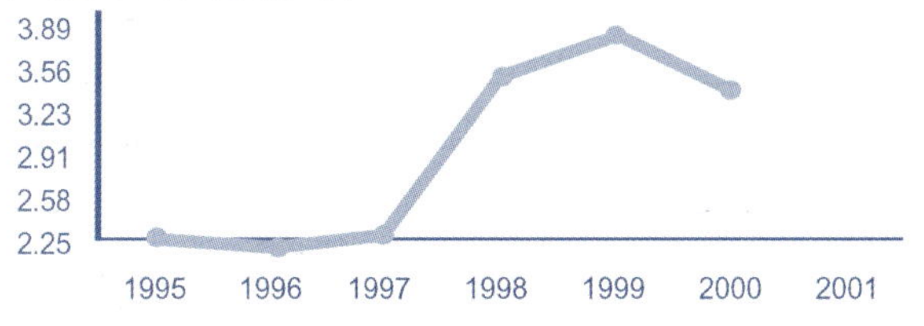

股票市场筹资额
十亿美元

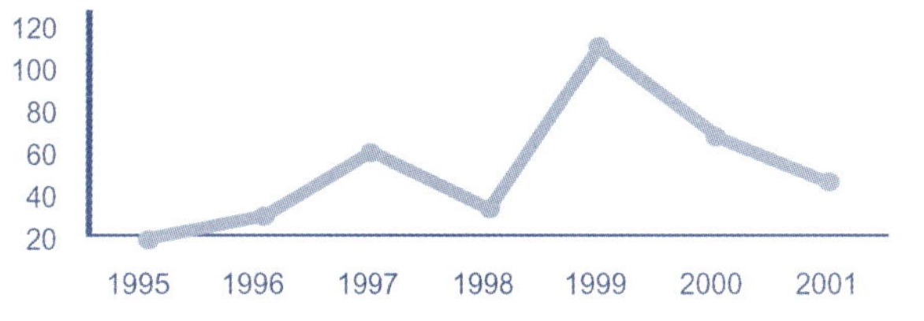

国内上市公司
上市公司的数量

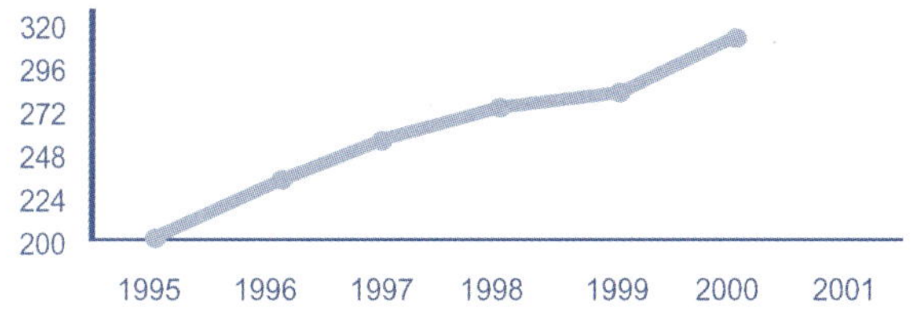

计算机
每1000人的计算机数量/来源：计算机工业年鉴

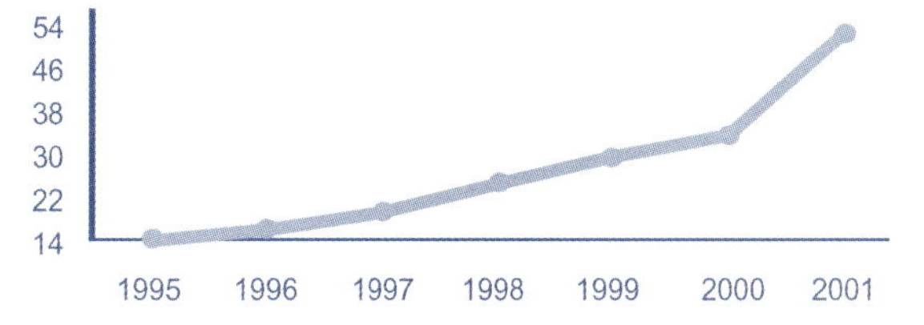

英国

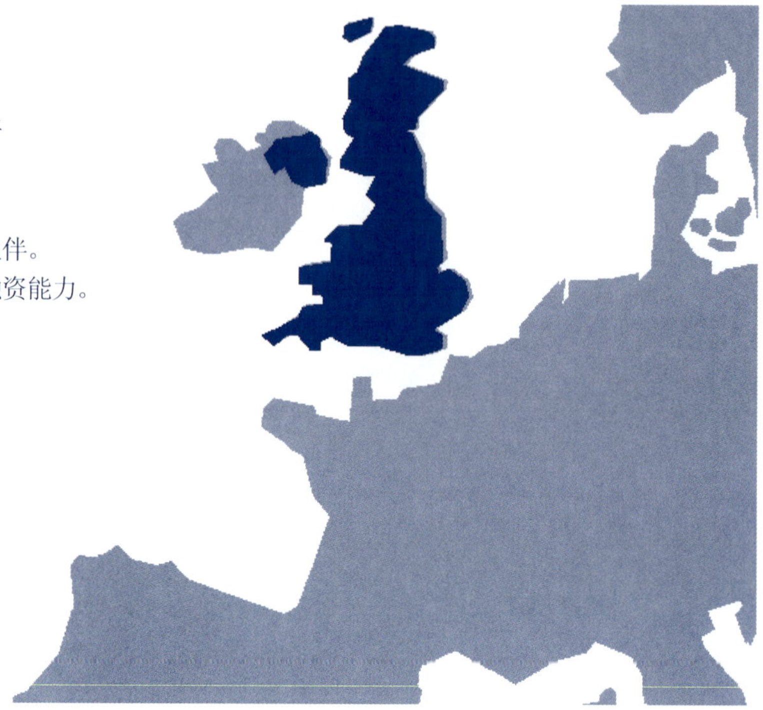

国家竞争力的挑战，2002

- 继续保持高就业率和培育受过良好教育和有熟练技术的劳动力。
- 提高公共部门运行和服务的效率。
- 提高生产率水平符合我们的欧洲伙伴。
- 加强基础设施维护发展的计划与融资能力。
- 提高R&D创新的支出。

提供者：

管理服务机构

总体表现

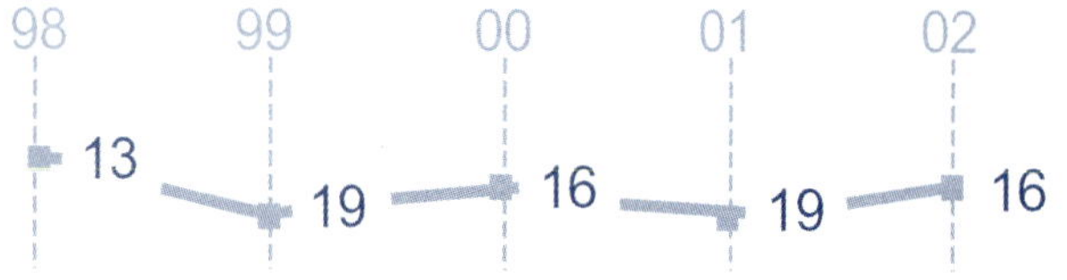

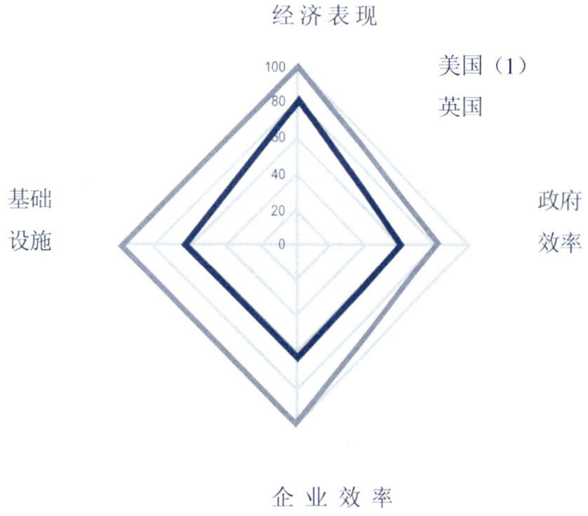

基本事实

首都	伦敦
人口	59.5 (2001)
地域（平方千米）	245.0 (2000)
汇率（百分之一美元）	0.69 (2001)
国内生产总值（十亿美元）	1,426.7 (2001)
人均国内生产总值（美元）	23,978 (2001)
实际GDP增长率	2.3 (2001)
消费品价格上涨	1.8 (2001)
失业率	5.10 (2001)
劳动力（百万）	29.62 (2001)
经常性项目差额（十亿美元）	-16.8 (2001)
直接投资	
吸收股票投资（十亿美元）	482.80 (2000)
吸收流量（占GDP百分比）	9.07 (2000)

英国

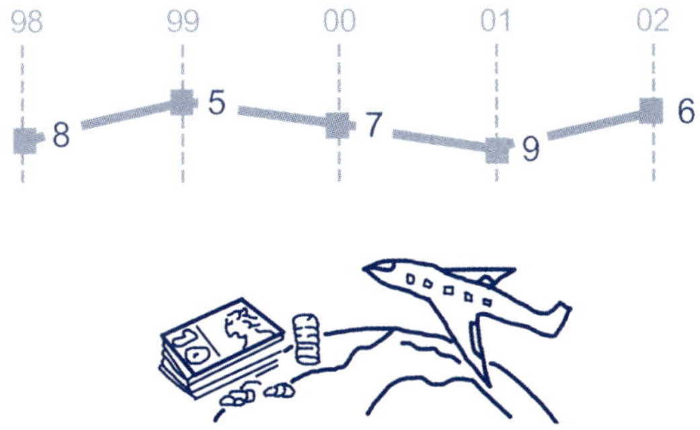

经 济 表 现

	2002
国内经济	5
国际贸易	29
国际投资	2
就　业	28
物　价	36

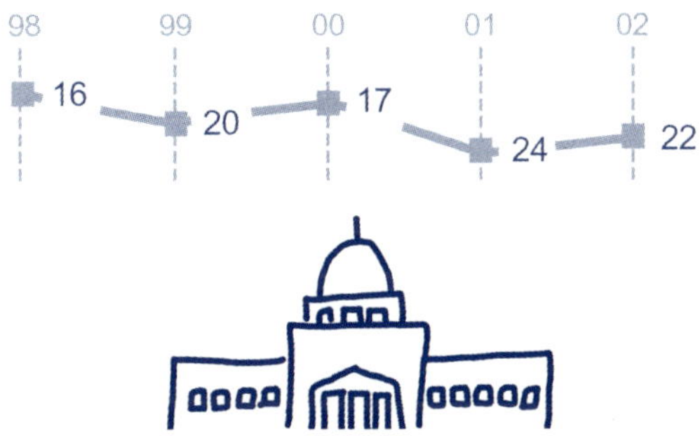

政 府 效 率

	2002
公共财政	34
财政政策	24
组织机构	18
企业法规	17
教　育	29

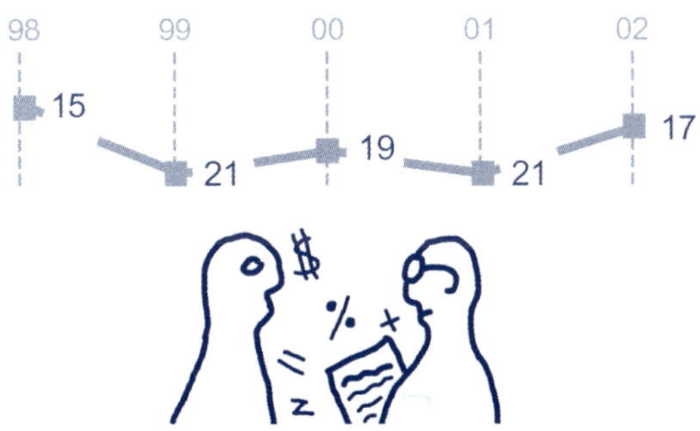

企 业 效 率

	2002
生产率	12
劳动力市场	30
金　融	5
管理实践	20
全球化影响	32

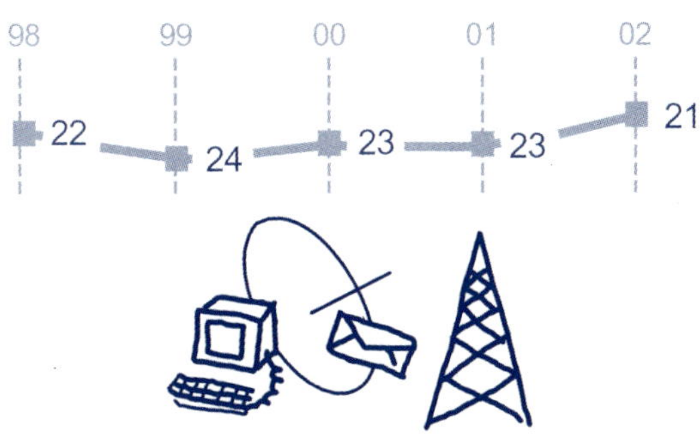

基 础 设 施

	2002
基本基础设施	24
技术基本基础设施	17
科学基本基础设施	8
健康与环境	22
价值系统	29

英国

这些指标是每类中最强的10个指标，这些类是通过对49个国家和地区平均的最大的价值差异来区分的。

1 经济表现			排名
1.3.01	对外直接投资流量	10亿美元	1
1.3.03	对外直接投资存量	10亿美元	2
1.3.10	证券投资负债	10亿美元	2
1.3.09	证券投资资产	10亿美元	2
1.3.07	吸引国外直接投资存量	10亿美元	2
1.2.10	商业服务出口额	10亿美元	2
1.3.05	吸引国外直接投资流量	10亿美元	3
1.1.21	经济的弹性	经济体对于经济周期的弹性强	3
1.1.01	国内生产总值（GDP）	按现行价格、汇率计算，10亿美元	4
1.2.07	商品出口额	商品出口额，10亿美元	5

2 政府效率			
2.3.03	利率差	贷款利率减去存款利率	1
2.3.07	汇率稳定度	本币相对于特别提款权的汇兑年价变动	5
2.3.04	国家信用评级	由《机构投资者杂志》杂志按百分制评分	7
2.4.15	移民法	移民法不禁止本国公司雇用外国劳动力	8
2.3.20	政策不稳定性风险	政策不稳定性风险很低	9
2.2.14	逃税	逃税在贵国不普遍	10
2.2.06	实际个人税	实际个人税并不阻碍人们工作或者寻求发展	10
2.3.09	法律体系	法律体系不损害贵国的竞争力	11
2.4.07	竞争立法	贵国竞争立法阻止不正当竞争	11
2.4.04	公共部门合同	公共部门合同向外国投标者充分开放	12

3 企业效率			
3.3.04	发行的信用卡数目	每人	2
3.3.11	股票市场筹资额	10亿美元	3
3.3.19	国际保理业务	占商品出口的比重	5
3.3.13	国内上市公司	国内上市公司数目	5
3.1.06	农业生产率（购买力平价）	每个农业劳动力创造的相应GDP，美元，估计值	6
3.3.06	风险资本	企业发展可以容易获得	7
3.4.05	股东价值	有效地管理股东价值	8
3.3.17	内幕交易	内幕交易在股票市场不普遍	8
3.2.18	外国高素质人员	外国高素质人员被贵国企业环境所吸引	8
3.3.12	股票市场交易额	人均美元	8

4 基础设施			
4.3.15	诺贝尔奖数目	自1950年以来在物理、化学、心理或医药和经济学领域获奖数目	2
4.3.16	人均诺贝尔奖	每百万人中从1950年以来在物理、化学、心理或医药和经济学领域获奖数目	3
4.3.12	科学论文	发表的科学和技术论文数（按作者的出生地）	3
4.2.08	在用计算机	占世界在用计算机总量的份额/来源：计算机行业年鉴	4
4.2.18	高技术出口	百万美元	5
4.4.13	废水处理工厂	接受废水处理工厂服务的人口占总人口的比重	5
4.3.10	基础研究	基础研究能够支持长期经济发展	7
4.2.19	高技术出口	占制造业出口的比例	8
4.5.06	女性地位	所有立法委员、高级官员和经理中女性所占比例	10
4.2.04	移动电话用户	每千户居民中的用户数	11

英国

这些指标是每类中最弱的10个指标，这些类是通过对49个国家和地区平均的最大的价值差异来区分的。

1 经济表现

			排名
1.2.01	经常项目差额	经常项目差额，10亿美元（负号为逆差）	46
1.2.12	商业服务出口实际增长	按本地货币、不变价格计算的变化率	45
1.5.02	生活费指数	主要城市不包括住房的各种货物支出指数（纽约=100）	41
1.2.08	商品出口额	商品出口额占GDP的百分比	40
1.2.19	贸易条件指数	出口单位价值比进口单位价值（1995=100）	38
1.2.18	外贸依存度	（出口+进口）/（2×GDP）	36
1.4.07	青年失业	25岁以下失业人口占总失业人口比例	32
1.4.03	就业增长	变化率	32
1.2.02	经常项目差额	经常项目差额占GDP的百分比	29
1.2.09	商品出口额实际增长率	按本地货币、不变价格计算的变化率	28

2 政府效率

			排名
2.2.12	资本和财产税	资本和财产税占GDP的百分比	49
2.3.06	汇率政策	贵国汇率政策支持公司的竞争力	45
2.5.12	合格工程师	合格工程师在贵国劳动力市场上容易获得	43
2.1.09	公共财政的管理	公共财政的管理在两年后可能完善	41
2.1.06	中央政府国外负债	占GDP的百分比	40
2.3.10	新立法	新立法鼓励企业竞争力	40
2.5.11	教育资金	教育资金在贵国很充足	37
2.4.24	投资保护计划	投资保护计划大多数外放国家可以享受	37
2.5.10	经济知识普及	经济知识普及率高	35
2.2.01	税收总收入	占GDP的百分比	34

3 企业效率

			排名
3.2.03	服务性职业报酬	年均总收入，包括附加薪水，例如额外薪金，美元	41
3.5.03	生产的再分配	国外的生产再分配没有威胁到贵国经济的未来	40
3.2.15	熟练劳动力	熟练劳动力在贵国劳动市场上可获得性	38
3.2.04	经理报酬	全部底薪加上奖金和长期激励，美元	35
3.2.09	雇员培训	公司高度重视雇员培训	35
3.5.04	R&D设施的再分配	R&D设施的再分配不会威胁贵国经济的未来	34
3.2.01	报酬水平	制造业工人每小时全部报酬，美元，估计值	33
3.2.05	工作小时	每年的平均工作小时数	33
3.5.02	对全球化的态度	贵国对全球化的态度普遍积极	33
3.3.14	股票市场指数	支书的变化率	32

4 基础设施

			排名
4.1.10	用于货物和服务分配的基础设施	普遍有效率	44
4.4.11	酗酒、吸毒	酗酒和吸毒在工作岗位没有成为严重问题	44
4.5.04	歧视	歧视（种族、性别等）并没有给社会带来不利影响	41
4.3.14	科学和技术的兴趣	贵国青年具有浓厚的科学技术兴趣	40
4.5.03	适应性	面对挑战，贵国人民的适应性很强	39
4.4.16	可持续发展	贵国优先考虑可持续发展	39
4.1.05	维护和发展	基础设施的维护和发展得到充分的计划和资助	38
4.4.06	健康基础设施	健康基础设施满足社会需要	38
4.1.12	可耕地面积	人均平方米	38
4.5.02	民族文化	民族文化对外国文化开放	37

英国

这一部分集锦了该国20个最强的指标，
这部分指标有着最高的标准化值（STD值）。
STD值＝（国家和地区的原始值－49个国家和地区平均值）/标准差

20个最强的指标

序号	名称	国家原始值	国家排名	49国家平均值
1.3.01	**对外直接投资流量** 10亿美元	259.47	1	25.52
1.3.03	**对外直接投资存量** 10亿美元	901.77	2	120.62
1.3.10	**证券投资负债** 10亿美元	270.83	2	31.46
3.3.04	**发行的信用卡数目** 每人	1.899	2	0.609
4.3.16	**人均诺贝尔奖** 每百万人中从1950年以来在物理、化学、心理或医药和经济学领域获奖数目	0.84	3	0.154
1.3.09	**证券投资资产** 10亿美元	128.04	2	26.1
1.3.05	**吸引国外直接投资流量** 10亿美元	129.84	3	26.03
1.3.07	**吸引国外直接投资存量** 10亿美元	482.8	2	120.92
1.2.10	**商业服务出口额** 10亿美元	99.88	2	27.19
4.3.15	**诺贝尔奖数目** 自1950年以来在物理、化学、心理或医药和经济学领域获奖数目	50	2	7
3.1.06	**农业生产率（购买力平价）** 每个农业劳动力创造的相应GDP，美元，估计值	48,819	6	23,748
4.2.18	**高技术出口** 百万美元	72,616	5	21,693
4.3.12	**科学论文** 发表的科学和技术论文数（按作者的出生地）	45,231	3	11,824
1.1.21 （调查）	**经济的弹性** 经济体对于经济周期的弹性强	6.74	3	5.18
3.3.06 （调查）	**风险资本** 企业发展可以容易获得	6.58	7	4.71
4.3.10 （调查）	**基础研究** 基础研究能够支持长期经济发展	7.14	7	5.36
2.2.14 （调查）	**逃税** 逃税在贵国不普遍	6.69	10	4.57
3.4.05 （调查）	**股东价值** 有效地管理股东价值	6.72	8	5.57
3.3.17 （调查）	**内幕交易** 内幕交易在股票市场不普遍	7	8	5.59
3.2.18 （调查）	**外国高素质人员** 外国高素质人员被贵国企业环境所吸引	6.94	8	5.29

英国

如　果？

竞争力模拟研究帮助政策制定者将注意力和优先次序放在他们国家或地区面临的关键竞争力上。我们用49个国家或地区的平均值代替这些最弱的指标值，从而计算这个国家或地区的总体排名。然而，这只是一个理论方式，不应视为政策的建议。还必须考虑各个国家或地区的发展水平、政治体制和社会值系统

	从		到
模拟排名变化	16	→	15

20个最弱的指标

序号	名称	国家原始值	国家排名	49国家平均值
2.2.12	**资本和财产税** 资本和财产税占GDP的百分比	4.4	49	1.57
2.1.06	**中央政府国外负债** 占GDP的百分比	22.277	40	12.214
4.2.12	**互联网费用** 高峰期互联网访问20小时费用，美元	44.02	24	22.72
1.2.08	**商品出口额** 商品出口额占GDP的百分比	19.17	40	38.5
4.3.07	**每千人中研究与开发人员** 每千国民中人数（全日约当单位）	1.607	31	3
1.2.19	**贸易条件指数** 出口单位价值比进口单位价值（1995=100）	86.8	38	89.9
1.2.18	**外贸依存度** （出口+进口）/（2×GDP）	28.03	36	49.38
1.5.02	**生活费指数** 主要城市不包括住房的各种货物支出指数（纽约=100）	95.12	41	81.64
1.4.07	**青年失业** 25岁以下失业人口占总失业人口比例	36	32	26.47
2.2.01	**税收总收入** 占GDP的百分比	37.27	34	31.24
3.2.05	**工作小时** 每年的平均工作小时数	1,833	33	1,925
2.2.13	**间接税** 商品和服务税占GDP的比重	12.1	32	10.45
3.3.14	**股票市场指数** 支书的变化率	-19	32	-8.23
2.3.06 （调查）	**汇率政策** 贵国汇率政策支持公司的竞争力	3.8	45	5.95
4.1.10 （调查）	**用于货物和服务分配的基础设施** 普遍有效率	3.61	44	6.15
2.5.12 （调查）	**合格工程师** 合格工程师在贵国劳动力市场上容易获得	5.18	43	6.86
4.5.04 （调查）	**歧视** 歧视（种族、性别等）并没有给社会带来不利影响	5.53	41	6.51
4.1.05 （调查）	**维护和发展** 基础设施的维护和发展得到充分的计划和资助	3.47	38	5.27
4.3.14 （调查）	**科学和技术的兴趣** **贵国青年具有浓厚的科学技术兴趣**	4.47	40	5.39
4.4.06 （调查）	**健康基础设施** 健康基础设施满足社会需要	3.71	38	5.53

英国

国内经济

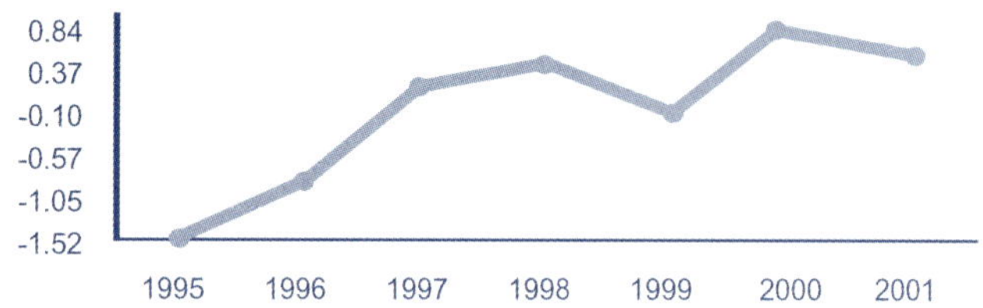

国际贸易

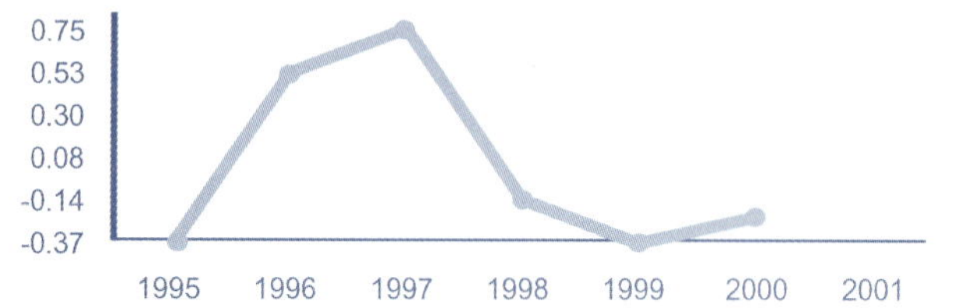

国际投资

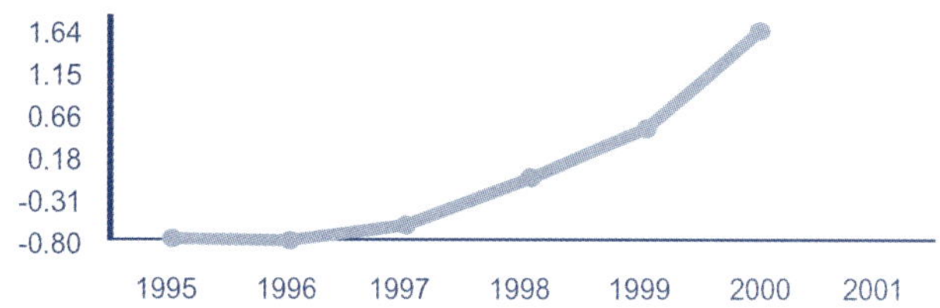

公共财政

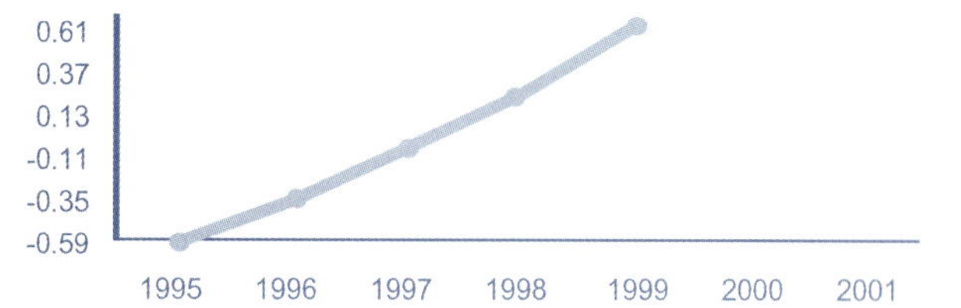

财政政策

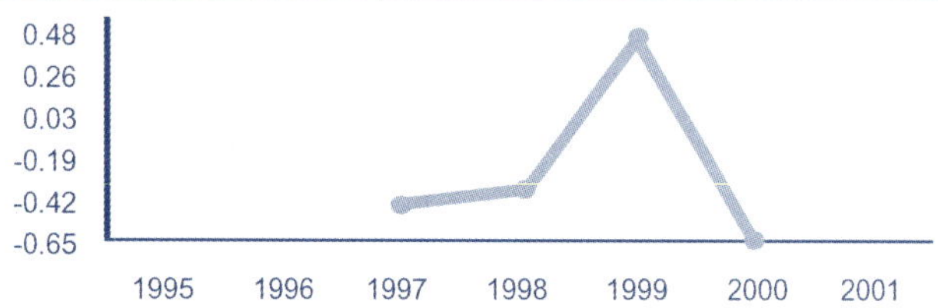

生产率

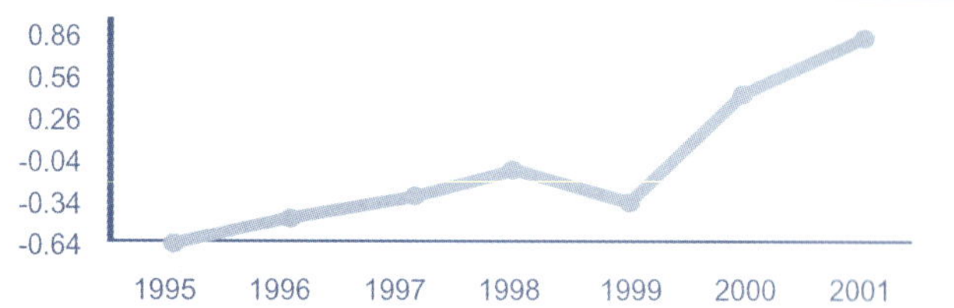

金融

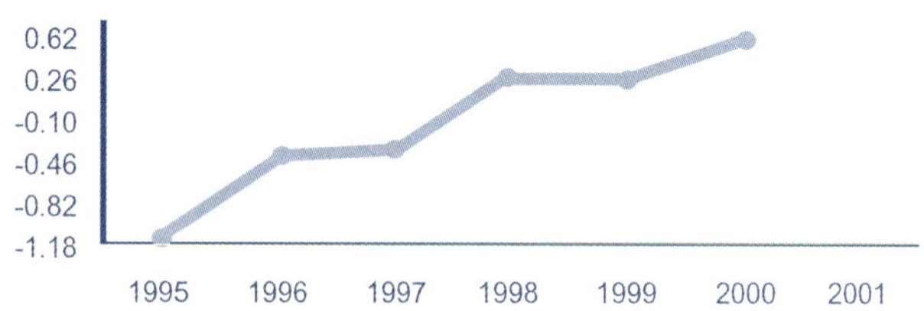

技术基础设施

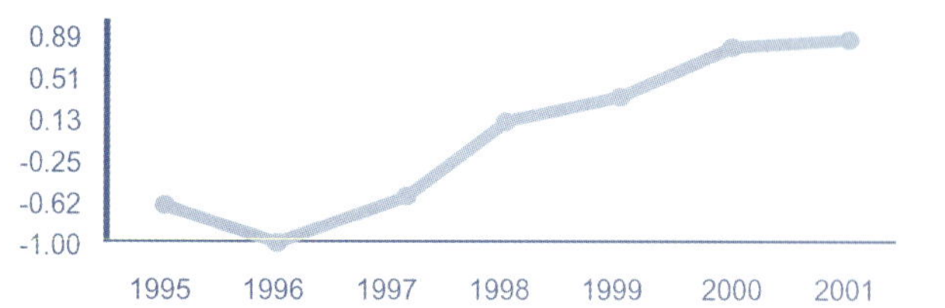

主要竞争力指标

人均国内生产总值

人均美元

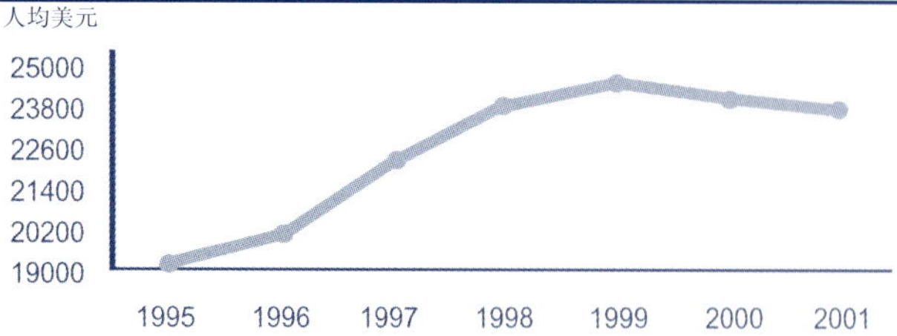

国内生产总值实际增长率

百分比变化，基于国家货币物价稳定

英国

个人最终消费支出

人均美元

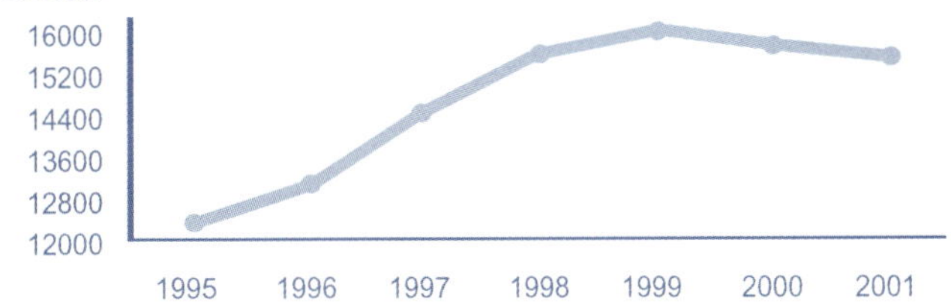

经常性项目差额

十亿美元（负号标志＝赤字）

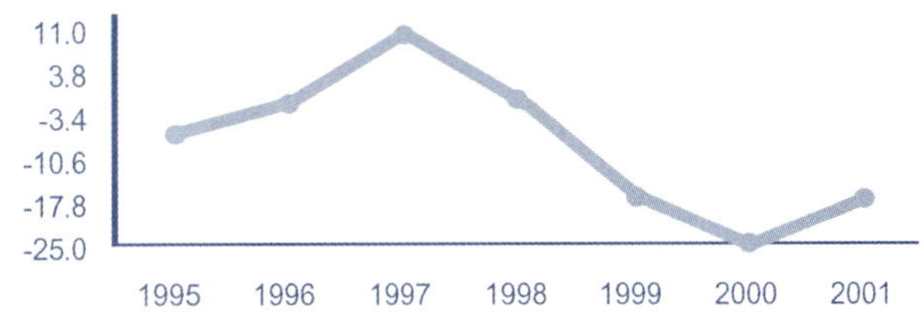

商品和商业劳务出口

十亿美元

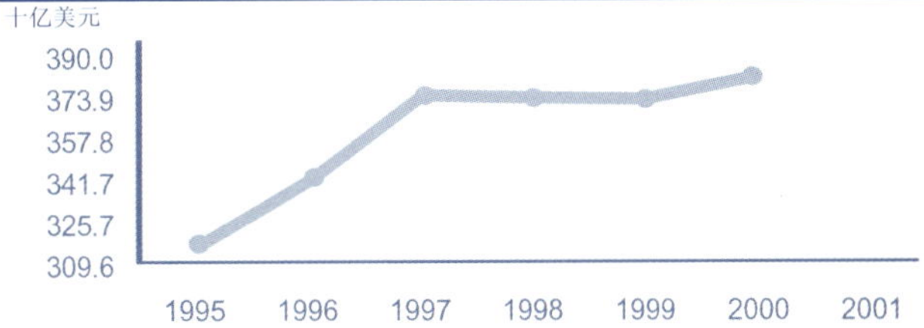

对外直接投资流量

十亿美元

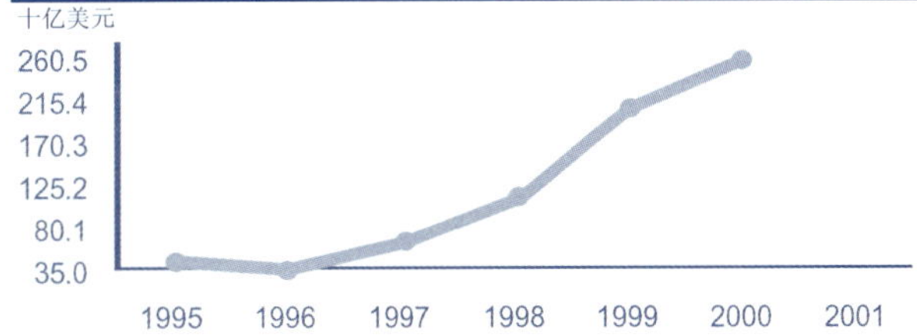

吸收直接投资流量

十亿美元

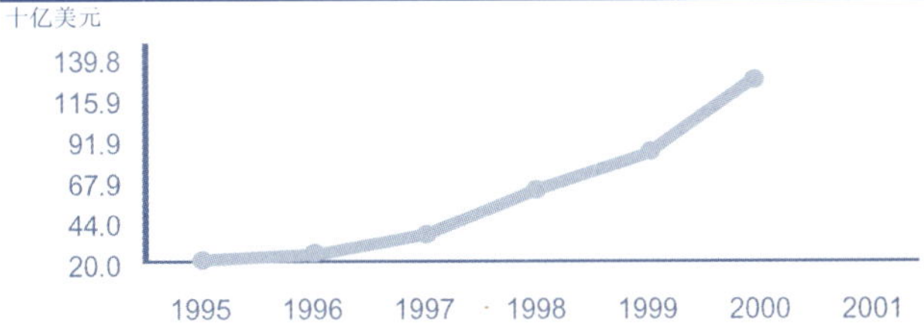

失业率

劳动力百分比

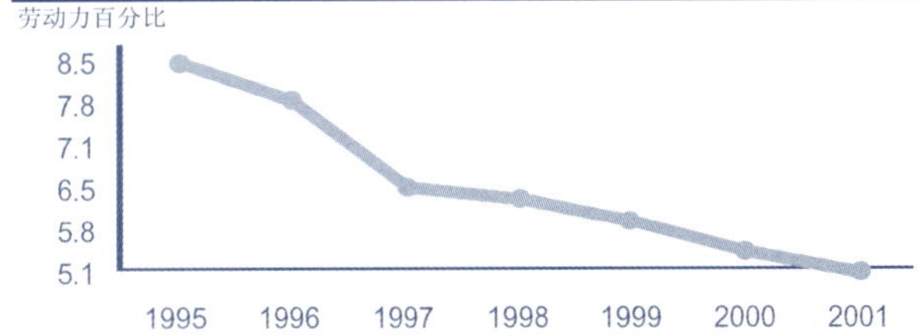

消费品价格增长率

年平均比率

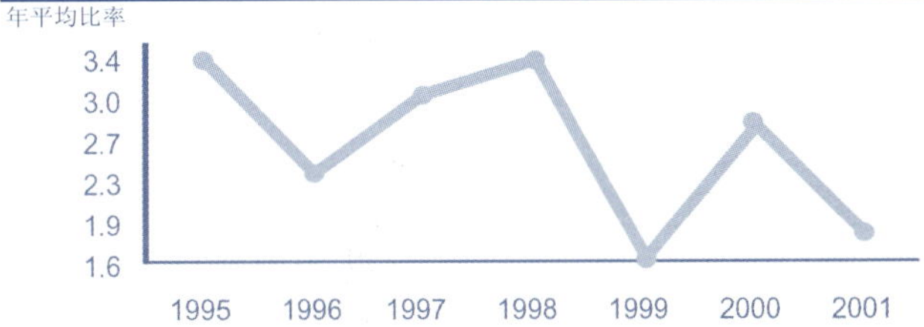

总体生产率

就业人员人均国内生产总值，美元

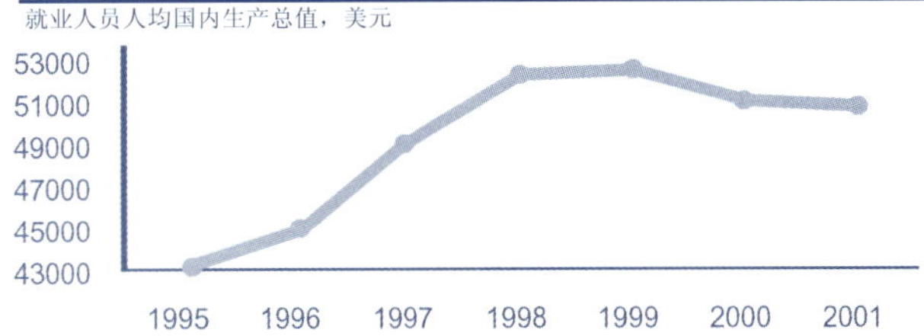

报酬水平

估计：制造工人的小时总补偿，美元

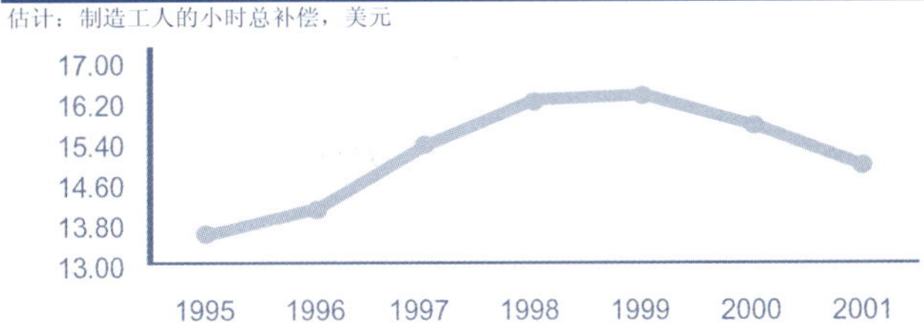

股票市场筹资额

十亿美元

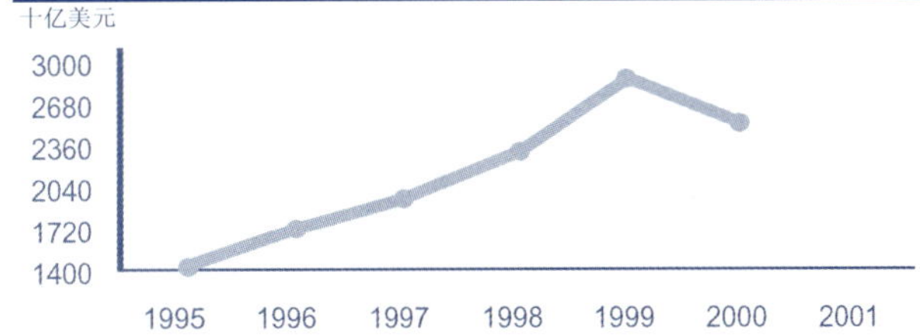

国内上市公司

上市公司的数量

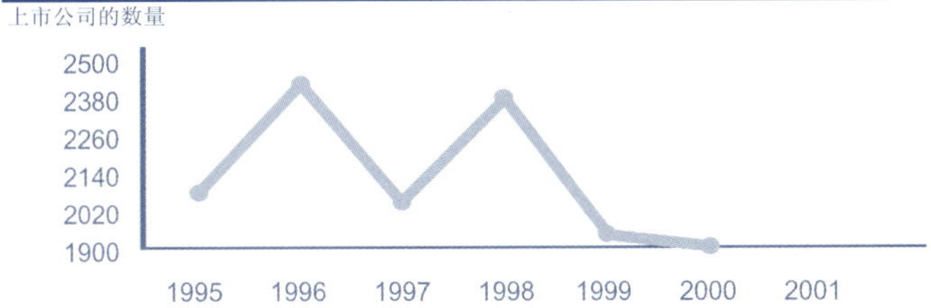

计算机

每1000人的计算机数量/来源：计算机工业年鉴

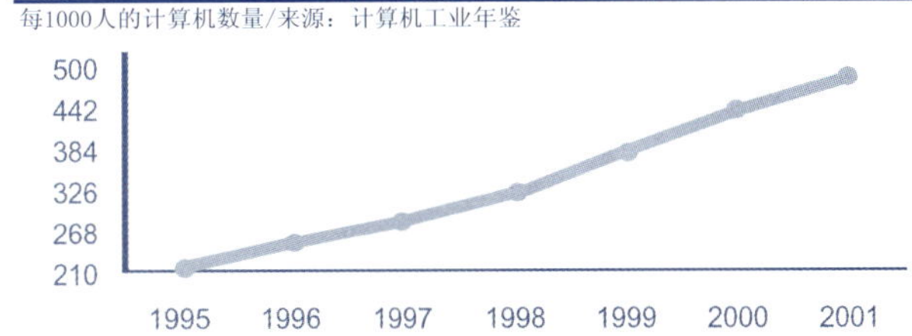

美国

总体表现

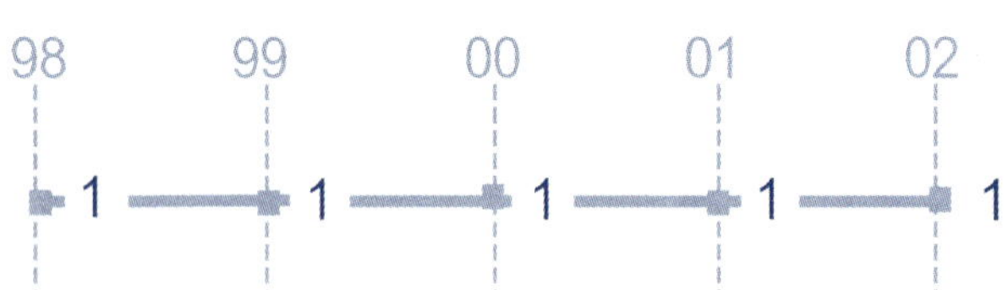

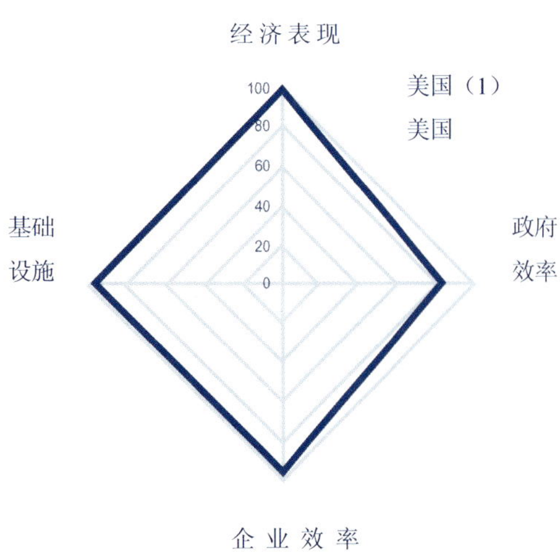

基本事实

首都	华盛顿
人口	284.8 (2001)
地域（平方千米）	9,809.0 (2000)
汇率（百分之一美元）	1.00 (2001)
国内生产总值（十亿美元）	10,205.6 (2001)
人均国内生产总值（美元）	35,835 (2001)
实际GDP增长率	1.2 (2001)
消费品价格上涨	2.8 (2001)
失业率	4.80 (2001)
劳动力（百万）	143.05 (2001)
经常性项目差额（十亿美元）	-413.6 (2001)
直接投资	
吸收股票投资（十亿美元）	1,238.63 (2000)
吸收流量（占GDP百分比）	2.91 (2000)

美国

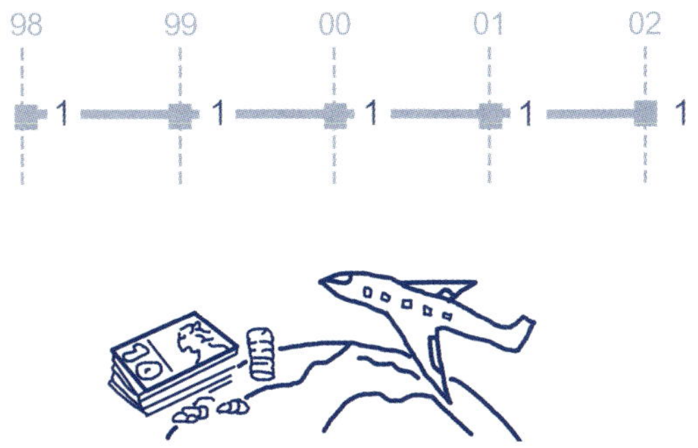

经 济 表 现

	2002
国内经济	1
国际贸易	36
国际投资	1
就　业	16
物　价	40

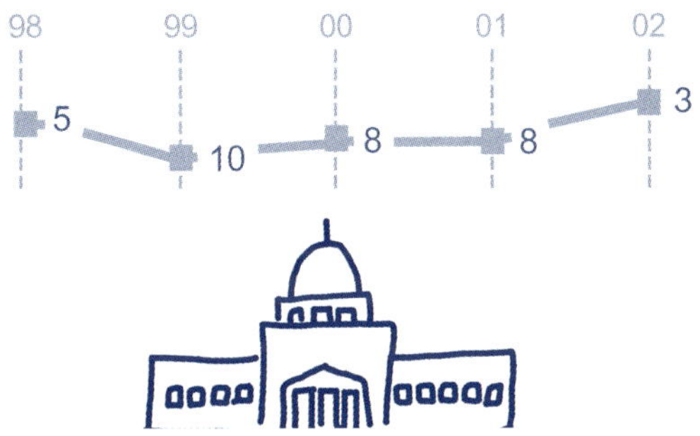

政 府 效 率

	2002
公共财政	11
财政政策	12
组织机构	8
企业法规	10
教　育	6

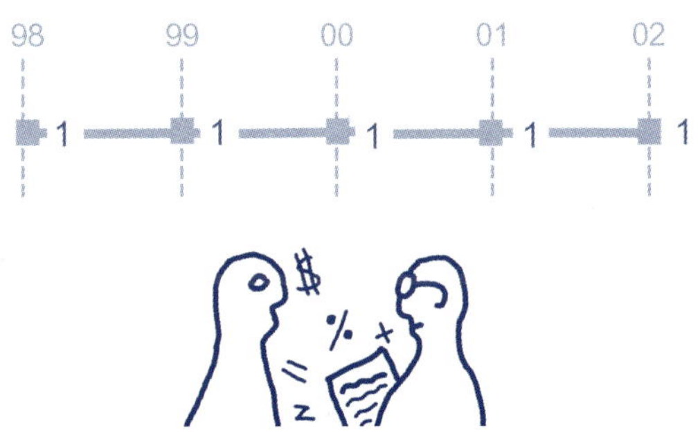

企 业 效 率

	2002
生产率	2
劳动力市场	15
金　融	1
管理实践	1
全球化影响	2

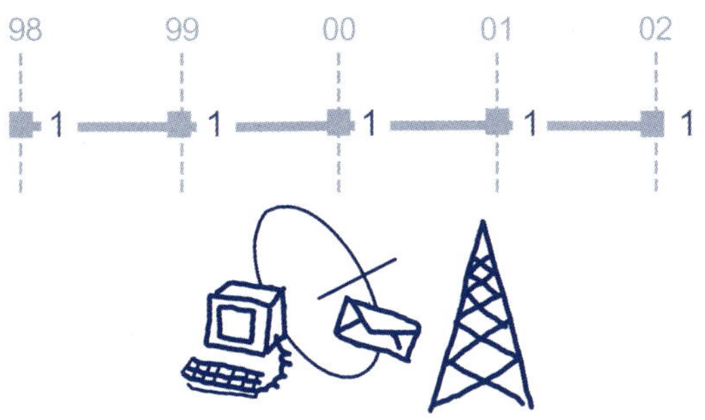

基 础 设 施

	2002
基本基础设施	2
技术基本基础设施	1
科学基本基础设施	1
健康与环境	16
价值系统	4

美国

这些指标是每类中最强的10个指标，这些类是通过对49个国家和地区平均的最大的价值差异来区分的。

1 经济表现

编号	指标	说明	排名
1.1.01	国内生产总值（GDP）	按现行价格、汇率计算，10亿美元	1
1.2.10	商业服务出口额	10亿美元	1
1.3.10	证券投资负债	10亿美元	1
1.1.02	国内生产总值（PPP）	估计值：按购买力平价计算，10亿美元	1
1.3.07	吸引国外直接投资存量	10亿美元	1
1.3.05	吸引国外直接投资流量	10亿美元	1
1.3.03	对外直接投资存量	10亿美元	1
1.2.07	商品出口额	商品出口额，10亿美元	1
1.1.23	人均GDP	估计值，按购买力平价计算的人均美元	2
1.3.01	对外直接投资流量	10亿美元	3

2 政府效率

编号	指标	说明	排名
2.4.12	新企业	新企业在贵国容易建立	1
2.3.02	资本成本	贵国资本成本鼓励公司发展	1
2.3.05	中央银行政策	中央银行政策对经济发展有积极影响	1
2.3.01	短期实际利率	平均贴现率/优惠利率（1月-12月）	1
2.5.13	知识转让	公司与大学间的知识转让很充分	2
2.4.13	劳动法规	劳动法规（雇/解雇惯例、最低工资等）足够灵活	3
2.2.13	间接税	商品和服务税占GDP的比重	3
2.4.10	地下经济	地下经济不损害贵国的经济发展	3
2.5.05	高等教育成绩	25-34岁人中至少获得三级教育的人口所占比例	3
2.4.14	失业立法	失业立法激励人们寻找工作	4

3 企业效率

编号	指标	说明	排名
3.3.11	股票市场筹资额	10亿美元	1
3.3.13	国内上市公司	国内上市公司数目	1
3.3.12	股票市场交易额	人均美元	1
3.4.09	销售	贵国企业中有效地进行销售	1
3.2.18	外国高素质人员	外国高素质人员被贵国企业环境所吸引	1
3.4.07	企业家精神	贵国企业家精神很普遍	1
3.4.08	公司的设立	贵国设立公司很普遍	1
3.2.17	人才流失	人才流失不损害贵国的竞争力	1
3.3.06	风险资本	企业发展可以容易获得	1
3.1.08	工业生产率（购买力平价）	每个工业雇员创造的相应GDP，美元，估计值	1

4 基础设施

编号	指标	说明	排名
4.1.08	空运	主要公司运载的乘客数	1
4.3.15	诺贝尔奖数目	自1950年以来在物理、化学、心理或医药和经济学领域获奖数目	1
4.2.08	在用计算机	占世界在用计算机总量的份额/来源：计算机行业年鉴	1
4.3.12	科学论文	发表的科学和技术论文数（按作者的出生地）	1
4.3.04	企业研究与开发支出	百万美元	1
4.3.01	所有研究与开发支出	百万美元	1
4.2.18	高技术出口	百万美元	1
4.3.19	国民在国外获取专利件数	国民在国外获取专利件数	1
4.2.11	稳定的服务器数目	每百万居民中稳定的服务器数	1
4.5.06	女性地位	所有立法委员、高级官员和经理中女性所占比例	1

美国

这些指标是每类中最弱的10个指标，这些类是通过对49个国家和地区平均的最大的价值差异来区分的。

1 经济表现

			排名
1.2.01	经常项目差额	经常项目差额，10亿美元（负号为逆差）	49
1.2.08	商品出口额	商品出口额占GDP的百分比	49
1.2.18	外贸依存度	（出口+进口）/（2×GDP）	46
1.2.09	商品出口额实际增长率	按本地货币、不变价格计算的变化率	43
1.3.04	对外直接投资存量实际增长率	按本地货币、不变价格计算的变化率	43
1.5.02	生活费指数	主要城市不包括住房的各种货物支出指数（纽约=100）	43
1.2.11	商业服务出口额	商业服务出口额占GDP的百分比	43
1.2.19	贸易条件指数	出口单位价值比进口单位价值（1995=100）	41
1.2.02	经常项目差额	经常项目差额占GDP的百分比	39
1.2.12	商业服务出口实际增长	按本地货币、不变价格计算的变化率	36

2 政府效率

2.2.12	资本和财产税	资本和财产税占GDP的百分比	42
2.4.11	外国公司	外国公司不被国内立法区别对待	30
2.3.06	汇率政策	贵国汇率政策支持公司的竞争力	30
2.2.07	对利润征收的平均公司税率	占税前利润的百分比	29
2.1.09	公共财政的管理	公共财政的管理在两年后可能完善	27
2.1.06	中央政府国外负债	占GDP的百分比	27
2.4.03	保护主义	保护主义没有影响贵国的企业行为	26
2.5.03	学生—教师比（中等教育）	学生与教师职员的比例	26
2.1.08	利息支付额	占当前收入的百分比	25
2.2.04	雇员社会保障缴款率	强制缴款占人均GDP的百分比	25

3 企业效率

3.2.02	制造业部门单位劳动成本	制造业部门单位劳动成本变化率	45
3.2.03	服务性职业报酬	年均总收入，包括附加薪水，例如额外薪金，美元	43
3.2.01	报酬水平	制造业工人每小时全部报酬，美元，估计值	42
3.2.08	产业纠纷	每千个居民年均因纠纷损失的工作日	42
3.2.02	制造业部门单位劳动成本	制造业部门单位劳动成本变化率	38
3.3.01	银行部门的资产	占GDP的比例	27
3.2.05	工作小时	每年的平均工作小时数	25
3.1.03	综合生产率实际增长率	每个就业者实际GDP变化率，估计值	24
3.3.19	国际保理业务	占商品出口的比重	22
3.2.19	国际经验	高层管理者通常有丰富的国际经验	19

4 基础设施

4.1.18	能源进口与商品出口	能源进口占商品出口的比例	45
4.4.11	酗酒、吸毒	酗酒和吸毒在工作岗位没有成为严重问题	37
4.1.19	非能源原材料自给	人均贸易收支差额，美元	36
4.2.01	对电信的投资	年平均占GDP的百分比	33
4.2.04	移动电话用户	每千户居民中的用户数	30
4.1.04	赡养率	15岁以下和64岁以上的人口总量除以15岁-64岁之间人口总量	30
4.1.06	道路	网络的密度	28
4.5.05	国会中女性人数	女性席位占全部席位的比例	27
4.1.16	GDP和能源消耗	实际GDP增长率减去能源消耗增长率	26
4.5.04	歧视	歧视（种族、性别等）并没有给社会带来不利影响	26

美国

这一部分集锦了该国20个最强的指标，
这部分指标有着最高的标准化值（STD值）。
STD值=（国家和地区的原始值－49个国家和地区平均值）/标准差

20个最强的指标

序号	名称	国家原始值	国家排名	49国家平均值
4.1.08	**空运** 主要公司运载的乘客数	663,338	1	31,971
4.3.15	**诺贝尔奖数目** 自1950年以来在物理、化学、心理或医药和经济学领域获奖数目	203	1	7
3.3.11	**股票市场筹资额** 10亿美元	15,104.00	1	653.1
4.2.08	**在用计算机** 占世界在用计算机总量的份额/来源：计算机行业年鉴	29.03	1	1.85
1.1.01	**国内生产总值（GDP）** 按现行价格、汇率计算，10亿美元	10,205.60	1	600.8
4.3.12	**科学论文** 发表的科学和技术论文数（按作者的出生地）	176,141	1	11,824
4.3.04	**企业研究与开发支出** 百万美元	199,855	1	8,958
4.3.01	**所有研究与开发支出** 百万美元	265,322	1	13,320
1.2.10	**商业服务出口额** 10亿美元	274.57	1	27.19
1.3.10	**证券投资负债** 10亿美元	474.59	1	31.46
1.1.02	**国内生产总值（PPP）** 估计值：按购买力平价计算，10亿美元	9,728	1	841
1.3.07	**吸引国外直接投资存量** 10亿美元	1,238.63	1	120.92
1.3.05	**吸引国外直接投资流量** 10亿美元	287.68	1	26.03
3.4.09 （调查）	**销售** 贵国企业中有效地进行销售	8.78	1	6.42
3.5.04 （调查）	**R&D设施的再分配** R&D设施的再分配不会威胁贵国经济的未来	7.18	1	5.06
3.2.18 （调查）	**外国高素质人员** 外国高素质人员被贵国企业环境所吸引	9.32	1	5.29
3.4.07 （调查）	**企业家精神** 贵国企业家精神很普遍	9.11	1	6.34
3.4.08 （调查）	**公司的设立** 贵国设立公司很普遍	9.3	1	6.75
3.2.17 （调查）	**人才流失** 人才流失不损害贵国的竞争力	8.96	1	5.74
3.3.06 （调查）	**风险资本** 企业发展可以容易获得	8.21	1	4.71

美国

如 果？

竞争力模拟研究帮助政策制定者将注意力和优先次序放在他们国家或地区面临的关键竞争力上。我们用49个国家或地区的平均值代替这些最弱的指标值，从而计算这个国家或地区的总体排名。然而，这只是一个理论方式，不应视为政策的建议。还必须考虑各个国家或地区的发展水平、政治体制和社会值系统

	从		到
模拟排名变化	1	→	1

20个最弱的指标

序号	名称	国家原始值	国家排名	49国家平均值
1.2.01	**经常项目差额** 经常项目差额，10亿美元（负号为逆差）	-413.6	49	-4.1
2.2.12	**资本和财产税** 资本和财产税占GDP的百分比	3.02	42	1.57
1.2.08	**商品出口额** 商品出口额占GDP的百分比	7.16	49	38.5
1.2.18	**外贸依存度** （出口+进口）/（2×GDP）	12.72	46	49.38
1.2.02	**经常项目差额** 经常项目差额占GDP的百分比	-4.05	39	0.99
1.5.02	**生活费指数** 主要城市不包括住房的各种货物支出指数（纽约=100）	100	43	81.64
3.2.08	**产业纠纷** 每千个居民年均因纠纷损失的工作日	72.09	42	24.45
1.2.19	**贸易条件指数** 出口单位价值比进口单位价值（1995=100）	84.5	41	89.9
2.2.07	**对利润征收的平均公司税率** 占税前利润的百分比	35	29	29.22
1.4.07	**青年失业** 25岁以下失业人口占总失业人口比例	36.4	33	26.47
1.2.11	**商业服务出口额** 商业服务出口额占GDP的百分比	2.78	43	10.68
4.2.01	**对电信的投资** 年平均占GDP的百分比	0.452	33	0.607
1.3.02	**对外直接投资流量** 对外直接投资流量占GDP的百分比	1.54	27	6.85
2.4.11 （调查）	**外国公司** 外国公司不被国内立法区别对待	7.83	30	8.02
2.4.08 （调查）	**产品和服务立法** 产品和服务立法不损害公司行为	6.37	24	6.42
4.5.04 （调查）	**歧视** 歧视（种族、性别等）并没有给社会带来不利影响	6.48	26	6.51
2.4.03 （调查）	**保护主义** 保护主义没有影响贵国的企业行为	6.54	26	6.56
2.1.09 （调查）	**公共财政的管理** 公共财政的管理在两年后可能完善	5.46	27	5.44
4.4.16 （调查）	**可持续发展** 贵国优先考虑可持续发展	6.56	23	6.49
4.4.18 （调查）	**环境法** 环境法和遵守该法不会阻碍企业竞争力	6.16	23	6.09

美国

国内经济

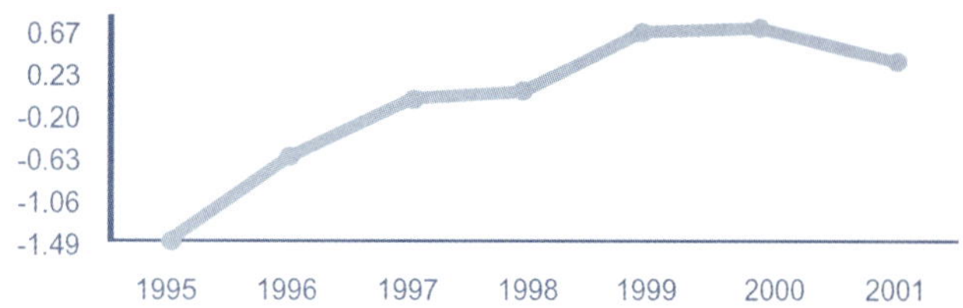

国际贸易

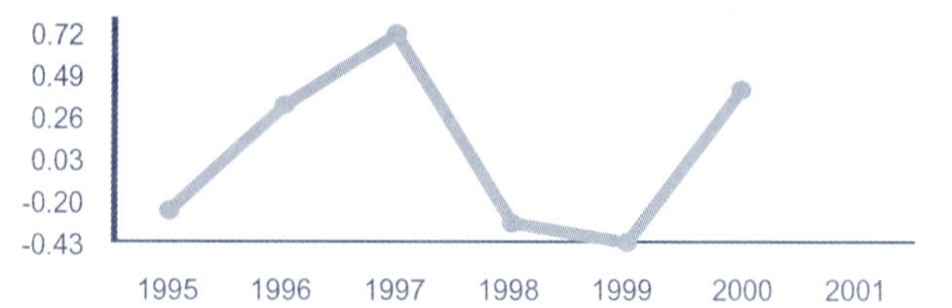

国际投资

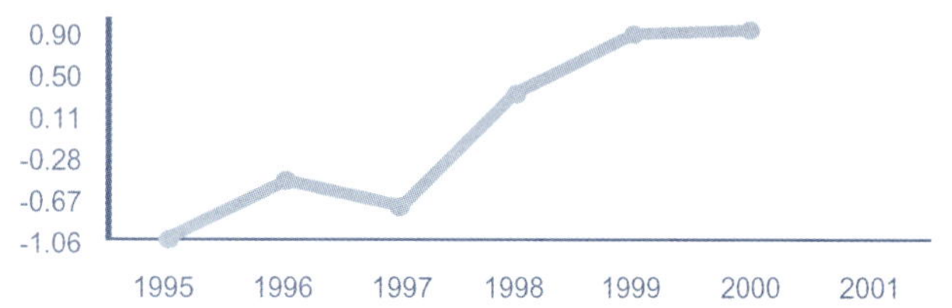

公共财政

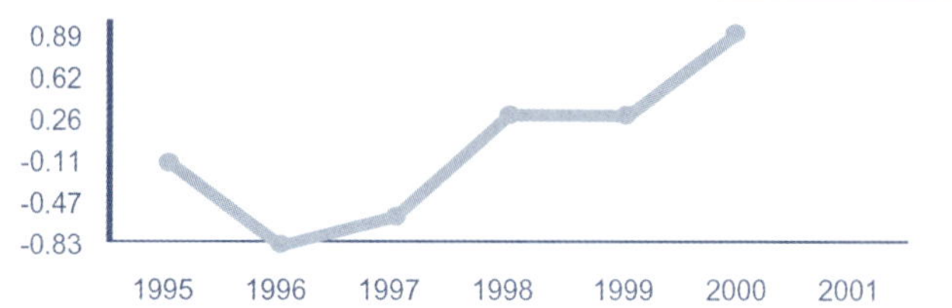

财政政策

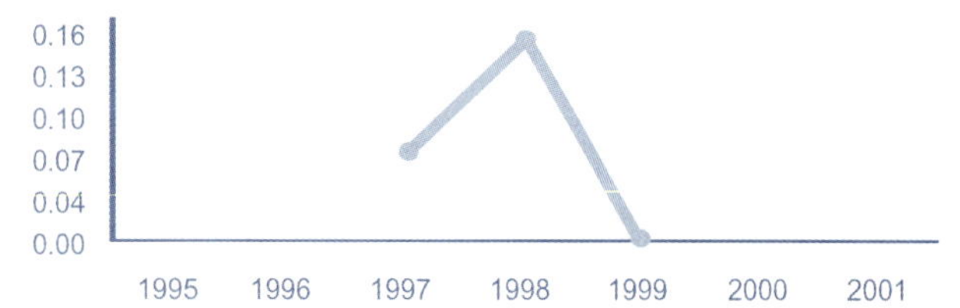

生产率

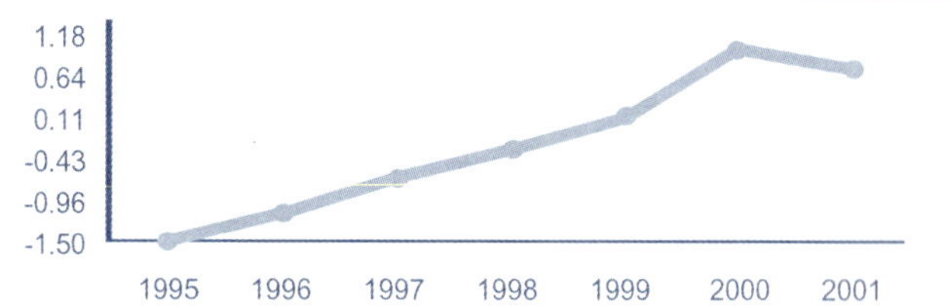

金融

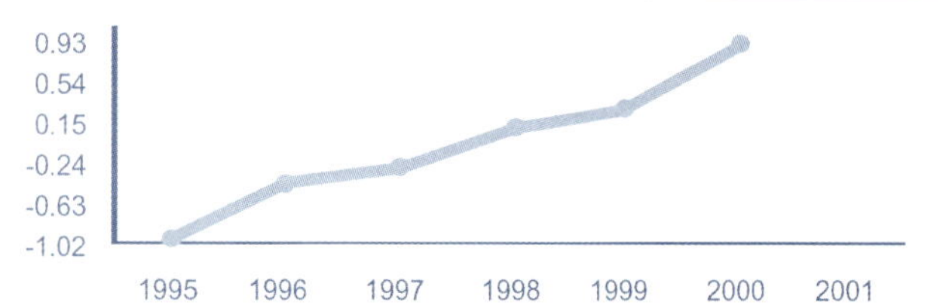

技术基础设施

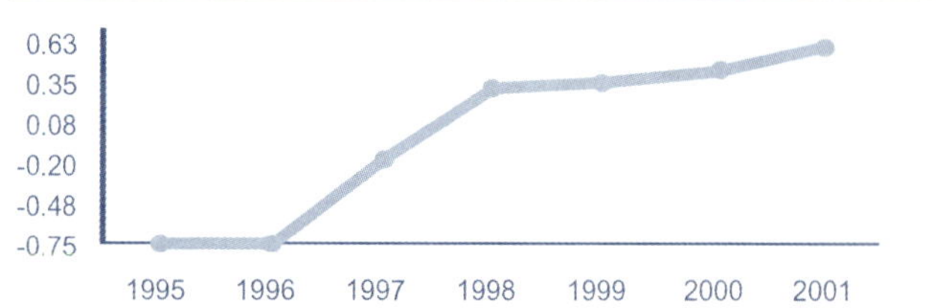

主要竞争力指标

人均国内生产总值

人均美元

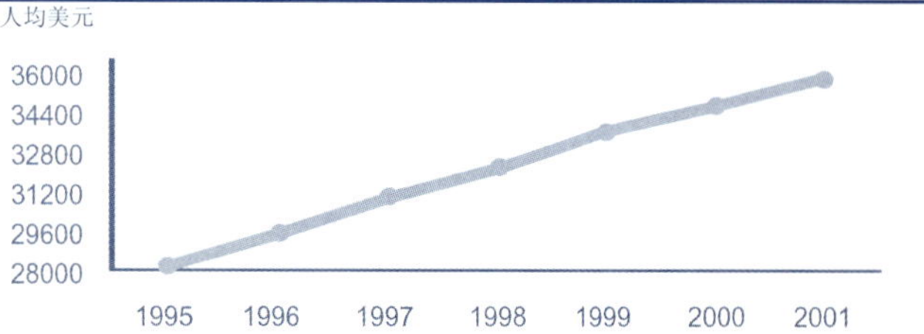

国内生产总值实际增长率

百分比变化，基于国家货币物价稳定

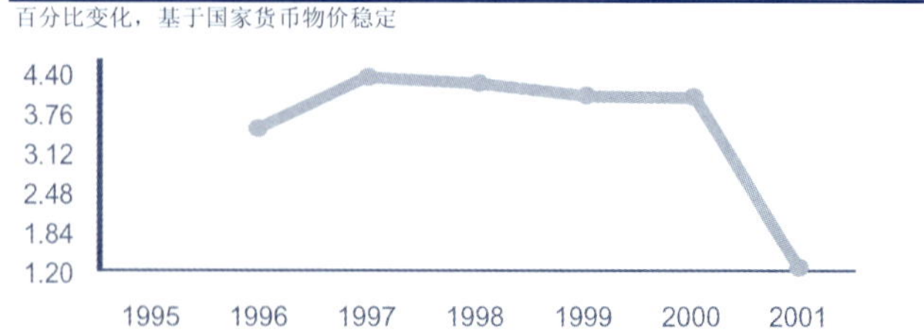

美国

个人最终消费支出
人均美元

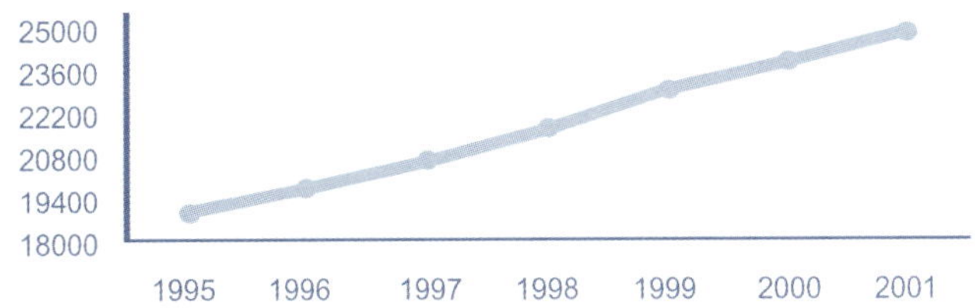

经常性项目差额
十亿美元（负号标志＝赤字）

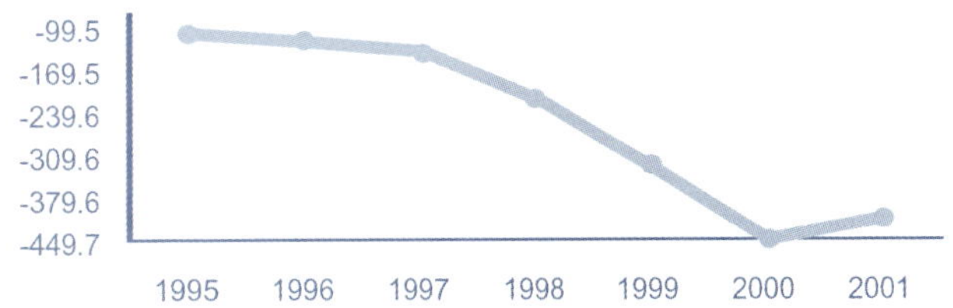

商品和商业劳务出口
十亿美元

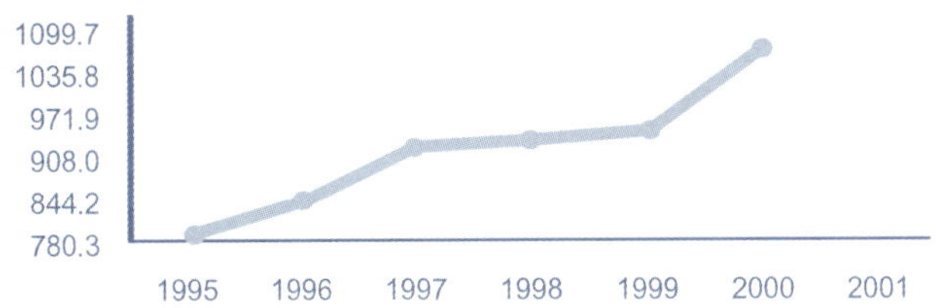

对外直接投资流量
十亿美元

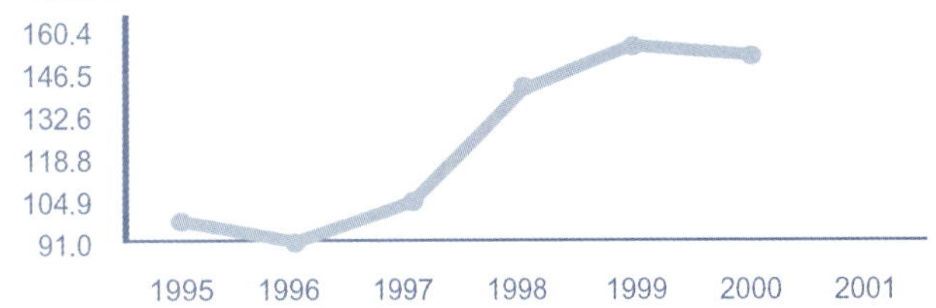

吸收直接投资流量
十亿美元

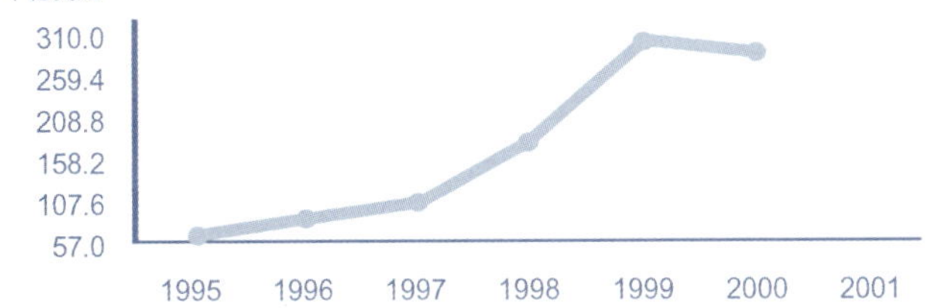

失业率
劳动力百分比

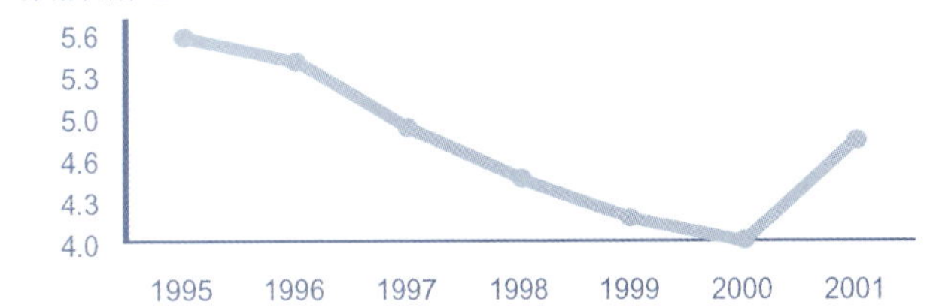

消费品价格增长率
年平均比率

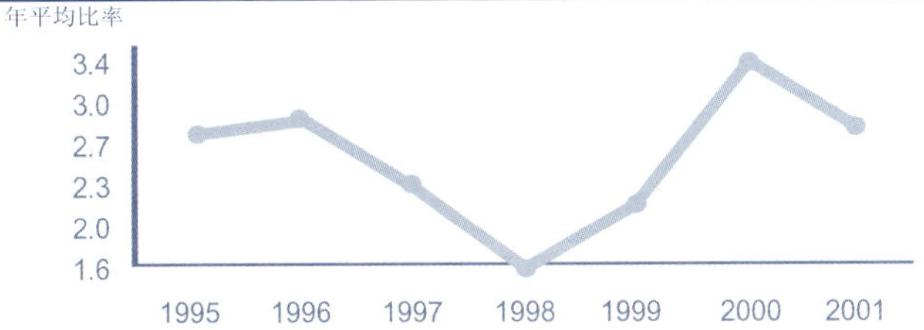

总体生产率
就业人员人均国内生产总值，美元

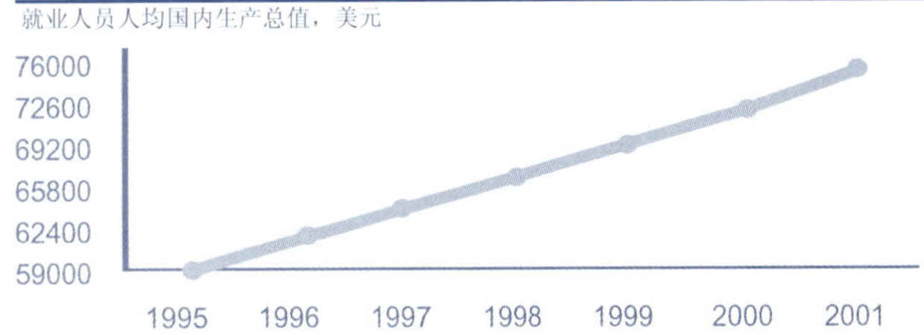

报酬水平
估计：制造工人的小时总补偿，美元

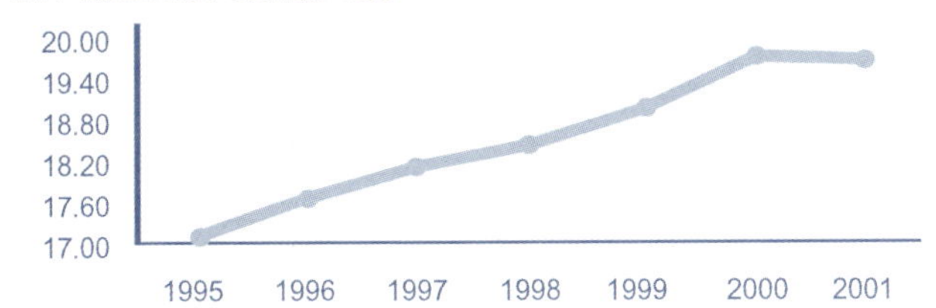

股票市场筹资额
十亿美元

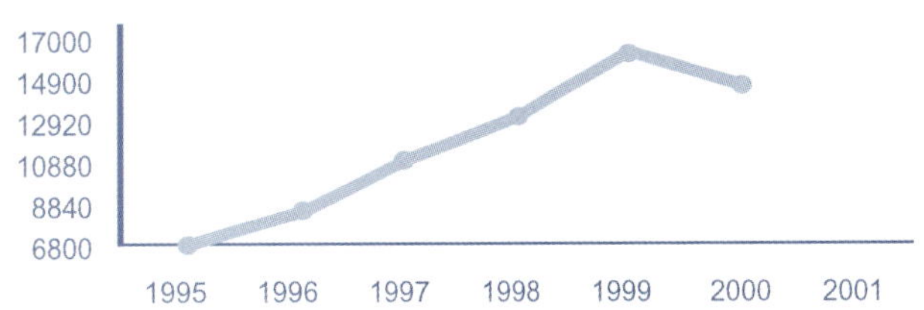

国内上市公司
上市公司的数量

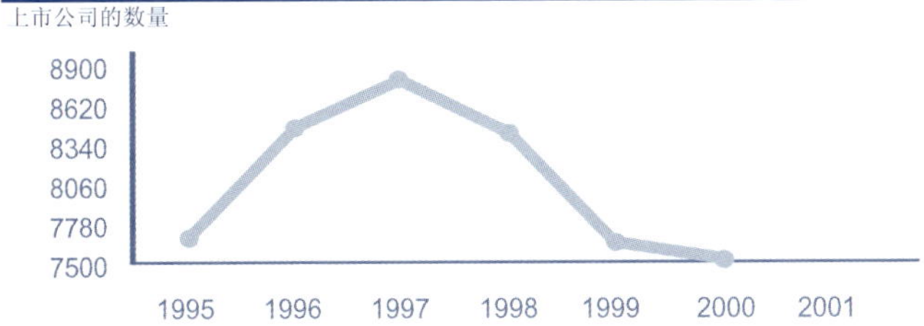

计算机
每1000人的计算机数量/来源：计算机工业年鉴

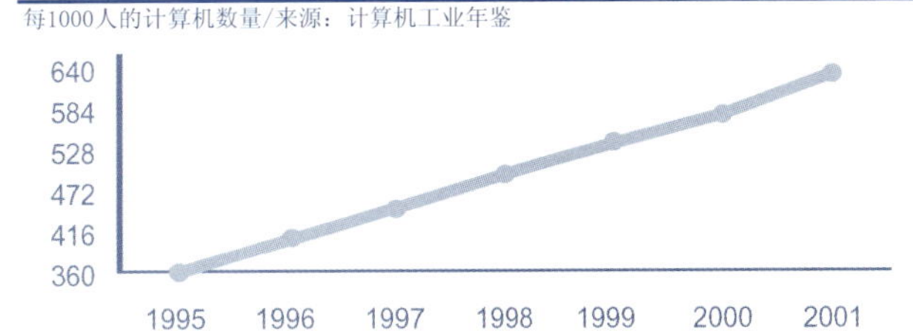

委内瑞拉

国家竞争力的挑战，2002

- 通过改进了的法规体制来提高私人投资的动力。
- 提高公共部门在影响私人部门运作上的效率。
- 增加一些基本基础设施和服务如水力、电力、港口和机场上的公共和私人投资。
- 提高宏观经济运行的负面期望。
- 降低贫困和失业率。

提供者：

CONAPRI

总体表现

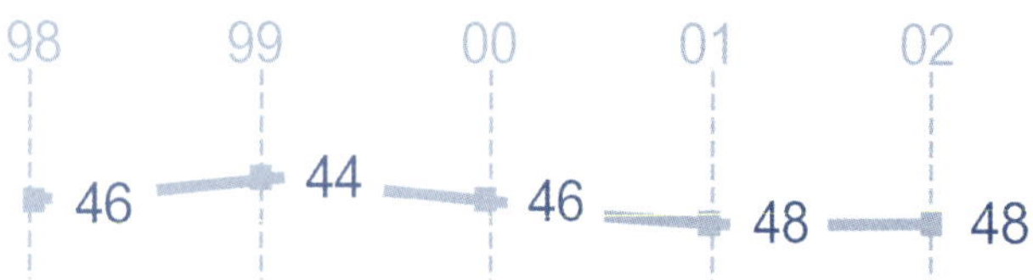

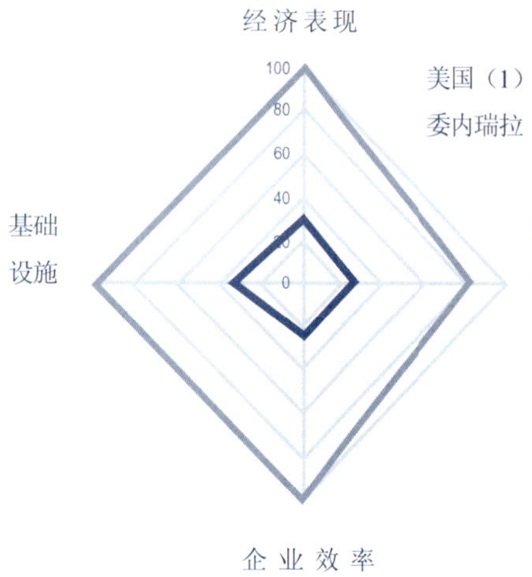

基本事实

首都	加拉加斯
人口	24.6 (2001)
地域（平方千米）	912.0 (2000)
汇率（百分之一美元）	721.80 (2001)
国内生产总值（十亿美元）	125.3 (2001)
人均国内生产总值（美元）	5,086 (2001)
实际GDP增长率	2.7 (2001)
消费品价格上涨	12.7 (2001)
失业率	14.20 (2001)
劳动力（百万）	10.42 (2001)
经常性项目差额（十亿美元）	4.4 (2001)
直接投资	
吸收股票投资（十亿美元）	25.85 (2000)
吸收流量（占GDP百分比）	3.39 (2000)

委内瑞拉

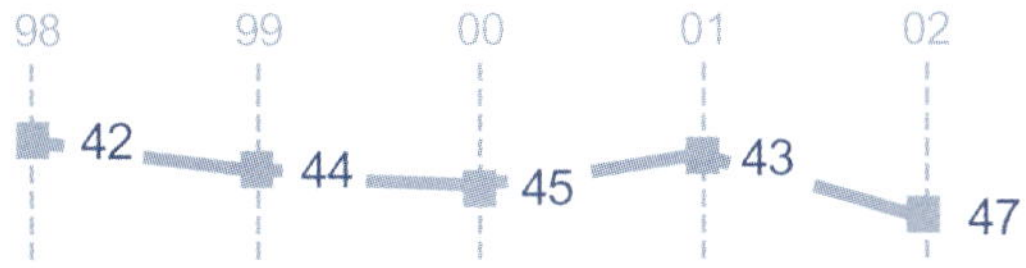

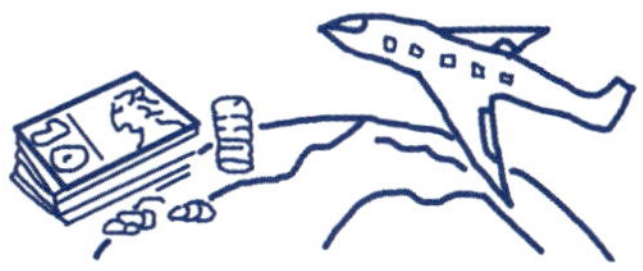

经 济 表 现

	2002
国内经济	42
国际贸易	49
国际投资	45
就　业	42
物　价	43

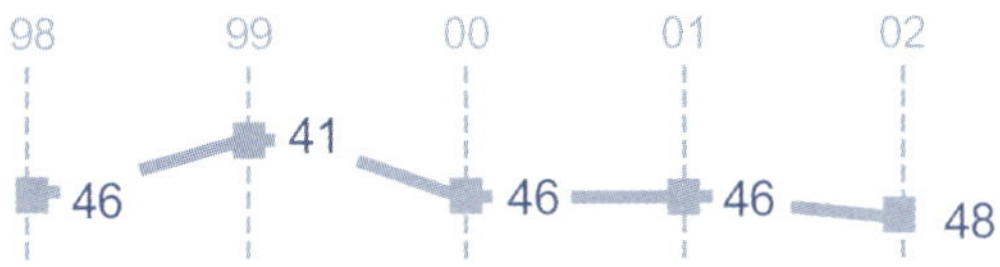

政 府 效 率

	2002
公共财政	43
财政政策	13
组织机构	49
企业法规	42
教　育	46

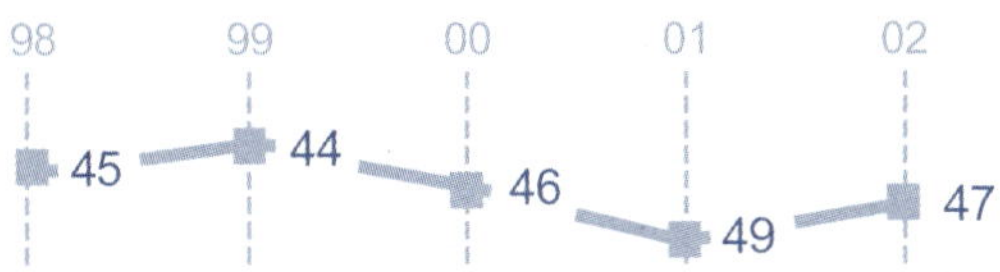

企 业 效 率

	2002
生产率	39
劳动力市场	48
金　融	46
管理实践	45
全球化影响	49

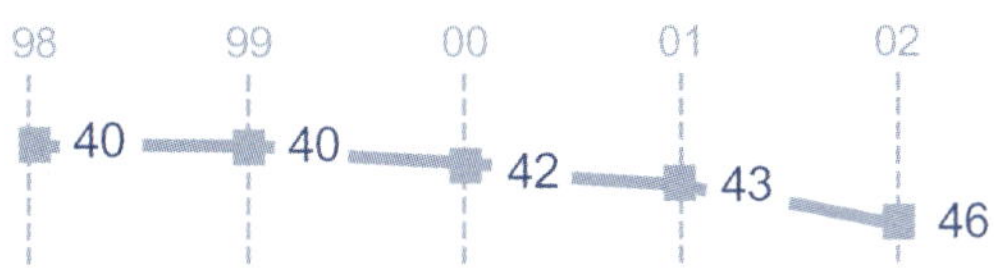

基 础 设 施

	2002
基本基础设施	43
技术基本基础设施	41
科学基本基础设施	37
健康与环境	44
价值系统	44

委内瑞拉

这些指标是每类中最强的10个指标，这些类是通过对49个国家和地区平均的最大的价值差异来区分的。

1 经济表现

			排名
1.4.07	青年失业	25岁以下失业人口占总失业人口比例	6
1.2.02	经常项目差额	经常项目差额占GDP的百分比	15
1.1.12	实际GDP增长率	按本地货币、不变价格计算的变化率	16
1.2.01	经常项目差额	经常项目差额，10亿美元（负号为逆差）	19
1.4.01	总就业人口	总就业人口（百万）	25
1.3.06	吸引国外直接投资+流量	吸引国外直接投资流量占GDP的百分比	27
1.3.08	吸引国外直接投资存量实际增·	按本地货币、不变价格计算的变化率	28
1.1.13	实际人均GDP增长率	按本地货币、不变价格计算的变化率	28
1.1.01	国内生产总值（GDP）	按现行价格、汇率计算，10亿美元	29
1.3.05	吸引国外直接投资流量	10亿美元	31

2 政府效率

2.2.12	资本和财产税	资本和财产税占GDP的百分比	6
2.1.04	中央政府国内负债	占GDP的百分比	7
2.4.06	政府补贴	对私人和公共企业的补贴占GDP比重	7
2.2.01	税收总收入	占GDP的百分比	8
2.2.02	个人收入税有效税率	占人均GDP的百分比	8
2.2.13	间接税	商品和服务税占GDP的比重	11
2.5.12	合格工程师	合格工程师在贵国劳动力市场上容易获得	15
2.4.15	移民法	移民法不禁止本国公司雇用外国劳动力	15
2.2.04	雇员社会保障缴款率	强制缴款占人均GDP的百分比	16
2.1.07	中央政府总负债实际增长率	按本地货币、不变价格计算的变化率	16

3 企业效率

3.1.03	综合生产率实际增长率	每个就业者实际GDP变化率，估计值	2
3.2.08	产业纠纷	每千个居民年均因纠纷损失的工作日	4
3.2.03	服务性职业报酬	年均总收入，包括附加薪水，例如额外薪金，美元	11
3.2.01	报酬水平	制造业工人每小时全部报酬，美元，估计值	13
3.3.14	股票市场指数	支书的变化率	21
3.2.05	工作小时	每年的平均工作小时数	22
3.2.04	经理报酬	全部底薪加上奖金和长期激励，美元	27
3.4.10	社会责任	商界领袖重视对社会的责任	30
3.1.08	工业生产率（购买力平价）	每个工业雇员创造的相应GDP，美元，估计值	31
3.2.20	称职的高层管理人员	称职的高层管理人员在贵国劳动市场上易获得	33

4 基础设施

4.3.18	批准授予国民专利年平均增长	变化百分比	2
4.1.17	国内能源总产量	占所有能源需求（等价为石油吨数）的比例	2
4.5.04	歧视	歧视（种族、性别等）并没有给社会带来不利影响	3
4.1.18	能源进口与商品出口	能源进口占商品出口的比例	3
4.1.20	工业用户的电力成本	美元/千瓦	10
4.1.19	非能源原材料自给	人均贸易收支差额，美元	14
4.5.03	适应性	面对挑战，贵国人民的适应性很强	20
4.2.13	合适的互联网访问数	贵国可以提供合适的互联网访问数（可获性、速度、费用）	22
4.5.02	民族文化	民族文化对外国文化开放	28
4.4.03	出生时的寿命期望	平均估计	34

委内瑞拉

这些指标是每类中最弱的10个指标，这些类是通过对49个国家和地区平均的最大的价值差异来区分的。

1 经济表现

			排名
1.2.12	商业服务出口实际增长	按本地货币、不变价格计算的变化率	49
1.2.11	商业服务出口额	商业服务出口额占GDP的百分比	49
1.2.10	商业服务出口额	10亿美元	48
1.2.09	商品出口额实际增长率	按本地货币、不变价格计算的变化率	48
1.5.01	消费品价格上涨	年平均比率	47
1.4.03	就业增长	变化率	46
1.3.04	对外直接投资存量实际增长率	按本地货币、不变价格计算的变化率	46
1.1.23	人均GDP	估计值，按购买力平价计算的人均美元	45
1.1.21	经济的弹性	经济体对于经济周期的弹性强	44
1.4.06	失业率	占劳动力比率	44

2 政府效率

			排名
2.3.21	社会凝聚力	社会凝聚力是政府的首要目标	49
2.3.05	中央银行政策	中央银行政策对经济发展有积极影响	49
2.3.10	新立法	新立法鼓励企业竞争力	49
2.1.09	公共财政的管理	公共财政的管理在两年后可能完善	49
2.3.06	汇率政策	贵国汇率政策支持公司的竞争力	49
2.3.20	政策不稳定性风险	政策不稳定性风险很低	49
2.5.01	全部公共教育支出	全部公共教育支出占GDP的比例	49
2.3.11	政府经济政策	政府经济政策快速适应于经济发展	49
2.3.09	法律体系	法律体系不损害贵国的竞争力	49
2.3.12	政府决策	政府决策可以有效实施	49

3 企业效率

			排名
3.5.02	对全球化的态度	贵国对全球化的态度普遍积极	49
3.2.18	外国高素质人员	外国高素质人员被贵国企业环境所吸引	49
3.3.10	股票市场	股票市场为公司提供充足的资金	49
3.5.05	海外形象	贵国的海外形象支持了企业的发展	48
3.2.07	工人的动机	贵国工人动机很重要	48
3.5.04	R&D设施的再分配	R&D设施的再分配不会威胁贵国经济的未来	48
3.2.16	金融人才	金融人才在贵国劳动市场上容易获得	48
3.5.03	生产的再分配	国外的生产再分配没有威胁到贵国经济的未来	47
3.2.17	人才流失	人才流失不损害贵国的竞争力	47
3.4.06	消费者满意度	贵国重视消费者满意度	47

4 基础设施

			排名
4.4.16	可持续发展	贵国优先考虑可持续发展	49
4.5.10	私人空间的保护	贵国执行了私人空间的保护	49
4.5.09	社会的价值	社会价值支持竞争力	49
4.5.01	生活质量	贵国生活质量很高	49
4.3.10	基础研究	基础研究能够支持长期经济发展	49
4.4.06	健康基础设施	健康基础设施满足社会需要	49
4.3.13	学校内的科学	学校内的科学在贵国充分教育	49
4.1.05	维护和发展	基础设施的维护和发展得到充分的计划和资助	49
4.3.20	专利权和版权保护	专利和版权在贵国得到了充分保护	48
4.2.20	数据安全性	贵国数据安全性有保障	48

委内瑞拉

这一部分集锦了该国20个最强的指标，
这部分指标有着最高的标准化值（STD值）。
STD值＝（国家和地区的原始值－49个国家和地区平均值）/标准差

20个最强的指标

序号	名称	国家原始值	国家排名	49国家平均值
4.3.18	**批准授予国民专利年平均增长速度** 变化百分比	639.47	2	33.56
4.1.17	**国内能源总产量** 占所有能源需求（等价为石油吨数）的比例	392.7	2	91.8
3.1.03	**综合生产率实际增长率** 每个就业者实际GDP变化率，估计值	4.82	2	0.85
2.2.01	**税收总收入** 占GDP的百分比	16.39	8	31.24
2.2.02	**个人收入税有效税率** 占人均GDP的百分比	5.5	8	17.15
2.2.13	**间接税** 商品和服务税占GDP的比重	6.46	11	10.45
2.2.12	**资本和财产税** 资本和财产税占GDP的百分比	0.23	6	1.57
4.1.18	**能源进口与商品出口** 能源进口站商品出口的比例	1.41	3	9.39
1.4.07	**青年失业** 25岁以下失业人口占总失业人口比例	19.3	6	26.47
3.2.03	**服务性职业报酬** 年均总收入，包括附加薪水，例如额外薪金，美元	1	11	0
3.2.01	**报酬水平** 制造业工人每小时全部报酬，美元，估计值	2.5	13	9.16
2.1.04	**中央政府国内负债** 占GDP的百分比	8.5	7	33.2
2.4.06	**政府补贴** 对私人和公共企业的补贴占GDP比重	0.18	7	1.19
4.5.04 （调查）	**歧视** 歧视（种族、性别等）并没有给社会带来不利影响	8.05	3	6.51
2.5.12 （调查）	**合格工程师** 合格工程师在贵国劳动力市场上容易获得	7.68	15	6.86
2.4.15 （调查）	**移民法** 移民法不禁止本国公司雇用外国劳动力	6.37	15	5.82
2.4.19 （调查）	**外国投资者** 外国投资者可以自由在国内公司中取得控制力	8.37	18	7.66
4.5.03 （调查）	**适应性** 面对挑战，贵国人民的适应性很强	7.21	20	6.85
2.2.06 （调查）	**实际个人税** 实际个人税并不阻碍人们工作或者寻求发展	5.26	20	4.81
4.2.13 （调查）	**合适的互联网访问数** 贵国可以提供合适的互联网访问数（可获性、速度、费用）	8	22	7.63

委内瑞拉

如　果？

竞争力模拟研究帮助政策制定者将注意力和优先次序放在他们国家或地区面临的关键竞争力上。我们用49个国家或地区的平均值代替这些最弱的指标值，从而计算这个国家或地区的总体排名。然而，这只是一个理论方式，不应视为政策的建议。还必须考虑各个国家或地区的发展水平、政治体制和社会值系统

	从		到
模拟排名变化	48	→	45

20个最弱的指标

序号	名称	国家原始值	国家排名	49国家平均值
2.3.01	**短期实际利率** 平均贴现率/优惠利率（1月-12月）	21.56	48	3.11
2.5.01	**全部公共教育支出** 全部公共教育支出占GDP的比例	0	49	5.1
2.5.04	**中等学校入学人数** 接受全日制教育的相关年龄组所占比例	49	46	81.6
2.3.04	**国家信用评级** 由《机构投资者杂志》杂志按百分制评分	33.3	47	67.8
4.1.04	**赡养率** 15岁以下和64岁以上的人口总量除以15岁-64岁之间人口总量	61.6	45	50.8
3.1.10	**服务业生产率（购买力平价）** 每个服务业雇员创造的相应GDP，美元，估计值	12,124	45	42,358
3.1.01	**综合生产率（购买力平价）** 每个就业者人均GDP，美元	16,085	44	41,680
4.2.10	**互联网用户数** 每千人互联网用户人数/来源：计算机行业年鉴	43.75	44	267.96
1.1.23	**人均GDP** 估计值，按购买力平价计算的人均美元	5,839	45	18,407
4.3.07	**每千人中研究与开发人员** 每千国民中人数（全日约当单位）	0.186	44	3
3.1.04	**劳动生产率（购买力平价）** 每雇员每小时的GDP，美元，估计值	8.22	43	22.41
4.4.05	**医疗帮助** 每个医生负担的居民人数每个护士负担的居民人数	-1	40	0
4.3.03	**所有研究与开发支出** 占GDP的比例	0.334	45	1.375
2.3.21 （调查）	**社会凝聚力** 社会凝聚力是政府的首要目标	0.53	49	6.12
2.3.05 （调查）	**中央银行政策** 中央银行政策对经济发展有积极影响	2	49	6.34
2.3.10 （调查）	**新立法** 新立法鼓励企业竞争力	0.89	49	5.41
2.1.09 （调查）	**公共财政的管理** 公共财政的管理在两年后可能完善	1.47	49	5.44
2.3.06 （调查）	**汇率政策** 贵国汇率政策支持公司的竞争力	1.58	49	5.95
2.3.20 （调查）	**政策不稳定性风险** 政策不稳定性风险很低	0.68	49	6.98
3.5.02 （调查）	**对全球化的态度** 贵国对全球化的态度普遍积极	2.53	49	5.77

委内瑞拉

国内经济

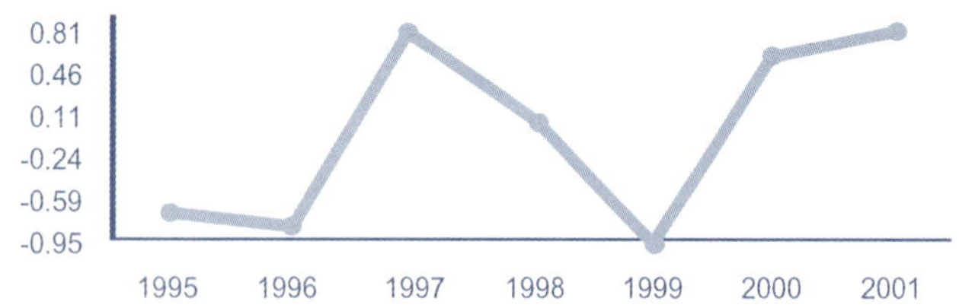

国际贸易

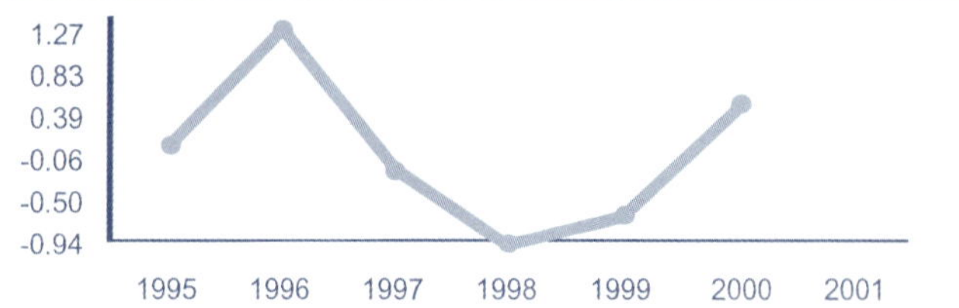

国际投资

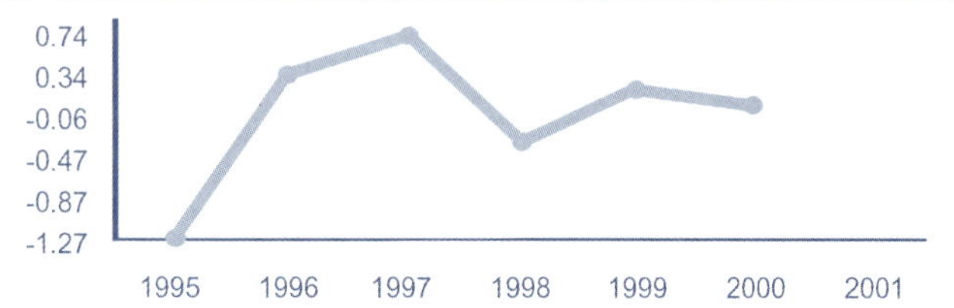

公共财政

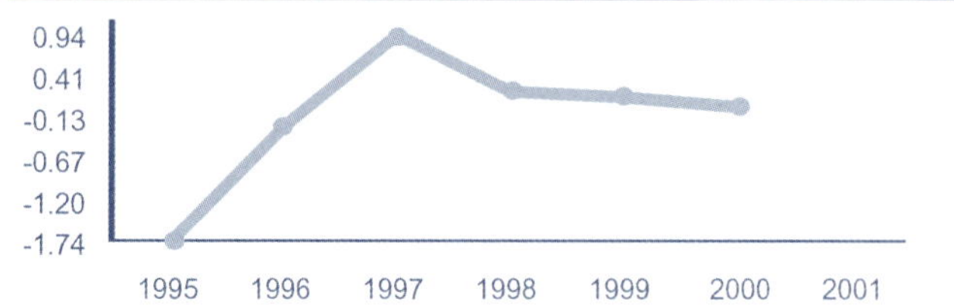

财政政策

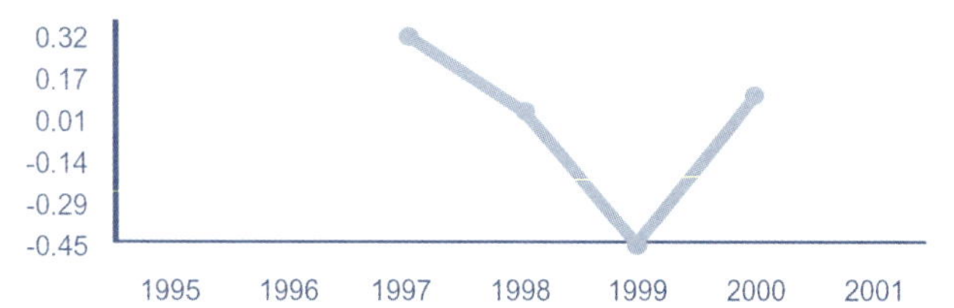

生产率

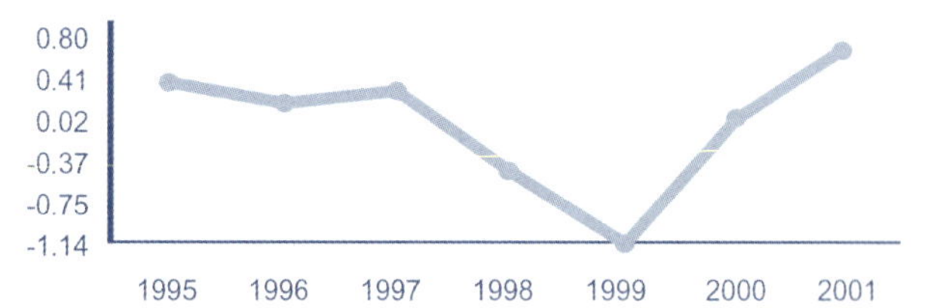

金融

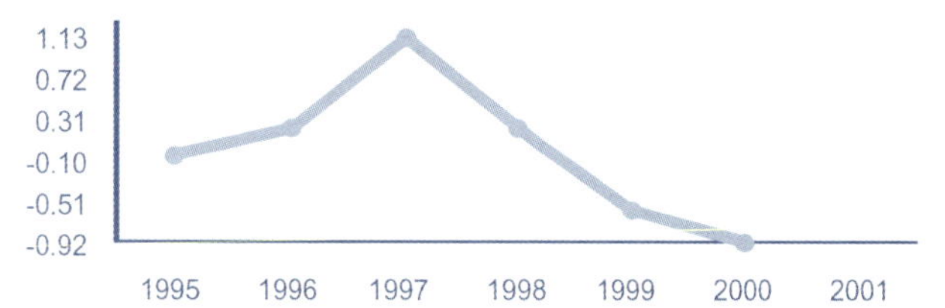

技术基础设施

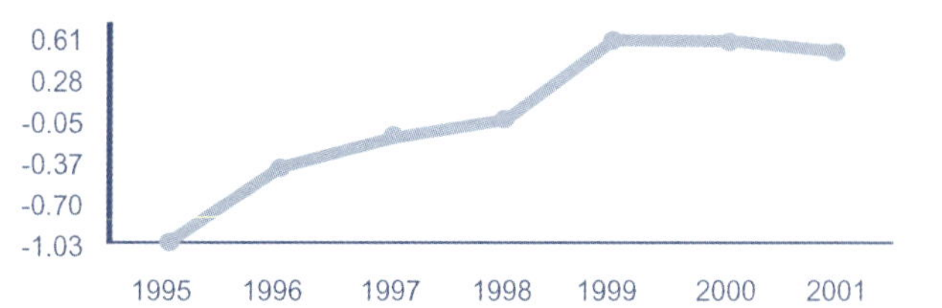

主要竞争力指标

人均国内生产总值

人均美元

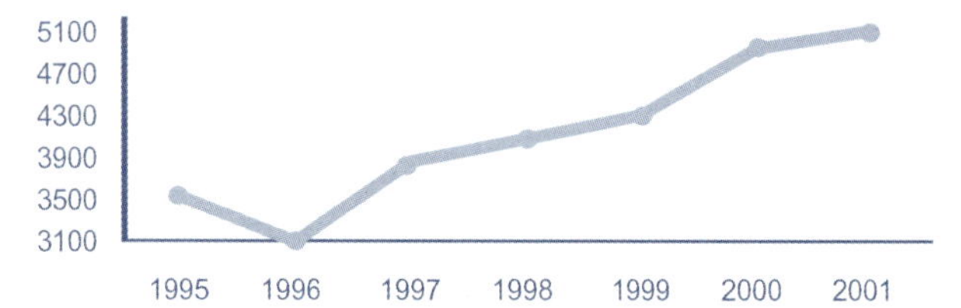

国内生产总值实际增长率

百分比变化，基于国家货币物价稳定

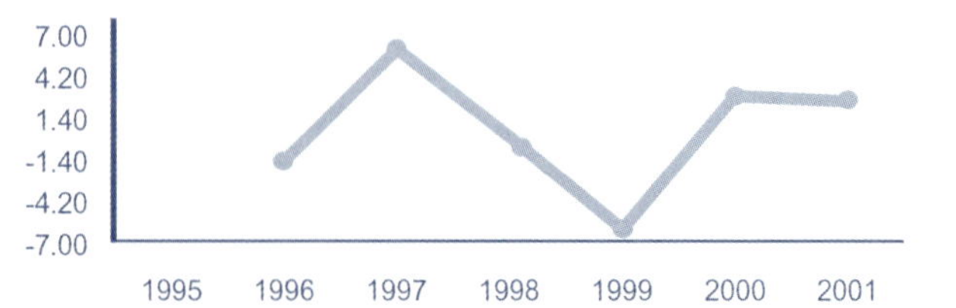

委内瑞拉

个人最终消费支出
人均美元

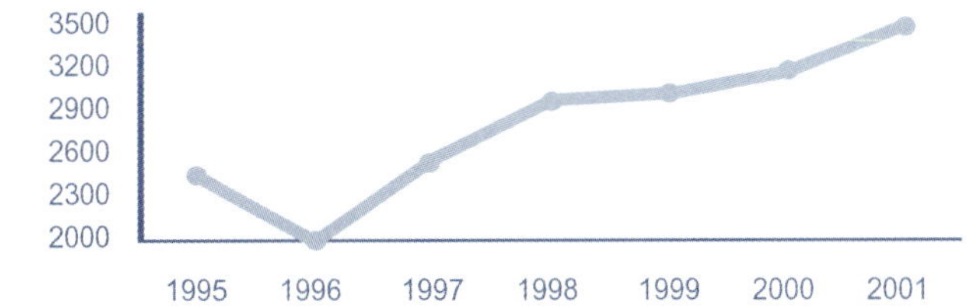

经常性项目差额
十亿美元（负号标志=赤字）

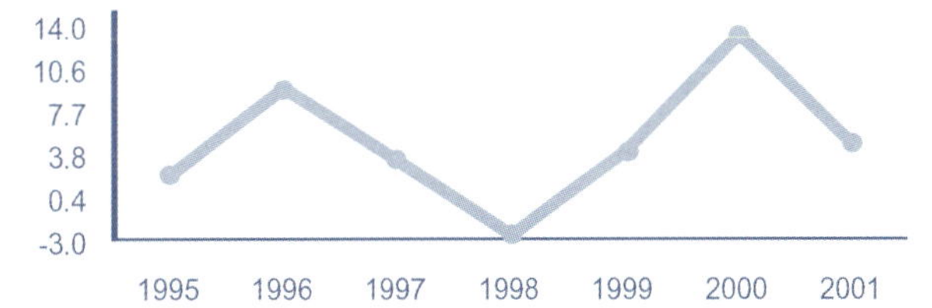

商品和商业劳务出口
十亿美元

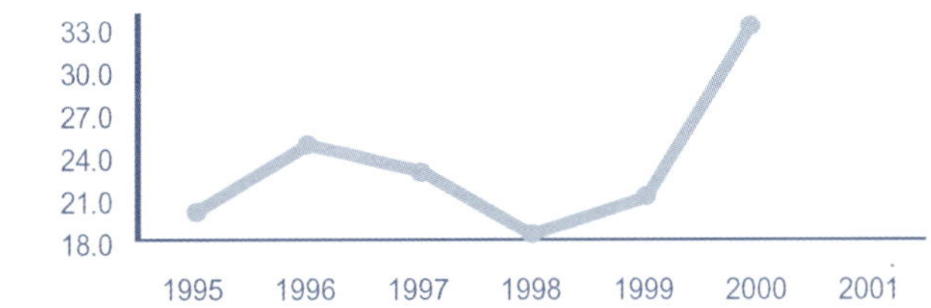

对外直接投资流量
十亿美元

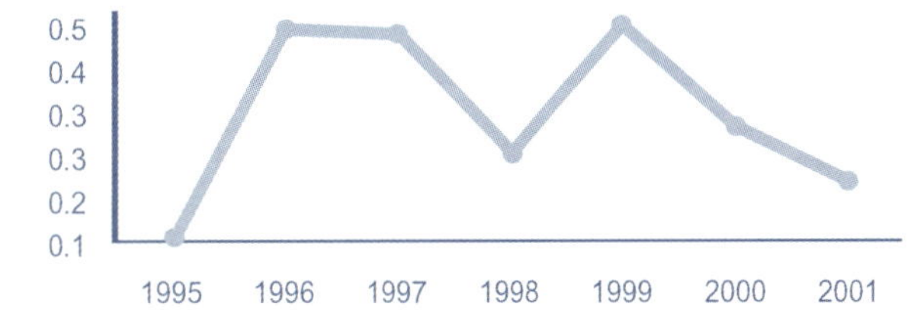

吸收直接投资流量
十亿美元

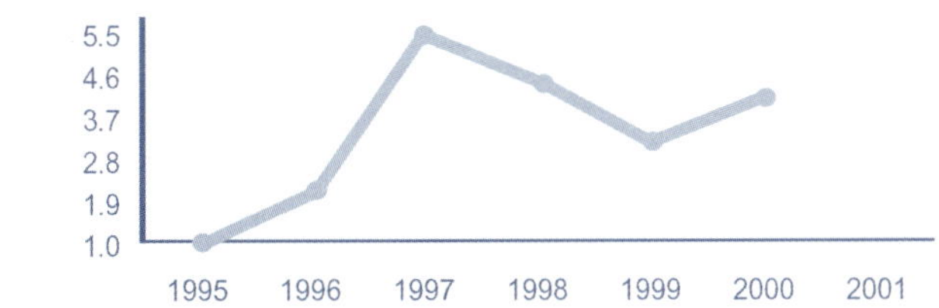

失业率
劳动力百分比

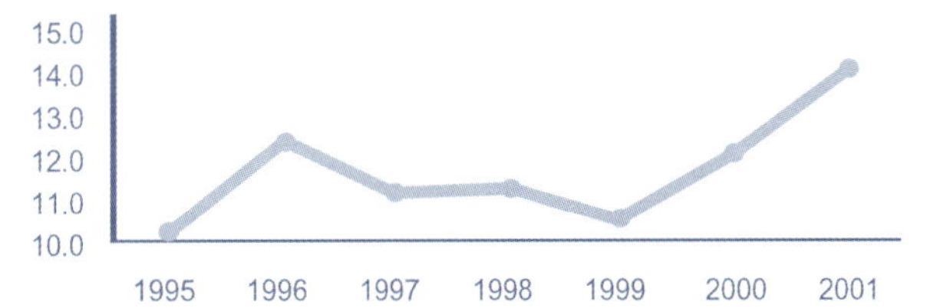

消费品价格增长率
年平均比率

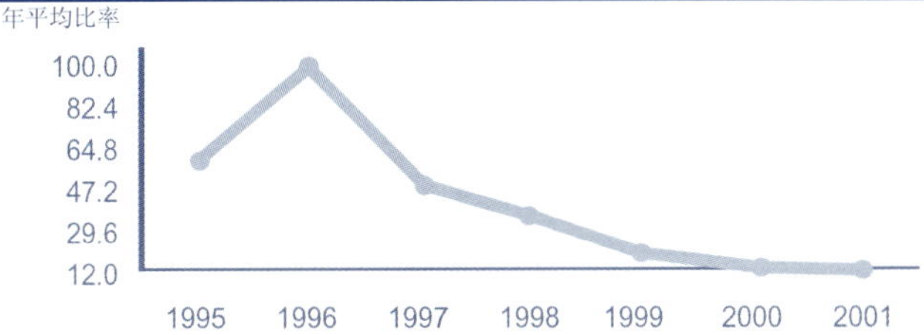

总体生产率
就业人员人均国内生产总值，美元

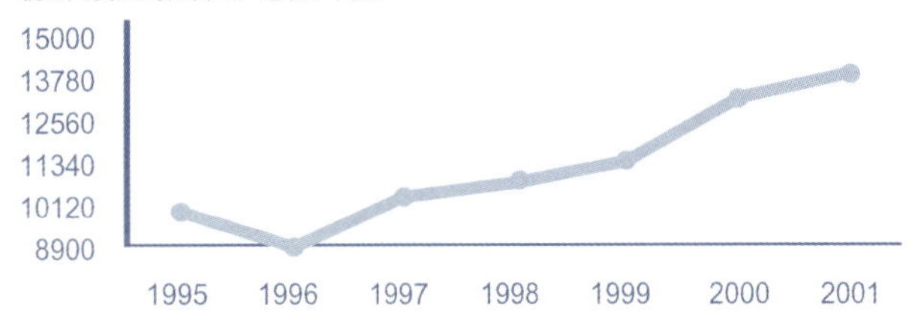

报酬水平
估计：制造工人的小时总补偿，美元

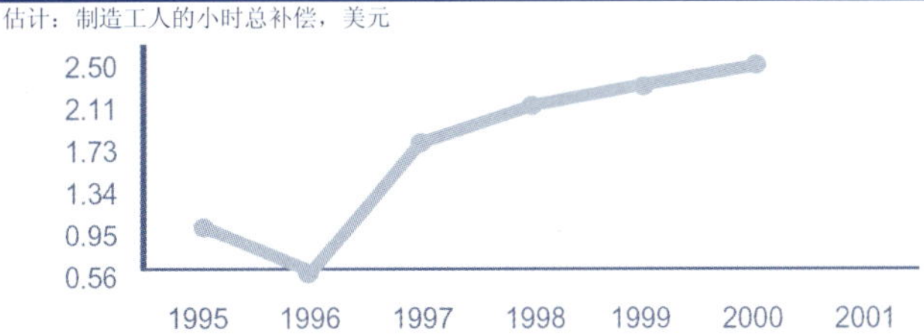

股票市场筹资额
十亿美元

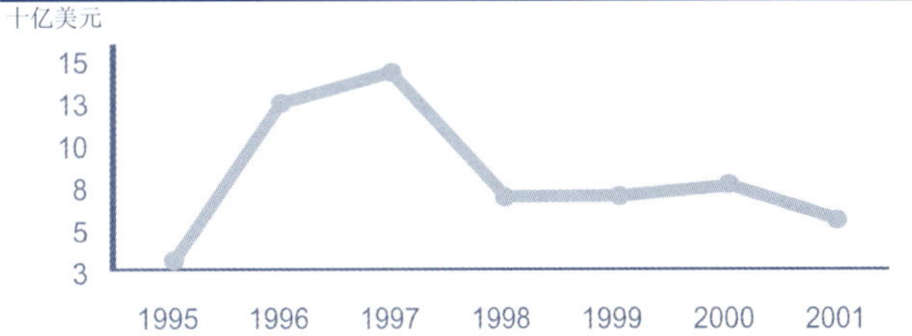

国内上市公司
上市公司的数量

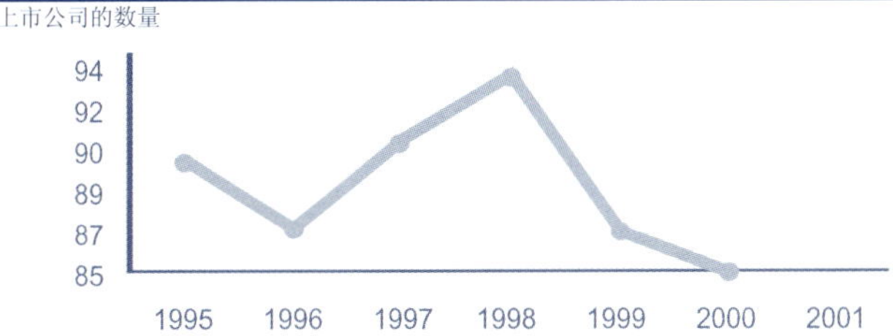

计算机
每1000人的计算机数量/来源：计算机工业年鉴

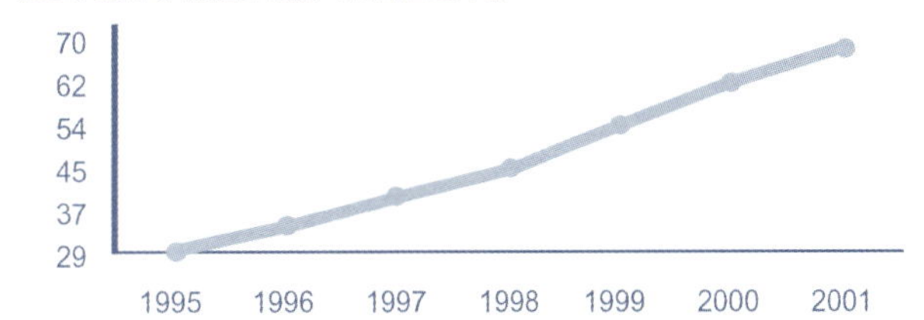

交换汇率

每美元该国货币量（平均）

	1996	1997	1998	1999	2000	2001
阿根廷	1.0000	1.0000	1.0000	1.0000	1.0000	1.0000
澳大利亚	1.2770	1.3440	1.5890	1.5500	1.7260	1.9320
奥地利	10.5870	12.2040	12.3790	12.9100	14.9300	15.3770
比利时	30.9620	35.7740	36.2990	37.8600	43.7700	45.0800
巴西	1.0050	1.0780	1.1610	1.8160	1.8300	2.3580
加拿大	1.3640	1.3850	1.4830	1.4860	1.4850	1.5488
智利	412.2700	419.3000	460.2900	508.7800	535.4700	634.9383
中国	8.3142	8.2898	8.2791	8.2783	8.2784	8.2766
哥伦比亚	1036.6800	1141.0800	1427.0400	1758.5800	2087.4245	2299.6300
捷克	27.1380	31.7110	32.2740	34.5900	38.6400	38.0350
丹麦	5.7990	6.6040	6.7010	6.9800	8.0900	8.3230
爱沙尼亚	12.0347	13.8670	14.7070	14.6793	16.9680	17.5380
芬兰	4.5920	5.1870	5.3450	5.5800	6.4520	6.6440
法国	5.1160	5.8370	5.8990	6.1570	7.1180	7.3300
德国	1.5050	1.7340	1.7590	1.8360	2.1220	2.1860
希腊	240.7100	272.9000	295.3000	305.7000	365.5000	380.7880
香港	7.7340	7.7420	7.7450	7.7580	7.1910	7.7990
匈牙利	152.5700	186.7500	214.4500	237.3000	282.3000	286.4900
冰岛	66.5000	70.9040	71.1700	72.4300	78.8500	97.4250
印度	35.4330	36.3130	41.2590	43.0550	44.9420	47.1860
印度尼西亚	2348.0000	2953.0000	9874.5833	7809.0000	8257.0000	10260.9000
爱尔兰	0.6250	0.6600	0.7030	0.7390	0.8550	0.8790
以色列	3.1920	3.4490	3.8000	4.1395	4.0970	4.2057
意大利	1542.9700	1703.4300	1736.2400	1819.2700	2101.5900	2163.7820
日本	108.7800	121.0017	130.8992	113.9067	107.7675	121.5300
韩国	804.8000	951.1000	1398.9000	1189.5000	1130.6000	1290.9900
卢森堡	30.9620	35.7740	36.2990	37.8600	43.7700	45.0800
马来西亚	2.5158	2.8132	3.9229	3.8000	3.8000	3.8000
墨西哥	7.5990	7.9190	9.1530	9.5530	9.4530	9.3423
荷兰	1.6860	1.9510	1.9830	2.0680	2.3910	2.4630
新西兰	1.4540	1.5080	1.8690	1.8920	2.2050	2.3770
挪威	6.4500	7.0730	7.5450	7.7970	8.7970	8.9917
菲律宾	26.2160	29.4710	40.8930	39.0890	44.1940	50.9930
波兰	2.6960	3.2790	3.4750	3.9640	4.3460	4.0939
葡萄牙	154.2400	175.3100	180.1020	188.2000	217.5000	224.0390
俄罗斯	5.1208	5.7848	9.7051	24.6199	28.1292	29.1685
新加坡	1.4101	1.4848	1.6736	1.6949	1.7239	1.7917
斯洛伐克	30.6470	33.6160	35.2330	41.3630	46.3950	48.3550
斯洛文尼亚	135.3600	159.6900	166.1320	181.7700	222.6600	242.7500
南非	4.2964	4.6073	5.6316	6.1131	6.9354	8.6092
西班牙	126.6600	146.4100	149.3920	156.2000	180.5000	185.9360
瑞典	6.7060	7.6350	7.9470	8.2620	9.1490	10.3291
瑞士	1.2360	1.4513	1.4500	1.5030	1.6880	1.6876
台湾	27.4580	28.7030	33.4560	32.2700	31.2350	33.8130
泰国	25.3439	31.3723	41.3709	37.8374	40.1621	44.5300
土耳其	81.2680	151.6230	260.2520	419.0000	625.2190	1226.4000
英国	0.6400	0.6110	0.6040	0.6180	0.6596	0.6944
美国	1.0000	1.0000	1.0000	1.0000	1.0000	1.0000
委内瑞拉	417.3330	488.6350	547.5560	607.1000	680.4000	721.8000

统　计　表

这一部分由 Anne－France
Borgeaud Pierazzi 与
Madeleine Hedigeer 准备

统计表使用指南

这个部分给出了世界竞争力年鉴中所有指标和国家或地区/经济体的数据。对于附加的国家、地区和州，数据仅用于参考目的。这些经济体既不排名，也不参加任何的数据加总。

国家或地区按照个体指标排名，所有指标按照竞争力要素分组。统计表展示了从国际、国家和地区组织获得的**硬**数据（A）。与世界各地的36个合作机构的合作帮助我们收集完整可靠的统计数据。这些表同样包括从我们的高级主管意见调查中得到的**调查**回答（B）。附加的信息作为背景数据。

“Survey”标志表示数据是从我们的高级主管意见调查中得到的。

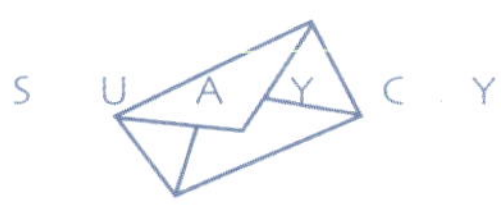

所有的背景信息由表格上方的“Background”标志表示。

只有硬数据和调查回答用于决定排名的加总。背景数据不包含在内只是提供信息。有“排名”列的统计表表示这个指标用于总体得分表的加总计算。在那个具体的指标里，排名给出了一个经济体的表现。

指标的注释与来源可以在附录I和II中找得到。

由于篇幅的限制，中国大陆和中国香港分别以中国和香港表示。

更多的详细信息，请参照分析的方法学和原则这一章。

(A)

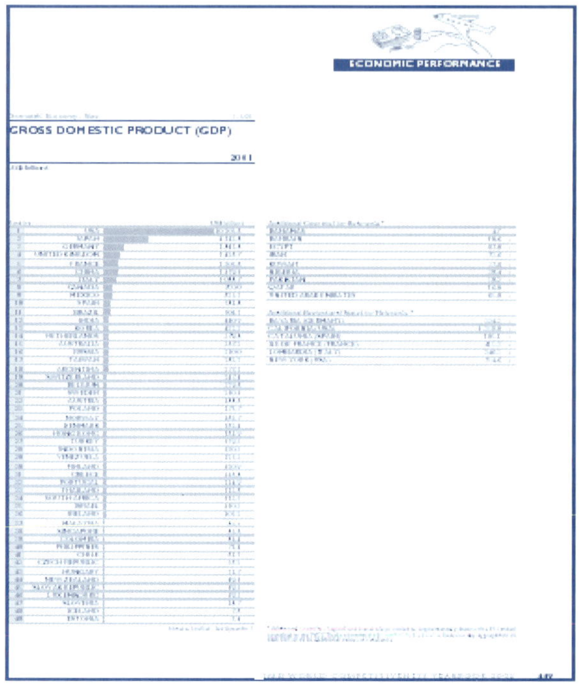

(B)

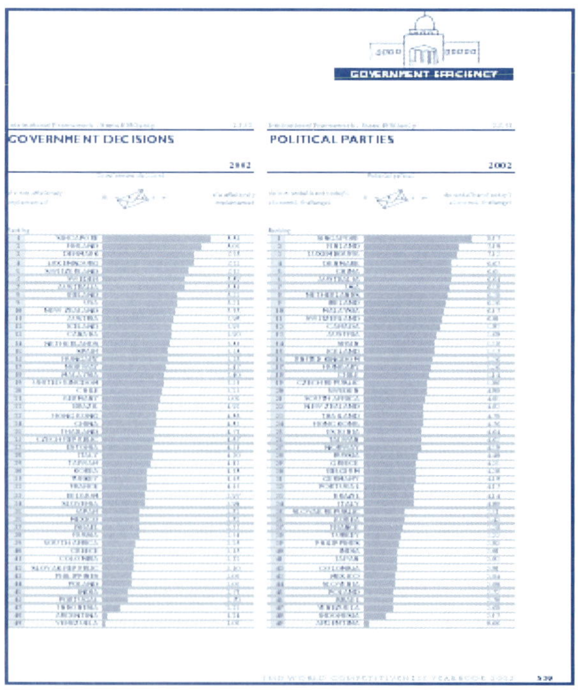

政 府 效 率

要 素 I

经　济　表　现

1.1 经济表现

规模

1.1.01　国内或地区生产总值（GDP）
1.1.02　国内或地区生产总值（PPP）
1.1.03　个人最终消费支出
1.1.04　个人最终消费支出
1.1.05　政府最终消费支出
1.1.06　政府最终消费支出
1.1.07　国内或地区总投资额
1.1.08　国内或地区总投资额
1.1.09　国内或地区总储蓄额
1.1.10　国内或地区总储蓄额
1.1.11　经济部门

增长

1.1.12　实际GDP增长率
1.1.13　实际人均GDP增长率
1.1.14　个人最终消费支出实际增长率
1.1.15　政府最终消费支出实际增长率
1.1.16　国内或地区总投资额增长率
1.1.17　国内或地区总储蓄额实际增长
1.1.18　农业实际增长
1.1.19　工业生产实际增长
1.1.20　服务业实际增长
1.1.21　经济的弹性

财富

1.1.22　人均GDP
1.1.23　人均GDP
1.1.24　人均最终消费支出
1.1.25　人均政府最终消费支出
1.1.26　人均国内或地区总投资额
1.1.27　人均国内或地区总储蓄额

预测

1.1.28　实际GDP增长率预测
1.1.29　个人消费支出实际增长率预测
1.1.30　国内或地区总投资额实际增长率预测
1.1.31　通货膨胀预测
1.1.32　失业预测
1.1.33　经常项目差额预测

1.2 国际贸易

1.2.01　经常项目差额
1.2.02　经常项目差额
1.2.03　贸易收支差额
1.2.04　贸易收支差额
1.2.05　服务收支差额
1.2.06　服务收支差额
1.2.07　商品出口额
1.2.08　商品出口额
1.2.09　商品出口额实际增长率
1.2.10　商业服务出口额
1.2.11　商业服务出口额
1.2.12　商业服务出口实际增长
1.2.13　出口的产业结构
1.2.14　商品和商业服务进口额
1.2.15　商品和商业服务进口
1.2.16　商品和商业服务进口实际增长
1.2.17　进口的产业结构
1.2.18　外贸依存度
1.2.19　贸易条件指数
1.2.20　旅游收入

1.3 国际投资

投资

1.3.01　对外直接投资流量
1.3.02　对外直接投资流量
1.3.03　对外直接投资存量
1.3.04　对外直接投资存量实际增长率
1.3.05　吸引地区外直接投资流量
1.3.06　吸引地区外直接投资+流量
1.3.07　吸引地区外直接投资存量
1.3.08　吸引地区外直接投资存量实际增长率

金融

1.3.09　证券投资资产
1.3.10　证券投资负债

1.4 就业

1.4.01　总就业人口
1.4.02　就业率
1.4.03　就业增长
1.4.04　就业的产业结构
1.4.05　公共部门的就业率
1.4.06　失业率
1.4.07　青年失业

1.5 物价

1.5.01　消费品价格上涨
1.5.02　生活费指数
1.5.03　公寓房租
1.5.04　办公室租金

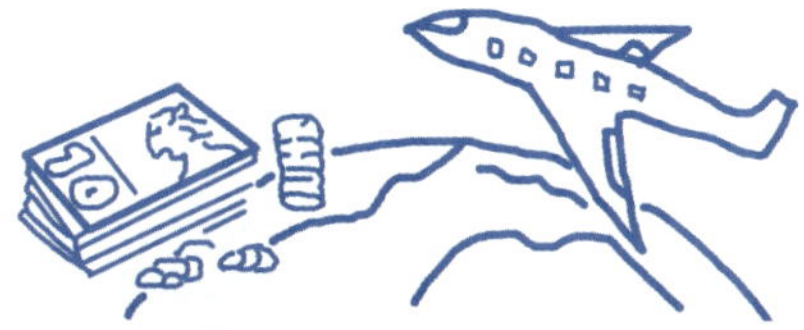

经 济 表 现

国或地区内生产总值（GDP）

2001

十亿美元

排名		十亿美元
1	美国	10,205.6
2	日本	4,143.8
3	德国	1,845.8
4	英国	1,426.7
5	法国	1,305.6
6	中国	1,159.1
7	意大利	1,088.7
8	加拿大	700.0
9	墨西哥	635.5
10	西班牙	581.8
11	巴西	501.5
12	印度	440.9
13	韩国	422.2
14	荷兰	379.8
15	澳大利亚	367.2
16	俄罗斯	310.0
17	台湾（地区）	282.2
18	阿根廷	277.5
19	瑞士	247.4
20	比利时	229.6
21	瑞典	210.1
22	奥地利	188.6
23	波兰	175.7
24	挪威	163.7
25	丹麦	162.4
26	香港	161.9
27	土耳其	159.3
28	印度尼西亚	130.3
29	委内瑞拉	125.3
30	芬兰	120.9
31	希腊	116.8
32	葡萄牙	114.9
33	泰国	113.6
34	南非	113.3
35	以色列	110.3
36	爱尔兰	105.2
37	马来西亚	87.5
38	新加坡	85.6
39	哥伦比亚	81.4
40	菲律宾	71.4
41	智利	61.5
42	捷克	56.2
43	匈牙利	51.7
44	新西兰	49.1
45	斯洛伐克	19.5
46	卢森堡	19.5
47	斯洛文尼亚	18.7
48	冰岛	7.6
49	爱沙尼亚	5.4

来源&注释：见附录1

附加的参考国家*

巴哈马	4.7	
巴林	10.6	1
埃及	87.0	1
伊朗	73.6	1
科威特	37.8	1
尼日利亚	39.4	1
巴基斯坦	59.2	1
卡塔尔	16.0	
阿拉伯联合酋长国	65.9	1

附加参考的地区和州*

巴伐利亚（德国）	324.2	1
加利福尼亚（美国）	1,358.0	1
加泰罗尼亚（西班牙）	105.1	1
ILE DE FRANCE（法国）	415.3	3
LOMBARDIA（意大利）	246.3	3
纽约（美国）	754.6	2

*附加的国家、地区和州是作为对列在世界竞争力年鉴中的49各国家的补充数据。这些经济既不列在也不包括在任何数据的集合中，但作为参考的补充值。

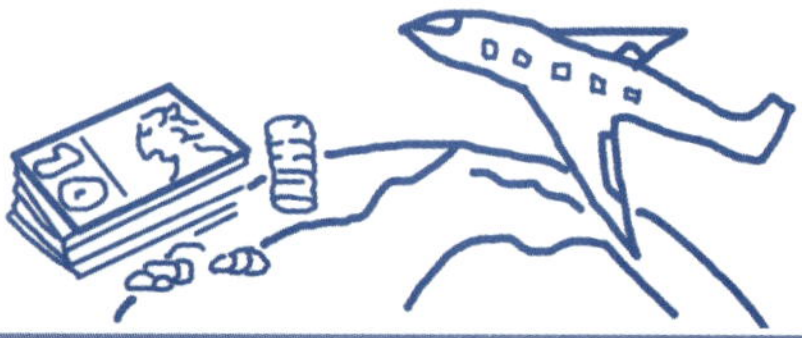

经 济 表 现

国或地区内经济——规模 1.1.02

国或地区内生产总值（PPP）

2001

按现行价格、汇率计算，10亿美元

排名		十亿美元
1	美国	9,728
2	中国	5,386
3	日本	3,384
4	印度	2,510
5	德国	2,075
6	法国	1,455
7	英国	1,437
8	意大利	1,388
9	巴西	1,319
10	俄罗斯	1,280
11	墨西哥	881
12	加拿大	865
13	韩国	846
14	西班牙	790
15	印度尼西亚	662
16	澳大利亚	503
17	台湾（地区）	496
18	阿根廷	448
19	土耳其	419
20	荷兰	413
21	南非	403
22	泰国	395
23	波兰	354
24	菲律宾	310
25	比利时	282
26	哥伦比亚	266
27	奥地利	220
28	瑞典	218
29	马来西亚	212
30	瑞士	209
31	希腊	181
32	葡萄牙	176
33	香港	171
34	丹麦	149
35	捷克	149
36	智利	147
37	委内瑞拉	144
38	挪威	136
39	芬兰	130
40	匈牙利	129
41	以色列	125
42	爱尔兰	119
43	新加坡	92
44	新西兰	78
45	斯洛伐克	63
46	斯洛文尼亚	36
47	卢森堡	23
48	爱沙尼亚	15
49	冰岛	8

来源&注释：见附录1

附加的参考国家*	
巴哈马	5
巴林	11
埃及	238
伊朗	391
科威特	32
尼日利亚	117
巴基斯坦	275
卡塔尔	-
阿拉伯联合酋长国	51

*附加的国家、地区和州是作为对列在世界竞争力年鉴中的49各国家的补充数据。这些经济既不列在也不包括在任何数据的集合中，但作为参考的补充值。

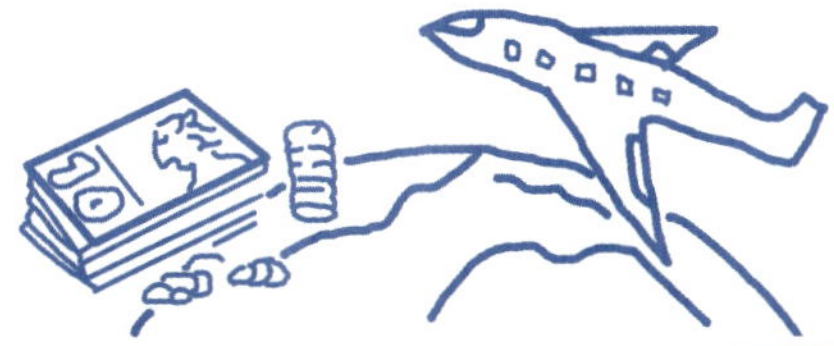

经　济　表　现

国或地区内经济——规模　　1.1.03

个人最终消费支出

2001

十亿美元

BACKGROUND INFORMATION

排名	国家/地区	十亿美元
1	美国	7,061.2
2	日本	2,342.7
3	德国	1,084.7
4	英国	923.6
5	法国	710.5
6	意大利	650.3
7	中国	518.4
8	墨西哥	436.1
9	加拿大	400.2
10	西班牙	337.6
11	巴西	302.1
12	印度	298.4
13	韩国	241.5
14	澳大利亚	211.1
15	阿根廷	191.9
16	荷兰	186.6
17	台湾（地区）	179.4
18	俄罗斯	147.8
19	瑞士	147.1
20	比利时	124.0
21	波兰	113.7
22	奥地利	107.6
23	土耳其	107.0
24	瑞典	104.0
25	香港	94.8
26	印度尼西亚	87.2
27	委内瑞拉	85.4
28	希腊	80.7
29	丹麦	75.6
30	南非	70.7
31	挪威	70.1
32	葡萄牙	66.4
33	以色列	64.5
34	泰国	64.5
35	芬兰	58.4
36	哥伦比亚	52.0
37	菲律宾	50.2
38	爱尔兰	49.8
39	智利	44.7
40	马来西亚	39.6
41	新加坡	36.2
42	匈牙利	32.8
43	捷克	30.0
44	新西兰	28.9
45	斯洛伐克	10.5
46	斯洛文尼亚	10.1
47	卢森堡	7.7
48	冰岛	4.3
49	爱沙尼亚	3.1

*附加的国家、地区和州是作为对列在世界竞争力年鉴中的49各国家的补充数据。

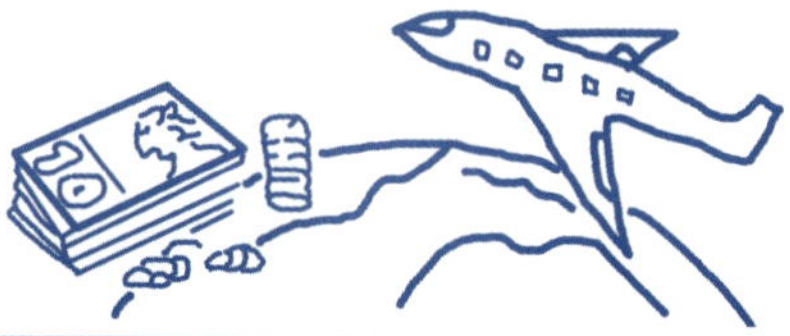

经 济 表 现

国或地区内经济——规模 1.1.04

个人最终消费支出

2001

占GDP的百分比

BACKGROUND INFORMATION

		%	
1	阿根廷	70.7	1
2	澳大利亚	70.3	
3	奥地利	69.2	
4	比利时	69.2	
5	巴西	69.1	
6	加拿大	68.6	
7	智利	68.2	
8	中国	67.2	
9	哥伦比亚	66.9	
10	捷克	64.7	
11	丹麦	64.7	
12	爱沙尼亚	63.9	
13	芬兰	63.6	
14	法国	63.4	
15	德国	63.3	1
16	希腊	62.4	
17	香港	60.2	
18	匈牙利	59.7	
19	冰岛	59.5	
20	印度	58.8	
21	印度尼西亚	58.8	
22	爱尔兰	58.5	
23	以色列	58.5	
24	意大利	58.0	
25	日本	57.8	
26	韩国	57.5	
27	卢森堡	57.2	
28	马来西亚	57.2	
29	墨西哥	57.1	
30	荷兰	56.8	
31	新西兰	56.6	
32	挪威	56.6	
33	菲律宾	56.5	
34	波兰	54.4	
35	葡萄牙	54.0	
36	俄罗斯	53.9	
37	新加坡	53.6	
38	斯洛伐克	53.3	
39	斯洛文尼亚	49.5	
40	南非	49.1	
41	西班牙	48.3	
42	瑞典	48.0	1
43	瑞士	47.7	
44	台湾（地区）	47.4	
45	泰国	46.5	
46	土耳其	45.3	
47	英国	42.8	
48	美国	42.2	
49	委内瑞拉	39.3	

附加的参考国家*

巴哈马	-	
巴林	35.3	1
埃及	74.2	2
伊朗	45.3	1
科威特	40.7	1
尼日利亚	65.1	1
巴基斯坦	75.7	1
卡塔尔	27.4	4
阿拉伯联合酋长国	53.1	3

*附加的国家、地区和州是作为对列在世界竞争力年鉴中的49各国家的补充数据。这些经济既不列在也不包括在任何数据的集合中，但作为参考的补充值。

来源&注释：见附录1

国内经济——规模 1.1.05

政府最终消费支出

2001

十亿美元

BACKGROUND INFORMATION

		十亿美元
1	美国	1,497.6
2	日本	727.3
3	德国	349.8
4	法国	300.6
5	英国	264.3
6	意大利	199.9
7	中国	141.4
8	加拿大	128.9
9	巴西	100.2
10	西班牙	99.4
11	荷兰	86.4
12	澳大利亚	65.0
13	墨西哥	65.0
14	印度	58.5
15	瑞典	54.4
16	比利时	48.8
17	韩国	44.0
18	丹麦	40.6
19	阿根廷	38.9
20	俄罗斯	36.8
21	台湾（地区）	36.6
22	奥地利	35.9
23	瑞士	34.8
24	以色列	32.7
25	挪威	32.7
26	芬兰	25.3
27	波兰	24.5
28	葡萄牙	21.9
29	土耳其	20.9
30	南非	20.4
31	希腊	18.5
32	哥伦比亚	17.2
33	香港	16.8
34	泰国	13.2
35	爱尔兰	12.8
36	捷克	10.8
37	马来西亚	10.7
38	新加坡	10.2
39	委内瑞拉	10.0
40	印度尼西亚	8.8
41	新西兰	8.8
42	菲律宾	8.7
43	智利	8.6
44	匈牙利	5.2
45	斯洛文尼亚	3.9
46	斯洛伐克	3.7
47	卢森堡	3.3
48	冰岛	1.8
49	爱沙尼亚	1.1

来源&注释：见附录1

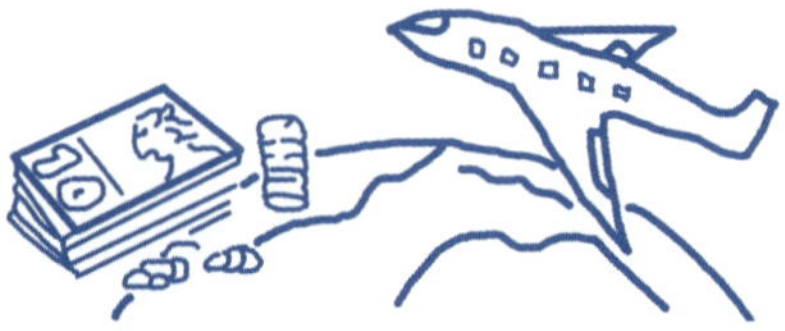

经 济 表 现

国内经济——规模 1.1.06

政府最终消费支出

2001

占GDP的百分比

BACKGROUND INFORMATION

排名	国家/地区	%	
1	以色列	29.7	
2	瑞典	25.9	
3	丹麦	25.0	
4	冰岛	23.5	
5	法国	23.0	
6	荷兰	22.7	
7	比利时	21.3	
8	哥伦比亚	21.2	
9	斯洛文尼亚	21.0	
10	芬兰	20.9	
11	爱沙尼亚	20.7	
12	挪威	20.0	
13	巴西	20.0	
14	斯洛伐克	19.2	
15	捷克	19.2	
16	奥地利	19.1	
17	葡萄牙	19.0	
18	德国	19.0	
19	英国	18.5	
20	加拿大	18.4	
21	意大利	18.4	
22	南非	18.0	
23	新西兰	17.9	
24	澳大利亚	17.7	
25	日本	17.6	
26	西班牙	17.1	
27	卢森堡	16.9	
28	希腊	15.9	
29	波兰	15.5	1
30	美国	14.7	
31	俄罗斯	14.7	1
32	瑞士	14.1	
33	阿根廷	14.0	
34	印度	13.3	
35	土耳其	13.1	
36	中国	13.1	1
37	台湾（地区）	13.0	
38	马来西亚	12.2	
39	爱尔兰	12.2	
40	菲律宾	12.2	
41	智利	12.2	1
42	新加坡	11.9	
43	泰国	11.6	
44	韩国	10.4	
45	香港	10.4	
46	墨西哥	10.2	
47	匈牙利	10.1	
48	委内瑞拉	8.0	
49	印度尼西亚	6.8	

来源&注释：见附录1

附加的参考国家*

国家	%	
巴哈马	-	
巴林	13.2	1
埃及	10.1	2
伊朗	14.4	1
科威特	22.1	1
尼日利亚	10.8	1
巴基斯坦	11.4	1
卡塔尔	33.3	4
阿拉伯联合酋长国	16.8	3

*附加的国家、地区和州是作为对列在世界竞争力年鉴中的49各国家的补充数据。这些经济既不列在也不包括在任何数据的集合中，但作为参考的补充值。

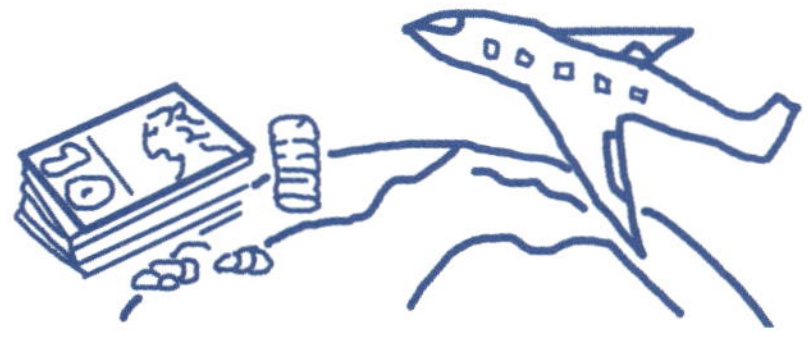

经 济 表 现

国内总投资额

2001

十亿美元

排名	国家/地区	十亿美元
1	美国	2,032.6
2	日本	1,056.2
3	中国	389.6
4	德国	382.8
5	法国	256.6
6	英国	246.2
7	意大利	215.6
8	西班牙	144.3
9	加拿大	138.7
10	墨西哥	121.2
11	韩国	114.3
12	印度	111.5
13	巴西	97.6
14	荷兰	83.0
15	澳大利亚	73.2
16	俄罗斯	56.9
17	台湾（地区）	54.2
18	瑞士	51.7
19	比利时	48.0
20	奥地利	43.7
21	波兰	42.0
22	香港	41.8
23	阿根廷	41.3
24	瑞典	36.4
25	丹麦	33.0
26	印度尼西亚	32.2
27	挪威	31.1
28	葡萄牙	30.0
29	希腊	27.4
30	土耳其	26.4
31	泰国	24.3
32	爱尔兰	23.8
33	芬兰	23.7
34	以色列	23.0
35	马来西亚	21.9
36	新加坡	20.8
37	委内瑞拉	20.6
38	捷克	17.1
39	南非	16.7
40	智利	15.7
41	匈牙利	12.6
42	菲律宾	12.5
43	哥伦比亚	11.8
44	新西兰	9.3
45	斯洛伐克	6.2
46	斯洛文尼亚	4.9
47	卢森堡	4.4
48	冰岛	1.7
49	爱沙尼亚	1.4

来源&注释：见附录1

经 济 表 现

国内总投资额

2001

占GDP的百分比

BACKGROUND INFORMATION

排名	国家/地区	%	注
1	中国	36.1	1
2	斯洛伐克	32.0	
3	捷克	30.4	
4	韩国	27.1	
5	印度	26.4	1
6	斯洛文尼亚	26.2	
7	葡萄牙	26.1	
8	香港	25.8	
9	日本	25.5	
10	爱沙尼亚	25.4	
11	马来西亚	25.0	
12	西班牙	24.8	
13	印度尼西亚	24.7	
14	匈牙利	24.3	
15	新加坡	24.3	
16	波兰	23.9	
17	希腊	23.4	
18	奥地利	23.2	
19	冰岛	22.7	
20	俄罗斯	22.6	1
21	爱尔兰	22.6	
22	卢森堡	22.3	
23	智利	22.3	1
24	荷兰	21.8	
25	泰国	21.4	
26	比利时	20.9	
27	以色列	20.9	
28	瑞士	20.9	
29	德国	20.7	
30	丹麦	20.3	
31	澳大利亚	19.9	
32	美国	19.9	
33	加拿大	19.8	
34	意大利	19.8	
35	法国	19.7	
36	芬兰	19.6	
37	巴西	19.5	
38	台湾（地区）	19.2	
39	墨西哥	19.1	
40	挪威	19.0	
41	新西兰	18.9	
42	菲律宾	17.6	
43	瑞典	17.3	
44	英国	17.3	
45	土耳其	16.5	
46	委内瑞拉	16.4	
47	阿根廷	14.9	
48	南非	14.8	
49	哥伦比亚	14.5	

来源&注释：见附录1

附加的参考国家*

国家	值	注
巴哈马	-	
巴林	10.1	1
埃及	21.3	2
伊朗	27.1	1
科威特	11.1	1
尼日利亚	5.7	1
巴基斯坦	13.3	1
卡塔尔	37.6	4
阿拉伯联合酋长国	28.8	3

*附加的国家、地区和州是作为对列在世界竞争力年鉴中的49各国家的补充数据。这些经济既不列在也不包括在任何数据的集合中，但作为参考的补充值。

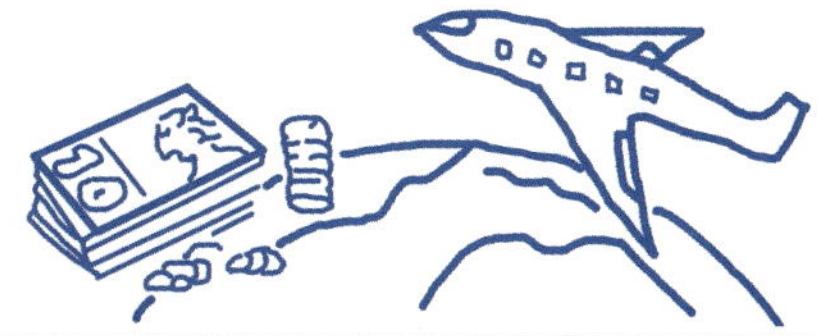

国内经济——规模　1.1.09

国内总投资额

2001

十亿美元

BACKGROUND INFORMATION

排名	国家/地区	十亿美元
1	美国	1,646.8
2	日本	1,073.8
3	中国	420.2
4	德国	411.3
5	法国	294.5
6	英国	238.8
7	意大利	238.4
8	加拿大	170.8
9	西班牙	144.9
10	韩国	136.7
11	墨西哥	134.4
12	荷兰	106.9
13	巴西	99.2
14	澳大利亚	91.0
15	俄罗斯	90.9
16	印度	68.3
17	台湾（地区）	66.3
18	瑞士	65.5
19	挪威	60.9
20	比利时	56.8
21	瑞典	51.6
22	香港	50.4
23	阿根廷	46.6
24	丹麦	46.3
25	奥地利	45.1
26	爱尔兰	42.5
27	新加坡	39.3
28	芬兰	37.3
29	马来西亚	37.2
30	泰国	35.9
31	印度尼西亚	34.3
32	波兰	31.8
33	土耳其	31.4
34	委内瑞拉	29.9
35	葡萄牙	26.6
36	南非	22.2
37	希腊	17.5
38	智利	17.3
39	捷克	15.5
40	匈牙利	13.7
41	以色列	13.1
42	菲律宾	12.5
43	哥伦比亚	12.2
44	新西兰	11.4
45	卢森堡	8.5
46	斯洛伐克	5.3
47	斯洛文尼亚	4.7
48	冰岛	1.5
49	爱沙尼亚	1.2

来源&注释：见附录1

国内经济——规模　1.1.10

国内总投资额

2001

占GDP的百分比

BACKGROUND INFORMATION

排名	国家/地区	%
1	新加坡	45.8
2	卢森堡	43.8
3	马来西亚	42.5
4	爱尔兰	40.4
5	中国	38.9
6	挪威	37.2
7	俄罗斯	36.2
8	韩国	32.4
9	泰国	31.7
10	香港	31.1
11	芬兰	30.8
12	丹麦	28.5
13	荷兰	28.1
14	捷克	27.5
15	斯洛伐克	27.2
16	瑞士	26.5
17	匈牙利	26.5
18	印度尼西亚	26.3
19	日本	25.9
20	斯洛文尼亚	25.0
21	西班牙	24.9
22	澳大利亚	24.8
23	比利时	24.7
24	瑞典	24.6
25	智利	24.5
26	加拿大	24.4
27	奥地利	23.9
28	委内瑞拉	23.8
29	台湾（地区）	23.5
30	新西兰	23.3
31	葡萄牙	23.1
32	爱沙尼亚	22.7
33	法国	22.6
34	德国	22.3
35	意大利	21.9
36	墨西哥	21.1
37	波兰	20.2
38	冰岛	19.9
39	巴西	19.8
40	土耳其	19.7
41	南非	19.6
42	菲律宾	17.5
43	阿根廷	16.8
44	英国	16.7
45	印度	16.2
46	美国	16.1
47	希腊	15.0
48	哥伦比亚	15.0
49	以色列	11.8

来源&注释：见附录1

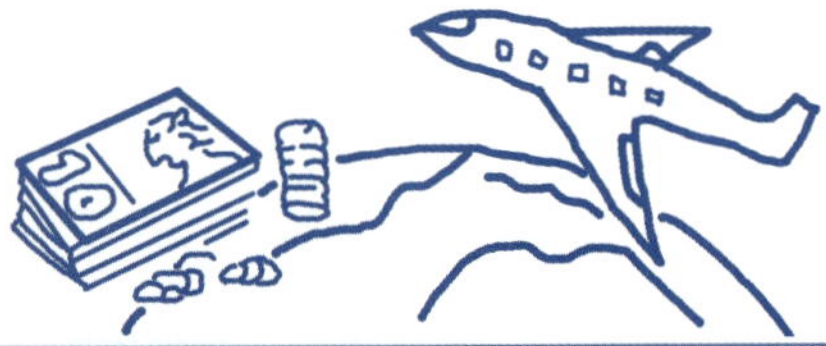

经 济 表 现

规模 1.1.11

经济部门

2001

各部门占GDP的百分比

BACKGROUND INFORMATION

	农业	工业	服务业
阿根廷	5	31	65
澳大利亚	3	25	72
奥地利	2	29	69
比利时	1	25	73
巴西	8	36	56
加拿大	2	30	68
智利	9	37	54
中国	15	51	34
哥伦比亚	15	29	56
捷克	5	41	54
丹麦	2	21	76
爱沙尼亚	7	33	60
芬兰	3	28	68
法国	3	23	74
德国	1	28	71
希腊	7	20	72
香港	0	14	86
匈牙利	4	34	62
冰岛	10	28	62
印度	25	27	48
印度尼西亚	16	47	37
爱尔兰	5	35	61
以色列	2	31	67
意大利	2	30	68
日本	1	31	68
韩国	4	41	54
卢森堡	1	20	79
马来西亚	8	45	47
墨西哥	4	28	67
荷兰	3	24	74
新西兰	7	25	68
挪威	2	31	67
菲律宾	20	34	46
波兰	3	32	65
葡萄牙	4	27	69
俄罗斯	7	38	56
新加坡	0	33	67
斯洛伐克	4	31	65
斯洛文尼亚	3	32	65
南非	3	32	65
西班牙	4	28	68
瑞典	2	29	69
瑞士	2	29	69
台湾（地区）	2	31	67
泰国	10	39	51
土耳其	15	24	61
英国	1	25	68
美国	2	27	71
委内瑞拉	5	47	47

附加的参考国家*	农业	工业	服务业
巴哈马	3	7	90
巴林	1	40	59
埃及	17	33	50
伊朗	20	37	43
科威特	1	53	46
尼日利亚	32	41	27
巴基斯坦	26	26	26
卡塔尔	1	52	47
阿拉伯联合酋长国	2	58	40

*附加的国家、地区和州是作为对列在世界竞争力年鉴中的49各国家的补充数据。这些经济既不列在也不包括在任何数据的集合中，但作为参考的补充值。

 来源&注释：见附录1

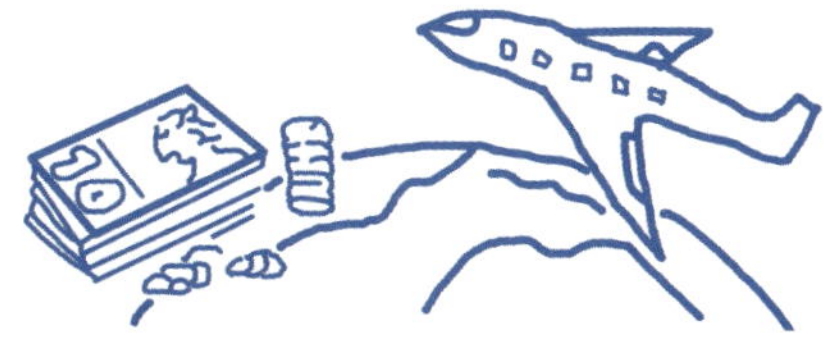

经 济 表 现

国内经济——增长 1.1.12

实际GDP增长率

2001

按本地货币、不变价格计算的变化率

排名		%
1	中国	7.3
2	爱沙尼亚	5.4
3	卢森堡	5.1
4	爱尔兰	5.0
5	俄罗斯	5.0
6	印度	4.8
7	希腊	4.1
8	匈牙利	3.8
9	斯洛文尼亚	3.7
10	捷克	3.5
11	菲律宾	3.4
12	印度尼西亚	3.3
13	斯洛伐克	3.3
14	韩国	3.0
15	西班牙	2.8
16	委内瑞拉	2.7
17	智利	2.4
18	英国	2.3
19	南非	2.2
20	新西兰	2.1
21	澳大利亚	2.0
22	法国	2.0
23	冰岛	1.9
24	意大利	1.8
25	葡萄牙	1.8
26	巴西	1.5
27	泰国	1.5
28	挪威	1.4
29	丹麦	1.3
30	瑞士	1.3
31	奥地利	1.2
32	美国	1.2
33	比利时	1.1
34	荷兰	1.1
35	波兰	1.1
36	瑞典	1.1
37	加拿大	1.0
38	哥伦比亚	0.7
39	德国	0.6
40	芬兰	0.4
41	马来西亚	0.4
42	香港	0.1
43	墨西哥	-0.3
44	日本	-0.5
45	以色列	-0.6
46	台湾（地区）	-1.9
47	新加坡	-2.0
48	阿根廷	-2.3
49	土耳其	-8.0

来源&注释：见附录1

附加的参考国家*

巴哈马	4.5
巴林	5.0
埃及	3.2
伊朗	3.0
科威特	1.7
尼日利亚	3.5
巴基斯坦	4.8
卡塔尔	4.0
阿拉伯联合酋长国	6.9

*附加的国家、地区和州是作为对列在世界竞争力年鉴中的49各国家的补充数据。这些经济既不列在也不包括在任何数据的集合中，但作为参考的补充值。

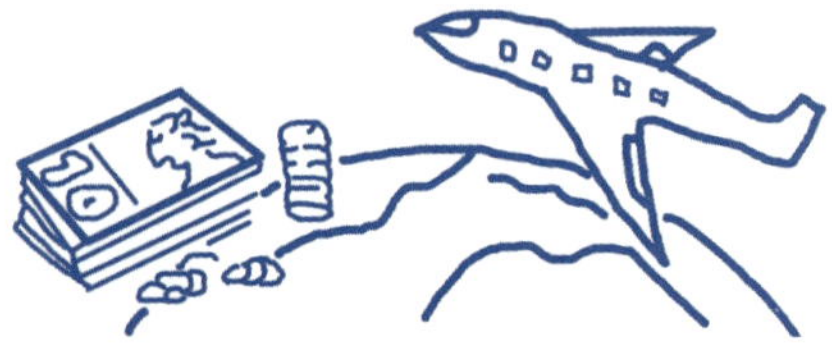

经 济 表 现

国内经济——增长 1.1.13

实际人均GDP增长率

2001

按本地货币、不变价格计算的变化率

排名		%
1	中国	6.43
2	爱沙尼亚	5.64
3	俄罗斯	5.58
4	爱尔兰	4.50
5	捷克	3.50
6	印度	3.33
7	斯洛文尼亚	3.18
8	斯洛伐克	2.89
9	卢森堡	2.75
10	西班牙	2.66
11	英国	2.39
12	韩国	2.31
13	冰岛	2.20
14	匈牙利	2.17
15	法国	2.05
16	新西兰	1.57
17	意大利	1.42
18	菲律宾	1.28
19	智利	1.23
20	丹麦	1.21
21	波兰	1.10
22	澳大利亚	1.00
23	瑞典	0.99
24	奥地利	0.95
25	比利时	0.90
26	瑞士	0.88
27	泰国	0.87
28	委内瑞拉	0.87
29	荷兰	0.85
30	挪威	0.77
31	葡萄牙	0.59
32	德国	0.56
33	芬兰	0.55
34	美国	0.54
35	巴西	0.22
36	加拿大	0.19
37	印度尼西亚	-0.29
38	香港	-0.52
39	南非	-0.60
40	日本	-0.81
41	哥伦比亚	-1.04
42	希腊	-1.82
43	马来西亚	-1.93
44	墨西哥	-2.20
45	台湾（地区）	-2.47
46	阿根廷	-2.95
47	以色列	-3.96
48	新加坡	-4.73
49	土耳其	-10.79

来源&注释：见附录1

国内经济——增长 1.1.14

个人最终消费支出实际增长率

2001

按本地货币、不变价格计算的变化率

BACKGROUND INFORMATION

排名		%
1	中国	9.46
2	芬兰	6.14
3	印度尼西亚	5.94
4	南非	5.35
5	韩国	4.25
6	智利	4.15
7	巴西	3.75
8	捷克	3.54
9	菲律宾	3.44
10	卢森堡	3.42
11	爱沙尼亚	3.29
12	美国	3.03
13	马来西亚	2.83
14	英国	2.69
15	澳大利亚	2.38
16	印度	2.20
17	法国	2.07
18	香港	2.03
19	西班牙	1.92
20	瑞士	1.88
21	斯洛文尼亚	1.84
22	加拿大	1.79
23	墨西哥	1.50
24	比利时	1.41
25	台湾（地区）	1.37
26	挪威	1.32
27	新西兰	1.18
28	意大利	1.10
29	奥地利	1.06
30	德国	1.03
31	荷兰	0.90
32	葡萄牙	0.82
33	丹麦	0.66
34	新加坡	0.47
35	日本	0.30
36	瑞典	-0.01
37	冰岛	-2.00
38	斯洛伐克	-3.08
39	俄罗斯	-4.68
40	土耳其	-8.98
-	阿根廷	-
-	哥伦比亚	-
-	希腊	-
-	匈牙利	-
-	爱尔兰	-
-	以色列	-
-	波兰	-
-	泰国	-
-	委内瑞拉	-

来源&注释：见附录1

经　济　表　现

国内经济——增长　　1.1.15

政府最终消费支出实际增长率

2001

按本地货币、不变价格计算的变化率

BACKGROUND INFORMATION

排名	国家/地区	%
1	中国	12.79
2	印度	6.45
3	俄罗斯	6.21
4	印度尼西亚	6.15
5	卢森堡	4.58
6	香港	4.55
7	斯洛文尼亚	3.65
8	智利	3.50
9	冰岛	3.40
10	南非	3.32
11	日本	3.15
12	美国	3.08
13	西班牙	2.55
14	意大利	2.32
15	荷兰	2.28
16	加拿大	2.19
17	比利时	1.95
18	巴西	1.88
19	法国	1.82
20	芬兰	1.66
21	葡萄牙	1.62
22	新西兰	1.61
23	挪威	1.34
24	英国	1.24
25	德国	1.13
26	丹麦	0.87
27	澳大利亚	0.63
28	爱沙尼亚	0.15
29	韩国	0.15
30	菲律宾	0.07
31	瑞士	0.07
32	瑞典	-0.31
33	马来西亚	-0.39
34	奥地利	-0.65
35	斯洛伐克	-0.93
36	台湾（地区）	-1.95
37	捷克	-3.38
38	新加坡	-4.63
39	墨西哥	-7.86
40	土耳其	-8.59
-	阿根廷	-
-	哥伦比亚	-
-	希腊	-
-	匈牙利	-
-	爱尔兰	-
-	以色列	-
-	波兰	-
-	泰国	-
-	委内瑞拉	-

来源&注释：见附录1

国内经济——增长　　1. 1. 16

国内总投资额增长率

2001

按本地货币、不变价格计算的变化率

BACKGROUND INFORMATION

排名	国家/地区	%
1	爱沙尼亚	17.05
2	捷克	11.35
3	卢森堡	6.49
4	中国	5.38
5	俄罗斯	5.17
6	菲律宾	4.31
7	智利	4.26
8	印度尼西亚	3.96
9	法国	2.79
10	意大利	2.40
11	香港	2.35
12	英国	2.31
13	西班牙	2.08
14	芬兰	2.02
15	印度	2.00
16	斯洛伐克	1.80
17	巴西	1.75
18	瑞典	1.56
19	加拿大	0.89
20	瑞士	0.44
21	奥地利	0.21
22	比利时	0.21
23	葡萄牙	-0.72
24	南非	-0.73
25	美国	-0.80
26	荷兰	-0.99
27	斯洛文尼亚	-1.37
28	日本	-1.89
29	韩国	-1.92
30	马来西亚	-2.02
31	丹麦	-2.45
32	德国	-2.63
33	新西兰	-2.81
34	以色列	-4.26
35	墨西哥	-4.80
36	澳大利亚	-5.28
37	挪威	-6.19
38	冰岛	-6.30
39	台湾（地区）	-18.17
40	新加坡	-23.41
41	土耳其	-31.71
-	阿根廷	-
-	哥伦比亚	-
-	希腊	-
-	匈牙利	-
-	爱尔兰	-
-	波兰	-
-	泰国	-
-	委内瑞拉	-

来源&注释：见附录1

经　济　表　现

国内总储蓄额实际增长

2001

按本地货币、不变价格计算的变化率

BACKGROUND INFORMATION

排名		%
1	俄罗斯	26.22
2	爱沙尼亚	19.47
3	印度尼西亚	16.09
4	斯洛伐克	13.96
5	斯洛文尼亚	9.93
6	印度	9.02
7	捷克	8.17
8	智利	8.10
9	卢森堡	6.90
10	巴西	6.36
11	葡萄牙	5.31
12	菲律宾	5.07
13	新西兰	4.82
14	中国	4.75
15	瑞典	4.48
16	意大利	3.21
17	西班牙	2.77
18	奥地利	2.66
19	英国	2.49
20	丹麦	2.48
21	澳大利亚	2.16
22	韩国	2.12
23	法国	2.06
24	挪威	1.73
25	瑞士	0.72
26	荷兰	0.51
27	德国	0.26
28	芬兰	0.21
29	比利时	-0.19
30	冰岛	-0.67
31	南非	-1.36
32	马来西亚	-1.97
33	新加坡	-2.41
34	加拿大	-2.49
35	香港	-3.28
36	土耳其	-3.43
37	日本	-4.06
38	美国	-7.49
39	台湾（地区）	-8.89
-	阿根廷	-
-	哥伦比亚	-
-	希腊	-
-	匈牙利	-
-	爱尔兰	-
-	以色列	-
-	墨西哥	-
-	波兰	-
-	泰国	-
-	委内瑞拉	-

来源&注释：见附录1

农业实际增长

2001

按本地货币、不变价格计算的变化率

BACKGROUND INFORMATION

排名		%
1	斯洛伐克	8.70
2	智利	7.64
3	俄罗斯	6.80
4	匈牙利	6.00
5	新西兰	5.94
6	印度	5.70
7	澳大利亚	5.64
8	巴西	5.11
9	哥伦比亚	4.36
10	奥地利	4.25
11	爱沙尼亚	4.00
12	菲律宾	3.90
13	丹麦	3.59
14	中国	2.80
15	委内瑞拉	2.60
16	马来西亚	2.50
16	墨西哥	2.50
18	阿根廷	1.60
19	希腊	1.50
19	泰国	1.50
21	韩国	1.40
22	日本	0.90
23	印度尼西亚	0.63
24	西班牙	0.50
25	捷克	0.40
26	德国	0.28
27	瑞典	-0.41
28	台湾（地区）	-0.57
29	意大利	-0.96
30	斯洛文尼亚	-1.00
31	法国	-1.17
32	挪威	-1.60
33	葡萄牙	-1.65
34	冰岛	-1.70
35	荷兰	-2.07
36	比利时	-2.17
37	英国	-2.54
38	芬兰	-2.63
39	南非	-3.15
40	新加坡	-4.90
41	卢森堡	-5.40
42	以色列	-5.90
43	波兰	-6.00
44	土耳其	-6.06
45	加拿大	-6.56
-	香港	-
-	爱尔兰	-
-	瑞士	-
-	美国	-

来源&注释：见附录1

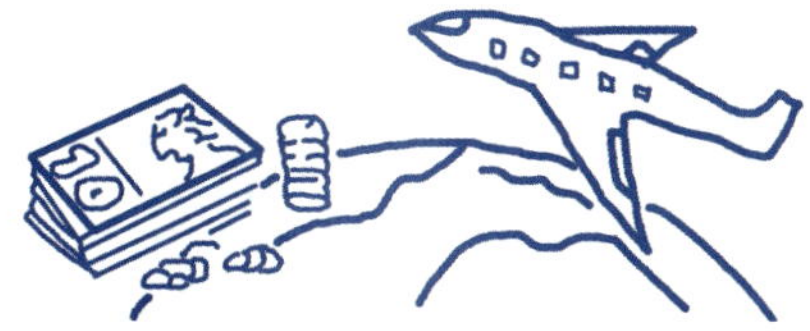

国内经济——增长 1.1.19

工业生产实际增长

2001

按本地货币、不变价格计算的变化率

BACKGROUND INFORMATION

排名	国家/地区	%	注
1	斯洛伐克	10.90	
2	中国	8.70	
3	希腊	6.90	1
4	捷克	6.80	
5	爱沙尼亚	6.70	
6	波兰	6.50	1
7	智利	5.37	1
8	奥地利	5.22	1
9	俄罗斯	4.90	
10	比利时	4.18	1
11	匈牙利	4.10	
12	新西兰	3.74	1
13	印度	3.30	
14	卢森堡	3.20	
14	委内瑞拉	3.20	
16	斯洛文尼亚	3.10	
17	印度尼西亚	3.00	
18	澳大利亚	2.99	1
19	韩国	2.60	
20	西班牙	2.20	
21	南非	2.12	
22	菲律宾	1.90	
23	日本	1.79	1
24	丹麦	1.78	
25	法国	1.76	
26	英国	1.73	1
27	葡萄牙	1.69	
28	泰国	1.30	
29	冰岛	1.20	
30	挪威	1.03	
31	意大利	0.93	
32	瑞典	0.83	
33	芬兰	0.41	
34	荷兰	0.02	
35	德国	-0.16	
36	巴西	-0.58	
37	以色列	-1.10	2
38	加拿大	-1.87	
39	阿根廷	-2.30	
40	马来西亚	-3.90	
40	墨西哥	-3.90	
42	哥伦比亚	-5.33	1
43	台湾（地区）	-6.03	
44	土耳其	-7.29	
45	新加坡	-8.90	
-	香港	-	
-	爱尔兰	-	
-	瑞士	-	
-	美国	-	

来源&注释：见附录1

国内经济——增长 1.1.20

服务业实际增长

2001

按本地货币、不变价格计算的变化率

BACKGROUND INFORMATION

排名	国家/地区	%	注
1	俄罗斯	17.20	
2	斯洛伐克	7.70	
3	中国	7.40	
4	印度	6.50	
5	卢森堡	5.20	
6	爱沙尼亚	5.00	
7	以色列	4.80	2
8	韩国	4.60	
9	智利	4.52	1
10	印度尼西亚	4.50	
11	捷克	4.30	
11	菲律宾	4.30	
13	墨西哥	4.10	
13	斯洛文尼亚	4.10	
15	澳大利亚	4.09	1
16	英国	4.06	
17	马来西亚	3.90	
18	比利时	3.82	1
19	冰岛	3.60	
20	奥地利	3.58	1
21	新西兰	3.56	1
22	日本	3.56	1
23	匈牙利	3.50	
24	葡萄牙	3.28	
25	委内瑞拉	3.20	
26	希腊	3.10	1
27	波兰	3.00	3
28	西班牙	2.78	
29	加拿大	2.63	
30	南非	2.63	
31	意大利	2.57	
32	哥伦比亚	2.53	1
33	巴西	2.52	
34	泰国	2.30	
35	法国	1.93	
36	芬兰	1.82	
37	荷兰	1.67	
38	新加坡	1.60	
39	德国	1.57	
40	挪威	1.30	
41	瑞典	1.10	
42	台湾（地区）	0.90	
43	丹麦	-0.00	
44	阿根廷	-1.50	
45	土耳其	-7.78	
-	香港	-	
-	爱尔兰	-	
-	瑞士	-	
-	美国	-	

来源&注释：见附录1

国内经济——增长 1.1.21

经济的弹性

2002

经济体对于经济周期的弹性

弱 S U A Y C Y 强

排名		
1	澳大利亚	7.54
2	挪威	6.97
3	英国	6.74
4	美国	6.73
5	卢森堡	6.67
6	马来西亚	6.51
7	丹麦	6.48
8	荷兰	6.47
9	芬兰	6.37
10	匈牙利	6.15
11	韩国	6.07
12	瑞士	6.05
13	中国	6.00
14	爱尔兰	5.89
15	加拿大	5.78
16	爱沙尼亚	5.73
17	西班牙	5.72
18	智利	5.69
19	瑞典	5.66
20	奥地利	5.65
21	巴西	5.65
22	印度	5.40
23	冰岛	5.35
24	法国	5.33
25	新加坡	5.29
26	比利时	5.26
27	捷克	5.26
28	新西兰	5.08
29	菲律宾	5.08
30	意大利	5.02
31	南非	5.00
32	斯洛文尼亚	4.99
33	墨西哥	4.72
34	希腊	4.69
35	台湾（地区）	4.64
36	泰国	4.59
37	以色列	4.50
38	哥伦比亚	4.45
39	德国	4.14
40	斯洛伐克	4.12
41	香港	3.95
42	土耳其	3.84
43	俄罗斯	3.68
44	委内瑞拉	3.62
45	印度尼西亚	3.61
46	葡萄牙	3.44
47	波兰	2.96
48	日本	2.71
49	阿根廷	2.43

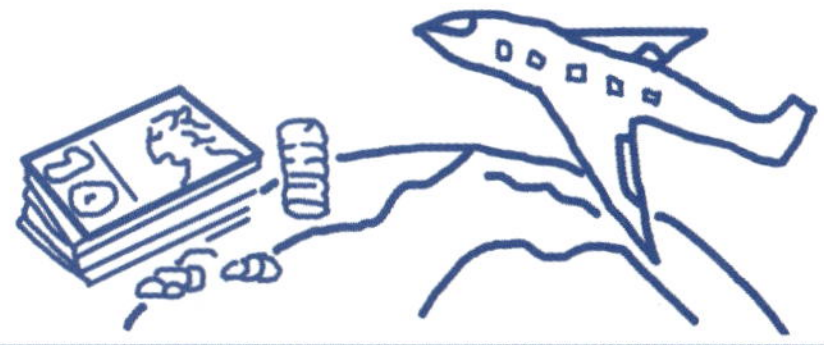

国内经济——财富 1.1.22

人均GDP

2001

人均美元

排名		美元
1	卢森堡	43,350
2	挪威	36,219
3	美国	35,835
4	瑞士	34,363
5	日本	32,554
6	丹麦	30,421
7	爱尔兰	27,464
8	冰岛	26,369
9	香港	24,099
10	英国	23,978
11	荷兰	23,887
12	瑞典	23,658
13	芬兰	23,295
14	奥地利	23,201
15	加拿大	22,572
16	德国	22,504
17	比利时	22,355
18	法国	22,169
19	新加坡	20,732
20	澳大利亚	18,975
21	意大利	18,783
22	以色列	16,968
23	西班牙	14,726
24	新西兰	12,763
25	台湾（地区）	12,595
26	葡萄牙	11,343
27	希腊	10,674
28	斯洛文尼亚	9,306
29	韩国	8,918
30	阿根廷	7,403
31	墨西哥	6,299
32	捷克	5,476
33	委内瑞拉	5,086
34	匈牙利	5,072
35	波兰	4,547
36	智利	3,991
37	爱沙尼亚	3,974
38	马来西亚	3,678
39	斯洛伐克	3,631
40	巴西	2,909
41	南非	2,555
42	土耳其	2,349
43	俄罗斯	2,141
44	哥伦比亚	1,891
45	泰国	1,803
46	菲律宾	917
47	中国	902
48	印度尼西亚	610
49	印度	430

来源&注释：见附录1

附加的参考国家*

巴哈马	15,500	
巴林	15,406	1
埃及	1,360	1
伊朗	1,156	1
科威特	17,255	1
尼日利亚	342	1
巴基斯坦	430	1
卡塔尔	27,615	
阿拉伯联合酋长国	21,248	1

附加参考的地区和州*

巴伐利亚（德国）	26,510	1
加利福尼亚（美国）	40,092	1
加泰罗尼亚（西班牙）	16,934	1
ILE DE FRANCE（法国）	37,987	3
LOMBARDIA（意大利）	27,334	3
纽约（美国）	40,048	2

*附加的国家、地区和州是作为对列在世界竞争力年鉴中的49各国家的补充数据。

这些经济既不列在也不包括在任何数据的集合中，但作为参考的补充值。

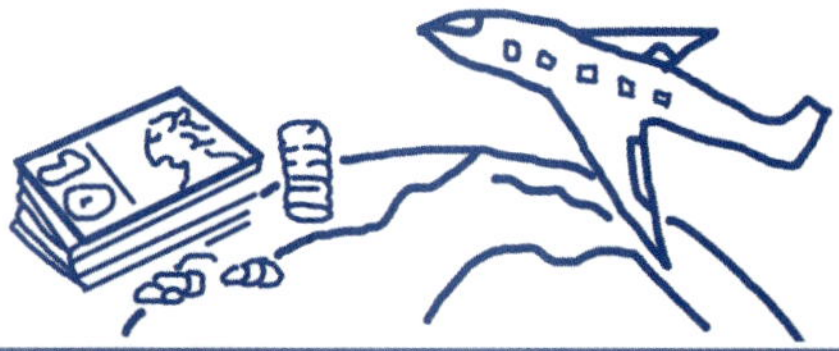

经 济 表 现

国内经济——财富

人均GDP(PPP)

2001

估计值，按购买力平价计算的人均美元

排名		美元
1	卢森堡	51,258
2	美国	34,158
3	爱尔兰	31,064
4	挪威	30,142
5	冰岛	29,208
6	瑞士	29,062
7	丹麦	27,965
8	加拿大	27,894
9	比利时	27,429
10	奥地利	27,021
11	日本	26,586
12	澳大利亚	25,980
13	荷兰	25,970
14	香港	25,467
15	德国	25,294
16	芬兰	25,033
17	法国	24,708
18	瑞典	24,514
19	英国	24,146
20	意大利	23,940
21	新加坡	22,262
22	台湾（地区）	22,155
23	新西兰	20,389
24	西班牙	19,994
25	以色列	19,189
26	韩国	17,877
27	斯洛文尼亚	17,813
28	葡萄牙	17,389
29	希腊	16,581
30	捷克	14,485
31	匈牙利	12,663
32	阿根廷	11,954
33	斯洛伐克	11,662
34	爱沙尼亚	10,625
35	智利	9,527
36	波兰	9,151
37	南非	9,092
38	马来西亚	8,902
39	俄罗斯	8,842
40	墨西哥	8,735
41	巴西	7,651
42	泰国	6,264
43	哥伦比亚	6,180
44	土耳其	6,175
45	委内瑞拉	5,839
46	中国	4,189
47	菲律宾	3,983
48	印度尼西亚	3,098
49	印度	2,449

来源&注释：见附录1

附加的参考国家*

巴哈马	17,096
巴林	15,341
埃及	3,648
伊朗	6,055
科威特	13,922
尼日利亚	978
巴基斯坦	1,957
卡塔尔	-
阿拉伯联合酋长国	16,343

*附加的国家、地区和州是作为对列在世界竞争力年鉴中的49各国家的补充数据。这些经济既不列在也不包括在任何数据的集合中，但作为参考的补充值。

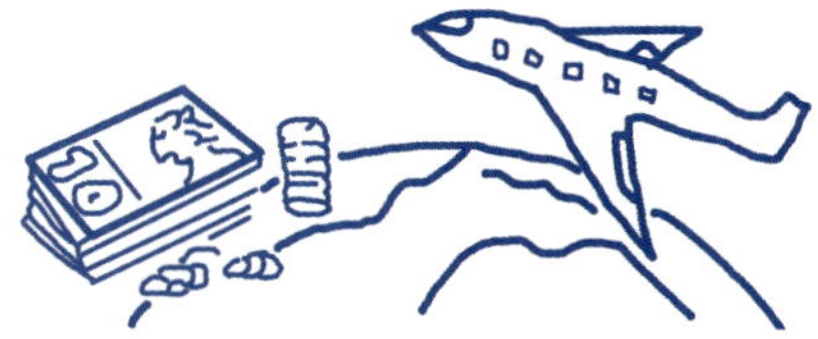

国内经济——财富 1.1.24

人均最终消费支出

2001

人均美元

BACKGROUND INFORMATION

排名	国家/地区	美元
1	美国	24,794
2	瑞士	20,431
3	日本	18,404
4	卢森堡	17,046
5	英国	15,522
6	挪威	15,507
7	冰岛	14,921
8	丹麦	14,150
9	香港	14,101
10	奥地利	13,237
11	德国	13,224
12	爱尔兰	13,007
13	加拿大	12,906
14	比利时	12,075
15	法国	12,064
16	荷兰	11,736
17	瑞典	11,717
18	芬兰	11,244
19	意大利	11,220
20	澳大利亚	10,910
21	以色列	9,925
22	新加坡	8,754
23	西班牙	8,543
24	台湾（地区）	8,006
25	新西兰	7,505
26	希腊	7,378
27	葡萄牙	6,559
28	阿根廷	5,121
29	韩国	5,102
30	斯洛文尼亚	5,019
31	墨西哥	4,323
32	委内瑞拉	3,469
33	匈牙利	3,217
34	波兰	2,942
35	智利	2,935
36	捷克	2,921
37	爱沙尼亚	2,248
38	斯洛伐克	1,947
39	巴西	1,752
40	马来西亚	1,666
41	南非	1,595
42	土耳其	1,577
43	哥伦比亚	1,208
44	泰国	1,023
45	俄罗斯	1,021
46	菲律宾	645
47	印度尼西亚	408
48	中国	407
49	印度	297

来源&注释：见附录1

国内经济——财富 1.1.25

人均政府最终消费支出

2001

人均美元

BACKGROUND INFORMATION

排名	国家/地区	美元
1	丹麦	7,599
2	卢森堡	7,306
3	挪威	7,239
4	冰岛	6,204
5	瑞典	6,124
6	日本	5,714
7	荷兰	5,431
8	美国	5,258
9	法国	5,104
10	以色列	5,035
11	芬兰	4,871
12	瑞士	4,838
13	比利时	4,753
14	英国	4,442
15	奥地利	4,420
16	德国	4,265
17	加拿大	4,158
18	意大利	3,450
19	澳大利亚	3,361
20	爱尔兰	3,354
21	西班牙	2,516
22	香港	2,500
23	新加坡	2,475
24	新西兰	2,288
25	葡萄牙	2,159
26	斯洛文尼亚	1,956
27	希腊	1,693
28	台湾（地区）	1,631
29	捷克	1,050
30	阿根廷	1,039
31	韩国	929
32	爱沙尼亚	822
33	斯洛伐克	697
34	墨西哥	644
35	波兰	633
36	巴西	581
37	智利	565
38	匈牙利	513
39	南非	460
40	马来西亚	450
41	委内瑞拉	405
42	哥伦比亚	400
43	土耳其	308
44	俄罗斯	253
45	泰国	209
46	菲律宾	112
47	中国	111
48	印度	57
49	印度尼西亚	41

来源&注释：见附录1

经 济 表 现

国内经济——财富 1.1.26

人均国内总投资额

2001

人均美元

BACKGROUND INFORMATION

排名	国家/地区	美元
1	卢森堡	9,677
2	日本	8,298
3	瑞士	7,177
4	美国	7,137
5	挪威	6,880
6	香港	6,220
7	爱尔兰	6,211
8	丹麦	6,174
9	冰岛	5,984
10	奥地利	5,379
11	荷兰	5,218
12	新加坡	5,032
13	比利时	4,672
14	德国	4,667
15	芬兰	4,565
16	加拿大	4,471
17	法国	4,357
18	英国	4,137
19	瑞典	4,104
20	澳大利亚	3,781
21	意大利	3,720
22	西班牙	3,651
23	以色列	3,545
24	葡萄牙	2,960
25	希腊	2,503
26	斯洛文尼亚	2,441
27	台湾（地区）	2,418
28	韩国	2,413
29	新西兰	2,408
30	捷克	1,664
31	匈牙利	1,232
32	墨西哥	1,201
33	斯洛伐克	1,161
34	阿根廷	1,103
35	波兰	1,088
36	智利	1,034
37	爱沙尼亚	1,009
38	马来西亚	921
39	委内瑞拉	836
40	巴西	566
41	俄罗斯	391
42	土耳其	388
43	泰国	386
44	南非	378
45	中国	306
46	哥伦比亚	275
47	菲律宾	161
48	印度尼西亚	151
49	印度	111

来源&注释：见附录1

国内经济——财富 1.1.27

人均国内总储蓄额

2001

人均美元

BACKGROUND INFORMATION

排名	国家/地区	美元
1	卢森堡	18,998
2	挪威	13,474
3	爱尔兰	11,103
4	新加坡	9,503
5	瑞士	9,094
6	丹麦	8,672
7	日本	8,436
8	香港	7,499
9	芬兰	7,180
10	荷兰	6,720
11	瑞典	5,816
12	美国	5,782
13	奥地利	5,543
14	比利时	5,527
15	加拿大	5,508
16	冰岛	5,244
17	德国	5,015
18	法国	5,001
19	澳大利亚	4,704
20	意大利	4,114
21	英国	4,014
22	西班牙	3,667
23	新西兰	2,970
24	台湾（地区）	2,958
25	韩国	2,887
26	葡萄牙	2,626
27	斯洛文尼亚	2,330
28	以色列	2,009
29	希腊	1,603
30	马来西亚	1,562
31	捷克	1,505
32	匈牙利	1,341
33	墨西哥	1,332
34	阿根廷	1,243
35	委内瑞拉	1,212
36	智利	1,136
37	斯洛伐克	987
38	爱沙尼亚	904
39	波兰	822
40	俄罗斯	624
41	巴西	575
42	泰国	571
43	南非	501
44	土耳其	463
45	中国	330
46	哥伦比亚	283
47	印度尼西亚	160
48	菲律宾	160
49	印度	68

来源&注释：见附录1

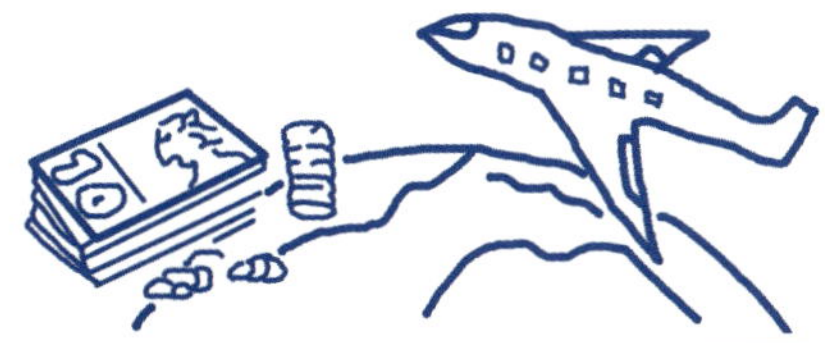

国内经济——预测 1.1.28

实际GDP增长率预测

2002

按本地货币、不变价格计算的变化率

BACKGROUND INFORMATION

		%
1	中国	7.0
2	爱沙尼亚	6.0
3	印度	6.0
4	韩国	5.8
5	希腊	4.0
6	菲律宾	4.0
7	斯洛伐克	3.9
8	匈牙利	3.8
9	俄罗斯	3.8
10	爱尔兰	3.7
11	斯洛文尼亚	3.6
12	印度尼西亚	3.5
13	马来西亚	3.5
14	捷克	3.4
15	卢森堡	3.4
16	智利	3.2
17	澳大利亚	3.2
18	土耳其	3.0
19	阿根廷	2.5
20	巴西	2.5
21	哥伦比亚	2.5
22	台湾（地区）	2.3
23	挪威	2.1
24	新加坡	2.0
25	南非	2.0
26	西班牙	2.0
27	泰国	2.0
28	新西兰	1.8
29	葡萄牙	1.8
30	墨西哥	1.7
31	英国	1.7
32	法国	1.6
33	荷兰	1.6
34	瑞典	1.6
35	奥地利	1.5
36	比利时	1.4
37	丹麦	1.3
38	加拿大	1.2
39	芬兰	1.2
40	意大利	1.2
41	瑞士	1.1
42	德国	1.0
43	香港	1.0
44	波兰	1.0
45	美国	0.7
46	以色列	0.5
47	委内瑞拉	-0.1
48	冰岛	-0.5
49	日本	-1.0

来源&注释：见附录1

国内经济——预测 1.1.29

个人消费支出实际增长率预测

2002

按本地货币、不变价格计算的变化率

BACKGROUND INFORMATION

		%
1	俄罗斯	7.0
2	爱沙尼亚	6.0
3	爱尔兰	5.5
4	韩国	5.5
5	马来西亚	5.0
6	巴西	4.7
7	匈牙利	4.3
8	智利	4.1
9	以色列	4.0
10	卢森堡	4.0
11	澳大利亚	3.6
12	土耳其	3.6
13	捷克	3.5
14	菲律宾	3.5
15	希腊	3.0
16	泰国	3.0
17	瑞典	2.9
18	挪威	2.8
19	南非	2.6
20	台湾（地区）	2.6
21	斯洛伐克	2.5
22	哥伦比亚	2.3
23	西班牙	2.2
24	芬兰	2.1
25	加拿大	2.0
26	荷兰	2.0
27	英国	2.0
28	斯洛文尼亚	1.9
29	奥地利	1.8
30	法国	1.7
31	比利时	1.5
32	波兰	1.5
33	德国	1.4
34	意大利	1.4
35	葡萄牙	1.4
36	新西兰	1.3
37	瑞士	1.3
38	墨西哥	1.2
39	美国	1.1
40	丹麦	0.9
41	日本	-0.2
42	香港	-0.5
43	冰岛	-1.0
-	阿根廷	-
-	中国	-
-	印度	-
-	印度尼西亚	-
-	新加坡	-
-	委内瑞拉	-

来源&注释：见附录1

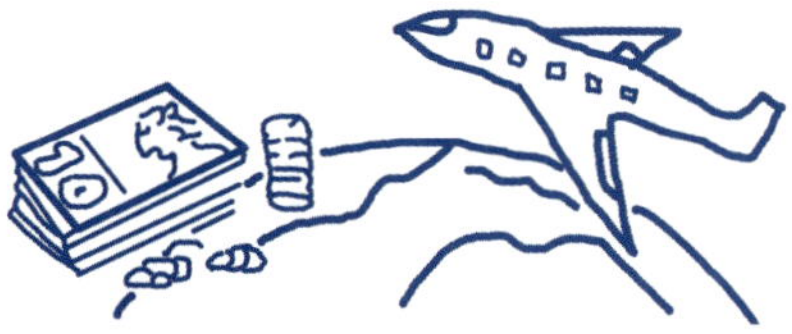

经 济 表 现

国内经济——预测 1.1.30

国内总投资额实际增长率预测

2002

按本地货币、不变价格计算的变化率

BACKGROUND INFORMATION

排名		%
1	中国	10.0
2	希腊	8.7
3	巴西	8.0
4	韩国	7.7
5	匈牙利	7.5
6	斯洛伐克	6.5
7	爱沙尼亚	6.0
8	俄罗斯	6.0
9	捷克	5.8
10	哥伦比亚	5.0
11	墨西哥	4.6
12	卢森堡	4.0
13	澳大利亚	3.5
14	菲律宾	3.4
15	泰国	3.3
16	葡萄牙	3.2
17	南非	3.2
18	波兰	2.4
19	新西兰	2.3
20	智利	2.0
21	西班牙	1.8
22	比利时	1.7
23	加拿大	1.7
24	丹麦	1.4
25	意大利	1.3
26	瑞士	0.9
27	台湾（地区）	0.9
28	法国	0.8
29	土耳其	0.5
30	奥地利	0.3
31	荷兰	0.1
32	爱尔兰	-0.6
33	挪威	-0.6
34	德国	-0.7
35	英国	-0.7
36	芬兰	-1.3
37	马来西亚	-1.3
38	瑞典	-2.0
39	美国	-4.2
40	香港	-5.1
41	日本	-6.7
42	冰岛	-13.0
43	阿根廷	-
44	印度	-
45	印度尼西亚	-
46	以色列	-
47	新加坡	-
48	斯洛文尼亚	-
49	委内瑞拉	-

来源&注释：见附录1

国内经济——预测 1.1.31

通货膨胀预测

2002

通货膨胀变化率

BACKGROUND INFORMATION

排名		%
1	香港	-2.8
2	日本	-1.5
3	台湾（地区）	0.4
4	哥伦比亚	0.4
5	新加坡	0.4
6	瑞士	0.5
7	德国	1.0
8	美国	1.0
9	比利时	1.2
10	法国	1.4
11	中国	1.5
12	丹麦	1.7
13	芬兰	1.7
14	意大利	1.7
15	挪威	1.7
16	奥地利	1.8
17	马来西亚	1.8
18	加拿大	1.9
19	新西兰	1.9
20	泰国	2.0
21	英国	2.3
22	澳大利亚	2.4
23	荷兰	2.4
24	卢森堡	2.5
25	西班牙	2.5
26	希腊	2.6
27	韩国	2.9
28	瑞典	3.0
29	智利	3.1
30	爱尔兰	3.5
31	葡萄牙	3.5
32	巴西	3.7
33	捷克	3.9
34	波兰	3.9
35	爱沙尼亚	4.0
36	印度	4.0
37	以色列	4.0
38	墨西哥	4.5
39	菲律宾	5.0
40	冰岛	5.2
41	斯洛伐克	6.0
42	斯洛文尼亚	6.4
43	匈牙利	6.5
44	南非	7.4
45	印度尼西亚	9.5
46	阿根廷	15.0
47	俄罗斯	19.0
48	委内瑞拉	20.4
49	土耳其	46.4

来源&注释：见附录1

国内经济——预测 1.1.32

失业预测

2002

失业人员占全部劳动力的百分比

BACKGROUND INFORMATION

排名	国家/地区	%
1	瑞士	2.2
2	冰岛	2.3
3	墨西哥	2.6
4	卢森堡	2.8
5	荷兰	2.8
6	韩国	3.0
7	马来西亚	3.6
8	挪威	3.7
9	葡萄牙	4.4
10	中国	4.5
11	瑞典	4.5
12	丹麦	5.0
13	匈牙利	5.3
14	奥地利	5.3
15	爱尔兰	5.3
16	英国	5.3
17	日本	5.5
18	新西兰	5.8
19	斯洛文尼亚	6.1
20	美国	6.2
21	巴西	6.5
22	澳大利亚	6.7
23	捷克	6.9
24	比利时	7.2
25	土耳其	7.5
26	加拿大	7.8
27	德国	8.1
28	俄罗斯	8.9
29	法国	9.4
30	智利	9.6
31	芬兰	9.6
32	以色列	10.0
33	菲律宾	10.0
34	意大利	10.2
35	希腊	10.9
36	爱沙尼亚	12.0
37	西班牙	13.7
38	波兰	19.3
39	斯洛伐克	19.6
-	阿根廷	-
-	哥伦比亚	-
-	香港	-
-	印度	-
-	印度尼西亚	-
-	新加坡	-
-	南非	-
-	台湾（地区）	-
-	泰国	-
-	委内瑞拉	-

来源&注释：见附录1

国内经济——预测 1.1.33

经常项目差额预测

2002

经常项目差额占GDP/GNP的百分比

BACKGROUND INFORMATION

排名	国家/地区	%
1	新加坡	19.8
2	挪威	12.5
3	瑞士	12.0
4	马来西亚	7.9
5	芬兰	5.9
6	比利时	4.1
7	台湾（地区）	3.9
8	荷兰	3.8
9	丹麦	3.1
10	卢森堡	3.1
11	菲律宾	3.0
12	日本	2.9
13	泰国	2.9
14	加拿大	2.5
15	法国	1.8
16	瑞典	1.8
17	印度尼西亚	1.5
18	韩国	1.4
19	南非	1.2
20	中国	1.0
21	意大利	0.6
22	土耳其	0.1
23	德国	-0.4
24	智利	-1.6
25	爱尔兰	-1.8
26	奥地利	-1.9
27	冰岛	-2.0
28	西班牙	-2.0
29	英国	-2.0
30	哥伦比亚	-2.9
31	匈牙利	-3.0
32	波兰	-3.0
33	墨西哥	-3.4
34	澳大利亚	-3.6
35	巴西	-3.8
36	新西兰	-3.9
37	美国	-3.9
38	捷克	-4.4
39	爱沙尼亚	-5.0
40	希腊	-5.1
41	斯洛伐克	-8.0
42	葡萄牙	-9.0
-	阿根廷	-
-	香港	-
-	印度	-
-	以色列	-
-	俄罗斯	-
-	斯洛文尼亚	-
-	委内瑞拉	-

来源&注释：见附录1

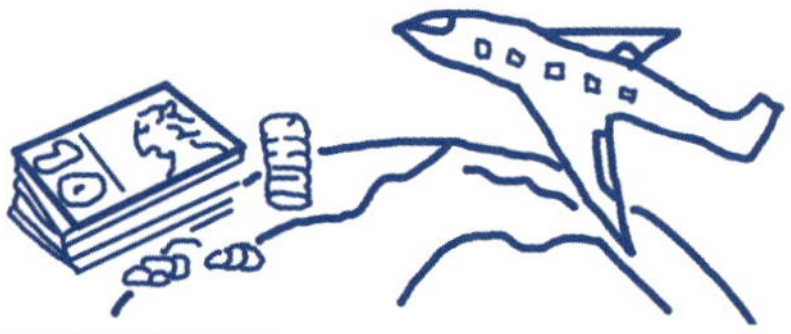

经济表现

国际贸易 1.2.01

经常项目差额

2001

经常项目差额，10亿美元（负号为逆差）

排名		十亿美元
1	日本	95.8
2	俄罗斯	34.2
3	瑞士	30.5
4	挪威	24.0
5	中国	21.2
6	法国	20.5
7	台湾（地区）	19.0
8	加拿大	18.8
9	新加坡	17.9
10	荷兰	13.8
11	香港	12.0
12	比利时	11.9
13	韩国	8.6
14	芬兰	8.0
15	丹麦	7.6
16	马来西亚	7.2
17	瑞典	5.3
18	泰国	5.0
19	委内瑞拉	4.4
20	土耳其	3.3
21	意大利	3.2
22	菲律宾	2.8
23	印度尼西亚	1.8
24	卢森堡	1.0
25	南非	-0.2
26	斯洛文尼亚	-0.2
27	冰岛	-0.3
28	爱沙尼亚	-0.4
29	智利	-1.0
30	匈牙利	-1.1
31	斯洛伐克	-1.5
32	哥伦比亚	-1.7
33	爱尔兰	-1.8
34	捷克	-2.7
35	新西兰	-2.7
36	印度	-3.5
37	阿根廷	-4.9
38	以色列	-5.0
39	奥地利	-5.9
40	希腊	-6.1
41	波兰	-7.1
42	葡萄牙	-9.7
43	澳大利亚	-10.6
44	德国	-12.9
45	西班牙	-16.0
46	英国	-16.8
47	巴西	-23.2
48	墨西哥	-29.2
49	美国	-413.6

来源&注释：见附录1

附加的参考国家*

国家	十亿美元
巴哈马	-0.4
巴林	-0.1
埃及	-1.0
伊朗	12.6
科威特	14.9
尼日利亚	2.0
巴基斯坦	-0.1
卡塔尔	3.5
阿拉伯联合酋长国	13.2

*附加的国家、地区和州是作为对列在世界竞争力年鉴中的49各国家的补充数据。这些经济既不列在也不包括在任何数据的集合中，但作为参考的补充值。

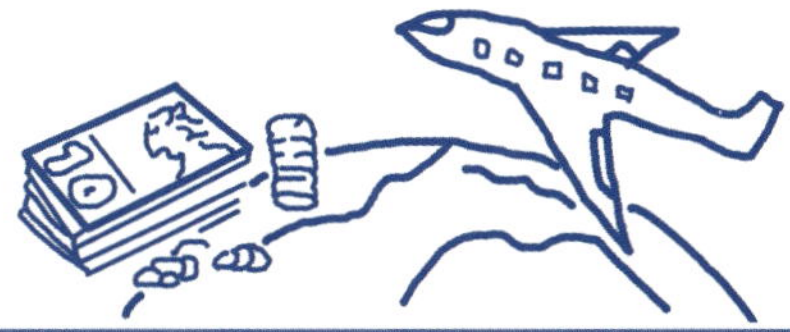

国际贸易 1.2.02

经常项目差额

2001

经常项目差额占GDP的百分比

排名		十亿美元
1	新加坡	20.88
2	挪威	14.66
3	瑞士	12.33
4	俄罗斯	11.05
5	马来西亚	8.24
6	香港	7.39
7	台湾（地区）	6.74
8	芬兰	6.62
9	比利时	5.18
10	卢森堡	5.06
11	丹麦	4.68
12	泰国	4.40
13	菲律宾	3.86
14	荷兰	3.63
15	委内瑞拉	3.51
16	加拿大	2.69
17	瑞典	2.52
18	日本	2.31
19	土耳其	2.08
20	韩国	2.04
21	中国	1.83
22	法国	1.57
23	印度尼西亚	1.40
24	意大利	0.30
25	南非	-0.17
26	德国	-0.70
27	印度	-0.79
28	斯洛文尼亚	-1.15
29	英国	-1.18
30	智利	-1.67
31	爱尔兰	-1.71
32	阿根廷	-1.78
33	哥伦比亚	-2.10
34	匈牙利	-2.16
35	西班牙	-2.75
36	澳大利亚	-2.89
37	奥地利	-3.13
38	波兰	-4.03
39	美国	-4.05
40	冰岛	-4.41
41	以色列	-4.49
42	墨西哥	-4.59
43	巴西	-4.63
44	捷克	-4.80
45	希腊	-5.22
46	新西兰	-5.46
47	爱沙尼亚	-6.49
48	斯洛伐克	-7.64
49	葡萄牙	-8.44

来源&注释：见附录1

附加的参考国家*

国家	十亿美元
巴哈马	-8.46
巴林	-1.06
埃及	-1.12
伊朗	17.18
科威特	39.34
尼日利亚	5.17
巴基斯坦	-0.16
卡塔尔	21.59
阿拉伯联合酋长国	20.04

*附加的国家、地区和州是作为对列在世界竞争力年鉴中的49各国家的补充数据。这些经济既不列在也不包括在任何数据的集合中，但作为参考的补充值。

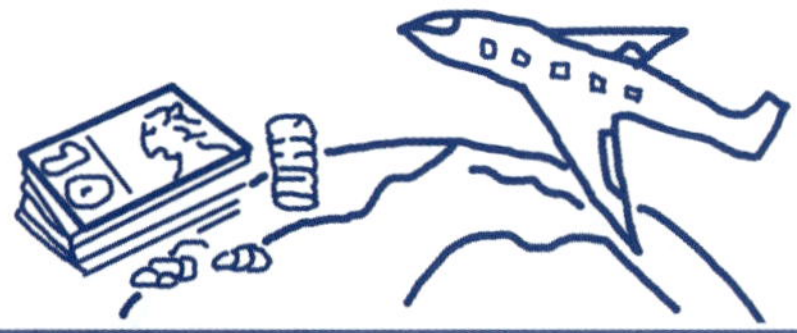

经　济　表　现

国际贸易　　1.2.03

贸易收支差额

2001

贸易收支差额，10亿美元（负号为逆差）

BACKGROUND INFORMATION

		十亿美元
1	德国	76.5
2	日本	54.6
3	俄罗斯	49.7
4	加拿大	34.0
5	爱尔兰	32.5
6	印度尼西亚	25.5
7	挪威	25.5
8	中国	23.1
9	荷兰	22.0
10	台湾（地区）	15.7
11	马来西亚	14.1
12	瑞典	12.7
13	芬兰	11.3
14	比利时	10.9
15	委内瑞拉	9.8
16	韩国	9.5
17	意大利	7.5
18	阿根廷	6.3
19	丹麦	6.3
20	新加坡	5.8
21	泰国	4.0
22	菲律宾	2.2
23	南非	0.6
24	智利	0.5
25	哥伦比亚	0.1
26	巴西	-0.0
27	澳大利亚	-0.5
28	新西兰	-0.6
29	冰岛	-0.7
30	斯洛伐克	-0.8
31	爱沙尼亚	-0.8
32	斯洛文尼亚	-0.8
33	瑞士	-2.0
34	匈牙利	-2.1
35	卢森堡	-2.5
36	捷克	-3.1
37	法国	-3.5
38	奥地利	-3.6
39	以色列	-6.1
40	印度	-6.7
41	土耳其	-9.2
42	香港	-11.6
43	葡萄牙	-13.9
44	波兰	-14.5
45	希腊	-16.1
46	墨西哥	-17.6
47	西班牙	-33.6
48	英国	-59.1
49	美国	-449.6

来源&注释：见附录1

附加的参考国家*

巴哈马	-0.8
巴林	1.1
埃及	-9.3
伊朗	9.9
科威特	11.9
尼日利亚	8.9
巴基斯坦	-1.9
卡塔尔	6.0
阿拉伯联合酋长国	6.3

*附加的国家、地区和州是作为对列在世界竞争力年鉴中的49各国家的补充数据。这些经济既不列在也不包括在任何数据的集合中，但作为参考的补充值。

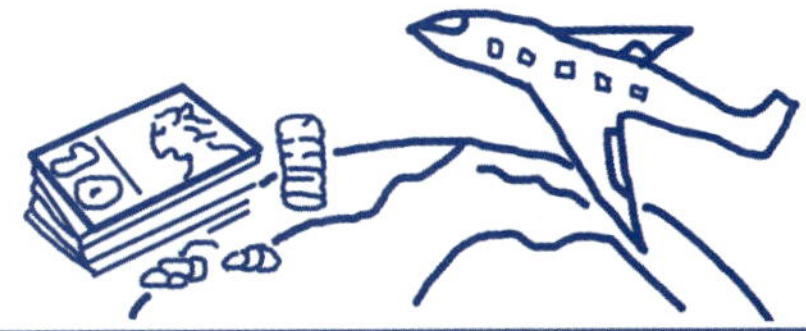

经　济　表　现

国际贸易　　1.2.04

贸易收支差额

2001

贸易收支差额占GDP的百分比

BACKGROUND INFORMATION

排名		%
1	爱尔兰	30.91
2	印度尼西亚	19.61
3	马来西亚	16.15
4	俄罗斯	16.04
5	挪威	15.57
6	芬兰	9.31
7	委内瑞拉	7.85
8	新加坡	6.74
9	瑞典	6.06
10	荷兰	5.78
11	台湾（地区）	5.55
12	加拿大	4.86
13	比利时	4.73
14	德国	4.15
15	丹麦	3.85
16	泰国	3.55
17	菲律宾	3.10
18	阿根廷	2.29
19	韩国	2.26
20	中国	1.99
21	日本	1.32
22	智利	0.78
23	意大利	0.69
24	南非	0.52
25	哥伦比亚	0.18
26	巴西	-0.01
27	澳大利亚	-0.14
28	法国	-0.27
29	瑞士	-0.81
30	新西兰	-1.28
31	印度	-1.51
32	奥地利	-1.89
33	墨西哥	-2.77
34	斯洛伐克	-4.05
35	英国	-4.14
36	匈牙利	-4.15
37	美国	-4.41
38	斯洛文尼亚	-4.41
39	以色列	-5.53
40	捷克	-5.57
41	西班牙	-5.78
42	土耳其	-5.80
43	香港	-7.15
44	冰岛	-7.67
45	波兰	-8.27
46	葡萄牙	-12.12
47	卢森堡	-12.76
48	希腊	-14.22
49	爱沙尼亚	-14.54

来源&注释：见附录1

附加的参考国家*

国家	
巴哈马	-17.28
巴林	10.33
埃及	-10.71
伊朗	20.11
科威特	31.55
尼日利亚	18.23
巴基斯坦	-3.17
卡塔尔	36.51
阿拉伯联合酋长国	12.10

*附加的国家、地区和州是作为对列在世界竞争力年鉴中的49各国家的补充数据。这些经济既不列在也不包括在任何数据的集合中，但作为参考的补充值。

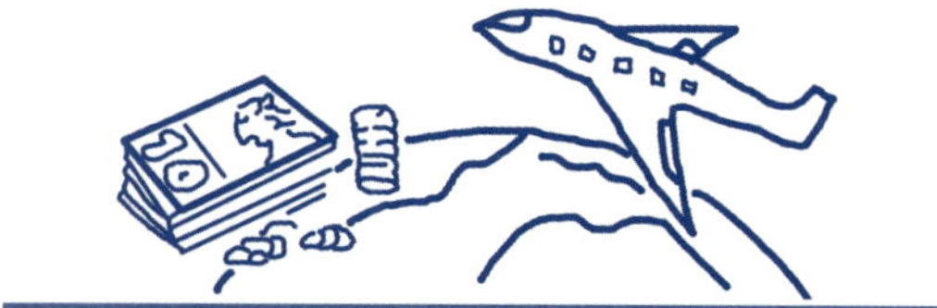

经 济 表 现

国际贸易 1.2.05

服务收支差额

2000

服务收支差额，10亿美元（负号为逆差）

排名	国家/地区	十亿美元
1	美国	75.66
2	西班牙	22.22
3	法国	19.63
4	英国	17.77
5	香港	15.89
6	土耳其	11.63
7	瑞士	10.91
8	新加坡	5.10
9	希腊	5.09
10	卢森堡	4.89
11	丹麦	2.23
12	以色列	2.11
13	波兰	2.09
14	葡萄牙	1.90
15	匈牙利	1.79
16	捷克	1.36
17	荷兰	1.21
18	意大利	0.96
19	奥地利	0.94
20	爱沙尼亚	0.54
21	挪威	0.50
22	斯洛伐克	0.44
23	斯洛文尼亚	0.44
24	澳大利亚	0.10
25	新西兰	-0.21
26	冰岛	-0.23
27	智利	-0.49
28	南非	-0.52
29	比利时	-1.17
30	哥伦比亚	-1.28
31	泰国	-1.87
32	菲律宾	-1.93
33	芬兰	-2.23
34	印度	-2.35
35	马来西亚	-3.00
36	墨西哥	-3.23
37	委内瑞拉	-3.32
38	瑞典	-3.35
39	阿根廷	-4.14
40	韩国	-4.22
41	加拿大	-4.69
42	台湾（地区）	-5.50
43	中国	-5.71
44	印度尼西亚	-6.88
45	巴西	-7.02
46	俄罗斯	-7.79
47	爱尔兰	-12.05
48	日本	-47.38
49	德国	-52.33

来源&注释：见附录1

附加的参考国家*

国家	数值	注
巴哈马	1.08	
巴林	0.15	
埃及	2.53	
伊朗	-1.49	2
科威特	-2.29	
尼日利亚	-2.33	1
巴基斯坦	-0.63	1
卡塔尔	-	
阿拉伯联合酋长国	-	

*附加的国家、地区和州是作为对列在世界竞争力年鉴中的49各国家的补充数据。这些经济既不列在也不包括在任何数据的集合中，但作为参考的补充值。

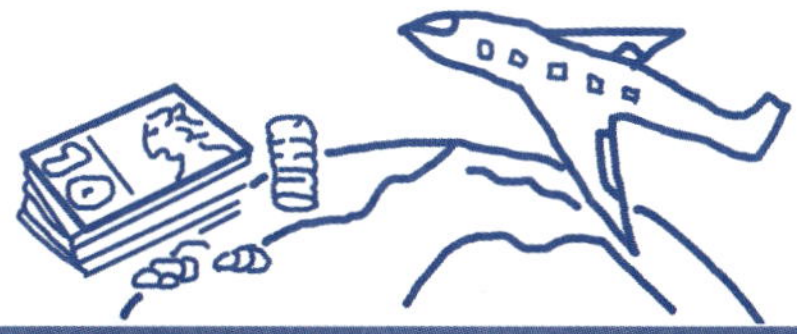

国际贸易　　1.2.06

服务收支差额

2000

服务收支差额占GDP的百分比

BACKGROUND INFORMATION

		%
1	卢森堡	25.74
2	爱沙尼亚	10.76
3	香港	9.77
4	土耳其	5.84
5	新加坡	5.50
6	瑞士	4.55
7	希腊	4.50
8	西班牙	3.96
9	匈牙利	3.86
10	捷克	2.69
11	斯洛文尼亚	2.41
12	斯洛伐克	2.32
13	以色列	1.89
14	葡萄牙	1.79
15	法国	1.51
16	丹麦	1.42
17	波兰	1.32
18	英国	1.24
19	美国	0.77
20	奥地利	0.50
21	荷兰	0.33
22	挪威	0.31
23	意大利	0.09
24	澳大利亚	0.03
25	南非	-0.41
26	新西兰	-0.43
27	比利时	-0.51
28	中国	-0.53
29	印度	-0.56
30	墨西哥	-0.56
31	加拿大	-0.66
32	智利	-0.70
33	韩国	-0.91
34	日本	-0.99
35	巴西	-1.18
36	阿根廷	-1.46
37	瑞典	-1.46
38	泰国	-1.54
39	哥伦比亚	-1.57
40	台湾（地区）	-1.78
41	芬兰	-1.84
42	菲律宾	-2.59
43	冰岛	-2.63
44	委内瑞拉	-2.74
45	德国	-2.80
46	俄罗斯	-3.10
47	马来西亚	-3.34
48	印度尼西亚	-4.55
49	爱尔兰	-12.84

来源&注释：见附录1

附加的参考国家*

巴哈马	22.70	
巴林	1.38	
埃及	2.90	
伊朗	-2.51	2
科威特	-6.05	
尼日利亚	-6.37	1
巴基斯坦	-1.07	1
卡塔尔	-	
阿拉伯联合酋长国	-	

*附加的国家、地区和州是作为对列在世界竞争力年鉴中的49各国家的补充数据。这些经济既不列在也不包括在任何数据的集合中，但作为参考的补充值。

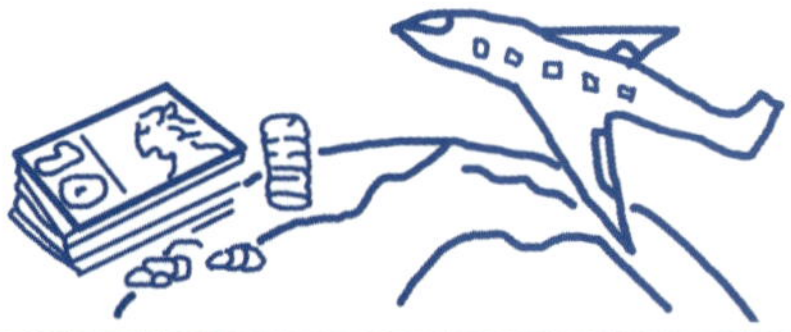

经　济　表　现

商品出口额

2001

商品出口额，10亿美元

BACKGROUND INFORMATION

排名		十亿美元	
1	美国	730.90	
2	德国	569.58	
3	日本	404.69	
4	法国	319.47	
5	英国	273.46	
6	中国	266.66	
7	加拿大	262.24	
8	意大利	241.26	
9	荷兰	229.83	
10	香港	190.68	
11	比利时	179.86	
12	墨西哥	158.54	
13	韩国	150.65	
14	台湾（地区）	122.90	
15	新加坡	121.73	
16	西班牙	110.83	
17	俄罗斯	103.21	
18	马来西亚	88.52	
19	爱尔兰	83.44	
20	瑞士	82.06	
21	瑞典	75.20	
22	奥地利	70.29	
23	泰国	64.22	
24	澳大利亚	63.39	
25	巴西	58.22	
26	挪威	57.86	
27	印度尼西亚	56.72	
28	丹麦	51.81	
29	印度	43.88	
30	芬兰	43.30	
31	波兰	35.50	
32	菲律宾	33.59	
33	捷克	33.37	
34	土耳其	31.22	
35	南非	29.28	
36	以色列	29.02	
37	委内瑞拉	28.61	
38	匈牙利	28.09	
39	阿根廷	26.66	
40	葡萄牙	23.73	
41	智利	17.67	
42	新西兰	13.27	1
43	哥伦比亚	13.10	
44	斯洛伐克	11.91	1
45	希腊	10.23	1
46	斯洛文尼亚	9.36	
47	卢森堡	8.81	
48	爱沙尼亚	3.36	
49	冰岛	1.92	1

来源&注释：见附录1

附加的参考国家*		
巴哈马	0.91	1
巴林	5.71	1
埃及	4.69	1
伊朗	26.35	
科威特	16.23	
尼日利亚	19.15	
巴基斯坦	9.17	1
卡塔尔	9.38	1
阿拉伯联合酋长国	42.90	

附加参考的地区和州*		
巴伐利亚（德国）	83.92	2
加利福尼亚（美国）	148.56	1
加泰罗尼亚（西班牙）	18.53	1
ILE DE FRANCE（法国）	-	
LOMBARDIA（意大利）	66.05	2
纽约（美国）	46.74	1

*附加的国家、地区和州是作为对列在世界竞争力年鉴中的49各国家的补充数据。这些经济既不列在也不包括在任何数据的集合中，但作为参考的补充值。

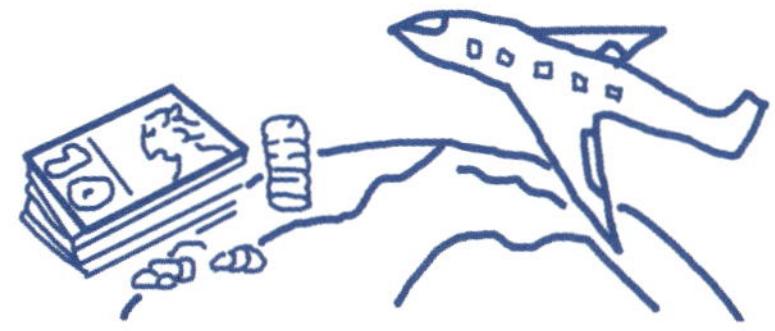

经 济 表 现

国际贸易 1.2.08

商品出口额

2001

商品出口额占GDP的比重

BACKGROUND INFORMATION

排名		%	
1	新加坡	142.13	
2	香港	117.74	
3	马来西亚	101.12	
4	爱尔兰	79.32	
5	比利时	78.34	
6	斯洛伐克	62.97	1
7	爱沙尼亚	61.76	
8	荷兰	60.51	
9	捷克	59.34	
10	泰国	56.55	
11	匈牙利	54.30	
12	斯洛文尼亚	50.04	
13	菲律宾	47.02	
14	卢森堡	45.17	
15	台湾（地区）	43.55	
16	印度尼西亚	43.54	
17	加拿大	37.46	
18	奥地利	37.27	
19	芬兰	35.82	
20	瑞典	35.79	
21	韩国	35.69	
22	挪威	35.34	
23	俄罗斯	33.30	
24	瑞士	33.17	
25	丹麦	31.89	
26	德国	30.86	
27	智利	28.74	
28	新西兰	26.49	1
29	以色列	26.31	
30	南非	25.85	
31	墨西哥	24.95	
32	法国	24.47	
33	中国	23.01	
34	委内瑞拉	22.84	
35	冰岛	22.47	1
36	意大利	22.16	
37	葡萄牙	20.65	
38	波兰	20.20	
39	土耳其	19.59	
40	英国	19.17	
41	西班牙	19.05	
42	澳大利亚	17.26	
43	哥伦比亚	16.08	
44	巴西	11.61	
45	印度	9.95	
46	日本	9.77	
47	阿根廷	9.61	
48	希腊	9.03	1
49	美国	7.16	

来源&注释：见附录1

附加的参考国家*

巴哈马	19.18	1
巴林	53.71	1
埃及	5.39	1
伊朗	40.79	1
科威特	51.72	1
尼日利亚	50.98	1
巴基斯坦	15.51	1
卡塔尔	56.70	1
阿拉伯联合酋长国	60.58	1

附加参考的地区和州*

巴伐利亚（德国）	22.95	3
加利福尼亚（美国）	10.94	1
加泰罗尼亚（西班牙）	17.63	1
ILE DE FRANCE（法国）	-	
LOMBARDIA（意大利）	28.82	3
纽约（美国）	-	

*附加的国家、地区和州是作为对列在世界竞争力年鉴中的49各国家的补充数据。这些经济既不列在也不包括在任何数据的集合中，但作为参考的补充值。

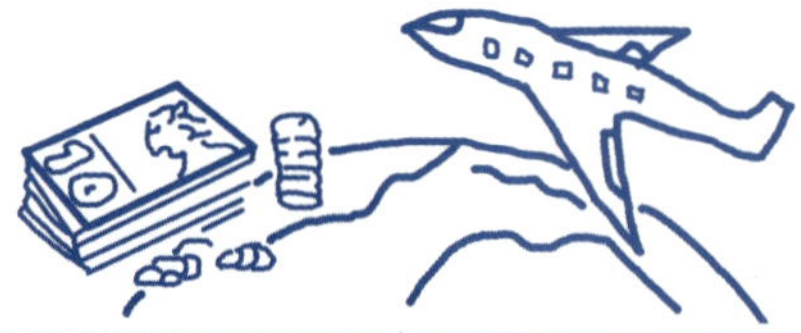

经 济 表 现

国际贸易 1.2.09

商品出口额实际增长率预测

2001

按本地货币、不变价格计算的变化率

排名		%
1	土耳其	49.27
2	巴西	26.49
3	新西兰	21.02
4	希腊	16.88
5	斯洛伐克	15.94
6	南非	12.89
7	智利	12.43
8	奥地利	10.40
9	法国	8.52
10	捷克	7.98
11	斯洛文尼亚	6.86
12	荷兰	6.62
13	澳大利亚	6.45
14	中国	6.20
15	印度	5.03
16	丹麦	4.97
17	德国	3.87
18	卢森堡	2.49
19	阿根廷	2.45
20	哥伦比亚	2.44
21	爱尔兰	2.43
22	意大利	1.68
23	泰国	1.39
24	匈牙利	1.17
25	葡萄牙	0.41
26	波兰	0.20
27	瑞士	-0.33
28	英国	-0.49
29	爱沙尼亚	-0.71
30	冰岛	-0.78
31	印度尼西亚	-2.39
32	比利时	-2.63
33	西班牙	-3.12
34	加拿大	-3.61
35	韩国	-4.07
36	日本	-4.11
37	香港	-4.18
38	挪威	-4.41
39	芬兰	-4.75
40	瑞典	-4.82
41	以色列	-5.98
42	菲律宾	-8.68
43	美国	-9.01
44	新加坡	-9.15
45	台湾（地区）	-10.29
46	马来西亚	-11.13
47	墨西哥	-11.46
48	委内瑞拉	-15.32
49	俄罗斯	-16.34

来源&注释：见附录1

国际贸易 1.2.10

商品服务出口额

2000

10亿美元

排名		十亿美元
1	美国	274.57
2	英国	99.88
3	法国	81.15
4	德国	80.00
5	日本	68.30
6	意大利	56.70
7	西班牙	53.04
8	荷兰	52.32
9	香港	42.07
10	加拿大	37.19
11	中国	30.15
12	奥地利	30.04
13	韩国	29.18
14	新加坡	26.68
15	瑞士	26.42
16	比利时	23.51
17	丹麦	20.58
18	台湾（地区）	20.22
19	瑞典	20.01
20	土耳其	19.23
21	卢森堡	18.47
22	澳大利亚	17.76
23	印度	17.57
24	爱尔兰	16.64
25	挪威	14.97
26	以色列	14.26
27	马来西亚	13.58
28	墨西哥	13.56
29	泰国	12.84
30	希腊	10.07
31	俄罗斯	9.63
32	波兰	9.50
33	巴西	8.85
34	葡萄牙	8.32
35	捷克	7.12
36	匈牙利	6.28
37	芬兰	5.97
38	南非	4.93
39	阿根廷	4.44
40	印度尼西亚	4.43
41	新西兰	4.24
42	菲律宾	4.13
43	智利	3.84
44	斯洛伐克	2.22
45	哥伦比亚	1.95
46	斯洛文尼亚	1.89
47	爱沙尼亚	1.50
48	委内瑞拉	1.00
49	冰岛	0.95

来源&注释：见附录1

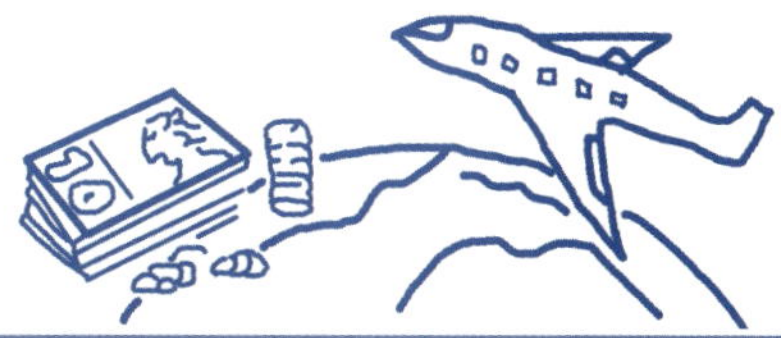

国际贸易 1.2.11

商品服务出口额

2000

商品服务出口额占GDP的百分比

BACKGROUND INFORMATION

排名	国家/地区	%
1	卢森堡	97.27
2	爱沙尼亚	29.83
3	新加坡	28.77
4	香港	25.87
5	爱尔兰	17.72
6	奥地利	15.92
7	马来西亚	15.15
8	荷兰	14.15
9	捷克	14.04
10	匈牙利	13.56
11	丹麦	13.12
12	以色列	12.73
13	斯洛伐克	11.73
14	冰岛	11.11
15	瑞士	11.03
16	泰国	10.52
17	斯洛文尼亚	10.41
18	比利时	10.27
19	土耳其	9.65
20	西班牙	9.45
21	挪威	9.25
22	希腊	8.89
23	瑞典	8.73
24	新西兰	8.46
25	葡萄牙	7.82
26	英国	6.97
27	台湾（地区）	6.54
28	韩国	6.32
29	法国	6.26
30	波兰	6.03
31	菲律宾	5.53
32	智利	5.45
33	意大利	5.28
34	加拿大	5.23
35	芬兰	4.94
36	澳大利亚	4.70
37	德国	4.29
38	印度	4.16
39	南非	3.85
40	俄罗斯	3.84
41	印度尼西亚	2.93
42	中国	2.79
43	美国	2.78
44	哥伦比亚	2.40
45	墨西哥	2.36
46	阿根廷	1.56
47	巴西	1.49
48	日本	1.43
49	委内瑞拉	0.83

来源&注释：见附录1

国际贸易 1.2.12

商品服务出口实际增长

2000

按本地货币、不变价格计算的变化率

BACKGROUND INFORMATION

排名	国家/地区	%
1	丹麦	37.74
2	以色列	29.20
3	印度	26.50
4	卢森堡	25.14
5	巴西	22.39
6	匈牙利	21.34
7	挪威	18.79
8	爱尔兰	18.69
9	香港	18.34
10	哥伦比亚	17.93
11	斯洛伐克	17.68
12	冰岛	16.17
13	希腊	15.98
14	中国	14.76
15	土耳其	14.45
16	德国	14.25
17	法国	13.56
18	新加坡	13.48
19	新西兰	13.26
20	马来西亚	13.26
21	台湾（地区）	12.80
22	捷克	12.43
23	爱沙尼亚	12.30
24	波兰	12.14
25	斯洛文尼亚	11.83
26	澳大利亚	11.77
27	西班牙	11.64
28	荷兰	11.32
29	瑞典	11.03
30	瑞士	10.98
31	比利时	10.31
32	奥地利	10.04
33	葡萄牙	9.15
34	南非	8.01
35	日本	7.88
36	美国	6.81
37	加拿大	5.99
38	墨西哥	5.62
39	意大利	5.37
40	韩国	5.27
41	智利	4.58
42	芬兰	3.64
43	阿根廷	2.57
44	印度尼西亚	0.84
45	英国	0.45
46	俄罗斯	0.44
47	菲律宾	-6.23
48	泰国	-7.76
49	委内瑞拉	-12.04

来源&注释：见附录1

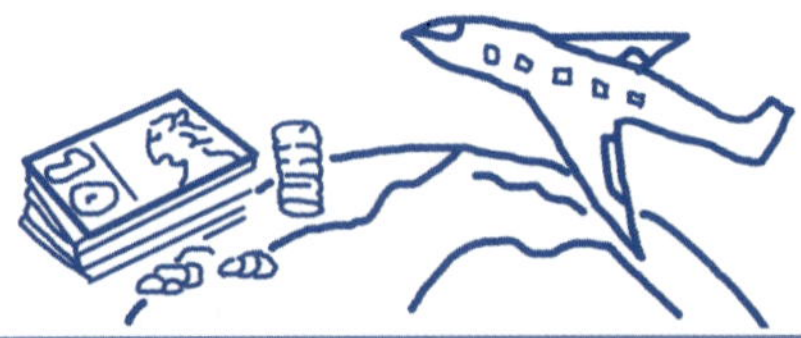

国际贸易 1.2.13

出口产业结构

2000

三次产业出口占总出口的百分比

BACKGROUND INFORMATION

	农业	工业	服务业
阿根廷	38	48	14
澳大利亚	19	59	22
奥地利	4	64	32
比利时	9	80	11
巴西	23	63	14
加拿大	11	77	12
智利	26	56	17
中国	6	84	11
哥伦比亚	21	66	13
捷克	5	76	20
丹麦	15	56	29
爱沙尼亚	14	55	31
芬兰	7	82	12
法国	7	71	21
德国	4	83	13
希腊	11	39	50
香港	0	83	17
匈牙利	7	73	20
冰岛	44	23	33
印度	9	61	29
印度尼西亚	11	82	7
爱尔兰	6	77	17
以色列	3	66	31
意大利	4	76	19
日本	1	87	12
韩国	2	84	14
卢森堡	1	31	68
马来西亚	7	81	12
墨西哥	4	88	8
荷兰	11	69	20
新西兰	43	33	24
挪威	6	74	20
菲律宾	4	86	9
波兰	7	70	23
葡萄牙	6	68	26
俄罗斯	4	88	8
新加坡	2	82	16
斯洛伐克	4	80	16
斯洛文尼亚	3	79	18
南非	8	78	14
西班牙	9	59	32
瑞典	2	79	19
瑞士	2	74	24
台湾（地区）	2	86	12
泰国	15	70	16
土耳其	7	51	42
英国	3	71	26
美国	6	68	26
委内瑞拉	1	96	3

来源&注释：见附录1

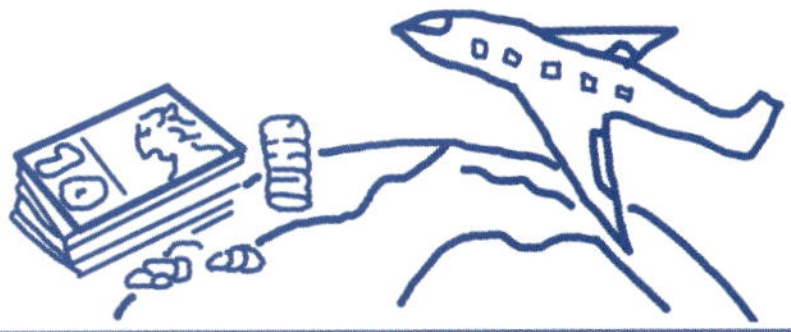

国际贸易　　1.2.14

商品和商业服务进口

2000

10亿美元

BACKGROUND INFORMATION

		十亿美元
1	冰岛	3.7
2	爱沙尼亚	5.1
3	斯洛文尼亚	11.4
4	斯洛伐克	14.4
5	哥伦比亚	14.8
6	新西兰	18.4
7	委内瑞拉	20.4
8	智利	22.4
9	卢森堡	24.4
10	希腊	31.3
11	匈牙利	32.1
12	阿根廷	33.7
13	南非	35.1
14	捷克	38.1
15	菲律宾	40.7
16	芬兰	42.1
17	葡萄牙	44.7
18	印度尼西亚	44.8
19	挪威	48.9
20	以色列	50.3
21	波兰	56.3
22	土耳其	61.1
23	丹麦	62.7
24	俄罗斯	62.9
25	印度	70.4
26	巴西	74.4
27	泰国	76.6
28	爱尔兰	79.6
29	澳大利亚	89.2
30	瑞典	96.2
31	奥地利	97.7
32	马来西亚	98.8
33	瑞士	99.1
34	新加坡	156.1
35	台湾（地区）	165.7
36	西班牙	184.3
37	韩国	193.9
38	比利时	197.6
39	墨西哥	199.4
40	香港	240.4
41	荷兰	249.1
42	中国	261.0
43	加拿大	286.7
44	意大利	292.2
45	法国	366.9
46	英国	419.1
47	日本	495.2
48	德国	635.2
49	美国	1,456.5

来源&注释：见附录1

附加的参考国家*	
巴哈马	2.6
巴林	5.3
埃及	21.2
伊朗	16.7 [2]
科威特	11.7
尼日利亚	13.7 [1]
巴基斯坦	12.4 [1]
卡塔尔	-
阿拉伯联合酋长国	-

*附加的国家、地区和州是作为对列在世界竞争力年鉴中的49各国家的补充数据。这些经济既不列在也不包括在任何数据的集合中，但作为参考的补充值。

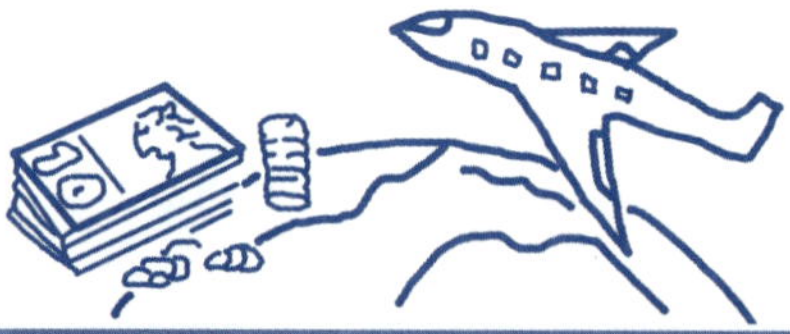

国际贸易 1.2.15

商品和商业服务进口

2000

占GDP百分比

BACKGROUND INFORMATION

排名		%
1	日本	10.4
2	阿根廷	11.9
3	巴西	12.5
4	美国	14.8
5	印度	16.7
6	委内瑞拉	16.8
7	哥伦比亚	18.2
8	澳大利亚	23.6
9	中国	24.2
10	俄罗斯	25.1
11	意大利	27.2
12	南非	27.5
13	希腊	27.6
14	法国	28.3
15	英国	29.3
16	印度尼西亚	29.6
17	挪威	30.2
18	土耳其	30.7
19	智利	31.8
20	西班牙	32.8
21	德国	34.0
22	墨西哥	34.7
23	芬兰	34.8
24	波兰	35.8
25	新西兰	36.7
26	丹麦	39.9
27	加拿大	40.3
28	瑞士	41.4
29	瑞典	41.9
30	韩国	42.0
31	葡萄牙	42.0
32	冰岛	43.9
33	以色列	44.9
34	奥地利	51.8
35	台湾（地区）	53.6
36	菲律宾	54.4
37	泰国	62.8
38	斯洛文尼亚	62.8
39	荷兰	67.4
40	匈牙利	69.2
41	捷克	75.1
42	斯洛伐克	76.4
43	爱尔兰	84.7
44	比利时	86.4
45	爱沙尼亚	100.4
46	马来西亚	110.2
47	卢森堡	128.3
48	香港	147.8
49	新加坡	168.3

来源&注释：见附录1

附加的参考国家*

国家	值
巴哈马	55.8
巴林	49.8
埃及	24.3
伊朗	28.1 [2]
科威特	31.0
尼日利亚	37.4 [1]
巴基斯坦	20.8 [1]
卡塔尔	-
阿拉伯联合酋长国	-

*附加的国家、地区和州是作为对列在世界竞争力年鉴中的49各国家的补充数据。这些经济既不列在也不包括在任何数据的集合中，但作为参考的补充值。

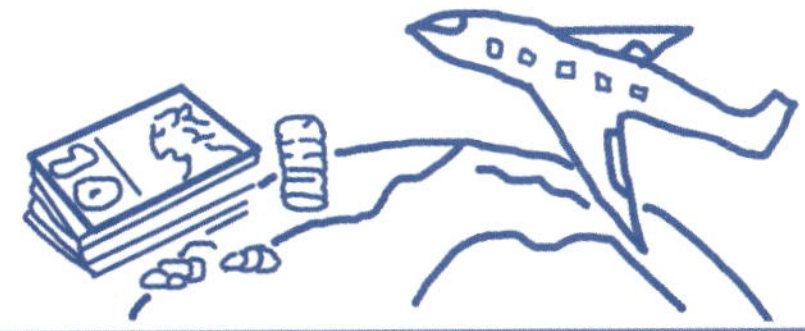

国际贸易 1.2.16

商品和商业服务进口实际增长

2000

按本地货币、不变价格计算的变化率

BACKGROUND INFORMATION

		%
1	阿根廷	0.49
2	波兰	6.15
3	葡萄牙	7.43
4	英国	7.88
5	加拿大	7.91
6	巴西	8.79
7	澳大利亚	9.20
8	挪威	9.74
9	俄罗斯	9.74
10	冰岛	9.92
11	菲律宾	10.04
12	斯洛伐克	10.57
13	墨西哥	10.77
14	日本	10.88
15	新西兰	11.00
16	斯洛文尼亚	11.57
17	奥地利	11.61
18	以色列	12.88
19	委内瑞拉	13.59
20	印度	13.79
21	美国	14.10
22	瑞士	14.62
23	希腊	15.12
24	瑞典	15.26
25	荷兰	16.54
26	哥伦比亚	16.95
27	法国	17.16
28	南非	17.42
29	比利时	17.44
30	西班牙	17.63
31	丹麦	17.87
32	台湾（地区）	17.97
33	爱尔兰	18.02
34	智利	18.17
35	意大利	18.38
36	德国	18.52
37	卢森堡	18.82
38	芬兰	19.29
39	土耳其	19.77
40	新加坡	20.41
41	捷克	20.69
42	香港	21.74
43	马来西亚	22.17
44	韩国	22.98
45	匈牙利	23.04
46	泰国	25.48
47	印度尼西亚	28.00
48	爱沙尼亚	31.58
49	中国	32.10

来源&注释：见附录1

国际贸易 1.2.17

进口的产业结构

2000

三次产业进口占总进口的百分比

BACKGROUND INFORMATION

		农业	工业	服务业
1	阿根廷	4	70	25
2	澳大利亚	4	76	20
3	奥地利	5	65	30
4	比利时	8	79	12
5	巴西	7	72	21
6	加拿大	5	80	15
7	智利	6	75	19
8	中国	7	79	14
9	哥伦比亚	11	67	22
10	捷克	5	79	15
11	丹麦	9	62	29
12	爱沙尼亚	12	69	19
13	芬兰	6	75	19
14	法国	7	76	17
15	德国	6	73	21
16	希腊	11	73	16
17	香港	4	85	11
18	匈牙利	4	82	14
19	冰岛	6	63	31
20	印度	7	65	28
21	印度尼西亚	12	62	25
22	爱尔兰	4	60	36
23	以色列	4	72	24
24	意大利	9	72	19
25	日本	12	65	23
26	韩国	6	76	17
27	卢森堡	3	41	56
28	马来西亚	4	79	17
29	墨西哥	6	86	8
30	荷兰	8	72	21
31	新西兰	6	70	24
32	挪威	6	65	30
33	菲律宾	7	78	15
34	波兰	7	80	13
35	葡萄牙	11	74	14
36	俄罗斯	10	62	28
37	新加坡	2	84	14
38	斯洛伐克	6	82	12
39	斯洛文尼亚	8	79	13
40	南非	4	80	16
41	西班牙	8	75	17
42	瑞典	5	71	24
43	瑞士	5	80	16
44	台湾（地区）	5	80	16
45	泰国	6	75	19
46	土耳其	6	81	12
47	英国	6	74	20
48	美国	4	82	14
49	委内瑞拉	9	70	21

来源&注释：见附录1

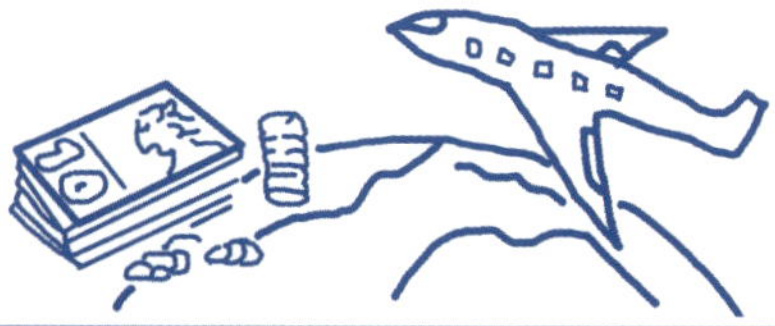

经 济 表 现

国际贸易 1.2.18

外贸依存度

2000

（出口+进口）/（2×GDP）

排名		比率
1	新加坡	172.88
2	香港	149.08
3	卢森堡	135.49
4	马来西亚	117.45
5	爱沙尼亚	97.90
6	爱尔兰	93.75
7	比利时	88.99
8	斯洛伐克	75.56
9	捷克	73.18
10	荷兰	69.51
11	匈牙利	69.25
12	泰国	64.97
13	斯洛文尼亚	60.92
14	菲律宾	56.74
15	台湾（地区）	54.02
16	奥地利	50.77
17	瑞典	44.27
18	瑞士	43.21
19	韩国	42.82
20	以色列	42.81
21	丹麦	42.35
22	加拿大	42.22
23	芬兰	38.75
24	冰岛	38.73
25	挪威	38.27
26	印度尼西亚	36.79
27	葡萄牙	35.89
28	新西兰	35.81
29	俄罗斯	35.40
30	德国	33.92
31	墨西哥	32.96
32	智利	31.47
33	西班牙	31.28
34	波兰	30.93
35	法国	28.77
36	英国	28.03
37	南非	27.36
38	意大利	27.31
39	土耳其	26.83
40	中国	25.02
41	希腊	22.78
42	澳大利亚	22.59
43	委内瑞拉	21.95
44	哥伦比亚	18.31
45	印度	15.44
46	美国	12.72
47	巴西	11.62
48	阿根廷	11.34
49	日本	10.94

来源&注释：见附录1

国际贸易 1.2.19

贸易条件指数

2000

出口单位价值比进口单位价值（1995=100）

排名		指数	
1	俄罗斯	203.0	
2	菲律宾	183.2	
3	挪威	150.4	
4	马来西亚	131.9	
5	新加坡	112.9	
6	爱沙尼亚	112.6	
7	以色列	107.0	
8	阿根廷	106.5	
9	台湾（地区）	104.8	
10	瑞士	103.4	
11	印度	103.0	
12	加拿大	102.6	
13	冰岛	102.5	
14	丹麦	101.8	
15	意大利	100.1	
16	香港	99.8	
17	新西兰	98.3	
18	荷兰	97.4	
19	芬兰	96.7	3
20	瑞典	96.4	
21	匈牙利	96.3	
22	捷克	96.2	
23	比利时	95.9	
24	土耳其	95.9	
25	西班牙	95.9	
26	南非	95.5	
27	斯洛伐克	95.3	
28	斯洛文尼亚	95.1	
29	日本	95.0	
30	法国	95.0	
31	爱尔兰	93.2	
32	德国	93.1	
33	澳大利亚	92.4	
34	巴西	92.1	
35	波兰	89.8	
36	希腊	89.7	3
37	卢森堡	87.1	
38	英国	86.8	
39	墨西哥	86.0	2
40	泰国	85.7	
41	美国	84.5	
42	哥伦比亚	84.3	
43	韩国	72.1	
-	奥地利	-	
-	智利	-	
-	中国	-	
-	印度尼西亚	-	
-	葡萄牙	-	
-	委内瑞拉	-	

来源&注释：见附录1

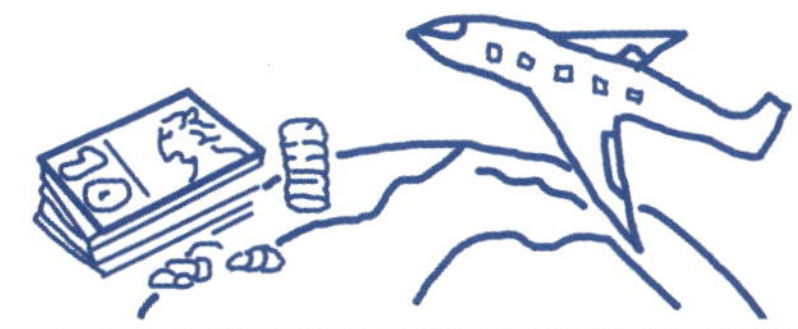

国际贸易 1.2.20

旅游收入

2000

来自国外的旅游收入占GDP的比重

BACKGROUND INFORMATION

排名	国家/地区	%	
1	爱沙尼亚	10.01	
2	希腊	8.14	
3	匈牙利	7.41	
4	新加坡	6.51	
5	奥地利	6.06	
6	泰国	5.83	
7	捷克	5.56	1
8	西班牙	5.52	
9	马来西亚	5.09	
10	斯洛文尼亚	5.02	1
11	葡萄牙	4.98	
12	香港	4.68	
13	冰岛	4.47	
14	俄罗斯	3.89	1
15	波兰	3.87	
16	土耳其	3.83	
17	印度尼西亚	3.80	
18	爱尔兰	3.63	1
19	菲律宾	3.33	1
20	新西兰	3.22	2
21	瑞士	3.05	
22	以色列	2.98	1
23	意大利	2.55	
24	斯洛伐克	2.34	1
25	法国	2.31	
26	澳大利亚	2.23	
27	比利时	2.17	2
28	丹麦	2.12	1
29	南非	1.92	1
30	荷兰	1.88	
31	卢森堡	1.64	2
32	瑞典	1.60	1
33	加拿大	1.51	
34	中国	1.50	
35	挪威	1.45	1
36	墨西哥	1.44	
37	韩国	1.43	
38	英国	1.36	
39	台湾（地区）	1.21	
40	智利	1.17	
41	芬兰	1.14	1
42	阿根廷	1.02	
43	德国	0.95	
44	哥伦比亚	0.95	2
45	美国	0.86	
46	印度	0.78	
47	巴西	0.71	
48	委内瑞拉	0.52	
49	日本	0.07	

来源&注释：见附录1

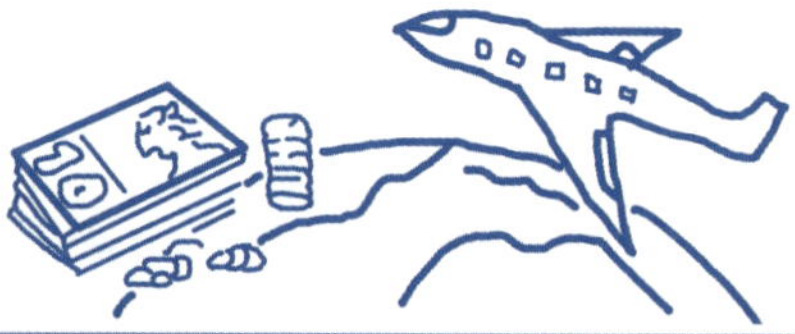

国际投资－投资 1.3.01

对外直接投资流量

2000

10亿美元

排名		十亿美元
1	英国	259.47
2	法国	169.48
3	美国	152.44
4	比利时	111.17
5	荷兰	74.81
6	香港	63.01
7	西班牙	52.83
8	德国	52.05
9	加拿大	41.50
10	瑞士	41.32
11	瑞典	39.96
12	日本	31.53
13	丹麦	27.58
14	芬兰	22.44
15	墨西哥	13.95
16	意大利	12.08
17	马来西亚	10.10
18	卢森堡	8.63
19	挪威	8.20
20	葡萄牙	7.14
21	台湾（地区）	6.70
22	澳大利亚	5.29
23	韩国	5.26
24	智利	4.78
25	新加坡	4.28
26	爱尔兰	3.98
27	奥地利	3.30
28	俄罗斯	3.21
29	以色列	2.80
30	巴西	2.28
31	希腊	2.17
32	阿根廷	1.11
33	新西兰	0.96
34	中国	0.92
35	土耳其	0.87
36	南非	0.58
37	匈牙利	0.56
38	冰岛	0.37
39	印度	0.34
40	哥伦比亚	0.33
41	委内瑞拉	0.32
42	印度尼西亚	0.15
43	捷克	0.12
44	爱沙尼亚	0.06
45	斯洛文尼亚	0.05
46	斯洛伐克	0.02
47	波兰	0.02
48	泰国	-0.02
49	菲律宾	-0.10

来源&注释：见附录1

附加的参考国家*

巴哈马	0.00
巴林	-0.00
埃及	0.05
伊朗	-
科威特	0.25
尼日利亚	-
巴基斯坦	0.01
卡塔尔	-
阿拉伯联合酋长国	-

*附加的国家、地区和州是作为对列在世界竞争力年鉴中的49各国家的补充数据。这些经济既不列在也不包括在任何数据的集合中，但作为参考的补充值。

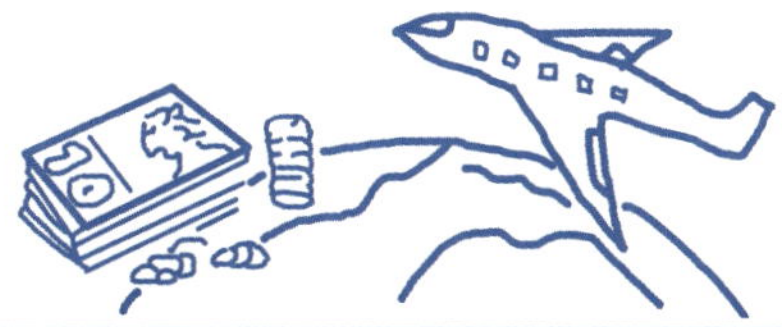

国际投资—投资 1.3.02

对外直接投资流量

2000

10亿美元

排名		%
1	比利时	44.30
2	卢森堡	43.89
3	香港	38.75
4	荷兰	20.24
5	芬兰	18.56
6	英国	18.12
7	丹麦	17.58
8	瑞典	17.42
9	瑞士	17.25
10	法国	13.07
11	马来西亚	11.26
12	西班牙	9.41
13	智利	6.77
14	葡萄牙	6.72
15	加拿大	5.84
16	挪威	5.06
17	新加坡	4.61
18	冰岛	4.31
19	爱尔兰	4.24
20	德国	2.79
21	以色列	2.50
22	墨西哥	2.42
23	台湾（地区）	2.17
24	新西兰	1.92
25	希腊	1.91
26	奥地利	1.75
27	美国	1.54
28	澳大利亚	1.40
29	俄罗斯	1.28
30	爱沙尼亚	1.26
31	匈牙利	1.20
32	韩国	1.14
33	意大利	1.12
34	日本	0.66
35	南非	0.45
36	土耳其	0.44
37	哥伦比亚	0.40
38	阿根廷	0.39
39	巴西	0.38
40	委内瑞拉	0.26
41	斯洛文尼亚	0.26
42	捷克	0.23
43	斯洛伐克	0.12
44	印度尼西亚	0.10
45	中国	0.08
46	印度	0.08
47	波兰	0.01
48	泰国	-0.02
49	菲律宾	-0.13

来源&注释：见附录1

附加的参考国家*

巴哈马	0.00
巴林	-0.00
埃及	0.06
伊朗	-
科威特	0.67
尼日利亚	-
巴基斯坦	0.02
卡塔尔	-
阿拉伯联合酋长国	-

*附加的国家、地区和州是作为对列在世界竞争力年鉴中的49各国家的补充数据。这些经济既不列在也不包括在任何数据的集合中，但作为参考的补充值。

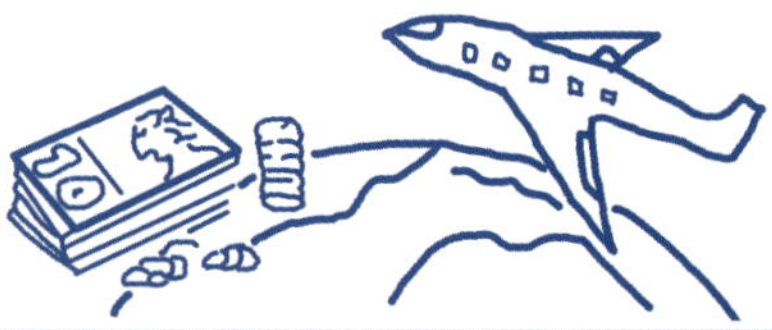

经 济 表 现

国际投资一投资 1.3.03

对外直接投资存量

2000

10亿美元

排名		十亿美元
1	美国	1,244.65
2	英国	901.77
3	法国	496.74
4	德国	442.81
5	香港	384.73
6	比利时	339.64
7	荷兰	325.88
8	日本	281.66
9	瑞士	232.05
10	加拿大	200.88
11	意大利	176.23
12	西班牙	160.20
13	瑞典	115.57
14	澳大利亚	83.22
15	新加坡	53.22
16	芬兰	53.05
17	台湾（地区）	49.19
18	丹麦	46.11
19	挪威	44.13
20	南非	33.56
21	中国	27.21
22	韩国	25.84
23	奥地利	21.10
24	阿根廷	20.19
25	马来西亚	19.80
26	智利	18.29
27	葡萄牙	17.35
28	爱尔兰	16.04
29	巴西	15.09
30	俄罗斯	11.64
31	以色列	9.86
32	墨西哥	8.64
33	新西兰	6.91
34	委内瑞拉	6.03
35	哥伦比亚	3.83
36	土耳其	2.51
37	泰国	2.37
38	印度尼西亚	2.34
39	匈牙利	2.05
40	菲律宾	1.95
41	波兰	1.49
42	印度	1.32
43	捷克	0.78
44	冰岛	0.70
45	斯洛文尼亚	0.66
46	希腊	0.56
47	爱沙尼亚	0.43
48	斯洛伐克	0.32
49	卢森堡	-

来源&注释：见附录1

附加的参考国家*

国家	
巴哈马	2.16
巴林	1.87
埃及	0.63
伊朗	0.22
科威特	1.98
尼日利亚	11.34
巴基斯坦	0.49
卡塔尔	0.16
阿拉伯联合酋长国	0.05

*附加的国家、地区和州是作为对列在世界竞争力年鉴中的49各国家的补充数据。这些经济既不列在也不包括在任何数据的集合中，但作为参考的补充值。

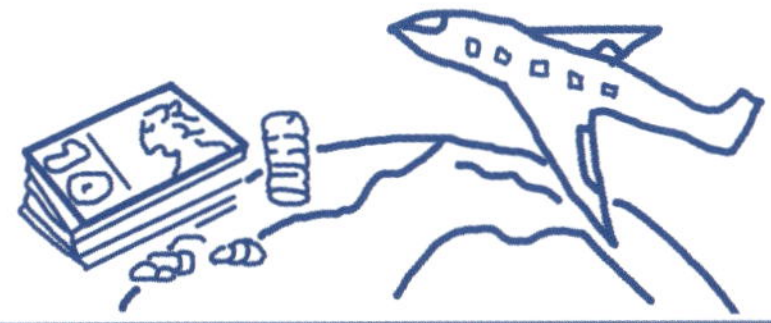

国际投资－投资 1.3.04

对外直接投资存量实际增长

2000

按本地货币、不变价格计算的变化率

排名		%
1	芬兰	75.33
2	爱沙尼亚	75.23
3	葡萄牙	71.18
4	西班牙	67.58
5	法国	62.22
6	冰岛	59.92
7	比利时	48.78
8	土耳其	47.40
9	荷兰	45.28
10	匈牙利	41.77
11	丹麦	38.26
12	英国	36.72
13	智利	36.32
14	印度	34.78
15	以色列	34.52
16	瑞士	33.34
17	挪威	31.44
18	哥伦比亚	29.92
19	俄罗斯	28.19
20	德国	27.27
21	爱尔兰	26.04
22	香港	24.85
23	奥地利	24.71
24	斯洛文尼亚	21.50
25	捷克	20.76
26	巴西	18.54
27	瑞典	17.63
28	马来西亚	15.45
29	菲律宾	13.94
30	墨西哥	10.92
31	台湾（地区）	10.66
32	新西兰	9.66
33	南非	9.30
34	新加坡	9.18
35	意大利	9.15
36	中国	8.90
37	波兰	8.74
38	斯洛伐克	8.18
39	日本	7.85
40	印度尼西亚	7.75
41	韩国	7.52
42	泰国	7.14
43	美国	6.46
44	阿根廷	5.68
45	加拿大	4.48
46	委内瑞拉	3.66
47	澳大利亚	1.35
48	希腊	-30.01
-	卢森堡	-

来源&注释：见附录1

国际投资－投资　　1.3.05

吸引国外直接投资流量

2000

10亿美元

排名		十亿美元
1	美国	287.68
2	德国	189.18
3	英国	129.84
4	比利时	86.50
5	香港	64.43
6	加拿大	62.22
7	荷兰	54.14
8	法国	43.17
9	中国	38.40
10	西班牙	36.02
11	丹麦	34.15
12	巴西	32.78
13	爱尔兰	22.78
14	瑞典	22.13
15	瑞士	17.90
16	墨西哥	13.29
17	意大利	13.18
18	阿根廷	11.67
19	澳大利亚	11.53
20	波兰	9.34
21	奥地利	9.07
22	韩国	8.73
23	芬兰	8.30
24	日本	8.23
25	新加坡	6.39
26	葡萄牙	6.23
27	挪威	5.88
28	台湾（地区）	4.93
29	捷克	4.58
30	以色列	4.39
31	委内瑞拉	4.11
32	智利	3.68
33	泰国	3.37
34	新西兰	3.21
35	俄罗斯	2.71
36	哥伦比亚	2.62
37	印度	2.32
38	斯洛伐克	2.05
39	菲律宾	2.03
40	匈牙利	1.64
41	马来西亚	1.55
42	希腊	1.13
43	土耳其	0.98
44	南非	0.96
45	爱沙尼亚	0.39
46	斯洛文尼亚	0.18
47	冰岛	0.15
48	印度尼西亚	-4.55
-	卢森堡	-

来源&注释：见附录1

附加的参考国家*	
巴哈马	0.25
巴林	0.36
埃及	1.24
伊朗	0.04
科威特	0.02
尼日利亚	1.01
巴基斯坦	0.31
卡塔尔	-
阿拉伯联合酋长国	-

*附加的国家、地区和州是作为对列在世界竞争力年鉴中的49各国家的补充数据。这些经济既不列在也不包括在任何数据的集合中，但作为参考的补充值。

国际投资一投资 1.3.06

吸引国外直接投资流量

2000

吸引国外直接投资流量占GDP的百分比

排名		%
1	香港	39.62
2	比利时	37.80
3	爱尔兰	24.26
4	丹麦	21.77
5	荷兰	14.64
6	斯洛伐克	10.85
7	德国	10.13
8	瑞典	9.65
9	英国	9.07
10	捷克	9.04
11	加拿大	8.75
12	爱沙尼亚	7.69
13	瑞士	7.47
14	新加坡	6.89
15	芬兰	6.86
16	西班牙	6.42
17	新西兰	6.41
18	波兰	5.93
19	葡萄牙	5.86
20	巴西	5.50
21	智利	5.21
22	奥地利	4.80
23	阿根廷	4.10
24	以色列	3.92
25	挪威	3.63
26	中国	3.56
27	匈牙利	3.55
28	委内瑞拉	3.39
29	法国	3.33
30	哥伦比亚	3.22
31	澳大利亚	3.05
32	美国	2.91
33	泰国	2.76
34	菲律宾	2.72
35	墨西哥	2.31
36	马来西亚	1.96
37	韩国	1.89
38	冰岛	1.70
39	台湾（地区）	1.59
40	意大利	1.23
41	俄罗斯	1.08
42	斯洛文尼亚	1.00
43	希腊	0.99
44	南非	0.75
45	印度	0.55
46	土耳其	0.49
47	日本	0.17
48	印度尼西亚	-3.01
-	卢森堡	-

来源&注释：见附录1

国际投资一投资 1.3.07

吸引国外直接投资存量

2000

10亿美元

排名		十亿美元
1	美国	1,238.63
2	英国	482.80
3	香港	469.78
4	德国	460.95
5	比利时	372.14
6	中国	346.69
7	法国	266.65
8	荷兰	247.59
9	巴西	197.65
10	加拿大	194.32
11	西班牙	142.42
12	意大利	115.09
13	澳大利亚	113.61
14	墨西哥	91.22
15	新加坡	89.25
16	瑞士	87.23
17	瑞典	76.98
18	阿根廷	73.44
19	印度尼西亚	60.64
20	爱尔兰	59.35
21	马来西亚	54.32
22	日本	54.30
23	南非	52.65
24	丹麦	52.17
25	韩国	43.33
26	智利	42.93
27	挪威	37.09
28	波兰	36.48
29	新西兰	31.96
30	台湾（地区）	27.92
31	奥地利	27.40
32	葡萄牙	26.56
33	委内瑞拉	25.85
34	泰国	24.17
35	以色列	23.35
36	希腊	23.11
37	芬兰	23.04
38	捷克	21.10
39	匈牙利	19.86
40	哥伦比亚	19.68
41	俄罗斯	19.25
42	印度	18.97
43	菲律宾	12.69
44	土耳其	9.34
45	斯洛伐克	4.89
46	斯洛文尼亚	2.87
47	爱沙尼亚	2.84
48	冰岛	0.52
-	卢森堡	-

来源&注释：见附录1

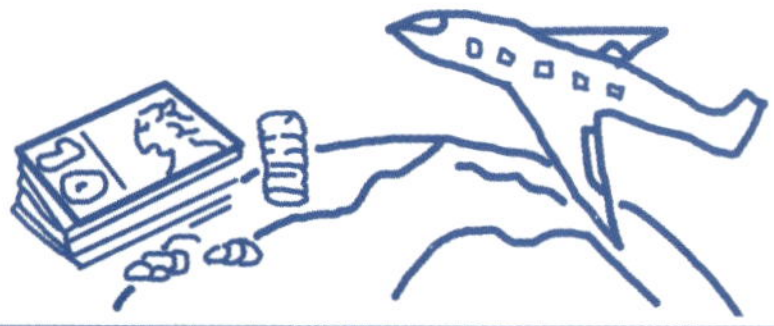

经 济 表 现

国际投资－投资 1.3.08

吸引国外直接投资存量实际增长率

2000

按本地货币、不变价格计算的变化率

排名		%
1	德国	83.33
2	斯洛伐克	73.78
3	丹麦	61.28
4	爱尔兰	51.13
5	比利时	46.80
6	荷兰	44.91
7	芬兰	40.72
8	西班牙	37.74
9	波兰	37.15
10	英国	36.26
11	挪威	32.13
12	奥地利	31.96
13	葡萄牙	30.43
14	爱沙尼亚	29.26
15	捷克	29.22
16	以色列	26.99
17	法国	25.97
18	韩国	25.28
19	美国	24.07
20	瑞士	23.83
21	菲律宾	22.81
22	希腊	21.85
23	香港	20.99
24	斯洛文尼亚	20.19
25	意大利	19.44
26	阿根廷	18.97
27	委内瑞拉	16.69
28	泰国	16.25
29	台湾（地区）	16.07
30	巴西	14.53
31	印度	14.32
32	瑞典	13.61
33	中国	12.88
34	冰岛	12.70
35	日本	12.17
36	匈牙利	11.50
37	加拿大	10.65
38	哥伦比亚	10.23
39	智利	10.14
40	俄罗斯	10.04
41	马来西亚	9.61
42	南非	9.28
43	新西兰	8.21
44	新加坡	8.15
45	土耳其	7.66
46	墨西哥	5.62
47	澳大利亚	-1.61
48	印度尼西亚	-6.19
-	卢森堡	-

来源&注释：见附录1

国际投资－金融 1.3.09

证券投资资产

2000

10亿美元

排名		十亿美元
1	德国	197.52
2	英国	128.04
3	美国	124.94
4	比利时	106.21
5	法国	96.80
6	日本	83.36
7	意大利	80.26
8	爱尔兰	78.82
9	荷兰	66.92
10	西班牙	59.40
11	加拿大	42.26
12	奥地利	26.31
13	挪威	25.73
14	丹麦	23.43
15	瑞士	22.31
16	香港	22.02
17	芬兰	19.68
18	瑞典	12.77
19	新加坡	11.78
20	中国	11.31
21	台湾（地区）	10.09
22	葡萄牙	5.34
23	澳大利亚	4.80
24	南非	3.67
25	以色列	2.88
26	捷克	2.24
27	新西兰	2.18
28	巴西	1.70
29	希腊	1.18
30	阿根廷	1.06
31	哥伦比亚	1.01
32	菲律宾	0.81
33	冰岛	0.67
34	土耳其	0.59
35	俄罗斯	0.38
36	韩国	0.36
37	匈牙利	0.31
38	委内瑞拉	0.27
39	斯洛伐克	0.20
40	泰国	0.16
41	智利	0.15
42	波兰	0.09
43	斯洛文尼亚	0.06
44	爱沙尼亚	-0.04
45	墨西哥	-1.29
-	印度	-
-	印度尼西亚	-
-	卢森堡	-
-	马来西亚	-

来源&注释：见附录1

国际投资－金融　　1.3.10

证券投资负债

2000

10亿美元

排名		十亿美元
1	美国	474.59
2	英国	270.83
3	法国	132.96
4	比利时	110.88
5	爱尔兰	80.26
6	荷兰	70.70
7	意大利	57.02
8	西班牙	56.81
9	日本	47.39
10	香港	46.51
11	德国	36.46
12	奥地利	27.65
13	芬兰	17.40
14	澳大利亚	14.72
15	加拿大	13.15
16	韩国	12.43
17	瑞士	10.55
18	挪威	9.91
19	台湾（地区）	9.56
20	希腊	9.26
21	瑞典	9.02
22	巴西	8.65
23	中国	7.32
24	以色列	5.01
25	丹麦	3.79
26	波兰	3.42
27	葡萄牙	3.17
28	新西兰	2.26
29	南非	1.81
30	印度	1.62
31	土耳其	1.62
32	冰岛	1.09
33	斯洛伐克	1.02
34	马来西亚	0.80
35	菲律宾	0.58
36	捷克	0.48
37	斯洛文尼亚	0.25
38	爱沙尼亚	0.08
39	哥伦比亚	0.02
40	智利	-0.11
41	匈牙利	-0.22
42	泰国	-0.55
43	委内瑞拉	-1.14
44	阿根廷	-1.33
45	印度尼西亚	-1.91
46	新加坡	-2.08
47	墨西哥	-2.23
48	俄罗斯	-9.92
-	卢森堡	-

来源&注释：见附录1

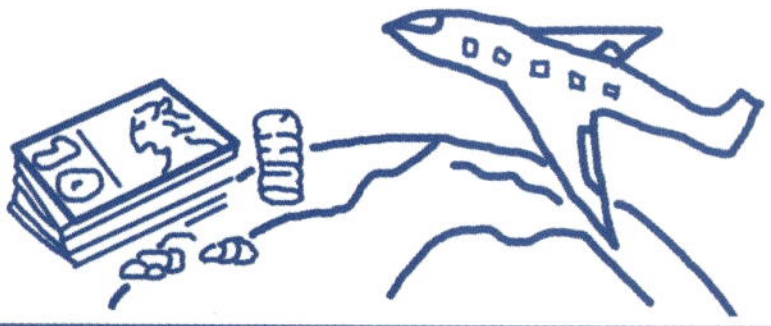

经 济 表 现

总就业人口

2001

总就业人口（百万）

排名		百万
1	中国	730.25
2	冰岛	402.51
3	英国	135.38
4	印度	90.81
5	巴西	77.05
6	葡萄牙	65.00
7	意大利	64.12
8	马来西亚	41.46
9	德国	36.60
10	台湾（地区）	31.36
11	挪威	29.16
12	土耳其	27.99
13	法国	23.79
14	以色列	21.51
15	日本	21.36
16	泰国	19.74
17	哥伦比亚	16.32
18	加拿大	15.06
19	南非	14.77
20	菲律宾	14.33
21	阿根廷	11.68
22	卢森堡	9.51
23	瑞士	9.38
24	澳大利亚	9.10
25	美国	8.94
26	斯洛文尼亚	8.18
27	墨西哥	7.09
28	智利	5.33
29	波兰	4.94
30	捷克	4.70
31	西班牙	4.21
32	比利时	4.01
33	瑞典	3.97
34	希腊	3.90
35	匈牙利	3.81
36	奥地利	3.75
37	香港	3.25
38	丹麦	2.73
39	芬兰	2.35
40	爱尔兰	2.27
41	新西兰	2.25
42	新加坡	2.12
43	俄罗斯	2.05
44	荷兰	1.81
45	印度尼西亚	1.79
46	斯洛伐克	0.91
47	爱沙尼亚	0.61
48	韩国	0.26
49	委内瑞拉	0.16

来源&注释：见附录1

附加的参考国家*

巴哈马	0.14	3
巴林	0.25	1
埃及	16.75	2
伊朗	-	
科威特	1.24	2
尼日利亚	-	
巴基斯坦	35.93	3
卡塔尔	-	
阿拉伯联合酋长国	1.78	1

附加参考的地区和州*

巴伐利亚（德国）	5.84	1
加利福尼亚（美国）	19.67	1
加泰罗尼亚（西班牙）	2.47	1
ILE DE FRANCE（法国）	5.02	1
LOMBARDIA（意大利）	3.85	1
纽约（美国）	10.56	1

*附加的国家、地区和州是作为对列在世界竞争力年鉴中的49各国家的补充数据。这些经济既不列在也不包括在任何数据的集合中，但作为参考的补充值。

就业 1.4.02

就业率

2001

总就业人口占总人口的百分比

排名		%
1	卢森堡	57.09
2	中国	56.80
3	瑞士	55.10
4	冰岛	54.90
5	丹麦	51.18
6	日本	50.37
7	挪威	49.87
8	泰国	49.78
9	新加坡	49.54
10	葡萄牙	48.73
11	加拿大	48.56
12	香港	48.41
13	美国	47.53
14	瑞典	47.40
15	新西兰	47.09
16	澳大利亚	47.05
17	英国	47.05
18	爱尔兰	46.65
19	奥地利	46.15
20	捷克	45.76
21	芬兰	45.32
22	斯洛文尼亚	45.30
23	韩国	45.12
24	爱沙尼亚	44.97
25	俄罗斯	44.89
26	巴西	44.69
27	德国	44.62
28	荷兰	44.58
29	印度尼西亚	42.52
30	台湾（地区）	41.87
31	墨西哥	41.09
32	法国	40.39
33	马来西亚	39.97
34	斯洛伐克	39.40
35	印度	39.26
36	比利时	39.06
37	哥伦比亚	37.89
38	菲律宾	37.42
39	匈牙利	37.38
40	西班牙	37.38
41	意大利	37.12
42	波兰	37.08
43	委内瑞拉	36.30
44	希腊	35.64
45	以色列	34.93
46	智利	34.59
47	阿根廷	31.15
48	土耳其	29.10
49	南非	18.59 1

来源&注释：见附录1

附加的参考国家*

巴哈马	48.12	3
巴林	36.34	1
埃及	26.74	2
伊朗	-	
科威特	58.92	2
尼日利亚	-	
巴基斯坦	27.32	3
卡塔尔	-	
阿拉伯联合酋长国	57.39	1

附加参考的地区和州*

巴伐利亚（德国）	47.72	1
加利福尼亚（美国）	58.07	1
加泰罗尼亚（西班牙）	39.76	1
ILE DE FRANCE（法国）	43.15	3
LOMBARDIA（意大利）	42.28	2
纽约（美国）	55.55	1

*附加的国家、地区和州是作为对列在世界竞争力年鉴中的49各国家的补充数据。这些经济既不列在也不包括在任何数据的集合中，但作为参考的补充值。

经 济 表 现

就业 1.4.03

就业增长

2001

变化率

排名		%
1	菲律宾	6.20
2	卢森堡	6.16
3	爱尔兰	4.46
4	中国	2.64
5	马来西亚	2.60
6	印度	2.40
7	以色列	2.23
8	巴西	2.16
9	意大利	2.06
10	西班牙	2.03
11	新西兰	1.91
12	墨西哥	1.85
13	荷兰	1.80
14	冰岛	1.73
15	韩国	1.43
16	瑞士	1.33
17	香港	1.30
18	瑞典	1.25
19	葡萄牙	1.21
20	芬兰	1.12
21	法国	1.09
22	印度尼西亚	1.08
23	斯洛文尼亚	1.05
24	加拿大	1.01
25	爱沙尼亚	1.00
26	比利时	1.00
27	斯洛伐克	0.85
28	澳大利亚	0.81
29	匈牙利	0.77
30	捷克	0.51
31	俄罗斯	0.46
32	英国	0.43
33	挪威	0.31
34	奥地利	0.29
35	美国	0.26
36	智利	0.23
37	丹麦	0.22
38	泰国	0.21
39	德国	0.16
40	哥伦比亚	-0.03
41	南非	-0.53
42	日本	-0.53
43	台湾（地区）	-1.15
44	希腊	-1.19
45	波兰	-1.34
46	委内瑞拉	-2.03
47	土耳其	-2.18
48	新加坡	-2.29
49	阿根廷	-3.15

来源&注释：见附录1

就业 1.4.04

就业的产业结构

2001

各产业就业人口占总就业人口的百分比

BACKGROUND INFORMATION

	农业	工业	服务业
阿根廷	-	-	-
澳大利亚	4.7	21.3	74.0
奥地利	5.8	30.2	64.0
比利时	2.2	27.2	70.5
巴西	24.2	19.3	56.5
加拿大	3.0	22.8	74.2
智利	13.2	23.9	62.9
中国	50.0	22.5	27.5
哥伦比亚	22.7	18.7	58.5
捷克	4.9	40.2	54.9
丹麦	3.4	20.2	76.4
爱沙尼亚	7.1	33.1	59.7
芬兰	5.8	27.3	66.9
法国	3.9	24.5	71.6
德国	2.7	33.1	64.3
希腊	16.3	22.9	60.9
香港	0.3	16.1	83.5
匈牙利	6.3	34.7	59.0
冰岛	8.2	23.1	68.7
印度	67.5	11.9	20.5
印度尼西亚	45.1	17.5	37.4
爱尔兰	7.0	29.0	64.0
以色列	1.9	23.4	74.7
意大利	5.2	31.8	63.0
日本	4.9	30.8	64.3
韩国	10.4	27.6	62.0
卢森堡	1.9	26.5	71.6
马来西亚	17.4	32.7	49.9
墨西哥	22.1	26.4	51.5
荷兰	3.0	17.0	80.0
新西兰	8.9	22.7	68.3
挪威	4.0	21.9	74.1
菲律宾	37.2	16.2	46.6
波兰	19.1	30.7	50.2
葡萄牙	12.8	34.9	52.3
俄罗斯	15.5	34.9	49.6
新加坡	0.3	25.8	74.0
斯洛伐克	6.1	37.3	56.6
斯洛文尼亚	9.7	38.1	52.2
南非	5.6	24.1	70.3
西班牙	6.7	31.2	62.1
瑞典	2.3	24.3	73.4
瑞士	4.3	26.2	69.5
台湾（地区）	7.5	36.0	56.5
泰国	44.4	21.4	34.2
土耳其	32.6	19.5	48.0
英国	1.5	25.0	73.6
美国	2.4	22.5	75.0
委内瑞拉	10.7	23.9	65.4

来源&注释：见附录1

就业 1.4.05

公共部门的就业率

2000

占总就业人口的百分比

BACKGROUND INFORMATION

排名	国家/地区	%	注
1	新加坡	3.60	1
2	韩国	4.30	
3	菲律宾	5.21	1
4	哥伦比亚	6.90	
5	泰国	8.20	
6	日本	8.30	4
7	台湾（地区）	10.07	
8	香港	10.30	
9	马来西亚	10.60	
10	印度尼西亚	10.68	
11	巴西	11.10	1
12	卢森堡	12.30	
13	土耳其	14.10	
14	意大利	15.00	
14	委内瑞拉	15.00	
16	美国	15.70	
17	阿根廷	16.30	
17	智利	16.30	
19	新西兰	16.60	
20	德国	16.90	
21	瑞士	17.20	2
22	英国	17.60	
23	西班牙	17.70	3
24	冰岛	18.90	
25	爱尔兰	20.00	3
26	澳大利亚	20.10	
26	加拿大	20.10	3
28	希腊	21.30	
29	墨西哥	21.80	2
30	奥地利	22.50	5
31	捷克	23.30	
32	法国	24.80	5
33	荷兰	25.10	3
34	以色列	27.63	
35	波兰	27.70	1
36	爱沙尼亚	28.60	
37	芬兰	29.60	
38	斯洛文尼亚	30.50	
39	比利时	31.20	1
40	斯洛伐克	33.20	
41	南非	34.30	
42	瑞典	35.80	1
43	中国	36.00	4
44	匈牙利	36.70	1
45	丹麦	37.30	
46	挪威	37.50	
47	俄罗斯	37.90	
-	印度	-	
-	葡萄牙	-	

来源&注释：见附录1

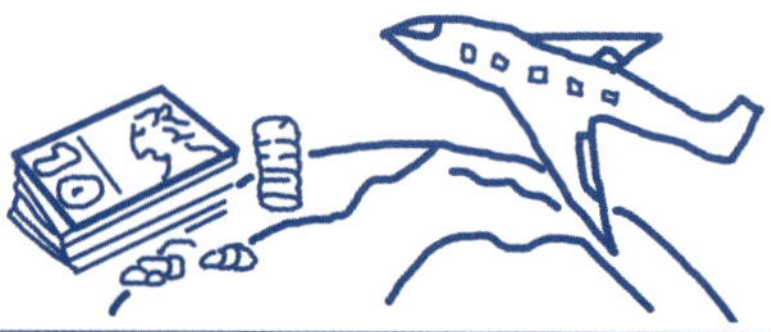

经 济 表 现

就业 1.4.06

商品出口额

2001

占劳动力比率

排名		%	
1	冰岛	1.40	
2	荷兰	2.50	
3	瑞士	2.50	
4	卢森堡	2.60	
5	墨西哥	2.60	
6	新加坡	3.30	
7	挪威	3.40	
8	奥地利	3.50	
9	中国	3.60	
10	马来西亚	3.70	
11	韩国	3.80	
12	泰国	3.90	
13	葡萄牙	4.00	
14	瑞典	4.10	
15	爱尔兰	4.20	
16	台湾（地区）	4.57	
17	丹麦	4.70	
18	日本	4.80	
19	美国	4.80	
20	香港	5.10	
21	英国	5.10	
22	新西兰	5.30	
23	匈牙利	5.90	
24	印度尼西亚	6.14	1
25	斯洛文尼亚	6.30	
26	澳大利亚	6.60	
27	比利时	6.90	
28	加拿大	7.00	
29	德国	7.80	
30	捷克	8.30	
31	法国	8.90	
32	俄罗斯	9.00	
33	芬兰	9.10	
34	智利	9.30	
35	巴西	9.60	
36	意大利	9.60	
37	以色列	10.10	
38	印度	10.50	1
39	土耳其	10.60	
40	菲律宾	11.10	
41	希腊	11.20	
42	爱沙尼亚	12.60	
43	西班牙	13.10	
44	委内瑞拉	14.20	
45	波兰	17.60	
46	哥伦比亚	17.80	
47	阿根廷	18.50	
48	斯洛伐克	19.00	
49	南非	29.50	

来源&注释：见附录1

附加的参考国家*		
巴哈马	9.00	3
巴林	15.00	3
埃及	8.21	3
伊朗	14.00	2
科威特	-	
尼日利亚	-	
巴基斯坦	6.00	1
卡塔尔	-	
阿拉伯联合酋长国	-	

附加参考的地区和州*		
巴伐利亚（德国）	4.50	1
加利福尼亚（美国）	5.20	
加泰罗尼亚（西班牙）	9.00	1
ILE DE FRANCE（法国）	8.70	1
LOMBARDIA（意大利）	4.50	1
纽约（美国）	4.70	

*附加的国家、地区和州是作为对列在世界竞争力年鉴中的49各国家的补充数据。这些经济既不列在也不包括在任何数据的集合中，但作为参考的补充值。

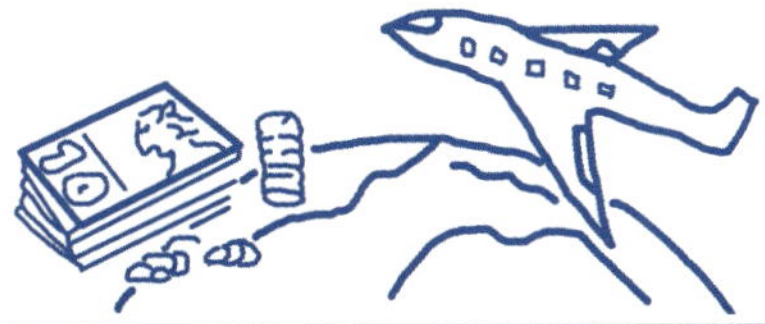

就业　　1.4.07

青年失业

2001

25岁以下失业人口占总失业人口比例

排名		%
1	德国	12.80
2	奥地利	14.50
3	法国	16.70
4	斯洛文尼亚	16.90
5	卢森堡	18.70
6	委内瑞拉	19.30
7	瑞典	19.40
8	智利	20.90
9	爱沙尼亚	21.40
10	日本	21.60
11	新加坡	22.40
12	俄罗斯	24.10
13	韩国	24.40
14	匈牙利	24.60
15	南非	25.80
16	捷克	26.30
17	香港	26.30
18	芬兰	27.00
19	土耳其	27.00
20	西班牙	27.80
21	波兰	27.90
22	哥伦比亚	28.84
23	台湾（地区）	28.93
24	加拿大	29.40
25	瑞士	29.70
26	意大利	30.20
27	葡萄牙	31.10
28	斯洛伐克	31.70
29	希腊	32.19
30	爱尔兰	34.20
31	阿根廷	35.90 [2]
32	英国	36.00
33	美国	36.40
34	冰岛	37.80
35	墨西哥	38.03 [1]
36	澳大利亚	38.70
37	挪威	39.30
38	新西兰	39.40
39	以色列	43.10 [1]
40	泰国	43.42 [2]
41	菲律宾	49.80
42	巴西	51.40
43	马来西亚	65.50
44	比利时	-
45	中国	-
46	丹麦	-
47	印度	-
48	印度尼西亚	-
49	荷兰	-

来源&注释：见附录1

附加参考的地区和州*

巴伐利亚（德国）	5.10 [1]
加利福尼亚（美国）	-
加泰罗尼亚（西班牙）	18.60 [1]
ILE DE FRANCE（法国）	13.50 [1]
LOMBARDIA（意大利）	13.40 [1]
纽约（美国）	-

*附加的国家、地区和州是作为对列在世界竞争力年鉴中的49各国家的补充数据。这些经济既不列在也不包括在任何数据的集合中，但作为参考的补充值。

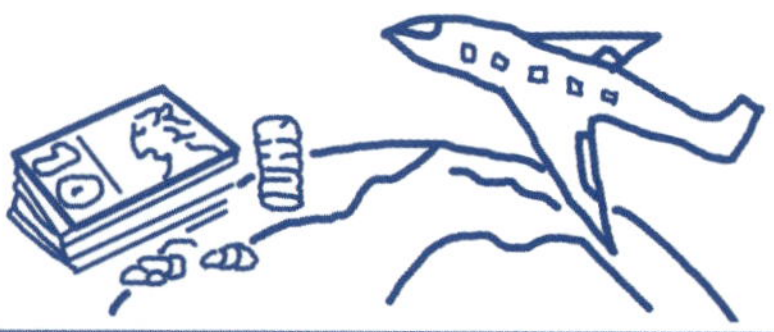

经 济 表 现

物价 1.5.01

消费品价格上涨

2001

年平均比率

排名		%
1	香港	-1.6
2	阿根廷	-1.1
3	日本	-0.7
4	台湾（地区）	-0.0
5	中国	0.7
6	瑞士	1.0
7	新加坡	1.0
8	以色列	1.1
9	马来西亚	1.4
10	法国	1.7
11	泰国	1.7
12	英国	1.8
13	比利时	2.2
14	丹麦	2.3
15	德国	2.4
16	加拿大	2.6
17	芬兰	2.6
18	智利	2.6
19	瑞典	2.6
20	新西兰	2.6
21	奥地利	2.6
22	卢森堡	2.7
23	意大利	2.8
24	美国	2.8
25	挪威	3.0
26	希腊	3.4
27	西班牙	3.6
28	印度	3.7
29	韩国	4.1
30	澳大利亚	4.4
31	葡萄牙	4.4
32	荷兰	4.5
33	捷克	4.8
34	爱尔兰	4.9
35	波兰	5.5
36	爱沙尼亚	5.8
37	菲律宾	6.1
38	墨西哥	6.3
39	冰岛	6.4
40	斯洛伐克	7.3
41	南非	7.4
42	巴西	7.7
43	哥伦比亚	8.0
44	斯洛文尼亚	8.4
45	匈牙利	9.2
46	印度尼西亚	12.6
47	委内瑞拉	12.7
48	俄罗斯	21.6
49	土耳其	54.4

来源&注释：见附录1

附加的参考国家*

巴哈马	1.7
巴林	2.0
埃及	3.0
伊朗	16.0
科威特	1.9
尼日利亚	6.5
巴基斯坦	5.2
卡塔尔	1.7
阿拉伯联合酋长国	1.3

附加参考的地区和州*

巴伐利亚（德国）	-
加利福尼亚（美国）	3.7
加泰罗尼亚（西班牙）	4.2
ILE DE FRANCE（法国）	-
LOMBARDIA（意大利）	-
纽约（美国）	2.6

*附加的国家、地区和州是作为对列在世界竞争力年鉴中的49各国家的补充数据。这些经济既不列在也不包括在任何数据的集合中，但作为参考的补充值。

经 济 表 现

物价 1.5.02

生活费指数

2001

主要城市不包括住房的各种货物支出指数（纽约=100）

排名		指数
1	匈牙利	54.73
2	南非	57.18
3	捷克	61.01
4	泰国	61.19
5	波兰	61.63
6	巴西	63.20
7	智利	64.03
8	葡萄牙	65.49
9	菲律宾	65.98
10	新西兰	66.14
11	印度尼西亚	66.35
12	马来西亚	67.13
13	希腊	67.22
14	西班牙	68.93
15	澳大利亚	69.60
16	墨西哥	75.53
17	比利时	75.87
18	哥伦比亚	75.88 [1]
19	俄罗斯	77.35
20	加拿大	78.34
21	意大利	79.82
22	荷兰	80.15
23	韩国	80.21
24	德国	80.34
25	印度	81.72 [1]
26	奥地利	81.93
27	法国	82.17
28	卢森堡	83.30
29	爱沙尼亚	84.18 [1]
30	新加坡	86.23
31	芬兰	87.17
32	阿根廷	87.92
33	委内瑞拉	87.92
34	瑞典	88.81
35	爱尔兰	89.03
36	斯洛文尼亚	89.95 [1]
37	土耳其	91.37 [1]
38	瑞士	91.54
39	中国	92.87
40	香港	92.87
41	英国	95.12
42	丹麦	95.88
43	美国	100.00
44	台湾（地区）	111.23 [1]
45	以色列	119.58 [1]
46	挪威	129.31 [1]
47	日本	131.17
48	冰岛	155.55 [5]
-	斯洛伐克	-

来源&注释：见附录1

物价 1.5.03

公寓房租

2000

主要城市三居室月租金，美元

BACKGROUND INFORMATION

		美元
1	斯洛伐克	183
2	智利	370
3	爱沙尼亚	454
4	印度	460
5	斯洛文尼亚	500
6	希腊	530
7	葡萄牙	560
8	哥伦比亚	570
8	南非	570
10	比利时	580
11	瑞典	600
12	以色列	640
13	加拿大	650
14	芬兰	660
14	马来西亚	660
16	西班牙	670
17	捷克	710 [3]
18	泰国	720
19	丹麦	770
19	新西兰	770
21	匈牙利	800
22	意大利	810
23	奥地利	820
23	德国	820
25	阿根廷	860
25	墨西哥	860
27	冰岛	865
28	爱尔兰	870
29	挪威	920
30	瑞士	960
31	法国	980
32	卢森堡	1,000
33	澳大利亚	1,010
34	波兰	1,060
35	土耳其	1,070
36	荷兰	1,130
37	巴西	1,180
38	台湾（地区）	1,440
39	中国	1,460
40	菲律宾	1,490
41	俄罗斯	1,510
42	韩国	1,580
43	美国	1,675
44	委内瑞拉	1,810
45	印度尼西亚	2,010
46	日本	2,160
47	香港	2,330
48	新加坡	2,340
49	英国	2,450

来源&注释：见附录1

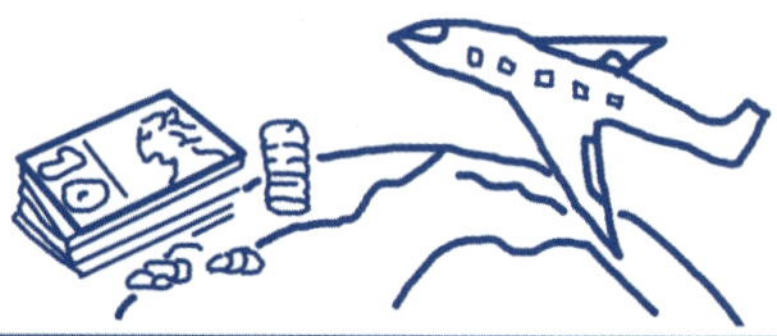

经 济 表 现

物价 1.5.04

办公室租金

2001

占用期间总费用（美元/平方米·年）

		美元
1	斯洛伐克	53
2	南非	67
3	爱沙尼亚	99
4	斯洛文尼亚	100
5	泰国	111
6	新西兰	113
7	冰岛	123
8	印度尼西亚	131
9	马来西亚	142
10	菲律宾	153
11	哥伦比亚	180
12	智利	218
13	澳大利亚	225
14	中国	245
15	匈牙利	254
16	奥地利	259
17	土耳其	259
18	加拿大	278
19	捷克	284
20	丹麦	291
21	葡萄牙	302
22	比利时	313
23	挪威	318
24	芬兰	326
25	委内瑞拉	360
26	巴西	366
27	墨西哥	366
28	以色列	368
29	荷兰	372
30	意大利	410
31	波兰	413
32	印度	434
33	希腊	438
34	新加坡	443
35	卢森堡	448
36	瑞典	448
37	美国	452
38	西班牙	461
39	德国	467
40	台湾（地区）	486
41	韩国	523
42	阿根廷	527
43	瑞士	532
44	爱尔兰	568
45	俄罗斯	694
46	香港	757
47	法国	824
48	英国	845
49	日本	1,233

来源&注释：见附录1

政　府　效　率

要　　素　　Ⅱ

政　府　效　率

2.1 公共财政

2.1.01　中央政府预算盈余/赤字
2.1.02　中央政府预算盈余/赤字
2.1.03　中央政府国内负债
2.1.04　中央政府国内负债
2.1.05　中央政府国外负债
2.1.06　中央政府国外负债
2.1.07　中央政府总负债实际增长率
2.1.08　利息支付额
2.1.09　公共财政的管理
2.1.10　国家总储备
2.1.11　一般政府支出

2.2 财政政策

2.2.01　税收总收入
2.2.02　个人收入税有效税率
2.2.03　个人收入税
2.2.04　雇员社会保障缴款率
2.2.05　雇员的社会保障缴款
2.2.06　实际个人税
2.2.07　对利润征收的平均公司税率
2.2.08　公司税
2.2.09　雇主的社会保障缴款率
2.2.10　雇主的社会保障缴款
2.2.11　实际公司税
2.2.12　资本和财产税
2.2.13　间接税
2.2.14　逃税

2.3 组织机构

中央银行

2.3.01　短期实际利率
2.3.02　资本成本
2.3.03　利率差
2.3.04　国家信用评级
2.3.05　中央银行政策
2.3.06　汇率政策
2.3.07　汇率稳定度

政府效率

2.3.08　关于政策方向的一致性
2.3.09　法律体系
2.3.10　新立法
2.3.11　政府经济政策
2.3.12　政府决策
2.3.13　政治团体
2.3.14　透明度
2.3.15　公共服务
2.3.16　官僚主义
2.3.17　受贿和腐败

公平与安全

2.3.18　公平
2.3.19　个人安全和个人财产
2.3.20　政策不稳定性风险
2.3.21　社会凝聚力
2.3.22　严重犯罪

2.4 企业法规

开放度

2.4.01　贵国参与区域贸易集团的程度
2.4.02　海关职权
2.4.03　保护主义
2.4.04　公共部门合同
2.4.05　出口信用和保险

竞争法规

2.4.06　政府补贴
2.4.07　竞争立法
2.4.08　产品和服务立法
2.4.09　价格控制
2.4.10　地下经济
2.4.11　外国公司
2.4.12　新企业

劳动法规

2.4.13　劳动法规
2.4.14　失业立法
2.4.15　移民法

资本市场法规

2.4.16　金融机构法规
2.4.17　金融交易的机密性
2.4.18　跨国经营风险
2.4.19　外国投资者
2.4.20　外国金融机构
2.4.21　进入国内资本市场
2.4.22　进入国外资本市场
2.4.23　投资激励
2.4.24　投资保护计划

2.5 教育

2.5.01　全部公共教育支出
2.5.02　学生—教师比（初等教育）
2.5.03　学生—教师比（中等教育）
2.5.04　中等学校入学人数
2.5.05　高等教育成绩
2.5.06　教育评估
2.5.07　教育体系
2.5.08　大学教育
2.5.09　文盲率
2.5.10　经济知识普及
2.5.11　教育资金
2.5.12　合格工程师
2.5.13　知识转让

公共财政 2.1.01

中央政府预算盈余/赤字

2000

10亿美元

BACKGROUND INFORMATION

		十亿美元	
1	美国	254.40	
2	德国	22.07	
3	巴西	11.16	
4	俄罗斯	10.19	
5	加拿大	9.53	
6	瑞典	8.44	
7	澳大利亚	5.60	r
8	韩国	4.93	
9	芬兰	4.16	
10	丹麦	4.04	
11	爱尔兰	2.92	
12	瑞士	2.26	
13	新加坡	2.05	
14	卢森堡	1.13	
15	以色列	0.98	
16	英国	0.48	r
17	冰岛	0.30	
18	比利时	0.14	
19	智利	0.11	
20	爱沙尼亚	0.01	
21	新西兰	-0.17	
22	斯洛文尼亚	-0.17	
23	荷兰	-0.34	
24	斯洛伐克	-0.61	
25	香港	-1.00	
26	捷克	-1.19	
27	匈牙利	-1.59	
28	葡萄牙	-1.62	
29	印度尼西亚	-1.62	r
30	西班牙	-1.91	
31	南非	-2.37	
32	挪威	-2.38	2
33	委内瑞拉	-2.56	
34	奥地利	-2.75	
35	菲律宾	-3.04	
36	泰国	-3.76	
37	哥伦比亚	-4.98	
38	马来西亚	-5.19	
39	台湾（地区）	-5.89	
40	希腊	-6.31	r
41	墨西哥	-6.40	
42	阿根廷	-6.79	
43	波兰	-10.77	
44	意大利	-13.36	
45	法国	-17.33	
46	土耳其	-22.81	
47	印度	-24.88	
48	中国	-30.09	
49	日本	-351.07	

来源&注释：见附录1

政府效率

公共财政 2.1.02

中央政府预算盈余/赤字

2000

占GDP的百分比

排名		%
1	卢森堡	5.97
2	俄罗斯	4.06
3	瑞典	3.68
4	冰岛	3.57
5	芬兰	3.44
6	爱尔兰	3.11
7	美国	2.58
8	丹麦	2.58
9	新加坡	2.21
10	巴西	1.87
11	澳大利亚	1.43 [1]
12	加拿大	1.34
13	德国	1.18
14	韩国	1.07
15	瑞士	0.94
16	以色列	0.88
17	爱沙尼亚	0.16
18	智利	0.15
19	比利时	0.06
20	英国	0.03 [1]
21	荷兰	-0.09
22	西班牙	-0.34
23	新西兰	-0.35
24	香港	-0.62
25	斯洛文尼亚	-0.96
26	墨西哥	-1.11
27	印度尼西亚	-1.14 [1]
28	意大利	-1.24
29	法国	-1.34
30	奥地利	-1.46
31	葡萄牙	-1.52
32	挪威	-1.61 [2]
33	南非	-1.85
34	台湾（地区）	-1.90
35	委内瑞拉	-2.12
36	捷克	-2.35
37	阿根廷	-2.39
38	中国	-2.79
39	泰国	-3.08
40	斯洛伐克	-3.21
41	匈牙利	-3.44
42	菲律宾	-4.06
43	希腊	-5.25 [1]
44	马来西亚	-5.79
45	印度	-5.90
46	哥伦比亚	-6.13
47	波兰	-6.84
48	日本	-7.37
49	土耳其	-11.45

来源&注释：见附录1

附加的参考国家*

巴哈马	-0.27
巴林	1.65
埃及	-0.92 [2]
伊朗	-0.63
科威特	26.36
尼日利亚	-4.63 [2]
巴基斯坦	-5.89
卡塔尔	-
阿拉伯联合酋长国	0.03 [3]

*附加的国家、地区和州是作为对列在世界竞争力年鉴中的49各国家的补充数据。这些经济既不列在也不包括在任何数据的集合中，但作为参考的补充值。

公共财政 2.1.03

中央政府国内负债

2000

10亿美元

BACKGROUND INFORMATION

排名	国家/地区	十亿美元
1	香港	0.00
2	爱沙尼亚	0.01
3	卢森堡	0.60
4	冰岛	0.78
5	印度尼西亚	0.83 [1]
6	韩国	2.05 [1]
7	斯洛文尼亚	2.74 [1]
8	斯洛伐克	3.08
9	捷克	6.99
10	智利	7.71
11	新西兰	9.09
12	委内瑞拉	10.28
13	哥伦比亚	15.63
14	泰国	17.90
14	匈牙利	19.16
16	菲律宾	24.17
17	马来西亚	28.11
18	俄罗斯	28.63
19	波兰	30.94
19	挪威	31.67
21	澳大利亚	38.77 [1]
22	爱尔兰	42.40
23	葡萄牙	48.81 [2]
23	芬兰	49.62
25	中国	50.22
25	南非	55.59
27	土耳其	58.25
28	瑞典	65.46
29	瑞士	68.03 [1]
30	墨西哥	71.42
31	台湾（地区）	79.40
32	以色列	80.19
33	新加坡	80.56
34	丹麦	97.96 [2]
35	希腊	98.11
36	奥地利	113.00 [1]
37	阿根廷	118.94
38	巴西	146.21
39	西班牙	173.10
40	荷兰	188.46
41	印度	249.86
42	比利时	267.71 [2]
43	德国	392.46 [1]
44	加拿大	411.05
45	英国	570.71 [1]
46	法国	674.33 [2]
47	意大利	1,106.30
48	美国	2,204.40
49	日本	2,896.44 [2]

来源&注释：见附录1

公共财政 2.1.04

中央政府国内负债

2000

占GDP的百分比

排名	国家/地区	%
1	香港	0.0
2	爱沙尼亚	0.2
3	韩国	0.5 [1]
4	印度尼西亚	0.6 [1]
5	卢森堡	3.2
6	中国	4.6
7	委内瑞拉	8.5
8	冰岛	9.2
8	澳大利亚	9.9 [1]
10	智利	10.9
11	俄罗斯	11.4
12	墨西哥	12.4
13	斯洛文尼亚	13.7 [1]
14	捷克	13.8
14	泰国	14.7
16	斯洛伐克	16.3
17	新西兰	18.1
18	德国	18.7 [1]
19	哥伦比亚	19.2
19	挪威	19.6
21	波兰	19.6
22	美国	22.3
23	巴西	24.6
23	台湾（地区）	25.7
25	瑞士	26.3 [1]
25	瑞典	28.5
27	土耳其	29.2
28	西班牙	30.8
29	马来西亚	31.3
30	菲律宾	32.3
31	英国	39.1 [1]
32	芬兰	41.0
33	匈牙利	41.4
34	阿根廷	41.9
35	葡萄牙	43.3 [2]
36	南非	43.4
37	爱尔兰	45.2
38	法国	46.4 [2]
39	荷兰	51.0
40	奥地利	53.9 [1]
41	丹麦	56.8 [2]
42	加拿大	57.8
43	印度	59.2
44	以色列	71.6
45	日本	73.5 [2]
46	希腊	86.6
47	新加坡	86.9
48	意大利	103.0
49	比利时	106.6 [2]

来源&注释：见附录1

政 府 效 率

公共财政 2.1.05

中央政府国外负债

2000

10亿美元

排名	国家/地区	十亿美元
1	香港	0.00
2	新加坡	0.00
3	瑞士	0.00 [1]
4	台湾（地区）	0.02
5	卢森堡	0.05
6	爱沙尼亚	0.15
7	中国	0.28
8	捷克	0.77
9	挪威	0.83
10	冰岛	1.60
11	斯洛文尼亚	2.17 [1]
12	智利	2.76
13	斯洛伐克	2.93
14	南非	4.61
15	马来西亚	4.95
16	匈牙利	6.44
17	新西兰	7.42
18	法国	8.44 [2]
19	芬兰	8.84
20	日本	9.73 [2]
21	泰国	9.90
22	印度	12.66
23	丹麦	13.18 [2]
24	哥伦比亚	15.29
25	韩国	15.93 [1]
26	葡萄牙	16.14 [2]
27	奥地利	17.93 [1]
28	比利时	19.33 [2]
29	加拿大	22.77
30	澳大利亚	23.61 [1]
31	菲律宾	24.63
32	以色列	27.25
33	委内瑞拉	29.77
34	希腊	31.35
35	波兰	31.41
36	瑞典	44.75
37	巴西	46.66
38	土耳其	47.98
39	荷兰	50.44 [2]
40	印度尼西亚	62.84 [1]
41	意大利	77.72
42	阿根廷	83.51 [1]
43	墨西哥	84.12
44	西班牙	111.51
45	俄罗斯	132.78
46	英国	319.06
47	德国	430.40 [1]
48	美国	1,205.85
-	爱尔兰	-

来源&注释：见附录1

公共财政 2.1.06

中央政府国外负债

2000

占GDP的百分比

排名	国家/地区	%
1	香港	0.000
2	瑞士	0.000 [1]
3	新加坡	0.001
4	台湾（地区）	0.007
5	中国	0.026
6	日本	0.247 [2]
7	卢森堡	0.289
8	挪威	0.514
9	法国	0.581 [2]
10	捷克	1.523
11	爱沙尼亚	2.933
12	印度	3.001
13	加拿大	3.202
14	南非	3.597
15	智利	3.912
16	韩国	3.924 [1]
17	马来西亚	5.524
18	澳大利亚	6.026 [1]
19	意大利	7.237
20	芬兰	7.309
21	丹麦	7.646 [2]
22	比利时	7.700 [2]
23	巴西	7.837
24	泰国	8.117
25	奥地利	8.550 [1]
26	斯洛文尼亚	10.854 [1]
27	美国	12.214
28	荷兰	12.815 [2]
29	匈牙利	13.902
30	葡萄牙	14.310 [2]
31	墨西哥	14.617
32	新西兰	14.822
33	斯洛伐克	15.491
34	冰岛	18.753
35	哥伦比亚	18.810
36	瑞典	19.511
37	西班牙	19.870
38	波兰	19.930
39	德国	20.464 [1]
40	英国	22.277
41	土耳其	24.077
42	以色列	24.334
43	委内瑞拉	24.568
44	希腊	27.673
45	阿根廷	29.454 [1]
46	菲律宾	32.956
47	印度尼西亚	44.207 [1]
48	俄罗斯	52.880
-	爱尔兰	-

来源&注释：见附录1

公共财政 2.1.07

中央政府总负债实际增长率

2000

按本地货币、不变价格计算的变化率

排名		%
1	爱沙尼亚	-25.71
2	俄罗斯	-22.65
3	印度尼西亚	-21.80 [1]
4	瑞典	-12.92
5	芬兰	-9.81
6	美国	-9.22
7	波兰	-7.76
8	瑞士	-7.45 [1]
9	冰岛	-6.24
10	丹麦	-5.88 [2]
11	匈牙利	-4.47
12	澳大利亚	-4.25 [1]
13	新西兰	-3.61
14	加拿大	-3.55
15	墨西哥	-3.30
16	委内瑞拉	-3.19
17	卢森堡	-3.05
18	韩国	-2.50 [1]
19	以色列	-1.84
20	比利时	-1.63 [2]
21	意大利	-1.16
22	西班牙	-0.11
23	葡萄牙	-0.06 [2]
24	英国	0.94 [3]
25	南非	1.27
26	荷兰	1.31 [2]
27	斯洛伐克	1.67
28	德国	2.73 [1]
29	土耳其	3.44
30	香港	3.95
31	智利	3.99
32	希腊	4.58
33	法国	5.30 [2]
34	巴西	5.33
35	新加坡	6.68
36	奥地利	6.82 [1]
37	挪威	7.23
38	斯洛文尼亚	8.32 [1]
39	日本	9.49 [2]
40	印度	10.06
41	马来西亚	10.29
42	阿根廷	12.33 [1]
43	泰国	14.69
44	菲律宾	16.03
45	捷克	18.32
46	哥伦比亚	32.10
47	中国	34.75 [2]
48	台湾（地区）	83.08
-	爱尔兰	-

来源&注释：见附录1

公共财政 2.1.08

利息支付额

2000

占当前收入的百分比

排名		%
1	香港	0.00
2	卢森堡	0.48
3	爱沙尼亚	0.64
4	新加坡	1.27
5	智利	2.01
6	捷克	3.00
7	斯洛文尼亚	3.87
8	瑞士	4.00 [1]
9	挪威	4.14 [2]
10	韩国	5.20
11	澳大利亚	5.35 [1]
12	冰岛	7.15 [2]
13	德国	7.30 [2]
14	新西兰	7.33
15	法国	7.40 [3]
16	英国	7.66 [1]
17	斯洛伐克	8.12
18	泰国	8.38
19	葡萄牙	8.42 [2]
20	波兰	8.52
21	奥地利	8.88 [1]
22	荷兰	9.47 [3]
23	印度尼西亚	10.09 [1]
24	丹麦	10.80
25	美国	11.20
26	瑞典	11.37 [1]
27	委内瑞拉	12.47
28	以色列	12.91
29	爱尔兰	13.28 [3]
30	台湾（地区）	13.67
31	西班牙	14.09 [3]
32	加拿大	14.18
33	芬兰	14.31 [2]
34	俄罗斯	14.36
35	马来西亚	14.71
36	意大利	15.46 [1]
37	匈牙利	16.54
38	比利时	16.70 [2]
39	墨西哥	18.28 [1]
40	南非	19.43
41	巴西	23.22
42	阿根廷	23.87
43	哥伦比亚	26.79 [1]
44	菲律宾	27.37
45	印度	36.38
46	希腊	38.36 [2]
47	土耳其	58.71
-	中国	-
-	日本	-

来源&注释：见附录1

公共财政　　2.1.09

公共财政的管理

2002

公共财政的管理在两年后可能完善

恶化　S U A Y C Y　提高

排名		%
1	丹麦	7.95
2	新加坡	7.42
3	奥地利	7.15
4	卢森堡	7.02
5	南非	6.73
6	中国	6.72
7	马来西亚	6.70
8	挪威	6.66
9	西班牙	6.52
10	巴西	6.43
11	智利	6.43
12	墨西哥	6.40
13	冰岛	6.23
14	芬兰	6.13
15	澳大利亚	6.11
16	土耳其	6.09
17	菲律宾	5.97
18	匈牙利	5.78
19	荷兰	5.69
20	意大利	5.63
21	希腊	5.63
22	爱沙尼亚	5.61
23	台湾（地区）	5.61
24	俄罗斯	5.54
25	瑞士	5.53
26	韩国	5.53
27	美国	5.46
28	斯洛伐克	5.39
29	加拿大	5.34
30	捷克	5.22
31	瑞典	5.21
32	泰国	5.04
33	哥伦比亚	5.02
34	爱尔兰	4.95
35	葡萄牙	4.94
36	新西兰	4.86
37	德国	4.86
38	斯洛文尼亚	4.83
39	比利时	4.82
40	印度	4.80
41	英国	4.64
42	香港	4.42
43	印度尼西亚	4.22
44	日本	3.96
45	波兰	3.94
46	法国	3.83
47	以色列	3.80
48	阿根廷	2.11
49	委内瑞拉	1.47

来源&注释：见附录1

公共财政 2.1.10

国家总储备

2001

包括黄金和官方储备（每盎司黄金=35个特别提款权）

排名		十亿特别提款权
1	日本	315.29
2	中国	167.73
3	香港	88.45
4	台湾（地区）	84.90
5	韩国	81.78
6	新加坡	59.98
7	美国	55.03
8	德国	45.80
9	墨西哥	35.61
10	印度	34.00
11	英国	30.07
12	法国	28.67
13	巴西	28.46
14	瑞士	27.94
15	加拿大	27.06
16	俄罗斯	26.37
17	泰国	25.83
18	马来西亚	24.29
19	西班牙	24.13
20	意大利	22.34
21	印度尼西亚	21.79
22	波兰	20.53
23	以色列	18.60
24	澳大利亚	14.38
25	土耳其	13.90
26	丹麦	13.86
27	挪威	12.37
28	阿根廷	11.58
29	捷克	11.42
30	智利	11.32
31	菲律宾	10.98
32	奥地利	10.35
33	瑞典	9.76
34	比利时	8.92
35	匈牙利	8.54
36	荷兰	8.18
37	哥伦比亚	8.12
38	葡萄牙	8.04
39	委内瑞拉	7.74
40	芬兰	6.41
41	南非	5.01
42	爱尔兰	4.45
43	希腊	4.24
44	斯洛文尼亚	3.45
45	斯洛伐克	2.99
46	新西兰	2.39
47	爱沙尼亚	0.65
48	冰岛	0.27
49	卢森堡	0.09

来源&注释：见附录1

附加的参考国家*

巴哈马	0.25
巴林	1.35
埃及	10.62
伊朗	-
科威特	7.96
尼日利亚	2.86
巴基斯坦	2.97
卡塔尔	0.96
阿拉伯联合酋长国	11.38

*附加的国家、地区和州是作为对列在世界竞争力年鉴中的49各国家的补充数据。这些经济既不列在也不包括在任何数据的集合中，但作为参考的补充值。

政府效率

公共财政 2.1.11

一般政府支出

2000

占GDP的百分比

BACKGROUND INFORMATION

排名	国家/地区	%	注
1	香港	18.4	
2	新加坡	18.8	
3	印度尼西亚	19.5	1
4	菲律宾	19.7	
5	哥伦比亚	19.8	
6	泰国	19.9	
7	韩国	20.7	
8	委内瑞拉	20.8	
9	阿根廷	22.3	
10	墨西哥	22.9	
11	日本	23.5	
12	中国	24.9	1
13	智利	25.7	
14	马来西亚	28.0	
15	希腊	28.3	
16	印度	30.1	2
17	巴西	32.2	
18	台湾（地区）	32.5	
19	新西兰	34.0	
20	俄罗斯	37.7	
21	美国	39.2	1
22	冰岛	40.1	
23	爱沙尼亚	40.2	
24	土耳其	42.0	
25	斯洛伐克	42.9	
26	澳大利亚	43.8	1
27	葡萄牙	44.3	
28	卢森堡	44.7	3
29	南非	45.3	
30	斯洛文尼亚	45.5	
31	英国	46.9	2
32	捷克	47.0	
33	加拿大	48.2	
34	西班牙	48.5	3
35	波兰	50.2	
36	爱尔兰	51.2	3
37	比利时	51.2	2
38	芬兰	52.2	2
39	德国	52.3	2
40	以色列	52.5	
41	瑞士	52.6	1
42	意大利	55.5	1
43	挪威	55.9	2
44	法国	55.9	3
45	匈牙利	56.2	1
46	奥地利	58.6	1
47	荷兰	58.6	3
48	瑞典	60.8	1
49	丹麦	66.6	

来源&注释：见附录1

财政政策 2.2.01

税收总收入

2000

占GDP的百分比

排名	国家/地区	%	注
1	香港	9.94	
2	哥伦比亚	11.57	
3	菲律宾	13.93	
4	台湾（地区）	13.96	
5	泰国	14.98	1
6	中国	15.01	1
7	新加坡	15.82	
8	委内瑞拉	16.39	
9	印度尼西亚	16.51	1
10	印度	16.79	
11	墨西哥	17.89	
12	智利	20.69	
13	阿根廷	20.88	2
14	马来西亚	22.31	
15	南非	26.07	
16	韩国	26.12	
17	俄罗斯	26.70	
18	日本	27.02	
19	美国	28.32	1
20	爱尔兰	31.64	
21	澳大利亚	31.82	1
22	土耳其	32.87	
23	巴西	33.18	
24	葡萄牙	34.34	
25	爱沙尼亚	34.36	
26	西班牙	35.12	
27	波兰	35.15	1
28	新西兰	35.77	
29	瑞士	36.10	
30	斯洛伐克	36.14	
31	加拿大	36.35	
32	以色列	36.95	
33	冰岛	37.08	
34	英国	37.27	
35	希腊	37.52	
36	德国	37.90	
37	匈牙利	38.23	
38	捷克	39.41	
39	挪威	40.21	
40	荷兰	41.19	
41	卢森堡	41.85	
42	意大利	42.26	
43	斯洛文尼亚	42.79	
44	奥地利	43.58	
45	法国	45.39	
46	比利时	45.60	
47	芬兰	46.70	
48	丹麦	50.01	
49	瑞典	52.94	

来源&注释：见附录1

财政政策 2.2.02

个人收入税有效税率

2001

占人均GDP的百分比

排名	国家/地区	%
1	中国	0.00
2	印度	0.00
3	印度尼西亚	2.29
4	泰国	3.00
5	墨西哥	3.68
6	台湾（地区）	4.26
7	香港	5.00
8	委内瑞拉	5.50
9	南非	5.52
10	韩国	6.83
11	菲律宾	7.31
12	哥伦比亚	7.39
13	阿根廷	11.00
14	马来西亚	11.00
15	巴西	11.01
16	西班牙	12.38
17	瑞士	12.50
18	俄罗斯	13.02
19	爱尔兰	13.33
20	葡萄牙	16.07
21	美国	16.46
22	爱沙尼亚	16.84
23	日本	16.89
24	澳大利亚	17.50
25	斯洛伐克	17.87
26	希腊	18.22
27	捷克	18.44
28	英国	18.83
29	智利	19.55
30	冰岛	19.70
31	卢森堡	20.15
32	加拿大	20.53
33	新西兰	20.60
34	新加坡	20.93
35	以色列	21.57
36	法国	22.72
37	意大利	24.49
38	德国	26.53
39	挪威	26.85
40	土耳其	27.92
41	荷兰	28.17
42	奥地利	28.93
43	比利时	29.95
44	斯洛文尼亚	30.14
45	匈牙利	30.63
46	芬兰	30.73
47	瑞典	31.10
48	波兰	32.92
49	丹麦	34.08

来源&注释：见附录1

财政政策 2.2.03

个人收入税

2000

在利润、收入、资本收益上征收的个人税占GDP比重

BACKGROUND INFORMATION

排名	国家/地区	%
1	委内瑞拉	0.18
2	哥伦比亚	0.21 [1]
3	中国	0.74
4	印度尼西亚	1.40 [1]
5	印度	1.50
6	泰国	1.78
7	马来西亚	2.06
8	俄罗斯	2.12
9	香港	2.37
10	台湾（地区）	2.45
11	菲律宾	2.48
12	智利	2.71
13	阿根廷	3.00 [2]
14	斯洛伐克	3.65
15	韩国	3.82
16	巴西	3.95
17	墨西哥	4.76
18	希腊	4.91
19	捷克	5.01
20	日本	5.64
21	葡萄牙	5.97
22	荷兰	6.20
23	斯洛文尼亚	6.47
24	西班牙	6.58
25	匈牙利	7.08
26	土耳其	7.16
27	卢森堡	7.58
28	新加坡	7.63
29	爱沙尼亚	7.86
30	波兰	8.13 [1]
31	法国	8.30
32	德国	9.59
33	奥地利	9.66
34	爱尔兰	9.96
35	意大利	10.10
36	挪威	10.25
37	英国	10.66
38	瑞士	11.13
39	美国	11.53 [1]
40	以色列	11.78
41	南非	12.55
42	加拿大	13.42
43	冰岛	13.75
44	澳大利亚	13.78 [1]
45	比利时	14.19
46	新西兰	15.12
47	芬兰	15.20
48	瑞典	18.62
49	丹麦	26.19

来源&注释：见附录1

政 府 效 率

财政政策 2.2.04

雇员社会保障缴款率

2001

强制缴款占人均GDP的百分比

排名		%
1	中国	0.00
2	印度	0.00
3	俄罗斯	0.00
4	南非	0.00
5	冰岛	0.16
6	爱沙尼亚	0.99
7	新西兰	1.10
8	澳大利亚	1.50
9	印度尼西亚	1.99
10	墨西哥	2.39
11	台湾（地区）	2.57
12	泰国	3.00
13	芬兰	4.80
14	香港	5.00
15	爱尔兰	5.06
16	委内瑞拉	5.50
17	韩国	5.90
18	西班牙	6.34
19	加拿大	6.44
20	菲律宾	6.51
21	瑞士	6.55
22	瑞典	7.01
23	英国	7.29
24	哥伦比亚	7.39
25	美国	7.65
26	以色列	7.74
27	挪威	7.80
28	意大利	9.19
29	丹麦	9.32
30	阿根廷	11.00
31	葡萄牙	11.00
32	马来西亚	11.00
33	巴西	11.01
34	匈牙利	12.49
35	捷克	12.50
36	卢森堡	12.76
37	斯洛伐克	12.81
38	比利时	13.07
39	日本	13.53
40	希腊	15.90
41	土耳其	15.99
42	奥地利	17.51
43	波兰	18.71
44	智利	19.55
45	新加坡	20.00
46	德国	20.65
47	斯洛文尼亚	22.10
48	荷兰	22.30
49	法国	22.72

来源&注释：见附录1

财政政策 2.2.05

雇员的社会保障缴款

2000

强制缴款占GDP的百分比

BACKGROUND INFORMATION

排名		%	
1	澳大利亚	0.00	r
1	中国	0.00	r
1	爱沙尼亚	0.00	
1	新西兰	0.00	
1	波兰	0.00	r
1	新加坡	0.00	
7	墨西哥	0.05	r
8	哥伦比亚	0.06	
9	冰岛	0.07	
10	印度尼西亚	0.17	r
11	委内瑞拉	0.18	
12	泰国	0.23	
13	菲律宾	0.36	
14	印度	0.49	
15	智利	0.76	
16	南非	0.82	
17	爱尔兰	1.37	
18	台湾（地区）	1.77	
19	西班牙	1.91	
20	丹麦	1.95	
21	芬兰	1.99	
22	加拿大	2.05	
23	土耳其	2.20	
24	阿根廷	2.20	
25	匈牙利	2.23	
26	意大利	2.32	
27	马来西亚	2.39	
28	韩国	2.42	
29	英国	2.55	
30	巴西	2.67	
31	斯洛伐克	2.85	
32	美国	2.96	r
33	瑞典	3.03	
34	挪威	3.10	
35	葡萄牙	3.30	
36	以色列	3.36	
37	俄罗斯	3.68	
38	日本	3.78	r
39	法国	3.78	
40	捷克	3.92	
41	瑞士	3.96	
42	比利时	4.35	
43	卢森堡	4.73	
44	希腊	6.20	
45	奥地利	6.21	
46	德国	6.52	
47	斯洛文尼亚	8.48	
48	荷兰	11.14	3
-	香港	-	

来源&注释：见附录1

财政政策 2.2.06

实际个人税

2002

实际个人税是否阻碍人们工作寻求发展

是 S U R V E Y 否

排名		
1	卢森堡	8.14
2	新加坡	7.88
3	香港	7.77
4	马来西亚	7.15
5	爱尔兰	6.63
6	美国	6.50
7	瑞士	6.42
8	印度	6.08
9	台湾（地区）	6.03
10	英国	5.97
11	冰岛	5.77
12	爱沙尼亚	5.73
13	韩国	5.71
14	俄罗斯	5.50
15	西班牙	5.48
16	荷兰	5.44
17	泰国	5.42
18	巴西	5.28
19	菲律宾	5.27
20	委内瑞拉	5.26
21	哥伦比亚	5.18
22	智利	4.90
23	中国	4.88
24	澳大利亚	4.88
25	希腊	4.69
26	南非	4.68
27	意大利	4.56
28	印度尼西亚	4.43
29	挪威	4.42
30	加拿大	4.17
31	匈牙利	4.15
32	墨西哥	4.07
33	土耳其	4.03
34	新西兰	4.00
35	捷克	3.94
36	葡萄牙	3.94
37	日本	3.93
38	奥地利	3.92
39	斯洛伐克	3.88
40	以色列	3.50
41	丹麦	3.41
42	波兰	3.39
43	芬兰	3.27
44	德国	3.12
45	斯洛文尼亚	3.04
46	瑞典	2.73
47	法国	2.63
48	阿根廷	2.27
49	比利时	2.23

财政政策 2.2.07

对利润征收的平均公司税率

2002

占税前利润的百分比

排名		%
1	香港	16.00
1	爱尔兰	16.00
3	匈牙利	20.00
4	瑞士	20.97
5	新加坡	24.50
6	巴西	25.00
6	斯洛文尼亚	25.00
6	台湾（地区）	25.00
9	冰岛	26.00
10	韩国	28.00
10	马来西亚	28.00
10	挪威	28.00
10	波兰	28.00
10	瑞典	28.00
15	芬兰	29.00
15	斯洛伐克	29.00
17	澳大利亚	30.00
17	丹麦	30.00
17	印度尼西亚	30.00
17	南非	30.00
17	泰国	30.00
17	土耳其	30.00
17	英国	30.00
24	捷克	31.00
25	菲律宾	32.00
26	中国	33.00
26	新西兰	33.00
28	奥地利	34.00
29	阿根廷	35.00
29	加拿大	35.00
29	智利	35.00
29	哥伦比亚	35.00
29	爱沙尼亚	35.00
29	希腊	35.00
29	荷兰	35.00
29	俄罗斯	35.00
29	西班牙	35.00
29	美国	35.00
39	印度	35.70
40	以色列	36.00
40	意大利	36.00
42	法国	36.40
43	葡萄牙	37.40
44	比利时	40.17
45	德国	41.60
46	日本	49.00
-	卢森堡	-
-	墨西哥	-
-	委内瑞拉	-

来源&注释：见附录1

财政政策 2.2.08

公司税

2000

在利润、收入、资本收益上征税占GDP比重

BACKGROUND INFORMATION

排名	国家/地区	%
1	爱沙尼亚	1.00
2	冰岛	1.23
3	巴西	1.53
4	阿根廷	1.66
5	印度	1.70
6	德国	1.83
7	中国	1.86
8	奥地利	2.03
9	智利	2.18
10	台湾（地区）	2.21
11	匈牙利	2.29
12	土耳其	2.34
13	美国	2.36
14	丹麦	2.42
15	意大利	2.53
16	菲律宾	2.59
17	波兰	2.60
18	瑞士	2.72
19	泰国	2.80
20	斯洛伐克	2.96
21	西班牙	3.02
22	法国	3.05
23	香港	3.39
24	日本	3.46
25	英国	3.65
26	瑞典	3.66
27	韩国	3.69
28	比利时	3.71
29	爱尔兰	3.86
30	捷克	3.87
31	加拿大	3.94
32	以色列	3.99
33	马来西亚	4.08
34	哥伦比亚	4.09
35	葡萄牙	4.14
36	荷兰	4.17
37	南非	4.34
38	新西兰	4.35
39	希腊	4.38
40	澳大利亚	5.07
41	委内瑞拉	5.30
42	芬兰	5.45
43	挪威	6.12
44	俄罗斯	6.63
45	卢森堡	7.34
46	斯洛文尼亚	7.72
47	印度尼西亚	8.98
-	墨西哥	-
-	新加坡	-

来源&注释：见附录1

财政政策 2.2.09

雇主的社会保障缴款率

2001

强制缴款占人均GDP的比率

排名	国家/地区	%
1	中国	0.00
2	印度	0.00
3	丹麦	1.20
4	南非	1.40
5	新西兰	1.56
6	智利	3.50
7	泰国	4.10
8	印度尼西亚	4.28
9	以色列	4.93
10	香港	5.00
11	冰岛	5.23
12	韩国	5.90
13	瑞士	6.55
14	加拿大	7.32
15	台湾（地区）	7.60
16	菲律宾	8.62
17	英国	8.67
18	美国	8.85
19	卢森堡	11.47
20	爱尔兰	12.00
21	马来西亚	12.01
22	澳大利亚	14.00
23	挪威	14.10
24	日本	14.94
25	委内瑞拉	15.70
26	新加坡	16.00
27	墨西哥	18.67
28	荷兰	19.89
29	斯洛文尼亚	19.90
30	波兰	20.42
31	德国	20.65
32	芬兰	22.30
33	土耳其	22.50
34	阿根廷	23.01
35	葡萄牙	23.75
36	希腊	28.56
37	哥伦比亚	28.95
38	奥地利	29.52
39	意大利	31.68
40	瑞典	32.82
41	西班牙	32.85
42	爱沙尼亚	33.51
43	比利时	34.38
44	捷克	35.69
45	巴西	37.30
46	匈牙利	37.75
47	斯洛伐克	38.00
48	俄罗斯	39.77
49	法国	48.43

来源&注释：见附录1

财政政策 2.2.10

雇主的社会保障缴款

2000

实际个人强制缴款占GDP的百分比

BACKGROUND INFORMATION

排名	国家/地区	数值	注
1	澳大利亚	0.00	1
1	中国	0.00	1
1	香港	0.00	5
1	印度	0.00	
1	新西兰	0.00	
1	新加坡	0.00	
7	哥伦比亚	0.13	
8	印度尼西亚	0.17	1
9	泰国	0.26	
10	丹麦	0.35	
11	委内瑞拉	0.54	
12	菲律宾	0.55	
13	智利	0.76	
14	南非	0.81	
15	以色列	1.75	
16	韩国	1.95	
17	墨西哥	1.96	
18	阿根廷	2.30	
19	马来西亚	2.61	
20	爱尔兰	2.74	
21	台湾（地区）	2.80	
22	冰岛	2.84	
23	土耳其	2.86	
24	加拿大	2.99	
25	美国	3.45	1
26	英国	3.52	
27	俄罗斯	3.68	
28	瑞士	3.96	
29	卢森堡	4.58	1
30	荷兰	4.73	
31	日本	5.00	1
32	葡萄牙	5.01	
33	希腊	5.16	
34	斯洛文尼亚	5.21	
35	挪威	5.34	
36	奥地利	7.29	
37	德国	7.29	
38	意大利	8.35	
39	比利时	8.51	
40	西班牙	8.53	
41	斯洛伐克	8.78	
42	芬兰	8.78	
43	波兰	9.86	1
44	匈牙利	10.51	
45	巴西	10.68	
46	捷克	11.17	
47	法国	11.54	
48	瑞典	11.75	
49	爱沙尼亚	12.19	

来源&注释：见附录1

财政政策 2.2.11

实际公司税

2002

实际公司税是否鼓励企业的活力

否 SURVEY 是

排名	国家/地区	%
1	冰岛	8.09
2	爱尔兰	7.96
3	香港	7.95
4	新加坡	7.83
5	卢森堡	7.81
6	马来西亚	6.96
7	荷兰	6.81
8	瑞士	6.66
9	匈牙利	6.59
10	爱沙尼亚	6.47
11	美国	6.44
12	智利	6.31
13	瑞典	6.20
14	台湾（地区）	6.13
15	芬兰	6.10
16	丹麦	6.03
17	印度	5.92
18	澳大利亚	5.74
19	西班牙	5.73
20	英国	5.57
21	挪威	5.50
22	奥地利	5.31
23	韩国	5.27
24	泰国	5.21
25	南非	5.08
26	菲律宾	5.08
27	以色列	4.97
28	加拿大	4.95
29	中国	4.94
30	德国	4.70
31	哥伦比亚	4.51
32	捷克	4.50
33	希腊	4.38
34	印度尼西亚	4.30
35	意大利	4.19
36	斯洛伐克	4.14
37	墨西哥	4.13
38	新西兰	4.00
39	葡萄牙	3.94
40	日本	3.91
41	委内瑞拉	3.79
42	巴西	3.69
43	斯洛文尼亚	3.69
44	法国	3.60
45	比利时	3.49
46	土耳其	3.39
47	俄罗斯	3.21
48	波兰	2.96
49	阿根廷	2.39

财政政策 2.2.12

资本和财产税

2000

资本和财产税占GDP的百分比

BACKGROUND INFORMATION

排名		%	注
1	菲律宾	0.01	
2	印度尼西亚	0.06	1
3	印度	0.07	2
4	香港	0.09	
5	墨西哥	0.16	2
6	委内瑞拉	0.23	
7	泰国	0.28	1
8	中国	0.34	1
9	爱沙尼亚	0.48	
10	马来西亚	0.50	3
11	匈牙利	0.53	
12	斯洛伐克	0.57	
13	奥地利	0.59	
14	捷克	0.62	
15	斯洛文尼亚	0.66	
16	哥伦比亚	0.71	
17	智利	0.79	
18	德国	0.86	
19	新加坡	0.94	
20	挪威	0.96	
21	土耳其	1.06	
22	葡萄牙	1.09	
23	波兰	1.13	1
24	俄罗斯	1.14	
25	芬兰	1.15	
26	阿根廷	1.23	2
27	比利时	1.52	
28	丹麦	1.63	
29	爱尔兰	1.74	
30	意大利	1.80	
31	巴西	1.89	
32	瑞典	1.89	
33	希腊	1.94	
34	新西兰	2.08	
35	西班牙	2.19	
36	荷兰	2.22	
37	南非	2.46	
38	冰岛	2.58	
39	日本	2.77	
40	以色列	2.78	1
41	澳大利亚	2.98	1
42	美国	3.02	1
43	法国	3.04	
44	瑞士	3.21	
45	韩国	3.23	
46	台湾（地区）	3.38	
47	加拿大	3.55	
48	卢森堡	4.39	
49	英国	4.40	

来源&注释：见附录1

财政政策 2.2.13

间接税

2000

商品和服务税占GDP的比重

排名		%	注
1	香港	4.01	
2	菲律宾	4.22	
3	美国	4.64	1
4	新加坡	4.80	
5	印度尼西亚	5.00	1
6	日本	5.10	
7	马来西亚	5.33	
8	台湾（地区）	5.92	
9	墨西哥	5.94	
10	阿根廷	6.08	2
11	委内瑞拉	6.46	
12	哥伦比亚	6.96	
13	瑞士	7.17	
14	澳大利亚	7.95	1
15	泰国	8.88	
16	加拿大	8.91	
17	中国	9.62	1
18	韩国	10.01	
19	西班牙	10.42	
20	德国	10.65	
21	南非	10.76	
22	俄罗斯	11.16	
23	瑞典	11.21	
24	卢森堡	11.44	1
25	爱尔兰	11.46	
26	比利时	11.58	
27	荷兰	11.69	
28	智利	11.74	
29	法国	11.85	
30	巴西	11.88	
31	印度	12.08	
32	英国	12.10	
33	新西兰	12.32	
34	奥地利	12.39	
35	以色列	12.53	
36	捷克	12.62	
37	意大利	12.81	
38	斯洛伐克	13.00	
39	爱沙尼亚	13.00	
40	波兰	13.21	1
41	土耳其	13.59	
42	芬兰	13.67	
43	葡萄牙	13.83	
44	挪威	13.87	
45	斯洛文尼亚	14.97	
46	匈牙利	15.08	
47	希腊	15.14	
48	丹麦	16.22	
49	冰岛	16.57	

来源&注释：见附录1

财政政策 2.2.14

逃税

2002

逃税在贵国

普遍 S U A Y C Y 不普遍

排名	国家/地区	指数
1	新加坡	8.54
2	卢森堡	7.63
3	芬兰	7.38
4	新西兰	7.29
5	智利	7.25
6	美国	6.96
7	香港	6.93
8	加拿大	6.93
9	瑞士	6.84
10	英国	6.69
11	日本	6.36
12	马来西亚	6.09
13	丹麦	6.00
14	荷兰	5.84
15	澳大利亚	5.78
16	奥地利	5.69
17	冰岛	5.56
18	爱尔兰	5.47
19	以色列	5.20
20	挪威	5.11
21	台湾（地区）	5.11
22	爱沙尼亚	4.82
23	西班牙	4.82
24	韩国	4.63
25	斯洛文尼亚	4.63
26	德国	4.60
27	法国	4.54
28	南非	4.16
29	瑞典	3.97
30	中国	3.81
31	泰国	3.74
32	匈牙利	3.70
33	捷克	3.17
34	意大利	3.13
35	波兰	2.99
36	斯洛伐克	2.93
37	巴西	2.89
38	希腊	2.88
39	比利时	2.87
40	哥伦比亚	2.82
41	印度尼西亚	2.73
42	俄罗斯	2.46
43	葡萄牙	2.31
44	印度	2.21
45	土耳其	2.03
46	菲律宾	2.03
47	墨西哥	1.82
48	委内瑞拉	1.63
49	阿根廷	0.94

组织机构—中央银行 2.3.01

短期实际利率

2001

平均贴现率/优惠利率（1月-12月）

排名	国家/地区	利率	注
1	美国	-1.54	
2	捷克	-0.97	
3	爱沙尼亚	-0.83	
4	爱尔兰	-0.80	1
5	瑞典	-0.58	
6	加拿大	-0.07	
7	葡萄牙	0.19	3
8	瑞士	0.62	
9	日本	0.80	
10	丹麦	0.91	
11	新加坡	0.98	
12	芬兰	1.11	1
13	西班牙	1.18	3
14	荷兰	1.19	3
15	斯洛伐克	1.42	
16	意大利	1.46	
17	奥地利	1.59	3
17	德国	1.59	3
19	马来西亚	1.71	
20	比利时	1.73	3
21	新西兰	2.09	
22	泰国	2.26	
23	斯洛文尼亚	2.38	
24	卢森堡	2.46	3
25	法国	2.46	3
26	中国	2.52	
27	菲律宾	2.66	
28	匈牙利	2.76	
29	俄罗斯	2.80	
30	韩国	2.86	1
31	冰岛	2.87	
32	英国	3.00	
33	印度	3.18	
34	台湾（地区）	3.41	
35	澳大利亚	3.42	2
36	南非	3.54	
37	土耳其	3.63	
38	智利	3.80	
39	印度尼西亚	4.50	
40	墨西哥	4.67	
41	希腊	4.86	1
42	挪威	5.54	
43	以色列	6.82	
44	香港	7.11	
45	哥伦比亚	7.78	
46	巴西	10.57	
47	波兰	15.22	
48	委内瑞拉	21.56	
-	阿根廷	-	

来源&注释：见附录1

资本成本

2002

贵国资本成本对公司发展

不鼓励　BACKGROUND INFORMATION　鼓励

排名		
1	美国	8.15
2	瑞士	7.95
3	芬兰	7.79
4	马来西亚	7.44
5	新加坡	7.42
6	卢森堡	7.35
7	荷兰	7.13
8	加拿大	7.12
9	爱尔兰	7.09
10	泰国	6.86
11	香港	6.74
12	丹麦	6.68
13	西班牙	6.67
14	奥地利	6.65
15	智利	6.59
16	澳大利亚	6.53
17	德国	6.44
18	瑞典	6.43
19	英国	6.40
20	希腊	6.13
21	爱沙尼亚	6.12
22	台湾（地区）	6.05
23	法国	6.00
24	葡萄牙	6.00
25	捷克	5.72
26	比利时	5.55
27	韩国	5.42
28	新西兰	5.41
29	意大利	5.37
30	日本	5.36
31	以色列	5.23
32	中国	5.10
33	匈牙利	4.59
34	挪威	3.84
35	斯洛伐克	3.83
36	哥伦比亚	3.77
37	印度	3.69
38	南非	3.49
39	菲律宾	3.37
40	俄罗斯	3.36
41	斯洛文尼亚	3.27
42	墨西哥	3.25
43	印度尼西亚	3.17
44	波兰	2.62
45	土耳其	2.25
46	冰岛	2.09
47	巴西	1.66
48	委内瑞拉	1.42
49	阿根廷	1.00

组织机构－中央银行 2.3.03

利率差

2001

贷款利率减去存款利率

排名		%
1	英国	0.33 [2]
2	韩国	1.90
3	日本	1.91
4	荷兰	1.92
5	加拿大	1.95
6	卢森堡	2.00
7	挪威	2.05
8	西班牙	2.08
9	印度	2.25
10	瑞士	2.62
11	葡萄牙	2.79 [2]
12	印度尼西亚	3.12
13	美国	3.23
14	马来西亚	3.30
15	奥地利	3.43 [2]
16	中国	3.60
17	菲律宾	3.67
18	瑞典	3.67 [1]
19	匈牙利	3.70
20	台湾（地区）	3.81
21	芬兰	3.85
22	法国	3.98
23	捷克	4.00
24	新加坡	4.12
25	爱沙尼亚	4.30
26	新西兰	4.53
27	意大利	4.57
28	爱尔兰	4.74
29	南非	4.74
30	斯洛伐克	4.81
31	香港	4.84
32	澳大利亚	4.88
33	丹麦	4.90 [1]
34	以色列	5.00
34	泰国	5.00
36	比利时	5.06
37	斯洛文尼亚	5.24
38	希腊	5.28
39	智利	5.69
40	波兰	6.36
41	德国	6.45
42	委内瑞拉	6.75
43	哥伦比亚	8.28
44	墨西哥	9.14
45	阿根廷	10.40
46	冰岛	10.65
47	俄罗斯	16.60
48	巴西	39.90
-	土耳其	-

来源&注释：见附录1

附加的参考国家*

国家	
巴哈马	1.75
巴林	5.90 [1]
埃及	3.70 [1]
伊朗	-
科威特	2.98 [1]
尼日利亚	9.58 [1]
巴基斯坦	-
卡塔尔	-
阿拉伯联合酋长国	-

*附加的国家、地区和州是作为对列在世界竞争力年鉴中的49各国家的补充数据。这些经济既不列在也不包括在任何数据的集合中，但作为参考的补充值。

政府效率

组织机构一中央银行　　2.3.04

国家信用评级

2001

由《机构投资者杂志》杂志按百分制评分

排名		比率
1	阿根廷	93.8
2	澳大利亚	92.8
3	奥地利	92.6
4	比利时	92.5
5	巴西	92.0
6	加拿大	91.6
7	智利	91.5
8	中国	90.0
9	哥伦比亚	88.4
10	捷克	87.7
11	丹麦	87.2
12	爱沙尼亚	86.6
13	芬兰	86.2
14	法国	85.9
15	德国	85.7
16	希腊	84.8
17	香港	83.8
18	匈牙利	82.9
19	冰岛	82.8
20	印度	80.4
21	印度尼西亚	79.8
22	爱尔兰	75.9
23	以色列	74.9
24	意大利	71.2
25	日本	71.2
26	韩国	65.2
27	卢森堡	64.9
28	马来西亚	64.2
29	墨西哥	62.0
30	荷兰	61.7
31	新西兰	60.5
32	挪威	60.0
33	菲律宾	59.2
34	波兰	57.4
34	葡萄牙	56.4
36	俄罗斯	55.3
37	新加坡	55.0
38	斯洛伐克	50.0
39	斯洛文尼亚	49.5
40	南非	47.7
41	西班牙	47.4
42	瑞典	43.5
43	瑞士	42.1
44	台湾（地区）	38.8
45	泰国	34.7
46	土耳其	34.4
47	英国	33.3
48	美国	26.8
-	委内瑞拉	21.6

来源&注释：见附录1

附加的参考国家*

巴哈马	59.9
巴林	54.4
埃及	47.1
伊朗	31.5
科威特	63.6
尼日利亚	18.3
巴基斯坦	18.1
卡塔尔	57.3
阿拉伯联合酋长国	68.3

*附加的国家、地区和州是作为对列在世界竞争力年鉴中的49各国家的补充数据。这些经济既不列在也不包括在任何数据的集合中，但作为参考的补充值。

组织机构—中央银行 2.3.05

中央银行政策

2002

中央银行政策对经济发展有的影响

消极 SURVEY 积极

排名		
1	美国	8.21
2	丹麦	7.74
3	新加坡	7.74
4	智利	7.65
5	爱沙尼亚	7.64
6	马来西亚	7.63
7	澳大利亚	7.63
8	爱尔兰	7.42
9	芬兰	7.40
10	加拿大	7.31
11	荷兰	7.24
12	英国	7.20
13	瑞士	7.16
14	瑞典	7.11
15	德国	6.93
16	葡萄牙	6.92
17	奥地利	6.88
18	西班牙	6.88
19	斯洛伐克	6.78
20	菲律宾	6.73
21	卢森堡	6.71
22	台湾（地区）	6.66
23	新西兰	6.65
24	香港	6.54
25	南非	6.51
26	泰国	6.51
27	希腊	6.51
28	中国	6.46
29	墨西哥	6.42
30	挪威	6.34
31	比利时	6.29
32	韩国	6.25
33	捷克	6.19
34	巴西	6.10
35	匈牙利	6.07
36	印度	6.00
37	法国	5.90
38	以色列	5.90
39	意大利	5.88
40	土耳其	5.63
41	哥伦比亚	5.59
42	斯洛文尼亚	5.44
43	俄罗斯	5.19
44	波兰	4.98
45	日本	4.62
46	冰岛	4.56
47	印度尼西亚	4.39
48	阿根廷	2.28
49	委内瑞拉	2.00

组织机构—中央银行 2.3.06

汇率政策

2002

贵国汇率政策对公司的竞争力

阻碍 SURVEY 支持

排名		利率
1	芬兰	8.03
2	澳大利亚	7.89
3	爱沙尼亚	7.73
4	丹麦	7.63
5	智利	7.61
6	奥地利	7.57
7	卢森堡	7.45
8	德国	7.36
9	爱尔兰	7.35
10	马来西亚	7.24
11	荷兰	7.17
12	西班牙	7.09
13	新西兰	7.00
14	巴西	6.89
15	比利时	6.78
16	加拿大	6.71
17	希腊	6.67
17	新加坡	6.58
19	泰国	6.53
20	瑞典	6.50
21	台湾（地区）	6.50
22	法国	6.48
23	意大利	6.40
24	葡萄牙	6.30
25	斯洛伐克	6.30
26	韩国	6.25
27	哥伦比亚	6.23
28	以色列	6.21
29	菲律宾	6.19
30	美国	6.12
31	中国	5.89
32	日本	5.85
33	印度	5.48
34	瑞士	5.45
35	冰岛	5.21
36	匈牙利	5.11
37	挪威	4.92
38	南非	4.73
39	捷克	4.72
40	土耳其	4.72
41	墨西哥	4.51
42	印度尼西亚	4.48
43	俄罗斯	4.42
44	斯洛文尼亚	4.16
45	英国	3.80
46	波兰	3.76
47	香港	3.63
48	阿根廷	2.46
-	委内瑞拉	1.58

组织机构－中央银行 2.3.07

汇率稳定度

2001

本币相对于特别提款权的汇兑年价变动

排名		对等汇率
1	新加坡	0.005
2	印度	0.012
3	波兰	0.015
4	日本	0.018
5	英国	0.024
6	韩国	0.026
7	以色列	0.053
8	挪威	0.058
9	加拿大	0.071
10	泰国	0.076
11	美国	0.077
12	捷克	0.084
13	瑞士	0.088
14	香港	0.102
15	阿根廷	0.107
16	马来西亚	0.107
17	中国	0.108
18	澳大利亚	0.124
19	新西兰	0.131
20	匈牙利	0.137
21	印度尼西亚	0.157
22	墨西哥	0.172
23	斯洛伐克	0.173
24	菲律宾	0.175
25	丹麦	0.175
26	爱沙尼亚	0.177
27	瑞典	0.181
28	比利时	0.182
29	卢森堡	0.182
30	葡萄牙	0.182
31	法国	0.182
32	西班牙	0.182
33	芬兰	0.182
34	荷兰	0.182
34	德国	0.184
36	爱尔兰	0.186
37	意大利	0.186
38	奥地利	0.186
39	委内瑞拉	0.206
40	希腊	0.221
41	智利	0.236
42	俄罗斯	0.303
43	冰岛	0.325
44	哥伦比亚	0.362
45	斯洛文尼亚	0.389
46	巴西	0.716
47	南非	0.847
48	土耳其	0.981
-	台湾（地区）	-

来源&注释：见附录1

附加的参考国家*	
巴哈马	0.108
巴林	-
埃及	0.183
伊朗	0.108
科威特	-
尼日利亚	3.632
巴基斯坦	-
卡塔尔	-
阿拉伯联合酋长国	0.108

*附加的国家、地区和州是作为对列在世界竞争力年鉴中的49各国家的补充数据。这些经济既不列在也不包括在任何数据的集合中，但作为参考的补充值。

关于政策方向的一致性

2002

政府中政策方向的一致性

低 高

排名		
1	新加坡	9.04
2	西班牙	7.94
3	芬兰	7.90
4	丹麦	7.77
5	卢森堡	7.76
6	爱尔兰	7.26
7	荷兰	7.19
8	澳大利亚	7.16
9	冰岛	6.93
10	马来西亚	6.87
11	匈牙利	6.67
12	瑞士	6.55
13	瑞典	6.39
14	加拿大	6.35
15	美国	6.23
16	泰国	6.18
17	挪威	6.08
18	巴西	5.98
19	意大利	5.79
20	新西兰	5.76
21	捷克	5.67
22	英国	5.47
23	南非	5.40
24	中国	5.34
25	智利	5.33
26	俄罗斯	5.07
27	哥伦比亚	5.00
28	菲律宾	4.79
29	土耳其	4.78
30	德国	4.72
31	爱沙尼亚	4.59
32	韩国	4.58
33	奥地利	4.54
34	墨西哥	4.44
35	台湾（地区）	4.39
36	印度	4.36
37	法国	4.25
38	希腊	4.19
39	香港	4.19
40	日本	4.00
41	斯洛文尼亚	3.82
42	比利时	3.77
43	波兰	3.57
44	葡萄牙	3.13
45	斯洛伐克	3.06
46	以色列	2.90
47	委内瑞拉	2.53
48	印度尼西亚	2.39
49	阿根廷	1.37

法律体系

2002

法律体系对贵国的竞争力

损害 不损害

排名		
1	新加坡	8.50
2	芬兰	7.74
3	香港	7.58
4	加拿大	7.41
5	丹麦	7.39
6	瑞士	7.29
7	新西兰	7.28
8	荷兰	7.25
9	澳大利亚	7.23
10	卢森堡	7.21
11	英国	7.00
12	爱尔兰	6.91
13	瑞典	6.85
14	挪威	6.81
15	冰岛	6.79
16	马来西亚	6.56
17	爱沙尼亚	6.49
17	以色列	6.45
19	南非	6.36
20	智利	6.31
21	美国	6.23
22	奥地利	6.12
23	匈牙利	5.93
24	西班牙	5.85
25	中国	5.60
26	德国	5.35
27	泰国	5.01
28	台湾（地区）	5.00
29	斯洛文尼亚	4.94
30	日本	4.62
31	印度	4.52
32	比利时	4.37
33	斯洛伐克	4.26
34	捷克	4.25
35	韩国	4.19
36	俄罗斯	4.12
37	希腊	4.09
38	法国	3.98
39	巴西	3.83
40	土耳其	3.78
41	意大利	3.71
42	葡萄牙	3.53
43	墨西哥	3.53
44	哥伦比亚	3.40
45	菲律宾	3.30
46	波兰	2.91
47	印度尼西亚	2.44
48	阿根廷	1.29
-	委内瑞拉	1.21

政 府 效 率

组织机构—国家效率 2.3.10

新立法

2002

新立法对企业竞争力

不鼓励 S U A Y C Y 鼓励

排名	国家/地区	数值
1	新加坡	8.17
2	卢森堡	7.72
3	芬兰	7.19
4	冰岛	7.12
5	中国	7.06
6	丹麦	6.74
7	马来西亚	6.65
8	爱尔兰	6.60
9	奥地利	6.54
10	西班牙	6.48
11	加拿大	6.27
12	荷兰	6.25
13	香港	6.19
14	泰国	6.19
15	台湾（地区）	6.08
16	澳大利亚	6.02
17	瑞士	5.97
18	美国	5.94
19	印度	5.94
20	以色列	5.90
21	意大利	5.88
22	韩国	5.85
23	日本	5.82
24	瑞典	5.74
25	希腊	5.71
26	土耳其	5.69
27	挪威	5.53
28	菲律宾	5.52
29	匈牙利	5.48
30	巴西	5.40
31	爱沙尼亚	5.33
32	斯洛伐克	5.10
33	捷克	5.06
34	哥伦比亚	4.71
35	比利时	4.55
36	葡萄牙	4.54
37	俄罗斯	4.50
38	德国	4.49
39	智利	4.39
40	英国	4.38
41	南非	4.31
42	斯洛文尼亚	4.22
43	新西兰	4.12
44	印度尼西亚	3.96
45	墨西哥	3.91
46	波兰	3.79
47	法国	2.79
48	阿根廷	2.39
49	委内瑞拉	0.89

组织机构—国家效率 2.3.11

政府经济政策

2002

政府经济政策是否快速适应于经济发展

否 S U A Y C Y 是

排名	国家/地区	数值
1	新加坡	8.58
2	马来西亚	7.38
3	卢森堡	6.79
4	芬兰	6.53
5	爱尔兰	6.53
6	澳大利亚	6.20
7	美国	6.17
8	冰岛	5.95
9	巴西	5.85
10	丹麦	5.82
11	荷兰	5.69
12	西班牙	5.64
13	匈牙利	5.56
14	泰国	5.54
15	韩国	5.38
16	加拿大	5.32
17	中国	5.31
18	智利	5.14
19	奥地利	5.00
20	新西兰	5.00
21	爱沙尼亚	4.98
22	英国	4.92
23	菲律宾	4.79
24	斯洛文尼亚	4.69
25	捷克	4.67
26	挪威	4.64
27	台湾（地区）	4.63
28	意大利	4.60
29	瑞士	4.58
30	瑞典	4.52
31	俄罗斯	4.46
32	土耳其	4.44
33	斯洛伐克	4.32
34	南非	4.27
35	哥伦比亚	4.27
36	香港	4.09
37	墨西哥	4.07
38	希腊	4.00
39	比利时	3.86
40	印度	3.60
41	以色列	3.45
42	波兰	3.13
43	日本	3.04
44	法国	2.91
45	葡萄牙	2.85
46	德国	2.73
47	印度尼西亚	2.57
48	阿根廷	1.53
49	委内瑞拉	0.97

组织机构—国家效率 2.3.12

政府决策

2002

政府决策是否可以有效实施

否 SURVEY 是

排名		
1	新加坡	8.81
2	芬兰	8.03
3	丹麦	7.56
4	卢森堡	7.53
5	瑞士	7.13
6	瑞典	6.89
7	澳大利亚	6.81
8	爱尔兰	6.32
9	美国	6.31
10	新西兰	6.16
11	奥地利	5.96
12	冰岛	5.95
13	加拿大	5.90
14	荷兰	5.81
15	西班牙	5.58
16	匈牙利	5.56
17	挪威	5.47
18	马来西亚	5.40
19	英国	5.31
20	智利	5.25
21	德国	5.02
22	巴西	4.92
23	香港	4.86
24	中国	4.85
25	泰国	4.71
26	捷克	4.67
27	爱沙尼亚	4.51
28	意大利	4.50
29	台湾（地区）	4.45
30	韩国	4.18
31	土耳其	4.16
32	法国	4.15
33	比利时	3.97
34	斯洛文尼亚	3.94
35	日本	3.62
36	墨西哥	3.62
37	以色列	3.55
38	俄罗斯	3.54
39	南非	3.26
40	希腊	3.16
41	哥伦比亚	3.12
42	斯洛伐克	3.10
43	菲律宾	3.05
44	波兰	3.03
45	印度	2.71
46	葡萄牙	2.70
47	印度尼西亚	2.22
48	阿根廷	1.24
49	委内瑞拉	1.05

组织机构—国家效率 2.3.13

政治团体

2002

政治团体是否确实理解目前的经济挑战

否 SURVEY 是

排名		
1	新加坡	8.17
2	芬兰	7.19
3	卢森堡	7.12
4	丹麦	6.67
5	中国	6.65
6	澳大利亚	6.64
7	美国	6.58
8	荷兰	6.38
9	爱尔兰	6.36
10	马来西亚	6.17
11	瑞士	6.01
12	加拿大	5.93
13	奥地利	5.69
14	西班牙	5.58
15	冰岛	5.57
16	英国	5.36
17	匈牙利	5.26
18	智利	5.14
19	捷克	5.06
20	瑞典	4.98
21	南非	4.85
22	新西兰	4.82
23	泰国	4.78
24	香港	4.76
25	爱沙尼亚	4.64
26	台湾（地区）	4.63
27	挪威	4.59
28	俄罗斯	4.40
29	希腊	4.25
30	比利时	4.20
31	德国	4.19
32	葡萄牙	4.17
33	巴西	4.14
34	意大利	4.08
35	斯洛伐克	3.51
36	韩国	3.42
37	法国	3.28
38	土耳其	3.22
39	菲律宾	3.02
40	印度	3.01
41	日本	2.93
42	哥伦比亚	2.91
43	墨西哥	2.84
44	斯洛文尼亚	2.80
45	波兰	2.72
46	以色列	2.70
47	委内瑞拉	2.68
48	印度尼西亚	2.17
49	阿根廷	0.66

组织机构—国家效率　2.3.14

透明度

2002

政府政策的透明度是否令人满意的

否　是

排名	国家/地区	分值
1	芬兰	8.11
2	丹麦	7.69
3	瑞士	7.39
4	新加坡	7.33
5	澳大利亚	7.03
6	卢森堡	6.93
7	新西兰	6.92
8	荷兰	6.88
9	挪威	6.76
10	美国	6.62
11	奥地利	6.50
12	瑞典	6.49
13	智利	6.39
14	冰岛	6.37
15	爱尔兰	6.19
16	加拿大	6.13
17	南非	5.97
18	西班牙	5.94
19	德国	5.84
20	巴西	5.73
21	香港	5.62
22	英国	5.58
23	爱沙尼亚	5.49
24	墨西哥	5.12
25	马来西亚	4.99
26	台湾（地区）	4.92
27	以色列	4.70
28	中国	4.69
29	比利时	4.54
30	意大利	4.44
31	泰国	4.41
32	捷克	4.40
33	法国	4.37
34	斯洛伐克	4.29
35	俄罗斯	4.12
36	韩国	3.96
37	菲律宾	3.90
38	希腊	3.81
39	斯洛文尼亚	3.78
40	印度	3.70
41	哥伦比亚	3.45
42	日本	3.42
43	匈牙利	3.41
44	土耳其	3.38
45	波兰	3.20
46	葡萄牙	3.07
47	印度尼西亚	2.39
48	委内瑞拉	0.79
49	阿根廷	0.72

组织机构—国家效率　2.3.15

公共服务

2002

公共服务是否受政治干预

否　是

排名	国家/地区	分值
1	芬兰	6.96
2	新西兰	6.76
3	荷兰	6.44
4	瑞士	6.00
5	卢森堡	5.91
6	爱尔兰	5.89
7	澳大利亚	5.85
8	丹麦	5.79
9	加拿大	5.73
10	美国	5.40
11	香港	5.21
12	挪威	5.08
13	德国	4.93
14	冰岛	4.88
15	新加坡	4.72
16	奥地利	4.62
17	台湾（地区）	4.55
18	瑞典	4.33
19	马来西亚	4.28
20	西班牙	4.18
21	爱沙尼亚	4.12
22	中国	4.06
23	以色列	3.85
24	韩国	3.75
25	俄罗斯	3.74
26	英国	3.72
27	智利	3.69
28	捷克	3.54
29	日本	3.44
30	泰国	3.29
31	斯洛伐克	3.26
32	法国	3.11
33	比利时	3.10
34	匈牙利	3.04
35	巴西	3.04
36	哥伦比亚	2.95
37	墨西哥	2.95
38	南非	2.93
39	斯洛文尼亚	2.88
40	阿根廷	2.68
41	意大利	2.60
42	希腊	2.48
43	印度尼西亚	2.39
44	菲律宾	2.29
45	印度	2.08
46	葡萄牙	2.06
47	土耳其	1.81
48	波兰	1.80
49	委内瑞拉	1.21

组织机构—国家效率 2.3.16

官僚主义

2002

官僚主义不阻碍企业发展

否 S U A Y C Y 是

排名	国家/地区	2002
1	新加坡	7.46
2	芬兰	6.83
3	冰岛	6.09
4	卢森堡	5.95
5	丹麦	5.77
6	瑞士	5.71
7	瑞典	5.70
8	爱尔兰	5.32
9	香港	5.21
10	荷兰	5.06
11	澳大利亚	5.03
12	美国	4.67
13	马来西亚	4.59
14	新西兰	4.52
15	加拿大	4.47
16	台湾（地区）	4.37
17	挪威	4.29
18	奥地利	4.19
19	智利	4.04
20	爱沙尼亚	3.84
21	西班牙	3.82
22	以色列	3.75
23	匈牙利	3.63
24	泰国	3.49
25	韩国	3.09
26	捷克	3.00
27	南非	2.99
28	日本	2.97
29	英国	2.94
30	比利时	2.90
31	中国	2.90
32	印度尼西亚	2.83
33	德国	2.77
34	巴西	2.53
35	法国	2.47
36	墨西哥	2.42
37	哥伦比亚	2.23
38	印度	2.20
39	土耳其	2.13
40	斯洛文尼亚	2.04
41	菲律宾	2.00
42	希腊	1.91
43	意大利	1.86
44	葡萄牙	1.69
45	俄罗斯	1.66
46	斯洛伐克	1.45
47	阿根廷	1.27
48	波兰	1.26
49	委内瑞拉	1.11

组织机构—国家效率 2.3.17

受贿和腐败

2002

受贿和腐败在经济中不盛行

否 S U A Y C Y 是

排名	国家/地区	2002
1	芬兰	9.47
2	丹麦	9.28
3	新西兰	9.04
4	新加坡	8.75
5	瑞典	8.62
6	冰岛	8.37
7	澳大利亚	8.00
8	挪威	7.97
9	瑞士	7.68
10	加拿大	7.46
11	奥地利	7.46
12	荷兰	7.44
13	卢森堡	7.35
14	英国	7.06
15	美国	7.04
16	智利	6.98
17	香港	6.95
18	德国	6.63
19	以色列	6.60
20	爱尔兰	6.07
21	比利时	5.30
22	西班牙	5.27
23	日本	5.15
24	法国	5.09
25	爱沙尼亚	4.90
26	台湾（地区）	4.58
27	马来西亚	4.51
28	葡萄牙	3.89
29	斯洛文尼亚	3.74
30	韩国	3.67
31	意大利	3.27
32	巴西	2.89
33	南非	2.82
34	泰国	2.76
35	匈牙利	2.67
36	捷克	2.64
37	中国	2.56
38	希腊	2.47
39	土耳其	2.28
40	墨西哥	2.20
41	哥伦比亚	1.91
42	俄罗斯	1.56
43	印度	1.54
44	斯洛伐克	1.54
45	菲律宾	1.49
46	波兰	1.49
47	印度尼西亚	1.00
48	委内瑞拉	1.00
49	阿根廷	0.68

组织机构—公平与安全 2.3.18

公平

2002

贵国的社会公平是否得到公正管理公平

未得到 —— 得到

排名	国家/地区	数值
1	丹麦	9.14
2	芬兰	8.91
3	加拿大	8.56
4	挪威	8.56
5	奥地利	8.54
6	冰岛	8.51
7	新加坡	8.50
8	瑞典	8.36
9	新西兰	8.32
10	瑞士	8.32
11	澳大利亚	8.26
12	以色列	7.95
13	荷兰	7.91
14	德国	7.88
15	美国	7.73
16	爱尔兰	7.61
17	英国	7.31
18	香港	7.26
19	卢森堡	7.26
20	日本	6.45
21	马来西亚	5.86
22	爱沙尼亚	5.84
23	智利	5.80
24	南非	5.78
25	希腊	5.59
26	台湾（地区）	5.31
27	印度	5.17
28	中国	5.15
29	比利时	4.99
30	斯洛文尼亚	4.97
31	捷克	4.89
32	法国	4.89
33	泰国	4.89
34	西班牙	4.82
35	韩国	4.80
36	匈牙利	4.74
37	巴西	4.00
38	意大利	3.83
39	土耳其	3.75
40	墨西哥	3.09
41	斯洛伐克	2.96
42	菲律宾	2.89
43	葡萄牙	2.83
44	波兰	2.57
45	哥伦比亚	2.51
46	俄罗斯	2.42
47	印度尼西亚	1.74
48	委内瑞拉	1.68
49	阿根廷	0.83

组织机构—公平与安全 2.3.19

个人安全和个人财产

2002

个人安全和个人财产手否得到充分保护

未得到 —— 得到

排名	国家/地区	数值
1	奥地利	9.65
2	芬兰	9.18
3	新加坡	9.17
4	冰岛	8.93
5	丹麦	8.79
6	加拿大	8.76
7	瑞士	8.68
8	香港	8.65
9	卢森堡	8.42
10	澳大利亚	8.29
11	美国	8.19
12	德国	8.16
13	挪威	8.16
14	新西兰	7.52
15	瑞典	7.51
16	马来西亚	7.46
17	日本	7.40
18	爱尔兰	7.37
19	荷兰	6.92
20	希腊	6.70
21	台湾（地区）	6.68
22	智利	6.51
23	葡萄牙	6.48
24	泰国	6.46
25	韩国	6.40
26	西班牙	6.33
27	以色列	6.10
28	印度	6.10
29	中国	5.92
30	土耳其	5.91
31	英国	5.78
32	匈牙利	5.70
33	捷克	5.67
34	比利时	5.61
35	斯洛文尼亚	5.51
36	爱沙尼亚	5.29
37	意大利	4.93
38	斯洛伐克	4.58
39	法国	4.54
40	菲律宾	3.24
41	印度尼西亚	3.04
42	波兰	2.86
43	巴西	2.75
44	墨西哥	2.71
45	俄罗斯	2.24
46	南非	1.97
47	哥伦比亚	1.16
48	阿根廷	1.09
49	委内瑞拉	0.89

组织机构—公平与安全 2.3.20

政策不稳定性风险

2002

政策不稳定性风险是否很低

很高 S U A Y C Y 很低

排名	国家/地区	数值
1	芬兰	9.71
2	卢森堡	9.63
3	澳大利亚	9.58
4	瑞士	9.42
5	丹麦	9.38
6	美国	9.25
7	爱尔兰	9.19
8	瑞典	9.15
9	英国	9.04
10	西班牙	9.00
11	挪威	8.97
12	加拿大	8.95
13	荷兰	8.91
14	智利	8.82
15	冰岛	8.65
16	新加坡	8.63
17	德国	8.60
18	新西兰	8.56
19	奥地利	8.23
20	香港	8.19
21	希腊	8.03
22	匈牙利	7.85
23	法国	7.70
24	捷克	7.56
25	马来西亚	7.55
26	泰国	7.27
27	比利时	7.21
28	巴西	7.20
29	南非	7.12
30	墨西哥	6.87
31	意大利	6.58
32	爱沙尼亚	6.51
33	斯洛文尼亚	6.43
34	日本	6.40
35	中国	6.23
36	印度	5.92
37	葡萄牙	5.69
38	韩国	5.64
39	以色列	5.05
40	俄罗斯	4.81
41	台湾（地区）	4.61
42	哥伦比亚	4.27
43	菲律宾	4.25
44	斯洛伐克	4.09
45	土耳其	3.75
46	波兰	3.65
47	印度尼西亚	2.52
48	阿根廷	0.89
49	委内瑞拉	0.68

组织机构—公平与安全 2.3.21

社会凝聚力

2002

社会凝聚力是否政府的首要目标

否 S U A Y C Y 是

排名	国家/地区	数值
1	新加坡	9.08
2	卢森堡	8.56
3	芬兰	8.29
4	马来西亚	8.08
5	挪威	8.08
6	荷兰	7.97
7	瑞士	7.92
8	丹麦	7.90
9	加拿大	7.46
10	德国	7.44
11	新西兰	7.40
12	瑞典	7.32
13	奥地利	7.27
14	智利	7.14
15	爱尔兰	7.09
16	中国	7.06
17	英国	6.92
18	比利时	6.87
19	冰岛	6.70
20	美国	6.52
21	澳大利亚	6.51
22	希腊	6.38
23	西班牙	6.33
24	捷克	6.28
25	法国	6.25
26	葡萄牙	6.22
27	南非	6.14
28	墨西哥	5.93
29	泰国	5.82
30	菲律宾	5.71
31	台湾（地区）	5.71
32	日本	5.71
33	巴西	5.59
34	印度	5.49
35	香港	5.46
36	爱沙尼亚	5.14
37	斯洛伐克	5.13
38	土耳其	5.03
39	印度尼西亚	4.98
40	斯洛文尼亚	4.93
41	以色列	4.85
42	韩国	4.80
43	哥伦比亚	4.50
44	俄罗斯	4.36
45	意大利	4.29
46	匈牙利	4.00
47	阿根廷	3.50
48	波兰	3.28
49	委内瑞拉	0.53

组织机构—公平与安全 2.3.22

严重犯罪

1999

每10万居民中谋杀、暴力犯罪或者武装盗窃的数目

BACKGROUND INFORMATION

	数目	注
阿根廷	90.4	
澳大利亚	831.1	
奥地利	68.4	
比利时	728.8	1
巴西	276.9	1
加拿大	238.5	
智利	115.2	
中国	11.9	2
哥伦比亚	185.8	1
捷克	121.3	
丹麦	77.0	
爱沙尼亚	380.0	
芬兰	82.2	
法国	325.2	
德国	217.8	
希腊	88.3	
香港	203.0	
匈牙利	112.1	
冰岛	55.7	
印度	180.0	2
印度尼西亚	10.7	
爱尔兰	65.8	
以色列	529.5	
意大利	116.4	1
日本	20.3	
韩国	69.5	1
卢森堡	198.4	
马来西亚	81.8	1
墨西哥	99.5	2
荷兰	344.7	1
新西兰	483.5	2
挪威	113.8	
菲律宾	33.8	1
波兰	197.8	
葡萄牙	71.9	
俄罗斯	177.9	
新加坡	22.5	
斯洛伐克	102.1	
斯洛文尼亚	49.8	
南非	1,131.2	
西班牙	276.7	
瑞典	122.5	2
瑞士	113.3	
台湾（地区）	58.7	1
泰国	38.0	2
土耳其	122.4	
英国	490.4	1
美国	574.1	2
委内瑞拉	157.7	1

来源&注释：见附录1

企业法规—开放度 2.4.01

贵国参与区域贸易集团的程度

2002

贵国参与区域贸易集团提供进入外国市场的途径

不充分 S U A Y C Y 充分

排名		
1	奥地利	9.35
2	芬兰	8.96
3	爱尔兰	8.49
4	荷兰	8.41
5	卢森堡	8.37
6	德国	8.26
7	丹麦	8.05
8	比利时	7.91
9	墨西哥	7.87
10	西班牙	7.82
11	法国	7.68
12	葡萄牙	7.67
13	瑞典	7.67
14	香港	7.66
15	新加坡	7.36
16	马来西亚	7.24
17	加拿大	7.21
18	智利	7.02
19	美国	6.96
20	希腊	6.95
21	捷克	6.89
22	意大利	6.77
23	英国	6.69
24	中国	6.52
25	匈牙利	6.52
26	斯洛伐克	6.35
27	冰岛	6.33
28	爱沙尼亚	6.27
29	泰国	6.05
30	瑞士	6.00
31	新西兰	5.96
32	韩国	5.71
33	巴西	5.71
34	土耳其	5.69
35	台湾（地区）	5.66
36	菲律宾	5.52
37	日本	5.47
38	斯洛文尼亚	5.47
39	哥伦比亚	5.41
40	以色列	5.28
41	挪威	5.18
42	澳大利亚	5.16
43	印度尼西亚	5.04
44	南非	4.88
45	波兰	4.46
46	俄罗斯	4.10
47	委内瑞拉	4.05
48	印度	3.84
49	阿根廷	3.28

政 府 效 率

企业法规—开放度 2.4.02

海关职权

2002

海关职权是否推动了商品的有效转口

未推动 S U A Y C Y 推动

排名		
1	芬兰	8.91
2	新加坡	8.88
3	香港	8.78
4	瑞典	8.41
5	奥地利	8.38
6	丹麦	8.15
7	荷兰	8.06
8	卢森堡	8.00
9	爱尔兰	7.96
10	新西兰	7.92
11	德国	7.79
12	澳大利亚	7.76
13	智利	7.65
14	西班牙	7.60
15	美国	7.29
16	法国	7.21
17	比利时	7.14
18	葡萄牙	7.08
19	瑞士	7.05
20	以色列	6.95
21	斯洛文尼亚	6.92
22	加拿大	6.90
23	希腊	6.72
24	台湾（地区）	6.58
25	冰岛	6.57
26	马来西亚	6.54
27	意大利	6.45
28	英国	6.45
29	挪威	6.29
30	匈牙利	6.15
31	捷克	6.06
32	日本	5.89
33	中国	5.83
34	韩国	5.67
35	斯洛伐克	5.59
36	爱沙尼亚	5.49
37	墨西哥	5.32
38	土耳其	5.03
39	哥伦比亚	5.00
40	南非	4.60
41	巴西	4.60
42	泰国	4.56
43	波兰	3.85
44	菲律宾	3.52
45	印度	3.52
46	俄罗斯	3.12
47	印度尼西亚	3.09
48	委内瑞拉	2.68
49	阿根廷	2.58

企业法规—开放度 2.4.03

保护主义

2002

保护主义有没有影响贵国的企业行为

影响 S U A Y C Y 未影响

排名		
1		8.91
2	瑞典	8.52
3	丹麦	8.49
4	新西兰	8.32
5	荷兰	8.28
6	卢森堡	8.24
7	爱尔兰	8.18
8	新加坡	8.17
9	香港	8.05
10	奥地利	8.04
11	爱沙尼亚	7.84
12	智利	7.76
13	比利时	7.71
14	澳大利亚	7.54
15	葡萄牙	7.46
16	英国	7.24
17	西班牙	7.20
18	德国	7.16
19	法国	7.00
20	意大利	6.97
21	希腊	6.83
22	捷克	6.78
23	加拿大	6.76
24	巴西	6.70
25	匈牙利	6.59
26	美国	6.54
27	台湾（地区）	6.29
28	泰国	6.26
29	冰岛	6.23
30	墨西哥	6.17
31	瑞士	6.16
32	南非	6.11
33	哥伦比亚	6.09
34	马来西亚	6.03
35	挪威	5.92
36	以色列	5.85
37	韩国	5.60
38	土耳其	5.56
39	中国	5.39
40	俄罗斯	5.30
41	印度	4.98
42	阿根廷	4.96
43	斯洛文尼亚	4.86
44	日本	4.85
45	委内瑞拉	4.84
46	斯洛伐克	4.84
47	印度尼西亚	4.61
48	菲律宾	4.32
49	波兰	3.13

政 府 效 率

企业法规一开放度 2.4.04

公共部门合同

2002

公共部门合同向外国投标者是否充分开放

不充分 S U A Y C Y 充分

排名		
1	智利	8.86
2	芬兰	8.73
3	新西兰	8.41
4	丹麦	8.26
5	爱尔兰	8.00
6	新加坡	8.00
7	爱沙尼亚	7.96
8	澳大利亚	7.93
9	香港	7.76
10	荷兰	7.56
11	瑞典	7.51
12	英国	7.47
13	挪威	7.45
14	奥地利	7.42
15	卢森堡	7.35
16	冰岛	7.16
17	葡萄牙	7.14
18	比利时	7.10
19	德国	7.07
20	以色列	7.03
21	加拿大	6.85
22	泰国	6.76
23	美国	6.70
24	墨西哥	6.58
25	哥伦比亚	6.55
26	巴西	6.39
27	希腊	6.32
28	西班牙	6.31
29	捷克	6.28
30	台湾（地区）	6.18
31	斯洛伐克	6.12
32	阿根廷	5.98
33	菲律宾	5.87
34	印度	5.86
35	土耳其	5.84
36	瑞士	5.84
37	斯洛文尼亚	5.66
38	南非	5.59
39	马来西亚	5.49
40	委内瑞拉	5.47
41	印度尼西亚	5.43
42	韩国	5.31
43	法国	5.18
44	俄罗斯	5.11
45	波兰	5.09
46	意大利	5.00
47	匈牙利	4.96
48	中国	4.49
49	日本	3.87

企业法规一开放度 2.4.05

出口信用与保险

2002

公司对以合理的价格得到出口信用和保险

不可以 S U A Y C Y 可以

排名		
1	芬兰	8.52
2	奥地利	8.42
3	丹麦	8.26
4	荷兰	8.03
5	智利	8.00
6	加拿大	7.93
7	香港	7.90
8	德国	7.78
9	新加坡	7.66
10	美国	7.49
11	以色列	7.49
12	瑞典	7.43
13	台湾（地区）	7.32
14	比利时	7.29
15	马来西亚	7.21
16	卢森堡	7.19
17	瑞士	7.18
18	法国	7.14
19	爱尔兰	7.11
20	澳大利亚	7.10
21	日本	7.05
22	挪威	6.93
23	西班牙	6.84
24	泰国	6.76
25	英国	6.74
26	葡萄牙	6.59
27	新西兰	6.36
28	韩国	6.33
29	冰岛	6.19
30	希腊	6.16
31	南非	6.03
32	哥伦比亚	5.95
33	匈牙利	5.70
34	印度	5.68
35	捷克	5.67
36	爱沙尼亚	5.33
37	意大利	5.33
38	斯洛伐克	5.06
39	巴西	4.87
40	中国	4.82
41	墨西哥	4.75
42	菲律宾	4.58
43	斯洛文尼亚	4.47
44	土耳其	4.34
45	印度尼西亚	3.96
46	俄罗斯	3.50
47	委内瑞拉	3.21
48	波兰	3.10
49	阿根廷	2.43

政府效率

政府补贴

2002

对私人和公共企业的补贴占GDP比重

排名	国家/地区	数值	注
1	香港	0.000	
2	新加坡	0.001	
3	阿根廷	0.064	
4	新西兰	0.119	
5	智利	0.137	
6	希腊	0.151	2
7	委内瑞拉	0.181	2
8	俄罗斯	0.222	
9	土耳其	0.266	
10	菲律宾	0.274	
11	加拿大	0.339	
12	墨西哥	0.340	
13	泰国	0.376	
14	台湾（地区）	0.476	
15	南非	0.488	
16	英国	0.489	1
17	澳大利亚	0.552	2
18	美国	0.574	
19	日本	0.702	4
20	西班牙	0.758	3
21	波兰	0.776	
22	爱沙尼亚	0.798	
23	卢森堡	0.823	
24	以色列	0.852	
25	瑞士	1.014	1
26	葡萄牙	1.050	
27	意大利	1.154	
28	荷兰	1.198	3
29	爱尔兰	1.198	5
30	印度	1.230	
31	斯洛文尼亚	1.308	
32	比利时	1.416	2
33	马来西亚	1.416	
34	中国	1.478	
35	冰岛	1.487	2
36	瑞典	1.555	1
37	巴西	1.591	2
38	奥地利	1.784	1
39	丹麦	1.804	
40	法国	1.912	3
41	德国	1.927	4
42	匈牙利	2.135	
43	挪威	2.210	
44	韩国	2.519	
45	芬兰	2.841	4
46	印度尼西亚	3.583	
47	斯洛伐克	4.201	
48	捷克	6.386	
49	哥伦比亚	-	

来源&注释：见附录1

竞争立法

2002

贵国竞争立法是否阻止不正当竞争

不阻止 S U A Y C Y 阻止

排名	国家/地区	数值
1	芬兰	8.08
2	奥地利	7.85
3	丹麦	7.71
4	荷兰	7.56
5	德国	7.47
6	新西兰	7.36
7	卢森堡	7.35
8	澳大利亚	7.34
9	美国	7.20
10	挪威	7.03
11	英国	6.97
12	以色列	6.87
13	比利时	6.74
14	爱尔兰	6.74
15	加拿大	6.73
16	瑞典	6.72
17	智利	6.72
18	南非	6.68
19	新加坡	6.60
20	冰岛	6.57
21	瑞士	6.20
22	法国	6.18
23	台湾（地区）	6.16
24	香港	6.10
25	韩国	6.04
26	西班牙	6.03
27	巴西	5.88
28	马来西亚	5.83
29	匈牙利	5.70
30	爱沙尼亚	5.65
31	葡萄牙	5.61
32	捷克	5.50
33	日本	5.42
34	泰国	5.27
35	希腊	5.25
36	意大利	5.19
37	斯洛伐克	5.19
38	哥伦比亚	5.05
39	墨西哥	5.02
40	印度	4.83
41	土耳其	4.78
42	中国	4.60
43	菲律宾	4.42
44	斯洛文尼亚	4.39
45	委内瑞拉	4.05
46	俄罗斯	3.74
47	印度尼西亚	3.70
48	波兰	3.45
49	阿根廷	3.05

政 府 效 率

产品与服务立法

企业法规—竞争立法 2.4.08

2002

产品和服务立法是否损害公司行为

损害 SURVEY 不损害

排名	国家/地区	分值
1	芬兰	8.31
2	香港	8.05
3	新加坡	7.91
4	奥地利	7.77
5	丹麦	7.66
6	卢森堡	7.56
7	智利	7.53
8	瑞典	7.48
9	荷兰	7.40
10	爱尔兰	7.37
11	冰岛	7.33
12	加拿大	7.23
13	瑞士	7.21
14	挪威	7.13
15	澳大利亚	7.09
16	新西兰	7.08
17	马来西亚	7.00
18	以色列	6.92
19	爱沙尼亚	6.84
20	西班牙	6.83
21	南非	6.82
22	匈牙利	6.67
23	德国	6.37
24	美国	6.37
25	台湾（地区）	6.34
26	巴西	6.27
27	比利时	6.23
28	中国	6.20
29	捷克	6.19
30	葡萄牙	6.19
31	俄罗斯	6.12
32	英国	6.11
33	泰国	6.10
34	希腊	6.09
35	法国	6.02
36	韩国	5.89
37	日本	5.87
38	印度	5.84
39	哥伦比亚	5.81
40	土耳其	5.81
41	斯洛伐克	5.68
42	菲律宾	5.62
43	意大利	5.50
44	墨西哥	5.16
45	斯洛文尼亚	4.63
46	印度尼西亚	4.61
47	阿根廷	4.16
48	委内瑞拉	4.05
49	波兰	3.88

价格控制

企业法规—竞争立法 2.4.09

2002

价格控制有没有影响多数产业的产品定价

无影响 SURVEY 影响

排名	国家/地区	分值
1	新西兰	9.10
2	智利	9.02
3	芬兰	8.55
4	瑞典	8.53
5	加拿大	8.42
6	新加坡	8.39
7	美国	8.14
8	澳大利亚	8.02
9	冰岛	8.00
10	奥地利	7.88
11	丹麦	7.87
12	爱尔兰	7.86
13	香港	7.86
14	荷兰	7.69
15	巴西	7.61
16	法国	7.58
17	爱沙尼亚	7.57
18	捷克	7.56
19	德国	7.49
20	挪威	7.47
21	卢森堡	7.41
22	瑞士	7.34
23	南非	7.32
24	英国	7.31
25	以色列	7.25
26	西班牙	7.17
27	墨西哥	7.15
28	希腊	7.06
29	葡萄牙	7.06
30	哥伦比亚	7.05
31	台湾（地区）	7.03
32	委内瑞拉	7.00
33	日本	6.96
34	比利时	6.89
35	意大利	6.85
36	匈牙利	6.81
37	土耳其	6.81
38	斯洛伐克	6.41
39	马来西亚	6.34
40	泰国	6.28
41	菲律宾	6.19
42	中国	5.97
43	印度	5.90
44	韩国	5.71
45	波兰	5.51
46	阿根廷	5.50
47	斯洛文尼亚	5.43
48	印度尼西亚	5.30
49	俄罗斯	5.18

企业法规—竞争立法 2.4.10

地下经济

2002

地下经济是否损害贵国的经济发展

损害 S U A Y C Y 损害

排名		
1	智利	8.47
2	芬兰	8.34
3	美国	8.27
4	卢森堡	8.00
5	新西兰	7.84
6	澳大利亚	7.80
7	瑞士	7.79
8	冰岛	7.77
9	挪威	7.76
10	日本	7.75
11	新加坡	7.74
12	加拿大	7.68
13	荷兰	7.47
14	丹麦	7.39
15	以色列	7.15
16	香港	7.05
17	爱尔兰	7.00
18	奥地利	6.81
19	英国	6.47
20	马来西亚	6.42
21	法国	6.42
22	瑞典	6.33
23	西班牙	6.18
24	德国	6.16
25	南非	5.92
26	台湾（地区）	5.89
27	捷克	5.83
28	比利时	5.66
29	葡萄牙	5.31
30	泰国	5.16
31	匈牙利	5.11
32	巴西	4.99
33	菲律宾	4.90
34	爱沙尼亚	4.63
35	韩国	4.36
36	意大利	4.12
37	委内瑞拉	3.74
38	斯洛伐克	3.67
39	印度尼西亚	3.65
40	希腊	3.65
41	哥伦比亚	3.63
42	土耳其	3.63
43	波兰	3.38
44	中国	3.24
45	俄罗斯	3.22
46	印度	3.01
47	墨西哥	2.85
48	斯洛文尼亚	2.59
49	阿根廷	2.46

企业法规—竞争立法 2.4.11

外国公司

2002

外国公司是否被国内立法区别对待

区别对待 S U A Y C Y 不区别对待

排名		
1	智利	9.69
2	芬兰	9.51
3	爱尔兰	9.37
4	奥地利	9.25
5	爱沙尼亚	9.25
6	丹麦	9.17
7	瑞典	9.15
8	荷兰	9.10
9	香港	8.95
10	卢森堡	8.84
11	以色列	8.82
12	新加坡	8.78
13	比利时	8.63
14	新西兰	8.56
15	德国	8.49
16	葡萄牙	8.44
17	瑞士	8.42
18	巴西	8.29
19	捷克	8.28
20	斯洛伐克	8.24
21	英国	8.22
22	墨西哥	8.22
23	西班牙	8.18
24	澳大利亚	8.11
25	加拿大	8.05
26	哥伦比亚	8.00
27	匈牙利	7.93
28	希腊	7.84
29	委内瑞拉	7.84
30	美国	7.83
31	意大利	7.79
32	土耳其	7.66
33	挪威	7.61
34	南非	7.59
35	阿根廷	7.48
36	中国	7.47
37	印度	7.38
38	法国	7.38
39	泰国	7.37
40	菲律宾	7.33
41	马来西亚	7.18
42	冰岛	7.16
43	台湾（地区）	7.11
44	波兰	6.88
45	韩国	6.67
46	斯洛文尼亚	6.57
47	日本	6.56
48	俄罗斯	6.18
49	印度尼西亚	6.13

企业法规—竞争立法 2.4.12

新企业

2002

新企业在贵国的建立

不容易 SURVEY 容易

排名	国家/地区	分值
1	美国	9.30
2	香港	8.71
3	爱尔兰	8.39
4	加拿大	8.10
5	新加坡	8.09
6	马来西亚	8.09
7	澳大利亚	8.07
8	新西兰	7.96
9	冰岛	7.86
10	匈牙利	7.85
11	爱沙尼亚	7.84
12	以色列	7.79
13	台湾（地区）	7.74
14	泰国	7.72
15	芬兰	7.71
16	英国	7.64
17	荷兰	7.23
18	韩国	7.19
19	卢森堡	7.07
20	巴西	6.93
21	瑞士	6.65
22	智利	6.47
23	捷克	6.28
24	奥地利	6.27
25	南非	6.22
26	菲律宾	6.16
27	丹麦	6.15
28	印度	5.90
29	瑞典	5.87
30	印度尼西亚	5.83
31	中国	5.80
32	意大利	5.75
33	西班牙	5.69
34	土耳其	5.66
35	挪威	5.55
36	德国	5.47
37	希腊	5.41
38	葡萄牙	5.19
39	比利时	5.18
40	哥伦比亚	5.14
41	斯洛文尼亚	5.10
42	斯洛伐克	4.96
43	委内瑞拉	4.53
44	波兰	4.46
45	法国	4.17
46	俄罗斯	4.10
47	日本	3.98
48	墨西哥	3.67
49	阿根廷	2.93

企业法规—劳动法规 2.4.13

劳动法规

2002

劳动法规（雇/解雇惯例、最低工资等）

不够灵活 SURVEY 灵活

排名	国家/地区	分值
1	新加坡	8.36
2	香港	8.10
3	美国	7.86
4	瑞士	7.79
5	冰岛	7.30
6	匈牙利	7.19
7	丹麦	6.92
8	马来西亚	6.68
9	加拿大	6.41
10	泰国	6.41
11	土耳其	6.09
12	爱尔兰	6.04
13	英国	5.92
14	台湾（地区）	5.71
15	爱沙尼亚	5.61
16	捷克	5.44
17	澳大利亚	5.36
18	芬兰	5.35
19	以色列	5.03
20	新西兰	4.76
21	荷兰	4.52
22	挪威	4.34
23	中国	4.32
24	奥地利	4.31
25	卢森堡	4.28
26	日本	4.13
27	巴西	3.98
28	瑞典	3.97
29	印度尼西亚	3.96
30	俄罗斯	3.90
31	智利	3.84
32	斯洛伐克	3.83
33	西班牙	3.82
34	希腊	3.81
35	韩国	3.74
36	菲律宾	3.62
37	墨西哥	3.51
38	阿根廷	3.48
39	哥伦比亚	3.41
40	意大利	3.31
41	委内瑞拉	3.16
42	比利时	2.87
43	斯洛文尼亚	2.87
44	南非	2.68
45	波兰	2.52
46	印度	2.50
47	葡萄牙	2.50
48	德国	1.88
49	法国	1.75

企业法规一劳动法规 2.4.14

失业立法

2002

失业立法对人们寻找工作

不鼓励 S U A Y C Y 鼓励

排名		
1	新加坡	8.27
2	香港	7.51
3	马来西亚	7.20
4	美国	7.15
5	南非	6.74
6	土耳其	6.56
7	冰岛	6.52
8	希腊	6.19
9	智利	6.12
10	泰国	6.05
11	韩国	6.04
12	瑞士	5.87
13	菲律宾	5.86
14	巴西	5.85
15	台湾（地区）	5.73
16	加拿大	5.71
17	匈牙利	5.70
18	爱沙尼亚	5.69
19	哥伦比亚	5.67
20	爱尔兰	5.65
21	澳大利亚	5.65
22	墨西哥	5.45
23	印度	5.32
24	英国	5.25
25	卢森堡	5.21
26	日本	5.02
27	委内瑞拉	5.00
28	中国	4.82
29	意大利	4.79
30	奥地利	4.78
31	俄罗斯	4.59
32	荷兰	4.35
33	新西兰	4.28
34	印度尼西亚	4.18
35	西班牙	4.09
36	挪威	4.05
37	葡萄牙	4.03
38	瑞典	3.87
39	丹麦	3.72
40	捷克	3.56
41	以色列	3.54
42	阿根廷	3.44
43	芬兰	3.40
44	斯洛文尼亚	3.04
45	比利时	2.68
46	波兰	2.66
47	法国	2.64
48	斯洛伐克	2.59
49	德国	2.02

企业法规一劳动法规 2.4.15

移民法

2002

移民法对本国公司雇用外国劳动力

禁止 S U A Y C Y 不禁止

排名		
1	新加坡	7.78
2	芬兰	7.35
3	智利	7.29
4	阿根廷	7.23
5	加拿大	7.19
6	葡萄牙	7.11
7	巴西	6.74
8	英国	6.64
9	瑞典	6.63
10	美国	6.62
11	冰岛	6.60
12	哥伦比亚	6.59
13	希腊	6.50
14	马来西亚	6.45
15	委内瑞拉	6.37
16	爱尔兰	6.32
17	丹麦	6.31
18	比利时	6.29
19	香港	6.29
20	法国	6.12
21	卢森堡	6.05
22	中国	6.03
23	荷兰	6.00
24	土耳其	6.00
25	菲律宾	5.97
26	新西兰	5.96
27	匈牙利	5.85
28	印度尼西亚	5.74
29	意大利	5.72
30	澳大利亚	5.69
31	泰国	5.61
32	瑞士	5.56
33	韩国	5.48
34	西班牙	5.42
35	斯洛伐克	5.39
36	捷克	5.39
37	墨西哥	5.36
38	印度	5.34
39	德国	5.19
40	台湾（地区）	5.15
41	俄罗斯	5.09
42	斯洛文尼亚	4.91
43	奥地利	4.88
44	挪威	4.79
45	波兰	4.18
46	以色列	3.90
47	南非	3.42
48	爱沙尼亚	3.33
49	日本	3.20

政 府 效 率

企业法规—资本市场法规 2.4.16

金融机构法规

2002

金融机构法规对于金融稳定性

不足够 S U A Y C Y 足够

排名		
1	芬兰	8.94
2	卢森堡	8.70
3	智利	8.63
4	加拿大	8.51
5	荷兰	8.42
6	瑞士	8.42
7	奥地利	8.40
8	香港	8.19
9	丹麦	8.15
10	新加坡	8.09
11	瑞典	7.93
12	德国	7.93
13	澳大利亚	7.78
14	爱沙尼亚	7.69
15	新西兰	7.64
16	马来西亚	7.63
17	以色列	7.59
18	美国	7.55
19	挪威	7.53
20	比利时	7.49
21	南非	7.37
22	爱尔兰	7.14
23	葡萄牙	7.07
24	巴西	7.06
25	匈牙利	6.89
26	冰岛	6.88
27	英国	6.86
28	西班牙	6.80
29	哥伦比亚	6.77
30	法国	6.69
31	希腊	6.47
32	泰国	6.33
33	意大利	6.06
34	捷克	6.00
35	菲律宾	5.87
36	台湾（地区）	5.87
37	韩国	5.74
38	斯洛伐克	5.59
39	墨西哥	5.47
40	委内瑞拉	5.32
41	斯洛文尼亚	5.16
42	印度	4.97
43	土耳其	4.92
44	中国	4.92
45	波兰	4.42
46	日本	4.33
47	俄罗斯	3.96
48	印度尼西亚	3.96
49	阿根廷	2.80

企业法规—资本市场法规 2.4.17

金融交易的机密性

2002

金融交易的机密性

无保证 S U A Y C Y 有保证

排名		
1	卢森堡	9.58
2	芬兰	9.43
3	瑞士	9.19
4	奥地利	8.94
5	新西兰	8.68
6	智利	8.55
7	丹麦	8.54
8	荷兰	8.49
9	新加坡	8.35
10	冰岛	8.28
11	加拿大	8.24
12	爱尔兰	8.21
13	香港	8.14
14	爱沙尼亚	8.14
15	澳大利亚	8.07
16	瑞典	8.00
17	美国	7.94
18	葡萄牙	7.89
19	南非	7.75
20	德国	7.71
21	巴西	7.59
22	马来西亚	7.58
23	英国	7.54
24	以色列	7.54
25	挪威	7.39
26	比利时	7.30
27	捷克	7.22
28	西班牙	7.20
29	台湾（地区）	7.05
30	匈牙利	6.89
31	菲律宾	6.83
32	日本	6.78
33	希腊	6.78
34	斯洛伐克	6.67
35	土耳其	6.59
36	泰国	6.58
37	意大利	6.53
38	法国	6.52
39	墨西哥	6.16
40	哥伦比亚	6.09
41	印度	5.77
42	中国	5.63
43	委内瑞拉	5.63
44	印度尼西亚	5.52
45	韩国	5.30
46	波兰	5.25
47	阿根廷	4.33
48	斯洛文尼亚	4.29
49	俄罗斯	3.80

政府效率

企业法规一资本市场法规 2.4.18

跨国经营风险

2002

建立跨国界企业的自由谈判

不可以 S U A Y C Y 可以

排名	国家/地区	得分
1	芬兰	9.50
2	爱沙尼亚	9.41
3	奥地利	9.29
4	卢森堡	9.07
5	荷兰	9.06
6	爱尔兰	8.88
7	丹麦	8.87
8	瑞典	8.82
9	香港	8.81
10	瑞士	8.78
11	匈牙利	8.74
12	新加坡	8.74
13	智利	8.72
14	德国	8.66
15	新西兰	8.60
16	美国	8.58
17	比利时	8.54
18	加拿大	8.48
19	以色列	8.38
20	冰岛	8.14
21	希腊	8.10
22	西班牙	8.09
23	澳大利亚	8.07
24	葡萄牙	8.06
25	斯洛伐克	8.03
26	英国	8.03
27	挪威	7.95
28	捷克	7.89
29	法国	7.58
30	墨西哥	7.56
31	土耳其	7.53
32	马来西亚	7.38
33	意大利	7.24
34	巴西	7.21
35	委内瑞拉	7.16
36	俄罗斯	7.15
37	哥伦比亚	7.07
38	南非	7.07
39	泰国	7.04
40	台湾（地区）	6.92
41	印度尼西亚	6.89
42	菲律宾	6.89
43	日本	6.84
44	韩国	6.59
45	斯洛文尼亚	6.59
46	印度	5.98
47	中国	5.84
48	波兰	5.74
49	阿根廷	5.68

企业法规一资本市场法规 2.4.19

外国投资者

2002

外国投资者的自由在国内公司中取得控制力

不可以 S U A Y C Y 可以

排名	国家/地区	得分
1	智利	9.53
2	芬兰	9.32
3	爱沙尼亚	9.29
4	瑞典	9.28
5	丹麦	9.18
6	奥地利	9.10
7	荷兰	9.10
8	爱尔兰	9.07
9	匈牙利	9.04
10	香港	9.00
11	卢森堡	8.98
12	比利时	8.91
13	以色列	8.74
14	捷克	8.63
15	德国	8.56
16	美国	8.53
17	英国	8.50
18	委内瑞拉	8.37
19	新西兰	8.36
20	阿根廷	8.33
21	希腊	8.28
22	土耳其	8.16
23	西班牙	8.15
24	斯洛伐克	8.12
25	新加坡	7.91
26	瑞士	7.90
27	意大利	7.73
28	哥伦比亚	7.68
29	南非	7.62
30	加拿大	7.56
31	巴西	7.54
32	葡萄牙	7.50
33	韩国	7.33
34	墨西哥	7.22
35	法国	7.16
36	澳大利亚	6.84
37	日本	6.60
38	挪威	6.19
39	印度尼西亚	5.96
40	斯洛文尼亚	5.92
41	泰国	5.87
42	菲律宾	5.87
43	台湾（地区）	5.84
44	俄罗斯	5.76
45	印度	5.71
46	波兰	5.71
47	冰岛	5.40
48	马来西亚	5.38
49	中国	4.57

政 府 效 率

企业法规—资本市场法规 2.4.20

外国金融机构

2002

对于外国金融机构进入本国市场

不可以 SUAYCY 可以

排名	国家/地区	得分
1	芬兰	9.53
2	卢森堡	9.44
3	智利	9.41
4	丹麦	9.33
5	爱沙尼亚	9.33
6	新西兰	9.28
7	捷克	9.17
8	荷兰	9.13
9	奥地利	9.10
10	匈牙利	9.04
11	香港	8.95
12	瑞典	8.92
13	斯洛伐克	8.85
14	比利时	8.83
15	美国	8.80
16	德国	8.80
17	英国	8.70
18	爱尔兰	8.74
19	葡萄牙	8.58
20	墨西哥	8.55
21	以色列	8.54
22	瑞士	8.52
23	希腊	8.50
24	阿根廷	8.49
25	巴西	8.46
26	土耳其	8.41
27	西班牙	8.29
28	澳大利亚	8.29
29	委内瑞拉	8.16
30	哥伦比亚	8.05
31	意大利	7.84
32	南非	7.81
33	法国	7.78
34	日本	7.76
35	挪威	7.74
36	菲律宾	7.71
37	冰岛	7.67
38	韩国	7.63
39	泰国	7.54
40	印度尼西亚	7.39
41	新加坡	7.35
42	波兰	7.31
43	台湾（地区）	7.13
44	加拿大	6.88
45	印度	6.87
46	马来西亚	6.76
47	俄罗斯	6.50
48	斯洛文尼亚	6.31
49	中国	6.14

企业法规—资本市场法规 2.4.21

进入国内资本市场

2002

外国公司进入国内资本市场的限制性

限制 SUAYCY 不限制

排名	国家/地区	得分
1	智利	9.37
2	芬兰	9.32
3	奥地利	9.25
4	卢森堡	9.21
5	丹麦	9.21
6	荷兰	9.19
7	新西兰	9.10
8	爱沙尼亚	9.10
9	瑞典	9.07
10	爱尔兰	9.05
11	香港	9.05
12	葡萄牙	8.85
13	比利时	8.75
14	瑞士	8.75
15	德国	8.75
16	土耳其	8.75
17	捷克	8.72
18	美国	8.67
19	以色列	8.65
20	希腊	8.63
21	匈牙利	8.52
22	阿根廷	8.49
23	哥伦比亚	8.47
24	英国	8.46
25	巴西	8.44
26	西班牙	8.38
27	委内瑞拉	8.26
28	墨西哥	8.25
29	冰岛	8.14
30	意大利	8.10
31	加拿大	8.08
32	法国	8.05
33	挪威	8.03
34	新加坡	8.00
35	澳大利亚	7.98
36	斯洛伐克	7.79
37	南非	7.53
38	印度尼西亚	7.51
39	泰国	7.47
40	日本	7.44
41	菲律宾	6.95
42	韩国	6.85
43	波兰	6.68
44	俄罗斯	6.59
45	马来西亚	6.39
46	印度	6.21
47	台湾（地区）	5.63
48	斯洛文尼亚	5.59
49	中国	4.45

企业法规—资本市场法规 2.4.18

进入国外资本市场

2002

国内公司进入国外资本市场的限制

限制 ← → 不限制

排名		
1	芬兰	9.35
2	奥地利	9.33
3	丹麦	9.25
4	荷兰	9.05
5	香港	9.05
6	爱尔兰	8.98
7	瑞士	8.96
8	新西兰	8.96
9	卢森堡	8.93
10	瑞典	8.87
11	挪威	8.84
12	冰岛	8.74
13	新加坡	8.71
14	德国	8.66
15	美国	8.65
16	比利时	8.59
17	葡萄牙	8.56
18	希腊	8.54
19	爱沙尼亚	8.51
20	加拿大	8.49
21	智利	8.47
22	澳大利亚	8.44
23	以色列	8.38
24	西班牙	8.31
25	土耳其	8.06
26	委内瑞拉	8.05
27	法国	8.05
28	捷克	8.00
29	墨西哥	7.91
30	日本	7.89
31	匈牙利	7.78
32	意大利	7.67
33	英国	7.66
34	印度尼西亚	7.61
35	菲律宾	7.59
36	巴西	7.53
37	哥伦比亚	7.50
38	斯洛伐克	7.31
39	马来西亚	6.85
40	泰国	6.43
41	台湾（地区）	6.32
42	韩国	6.15
43	印度	5.78
44	阿根廷	5.69
45	南非	5.42
46	斯洛文尼亚	5.39
47	波兰	5.23
48	中国	4.43
49	俄罗斯	3.35

企业法规—资本市场法规 2.4.19

投资激励

2002

对外国投资的吸引力

无 ← → 有

排名		
1	捷克	8.83
2	爱尔兰	8.60
3	新加坡	8.39
4	卢森堡	8.05
5	荷兰	7.87
6	马来西亚	7.72
7	爱沙尼亚	7.57
8	匈牙利	7.56
9	智利	7.42
10	泰国	7.34
11	美国	7.27
12	加拿大	7.24
13	奥地利	7.06
14	以色列	7.05
15	巴西	7.00
16	英国	6.96
17	中国	6.80
18	菲律宾	6.73
19	斯洛伐克	6.65
20	香港	6.63
21	墨西哥	6.60
22	比利时	6.54
23	西班牙	6.46
24	葡萄牙	6.39
25	芬兰	6.21
26	瑞士	6.21
27	韩国	6.19
28	丹麦	6.18
29	瑞典	6.16
30	法国	5.83
31	澳大利亚	5.76
32	台湾（地区）	5.68
33	冰岛	5.63
34	德国	5.48
35	印度	5.42
36	希腊	5.02
37	哥伦比亚	5.00
38	意大利	4.80
39	土耳其	4.63
40	波兰	4.60
41	印度尼西亚	4.41
42	挪威	4.41
43	日本	4.05
44	南非	4.00
45	新西兰	3.64
46	俄罗斯	3.50
47	斯洛文尼亚	3.41
48	委内瑞拉	3.21
49	阿根廷	2.84

政府效率

企业法规—资本市场法规 2.4.24

投资保护计划

2002

投资保护计划是否大多数外放国家可以享受

否 S U A Y C Y 是

排名		
1	智利	8.76
2	爱沙尼亚	8.71
3	匈牙利	8.38
4	丹麦	8.37
5	奥地利	8.31
6	芬兰	8.29
7	爱尔兰	7.96
8	荷兰	7.94
9	马来西亚	7.88
10	卢森堡	7.86
11	美国	7.84
12	捷克	7.83
13	加拿大	7.77
14	新加坡	7.73
15	比利时	7.61
16	瑞典	7.61
17	以色列	7.60
18	西班牙	7.59
19	斯洛伐克	7.58
20	葡萄牙	7.52
21	德国	7.49
22	菲律宾	7.37
23	中国	7.25
24	瑞士	7.23
25	意大利	7.19
26	泰国	7.13
27	法国	7.01
28	香港	6.95
29	冰岛	6.93
30	墨西哥	6.76
31	澳大利亚	6.73
32	台湾（地区）	6.71
33	日本	6.69
34	希腊	6.67
35	挪威	6.49
36	巴西	6.45
37	英国	6.41
38	土耳其	6.35
39	韩国	6.15
40	印度	6.08
41	南非	6.03
42	哥伦比亚	5.95
43	印度尼西亚	5.77
44	波兰	5.69
45	新西兰	5.53
46	斯洛文尼亚	5.16
47	委内瑞拉	4.84
48	阿根廷	4.40
49	俄罗斯	4.24

教育 2.5.01

全部公共教育支出

2000

全部公共教育支出占GDP的比例

排名		%	
1	丹麦	8.3	
2	加拿大	8.3	
3	以色列	8.0	
4	瑞典	8.0	2
5	美国	7.4	1
6	南非	7.3	3
7	新西兰	7.1	2
8	挪威	6.9	2
9	荷兰	6.9	3
10	澳大利亚	6.7	2
11	瑞士	6.7	1
12	爱尔兰	6.7	3
13	爱沙尼亚	6.4	
14	冰岛	6.3	2
15	匈牙利	6.3	1
16	奥地利	6.3	2
17	法国	6.0	2
18	波兰	5.9	
19	芬兰	5.9	2
20	葡萄牙	5.6	2
21	斯洛文尼亚	5.4	
22	比利时	5.2	2
23	卢森堡	5.1	5
24	巴西	5.0	3
25	意大利	4.9	2
26	墨西哥	4.8	
27	德国	4.6	2
28	西班牙	4.5	2
29	英国	4.4	2
30	捷克	4.2	
31	智利	4.2	
32	台湾（地区）	4.2	
33	马来西亚	4.1	
34	阿根廷	4.1	2
35	香港	4.1	
36	泰国	4.1	
37	新加坡	4.0	
38	斯洛伐克	3.9	
39	印度	3.9	2
40	哥伦比亚	3.9	1
41	土耳其	3.8	
42	韩国	3.7	
43	日本	3.6	2
44	希腊	3.4	2
45	菲律宾	3.2	
46	俄罗斯	3.0	
47	中国	2.1	1
48	印度尼西亚	0.1	1
49	委内瑞拉	0.0	

来源&注释：见附录1

教育 2.5.02

学生—教师比（初等教育）

1999

学生与教师职员的比例

排名	国家/地区	比率
1	丹麦	10.60
2	匈牙利	10.90
3	冰岛	11.30
3	意大利	11.30
5	以色列	12.20
6	斯洛文尼亚	12.50
7	挪威	12.60
8	瑞典	13.30
9	希腊	13.50
10	比利时	13.90
11	奥地利	14.50
12	爱沙尼亚	14.90
13	波兰	15.00 [3]
14	卢森堡	15.40
14	西班牙	15.40
16	瑞士	16.10
17	美国	16.30
18	澳大利亚	17.30
19	芬兰	17.40
20	俄罗斯	17.60
21	加拿大	18.70
22	日本	19.30
23	台湾（地区）	19.50
24	法国	19.60
24	斯洛伐克	19.60
26	新西兰	20.50
27	阿根廷	20.70
27	泰国	20.70
29	德国	21.00
29	委内瑞拉	21.00 [2]
31	爱尔兰	21.60
31	马来西亚	21.60
33	香港	22.40
34	英国	22.50
35	中国	23.10
35	印度尼西亚	23.10
37	捷克	23.40
38	哥伦比亚	25.00 [3]
38	新加坡	25.00
40	墨西哥	28.00 [2]
41	巴西	28.90
42	土耳其	30.00
43	韩国	32.20
44	智利	33.40
45	菲律宾	34.40
46	南非	34.99
47	印度	43.00
-	荷兰	-
-	葡萄牙	-

来源&注释：见附录1

附加的参考国家*

国家	比率
巴哈马	22.00 [2]
巴林	-
埃及	23.40
伊朗	31.00 [2]
科威特	13.00 [1]
尼日利亚	-
巴基斯坦	-
卡塔尔	9.00 [3]
阿拉伯联合酋长国	16.00 [2]

*附加的国家、地区和州是作为对列在世界竞争力年鉴中的49各国家的补充数据。这些经济既不列在也不包括在任何数据的集合中，但作为参考的补充值。

政 府 效 率

教育 2.5.03

学生—教师比（中等教育）

1999

学生与教师职员的比例

排名		比率
1	以色列	7.90
2	比利时	8.80
3	挪威	9.70
4	奥地利	9.80
5	意大利	10.30
6	希腊	10.60
7	匈牙利	10.60
8	卢森堡	10.90
9	爱沙尼亚	11.20
10	俄罗斯	11.50
11	斯洛文尼亚	11.80
12	丹麦	12.40
13	瑞士	12.60
14	澳大利亚	12.70
15	法国	12.80
16	西班牙	12.90
17	葡萄牙	13.00 [3]
18	芬兰	13.50
19	斯洛伐克	13.60
20	阿根廷	14.30
21	瑞典	14.50
22	爱尔兰	14.60
23	捷克	14.70
24	英国	14.70
25	德国	15.20
26	美国	15.60
27	冰岛	15.70
28	新西兰	16.10
29	土耳其	16.10
30	日本	16.70
31	中国	17.40
32	荷兰	17.70
33	台湾（地区）	17.80
34	印度尼西亚	18.70
35	香港	18.90
36	新加坡	19.00
37	加拿大	19.30
38	马来西亚	19.30
39	哥伦比亚	19.54 [3]
40	波兰	20.93 [3]
41	委内瑞拉	21.00 [2]
42	韩国	22.20
43	泰国	22.70
44	智利	29.10
45	印度	31.00
46	南非	32.00
47	墨西哥	32.20
48	菲律宾	32.90
49	巴西	36.20

来源&注释：见附录1

教育 2.5.04

中等学校入学人数

1997

接受全日制教育的相关年龄组所占比例

排名		%
1	比利时	100.0
1	捷克	100.0
1	日本	100.0
1	韩国	100.0
1	荷兰	100.0
1	瑞典	100.0
7	法国	99.0
7	瑞士	99.0
9	挪威	98.0
10	台湾（地区）	97.2
11	奥地利	97.0
11	匈牙利	97.0
13	澳大利亚	96.0
13	美国	96.0
15	加拿大	95.0
15	丹麦	95.0
15	芬兰	95.0
15	德国	95.0
15	意大利	95.0 [2]
15	俄罗斯	95.0
21	冰岛	94.4
22	新西兰	93.0
22	新加坡	93.0
24	西班牙	92.0
24	英国	92.0
26	希腊	91.0
27	以色列	90.7 [1]
28	葡萄牙	90.0
29	斯洛文尼亚	89.0
30	波兰	87.0
31	爱沙尼亚	86.9
32	爱尔兰	86.0 [1]
33	智利	85.0
34	香港	84.6
35	菲律宾	78.0
36	阿根廷	77.0
37	哥伦比亚	76.0
38	斯洛伐克	71.0
39	中国	70.0
40	巴西	66.0
40	墨西哥	66.0
42	印度	62.4
43	马来西亚	61.2
44	南非	59.0
45	印度尼西亚	56.0
46	土耳其	51.0
47	委内瑞拉	49.0
48	泰国	48.0
-	卢森堡	-

来源&注释：见附录1

教育 2.5.05

高等教育成绩

1999

25-34岁人中至少获得三级教育的人口所占比例

排名		%	
1	加拿大	47.0	
2	日本	45.0	
3	芬兰	38.0	
3	美国	38.0	
5	新加坡	36.4	
6	韩国	35.0	
7	比利时	34.0	
8	台湾（地区）	33.5	
9	挪威	33.0	r
9	西班牙	33.0	
11	瑞典	32.0	
12	法国	31.0	
13	香港	30.3	
14	澳大利亚	29.0	
14	丹麦	29.0	
14	爱尔兰	29.0	r
17	爱沙尼亚	27.9	
18	冰岛	27.0	
18	英国	27.0	
20	希腊	26.0	
20	新西兰	26.0	
20	菲律宾	26.0	r
20	瑞士	26.0	
24	荷兰	25.0	
25	德国	22.0	
26	卢森堡	21.0	
27	俄罗斯	20.8	
28	斯洛文尼亚	19.5	
29	墨西哥	16.0	
30	匈牙利	14.0	
31	奥地利	13.0	r
32	波兰	12.0	r
32	葡萄牙	12.0	
32	斯洛伐克	12.0	
32	泰国	12.0	r
36	阿根廷	11.0	r
36	智利	11.0	r
36	捷克	11.0	
36	马来西亚	11.0	r
40	意大利	10.0	
41	印度	8.0	r
41	土耳其	8.0	
43	巴西	7.2	
44	印度尼西亚	6.0	
45	中国	5.0	r
-	哥伦比亚	-	
-	以色列	-	
-	南非	-	
-	委内瑞拉	-	

来源&注释：见附录1

教育 2.5.06

教育评估

2000

15岁人口的比萨调查

	科学	数学
阿根廷	-	-
澳大利亚	533	528
奥地利	515	519
比利时	520	496
巴西	334	375
加拿大	533	529
智利	-	-
中国	-	-
哥伦比亚	-	-
捷克	498	511
丹麦	514	481
爱沙尼亚	-	-
芬兰	536	538
法国	517	500
德国	490	487
希腊	447	461
香港	-	-
匈牙利	488	496
冰岛	514	496
印度	-	-
印度尼西亚	-	-
爱尔兰	503	513
以色列	-	-
意大利	457	478
日本	557	550
韩国	547	552
卢森堡	446	443
马来西亚	-	-
墨西哥	387	422
荷兰	-	-
新西兰	537	528
挪威	499	500
菲律宾	-	-
波兰	470	483
葡萄牙	454	459
俄罗斯	478	460
新加坡	-	-
斯洛伐克	-	-
斯洛文尼亚	-	-
南非	-	-
西班牙	476	491
瑞典	510	512
瑞士	529	496
台湾（地区）	-	-
泰国	-	-
土耳其	-	-
英国	529	532
美国	493	499
委内瑞拉	-	-

来源&注释：见附录1

教育 2.5.07

教育体系

2002

教育系统对有竞争力的社会的需要

不满足 S U A Y C Y 满足

排名	国家/地区	分值
1	芬兰	8.61
2	爱尔兰	8.00
3	奥地利	7.65
4	新加坡	7.61
5	冰岛	7.58
6	加拿大	7.32
7	澳大利亚	7.16
8	瑞士	6.90
9	荷兰	6.73
10	匈牙利	6.67
11	比利时	6.62
12	丹麦	6.54
13	以色列	6.41
14	美国	6.29
15	斯洛伐克	6.23
16	马来西亚	6.06
17	台湾（地区）	5.97
18	新西兰	5.88
19	法国	5.80
20	捷克	5.64
21	印度	5.50
22	瑞典	5.41
23	俄罗斯	5.41
24	菲律宾	5.17
25	西班牙	4.89
26	英国	4.81
27	香港	4.79
28	爱沙尼亚	4.75
29	斯洛文尼亚	4.71
30	挪威	4.66
31	智利	4.51
32	韩国	4.33
33	卢森堡	4.23
34	哥伦比亚	4.05
35	巴西	4.00
36	意大利	3.96
37	德国	3.81
38	泰国	3.80
39	中国	3.76
40	波兰	3.64
41	土耳其	3.53
42	希腊	3.47
43	墨西哥	3.36
44	葡萄牙	3.03
45	南非	2.99
46	印度尼西亚	2.73
47	日本	2.62
48	阿根廷	2.33
49	委内瑞拉	1.89

教育 2.5.08

大学教育

2002

大学教育对有竞争力的社会的需要

不满足 S U A Y C Y 满足

排名	国家/地区	分值
1	芬兰	8.86
2	加拿大	8.04
3	爱尔兰	8.04
4	以色列	8.00
5	美国	7.98
6	新加坡	7.65
7	冰岛	7.53
8	澳大利亚	7.30
9	瑞士	7.22
10	奥地利	7.19
11	比利时	7.06
12	荷兰	7.02
13	匈牙利	6.96
14	智利	6.78
15	丹麦	6.77
16	斯洛伐克	6.43
17	俄罗斯	6.30
18	瑞典	6.30
19	法国	6.27
20	新西兰	6.16
21	台湾（地区）	6.05
22	捷克	6.03
23	马来西亚	5.94
24	南非	5.75
25	菲律宾	5.75
26	爱沙尼亚	5.65
27	印度	5.63
28	挪威	5.61
29	英国	5.39
30	巴西	5.34
31	哥伦比亚	5.23
32	西班牙	5.14
33	香港	5.07
34	斯洛文尼亚	4.98
35	德国	4.53
36	泰国	4.43
37	土耳其	4.34
38	墨西哥	4.31
39	意大利	4.31
40	阿根廷	4.24
41	韩国	4.11
42	中国	4.03
43	委内瑞拉	4.00
44	波兰	3.94
45	葡萄牙	3.89
46	希腊	3.88
47	卢森堡	3.44
48	印度尼西亚	3.05
49	日本	2.45

教育 2.5.09

文盲率

1999

成人（15岁以上）文盲占总人口比例

排名		%
1	斯洛文尼亚	0.4
2	俄罗斯	0.5
3	澳大利亚	1.0
4	奥地利	1.0
5	比利时	1.0
6	加拿大	1.0
7	捷克	1.0
8	丹麦	1.0
9	芬兰	1.0
10	法国	1.0
11	德国	1.0
12	匈牙利	1.0
13	冰岛	1.0
14	爱尔兰	1.0
15	日本	1.0
16	卢森堡	1.0
17	荷兰	1.0
18	新西兰	1.0
19	挪威	1.0
20	波兰	1.0
21	斯洛伐克	1.0
22	瑞典	1.0
23	瑞士	1.0
24	英国	1.0
25	美国	1.0
26	意大利	1.6
27	爱沙尼亚	2.0
28	韩国	2.4
29	西班牙	2.4
30	希腊	2.9
31	阿根廷	3.3
32	以色列	4.2
33	智利	4.4
34	台湾（地区）	4.7
35	泰国	4.7
36	菲律宾	4.9
37	香港	6.7
38	委内瑞拉	7.7
39	新加坡	7.9
40	葡萄牙	8.1
41	哥伦比亚	8.5
42	墨西哥	8.9
43	马来西亚	13.0
44	印度尼西亚	13.7
45	巴西	15.1
46	南非	15.1
47	土耳其	15.4
48	中国	16.5
49	印度	37.5

来源&注释：见附录1

附加的参考国家*

巴哈马	4.3
巴林	12.9
埃及	45.4
伊朗	24.3
科威特	18.1
尼日利亚	37.4
巴基斯坦	55.0
卡塔尔	19.2
阿拉伯联合酋长国	24.9

*附加的国家、地区和州是作为对列在世界竞争力年鉴中的49各国家的补充数据。这些经济既不列在也不包括在任何数据的集合中，但作为参考的补充值。

教育　2.5.10

经济知识普及

2002

经济知识普及率

低 S U A Y C Y 高

排名		
1	冰岛	7.95
2	芬兰	7.84
3	新加坡	7.57
4	瑞典	7.21
5	荷兰	7.21
6	澳大利亚	7.19
7	丹麦	7.10
8	爱尔兰	7.02
9	以色列	6.82
10	加拿大	6.73
11	瑞士	6.52
12	台湾（地区）	6.45
13	美国	6.35
14	马来西亚	6.31
15	奥地利	6.31
16	韩国	6.15
17	比利时	6.14
18	日本	6.02
19	香港	6.00
20	挪威	5.97
21	卢森堡	5.81
22	匈牙利	5.78
23	新西兰	5.72
24	菲律宾	5.71
25	爱沙尼亚	5.57
26	智利	5.47
27	斯洛文尼亚	5.35
28	捷克	5.11
29	德国	5.11
30	西班牙	4.77
31	希腊	4.75
32	法国	4.64
33	阿根廷	4.63
34	斯洛伐克	4.49
35	英国	4.44
36	泰国	4.13
37	俄罗斯	4.02
38	意大利	3.98
39	土耳其	3.88
40	印度	3.75
41	巴西	3.68
42	葡萄牙	3.53
43	哥伦比亚	3.30
44	中国	3.15
45	印度尼西亚	3.12
46	墨西哥	3.04
47	波兰	2.90
48	委内瑞拉	2.42
49	南非	2.30

教育　2.5.11

教育基金

2002

教育基金在贵国

不充足 S U A Y C Y 充足

排名		
1	芬兰	8.16
2	丹麦	7.72
3	荷兰	7.56
4	新加坡	7.52
5	冰岛	7.49
6	瑞典	7.28
7	澳大利亚	7.10
8	爱尔兰	6.88
9	以色列	6.87
10	挪威	6.84
11	瑞士	6.63
12	爱沙尼亚	6.63
13	比利时	6.45
14	加拿大	6.42
15	智利	6.39
16	香港	6.28
17	美国	6.25
18	匈牙利	6.15
19	马来西亚	6.14
20	新西兰	6.00
21	奥地利	5.92
22	卢森堡	5.91
23	印度	5.81
24	台湾（地区）	5.68
25	菲律宾	5.59
26	法国	5.28
27	韩国	5.24
28	德国	5.19
29	巴西	5.17
30	土耳其	5.13
31	哥伦比亚	5.00
32	俄罗斯	4.89
33	西班牙	4.85
34	希腊	4.81
35	斯洛文尼亚	4.67
36	捷克	4.61
37	英国	4.58
38	泰国	4.48
39	斯洛伐克	4.29
40	阿根廷	4.28
41	印度尼西亚	3.95
42	日本	3.85
43	意大利	3.73
44	葡萄牙	3.72
45	波兰	3.34
46	南非	3.32
47	委内瑞拉	3.26
48	墨西哥	3.15
49	中国	2.70

教育 2.5.12

合格工程师

2002

合格工程师在贵国劳动力市场上的获得

困难 — 容易

排名	国家/地区	数值
1	以色列	8.74
2	智利	8.71
3	芬兰	8.39
4	匈牙利	8.30
5	冰岛	8.28
6	斯洛伐克	8.23
7	印度	8.21
8	澳大利亚	8.02
9	阿根廷	7.94
10	法国	7.90
11	奥地利	7.85
12	加拿大	7.76
13	新加坡	7.74
14	巴西	7.70
15	委内瑞拉	7.68
16	捷克	7.67
17	菲律宾	7.59
18	俄罗斯	7.50
19	哥伦比亚	7.41
20	土耳其	7.38
21	美国	7.29
22	爱尔兰	7.29
23	日本	7.27
24	台湾（地区）	7.26
25	希腊	7.09
26	西班牙	6.95
27	瑞典	6.85
28	丹麦	6.82
29	比利时	6.82
30	波兰	6.63
31	马来西亚	6.62
32	挪威	6.61
33	韩国	6.47
34	墨西哥	6.45
35	瑞士	6.42
36	意大利	6.28
37	荷兰	6.26
38	香港	6.20
39	德国	6.09
40	新西兰	6.04
41	泰国	5.95
42	葡萄牙	5.53
43	英国	5.18
44	卢森堡	4.93
45	斯洛文尼亚	4.71
46	南非	4.58
47	印度尼西亚	4.45
48	爱沙尼亚	4.20
49	中国	3.80

教育 2.5.13

知识转让

2002

公司与大学间的知识转让

不充分 — 很充分

排名	国家/地区	数值
1	芬兰	7.82
2	美国	6.98
3	以色列	6.87
4	新加坡	6.65
5	冰岛	6.38
6	加拿大	6.03
7	瑞典	5.97
8	台湾（地区）	5.82
9	荷兰	5.75
10	瑞士	5.69
11	爱尔兰	5.65
12	澳大利亚	5.43
13	奥地利	5.19
14	丹麦	5.12
15	比利时	4.94
16	香港	4.93
17	韩国	4.84
18	新西兰	4.80
19	智利	4.78
20	马来西亚	4.76
21	菲律宾	4.72
22	英国	4.67
23	挪威	4.61
24	德国	4.51
25	匈牙利	4.44
26	法国	4.42
27	捷克	4.42
28	斯洛伐克	4.38
29	南非	4.19
30	爱沙尼亚	3.84
31	卢森堡	3.77
32	中国	3.64
33	俄罗斯	3.52
34	泰国	3.52
35	巴西	3.44
36	西班牙	3.36
37	希腊	3.34
38	土耳其	3.28
39	印度	3.18
40	意大利	3.13
41	日本	3.08
42	斯洛文尼亚	3.08
43	哥伦比亚	3.05
44	墨西哥	2.87
45	葡萄牙	2.86
46	波兰	2.72
47	委内瑞拉	2.58
48	阿根廷	2.50
49	印度尼西亚	2.50

企 业 效 率

要 素 III

企　业　效　率

3.1 生产率

3.1.01　综合生产率（购买力平价）
3.1.02　综合生产率
3.1.03　综合生产率实际增长率
3.1.04　劳动生产率（购买力平价）
3.1.05　劳动生产率
3.1.06　农业生产率（购买力平价）
3.1.07　农业生产率
3.1.08　工业生产率（购买力平价）
3.1.09　工业生产率
3.1.10　服务业生产率（购买力平价）
3.1.11　服务业生产率

3.2 劳动力市场

成本

3.2.01　报酬水平
3.2.02　制造业部门单位劳动成本
3.2.03　服务性职业报酬
3.2.04　经理报酬

劳资关系

3.2.05　工作小时
3.2.06　劳资关系
3.2.07　工人的动机
3.2.08　产业纠纷
3.2.09　雇员培训

人才可获得性

3.2.10　劳动力
3.2.11　劳动力
3.2.12　劳动力增长率
3.2.13　女性劳动力
3.2.14　外国劳动力
3.2.15　熟练劳动力
3.2.16　金融人才
3.2.17　人才流失
3.2.18　外国高素质人员
3.2.19　国际经验
3.2.20　称职的高层管理人员

3.3 金融

银行效率

3.3.01　银行部门的资产
3.3.02　机构投资者的金融资产
3.3.03　信贷
3.3.04　发行的信用卡数目
3.3.05　信用卡交易
3.3.06　风险资本
3.3.07　银行服务
3.3.08　零售银行业
3.3.09　银行业规定

股票市场效率

3.3.10　股票市场
3.3.11　股票市场筹资额
3.3.12　股票市场交易额
3.3.13　国内上市公司
3.3.14　股票市场指数
3.3.15　股东权利和义务
3.3.16　金融机构透明度
3.3.17　内幕交易

自筹经费

3.3.18　现金流
3.3.19　国际保理业务

3.4 管理实践

3.4.01　适应性
3.4.02　伦理实践
3.4.03　管理人员的信誉
3.4.04　公司董事会
3.4.05　股东价值
3.4.06　消费者满意度
3.4.07　企业家精神
3.4.08　公司的设立
3.4.09　销售
3.4.10　社会责任
3.4.11　健康、安全和环境事务

3.5 全球化影响

3.5.01　全球化
3.5.02　对全球化的态度
3.5.03　生产的再分配
3.5.04　R&D设施的再分配
3.5.05　海外形象

生产率　　3.1.01

综合生产率（购买力平价）

2001

每个就业者人均GDP，美元

排名		美元
1	卢森堡	89,787
2	美国	71,858
3	比利时	70,227
4	爱尔兰	66,594
5	意大利	64,495
6	法国	61,171
7	挪威	60,445
8	奥地利	58,550
9	荷兰	58,249
10	加拿大	57,436
11	德国	56,685
12	芬兰	55,239
13	澳大利亚	55,218
14	以色列	54,934
15	丹麦	54,641
16	西班牙	53,492
17	冰岛	53,205
18	台湾（地区）	52,911
19	日本	52,779
20	瑞士	52,747
21	香港	52,605
22	瑞典	51,718
23	英国	51,325
24	南非	49,195 [1]
25	希腊	46,519
26	新加坡	44,934
27	新西兰	43,298
28	韩国	39,617
29	斯洛文尼亚	39,323
30	阿根廷	38,372
31	葡萄牙	35,686
32	匈牙利	33,873
33	捷克	31,652
34	斯洛伐克	29,601
35	智利	27,546
36	波兰	24,680
37	爱沙尼亚	23,627
38	马来西亚	22,273
39	墨西哥	21,257
40	土耳其	21,219
41	俄罗斯	19,697
42	巴西	17,119
43	哥伦比亚	16,309
44	委内瑞拉	16,085
45	泰国	12,584
46	菲律宾	10,644
47	中国	7,375
48	印度尼西亚	7,286
49	印度	6,237

来源&注释：见附录1

附加的参考国家*

巴哈马	31,391 [3]
巴林	42,215 [1]
埃及	12,887 [2]
伊朗	-
科威特	24,483 [2]
尼日利亚	-
巴基斯坦	6,571 [3]
卡塔尔	-
阿拉伯联合酋长国	28,478 [1]

*附加的国家、地区和州是作为对列在世界竞争力年鉴中的49各国家的补充数据。这些经济既不列在也不包括在任何数据的集合中，但作为参考的补充值。

政府效率

生产率 3.1.02

综合生产率

2001

每个就业者人均GDP，美元

BACKGROUND INFORMATION

排名	国家/地区	美元
1	卢森堡	75,934
2	美国	75,386
3	挪威	72,631
4	日本	64,625
5	瑞士	62,367
6	丹麦	59,440
7	爱尔兰	58,876
8	比利时	57,236
9	法国	54,885
10	荷兰	53,578
11	芬兰	51,404
12	英国	50,968
13	意大利	50,603
14	德国	50,433
15	奥地利	50,272
16	瑞典	49,912
17	香港	49,780
18	以色列	48,577
19	冰岛	48,033
20	加拿大	46,478
21	新加坡	41,846
22	澳大利亚	40,331
23	西班牙	39,398
24	台湾（地区）	30,080
25	希腊	29,948
26	新西兰	27,103
27	阿根廷	23,764
28	葡萄牙	23,280
29	斯洛文尼亚	20,543
30	韩国	19,763
31	南非	15,651
32	墨西哥	15,328
33	委内瑞拉	14,011
34	匈牙利	13,567
35	波兰	12,263
36	捷克	11,965
37	智利	11,538
38	斯洛伐克	9,218
39	马来西亚	9,203
40	爱沙尼亚	8,838
41	土耳其	8,071
42	巴西	6,508
43	哥伦比亚	4,991
44	俄罗斯	4,769
45	泰国	3,621
46	菲律宾	2,450
47	中国	1,587
48	印度尼西亚	1,435
49	印度	1,095

来源&注释：见附录1

附加的参考国家*		
巴哈马	29,026	3
巴林	42,394	1
埃及	5,300	2
伊朗	-	
科威特	23,982	2
尼日利亚	-	
巴基斯坦	1,658	3
卡塔尔	-	
阿拉伯联合酋长国	37,025	1

*附加的国家、地区和州是作为对列在世界竞争力年鉴中的49各国家的补充数据。这些经济既不列在也不包括在任何数据的集合中，但作为参考的补充值。

生产率 3.1.03

综合生产率实际增长率

2001

每个就业者实际GDP变化率，估计值

排名		%	
1	希腊	5.32	
2	委内瑞拉	4.82	
3	中国	4.54	
4	俄罗斯	4.52	
5	爱沙尼亚	4.36	
6	南非	3.63	1
7	斯洛文尼亚	3.13	
8	匈牙利	3.01	
9	捷克	2.97	
10	印度	2.96	
11	波兰	2.48	
12	智利	2.19	
13	英国	1.95	
14	韩国	1.58	
15	斯洛伐克	1.46	
16	阿根廷	1.43	
17	泰国	1.28	
18	澳大利亚	1.18	
19	挪威	1.13	
20	爱尔兰	1.09	
21	丹麦	0.99	
22	法国	0.96	
23	奥地利	0.90	
24	美国	0.84	
25	哥伦比亚	0.72	
26	西班牙	0.72	
27	葡萄牙	0.58	
28	冰岛	0.47	
29	德国	0.40	
30	新加坡	0.26	
31	新西兰	0.19	
32	比利时	0.10	
33	印度尼西亚	0.10	
34	加拿大	0.03	
35	日本	0.01	
36	瑞士	-0.03	
37	瑞典	-0.15	
38	意大利	-0.27	
39	芬兰	-0.37	
40	巴西	-0.41	
41	荷兰	-0.69	
42	台湾（地区）	-0.77	
43	卢森堡	-1.01	
44	香港	-1.06	
45	墨西哥	-2.06	
46	马来西亚	-2.15	
47	菲律宾	-2.64	
48	以色列	-2.90	
49	土耳其	-5.95	

来源&注释：见附录1

附加的参考国家*

巴哈马	-	
巴林	5.30	1
埃及	-	
伊朗	-	
科威特	-	
尼日利亚	-	
巴基斯坦	-2.45	3
卡塔尔	-	
阿拉伯联合酋长国	-	

*附加的国家、地区和州是作为对列在世界竞争力年鉴中的49各国家的补充数据。这些经济既不列在也不包括在任何数据的集合中，但作为参考的补充值。

企业效率

生产率 3.1.04

劳动生产率（购买力平价）

2001

每雇员每小时的GDP，美元，估计值

排名		美元
1	卢森堡	50.16
2	比利时	41.02
3	法国	38.55
4	美国	37.47
5	意大利	37.24
6	爱尔兰	37.04
7	挪威	34.94
8	荷兰	34.55
9	奥地利	34.46
10	德国	33.58
11	丹麦	32.39
12	芬兰	32.06
13	澳大利亚	31.57
14	西班牙	31.03
15	加拿大	30.37
16	瑞士	28.43
17	日本	28.31
18	冰岛	28.02
19	英国	28.00
20	瑞典	27.81
21	以色列	27.59
22	希腊	26.13
23	台湾（地区）	24.41
24	香港	24.12
25	南非	24.08
26	新西兰	23.12
27	新加坡	22.60
28	葡萄牙	20.53
29	阿根廷	19.14
30	韩国	19.11
31	斯洛文尼亚	18.67
32	匈牙利	17.04
33	捷克	16.02
34	斯洛伐克	13.93
35	波兰	13.20
36	爱沙尼亚	12.41
37	智利	12.28
38	俄罗斯	10.80
39	土耳其	10.23
40	马来西亚	10.05
41	墨西哥	9.89
42	巴西	8.87
43	委内瑞拉	8.22
44	哥伦比亚	7.47
45	泰国	6.02
46	菲律宾	4.82
47	中国	3.72
48	印度尼西亚	3.53
49	印度	2.97

来源&注释：见附录1

生产率 3.1.05

劳动生产率

2001

每雇员每小时的GDP，美元

BACKGROUND INFORMATION

排名		美元
1	卢森堡	42.42
2	挪威	41.98
3	美国	39.30
4	丹麦	35.23
5	日本	34.67
6	法国	34.58
7	瑞士	33.62
8	比利时	33.43
9	爱尔兰	32.75
10	荷兰	31.78
11	德国	29.88
12	芬兰	29.83
13	奥地利	29.59
14	意大利	29.22
15	英国	27.81
16	瑞典	26.83
17	冰岛	25.29
18	加拿大	24.58
19	以色列	24.40
20	澳大利亚	23.06
21	西班牙	22.85
22	香港	22.82
23	新加坡	21.05
24	希腊	16.82
25	新西兰	14.47
26	台湾（地区）	13.88
27	葡萄牙	13.39
28	阿根廷	11.85
29	斯洛文尼亚	9.75
30	韩国	9.53
31	南非	7.66
32	委内瑞拉	7.16
33	墨西哥	7.13
34	匈牙利	6.82
35	波兰	6.56
36	捷克	6.06
37	智利	5.14
38	爱沙尼亚	4.64
39	斯洛伐克	4.34
40	马来西亚	4.15
41	土耳其	3.89
42	巴西	3.37
43	俄罗斯	2.61
44	哥伦比亚	2.29
45	泰国	1.73
46	菲律宾	1.11
47	中国	0.80
48	印度尼西亚	0.69
49	印度	0.52

来源&注释：见附录1

政 府 效 率

生产率　　3.1.06

农业生产率（购买力平价）

2001

每个农业劳动力创造的相应GDP，美元，估计值

排名		美元
1	冰岛	64,347
2	以色列	63,666
3	荷兰	59,300
4	美国	53,191
5	爱尔兰	49,471
6	英国	48,819
7	法国	46,938
8	瑞典	45,350
9	加拿大	44,113
10	澳大利亚	37,878
11	捷克	34,950
12	新西兰	34,888
13	比利时	32,641
14	丹麦	32,492
15	卢森堡	32,293
16	西班牙	32,015
17	意大利	29,082
18	芬兰	28,450
19	南非	28,051
20	挪威	23,010
21	匈牙利	22,509
22	爱沙尼亚	21,835
23	德国	21,191
24	希腊	20,889
25	奥地利	20,341
26	斯洛伐克	19,940
27	瑞士	19,810
28	智利	18,726
29	韩国	16,911
30	新加坡	15,857
31	香港	15,558
32	日本	14,536
33	台湾（地区）	13,411
34	葡萄牙	11,149
35	哥伦比亚	11,030
36	斯洛文尼亚	10,945
37	马来西亚	10,754
38	俄罗斯	10,184
39	土耳其	9,580
40	委内瑞拉	7,876
41	菲律宾	5,749
42	巴西	5,672
43	墨西哥	4,295
44	波兰	3,877
45	泰国	2,840
46	印度尼西亚	2,674
47	印度	2,296
48	中国	2,271
-	阿根廷	-

来源&注释：见附录1

生产率　　3.1.07

农业生产率

2001

每个农业劳动力创造的相应GDP，美元

BACKGROUND INFORMATION

排名		美元
1	冰岛	58,093
2	以色列	56,299
3	美国	55,802
4	荷兰	54,544
5	英国	48,480
6	瑞典	43,767
7	爱尔兰	43,737
8	法国	42,115
9	加拿大	35,697
10	丹麦	35,346
11	澳大利亚	27,666
12	挪威	27,649
13	卢森堡	27,311
14	比利时	26,603
15	芬兰	26,475
16	西班牙	23,580
17	瑞士	23,423
18	意大利	22,817
19	新西兰	21,839
20	德国	18,854
21	日本	17,799
22	奥地利	17,465
23	新加坡	14,767
24	香港	14,722
25	希腊	13,448
26	捷克	13,212
27	匈牙利	9,015
28	韩国	8,436
29	爱沙尼亚	8,167
30	南非	7,884
31	智利	7,844
32	台湾（地区）	7,624
33	葡萄牙	7,273
34	委内瑞拉	6,860
35	斯洛伐克	6,209
36	斯洛文尼亚	5,718
37	马来西亚	4,443
38	土耳其	3,644
39	哥伦比亚	3,376
40	墨西哥	3,097
41	俄罗斯	2,466
42	巴西	2,156
43	波兰	1,926
44	菲律宾	1,323
45	泰国	817
46	印度尼西亚	527
47	中国	489
48	印度	403
-	阿根廷	-

来源&注释：见附录1

企业效率

生产率 3.1.08

工业生产率（购买力平价）

2001

每个工业雇员创造的相应GDP，美元，估计值

排名		美元
1	美国	85,513
2	挪威	85,497
3	荷兰	83,716
4	爱尔兰	79,685
5	加拿大	74,356
6	以色列	73,120
7	卢森堡	67,842
8	比利时	67,006
9	冰岛	65,227
10	澳大利亚	64,882
11	南非	64,566
12	瑞典	61,189
13	意大利	60,828
14	韩国	59,688
15	瑞士	58,292
16	新加坡	57,757
17	丹麦	57,599
18	法国	57,395
19	芬兰	56,752
20	奥地利	56,130
21	日本	52,334
22	英国	51,310
23	西班牙	48,179
24	德国	48,019
25	新西兰	47,633
26	香港	46,658
27	台湾（地区）	45,408
28	智利	43,067
29	希腊	41,478
30	斯洛文尼亚	33,234
31	委内瑞拉	33,151
32	匈牙利	33,145
33	捷克	32,308
34	巴西	31,785
35	马来西亚	30,545
36	葡萄牙	27,603
37	土耳其	26,434
38	波兰	25,723
39	墨西哥	25,109
40	哥伦比亚	24,901
41	斯洛伐克	24,886
42	俄罗斯	24,609
43	爱沙尼亚	23,589
44	泰国	22,940
45	菲律宾	22,398
46	印度尼西亚	19,569
47	中国	17,158
48	印度	14,033
-	阿根廷	-

来源&注释：见附录1

生产率 3.1.09

工业生产率

2001

每个工业雇员创造的相应GDP，美元

BACKGROUND INFORMATION

排名		美元
1	挪威	102,734
2	美国	89,711
3	荷兰	77,002
4	爱尔兰	70,450
5	瑞士	68,923
6	以色列	64,659
7	日本	64,081
8	丹麦	62,659
9	加拿大	60,170
10	瑞典	59,053
11	冰岛	58,887
12	卢森堡	57,375
13	比利时	54,611
14	新加坡	53,787
15	芬兰	52,812
16	法国	51,497
17	英国	50,954
18	奥地利	48,194
19	意大利	47,726
20	澳大利亚	47,389
21	香港	44,152
22	德国	42,723
23	西班牙	35,486
24	新西兰	29,816
25	韩国	29,775
26	委内瑞拉	28,876
27	希腊	26,703
28	台湾（地区）	25,814
29	南非	18,147
30	墨西哥	18,106
31	智利	18,039
32	葡萄牙	18,007
33	斯洛文尼亚	17,362
34	匈牙利	13,275
35	波兰	12,781
36	马来西亚	12,621
37	捷克	12,214
38	巴西	12,084
39	土耳其	10,055
40	爱沙尼亚	8,823
41	斯洛伐克	7,750
42	哥伦比亚	7,621
43	泰国	6,602
44	俄罗斯	5,958
45	菲律宾	5,156
46	印度尼西亚	3,853
47	中国	3,693
48	印度	2,465
-	阿根廷	-

来源&注释：见附录1

政 府 效 率

生产率 3.1.10

服务业生产率（购买力平价）

2001

每个服务业雇员创造的相应GDP，美元，估计值

排名		美元
1	卢森堡	99,627
2	比利时	75,596
3	意大利	69,274
4	美国	68,366
5	法国	63,242
6	奥地利	63,105
7	爱尔兰	63,057
8	台湾（地区）	62,965
9	德国	62,621
10	西班牙	58,856
11	芬兰	56,129
12	日本	55,635
13	希腊	55,260
14	挪威	55,118
15	丹麦	55,067
16	荷兰	54,849
17	香港	53,901
18	澳大利亚	53,726
19	加拿大	52,775
20	瑞士	52,672
21	冰岛	49,166
22	斯洛文尼亚	49,041
23	以色列	49,027
24	瑞典	48,899
25	英国	47,505
26	葡萄牙	47,091
27	南非	45,723
28	新西兰	42,956
29	新加坡	40,408
30	匈牙利	35,612
31	韩国	34,717
32	斯洛伐克	33,753
33	波兰	31,957
34	墨西哥	30,856
35	捷克	30,854
36	土耳其	27,014
37	俄罗斯	25,497
38	爱沙尼亚	23,857
39	智利	23,507
40	马来西亚	20,875
41	泰国	18,825
42	巴西	17,030
43	哥伦比亚	15,621
44	印度	14,633
45	委内瑞拉	12,124
46	菲律宾	10,502
47	中国	9,359
48	印度尼西亚	7,312
-	阿根廷	-

来源&注释：见附录1

生产率 3.1.11

服务业生产率

2001

每个服务业雇员创造的相应GDP，美元

BACKGROUND INFORMATION

排名		美元
1	卢森堡	84,256
2	美国	71,722
3	日本	68,122
4	挪威	66,230
5	瑞士	62,279
6	比利时	61,612
7	丹麦	59,904
8	法国	56,743
9	爱尔兰	55,749
10	德国	55,714
11	意大利	54,353
12	奥地利	54,184
13	芬兰	52,232
14	香港	51,006
15	荷兰	50,450
16	瑞典	47,192
17	英国	47,175
18	冰岛	44,388
19	以色列	43,354
20	西班牙	43,349
21	加拿大	42,706
22	澳大利亚	39,240
23	新加坡	37,631
24	台湾（地区）	35,795
25	希腊	35,575
26	葡萄牙	30,719
27	新西兰	26,889
28	斯洛文尼亚	25,620
29	墨西哥	22,250
30	韩国	17,318
31	波兰	15,878
32	匈牙利	14,263
33	南非	12,851
34	捷克	11,664
35	委内瑞拉	10,561
36	斯洛伐克	10,511
37	土耳其	10,276
38	智利	9,846
39	爱沙尼亚	8,923
40	马来西亚	8,626
41	巴西	6,475
42	俄罗斯	6,173
43	泰国	5,418
44	哥伦比亚	4,781
45	印度	2,570
46	菲律宾	2,418
47	中国	2,014
48	印度尼西亚	1,440
-	阿根廷	-

来源&注释：见附录1

企业效率

劳动力市场—成本 3.2.01

报酬水平

2001

制造业工人每小时全部报酬，美元，估计值

排名		美元	
1	印度尼西亚	0.14	2
2	俄罗斯	0.47	1
3	中国	0.53	1
4	印度	0.78	3
5	巴西	1.27	
6	爱沙尼亚	1.39	1
7	斯洛伐克	1.41	
8	菲律宾	1.78	3
9	捷克	2.06	3
10	匈牙利	2.13	
11	哥伦比亚	2.15	1
12	墨西哥	2.29	
13	委内瑞拉	2.50	1
14	马来西亚	2.68	1
15	土耳其	3.45	1
16	斯洛文尼亚	4.51	1
17	葡萄牙	4.61	
18	智利	4.86	2
19	南非	5.26	3
20	香港	5.54	
21	阿根廷	5.58	3
22	台湾	6.13	
23	韩国	7.13	
24	新加坡	7.14	
25	新西兰	7.49	
26	希腊	8.61	2
27	西班牙	10.52	
28	爱尔兰	12.14	
29	以色列	12.48	
30	澳大利亚	12.60	
31	冰岛	12.67	
32	意大利	14.21	
33	英国	15.09	
34	加拿大	15.51	
35	法国	15.88	
36	卢森堡	16.17	
37	瑞典	17.89	
38	奥地利	18.86	
39	芬兰	18.90	
40	荷兰	19.05	1
41	日本	19.51	
42	美国	19.86	
43	丹麦	19.88	
44	比利时	20.46	
45	瑞士	21.27	1
46	挪威	21.61	
47	德国	22.28	
-	波兰	-	
-	泰国	-	

来源&注释：见附录1

劳动力市场—成本 3.2.02

制造业部门单位劳动成本

2001

制造业部门单位劳动成本变化率

BACKGROUND INFORMATION

排名		%	
1	阿根廷	-4.05	1
2	菲律宾	-2.08	1
3	巴西	-2.00	
4	爱尔兰	-2.00	
5	印度尼西亚	0.10	2
6	奥地利	0.60	
7	捷克	1.00	
8	新西兰	1.10	
9	以色列	1.10	2
10	法国	1.13	
11	德国	1.15	
12	韩国	1.32	
13	波兰	1.49	
14	斯洛文尼亚	1.70	
15	希腊	1.80	
16	南非	1.91	1
17	台湾	2.28	
18	瑞典	2.30	
19	意大利	2.30	
20	西班牙	2.33	
21	英国	2.38	
22	香港	2.40	
23	澳大利亚	2.90	
24	丹麦	2.91	
25	斯洛伐克	3.06	
26	智利	3.22	2
27	瑞士	3.43	
28	比利时	3.50	
29	葡萄牙	3.50	
30	挪威	4.00	
31	冰岛	4.90	
32	荷兰	5.00	
33	加拿大	5.29	
34	芬兰	5.40	
35	墨西哥	5.50	
36	日本	5.74	
37	卢森堡	5.90	
38	美国	6.21	
39	爱沙尼亚	8.07	
40	匈牙利	9.58	
41	新加坡	12.20	
42	中国	13.61	1
43	哥伦比亚	16.72	2
44	俄罗斯	36.00	1
45	土耳其	41.00	
-	印度	-	
-	马来西亚	-	
-	泰国	-	
-	委内瑞拉	-	

来源&注释：见附录1

服务性职业报酬

2000

年均总收入，包括附加薪水，例如额外薪金，美元

合并排名		银行信贷员	部门经理	初级学校教师	秘书
1	印度	2,400	10,200	1,700	2,500
2	印度尼西亚	2,700	12,000	900	2,900
3	匈牙利	4,700	7,200	2,400	3,100
4	菲律宾	4,100	8,700	4,500	2,500
5	波兰	6,500	9,900	3,700	4,400
6	爱沙尼亚	8,900	12,700	2,670	3,000
7	中国	5,800	12,300	2,900	5,300
8	俄罗斯	-	2,100	400	1,200
9	墨西哥	7,700	9,000	4,900	7,200
10	泰国	9,000	15,700	5,200	5,700
11	委内瑞拉	10,600	11,600	7,100	6,800
12	哥伦比亚	12,800	23,000	3,800	8,600
13	马来西亚	10,100	31,800	4,900	9,100
14	南非	9,700	33,300	1,400	11,900
15	巴西	9,400	32,900	4,200	12,100
16	土耳其	16,100	34,100	5,500	6,700
17	智利	20,800	18,600	7,800	11,500
18	斯洛伐克	5,729	-	2,325	-
19	斯洛文尼亚	13,572	37,607	12,248	11,700
20	希腊	14,900	34,800	13,800	11,200
21	葡萄牙	28,300	24,500	16,300	9,300
22	西班牙	18,150	25,950	18,750	14,400
23	新西兰	17,100	34,200	20,300	15,200
24	意大利	26,800	25,700	18,500	14,500
25	新加坡	15,900	37,100	20,000	16,400
26	台湾（地区）	22,400	34,200	19,700	17,400
27	以色列	19,900	56,600	14,100	16,300
28	阿根廷	30,500	33,600	8,000	24,800
29	澳大利亚	19,800	38,600	27,300	21,000
30	芬兰	21,000	48,100	24,300	18,400
31	冰岛	21,042	32,100	29,048	23,323
32	韩国	26,500	44,900	25,000	20,500
33	香港	19,800	50,600	29,400	19,700
34	爱尔兰	26,400	44,900	28,400	21,100
35	瑞典	26,600	52,300	26,000	22,900
36	荷兰	25,100	65,200	26,300	20,900
37	法国	43,300	57,300	20,100	20,400
38	奥地利	35,100	58,100	24,500	23,500
39	加拿大	29,150	48,300	36,950	24,200
40	挪威	33,200	56,400	29,400	25,800
41	英国	36,600	47,000	35,800	27,600
42	比利时	37,100	72,300	24,000	25,600
43	丹麦	34,500	53,100	33,600	33,200
44	德国	44,300	58,500	36,600	26,600
45	美国	35,875	69,550	46,025	34,025
46	卢森堡	45,900	72,200	44,800	35,000
47	日本	75,800	86,100	47,900	38,300
48	瑞士	65,100	85,150	60,100	38,900
-	捷克	-	-	-	-

来源&注释：见附录1

经理报酬

2001

全部底薪加上奖金和长期激励，美元

合并排名		首席执行管	工程师	生产主管	人力资源主管
1	爱沙尼亚	34,554	10,092	21,154	20,983
2	匈牙利	45,034	21,632	33,794	27,682
3	中国	55,322	23,304	42,242	34,130
4	印度尼西亚	63,467	25,726	49,203	41,074
5	捷克	62,351	30,513	47,325	39,290
6	印度	69,409	27,369	52,597	44,082
7	马来西亚	94,698	37,659	74,338	58,909
8	冰岛	79,261	56,331	59,319	45,253
9	泰国	98,704	40,521	76,159	62,052
10	韩国	108,060	41,523	81,968	65,114
11	斯洛文尼亚	-	48,101	64,896	35,571
12	巴西	103,008	45,985	80,327	65,358
13	挪威	106,484	51,363	81,531	65,929
14	土耳其	109,326	46,897	84,552	73,690
15	波兰	119,131	46,495	88,545	72,456
16	芬兰	119,879	50,623	91,084	74,426
17	澳大利亚	130,243	47,980	98,547	79,952
18	希腊	-	48,918	82,940	66,967
19	葡萄牙	-	46,738	90,513	68,836
20	以色列	125,114	52,641	96,777	79,473
21	丹麦	143,910	68,255	109,587	88,615
22	菲律宾	152,866	61,422	115,868	95,653
23	西班牙	165,782	60,232	126,611	102,213
24	荷兰	170,467	56,646	129,607	104,971
25	加拿大	169,137	62,729	127,464	103,089
26	爱尔兰	174,577	60,941	135,345	110,622
27	委内瑞拉	301,338	24,800	135,608	133,840
28	台湾（地区）	180,940	70,383	138,868	111,823
29	意大利	199,736	65,890	137,901	112,427
30	瑞典	248,162	64,357	144,056	109,691
31	比利时	204,851	69,667	150,199	120,951
32	新加坡	203,128	75,400	154,177	125,699
33	法国	237,083	69,725	157,846	127,870
34	卢森堡	218,522	76,111	156,904	126,595
35	英国	291,947	74,191	167,463	134,785
36	奥地利	246,851	81,478	174,528	141,066
37	阿根廷	224,199	105,791	173,193	138,896
38	德国	270,138	83,572	206,296	168,366
39	墨西哥	272,071	102,750	207,142	171,947
40	香港	282,487	99,736	217,230	177,531
41	瑞士	308,178	97,405	219,532	177,672
42	日本	307,428	114,404	237,147	190,157
43	美国	580,601	135,400	355,718	291,149
-	智利	-	-	-	-
-	哥伦比亚	-	-	-	-
-	新西兰	-	-	-	-
-	俄罗斯	-	-	-	-
-	斯洛伐克	-	-	-	-
-	南非	-	-	-	-

来源&注释：见附录1

劳动力市场—劳资关系 3.2.05

工作小时

2000

每年的平均工作小时数

排名		小时
1	台湾（地区）	2,282
2	智利	2,244
3	马来西亚	2,217
4	哥伦比亚	2,182
5	香港	2,181
6	菲律宾	2,164
7	墨西哥	2,150
8	斯洛伐克	2,108
9	斯洛文尼亚	2,106
10	印度	2,097
11	泰国	2,092
12	土耳其	2,074
13	韩国	2,073
14	印度尼西亚	2,065
15	南非	2,043
16	阿根廷	2,005
17	以色列	1,991
18	匈牙利	1,988
18	新加坡	1,988
20	中国	1,983
21	捷克	1,976
22	委内瑞拉	1,956
23	巴西	1,931
24	冰岛	1,927
25	美国	1,918
26	爱沙尼亚	1,904
27	加拿大	1,891
28	新西兰	1,873
29	波兰	1,870
30	日本	1,864
31	瑞典	1,860
32	瑞士	1,855
33	英国	1,833
34	俄罗斯	1,824
35	爱尔兰	1,798
36	卢森堡	1,790
37	希腊	1,780
38	澳大利亚	1,749
39	葡萄牙	1,738
40	意大利	1,732
41	挪威	1,730
42	西班牙	1,724
43	芬兰	1,723
44	比利时	1,712
45	奥地利	1,699
46	德国	1,688
47	丹麦	1,687
48	荷兰	1,686
49	法国	1,587

来源&注释：见附录1

劳动力市场—劳资关系 3.2.06

劳资关系

2002

劳资关系对生产

不有利 SUAYCY 有利

排名		
1	新加坡	8.61
2	瑞士	8.29
3	奥地利	8.08
4	丹麦	7.97
5	瑞典	7.84
6	芬兰	7.82
7	马来西亚	7.55
8	卢森堡	7.52
9	荷兰	7.46
10	日本	7.35
11	爱尔兰	7.26
12	智利	7.22
13	香港	7.21
14	挪威	7.03
15	美国	6.93
16	台湾（地区）	6.84
17	爱沙尼亚	6.78
18	匈牙利	6.74
18	澳大利亚	6.73
20	新西兰	6.69
21	英国	6.61
22	加拿大	6.61
23	冰岛	6.56
24	墨西哥	6.40
25	德国	6.33
26	泰国	6.28
27	捷克	6.17
28	巴西	6.05
29	以色列	6.00
30	西班牙	5.88
31	斯洛伐克	5.82
32	比利时	5.69
33	葡萄牙	5.53
34	土耳其	5.50
35	菲律宾	5.46
36	斯洛文尼亚	5.45
37	俄罗斯	5.37
38	中国	5.20
39	希腊	5.19
40	哥伦比亚	5.18
41	印度	5.08
42	意大利	4.87
43	波兰	4.76
44	南非	4.58
45	阿根廷	4.54
46	委内瑞拉	4.53
47	韩国	4.47
48	法国	3.63
49	印度尼西亚	3.32

企业效率

劳动力市场—劳资关系 3.2.07

工人的动机

2002

贵国工人动机很重要

低　　　　高

排名	国家/地区	数值
1	瑞士	7.90
2	奥地利	7.88
3	新加坡	7.78
4	丹麦	7.72
5	芬兰	7.53
6	冰岛	7.35
7	美国	7.20
8	爱尔兰	7.16
9	卢森堡	7.12
10	荷兰	7.08
11	瑞典	7.02
12	日本	6.82
13	澳大利亚	6.79
14	台湾（地区）	6.77
15	香港	6.76
16	加拿大	6.68
17	马来西亚	6.68
18	挪威	6.61
19	韩国	6.51
20	新西兰	6.49
21	德国	6.42
22	比利时	6.40
23	巴西	6.20
24	以色列	6.10
25	匈牙利	5.85
26	智利	5.84
27	英国	5.78
28	泰国	5.72
29	爱沙尼亚	5.57
30	捷克	5.56
31	墨西哥	5.44
32	西班牙	5.42
33	意大利	5.26
34	斯洛文尼亚	5.25
35	菲律宾	5.11
36	哥伦比亚	5.09
37	法国	4.72
38	中国	4.70
39	土耳其	4.66
40	葡萄牙	4.53
41	斯洛伐克	4.52
42	希腊	4.44
43	印度	4.33
44	俄罗斯	4.12
45	南非	4.05
46	波兰	3.71
47	印度尼西亚	3.64
48	委内瑞拉	3.32
49	阿根廷	3.04

劳动力市场—劳资关系 3.2.08

产业纠纷

2000

每千个居民年均因纠纷损失的工作日

排名	国家/地区	日	
1	斯洛伐克	0.00	
2	新加坡	0.00	
3	卢森堡	0.00	3
4	委内瑞拉	0.01	
5	瑞典	0.03	
6	台湾（地区）	0.06	1
7	德国	0.13	
8	香港	0.14	
9	马来西亚	0.26	
10	日本	0.28	
11	奥地利	0.36	
12	荷兰	0.59	
13	瑞士	0.66	
14	捷克	1.59	4
15	俄罗斯	1.62	
16	波兰	1.92	
17	比利时	2.49	
18	爱沙尼亚	2.76	
19	新西兰	3.00	
20	泰国	3.61	
21	墨西哥	3.94	
22	葡萄牙	4.05	
23	菲律宾	4.18	
24	土耳其	5.60	
25	印度尼西亚	6.26	3
26	智利	7.51	
27	英国	8.38	
28	印度	8.99	1
29	南非	11.37	
30	法国	11.93	1
31	斯洛文尼亚	14.23	
32	匈牙利	14.92	
33	意大利	15.31	
34	丹麦	23.37	
35	澳大利亚	24.48	
36	爱尔兰	25.61	
37	希腊	26.99	2
38	韩国	40.28	
39	以色列	46.53	5
40	芬兰	49.00	
41	加拿大	54.05	
42	美国	72.09	
43	西班牙	91.64	
44	挪威	110.59	
45	冰岛	162.39	
46	阿根廷	334.65	
-	巴西	-	
-	中国	-	
-	哥伦比亚	-	

来源&注释：见附录1

劳动力市场—劳资关系 3.2.09

雇员培训

2002

公司高度是否重视雇员培训

否 S U A Y C Y 是

排名		
1	芬兰	7.89
2	新加坡	7.83
3	丹麦	7.72
4	瑞典	7.61
5	荷兰	7.27
6	奥地利	7.27
7	德国	7.14
8	瑞士	7.12
9	日本	6.85
10	美国	6.72
11	马来西亚	6.62
12	加拿大	6.56
13	冰岛	6.56
14	卢森堡	6.56
15	挪威	6.47
16	韩国	6.40
17	比利时	6.34
18	澳大利亚	6.24
18	台湾（地区）	6.11
20	新西兰	6.08
21	爱尔兰	6.00
22	爱沙尼亚	5.92
23	菲律宾	5.90
24	法国	5.90
25	南非	5.86
26	巴西	5.78
27	匈牙利	5.78
28	以色列	5.77
29	捷克	5.61
30	斯洛文尼亚	5.53
31	智利	5.49
32	香港	5.17
33	墨西哥	5.16
34	泰国	5.14
35	英国	5.11
36	哥伦比亚	4.91
37	斯洛伐克	4.72
38	西班牙	4.70
39	中国	4.64
40	印度	4.52
41	意大利	4.52
42	希腊	4.44
43	俄罗斯	4.06
44	委内瑞拉	4.05
45	土耳其	4.03
46	葡萄牙	3.97
47	印度尼西亚	3.95
48	阿根廷	3.94
49	波兰	3.74

企 业 效 率

劳动力市场－人才可获得性　　3.2.10

劳动力

2001

雇用的和登记失业的人数

BACKGROUND INFORMATION

排名		百万	
1	中国	717.45	1
2	印度	443.86	
3	美国	143.05	
4	印度尼西亚	95.65	1
5	巴西	85.26	
6	日本	67.52	
7	俄罗斯	65.30	1
8	墨西哥	41.87	1
9	德国	40.10	
10	泰国	33.38	
11	菲律宾	33.36	
12	英国	29.62	
13	法国	26.74	
14	意大利	23.88	
15	韩国	22.18	
16	土耳其	22.08	
17	哥伦比亚	18.48	1
18	波兰	17.30	
19	西班牙	17.04	
20	南非	16.25	2
21	加拿大	16.25	
22	阿根廷	14.08	1
23	委内瑞拉	10.42	
24	马来西亚	9.89	
25	台湾（地区）	9.83	
26	澳大利亚	9.82	
27	荷兰	7.26	
28	智利	5.65	
29	葡萄牙	5.19	
30	捷克	5.13	
31	希腊	4.41	
32	瑞典	4.39	
33	比利时	4.31	
34	匈牙利	4.09	
35	瑞士	4.05	
36	奥地利	3.93	
37	香港	3.42	
38	丹麦	2.87	
39	芬兰	2.62	
40	斯洛伐克	2.61	
41	以色列	2.50	
42	挪威	2.36	
43	新加坡	2.12	
44	新西兰	1.92	
45	爱尔兰	1.81	
46	斯洛文尼亚	0.97	
47	爱沙尼亚	0.70	
48	卢森堡	0.26	
49	冰岛	0.16	1

来源&注释：见附录1

附加的参考国家*

巴哈马	0.16	2
巴林	0.30	3
埃及	19.90	1
伊朗	17.30	3
科威特	1.30	3
尼日利亚	66.00	2
巴基斯坦	40.00	1
卡塔尔	-	
阿拉伯联合酋长国	1.40	3

附加参考的地区和州*

巴伐利亚（德国）	6.08	1
加利福尼亚（美国）	-	
加泰罗尼亚（西班牙）	2.71	1
ILE DE FRANCE（法国）	5.50	1
LOMBARDIA（意大利）	4.03	1
纽约（美国）	8.93	

*附加的国家、地区和州是作为对列在世界竞争力年鉴中的49各国家的补充数据。这些经济既不列在也不包括在任何数据的集合中，但作为参考的补充值。

劳动力市场—人才可获得性 3.2.11

劳动力

2001

占总人口的百分比

BACKGROUND INFORMATION

排名		%	
1	卢森堡	58.57	
2	瑞士	56.31	
3	中国	56.26	1
4	冰岛	54.62	1
5	丹麦	53.73	
6	日本	53.04	
7	泰国	52.98	
8	加拿大	52.40	
9	挪威	52.23	
10	爱沙尼亚	51.47	
11	新加坡	51.31	
12	葡萄牙	51.21	
13	香港	50.95	
14	澳大利亚	50.73	
15	芬兰	50.46	
16	美国	50.23	
17	新西兰	49.97	
18	捷克	49.93	
19	英国	49.77	
20	巴西	49.46	
21	瑞典	49.45	
22	德国	48.89	
23	斯洛伐克	48.49	
24	斯洛文尼亚	48.33	
25	奥地利	48.28	
26	爱尔兰	47.31	
27	韩国	46.85	
28	荷兰	45.66	
29	印度尼西亚	45.44	1
30	法国	45.41	
31	俄罗斯	44.85	1
32	波兰	44.76	
33	台湾（地区）	43.88	
34	哥伦比亚	43.66	1
35	印度	43.29	
36	西班牙	43.14	
37	菲律宾	42.81	
38	墨西哥	42.32	1
39	委内瑞拉	42.29	
40	比利时	41.99	
41	马来西亚	41.56	
42	意大利	41.21	
43	希腊	40.29	
44	匈牙利	40.12	
45	以色列	38.52	
46	阿根廷	38.03	1
47	南非	37.75	2
48	智利	36.70	
49	土耳其	32.54	

来源&注释：见附录1

附加的参考国家*

巴哈马	52.00	2
巴林	46.09	3
埃及	31.10	1
伊朗	27.98	3
科威特	64.04	3
尼日利亚	59.54	2
巴基斯坦	29.09	1
卡塔尔	-	
阿拉伯联合酋长国	51.47	3

附加参考的地区和州*

巴伐利亚（德国）	49.69	1
加利福尼亚（美国）	-	
加泰罗尼亚（西班牙）	43.58	1
ILE DE FRANCE（法国）	-	
LOMBARDIA（意大利）	44.42	2
纽约（美国）	47.33	1

*附加的国家、地区和州是作为对列在世界竞争力年鉴中的49各国家的补充数据。这些经济既不列在也不包括在任何数据的集合中，但作为参考的补充值。

劳动力市场—人才可获得性 3.2.12

劳动力增长率

2001

劳动力变化

BACKGROUND INFORMATION

排名		%
1	南非	8.17 [2]
2	菲律宾	7.94
3	卢森堡	6.16
4	印度	4.63 [2]
5	马来西亚	2.87
6	以色列	2.82
7	阿根廷	2.76 [1]
8	爱尔兰	2.49
9	土耳其	2.46
10	巴西	2.16
11	荷兰	1.60
12	香港	1.48
13	冰岛	1.41 [1]
14	葡萄牙	1.21
15	加拿大	1.21
16	法国	1.20
17	新西兰	1.16
18	澳大利亚	1.14
19	韩国	1.05
20	哥伦比亚	1.03 [1]
21	比利时	0.90
22	斯洛文尼亚	0.88
23	斯洛伐克	0.85
24	印度尼西亚	0.85 [1]
25	瑞士	0.85
26	中国	0.82 [1]
27	瑞典	0.71
28	美国	0.70
29	意大利	0.69
30	台湾（地区）	0.49
31	泰国	0.47
32	挪威	0.47
33	芬兰	0.38
34	西班牙	0.36
35	委内瑞拉	0.33
36	丹麦	0.30
37	奥地利	0.26
38	希腊	0.20
39	俄罗斯	0.15 [1]
40	英国	0.15
41	德国	-0.00
42	捷克	-0.04
43	爱沙尼亚	-0.20
44	日本	-0.21
45	墨西哥	-0.25 [1]
46	波兰	-0.33
47	匈牙利	-0.47
48	新加坡	-3.31
49	智利	-3.33

来源&注释：见附录1

劳动力市场—人才可获得性 3.2.13

女性劳动力

2001

占全部劳动力的比例

排名		%	
1	冰岛	49.81	1
2	爱沙尼亚	48.21	
3	瑞典	47.71	
4	芬兰	47.50	
5	南非	47.14	2
6	俄罗斯	46.81	2
7	挪威	46.68	
8	斯洛文尼亚	46.32	
9	美国	46.31	1
10	加拿大	46.01	
11	斯洛伐克	45.80	
12	以色列	45.78	
13	法国	45.58	1
14	葡萄牙	45.55	
15	新西兰	45.27	
16	波兰	45.09	
17	捷克	44.72	
18	英国	44.57	
19	匈牙利	44.45	
20	新加坡	43.84	
21	澳大利亚	43.80	
22	德国	43.69	1
23	奥地利	43.54	
24	丹麦	43.51	3
25	瑞士	42.70	
26	香港	42.64	
27	荷兰	42.01	3
28	泰国	41.53	1
29	韩国	41.34	
30	巴西	41.09	
31	日本	40.88	
32	爱尔兰	40.84	
33	希腊	40.62	1
34	台湾（地区）	40.45	
35	西班牙	40.19	
36	哥伦比亚	39.91	2
37	墨西哥	39.30	2
38	意大利	38.66	
39	菲律宾	38.10	
40	印度尼西亚	38.04	1
41	委内瑞拉	37.44	
42	马来西亚	34.94	
43	阿根廷	34.40	1
44	智利	34.04	
45	印度	30.98	
46	土耳其	26.41	
-	比利时	-	
-	中国	-	
-	卢森堡	-	

来源&注释：见附录1

附加参考的地区和州*

巴伐利亚（德国）	44.13	1
加利福尼亚（美国）	-	
加泰罗尼亚（西班牙）	42.48	1
ILE DE FRANCE（法国）	47.37	1
LOMBARDIA（意大利）	40.16	1
纽约（美国）	-	

*附加的国家、地区和州是作为对列在世界竞争力年鉴中的49各国家的补充数据。这些经济既不列在也不包括在任何数据的集合中，但作为参考的补充值。

劳动力市场—人才可获得性 3.2.14

外国劳动力

1999

占全部劳动力的比例

BACKGROUND INFORMATION

排名	国家/地区	%
1	卢森堡	61.99
2	澳大利亚	24.35
3	加拿大	18.66
4	瑞士	17.59
5	美国	11.46
6	德国	8.82
7	比利时	8.81
8	奥地利	8.53
9	马来西亚	7.62
10	法国	6.08
11	瑞典	5.15
12	丹麦	4.39
13	爱尔兰	3.50
14	英国	3.41
15	荷兰	3.41
16	冰岛	3.36
17	以色列	3.33
18	意大利	3.18
19	台湾（地区）	3.05
20	捷克	2.94
21	挪威	2.88
22	葡萄牙	1.81
23	芬兰	1.44
24	西班牙	1.04
25	匈牙利	0.70
26	韩国	0.43
27	巴西	0.41
28	斯洛伐克	0.19
29	日本	0.19
30	俄罗斯	0.15
-	阿根廷	-
-	智利	-
-	中国	-
-	哥伦比亚	-
-	爱沙尼亚	-
-	希腊	-
-	香港	-
-	印度	-
-	印度尼西亚	-
-	墨西哥	-
-	新西兰	-
-	菲律宾	-
-	波兰	-
-	新加坡	-
-	斯洛文尼亚	-
-	南非	-
-	泰国	-
-	土耳其	-
-	委内瑞拉	-

来源&注释：见附录1

劳动力市场—人才可获得性 3.2.15

熟练劳动力

2002

熟练劳动力在贵国劳动市场上可获得性

否 SURVEY 是

排名	国家/地区	分值
1	菲律宾	8.25
2	冰岛	8.23
3	奥地利	8.23
4	新加坡	8.09
5	美国	8.04
6	斯洛伐克	7.94
7	以色列	7.85
8	澳大利亚	7.78
9	芬兰	7.77
10	丹麦	7.72
11	阿根廷	7.70
12	日本	7.62
13	印度	7.57
14	加拿大	7.49
15	比利时	7.46
16	法国	7.38
17	荷兰	7.34
18	捷克	7.33
19	瑞士	7.25
20	瑞典	7.25
21	台湾（地区）	7.21
22	韩国	7.19
23	匈牙利	7.11
24	俄罗斯	7.07
25	智利	7.06
26	爱尔兰	7.05
27	哥伦比亚	7.05
28	土耳其	7.02
29	德国	6.79
30	香港	6.71
31	马来西亚	6.51
32	泰国	6.51
33	挪威	6.39
34	波兰	6.38
35	新西兰	6.37
36	西班牙	6.33
37	巴西	6.31
38	英国	6.22
39	希腊	6.03
40	墨西哥	5.93
41	意大利	5.81
42	斯洛文尼亚	5.31
43	葡萄牙	5.07
44	印度尼西亚	4.91
45	委内瑞拉	4.79
46	卢森堡	4.68
47	南非	4.41
48	中国	4.28
49	爱沙尼亚	4.16

劳动力市场—人才可获得性 3.2.16

金融人才

2000

金融人才在贵国劳动市场上的获得

不容易 ——— 容易

排名		小时
1	美国	8.17
2	香港	8.10
3	荷兰	7.97
4	菲律宾	7.97
5	加拿大	7.95
6	澳大利亚	7.91
7	芬兰	7.87
8	新加坡	7.83
9	以色列	7.80
10	瑞士	7.79
11	冰岛	7.77
12	智利	7.75
13	丹麦	7.62
14	瑞典	7.60
15	比利时	7.51
16	爱尔兰	7.47
17	奥地利	7.38
18	印度	7.33
18	阿根廷	7.10
20	新西兰	6.90
21	土耳其	6.88
22	马来西亚	6.77
23	挪威	6.74
24	法国	6.73
25	英国	6.67
26	巴西	6.60
27	匈牙利	6.52
28	德国	6.51
29	卢森堡	6.47
30	韩国	6.37
31	台湾（地区）	6.11
32	斯洛伐克	6.09
33	爱沙尼亚	6.04
34	哥伦比亚	6.00
35	俄罗斯	6.00
36	西班牙	6.00
37	希腊	5.97
38	泰国	5.65
39	葡萄牙	5.44
40	日本	5.35
41	波兰	5.26
42	意大利	5.22
43	墨西哥	5.20
44	斯洛文尼亚	4.82
45	捷克	4.78
46	南非	4.77
47	印度尼西亚	4.70
48	委内瑞拉	4.58
49	中国	2.95

劳动力市场—人才可获得性 3.2.17

人才流失

2002

人才流失对贵国的竞争力

损害 ——— 不损害

排名		
1	美国	8.96
2	冰岛	8.19
3	奥地利	7.81
4	荷兰	7.63
5	芬兰	7.45
6	瑞士	7.43
7	智利	7.37
8	爱尔兰	7.33
9	挪威	7.32
10	台湾（地区）	7.08
11	卢森堡	6.98
12	新加坡	6.85
13	丹麦	6.73
14	香港	6.71
15	以色列	6.65
16	德国	6.42
17	西班牙	6.34
18	英国	6.22
18	比利时	6.09
20	捷克	6.06
21	日本	6.00
22	巴西	5.93
23	匈牙利	5.93
24	希腊	5.81
25	爱沙尼亚	5.65
26	马来西亚	5.63
27	瑞典	5.60
28	印度	5.53
29	葡萄牙	5.53
30	法国	5.51
31	澳大利亚	5.45
32	泰国	5.42
33	加拿大	5.23
34	意大利	5.14
35	土耳其	5.06
36	斯洛文尼亚	4.88
37	墨西哥	4.88
38	斯洛伐克	4.78
39	韩国	4.70
40	印度尼西亚	4.65
41	波兰	4.54
42	菲律宾	4.35
43	阿根廷	4.27
44	哥伦比亚	4.23
45	新西兰	4.00
46	中国	3.53
47	委内瑞拉	3.00
48	俄罗斯	2.32
49	南非	2.11

企业效率

劳动力市场—人才可获得性 3.2.18

外国高素质人才

2002

外国高素质人员被贵国企业环境所吸引

不吸引 — 吸引

排名		%
1	美国	9.32
2	卢森堡	8.47
3	新加坡	8.34
4	瑞士	7.95
5	香港	7.85
6	爱尔兰	7.82
7	加拿大	6.96
8	英国	6.94
9	荷兰	6.91
10	马来西亚	6.76
11	智利	6.75
12	澳大利亚	6.31
13	奥地利	6.08
14	西班牙	6.03
15	泰国	5.90
16	捷克	5.83
17	比利时	5.74
18	匈牙利	5.63
19	俄罗斯	5.47
20	台湾（地区）	5.42
21	爱沙尼亚	5.41
22	墨西哥	5.25
23	韩国	5.19
24	波兰	5.15
25	巴西	5.10
26	新西兰	4.94
27	法国	4.94
28	德国	4.88
29	冰岛	4.88
30	印度尼西亚	4.74
31	芬兰	4.57
32	菲律宾	4.51
33	中国	4.35
34	葡萄牙	4.33
35	意大利	4.25
36	丹麦	4.23
37	土耳其	4.16
38	挪威	4.13
39	斯洛伐克	4.03
40	以色列	3.95
41	希腊	3.94
42	斯洛文尼亚	3.80
43	日本	3.76
44	瑞典	3.70
45	印度	3.51
46	南非	3.15
47	哥伦比亚	3.14
48	阿根廷	2.87
49	委内瑞拉	1.84

劳动力市场—人才可获得性 3.2.19

国际经验

2002

高层管理者是否通常有丰富的国际经验

否 — 是

排名		
1	荷兰	7.50
2	香港	7.48
3	瑞典	7.38
4	瑞士	7.27
5	卢森堡	7.07
6	新加坡	6.64
7	爱尔兰	6.60
8	智利	6.57
9	比利时	6.38
10	菲律宾	6.35
11	芬兰	6.23
12	冰岛	5.86
13	巴西	5.85
14	匈牙利	5.78
15	马来西亚	5.77
16	加拿大	5.75
17	以色列	5.74
18	台湾（地区）	5.66
19	美国	5.43
20	德国	5.42
21	奥地利	5.38
22	丹麦	5.36
23	韩国	5.22
24	泰国	5.14
25	澳大利亚	5.12
26	土耳其	5.05
27	阿根廷	5.00
28	英国	5.00
29	墨西哥	4.89
30	哥伦比亚	4.84
31	爱沙尼亚	4.82
32	西班牙	4.71
33	希腊	4.67
34	委内瑞拉	4.63
35	法国	4.62
36	斯洛伐克	4.43
37	意大利	4.35
38	印度	4.33
39	挪威	4.29
40	捷克	4.17
41	南非	4.16
42	斯洛文尼亚	4.16
43	葡萄牙	4.14
44	新西兰	4.08
45	波兰	4.00
46	印度尼西亚	3.91
47	俄罗斯	3.66
48	日本	3.27
49	中国	3.01

称职的高层管理人员

2002

称职的高层管理人员是否在贵国劳动市场上易获得

否 S U A Y C Y 是

排名		
1	美国	8.43
2	智利	8.20
3	菲律宾	7.97
4	瑞典	7.63
5	巴西	7.52
6	荷兰	7.47
7	加拿大	7.46
8	香港	7.38
9	芬兰	7.25
10	冰岛	7.21
11	新加坡	7.19
12	爱尔兰	7.18
13	印度	7.17
14	哥伦比亚	7.14
15	奥地利	7.08
16	丹麦	7.05
17	法国	7.04
18	澳大利亚	7.01
18	阿根廷	6.98
20	比利时	6.90
21	马来西亚	6.85
22	以色列	6.70
23	瑞士	6.65
24	德国	6.51
25	土耳其	6.50
26	台湾（地区）	6.42
27	匈牙利	6.37
28	西班牙	6.36
29	挪威	6.21
30	英国	6.14
31	卢森堡	6.05
32	墨西哥	5.96
33	委内瑞拉	5.84
34	新西兰	5.76
35	意大利	5.71
36	希腊	5.65
37	葡萄牙	5.39
38	韩国	5.33
39	泰国	5.32
40	波兰	5.21
41	南非	5.11
42	俄罗斯	5.01
43	爱沙尼亚	4.98
44	捷克	4.92
45	斯洛伐克	4.78
46	日本	4.53
47	印度尼西亚	4.22
48	斯洛文尼亚	3.78
49	中国	3.59

企 业 效 率

金融—银行效率 3.3.01

银行部门的资产

2001

占GDP的比例

排名		%	
1	卢森堡	569.96	4
2	香港	284.12	1
3	爱尔兰	237.56	
4	台湾（地区）	216.95	
5	瑞士	211.66	1
6	马来西亚	192.82	
7	新加坡	180.83	
8	荷兰	170.03	
9	中国	166.20	
10	德国	165.87	
11	奥地利	159.78	
12	日本	152.27	1
13	比利时	139.39	
14	英国	138.70	
15	法国	131.23	
16	葡萄牙	129.35	
17	泰国	127.93	
18	西班牙	126.29	
19	韩国	115.75	1
20	智利	106.48	
21	以色列	100.29	1
22	意大利	97.85	
23	捷克	96.35	1
24	斯洛伐克	91.14	1
25	加拿大	90.27	1
26	新西兰	86.87	
27	美国	84.82	1
28	印度尼西亚	84.23	
29	澳大利亚	82.15	
30	芬兰	79.88	
31	匈牙利	79.66	1
32	斯洛文尼亚	77.46	
33	南非	76.44	1
34	丹麦	74.31	2
35	瑞典	72.47	1
36	菲律宾	72.40	1
37	挪威	69.62	1
38	印度	68.69	1
39	希腊	68.60	2
40	波兰	57.10	1
41	爱沙尼亚	56.97	
42	土耳其	55.79	1
43	巴西	55.26	1
44	冰岛	54.97	3
45	哥伦比亚	52.32	1
46	俄罗斯	36.49	
47	墨西哥	33.05	1
48	阿根廷	31.74	1
49	委内瑞拉	28.26	1

来源&注释：见附录1

附加的参考国家*

巴哈马	87.82	1
巴林	60.12	1
埃及	111.89	1
伊朗	39.13	1
科威特	100.91	1
尼日利亚	43.57	1
巴基斯坦	49.36	1
卡塔尔	65.63	1
阿拉伯联合酋长国	82.28	1

*附加的国家、地区和州是作为对列在世界竞争力年鉴中的49各国家的补充数据。这些经济既不列在也不包括在任何数据的集合中，但作为参考的补充值。

金融一银行效率 3.3.02

机构投资者的金融资产

2000

10亿美元

BACKGROUND INFORMATION

		十亿美元
1	美国	19,450.90
2	日本	5,039.80 [1]
3	英国	3,264.80 [1]
4	法国	1,731.70
5	德国	1,507.10
6	意大利	1,055.10
7	荷兰	781.00
8	加拿大	771.00
9	瑞士	553.10 [2]
10	智利	535.47
11	澳大利亚	476.60
12	瑞典	386.90
13	西班牙	350.20
14	韩国	296.50
15	比利时	239.10 [1]
16	泰国	173.63
17	丹麦	162.80 [1]
18	芬兰	93.50
19	奥地利	92.90
20	葡萄牙	51.40
21	挪威	49.30
22	墨西哥	46.90
23	希腊	31.50
24	卢森堡	22.50 [1]
25	捷克	9.40
26	波兰	9.20
27	冰岛	8.70
28	匈牙利	5.90
29	土耳其	3.80
30	斯洛伐克	1.39
31	斯洛文尼亚	0.80
32	爱沙尼亚	0.09
-	阿根廷	-
-	巴西	-
-	中国	-
-	哥伦比亚	-
-	香港	-
-	印度	-
-	印度尼西亚	-
-	爱尔兰	-
-	以色列	-
-	马来西亚	-
-	新西兰	-
-	菲律宾	-
-	俄罗斯	-
-	新加坡	-
-	南非	-
-	台湾（地区）	-
-	委内瑞拉	-

来源&注释：见附录1

金融一银行效率 3.3.03

信贷

2002

从银行流入企业

不容易 SURVEY 很容易

排名		
1	芬兰	8.65
2	美国	8.63
3	澳大利亚	7.96
4	香港	7.91
5	荷兰	7.91
6	丹麦	7.82
7	新加坡	7.70
8	瑞典	7.57
9	卢森堡	7.49
10	爱尔兰	7.43
11	挪威	7.39
12	以色列	7.32
13	爱沙尼亚	7.29
14	智利	7.25
15	奥地利	7.23
16	新西兰	7.20
17	冰岛	7.16
18	加拿大	7.00
18	英国	6.86
20	瑞士	6.68
21	西班牙	6.59
22	马来西亚	6.48
23	南非	6.47
24	葡萄牙	6.33
25	法国	6.30
26	比利时	6.26
27	德国	6.26
28	斯洛文尼亚	6.18
29	希腊	6.06
30	台湾（地区）	6.03
31	印度	5.94
32	韩国	5.64
33	意大利	5.01
34	菲律宾	4.83
35	巴西	4.55
36	匈牙利	4.52
37	委内瑞拉	4.16
38	泰国	3.85
39	哥伦比亚	3.82
40	日本	3.80
41	俄罗斯	3.60
42	波兰	3.39
43	斯洛伐克	3.32
44	捷克	3.28
45	中国	3.06
46	土耳其	2.84
47	印度尼西亚	2.74
48	墨西哥	2.73
49	阿根廷	1.30

企 业 效 率

金融一银行效率 3.3.04

发行的信用卡数目

2000

每人

排名		人均
1	冰岛	1.909
2	英国	1.899
3	美国	1.745 [2]
4	台湾（地区）	1.455
5	卢森堡	1.336
6	荷兰	1.314
7	德国	1.261
8	西班牙	1.181
9	瑞士	1.175
10	比利时	1.113
11	香港	1.073
12	加拿大	1.047 [2]
13	葡萄牙	1.025
14	挪威	0.953
15	爱尔兰	0.723
16	日本	0.693 [2]
17	斯洛文尼亚	0.687
18	瑞典	0.684
19	奥地利	0.684
20	韩国	0.665 [2]
21	希腊	0.644
22	澳大利亚	0.642 [1]
23	法国	0.629
24	新加坡	0.613
25	土耳其	0.574
26	以色列	0.572
27	新西兰	0.540 [2]
28	意大利	0.474
29	丹麦	0.384
30	芬兰	0.305
31	匈牙利	0.286
32	阿根廷	0.229 [2]
33	捷克	0.206
34	斯洛伐克	0.179
35	智利	0.170 [2]
36	波兰	0.130
37	马来西亚	0.121
38	委内瑞拉	0.102 [2]
39	巴西	0.100 [2]
40	墨西哥	0.074 [2]
41	哥伦比亚	0.061 [2]
42	南非	0.036 [2]
43	爱沙尼亚	0.032
44	菲律宾	0.026 [1]
45	泰国	0.022 [2]
46	中国	0.020
47	印度尼西亚	0.016 [1]
48	俄罗斯	0.014
49	印度	0.004 [1]

来源&注释：见附录1

金融一银行效率 3.3.05

信用卡交易

2000

每人，美元

BACKGROUND INFORMATION

排名		美元
1	新加坡	1,523,260
2	香港	984,858
3	台湾（地区）	949,860
4	菲律宾	432,939
5	冰岛	228,397
6	马来西亚	186,069
7	巴西	162,068
8	南非	153,869
9	挪威	90,035
10	荷兰	74,715
11	法国	66,114
12	瑞典	51,615
13	卢森堡	51,270
14	比利时	50,106
15	英国	48,394
16	葡萄牙	45,987
17	德国	44,164
18	丹麦	41,658
19	西班牙	39,465
20	瑞士	32,823
21	爱尔兰	31,024
22	以色列	30,395
23	奥地利	26,091
24	芬兰	21,283
25	爱沙尼亚	15,581
26	意大利	12,405
27	土耳其	10,822
28	希腊	8,766
29	匈牙利	6,524
30	斯洛伐克	5,909
31	斯洛文尼亚	5,631
32	捷克	4,164
33	波兰	2,821
34	加拿大	2,406
35	俄罗斯	146
36	智利	107
37	委内瑞拉	58
-	阿根廷	-
-	澳大利亚	-
-	中国	-
-	哥伦比亚	-
-	印度	-
-	印度尼西亚	-
-	日本	-
-	韩国	-
-	墨西哥	-
-	新西兰	-
-	泰国	-
-	美国	-

来源&注释：见附录1

金融—银行效率 3.3.06

风险资本

2002

企业发展的容易获得

不容易 —— 容易

排名	国家/地区	得分
1	美国	8.21
2	芬兰	7.71
3	荷兰	7.38
4	以色列	6.97
5	爱尔兰	6.67
6	瑞典	6.67
7	英国	6.58
8	香港	6.51
9	台湾（地区）	6.47
10	新加坡	6.43
11	加拿大	6.42
12	丹麦	6.13
13	德国	5.88
14	韩国	5.67
15	澳大利亚	5.64
16	卢森堡	5.58
17	法国	5.33
18	马来西亚	5.30
18	比利时	5.29
20	挪威	5.24
21	奥地利	5.08
22	西班牙	4.89
23	瑞士	4.84
24	爱沙尼亚	4.82
25	南非	4.63
26	希腊	4.63
27	新西兰	4.61
28	葡萄牙	4.58
29	泰国	4.35
30	冰岛	4.33
31	印度	4.12
32	意大利	4.10
33	智利	4.04
34	斯洛文尼亚	3.66
35	匈牙利	3.48
36	巴西	3.45
37	波兰	3.42
38	菲律宾	3.23
39	日本	3.20
40	捷克	3.17
41	斯洛伐克	3.07
42	俄罗斯	2.99
43	中国	2.99
44	哥伦比亚	2.86
45	印度尼西亚	2.65
46	墨西哥	2.36
47	委内瑞拉	2.00
48	土耳其	1.97
49	阿根廷	1.23

金融—银行效率 3.3.07

银行服务

2002

银行服务在贵国的广泛发展

不广泛 —— 广泛

排名	国家/地区	得分
1	芬兰	9.56
2	瑞士	9.43
3	美国	9.41
4	卢森堡	9.30
5	爱沙尼亚	9.22
6	加拿大	9.17
7	澳大利亚	9.09
8	香港	9.02
9	奥地利	9.00
10	以色列	8.90
11	丹麦	8.87
12	新西兰	8.86
13	瑞典	8.77
14	荷兰	8.75
15	比利时	8.70
16	智利	8.68
17	英国	8.67
18	挪威	8.66
18	南非	8.44
20	新加坡	8.43
21	德国	8.33
22	巴西	8.24
23	冰岛	8.09
24	爱尔兰	8.07
25	西班牙	8.03
26	葡萄牙	7.92
27	马来西亚	7.83
28	法国	7.68
29	斯洛伐克	7.25
30	菲律宾	7.17
31	印度	7.17
32	匈牙利	7.11
33	希腊	7.03
34	泰国	6.76
35	台湾（地区）	6.68
36	委内瑞拉	6.68
37	波兰	6.38
38	土耳其	6.28
39	哥伦比亚	6.18
40	日本	5.94
41	捷克	5.89
42	韩国	5.85
43	墨西哥	5.64
44	意大利	5.51
45	印度尼西亚	5.30
46	中国	5.07
47	斯洛文尼亚	5.02
48	阿根廷	4.38
49	俄罗斯	4.18

企业效率

金融—银行效率 3.3.08

零售银行业

1999

人口/银行官员的人数

BACKGROUND INFORMATION

排名		人均
1	马来西亚	314
2	比利时	698
3	卢森堡	717
4	西班牙	1,003
5	冰岛	1,408
6	奥地利	1,456
7	德国	1,876
8	葡萄牙	2,093
9	法国	2,167
10	瑞士	2,181
11	荷兰	2,257
12	爱尔兰	2,298
13	丹麦	2,319
14	意大利	2,351
15	挪威	2,667
16	芬兰	3,191
17	澳大利亚	3,529
18	瑞典	3,938
19	台湾（地区）	3,994
20	爱沙尼亚	4,884
21	捷克	4,945
22	希腊	5,080
23	匈牙利	8,198
24	土耳其	8,559
25	波兰	9,346
26	日本	9,406
27	韩国	9,430
28	菲律宾	10,059
29	巴西	10,235
30	中国	11,000
31	智利	11,466
32	美国	11,925
33	墨西哥	14,086
34	印度	15,116
35	香港	23,290
36	新加坡	27,820
37	俄罗斯	59,100
-	阿根廷	-
-	加拿大	-
-	哥伦比亚	-
-	印度尼西亚	-
-	以色列	-
-	新西兰	-
-	斯洛伐克	-
-	斯洛文尼亚	-
-	南非	-
-	泰国	-
-	英国	-
-	委内瑞拉	-

来源&注释：见附录1

金融—银行效率 3.3.09

银行业规定

2002

银行业规定有没有阻碍贵国竞争力

有阻碍 SURVEY 无阻碍

排名		美元
1	芬兰	9.22
2	卢森堡	8.84
3	丹麦	8.82
4	瑞士	8.65
5	美国	8.56
6	新西兰	8.51
7	香港	8.48
8	奥地利	8.46
9	瑞典	8.43
10	爱沙尼亚	8.31
11	荷兰	8.22
12	冰岛	8.14
13	新加坡	7.96
14	爱尔兰	7.93
15	加拿大	7.83
16	挪威	7.79
17	智利	7.76
18	比利时	7.69
19	澳大利亚	7.64
20	英国	7.63
21	西班牙	7.48
22	南非	7.47
23	德国	7.40
24	匈牙利	7.33
25	以色列	7.33
26	葡萄牙	7.18
27	巴西	6.94
28	法国	6.85
29	马来西亚	6.85
30	菲律宾	6.41
31	斯洛伐克	6.29
32	捷克	6.25
33	希腊	6.22
34	中国	6.20
35	哥伦比亚	5.91
36	印度	5.82
37	台湾（地区）	5.71
38	泰国	5.67
39	委内瑞拉	5.63
40	意大利	5.34
41	韩国	5.31
42	斯洛文尼亚	5.08
43	土耳其	5.03
44	墨西哥	5.02
45	俄罗斯	4.87
46	日本	4.83
47	印度尼西亚	4.65
48	波兰	4.09
49	阿根廷	2.98

股票市场

2002

股票市场为公司提供的资金

不充足 S U A Y C Y 充足

排名		
1	美国	8.74
2	香港	8.14
3	瑞典	8.07
4	芬兰	7.97
5	荷兰	7.97
6	加拿大	7.75
7	澳大利亚	7.71
8	瑞士	7.69
9	德国	7.46
10	英国	7.31
11	新加坡	7.28
12	法国	7.18
13	台湾（地区）	7.03
14	丹麦	6.94
15	南非	6.92
16	马来西亚	6.51
17	西班牙	6.25
18	新西兰	6.24
18	挪威	6.13
20	韩国	6.11
21	卢森堡	6.09
22	爱尔兰	6.04
23	以色列	5.85
24	希腊	5.72
25	比利时	5.57
26	智利	5.41
27	印度	5.34
28	泰国	5.16
29	中国	5.05
30	冰岛	5.02
31	日本	4.96
32	奥地利	4.77
33	意大利	4.39
34	葡萄牙	4.25
35	菲律宾	4.22
36	爱沙尼亚	4.20
37	波兰	3.97
38	土耳其	3.94
39	印度尼西亚	3.91
40	墨西哥	3.73
41	匈牙利	3.63
42	巴西	3.59
43	斯洛文尼亚	3.52
44	俄罗斯	3.15
45	哥伦比亚	2.18
46	捷克	2.17
47	阿根廷	2.06
48	斯洛伐克	2.03
49	委内瑞拉	1.89

金融一股票市场效率 3.3.11

股票市场筹资额

2000

10亿美元

排名		十亿美元
1	美国	15,104.0
2	日本	3,157.2
3	英国	2,577.0
4	法国	1,446.6
5	德国	1,270.2
6	加拿大	841.4
7	瑞士	792.3
8	意大利	768.4
9	荷兰	640.5
10	香港	623.7
11	中国	581.0
12	西班牙	504.2
13	澳大利亚	372.8
14	瑞典	328.3
15	芬兰	293.6
16	台湾（地区）	247.6
17	巴西	226.2
18	南非	205.0
19	比利时	182.5
20	韩国	171.6
21	阿根廷	166.1
22	墨西哥	153.0
23	新加坡	152.8
24	印度	148.1
25	马来西亚	116.9
26	希腊	110.8
27	丹麦	107.7
28	爱尔兰	81.9
29	土耳其	69.7
30	挪威	65.0
31	以色列	64.1
32	葡萄牙	60.7
33	智利	60.4
34	菲律宾	51.6
35	俄罗斯	38.9
36	卢森堡	34.0
37	波兰	31.3
38	奥地利	29.9
39	泰国	29.5
40	印度尼西亚	26.8
41	新西兰	18.6
42	匈牙利	12.0
43	捷克	11.0
44	哥伦比亚	9.6
45	委内瑞拉	8.1
46	冰岛	5.0
47	斯洛文尼亚	3.6
48	爱沙尼亚	1.8
49	斯洛伐克	0.7

来源&注释：见附录1

附加的参考国家*

国家	
巴哈马	-
巴林	6.6
埃及	28.7
伊朗	34.0
科威特	20.8
尼日利亚	4.2
巴基斯坦	6.6
卡塔尔	5.2
阿拉伯联合酋长国	23.3

*附加的国家、地区和州是作为对列在世界竞争力年鉴中的49各国家的补充数据。这些经济既不列在也不包括在任何数据的集合中，但作为参考的补充值。

金融—股票市场效率 3.3.12

股票市场交易额

2000

人均美元

排名		美元
1	美国	112,497
2	瑞士	84,956
3	香港	56,652
4	台湾（地区）	44,148
5	瑞典	43,972
6	荷兰	42,699
7	芬兰	39,892
8	英国	30,845
9	西班牙	24,977
10	新加坡	22,770
11	韩国	22,712
12	日本	21,224
13	加拿大	20,641
14	法国	18,395
15	丹麦	17,146
16	意大利	13,479
17	挪威	13,391
18	德国	13,035
19	澳大利亚	11,812
20	希腊	9,216
21	冰岛	8,190
22	葡萄牙	5,432
23	爱尔兰	3,808
24	以色列	3,720
25	比利时	3,709
26	新西兰	2,816
27	卢森堡	2,739
28	土耳其	2,724
29	马来西亚	2,516
30	南非	1,762
31	匈牙利	1,210
32	奥地利	1,157
33	捷克	641
34	巴西	596
35	中国	566
36	印度	507
37	墨西哥	458
38	智利	400
39	波兰	379
40	泰国	371
41	爱沙尼亚	238
42	斯洛文尼亚	234
43	斯洛伐克	166
44	阿根廷	161
45	俄罗斯	140
46	菲律宾	107
47	印度尼西亚	68
48	委内瑞拉	28
49	哥伦比亚	9

来源&注释：见附录1

附加的参考国家*

国家	美元
巴哈马	-
巴林	358
埃及	174
伊朗	79
科威特	1,922
尼日利亚	2
巴基斯坦	240
卡塔尔	419
阿拉伯联合酋长国	38

*附加的国家、地区和州是作为对列在世界竞争力年鉴中的49各国家的补充数据。这些经济既不列在也不包括在任何数据的集合中，但作为参考的补充值。

企 业 效 率

金融—股票市场效率 3.3.13

国内上市公司

2000

国内上市公司数目

排名		数目
1	美国	7,524
2	印度	5,937
3	加拿大	3,977
4	日本	2,561
5	英国	1,904
6	澳大利亚	1,330
7	韩国	1,308
8	中国	1,086
9	德国	1,022
10	西班牙	1,019
11	斯洛伐克	838
12	法国	808
13	马来西亚	795
14	香港	779
15	以色列	654
16	南非	616
17	台湾（地区）	531
18	巴西	459
19	新加坡	418
20	泰国	381
21	希腊	329
22	土耳其	315
23	瑞典	292
24	意大利	291
25	印度尼西亚	290
26	智利	258
27	瑞士	252
28	俄罗斯	249
29	荷兰	234
30	菲律宾	230
31	丹麦	225
32	波兰	225
33	挪威	191
34	墨西哥	179
35	比利时	174
36	芬兰	154
37	新西兰	144
38	捷克	131
39	阿根廷	127
40	哥伦比亚	126
41	葡萄牙	109
42	奥地利	97
43	委内瑞拉	85
44	爱尔兰	76
45	冰岛	65
46	匈牙利	60
47	卢森堡	54
48	斯洛文尼亚	38
49	爱沙尼亚	23

来源&注释：见附录1

附加的参考国家*

巴哈马	-
巴林	42
埃及	1,076
伊朗	304
科威特	77
尼日利亚	195
巴基斯坦	762
卡塔尔	22
阿拉伯联合酋长国	54

*附加的国家、地区和州是作为对列在世界竞争力年鉴中的49各国家的补充数据。这些经济既不列在也不包括在任何数据的集合中，但作为参考的补充值。

政府效率

金融—股票市场效率 3.3.14

股票市场指数

2001

指数的变化

排名		%
1	俄罗斯	102.90
2	韩国	44.20
3	斯洛伐克	31.41
4	墨西哥	21.20
5	斯洛文尼亚	19.00
6	台湾（地区）	17.14
7	泰国	16.80
8	爱尔兰	14.10
9	爱沙尼亚	4.67
10	马来西亚	2.40
11	澳大利亚	0.10
12	奥地利	-1.70
13	匈牙利	-2.80
14	美国	-6.40
15	智利	-6.50
16	波兰	-8.00
17	卢森堡	-8.30
18	以色列	-8.70
18	新西兰	-9.10
20	芬兰	-10.60
21	委内瑞拉	-11.40
22	捷克	-12.40
23	印度尼西亚	-12.70
24	菲律宾	-13.61
25	西班牙	-14.20
26	南非	-14.40
27	挪威	-14.61
28	新加坡	-15.70
29	比利时	-16.20
30	印度	-17.20
31	加拿大	-18.10
32	葡萄牙	-19.00
33	英国	-19.00
34	日本	-19.59
35	丹麦	-19.80
36	德国	-22.20
37	希腊	-23.50
38	瑞士	-23.80
39	香港	-24.00
40	瑞典	-24.50
41	阿根廷	-25.00
42	法国	-25.10
43	中国	-25.80
44	荷兰	-25.90
45	巴西	-26.00
46	意大利	-28.50
47	冰岛	-29.00
48	土耳其	-29.00
49	哥伦比亚	-44.90

来源&注释：见附录1

金融—银行效率 3.3.15

股东权利和义务

2002

股东权利和义务

不明确 明确

排名		
1	芬兰	8.65
2	美国	8.53
3	瑞典	8.33
4	加拿大	8.30
5	丹麦	8.28
6	澳大利亚	8.27
7	智利	8.12
8	荷兰	7.87
9	新加坡	7.83
10	挪威	7.76
11	英国	7.75
12	爱尔兰	7.54
13	德国	7.35
14	南非	7.19
15	奥地利	7.18
16	卢森堡	7.12
17	瑞士	7.01
18	爱沙尼亚	6.98
18	冰岛	6.98
20	香港	6.98
21	比利时	6.93
22	以色列	6.92
23	新西兰	6.82
24	葡萄牙	6.58
25	马来西亚	6.56
26	匈牙利	6.44
27	巴西	6.39
28	法国	6.32
29	台湾（地区）	6.24
30	西班牙	6.15
31	希腊	5.81
32	菲律宾	5.71
33	波兰	5.60
34	土耳其	5.52
35	斯洛伐克	5.50
36	泰国	5.49
37	墨西哥	5.49
38	印度	5.48
39	斯洛文尼亚	5.43
40	韩国	5.38
41	捷克	5.33
42	意大利	5.11
43	哥伦比亚	5.09
44	阿根廷	5.04
45	印度尼西亚	4.83
46	中国	4.79
47	委内瑞拉	4.74
48	俄罗斯	4.22
49	日本	4.09

企业效率

金融—银行效率 3.3.16

金融机构透明度

2002

金融机构透明度在贵国高度发达

不普遍 ←→ 普遍

排名	国家/地区	分值
1	芬兰	8.34
2	智利	8.24
3	加拿大	8.12
4	美国	8.06
5	丹麦	7.92
6	新西兰	7.80
7	澳大利亚	7.80
8	荷兰	7.66
9	香港	7.57
10	新加坡	7.53
11	瑞典	7.50
12	卢森堡	7.35
13	奥地利	7.27
14	德国	7.22
15	挪威	7.13
16	瑞士	7.01
17	英国	6.89
18	以色列	6.87
19	爱沙尼亚	6.82
20	爱尔兰	6.77
21	南非	6.68
22	冰岛	6.56
23	葡萄牙	6.47
24	比利时	6.37
25	法国	6.10
26	匈牙利	5.93
27	哥伦比亚	5.91
28	马来西亚	5.89
29	西班牙	5.85
30	巴西	5.83
31	台湾（地区）	5.58
32	泰国	5.52
33	希腊	5.46
34	委内瑞拉	5.37
35	斯洛文尼亚	5.06
36	韩国	5.05
37	意大利	5.01
38	墨西哥	4.87
39	斯洛伐克	4.75
40	菲律宾	4.73
41	捷克	4.50
42	印度	4.29
43	波兰	3.94
44	土耳其	3.81
45	中国	3.60
46	印度尼西亚	3.48
47	日本	3.44
48	俄罗斯	3.31
49	阿根廷	3.15

金融—银行效率 3.3.17

内幕交易

2002

内幕交易在股票市场

普遍 ←→ 不普遍

排名	国家/地区	分值
1	丹麦	8.18
2	芬兰	7.95
3	荷兰	7.75
4	新加坡	7.74
5	卢森堡	7.67
6	澳大利亚	7.64
7	爱尔兰	7.12
8	英国	7.00
9	德国	6.92
10	瑞士	6.91
11	美国	6.69
12	加拿大	6.68
13	新西兰	6.63
14	比利时	6.58
15	香港	6.47
16	瑞典	6.43
17	奥地利	6.42
18	日本	6.36
19	以色列	6.36
20	爱沙尼亚	5.92
21	智利	5.83
22	马来西亚	5.58
23	法国	5.55
24	葡萄牙	5.39
25	巴西	5.37
26	南非	5.22
27	西班牙	5.22
28	意大利	5.18
29	匈牙利	5.11
30	捷克	5.03
31	台湾（地区）	5.03
32	斯洛伐克	4.95
33	冰岛	4.93
34	挪威	4.92
35	俄罗斯	4.82
36	韩国	4.69
37	希腊	4.55
38	墨西哥	4.46
39	泰国	4.46
40	斯洛文尼亚	4.46
41	哥伦比亚	4.28
42	委内瑞拉	4.05
43	中国	4.03
44	波兰	4.00
45	印度	3.73
46	土耳其	3.59
47	阿根廷	3.50
48	菲律宾	3.39
49	印度尼西亚	3.11

政府效率

金融—自筹经费 3.3.18

现金流

2002

现金流是否通常足以允许公司自筹经费

否 是

排名		
1	芬兰	7.40
2	美国	7.29
3	荷兰	7.28
4	新加坡	7.11
5	瑞士	7.04
6	卢森堡	6.81
7	香港	6.78
8	瑞典	6.53
9	爱尔兰	6.49
10	加拿大	6.48
11	丹麦	6.41
12	澳大利亚	6.27
13	英国	6.19
14	德国	6.12
15	奥地利	6.12
16	新西兰	5.88
17	马来西亚	5.86
18	比利时	5.86
18	以色列	5.74
20	台湾（地区）	5.71
21	智利	5.64
22	法国	5.44
23	挪威	5.32
24	西班牙	5.31
25	南非	5.31
26	冰岛	5.30
27	意大利	5.00
28	韩国	4.76
29	希腊	4.76
30	匈牙利	4.74
31	爱沙尼亚	4.71
32	波兰	4.68
33	日本	4.56
34	泰国	4.41
35	巴西	4.27
36	葡萄牙	4.11
37	印度	4.08
38	捷克	4.06
39	墨西哥	3.98
40	斯洛文尼亚	3.90
41	中国	3.90
42	菲律宾	3.84
43	俄罗斯	3.64
44	哥伦比亚	3.55
45	印度尼西亚	3.48
46	斯洛伐克	3.48
47	委内瑞拉	3.05
48	土耳其	2.75
49	阿根廷	2.35

金融—自筹经费 3.3.19

国际保理业务

2001

占商品出口的比重

排名		%
1	冰岛	6.042 [1]
2	爱沙尼亚	5.365
3	丹麦	3.561
4	土耳其	3.171
5	英国	2.488
6	荷兰	2.193
7	意大利	1.907
8	希腊	1.818 [1]
9	以色列	1.458
10	台湾（地区）	1.450
11	葡萄牙	1.327
12	法国	1.127
13	德国	1.021
14	智利	0.815
15	斯洛伐克	0.781 [1]
16	波兰	0.761
17	比利时	0.751
18	捷克	0.728
18	挪威	0.700
20	奥地利	0.660
21	西班牙	0.568
22	美国	0.493
23	芬兰	0.469
24	加拿大	0.446
25	匈牙利	0.434
26	香港	0.425
27	瑞士	0.362
28	新加坡	0.281
29	南非	0.246
30	斯洛文尼亚	0.192
31	日本	0.181
32	澳大利亚	0.156
33	瑞典	0.120
34	墨西哥	0.114
35	爱尔兰	0.108
36	印度	0.082
37	阿根廷	0.056
38	韩国	0.039
39	泰国	0.036
40	巴西	0.031
41	中国	0.031
42	马来西亚	0.024
43	哥伦比亚	0.000 [2]
44	新西兰	0.000 [1]
45	菲律宾	0.000 [2]
46	印度尼西亚	0.000
47	卢森堡	-
48	俄罗斯	-
49	委内瑞拉	-

来源&注释：见附录1

企 业 效 率

管理实践 3.4.01

适应性

2002

贵国公司适应市场变化的能力

弱 SURVEY 强

排名		
1	美国	8.25
2	芬兰	7.82
3	瑞典	7.57
4	台湾（地区）	7.45
5	丹麦	7.41
6	荷兰	7.41
7	以色列	7.38
8	卢森堡	7.35
9	爱尔兰	7.32
10	香港	7.29
11	智利	7.22
12	巴西	7.20
13	新加坡	7.17
14	奥地利	7.15
15	新西兰	6.92
16	澳大利亚	6.90
17	冰岛	6.88
18	瑞士	6.88
19	加拿大	6.74
20	匈牙利	6.74
21	土耳其	6.47
22	马来西亚	6.42
23	比利时	6.20
24	意大利	6.15
25	英国	6.15
26	爱沙尼亚	6.08
27	南非	5.89
28	哥伦比亚	5.82
29	菲律宾	5.71
30	挪威	5.71
31	德国	5.62
32	泰国	5.49
33	斯洛文尼亚	5.49
34	西班牙	5.48
35	捷克	5.44
36	韩国	5.31
37	法国	5.30
38	阿根廷	5.24
39	墨西哥	5.04
40	希腊	4.91
41	俄罗斯	4.77
42	委内瑞拉	4.74
43	葡萄牙	4.54
44	斯洛伐克	4.43
45	日本	4.42
46	印度	4.37
47	中国	3.78
48	印度尼西亚	3.70
49	波兰	3.27

管理实践 3.4.02

伦理实践

2002

伦理实践在公司中采用

不采用 SURVEY 采用

排名		
1	芬兰	8.26
2	荷兰	7.94
3	瑞典	7.83
4	丹麦	7.82
5	加拿大	7.80
6	澳大利亚	7.78
7	新西兰	7.76
8	新加坡	7.74
9	美国	7.57
10	奥地利	7.54
11	瑞士	7.35
12	智利	7.29
13	德国	7.21
14	挪威	7.18
15	卢森堡	7.12
16	爱尔兰	7.05
17	英国	6.92
18	冰岛	6.51
19	以色列	6.50
20	比利时	6.31
21	南非	6.27
22	香港	6.24
23	台湾（地区）	6.16
24	马来西亚	6.06
25	法国	6.00
26	哥伦比亚	5.82
27	巴西	5.76
28	日本	5.65
29	韩国	5.53
30	菲律宾	5.46
31	西班牙	5.39
32	希腊	5.13
33	斯洛文尼亚	5.08
34	中国	5.07
35	葡萄牙	5.07
36	爱沙尼亚	5.06
37	泰国	5.01
38	匈牙利	4.92
39	墨西哥	4.92
40	土耳其	4.91
41	委内瑞拉	4.84
42	意大利	4.65
43	捷克	4.53
44	俄罗斯	4.34
45	斯洛伐克	4.23
46	印度	4.19
47	波兰	3.76
48	阿根廷	3.26
49	印度尼西亚	3.11

企 业 效 率

管理实践 3.4.03

管理人员的信誉

2002

管理人员在经济中可信性被认可

不广泛 S U A Y C Y 广泛

排名		
1	芬兰	8.05
2	智利	7.92
3	新加坡	7.74
4	丹麦	7.64
5	奥地利	7.54
6	卢森堡	7.49
7	荷兰	7.47
8	美国	7.28
9	加拿大	7.17
10	冰岛	7.16
11	瑞典	7.05
12	香港	6.81
13	爱尔兰	6.81
14	比利时	6.73
15	台湾（地区）	6.63
16	哥伦比亚	6.59
17	菲律宾	6.58
18	以色列	6.56
18	德国	6.53
20	挪威	6.53
21	马来西亚	6.42
22	巴西	6.22
23	南非	6.19
24	澳大利亚	6.18
25	瑞士	6.16
26	新西兰	5.96
27	英国	5.82
28	日本	5.76
29	西班牙	5.70
30	希腊	5.66
31	法国	5.65
32	爱沙尼亚	5.57
33	土耳其	5.56
34	泰国	5.46
35	印度	5.45
36	墨西哥	5.43
37	意大利	5.42
38	葡萄牙	5.39
39	委内瑞拉	5.32
40	韩国	5.24
41	斯洛文尼亚	5.16
42	匈牙利	5.11
43	俄罗斯	4.95
44	中国	4.70
45	阿根廷	4.49
46	斯洛伐克	4.44
47	捷克	4.40
48	印度尼西亚	3.87
49	波兰	3.74

管理实践 3.4.04

公司董事会

2002

公司董事会确实是否合适地监督了公司的管理

否 S U A Y C Y 是

排名		
1	芬兰	7.45
2	智利	7.45
3	新加坡	7.15
4	卢森堡	7.07
5	丹麦	7.05
6	荷兰	7.03
7	美国	6.60
8	瑞典	6.59
9	加拿大	6.46
10	奥地利	6.38
11	香港	6.33
12	爱尔兰	6.25
13	新西兰	6.24
14	台湾（地区）	6.18
15	澳大利亚	6.15
16	爱沙尼亚	6.00
17	以色列	6.00
18	马来西亚	5.97
18	英国	5.94
20	哥伦比亚	5.81
21	冰岛	5.76
22	挪威	5.74
23	南非	5.70
24	比利时	5.63
25	巴西	5.61
26	德国	5.60
27	葡萄牙	5.60
28	西班牙	5.60
29	菲律宾	5.37
30	俄罗斯	5.25
31	瑞士	5.25
32	法国	5.23
33	泰国	5.19
34	中国	5.19
35	墨西哥	5.19
36	希腊	5.09
37	土耳其	5.06
38	意大利	5.02
39	斯洛文尼亚	4.97
40	委内瑞拉	4.79
41	韩国	4.76
42	斯洛伐克	4.72
43	捷克	4.56
44	匈牙利	4.52
45	日本	4.44
46	印度	4.43
47	印度尼西亚	4.39
48	阿根廷	4.19
49	波兰	4.00

企 业 效 率

股东价值

管理实践 3.4.05

2002

是否有效地管理股东价值

否 ← → 是

排名	国家/地区	值
1	芬兰	7.64
2	美国	7.44
3	智利	7.25
4	荷兰	7.25
5	瑞典	7.11
6	新加坡	7.02
7	加拿大	6.78
8	英国	6.72
9	卢森堡	6.71
10	爱尔兰	6.70
11	澳大利亚	6.62
12	丹麦	6.54
13	香港	6.33
14	南非	6.30
15	瑞士	6.29
16	斯洛文尼亚	6.18
17	奥地利	6.15
18	德国	5.98
19	爱沙尼亚	5.96
20	台湾（地区）	5.82
21	马来西亚	5.75
22	比利时	5.68
23	挪威	5.68
24	冰岛	5.67
25	新西兰	5.65
26	西班牙	5.61
27	巴西	5.54
28	以色列	5.38
29	墨西哥	5.24
30	法国	5.16
31	菲律宾	5.05
32	泰国	5.04
33	哥伦比亚	4.98
34	希腊	4.97
35	匈牙利	4.96
36	中国	4.85
37	葡萄牙	4.82
38	意大利	4.73
39	韩国	4.62
40	土耳其	4.38
41	俄罗斯	4.30
42	阿根廷	4.29
43	斯洛伐克	4.09
44	波兰	4.09
45	印度	4.06
46	委内瑞拉	4.00
47	捷克	3.97
48	印度尼西亚	3.91
49	日本	3.55

消费者满意度

管理实践 3.4.06

2002

贵国重视消费者满意度

不重视 ← → 重视

排名	国家/地区	值
1	美国	8.17
2	芬兰	7.92
3	加拿大	7.83
4	丹麦	7.72
5	奥地利	7.69
6	新加坡	7.57
7	瑞典	7.48
8	荷兰	7.44
9	日本	7.40
10	韩国	7.31
11	台湾（地区）	7.28
12	澳大利亚	7.27
13	瑞士	7.19
14	斯洛文尼亚	7.18
15	冰岛	7.12
16	新西兰	7.10
17	爱尔兰	6.84
18	卢森堡	6.84
19	香港	6.81
20	巴西	6.75
21	泰国	6.73
22	爱沙尼亚	6.59
23	英国	6.58
24	马来西亚	6.54
25	智利	6.51
26	挪威	6.42
27	比利时	6.23
28	西班牙	6.03
29	菲律宾	5.97
30	希腊	5.81
31	哥伦比亚	5.77
32	法国	5.73
33	墨西哥	5.71
34	以色列	5.70
35	土耳其	5.69
36	德国	5.67
37	捷克	5.67
38	南非	5.42
39	中国	5.41
40	葡萄牙	5.25
41	意大利	5.19
42	俄罗斯	5.17
43	匈牙利	5.11
44	斯洛伐克	4.84
45	印度	4.64
46	印度尼西亚	4.52
47	委内瑞拉	4.26
48	波兰	4.00
49	阿根廷	3.94

管理实践 3.4.07

企业家精神

2002

贵国企业家精神

不普遍 S U A Y C Y 很普遍

排名		
1	美国	9.11
2	香港	8.42
3	以色列	7.90
4	加拿大	7.83
5	意大利	7.69
6	冰岛	7.58
7	台湾（地区）	7.53
8	荷兰	7.44
9	马来西亚	7.21
10	爱沙尼亚	7.18
11	巴西	7.13
12	新西兰	7.10
13	土耳其	7.03
14	澳大利亚	6.90
15	斯洛文尼亚	6.80
16	菲律宾	6.79
17	爱尔兰	6.77
18	智利	6.76
18	瑞士	6.75
20	匈牙利	6.74
21	印度	6.66
22	希腊	6.63
23	韩国	6.51
24	俄罗斯	6.50
25	英国	6.47
26	捷克	6.44
27	泰国	6.43
28	斯洛伐克	6.32
29	奥地利	6.23
30	瑞典	6.13
31	比利时	6.11
32	芬兰	6.11
33	哥伦比亚	6.00
34	南非	5.84
35	新加坡	5.83
36	印度尼西亚	5.74
37	挪威	5.73
38	卢森堡	5.72
39	丹麦	5.56
40	西班牙	5.24
41	德国	5.16
42	法国	5.06
43	墨西哥	4.97
44	葡萄牙	4.89
45	委内瑞拉	4.68
46	阿根廷	4.66
47	中国	4.61
48	波兰	4.12
49	日本	3.80

管理实践 3.4.08

公司的设立

2002

贵国设立公司

不普遍 S U A Y C Y 很普遍

排名		
1	美国	9.30
2	香港	8.65
3	以色列	8.21
4	加拿大	8.11
5	冰岛	8.05
6	台湾（地区）	7.97
7	巴西	7.95
8	意大利	7.79
9	匈牙利	7.78
10	澳大利亚	7.67
11	新西兰	7.67
12	土耳其	7.63
13	马来西亚	7.58
14	荷兰	7.56
15	爱沙尼亚	7.49
16	爱尔兰	7.26
17	斯洛伐克	7.10
18	智利	7.10
18	英国	7.00
20	印度	6.94
21	俄罗斯	6.93
22	韩国	6.91
23	捷克	6.89
24	希腊	6.84
25	瑞士	6.82
26	新加坡	6.72
27	斯洛文尼亚	6.67
28	菲律宾	6.57
29	泰国	6.51
30	中国	6.48
31	芬兰	6.47
32	挪威	6.45
33	印度尼西亚	6.43
34	卢森堡	6.37
35	奥地利	6.23
36	南非	6.19
37	瑞典	6.10
38	葡萄牙	5.97
39	比利时	5.97
40	西班牙	5.97
41	丹麦	5.56
42	德国	5.49
43	哥伦比亚	5.41
44	委内瑞拉	5.32
45	波兰	5.30
46	墨西哥	5.27
47	法国	5.26
48	日本	4.53
49	阿根廷	4.22

企 业 效 率

管理实践 3.4.09

销售

2002

贵国企业中手否有效地进行销售

否 SURVEY 是

排名		
1	美国	8.78
2	香港	8.24
3	荷兰	7.63
4	智利	7.45
5	奥地利	7.42
6	澳大利亚	7.41
7	加拿大	7.32
8	巴西	7.25
9	瑞士	7.25
10	瑞典	7.18
11	丹麦	7.13
12	爱尔兰	6.89
13	台湾（地区）	6.84
14	英国	6.83
15	菲律宾	6.81
16	冰岛	6.79
17	新加坡	6.78
18	新西兰	6.74
19	芬兰	6.70
20	以色列	6.70
21	德国	6.56
22	马来西亚	6.51
23	南非	6.47
24	匈牙利	6.44
25	西班牙	6.43
26	泰国	6.43
27	韩国	6.40
28	卢森堡	6.33
29	土耳其	6.31
30	法国	6.27
31	哥伦比亚	6.18
32	意大利	6.17
33	比利时	6.14
34	希腊	6.03
35	委内瑞拉	6.00
36	日本	5.93
37	挪威	5.89
38	爱沙尼亚	5.88
39	印度	5.80
40	墨西哥	5.67
41	阿根廷	5.62
42	葡萄牙	5.56
43	捷克	5.43
44	斯洛文尼亚	5.25
45	印度尼西亚	5.13
46	斯洛伐克	5.07
47	俄罗斯	4.87
48	中国	4.82
49	波兰	4.75

管理实践 3.4.10

社会责任

2002

商界领袖对社会的责任

不重视 SURVEY 重视

排名		
1	丹麦	7.87
2	芬兰	7.68
3	瑞典	7.47
4	奥地利	7.42
5	挪威	7.32
6	荷兰	7.31
7	卢森堡	7.16
8	加拿大	7.10
9	新加坡	6.89
10	德国	6.86
11	美国	6.83
12	冰岛	6.79
13	瑞士	6.65
14	南非	6.60
15	智利	6.58
16	新西兰	6.47
17	斯洛文尼亚	6.39
18	澳大利亚	6.33
19	比利时	6.25
20	爱尔兰	6.18
21	法国	6.18
22	马来西亚	5.91
23	巴西	5.83
24	韩国	5.81
25	英国	5.80
26	台湾（地区）	5.74
27	菲律宾	5.68
28	以色列	5.40
29	中国	5.39
30	委内瑞拉	5.37
31	泰国	5.29
32	日本	5.25
33	哥伦比亚	5.21
34	香港	5.19
35	捷克	5.06
36	土耳其	5.00
37	希腊	4.79
38	西班牙	4.79
39	爱沙尼亚	4.78
40	墨西哥	4.62
41	葡萄牙	4.61
42	意大利	4.38
43	印度	4.08
44	匈牙利	4.07
45	斯洛伐克	3.86
46	印度尼西亚	3.65
47	俄罗斯	3.60
48	阿根廷	2.90
49	波兰	2.76

管理实践 3.4.11

健康、安全和环境事务

2002

健康、安全和环境事务被管理层重视

不充分 ——— 充分

排名	国家/地区	分值
1	芬兰	8.42
2	奥地利	8.38
3	瑞典	8.30
4	挪威	8.13
5	丹麦	8.13
6	荷兰	8.10
7	瑞士	7.84
8	德国	7.70
9	卢森堡	7.63
10	新西兰	7.61
11	澳大利亚	7.56
12	冰岛	7.49
13	加拿大	7.46
14	新加坡	7.36
15	美国	7.36
16	比利时	6.90
17	爱尔兰	6.82
18	英国	6.79
18	斯洛文尼亚	6.49
20	法国	6.45
21	智利	6.40
22	日本	6.29
23	南非	6.25
24	马来西亚	6.17
25	韩国	6.00
26	台湾（地区）	5.95
27	巴西	5.83
28	哥伦比亚	5.59
29	以色列	5.54
30	香港	5.48
31	泰国	5.47
32	捷克	5.42
33	中国	5.25
34	西班牙	5.12
35	爱沙尼亚	5.06
36	委内瑞拉	5.00
37	意大利	4.92
38	斯洛伐克	4.72
39	葡萄牙	4.67
40	菲律宾	4.65
41	墨西哥	4.61
42	希腊	4.57
43	匈牙利	4.52
44	土耳其	4.47
45	印度	3.84
46	印度尼西亚	3.61
47	阿根廷	3.33
48	俄罗斯	3.13
49	波兰	3.03

全球化影响 3.5.01

全球化

2002

全球化有没有威胁贵国经济

有 ——— 没有

排名	国家/地区	分值
1	芬兰	8.23
2	美国	8.08
3	冰岛	7.95
4	荷兰	7.90
5	丹麦	7.66
6	瑞典	7.50
7	瑞士	7.14
8	爱尔兰	7.05
9	智利	6.98
10	加拿大	6.96
11	奥地利	6.88
12	爱沙尼亚	6.75
13	新加坡	6.64
14	捷克	6.56
15	德国	6.51
16	挪威	6.45
17	以色列	6.41
18	西班牙	6.36
18	澳大利亚	6.31
20	香港	6.28
21	卢森堡	6.23
22	匈牙利	6.19
23	意大利	6.15
24	新西兰	6.12
25	法国	5.98
26	比利时	5.92
27	英国	5.86
28	韩国	5.67
29	斯洛伐克	5.62
30	土耳其	5.53
31	巴西	5.29
32	马来西亚	5.29
33	墨西哥	5.23
34	斯洛文尼亚	5.12
35	台湾（地区）	5.11
36	希腊	5.05
37	俄罗斯	5.03
38	波兰	4.85
39	南非	4.85
40	委内瑞拉	4.84
41	印度	4.76
42	哥伦比亚	4.68
43	阿根廷	4.60
44	日本	4.51
45	中国	4.46
46	葡萄牙	4.42
47	菲律宾	3.71
48	泰国	3.49
49	印度尼西亚	2.83

企业效率

全球化影响 3.5.02

对全球化的态度

2002

贵国对全球化的态度的积极

不普遍 SUAYCY 普遍

排名		
1	荷兰	7.97
2	新加坡	7.91
3	台湾（地区）	7.47
4	香港	7.44
5	芬兰	7.43
6	以色列	7.32
7	智利	7.24
8	美国	7.20
9	冰岛	6.93
10	卢森堡	6.88
11	爱尔兰	6.86
12	丹麦	6.62
13	爱沙尼亚	6.55
14	瑞典	6.53
15	加拿大	6.52
16	韩国	6.47
17	土耳其	6.41
18	日本	6.15
19	捷克	6.06
20	马来西亚	6.00
21	新西兰	5.96
22	比利时	5.94
23	西班牙	5.94
24	奥地利	5.92
25	中国	5.92
26	瑞士	5.87
27	德国	5.74
28	巴西	5.57
29	挪威	5.52
30	墨西哥	5.50
31	泰国	5.44
32	葡萄牙	5.42
33	英国	5.35
34	斯洛伐克	5.33
35	意大利	5.29
36	澳大利亚	5.27
37	南非	5.11
38	匈牙利	5.04
39	印度	4.64
40	斯洛文尼亚	4.61
41	印度尼西亚	4.57
42	哥伦比亚	4.45
43	菲律宾	4.45
44	希腊	4.22
45	俄罗斯	4.16
46	波兰	4.03
47	法国	3.58
48	阿根廷	3.57
49	委内瑞拉	2.53

全球化影响 3.5.03

生产的再分配

2002

国外的生产再分配有没有威胁到贵国经济的未来

有 SUAYCY 没有

排名		
1	智利	7.20
2	冰岛	7.02
3	荷兰	6.56
4	美国	6.47
5	丹麦	6.34
6	芬兰	6.13
7	爱沙尼亚	5.84
8	捷克	5.78
9	斯洛伐克	5.62
10	中国	5.60
11	以色列	5.55
12	挪威	5.54
13	俄罗斯	5.49
14	意大利	5.44
15	奥地利	5.38
16	西班牙	5.36
17	加拿大	5.35
18	瑞士	5.32
19	印度	5.28
20	巴西	5.20
21	韩国	5.16
22	斯洛文尼亚	5.04
23	墨西哥	5.01
24	土耳其	4.83
25	马来西亚	4.80
26	德国	4.75
27	匈牙利	4.74
28	卢森堡	4.70
29	澳大利亚	4.64
30	希腊	4.56
31	哥伦比亚	4.56
32	瑞典	4.52
33	台湾（地区）	4.42
34	南非	4.42
35	香港	4.38
36	泰国	4.36
37	法国	4.33
38	新加坡	4.30
39	新西兰	4.16
40	英国	4.14
41	爱尔兰	4.04
42	比利时	4.03
43	葡萄牙	3.97
44	波兰	3.68
45	日本	3.55
46	阿根廷	3.08
47	委内瑞拉	2.84
48	菲律宾	2.61
49	印度尼西亚	2.48

全球化影响 3.5.04

R&D设施的再分配

2002

R&D设施的再分配会不会威胁贵国经济的未来

会 ← → 不会

排名	国家/地区	得分
1	冰岛	7.40
2	美国	7.18
3	智利	6.79
4	丹麦	6.23
5	墨西哥	5.98
6	印度	5.94
7	匈牙利	5.93
8	加拿大	5.80
9	爱沙尼亚	5.76
10	芬兰	5.66
11	荷兰	5.59
12	捷克	5.56
13	西班牙	5.55
14	波兰	5.52
15	瑞士	5.47
16	奥地利	5.46
17	爱尔兰	5.40
18	卢森堡	5.35
18	土耳其	5.26
20	希腊	5.17
21	马来西亚	5.11
22	香港	5.10
23	哥伦比亚	5.05
24	中国	4.94
25	斯洛伐克	4.94
26	比利时	4.87
27	瑞典	4.87
28	法国	4.85
29	以色列	4.85
30	葡萄牙	4.69
31	挪威	4.69
32	韩国	4.65
33	新加坡	4.65
34	英国	4.61
35	南非	4.56
36	俄罗斯	4.51
37	意大利	4.50
38	德国	4.49
39	台湾（地区）	4.39
40	新西兰	4.39
41	澳大利亚	4.37
42	日本	4.20
43	菲律宾	4.16
44	巴西	4.15
45	泰国	4.13
46	斯洛文尼亚	4.02
47	印度尼西亚	3.83
48	委内瑞拉	3.68
49	阿根廷	3.58

全球化影响 3.5.05

海外形象

2002

贵国的海外形象对企业的发展

不支持 ← → 支持

排名	国家/地区	得分
1	智利	8.55
2	新加坡	8.43
3	爱尔兰	8.32
4	芬兰	8.18
5	美国	8.04
6	荷兰	8.03
7	丹麦	7.71
8	加拿大	7.65
9	中国	7.42
10	香港	7.33
11	瑞士	7.32
12	冰岛	7.30
13	新西兰	7.22
14	卢森堡	7.16
15	瑞典	7.15
16	奥地利	6.96
17	德国	6.80
18	英国	6.72
18	匈牙利	6.67
20	澳大利亚	6.49
21	西班牙	6.39
22	台湾（地区）	6.37
23	捷克	6.25
24	马来西亚	6.20
25	挪威	6.16
26	爱沙尼亚	5.76
27	墨西哥	5.74
28	斯洛文尼亚	5.65
29	韩国	5.60
30	泰国	5.59
31	日本	5.51
32	法国	4.95
33	比利时	4.89
34	葡萄牙	4.78
35	意大利	4.74
36	巴西	4.67
37	希腊	4.44
38	斯洛伐克	3.94
39	波兰	3.82
40	以色列	3.80
41	印度	3.59
42	俄罗斯	2.91
43	土耳其	2.88
44	菲律宾	2.56
45	南非	2.36
46	印度尼西亚	2.00
47	哥伦比亚	1.05
48	委内瑞拉	0.79
49	阿根廷	0.69

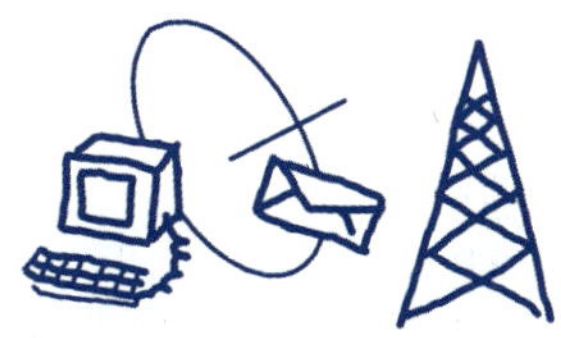

基 础 设 施

要 素 Ⅳ

基　础　设　施

4.1 基本基础设施

4.1.01 人口—市场规模
4.1.02 15岁以下的人口
4.1.03 65岁以上的人口
4.1.04 赡养率
4.1.05 维护和发展
4.1.06 道路
4.1.07 铁路
4.1.08 空运
4.1.09 空运的质量
4.1.10 用于货物和服务分配的基础设施
4.1.11 水运
4.1.12 可耕地面积
4.1.13 城市化
4.1.14 能源强度
4.1.15 能源基础设施
4.1.16 GDP和能源消耗
4.1.17 国内能源总产量
4.1.18 能源进口与商品出口
4.1.19 非能源原材料自给
4.1.20 工业用户的电力成本

4.2 技术基础设施

4.2.01 对电信的投资
4.2.02 固定电话数
4.2.03 国际电话费用
4.2.04 移动电话用户
4.2.05 移动电话费用
4.2.06 通信的充分性
4.2.07 新信息技术
4.2.08 在用计算机
4.2.09 人均计算机
4.2.10 互联网用户数

4.2.11 稳定的服务器数目
4.2.12 互联网费用
4.2.13 合适的互联网访问数
4.2.14 信息技术人才
4.2.15 技术合作
4.2.16 技术的发展和应用
4.2.17 资助技术发展
4.2.18 高技术出口
4.2.19 高技术出口
4.2.20 数据安全性

4.3 科学基础设施

4.3.01 所有研究与开发支出
4.3.02 人均研究与开发支出
4.3.03 所有研究与开发支出
4.3.04 企业研究与开发支出
4.3.05 人均企业研究与开发支出额
4.3.06 全国所有研究与开发人员
4.3.07 每千人中研究与开发人员
4.3.08 企业研究与开发人数
4.3.09 企业研究与开发人数
4.3.10 基础研究
4.3.11 科学学位
4.3.12 科学论文
4.3.13 学校内的科学
4.3.14 科学和技术的兴趣
4.3.15 诺贝尔奖数目
4.3.16 人均诺贝尔奖
4.3.17 批准授予国民专利
4.3.18 批准授予国民专利年平均增长速度
4.3.19 国民在国外获取专利件数
4.3.20 专利权和版权保护
4.3.21 有效专利数
4.3.22 专利生产率

4.4 健康与环境

4.4.01 健康总支出
4.4.02 公共健康支出
4.4.03 出生时的寿命期望
4.4.04 健康寿命期望
4.4.05 医疗帮助

4.4.06 健康基础设施
4.4.07 城市人口
4.4.08 收入分配—最低20%
4.4.09 收入分配—最高20%
4.4.10 人文发展指数
4.4.11 酗酒、吸毒
4.4.12 纸张和纸板的回收率
4.4.13 废水处理工厂
4.4.14 二氧化碳排放量
4.4.15 生态痕迹
4.4.16 可持续发展
4.4.17 污染问题
4.4.18 环境法

4.5 价值体系

4.5.01 生活质量
4.5.02 民族文化
4.5.03 适应性
4.5.04 歧视
4.5.05 国会中女性人数
4.5.06 女性地位
4.5.07 性别收入比
4.5.08 骚扰和暴力
4.5.09 社会的价值
4.5.10 私人空间的保护

基本基础设施 4.1.01

人口—市场规模

2001

估计值，百万

排名		百万
1	中国	1,285.6
2	印度	1,025.3
3	美国	284.8
4	印度尼西亚	213.6
5	巴西	172.4
6	俄罗斯	144.8
7	日本	127.3
8	墨西哥	100.9
9	德国	82.0
10	菲律宾	77.9
11	土耳其	67.8
12	泰国	63.0
13	英国	59.5
14	法国	58.9
15	意大利	58.0
16	韩国	47.3
17	南非	44.3
18	哥伦比亚	43.1
19	西班牙	39.5
20	波兰	38.7
21	阿根廷	37.5
22	加拿大	31.0
23	委内瑞拉	24.6
24	马来西亚	23.8
25	台湾（地区）	22.4
26	澳大利亚	19.4
27	荷兰	15.9
28	智利	15.4
29	希腊	10.9
30	比利时	10.3
31	捷克	10.3
32	匈牙利	10.2
33	葡萄牙	10.1
34	瑞典	8.9
35	奥地利	8.1
36	瑞士	7.2
37	香港	6.7
38	以色列	6.5
39	斯洛伐克	5.4
40	丹麦	5.3
41	芬兰	5.2
42	挪威	4.5
43	新加坡	4.1
44	新西兰	3.9
45	爱尔兰	3.8
46	斯洛文尼亚	2.0
47	爱沙尼亚	1.4
48	卢森堡	0.5
49	冰岛	0.3

来源&注释：见附录1

附加的参考国家*

巴哈马	0.3
巴林	0.7
埃及	65.3
伊朗	64.6
科威特	2.3
尼日利亚	119.8
巴基斯坦	140.5
卡塔尔	0.6
阿拉伯联合酋长国	3.1

附加参考的地区和州*

巴伐利亚（德国）	12.2	1
加利福尼亚（美国）	33.9	1
加泰罗尼亚（西班牙）	6.2	1
ILE DE FRANCE（法国）	10.9	2
LOMBARDIA（意大利）	9.1	2
纽约（美国）	19.0	1

*附加的国家、地区和州是作为对列在世界竞争力年鉴中的49各国家的补充数据。这些经济既不列在也不包括在任何数据的集合中，但作为参考的补充值。

基本基础设施 4.1.02

15岁以下的人口

2000

占总人口的比例

BACKGROUND INFORMATION

	%
阿根廷	28.0
澳大利亚	20.7
奥地利	16.9
比利时	17.6
巴西	28.8
加拿大	19.3
智利	28.8
中国	22.9
哥伦比亚	32.3
捷克	16.6
丹麦	18.4
爱沙尼亚	18.0
芬兰	18.2
法国	18.7
德国	15.7
希腊	15.1
香港	16.9
匈牙利	17.1
冰岛	23.0
印度	33.7
印度尼西亚	30.5
爱尔兰	21.8
以色列	29.0
意大利	14.4
日本	14.6
韩国	21.4
卢森堡	18.8
马来西亚	33.8
墨西哥	32.9
荷兰	18.5
新西兰	22.8
挪威	19.9
菲律宾	35.9
波兰	20.1
葡萄牙	16.6
俄罗斯	18.4
新加坡	21.5
斯洛伐克	19.8
斯洛文尼亚	16.2
南非	34.1
西班牙	15.1
瑞典	18.5
瑞士	17.4
台湾（地区）	21.1
泰国	25.2
土耳其	30.6
英国	19.1
美国	21.4
委内瑞拉	33.7

来源&注释：见附录1

附加的参考国家*

巴哈马	28.3
巴林	30.4
埃及	38.0
伊朗	36.9
科威特	24.4
尼日利亚	44.8
巴基斯坦	41.5
卡塔尔	26.6
阿拉伯联合酋长国	26.9

附加参考的地区和州*

巴伐利亚（德国）	16.3
加利福尼亚（美国）	27.3
加泰罗尼亚（西班牙）	-
ILE DE FRANCE（法国）	-
LOMBARDIA（意大利）	-
纽约（美国）	24.7

*附加的国家、地区和州是作为对列在世界竞争力年鉴中的49各国家的补充数据。这些经济既不列在也不包括在任何数据的集合中，但作为参考的补充值。

基本基础设施 4.1.03

65岁以上的人口

2000

占总人口的比例

BACKGROUND INFORMATION

	%
阿根廷	9.7
澳大利亚	12.3
奥地利	15.4
比利时	16.7
巴西	5.2
加拿大	12.5
智利	7.2
中国	7.0
哥伦比亚	4.6
捷克	13.8
丹麦	14.8
爱沙尼亚	14.5
芬兰	14.8
法国	15.8
德国	16.2
希腊	17.3
香港	10.9
匈牙利	14.6
冰岛	11.6
印度	4.6
印度尼西亚	4.5
爱尔兰	11.1
以色列	10.0
意大利	18.0
日本	17.3
韩国	7.1
卢森堡	14.1
马来西亚	4.1
墨西哥	4.7
荷兰	13.5
新西兰	11.8
挪威	15.2
菲律宾	3.9
波兰	12.2
葡萄牙	15.4
俄罗斯	12.7
新加坡	7.3
斯洛伐克	11.5
斯洛文尼亚	14.0
南非	5.0
西班牙	16.7
瑞典	17.3
瑞士	15.3
台湾（地区）	8.6
泰国	5.8
土耳其	5.5
英国	15.6
美国	12.7
委内瑞拉	4.4

来源&注释：见附录1

附加的参考国家*

巴哈马	12.6
巴林	2.8
埃及	3.4
伊朗	4.4
科威特	1.4
尼日利亚	3.8
巴基斯坦	3.2
卡塔尔	1.8
阿拉伯联合酋长国	1.1

附加参考的地区和州*

巴伐利亚（德国）	16.2
加利福尼亚（美国）	10.6
加泰罗尼亚（西班牙）	-
ILE DE FRANCE（法国）	-
LOMBARDIA（意大利）	-
纽约（美国）	12.9

*附加的国家、地区和州是作为对列在世界竞争力年鉴中的49各国家的补充数据。这些经济既不列在也不包括在任何数据的集合中，但作为参考的补充值。

基 础 设 施

基本基础设施 4.1.04

赡养费

2000

15岁以下和64岁以上的人口总量除以15岁-64岁之间人口总量

排名		%
1	香港	38.5
2	韩国	39.8
3	新加坡	40.4
4	台湾（地区）	42.2
5	中国	42.6
6	斯洛文尼亚	43.3
7	捷克	43.7
8	泰国	44.9
9	俄罗斯	45.1
10	斯洛伐克	45.5
11	匈牙利	46.4
12	西班牙	46.6
13	加拿大	46.8
14	日本	46.8
15	德国	46.9
16	葡萄牙	47.0
17	荷兰	47.1
18	波兰	47.7
19	奥地利	47.7
20	希腊	48.0
21	意大利	48.1
22	爱沙尼亚	48.2
23	瑞士	48.5
24	爱尔兰	49.1
25	卢森堡	49.1
26	芬兰	49.3
27	澳大利亚	49.3
28	丹麦	49.7
29	巴西	51.5
30	美国	51.9
31	比利时	52.3
32	法国	52.7
33	新西兰	52.8
34	冰岛	53.0
35	英国	53.1
36	印度尼西亚	53.8
37	挪威	54.1
38	瑞典	55.8
39	智利	56.1
40	土耳其	56.4
41	哥伦比亚	58.5
42	墨西哥	60.2
43	阿根廷	60.6
44	马来西亚	61.0
45	委内瑞拉	61.6
46	印度	62.1
47	以色列	64.0
48	南非	64.1
49	菲律宾	66.2

来源&注释：见附录1

附加的参考国家*

巴哈马	69.3
巴林	49.8
埃及	70.6
伊朗	70.3
科威特	34.9
尼日利亚	94.7
巴基斯坦	80.7
卡塔尔	39.7
阿拉伯联合酋长国	38.9

附加参考的地区和州*

巴伐利亚（德国）	48.1
加利福尼亚（美国）	61.0
加泰罗尼亚（西班牙）	-
ILE DE FRANCE（法国）	-
LOMBARDIA（意大利）	-
纽约（美国）	60.3

*附加的国家、地区和州是作为对列在世界竞争力年鉴中的49各国家的补充数据。这些经济既不列在也不包括在任何数据的集合中，但作为参考的补充值。

基 础 设 施

基本基础设施 4.1.05

维护和发展

2002

基础设施的维护和发展是否得到充分的计划和资助

否 S U A Y C Y 是

排名		
1	新加坡	8.98
2	瑞士	8.39
3	芬兰	8.13
4	丹麦	8.13
5	香港	8.09
6	德国	7.35
7	马来西亚	7.23
8	法国	7.20
9	冰岛	7.16
10	美国	7.15
11	奥地利	7.04
12	卢森堡	7.02
13	澳大利亚	6.84
14	智利	6.67
15	加拿大	6.39
16	瑞典	6.17
17	荷兰	6.13
18	西班牙	6.12
18	泰国	5.97
20	比利时	5.89
21	韩国	5.78
22	日本	5.76
23	台湾（地区）	5.68
24	挪威	5.68
25	新西兰	5.49
26	中国	5.27
27	爱沙尼亚	4.98
28	捷克	4.97
29	葡萄牙	4.97
30	希腊	4.81
31	爱尔兰	4.32
32	匈牙利	4.22
33	斯洛文尼亚	4.08
34	以色列	4.00
35	南非	3.96
36	巴西	3.86
37	墨西哥	3.85
38	英国	3.47
39	俄罗斯	3.47
40	斯洛伐克	3.33
41	土耳其	3.25
42	哥伦比亚	3.09
43	意大利	3.03
44	菲律宾	2.84
45	波兰	2.65
46	阿根廷	2.49
47	印度尼西亚	2.30
48	印度	2.29
49	委内瑞拉	2.16

基本基础设施 4.1.06

道路

1999

网络的密度

排名		平方千米	
1	比利时	4.82	
2	新加坡	4.60	
3	荷兰	4.00	
4	日本	3.07	
5	奥地利	2.40	2
6	匈牙利	2.02	
7	卢森堡	2.01	
8	德国	1.77	2
9	瑞士	1.73	
10	香港	1.72	
11	丹麦	1.65	
12	捷克	1.62	
13	法国	1.62	
14	英国	1.62	
15	意大利	1.59	
16	爱尔兰	1.32	3
17	西班牙	1.31	
18	波兰	1.22	
18	爱沙尼亚	1.09	
20	斯洛文尼亚	0.99	
21	希腊	0.89	
22	韩国	0.88	
23	斯洛伐克	0.87	
24	以色列	0.79	
25	葡萄牙	0.77	
26	印度	0.75	2
27	菲律宾	0.67	
28	美国	0.65	
29	台湾（地区）	0.55	
30	瑞典	0.52	
31	土耳其	0.50	
32	新西兰	0.35	3
33	南非	0.30	
34	挪威	0.28	
35	芬兰	0.23	
36	巴西	0.20	
37	马来西亚	0.20	
38	印度尼西亚	0.19	3
39	墨西哥	0.17	
40	俄罗斯	0.15	
41	中国	0.14	
42	澳大利亚	0.13	3
43	冰岛	0.13	
44	泰国	0.13	
45	加拿大	0.10	4
46	智利	0.10	
47	哥伦比亚	0.10	
48	委内瑞拉	0.09	1
49	阿根廷	0.08	

来源&注释：见附录1

基本基础设施 4.1.07

铁路

2000

网络的密度

排名		平方千米
1	香港	0.1457
2	新加坡	0.1338
3	捷克	0.1185
4	比利时	0.1120
5	卢森堡	0.1060
6	德国	0.1027
7	匈牙利	0.0861
8	瑞士	0.0767
9	斯洛伐克	0.0747
10	波兰	0.0721
11	英国	0.0697
12	奥地利	0.0688
13	荷兰	0.0675
14	法国	0.0589
15	斯洛文尼亚	0.0572
16	意大利	0.0548
17	日本	0.0533
18	丹麦	0.0476
19	以色列	0.0440
20	韩国	0.0315
21	台湾（地区）	0.0307
22	葡萄牙	0.0306
23	西班牙	0.0275
24	爱尔兰	0.0274
25	美国	0.0235
26	瑞典	0.0221
27	爱沙尼亚	0.0214
28	希腊	0.0196
29	印度	0.0191
30	南非	0.0186
31	芬兰	0.0173
32	墨西哥	0.0137
33	阿根廷	0.0129 3
34	挪威	0.0129
35	土耳其	0.0112 1
36	泰国	0.0079 2
37	中国	0.0061
38	俄罗斯	0.0050
39	马来西亚	0.0049
40	巴西	0.0034
41	智利	0.0027
42	印度尼西亚	0.0024 1
43	哥伦比亚	0.0019
44	菲律宾	0.0017
45	加拿大	0.0013
46	澳大利亚	0.0012
47	委内瑞拉	0.0004
-	冰岛	-
-	新西兰	-

来源&注释：见附录1

基本基础设施 4.1.08

空运

2000

主要公司运载的乘客数

排名		千
1	美国	663,338
2	日本	109,123
3	英国	70,436
4	中国	61,892
5	德国	58,661
6	法国	51,899
7	西班牙	39,541
8	韩国	34,331
9	澳大利亚	32,172
10	巴西	31,845
11	意大利	30,586
12	台湾（地区）	26,335
13	加拿大	25,281
14	墨西哥	20,993
15	荷兰	20,793
16	俄罗斯	17,688
17	泰国	17,392
18	印度	17,303
18	瑞士	17,268
20	新加坡	16,704
21	马来西亚	16,561
22	挪威	15,182
23	香港	14,378
24	爱尔兰	14,014
25	瑞典	13,354
26	土耳其	11,513
27	比利时	10,738
28	新西兰	9,888
29	印度尼西亚	9,702
30	阿根廷	9,025
31	哥伦比亚	8,563
32	南非	8,000
33	希腊	7,099
34	葡萄牙	6,721
35	奥地利	6,649
36	芬兰	6,427
37	丹麦	5,923
38	菲律宾	5,444
39	智利	5,175
40	以色列	4,443
41	委内瑞拉	4,295
42	波兰	2,341
43	捷克	2,217
44	匈牙利	2,062
45	冰岛	1,432
46	卢森堡	871
47	斯洛文尼亚	628
48	爱沙尼亚	278
49	斯洛伐克	57

来源&注释：见附录1

基本基础设施 4.1.09

空运的质量

2002

空运的质量在贵国是否通常充分有效

否 S U A Y C Y 是

排名			
1	新加坡		9.57
2	丹麦		9.01
2	芬兰		9.01
4	香港		8.90
5	奥地利		8.81
6	德国		8.65
7	荷兰		8.03
8	美国		8.02
9	智利		8.00
10	瑞典		7.83
11	澳大利亚		7.80
12	法国		7.78
13	马来西亚		7.77
14	挪威		7.71
15	新西兰		7.51
16	南非		7.50
17	瑞士		7.48
18	土耳其		7.44
19	泰国		7.29
20	冰岛		7.21
21	英国		7.19
22	巴西		7.02
23	捷克		7.00
24	爱沙尼亚		6.98
25	台湾（地区）		6.97
26	以色列		6.87
27	葡萄牙		6.82
28	加拿大		6.80
29	卢森堡		6.76
30	日本		6.56
31	西班牙		6.48
32	韩国		6.33
33	比利时		6.23
34	墨西哥		6.15
35	希腊		6.13
36	印度		6.04
37	哥伦比亚		5.95
38	匈牙利		5.93
39	爱尔兰		5.75
40	委内瑞拉		5.63
41	中国		5.49
42	印度尼西亚		5.43
43	菲律宾		5.32
44	阿根廷		5.14
45	波兰		4.55
46	意大利		4.52
47	俄罗斯		4.24
48	斯洛伐克		2.99
-	斯洛文尼亚		

基本基础设施 4.1.10

用于货物和服务分配的基础设施

2002

用于货物和服务分配的基础设施普遍

无效 S U A Y C Y 有效

排名			
1	新加坡		9.32
2	丹麦		9.09
3	芬兰		8.83
4	香港		8.79
5	瑞士		8.78
6	美国		8.55
7	德国		8.47
8	奥地利		8.23
9	法国		8.11
10	马来西亚		7.97
11	加拿大		7.88
12	澳大利亚		7.49
13	瑞典		7.43
14	比利时		7.31
15	卢森堡		7.16
16	冰岛		7.02
17	台湾（地区）		6.97
18	新西兰		6.94
18	日本		6.91
20	泰国		6.86
21	智利		6.63
22	挪威		6.61
23	韩国		6.44
24	荷兰		6.31
25	南非		6.21
26	西班牙		6.15
27	土耳其		6.06
28	葡萄牙		6.03
29	爱沙尼亚		5.69
30	捷克		5.67
31	中国		5.39
32	以色列		5.38
33	斯洛伐克		5.28
34	斯洛文尼亚		5.22
35	希腊		5.05
36	匈牙利		4.89
37	委内瑞拉		4.79
38	墨西哥		4.51
39	巴西		4.37
40	俄罗斯		4.14
41	阿根廷		4.11
42	印度		3.82
43	波兰		3.68
44	英国		3.61
45	印度尼西亚		3.61
46	爱尔兰		3.54
47	意大利		3.51
48	菲律宾		3.23
49	哥伦比亚		3.14

基 础 设 施

水运

2002

水运基础设施（港口、运河）满足企业需要

否 S U A Y C Y 是

排名		%
1	新加坡	9.40
2	丹麦	9.18
3	芬兰	9.09
4	荷兰	8.91
5	香港	8.86
6	德国	8.53
7	冰岛	8.42
8	加拿大	8.32
9	瑞典	8.31
10	美国	8.29
11	挪威	8.13
12	新西兰	7.96
13	比利时	7.83
14	马来西亚	7.74
15	法国	7.72
16	瑞士	7.62
17	澳大利亚	7.52
18	爱沙尼亚	7.29
19	奥地利	7.19
20	台湾（地区）	7.11
21	智利	6.76
22	日本	6.75
23	英国	6.73
24	卢森堡	6.70
25	葡萄牙	6.44
26	西班牙	6.28
27	南非	6.08
28	韩国	6.07
29	斯洛伐克	6.06
30	希腊	6.03
31	泰国	6.00
32	爱尔兰	5.86
33	以色列	5.74
34	斯洛文尼亚	5.51
35	中国	5.47
36	匈牙利	5.36
37	土耳其	5.22
38	捷克	4.76
39	阿根廷	4.71
40	俄罗斯	4.67
41	委内瑞拉	4.32
42	哥伦比亚	4.19
43	印度尼西亚	4.04
44	波兰	4.03
45	菲律宾	3.81
46	墨西哥	3.78
47	巴西	3.52
48	意大利	3.37
49	印度	3.18

基本基础设施 4.1.12

可耕地面积

1999

人均平方米

排名		平方米
1	澳大利亚	25,424
2	加拿大	14,989
3	俄罗斯	8,713
4	新西兰	8,609
5	爱沙尼亚	8,050
6	阿根廷	7,436
7	美国	6,564
8	匈牙利	4,994
9	西班牙	4,701
10	丹麦	4,319
11	芬兰	4,211
12	土耳其	4,113
13	巴西	3,943
14	波兰	3,726
15	希腊	3,654
16	南非	3,650
17	马来西亚	3,349
18	法国	3,302
19	捷克	3,241
20	瑞典	3,100
21	斯洛伐克	2,952
22	泰国	2,903
23	爱尔兰	2,877
24	墨西哥	2,804
25	葡萄牙	2,735
26	意大利	1,985
27	挪威	1,966
28	奥地利	1,828
29	印度	1,723
30	智利	1,527
31	印度尼西亚	1,494
32	委内瑞拉	1,472
33	德国	1,466
34	菲律宾	1,344
35	中国	1,063
36	哥伦比亚	1,049
37	斯洛文尼亚	1,015
38	英国	1,003
39	比利时	815
40	以色列	721
41	瑞士	616
42	荷兰	600
43	韩国	407
44	台湾（地区）	387
45	日本	384
46	冰岛	250
47	香港	9
48	新加坡	3
-	卢森堡	-

来源&注释：见附录1

附加的参考国家*

巴哈马	333
巴林	90
埃及	527
伊朗	3,070
科威特	33
尼日利亚	2,773
巴基斯坦	1,627
卡塔尔	375
阿拉伯联合酋长国	462

*附加的国家、地区和州是作为对列在世界竞争力年鉴中的49各国家的补充数据。这些经济既不列在也不包括在任何数据的集合中，但作为参考的补充值。

基本基础设施 4.1.13

城市化

2002

城市化对国家资源

浪费 S U A Y C Y 不浪费

排名		
1	新加坡	8.70
2	丹麦	8.69
3	奥地利	8.38
4	德国	7.72
5	瑞士	7.66
6	加拿大	7.46
7	香港	7.33
8	挪威	7.33
9	芬兰	7.27
10	冰岛	7.17
11	瑞典	7.17
12	荷兰	6.91
13	美国	6.90
14	澳大利亚	6.70
15	马来西亚	6.55
16	爱沙尼亚	6.51
17	卢森堡	6.48
18	新西兰	6.43
19	比利时	6.31
20	英国	6.14
21	西班牙	6.06
22	以色列	6.05
23	中国	5.99
24	法国	5.90
25	斯洛伐克	5.83
26	台湾（地区）	5.74
27	捷克	5.61
28	日本	5.55
29	智利	5.24
30	斯洛文尼亚	5.06
31	爱尔兰	5.02
32	匈牙利	5.00
33	韩国	4.81
34	泰国	4.81
35	葡萄牙	4.68
36	意大利	4.63
37	俄罗斯	4.50
38	南非	4.49
39	波兰	4.30
40	哥伦比亚	4.09
41	阿根廷	4.08
42	希腊	4.03
43	委内瑞拉	3.95
44	巴西	3.88
45	土耳其	3.88
46	菲律宾	3.71
47	印度	3.63
48	墨西哥	3.55
49	印度尼西亚	3.41

基本基础设施 4.1.14

能源强度

1998

单位美元GDP消费的商业能源数量，千焦耳

排名	国家/地区	千焦耳
1	香港	3,100
2	瑞士	3,747
3	丹麦	4,124
4	日本	4,906
5	奥地利	4,965
6	意大利	5,850
7	德国	6,295
8	巴西	6,344
9	葡萄牙	6,589
10	法国	6,819
11	英国	6,839
12	以色列	6,958
13	西班牙	6,996
14	卢森堡	7,050
15	瑞典	7,186
16	爱尔兰	7,364
17	挪威	7,533
18	阿根廷	7,600
18	台湾（地区）	8,194
20	芬兰	8,424
21	冰岛	8,751
22	比利时	8,787
23	荷兰	8,864
24	哥伦比亚	9,193
25	希腊	9,321
26	美国	9,972
27	智利	11,497
28	新西兰	12,071
29	澳大利亚	12,188
30	土耳其	12,747
31	斯洛文尼亚	12,783
32	新加坡	12,927
33	墨西哥	13,084
34	加拿大	16,119
35	韩国	17,302
36	菲律宾	17,508
37	泰国	20,853
38	匈牙利	22,195
39	马来西亚	22,548
40	波兰	24,156
41	委内瑞拉	28,472
42	捷克	28,565
43	南非	29,846
44	印度	31,625
45	斯洛伐克	32,192
46	印度尼西亚	34,663
47	中国	35,282
48	爱沙尼亚	39,810
49	俄罗斯	86,110

来源&注释：见附录1

附加的参考国家*

国家	千焦耳
巴哈马	5,967
巴林	56,602
埃及	17,918
伊朗	70,535
科威特	37,586
尼日利亚	16,423
巴基斯坦	25,731
卡塔尔	83,242
阿拉伯联合酋长国	31,841

*附加的国家、地区和州是作为对列在世界竞争力年鉴中的49各国家的补充数据。
这些经济既不列在也不包括在任何数据的集合中，但作为参考的补充值。

基 础 设 施

基本基础设施 4.1.15

能源基础设施

2002

贵国能源基础设施是否充足有效

否 S U A Y C Y 是

排名		
1	奥地利	9.31
2	瑞士	9.11
3	新加坡	9.02
4	丹麦	8.87
5	德国	8.70
6	香港	8.67
7	冰岛	8.60
8	荷兰	8.59
9	法国	8.58
10	挪威	8.51
11	加拿大	8.49
12	比利时	8.39
13	芬兰	8.29
14	卢森堡	8.05
15	捷克	7.94
16	瑞典	7.87
17	马来西亚	7.83
18	英国	7.61
19	智利	7.60
20	南非	7.49
21	澳大利亚	7.39
22	斯洛伐克	7.33
23	新西兰	7.18
24	美国	7.15
25	以色列	6.95
26	匈牙利	6.69
27	泰国	6.66
28	爱沙尼亚	6.47
29	日本	6.29
30	葡萄牙	6.28
31	阿根廷	6.19
32	韩国	6.15
33	爱尔兰	5.86
34	台湾（地区）	5.58
35	波兰	5.57
36	希腊	5.41
37	哥伦比亚	5.27
38	西班牙	5.18
39	中国	4.85
40	意大利	4.71
41	菲律宾	4.29
42	委内瑞拉	4.16
43	俄罗斯	4.04
44	土耳其	3.94
45	墨西哥	3.65
46	印度尼西亚	3.43
47	巴西	2.89
48	印度	2.21
-	斯洛文尼亚	-

基本基础设施 4.1.16

GDP和能源消耗

1999

实际GDP增长率减去能源消耗增长率

排名		%
1	爱沙尼亚	11.077
2	中国	10.995
3	波兰	6.444
4	新加坡	6.026
5	印度	5.526
6	匈牙利	4.955
7	南非	4.696
8	爱尔兰	4.581
9	墨西哥	4.255
10	希腊	3.872
11	瑞典	3.845
12	斯洛文尼亚	3.844
13	荷兰	3.821
14	德国	3.747
15	澳大利亚	3.268
16	芬兰	3.201
17	比利时	2.806
18	丹麦	2.291
18	加拿大	2.084
20	哥伦比亚	1.997
21	奥地利	1.967
22	法国	1.681
23	捷克	1.652
24	俄罗斯	1.268
25	台湾（地区）	1.109
26	美国	1.030
27	巴西	1.027
28	马来西亚	0.921
29	英国	0.890
30	西班牙	0.784
31	卢森堡	0.462
32	挪威	0.106
33	瑞士	-0.207
34	以色列	-0.213
35	斯洛伐克	-0.477
36	意大利	-0.642
37	葡萄牙	-0.727
38	委内瑞拉	-0.884
39	日本	-1.256
40	新西兰	-1.308
41	菲律宾	-1.440
42	韩国	-1.455
43	土耳其	-1.462
44	泰国	-2.203
45	阿根廷	-3.966
46	智利	-4.290
47	冰岛	-4.586
48	印度尼西亚	-4.663
49	香港	-8.032

来源&注释：见附录1

基本基础设施　4.1.17

国内能源总产量

1999

占所有能源需求（等价为石油吨数）的比例

排名		%
1	挪威	788.3
2	委内瑞拉	392.7
3	哥伦比亚	274.7
4	澳大利亚	196.6
5	马来西亚	172.1
6	印度尼西亚	166.3
7	俄罗斯	157.7
8	加拿大	151.6
9	墨西哥	148.8
10	南非	131.7
11	阿根廷	129.7
12	英国	122.5
13	丹麦	117.8
14	中国	97.1
15	波兰	89.8
16	印度	85.3
17	新西兰	83.3
18	荷兰	79.7
18	巴西	74.4
20	美国	74.4
21	捷克	72.4
22	冰岛	71.6
23	瑞典	67.5
24	爱沙尼亚	60.6
25	泰国	54.7
26	法国	50.0
27	菲律宾	48.3
28	芬兰	46.1
29	斯洛文尼亚	45.9
30	匈牙利	45.4
31	瑞士	44.2
32	德国	39.4
33	土耳其	38.2
34	希腊	36.5
35	奥地利	33.5
36	智利	30.3
37	斯洛伐克	28.6
38	西班牙	25.9
39	比利时	23.5
40	日本	20.2
41	爱尔兰	18.0
42	韩国	17.6
43	意大利	16.4
44	台湾（地区）	14.5
45	葡萄牙	8.2
46	以色列	3.3
47	卢森堡	1.1
48	新加坡	0.3
49	香港	0.3

来源&注释：见附录1

基本基础设施　4.1.18

能源进口与商品出口

2000

能源进口占商品出口的比例

排名		%
1	俄罗斯	0.78
2	匈牙利	1.24
3	委内瑞拉	1.41
4	挪威	1.70
5	哥伦比亚	1.71
6	香港	1.76
7	墨西哥	2.19
8	爱尔兰	2.20
9	阿根廷	2.38
10	加拿大	2.74
11	马来西亚	3.69
12	瑞士	4.13
13	英国	4.78
14	丹麦	4.81
15	奥地利	5.15
16	德国	6.02
17	比利时	6.34
18	瑞典	6.46
18	捷克	6.73
20	中国	7.46
21	芬兰	7.57
22	斯洛文尼亚	7.92
23	卢森堡	7.98
24	台湾（地区）	8.05
25	荷兰	8.12
26	法国	8.39
27	澳大利亚	8.79
28	爱沙尼亚	9.14
29	意大利	9.26
30	菲律宾	9.49
31	印度尼西亚	9.65
32	新西兰	10.55
33	泰国	10.61
34	斯洛伐克	10.93
35	以色列	10.99
36	冰岛	11.36
37	新加坡	11.74
38	日本	12.29
39	南非	12.50
40	波兰	13.13
41	西班牙	13.44
42	巴西	13.95
43	智利	13.99
44	葡萄牙	14.64
45	美国	15.70
46	韩国	18.73
47	土耳其	23.46
48	希腊	36.58
49	印度	37.71

来源&注释：见附录1

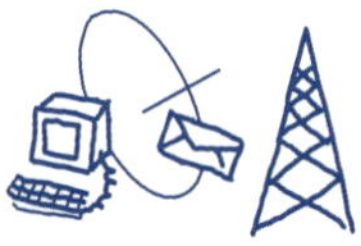

基础设施

基本基础设施 4.1.19

非能源原材料自给

1999

人均贸易收支差额，美元

排名		美元	注
1	冰岛	590.0	1
2	澳大利亚	500.6	
3	智利	421.9	
4	挪威	269.2	
5	瑞典	154.2	
6	南非	148.0	
7	加拿大	118.4	
8	斯洛伐克	96.8	
9	比利时	87.0	
10	俄罗斯	71.7	
11	奥地利	68.8	
12	芬兰	54.8	
13	巴西	35.6	
14	委内瑞拉	31.0	
15	阿根廷	10.2	
16	印度尼西亚	1.5	1
17	印度	-1.7	
18	墨西哥	-4.8	
19	哥伦比亚	-5.0	
20	中国	-6.6	
21	新西兰	-8.4	
22	波兰	-8.5	
23	土耳其	-12.5	
24	希腊	-16.6	
25	菲律宾	-17.3	
26	日本	-17.8	
27	捷克	-23.4	
28	德国	-25.8	
29	法国	-33.0	
30	匈牙利	-40.0	
31	爱沙尼亚	-50.5	
32	泰国	-52.0	
33	英国	-60.6	
34	荷兰	-62.0	
35	瑞士	-64.9	
36	美国	-66.3	
37	韩国	-69.7	
38	西班牙	-88.3	
39	马来西亚	-121.6	
40	以色列	-126.7	
41	葡萄牙	-128.3	
42	意大利	-134.2	
43	爱尔兰	-134.7	
44	丹麦	-187.2	
45	斯洛文尼亚	-280.8	
46	香港	-281.6	
47	新加坡	-353.0	
-	卢森堡	-	
-	台湾（地区）	-	

来源&注释：见附录1

基本基础设施 4.1.20

工业用户的电力成本

2001

美元/千瓦

排名		美元	注
1	南非	0.011	
2	俄罗斯	0.020	
3	冰岛	0.022	
4	新西兰	0.023	1
5	印度尼西亚	0.027	2
6	中国	0.032	5
7	瑞典	0.034	4
8	芬兰	0.037	
8	波兰	0.037	1
10	委内瑞拉	0.039	
11	美国	0.040	1
12	捷克	0.043	1
13	法国	0.047	3
14	希腊	0.049	2
14	爱尔兰	0.049	1
16	匈牙利	0.050	
16	斯洛伐克	0.050	
18	墨西哥	0.051	1
19	比利时	0.052	3
19	智利	0.052	1
19	爱沙尼亚	0.052	
19	挪威	0.052	2
23	斯洛文尼亚	0.054	1
24	英国	0.055	1
25	澳大利亚	0.056	4
25	马来西亚	0.056	
25	西班牙	0.056	2
28	巴西	0.057	3
28	德国	0.057	2
28	荷兰	0.057	1
31	丹麦	0.058	1
32	奥地利	0.059	2
33	台湾（地区）	0.061	1
33	泰国	0.061	4
35	韩国	0.062	1
36	葡萄牙	0.067	1
37	哥伦比亚	0.069	1
37	瑞士	0.069	1
39	印度	0.074	5
40	阿根廷	0.075	1
40	卢森堡	0.075	6
42	新加坡	0.079	
43	土耳其	0.082	1
44	意大利	0.089	1
45	以色列	0.090	2
46	菲律宾	0.090	1
47	香港	0.106	
48	日本	0.143	2
-	加拿大	-	

来源&注释：见附录1

基　础　设　施

技术基础设施　4.2.01

对电信的投资

1999

年平均占GDP的百分比

排名		%
1	爱沙尼亚	1.887
2	哥伦比亚	1.559
3	中国	1.525
4	南非	1.165
5	匈牙利	1.121
6	捷克	0.953
7	波兰	0.920
8	智利	0.861 [1]
9	新西兰	0.817
10	斯洛文尼亚	0.808
11	冰岛	0.795
12	葡萄牙	0.784
13	马来西亚	0.712
14	爱尔兰	0.681
15	荷兰	0.669
16	阿根廷	0.666
17	希腊	0.638
18	澳大利亚	0.638
18	巴西	0.635
20	斯洛伐克	0.602
21	菲律宾	0.570
22	挪威	0.561
23	委内瑞拉	0.559
24	英国	0.542
25	印度	0.534 [2]
26	丹麦	0.532
27	印度尼西亚	0.523 [2]
28	新加坡	0.511
29	墨西哥	0.485
30	日本	0.473
31	芬兰	0.459
32	奥地利	0.453
33	美国	0.452
34	卢森堡	0.448
35	加拿大	0.417
36	瑞典	0.400
37	以色列	0.391
38	瑞士	0.375
39	泰国	0.373
40	法国	0.367
41	意大利	0.347
42	香港	0.322
43	比利时	0.322
44	西班牙	0.321
45	土耳其	0.305
46	德国	0.256
47	俄罗斯	0.016
48	韩国	-
49	台湾（地区）	-

来源&注释：见附录1

技术基础设施　4.2.02

固定电话数

2001

每千户居民中的主要干线数

排名		数目
1	卢森堡	776
2	挪威	754
3	瑞典	750
4	丹麦	735
5	冰岛	717
6	瑞士	714
7	美国	701
8	加拿大	696
9	荷兰	653
10	德国	635
11	澳大利亚	630
12	英国	613
13	日本	604
14	台湾（地区）	588
15	法国	584
16	香港	583
17	希腊	578
18	芬兰	551
18	以色列	510
20	新西兰	507
21	比利时	506
22	爱尔兰	503
23	奥地利	494
24	意大利	477
25	新加坡	472
26	西班牙	460
27	韩国	457
28	葡萄牙	441
29	斯洛文尼亚	394
30	捷克	378
31	爱沙尼亚	372
32	匈牙利	368
33	斯洛伐克	329
34	波兰	296
35	土耳其	282
36	智利	236
37	阿根廷	229
38	巴西	220
39	马来西亚	206
40	俄罗斯	198
41	哥伦比亚	177
42	中国	138
43	墨西哥	137
44	南非	118
45	委内瑞拉	109
46	泰国	96
47	菲律宾	46
48	印度	37
49	印度尼西亚	34

来源&注释：见附录1

基础设施

技术基础设施 4.2.03

国际电话费用

2002

高峰期通往美国的每三分钟费用（对美国指通往欧洲）

排名		美元
1	瑞士	0.196
2	荷兰	0.200
3	法国	0.238
4	德国	0.241
5	瑞典	0.267
6	卢森堡	0.284
7	挪威	0.290
8	美国	0.360 [4]
9	比利时	0.388
10	澳大利亚	0.457
11	加拿大	0.480
12	西班牙	0.496
13	爱尔兰	0.535
14	冰岛	0.556
15	希腊	0.560
16	以色列	0.583
17	丹麦	0.607
18	新加坡	0.649
18	斯洛伐克	0.660 [1]
20	新西兰	0.703
21	意大利	0.713
22	斯洛文尼亚	0.719
23	葡萄牙	0.744
24	奥地利	0.817
25	爱沙尼亚	0.845 [1]
26	捷克	0.848
27	匈牙利	0.851
28	英国	0.862
29	芬兰	0.935
30	墨西哥	0.983
31	菲律宾	1.080
32	南非	1.139
33	香港	1.146
34	土耳其	1.244
35	俄罗斯	1.257
36	台湾（地区）	1.372
37	巴西	1.376
38	日本	1.383
39	智利	1.589
40	泰国	1.666
41	韩国	1.678
42	委内瑞拉	1.686
43	哥伦比亚	1.958
44	马来西亚	2.368
45	阿根廷	2.371
46	波兰	2.650 [3]
47	印度尼西亚	2.877 [1]
48	中国	2.899
49	印度	2.944

来源&注释：见附录1

技术基础设施 4.2.04

移动电话用户

2001

每千户居民中的用户数

排名		数目
1	卢森堡	914.4
2	台湾（地区）	881.0
3	以色列	867.0
4	意大利	862.4
5	香港	846.4
6	芬兰	831.3
7	葡萄牙	823.1
8	奥地利	820.8
9	瑞典	792.0
10	瑞士	767.0
11	英国	754.8
12	爱尔兰	753.5
13	挪威	751.4
14	西班牙	731.4
15	冰岛	731.0
16	荷兰	730.8
17	希腊	729.3
18	丹麦	719.5
18	比利时	694.3
20	新加坡	687.9
21	捷克	676.4
22	德国	651.7
23	澳大利亚	610.3
24	法国	610.0
25	韩国	608.9
26	爱沙尼亚	541.6
27	日本	528.4
28	匈牙利	484.5
29	斯洛文尼亚	477.0 [1]
30	美国	435.0
31	加拿大	345.2
32	马来西亚	328.8
33	智利	324.0
34	土耳其	281.7
35	波兰	258.6
36	南非	234.2
37	墨西哥	216.8
38	委内瑞拉	215.1 [1]
39	斯洛伐克	196.4 [1]
40	阿根廷	193.7
41	新西兰	190.6 [3]
42	巴西	169.0
43	菲律宾	141.3
44	泰国	126.8
45	中国	116.0
46	哥伦比亚	74.5
47	俄罗斯	52.5
48	印度尼西亚	29.3
49	印度	5.3

来源&注释：见附录1

技术基础设施 4.2.05

移动电话费用

2000

高峰期每三分钟费用，美元

排名		美元
1	印度尼西亚	0.17
2	捷克	0.20
3	巴西	0.25
4	卢森堡	0.34
5	韩国	0.35
5	挪威	0.35
5	新加坡	0.35
8	爱沙尼亚	0.39
8	香港	0.39
10	英国	0.45
11	加拿大	0.50
12	芬兰	0.51
13	菲律宾	0.54
14	冰岛	0.57
14	台湾（地区）	0.57
16	土耳其	0.59
17	斯洛伐克	0.61
18	奥地利	0.65
18	丹麦	0.65
18	日本	0.65
21	斯洛文尼亚	0.67
22	南非	0.69
23	瑞士	0.71
24	委内瑞拉	0.79
25	墨西哥	0.82
26	葡萄牙	0.90
27	德国	0.96
28	比利时	1.02
29	澳大利亚	2.30
30	新西兰	2.45
-	阿根廷	-
-	智利	-
-	中国	-
-	哥伦比亚	-
-	法国	-
-	希腊	-
-	匈牙利	-
-	印度	-
-	爱尔兰	-
-	以色列	-
-	意大利	-
-	马来西亚	-
-	荷兰	-
-	波兰	-
-	俄罗斯	-
-	西班牙	-
-	瑞典	-
-	泰国	-
-	美国	-

来源&注释：见附录1

附加的参考国家*

巴哈马	-
巴林	0.36
埃及	0.78
伊朗	-
科威特	0.39
尼日利亚	-
巴基斯坦	0.30
卡塔尔	0.37
阿拉伯联合酋长国	0.25

*附加的国家、地区和州是作为对列在世界竞争力年鉴中的49各国家的补充数据。这些经济既不列在也不包括在任何数据的集合中，但作为参考的补充值。

技术基础设施 4.2.06

通信的充分性

2002

通信在贵国普遍比较

不充分 — 充分

排名	国家/地区	得分
1	芬兰	9.43
2	丹麦	9.03
3	瑞士	9.01
4	加拿大	8.88
5	新加坡	8.81
6	奥地利	8.77
7	香港	8.74
8	美国	8.73
9	荷兰	8.63
10	以色列	8.60
11	德国	8.40
12	新西兰	8.39
13	韩国	8.33
14	瑞典	8.31
15	冰岛	8.09
16	澳大利亚	8.09
17	智利	8.08
18	法国	8.05
18	卢森堡	7.95
20	比利时	7.83
21	挪威	7.76
22	英国	7.69
23	马来西亚	7.68
24	爱沙尼亚	7.53
25	台湾（地区）	7.24
26	匈牙利	7.19
27	捷克	7.17
28	南非	6.97
29	巴西	6.95
30	土耳其	6.66
31	日本	6.62
32	希腊	6.53
33	爱尔兰	6.48
34	葡萄牙	6.47
35	泰国	6.35
36	哥伦比亚	6.27
37	委内瑞拉	6.11
38	西班牙	6.06
39	斯洛伐克	6.06
40	菲律宾	5.77
41	斯洛文尼亚	5.73
42	阿根廷	5.67
43	意大利	5.65
44	中国	5.53
45	印度	5.46
46	墨西哥	5.25
47	波兰	4.93
48	俄罗斯	4.73
49	印度尼西亚	4.48

技术基础设施 4.2.07

新信息技术

2002

新信息技术和应用满足企业需要

不满足 — 满足

排名	国家/地区	得分
1	芬兰	9.30
2	瑞典	9.03
3	美国	9.00
4	新加坡	8.81
5	奥地利	8.69
6	加拿大	8.66
7	冰岛	8.60
8	以色列	8.60
9	瑞士	8.57
10	丹麦	8.56
11	香港	8.37
12	挪威	8.27
13	德国	8.19
14	智利	8.08
15	爱沙尼亚	8.08
16	新西兰	8.08
17	荷兰	8.03
18	卢森堡	8.00
18	澳大利亚	7.98
20	韩国	7.64
21	马来西亚	7.60
22	比利时	7.58
23	英国	7.39
24	法国	7.38
25	台湾（地区）	7.37
26	巴西	7.16
27	捷克	7.14
28	南非	7.13
29	斯洛伐克	6.93
30	匈牙利	6.81
31	印度	6.76
32	委内瑞拉	6.68
33	葡萄牙	6.64
34	日本	6.60
35	阿根廷	6.50
36	爱尔兰	6.49
37	菲律宾	6.42
38	土耳其	6.41
39	泰国	6.30
40	意大利	6.29
41	哥伦比亚	6.23
42	希腊	6.13
43	斯洛文尼亚	6.06
44	中国	5.84
45	西班牙	5.76
46	墨西哥	5.72
47	印度尼西亚	5.56
48	俄罗斯	5.09
49	波兰	4.70

技术基础设施　4.2.08

在用计算机

2001

占世界在用计算机总量的份额/来源：计算机行业年鉴

排名		%
1	美国	29.03
2	日本	8.71
3	德国	5.71
4	英国	4.66
5	中国	4.41
6	法国	3.97
7	意大利	3.19
8	韩国	3.03
9	加拿大	2.98
10	巴西	2.11
11	澳大利亚	1.82
12	俄罗斯	1.78
13	西班牙	1.47
14	台湾（地区）	1.41
15	印度	1.31
16	荷兰	1.30
17	墨西哥	1.20
18	瑞典	0.89
19	波兰	0.75
20	比利时	0.74
21	瑞士	0.69
22	土耳其	0.57
23	南非	0.56
24	奥地利	0.56
25	丹麦	0.52
26	芬兰	0.51
27	马来西亚	0.48
28	香港	0.44
29	挪威	0.44
30	印度尼西亚	0.43
31	泰国	0.40
32	阿根廷	0.39
33	以色列	0.38
34	新加坡	0.36
35	哥伦比亚	0.35
36	菲律宾	0.34
37	新西兰	0.32
38	葡萄牙	0.29
39	捷克	0.29
40	匈牙利	0.28
41	爱尔兰	0.27
42	委内瑞拉	0.27
43	智利	0.25
44	斯洛伐克	0.20
45	希腊	0.19
46	斯洛文尼亚	0.09
47	爱沙尼亚	0.04
48	冰岛	0.03
-	卢森堡	

来源&注释：见附录1

技术基础设施　4.2.09

人均计算机

2001

每千人计算机数/来源：计算机行业年鉴

排名		数目
1	美国	639
2	瑞典	626
3	芬兰	614
4	挪威	610
5	丹麦	609
6	加拿大	604
7	冰岛	603
8	瑞士	600
9	澳大利亚	585
10	新加坡	580
11	新西兰	517
12	荷兰	510
13	英国	492
14	爱尔兰	461
15	卢森堡	460
16	比利时	455
17	德国	436
18	日本	430
18	奥地利	429
20	法国	419
21	韩国	399
22	台湾（地区）	394
23	香港	389
24	以色列	366
25	意大利	347
26	斯洛文尼亚	284
27	西班牙	231
28	斯洛伐克	228
29	爱沙尼亚	180
30	捷克	179
31	葡萄牙	178
32	匈牙利	176
33	马来西亚	127
34	波兰	122
35	希腊	112
36	智利	103
37	南非	79
38	巴西	77
39	俄罗斯	77
40	墨西哥	76
41	委内瑞拉	70
42	阿根廷	66
43	哥伦比亚	54
44	土耳其	53
45	泰国	40
46	菲律宾	28
47	中国	22
48	印度尼西亚	12
49	印度	8

来源&注释：见附录1

基 础 设 施

技术基础设施 4.2.10

互联网用户数

2001

每千人互联网用户人数/来源：计算机行业年鉴

排名		数目
1	瑞典	554.18
2	冰岛	545.01
3	丹麦	541.24
4	加拿大	534.82
5	挪威	532.01
6	美国	522.10
7	芬兰	512.52
8	韩国	510.04
9	新加坡	468.95
10	瑞士	466.85
11	澳大利亚	464.85
12	荷兰	448.53
13	香港	427.37
14	新西兰	412.99
15	英国	401.75
16	奥地利	389.90
17	日本	383.95
18	台湾（地区）	351.53
18	比利时	348.31
20	爱沙尼亚	323.74
21	卢森堡	310.00
22	德国	308.76
23	意大利	307.03
24	爱尔兰	289.47
25	以色列	276.23
26	法国	208.61
27	斯洛伐克	207.22
28	斯洛文尼亚	203.05
29	西班牙	199.25
30	捷克	198.31
31	葡萄牙	189.96
32	智利	173.40
33	匈牙利	168.84
34	希腊	155.51
35	波兰	125.50
36	马来西亚	99.28
37	巴西	75.61
38	俄罗斯	68.29
39	南非	67.53
40	泰国	58.17
41	土耳其	56.31
42	阿根廷	54.42
43	墨西哥	52.63
44	委内瑞拉	43.75
45	中国	26.27
46	哥伦比亚	24.03
47	菲律宾	17.46
48	印度尼西亚	14.88
49	印度	9.83

来源&注释：见附录1

技术基础设施 4.2.11

稳定的服务器数目

2000

每百万居民中稳定的服务器数

排名		
1	美国	231.49
2	冰岛	231.03
3	澳大利亚	147.60
4	加拿大	126.70
5	新西兰	125.85
6	瑞士	119.11
7	卢森堡	100.00
8	瑞典	91.43
9	英国	74.02
10	爱尔兰	64.64
11	挪威	60.80
12	奥地利	55.12
13	丹麦	54.12
14	德国	45.85
15	荷兰	34.11
16	斯洛文尼亚	32.16
17	比利时	26.15
18	日本	22.85
19	法国	22.02
20	西班牙	19.23
21	捷克	18.89
22	意大利	13.77
23	葡萄牙	11.59
24	匈牙利	8.96
25	希腊	8.43
26	韩国	5.17
27	波兰	4.86
28	智利	3.68
29	墨西哥	1.78
30	土耳其	1.76
31	菲律宾	1.69
-	阿根廷	-
-	巴西	-
-	中国	-
-	哥伦比亚	-
-	爱沙尼亚	-
-	芬兰	-
-	香港	-
-	印度	-
-	印度尼西亚	-
-	以色列	-
-	马来西亚	-
-	俄罗斯	-
-	新加坡	-
-	斯洛伐克	-
-	南非	-
-	台湾（地区）	-
-	泰国	-
-	委内瑞拉	-

来源&注释：见附录1

技术基础设施 4.2.12

在用计算机

2000

高峰期互联网访问20小时费用，美元

排名		美元
1	土耳其	11.40
2	台湾（地区）	15.10
3	韩国	16.99
4	美国	21.43
5	墨西哥	26.18
6	意大利	26.73
7	新西兰	27.30
8	澳大利亚	28.06
9	加拿大	29.13
10	芬兰	30.25
11	希腊	31.01
12	葡萄牙	32.17
13	法国	32.30
14	德国	33.10
15	西班牙	34.60
16	香港	35.48
17	丹麦	36.31
18	冰岛	37.28
19	波兰	39.16
20	瑞典	39.93
21	匈牙利	42.61
22	捷克	42.92
23	奥地利	43.44
24	英国	44.02
25	荷兰	45.07
26	比利时	47.13
27	爱尔兰	48.07
28	瑞士	48.49
29	卢森堡	54.46
30	挪威	55.02
31	日本	58.20
-	阿根廷	-
-	巴西	-
-	智利	-
-	中国	-
-	哥伦比亚	-
-	爱沙尼亚	-
-	印度	-
-	印度尼西亚	-
-	以色列	-
-	马来西亚	-
-	菲律宾	-
-	俄罗斯	-
-	新加坡	-
-	斯洛伐克	-
-	斯洛文尼亚	-
-	南非	-
-	泰国	-
-	委内瑞拉	-

来源&注释：见附录1

技术基础设施 4.2.13

人均计算机

2002

贵国的提供合适的互联网访问数（可获性、速度、费用）

不可以 S U A Y C Y 可以

排名		
1	芬兰	9.77
2	丹麦	9.31
3	加拿大	9.24
4	瑞典	9.22
5	冰岛	9.16
6	美国	9.13
7	挪威	9.08
8	爱沙尼亚	9.02
9	韩国	8.98
10	香港	8.98
11	奥地利	8.92
12	瑞士	8.88
13	新加坡	8.81
14	以色列	8.70
15	智利	8.63
16	新西兰	8.63
17	德国	8.56
18	荷兰	8.53
18	澳大利亚	8.52
20	卢森堡	8.19
21	比利时	8.17
22	委内瑞拉	8.00
23	马来西亚	7.77
24	台湾（地区）	7.71
25	英国	7.64
26	巴西	7.57
27	哥伦比亚	7.40
28	南非	7.31
29	法国	7.29
30	斯洛文尼亚	7.04
31	捷克	6.94
32	土耳其	6.94
33	阿根廷	6.93
34	葡萄牙	6.92
35	日本	6.75
36	希腊	6.59
37	墨西哥	6.59
38	菲律宾	6.48
39	泰国	6.43
40	意大利	6.33
41	印度	6.29
42	斯洛伐克	6.20
43	中国	6.19
44	西班牙	6.09
45	匈牙利	6.07
46	爱尔兰	6.00
47	俄罗斯	5.80
48	印度尼西亚	5.78
49	波兰	4.16

技术基础设施 4.2.14

技术信息人才

2002

信息技术人才在贵国劳动市场上的获得

不容易 ←→ 容易

排名		
1	以色列	9.05
2	芬兰	8.88
3	美国	8.77
4	瑞典	8.77
5	印度	8.72
6	加拿大	8.63
7	冰岛	8.47
8	澳大利亚	8.27
9	新加坡	8.26
10	爱尔兰	7.93
11	挪威	7.87
12	丹麦	7.77
13	比利时	7.72
14	菲律宾	7.71
15	奥地利	7.69
16	荷兰	7.69
17	韩国	7.64
18	智利	7.57
18	香港	7.53
20	新西兰	7.47
21	爱沙尼亚	7.33
22	瑞士	7.33
23	俄罗斯	7.33
24	阿根廷	7.28
25	台湾（地区）	7.26
26	匈牙利	7.26
27	马来西亚	7.22
28	法国	7.09
29	英国	6.97
30	哥伦比亚	6.73
31	斯洛伐克	6.72
32	捷克	6.72
33	波兰	6.59
34	土耳其	6.56
35	巴西	6.55
36	委内瑞拉	6.53
37	德国	6.47
38	日本	6.24
39	希腊	6.16
40	葡萄牙	6.11
41	卢森堡	6.09
42	西班牙	6.06
43	墨西哥	5.83
44	南非	5.81
45	意大利	5.67
46	泰国	5.34
47	斯洛文尼亚	4.98
48	印度尼西亚	4.80
49	中国	4.71

技术基础设施 4.2.15

技术合作

2002

公司间的技术合作

不发达 ←→ 很发达

排名		
1	芬兰	8.18
2	美国	7.40
3	瑞典	7.40
4	以色列	7.33
5	新加坡	7.02
6	荷兰	7.02
7	冰岛	6.98
8	奥地利	6.96
9	加拿大	6.95
10	瑞士	6.68
11	丹麦	6.54
12	德国	6.47
13	台湾（地区）	6.38
14	澳大利亚	6.29
15	香港	6.19
16	日本	6.18
17	捷克	6.17
18	卢森堡	6.14
18	爱尔兰	6.11
20	挪威	6.05
21	爱沙尼亚	6.04
22	比利时	5.89
23	新西兰	5.80
24	英国	5.75
25	法国	5.62
26	马来西亚	5.40
27	韩国	5.38
28	智利	5.36
29	匈牙利	5.19
30	菲律宾	4.90
31	南非	4.90
32	斯洛伐克	4.78
33	俄罗斯	4.67
34	希腊	4.50
35	印度	4.45
36	泰国	4.43
37	西班牙	4.42
38	斯洛文尼亚	4.42
39	巴西	4.41
40	意大利	4.40
41	葡萄牙	4.19
42	哥伦比亚	4.05
43	波兰	4.03
44	土耳其	4.00
45	委内瑞拉	4.00
46	阿根廷	3.89
47	中国	3.88
48	印度尼西亚	3.78
49	墨西哥	3.67

技术基础设施 4.2.16

技术的发展和应用

2002

合法环境对技术的发展和应用

不支持 —— 支持

排名	国家/地区	数值
1	芬兰	8.67
2	新加坡	8.34
3	加拿大	7.98
4	美国	7.90
5	瑞典	7.90
6	以色列	7.89
7	香港	7.81
8	瑞士	7.74
9	荷兰	7.56
10	奥地利	7.42
11	丹麦	7.38
12	爱尔兰	7.33
13	台湾（地区）	7.26
14	卢森堡	7.26
15	澳大利亚	7.19
16	冰岛	7.12
17	挪威	6.97
18	爱沙尼亚	6.90
18	马来西亚	6.78
20	新西兰	6.75
21	匈牙利	6.74
22	德国	6.73
23	英国	6.64
24	韩国	6.58
25	南非	6.49
26	智利	6.47
27	法国	6.35
28	比利时	6.35
29	日本	6.35
30	希腊	6.19
31	捷克	6.17
32	巴西	5.83
33	西班牙	5.76
34	菲律宾	5.74
35	中国	5.68
36	委内瑞拉	5.68
37	斯洛伐克	5.65
38	印度	5.59
39	葡萄牙	5.53
40	哥伦比亚	5.50
41	土耳其	5.50
42	斯洛文尼亚	5.43
43	泰国	5.24
44	意大利	5.20
45	墨西哥	5.16
46	印度尼西亚	5.09
47	俄罗斯	4.93
48	阿根廷	4.76
49	波兰	4.28

技术基础设施 4.2.17

资助技术发展

2002

技术发展的资助

不充分 —— 很充分

排名	国家/地区	数值
1	芬兰	8.50
2	美国	7.94
3	新加坡	7.79
4	以色列	7.18
5	荷兰	7.16
6	加拿大	7.15
7	丹麦	7.03
8	瑞士	7.01
9	台湾（地区）	6.68
10	爱尔兰	6.68
11	瑞典	6.67
12	德国	6.58
13	卢森堡	6.47
14	奥地利	6.35
15	香港	6.14
16	马来西亚	6.11
17	英国	5.81
18	澳大利亚	5.78
18	冰岛	5.72
20	比利时	5.71
21	法国	5.62
22	日本	5.53
23	挪威	5.46
24	希腊	5.41
25	爱沙尼亚	5.10
26	韩国	5.05
27	新西兰	4.90
28	南非	4.82
29	西班牙	4.70
30	捷克	4.61
31	匈牙利	4.30
32	智利	4.29
33	意大利	4.23
34	葡萄牙	4.06
35	印度	3.94
36	中国	3.91
37	泰国	3.82
38	菲律宾	3.71
39	土耳其	3.38
40	哥伦比亚	3.23
41	斯洛文尼亚	3.20
42	巴西	3.16
43	斯洛伐克	3.12
44	俄罗斯	2.91
45	波兰	2.80
46	印度尼西亚	2.78
47	墨西哥	2.59
48	委内瑞拉	2.42
49	阿根廷	2.16

技术基础设施 4.2.18

高技术出口

2000

百万美元

排名		百万美元
1	美国	197,033
2	日本	127,368
3	德国	82,958
4	新加坡	73,643
5	英国	72,616
6	法国	59,397
7	韩国	53,950
8	荷兰	44,439
9	中国	40,837
10	马来西亚	39,964
11	加拿大	32,702
12	爱尔兰	31,278
13	墨西哥	31,053
14	瑞典	25,739
15	意大利	19,306
16	比利时	15,274
17	瑞士	14,260
18	泰国	13,949
19	芬兰	10,532
20	菲律宾	8,465
21	以色列	7,418
22	西班牙	6,727
23	奥地利	6,600
24	丹麦	6,527
25	匈牙利	6,402
26	巴西	5,979
27	印度尼西亚	5,698
28	香港	5,155
29	俄罗斯	3,082
30	澳大利亚	2,734
31	捷克	2,089
32	挪威	1,895
33	印度	1,245
34	土耳其	1,084
35	葡萄牙	1,045
36	波兰	838
37	爱沙尼亚	830
38	阿根廷	767
39	希腊	452
40	斯洛伐克	382
41	斯洛文尼亚	368
42	新西兰	365
43	哥伦比亚	328
44	智利	100
45	委内瑞拉	80
46	南非	21
-	冰岛	-
-	卢森堡	-
-	台湾（地区）	-

来源&注释：见附录1

技术基础设施 4.2.19

高技术出口

2000

占制造业出口的比例

排名		%
1	新加坡	62.39
2	马来西亚	49.16
3	爱尔兰	47.75
4	瑞典	35.97
5	荷兰	35.72
6	韩国	34.89
7	泰国	32.33
8	英国	31.63
9	美国	30.31
10	日本	28.32
11	芬兰	27.21
12	菲律宾	26.32
13	匈牙利	26.14
14	以色列	25.10
15	法国	24.25
16	香港	23.28
17	墨西哥	22.41
18	丹麦	20.68
19	瑞士	19.30
20	巴西	18.80
21	加拿大	18.62
22	中国	18.57
23	德国	18.08
24	澳大利亚	17.95
25	印度尼西亚	16.17
26	挪威	14.28
27	奥地利	13.65
28	俄罗斯	12.16
29	比利时	10.35
30	意大利	9.20
31	新西兰	9.16
32	希腊	9.05
33	捷克	8.18
34	西班牙	7.66
35	葡萄牙	4.95
36	土耳其	4.86
37	斯洛伐克	4.38
38	斯洛文尼亚	4.35
39	印度	4.29
40	波兰	3.31
-	阿根廷	-
-	智利	-
-	哥伦比亚	-
-	爱沙尼亚	-
-	冰岛	-
-	卢森堡	-
-	南非	-
-	台湾（地区）	-
-	委内瑞拉	-

来源&注释：见附录1

基　础　设　施

技术基础设施　4.2.20

数据安全性

2002

贵国数据安全

无保障 S U A Y C Y 有保障

排名		
1	芬兰	8.70
2	加拿大	7.95
3	瑞士	7.92
4	奥地利	7.88
5	卢森堡	7.81
6	荷兰	7.69
7	新加坡	7.66
8	瑞典	7.57
9	丹麦	7.56
10	德国	7.53
11	冰岛	7.53
12	澳大利亚	7.48
13	美国	7.40
14	挪威	7.37
15	爱尔兰	7.30
16	新西兰	7.16
17	香港	6.86
18	英国	6.81
18	比利时	6.51
20	爱沙尼亚	6.39
21	以色列	6.26
22	南非	6.20
23	台湾（地区）	6.05
24	智利	6.00
25	马来西亚	5.94
26	法国	5.75
27	意大利	5.55
28	捷克	5.53
29	西班牙	5.45
30	葡萄牙	5.39
31	巴西	5.37
32	匈牙利	5.33
33	希腊	5.19
34	日本	5.18
35	韩国	5.16
36	斯洛伐克	5.00
37	泰国	4.72
38	斯洛文尼亚	4.63
39	土耳其	4.56
40	哥伦比亚	4.47
41	菲律宾	4.42
42	墨西哥	4.37
43	中国	4.28
44	波兰	4.26
45	印度	3.98
46	俄罗斯	3.70
47	阿根廷	3.69
48	委内瑞拉	3.58
49	印度尼西亚	3.22

科学基础设施　4.3.01

所有研究与开发支出

2000

百万美元

排名		百万美元	
1	美国	265,322	
2	日本	148,566	
3	德国	45,921	
4	法国	27,787	
5	英国	26,964	1
6	加拿大	12,881	
7	意大利	12,265	1
8	韩国	12,249	
9	中国	10,844	
10	瑞典	9,176	1
11	瑞士	8,083	4
12	荷兰	8,060	1
13	台湾（地区）	6,326	
14	澳大利亚	5,617	2
15	西班牙	5,033	
16	比利时	4,921	1
17	巴西	4,623	1
18	芬兰	4,013	
19	丹麦	3,627	1
20	奥地利	3,399	
21	以色列	2,841	2
22	俄罗斯	2,723	
23	挪威	2,606	1
24	印度	2,303	2
25	墨西哥	1,939	1
26	新加坡	1,746	
27	阿根廷	1,466	3
28	土耳其	1,167	1
29	爱尔兰	1,109	3
30	波兰	1,104	
31	南非	896	
32	葡萄牙	868	1
33	希腊	848	1
34	香港	761	1
35	新西兰	734	3
36	捷克	685	
37	马来西亚	440	
38	智利	426	
39	委内瑞拉	405	
40	匈牙利	373	
41	哥伦比亚	334	
42	泰国	317	1
43	斯洛文尼亚	274	
44	冰岛	218	
45	印度尼西亚	187	5
46	斯洛伐克	131	
47	菲律宾	51	2
48	爱沙尼亚	35	
-	卢森堡	-	

来源&注释：见附录1

基础设施

科学基础设施　　4.3.02

人均研究与开发支出

2002

人均，美元

排名		美元	
1	日本	1,170.5	
2	瑞士	1,143.2	4
3	瑞典	1,035.7	1
4	美国	936.8	
5	芬兰	774.7	
6	冰岛	752.9	
7	丹麦	680.5	1
8	挪威	584.3	1
9	德国	559.9	
10	荷兰	509.8	1
11	比利时	481.0	1
12	以色列	475.8	2
13	法国	471.8	
14	英国	453.2	1
15	新加坡	434.6	
16	奥地利	419.1	
17	加拿大	418.9	
18	爱尔兰	302.2	3
19	澳大利亚	299.9	2
20	台湾（地区）	284.0	
21	韩国	260.6	
22	意大利	213.2	1
23	新西兰	195.2	3
24	斯洛文尼亚	137.9	
25	西班牙	127.5	
26	香港	115.1	1
27	葡萄牙	87.8	1
28	希腊	80.0	1
29	捷克	66.7	
30	阿根廷	41.1	3
31	匈牙利	37.2	
32	波兰	28.6	
33	智利	28.0	
34	巴西	28.0	1
35	爱沙尼亚	25.2	
36	斯洛伐克	24.2	
37	南非	20.4	
38	墨西哥	19.9	1
39	马来西亚	18.9	
40	俄罗斯	18.7	
41	土耳其	18.0	1
42	委内瑞拉	16.7	
43	中国	8.5	
44	哥伦比亚	7.9	
45	泰国	5.1	1
46	印度	2.4	2
47	印度尼西亚	1.0	5
48	菲律宾	0.7	2
-	卢森堡	-	

来源&注释：见附录1

科学基础设施 4.3.03

所有研究与开发支出

2000

占GDP的比例

排名		%	
1	瑞典	3.782	1
2	芬兰	3.319	
3	日本	3.118	
4	以色列	2.788	2
5	瑞士	2.731	4
6	美国	2.687	
7	韩国	2.653	
8	冰岛	2.556	
9	德国	2.460	
10	法国	2.143	
11	丹麦	2.086	1
12	台湾（地区）	2.045	
13	荷兰	2.024	1
14	比利时	1.961	1
15	新加坡	1.883	
16	英国	1.849	1
17	加拿大	1.811	
18	奥地利	1.801	
19	挪威	1.697	1
20	爱尔兰	1.608	3
21	澳大利亚	1.550	2
22	斯洛文尼亚	1.514	
23	捷克	1.352	
24	新西兰	1.136	3
25	俄罗斯	1.084	
26	意大利	1.040	1
27	中国	1.004	
28	西班牙	0.897	
29	巴西	0.874	1
30	匈牙利	0.806	
31	葡萄牙	0.753	1
32	希腊	0.705	1
33	波兰	0.700	
34	南非	0.700	
35	斯洛伐克	0.694	
36	爱沙尼亚	0.686	
37	土耳其	0.632	1
38	智利	0.603	
39	印度	0.588	2
40	阿根廷	0.501	3
41	马来西亚	0.491	
42	香港	0.481	1
43	哥伦比亚	0.411	
44	墨西哥	0.401	1
45	委内瑞拉	0.334	
46	泰国	0.260	1
47	印度尼西亚	0.092	5
48	菲律宾	0.078	2
-	卢森堡	-	

来源&注释：见附录1

附加参考的地区和州*

巴伐利亚（德国）	2.578	3
加利福尼亚（美国）	-	
加泰罗尼亚（西班牙）	0.916	3
ILE DE FRANCE（法国）	3.182	3
LOMBARDIA（意大利）	-	
纽约（美国）	-	

*附加的国家、地区和州是作为对列在世界竞争力年鉴中的49各国家的补充数据。

这些经济既不列在也不包括在任何数据的集合中，但作为参考的补充值。

基础设施

科学基础设施 4.3.04

企业研究与开发支出

2000

百万美元

排名		百万美元	
1	美国	199,855	
2	日本	93,323	1
3	德国	32,361	
4	法国	17,793	
5	英国	17,450	
6	韩国	9,196	
7	加拿大	7,314	
8	瑞典	6,893	1
9	中国	6,530	
10	瑞士	5,712	4
11	意大利	5,460	
12	荷兰	4,543	1
13	台湾（地区）	3,964	
14	比利时	3,323	
15	芬兰	2,854	
16	西班牙	2,667	
17	澳大利亚	2,610	1
18	奥地利	2,402	2
19	丹麦	2,300	1
20	巴西	1,736	1
21	以色列	1,588	2
22	挪威	1,458	1
23	新加坡	1,082	
24	爱尔兰	811	3
25	印度	642	3
26	墨西哥	528	1
27	南非	466	
28	土耳其	444	1
29	阿根廷	443	3
30	俄罗斯	427	
31	捷克	411	
32	波兰	398	
33	马来西亚	255	
34	希腊	242	1
35	葡萄牙	197	1
36	香港	182	1
37	新西兰	171	1
38	匈牙利	165	
39	哥伦比亚	160	
40	泰国	147	1
41	冰岛	130	
42	斯洛文尼亚	126	
43	智利	93	
44	斯洛伐克	71	
45	菲律宾	21	2
46	爱沙尼亚	8	
-	印度尼西亚	-	
-	卢森堡	-	
-	委内瑞拉	-	

来源&注释：见附录1

附加参考的地区和州*

巴伐利亚（德国）	7,319	3
加利福尼亚（美国）	-	
加泰罗尼亚（西班牙）	631	3
ILE DE FRANCE（法国）	9,205	3
LOMBARDIA（意大利）	-	
纽约（美国）	-	

*附加的国家、地区和州是作为对列在世界竞争力年鉴中的49各国家的补充数据。这些经济既不列在也不包括在任何数据的集合中，但作为参考的补充值。

科学基础设施 4.3.05

人均企业研究与开发支出额

2000

人均，美元

排名		美元	
1	瑞士	807.92	4
2	瑞典	778.04	1
3	日本	736.65	1
4	美国	705.63	
5	芬兰	550.88	
6	冰岛	449.83	
7	丹麦	431.51	1
8	德国	394.55	
9	挪威	326.95	1
10	比利时	324.15	
11	法国	302.14	
12	奥地利	297.25	2
13	英国	293.28	
14	荷兰	287.35	1
15	新加坡	269.42	
16	以色列	265.98	2
17	加拿大	237.87	
18	爱尔兰	220.87	3
19	韩国	195.61	
20	台湾（地区）	177.92	
21	澳大利亚	137.58	1
22	意大利	94.54	
23	西班牙	67.58	
24	斯洛文尼亚	63.20	
25	新西兰	44.97	1
26	捷克	40.02	
27	香港	27.50	1
28	希腊	22.81	1
29	葡萄牙	19.90	1
30	匈牙利	16.48	
31	斯洛伐克	13.19	
32	阿根廷	12.42	3
33	马来西亚	10.96	
34	南非	10.59	
35	巴西	10.50	1
36	波兰	10.30	
37	土耳其	6.85	1
38	智利	6.10	
39	爱沙尼亚	5.59	
40	墨西哥	5.42	1
41	中国	5.12	
42	哥伦比亚	3.79	
43	俄罗斯	2.93	
44	泰国	2.37	1
45	印度	0.67	3
46	菲律宾	0.28	2
-	印度尼西亚	-	
-	卢森堡	-	
-	委内瑞拉	-	

来源&注释：见附录1

科学基础设施 4.3.06

全国所有研究与开发人员

2000

千人全日约当单位

排名		约当全职工作	
1	日本	919.1	1
2	中国	893.0	
3	俄罗斯	887.7	
4	德国	480.4	1
5	法国	314.5	1
6	印度	187.6	4
7	意大利	142.5	1
8	加拿大	140.4	1
9	韩国	137.9	1
10	台湾（地区）	104.1	
11	西班牙	103.3	
12	英国	95.2	2
13	澳大利亚	91.5	2
14	荷兰	87.0	1
15	波兰	78.9	
16	巴西	74.2	3
17	瑞典	66.7	1
18	芬兰	50.6	1
19	瑞士	50.3	4
20	比利时	49.5	1
21	阿根廷	43.2	3
22	丹麦	35.7	1
23	墨西哥	33.3	5
24	奥地利	31.3	2
25	希腊	26.5	1
26	挪威	25.4	1
27	土耳其	24.3	1
28	捷克	24.2	
29	匈牙利	23.5	
30	葡萄牙	20.8	1
31	南非	19.8	
32	新加坡	19.4	
33	菲律宾	15.6	2
34	斯洛伐克	15.2	
35	泰国	14.0	3
36	新西兰	12.9	3
37	爱尔兰	12.0	3
38	马来西亚	10.1	
39	斯洛文尼亚	8.5	
40	智利	7.4	
41	香港	6.7	1
42	委内瑞拉	4.5	
43	爱沙尼亚	3.7	
44	冰岛	2.5	
-	哥伦比亚	-	
-	印度尼西亚	-	
-	以色列	-	
-	卢森堡	-	
-	美国	-	

来源&注释：见附录1

基础设施

科学基础设施 4.3.07

每千人中研究与开发人员

2000

每千国民中人数（全日约当单位）

排名		约当的全职工作	
1	芬兰	9.788	1
2	冰岛	8.655	
3	瑞典	7.525	1
4	日本	7.255	1
5	瑞士	7.110	4
6	丹麦	6.689	1
7	俄罗斯	6.097	
8	德国	5.852	1
9	挪威	5.695	1
10	荷兰	5.503	1
11	法国	5.321	1
12	澳大利亚	4.885	2
13	比利时	4.836	1
14	新加坡	4.820	
15	台湾（地区）	4.673	
16	加拿大	4.606	1
17	斯洛文尼亚	4.272	
18	奥地利	3.875	2
19	新西兰	3.433	3
20	爱尔兰	3.278	3
21	韩国	2.957	1
22	斯洛伐克	2.813	
23	爱沙尼亚	2.708	
24	西班牙	2.616	
25	希腊	2.502	1
26	意大利	2.477	1
27	捷克	2.356	
28	匈牙利	2.344	
29	葡萄牙	2.104	1
30	波兰	2.042	
31	英国	1.607	2
32	阿根廷	1.211	3
33	香港	1.020	1
34	中国	0.700	
35	智利	0.483	
36	巴西	0.464	3
37	南非	0.450	
38	马来西亚	0.433	
39	土耳其	0.374	1
40	墨西哥	0.368	5
41	泰国	0.231	3
42	菲律宾	0.208	2
43	印度	0.200	4
44	委内瑞拉	0.186	
-	哥伦比亚	-	
-	印度尼西亚	-	
-	以色列	-	
-	卢森堡	-	
-	美国	-	

来源&注释：见附录1

附加参考的地区和州*

巴伐利亚（德国）	8.860	3
加利福尼亚（美国）	-	
加泰罗尼亚（西班牙）	4.385	3
ILE DE FRANCE（法国）	13.764	3
LOMBARDIA（意大利）	-	
纽约（美国）	-	

*附加的国家、地区和州是作为对列在世界竞争力年鉴中的49各国家的补充数据。这些经济既不列在也不包括在任何数据的集合中，但作为参考的补充值。

科学基础设施 4.3.08

企业研究与开发人数

2000

千人全日约当单位

排名		约当的全职工作
1	日本	604.5 [1]
2	俄罗斯	572.6 [1]
3	中国	480.0
4	德国	306.7 [1]
5	法国	171.6 [1]
6	英国	145.0
7	韩国	94.3
8	印度	93.8 [4]
9	加拿大	77.5 [1]
10	台湾（地区）	70.2
11	意大利	59.6 [1]
12	荷兰	45.2 [1]
13	瑞典	44.2 [1]
14	西班牙	38.7
15	瑞士	34.5 [4]
16	比利时	33.1
17	芬兰	27.8 [1]
18	巴西	26.8 [1]
19	澳大利亚	26.1 [1]
20	丹麦	21.0 [1]
21	奥地利	20.4 [2]
22	波兰	18.6
23	挪威	13.3 [1]
24	捷克	11.5
25	新加坡	10.2
26	南非	9.3
27	阿根廷	9.0 [3]
28	哥伦比亚	8.8 [5]
29	爱尔兰	8.2 [3]
30	匈牙利	8.1
31	土耳其	5.6 [1]
32	泰国	5.3 [1]
33	斯洛伐克	5.2
34	希腊	4.7 [1]
35	墨西哥	4.5 [5]
36	斯洛文尼亚	4.1
37	马来西亚	3.4
38	新西兰	3.3 [1]
39	葡萄牙	3.3 [1]
40	香港	3.2 [1]
41	菲律宾	1.7 [2]
42	冰岛	1.0
43	智利	0.5
44	爱沙尼亚	0.4
-	印度尼西亚	-
-	以色列	-
-	卢森堡	-
-	美国	-
-	委内瑞拉	-

来源&注释：见附录1

基 础 设 施

科学基础设施 4.3.09

企业研究与开发人数

2000

每千国民中人数（全日约当单位）

排名		约当的全职工作	
1	芬兰	5.381	1
2	瑞典	4.985	1
3	瑞士	4.873	4
4	日本	4.772	1
5	丹麦	3.944	1
6	俄罗斯	3.934	1
7	德国	3.736	1
8	冰岛	3.479	
9	比利时	3.234	
10	台湾（地区）	3.151	
11	挪威	2.984	1
12	法国	2.903	1
13	荷兰	2.858	1
14	新加坡	2.550	
15	加拿大	2.543	1
16	奥地利	2.523	2
17	英国	2.437	
18	爱尔兰	2.227	3
19	斯洛文尼亚	2.060	
20	韩国	2.007	
21	澳大利亚	1.376	1
22	捷克	1.122	
23	意大利	1.037	1
24	西班牙	0.981	
25	斯洛伐克	0.956	
26	新西兰	0.863	1
27	匈牙利	0.807	
28	香港	0.487	1
29	波兰	0.481	
30	希腊	0.443	1
31	中国	0.376	
32	葡萄牙	0.330	1
33	爱沙尼亚	0.305	
34	阿根廷	0.253	3
35	哥伦比亚	0.227	5
36	南非	0.211	
37	巴西	0.162	1
38	马来西亚	0.144	
39	印度	0.100	4
40	土耳其	0.087	1
41	泰国	0.085	1
42	墨西哥	0.049	5
43	智利	0.030	
44	菲律宾	0.023	2
-	印度尼西亚	-	
-	以色列	-	
-	卢森堡	-	
-	美国	-	
-	委内瑞拉	-	

来源&注释：见附录1

附加参考的地区和州*

巴伐利亚（德国）	6.136	3
加利福尼亚（美国）	-	
加泰罗尼亚（西班牙）	1.736	3
ILE DE FRANCE（法国）	7.613	3
LOMBARDIA（意大利）	2.453	3
纽约（美国）	-	

*附加的国家、地区和州是作为对列在世界竞争力年鉴中的49各国家的补充数据。这些经济既不列在也不包括在任何数据的集合中，但作为参考的补充值。

科学基础设施 4.3.10

基础研究

2002

基础研究的支持长期经济发展

不能 能

排名		
1	美国	8.54
2	瑞士	8.13
3	芬兰	8.03
4	以色列	7.69
5	加拿大	7.30
6	新加坡	7.26
7	英国	7.14
8	瑞典	6.95
9	德国	6.94
10	荷兰	6.81
11	澳大利亚	6.69
12	韩国	6.47
13	奥地利	6.46
14	法国	6.44
15	丹麦	6.44
16	马来西亚	6.42
17	爱尔兰	6.28
18	新西兰	6.27
18	日本	6.18
20	中国	6.17
21	比利时	6.11
22	香港	5.80
23	冰岛	5.63
24	台湾（地区）	5.58
25	俄罗斯	5.40
26	卢森堡	5.40
27	南非	5.23
28	印度	5.22
29	挪威	4.76
30	爱沙尼亚	4.71
31	菲律宾	4.70
32	匈牙利	4.69
33	捷克	4.39
34	智利	4.36
35	波兰	4.27
36	泰国	4.10
37	斯洛文尼亚	3.92
38	西班牙	3.85
39	巴西	3.81
40	意大利	3.76
41	希腊	3.75
42	斯洛伐克	3.68
43	土耳其	3.53
44	葡萄牙	3.39
45	印度尼西亚	3.22
46	墨西哥	3.08
47	阿根廷	2.80
48	哥伦比亚	2.41
49	委内瑞拉	2.37

科学基础设施 4.3.11

科学学位

1997

科学和工程学位在全部本科学位中所占比重

BACKGROUND INFORMATION

排名		%
1	新加坡	100.00
2	中国	72.30
3	法国	71.50
4	印度尼西亚	67.30
5	日本	66.50
6	俄罗斯	60.30
7	巴西	60.20
8	德国	53.75
9	以色列	51.30
10	香港	47.70
11	韩国	46.40
12	智利	45.80
13	马来西亚	45.30
14	加拿大	43.90
15	芬兰	43.15
16	阿根廷	42.50
17	丹麦	40.40
18	斯洛伐克	40.30
18	瑞士	39.95
20	荷兰	39.60
21	台湾（地区）	39.20
22	南非	38.80
23	爱尔兰	38.40
24	奥地利	35.90
25	墨西哥	35.80
26	匈牙利	35.35
27	英国	34.70
28	土耳其	33.70
29	美国	32.60
30	瑞典	31.90
31	斯洛文尼亚	31.40
32	捷克	30.15
33	爱沙尼亚	29.90
34	意大利	29.85
35	波兰	29.00
36	比利时	27.10
37	西班牙	26.70
38	澳大利亚	26.50
39	挪威	26.20
40	泰国	26.10
41	葡萄牙	24.85
42	希腊	24.70
43	印度	23.50
44	哥伦比亚	23.40
45	新西兰	21.60
46	冰岛	-
47	卢森堡	-
48	菲律宾	-
49	委内瑞拉	-

来源&注释：见附录1

基础设施

科学基础设施 4.3.12

科学论文

1997

发表的科学和技术论文数（按作者的出生地）

排名		数目
1	美国	176,141
2	日本	48,063
3	英国	45,231
4	德国	45,006
5	法国	33,295
6	加拿大	23,560
7	俄罗斯	20,473
8	意大利	20,360
9	荷兰	13,724
10	西班牙	13,677
11	澳大利亚	13,620
12	中国	10,748
13	瑞典	10,523
14	瑞士	9,887
15	印度	9,248
16	以色列	6,556
17	比利时	6,529
18	波兰	5,514
19	台湾（地区）	5,512
20	丹麦	5,430
21	韩国	5,411
22	巴西	4,972
23	芬兰	4,823
24	奥地利	4,603
25	挪威	3,295
26	捷克	2,753
27	新西兰	2,737
28	希腊	2,713
29	阿根廷	2,589
30	香港	2,548
31	墨西哥	2,503
32	匈牙利	2,441
33	土耳其	2,375
34	南非	2,306
35	葡萄牙	1,508
36	爱尔兰	1,469
37	新加坡	1,353
38	斯洛伐克	1,328
39	智利	1,150
40	斯洛文尼亚	677
41	委内瑞拉	577
42	泰国	536
43	马来西亚	404
44	哥伦比亚	342
44	爱沙尼亚	342
46	印度尼西亚	257
47	菲律宾	251
-	冰岛	-
-	卢森堡	-

来源&注释：见附录1

科学基础设施 4.3.13

学校内的科学

2002

学校内的科学在贵国的教育

不充分 S U A Y C Y 充分

排名		
1	新加坡	8.30
2	芬兰	7.16
3	匈牙利	7.00
4	法国	6.94
5	加拿大	6.85
6	台湾（地区）	6.82
7	瑞士	6.76
8	奥地利	6.62
9	印度	6.55
10	捷克	6.39
11	以色列	6.30
12	爱沙尼亚	6.27
13	俄罗斯	6.26
14	比利时	6.23
15	马来西亚	6.17
16	荷兰	6.10
17	澳大利亚	6.09
18	斯洛伐克	6.03
18	美国	5.87
20	香港	5.85
21	冰岛	5.58
22	新西兰	5.57
23	希腊	5.50
24	丹麦	5.31
25	爱尔兰	5.09
26	瑞典	5.05
27	中国	4.88
28	卢森堡	4.79
29	韩国	4.76
30	日本	4.62
31	土耳其	4.59
32	西班牙	4.58
33	英国	4.54
34	德国	4.53
35	菲律宾	4.48
36	斯洛文尼亚	4.20
37	智利	4.08
38	泰国	4.05
39	印度尼西亚	4.00
40	波兰	3.79
41	挪威	3.74
42	巴西	3.59
43	哥伦比亚	3.50
44	阿根廷	3.37
45	葡萄牙	3.25
46	墨西哥	3.23
47	意大利	3.15
48	南非	3.10
49	委内瑞拉	2.89

科学基础设施 4.3.14

科学和技术的兴趣

2002

贵国青年是否具有浓厚的科学技术兴趣

否 S U A Y C Y 是

排名	国家/地区	分值
1	新加坡	8.04
2	台湾（地区）	7.39
3	芬兰	7.37
4	以色列	7.25
5	印度	7.02
6	匈牙利	6.77
7	斯洛伐克	6.50
8	奥地利	6.23
9	加拿大	6.22
10	法国	6.15
11	瑞士	6.13
12	希腊	6.06
13	马来西亚	6.06
14	捷克	6.03
15	冰岛	5.95
16	俄罗斯	5.74
17	香港	5.66
18	土耳其	5.66
18	美国	5.65
20	比利时	5.63
21	澳大利亚	5.58
22	韩国	5.49
23	中国	5.38
24	爱沙尼亚	5.37
25	智利	5.14
26	荷兰	5.10
27	菲律宾	5.08
28	德国	5.05
29	瑞典	4.98
30	卢森堡	4.98
31	西班牙	4.97
32	新西兰	4.94
33	巴西	4.93
34	印度尼西亚	4.87
35	丹麦	4.85
36	爱尔兰	4.84
37	斯洛文尼亚	4.61
38	意大利	4.56
39	哥伦比亚	4.55
40	英国	4.47
41	阿根廷	4.43
42	波兰	4.41
43	挪威	4.26
44	委内瑞拉	4.21
45	泰国	4.20
46	日本	3.98
47	葡萄牙	3.97
48	墨西哥	3.89
49	南非	3.32

科学基础设施 4.3.15

诺贝尔奖数目

2001

自1950年以来在物理、化学、心理或医药和经济学领域获奖数目

排名	国家/地区	数目
1	美国	203
2	英国	50
3	德国	28
4	法国	11
4	瑞典	11
6	俄罗斯	10
7	瑞士	8
8	加拿大	7
9	日本	6
9	荷兰	6
11	丹麦	4
11	意大利	4
13	澳大利亚	3
13	挪威	3
15	阿根廷	2
15	比利时	2
15	中国	2
18	奥地利	1
18	哥伦比亚	1
18	捷克	1
18	印度	1
18	爱尔兰	1
18	南非	1
24	巴西	0
24	智利	0
24	爱沙尼亚	0
24	芬兰	0
24	希腊	0
24	香港	0
24	匈牙利	0
24	冰岛	0
24	印度尼西亚	0
24	以色列	0
24	韩国	0
24	卢森堡	0
24	马来西亚	0
24	墨西哥	0
24	新西兰	0
24	菲律宾	0
24	波兰	0
24	葡萄牙	0
24	新加坡	0
24	斯洛伐克	0
24	斯洛文尼亚	0
24	西班牙	0
24	台湾（地区）	0
24	泰国	0
24	土耳其	0
24	委内瑞拉	0

来源&注释：见附录1

基 础 设 施

科学基础设施 4.3.16

人均诺贝尔奖

2001

每百万人中从1950年以来在物理、化学、心理或医药和经济学领域获奖数目

排名		每百万
1	瑞典	1.239
2	瑞士	1.111
3	英国	0.840
4	丹麦	0.749
5	美国	0.713
6	挪威	0.664
7	荷兰	0.377
8	德国	0.341
9	爱尔兰	0.261
10	加拿大	0.226
11	比利时	0.195
12	法国	0.187
13	澳大利亚	0.155
14	奥地利	0.123
15	捷克	0.097
16	俄罗斯	0.069
17	意大利	0.069
18	阿根廷	0.053
19	日本	0.047
20	哥伦比亚	0.023
21	南非	0.023
22	中国	0.002
23	印度	0.001
24	巴西	0.000
24	智利	0.000
24	爱沙尼亚	0.000
24	芬兰	0.000
24	希腊	0.000
24	香港	0.000
24	匈牙利	0.000
24	冰岛	0.000
24	印度尼西亚	0.000
24	以色列	0.000
24	韩国	0.000
24	卢森堡	0.000
24	马来西亚	0.000
24	墨西哥	0.000
24	新西兰	0.000
24	菲律宾	0.000
24	波兰	0.000
24	葡萄牙	0.000
24	新加坡	0.000
24	斯洛伐克	0.000
24	斯洛文尼亚	0.000
24	西班牙	0.000
24	台湾（地区）	0.000
24	泰国	0.000
24	土耳其	0.000
24	委内瑞拉	0.000

来源&注释：见附录1

科学基础设施 4.3.17

批准授予国民专利

1999

批准授予国民专利数目

排名		数目	
1	日本	133,960	
2	美国	83,907	
3	韩国	43,314	
4	德国	18,811	
5	台湾（地区）	18,052	
6	俄罗斯	15,362	
7	法国	11,500	
8	意大利	6,481	
9	英国	4,465	
10	中国	3,097	
11	荷兰	2,960	
12	瑞典	2,526	
13	西班牙	1,843	
14	瑞士	1,455	
15	加拿大	1,347	
16	奥地利	1,284	
17	澳大利亚	1,239	
18	比利时	1,050	
18	波兰	1,022	
20	芬兰	964	1
21	南非	884	2
22	印度	633	
23	委内瑞拉	562	2
24	挪威	431	
25	巴西	424	
26	以色列	419	
27	丹麦	353	
28	新西兰	321	
29	匈牙利	300	
30	爱尔兰	248	
31	捷克	228	
32	斯洛文尼亚	196	
33	阿根廷	155	
34	墨西哥	120	
35	葡萄牙	88	
36	斯洛伐克	75	
37	卢森堡	68	
38	泰国	43	1
39	马来西亚	39	
40	土耳其	33	
41	新加坡	30	1
42	香港	24	
43	哥伦比亚	20	
44	印度尼西亚	16	3
45	智利	10	
46	希腊	7	
47	爱沙尼亚	6	
48	冰岛	6	
49	菲律宾	5	

来源&注释：见附录1

基 础 设 施

科学基础设施 4.3.18

批准授予国民专利年平均增长速度

1999

变化百分比

排名		
1	意大利	772.27
2	委内瑞拉	639.47 [2]
3	爱沙尼亚	200.00
4	中国	87.36
5	马来西亚	85.71
6	冰岛	50.00
7	葡萄牙	44.26
8	比利时	43.44
9	加拿大	41.94
10	希腊	40.00
11	丹麦	27.90
12	智利	26.32 [3]
13	韩国	20.65
14	匈牙利	14.07
15	瑞士	10.81
16	台湾（地区）	9.96
17	西班牙	9.44
18	印度	6.93
19	日本	6.57
20	瑞典	5.25
21	美国	4.50
22	巴西	4.43
23	土耳其	3.13
24	荷兰	-0.40
25	以色列	-1.41
26	德国	-2.39
27	奥地利	-3.96
28	法国	-4.71
29	挪威	-5.27
30	斯洛文尼亚	-6.67
31	英国	-7.71
32	澳大利亚	-11.37
33	芬兰	-11.56 [1]
34	波兰	-12.95
35	墨西哥	-14.89
36	新西兰	-15.97
37	菲律宾	-16.67
38	南非	-19.49 [2]
39	俄罗斯	-20.05
40	卢森堡	-20.93
41	捷克	-21.65
42	爱尔兰	-37.22
43	香港	-38.46
44	斯洛伐克	-42.31
45	阿根廷	-49.51
46	哥伦比亚	-66.10
47	泰国	-78.28 [1]
-	印度尼西亚	-
-	新加坡	-

科学基础设施 4.3.19

国民在国外获取专利件数

1999

国民在国外获取专利件数

排名		数目
1	美国	113,280
2	日本	83,814
3	德国	73,466
4	法国	32,179
5	英国	24,005
6	瑞士	16,608
7	意大利	12,752
8	荷兰	12,343
9	瑞典	9,490
10	韩国	7,764
11	加拿大	7,328
12	芬兰	5,232
13	比利时	4,489
14	奥地利	4,235
15	丹麦	3,948
16	澳大利亚	3,270
17	台湾（地区）	2,486 [4]
18	挪威	2,085
19	以色列	2,077
20	西班牙	1,988
21	爱尔兰	913
22	卢森堡	745
23	南非	716
24	俄罗斯	514
25	新西兰	502
26	匈牙利	446
27	巴西	320
28	中国	235
29	印度	192
30	希腊	191
31	墨西哥	183
32	捷克	152
33	葡萄牙	146
34	阿根廷	120
35	波兰	114
36	斯洛伐克	52
37	泰国	49
38	土耳其	28
39	哥伦比亚	6
-	智利	-
-	爱沙尼亚	-
-	香港	-
-	冰岛	-
-	印度尼西亚	-
-	马来西亚	-
-	菲律宾	-
-	新加坡	-
-	斯洛文尼亚	-
-	委内瑞拉	-

来源&注释：见附录1

基础设施

科学基础设施　　4.3.20

专利权和版权保护

2002

专利和版权是否在贵国得到了充分保护

否 S U A Y C Y 是

排名		
1	瑞士	9.13
2	芬兰	8.97
3	奥地利	8.96
4	美国	8.95
5	加拿大	8.49
6	丹麦	8.49
7	德国	8.47
8	瑞典	8.37
9	荷兰	8.23
10	澳大利亚	8.16
11	新西兰	8.12
12	挪威	7.92
13	新加坡	7.87
14	英国	7.69
15	爱尔兰	7.68
16	卢森堡	7.63
17	法国	7.55
18	以色列	7.55
18	冰岛	7.14
20	比利时	7.12
21	日本	6.76
22	爱沙尼亚	6.72
23	捷克	6.56
24	南非	6.49
25	台湾（地区）	6.47
26	香港	6.39
27	马来西亚	6.23
28	西班牙	6.09
29	智利	5.96
30	韩国	5.82
31	匈牙利	5.78
32	希腊	5.72
33	斯洛伐克	5.68
34	葡萄牙	5.64
35	意大利	5.61
36	巴西	5.37
37	斯洛文尼亚	5.27
38	中国	4.95
39	泰国	4.89
40	土耳其	4.69
41	哥伦比亚	4.68
42	波兰	4.64
43	墨西哥	4.46
44	俄罗斯	4.12
45	印度	4.04
46	菲律宾	3.65
47	阿根廷	3.62
48	委内瑞拉	3.14
49	印度尼西亚	2.52

科学基础设施　　4.3.21

有效专利数

1999

平均每10完国民持有的有效专利件数

排名		数目
1	卢森堡	7,094
2	瑞士	1,221
3	瑞典	1,106
4	比利时	835
5	日本	794
6	荷兰	764
7	加拿大	687
8	爱尔兰	619
9	法国	585
10	台湾（地区）	577
11	丹麦	555 [2]
12	澳大利亚	466
13	新加坡	458
14	美国	456
15	西班牙	454
16	德国	453
17	芬兰	394 [1]
18	挪威	354 [3]
19	葡萄牙	225
20	以色列	197
21	韩国	163 [3]
22	斯洛文尼亚	162
23	奥地利	159
24	俄罗斯	131
25	匈牙利	113
26	冰岛	89
27	捷克	71
28	希腊	49 [3]
29	斯洛伐克	45 [1]
30	智利	44 [3]
31	墨西哥	40
32	波兰	35
33	土耳其	33
34	爱沙尼亚	23
35	巴西	14
36	南非	11 [4]
37	中国	4
38	马来西亚	3
39	泰国	2
40	哥伦比亚	1 [1]
41	印度	1
42	菲律宾	1 [1]
43	印度尼西亚	1
-	阿根廷	-
-	香港	-
-	意大利	-
-	新西兰	-
-	英国	-
-	委内瑞拉	-

来源&注释：见附录1

科学基础设施 4.3.22

专利生产率

1999

批准授予国民的专利数/企业中研究与开发人员数（千人）

排名		数目	
1	韩国	515	
2	台湾（地区）	260	
3	日本	222	
4	意大利	109	
5	新西兰	98	
6	南非	95	2
7	泰国	81	2
8	法国	67	
9	奥地利	66	1
10	荷兰	66	
11	瑞士	65	3
12	德国	61	
13	瑞典	57	
14	爱尔兰	56	2
15	波兰	50	
16	西班牙	48	
17	斯洛文尼亚	48	
18	澳大利亚	47	
19	匈牙利	39	
20	芬兰	39	1
21	比利时	34	
22	墨西哥	33	4
23	挪威	32	
24	阿根廷	32	2
25	英国	29	
26	葡萄牙	27	
27	俄罗斯	27	
28	智利	22	
29	捷克	19	
30	加拿大	17	
31	丹麦	17	
32	哥伦比亚	17	4
33	巴西	16	
34	斯洛伐克	13	
35	爱沙尼亚	10	
36	中国	9	
37	香港	7	
38	冰岛	6	
39	马来西亚	6	1
40	土耳其	6	
41	印度	4	3
42	菲律宾	4	1
43	新加坡	3	1
44	希腊	1	
-	印度尼西亚	-	
-	以色列	-	
-	卢森堡	-	
-	美国	-	
-	委内瑞拉	-	

来源&注释：见附录1

健康与环境 4.4.01

公共健康支出

1999

占GDP的比例

排名		%	
1	美国	12.9	
2	德国	10.5	
3	瑞士	10.4	1
4	哥伦比亚	10.2	
5	法国	9.6	1
6	斯洛伐克	9.1	1
7	冰岛	9.1	
8	加拿大	8.8	
9	比利时	8.8	1
10	澳大利亚	8.8	1
11	南非	8.6	1
12	荷兰	8.5	1
13	希腊	8.5	1
14	挪威	8.5	
15	奥地利	8.3	
16	丹麦	8.3	
17	意大利	8.2	
18	以色列	8.2	1
18	阿根廷	8.1	1
20	新西兰	8.0	1
21	瑞典	7.9	1
22	斯洛文尼亚	7.7	
23	葡萄牙	7.6	1
24	捷克	7.5	
25	日本	7.3	1
26	西班牙	7.0	1
27	巴西	6.9	1
28	英国	6.9	
29	芬兰	6.9	1
30	匈牙利	6.8	1
31	爱沙尼亚	6.5	
32	波兰	6.2	
33	爱尔兰	6.0	
34	墨西哥	5.8	
35	卢森堡	5.7	1
36	台湾（地区）	5.5	
37	香港	5.3	
38	委内瑞拉	4.9	1
39	俄罗斯	4.4	
40	韩国	4.3	
41	泰国	3.9	1
42	土耳其	3.7	1
43	新加坡	3.6	1
44	智利	2.8	2
45	中国	2.3	1
46	马来西亚	1.5	
47	印度尼西亚	0.5	
48	菲律宾	0.5	
49	印度	0.1	

来源&注释：见附录1

基 础 设 施

健康与环境 4.4.02

健康总支出

1999

占GDP的比例

BACKGROUND INFORMATION

排名	国家/地区	%	注
1	卢森堡	92.30	1
2	捷克	91.80	
3	比利时	89.70	1
4	斯洛伐克	89.00	
5	马来西亚	85.45	
6	瑞典	83.80	
7	斯洛文尼亚	83.80	1
8	英国	83.30	1
9	挪威	82.88	
10	丹麦	81.90	1
11	冰岛	80.70	
12	爱沙尼亚	80.40	
13	日本	78.30	1
14	新西兰	77.10	1
15	西班牙	76.90	1
16	爱尔兰	76.80	1
17	匈牙利	76.50	1
18	法国	76.40	1
18	芬兰	76.30	1
20	德国	74.60	1
21	瑞士	73.40	1
22	波兰	73.30	1
23	奥地利	70.50	1
24	荷兰	70.40	1
25	加拿大	69.60	1
26	澳大利亚	69.30	1
27	意大利	68.00	1
28	葡萄牙	66.90	1
29	以色列	66.80	1
30	台湾（地区）	65.43	
31	俄罗斯	64.40	1
32	南非	63.60	2
33	土耳其	63.00	1
34	泰国	61.40	1
35	希腊	56.80	1
36	哥伦比亚	55.09	
37	阿根廷	55.00	1
38	委内瑞拉	53.10	1
39	香港	50.00	
40	巴西	48.20	1
41	墨西哥	48.00	
42	韩国	46.29	
43	美国	44.70	1
44	菲律宾	42.40	1
45	智利	39.60	1
46	中国	38.80	1
47	新加坡	35.40	1
48	印度尼西亚	25.50	1
49	印度	18.00	1

来源&注释：见附录1

附加的参考国家*

国家	%	注
巴哈马	55.70	1
巴林	70.60	1
埃及	30.80	1
伊朗	48.60	1
科威特	87.10	1
尼日利亚	39.40	1
巴基斯坦	23.60	1
卡塔尔	76.60	1
阿拉伯联合酋长国	79.70	1

*附加的国家、地区和州是作为对列在世界竞争力年鉴中的49各国家的补充数据。这些经济既不列在也不包括在任何数据的集合中，但作为参考的补充值。

健康与环境 4.4.03

出生时的寿命期望

2000

平均估计

排名		年龄
1	日本	81.1
2	瑞典	79.7
3	瑞士	79.6
4	冰岛	79.5
5	澳大利亚	79.4
6	意大利	79.2
7	法国	79.2
8	香港	79.1
9	西班牙	78.9
10	加拿大	78.8
11	以色列	78.6
12	挪威	78.6
13	新西兰	78.4
14	荷兰	78.2
15	奥地利	78.2
16	希腊	78.1
17	新加坡	77.8
18	比利时	77.8
18	德国	77.5
20	卢森堡	77.4
21	英国	77.4
22	芬兰	77.3
23	爱尔兰	76.9
24	美国	76.7
25	丹麦	76.4
26	智利	76.0
27	斯洛文尼亚	75.7
28	葡萄牙	75.5
29	台湾（地区）	75.0
30	捷克	74.9
31	韩国	74.4
32	阿根廷	74.0
33	墨西哥	73.6
34	委内瑞拉	73.6
35	波兰	73.5
36	斯洛伐克	73.4
37	马来西亚	71.2
38	哥伦比亚	71.2
39	中国	71.0
40	爱沙尼亚	71.0
41	匈牙利	70.8
42	土耳其	69.7
43	泰国	69.2
44	巴西	68.2
45	菲律宾	67.9
46	俄罗斯	65.7
47	印度尼西亚	65.4
48	印度	61.3
49	南非	50.9

来源&注释：见附录1

*附加的国家、地区和州是作为对列在世界竞争力年鉴中的49各国家的补充数据。这些经济既不列在也不包括在任何数据的集合中，但作为参考的补充值。

基础设施

健康与环境 4.4.04

健康寿命期望

1999

平均估计

BACKGROUND INFORMATION

		年龄
1	日本	73.8
2	意大利	72.1
3	瑞士	72.1
4	澳大利亚	71.5
5	瑞典	71.4
6	冰岛	71.2
7	希腊	71.0
8	新西兰	70.8
9	法国	70.7
10	西班牙	70.6
11	挪威	70.5
12	奥地利	70.3
13	加拿大	70.0
14	以色列	69.9
15	英国	69.9
16	卢森堡	69.8
17	荷兰	69.7
18	丹麦	69.5
19	德国	69.4
20	比利时	69.4
21	爱尔兰	69.3
22	芬兰	68.8
23	新加坡	67.8
24	美国	67.2
25	斯洛文尼亚	66.9
26	葡萄牙	66.3
27	韩国	66.0
28	捷克	65.6
29	智利	65.5
30	墨西哥	64.2
31	阿根廷	63.9
32	斯洛伐克	62.4
33	委内瑞拉	62.3
34	中国	62.1
35	波兰	61.8
36	马来西亚	61.6
37	哥伦比亚	60.9
38	爱沙尼亚	60.8
39	匈牙利	59.9
40	泰国	59.7
41	菲律宾	59.0
42	土耳其	58.7
43	印度尼西亚	57.4
44	巴西	57.1
45	俄罗斯	55.5
46	印度	52.0
47	南非	43.2
-	香港	-
-	台湾（地区）	-

来源&注释：见附录1

附加的参考国家*

巴哈马	58.1
巴林	62.7
埃及	57.1
伊朗	58.8
科威特	64.7
尼日利亚	41.6
巴基斯坦	48.1
卡塔尔	60.6
阿拉伯联合酋长国	63.1

*附加的国家、地区和州是作为对列在世界竞争力年鉴中的49各国家的补充数据。这些经济既不列在也不包括在任何数据的集合中，但作为参考的补充值。

健康与环境 4.4.05

医疗帮助

2000

每个医生负担的居民人数/每个护士负担的居民人数数（千人）

合并排名		每 医生	每护士
1	奥地利	178	110
2	比利时	259	94
3	挪威	252	109
4	芬兰	320	68
5	德国	267	105
6	瑞典	311	94
7	俄罗斯	228	155
8	意大利	173	192
9	斯洛伐克	269	140
10	爱尔兰	425	58
11	捷克	323	123
12	法国	280	154
13	美国	344	117
14	丹麦	341	137
15	爱沙尼亚	310	158
16	西班牙	223	217
17	匈牙利	269	195
18	新西兰	435	104
19	澳大利亚	419	128
20	希腊	221	274
21	日本	488	113
22	加拿大	450	136
23	斯洛文尼亚	449	152
24	波兰	415	182
25	葡萄牙	316	244
26	英国	508	183
27	冰岛	-	131
28	香港	658	165
29	瑞士	293	-
30	阿根廷	329	-
31	新加坡	720	248
32	台湾（地区）	669	281
33	菲律宾	803	226
34	韩国	290	729
35	哥伦比亚	899	-
36	墨西哥	330	887
37	南非	1,762	244
38	土耳其	769	899
39	中国	606	1,003
40	委内瑞拉	441	1,632
41	马来西亚	1,336	1,365
42	巴西	-	2,042
43	印度	1,780	1,716
44	智利	1,267	2,257
45	泰国	3,512	1,140
46	印度尼西亚	5,557	-
-	以色列	-	-
-	卢森堡	-	-
-	荷兰	-	-

来源&注释：见附录1

健康与环境 4.4.06

健康基础设施

2002

健康基础设施对社会需要

不满足 S U A Y C Y 满足

排名		
1	奥地利	9.58
2	瑞士	9.13
3	冰岛	8.70
4	新加坡	8.53
5	比利时	8.49
6	芬兰	8.13
7	德国	7.86
8	卢森堡	7.86
9	法国	7.83
10	澳大利亚	7.56
11	香港	7.27
12	以色列	7.20
13	西班牙	7.15
14	美国	7.10
15	丹麦	7.08
16	马来西亚	6.87
17	瑞典	6.82
18	挪威	6.77
18	日本	6.67
20	加拿大	6.61
21	台湾（地区）	6.58
22	捷克	6.50
23	泰国	6.13
24	荷兰	6.03
25	韩国	5.26
26	意大利	5.19
27	新西兰	5.18
28	斯洛文尼亚	5.14
29	智利	4.88
30	爱尔兰	4.63
31	哥伦比亚	4.59
32	爱沙尼亚	4.39
33	中国	4.21
34	墨西哥	4.04
35	希腊	4.00
36	菲律宾	3.97
37	斯洛伐克	3.82
38	英国	3.71
39	葡萄牙	3.53
40	南非	3.21
41	土耳其	3.16
42	印度	3.14
43	印度尼西亚	3.04
44	俄罗斯	2.66
45	巴西	2.63
46	波兰	2.38
47	匈牙利	2.15
48	阿根廷	1.84
49	委内瑞拉	1.58

基础设施

健康与环境 4.4.07

城市人口

2000

占总人口的比例

	%
阿根廷	89
澳大利亚	85
奥地利	65
比利时	97
巴西	81
加拿大	77
智利	85
中国	34
哥伦比亚	75
捷克	66
丹麦	86
爱沙尼亚	74
芬兰	65
法国	76
德国	88
希腊	60
香港	96
匈牙利	67
冰岛	93
印度	28
印度尼西亚	40
爱尔兰	59
以色列	91
意大利	67
日本	79
韩国	86
卢森堡	92
马来西亚	57
墨西哥	74
荷兰	89
新西兰	87
挪威	74
菲律宾	58
波兰	65
葡萄牙	38
俄罗斯	78
新加坡	100
斯洛伐克	61
斯洛文尼亚	53
南非	50
西班牙	86
瑞典	83
瑞士	62
台湾（地区）	69
泰国	22
土耳其	74
英国	90
美国	77
委内瑞拉	87

来源&注释：见附录1

健康与环境 4.4.08

收入分配—最低20%

1999

收入最低的20%家庭占家庭收入的比例

	%
阿根廷	-
澳大利亚	5.90
奥地利	10.40
比利时	9.50
巴西	2.60
加拿大	7.50
智利	3.40
中国	5.90
哥伦比亚	3.00
捷克	10.30
丹麦	9.60
爱沙尼亚	10.90
芬兰	10.00
法国	7.20
德国	8.20
希腊	7.50
香港	3.70
匈牙利	10.00
冰岛	7.90
印度	8.10
印度尼西亚	8.00
爱尔兰	6.70
以色列	6.90
意大利	8.70
日本	10.60
韩国	7.50
卢森堡	9.40
马来西亚	4.40
墨西哥	4.00
荷兰	7.30
新西兰	2.70
挪威	9.70
菲律宾	5.40
波兰	7.80
葡萄牙	7.30
俄罗斯	4.40
新加坡	5.10
斯洛伐克	11.90
斯洛文尼亚	9.10
南非	2.90
西班牙	7.50
瑞典	9.60
瑞士	6.90
台湾（地区）	7.13
泰国	6.40
土耳其	5.80
英国	6.60
美国	5.20
委内瑞拉	4.10

来源&注释：见附录1

健康与环境 4.4.09

收入分配—最高20%

1999

收入最高的20%家庭占家庭收入的比例

BACKGROUND INFORMATION

	%
阿根廷	-
澳大利亚	41.30
奥地利	33.30
比利时	34.50
巴西	63.00
加拿大	39.30
智利	62.00
中国	46.60
哥伦比亚	60.90
捷克	35.90
丹麦	34.50
爱沙尼亚	38.60
芬兰	35.80
法国	40.20
德国	38.50
希腊	40.30
香港	51.50
匈牙利	34.40
冰岛	37.20
印度	46.10
印度尼西亚	41.10
爱尔兰	42.90
以色列	42.50
意大利	36.30
日本	35.70
韩国	39.30
卢森堡	36.50
马来西亚	54.30
墨西哥	56.70
荷兰	40.10
新西兰	46.90
挪威	35.80
菲律宾	52.30
波兰	39.70
葡萄牙	43.40
俄罗斯	53.70
新加坡	48.90
斯洛伐克	31.40
斯洛文尼亚	37.70
南非	64.80
西班牙	40.30
瑞典	34.50
瑞士	40.30
台湾（地区）	39.24
泰国	48.40
土耳其	47.70
英国	43.00
美国	46.40
委内瑞拉	53.70

来源&注释：见附录1

健康与环境 4.4.10

人文发展指数

1999

经济、社会与教育的综合指数

排名		指数
1	挪威	0.939
2	澳大利亚	0.936
2	加拿大	0.936
2	瑞典	0.936
5	比利时	0.935
6	美国	0.934
7	冰岛	0.932
8	荷兰	0.931
9	日本	0.928
10	芬兰	0.925
11	法国	0.924
11	卢森堡	0.924
11	瑞士	0.924
14	英国	0.923
15	奥地利	0.921
15	丹麦	0.921
15	德国	0.921
18	爱尔兰	0.916
19	新西兰	0.913
20	意大利	0.909
21	西班牙	0.908
22	以色列	0.893
23	希腊	0.881
24	香港	0.880
25	新加坡	0.876
26	韩国	0.875
27	葡萄牙	0.874
27	斯洛文尼亚	0.874
29	捷克	0.844
30	阿根廷	0.842
31	斯洛伐克	0.831
32	匈牙利	0.829
33	波兰	0.828
34	智利	0.825
35	爱沙尼亚	0.812
36	墨西哥	0.790
37	俄罗斯	0.775
38	马来西亚	0.774
39	哥伦比亚	0.765
39	委内瑞拉	0.765
41	泰国	0.757
42	巴西	0.750
43	菲律宾	0.749
44	土耳其	0.735
45	中国	0.718
46	南非	0.702
47	印度尼西亚	0.677
48	印度	0.571
-	台湾（地区）	-

来源&注释：见附录1

附加的参考国家*

巴哈马	0.820
巴林	0.824
埃及	0.635
伊朗	0.714
科威特	0.818
尼日利亚	0.455
巴基斯坦	0.498
卡塔尔	0.801
阿拉伯联合酋长国	0.809

*附加的国家、地区和州是作为对列在世界竞争力年鉴中的49各国家的补充数据。这些经济既不列在也不包括在任何数据的集合中，但作为参考的补充值。

基础设施

健康与环境 4.4.11

酗酒、吸烟

2002

酗酒和吸毒在工作岗位有没有成为严重问题

有 S U A Y C Y 没有

排名		
1	丹麦	8.51
2	新加坡	8.51
3	土耳其	8.41
4	日本	8.38
5	冰岛	8.19
6	奥地利	8.12
7	以色列	8.10
8	挪威	8.03
9	香港	7.65
10	芬兰	7.58
11	台湾（地区）	7.55
12	中国	7.46
13	德国	7.44
14	希腊	7.41
15	瑞士	7.38
16	瑞典	7.34
17	加拿大	7.31
18	意大利	7.29
18	阿根廷	7.20
20	比利时	7.16
21	荷兰	7.11
22	捷克	7.00
23	马来西亚	6.82
24	智利	6.76
25	卢森堡	6.74
26	印度	6.61
27	韩国	6.55
28	西班牙	6.55
29	澳大利亚	6.44
30	法国	6.40
31	葡萄牙	6.17
32	斯洛伐克	6.06
33	印度尼西亚	6.00
34	墨西哥	5.96
35	新西兰	5.92
36	哥伦比亚	5.82
37	美国	5.81
38	爱沙尼亚	5.73
39	爱尔兰	5.72
40	巴西	5.66
41	泰国	5.47
42	匈牙利	5.41
43	菲律宾	5.17
44	英国	5.14
45	委内瑞拉	4.95
46	斯洛文尼亚	4.75
47	南非	4.36
48	波兰	4.01
49	俄罗斯	3.90

健康与环境 4.4.12

纸张和纸板的回收率

2000

占表面消耗量的比

排名		%	
1	冰岛	80.00	4
2	瑞士	75.00	
3	德国	74.00	
4	奥地利	71.00	
4	荷兰	71.00	
6	瑞典	69.00	
7	新西兰	66.00	3
8	日本	60.00	
9	韩国	59.00	
10	台湾（地区）	57.70	
11	香港	57.00	
11	土耳其	57.00	
13	挪威	55.00	
14	澳大利亚	50.00	5
15	美国	48.00	
16	匈牙利	47.00	3
16	葡萄牙	47.00	
18	捷克	45.00	2
18	英国	45.00	
20	西班牙	44.30	
21	法国	44.00	
22	芬兰	41.00	
23	委内瑞拉	37.60	3
24	南非	37.00	4
25	哥伦比亚	36.00	3
26	斯洛伐克	34.00	3
27	加拿大	33.00	3
28	印度	32.00	3
29	斯洛文尼亚	31.00	
30	丹麦	30.40	
31	意大利	29.00	
32	以色列	27.00	2
33	希腊	26.00	
34	俄罗斯	25.00	
35	比利时	19.00	
36	波兰	14.00	3
37	爱尔兰	13.00	
38	墨西哥	2.00	
39	爱沙尼亚	1.63	2
-	阿根廷	-	
-	巴西	-	
-	智利	-	
-	中国	-	
-	印度尼西亚	-	
-	卢森堡	-	
-	马来西亚	-	
-	菲律宾	-	
-	新加坡	-	
-	泰国	-	

来源&注释：见附录1

健康与环境　4.4.13

废水处理工厂

1999

接受废水处理工厂服务的人口占总人口的比重

排名	国家/地区	%	
1	荷兰	98	
2	瑞士	96	
3	卢森堡	93	
3	瑞典	93	1
5	丹麦	89	
5	英国	89	
7	德国	89	2
8	法国	86	
9	奥地利	81	1
10	芬兰	80	
10	新西兰	80	
12	马来西亚	79	
13	加拿大	78	
14	挪威	73	
15	美国	71	2
16	哥伦比亚	70	2
16	爱沙尼亚	70	
18	以色列	65	4
19	意大利	63	2
20	捷克	62	
21	巴西	62	
22	爱尔兰	61	
23	韩国	58	
24	俄罗斯	55	2
25	葡萄牙	55	
26	斯洛伐克	55	
27	日本	54	
28	波兰	52	
29	希腊	50	1
30	西班牙	48	
31	比利时	39	1
32	斯洛文尼亚	34	
33	香港	31	
34	匈牙利	26	1
35	墨西哥	22	
36	南非	19	4
37	智利	18	2
38	冰岛	16	
39	土耳其	12	1
40	印度	10	3
41	菲律宾	8	1
42	台湾（地区）	7	
-	阿根廷	-	
-	澳大利亚	-	
-	中国	-	
-	印度尼西亚	-	
-	新加坡	-	
-	泰国	-	
-	委内瑞拉	-	

来源&注释：见附录1

健康与环境　　4.4.14

二氧化碳排放量

1997

GDP的每百万美元中由工业过程排放的二氧化碳（吨）

排名		吨
1	香港	139.2
2	瑞士	166.5
3	瑞典	203.5
4	法国	248.8
5	日本	279.2
6	冰岛	289.2
7	奥地利	303.9
8	丹麦	341.3
9	意大利	364.7
10	巴西	380.3
11	英国	399.9
12	德国	402.7
13	荷兰	434.0
14	比利时	436.6
15	挪威	442.0
16	西班牙	459.8
17	芬兰	462.0
18	卢森堡	467.6
18	阿根廷	480.1
20	新西兰	489.1
21	葡萄牙	507.6
22	爱尔兰	540.9
23	以色列	591.3
24	台湾（地区）	635.8
25	美国	657.2
26	哥伦比亚	674.1
27	希腊	730.8
28	澳大利亚	783.4
29	加拿大	783.4
30	智利	798.3
31	斯洛文尼亚	851.6
32	新加坡	866.9
33	墨西哥	943.3
34	韩国	959.8
35	菲律宾	992.2
36	土耳其	1,135.8
37	印度尼西亚	1,183.2
38	匈牙利	1,303.2
39	马来西亚	1,369.7
40	泰国	1,501.0
41	斯洛伐克	1,866.7
42	南非	2,160.1
43	委内瑞拉	2,162.1
44	捷克	2,379.1
45	波兰	2,478.3
46	印度	2,783.2
47	俄罗斯	3,374.0
48	中国	4,000.6
49	爱沙尼亚	4,135.5

来源&注释：见附录1

附加的参考国家*

国家	吨
巴哈马	441.6
巴林	2,352.1
埃及	1,564.1
伊朗	4,857.5
科威特	1,707.3
尼日利亚	2,377.2
巴基斯坦	1,654.7
卡塔尔	4,162.1
阿拉伯联合酋长国	1,671.2

*附加的国家、地区和州是作为对列在世界竞争力年鉴中的49各国家的补充数据。这些经济既不列在也不包括在任何数据的集合中，但作为参考的补充值。

基 础 设 施

健康与环境 4.4.15

生态痕迹

1996

每人生物生产地单位面积，公顷

BACKGROUND INFORMATION

排名	国家/地区	公顷
1	印度	1.1
2	菲律宾	1.4
3	印度尼西亚	1.5
4	中国	1.8
5	哥伦比亚	1.9
6	巴西	2.6
7	墨西哥	2.7
8	泰国	2.7
9	土耳其	2.7
10	委内瑞拉	2.9
11	智利	3.4
12	马来西亚	3.7
13	阿根廷	3.8
14	斯洛伐克	3.9
15	南非	4.0
16	台湾（地区）	4.3
17	葡萄牙	5.0
18	匈牙利	5.0
19	俄罗斯	5.4
20	波兰	5.4
21	以色列	5.4
22	斯洛文尼亚	5.4
23	奥地利	5.5
24	西班牙	5.5
25	意大利	5.5
26	希腊	5.6
27	韩国	5.6
28	荷兰	5.8
29	比利时	5.9
29	卢森堡	5.9
31	日本	5.9
32	挪威	6.1
33	英国	6.3
34	捷克	6.3
35	德国	6.3
36	香港	6.3
37	瑞士	6.6
38	爱沙尼亚	7.1
39	法国	7.3
40	瑞典	7.5
41	加拿大	7.7
42	芬兰	8.4
43	澳大利亚	8.5
44	爱尔兰	9.4
45	新西兰	9.5
46	丹麦	9.9
47	美国	12.2
48	新加坡	12.3
-	冰岛	-

来源&注释：见附录1

健康与环境 4.4.16

可持续发展

2002

贵国优先是否考虑可持续发展

否 S U A Y C Y 是

排名	国家/地区	分值
1	新加坡	8.64
2	芬兰	8.50
3	奥地利	8.43
4	丹麦	8.05
5	卢森堡	7.91
6	瑞士	7.87
7	荷兰	7.75
8	瑞典	7.67
9	挪威	7.63
10	智利	7.45
11	新西兰	7.33
12	马来西亚	7.27
13	台湾（地区）	7.26
14	加拿大	7.21
15	冰岛	7.12
16	爱尔兰	7.09
17	德国	7.00
18	韩国	6.95
18	澳大利亚	6.92
20	日本	6.89
21	中国	6.80
22	西班牙	6.58
23	美国	6.56
24	捷克	6.56
25	南非	6.52
26	比利时	6.45
27	泰国	6.30
28	香港	6.30
29	菲律宾	6.25
30	巴西	6.24
31	斯洛伐克	6.20
32	爱沙尼亚	6.20
33	俄罗斯	6.04
34	希腊	6.00
35	土耳其	6.00
36	法国	5.98
37	以色列	5.95
38	墨西哥	5.87
39	英国	5.83
40	匈牙利	5.70
41	印度	5.43
42	葡萄牙	5.36
43	哥伦比亚	5.32
44	印度尼西亚	5.26
45	意大利	5.25
46	波兰	4.60
47	斯洛文尼亚	4.47
48	阿根廷	3.65
49	委内瑞拉	3.63

健康与环境 4.4.17

污染问题

2002

污染问题并有没有严重影响贵国基础设施

有 没有

排名	国家/地区	得分
1	奥地利	8.86
2	芬兰	8.79
3	丹麦	8.74
4	冰岛	8.60
5	瑞典	8.48
6	挪威	8.29
7	新加坡	8.26
8	瑞士	8.21
9	新西兰	7.96
10	德国	7.60
11	卢森堡	7.53
12	澳大利亚	7.51
13	荷兰	7.21
14	加拿大	7.04
15	法国	6.50
16	日本	6.42
17	英国	6.33
18	马来西亚	6.25
18	爱沙尼亚	6.24
20	美国	6.21
21	葡萄牙	6.19
22	比利时	6.17
23	爱尔兰	6.11
24	西班牙	6.06
25	捷克	5.78
26	以色列	5.75
27	南非	5.73
28	斯洛伐克	5.41
29	委内瑞拉	5.26
30	阿根廷	5.06
31	斯洛文尼亚	5.00
32	土耳其	4.94
33	哥伦比亚	4.91
34	匈牙利	4.89
35	智利	4.82
36	希腊	4.81
37	巴西	4.78
38	泰国	4.76
39	台湾（地区）	4.74
40	韩国	4.65
41	墨西哥	4.17
42	意大利	4.02
43	香港	3.80
44	中国	3.77
45	印度	3.76
46	波兰	3.66
47	俄罗斯	3.62
48	菲律宾	3.05
49	印度尼西亚	2.83

健康与环境 4.4.18

环境法

2002

环境法和遵守该法会不会阻碍企业竞争力

会 不会

排名	国家/地区	得分
1	新加坡	8.43
2	芬兰	8.03
3	瑞典	7.20
4	冰岛	7.16
5	加拿大	7.14
6	奥地利	7.12
7	挪威	7.08
8	日本	7.02
9	瑞士	6.91
10	以色列	6.87
11	丹麦	6.82
12	澳大利亚	6.73
13	中国	6.68
14	爱尔兰	6.56
15	马来西亚	6.54
16	匈牙利	6.52
17	西班牙	6.48
18	荷兰	6.48
18	阿根廷	6.41
20	南非	6.33
21	土耳其	6.22
22	香港	6.20
23	美国	6.16
24	葡萄牙	6.11
25	法国	6.08
26	卢森堡	6.00
27	巴西	5.90
28	俄罗斯	5.80
29	墨西哥	5.80
30	英国	5.78
31	爱沙尼亚	5.76
32	希腊	5.72
33	哥伦比亚	5.67
34	泰国	5.65
35	捷克	5.61
36	斯洛伐克	5.59
37	德国	5.58
38	智利	5.49
39	台湾（地区）	5.42
40	比利时	5.35
41	委内瑞拉	5.32
42	意大利	5.30
43	印度	5.24
44	韩国	5.16
45	斯洛文尼亚	5.08
46	印度尼西亚	4.78
47	新西兰	4.55
48	波兰	4.41
49	菲律宾	4.21

基　础　设　施

价值体系　4.5.01

生活质量

2002

贵国生活质量

低　S　U　A　Y　C　Y　高

排名		
1	奥地利	9.77
2	卢森堡	9.63
3	澳大利亚	9.62
4	瑞士	9.53
5	加拿大	9.32
6	冰岛	9.19
7	挪威	9.16
8	丹麦	9.13
9	新西兰	9.00
10	芬兰	8.97
11	美国	8.92
12	荷兰	8.91
13	比利时	8.68
14	德国	8.60
15	西班牙	8.58
16	瑞典	8.52
17	新加坡	8.30
18	法国	8.22
18	爱尔兰	7.93
20	马来西亚	7.69
21	英国	7.67
22	意大利	7.48
23	智利	6.86
24	希腊	6.50
25	捷克	6.33
26	日本	6.15
27	以色列	6.10
28	泰国	6.05
29	葡萄牙	6.00
30	南非	5.92
31	香港	5.91
32	韩国	5.64
33	台湾（地区）	5.61
34	斯洛文尼亚	5.53
35	匈牙利	5.19
36	墨西哥	4.81
37	爱沙尼亚	4.78
38	中国	4.53
39	巴西	4.48
40	菲律宾	4.32
41	斯洛伐克	4.17
42	土耳其	4.13
43	印度	4.02
44	波兰	3.51
45	阿根廷	2.94
46	哥伦比亚	2.86
47	印度尼西亚	2.71
48	俄罗斯	2.48
49	委内瑞拉	2.11

价值体系　4.5.02

民族文化

2002

民族文化对外国文化开放

封闭　S　U　A　Y　C　Y　开放

排名		
1	加拿大	8.71
2	荷兰	8.63
3	卢森堡	8.37
4	澳大利亚	8.36
5	冰岛	8.33
6	泰国	8.15
7	智利	8.12
8	以色列	8.05
9	香港	8.05
10	美国	8.04
11	葡萄牙	8.00
12	台湾（地区）	7.95
13	巴西	7.93
14	新加坡	7.87
15	爱沙尼亚	7.84
16	菲律宾	7.81
17	瑞典	7.80
18	新西兰	7.72
18	爱尔兰	7.65
20	比利时	7.61
21	阿根廷	7.41
22	芬兰	7.39
23	马来西亚	7.35
24	奥地利	7.27
25	希腊	7.25
26	意大利	7.24
27	斯洛伐克	7.16
28	委内瑞拉	7.16
29	俄罗斯	7.14
30	哥伦比亚	7.14
31	德国	7.02
32	匈牙利	6.89
33	瑞士	6.86
34	西班牙	6.85
35	印度	6.84
36	土耳其	6.78
37	英国	6.64
38	捷克	6.61
39	丹麦	6.44
40	墨西哥	6.40
41	斯洛文尼亚	6.38
42	南非	6.36
43	挪威	6.34
44	韩国	5.89
45	波兰	5.85
46	印度尼西亚	5.82
47	法国	5.70
48	中国	5.68
49	日本	5.67

价值体系 4.5.03

适应性

2002

面对挑战，贵国人民的适应性

弱 ←→ 强

排名	国家/地区	值
1	巴西	8.63
2	美国	8.58
3	冰岛	8.43
4	新西兰	8.06
5	爱尔兰	7.96
6	以色列	7.95
7	菲律宾	7.94
8	澳大利亚	7.87
9	荷兰	7.84
10	芬兰	7.74
11	加拿大	7.63
12	台湾（地区）	7.61
13	土耳其	7.53
14	香港	7.46
15	意大利	7.46
16	新加坡	7.38
17	马来西亚	7.38
18	卢森堡	7.35
18	智利	7.24
20	委内瑞拉	7.21
21	葡萄牙	7.18
22	泰国	7.14
23	爱沙尼亚	7.08
24	希腊	7.06
25	印度	6.96
26	韩国	6.76
27	阿根廷	6.76
28	匈牙利	6.74
29	哥伦比亚	6.73
30	瑞典	6.62
31	丹麦	6.62
32	比利时	6.59
33	奥地利	6.46
34	南非	6.44
35	俄罗斯	6.42
36	墨西哥	6.40
37	斯洛伐克	6.38
38	西班牙	6.37
39	英国	6.08
40	瑞士	5.90
41	挪威	5.89
42	捷克	5.83
43	斯洛文尼亚	5.59
44	印度尼西亚	5.42
45	中国	5.31
46	日本	5.04
47	德国	4.91
48	法国	4.86
49	波兰	4.77

价值体系 4.5.04

歧视

2002

歧视（种族、性别等）有没有给社会带来不利影响

有 ←→ 没有

排名	国家/地区	值
1	泰国	8.15
2	爱沙尼亚	8.08
3	委内瑞拉	8.05
4	卢森堡	8.05
5	阿根廷	7.82
6	加拿大	7.78
7	葡萄牙	7.72
8	新加坡	7.66
9	智利	7.45
10	冰岛	7.38
11	芬兰	7.34
12	菲律宾	7.33
13	土耳其	7.25
14	台湾（地区）	7.17
15	荷兰	7.16
16	香港	7.12
17	澳大利亚	7.07
18	奥地利	7.04
18	瑞士	6.91
20	巴西	6.87
21	哥伦比亚	6.70
22	意大利	6.68
23	新西兰	6.67
24	希腊	6.63
25	比利时	6.51
26	美国	6.48
27	德国	6.42
28	斯洛文尼亚	6.41
29	墨西哥	6.40
30	瑞典	6.33
31	法国	6.25
32	挪威	6.11
33	中国	6.09
34	马来西亚	6.06
35	爱尔兰	6.04
36	西班牙	6.03
37	以色列	5.85
38	丹麦	5.74
39	斯洛伐克	5.59
40	捷克	5.56
41	英国	5.53
42	印度	5.45
43	俄罗斯	5.12
44	日本	5.09
45	韩国	4.91
46	匈牙利	4.89
47	印度尼西亚	4.89
48	波兰	4.82
49	南非	4.30

价值体系 4.5.05

国会中女性人数

2002

性席位占全部席位的比例

排名		%
1	瑞典	42.70
2	丹麦	37.40
3	芬兰	36.50
4	挪威	36.40
5	冰岛	34.90
6	荷兰	32.90
7	新西兰	30.80
8	德国	30.40
9	香港	29.00
10	南非	27.90
11	西班牙	26.60
12	澳大利亚	25.40
13	奥地利	25.10
14	比利时	24.90
15	加拿大	23.60
16	瑞士	22.40
17	中国	21.80
18	阿根廷	21.30
19	葡萄牙	18.70
20	爱沙尼亚	17.80
21	英国	17.00
22	卢森堡	16.70
23	墨西哥	15.90
24	马来西亚	14.50
25	捷克	14.20
26	斯洛伐克	14.00
27	美国	13.80
28	爱尔兰	13.70
29	波兰	12.70
30	以色列	12.50
31	哥伦比亚	12.20
31	斯洛文尼亚	12.20
33	菲律宾	11.80
34	日本	10.80
35	意大利	10.00
36	委内瑞拉	9.70
37	法国	9.10
38	智利	8.90
39	希腊	8.70
40	匈牙利	8.30
41	印度尼西亚	8.00
42	新加坡	6.50
43	巴西	5.90
43	韩国	5.90
45	俄罗斯	5.60
46	土耳其	4.20
47	泰国	4.00
-	印度	-
-	台湾（地区）	-

来源&注释：见附录1

价值体系 4.5.06

女性的地位

2002

所有立法委员、高级官员和经理中女性所占比例

排名		%
1	美国	45.00
2	哥伦比亚	40.00
3	新西兰	37.00
3	俄罗斯	37.00
5	加拿大	35.00
5	爱沙尼亚	35.00
7	匈牙利	34.00
7	爱尔兰	34.00
7	波兰	34.00
10	菲律宾	33.00
10	英国	33.00
12	葡萄牙	32.00
12	斯洛伐克	32.00
14	挪威	31.00
14	斯洛文尼亚	31.00
14	西班牙	31.00
17	芬兰	29.00
17	瑞典	29.00
19	奥地利	26.00
19	德国	26.00
21	澳大利亚	25.00
21	希腊	25.00
21	冰岛	25.00
21	以色列	25.00
25	委内瑞拉	24.00
26	丹麦	23.10
27	捷克	23.00
27	墨西哥	23.00
27	荷兰	23.00
30	智利	22.00
30	香港	22.00
30	泰国	22.00
33	新加坡	21.50
34	马来西亚	21.00
35	瑞士	20.00
36	比利时	19.00
36	意大利	19.00
38	日本	9.00
39	韩国	5.00
-	阿根廷	-
-	巴西	-
-	中国	-
-	法国	-
-	印度	-
-	印度尼西亚	-
-	卢森堡	-
-	南非	-
-	台湾（地区）	-
-	土耳其	-

来源&注释：见附录1

价值体系　4.5.07

性别收入比

1999

估计总体女性与男性收入比率

排名		比率
1	丹麦	0.70
2	瑞典	0.68
3	澳大利亚	0.67
4	芬兰	0.66
5	新西兰	0.65
5	斯洛伐克	0.65
7	捷克	0.64
8	爱沙尼亚	0.63
8	挪威	0.63
8	俄罗斯	0.63
11	冰岛	0.62
12	加拿大	0.61
12	波兰	0.61
12	斯洛文尼亚	0.61
12	英国	0.61
12	美国	0.61
17	匈牙利	0.57
18	菲律宾	0.55
19	葡萄牙	0.52
20	荷兰	0.51
21	德国	0.50
21	以色列	0.50
23	新加坡	0.49
23	瑞士	0.49
25	奥地利	0.48
26	马来西亚	0.46
27	哥伦比亚	0.45
27	韩国	0.45
27	土耳其	0.45
30	希腊	0.44
30	意大利	0.44
32	比利时	0.43
32	日本	0.43
34	西班牙	0.42
35	委内瑞拉	0.40
36	爱尔兰	0.38
37	墨西哥	0.37
38	智利	0.36
-	阿根廷	-
-	巴西	-
-	中国	-
-	法国	-
-	香港	-
-	印度	-
-	印度尼西亚	-
-	卢森堡	-
-	南非	-
-	台湾（地区）	-
-	泰国	-

来源&注释：见附录1

价值体系　4.5.08

骚扰和暴力

2002

骚扰和暴力有没有严重动摇岗位

有　　　没有

排名		
1	奥地利	9.19
2	芬兰	9.17
3	卢森堡	8.98
4	冰岛	8.90
5	新加坡	8.83
6	丹麦	8.77
7	瑞典	8.66
8	挪威	8.63
9	香港	8.57
10	加拿大	8.49
11	智利	8.43
12	澳大利亚	8.42
13	爱沙尼亚	8.35
14	瑞士	8.34
15	新西兰	8.33
16	德国	8.33
17	葡萄牙	8.25
18	捷克	8.17
18	土耳其	8.09
20	荷兰	8.03
21	爱尔兰	8.00
22	比利时	7.86
23	斯洛伐克	7.83
24	以色列	7.60
25	美国	7.60
26	意大利	7.57
27	泰国	7.57
28	希腊	7.52
29	台湾（地区）	7.42
30	匈牙利	7.41
31	法国	7.28
32	西班牙	7.26
33	马来西亚	7.18
34	日本	6.93
35	英国	6.92
36	中国	6.88
37	印度	6.86
38	墨西哥	6.57
39	委内瑞拉	6.47
40	斯洛文尼亚	6.47
41	菲律宾	6.29
42	韩国	6.15
43	阿根廷	6.11
44	波兰	6.01
45	巴西	5.76
46	印度尼西亚	5.11
47	俄罗斯	4.92
48	南非	4.82
49	哥伦比亚	4.19

基 础 设 施

价值体系 4.5.09

社会的价值

2002

社会的价值对竞争力

不支持 — 支持

排名		
1	美国	8.85
2	新加坡	8.30
3	香港	8.19
4	芬兰	8.08
5	冰岛	7.95
6	中国	7.94
7	瑞士	7.66
8	台湾（地区）	7.61
9	加拿大	7.57
10	爱尔兰	7.54
11	以色列	7.49
12	卢森堡	7.44
13	荷兰	7.44
14	奥地利	7.42
15	澳大利亚	7.42
16	智利	7.33
17	马来西亚	6.99
18	土耳其	6.92
18	爱沙尼亚	6.75
20	比利时	6.68
21	韩国	6.65
22	新西兰	6.63
23	丹麦	6.62
24	巴西	6.60
25	匈牙利	6.59
26	英国	6.56
27	瑞典	6.33
28	泰国	6.31
29	德国	6.23
30	墨西哥	6.19
31	斯洛文尼亚	6.06
32	意大利	5.90
33	希腊	5.88
34	挪威	5.87
35	西班牙	5.76
36	印度	5.73
37	捷克	5.72
38	菲律宾	5.71
39	葡萄牙	5.64
40	日本	5.62
41	斯洛伐克	5.25
42	哥伦比亚	5.00
43	俄罗斯	4.94
44	法国	4.68
45	南非	4.66
46	波兰	4.61
47	阿根廷	4.49
48	印度尼西亚	4.04
49	委内瑞拉	3.89

价值体系 4.5.10

私人空间的保护

2002

贵国对私人空间的保护

未执行 — 执行

排名		
1	美国	8.69
2	芬兰	8.58
3	丹麦	8.57
4	卢森堡	8.51
5	瑞士	8.49
6	奥地利	8.38
7	加拿大	8.35
8	澳大利亚	8.25
9	冰岛	8.05
10	荷兰	7.97
11	德国	7.93
12	智利	7.76
13	爱尔兰	7.72
14	新西兰	7.65
15	比利时	7.61
16	新加坡	7.53
17	香港	7.48
18	挪威	7.42
18	爱沙尼亚	7.37
20	葡萄牙	7.14
21	西班牙	7.09
22	马来西亚	7.00
23	法国	6.74
24	台湾（地区）	6.74
25	瑞典	6.72
26	英国	6.69
27	意大利	6.68
28	匈牙利	6.52
29	以色列	6.51
30	希腊	6.47
31	巴西	6.39
32	日本	6.26
33	土耳其	6.16
34	斯洛伐克	6.09
35	菲律宾	6.06
36	捷克	6.06
37	墨西哥	5.94
38	南非	5.84
39	泰国	5.80
40	印度	5.72
41	斯洛文尼亚	5.59
42	韩国	5.56
43	哥伦比亚	4.86
44	中国	4.75
45	阿根廷	4.49
46	波兰	4.26
47	印度尼西亚	4.09
48	俄罗斯	3.48
49	委内瑞拉	3.26

国家或地区竞争力：基本原理

Stéphane Garelli
世界竞争力项目主管，IMD教授

在全球，国家或地区之间竞争去维持并增加他们的生活水平。然而，这是一个多层面的概念，它可能会导致在测量和定义方面的差异。

定义

量化生活水平最广泛的指标可能就是人均国内生产总值(GDP)，通常还根据购买力平价进行调整。GDP指标给出了一年中一国或地区居民所创造的增加值。然而它也有缺陷，因为它本质上强调实体价值。它并没有合适地解决这样一些问题，比如知识或者可持续发展。最近由联合国发展计划提出的人文发展指数尽力去合成这些软指标。

财富创造的概念就如同生活水平定义不当。然而有趣的是，它解释了价值从何处产生。在任何一个给定的工业化社会，财富创造源于企业或者个人（律师、工匠、农民等），他们生产出货物和服务。国家或地区自己并没有直接参与这个经济过程，尽管它可能拥有企业的资本。然而它仍是决定一国或地区生活水平的关键因素，因为它制定规则，这些规则定义经济财富创造的框架。这样财富的创造被定义为去改善生活水平的“动力”。

当OECD(经合组织)将竞争力描述为“是一国或地区能在自由和公正的市场条件下生产产品和服务，而这些产品和服务既能满足国际市场的检验标准，同时又能长期保持和扩大的该国人民的实际收入的能力”时，OECD的定义试图考虑这些不同的因素。

世界竞争力年鉴（WCY）也没有试图去量化生活标准的概念。它关注一国或地区的国家或地区环境（这里国家或地区为主角）与财富创造过程（假定由企业和个人所创造）之间的关系。WCY聚焦于四个竞争力要素的交互作用效果，而这四个要素通常定义了一国或地区的国家或地区环境。它们是：

——经济表现

——政府效率

——企业效率

——基础设施。

基于这四个要素和300多个指标，WCY假定这些尺度中的健康表现创造了一种支撑世界竞争力的国家或地区环境。

IMD世界竞争力年鉴就这样“对国家或地区提供一种支撑企业竞争力的国家或地区环境进行分析和排序”。

国家或地区为什么竞争？

国家或地区竞争是因为世界市场是开放的。为什么国家或地区最终同意降低壁垒，至少为了经济原因？答案可能在于大萧条后的余波。许多学者，尤其是J. M. Keynes（凯恩斯），说明了1929年的经济萧条演化为20世纪30年代的世界范围内的萧条是因为国家或地区采取了保护主义的政策。

为了避免这一情况再次发生，1944年的Bretton Woods合约寻求国际贸易自由化。今天，在世界贸易组织（WTO）成员国内部货物上的关税少于4%。此外，OECD自从它创立以来，促进资本、货物和服务的自由流动的发展。最后，自由贸易区比如NAFTA（北美自由贸易区）和地区性一体化组织比如欧盟已经加强了这一发展。

技术和全球化已经加速了向一个不仅开放，而且透明和直接的世界发展的潮流。目前的企业受益于在选择他们的商业位置时，有许多个选择。从而，不同区域的国家或地区需要提升他们各自的比较优势。比如，竞争力过去只是集中在通过出口和外国直接投资来表现占领世界市场的能力。今天，竞争力也强调发展对于外国企业和本地企业的吸引力，因其行为业已产生经济财富。

竞争力也没有唯一的“处方”。不同的政策可以制定标准，然后每个个体国家或地区需要使它们适合自己的环境。当竞争力战略能够平衡世界市场所制定的经济规则和由历史、价值体系和传统形成的一个国家或地区的社会要求时，竞争力战略获得成功。

竞争力，如同一种理论，随时间演化，其根源于一些学者。他们有时并没有这样阐释这个概念。

（比如，Ricardo(李嘉图)的比较优势理论对竞争力理论是至关重要的，尽管Ricardo（李嘉图）并没有使用这个名词）。为了更好的理解竞争力，以下的历史观点长远地总结了一些重要的贡献。它导致了“立方体”理论，该理论阐明了国家或地区如何运用环境去提高竞争力。

历史观点

古典经济学家使用关于生产指标的统计量，比如土地、资本、自然资源和劳动力，来评价国家或地区之间的竞争力。今天依然有效的李嘉图著名的比较优势理论，确实是对理解国家或地区如何竞争早期的探讨。然而，经济学家后来逐渐意识到仅与生产有关的论据不能解释每件事情。

比如，历史学家怀疑为何中国处于唐代（公元后7到10世纪）时，没有进行工业革命，当时它的技术水平——包括纸币、石油和钢铁——远比英国18世纪末期发达。答案来自于比如马克思和恩格斯等学者，他们声称一国或地区的社会经济环境对于其经济发展是非常关键的。英国有一个活跃的阶级，中产阶级，渴望胜利和赚钱。然而中国在帝王的统治下，建立了一个封闭的社会——它本质上注重寻找完美。

在20世纪，其他著名的经济学家对于更好的理解竞争里也有贡献。Chumpeter强调企业家精神所扮演的关键角色，作为发展的动力（最近，Peter Drucker将同一理论应用于管理）。Robert Solow，麻省理工的经济学家，诺贝尔将获得者，研究了美国经济在1948-1982年间的增长驱动因素。他的研究强调了经济中技术革新和增长技能的基础重要性。哈佛大学教授Michael Porter在他的著作“国家或地区竞争力”，提出使用“钻石方法“去阐释竞争里要素间的对称关系。

当前学者强调“知识”作为竞争力的一个越来越重要的投入要素。

图 1　国家或地区真的竞争吗？

一些学者宣称国家或地区自身并不竞争，而是他们的企业在竞争。企业竞争力是一国或地区竞争力的动力是毫无疑问的。它们是财富创造的源泉。然而，过去的30年中，政府的经济责任——不论好或者坏——增加到不可能忽视它们对现代经济学影响的程度。即使面对全球化，一些最近的研究继续强调国家或地区在构成企业运作的环境中所起的重要作用。当需要增强国家或地区的吸引力时，这个关系更为明显。国家或地区的竞争优势的一个重要部分起源于影响深远的强调税收减免、补贴等鼓励性政策，这些政策设计来吸引外国投资。爱尔兰是一个这方面的优秀例子。

关于国家或地区间存在竞争的论断最令人信服的论据可以在教育和技能领域中见到。 在现代经济中，国家或地区并不仅仅依赖产品和服务。它们也用竞争智力。一国或地区发展一套优秀的教育体系和通过培训提高劳动力知识的能力对于竞争力是非常重要的。在华盛顿特区的国际教育成果评估协会每年对全世界各国的教育成果进行评估。最近，结果突出显示了东亚国家或地区在改善教育方面所作的巨大努力。除了因为廉价劳动力（暂时）而有竞争力以外，他们致力于在受过教育的劳动力基础上（长期）提高竞争力水平。

知识也许是最关键的竞争力要素。随着各国经济规模的增长，他们在知识上的更加繁荣才能保证他们的繁荣和在世界市场中竞争。如何获取知识并运用知识是每个国家或地区的责任。确实，国家或地区间在竞争。

所以，竞争力包括相互影响的不同维度。1965年，两个美国学者，R.Farmer和B.Richman对于刻画竞争力作了早期的探索，建议使用矩阵方法。他们确定了四个主要的领域称作“独立变量”——政治和法律的、教育的、社会文化的、经济的——然后这些变量与企业功能比如计划、市场或者生产匹配。

这个结果太复杂，太严格而不易采用。然而，这个概念引出了后来许多其他的经济学家，包括IMD研究团队在内所遵循的一种方法。

WCY的理论基础是什么？

国家或地区或地区根据我们所称作的四种基础能力运用它们的环境：这四个维度描述了一国或地区或地区的竞争力环境。它们通常是传统、历史或者价值体系的结果，并且深深植根于一国或地区或地区的“形式运算数”，在多数情形下，他们没有清楚的定义或者阐明。

然而，将这些维度合并到一个全面的理论中是可能的。这个理论是系统化的、就是也描述了这四个轴之间的关系。这个理论并不是要量化一国或地区或地区的竞争力，而是强调一个“竞争力轮廓”，它描述了一个经济体，并且预见了它将如何运转。

这些维度是(如图2中所示且随后解释)：

a） 吸引力与进取

b） 家园与全球性

c） 资产与过程

d） 个人承担风险与社会凝聚力

a）吸引力与进取

国家或地区或地区在管理他们与世界企业界的关系上存在不同。竞争力传统上与国家或地区或地区的国际占领能力相联系，也就是，出口和外国直接投资（FDI）。德国、日本和韩国遵循这一战略。

另一方面，最近一些国家或地区或地区使得它们的竞争力更具有吸引力。比如，爱尔兰和新加坡通过鼓励增加了直接投资。

占领性在本国产生收入，但是并不一定产生工作机会。吸引力在外国直接投资（FDI）的自主国创造工作机会，但是由于鼓励可能在收入上不足。这就意味着即使富裕的国家或地区或地区也不能忽略吸引力的重要性，尤其是因为它对就业的影响。因此，今天国家或地区或地区为了竞争必须同时考虑吸引力和进取。

一般来讲，一国或地区或地区会注重一种方法或者另一种方法。爱尔兰在国际市场上不是非常有进取性。韩国对外国投资的吸引力并不强。英国过去具有进取性，现在变得有吸引力。瑞士则相反，从有吸引力到进取。美国看来是唯一既能有吸引力又有进取性的国家或地区。

b）家园化与全球性

一国或地区或地区的经济体系通常并不均衡。多数情况下，国家或地区或地区必须处理两种共存的经济体：家园经济和全球经济。

家园经济包含了传统行为：工艺；社会和个人服务，比如医生和教师；行政行为，比如政府和公平；最后，消费者支持行为，比如售后服务和用户化。家园经济提供给与最终使用者紧密联系的增加值。它一般是保护贸易的和昂贵的。

图2　竞争力立方体

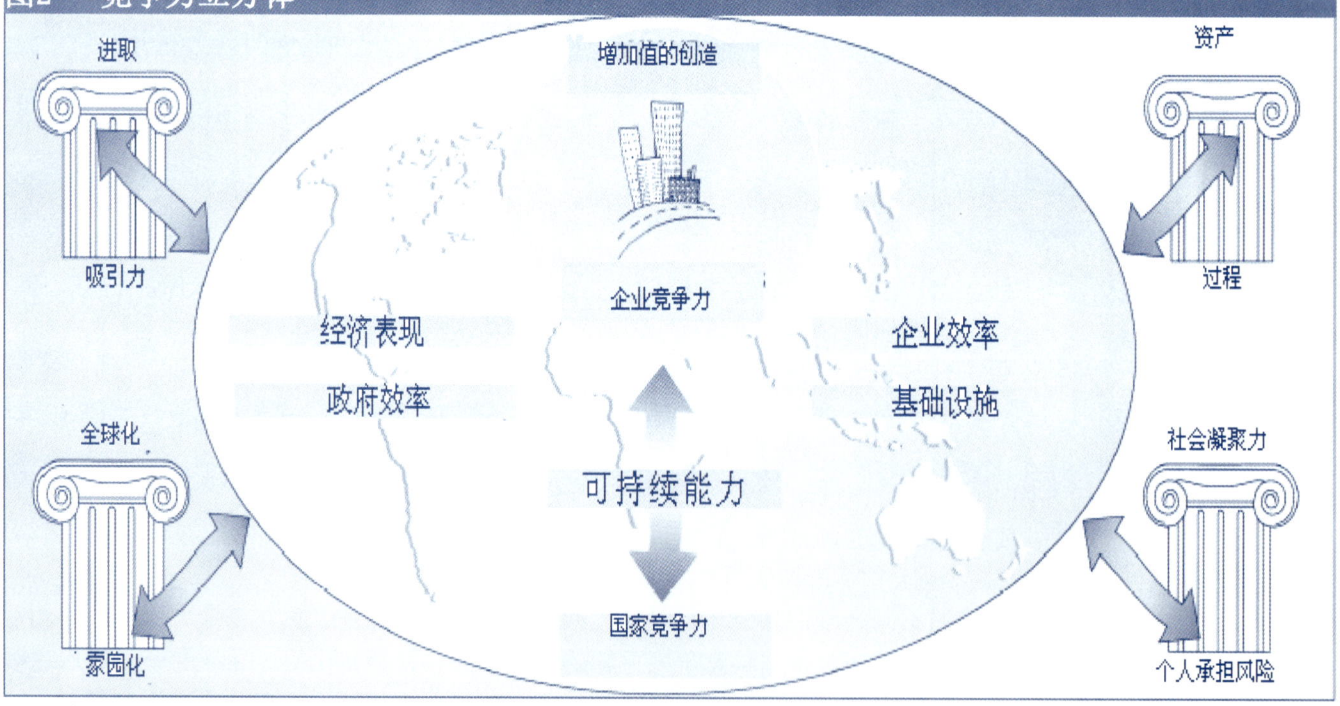

全球经济由参与国际运作的公司组成。它假定生产并不一定与最终用户有密切联系，而且它从世

界市场的比较优势中获益，尤其是运作成本方面。它通常具有竞争性和价格有效性。

在国家或地区或地区的繁荣中这两种经济体的比例随一国或地区或地区的规模和经济发展而不同。平均来看，通常可假定西欧GDP的2/3是由家园经济创造的，剩下的1/3由全球经济创造。小国家或地区或地区更加依赖于全球经济。大国家或地区，比如美国，仍然非常依赖于巨大的国内市场，尽管全球化趋势正在增加。

在过去的25年中，全球经济得到了巨大的发展，有时侵略了家园经济的范围（使用开放贸易壁垒、贸易合约、地区一体化、私有化和废除管制等措施）。全球化带来的一个重要后果就是它对价格、盈余和工资施加了强大的压力。国内生活水平和运作成本高的国家或地区或地区，比如德国和瑞士，正在经历一个严厉的调整过程。其他国家或地区，比如英国、智利和新加坡，进一步发展了它们经济的全球性。

c） 资产与过程

也有一些国家或地区或地区严重依赖于资产或者过程来管理它们的竞争环境。一些国家或地区或地区可能在资产方面比较富有——土地、人民和自然资源——但是不一定有竞争力。例如巴西、印度和俄罗斯就是这方面的例子。其他国家或地区或地区比如新加坡、日本和瑞士自然资源很贫乏，主要依赖于转换过程。一般来讲，后面的国家或地区或地区比前面的国家或地区或地区更有竞争力。

有时经济学家用“自然资源的魔力”来描述因资源丰富而自满国家或地区的命运。它也许是竞争力概念中“经济增加值”的非常重要的一个要素。应指出的是积存的资产不一定只是自然资源。它还可以是基础设施、工业动力、甚至教育和技能都是过去的时代所积累下来的资产。它们也可以在“老”的国家或地区或地区中产生自满，这些国家或地区或地区将财富与竞争力相混淆。

d） 个人承担风险与社会凝聚力

一国或地区或地区形成竞争力环境的第四种力量是一种鼓励个人风险的体制和一种保持社会凝聚力的体制之间的差异。被称为盎格鲁撒克逊模式的特征是通过对福利体制的最低限度的要求，强调冒险、废除管制、私有化和个人责任。与之相比，欧洲大陆模式严重依赖社会舆论，一种对责任更加平等的方式和一种

广泛福利的体制。正如德国前总理哈尔默·施密特说，“我们必须吊在一起，否则我们单独会被吊死。”

两个模型竞争了多年。然而目前看来盎格鲁撒克逊模式更为流行。欧盟立法委员会正朝着废除管制和私有化发展。英国的“新劳动力”党的出现，或者是全世界的许多前共产党国家或地区开放到企业层面都是这种趋势的例子。

理论是如何起作用的？

将这些维度中的一些合并起来以建立一个竞争力模式是可能的：

全球性和承担风险

全球经济是受个人承担风险模式，也可称为盎格鲁撒克逊模式影响最大的（如下，文化对竞争力的影响）。美国和英国在国际企业中是先锋，今天在世界市场仍处于领先地位。这样毫无疑问，它们基于废除管制、私有化和企业家精神的竞争力看法会影响全球模型。这些政策应用于经济时产生了分歧，然而其他仍处在保护和管理的环境中。

家园化与社会凝聚力

社会凝聚力长期以来与家园经济的管理相联系。而家园经济中竞争力的社会后果很重要。欧洲大陆模式强调这一方法。19世纪的政治改革和20世纪的社会变革可能解释了这些政府投入更多的注意力在此。

使圆成方……

荷兰已通过管理一种二元经济来定义解决这种冲突的创新方法。一方面，全球经济用盎格鲁撒克逊模式来经营——它完全私有化，多数废除管制以面对全球竞争。另一方面，家园经济以一些创新措施为特征，比如部分时间工作，来保持在家庭的社会凝聚力。今天，即使盎格鲁撒克逊模式的一些先驱们，比如英国和新西兰，他们是为竞争力创造一个强大而透明的市场的第一批国家或地区，正在探索“第三条道路”使这些激烈政策的社会后果温和。

文化对竞争力的影响力

有许多因素决定一国或地区或地区的竞争力水平。一个非常重要的要素当然是一国或地区或地区的价值体系。在19世纪早期，德国哲学家马克思•韦伯，在他的著作“新教伦理、新教教义和资本主义精神”中研究了文化与经济发展的关系。后来，国家或地区或地区并不只是竞争产品和服务，也竞争教育和价值体系。

价值体系的演化

随着国家或地区或地区的发展，价值也在演化。它们走过了如下描述的四个阶段：

努力工作：人们全部奉献给国家或地区或地区的共同目标并且工作很长时间（比如韩国）。

财富：尽管人们努力工作，他们更关注提高他们自己的收入（比如新加）。

社会参与：人们对努力工作不太感兴趣，对于影响他们的社会更加投入（比如20世纪60年代末期的美国和欧洲）。

自我实现：人们更关注发展他们的私人生活，而不是追求社会变革。（比如今天的美国和欧洲）。

图3显示了价值随时间的自然进图，从集体的看法到个人的看法。这个过程很难逆转，但是可以控制。比如日本，正从集体价值向个人价值转型，这也暗示了政治、社会和经济体制的深层次的改革。

将今天东亚的价值体系与19世纪美国和欧洲的价值体系进行比较是令人吃惊的。目前东亚价值体系建立在儒家道德的努力工作、忠诚、守纪、机遇和教育的基础上。这些与19世纪的支配欧洲和美国的新教工作伦理非常相似，而新教工作伦理也正是工业革命的起源。

行为模式

下面给出了三种不同的社会模式，也见图4：

1. 南欧模式，以很少的基础设施、企业管制和社会保护；地下经济；低廉劳动力成本为特征。它喜欢创造性。
2. 北欧模式，以着重强调稳定性、社会舆论和管制为特征。它喜欢长期的观点。
3. 盎格鲁撒克逊模式以废除管制、私有化、劳动力自由和高冒险率为特征。它培养企业家精神。

图 3　价值体系演化

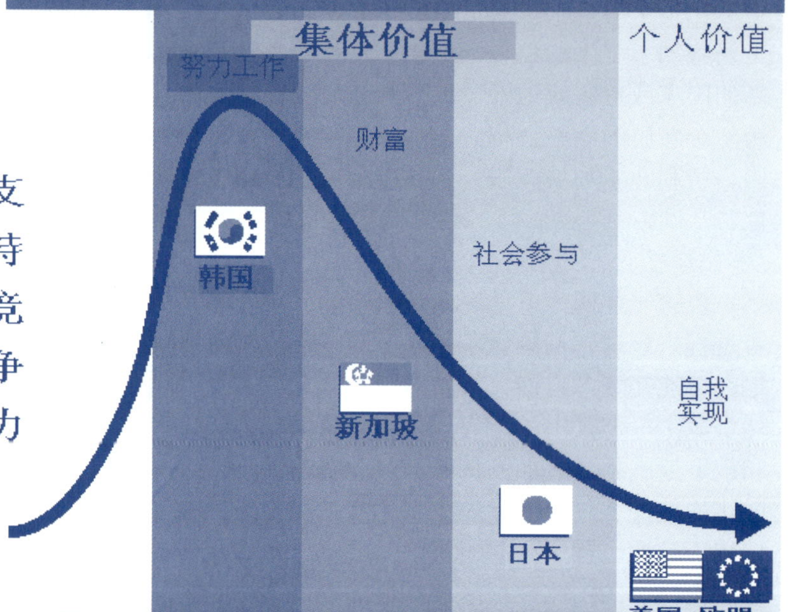

图 4　行为模式

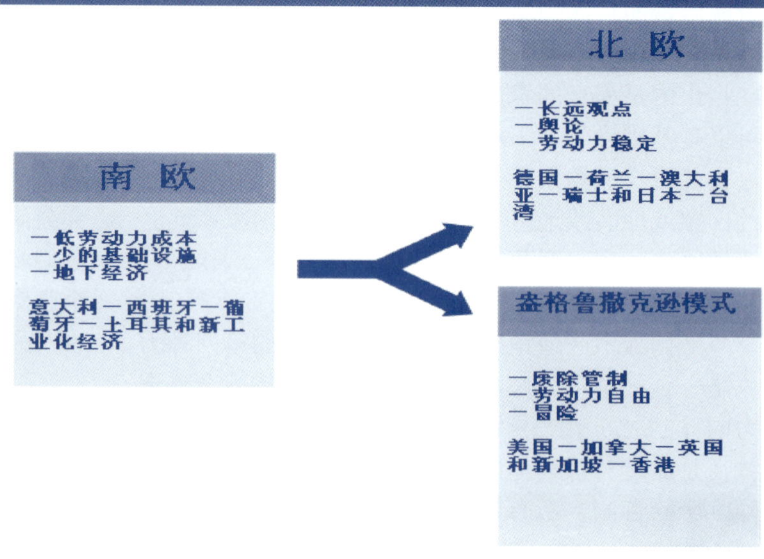

在过去的10年中，已经发生了从北欧模式向盎格鲁撒克逊模式的转变。然而，打破在一种类似于盎格鲁撒克逊模式的高竞争性的全球企业环境，与一种类似于北欧模型的更加社会化的可靠的本地环

境之间的平衡仍然是个挑战。

技术的影响

在过去的20年中，技术革命——计算机、通信和互联网——对企业竞争力有深远的影响。高科技现在在WCY中已经显著地表现出来。

现在基础设施不能视为传统意义上的公路、铁路、港口设施和甚至机场等。技术基础设施正变成将来一国或地区竞争力的关键资产。廉价而有效的通信设备的可获得性、互联网的接入和移动电话的发展（不论是传统的还是与互联网连接的）都只是想参与竞争的国家或地区或地区优先考虑的新技术的一部分。一些国家或地区，比如南非、墨西哥或者波兰正跃过一些技术基础设施，比如强调移动电话而非固定电话。

技术也影响教育。许多国家或地区，比如美国、英国和法国都有将整个学校体系连接到互联网上的计划。瑞典和芬兰在通过通信或者互联网提供远程教育上非常先进。然而，多数国家或地区或地区仍缺乏信息技术人才。所以，一个有竞争力的国家或地区或地区有限考虑的事情是培养能够运用新技术基础设施的人才，并且努力位于未来发展的前沿。爱尔兰在这个领域投资很大，为本地或者外国企业提供一个包含IT人才的年轻合格的劳动力市场。这也是爱尔兰为什么能够吸引外资的一个原因。

企业的新技术要求迫使国家或地区或地区优先考虑技术。对于一国或地区或地区的竞争力来说，吸引研究机构、发展本地大学与企业间的合作与吸引国外直接投资同等重要。互联网允许公司发展跨国界的电子商务、电子获取、拍卖和电子市场。这推动着国家或地区或地区发展更为先进的技术基础设施。

国家或地区的新角色？

技术革命对一个政府的基本职能构成了挑战。一国或地区如何对在网上挣钱的人征税？欧盟正在考虑因如对于网上“虚拟”交易征税的可能性。某些美国的州政府简单地假定，对于任何的给定收入，在网上购买一定数量的物品应该纳税。最后，政府如何控制网上公司的运作——它可以在任意指定国家或地区或地区没有合法注册而运作，就像一家好的旧的“砖和灰泥”公司？

对于“无形资产”——品牌、顾客、技能、人们等的核算仍然难以实现。尽管有多种尝试，很明显目前普遍接受的会计实践不能反映企业的真实价值。股票交易近乎直观地弥补这些缺陷。在1978年，美国最大上市公司的账面价值等于它们市值的95%。在1998年，这一比例降至28%！无形资产的问题在于它们通常并不被公司所有。这是一个人和顾客的例子。另一方面，目前竞争力从有形转向无形，从货物的吨数转向信息的字节数。竞争力正在进入知识经济。它也意味着新的会计准则。

隐私是许多政府所关注的另一个重要问题。在一个网上透明的世界里，那些不应当是透明的？哪种信息应保留或者不转播？这又与跟恐怖分子战斗的必要性有何联系？这些根本性的问题，对企业、政府和个人都相同地重要，它们也成为国家或地区或地区之间争论的来源，尤其是美国和欧洲。

确实，技术对于国家或地区或地区来讲是一个不可忽视的危险；黑客已证明他们可以侵入许多严密保护的系统，甚至在国防方面。破坏一国或地区或地区的技术基础设施就类似于一次传统的军事打击破坏国家或地区或地区的安全。恐怖主义也正变得高技术化。使用最新技术的威胁、勒索或者平常的行为正成为公司和政府的现实。

政府在新的竞争力世界中的角色和责任不是变大就是变小。它们是不同的。政府继续通过税收、教育或者健康等多种途径影响竞争力环境。政府的新职责比如安全或者移民正在完善。优先考虑的责任正在重新定义。比如，政府经常放弃直接参与建筑和基础设施。许多电信、能源或者运输运营商的私有化强调了这一趋势。然而，在公众眼中，政府仍然是一国或地区基础设施完善性的最终担保人，即使它将工作责任授权给私有部门。

竞争力是一个动态的概念。由于几乎每个人都与其他人竞争，它迫使一国或地区或地区的每个经济活动参与者都重新思考它的相应角色和责任。可能，最大的困难在于克服经济事务的传统模式。传统模式强调出口、有形货物和基本基础设施。竞争力也强调教育、知识、无形货物和技术基础设施的重要性。

J.M.凯恩斯强调了摆脱过去的重要性，如他所述：“真正的困难不在于产生新想法，而在于摆脱旧观念。”竞争力理论同两者对抗。

竞争力的黄金规则

国家或地区或地区为了变得或者保持有竞争力必须做到什么？
他们必须：

图5　竞争力的黄金规则

Ⅰ
创造一个稳定的、可预测的立法环境。

Ⅱ
在一个灵活和有弹性的经济结构中工作。

Ⅲ
在传统和技术基础设施上投资。

Ⅳ
鼓励个人储蓄和国内投资。

Ⅴ
占领国际市场（出口）和吸引外国直接投资。

Ⅵ
政府和管理中应集中于质量、速度和透明度。

Ⅶ
维持工资水平、生产率和税收间的关系。

Ⅷ
通过减少工资不平等和加强中产阶级来保持社会结构。

Ⅸ
大力投资于教育，尤其是中等水平的教育和劳动力的终身培训。

Ⅹ
平衡家园经济和全球化，保证创造巨大财富的同时保持公民想要的价值体系。

图 6　世界竞争力原则

Ⅰ　经济表现

1. 一国或地区的繁荣反映了它过去的经济表现。
2. 市场力量所支配的竞争改善了一国或地区的经济业绩。
3. 国内经济中竞争越激烈，国内公司愿意去海外发展越有竞争力。
4. 一国或地区在国际贸易中的成功反映了国内公司的竞争力（假定没有贸易壁垒）。
5. 国际经济行为的开放度增强了一国或地区的经济业绩。
6. 国际投资更有效地在世界范围内分配经济资源。
7. 出口引导型竞争力往往与国内经济的增长倾向相联系。

Ⅱ　政府效率

1. 政府参与企业活动应当最小化，除了为企业创造竞争性条件以外。
2. 政府应当提供可预见的宏观经济和社会条件，这样可以最小化企业的外部风险。
3. 政府应当在使其经济政策适应一个变化的国际环境中更加灵活。
4. 政府应当提供足够的、易获得的教育资源并发展知识导向型经济。

Ⅲ　企业效率

1. 效率与能力一起适应竞争环境的变化，是对企业竞争力非常重要的管理品质。
2. 金融使得增值活动便利。
3. 一国或地区中良好发展的、国际综合的金融部门支持它的国际竞争力。
4. 保持高水平的生活标准需要融入国际经济。
5. 在开始阶段企业家精神对经济活动非常重要。
6. 娴熟的劳动力增加一国或地区的竞争力。
7. 生产率反映增加值。
8. 劳动力的态度影响一国或地区的竞争力。

Ⅳ　基础设施

1. 发展良好的基础设施包括支持经济活动有效的商业体系。
2. 发展良好的基础设施也包括信息技术和有效的环境保护。
3. 竞争优势能够建立在对现有技术的有效和创新性的应用上。
4. 在经济发展的更成熟阶段，投资于基础研究和创造新知识的创造性活动对于一国或地区是至关重要的。
5. 在研究与开发上的长期投资可能增加企业的竞争力。
6. 生活质量是一国或地区吸引力的一部分。

方法学和分析的原则

Suzanne Rosselet-McCauly

什么是世界竞争力年鉴？

WCY是世界上对国家或地区竞争力的最有名和最综合的年度研究，被认为是接近世界竞争力的唯一点。WCY自从1989年就开始出版。WCY对国家或地区提供一个支撑企业竞争力的环境方面的能力做了分析和排名。一个国家或地区的竞争力不能仅仅考虑GDP和生产率因为企业面临的还有政治、社会和文化。因此，国家或地区需要提供一个最有效的结构、制度和政策去鼓励企业竞争力。

WCY提供了国家或地区的竞争力数据。这国家或地区都是世界经济体的关键国家或地区，包括30个OECD成员国和19个新兴工业化和新兴经济体。今年我们又另外挑选了一些国家或地区和州用于附加参考目的以及用于反映全球市场的扩张和发展中国家或地区的日益强大。WCY中的所有国家或地区之所以被选中是由于它们对全球经济的影响和国际可比统计数据的可获得性。

通过对经济文献、国际的、国家或地区的原始资料、商业团体、政府机构和学术界的反馈意见的广泛研究，超过300条的竞争力指标被选择。随着新的理论研究和数据的获得以及全球经济的发展，这些标准不断被更新修改。与世界各地36个合作协会（Partner Institutes）的长期合作也帮助确保数据是可靠的、正确的和最新的。

哪些人使用世界竞争力年鉴？

WCY是决策者制定决策时无价的、动态的和不断更新的参考基准。商业团体把它作为决定投资计划时和评估新的经营地点时的基本参考工具。政府机构可以在这里发现衡量自身政策和他国政策优劣性的重要指标，以及评价各年度自身的工作绩效。学术界同样使用WCY中异常宝贵的数据来分析世界竞争力。

表1　竞争力要素

经济表现	（74个指标）	国或地区内经济的宏观经济评价：国或地区内经济实力、国际贸易、对外投资、就业和物价
政府效率	（84个指标）	哪个政府的政策有助于竞争力：公共财政、财政政策、组织机构、企业法规和教育
企业效率	（66个指标）	哪些企业是以有创新的、盈利的和负责的方式经营的：生产率、劳动力市场、金融、管理和全球化能力
基础设施	（90个指标）	哪些基本的、技术的、科学的和人文的资源与企业需求相符：基本基础设施、技术基础设施、科学基础设施、卫生和环境和价值体系

世界竞争力年鉴是如何测度竞争力的？

在过去的20年中，国家或地区竞争力的评价方法一直在随着环境的发展和新研究的出现作不断的调整。通过这样，WCY跟上了国家或地区环境的结构性变化和迅速变化着的科技革命。我们对这些变化进行逐步的调整以便我们可以继续比较各年的结果和强调一个国家或地区绩效相对于其他国家或地区竞争力的进步。基于知名学者和我们自己的研究和经验所作出的的分析，WCY的方法是把国家或地区环境分为四个主要的竞争力要素：经济表现、政府效率、企业效率和基础设施。每个主要素又分为5个子要素，分别强调竞争力的不同方面。WCY总共反映了20个子要素方面（见表1和表2）。

这些子要素中有些被进一步分为更明确地定义竞争力的小类。所有的314个指标被归类为这些子要素和小类。然而，每个子要素没有必要包括相同数量的指标（比如，评价教育的指标就比评价物价所用的指标多）。每个独立于其所含的指标数的子要素在合成最后的结果时权重是一样的，即5%（20×5＝100）。这就允许我们固定子要素的权重而不用管其包括的指标数，以及确保和以往结果的高度相容性。为了强调采用这个方法竞争力的发展，WCY计算了过去5年来每个国家或地区的竞争力结果。

WCY使用不同类型的数据分别测度定量和定性的问题。统计指标的获得主要有：国际的、国家或地区的和地区的组织；私人机构；我们唯一的36个合作协会。这些统计数据在WCY被称为硬数据，其中包括128个用于总体排名的指标和71个提供有用背景信息但没有用于计算排名的指标。这128个指标大约占了全部参加排名指标的2/3。剩下的115个指标是通过经理主管人员意见调查得到的，被WCY称为调查数据。这些调查问题作为个人评价指标包含在竞争力年鉴中并用于计算总体排名，大约占了全部排名指标的1/3。

表2　竞争力要素的分解

经济表现	政府效率	企业效率	基础设施
国或地区内经济实力	公共财政	生产率	基本基础设施
国际贸易	财政政策	劳动力市场	技术基础设施
对外投资	组织机构	金融	科学基础设施
就业	企业法规	管理	卫生和环境
物价	教育	全球化能力	价值体系

经理主管人员意见调查

我们每年都进行一场经理主管人员调查以补充从国际、国内和地区来源得到的统计数据。硬数据表明某一具体时段竞争力是如何测度的，而调查数据表明了竞争力是如何被感知的。调查问卷是由115个深入的问题组成的，针对参加WCY排名的中高管理层的经理主管人员进行的。问卷是用于量化哪些不容易测度的问题。例如，管理实践、劳动关系、腐败、环境问题或生活质量。通过那些处理国际商业环境的经理人员对问卷的回答反映了对竞争力的感知和对未来的预示。他们的回答更加接近于实际因为没有时滞，而对“反映过去”的硬数据而言这是很常见的。

调查问卷是送给那些代表每个国家或地区商业团体横截面的高级主管人员做的。这样的分布反映了按部门划分的行业细分：制造业、服务业和农业（primary）。为了统计上具有代表性，我们选择的样本量是和每个国家或地区的GDP成比例的。被调查者或是国民（nationals）或是国或地区外移居者，在本国或地区的地方企业或外企工作，而且一般能够做出国际比较。他们被要求评价过去几年他们工作和居住的国家或地区的现有的和期望的竞争力条件。这些评价是通过他们的国际经验得到的，从而确保了评价是对他们特有的环境进行了深入的描述。我们尽量联系大多数IMD校友以及所有的回答都是保密的。问卷12月送出去，第二年的3月送回来。2002年，我们从国家或地区一共收到3532份问卷。

关于经理主管人员意见调查的更多细节，请参考数据处理方法那一章。

排名是怎么计算出来的？

排名的关键是所有指标的标准化值，即STD值。第一步是使用所有国家或地区可获得的数据计算每个指标的的标准化值（更多细节见数据处理方法章）。然后我们对243个指标（128个硬指标和115个软指标）的得分排序。另外71个指标仅作为背景信息，不参加最后排名的计算。在大多数的时候，越高的值越好，例如GDP，标准化值最高的排在第一位而最低的就排在最后一位。

表3　计算排名和模拟

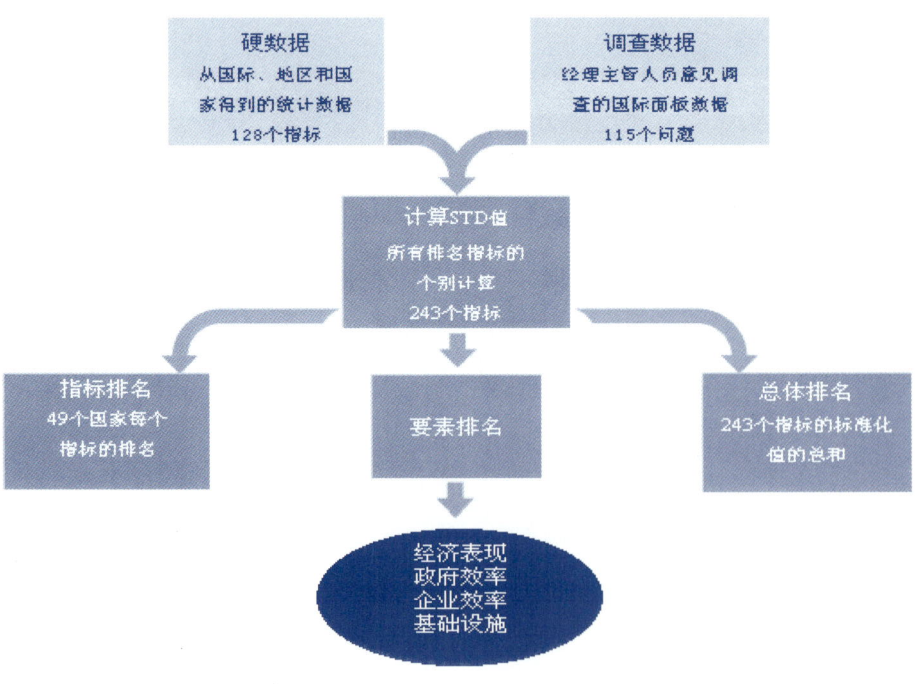

表4 财政政策子要素

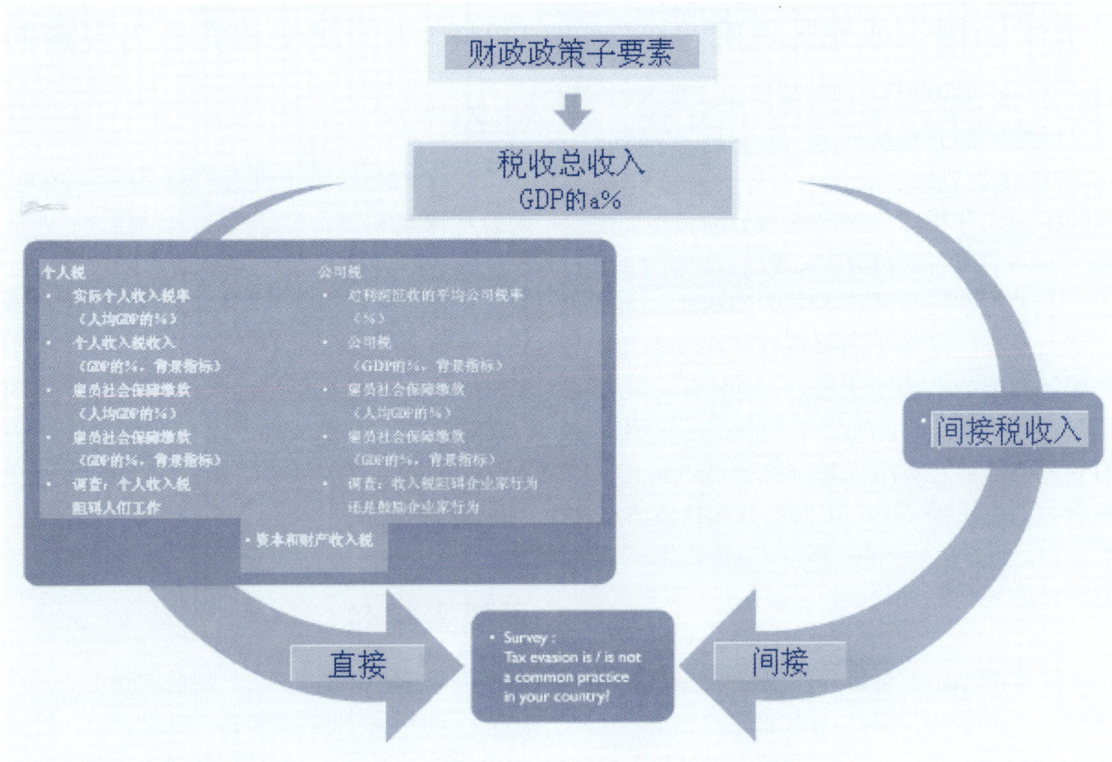

然而，有些指标就相反，最低的标准化值却是最具有竞争力的，例如物价上涨（CPI）。在这里，就用到了反向排名：标准化值最高的国家或地区排在了最后，而标准化值最低的国家或地区却排在了第一位。

由于所有国家或地区的统计量都被标准化了，它们能够用于计算指数。我们可以使用这些指数值（也叫得分）计算以下的排名：总体排名、竞争力要素排名和子要素排名。

见表3：计算排名，和表4：财政政策子要素。

最新发展

新加入的国家、地区和州

在2002年的版本中，WCY在原有的国家或地区之上又包括了几个新的国家、地区和州。考虑到这些国家或地区数据的可得性和可靠性，年鉴努力为尽可能多的国家或地区环境提供最广泛和最综合的竞争力分析。通过这样，我们希望能够反映不断扩张的全球市场和发展中经济体的日益重要性。这些选择了的指标给出了这几个经济体的数据，表征了便于分析这些经济体的关键经济指标，同时，为与49个排名国家或地区相比提供了参考。对一些指标，数据只有少数几个国家或地区是可以获得的；而另外一些指标，只能获得地区或州的数据。这些值就不包括在任何的数据加总之中，因此这些经济体不出现在任何排名之中。今后，随着更多的数据可以获得以及随着我们和其他国或地区内的某个有名望的合作协会（Partner Institute）发展合作关系，我们希望能够把这些经济体作为WCY的成熟成员。

扩充了的国家或地区轮廓

对每个在WCY中排名的国家或地区，国家或地区简介都从6页扩展到8页。开始的6页继续提供总体和要素的趋势、最强和最劣的指标、分析如何提高竞争力的模拟研究。另外的2页则分析国家或地区自身的绩效，不考虑在国家或地区之中的相对排名。这几个页提供了关于国家或地区在过去几年如何发展的有趣的比较点，同时有对某个子要素和关键竞争指标的特别强调。这另加的分析能够解释某些经济体在某些具体的竞争力问题上的成功，比如对外国投资者的吸引力、国际市场占领或对一个特定国家或地区商业环境的评价。

更多的细节，见进一步将叙述的“如何使用世界竞争力年鉴－国家或地区轮廓”。

如何使用世界竞争力年鉴？

WCY的分析部分被分成了以下几个主要部分：
（见表5 如何使用年鉴）

世界竞争力得分表

世界竞争力得分表给出了2002年WCY包含的国家或地区的总体排名。它是基于年鉴包含的243个排名指标计算得到的：128个硬指标和115个调查数据。国家或地区是从最具有竞争力到最不具有竞争力排列的，2001年的排名结果在国家或地区名之前的括号里给出。每个国家或地区的指数值或得分也同时给出。

总体排名的演变和竞争力要素的排名

这个部分给出了过去5年（1998－2002）的总体排名和每个竞争力要素的排名：经济表现、政府效率、企业效率和基础设施。因此，读者能够分析一个经济体在过去几年里相对于其他国家或地区而言其绩效的演变情况。随后的几页给出了每个竞争力要素的2002年排名。国家或地区是按照最具竞争力到最不具竞争力顺序排列的，同时给出每个要素的指数值或“得分”。

子要素排名

国家或地区的20个子要素的排名在2002年的年鉴中也给出了。匆匆一看，确定一个国家或地区在什么方面领先或特别弱以及作国家或地区间的比较是可能的。这些排名提供了具体竞争力问题的更详细的分析，以及在要素排名之上能用于如评价一个国家或地区的商业环境、支持国际投资决策或评估不同公共政策的影响。

我们认为排名是经理们分析上述问题的一个工具。显然，每个公司必须考虑一个国家或地区的经济部门、经济前景和其传统。排名为分析不同的经济部门提供了独一无二的工具。

表5　如何使用年鉴

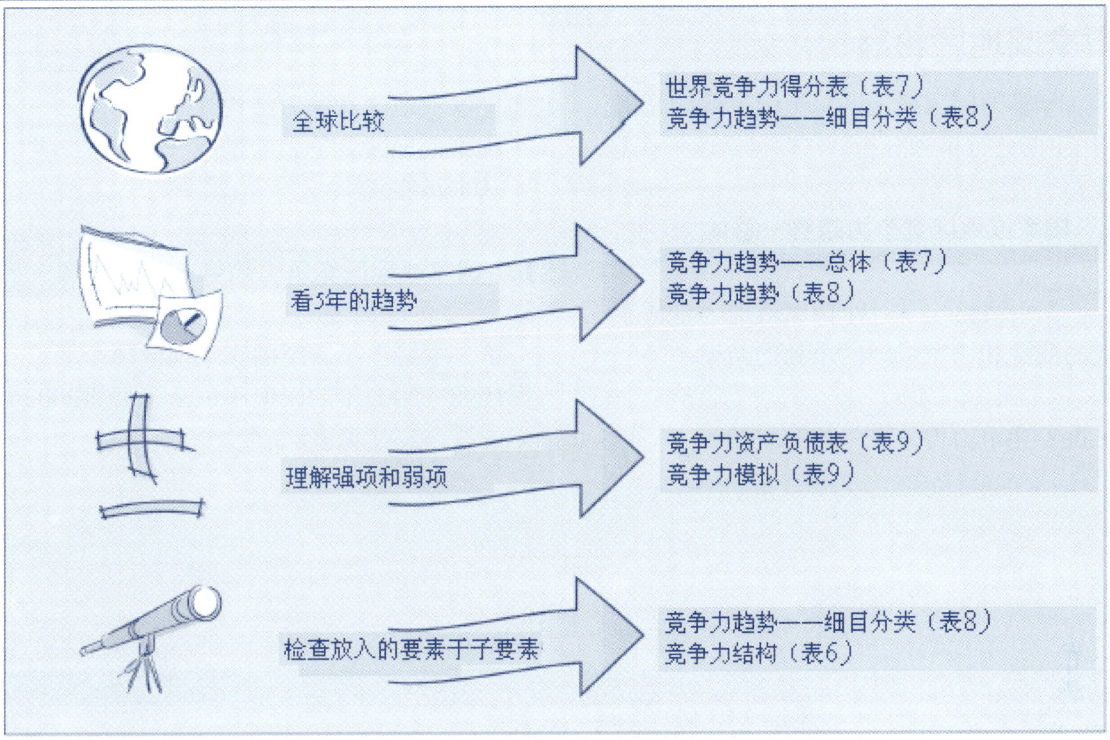

国家或地区竞争力结构（雷达图）

这个部分比较每个国家或地区的竞争力要素值与第一位的国家或地区的相应竞争力要素值（见表6）。可以看到，一个国家或地区在某个竞争力要素上可能高于另一个国家或地区，即使这个国家或地区的总体排名可能很低。这有助于识别这个国家或地区哪种环境具有强势。

表6　竞争力结构

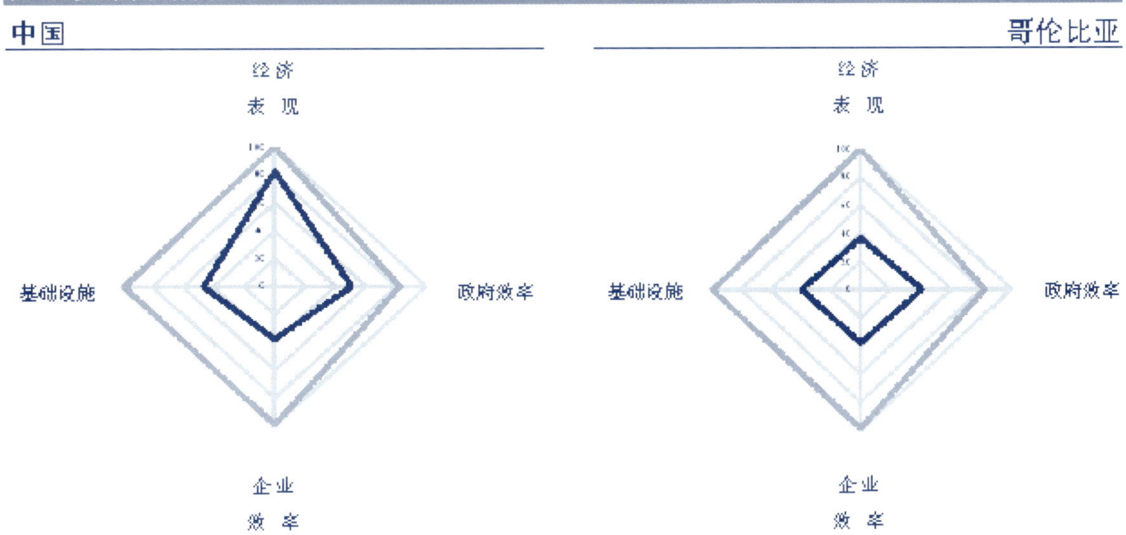

国家或地区轮廓

年鉴的国家或地区每个国家或地区都用了8页进行单独分析。分析包括以下信息：

a. 国家或地区竞争力趋势－总体

第一页给出了一个国家或地区总体表现的演变和国家或地区单独的结果：

- 世界竞争力得分表，1998－2002
- 国家或地区竞争力结构（2002）
- 国家或地区竞争力的挑战（2002）
- 基本事实

b. 国家或地区竞争力趋势－要素分解

第二页给出了一个国家或地区每个要素在1998－2002年的表现和每个子要素2002年的排名。（见表8）

表7 竞争力趋势－总体

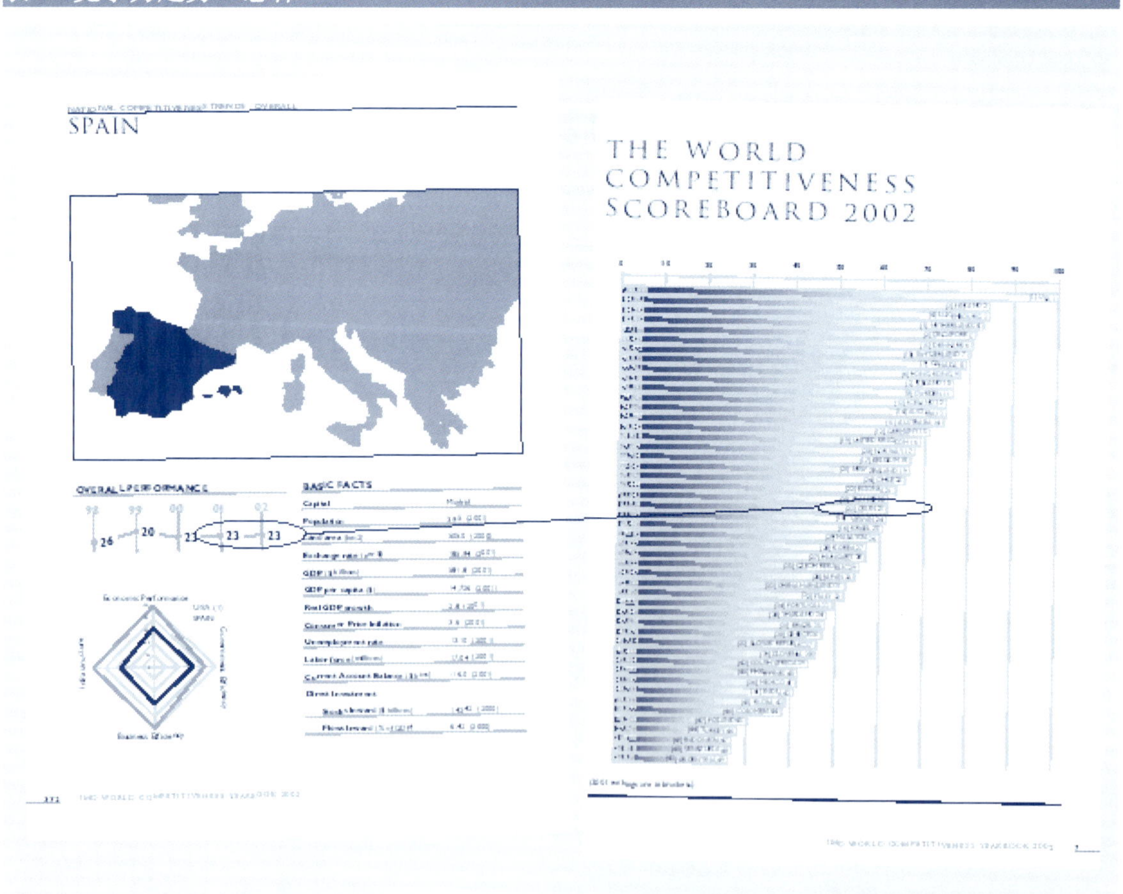

表8　竞争力趋势－要素分解

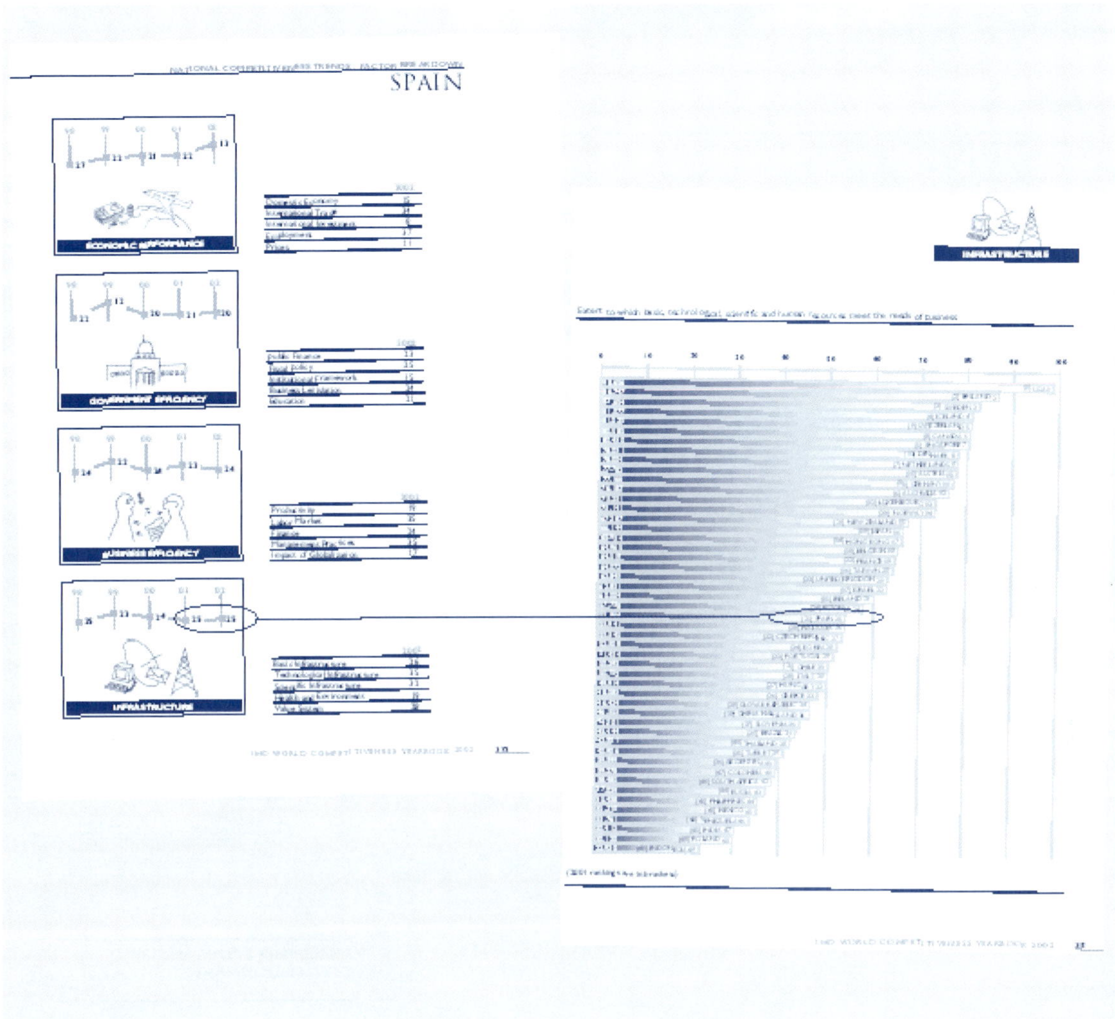

c.　国家或地区竞争力资产负债表

这两页强调了一个国家或地区世界竞争力的具体强项和弱项，给出了一个国家或地区排名最好的10个指标（即强项）和表现最差的10个指标（即弱项）（见表9）。

d.　20个最强的指标

这一页给出了20个最强的指标，不考虑它们是包含在哪个竞争力要素里面的。选择的指标分别由硬指标中STD值最高的13个指标和调查指标中STD值最高的7个指标组成，分别占了20个最强指标的2/3和1/3。这个比重分别代表了硬指标和调查指标在总体排名中的比重。我们觉得这种方法比从所有的指标中选择STD值最高的20个指标更能反映一个国家或地区竞争力的强项，因为对有些国家或地区调查数据是比较突出的。因此，这20个指标可以认为是从定量和定性角度出发一个国家或地区最重要的资产。

表9 竞争力资产负债表和模拟

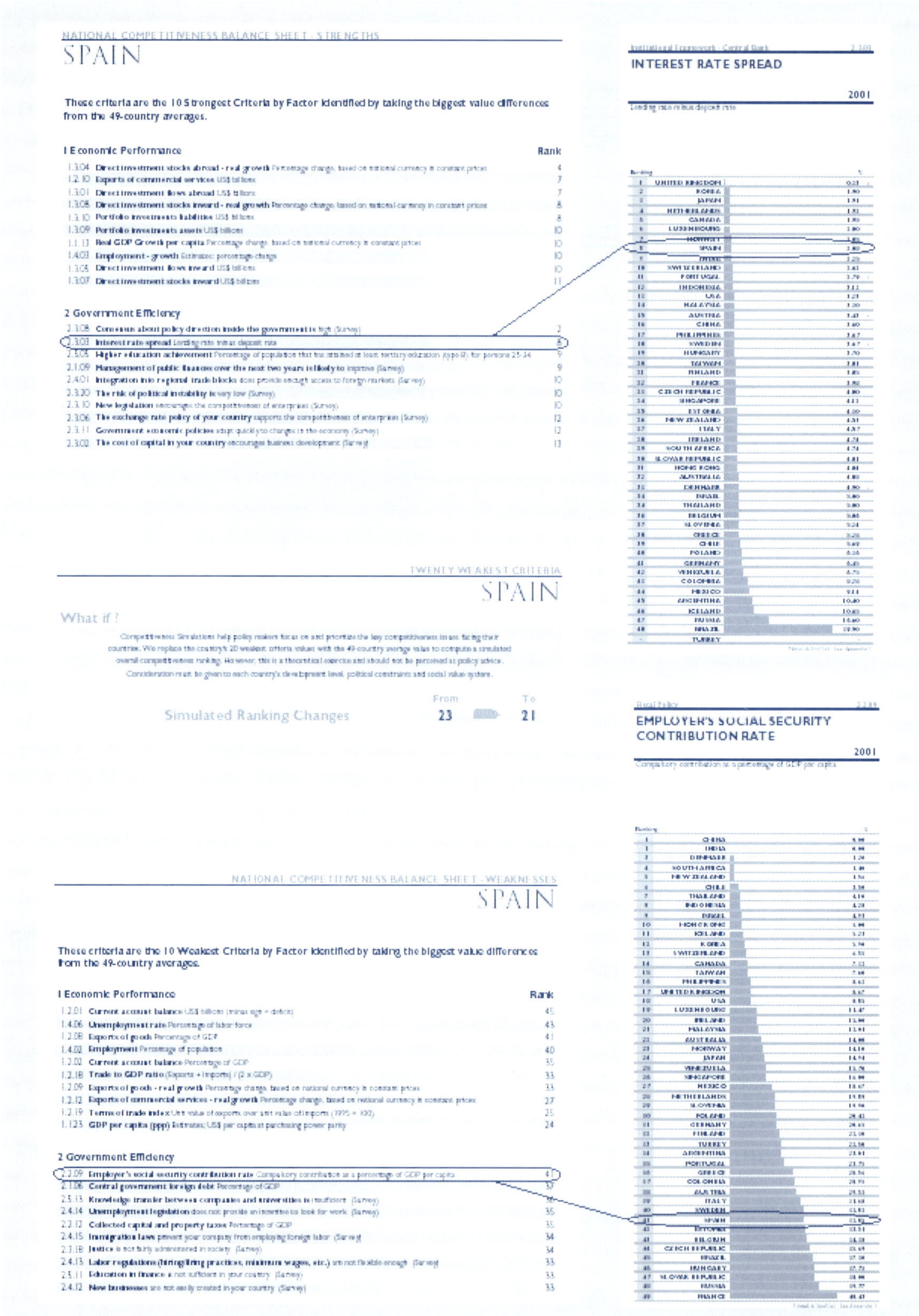

NATIONAL COMPETITIVENESS BALANCE SHEET - STRENGTHS

SPAIN

These criteria are the 10 Strongest Criteria by Factor identified by taking the biggest value differences from the 49-country averages.

1 Economic Performance		Rank
1.3.04	**Direct investment stocks abroad - real growth** Percentage change, based on national currency in constant prices	4
1.2.10	**Exports of commercial services** US$ billions	7
1.3.01	**Direct investment flows abroad** US$ billions	7
1.3.08	**Direct investment stocks inward - real growth** Percentage change, based on national currency in constant prices	8
1.3.10	**Portfolio investments liabilities** US$ billions	8
1.3.09	**Portfolio investments assets** US$ billions	10
1.1.13	**Real GDP Growth per capita** Percentage change, based on national currency in constant prices	10
1.4.03	**Employment - growth** Estimates: percentage change	10
1.3.05	**Direct investment flows inward** US$ billions	10
1.3.07	**Direct investment stocks inward** US$ billions	11

2 Government Efficiency		
2.3.08	**Consensus about policy direction inside the government is high** (Survey)	2
2.3.03	**Interest rate spread** Lending rate minus deposit rate	8
2.5.05	**Higher education achievement** Percentage of population that has attained at least tertiary education (type B) for persons 25-34	9
2.1.09	**Management of public finances over the next two years is likely to** improve (Survey)	9
2.4.01	**Integration into regional trade blocks** does provide enough access to foreign markets (Survey)	10
2.3.20	**The risk of political instability** is very low (Survey)	10
2.3.10	**New legislation** encourages the competitiveness of enterprises (Survey)	10
2.3.06	**The exchange rate policy of your country** supports the competitiveness of enterprises (Survey)	12
2.3.11	**Government economic policies** adapt quickly to changes in the economy (Survey)	12
2.3.02	**The cost of capital in your country** encourages business development (Survey)	13

TWENTY WEAKEST CRITERIA

SPAIN

What if ?

Competitiveness Simulations help policy makers focus on and prioritize the key competitiveness issues facing their countries. We replace the country's 20 weakest criteria values with the 49-country average value to compute a simulated overall competitiveness ranking. However, this is a theoretical exercise and should not be perceived as policy advice. Consideration must be given to each country's development level, political constraints and social value system.

	From		To
Simulated Ranking Changes	23	➡	21

NATIONAL COMPETITIVENESS BALANCE SHEET - WEAKNESSES

SPAIN

These criteria are the 10 Weakest Criteria by Factor identified by taking the biggest value differences from the 49-country averages.

1 Economic Performance		Rank
1.2.01	**Current account balance** US$ billions (minus sign = deficit)	45
1.4.06	**Unemployment rate** Percentage of labor force	43
1.2.08	**Exports of goods** Percentage of GDP	41
1.4.02	**Employment** Percentage of population	40
1.2.02	**Current account balance** Percentage of GDP	35
1.2.18	**Trade to GDP ratio** (Exports + Imports) / (2 x GDP)	33
1.2.09	**Exports of goods - real growth** Percentage change, based on national currency in constant prices	33
1.2.12	**Exports of commercial services - real growth** Percentage change, based on national currency in constant prices	27
1.2.19	**Terms of trade index** Unit value of exports over unit value of imports (1995 = 100)	25
1.1.23	**GDP per capita (ppp)** Estimates; US$ per capita at purchasing power parity	24

2 Government Efficiency		
2.2.09	**Employer's social security contribution rate** Compulsory contribution as a percentage of GDP per capita	41
2.1.06	**Central government foreign debt** Percentage of GDP	37
2.5.13	**Knowledge transfer between companies and universities** is insufficient (Survey)	36
2.4.14	**Unemployment legislation** does not provide an incentive to look for work (Survey)	35
2.2.12	**Collected capital and property taxes** Percentage of GDP	35
2.4.15	**Immigration laws** prevent your company from employing foreign labor (Survey)	34
2.3.18	**Justice** is not fairly administered in society (Survey)	34
2.4.13	**Labor regulations (hiring/firing practices, minimum wages, etc.)** are not flexible enough (Survey)	33
2.5.11	**Education in finance** is not sufficient in your country (Survey)	33
2.4.12	**New businesses** are not easily created in your country (Survey)	33

INTEREST RATE SPREAD

2001

EMPLOYER'S SOCIAL SECURITY CONTRIBUTION RATE

2001

Compulsory contribution as a percentage of GDP per capita

e．20个最弱的指标和“如果…”模拟

这一页给出了20个最强的指标，不考虑

它们是包含在哪个竞争力要素里面的。我们同样使用前面一页使用的指标选择方法选择20个最弱的指标。但是，这些指标是STD值最低的指标因而被认为是一个国家或地区的负债。这些选择了的指标是那些一个国家或地区可以有些控制能力的指标（见附录III列出的排除在模拟之外的指标）。模拟研究分析了如果这些最弱的指标值被国家或地区的平均值代替的话，这个国家或地区的总体排名会是怎样。结果表明如果一个国家或地区集中提高这些指标值，那么这个国家或地区的竞争力会有多少提高。

f. 国家或地区表现

这一页图示了一个特定国家或地区的某些竞争力子要素的演变过程，没有其他国家或地区的表现进入图示。这些子要素趋势被选择以展示关于一个具体的竞争力问题国家或地区是如何表现的。这个具体的竞争力问题在国家或地区提供和维持一个有竞争力的环境中起着重要作用。在这些子要素里，只有硬指标被选择以最好反映定量数据随时间变化的情况，而且只有那些在整个时间段都有数据的指标才被选择。前面叙述的对每个指标使用STD值的方法同样用于这里以决定每个子要素的平均STD值。

g. 主要竞争力指标

这一页继续分析个别国家或地区的表现，但是给出了具体竞争力指标的进步情况。这些具体竞争力指标对于一个国家或地区如何在世界市场上竞争是至关重要的。这些趋势图可以让人看出一些竞争力方面的演变。14个具体指标从1995到现在的演变情况以图的形式给出。

更多的细节，请参考国家或地区轮廓部分开始的使用指南。

统计表格

这个部分给出了所有国家或地区所有指标的数据。国家或地区是按照个别指标排名的，所有指标按照竞争力要素和子要素分组。这些表格给出了从国际、国家或地区组织获得的硬数据、从经理主管人员意见调查获得的调查数据和只提供背景信息的附加数据。对另加的国家或地区、地区和州，选择一些指标给出数值提供参考。这些经济体既不排名也不包括在任何数据加总之中。

更多的细节，请参考统计表格部分开始的使用指南。

10 国家或地区表现和主要竞争力指标表

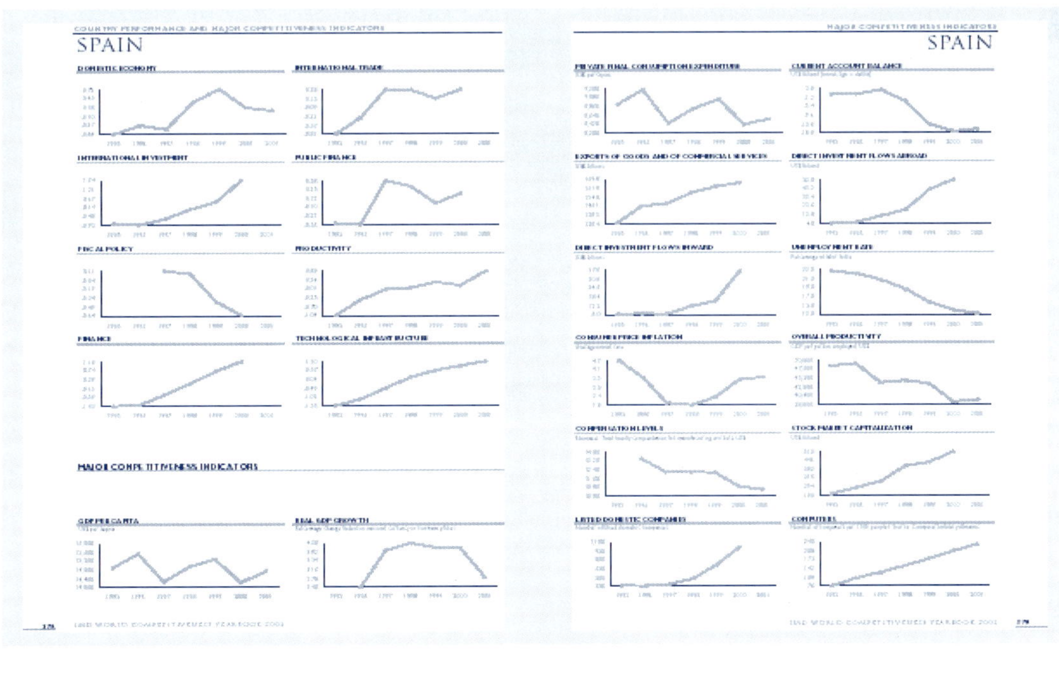

数据处理方法

世界竞争力年鉴有 314 个指标，其中 243 个指标用于计算总体竞争力排名。剩下的 71 个指标仅作背景信息。

每个国家或地区的表现通过每个指标使用下面将要介绍的标准离差方法（SDM）来评估。大多数的时候，值越高越好，例如国内生产总值（GDP）。标准化值最高的国家或地区排在第一而最低的国家或地区排在最后。但是，有些指标标准化值最低却是最有竞争力的，例如物价上涨。对这些指标，使用相反的排名：标准化值最高的国家或地区排在最后而最低的国家或地区排在第一。

标准离差方法

由于大部分指标的尺度都不一样，一个可比的标准化尺度用于计算总体、要素和子要素的结果。标准离差方法（SDM）得到使用。它衡量了国家或地区表现之间的相对差别。因此，每个国家或地区在最后排名中的相对地位得到更加正确的估计。

首先，对每个指标，我们计算其 49 国或地区平均值。然后使用下面的公式计算标准差。

$$S=\sqrt{\frac{\sum(x-\bar{x})^2}{N}}$$

最后，我们计算 243 个指标所有 49 个国家或地区或地区的标准化值（STD）。STD 值是通过每个国家或地区的原始值减去 49 国或地区平均值然后除以标准差得到的。第 i 个指标的 STD 值用如下的公式计算：

$$(\text{STD值})_i=\frac{x-\bar{x}}{S}$$

这里：

x ＝原始值

$\bar{x}$ ＝49 国或地区平均值

N ＝国家或地区数

S ＝标准差

排名

首先，对每个指标，通过上面描述的 STD 方法计算所有国家或地区的标准化值。基于计算结果，所有 49 个国家或地区或地区分别按照用于计算总体排名的 243 个指标进行排名。一个比较高的 STD 值可以反映好或坏的表现，这取决于数据测度的目的和指标是属于哪个竞争力要素的。

然后，通过计算每个子要素所包含的全部指标的 STD 值的平均值，得到每个子要素的排名。这个平均值是通过每个子要素的所有指标的 STD 值总和除以每个子要素的排名指标数得到的，当然排除了背景指标。这样使得我们能够固定 20 个子要素的权重，使每个子要素对总体排名的影响相同而不管每个子要素含有多少个指标。每个指标，不管是硬数据还是调查数据，在决定每个子要素平均 STD 值的时候其权重是相等的。缺失值用 0 替代。

然后，子要素排名加总得到竞争力要素排名（在竞争力要素部分）。只有排名指标（在统计表格部分用“排名”字样标出）用于计算加总排名。同样的方法用于计算在年鉴开始部分看到的总体排名。所有包含在竞争力要素里的排名指标也因此包括在汇总之中。

剩下的 71 个指标仅作为背景指标，不包括在任何决定排名的数据加总之中。一些背景指标按照排序给出，另外的指标按照字母顺序给出，取决于数据测度的目的。

调查指标

每年，我们都开展一项调查以量化与竞争力有关的问题。这些问题没有硬指标统计数据或可以获得的数据是有时滞的。调查问卷是由 115 个深入的问题组成的，针对参加 WCY 排名的中高管理层的经理主管人员进行的。2002 年，我们收到 3532 份经理主管人员的问卷回复，平均一个国家或地区 72 份。调查目标名单是由 IMD 决定的，而且经过多年与我们在世界各地的合作协会的合作已经得到发展。保密性是有保证的，而且名单每年都要修改和更新。问题只关注经理主管人员过去几年工作和居住的国家或地区的情况；因此，结果反映了每个经济体的广泛知识并源自于他们丰富的国际经历。关于调查的更多细节，请参考前边方法学那章。

被调查者通过回答问卷的问题来评估竞争力问题。问题的答案按照 1－6 评分，一般 1 表示负印象，6 表示最强的正印象。WCY 计算了每个国家或地区的平均值，然后数据从 1－6 的尺度转换位 0－10 的计算尺度。最后，调查的回答转变为标准离差值，通过标准离差值可以计算排名。

趋势

趋势或增长率虽然比绝对值更能反映动态变化，但只有一个国家或地区的实际比较优势或劣势在某个时点也被测度了的时候才有意义。计算趋势和增长率的公式解释如下：

1. 年度实际增长率（i＝通货膨胀率）

$$\left[\frac{\text{值}_{2002}}{\text{值}_{2001}\left(1+\frac{i_{2002}}{100}\right)}\right]\times 100$$

2. 平均年度增长率百分数（n＝期数）

$$\frac{\frac{\text{值}_{2002}-\text{值}_{2001}}{\text{值}_{2001}}+\frac{\text{值}_{2001}-\text{值}_{2000}}{\text{值}_{2000}}+\cdots}{n-1}\times 100$$

但是增长公式有可能存在缺陷。平均年度增长率不能揭示真正的变化程度，因为它减弱或增强年与年之间的增长率。例如，两年的平均增长率计算得到是 15%，但是事实上第一年到第二年的增长率是 5%，第二年到第三年的增长率是 25%。平均年增长率只有当期间年与年之间的数据变化很大，而这期间第一年到最后一年的变化比较小一些的时候才使用。它还用于这种情况：结合负的和正的初始值和最终值是不可能的。在这种情况下使用这个方法比使用复增长率更加准确。

消除通货膨胀后的比率

当用名义值计算实际增长率时，就使用下面的公式，因为它考虑了累计通货膨胀（例如，私人最终消费支出的实际增长）。然后，消除通货膨胀后的最终值用于得到年度实际增长率。

举一个 5 年期的例子：

消除通货膨胀后的最终值（i＝通货膨胀率）：

$$\frac{\text{值}_{2002}}{\left(1+\frac{i_{1998}}{100}\right)\times\left(1+\frac{i_{1999}}{100}\right)\times K\times\left(1+\frac{i_{2002}}{100}\right)}$$

经常性问题

我们分析什么？

世界竞争力年鉴（WCY）是世界上主要的研究成果。它对一个国家或地区提供支撑其企业竞争力的环境的能力给出了分析和排名。它包括 49 个经济体，使用 314 个指标。

更确切地，这指的是什么？

企业的运营在很大程度上依赖于其国家或地区环境。一些国家或地区通过使企业更加容易的方式来比其他一些国家或地区更加支持其企业的竞争力，而另外一些国家或地区使企业更加困难。我们对这些环境给出分析和排名。

为什么 WCY 独特？

WCY 是关于国家或地区竞争力的最全面和最综合的年度报告，自 1989 年出版以来从未间断。反映世界上主要经济体的竞争力的统计数据和意见调查数据，通过 WCY 可以一步得到。换句话说，我们通常可以找出对一个国家或地区的经济状况的深入分析，但是要找到一个竞争力指标的 49 个不同国家或地区的可比数据却是很难的。实际上，WCY 是一个有 314 个指标、49 个国家或地区或地区的巨大矩阵，然后加总得到不同的排名。

为什么我们在四月份出版？

我们的使用者告诉我们：他们宁愿比较早的获得信息，即便有些 2001 年的统计数据到此为止仍旧还无法得到。

WCY 是基于什么类型的数据和信息进行排名的？

我们分别收集定量和定性的信息：硬指标，这是从国际和地区组织，私人机构和国家或地区机构得到的用于分析竞争力的统计数据，因为竞争力可以被测度；软指标，这是通过经理主管人员意见调查得到的用于分析竞争力的数据，因为竞争力可以被感觉。调查是硬指标的补充，目的在于量化那些不易测度的竞争力问题，比如管理实践、劳资关系、腐败、环境问题和生活质量。而且，软指标因为没有时滞从而更加接近实际，这对于反映“过去画面”的硬指标来说经常是一个问题。

为什么每个子要素下的指标数目不一样？

物价（在要素经济表现下）是一个定义相当好的和有资料可循的概念。我们只用了几个反映物价的指标去衡量一个国家或地区的状况。相反，教育（在要素政府效率下）有如此多的方面以至于要求用远远更多的指标来衡量一个国家或地区的表现。这就是按照给出问题的不同每个子要素下所包含的指标数目不一样的原因，虽然每个子要素在总体合并中权重是一样的。

量化如此多的数据是不是真的相关？

WCY 使用这么多指标确保有一个所有国家或地区竞争力的清晰画面，同时，如果有任何指标被误解这也是一个安全网。因为有了 300 多个指标，任何一个指标的影响会是非常有限的。

你的调查有多好？

一个超过 3500 个的经理主管人员组成的队伍完成了我们的问卷。这些被调查者形成了每个被分析国家或地区的商业团体的一个具有代表性的横截面。

被调查者为什么是来自本国的？

因为不可能从世界范围内找 3000 多个人，这些人具有所有 49 个国家或地区或地区的相关专业知识。为了尽可能的客观，我们调查了在某个特定国家或地区经营的本地和外国公司，以及本地的和国外的经理主管人员。我们相信，这可以使他们把当地环境的特征放到一个国际的角度作更好的评价。

调查的回答是否会有一个“偏见”的问题？

我们相信由于经理主管人员国际经验的丰富，调查回答的主观性是非常有限的，从而确保了评价深入描述了他们工作的环境。然而，调查回答可能比硬指标波动更大，因此我们尽量在每个国家或地区都有足够大数量的被调查者以及样本的抽取不偏向于任何一个群体。一个特定国家或地区的调查回答也许更多的受文化和社会价值或传统观念的影响，但是，我们宁愿不去纠正这些“偏见”因为补救可能比疾病本身更坏。

谁使用 WCY？

商业团体用于评价国家或地区环境——在一个开放和全球性的世界里，地理位置对公司是非常重要的。他们需要不断的重新评估或选择新的地理位置。WCY 是他们决策输出过程中的一个关键输入。

政府团体使用 WCY 来衡量其政策的成功性以及查看其他国家或地区是如何表现的。

学术界使用 WCY 来理解和分析国家或地区（不仅仅是企业）是如何在世界市场中竞争的。

我们是如何知道在这么多的国家或地区里发生了什么的？

我们有一个广泛而又唯一的由 36 个合作机构形成的网络。这 36 个合作机构分布于世界各地，给我们提供有关他们国家或地区的第一手的资料。同时，他们也确保我们要调查的本地专家的样本是代表了他们的商业团体。

总体得分表的排名是否表明了一个国家或地区表现的演变？

总体得分表显示了一个国家或地区相对于其他国家或地区的竞争力地位，不是相对于自身过去的竞争力而言的。这意味着一个国家或地区竞争力排名的降低并不必然表示这个国家或地区比以前更差，而是其他国家或地区在同样的时间内提高更快。

为什么我们国家或地区的排名和全球竞争力报告（WEF）的不同？

和 WCY（2002 年 314 个指标中占 40%）相比，WEF 的竞争力指标更强调调查问题（2001 年 174 个指标中占 80.5%）。

我们的国家或地区如何提高其竞争力？

竞争力没有单一的处方。为了定义什么是可以或不可以接受的以及为了得出对你们国家或地区可取的结论和政策建议，必须考虑一个国家或地区具体的环境、价值系统和文化传统。

最新发展都有什么？

－附加的用于参考的国家或地区、地区和州。

－对 49 个国家或地区或地区，每个国家或地区在国家或地区轮廓部分扩充了 8 页。

－整个世界竞争力年鉴有 CD-Rom 盘（PDF, Acrobat 格式）作为快速而容易使用的参考工具。

－世界竞争力在线是 IMD 提供的用于补充年鉴的一种服务。使用者可以在任何时候登录我们的网址（http://www.imd.ch/wcy）得到主要的排名和重要的参考材料。

WCY 的发行情况如何？

我们大概发行 3000 册书到世界各地的商业、政府和学术团体。一般而言，它去往那些影响和塑造世界竞争力的最高决策者那里。

我在哪里可以找到 2002 年的 WCY 结果？

在我们的网站上（http://www.imd.ch/wcy）参考执行总裁总结。

IMD 是什么？

有着 55 年以上的历史，IMD 一直是全球 5 个最好的致力于经历主管人员发展的商学院之一。IMD 的项目是为快速成就者和领导者设计的，从有天分的年轻经理到董事会层次的主管人员。IMD 是真正国际的。每年，大概有来自 70 多个国家或地区的 4000 名经理主管人员参加大约 20 个公开入学的项目以及针对具体公司的项目。教员也同样是国际的：50 多个教授就有 20 多个国籍。在商业发展的前沿，IMD 还和许多世界级的公司保持着学习伙伴关系。

补 充 工 具：网 络

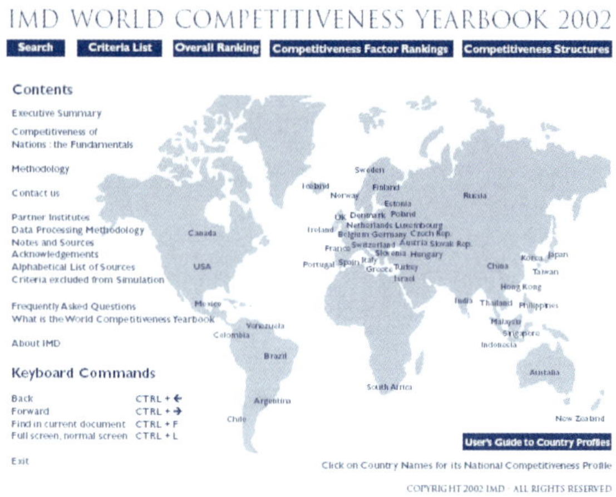

世界竞争力在线是 IMD 提供的用于补充年鉴的一种服务。使用者可以在任何时候登录我们的网页：

http://www.imd.ch/wcy

得到主要的排名和重要的参考材料：合作机构名单、方法学的解释、国家或地区轮廓的样例，等等。

世界竞争力年鉴（WCY）仍旧是企业领导、政府机构和学术机构的必不可少的工具。WCY 能用于公共政策决策和商业战略决策，或作为学术研究的参考书。它每年都要评论和更新以确保它尽可能好的服务于当今经济和政治扮演者的需要。

世界竞争力年鉴电子产品：

—指标/年：

每个指标都有电子格式，可以按年单独购买，或在子要素或要素下和其他指标一起购买。

—5 年时间序列：

每个指标过去 5 年的数据都有电子格式，可以按指标单独购买。

—国家竞争力轮廓：

表明国家或地区竞争力相对位置的 8 页的国家或地区轮廓可以单独购买，以及该国或地区过去几年竞争力表现的演变情况也可以单独购买。

—专门的国家或地区报告：

一个很有价值的工具用于一个没有包括在年鉴中的国家或地区和一些世界上最有影响力的国家或地区之间的定位。

更多的信息，请联系：

wcyinfo@imd.ch

附录 I
注释与来源

注 释 与 来 源

数据表中使用的标准注释

1 给出的数据是前一年的。因此，2000 年的数据如果出现在本来应该给出 2001 年数据的栏里，就会给出注释；类似地，1999 年的出现在 2000 年的数据栏里，等等。

2 原则和“1”相同，不过给出的数据是前两年的。

3 原则和“1”相同，不过给出的数据是前三年，或更以前的。

- 无法得到

由于大部分数据是以美元计的，你可以在 **444** 页找到我们使用的汇率。

经济部门

农业： 包括农业、牧业、林业和渔业。

工业： 包括制造业、采掘业、电力业、建筑业、煤气和水的生产供应业。

服务业： 包括批发和零售贸易、餐饮业、运输仓储、邮电通信、金融和商业服务、社会和个人服务。

关于来源的全面信息，请见附录 II。

指标	来源	注释
要素 I：经 济 表 现		
1.1.01	主要经济指标 2002 年 3 月 季度国民经济账户 4/2001 国家或地区来源	2001 年的临时数据或估计值。
1.1.02	世界银行	2001 年的估计值。这个数据是基于 GDP 实际增长计算的。购买力平价（PPP）是使不同通货的购买力相同的通货交换率。这指的是：给定一笔特定数目的货币，当以 PPP 汇率换成不同的货币时，能够在所有的国家或地区购买相同的一篮子货物和服务。PPP 是货币转换率，它消除了国家或地区间价格水平的差异。
1.1.03-08	季度国民经济账户 4/2001 国家或地区来源	2001 年的临时数据或估计值。数据既可以是 2001 年的也可以是最近的能获得的 12 个月的，2000 年 10 月到 2001 年 9 月。
1.1.09-10	季度国民经济账户 4/2001 国家或地区来源	GDP 减私人消费减政府消费。Ibid. 1.1.03-08
1.1.11	世界发展报告 2001 年 国家或地区来源	2001 年的临时数据或估计值。
1.1.12-13	主要经济指标 2002 年 3 月 季度国民经济账户 4/2001 OECD 经济展望 2001 年 12 月 国家或地区来源 Ibid. 4.1.01	2001 年的临时数据或估计值。
1.1.14-17	季度国民经济账户 4/2001 国家或地区来源	
1.1.18-20	季度国民经济账户 4/2001 亚洲发展银行展望 2002 国家或地区来源	2001 年的临时数据或估计值。英国：基于总量指数，工业中不包括建筑业。

指标	来源	注释
1.1.22	Ibid. 1.1.01 和 4.1.01	Ibid. 1.1.01 和 4.1.01
1.1.23	Ibid. 1.1.02 和 4.1.01	Ibid. 1.1.02 和 4.1.01
1.1.24	Ibid. 1.1.03 和 4.1.01	Ibid. 1.1.03 和 4.1.01
1.1.25	Ibid. 1.1.05 和 4.1.01	Ibid. 1.1.05 和 4.1.01
1.1.26	Ibid. 1.1.07 和 4.1.01	Ibid. 1.1.07 和 4.1.01
1.1.27	Ibid. 1.1.09 和 4.1.01	Ibid. 1.1.09 和 4.1.01
1.1.28-33	OECD 经济展望 2001 年 12 月 亚洲发展展望 2002 国家或地区来源	
1.2.01-02	主要经济指标 2002 年 3 月 国际金融统计 3/2002 OECD 经济展望 2001 年 12 月 国家或地区来源	2001 年的部分估计或临时估计。当前的估计等于贸易差额加上其他货物和服务的贸易差额、收入、私人无偿转移和政府无偿转移（不包含对其他地方的）。
1.2.03-04	世界贸易组织 年度报告 2001 www.wto.org 国家或地区来源	中国香港地区和新加坡：包括再出口。估计是基于初步的数据。
1.2.05-06	世界贸易组织 年度报告 2001 www.wto.org 国家或地区来源	商业服务包括运输、旅行、其他私人服务和收入。国家或地区之间的数据不是总是可比的。由于对服务业数据的经常修正，数据服务的连续性上有很多的间断。
1.2.07-09	Ibid. 1.2.03 Ibid. 1.5.01（通货膨胀用作 1.2.09 的紧缩因子）	Ibid. 1.2.03 巴伐利亚、加利福尼亚和纽约：总出口额
1.2.10-12	Ibid. 1.2.05 Ibid. 1.5.01（通货膨胀用作 1.2.12 的紧缩因子）	Ibid. 1.2.05
1.2.13 + 1.2.17	联合国 Comtrade 数据库 Ibid. 1.2.03	
1.2.14 – 1.2.16	世界贸易组织 年度报告 2001 www.wto.org Ibid. 1.5.01（通货膨胀用作 1.2.16 的紧缩因子） 国家或地区来源	Ibid. 1.2.03 和 1.2.05
1.2.18	Ibid. 1.1.01 和 1.2.03	Ibid. 1.1.01 和 1.2.03
1.2.19	国际金融统计 3/2002 国家或地区来源	
1.2.20	WTO 旅游显著部分 2001 年 8 月 www.world-tourism.org 国家或地区来源	
1.3.01-02	贸易支付差额统计 年鉴（IMF）2001 国家或地区来源	
1.3.03-04	联合国世界投资报告 2001“增进联接” Ibid. 1.5.01（通货膨胀用作 1.3.04 的紧缩因子） 国家或地区来源	估计主要基于在前一年的存量上加上今年的流量或通过积累流量。 比利时的数据还包含对卢森堡的流量。
1.3.05-06	Ibid. 1.3.01	对内流量，比利时的数据还包含对卢森堡的

		流量。
1.3.07-08	Ibid. 1.3.03 Ibid. 1.5.01（通货膨胀用作 1.3.08 的紧缩因子）	
1.3.09-10	Ibid. 1.3.01	
1.4.01-03	季度劳动力统计 4/01 OECD 经济展望 2001 年 12 月 国际劳工组织年鉴的劳动力统计 2001 国家或地区来源	就业的数据经常是估计值。以 2000 年 10 月到 2001 年 9 月的年度估计的是澳大利亚、加拿大、捷克、芬兰、匈牙利、意大利、日本、南韩、新西兰、挪威、西班牙、瑞典、美国。估计的是奥地利、比利时、丹麦、法国、德国、希腊、冰岛、爱尔兰、卢森堡、墨西哥、荷兰、波兰、瑞士、土耳其和英国。巴林：数据是基于劳动力数据减失业估计的。
1.4.04	季度劳动力统计 4/01 国际劳工组织年鉴的劳动力统计 2001 国家或地区来源	大部分数据是 2001 年的估计值。 按部门的就业数据是很难获得的。年份和来源并不总是相匹配。
1.4.05	国际劳工组织的公共部门就业统计 国家或地区来源	公共部门总就业包括所有一般政府部门就业和国有企业的就业。它包括这些机构直接雇用的所有人员，不管就业合同如何特别。在大多数发展中国家或地区，总就业相当于正式部门的就业。奥地利：包含私人非营利和国内服务业；智利：公共就业只包含政府本身。
1.4.06	OECD 经济展望 2001 年 12 月 季度劳动力统计 4 / 01 国家或地区来源	中国：在城市地区；俄罗斯：从 2001 年 1 月到 9 月。
1.4.07	季度劳动力统计 4 / 01 国家或地区来源	
1.5.01	主要经济指标 2002 年 3 月 OECD 经济展望 2001 年 12 月 国家或地区来源	
1.5.02	INBUCON（国际商业顾问） 世界生活成本，2001 年 12 月，指数 www.inbucon.co.uk	这个版本包含 3 个以上的数据源。因此，数据不是总能和 WCY 的前几次版本相匹配。
1.5.03	UBS 世界各地的价格和收入 2000 国家或地区来源	公寓：租金针对的是 1980 年后建立的公寓（3 个房间，厨房和浴室，还包括其他的费用但排除车库），有典型的当地舒适标准，接近城市中心。
1.5.04	CB Richard Ellis 全球市场租金，2002 年 1 月（世界各地的办公租金和占有成本）	办公占用总成本：主要城市平均值，包括租金、管理成本、财产税和房屋基本维护费用。

要素 II：政 府 效 率

2.1.01-02	政府金融统计 2001 国家或地区来源	全面预算。奥地利、比利时、法国、德国、葡萄牙和瑞典：一般政府。中国香港地区：

	http://europa.eu.int 国家或地区来源	财政年度开始于 4 月份。马来西亚：联邦政府结余。
2.1.03-04	政府金融统计 2001 国家或地区来源	以 6 月 30 日为年度结束：澳大利亚、瑞典。以 3 月 31 日为年度结束：加拿大、日本、印度、新西兰。以 9 月 30 日为年度结束：泰国、美国。爱尔兰：一般政府总负债。
2.1.05-06	政府金融统计 2001 国家或地区来源	以 6 月 30 日为年度结束：澳大利亚、瑞典。以 3 月 31 日为年度结束：加拿大、日本、印度、新西兰。以 9 月 30 日为年度结束：泰国、美国。
2.1.07	政府金融统计 2001 Ibid. 1.5.01（通货膨胀用作紧缩因子） 国家或地区来源	国内和国外负债。Ibid. 2.1.03 和 2.1.05
2.1.08	政府金融统计 2001 国家或地区来源	只含统一的中央政府。马来西亚：联邦政府
2.1.10	国际金融统计 2002 年 3 月	期末。
2.1.11	政府金融统计 2001 国家或地区来源	一般政府支出，除去政府间赠与和转移。智利、日本、马来西亚和墨西哥：只含统一的中央政府。巴西：估计值，基于 1998/99 年的支出。中国香港地区：财政年度开始于 4 月份。
2.2.01	OECD 收入统计 2001 政府金融统计 2001 国家或地区来源	一般政府税收总收入。包括：收入税、利润和资本利得；社会保障贡献；薪水和劳动税；货物和服务税；其他税。一般政府由以下构成：超国家或地区的权威、中央行政部门、运行在其有效控制下的代理、州和地方政府及其行政部门、社会保障体系和自治政府实体。但不包括国有企业。哥伦比亚、印度尼西亚、以色列、菲律宾、美国：只含统一中央政府。中国香港地区：财政年度开始于 4 月份。
2.2.02	普华永道 软件“资源” 国家或地区来源	这个指标是基于 2000 年的人均 GDP 得到的。2001 年，任何一个有这个收入水平的已结婚且有一个孩子的人都期望付了个人收入税。加拿大、瑞士和美国的税是各个省、州的平均值。荷兰：2001 年，荷兰税收系统作了重大改革，导致了债务在税和社会保障间分配的变化。
2.2.03	OECD 收入统计 2001 政府金融统计 2001 国家或地区来源	个人收入税支付给一般政府（定义见 2.2.01）。印度尼西亚、以色列、菲律宾和美国：只含统一中央政府。新加坡：公司和个人收入税。中国香港地区：工资税加上个人财产评估金额，财政年度开始于 4 月份。
2.2.04	Ibid. 2.2.02	Ibid. 2.2.02

2000-2001：爱沙尼亚：雇员社会保障被认为是分别支付给体力和非体力雇员的比率的平均值。

2.2.05	OECD 收入统计 2001 政府金融统计 2001 国家或地区来源	智利、印度尼西亚和俄罗斯：雇主/雇员的详细分类无法获得。马来西亚：雇员准备基金。
2.2.07	普华永道，“公司税，世界各地总结” 国家或地区来源	PWC 的一般假设：

PWC 的一般假设：

1） 为了使他们之间的税率尽量可比，他们按税前利润计算。
2） 他们假设典型的公司是普通商业公司。
3） 他们假设公司只在国家或地区境内活动，因此一个公司既没有分支业没有子公司在国外。因而，红利收入、分支利润税和他们具体的税处理可以忽略。
4） 具体收入类型的税处理没有提到，比如资本利得税。
5） 每个国家或地区关于可扣除项目有其特殊的规定，因此，许多特有的扣除项或添加项就不用考虑。这个机制的典型例子是：特殊的激励税（如，在创造工作上）、净资产税，等等。
6） 就可能性来说，他们还没有考虑国家或地区机制在减少收入双重税（公司和其股东）上的地位，像法国的 avoir fiscal 或英国的 British ACT。专门的评论表明了：就关于已分配利润/未分配利润（在某种程度上智利、德国、匈牙利和土耳其），一个基于不同税率的双重系统在哪里存在。
7） 他们因此也忽略了为红利分配而征收的代扣所得税；假定这是与股东有关而与公司无关的税。
8） 只有对利润征收的税被考虑了，如果可以，还可能有附加税（国家或地区附加税或州附加税或市政附加税）。
9） 对那些税率不是一致的，他们已经表明了较低的税率因为适用于较小的公司。在瑞士，他们选择了平均最大税率，因为在这样一个全球的方法下详细反映现存系统是很困难的。
10）与税的支付连带的附加税，比如利息的延期支付或相似的机制，没有考虑进去，因为这取决于每个贡献者的具体情况，另外，也容易给一个错误的印象因为不是所有国家或地区都有这样的规则。

11）按股份或某种类型的资产征收的净资产税不包括在内，因为系统比较他们是很困难的，而且如果包括的话，就不能提供一个连贯的印象。

公司税率的评论有（基于税前利润计算的）：

比利时：如果利润低于 BEF13 百万元，税率降低。

巴西：小实体（年收入没有超过 240,000R$）15%。

加拿大：当有利润分配到国外，另加税。

智利：当有利润分配到国外，另加税。

爱沙尼亚：税率适用于已分配利润/未分配收入没有所得税。

法国：长期资本利得可以是减少了的税率 20.8%。

德国：包含平均营业税（比较大的城市为 18%）

印度：财政年度与商业年度不同。

印度尼西亚：小实体的税率较低。

爱尔兰：当年收入不超过 IR£200,000 时，税率 12.5%；非经营收入税率 25%。

意大利：排除生产性活动的地方税（IRAP）

日本：最大税率是包括地方税的公司税（最低 47.3%）。

韩国：较小实体税率 16%。

荷兰：第一个 NLG50,000 以 30%的税率征收。

葡萄牙：包括通常基于公司税计算的附加市政征税。

俄罗斯：最高税率。

新加坡：第一个 S$100,000 是免税的。

西班牙：取决于企业或实体的类型，可以有从 0%到 40%的其他税率。

中国台湾地区：对超过 NT$100,001 应税收入以上的那部分利润征税。

土耳其：对应于公司税的 10%，还要征收附加税。

英国：20%，如果税后利润不超过£300,000。

美国：一般介于 1%和 12%的州和市政税（应扣税）不包括在内。

2.2.08　OECD 收入统计 2001　政府金融统计 2001　国家或地区来源

支付给一般政府的公司税（定义见 2.2.01）。

中国香港地区：利润税，财政年度开始于 4 月份。

2.2.09　Ibid. 2.2.02

2.2.10	OECD 收入统计 2001 政府金融统计 2001 国家或地区来源	中国、美国：只对统一中央政府。智利、印度尼西亚、俄罗斯：雇主/雇员的详细分类无法获得。马来西亚：雇员准备基金。
2.2.12	OECD 收入统计 2001 政府金融统计 2001 国家或地区来源	资本和财产税包括：不动产和净财富、房地产、遗产的经常性税收和赠与税，金融和资本交易税，其他财产的经常性和非经常性税。这些税是支付给一般政府（定义见 2.2.01）的。中国香港地区：财产税，财政年度开始于 4 月份。
2.2.13	OECD 收入统计 2001 政府金融统计 2001 国家或地区来源	支付给一般政府的间接税（定义见 2.2.01）。智利、印度和以色列：只含统一中央政府。中国香港地区：财政年度开始于 4 月份。
2.3.01	主要经济指标 2002 年 3 月 国际金融统计 2002 年 3 月 国家或地区来源 Ibid. 1.5.01	平均年利率，有些国家或地区是估计值。 中国香港地区：基本贴现率。
2.3.03	国际金融统计 2002 年 3 月 国家或地区来源	以平均年利率为基础，有些国家或地区是估计值。 中国香港地区：由 HSBC 报出的最优贷款利率，由特许银行申报出的存款利率。
2.3.04	机构投资者，2001 年 9 月	由《机构投资者》发展而来的国家或地区间信用评级是基于这样的信息。这些信息是由在最主要的全球性银行、财务和证券公司中任职的高级经济学家和政治风险分析家提供的。他们对每个最不可能不履行责任的国家或地区进行评级。被调查者的名字是严格保密的。参与者不允许对自己的国家或地区进行评级。每个人的回答用一个"机构投资者"公式给出权重。这个"机构投资者"公式对来自有着更多国际影响和更加复杂的国家或地区分析系统的机构的回答给予更多重视。
2.3.07	国际金融统计 2002 年 3 月	斯洛伐克：2001 年 9 月。
2.3.22	国际警察组织，国际犯罪统计 1999 国家或地区来源	这些数字包括谋杀、严重攻击、抢劫和重大偷窃。按照国家或地区警察组织的公布，我们参阅第 1、3 和 4.1.1 部分。这些数字必须小心对待。警察的统计反映了上报的或警察侦破的犯罪，因而只反映了总体犯罪的一部分。恐怖主义只有当该国法律认为其不是特殊犯罪的时候才包含在内。委内瑞拉：不包括抢劫和重大偷窃。
2.4.06	政府金融统计 2001 国家或地区来源	中央政府对当前账户的补助给（i）私人和公共企业和（ii）政府企业，用于补偿显然是由于政府的价格政策引起的损失。芬兰、德国、爱尔兰、日本：来自一般政府。意大利：一

		般政府转移到公司。中国：包括政府的价格补助支出和对亏损企业的补助。
2.5.01	政府金融统计年鉴 2001 OECD 教育概览 2001 99 年联合国科教文组织年鉴 国家或地区来源	智利、哥伦比亚、芬兰、希腊、印度尼西亚、韩国、马来西亚、墨西哥、菲律宾、泰国和土耳其：数据只针对中央政府。
2.5.02-03	99 年联合国科教文组织年鉴 国家或地区来源	对公共和私人机构，按等价于全职计算。初等教育（ISCED 级别 1）：这个级别的主要功能是给小学和初中教育提供基本的要素。高等教育（ISCED 级别 2 和 3）：为中学、中级学校、高中、师范学校和职业技校提供一般的和专门的指导。澳大利亚：只包括在较低和较高中级教育的一般项目。比利时：只有佛兰德斯。日本：公立小学的初等教育和初等中学的中级教育。瑞士：只有公共机构。
2.5.04	世界发展报告 2000/2001 （世界银行） 国家或地区来源	净入学率是符合正式入学年龄（由教育体系决定）的孩子上中级学校的人数，以占全部符合正式入学年龄的人数的比重表示。入学数据是通过年入学调查得到的，一般都在每学年开始的时候进行调查。它们不反映学年中实际的出勤率或退学率。影响国家或地区之间入学率比较的问题来自于不经意或故意的误报年龄，以及来自于对上学年龄人口的错误估计。 中国香港地区：年龄组 12 到 17。
2.5.05	教育概览 OECD 指标 2001	年龄在 25－34 间的人口中已经获得第三类 B 和第三类 A 教育和高级研究项目所占的比重。第三类 A 教育包含比较多的理论项目，这些理论项目有助于通往高级研究项目和有高技能要求的职业。第三类 B 教育包含比较多的实际或具体职业项目，这些实际项目提供给参与者直接与劳动力市场有关的能力。 新加坡：25－34 岁之间非学生居民具有第三类能力所占的比重。
2.5.06	测度学生知识和技能，国际学生评价 2000 阅读、数学和科普知识的评价 www.pisa.oecd.org	OECD 的国际学生评价项目（PISA）是一项对 15 岁的学生进行的定期调查，评价他们对成人生活的准备程度。 数学知识：识别、理解和从事数学的能力；在个人当前和将来的私人生活、职业生活、社会生活、与朋友和亲戚以及做一个建设性的、关注的和有思想的公民的需要上，能对数学的作用给一个深刻的判断。 科普知识：使用科学知识的能力；为了理解自然世界和人类活动对其做的改变和帮助做

		出有关决策，有识别和使用科学知识的能力。
2.5.09	人类发展指数 2001	联合国科教文组织估计值。
要素 III：企 业 效 率		
3.1.01	Ibid. 1.1.02 和 1.4.01	Ibid. 1.1.02 和 1.4.01 我们用 GDP PPP2001 年数据（估计值）除以就业数据。
3.1.02	Ibid. 1.1.01 和 1.4.01	Ibid. 1.1.01 和 1.4.01
3.1.03	主要经济指标 2002 年 3 月 季度国民经济账户 4/2001 OECD 经济展望 2001 年 12 月 国家或地区来源 Ibid. 1.4.01	增长率是用同一价格的 GDP 数据除以就业数据得到的。
3.1.04	Ibid. 1.1.02，1.4.01 和 3.2.05	Ibid. 1.1.02，1.4.01 和 3.2.05
3.1.05	Ibid. 1.1.01，1.4.01 和 3.2.05	Ibid. 1.1.01，1.4.01 和 3.2.05
3.1.06	Ibid. 1.1.02，1.1.11，1.4.01 和 1.4.04	Ibid. 1.1.02，1.1.11，1.4.01 和 1.4.04
3.1.07	Ibid. 1.1.02，1.1.11，1.4.01 和 1.4.04	Ibid. 1.1.02，1.1.11，1.4.01 和 1.4.04
3.1.08	Ibid. 1.1.02，1.1.11，1.4.01 和 1.4.04	Ibid. 1.1.02，1.1.11，1.4.01 和 1.4.04
3.1.09	Ibid. 1.1.02，1.1.11，1.4.01 和 1.4.04	Ibid. 1.1.02，1.1.11，1.4.01 和 1.4.04
3.1.10	Ibid. 1.1.02，1.1.11，1.4.01 和 1.4.04	Ibid. 1.1.02，1.1.11，1.4.01 和 1.4.04
3.1.11	Ibid. 1.1.02，1.1.11，1.4.01 和 1.4.04	Ibid. 1.1.02，1.1.11，1.4.01 和 1.4.04
3.2.01	美国劳动局，劳动统计局 http://stats.bls.gov 国家或地区来源	估计值，按照 2000 年的数据和 2001 年的汇率计算的。 小时报酬成本是雇主劳动成本。小时报酬定义为（1）所有支付直接给工人——支付给工作时间的（基本时间和计件工资率加上超时间工作奖金，轮班差异，每个支付期一定支付的其他奖金和红利，以及生活成本调整），支付给没有工作的时间的（比如假期），季节性或无规律的红利和其他特殊支付，选择了的社会津贴和各种支付成本（在任何形式的工资扣减之前），和（2）法律要求的保险项目、按契约和私人福利计划而发生的雇主开支（如退休计划，健康保险，失业保险和家庭津贴）。另外，在某些国家或地区，报酬按照工资册或就业调整为其他税（或减少以衬托补助），即使他们没有为那些有益于工人的项目融资，因为这样的税被认为是劳动成本。 中国香港地区：第一季度－3 个季度平均。
3.2.02	OECD 国家或地区来源	2001 年的估计值。中国香港地区：制造业名义工资指数，第一季度－3 个季度平均。
3.2.03	UBS 全球物价和工资 2000 国家或地区来源	数值是估计值。 这个准则表明年总收入包括补充如额外工资、红利、假期、利润分红和孩子补助。 银行信贷员：完成银行培训，有 10 年银行工

		作经验，35 岁左右，已婚，两个孩子。部门经理：一个金属行业规模可以的公司的生产部门（超过 100 个雇员）的业务经理，有这个领域多年的经验，完成职业培训，40 岁左右，已婚，两个孩子。初等学校老师：在公立学校系统（不是私立学校），有 10 年教学经验，35 岁左右，已婚，两个孩子。秘书：在一个工业或商业公司为部门经理做，大约 5 年的经验（速记，打字和计算机知识，一门外语），25 岁左右，单身。爱沙尼亚：来自爱沙尼亚经济研究机构的调查。 俄罗斯，秘书和部门经理：有西方拥有或有西方重要投资者的私人公司支付的工资大约高出 16－18 倍；银行信贷员：有西方拥有或有西方重要投资者的银行支付薪水。
3.2.04	CC&T 国家或地区来源	总报酬：包括年基本工资，年短期的奖金和长期激励。以最低营业额为 US$250 百万元的公司为基础。 首席执行官：指导公司所有的经营，包括销售，营销，制造和后勤工作；对发展和公司战略的执行进行协调和提供指导；最优化市场潜力；提供长期目标和领导能力；识别成长机会；确保组织运行的有效性；和关键的机构部门建立长期合作关系。 工程师：协调产品生产的工程/技术部分；一般管理这些地方如过程工程，车间规范和发展，对计划，计算和预算完成一个项目所需的任何小项负责；监督项目的这个发展；大学学历。 制造主管：指导经营中的制造，包括产品，工程，生产和材料控制和质量保证；管理产出过程，生产控制和质量保证；对制造，工程，维修物购买，运送和接收以及质量控制负责；确保投资的回报。 人力资源主管：发展和执行人力资源政策和项目，建议和帮助人力资源的总经理；对有关人力管理的所有事项负责，包括计划，招聘，选择，培训和发展，安全，报酬，福利和人员服务；对职员政策和培训的发展和执行负责；协调公司的内部交流政策。
3.2.05	UBS 全球物价和工资 2000 国家或地区来源	主要城市的年工作小时数，按 11 个不同职业加权平均。
3.2.08	国际劳工组织 劳动统计年鉴 2001 国家或地区来源	由于不同的定义和规则，尤其是在罢工的最短持续时间上，数据不总是可比的。巴西、

		马来西亚、墨西哥、葡萄牙：只有罢工。比利时，中国香港地区：排除公共部门。法国：排除农业和公共部门。德国：排除公共管理。
3.2.10-12	季度劳动统计 4/01 OECD 经济展望 2001 年 12 月 国际劳工组织 劳动统计年鉴 2001 国家或地区来源 Ibid. 1.4.01	以 2000 年 10 月到 2001 年 9 月的年度估计的是澳大利亚、加拿大、捷克、芬兰、匈牙利、意大利、日本、南韩、新西兰、挪威、西班牙、瑞典、美国。估计的是奥地利、比利时、丹麦、法国、德国、希腊、冰岛、爱尔兰、卢森堡、墨西哥、荷兰、波兰、瑞士、土耳其和英国。俄罗斯：在经济部门。
3.2.13	季度劳动统计 4/01 国际劳工组织 劳动统计年鉴 2001 国家或地区来源	以 2000 年 10 月到 2001 年 9 月的年度估计的是 OECD 国家或地区。
3.2.14	OECD 国际移民趋势 2001 Ibid. 3.2.10	外国或国外出生的工人在一国或地区劳动力中的份额。国家或地区间并不完全可比。奥地利：排除个体经营的。比利时，爱尔兰：估计值。捷克：工作许可和注册斯洛伐克工人的持有者。荷兰、挪威和英国：不包括失业的。澳大利亚、加拿大和美国：外国出生的劳动力。荷兰：包括跨国界的工人。
3.3.01	国际金融统计 2002 年 3 月	包括外国净资产和国内总存款
3.3.02	OECD 机构投资者统计年鉴 2001 国家或地区来源	包括保险公司，投资公司，养老基金和其它形式的机构存款。捷克：总资产。希腊、墨西哥：不包括养老基金。
3.3.03	环球市场信息数据库－欧元国际监管 国家或地区来源	欧洲国家或地区信用卡和用欧元付款（欧元卡和万事达卡）持卡者的数量。捷克共和国，匈牙利，波兰，俄罗斯，.斯洛伐克共和国，.斯洛文尼亚：只用欧元付款。中国香港地区：仅根据受调查的机构，年终重要的应收信用卡。
3.3.04	Ibid.3.3.03 国家或地区来源	请注意数据并不总是可比的。只有信用卡和欧元付款是可比的。捷克共和国、爱沙尼亚、匈牙利、波兰、俄罗斯、斯洛伐克共和国、斯洛文尼亚：交易只用欧元付款（包括欧元卡和万事达卡）。英国：仅限于信用卡交易。数据同样来源于我们的一些合作机构（巴西、智利、中国香港地区、马来西亚、菲律宾、新加坡、中国台湾地区）。这意味着这些数据可能包括更多的交易（广义上的）。 中国香港地区：仅根据受调查的机构。数字代表着年终重要的应收信用卡。信用卡交易（总额）包括持卡者由于使用签发的信用卡产生的账户借方总数。不包括融资费用，服务费用或各种的借方的调整数。“交易”：当

		信用卡用于购物，服务付款或获取现金而使持卡人周转循环的交易。
3.3.08	OECD 资本市场趋势 2001 年 3 月 国家或地区来源	所有的银行，包括商业性的，储蓄性的和外资银行。希腊、匈牙利、日本、墨西哥、葡萄牙、土耳其、英国：仅包括商业银行。丹麦、冰岛、美国：仅包括商业银行和储蓄银行。韩国：仅包括商业银行和外资银行。马来西亚：商业银行和伊斯兰银行。
3.3.11-13	标准普尔 股票市场发展纪实 2001 国家或地区来源	
3.3.14	国家或地区来源	马来西亚：参考 KLSE 综合指数
3.3.19	国际要素链 国家或地区来源	仅包括国际要素。爱沙尼亚：包括波罗的海各国。
要素 IV：基 础 设 施		
4.1.01	联合国统计月报 2001 年 11 月 国家或地区来源	2001 年的数据是基于 2000 年的信息以及增长预测的估计值。
4.1.02 - 04	环球市场信息数据库－欧元国际监管 2001 国家或地区来源	新加坡：所有居民
4.1.06	世界公路统计－2002 版 http：www.irfnet.org	所有的公路网包括汽车高速公路，高速公路，主干道或是国道，次干道或是地区公路和其它的公路。俄国：不包括北部的领土。
4.1.07	国际公路统计 2000 国家或地区来源	公共铁路网。中国香港地区、新加坡：快运系统。
4.1.08	世界公民飞行组织 国家或地区来源	仅包括世界公民飞行组织的成员，包括国际国内的航线。2000 年的数据是估计值。
4.1.12	联合国农业基金组织（FAO） http://www.fao.org	包括永久耕地。比利时：数据包括卢森堡。
4.1.14	联合国能源统计年鉴 1998 国家或地区来源	能源消耗的数量（产量＋进口－出口－库存－库存变化）对应国内每一美元总产值。法国：包括.摩纳哥。意大利包括圣马里诺：包括。南非：非洲海关联盟包括南非、博茨瓦纳、瑞士、纳米比亚。瑞士包括列支敦士登。
4.1.16	OECD 国家或地区的能源平衡表 1998－1999 非 OECD 国家或地区的能源平衡表 1998－1999 Ibid.I.I.12	这些数据表明在考察期间内真实的国民生产总值、能源消费之间的差异。（1）如果国民生产总值增量和能源消费增量都是正数，当国民生产总值增量是较大的那个数时，国民生产总值增量减去能源消费增量就是正的，当国民生产总值增量是较小的那个数时，差就是负的。（2）如果国民生产总值增量是正的而能源消费增量是负的，那么这两个数字都被认为是正的，并且国民生产总值增量加上能源消费增量是正差异。

4.1.17	OECD 国家或地区的能源平衡表 1998－1999 非 OECD 国家或地区的能源平衡表 1998－1999	
4.1.18	联合国贸易组织数据库 世界贸易组织	包括矿物燃料，润滑剂和相关的原料
4.1.19	联合国国际贸易统计年鉴 1999	初级化肥和初级矿产，含有金属的岩石和金属废料，铁，钢和不含铁的金属。比利时：包括卢森堡。
4.1.20	能源价格和税款，季度统计，3/2001(国际能源机构) 国家或地区来源	
4.2.01	西门子国际通讯统计 2001 西门子国际通讯统计 2002	国有的和私有的公司 预计数字
4.2.02		
4.2.03	TARIFICA, PBI Media www.tarifica.com	这些数字代表了从其他国家或地区向美国打三分钟电话的以美元计价的收费。没有考虑到任何的折扣计划，使用了标准的定价。
4.2.04	西门子国际通讯统计 2002	预计数字
4.2.05	世界电信发展报告：再造电信 2002，国际电信联合会	
4.2.08 - 4.2.10	计算机产业年鉴协会 http://www.c-i-a.com 国家或地区来源	
4.2.11	OECD 通信展望 2001 Netcraft.com 国家或地区来源	来自 Netcraft 安全插座层的调查
4.2.12	OECD 通信展望 2001 国家或地区来源	高峰期享受使用打折的 PSTN 包括增值的 PSTN 上网 20 小时的接入因特网服务需要交纳月租费以及与打折计划相关的每月附加收费，如果可行的话，包括 20 次一小时的通话。这一揽子费用包括线路租用，PSTN 使用收费以及网络服务供应商收费。线路租赁收费在该篮子中是用于平衡现实中，通常，对本地通话不收费用的国家或地区其固定收费较高，而对本地通话收费的国家或地区其固定费用较低。中国香港地区：每月收费 IMS Netvigator 56k 。
4.2.18	世界发展指数 2002 世界银行	
4.2.19	Ibid.4.2.18	中国香港地区：制造业出口的数据仅包括国

	世界贸易组织	内出口。
4.3.01 - 09	OECD 主要科学技术指数 2001/2 UNESCO 统计年鉴 1999 国家或地区来源	加拿大，德国：，如果需要，由秘书处做出国家或地区预测或计划调整，以符合 OECD 的准则。中国：大部分的数据来源于对所有研发资源的调查。匈牙利：不包括国防。韩国：不包括社会科学和人类学的研发。意大利：Intro-muros 支出。土耳其：保守估计。日本：财政年度。
4.3.11	自然科学基金科学和工程指数 2000	包括自然科学（物理，地球，大气，生物和农业科学，数学和计算机科学），社会科学（心理学，社会学和其它社会科学）以及工程。在欧洲国家或地区，已经对长短期做出平均。澳大利亚，比利时，法国，希腊和荷兰：只包括长期。波兰：只包括短期。英国：只包括短期，包括以前的院校和工艺院校。
4.3.12	自然科学基金科学和工程指数 2000	文章的数量是以作品的组成部分为基础的；比如，一篇文章的作者是来自于两个不同的国家或地区，那么对每一个国家或地区分别算做半篇文章。
4.3.15	诺贝尔基金	诺贝尔奖获得者名单 1901－2001
4.3.16	Ibid.4.3.15 和 4.1.01	Ibid.4.3.15 和 4.1.01
4.3.17 - 19	工业资产统计 1999/B http://www.wipo.org	
4.3.21	Ibid.4.3.17	
4.3.22	Ibid.4.3.17 和 4.3.08	
4.4.01 - 02	世界卫生报告 2001（世界卫生组织） www.oecd.org 国家或地区来源	
4.4.03	世界卫生报告 2001	男性和女性的平均值
4.4.04	世界卫生报告 2001	卫生调整的期望寿命是以出生时的期望寿命为基础，但是包括了由于生活在不良卫生条件中而做的调整。这是很容易理解的，根据现在的疾病率和死亡率，同样的时间生活在良好生活条件中可以预计一个新生儿的寿命。巴西，荷兰，巴基斯坦，美国：数字并没有被成员国认可（世界卫生组织）为官方数字。
4.4.05	环球市场信息数据库－欧元国际监管 2001 人类发展报告 2001　国家或地区来源	有些数据来自 1999 年
4.4.07	环球市场信息数据库－欧元国际监管 2001	

4.4.08-09	人类发展报告 2001，为联合国发展规划而出版（UNDP）	收入或消费的份额，从 1990 年到 1999 年的数据。
4.4.10	人类发展报告 2001 国家或地区来源	
4.4.12	环球市场信息数据库－欧元国际监管 2001，国家或地区来源 OECD 环境数据，纲要 2001	俄国：估计值
4.4.13	环球市场信息数据库 国家或地区来源 世界发展报告 2002 （世界银行）	临时性的数据
4.4.14	生存环境报告 2000	
4.4.15	WWF-世界自然基金	生态覆盖区是人类对地球生态系统所造成压力的保守估计。它描述了生态生产性用地，需要用于生产人类消费的食物和树木的，用于基础设施建设的，以及用于吸收由于燃烧化石燃料而产生的二氧化碳的用地。生态覆盖区是以面积单位表示的。每一单位对应拥有世界平均生产力的每一公顷生产性用地。由于人们使用世界各地的资源，并会污染远离他们的地区，覆盖区是这些地球上的地区的总和。比利时，卢森堡：数据包括比利时和卢森堡。
4.5.05	人类发展报告 2001	2001 年 3 月 8 日的数据
4.5.06-07	人类发展报告 2001	查阅 1990－99 年间可得到的最新的数据。女性的工资份额是用女性非农业收入对男性非农业收入的比率、非闲暇劳动力人口中男女百分比计算出来的。

附 录 II
按 字 母 顺 序 的来源列表

按字母排序的来源列表

国际和地区组织

亚洲发展银行，马尼拉：
亚洲发展银行 2002 年展望
www.adb.org
联合国食品和农业组织，罗马：
www.fao.org
国际民航组织 (ICAO)，蒙特利尔：
2000 年交通（商务飞机）
国际劳工部，日内瓦：
劳工统计年鉴，2001
国际货币基金组织（IMF），华盛顿：
支出余额统计年鉴，2001
政府财务统计年鉴，2001
国际财务统计，2002 年 3 月
国际公路联盟（IRF）,日内瓦：
www.irfnet.org
世界公路统计，2002 年版
国际铁路联盟，巴黎：
国际铁路 2000 年统计
国际电信联盟，日内瓦：
国际电信 2002 年发展报告
经济合作和发展组织（OECD），巴黎：
通讯展望，2001
教育情况一览，2001
OECD 国家的能源余额，1998-1999
能源统计和非 OECD 国际余额，1998-1999
能源价格和赋税，2001-III
经济展望，2002 年 12 月
机构投资者 2001 年统计年鉴
主要经济指导，2002 年 3 月
主要科学技术指导，2001-II
PISA2000 年对书本，资料和科学文献的评估
季度劳动力统计，2001-IV
季度国家账户，2001-IV
收入统计，2001
国际迁移趋势，2001
联合国教科文组织,巴黎：
统计年鉴，1999
联合国，纽约和日内瓦：
COMTRADE 数据库
能源统计年鉴，1998
人类发展报告，2001

国际商务统计年鉴，1999
联合国月份公告，2001 年 12 月
国际投资 2001 年年报
美国政府，华盛顿：
劳动处，生产工人每小时补偿金成本
世界银行，华盛顿：
世界银行 2001 年地图集
2002 年世界发展指示
世界卫生组织，日内瓦：
2001 年世界卫生报告
世界知识产权组织（WIPO）,日内瓦：
行业产权统计，1998/B
国际旅游组织，马德里：
国际旅游 2000 年综述
国际商务组织，日内瓦：
2001 年年报
统计和信息系统细分
世界自然基金，格蓝德：
2000 年地球生存空间报告

国家来源

这些信息是由我们的伴伴组织在各自的国家中收集的，主要来源有：

阿根廷：阿根廷多边协议，Buenos Aires
阿根廷共和国中央银行，经济和公共事务部，国家统计调查学会（INDEC）。

巴西：Fundacao Dom Cabral, Belo Horizonte, Minas Gerais
巴西中央银行，巴西地理和统计学会（IBGE），经济和管理研究学会（IPEA），商务和旅游部，财政部，劳动部，科学技术部，交通部，国家行业联盟。

加拿大：投资伙伴，渥太华
加拿大宴会，加拿大统计处，加拿大银行家协会。

智利：智利大学，圣地亚哥
智利中央银行，国家评估机构（INE）,本地报纸，农业部，教育部，公共 Obras 部，国家科学技术协会，国家卫生基金，国家电力服务。

中国：经济体制与管理研究所，北京
2001 年中国统计年鉴，2001 年中国公共统计，中国金融和银行年鉴，2001 年中国科学和技术统计年鉴，政府各种不同的讲话。

中国香港：香港商业发展理事会，旺角
2001 年年度和月份数字统计，2001 年经济前景，香港特区政府，香港*货币协会*月份统计公告，香港支出余额统计，C&S，香港外贸，香港商业指数，香港股票交易所，商业价格指数月份报告，2002 年经济前景，工资和报酬统计，财政部，交通部，香港能源统计，年度经济调查计划，知识产权部，统计调查部，2001 年香港环境。

哥伦比亚：国家计划处，Santafa de Bogota_
国家中央银行，国家计划处，国家统计处，国家发展计划，教育部，经济发展部，财政部，交通部，下议院，论文和 cardboard。

捷克共和国：C.E.R.G.E._E.I.，Prague

捷克国家银行，捷克统计处，财政部。

爱沙尼亚：爱沙尼亚经济研究协会，塔林

户籍和迁移司，爱沙尼亚银行，爱沙尼亚能源，EMOR 研究和咨询，Fontes 研究和咨询，劳动监察署，环境部，财政部，社会事务部，爱沙尼亚统计办公室，塔林股票交易所。

希腊：北希腊行业联盟，萨洛尼卡

希腊银行，Helenic 资本市场协会，国家经济和经济学部，希腊国家统计服务处。

匈牙利：

布达佩斯股票交易所，中央统计办公室，金融部，匈牙利国家银行，匈牙利财政部。

冰岛：国际经济学会，雷克雅末

冰岛经济协会，冰岛中央银行，冰岛研究理事会，劳动市场研究学会，国家经济学会，冰岛邮政和电报通讯，研究和公共部门薪金调查委员会，冰岛统计，冰岛统计年鉴，冰岛佃户组织，冰岛银行雇员联合会，冰岛注册工程师联合会。

印度：国家生产理事会，新德里

行业年度调查，中央统计组织（CSO），印度 1991 年和 2001 年人口调查，印度经济监控中心，2001-02 经济调查，印度政府，印度经济统计手册，行业研究和发展，印度人力概况，印度经济月份回顾，2001 年国家账户统计，印度储备银行。

印度尼西亚：战略和国际研究中心，雅加达

印度尼西亚银行，中央统计处。

爱尔兰：爱尔兰行业发展代理处，都柏林,

爱尔兰中央银行，中央统计处，财政处，ESRI。

以色列：埃斯韦尔商务会议联盟，Tel-Aviv

埃斯韦尔银行，财政部，中央统计处。

意大利：CONFINDUSTRIA，罗马

意大利银行，英联邦科学委员会，ISTAT，教育部，国家账户。

日本：人类研究学会，东京

日本银行，经济和社会研究学会，日本中央经济研究，教育部，卫生部，劳动和福利处，统计处和统计中心。

南韩：南韩人类发展学会，.汉城

南韩银行，财政经济部，南韩生产中心，国家统计办公室，劳动处，教育部。

卢森堡：卢森堡商务会

中央银行，卫生部，国家教育部，经济统计服务中心（STATEC）

马来西亚：国家生产力公司，Petaling Jaya

马来西亚中央银行，统计处，经济计划单位，岛内收入处，教育部，财政部，科学部，科技和环境，统计处。

墨西哥：墨西哥材料投资公司（COMIMSA），萨尔提略

墨西哥银行，Bolsa Mexicana de Valores，国家技术协会（CONACYT），高级货币评估技术学会，墨西哥社会调查学会（IMSS），国家地理信息评审学会（INEGI），交通运输秘书处（SCT），公共教育秘书处（SEP），公共庄园信贷秘书处（SHCP），社会预算秘书处（STPS）。

挪威：挪威商业和工业联盟，.奥斯陆

挪威中央银行，挪威统计处，.奥斯陆股票交易所。

菲利宾：W.SyCip 政策方针论坛，亚洲管理学会，Makati City

中央银行，国家经济和发展机构，财政部，国家统计办公室，国家统计协调会，国内服务委员会，

金融处，社会安全系统，内部收入处，管理和预算处，劳动和雇佣统计局，马尼拉电力公司，国家通信委员会，职业规章委员会。

波兰：华沙经济学校，华沙

2001 年统计年鉴，中央银行，中央统计办公室公告。

葡萄牙：FORMEDIA SA-IEFEG，里斯本

经济部，波兰 Banco，设备处，领海管理处。

俄国：莫斯科国际高等商业学校（MIRBIS），莫斯科

俄国 2001 年统计年鉴，2001 年俄国社会经济情况。

新加坡：研究和计划处，商务和工业处，国家科学技术理事会，新加坡

新加坡货币权威，统计处，教育部，财政部，卫生部，劳工部，国家年度研发调查，信息发展权威。

斯洛伐克共和国：F.A. Hayek 基金会，布拉迪斯拉发

斯洛伐克国家银行，斯洛伐克共和国统计办公室，财政部，卫生部，国家劳动办公室，斯洛伐克电力，斯洛伐克

通讯，布拉迪斯拉发股票交易所。

南非：国家生产学会，比勒陀利亚

Escom，约翰内斯堡股票交易所，国家研究基金会，国家生产学会，国家公立大学教育计划研究学会，南非储备银行，南非统计处。

中国台湾地区：经济计划与发展委员会，台北

地区中央银行，2002 年 2 月份 DGBAS 地区季度经济趋势，DGBAS 劳工月份调查公告，DGBAS 中国台湾地区地区收入，财政部，地区中央银行季度支出余额，教育部，交通和通信部，农业和森林处，能源委员会，台湾能源公司，劳工事务理事会，地区科学协会，健康和生命统计处，能源和资源实验室，行业技术研究学会，台湾纸业协会。

泰国：泰国管理协会，曼谷

泰国银行，商务部，财政部，国家经济和社会理事会，国家统计办公室。

土耳其：土耳其工业家和商人协会（TUSIAD），伊斯坦布尔

伊斯坦布尔股票交易所，教育部，劳动和社会保险部，国家统计学会，国家计划组织，土耳其中央银行，财政部。

委内瑞拉：国家投资促进理事会（CONAPRI），加拉加斯

委内瑞拉中央银行，协调和计划办公室，监督银行，社会保险协会，预算办公室，交通和通信部，财政部，劳动部，科学技术部，中央统计和数据处理处，Bolsa de Valores de Caracas, Camara Venezolana de la Industria Electrica

作为参考的其他地区和国家的来源：

巴伐利亚（德国）：www.statistik.bayern.de；巴伐利亚的投资：国家和他的经济 – 巴伐利亚经济事务部，交通和技术；行政区：2001 欧洲年统计年鉴

加利福尼亚（美国）：经济分析局；劳动统计局；商务处；加利福尼亚统计摘要；美国人口调查局。

Catalunia（西班牙）：www.cambrabcn.es；行政区：2001 年欧洲统计年鉴

11e de France（法国）：www.cr-ile-de-france.fr；行政区：2001 年欧洲统计年鉴

罗巴地（意大利）：www.ring.lombardia.it；行政区：2001 年欧洲统计年鉴

纽约（美国）：经济分析局；劳动统计局，商务处；马萨诸塞州社会和经济研究学会；美国人口调查局。

其他学会

CB Richard Ellis，全球市场租金，2002 年 1 月

CC&TS.A.，咨询技术公司，日内瓦

计算机行业年鉴协会，2001 年年鉴

www.c-i-a.com

Euromonitor，伦敦

全球市场信息数据库-2001 年国际 Euromonito

国际要素链，阿姆斯特丹

Inbucon（国际商业咨询机构），Richmond, surrey,2001

www.inbucon.co.uk

机构投资杂志，国际版，纽约，2001 年 9 月。

普华永道公司，洛桑和日内瓦

西门子，国际电信统计，2001 年，慕尼黑.

标准普尔，纽约。

TARIFICA，PBI 媒体，伦敦。

www.tarifica.com

诺贝尔基金会，斯德哥尔摩

瑞典联合银行，全球价格和收入，2000 年版，苏黎世

模拟之外的指标

1.1.01	国内生产总值（GDP）
1.1.02	国内生产总值（PPP）
1.2.09	商品出口额实际增长率
1.2.12	商业服务出口实际增长
1.3.04	对外直接投资存量实际增长率
1.3.08	吸引国外直接投资存量实际增长率
1.4.03	就业增长
2.1.07	中央政府总负债实际增长率
3.1.03	综合生产率实际增长率
3.1.06	农业生产率（购买力平价）
3.2.01	报酬水平
3.2.03	服务性职业报酬
3.2.04	经理报酬
3.3.04	发行的信用卡数目
3.3.13	国内上市公司
3.3.19	国际保理业务
4.1.01	人口—市场规模
4.1.06	道路
4.1.07	铁路
4.1.11	水运
4.1.12	可耕地面积
4.1.17	国内能源总产量
4.1.18	能源进口与商品出口
4.1.19	非能源原材料自给
4.2.02	固定电话数
4.2.03	国际电话费用
4.2.04	移动电话用户
4.2.05	移动电话费用
4.3.01	所有研究与开发支出
4.3.04	企业研究与开发支出
4.3.06	全国所有研究与开发人员
4.3.08	企业研究与开发人数
4.3.12	科学论文
4.3.15	诺贝尔奖数目
4.3.16	人均诺贝尔奖
4.4.11	酗酒、吸毒
4.4.12	纸张和纸板的回收率
4.4.13	废水处理工厂
4.4.14	二氧化碳排放量
4.5.05	国会中女性人数
4.5.06	女性地位
4.5.07	性别收入比
4.5.08	骚扰和暴力

上面的指标代表了所有排除在模拟之外的排名数据（硬数据和调查数据）。背景数据没有考虑，也没有出现在任何国家与地区轮廓的页中，因为它们没有用于任何决定排名的计算之中。

指标的英文索引

指标的第一个数值表示输入要素，第二个数值表示子要素，第三个数值表示指标数。

A

Ability to self-finance 3.3.18
Abuse, alcohol and drug 4.4.11
Access to capital markets 2.4.21,2.4.22
Acquisitions, foreign 2.4.19
Adaptability
- companies 3.4.01
- people 4.5.03
Addictions, at work 4.4.11
Agriculture
- employment 1.4.04
- exports 1.2.13
- GDP 1.1.11
- imports 1.2.17
- productivity 3.1.07
- productivity (PPP) 3.1.06
- real growth 1.1.18
Air transportation 4.1.08,4.1.09
Alcohol and drug abuse 4.4.11
Anti-trust laws 2.4.07
Arable area 4.1.12
Attitudes toward globalization 3.5.02
Availability of
- competent senior managers 3.2.20
- credit 3.3.03
- finance skills 3.2.16
- IT skills 4.2.14
- qualified engineers 2.5.12
- skilled labor 3.2.15
- venture capital 3.3.06
Average corporate tax rate on profit 2.2.07

B

Balance
- current account 1.2.01,1.2.02
- of trade 1.2.03,1.2.04
- of commercial services 1.2.05,1.2.06
Bank, central 2.3.05
Bank credit clerk, remuneration 3.2.03
Banking
- regulation 3.3.09
- retail 3.3.08
- sector assets 3.3.01
- services 3.3.07
Basic research 4.3.10
Black market economy: cf Parallel economy
Brain drain 3.2.17

Bribing & corruption 2.3.17
Budget surplus/deficit, central government 2.1.01,2.1.02
Bureaucracy 2.3.16
Business expenditure on R&D 4.3.04,4.3.05

C

Capital
- and property tax revenues, collected 2.2.12
- access to 2.4.21,2.4.22
- cost of 2.3.02
- gross fixed capital formation 1.1.07,1.1.16
- taxes on 2.2.12
- venture capital 3.3.06
Capital markets, access to foreign 2.4.22
Capital markets, access to local 2.4.21
Cardboard recycling, paper and 4.4.12
Carbon dioxide emissions 4.4.14
Cash flow, and self-financing 3.3.18
Central bank, policy of 2.3.05
Central government total debt, real growth 2.1.07
CEO, remuneration of 3.2.04
Collected taxes
- capital and property 2.2.12
- corporate 2.2.08
- employee's social security contribution 2.2.05
- employer's social security contribution 2.2.10
- indirect tax revenues 2.2.13
- personal income tax 2.2.03
- total tax revenues 2.2.01
Communications, adequacy of 4.2.06
Companies
- adaptability 3.4.01
- and university cooperation 2.5.13
- foreign and domestic 2.4.11
- listed domestic 3.3.13
Compensation
- levels in manufacturing 3.2.01
- remuneration of bank clerk 3.2.03
- remuneration of CEO 3.2.04
- remuneration of department manager 3.2.03
- remuneration of director manufacturing 3.2.04
- remuneration of engineer 3.2.04
- remuneration of human resources director 3.2.04
- remuneration of primary school teacher 3.2.03
- remuneration of secretary 3.2.03
Competent senior managers, availability 3.2.20
Competition legislation 2.4.07
Computers 4.2.08,4.2.09
Confidentiality of financial transactions 2.4.17
Consensus about policy direction 2.3.08
Consumer price inflation 1.5.01
Consumption
- government expenditure 1.1.05,1.1.06,1.1.15
- indirect taxes 2.2.13
- private expenditure 1.1.03,1.1.04,1.1.14
Cooperation
- companies and universities 2.5.13
- technological 4.2.15

Corporate boards 3.4.04
Corporate
- average tax rate on profit 2.2.07
- credibility 3.4.03
- taxes, collected 2.2.08
Corruption 2.3.17
Cost components
- labor costs 3.2.01-3.2.04
- unit labor costs in manufacturing 3.2.02
Cost of capital 2.3.02
Cost-of-living index 1.5.02
Country credit rating 2.3.04
Creation of firms 3.4.08
Credibility
- of managers 3.4.03
- of corporate boards 3.4.04
Credit
- availability 3.3.03
- country credit rating 2.3.04
Credit Card
- cards issued, per capita 3.3.04
- transactions, per capita 3.3.05
Crime 2.3.22
Cross border ventures 2.4.18
Culture
- marketing 3.4.09
- national 4.5.02
Current account balance 1.2.01,1.2.02
Customer satisfaction 3.4.06
Customs' authorities 2.4.02

D

Data security 4.2.20
Debt, central government
- domestic debt 2.1.03,2.1.04
- foreign debt 2.1.05,2.1.06
- real growth 2.1.07
Department manager, remuneration 3.2.03
Dependency ratio 4.1.04
Development
- and application of technology 4.2.16
- sustainable 4.4.16
Direct investment
- flows abroad 1.3.01,1.3.02
- flows inward 1.3.05,1.3.06
- stocks abroad 1.3.03,1.3.04
- stocks inward 1.3.07,1.3.08
Director manufacturing, remuneration 3.2.04
Discrimination 4.5.04
Distribution infrastructure 4.1.10
Domestic
- companies listed on stock market 3.3.13
- debt, government 2.1.03,2.1.04
- investment 1.1.07,1.1.08,1.1.16
- savings 1.1.09,1.1.10,1.1.17

E

Earnings: cf Compensation
Ecological footprint 4.4.15
Economic literacy 2.5.10
Economic sectors 1.1.11
Education
- economic literacy 2.5.10
- educational assessment 2.5.06
- educational system 2.5.07
- higher education achievement 2.5.05
- illiteracy 2.5.09
- in finance 2.5.11
- public expenditure on 2.5.01
- pupil-teacher ratio 2.5.02,2.5.03
- science and 4.3.13,4.3.14
- secondary school enrollment 2.5.04
- university 2.5.08
Effective personal income tax rate 2.2.02
Efficiency, distribution infrastructure 4.1.10
Electricity costs 4.1.20
Emissions, carbon dioxide 4.4.14
Employee training 3.2.09
Employment 1.4.01-1.4.05
- by sector 1.4.04
- growth 1.4.03
- public sector 1.4.05
Energy
- GDP and energy consumption 4.1.16
- imports vs merchandise exports 4.1.18
- infrastructure 4.1.15
- intensity 4.1.14
- total indigenous 4.1.17
Engineers
- qualified 2.5.12
- remuneration 3.2.04
Enterprises, taxes 2.2.07-2.2.11
Entrepreneurship, managers 3.4.07
Environment
- carbon dioxide emissions 4.4.14
- health & safety 3.4.11
- legislation 4.4.18
- paper and cardboard recycling 4.4.12
- pollution 4.4.17
- protection of 4.4.18
- waste water treatment plants 4.4.13
Equal opportunity 4.5.04
Ethical practices 3.4.02
Evasion, tax 2.2.14
Exchange rate policy 2.3.06
Exchange rate stability 2.3.07
Expenditure
- general government 2.1.11
- government final consumption 1.1.05,1.1.06,1.1.15
- health 4.4.01
- private final consumption 1.1.03,1.1.04,1.1.14
- public, on education 2.5.01
- public, on health 4.4.02
- research & development 4.3.01-4.3.05

Exports
- breakdown by economic sector 1.2.13
- commercial services 1.2.10-1.2.12
- credits and insurance 2.4.05
- goods 1.2.07-1.2.09
- high-tech 4.2.18,4.2.19

F

Factoring 3.3.19
Female
- income, gender ratio 4.5.07
- labor force 3.2.13
- positions 4.5.06
- seats in parliament 4.5.05
Final consumption expenditure,
- government 1.1.05,1.1.06,1.1.15
- private 1.1.03,1.1.04,1.1.14
Finance
- ability to self- 3.3.18
- availability of skills 3.2.16
Financial assets of institutional investors 3.3.02
Financial institutions
- foreign 2.4.20
- regulation of 2.4.16
- transparency 3.3.16
Financial markets, access to 2.4.21-2.4.22
Financial resources, for research 4.2.17
Financial transactions, confidentiality of 2.4.17
Fiscal policies 2.2.01-2.2.14
Flexibility
- and adaptability 4.5.03
- hiring and firing practices 2.4.13
Forecasts for 2002
- current account balance 1.1.33
- real GDP growth 1.1.28
- gross domestic investment growth 1.1.30
- inflation 1.1.31
- private consumption expenditure growth 1.1.29
- unemployment 1.1.32
Foreign
- companies 2.4.11
- capital markets, access 2.4.22
- debt, government 2.1.05-2.1.06
- financial institutions 2.4.20
- investors 2.4.19
- labor force 3.2.14
- high-skilled people 3.2.18
Funding for technological development 4.2.17

G

Gender income ratio 4.5.07
General government expenditure 2.1.11
GDP: cf Gross Domestic Product
GDP and energy consumption 4.1.16
Globalization 3.5.01
- attitudes toward 3.5.02
Gold reserves 2.1.10

Goods
- exports of 1.2.07-1.2.09
- imports of 1.2.14-1.2.16
Government
- budget surplus/deficit 2.1.01-2.1.02
- competition legislation 2.4.07
- decisions 2.3.12
- economic policies 2.3.11
- employment in public sector 1.4.05
- expenditure, general 2.1.11
- expenditure on education 2.5.01
- final consumption expenditure 1.1.05,1.1.06,1.1.15
- fiscal policies 2.2.01-2.2.14
- indirect taxes 2.2.13
- political parties 2.3.13
- price controls 2.4.09
- public sector contracts 2.4.04
- public service 2.3.15
- subsidies 2.4.06
- transparency 2.3.14
Government, central
- budget surplus / deficit 2.1.01-2.1.02
- domestic debt 2.1.03-2.1.04
- foreign debt 2.1.05-2.1.06
- total debt, real growth 2.1.07
Gross domestic investment 1.1.07,1.1.08,1.1.16
Gross Domestic Product (GDP)
- GDP 1.1.01
- GDP (PPP) 1.1.02
- GDP per capita 1.1.22
- GDP per capita (PPP) 1.1.23
- ratio, trade to GDP 1.2.18
- real GDP growth 1.1.12
- real GDP growth per capita 1.1.13
- real GDP per person employed, change of 3.1.03
Gross domestic savings 1.1.09,1.1.10,1.1.17

H

Harassment and violence 4.5.08
Health
- abuse, alcohol and drug 4.4.11
- expenditure 4.4.01-4.4.02
- infrastructure 4.4.06
- life expectancy 4.4.03,4.4.04
- medical assistance 4.4.05
- safety and environmental concerns 3.4.11
Higher education achievement 2.5.05
High-tech exports 4.2.18,4.2.19
Hiring and firing practices 2.4.13
Hours of work per year 3.2.05
Human development index 4.4.10
Human resources director, remuneration 3.2.04

I

Illiteracy 2.5.09
Image of country abroad 3.5.05
Immigration laws 2.4.15

Imports
- breakdown by economic sector 1.2.17
- energy vs merchandise exports 4.1.18
- of goods and commercial services 1.2.14-1.2.16
Improper practices 2.3.17,4.5.08
Income
- distribution 4.4.08,4.4.09
- gender ratio 4.5.07
- tax, personal 2.2.02,2.2.03
Indigenous energy, total 4.1.17
Indirect tax revenues 2.2.13
Industrial
- disputes 3.2.08
- GDP (PPP) per person employed 3.1.08
- production, real growth 1.1.19
Industry
- as percentage of GDP (breakdown) 1.1.11
- employment 1.4.04
- exports 1.2.13
- imports 1.2.17
- productivity 3.1.09
- productivity (PPP) 3.1.08
Inflation, consumer price 1.5.01
Information technology 4.2.07,4.2.14
Infrastructure maintenance and development 4.1.05
Infrastructure requirements
- air transportation 4.1.08
- computers 4.2.08,4.2.09
- distribution 4.1.10
- energy 4.1.15
- health 4.4.06
- pollution problems 4.4.17
- railroads 4.1.07
- roads 4.1.06
- technological 4.2.01-4.2.20
- telecommunications 4.2.01-4.2.05
- water transportation 4.1.11
Insider trading 3.3.17
Institutional investors, financial assets 3.3.02
Integration into regional trade blocks 2.4.01
Intellectual property protection 4.3.20
Interest payment 2.1.08
Interest rate
- real short-term 2.3.01
- spread 2.3.03
International
- experience of management 3.2.19
- fixed telephone costs 4.2.03
- reserves 2.1.10
Internet
- access 4.2.13
- costs 4.2.12
- secure servers 4.2.11
- users 4.2.10
Investment
- direct flows abroad 1.3.01,1.3.02
- direct flows inward 1.3.05,1.3.06
- direct stocks abroad 1.3.03,1.3.04
- direct stocks inward 1.3.07,1.3.08

- gross domestic 1.1.07,1.1.16
- incentives 2.4.23
- in telecommunications 4.2.01
- portfolio, assets and liabilites 1.3.09,1.3.10
- protection schemes 2.4.24

J

Justice 2.3.18

K

Knowledge transfer 2.5.13

L

Labor
- alcohol & drug abuse 4.4.11
- availability of finance skills 3.2.16
- availability of information technology skills 4.2.14
- availability of competent senior managers 3.2.20
- compensation per hour 3.2.01
- employee training 3.2.09
- equal opportunity 4.5.04
- female labor force 3.2.13
- force 3.2.10-3.2.14
- foreign high-skilled people 3.2.18
- foreign labor force 3.2.14
- immigration laws 2.4.15
- industrial disputes 3.2.08
- productivity 3.1.05
- productivity (PPP) 3.1.04
- qualified engineers 2.5.12
- regulations 2.4.13
- relations 3.2.06
- skilled 3.2.15
- unit labor costs in manufacturing 3.2.02
- worker motivation 3.2.07
Labor force 3.2.10-3.2.14
- female 3.2.13
Land, arable area 4.1.12
Legal framework 2.3.09
Legislation
- capital markets 2.4.16-2.4.24
- competition 2.4.06-2.4.12
- environmental 4.4.18
- labor 2.4.13-2.4.15
- new 2.3.10
- unemployment 2.4.14
Life expectancy
- at birth 4.4.03
- healthy 4.4.04
Listed domestic companies 3.3.13
Literacy, economic 2.5.10
Local capital markets, access to 2.4.21

M

Maintenance and development 4.1.05

Management
- adaptability 3.4.01
- of public finances 2.1.09
- practices 3.4.01-3.4.11
- remuneration of 3.2.04
Managers
- availability 3.2.20
- credibility 3.4.03
- entrepreneurship 3.4.07
- ethical practices 3.4.02
- international experience 3.2.19
- social responsibility 3.4.10
Manufacturing
- hourly compensation 3.2.01
- unit labor costs 3.2.02
Marketing 3.4.09
Medical assistance 4.4.05
Mobile telephones
- costs 4.2.05
- subscribers 4.2.04
Motivation, worker 3.2.07

N

National
- culture 4.5.02
- protectionism 2.4.03
New businesses 2.4.12
Nobel prizes 4.3.15,4.3.16
Non-energy raw material, self-sufficiency in 4.1.19
Nurse, number of inhabitants per 4.4.05

O

Official reserves, total 2.1.10
Overall productivity 3.1.02,3.1.03
Overall productivity (PPP) 3.1.01

P

Paper recycling 4.4.12
Parallel economy 2.4.10
Patent and copyright protection 4.3.20
Patents
- granted to residents 4.3.17,4.3.18
- number in force 4.3.21
- productivity 4.3.22
- securing abroad 4.3.19
Personal
- income tax 2.2.02,2.2.03
- security and private property 2.3.19
- taxes and work motivation 2.2.06
Physician, number of inhabitants per 4.4.05
Political
- risk of instability 2.3.20
- parties 2.3.13
Pollution problems and infrastructure 4.4.17
Population
- dependency ratio 4.1.04

- market size 4.1.01
- over 65 years 4.1.03
- per nurse 4.4.05
- per physician 4.4.05
- under 15 years 4.1.02
- urban 4.4.07
Portfolio investments
- assets 1.3.09
- liabilities 1.3.10
Practices, ethical 3.4.02
Price, controls 2.4.09
Prices, consumer 1.5.01
Primary school teacher, remuneration 3.2.03
Private final consumption expenditure 1.1.03,1.1.04,1.1.14
Product and service legislation 2.4.08
Production
- industrial growth 1.1.19
- relocation 3.5.03
Productivity
- agriculture 3.1.07
- agriculture (PPP) 3.1.06
- industry 3.1.09
- industry (PPP) 3.1.08
- labor 3.1.05
- labor (PPP) 3.1.04
- overall 3.1.02
- overall (PPP) 3.1.01
- overall - real growth 3.1.03
- patent 4.3.22
- services 3.1.11
- services (PPP) 3.1.10
Property
- protection of 2.3.19
- taxes on 2.2.12
Protection
- patent and copyright 4.3.20
- personal security and private property 2.3.19
- private sphere 4.5.10
Protectionism, national 2.4.03
Public
- expenditure on education 2.5.01
- expenditure on health 4.4.02
- finances, management of 2.1.09
- public service, political interference 2.3.15
Public sector
- contracts 2.4.04
- debt 2.1.03-2.1.07
- employment 1.4.05
Pupil-teacher ratio 2.5.02,2.5.03
Purchasing Power Parity
- agriculture productivity (PPP) 3.1.06
- GDP (PPP) 1.1.02
- GDP per capita (PPP) 1.1.23
- industry productivity (PPP) 3.1.08
- labor productivity (PPP) 3.1.04
- overall productivity (PPP) 3.1.01
- services productivity (PPP) 3.1.10

Q

Quality of life 4.5.01

R

R&D
- basic research 4.3.10
- business expenditure on R&D 4.3.04,4.3.05
- development and application of technology 4.2.16
- funding for technological development 4.2.17
- relocation of facilities 3.5.04
- technological cooperation 4.2.15
- total expenditure on R&D 4.3.01-4.3.03
R&D personnel
- in the business sector 4.3.08,4.3.09
- nationwide 4.3.06,4.3.07
Railroads 4.1.07
Real corporate taxes 2.2.11
Real personal taxes 2.2.06
Real short-term interest rate 2.3.01
Recycling, paper and cardboard 4.4.12
Regional trade blocks, integration into 2.4.01
Regulations
- banking 3.3.09
- capital market 2.4.16-2.4.24
- competition 2.4.06-2.4.12
- environmental 4.4.18
- financial institutions 2.4.16
- labor 2.4.13-2.4.15
Relocation
- production 3.5.03
- R&D facilities 3.5.04
Remuneration
- Bank clerk 3.2.03
- CEO 3.2.04
- Department manager 3.2.03
- Director manufacturing 3.2.04
- Engineer 3.2.04
- Human resources director 3.2.04
- Primary school teacher 3.2.03
- Secretary 3.2.03
Rent
- apartment 1.5.03
- office 1.5.04
Research
- basic 4.3.10
- company/university cooperation 2.5.13
Reserves, total official 2.1.10
Resilience of the economy 1.1.21
Retail banking 3.3.08
Rights and responsibilities of shareholders 2.4.15
Risk
- of political instability 2.3.20
- venture capital 3.3.06
Roads 4.1.06

S

Savings, gross domestic 1.1.09,1.1.10
Science
- degrees 4.3.11
- in schools 4.3.13
- interest in 4.3.14
Scientific articles 4.3.12
SDR, exchange rate stability 2.3.07
Secondary school enrollment 2.5.04
Secretary, remuneration 3.2.03
Security
- data 4.2.20
- personal and property 2.3.19
Self-sufficiency in non-energy raw material 4.1.19
Senior managers, availability of competent 3.2.20
Serious crime 2.3.22
Services
- exports 1.2.10-1.2.12
- employment 1.4.04
- GDP 1.1.11
- imports 1.2.14-1.2.16
- productivity 3.1.11
- productivity (PPP) 3.1.10
- real growth 1.1.20
- remuneration 3.2.03
- trade balance, commercial 1.2.05,1.2.06
Shareholders
- rights and responsibilities 3.3.15
- value 3.4.05
Skills
- finance 3.2.16
- foreign 3.2.18
- information technology 4.2.14
- labor 3.2.15
Social cohesion 2.3.21
Social responsibility, of managers 3.4.10
Social security
- collected employee's contribution 2.2.05
- collected employer's contribution 2.2.10
- employee's contribution rate 2.2.04
- employer's contribution rate 2.2.09
Stock markets
- adequate financing to companies 3.3.10
- capitalization 3.3.11
- index 3.3.14
- listed domestic companies on 3.3.13
- value traded on 3.3.12
Subsidies, government
- to private and public enterprises 2.4.06
Sustainable development 4.4.16

T

Taxation
- average corporate tax rate on profit 2.2.07
- collected capital and property taxes 2.2.12
- collected corporate taxes 2.2.08
- collected employee's social security contribution 2.2.05

- collected employer's social security contribution 2.2.10
- collected indirect tax revenues 2.2.13
- collected personal income tax 2.2.03
- collected total tax revenues 2.2.01
- effective personal income tax rate 2.2.02
- employee's social security contribution rate 2.2.04
- employer's social security contribution rate 2.2.09
- evasion 2.2.14
- real corporate taxes and entrepreneurship 2.2.11
- real personal taxes and work motivation 2.2.06

Technology
- company cooperation 4.2.15
- development and application of 4.2.16
- funding 4.2.17
- interest in science and 4.3.14
- new information 4.2.07,4.2.14

Telecommunications
- mobile telephone costs 4.2.05
- mobile telephone subscribers 4.2.04
- computers 4.2.08,4.2.09
- internet 4.2.10-4.2.13
- investment 4.2.01
- telephone, costs of international fixed 4.2.03
- telephone lines, fixed 4.2.02

Terms of trade index 1.2.19
Tourism receipts 1.2.20

Trade
- balance 1.2.03,1.2.04
- blocks, integration into regional 2.4.01
- commercial services balance 1.2.05,1.2.06
- current account balance 1.2.01,1.2.02
- protectionism 2.4.03
- ratio, trade to GDP 1.2.18
- terms of trade index 1.2.19

Trading, insider 3.3.17

Transparency
- financial institutions 3.3.16
- government 2.3.14

Transportation
- air 4.1.08,4.1.09
-railroads 4.1.07
-roads 4.1.06
-water 4.1.11

U

Unemployment
- legislation 2.4.14
- rate 1.4.06
- youth 1.4.07

Unit labor costs in manufacturing 3.2.02

University
- and company cooperation 2.5.13
- education 2.5.08

Urban population 4.4.07
Urbanization 4.1.13

Utility costs
- electricity for industrial clients 4.1.20
- international fixed telephone costs 4.2.03

V

Values of the society 4.5.09
Venture
- capital 3.3.06
- cross border ventures 2.4.18
Violence
- harassment and 4.5.08

W

Wages: cf. Compensation and Remuneration
Water
- transportation 4.1.11
- waste treatment plants 4.4.13
Women
- income, gender ratio 4.5.07
- in labor force 3.2.13
- in parliament 4.5.05
- positions 4.5.06
Workforce: cf. Labor force
Working hours 3.2.05

Y

Youth
- interest in science & technology 4.3.14
- unemployment 1.4.07

IMD 经理发展项目

国际经理强化教育

2002-2003 项目指南

www.imd.ch

IMD INTERNATIONAL

Real World. Real Learning®

高级管理论坛

董事会成员国际项目（IPBM）

从董事会增加价值

3天（一个模块）

开始日期： 2002年5月1日

2003年4月30日

参与者概况：

对那些有经验和没经验的执行者，以及那些在职和非在职的，主要董事会成员和主管董事会成员，都一视同仁。

项目纵览：

IPBM关注在最高层次上和董事会必须强调的管理的挑战上，公司受指导、控制以及解决的过程。

高级执行官论坛（SEF）：

持续盈利增长：强调领导关系的抉择。

开始日期： 2002年9月24日

2003年4月30日

参与者概况：

对那些构架他们组织将来的高级执行官。

项目纵览：

SEF将来自全球的高级执行官由一个他们面临的重要领导关系抉择的紧迫考验而聚到一起。这将得到IMD的一些最有经验的员工的帮助，他们研究了领导盈利增长的各个方面。盈利要求无情的追逐生产率，不断的再造公司的业务过程。增长，还一句话说，就是创新，培育企业关系，持续不断的做出企业的战略，更新它的核心竞争力。另外，还有强大地员工投入，参加论坛的高级执行官的丰富经验将给强调的这些和其他相关的抉择的深入提供正确的组合。

一般管理项目

高级执行官的突破项目（BPSE）

你的经验对加快公司发展的杠杆作用

2个星期（一个模块）

开始日期： 2002年6月2日或10月6日和11月17日

2003年5月4日或9月7日或11月16日

参与者概况：

对那些执行委员会的国际管理者、群体或部门水平的。

项目纵览：

BPSE从两个角度挑战了部门执行官。它挑战他们通过加速公司增长以及活跃公司来突破价值创新的新水平。通过自我理解、选择增长点和动员年轻才能来增强个人效率。

管理公司资源（MCR）

促使企业单位成功和构架企业的将来

3个星期（一个单元）

开始日期： 2002年6月26日
2003年6月25日

参与者概况：

对具有一般的管理责任的有经验的执行官，他们形成或执行企业单元战略。

项目纵览：

MCR是一项对管理者的为期3星期、以项目为基础的项目，他们调节和分配公司内部和整个企业单元或部门的资源。它将帮助你更好地理解和结合你企业单元的各种功能，以及管理在更宽泛领域上的公司战略变化。

执行官发展的项目（PED）

作为一般管理者为下一大步准备快速转移管理

10个星期（二个模块）

开始日期： 2002年1月21日或4月8日或7月29日和10月7日
2003年1月8日或5月17日或7月28日和10月6日

参与者概况：

对那些执行委员会的国际管理者、群体或部门水平的。

项目纵览：

PED是对那些作为一般管理者的有经验的管理者，他们想准备地很好，已经将被很快地提升而被他或她的公司单独列置出来

培养才能（BOT）

发展有很高潜能的高级管理者

3个星期（二个模块）

开始日期： 2002年5月12日或8月25日和12月1日
2003年2月9日或6月8日和11月2日

参与者概况：

对那些在一个职能专家技术上进步很快或在一个项目经理角色上，但却缺乏一般管理经验的管理者

项目纵览：

BOT将处于他们职业生涯中早期的未来的一般管理者聚集到一起。BOT的目标是开阔他们对交互功能的过程和作用的理解以及发展他们的团队建设和组织中的领导关系技能。

领导关系和战略项目

配合取胜表现（OWP）

第3000年全球企业论坛

6天（一个模块）

开始日期： 2002年6月26日
2003年6月25日

参与者概况：

对个人的执行官或团队。有旺盛精力和新思想的第一流的管理者，和那些不怕他们的假设受到挑战的人。

项目纵览：

OWP 是一项紧迫的为期 6 天围绕着问题而更胜于功能的项目。在规则和部门中发散思维。介绍挑战领导边缘思想。提供对众多选择的主题的个人选择。

风险支持（VB）

加速新企业

6 天（一个模块）

开始日期： 2002 年 9 月 2 日

2003 年 9 月 1 日

参与者概况：

VB 是对那些梦想开始一个新企业和热心于执行他们的梦想的执行官团队。大多数团队是交互功能的，但有些团队或许来自研发领域和新发展企业。新的冒险的目的也许部分是因为对一大公司的国际性冒险的倡导或对一独立的企业的冒险。

项目纵览：

VB 的意图是特别地帮助那些执行官团队成功地发起一个新的企业冒险。它的目标是帮助那些有新企业思想的团队加快形成可行的企业计划。团队将会碰到三个主要的里程碑：一个清晰的客户价值建议，一个完全的价值连和企业模型和一个完整的执行计划。

建设顶尖公司（BSE）

推进有效信息，人才和科技能力的表现

1 个星期（一个模块）

开始日期： 2002 年 11 月 10 日

2003 年 11 月 16 日

参与者概况：

BSE 是对那些高级的执行官和管理者的，他们对他们公司不清楚今天的企业环境和不知道谁将领导他们的公司或企业单元投资或执行比他们的竞争对手更有效地信息、人才和科技能力而困惑。BSE 的参加者希望领导他们的人才去开拓信息和科技能力的全部力量，以探索每一个瞄准机会的市场和顾客机会，从而增加绩效和加速增长。

项目纵览：

BSE 是关于通过公司的三种最重要也最昂贵的资源——人才，信息和科技来获取更高级的企业结果。BSE 关注高级经理怎样来发展一种正确的思维定位，以观察、评价和管理在他们公司的有关有效使用信息和知识的所谓的“软的”或“无形的”资产。BSE 的参与者希望促使他们的人才使用其知识，促使公司投资于信息和科技以探索该行业或全球其他公司所不知道或不能用的信息或科技。

领导公司复兴（LCR）

倡导创新、管理和持续战略变化

2 个星期（一个模块）

开始日期： 2002 年 8 月 26 日

2003 年 3 月 10 日

参与者概况：

对那些能从发展或提高一个变化的项目中受益的执行官，也对那些包括在或即将包括在他们公司重大转变的管理中的人员。参加团队的经理将会发现这些项目尤其有益。

项目纵览：

LCR 关注行为学习。在一个小群体当中工作，参与者将能诊断出他们改变的挑战；重新检查他们改变的目标，改变主要执行人员的准备情况和改变的合宜进度。教授们将提供改变的工具和内容，以及其他公司转变历程的例子，可以使参与者将他们的挑战和采取的行为与世界上一些管理得最好的公司相比较。每一个参与者的最后的结果将会有一个针对前进的行动方案测试。

动员人才（MP）

动员人力才能以满足企业目标

2 个星期（一个模块）

开始日期： 2002 年 3 月 11 日或 5 月 27 日或 9 月 23 日

2003 年 3 月 3 日或 6 月 2 日和 9 月 15 日

参与者概况：

对那些一般的经理、职能经理和项目经理以及团队领导，他们包括在一个变化的企业世界中执行改变或维护标准，他们的决定和交流对其他人有重大的影响。

项目纵览：

MP 将给参与者以提高对团队动力的理解和提高管理技能的机会。加强与具有不同的力量、价值、优点和文化背景的个体合作的能力。参与者在回到自己的组织时，将能带着提高他们领导关系作用的行动方案。

高表现的领导关系（HPL）

项目指导者：Georage Kohlrieser 教授

开始日期： 2002 年 11 月 18-22 日

2003 年 10 月 20-24 日

参与者概况：

HOL 是为有经验的领导者设计的，他们的工作要求他们在个体、团队以及公司等宽泛的各种水平上产生更为高表现的领导关系。如果你有领导关系的记录，现在希望挑战甚至更高层的表现，你将特别地从这一项目中受益。从 360 个反馈中，参与这一项目的领导者应该已经完成了多种基本的领导关系发展训练，例如包括室外个人挑战项目。

项目纵览：

高表现的领导关系（HOL）目的在于帮助更好地理解和推断基于成功领导关系精力的案例的高表现领导关系的模式。这一项目是学会使用思想的眼睛来创造一个可信的内在自我以有效地领导自己的合其他人的例外的和一贯的结果。引用经常被高度成功的体育运动员应用的过程，参与者要关注高度成功的领导者如何思考的内在世界，关注他们扩大他们领导关系影响的思想状态。

过程和功能管理项目

网络工作经济的市场营销（MNE）

使你的公司更接近顾客的市场营销过程工作的关键

2 个星期（一个模块）

开始日期： 2002 年 9 月 16 日

2003 年 8 月 18 日

参与者概况：

对那些包括在市场营销，销售或电子贸易顾客商品、工业的或服务行业的经理。

项目纵览：

MNE 检查了如何使一个组织更加的市场驱动和如何增加市场营销过程的效率，探索市场营销经理功能的变化的角色；不断成长的主要零售商的力量，加强的产品提供伴随的服务，和网络和全球市场营销的挑战；以及转变在不断增加的网络工作环境下的市场营销效率的需求。

底线支持（BLB）

转变价值链：执行的主要提高倡导

6 天

开始日期： 2002 年 10 月 3 日

2003 年 10 月 26 日

参与者概况：

底线支持是对那些：

- 由顶层的管理者驱动的团队，他们要求加速进程以满足和超过市场定位的要求，并希望形成执行的具体计划。
- 工作在经历转变的企业战略中的团队，与新需求链现实结盟。
- 包含在有高级管理支持且有直接的底线压力的项目中的团队。例如包括，TQM 倡导，电子企业应用，供应链工程，下游工程包括顾客（CRP），上游工程，例如，供应倡导，获取，修改分配渠道和后勤。

项目纵览

这项目为你的公司提供一枪肾上腺素，为重大价值链转变做准备。你的团队将有离开场所的实践去和 IMD'的员工们交流关于如何最好的面对价值变化的动力，价值创新以及结果所快速产生的。这不是一个发展财务技巧的项目；转变价值链只是一个驱动，财务导致过客被传递。

管理创新过程（MIP）

从想法和技术到市场

1 个星期（一个模块）

开始日期： 2002 年 9 月 30 日

2003 年 9 月 29 日

参与者概况：

对那些高级执行官，他们包括在认定，构思，形成和营销新产品，如同一般的管理者关心推动他们公司的创新能力。

项目纵览

MIP 是一个紧迫的项目，它视创新为创造性的，然而规定从 A-Z 地交互功能过程。参与者被引导着具体地探索如何使用企业智慧来抓住机会；如何产生并选择适宜于形成成吸引人的内容的想法；如何联系产品和技术战略；如何加快发展；如何在开始时获得新产品的市场准入。

战略财务（SF）

定位财务以驱动价值创造

1 个星期（一个模块）

开始日期： 2002 年 8 月 18 日

2003 年 5 月 4 日

参与者概况：

对那些领导全球化公司的高级财务执行官，他们主管将他们的组织带入全球化经济。

项目纵览：

在数字时代，SF 发展一种对出现的财务领导和组织地角色和实践的理解，同时，如果财务领导和组织想要在新的环境下成为一个成功的贡献者的话就必须重新塑造自己。

与其他机构共同提供的方案

控制技术机构（MTE）

技术-训练经理的领导发展培养方案

（与两个瑞士技术联邦机构，ETH 和 EFPL，共同举办）

九周（3 个模块）

开始日期：2002 年 1 月 13 日

2003 年 1 月 5 日

参与者概况：

高层-潜力技术执行官，在所处组织中拥有达到最高水平的确认的领导潜力。

项目纵览：

MTE 主要提高管理技术，在商业机遇面前提升技术的能力，以及责任相关的领导所需的宽广的视角。（MTE 也可以拓展应用于 MBA）。

主要执行人员的工作（JOCE）

高级结果的管理

（在新加坡，与新加坡管理机构共同举办）

1 周（1 个模块）

开始日期：2002 年 7 月 28 日

2003 年 7 月 28 日

参与者概况

东亚地区的当地公司以及跨国公司的分支机构的高中层管理者

项目纵览：

JOCE 着重于发展达到多-小平面的工作以及在东亚地区快速发展的市场的高层所面临的挑战时的系统方法。

程度培养方案

工商管理硕士（MBA）

10 个月

开始日期：2002 年 1 月 9 日

2003 年 1 月 8 日

参与者概况：

因为我们相信世界级商业领导不能广泛生产，我们要限制将 IMD MBA 仅授予少量的世界上最好的候选人。

项目纵览：

IMD MBA，为期 10 个月的独特的学习经历，重新定义全球的领导发展以帮助参与者认识到他们的领导潜能。通过独特的非现场领导经历的组合，动力学习网络组，IMD 顾问工程，以及 IMD MBA 将使参与者在全球化的商业领域内的领导竞争中拥有充足的准备。

工商管理执行硕士（EMBA）

学习如何学习，你的工作依赖于此

17．5 周（5 个模块）

开始日期：（MTE）2002 年 1 月 13 日，1 月 21 日，4 月 8 日，7 月 29 日和 10 月 7 日
（MTE）2003 年 1 月 5 日，1 月 8 日，3 月 17 日，7 月 28 日和 10 月 6 日

参与者概况：

有经验的，高度国际化的准备进入更高一层角色的，希望增加经验，拓宽知识和对世界的了解的经理人员。

项目纵览：

EMBA 着重于在参与者公司中立刻可以应用的学习。以全面的商业系统的更为组合的观点，结合各国和各文化来拓宽大家的视角。包括在洛桑举办的面对面模块，以及在上海、硅谷以及欧洲本土的发现派遣。本方案的第二部分的延续距离学习将使学习能够立刻应用于所负责的公司中。

IMD 信息调查表

欲知更多信息，请传真至：+41 21/618 07 15

清指出你愿意接受的条款。

高级管理论坛

☐董事会成员国际项目（IPBM）

☐高层执行官论坛（SEF）

一般管理项目

☐高级执行官的突破项目（BPSE）

☐管理公司资源（MCR）

☐执行官发展的项目（PED）

☐培养才能（BOT）

领导和决策方案

☐配合取胜表现（OWP）

☐风险支持（VB）

☐建设顶尖公司（BSC）

☐领导公司复兴（LCR）

☐PRISM

过程和功能管理项目

☐网络工作经济的市场营销（MNE）

☐底线支持（BLB）

☐制造业管理（MMG）

☐管理创新过程（MIP）

☐战略财务（SF）

与其他机构共同提供的方案

☐控制技术机构（MTE）

☐主要执行人员的工作（JOCE）

程度方案

☐工商管理硕士（MBA）

☐工商管理执行硕士（EMBA）

其他信息

☐IMD 执行学习手册

（IMD 执行发展方案和其他活动的完全的概况）

☐IMD 学习网络信息

☐IMD 参加者方案信息

（公司-特别执行发展）

请将被请求的资料送至：

专家信息

姓名：姓＿＿＿＿＿＿＿＿＿＿名＿＿＿＿＿＿＿＿＿＿

职位：＿＿＿＿＿＿＿＿＿＿

公司名称：＿＿＿＿＿＿＿＿＿＿

公司地址：＿＿＿＿＿＿＿＿＿＿

邮政编码/城市：＿＿＿＿＿＿＿＿＿＿国家：＿＿＿＿＿＿＿＿＿＿

电话：＿＿＿＿＿＿＿＿＿＿电话总机：＿＿＿＿＿＿＿＿＿＿

电传：＿＿＿＿＿＿＿＿＿＿电传总号：＿＿＿＿＿＿＿＿＿＿

手机：＿＿＿＿＿＿＿＿＿＿网址：＿＿＿＿＿＿＿＿＿＿

电子信箱：＿＿＿＿＿＿＿＿＿＿

母公司名称：＿＿＿＿＿＿＿＿＿＿

家庭住址：＿＿＿＿＿＿＿＿＿＿

邮编/城市：＿＿＿＿＿＿＿＿＿＿国家：＿＿＿＿＿＿＿＿＿＿

电话：＿＿＿＿＿＿＿＿＿＿电传：＿＿＿＿＿＿＿＿＿＿

电子信箱：＿＿＿＿＿＿＿＿＿＿

☐是的，我希望方案信息通过电子邮件的方式传递给我：＿＿＿＿＿＿＿＿＿＿

☐是的，我希望方案顾问直接同我联系：＿＿＿＿＿＿＿＿＿＿

电子信箱：＿＿＿＿＿＿＿＿＿＿电话：＿＿＿＿＿＿＿＿＿＿

请返给：

方案咨询服务　IMD　PO BOX 915　Ch.de Bellerive 23　CH-1001　洛桑　瑞士

电话:+41 21/618 03 42　传真:+41 21/618 07 15　电子信箱:info@imd.ch　网址:http://www.imd.ch

WCY-2002